SARTORIUS

Verfassungs- und Verwaltungsgesetze

Textsammlung

131. Ergänzungslieferung Juli 2021
(Anschluss an die Ergänzungslieferung Mai 2021)
Rund 880 Seiten auf Dünndruckpapier € 22,90

Diese Ergänzungslieferung enthält u. a.:

Änderungen des Artikel-10-Gesetzes, des Beamtenversorgungsgesetzes, des Bundesbeamtengesetzes, des Bundesbesoldungsgesetzes, des Baugesetzbuchs, der Handwerksordnung und des Personenbeförderungsgesetzes

W0202223

C.H.BECK

ISBN 978-3-406-76357-1

9 783406 763571 € 22,90

Sartorius aktuell 131. EL

„Sartorius aktuell" ist ein Service der Sartorius-Redaktion, der zum einen den Inhalt der jeweiligen Ergänzungslieferung beschreibt und zum anderen in einer Vorschau wichtige gesetzgeberische Vorhaben darstellt, um bereits sehr frühzeitig eine Orientierungshilfe für die Praxis zu geben.

Inhalt der Ergänzungslieferung

Die vorliegende 131. Ergänzungslieferung bringt die Textsammlung auf den aktuellen Stand vom 8. Juli 2021. Sie beinhaltet alle seit der letzten Lieferung mit Stand vom 4. Mai 2021 bis einschließlich 8. Juli 2021 verkündeten Änderungen sowie bereits früher verkündete Änderungen, die bis einschließlich 1. September 2021 in Kraft treten.
Ausnahmsweise entspricht die Angabe in der Fußzeile *„September 2021"* nicht dem Rechtsstand 1. Juli 2021, sondern dem spätesten Inkrafttrete-Datum 1. September der berücksichtigten Änderungsvorschriften.

Das **Gesetz zur Anpassung des Verfassungsschutzrechts** v. 5.7.2021 (BGBl. I S. 2274) ändert u. a. das Artikel-10-Gesetz (Nr. **7**) und das Bundesverfassungsschutzgesetz (Nr. **80**). Ziel dieses Gesetzes sind Verbesserungen bei der Bekämpfung des (Rechts-)Extremismus und des (Rechts-)Terrorismus in Deutschland. Dazu wurden die Regelungen zur Telekommunikationsüberwachung im Artikel 10-Gesetz (G 10) um eine Regelung der Durchführung als Quellen-Telekommunikationsüberwachung (TKÜ) ergänzt. Die Quellen-TKÜ setzt danach im Endgerät an, bevor die Nachrichten technisch verschlüsselt werden, beziehungsweise wenn sie wieder entschlüsselt sind. Dies ist insbesondere für die Überwachung digitaler und verschlüsselter Kommunikation wichtig. Zudem wird der Informationsaustausch zwischen Verfassungsschutz und Militärischem Abschirmdienst (MAD) verbessert, indem der MAD Zugriff auf das Nachrichtendienstliche Informationssystem erhält.

Das **Gesetz zur Anpassung der Bundesbesoldung und -versorgung für 2021/2022 und zur Änderung weiterer dienstrechtlicher Vorschriften (BBVAnpÄndG 2021/2022)** v. 9.7.2021 (BGBl. I S. 2444) ändert das Beamtenversorgungsgesetz (Nr.**155**), das Bundesbeamtengesetz (Nr. **160**) und das Bundesbesoldungsgesetz (Nr.**230**).
Nach § 14 Absatz 1 des Bundesbesoldungsgesetzes (BBesG) und § 70 des Beamtenversorgungsgesetzes (BeamtVG) sind die Bezüge der Besoldungsempfängerinnen und -empfänger sowie der Versorgungsempfängerinnen und -empfänger regelmäßig an die Entwicklung der allgemeinen wirtschaftlichen und finanziellen Verhältnisse anzupassen: Die Bezüge werden (rückwirkend) zum 1. April 2021 um 1,2 Prozent und zum 1. April 2022 um 1,8 Prozent erhöht. Damit entfällt auch der entsprechende Vorbehalt auf den Bezügemitteilungen.

Das **Gesetz zur Mobilisierung von Bauland (Baulandmobilisierungsgesetz)** ändert das Baugesetzbuch (BauGB) (Nr. **300**) und die Baunutzungsverordnung (Nr. **311**) und soll die Voraussetzungen für mehr bezahlbaren Wohnraum verbessern.
Kommunen und Gemeinden sollen durch Anpassungen im Baurecht leichter Flächen für den Wohnungsbau zur Verfügung stellen können.
Zusätzlich können die Gemeinden vorschreiben, dass geplante Wohnungen die baulichen Voraussetzungen für die soziale Wohnraumförderung erfüllen müssen. Baugenehmigungen

können auch davon abhängig gemacht werden, ob die Förderbedingungen der sozialen Wohnraumförderung – insbesondere die Miet- und Belegungsbindung – eingehalten werden.
Es entsteht zudem eine neue Baugebietskategorie: das „Dörfliche Wohngebiet". Auch diese Maßnahme erleichtert es den Gemeinden, Bauland zu mobilisieren, indem ein einvernehmliches Miteinander von Wohnen und – insbesondere landwirtschaftlicher – Nebenerwerbsnutzung vereinfacht wird.
Überdies enthält das Gesetz Regelungen zur Reduzierung der Möglichkeiten, Miet- in Eigentumswohnungen umzuwandeln (§ 250 BauGB). Dabei sind zur Wahrung berechtigter Interessen der Eigentümer Ansprüche auf Genehmigung, z. B. bei wirtschaftlicher Unzumutbarkeit, vorgesehen. Des Weiteren enthält das Gesetze Änderungen zur Unterstützung des Mobilfunkausbaus mit dem Ziel der flächendeckenden Mobilfunkversorgung und der Elektromobilität.
Mit dem Gesetz werden außerdem einzelne städtebauliche Anliegen aufgegriffen. Dazu gehören auch Klarstellungen, die die Bedeutung grüner Infrastruktur in Städten und Gemeinden, insbesondere für den Klimaschutz und die Klimaanpassung hervorheben.

Mit dem **Fünften Gesetz zur Änderung der Handwerksordnung und anderer handwerksrechtlicher Vorschriften** v. 9.6.2021 (BGBl. I S. 1654) wurden weitere Anpassungen in der Handwerksordnung (Nr. **815**) und in anderen handwerksrechtlichen Vorschriften vorgenommen, die durch die Wiedereinführung der Meisterpflicht für einzelne Handwerke nötig geworden sind.
Ziel war, das Prüfungswesen praxisgerechter zu gestalten, die hohe Qualität der Meisterprüfung zu sichern und das Prüferehrenamt zu entlasten.
In Anlehnung an die bereits mit dem Berufsbildungsmodernisierungsgesetz eingeführte Struktur einer Trennung zwischen den Abschluss-, Gesellen- und Fortbildungsprüfungsausschüssen und den Prüferdelegationen wird eine Prüfungskommission für Meisterprüfungen eingeführt. Diese, und nicht mehr der Meisterprüfungsausschuss, wird künftig die Prüfung abnehmen.
Daneben setzt das Gesetz auch andere aktuelle Entwicklungen im Handwerksrecht um. Sie betreffen die Einführung der doppelten Buchführung durch die Kammern, die aktuelle Bezeichnung von Gewerben sowie den Erlass von Ausbildungs- und Meisterprüfungsverordnungen.
Angesichts der zurückgehenden Tarifbindung im Handwerk sollen zudem die Aufgaben der Innungen und ihrer Innungsverbände im Bereich des Tarifgeschehens stärker als bisher betont und das entsprechende Bewusstsein der Mitglieder und Organe in den Innungen verbessert werden.

Das Personenbeförderungsgesetz (PBefG) (Nr. **950**) wurde durch das **Gesetz zur Modernisierung des Personenbeförderungsrechts** v. 16.4.2021 (BGBl. I S. 822) mit dem Ziel geändert, einen effizienteren und vernetzten Verkehr zu gestalten.
Durch diese Änderung des Personenbeförderungsgesetzes wird sowohl eine neue Form des Linienverkehrs innerhalb des ÖPNV (Linienbedarfsverkehr) als auch eine neue Form des Gelegenheitsverkehrs außerhalb des ÖPNV (gebündelter Bedarfsverkehr) eingeführt und werden einzelne Regelungen zum Taxen- und Mietwagenverkehr angepasst. Die Änderungen sind dabei so ausgestaltet, dass zwischen den unterschiedlichen Beförderungsformen ein

fairer Ausgleich gewahrt bleibt und die Länder oder die nachgeordneten Kommunen entsprechende Steuerungsmöglichkeiten erhalten.
Durch die reguläre Zulassung eines bedarfsgesteuerten Linienverkehrs bei dem die Passagiere die Beförderung zwischen bestimmten Einstiegs- und Ausstiegspunkten innerhalb eines festgelegten Gebietes bestellen, sollen die Unternehmen in die Lage versetzt werden, nachhaltige, benutzerorientierte Mobilitätsangebote in Ergänzung zum klassischen Linienverkehr anzubieten und z. B. bislang schwach ausgelastete Linien effizienter bedienen zu können.
Dieser neuen Verkehrsform wird die Einzelsitzplatzvermietung ermöglicht, um Fahraufträge verschiedener Fahrgäste entlang ähnlicher Wegstrecken zu bündeln. Digitalbasierte Angebote für gebündelten Bedarfsverkehr dürfen ausschließlich den Bestellmarkt bedienen, sie unterliegen nicht der Betriebs- und Beförderungspflicht.

Kleinere Änderungen gab es
- im Bundeswahlgesetz (Nr. **30**) durch das **Sechsundzwanzigste Gesetz zur Änderung des Bundeswahlgesetzes** v. 3.6.2021 (BGBl. I S. 1482),
- im Verwaltungsverfahrensgesetz (Nr. **100**) durch das **Gesetz zur Modernisierung des notariellen Berufsrechts und zur Änderung weiterer Vorschriften** v. 25.6.2021 (BGBl. I S. 2154),
- im Beamtenstatusgesetz (Nr. **150**), in der Bundeslaufbahnverordnung (Nr. **180**), im Bundespolizeibeamtengesetz (Nr. **200),** im Bundesreisekostengesetz (Nr. **235**) im Bundesreisekostengesetz (Nr. **235**) und im Wehrpflichtgesetz (Nr. **620**) durch das **Gesetz zur Regelung des Erscheinungsbilds von Beamtinnen und Beamten sowie zur Änderung weiterer dienstrechtlicher Vorschriften** v. 28.6.2021 (BGBl. I S. 2250),
- in der Arbeitszeitverordnung (Nr. **170**) durch die **Verordnung zur Weiterentwicklung dienstrechtlicher Regelungen zu Arbeitszeit und Sonderurlaub** v. 17.12.2020 (BGBl. I S. 3011),
- in der Mutterschutz- und Elternzeitverordnung (Nr. **171**) durch das **Zweite Gesetz zur Änderung des Bundeselterngeld- und Elternzeitgesetzes** 15.2.2021 (BGBl. I S. 239),
- in der Sonderurlaubsverordnung (Nr. **173**) durch die **Erste Verordnung zur Änderung der Sonderurlaubsverordnung** v. 3.6.2021 (BGBl. I S. 1367),
  im Paßgesetz (PaßG) (Nr. **250**) und im Personalausweisgesetz (Nr. **255**) durch das **Gesetz zur Einführung eines elektronischen Identitätsnachweises mit einem mobilen Endgerät** v. 5.7.2021 (BGBl. I S. 2281),
- im Personalausweisgesetz (Nr. **255**) durch das **Gesetz zur Stärkung der Sicherheit im Pass-, Ausweis- und ausländerrechtlichen Dokumentenwesen** 3.12.2020 (BGBl. I S. 2744), das **Zweite Gesetz zur Änderung des Bundesmeldegesetzes (2. BMGÄndG)** v. 15.1.2021 (BGBl. I S. 530) und durch das **Registermodernisierungsgesetz** v. 28.3.2021 (BGBl. I S. 591),
- im Bundesmeldegesetz (Nr. **256**) durch das **Registermodernisierungsgesetz** v.28.3.2021 (BGBl. I S. 591),
- im Betäubungsmittelgesetz (Nr. **275**) durch das **Digitale-Versorgung-und-Pflege-Modernisierungs-Gesetz** v. 3.6.2021 (BGBl. I S. 1309),
- im Bundesnichtraucherschutzgesetz (Nr. **276**) und im Bundeswaldgesetz (Nr. **875**) durch das **Gesetz zur Änderung von Vorschriften im Eisenbahnbereich** v. 9.6.2021 (BGBl. I S. 1730),

– im Bundes-Klimaschutzgesetz (Nr. **290**) durch die **Entscheidung des Bundesverfassungsgerichts (zu § 3 Absatz 1 Satz 2 und § 4 Absatz 1 Satz 3 i. V. m. Anlage 2 des Bundes-Klimaschutzgesetzes)** – Bek. v. 24.3.2021 (BGBl. I S. 1720),
– im Bundesausbildungsförderungsgesetz (Nr. **420**) durch das **26. Gesetz zur Änderung des Bundesausbildungsförderungsgesetzes** v. 8.7.2019 (BGBl. I S. 1048),
– im Bundeskriminalamtgesetz (Nr. **450**) durch das **Gesetz zur Fortentwicklung der Strafprozessordnung und zur Änderung weiterer Vorschriften** v. 25.6.2021 (BGBl. I S. 2099),
– im Asylgesetz (Nr. **567**) durch das **Gesetz zur Bekämpfung sexualisierter Gewalt gegen Kinder** v. 16.6.2021 (BGBl. I S. 1810),
– in der Verwaltungsgerichtsordnung (Nr. **600**) durch das **Gesetz zur Änderung des Bundesberggesetzes und zur Änderung der Verwaltungsgerichtsordnung** 14.6.2021 (BGBl. I S. 1760), durch das **Gesetz zur Fortentwicklung der Strafprozessordnung und zur Änderung weiterer Vorschriften** v. 25.6.2021 (BGBl. I S. 2099) und durch das **Gesetz zur Modernisierung des notariellen Berufsrechts und zur Änderung weiterer Vorschriften** v. 25.6.2021 (BGBl. I S. 2154),
– in der Gewerbeordnung (Nr. **800**) durch das **Finanzmarktintegritätsstärkungsgesetz** v. 3.6.2021 (BGBl. I S. 1534),
– im Gesetz über die Kontrolle von Kriegswaffen (Nr. **823**) durch das **Gesetz zur Änderung des Außenwirtschaftsgesetzes und des Gesetzes über die Kontrolle von Kriegswaffen** v. 2.6.2021 (BGBl. I S. 1275),
– im Atomgesetz (Nr. **835**) durch das **Gesetz zur Änderung des Medizinprodukterecht-Durchführungsgesetzes und weiterer Gesetze** 12.5.2021 (BGBl. I S. 1087) und durch das **Erste Gesetz zur Änderung des Strahlenschutzgesetzes** v. 20.5.2021 (BGBl. I S. 1194),
– im Wasserhaushaltsgesetz (Nr. **845**) durch das **Gesetz über den wasserwirtschaftlichen Ausbau an Bundeswasserstraßen zur Erreichung der Bewirtschaftungsziele der Wasserrahmenrichtlinie** v. 2.6.2021 (BGBl. I S. 1295)
– im Bundesnaturschutzgesetz (Nr. **880**) durch das **Kitafinanzhilfenänderungsgesetz** v. 25.6.2021 (BGBl. I S. 2020),
– im Bundesfernstraßengesetz (Nr. **932**) und im Eisenbahnkreuzungsgesetz (Nr. **936**) durch das **Neunte Gesetz zur Änderung des Bundesfernstraßengesetzes und zur Änderung weiterer Vorschriften** v. 31.5.2021 (BGBl. I S. 1221),
– im Bundeswasserstraßengesetz (Nr. **971**) durch das **Gesetz über den wasserwirtschaftlichen Ausbau an Bundeswasserstraßen zur Erreichung der Bewirtschaftungsziele der Wasserrahmenrichtlinie** v. 2.6.2021 (BGBl. I S. 1295) und durch das **Gesetz zur Änderung gebührenrechtlicher und weiterer Vorschriften über das Befahren der Bundeswasserstraßen durch die Schifffahrt** v. 3.6.2021 (BGBl. I S. 1465).

An EU-Recht angepasst wurden
– das Bundesverfassungsschutzgesetz (Nr. **80**) und die Gewerbeordnung (Nr. **800**) durch das **Gesetz zur Umsetzung der Richtlinie (EU) 2019/2034 über die Beaufsichtigung von Wertpapierinstituten** v. 12.5.2021 (BGBl. I S. 990).
Dieses Gesetz dient der Umsetzung der Richtlinie (EU) 2019/2034 des Europäischen Parlaments und des Rates vom 27. November 2019 über die Beaufsichtigung von Wertpapierfirmen und zur Änderung der Richtlinien 2002/87/EG, 2009/65/EG, 2011/61/EU, 2013/36/EU, 2014/59/EU und 2014/65/EU (ABl. L 314 vom 5.12.2019, S. 64) sowie der

Anpassung der nationalen Gesetze und Verordnungen an die Verordnung (EU) 2019/2033 des Europäischen Parlaments und des Rates vom 27. November 2019 über die Aufsichtsanforderungen an Wertpapierfirmen und zur Änderung der Verordnungen (EU) Nr. 1093/2010, (EU) Nr. 575/2013, (EU) Nr. 600/2014 und (EU) Nr. 806/2014 (ABl. L 314 vom 5.12.2019, S. 1; L 20 vom 24.1.2020, S. 26)

– das Kreislaufwirtschaftsgesetz (Nr. **298**) durch das **Gesetz zur Umsetzung von Vorgaben der Einwegkunststoffrichtlinie und der Abfallrahmenrichtlinie im Verpackungsgesetz und in anderen Gesetzen** v. 9.6.2021 (BGBl. I S. 1699).
  Dieses Gesetz dient der Umsetzung der Richtlinie (EU) 2018/851 des Europäischen Parlaments und des Rates vom 30. Mai 2018 zur Änderung der Richtlinie 2008/98/EG über Abfälle (ABl. L 150 vom 14.6.2018, S. 109) sowie der Richtlinie (EU) 2019/904 des Europäischen Parlaments und des Rates vom 5. Juni 2019 über die Verringerung der Auswirkungen bestimmter Kunststoffprodukte auf die Umwelt (ABl. L 155 vom 12.6.2019, S. 1).
– das Bundeskriminalamtgesetz (Nr. **450**) durch Gesetz zur europäischen Vernetzung der Transparenzregister und zur Umsetzung der Richtlinie (EU) 2019/1153 des Europäischen Parlaments und des Rates vom 20. Juni 2019 zur Nutzung von Finanzinformationen für die Bekämpfung von Geldwäsche, Terrorismusfinanzierung und sonstigen schweren Straftaten **(Transparenzregister- und Finanzinformationsgesetz)** v. 25.6.2021 (BGBl. I S. 2083).
  Dieses Gesetz dient der Umsetzung der Richtlinie (EU) 2019/1153 des Europäischen Parlaments und des Rates vom 20. Juni 2019 zur Festlegung von Vorschriften zur Erleichterung der Nutzung von Finanz- und sonstigen Informationen für die Verhütung, Aufdeckung, Untersuchung oder Verfolgung bestimmter Straftaten und zur Aufhebung des Beschlusses 2000/642/JI des Rates (ABl. L 186 vom 11.7.2019, S. 122), der Umsetzung der Richtlinie (EU) 2018/843 des Europäischen Parlaments und des Rates vom 30. Mai 2018 zur Änderung der Richtlinie (EU) 2015/849 zur Verhinderung der Nutzung des Finanzsystems zum Zwecke der Geldwäsche und der Terrorismusfinanzierung und zur Änderung der Richtlinien 2009/138/EG und 2013/36/EU (ABl. L 156 vom 19.6.2018, S. 43) sowie der Umsetzung der Richtlinie (EU) 2019/2177 des Europäischen Parlaments und des Rates vom 18. Dezember 2019 zur Änderung der Richtlinie 2009/138/EG betreffend die Aufnahme und Ausübung der Versicherungs- und der Rückversicherungstätigkeit (Solvabilität II), der Richtlinie 2014/65/EU über Märkte für Finanzinstrumente, und der Richtlinie (EU) 2015/849 zur Verhinderung der Nutzung des Finanzsystems zum Zwecke der Geldwäsche und der Terrorismusfinanzierung (ABl. L 334 vom 27.12.2019, S. 155);
– das Atomgesetz (Nr. **835**) durch das Gesetz zur Anpassung des Medizinprodukterechts an die Verordnung (EU) 2017/745 und die Verordnung (EU) 2017/746 **(Medizinprodukte-EU-Anpassungsgesetz** – MPEUAnpG) v. 28.4.2020 (BGBl. I S. 960).
  Dieses Gesetz dient der Anpassung des nationalen Medizinprodukterechts an die Verordnung (EU) 2017/745 des Europäischen Parlaments und des Rates vom 5. April 2017 über Medizinprodukte, zur Änderung der Richtlinie 2001/83/EG, der Verordnung (EG) Nr. 178/2002 und der Verordnung (EG) Nr. 1223/2009 und zur Aufhebung der Richtlinien 90/385/EWG und 93/42/EWG des Rates (ABl. L 117 vom 5.5.2017, S. 1; L 117 vom 3.5.2019, S. 9; L 334 vom 27.12.2019, S. 165) und die Verordnung (EU) 2017/746 des Europäischen Parlaments und des Rates vom 5. April 2017 über In-vitro-Diagnostika und zur Aufhebung der Richtlinie 98/79/EG und des Beschlusses 2010/227/EU der Kommission (ABl. L 117 vom 5.5.2017, S. 176; L 117 vom 3.5.2019, S. 11; L 334 vom 27.12.2019, S. 167).

– das Tierschutzgesetz (Nr. **873**) durch das **Gesetz zur Änderung des Tierschutzgesetzes – Schutz von Versuchstieren** v. 18.6.2021 (BGBl. I S. 1828).
Dieses Gesetzes dient der Umsetzung der Richtlinie 2010/63/EU des Europäischen Parlaments und des Rates vom 22. September 2010 zum Schutz der für wissenschaftliche Zwecke verwendeten Tiere (ABl. L 276 vom 20.10.2010, S. 33; L 15 vom 22.1.2016, S. 71; L 168 vom 25.6.2016, S. 19; L 71 vom 16.3.2017, S. 23; L 277 vom 27.10.2017, S. 34), die zuletzt durch die Verordnung (EU) 2019/1010 (ABl. L 170 vom 25.6.2019, S. 115) geändert worden ist;
– Das Bundesnaturschutzgesetz (Nr. **880**) durch das **Gesetz zur Änderung des Umweltschadensgesetzes, des Umweltinformationsgesetzes und weiterer umweltrechtlicher Vorschriften** v. 25.2.2021 (BGBl. I S. 306).
Die Artikel 1 und 5 dieses Gesetzes dienen der Umsetzung der Artikel 12, 18 i. V. m. Anhang VI sowie von Anhang I der Richtlinie 2004/35/EG des Europäischen Parlaments und des Rates vom 21. April 2004 über Umwelthaftung zur Vermeidung und Sanierung von Umweltschäden (ABl. L 143 vom 30.4.2004, S. 56), die zuletzt durch die Verordnung (EU) 2019/1010 (ABl. L 170 vom 25.6.2019, S. 115) geändert worden ist).

Berichtigt wurden
– das Bundespolizeigesetz (Nr. **90**) und das Bundeskriminalamtgesetz (Nr. **450**) durch die **Berichtigung** des Gesetzes zur Anpassung der Regelungen über die Bestandsdatenauskunft an die Vorgaben aus der Entscheidung des Bundesverfassungsgerichts vom 27. Mai 2020 v. 28.5.2021 (BGBl. I S. 1380).

Neu gefasst wurden:
– das Namensänderungsgesetz (Nr. **265**) durch die Bekanntmachung der **Neufassung** des Namensänderungsgesetzes v. 26.3.2021 (BGBl. I S. 738) und
– das Gesetz über die Umweltverträglichkeitsprüfung (Nr. **295**) durch die Bekanntmachung der **Neufassung** des Gesetzes über die Umweltverträglichkeitsprüfung v. 18.3.2021 (BGBl. I S. 540)

Vorschau

Die kommende 132. Ergänzungslieferung wird sämtliche Änderungen enthalten, die nach dem 5. Juli 2021 verkündet und bis zum Erscheinungstermin der 132. EL in Kraft treten werden.

Bereits **zugestimmt** hat der Bundesrat
– der **Verordnung zu automatisierten Datenabrufen aus den Pass- und Personalausweisregistern sowie zur Änderung der Passverordnung, der Personalausweisverordnung und der Aufenthaltsverordnung**, die u. a. die Passverordnung (Nr. **250**), die Personalausweisverordnung (Nr. **255**) und die Aufenthaltsverordnung (Nr. **566**) ändert;
– dem **Gesetz über die Entschädigung der Soldatinnen und Soldaten und zur Neuordnung des Soldatenversorgungsrechts**, das u. a. das Beamtenversorgungsgesetz (Nr. **155**), das Bundesbesoldungsgesetz (Nr. **230**), das Jugendfreiwilligendienstgesetz

(Nr. **390**), das Bundesausbildungsförderungsgesetz (Nr. **420**), das Bundesfreiwilligendienstgesetz (Nr. **627**) und die Bundeshaushaltsordnung (Nr. **700**) ändert;
- dem **Gesetz zur Anpassung des Produktsicherheitsgesetzes und zur Neuordnung des Rechts der überwachungsbedürftigen Anlagen**, das u. a. das Bundes-Immissionsschutzgesetz (Nr. **296**), das Kreislaufwirtschaftsgesetz (Nr. **298**), das Atomgesetz (Nr. **835**) und das Pflanzenschutzgesetz (Nr. **863**) ändert.
- dem **Gesetz zur Umsetzung von Vorgaben der Richtlinie (EU) 2018/2001 des Europäischen Parlaments und des Rates vom 11. Dezember 2018 zur Förderung der Nutzung von Energie aus erneuerbaren Quellen (Neufassung) für Zulassungsverfahren nach dem Bundes Immissionsschutzgesetz,** das u. a. das Bundes-Immissionsschutzgesetz (Nr. **296**), das Wasserhaushaltsgesetz (Nr. **845**) und das Bundeswasserstraßengesetz (Nr. **971**) ändert;
- dem **Gesetz zur Verbesserung des Schutzes von Gerichtsvollziehern vor Gewalt sowie zur Änderung weiterer zwangsvollstreckungsrechtlicher Vorschriften,** das u. a. das Verwaltungs-Vollstreckungsgesetz Nr. (**112**) ändert;
- der **Verordnung zur Einführung einer Ersatzbaustoffverordnung, zur Neufassung der Bundes-Bodenschutz- und Altlastenverordnung und zur Änderung der Deponieverordnung und der Gewerbeabfallverordnung,** die u. a. das Bundes-Bodenschutzgesetz (Nr. **299**) und die Bundes-Bodenschutzverordnung (Nr. **299a**) ändert;

Der Bundesrat hat **keinen Einspruch** eingelegt gegen
- das **Achtzehnte Gesetz zur Änderung des Atomgesetzes (18. AtGÄndG)**, das u. a. das Atomgesetz (Nr. **835**) ändert;
- das **Erste Gesetz zur Änderung des Bundes-Klimaschutzgesetzes**, das u. a. das Bundes-Klimaschutzgesetz (Nr. **290**) ändert;
- das **Gesetz zum Schutz der Insektenvielfalt in Deutschland und zur Änderung weiterer Vorschriften**, das u. a. das Pflanzenschutzgesetz Nr. (**863**) ändert;
- das **Gesetz zur Durchführung der Verordnung (EU) 2019/816 sowie zur Änderung weiterer Vorschriften,** das u. a. die Gewerbeordnung (Nr. **800**) ändert;
- das **Gesetz zur Modernisierung des Personengesellschaftsrechts (Personengesellschaftsrechtsmodernisierungsgesetz – MoPeG),** das u. a. das Parteiengesetz (Nr. **58**), das Verwaltungszustellungsgesetz (Nr. **110**), das Verwaltungs-Vollstreckungsgesetz (Nr. **112**), das Betäubungsmittelgesetz (Nr. **275**), das Bundes-Immissionsschutzgesetz (Nr. **296**), das Kreislaufwirtschaftsgesetz (Nr. **298**), das Energiewirtschaftsgesetz (Nr. **830**), das Pflanzenschutzgesetz (Nr. **863**), das Tiergesundheitsgesetz (Nr. **870**), das Tierschutzgesetz (Nr. **873**), das Bundeswaldgesetz (Nr. **875**) und das Bundesnaturschutzgesetz (Nr.**880**) ändert;
- das **Gesetz zur Stärkung des Verbraucherschutzes im Wettbewerbs- und Gewerberecht,** das ebenfalls die Gewerbeordnung (Nr. **800**) ändert;
- das **Gesetz zur Umsetzung der Digitalisierungsrichtlinie (DiRUG)** das u. a. das Energiewirtschaftsgesetz (Nr. **830**) ändert;
- das **Siebzehnte Gesetz zur Änderung des Atomgesetzes (Siebzehntes AtG)**, das das Atomgesetz (Nr. **835**) ändert;
- das **Viertes Gesetz zur Änderung des Staatsangehörigkeitsgesetzes**, das das Staatsangehörigkeitsgesetz (Nr. **15**) und die Aufenthaltsverordnung (Nr. **566**) ändert;

– das **Zweite Gesetz zur Änderung des Gesetzes zur vorläufigen Regelung des Rechts der Industrie- und Handelskammern,** das das Industrie- und Handeslkammerngesetz (Nr. **818**) ändert;

Bei dieser Gelegenheit wollen wir uns für die Anregungen und Fehlerhinweise durch unsere Bezieher bedanken, die uns auf diese Weise eine wertvolle Hilfestellung bei der Gestaltung der Textsammlung leisten. Zudem möchten wir darauf aufmerksam machen, dass wir unter der eigens für diese Textsammlung eingerichteten E-Mail-Adresse sartorius.redaktion@beck.de erreichbar sind; die Adresse ist auch auf der Rückseite des Titelblattes vermerkt.

Verlag C.H.BECK

Sartorius

Verfassungs- und Verwaltungsgesetze

Einordnungsanweisung für die 131. Ergänzungslieferung Juli 2021

Herauszunehmen:		Zahl der Blätter:	Einzufügen:		Zahl der Blätter:
Titelblatt		1	Titelblatt		1
Geleitwort zur 130. EL „Sartorius aktuell“		4	Geleitwort zur 131. EL „Sartorius aktuell“*		4
7	1–20	11	**7**	1–22	11
30	1–4	2	**30**	1–4a	3
	27/28	1		27/28	1
80	1–16	8	**80**	1–16a	9
	23–30	4		23–28	3
90	1/2	1	**90**	1–2a	2
	15/15a	1		15/15a	1
100	1/2	1	**100**	1–2a	2
	15/16	1		15/16	1
	31–34	2		31–34	2
110	1/2	1	**110**	1/2	1
112	1/2	1	**112**	1/2	1
120	1–2a	2	**120**	1–2a	2
150	1–16a	9	**150**	1–16	8
155	1–4	2	**155**	1–4	2
	11–16a	4		11–16a	4
	23–58	18		23–58	18
	71–76	4		71–76a	4
	81–**160** 18	10		81–**160** 18	10
160	29–31a	2	**160**	29–31a	2
	49/50	1		49/50	1
	57/58	1		57/58	1
170	1/2	1	**170**	1/2	1
	9/10	1		9/10	1
171	1–4	2	**171**	1–4	2
173	1/2	1	**173**	1/2	1
	7/8	1		7–8a	2
180	1/2	1	**180**	1/2	1
	25/26	1		25/26	1
200	1–4	2	**200**	1–4	2
Übertrag:		102	Übertrag:		105

* Aus technischen Gründen liegt das Geleitwort zur 131. EL „Sartorius aktuell“ am Anfang der Lieferung, bitte ordnen Sie es wie gewohnt anstelle des Geleitworts zur 130. EL hinter dem Vorwort in die Textsammlung ein.

Herauszunehmen:

		Zahl der Blätter:
Übertrag:		102
230	1–8	4
	14–16	2
	37/38	1
	45/46	1
	51/52	1
	57–82	13
	91–96	3
235	1–4	2
240	1–**245** 2	27
250	1/2	1
	17/18	1
255	1–26	13
260	1/2	1
265	1/2	1
275	1/2	1
	11–18	4
276	1–**290** 4	3
298	1–6	3
	33–40	4
	47/48	1
	61–66	3
300	1–14	7
	21–46	13
	93–96	2
	123/124	1
	133–136	2
	153–160	4
311	1–18	9
386	1/2	1
	11/12	1
420	1/2	1
	21/22	1
	29–32	2
	41–48	4
450	1–10	6
	25–28	2
	33–36	2
	45–48	2
	60–61a	2
	69/70	1
565	1–4	2
Übertrag:		257

Einzufügen:

		Zahl der Blätter:
Übertrag:		105
230	1–8	4
	14–16a	2
	37/38	1
	45/46	1
	51–52a	2
	57–82	12
	91–96	3
235	1–4a	3
240	1–**245** 2	25
250	1/2	1
	17–20	2
255	1–30	15
260	1/2	1
265	1–4	2
275	1/2	1
	11–18	4
276	1–**290** 4a	4
298	1–6	3
	33–40a	5
	47–48a	2
	61–66	3
300	1–14	7
	21–46	13
	93–96	2
	123–124a	2
	133–136a	3
	153–160a	5
311	1–18	9
386	1/2	1
	11/12	1
420	1/2	1
	21/22	1
	29–32	2
	41–48	4
450	1–10a	6
	25–28	2
	33–36	2
	45–48a	3
	60–61a	2
	69–70a	2
565	1–4	2
Übertrag:		271

Herauszunehmen:		Zahl der Blätter:
Übertrag:		257
565	145–148	2
	183–186	2
567	1/2	1
	35/36	1
600	1–4	2
	11–18	6
	23/24	1
	29/30	1
	35/35a	1
	51–56	3
620	1/2	1
	9/10	1
800	1/2	1
	50–51a	2
	59/60	1
	84/85	1
	93–99	4
815	1–16	9
	22–25a	4
	31–36	5
	45–69a	15
	75–82	4
823	1/2	1
	19–**830** 2	2
830	33–36	2
835	1/2	1
	22–24	2
	35–47	6
845	1–3a	2
	37b–38a	2
873	1–20	11
	29–**875** 2	9
880	1/2	1
	22–31	5
	57–59	2
932	1/2	1
	13–16	2
	23–24a	2
936	1–**950** 48	29
971	1–18	10
	25–30	3
1003	1–2a	2
	7–12	3
Insgesamt herauszunehmen:		423

Einzufügen:		Zahl der Blätter:
Übertrag:		271
565	145–148a	3
	183–186	2
567	1/2	1
	35/36	1
600	1–4a	3
	11–18a	6
	23–24a	2
	29/30	1
	35/35a	1
	51–56	3
620	1/2	1
	9/10	1
800	1–2a	2
	50–51a	2
	59/60	1
	84/85	1
	93–98	3
815	1–16a	9
	22–25a	4
	31–36c	7
	45–69a	14
	75–82	4
823	1/2	1
	19–**830** 2	2
830	33–36a	3
835	1/2	1
	22–24a	2
	35–47	6
845	1–3a	2
	38–38c	2
873	1–20a	11
	29–**875** 2a	10
880	1/2	1
	22–31a	6
	57–59a	2
932	1/2	1
	13–16	2
	23–24a	2
936	1–**950** 54	30
971	1–18	9
	25–30	3
1003	1–2a	2
	7–12	3
Insgesamt einzufügen:		444

SARTORIUS

Verfassungs- und Verwaltungsgesetze

Textausgabe

Begründet von Dr. Carl Sartorius

Stand: 8. Juli 2021
(131. Ergänzungslieferung)

C.H.BECK

Dieses Titelblatt entstammt der 131. Ergänzungslieferung Juli 2021
(Anschluss an die 130. Ergänzungslieferung Mai 2021)
ISBN 978 3 406 76357 1

Redaktioneller Hinweis:

Paragraphenüberschriften in eckigen Klammern sind nicht amtlich.
Sie sind ebenso wie die Fußnoten urheber- und wettbewerbsgeschützt.
Die Angaben zum Stand der Sammlung auf dem Titelblatt beziehen sich
auf das Verkündungsdatum der maßgebenden Gesetzes-, Verordnungs- und
Amtsblätter.
Anregungen und Hinweise zur Gestaltung der Textsammlung
bitte an den Verlag oder an

sartorius.redaktion@beck.de

www.beck.de

ISBN 978 3 406 45645 9 (Grundwerk zur Fortsetzung für 12 Monate)
ISBN 978 3 406 63600 4 (Grundwerk ohne Fortsetzung)

Wilhelmstraße 9, 80801 München
Satz, Druck und Bindung: Druckerei C. H. Beck Nördlingen
(Adresse wie Verlag)

Gedruckt auf säurefreiem, alterungsbeständigem Papier
(hergestellt aus chlorfrei gebleichtem Zellstoff)

7. Gesetz zur Beschränkung des Brief-, Post- und Fernmeldegeheimnisses (Artikel 10-Gesetz – G 10)[1) 2) 3)]

Vom 26. Juni 2001
(BGBl. I S. 1254, ber. S. 2298, 2017 S. 154)

FNA 190-4

geänd. durch Art. 4 TerrorismusbekämpfungsG[4)] v. 9.1.2002 (BGBl. I S. 361, ber. S. 3142, geänd. 2007 I S. 2), Art. 11 Nr. 5 ZuwanderungsG v. 20.6.2002 (BGBl. I S. 1946, nichtig gem. Urt. des BVerfG v. 18.12.2002 – 2 BvF 1/02 –), Art. 5 Abs. 1 34. StrafrechtsÄndG v. 22.8.2002 (BGBl. I S. 3390), Art. 4 G zur Umsetzung des Rahmenbeschlusses des Rates vom 13. Juni 2002 zur Terrorismusbekämpfung und zur Änd. anderer Gesetze v. 22.12.2003 (BGBl. I S. 2836), Art. 4 Abs. 6 KostenrechtsmodernisierungsG v. 5.5.2004 (BGBl. I S. 718), § 151 Abs. 2 TelekommunikationsG v. 22.6.2004 (BGBl. I S. 1190), Art. 11 Nr. 5 ZuwanderungsG v. 30.7.2004 (BGBl. I S. 1950), Art. 3 Abs. 1 37. StrafrechtsÄndG v. 11.2.2005 (BGBl. I S. 239), Art. 5 und 10 Abs. 4 TerrorismusbekämpfungsergänzungsG v. 5.1.2007 (BGBl. I S. 2, Art. 10 Abs. 4 aufgeh. durch G v. 3.12.2020, BGBl. I S. 2667), Art. 1 G zur Änd. telekommunikations-

---

[1)] Verkündet als Art. 1 Artikel 10-NeuregelungsG v. 26.6.2001 (BGBl. I S. 1254, ber. S. 2298, 2017 S. 154); Inkrafttreten gem. Art. 5 Satz 1 dieses G am 29.6.2001.

[2)] Ua haben folgende Länder Durch- bzw. Ausführungsbestimmungen zum Artikel 10-Gesetz erlassen:
- **Baden-Württemberg:** Gesetz zur Ausführung des Artikel 10-Gesetzes (Ausführungsgesetz zum Artikel 10-Gesetz – AG G10) v. 13.5.1969 (GBl. S. 79), zuletzt geänd. durch G v. 18.12.2018 (GBl. S. 1552),
- **Bayern:** Gesetz über die Aufgaben der G10-Kommission im Bayerischen Landtag und zur Ausführung des Art. 10-Gesetzes (Ausführungsgesetz Art. 10-Gesetz – AGG 10) v. 11.12.1984 (GVBl. S. 522), zuletzt geänd. durch V v. 26.3.2019 (GVBl. S. 98),
- **Berlin:** Gesetz zur Ausführung des Artikel 10-Gesetzes (AG G 10) idF der Bek. v. 25.6.2001 (GVBl. S. 251), zuletzt geänd. durch G v. 5.12.2003 (GVBl. S. 571),
- **Brandenburg:** Gesetz zur Ausführung des Artikel 10-Gesetzes v. 14.12.1995 (GVBl. I S. 286), zuletzt geänd. durch G v. 27.2.2020 (GVBl. I Nr. 4),
- **Bremen:** Gesetz zur Ausführung des Gesetzes zur Beschränkung des Brief-, Post- und Fernmeldegeheimnisses v. 14.10.1969 (Brem.GBl. S. 131), zuletzt geänd. durch G v. 11.4.2017 (Brem.GBl. S. 157),
- **Hamburg:** Gesetz zur Ausführung des Artikel 10-Gesetzes v. 17.1.1969 (HmbGVBl. S. 5), zuletzt geänd. durch G v. 24.1.2020 (HmbGVBl. S. 99, 123),
- **Hessen:** Hessisches Ausführungsgesetz zum Artikel 10-Gesetz v. 16.12.1969 (GVBl. I S. 303), zuletzt geänd. durch G v. 23.6.2020 (GVBl. S. 430),
- **Mecklenburg-Vorpommern:** Gesetz zur Ausführung des Artikel 10-Gesetzes v. 17.7.1992 (GVOBl. M-V S. 486), zuletzt geänd. durch G v. 30.7.2007 (GVOBl. M-V S. 278),
- **Niedersachsen:** Niedersächsisches Gesetz zur Ausführung des Artikel 10-Gesetzes v. 27.1.2004 (Nds. GVBl. S. 38), zuletzt geänd. durch G v. 7.7.2021 (Nds. GVBl. S. 483),
- **Rheinland-Pfalz:** Landesgesetz zur parlamentarischen Kontrolle von Beschränkungen des Brief-, Post- und Fernmeldegeheimnisses v. 16.12.2002 (GVBl. S. 477), zuletzt geänd. durch G v. 22.12.2015 (GVBl. S. 461),
- **Saarland:** Gesetz zur Durchführung des Artikel 10-Gesetzes (G 10-Durchführungsgesetz) v. 19.3.2003 (Amtsbl. S. 1350), zuletzt geänd. durch G v. 18.4.2018 (Amtsbl. I S. 332),
- **Sachsen:** Gesetz zur Ausführung des Artikel 10-Gesetzes im Freistaat Sachsen (SächsAG G 10) v. 16.10.1992 (SächsGVBl. S. 464), zuletzt geänd. durch G v. 3.5.2019 (SächsGVBl. S. 312)
- **Sachsen-Anhalt:** Gesetz zur Ausführung des Artikel 10-Gesetzes (AG G 10-LSA) v. 26.1.2006 (GVBl. LSA S. 25), zuletzt geänd. durch G v. 21.10.2020 (GVBl. LSA S. 596),
- **Thüringen:** Thüringer Gesetz zur Ausführung des Artikel 10-Gesetzes v. 16.7.2008 (GVBl. S. 245), zuletzt geänd. durch G v. 6.6.2018 (GVBl. S. 229).

[3)] Die Änderungen durch G v. 19.4.2021 (BGBl. I S. 771) treten erst **mWv 1.1.2022**, die Änderungen durch G v. 23.6.2021 (BGBl. I S. 1858) treten erst **mWv 1.12.2021** und die Änderungen durch G v. 5.7.2021 (BGBl. I S. 2274) treten teilweise erst **mWv 1.12.2021** in Kraft und sind insoweit im Text noch nicht berücksichtigt.

[4)] Gem. Art. 22 Abs. 2 dieses G gilt das Artikel 10-G vom **11.1.2007** an wieder in seiner am 31.12.2001 maßgeblichen Fassung.

rechtlicher Vorschriften v. 18.2.2007 (BGBl. I S. 106), Art. 78 Abs. 1 Zweites G über die Bereinigung von Bundesrecht im Zuständigkeitsbereich des BMJ v. 23.11.2007 (BGBl. I S. 2614), Art. 5 Telekommunikationsüberwachung-NeuregelungsG v. 21.12.2007 (BGBl. I S. 3198), Art. 2 TK-Entschädigungs-NeuordnungsG v. 29.4.2009 (BGBl. I S. 994), Art. 3 Abs. 1 G zur Fortentwicklung der parlamentarischen Kontrolle der Nachrichtendienste des Bundes v. 29.7.2009 (BGBl. I S. 2346), Art. 4 Abs. 1 G zur Verfolgung der Vorbereitung von schweren staatsgefährdenden Gewalttaten v. 30.7.2009 (BGBl. I S. 2437), Art. 1 Erstes G zur Änd. des Artikel 10-G v. 31.7.2009 (BGBl. I S. 2499), Art. 5 G zur Änd. des BundesverfassungsschutzG v. 7.12.2011 (BGBl. I S. 2576), Art. 2 Abs. 4 G zur Modernisierung des Außenwirtschaftsrechts v. 6.6.2013 (BGBl. I S. 1482), Art. 2 Abs. 1 GVVG-ÄnderungsG v. 12.6.2015 (BGBl. I S. 926), Art. 6 G zur Verbesserung der Zusammenarbeit im Bereich des Verfassungsschutzes v. 17.11.2015 (BGBl. I S. 1938), Art. 5 G zum besseren Informationsaustausch bei der Bekämpfung des internationalen Terrorismus v. 26.7.2016 (BGBl. I S. 1818), Art. 2 G zur weiteren Fortentwicklung der parlamentarischen Kontrolle der Nachrichtendienste des Bundes v. 30.11.2016 (BGBl. I S. 2746), Art. 2 Abs. 1 G zur Änd. des Völkerstrafgesetzbuches v. 22.12.2016 (BGBl. I S. 3150), Art. 3 Abs. 3 G zur Ausland-Ausland-Fernmeldeaufklärung des Bundesnachrichtendienstes v. 23.12.2016 (BGBl. I S. 3346), Art. 2 Abs. 2 Erstes G zur Änd. des SicherheitsüberprüfungsG v. 16.6.2017 (BGBl. I S. 1634), Art. 6 Datenschutz-Anpassungs- und -UmsetzungsG EU v. 30.6.2017 (BGBl. I S. 2097), Art. 12 G zur effektiveren und praxistauglicheren Ausgestaltung des Strafverfahrens v. 17.8.2017 (BGBl. I S. 3202), Art. 38 Elfte ZuständigkeitsanpassungsVO v. 19.6.2020 (BGBl. I S. 1328), Art. 2 Abs. 3 G zur Neustrukturierung des Zollfahndungsdienstgesetzes v. 30.3.2021 (BGBl. I S. 402), Art. 5 G zur Anpassung der Regelungen über die Bestandsdatenauskunft an die Vorgaben aus der Entscheidung des BVerfG v. 27.5.2020 v. 30.3.2021 (BGBl. I S. 448), Art. 2 G zur Änd. des BND-G zur Umsetzung der Vorgaben des Bundesverfassungsgerichts sowie des Bundesverwaltungsgerichts v. 19.4.2021 (BGBl. I S. 771), Art. 7 TelekommunikationsmodernisierungsG v. 23.6.2021 (BGBl. I S. 1858) und Art. 5, Art. 6 Abs. 4 Verfassungsschutzrechts-AnpassungsG v. 5.7.2021 (BGBl. I S. 2274)

Der Bundestag hat das folgende Gesetz beschlossen:

Abschnitt 1. Allgemeine Bestimmungen

§ 1[1] Gegenstand des Gesetzes. (1) Es sind

1. die Verfassungsschutzbehörden des Bundes und der Länder, der Militärische Abschirmdienst und der Bundesnachrichtendienst zur Abwehr von drohenden Gefahren für die freiheitliche demokratische Grundordnung oder den Bestand oder die Sicherheit des Bundes oder eines Landes einschließlich der Sicherheit der in der Bundesrepublik Deutschland stationierten Truppen der nichtdeutschen Vertragsstaaten des Nordatlantikvertrages,
2. der Bundesnachrichtendienst im Rahmen seiner Aufgaben nach § 1 Abs. 2 des BND-Gesetzes[2] auch zu den in § 5 Abs. 1 Satz 3 Nr. 2 bis 8 und § 8 Abs. 1 Satz 1 bestimmten Zwecken

berechtigt, die Telekommunikation zu überwachen und aufzuzeichnen, in den Fällen der Nummer 1 auch die dem Brief- oder Postgeheimnis unterliegenden Sendungen zu öffnen und einzusehen.

(2) Soweit Maßnahmen nach Absatz 1 von Behörden des Bundes durchgeführt werden, unterliegen sie der Kontrolle durch das Parlamentarische Kontrollgremium und durch eine besondere Kommission (G 10-Kommission).

---

[1] § 1 Abs. 1 Nr. 2 geänd. mWv 5.8.2009 durch G v. 31.7.2009 (BGBl. I S. 2499); Abs. 1 Nr. 2 geänd. mWv 21.11.2015 durch G v. 17.11.2015 (BGBl. I S. 1938).

[2] **Sartorius III Nr. 805.**

§ 2[1)] Pflichten der Anbieter von Post- und Telekommunikationsdiensten; Verordnungsermächtigung. (1) [1] Wer geschäftsmäßig Postdienste erbringt oder an der Erbringung solcher Dienste mitwirkt, hat der berechtigten Stelle auf Anordnung Auskunft über die näheren Umstände des Postverkehrs zu erteilen und Sendungen, die ihm zum Einsammeln, Weiterleiten oder Ausliefern anvertraut sind, auszuhändigen. [2] Der nach Satz 1 Verpflichtete hat der berechtigten Stelle auf Verlangen die zur Vorbereitung einer Anordnung erforderlichen Auskünfte zu Postfächern zu erteilen, ohne dass es hierzu einer gesonderten Anordnung bedarf.

(1a) [1] Wer geschäftsmäßig Telekommunikationsdienste erbringt oder an der Erbringung solcher Dienste mitwirkt, hat der berechtigten Stelle auf Anordnung

1. Auskunft über die näheren Umstände der nach Wirksamwerden der Anordnung durchgeführten Telekommunikation zu erteilen,
2. Inhalte, die ihm zur Übermittlung auf dem Telekommunikationsweg anvertraut sind, auszuleiten,
3. die Überwachung und Aufzeichnung der Telekommunikation zu ermöglichen, auch durch Zugangsgewährung zu seinen Einrichtungen während seiner üblichen Geschäftszeiten, sowie
4. die Einbringung von technischen Mitteln zur Durchführung einer Maßnahme nach § 11 Absatz 1a durch Unterstützung bei der Umleitung von Telekommunikation durch die berechtigte Stelle zu ermöglichen
   a) durch Mitteilung der zur Erbringung in den umgeleiteten Datenstrom erforderlichen Informationen über die Strukturen der von ihm betriebenen Telekommunikationsnetze und Telekommunikationsanlagen sowie die von ihm erbrachten Telekommunikationsdienste;
   b) durch sonstige Unterstützung bei der Umleitung einschließlich der Gewährung des Zugangs zu seinen Einrichtungen während seiner üblichen Geschäftszeiten sowie der Ermöglichung der Aufstellung und des Betriebs von Geräten für die Durchführung der Maßnahme.

[2] Das Nähere zur technischen und organisatorischen Umsetzung der Mitwirkungspflichten nach Satz 1 Nummer 1 bis 3 bestimmt sich nach § 110 des Telekommunikationsgesetzes[2)] und der dazu erlassenen Rechtsverordnung. [3] In den Fällen des Satzes 1 Nummer 1 bleiben § 8a Absatz 1 Satz 1 Nummer 4 des Bundesverfassungsschutzgesetzes[3)], § 4a des MAD-Gesetzes[4)] und § 3 des BND-Gesetzes[5)] unberührt. [4] Satz 1 Nummer 4 Buchstabe b gilt nur für denjenigen, der eine Telekommunikationsanlage betreibt, mit der öffentlich zugängliche Internetzugangsdienste oder öffentlich zugängliche Dienste, die ganz oder überwiegend in der Übertragung von Signalen bestehen, erbracht werden.

[1)] § 2 Abs. 1 Satz 4 geänd. mWv 26.6.2004 durch G v. 22.6.2004 (BGBl. I S. 1190); Abs. 1 Satz 4 eingef., bish. Satz 4 wird Satz 5 mWv 11.1.2007 durch G v. 5.1.2007 (BGBl. I S. 2); Abs. 1 Satz 4 geänd., Abs. 2 Satz 1 neu gef., Satz 3 eingef., bish. Satz 3 wird Satz 4, Abs. 3 Satz 1 geänd. mWv 5.8.2009 durch G v. 31.7.2009 (BGBl. I S. 2499); Abs. 1 Satz 4 geänd. mWv 10.1.2012 durch G v. 7.12.2011 (BGBl. I S. 2576); Abs. 2 Satz 3 geänd. mWv 21.11.2015 durch G v. 17.11.2015 (BGBl. I S. 1938); Abs. 1 Satz 4 geänd. mWv 31.12.2016 durch G v. 23.12.2016 (BGBl. I S. 3346); Abs. 2 Satz 4 neu gef. mWv 21.6.2017 durch G v. 16.6.2017 (BGBl. I S. 1634); Abs. 2 Satz 3 und Abs. 3 Satz 3 geänd. mWv 27.6.2020 durch VO v. 19.6.2020 (BGBl. I S. 1328); Abs. 1 Satz 4 geänd. mWv 2.4.2021 durch G v. 30.3.2021 (BGBl. I S. 448); Überschrift neu gef., Abs. 1 Satz 3–5 aufgeh., Abs. 1a und 1b eingef., Abs. 2 Satz 1 einl. Satzteil, Satz 3 und 4 geänd. mWv 9.7.2021 durch G v. 5.7.2021 (BGBl. I S. 2274).

[2)] **Sartorius ErgBd. Nr. 920.**

[3)] Nr. **80.**

[4)] **Sartorius III Nr. 806.**

[5)] **Sartorius III Nr. 805.**

(1b) Das Bundesministerium des Innern, für Bau und Heimat wird ermächtigt, durch Rechtsverordnung im Einvernehmen mit dem Bundeskanzleramt, dem Bundesministerium für Wirtschaft und Energie, dem Bundesministerium für Verkehr und digitale Infrastruktur, dem Bundesministerium der Justiz und für Verbraucherschutz und dem Bundesministerium der Verteidigung mit Zustimmung des Bundesrates das Nähere zur technischen und organisatorischen Umsetzung der Mitwirkungspflichten nach Absatz 1a Satz 1 Nummer 4 zu bestimmen.

(2) [1] Der nach Absatz 1 oder Absatz 1a Verpflichtete hat vor Durchführung einer beabsichtigten Beschränkungsmaßnahme unverzüglich die Personen, die mit der Durchführung der Maßnahme betraut werden sollen,

1. auszuwählen,
2. einer einfachen Sicherheitsüberprüfung unterziehen zu lassen und
3. über Mitteilungsverbote nach § 17 sowie die Strafbarkeit eines Verstoßes nach § 18 zu belehren; die Belehrung ist aktenkundig zu machen.

[2] Mit der Durchführung einer Beschränkungsmaßnahme dürfen nur Personen betraut werden, die nach Maßgabe des Satzes 1 überprüft und belehrt worden sind. [3] Nach Zustimmung des Bundesministeriums des Innern, für Bau und Heimat, bei Beschränkungsmaßnahmen einer Landesbehörde des zuständigen Landesministeriums, kann der Behördenleiter der berechtigten Stelle oder dessen Stellvertreter die nach Absatz 1 oder Absatz 1a Verpflichteten schriftlich auffordern, die Beschränkungsmaßnahme bereits vor Abschluss der Sicherheitsüberprüfung durchzuführen. [4] Der nach Absatz 1 oder Absatz 1a Verpflichtete hat sicherzustellen, dass die Geheimschutzmaßnahmen zum Schutz als VS-NUR FÜR DEN DIENSTGEBRAUCH eingestufter Informationen gemäß der nach § 35 Absatz 1 des Sicherheitsüberprüfungsgesetzes[1)] zu erlassenden allgemeinen Verwaltungsvorschrift zum materiellen Geheimschutz in der jeweils geltenden Fassung getroffen werden.

(3) [1] Die Sicherheitsüberprüfung nach Absatz 2 Satz 1 Nr. 2 ist entsprechend dem Sicherheitsüberprüfungsgesetz durchzuführen. [2] Für Beschränkungsmaßnahmen einer Landesbehörde gilt dies nicht, soweit Rechtsvorschriften des Landes vergleichbare Bestimmungen enthalten; in diesem Fall sind die Rechtsvorschriften des Landes entsprechend anzuwenden. [3] Zuständig ist bei Beschränkungsmaßnahmen von Bundesbehörden das Bundesministerium des Innern, für Bau und Heimat; im Übrigen sind die nach Landesrecht bestimmten Behörden zuständig. [4] Soll mit der Durchführung einer Beschränkungsmaßnahme eine Person betraut werden, für die innerhalb der letzten fünf Jahre bereits eine gleich- oder höherwertige Sicherheitsüberprüfung nach Bundes- oder Landesrecht durchgeführt worden ist, soll von einer erneuten Sicherheitsüberprüfung abgesehen werden.

Abschnitt 2. Beschränkungen in Einzelfällen

§ 3[2)] Voraussetzungen. (1) [1] Beschränkungen nach § 1 Abs. 1 Nr. 1 dürfen unter den dort bezeichneten Voraussetzungen angeordnet werden, wenn tatsächliche Anhaltspunkte für den Verdacht bestehen, dass jemand

---

[1)] **Sartorius III Nr. 810.**

[2)] § 3 Abs. 1 Satz 1 Nr. 6 Buchst. a geänd. mWv 30.8.2002 durch G v. 22.8.2002 (BGBl. I S. 3390); Abs. 1 Satz 1 Nr. 7 geänd. mWv 1.1.2005 durch G v. 30.7.2004 (BGBl. I S. 1950); Abs. 1 Satz 1 Nr. 5 geänd. mWv 30.11.2007 durch G v. 23.11.2007 (BGBl. I S. 2614); Abs. 1 Satz 1 Nr. 2 geänd. mWv 4.8. 2009 durch G v. 30.7.2009 (BGBl. I S. 2437); Abs. 1a eingef. mWv 5.8.2009 durch G v. 31.7.2009 (BGBl. I S. 2499); Abs. 1 Satz 1 Nr. 2 geänd. mWv 20.6.2015 durch G v. 12.6.2015 (BGBl. I S. 926); →

1. Straftaten des Friedensverrats oder des Hochverrats (§§ 80a bis 83 des Strafgesetzbuches[1]),
2. Straftaten der Gefährdung des demokratischen Rechtsstaates (§§ 84 bis 86, 87 bis 89b, 89c Absatz 1 bis 4 des Strafgesetzbuches, § 20 Abs. 1 Nr. 1 bis 4 des Vereinsgesetzes[2]),
3. Straftaten des Landesverrats und der Gefährdung der äußeren Sicherheit (§§ 94 bis 96, 97a bis 100a des Strafgesetzbuches),
4. Straftaten gegen die Landesverteidigung (§§ 109e bis 109g des Strafgesetzbuches),
5. Straftaten gegen die Sicherheit der in der Bundesrepublik Deutschland stationierten Truppen der nichtdeutschen Vertragsstaaten des Nordatlantikvertrages (§§ 87, 89, 94 bis 96, 98 bis 100, 109e bis 109g des Strafgesetzbuches in Verbindung mit § 1 des NATO-Truppen-Schutzgesetzes),
6. Straftaten nach
   a) den §§ 129a bis 130 des Strafgesetzbuches sowie
   b) den §§ 211, 212, 239a, 239b, 306 bis 306c, 308 Abs. 1 bis 3, § 315 Abs. 3, § 316b Abs. 3 und § 316c Abs. 1 und 3 des Strafgesetzbuches, soweit diese sich gegen die freiheitliche demokratische Grundordnung, den Bestand oder die Sicherheit des Bundes oder eines Landes richten,
7. Straftaten nach § 95 Abs. 1 Nr. 8 des Aufenthaltsgesetzes[3],
8. Straftaten nach den §§ 202a, 202b und 303a, 303b des Strafgesetzbuches, soweit sich die Straftat gegen die innere oder äußere Sicherheit der Bundesrepublik Deutschland, insbesondere gegen sicherheitsempfindliche Stellen von lebenswichtigen Einrichtungen richtet, oder
9. Straftaten nach § 13 des Völkerstrafgesetzbuches[4]

plant, begeht oder begangen hat. [2] Gleiches gilt, wenn tatsächliche Anhaltspunkte für den Verdacht bestehen, dass jemand Mitglied einer Vereinigung ist, deren Zwecke oder deren Tätigkeit darauf gerichtet sind, Straftaten zu begehen, die gegen die freiheitliche demokratische Grundordnung, den Bestand oder die Sicherheit des Bundes oder eines Landes gerichtet sind.

(1a) Beschränkungen nach § 1 Abs. 1 Nr. 1 dürfen unter den dort bezeichneten Voraussetzungen für den Bundesnachrichtendienst auch für Telekommunikationsanschlüsse, die sich an Bord deutscher Schiffe außerhalb deutscher Hoheitsgewässer befinden, angeordnet werden, wenn tatsächliche Anhaltspunkte bestehen, dass jemand eine der in § 72 Absatz 1 und 3 des Zollfahndungsdienstgesetzes genannten Straftaten plant, begeht oder begangen hat.

(2) [1] Die Anordnung ist nur zulässig, wenn die Erforschung des Sachverhalts auf andere Weise aussichtslos oder wesentlich erschwert wäre. [2] Sie darf sich nur gegen den Verdächtigen oder gegen Personen richten, von denen auf Grund bestimmter Tatsachen anzunehmen ist, dass sie für den Verdächtigen bestimmte oder von ihm herrührende Mitteilungen entgegennehmen oder weitergeben oder dass der Ver-

---

(Fortsetzung der Anm. von voriger Seite)
Abs. 1 Satz 1 Nr. 6 Buchst. b und Nr. 7 geänd., Nr. 8 angef. mWv 21.11.2015 durch G v. 17.11.2015 (BGBl. I S. 1938); Abs. 1 Satz 1 Nr. 1, 7 und 8 geänd., Nr. 9 angef. mWv 1.1.2017 durch G v. 22.12.2016 (BGBl. I S. 3150); Abs. 1a geänd. mWv 2.4.2021 durch G v. 30.3.2021 (BGBl. I S. 402).

[1] **Schönfelder Nr. 85.**

[2] Nr. **425**.

[3] Nr. **565**.

[4] **Schönfelder ErgBd. Nr. 85g.**

dächtige ihren Anschluss benutzt. [3] Maßnahmen, die sich auf Sendungen beziehen, sind nur hinsichtlich solcher Sendungen zulässig, bei denen Tatsachen die Annahme rechtfertigen, dass sie von dem, gegen den sich die Anordnung richtet, herrühren oder für ihn bestimmt sind. [4] Abgeordnetenpost von Mitgliedern des Deutschen Bundestages und der Parlamente der Länder darf nicht in eine Maßnahme einbezogen werden, die sich gegen einen Dritten richtet.

§ 3a[1)] Schutz des Kernbereichs privater Lebensgestaltung. (1) [1] Beschränkungen nach § 1 Abs. 1 Nr. 1 sind unzulässig, soweit tatsächliche Anhaltspunkte für die Annahme vorliegen, dass durch sie allein Erkenntnisse aus dem Kernbereich privater Lebensgestaltung erfasst würden. [2] Soweit im Rahmen von Beschränkungen nach § 1 Abs. 1 Nr. 1 neben einer automatischen Aufzeichnung eine unmittelbare Kenntnisnahme erfolgt, ist die Maßnahme unverzüglich zu unterbrechen, soweit sich während der Überwachung tatsächliche Anhaltspunkte dafür ergeben, dass Inhalte, die dem Kernbereich privater Lebensgestaltung zuzurechnen sind, erfasst werden. [3] Bestehen insoweit Zweifel, darf nur eine automatische Aufzeichnung fortgesetzt werden. [4] Automatische Aufzeichnungen nach Satz 3 sind unverzüglich einem bestimmten Mitglied der G10-Kommission oder seinem Stellvertreter zur Entscheidung über die Verwertbarkeit oder Löschung der Daten vorzulegen. [5] Das Nähere regelt die Geschäftsordnung. [6] Die Entscheidung des Mitglieds der Kommission, dass eine Verwertung erfolgen darf, ist unverzüglich durch die Kommission zu bestätigen. [7] Ist die Maßnahme nach Satz 2 unterbrochen worden, so darf sie für den Fall, dass sie nicht nach Satz 1 unzulässig ist, fortgeführt werden. [8] Erkenntnisse aus dem Kernbereich privater Lebensgestaltung, die durch eine Beschränkung nach § 1 Abs. 1 Nr. 1 erlangt worden sind, dürfen nicht verwertet werden. [9] Aufzeichnungen hierüber sind unverzüglich zu löschen. [10] Die Tatsachen der Erfassung der Daten und der Löschung sind zu dokumentieren. [11] Die Dokumentation darf ausschließlich für Zwecke der Datenschutzkontrolle verwendet werden. [12] Sie ist sechs Monate nach der Mitteilung nach § 12 Absatz 1 Satz 1 oder der Feststellung nach § 12 Absatz 1 Satz 5 zu löschen.

(2) [1] Bei Gefahr im Verzug können Aufzeichnungen nach Absatz 1 Satz 3 unter Aufsicht eines Bediensteten, der die Befähigung zum Richteramt hat, gesichtet werden. [2] Der Bedienstete entscheidet im Benehmen mit dem nach § 5 des Bundesdatenschutzgesetzes[2)] oder entsprechenden landesrechtlichen Vorschriften benannten Datenschutzbeauftragten oder einem von diesem beauftragten Beschäftigten, für den § 6 Absatz 3 des Bundesdatenschutzgesetzes insoweit entsprechend gilt, über eine vorläufige Nutzung.

§ 3b[3)] Schutz zeugnisverweigerungsberechtigter Personen. (1) [1] Maßnahmen nach § 1 Abs. 1 Nr. 1, die sich gegen eine in § 53 Absatz 1 Satz 1 Nummer 1, 2, 3 oder Nummer 4 der Strafprozessordnung[4)] genannte Person, im Falle von § 53 Absatz 1 Satz 1 Nummer 3 der Strafprozessordnung beschränkt auf Rechtsanwälte und Kammerrechtsbeistände, richten und voraussichtlich Erkenntnisse erbringen würden, über die diese Person das Zeugnis verweigern dürfte, sind unzulässig. [2] Dennoch erlangte Erkenntnisse dürfen nicht verwertet werden.

[1)] § 3a eingef. mWv 5.8.2009 durch G v. 31.7.2009 (BGBl. I S. 2499); Abs. 1 Satz 12 neu gef. und Abs. 2 angef. mWv 9.7.2021 durch G v. 5.7.2021 (BGBl. I S. 2274).

[2)] Nr. **245**.

[3)] § 3b eingef. mWv 5.8.2009 durch G v. 31.7.2009 (BGBl. I S. 2499); Abs. 1 Satz 1 und 5, Abs. 2 Satz 1 geänd. mWv 9.7.2021 durch G v. 5.7.2021 (BGBl. I S. 2274).

[4)] **Schönfelder Nr. 90.**

[3] Aufzeichnungen hierüber sind unverzüglich zu löschen. [4] Die Tatsache ihrer Erlangung und Löschung ist zu dokumentieren. [5] Die Sätze 2 bis 3 gelten entsprechend, wenn durch eine Maßnahme, die sich nicht gegen eine in Satz 1 genannte Person richtet, von einer dort genannten Person Erkenntnisse erlangt werden, über die sie das Zeugnis verweigern dürfte.

(2) [1] Soweit durch eine Beschränkung eine in § 53 Abs. 1 Satz 1 Nr. 3 bis 3b oder Nr. 5 der Strafprozessordnung genannte Person, im Falle von § 53 Absatz 1 Satz 1 Nummer 3 der Strafprozessordnung mit Ausnahme von Rechtsanwälten und Kammerrechtsbeiständen, betroffen wäre und dadurch voraussichtlich Erkenntnisse erlangt würden, über die diese Person das Zeugnis verweigern dürfte, ist dies im Rahmen der Prüfung der Verhältnismäßigkeit unter Würdigung des öffentlichen Interesses an den von dieser Person wahrgenommenen Aufgaben und des Interesses an der Geheimhaltung der dieser Person anvertrauten oder bekannt gewordenen Tatsachen besonders zu berücksichtigen. [2] Soweit hiernach geboten, ist die Maßnahme zu unterlassen oder, soweit dies nach der Art der Maßnahme möglich ist, zu beschränken.

(3) Die Absätze 1 und 2 gelten entsprechend, soweit die in § 53a der Strafprozessordnung Genannten das Zeugnis verweigern dürften.

(4) Die Absätze 1 bis 3 gelten nicht, sofern die zeugnisverweigerungsberechtigte Person Verdächtiger im Sinne des § 3 Abs. 2 Satz 2 ist oder tatsächliche Anhaltspunkte den Verdacht begründen, dass sie dessen in § 3 Abs. 1 bezeichnete Bestrebungen durch Entgegennahme oder Weitergabe von Mitteilungen bewusst unterstützt.

§ 4[1)] Prüf-, Kennzeichnungs- und Löschungspflichten, Übermittlungen, Zweckbindung. (1) [1] Die erhebende Stelle prüft unverzüglich und sodann in Abständen von höchstens sechs Monaten, ob die erhobenen personenbezogenen Daten im Rahmen ihrer Aufgaben allein oder zusammen mit bereits vorliegenden Daten für die in § 1 Abs. 1 Nr. 1 bestimmten Zwecke erforderlich sind. [2] Soweit die Daten für diese Zwecke nicht erforderlich sind und nicht für eine Übermittlung an andere Stellen benötigt werden, sind sie unverzüglich unter Aufsicht eines Bediensteten, der die Befähigung zum Richteramt hat, zu löschen. [3] Die Löschung ist zu protokollieren. [4] Die Protokolldaten dürfen ausschließlich zur Durchführung der Datenschutzkontrolle verwendet werden. [5] Die Protokolldaten sind am Ende des Kalenderjahres, das dem Jahr der Protokollierung folgt, zu löschen. [6] Die Löschung der Daten unterbleibt, soweit die Daten für eine Mitteilung nach § 12 Abs. 1 oder für eine gerichtliche Nachprüfung der Rechtmäßigkeit der Beschränkungsmaßnahme von Bedeutung sein können. [7] In diesem Fall ist die Verarbeitung der Daten einzuschränken; sie dürfen nur zu diesen Zwecken verwendet werden.

(2) [1] Die verbleibenden Daten sind zu kennzeichnen. [2] Nach einer Übermittlung ist die Kennzeichnung durch den Empfänger aufrechtzuerhalten. [3] Die Daten dürfen nur zu den in § 1 Abs. 1 Nr. 1 und den in Absatz 4 genannten Zwecken verwendet werden.

(3) [1] Der Behördenleiter oder sein Stellvertreter kann anordnen, dass bei der Übermittlung auf die Kennzeichnung verzichtet wird, wenn dies unerlässlich ist, um die Geheimhaltung einer Beschränkungsmaßnahme nicht zu gefährden, und die G 10-Kommission oder, soweit es sich um die Übermittlung durch eine

---

1) § 4 Abs. 1 Sätze 4 und 5 eingef., bish. Sätze 4 und 5 werden Sätze 6 und 7, neuer Satz 6 geänd., Abs. 4 Nr. 1 Buchst. a geänd. mWv 5.8.2009 durch G v. 31.7.2009 (BGBl. I S. 2499); Abs. 1 Satz 7 neu gef., Abs. 4 Satz 1 einl. Satzteil geänd., Satz 2 angef. mWv 25.5.2018 durch G v. 30.6.2017 (BGBl. I S. 2097).

Landesbehörde handelt, die nach Landesrecht zuständige Stelle zugestimmt hat. [2]Bei Gefahr im Verzuge kann die Anordnung bereits vor der Zustimmung getroffen werden. [3]Wird die Zustimmung versagt, ist die Kennzeichnung durch den Übermittlungsempfänger unverzüglich nachzuholen; die übermittelnde Behörde hat ihn hiervon zu unterrichten.

(4) [1]Die Daten dürfen an andere als die nach § 1 Absatz 1 Nummer 1 berechtigten Stellen nur übermittelt werden

1. zur Verhinderung oder Aufklärung von Straftaten, wenn
   a) tatsächliche Anhaltspunkte für den Verdacht bestehen, dass jemand eine der in § 3 Abs. 1 und 1a genannten Straftaten plant oder begeht,
   b) bestimmte Tatsachen den Verdacht begründen, dass jemand eine sonstige in § 7 Abs. 4 Satz 1 genannte Straftat plant oder begeht,
2. zur Verfolgung von Straftaten, wenn bestimmte Tatsachen den Verdacht begründen, dass jemand eine in Nummer 1 bezeichnete Straftat begeht oder begangen hat, oder
3. zur Vorbereitung und Durchführung eines Verfahrens nach Artikel 21 Abs. 2 Satz 2 des Grundgesetzes[1)] oder einer Maßnahme nach § 3 Abs. 1 Satz 1 des Vereinsgesetzes[2)],

soweit sie zur Erfüllung der Aufgaben des Empfängers erforderlich sind. [2]Bei der Übermittlung an ausländische öffentliche Stellen sowie an über- und zwischenstaatliche Stellen ist daneben § 19 Absatz 3 Satz 2 und 4 des Bundesverfassungsschutzgesetzes[3)] anzuwenden.

(5) [1]Sind mit personenbezogenen Daten, die übermittelt werden dürfen, weitere Daten des Betroffenen oder eines Dritten in Akten so verbunden, dass eine Trennung nicht oder nur mit unvertretbarem Aufwand möglich ist, ist die Übermittlung auch dieser Daten zulässig; eine Verwendung dieser Daten ist unzulässig. [2]Über die Übermittlung entscheidet ein Bediensteter der übermittelnden Stelle, der die Befähigung zum Richteramt hat. [3]Die Übermittlung ist zu protokollieren.

(6) [1]Der Empfänger darf die übermittelten Daten nur für die Zwecke verwenden, zu deren Erfüllung sie ihm übermittelt worden sind. [2]Er prüft unverzüglich und sodann in Abständen von höchstens sechs Monaten, ob die übermittelten Daten für diese Zwecke erforderlich sind. [3]Absatz 1 Satz 2 und 3 gilt entsprechend. [4]Der Empfänger unterrichtet die übermittelnde Stelle unverzüglich über die erfolgte Löschung.

Abschnitt 3. Strategische Beschränkungen

§ 5[4)] Voraussetzungen. (1) [1]Auf Antrag des Bundesnachrichtendienstes dürfen Beschränkungen nach § 1 für internationale Telekommunikationsbeziehungen, soweit eine gebündelte Übertragung erfolgt, angeordnet werden. [2]Die jeweiligen Telekommunikationsbeziehungen werden von dem nach § 10 Abs. 1 zuständigen Bundesministerium mit Zustimmung des Parlamentarischen Kontrollgremiums bestimmt. [3]Beschränkungen nach Satz 1 sind nur zulässig zur Sammlung von Informationen über Sachverhalte, deren Kenntnis notwendig ist, um die Gefahr

---

[1)] Nr. **1**.

[2)] Nr. **425**.

[3)] Nr. **80**.

[4)] § 5 Abs. 1 Satz 3 Nr. 4 neu gef., Nr. 5 und 6 geänd., Nr. 7 angef., Abs. 2 Satz 2 neu gef. mWv 5.8. 2009 durch G v. 31.7.2009 (BGBl. I S. 2499); Abs. 1 Satz 3 Nr. 6 und Nr. 7 Buchst. c geänd., Nr. 8 angef. mWv 21.11.2015 durch G v. 17.11.2015 (BGBl. I S. 1938).

1. eines bewaffneten Angriffs auf die Bundesrepublik Deutschland,
2. der Begehung internationaler terroristischer Anschläge mit unmittelbarem Bezug zur Bundesrepublik Deutschland,
3. der internationalen Verbreitung von Kriegswaffen im Sinne des Gesetzes über die Kontrolle von Kriegswaffen[1)] sowie des unerlaubten Außenwirtschaftsverkehrs mit Waren, Datenverarbeitungsprogrammen und Technologien in Fällen von erheblicher Bedeutung,
4. der unbefugten gewerbs- oder bandenmäßig organisierten Verbringung von Betäubungsmitteln in das Gebiet der Europäischen Union in Fällen von erheblicher Bedeutung mit Bezug zur Bundesrepublik Deutschland,
5. der Beeinträchtigung der Geldwertstabilität im Euro-Währungsraum durch im Ausland begangene Geldfälschungen,
6. der international organisierten Geldwäsche in Fällen von erheblicher Bedeutung,
7. des gewerbs- oder bandenmäßig organisierten Einschleusens von ausländischen Personen in das Gebiet der Europäischen Union in Fällen von erheblicher Bedeutung mit Bezug zur Bundesrepublik Deutschland
   a) bei unmittelbarem Bezug zu den Gefahrenbereichen nach Nr. 1 bis 3 oder
   b) in Fällen, in denen eine erhebliche Anzahl geschleuster Personen betroffen ist, insbesondere wenn durch die Art der Schleusung von einer Gefahr für ihr Leib oder Leben auszugehen ist, oder
   c) in Fällen von unmittelbarer oder mittelbarer Unterstützung oder Duldung durch ausländische öffentliche Stellen oder
8. des internationalen kriminellen, terroristischen oder staatlichen Angriffs mittels Schadprogrammen oder vergleichbaren schädlich wirkenden informationstechnischen Mitteln auf die Vertraulichkeit, Integrität oder Verfügbarkeit von IT-Systemen in Fällen von erheblicher Bedeutung mit Bezug zur Bundesrepublik Deutschland

rechtzeitig zu erkennen und einer solchen Gefahr zu begegnen. [4] In den Fällen von Satz 3 Nr. 1 dürfen Beschränkungen auch für Postverkehrsbeziehungen angeordnet werden; Satz 2 gilt entsprechend.

(2) [1] Bei Beschränkungen von Telekommunikationsbeziehungen darf der Bundesnachrichtendienst nur Suchbegriffe verwenden, die zur Aufklärung von Sachverhalten über den in der Anordnung bezeichneten Gefahrenbereich bestimmt und geeignet sind. [2] Es dürfen keine Suchbegriffe verwendet werden, die

1. Identifizierungsmerkmale enthalten, die zu einer gezielten Erfassung bestimmter Telekommunikationsanschlüsse führen, oder
2. den Kernbereich der privaten Lebensgestaltung betreffen.

[3] Dies gilt nicht für Telekommunikationsanschlüsse im Ausland, sofern ausgeschlossen werden kann, dass Anschlüsse, deren Inhaber oder regelmäßige Nutzer deutsche Staatsangehörige sind, gezielt erfasst werden. [4] Die Durchführung ist zu protokollieren. [5] Die Protokolldaten dürfen ausschließlich zu Zwecken der Datenschutzkontrolle verwendet werden. [6] Sie sind am Ende des Kalenderjahres, das dem Jahr der Protokollierung folgt, zu löschen.

[1)] Nr. **823**.

§ 5a[1)] Schutz des Kernbereichs privater Lebensgestaltung. [1] Durch Beschränkungen nach § 1 Abs. 1 Nr. 2 dürfen keine Kommunikationsinhalte aus dem Kernbereich privater Lebensgestaltung erfasst werden. [2] Sind durch eine Beschränkung nach § 1 Abs. 1 Nr. 2 Kommunikationsinhalte aus dem Kernbereich privater Lebensgestaltung erfasst worden, dürfen diese nicht verwertet werden. [3] Sie sind unverzüglich unter Aufsicht eines Bediensteten, der die Befähigung zum Richteramt hat, zu löschen. [4] § 3a Absatz 1 Satz 2 bis 7 und Absatz 2 gilt entsprechend. [5] Die Tatsache der Erfassung der Daten und ihrer Löschung ist zu protokollieren. [6] Die Protokolldaten dürfen ausschließlich zum Zwecke der Durchführung der Datenschutzkontrolle verwendet werden. [7] Sie sind sechs Monate nach der Mitteilung oder der Feststellung nach § 12 Absatz 2 zu löschen.

§ 6[2)] Prüf-, Kennzeichnungs- und Löschungspflichten, Zweckbindung.

(1) [1] Der Bundesnachrichtendienst prüft unverzüglich und sodann in Abständen von höchstens sechs Monaten, ob die erhobenen personenbezogenen Daten im Rahmen seiner Aufgaben allein oder zusammen mit bereits vorliegenden Daten für die in § 5 Abs. 1 Satz 3 bestimmten Zwecke erforderlich sind. [2] Soweit die Daten für diese Zwecke nicht erforderlich sind und nicht für eine Übermittlung an andere Stellen benötigt werden, sind sie unverzüglich unter Aufsicht eines Bediensteten, der die Befähigung zum Richteramt hat, zu löschen. [3] Die Löschung ist zu protokollieren. [4] Die Protokolldaten dürfen ausschließlich zur Durchführung der Datenschutzkontrolle verwendet werden. [5] Die Protokolldaten sind am Ende des Kalenderjahres zu löschen, das dem Jahr der Protokollierung folgt. [6] Außer in den Fällen der erstmaligen Prüfung nach Satz 1 unterbleibt die Löschung, soweit die Daten für eine Mitteilung nach § 12 Abs. 2 oder für eine gerichtliche Nachprüfung der Rechtmäßigkeit der Beschränkungsmaßnahme von Bedeutung sein können. [7] In diesem Fall ist die Verarbeitung der Daten einzuschränken; sie dürfen nur zu diesen Zwecken verwendet werden.

(2) [1] Die verbleibenden Daten sind zu kennzeichnen. [2] Nach einer Übermittlung ist die Kennzeichnung durch den Empfänger aufrechtzuerhalten. [3] Die Daten dürfen nur zu den in § 5 Abs. 1 Satz 3 genannten Zwecken und für Übermittlungen nach § 7 Abs. 1 bis 4a und § 7a verwendet werden.

(3) [1] Auf Antrag des Bundesnachrichtendienstes dürfen zur Prüfung der Relevanz erfasster Telekommunikationsverkehre auf Anordnung des nach § 10 Abs. 1 zuständigen Bundesministeriums die erhobenen Daten in einem automatisierten Verfahren mit bereits vorliegenden Rufnummern oder anderen Kennungen bestimmter Telekommunikationsanschlüsse abgeglichen werden, bei denen tatsächliche Anhaltspunkte dafür bestehen, dass sie in einem Zusammenhang mit dem Gefahrenbereich stehen, für den die Überwachungsmaßnahme angeordnet wurde. [2] Zu diesem Abgleich darf der Bundesnachrichtendienst auch Rufnummern oder andere Kennungen bestimmter Telekommunikationsanschlüsse im Inland verwenden. [3] Die zu diesem Abgleich genutzten Daten dürfen nicht als Suchbegriffe im Sinne des § 5 Abs. 2 Satz 1 verwendet werden. [4] Der Abgleich und die Gründe für die Verwendung der für den Abgleich genutzten Daten sind zu protokollieren. [5] Die Protokolldaten dürfen ausschließlich zu Zwecken der Datenschutzkontrolle

---

[1)] § 5a eingef. mWv 5.8.2009 durch G v. 31.7.2009 (BGBl. I S. 2499); Satz 4 geänd., Satz 7 neu gef. mWv 9.7.2021 durch G v. 5.7.2021 (BGBl. I S. 2274).

[2)] § 6 Abs. 1 Sätze 4 und 5 eingef., bish. Sätze 4 und 5 werden Sätze 6 und 7, Abs. 2 Satz 3 geänd., Abs. 3 angef. mWv 5.8.2009 durch G v. 31.7.2009 (BGBl. I S. 2499); Abs. 2 Satz 3 geänd. mWv 21.11. 2015 durch G v. 17.11.2015 (BGBl. I S. 1938); Abs. 1 Satz 7 neu gef. mWv 25.5.2018 durch G v. 30.6. 2017 (BGBl. I S. 2097).

verwendet werden. [6]Sie sind am Ende des Kalenderjahres, das dem Jahr der Protokollierung folgt, zu vernichten.

§ 7[1)] Übermittlungen durch den Bundesnachrichtendienst. (1) Durch Beschränkungen nach § 5 erhobene personenbezogene Daten dürfen nach § 33 des BND-Gesetzes[2)] zur Unterrichtung über die in § 5 Abs. 1 Satz 3 genannten Gefahren übermittelt werden.

(2) Durch Beschränkungen nach § 5 erhobene personenbezogene Daten dürfen an die Verfassungsschutzbehörden des Bundes und der Länder sowie an den Militärischen Abschirmdienst übermittelt werden, wenn

1. tatsächliche Anhaltspunkte dafür bestehen, dass die Daten erforderlich sind zur Sammlung und Auswertung von Informationen über Bestrebungen in der Bundesrepublik Deutschland, die durch Anwendung von Gewalt oder darauf gerichtete Vorbereitungshandlungen gegen die in § 3 Abs. 1 Nr. 1, 3 und 4 des Bundesverfassungsschutzgesetzes[3)] genannten Schutzgüter gerichtet sind,
2. bestimmte Tatsachen den Verdacht sicherheitsgefährdender oder geheimdienstlicher Tätigkeiten für eine fremde Macht begründen oder
3. im Falle des § 5 Absatz 1 Satz 1 in Verbindung mit Satz 3 Nummer 8 tatsächliche Anhaltspunkte dafür bestehen, dass die Angriffe von Bestrebungen oder Tätigkeiten nach § 3 Absatz 1 des Bundesverfassungsschutzgesetzes ausgehen.

(3) Durch Beschränkungen nach § 5 Abs. 1 Satz 1 in Verbindung mit Satz 3 Nr. 3 erhobene personenbezogene Daten dürfen an das Bundesamt für Wirtschaft und Ausfuhrkontrolle (BAFA) übermittelt werden, wenn tatsächliche Anhaltspunkte dafür bestehen, dass die Kenntnis dieser Daten erforderlich ist

1. zur Aufklärung von Teilnehmern am Außenwirtschaftsverkehr über Umstände, die für die Einhaltung von Beschränkungen des Außenwirtschaftsverkehrs von Bedeutung sind, oder
2. im Rahmen eines Verfahrens zur Erteilung einer ausfuhrrechtlichen Genehmigung oder zur Unterrichtung von Teilnehmern am Außenwirtschaftsverkehr, soweit hierdurch eine Genehmigungspflicht für die Ausfuhr von Gütern begründet wird.

(4) [1]Durch Beschränkungen nach § 5 erhobene personenbezogene Daten dürfen zur Verhinderung von Straftaten an die mit polizeilichen Aufgaben betrauten Behörden übermittelt werden, wenn

1. tatsächliche Anhaltspunkte für den Verdacht bestehen, dass jemand

---

[1)] § 7 Abs. 4 Satz 1 Nr. 2 ber. BGBl. 2017 I S. 154; Abs. 2 Nr. 1 geänd. mWv 1.1.2002 durch G v. 9.1. 2002 (BGBl. I S. 361); Abs. 4 Satz 1 Nr. 1 Buchst. a neu gef. mWv 30.8.2002 durch G v. 22.8.2002 (BGBl. I S. 3390); Abs. 4 Satz 1 Nr. 2 Buchst. b neu gef. mWv 28.12.2003 durch G v. 22.12.2003 (BGBl. I S. 2836); Abs. 4 Satz 1 Nr. 2 Buchst. b geänd. mWv 19.2.2005 durch G v. 11.2.2005 (BGBl. I S. 239); Abs. 4 Satz 1 Nr. 1 Buchst. a geänd. mWv 4.8.2009 durch G v. 30.7.2009 (BGBl. I S. 2437); Abs. 4 Satz 1 Nr. 2 Buchst. a und b geänd., Buchst. c angef., Abs. 6 Satz 3 neu gef. mWv 5.8.2009 durch G v. 31.7. 2009 (BGBl. I S. 2499); Abs. 4 Satz 1 Nr. 1 Buchst. b geänd. mWv 1.9.2013 durch G v. 6.6.2013 (BGBl. I S. 1482); Abs. 4 Satz 1 Nr. 1 Buchst. a geänd. mWv 20.6.2015 durch G v. 12.6.2015 (BGBl. I S. 926); Abs. 2 Nr. 1 und 2 geänd., Nr. 3 angef., Abs. 4 Satz 1 Nr. 2 neu gef., Abs. 4a eingef. mWv 21.11.2015 durch G v. 17.11.2015 (BGBl. I S. 1938); Abs. 4 Satz 1 Nr. 2 geänd. mWv 1.1.2017 durch G v. 22.12. 2016 (BGBl. I S. 3150); Abs. 1 geänd. mWv 31.12.2016 durch G v. 23.12.2016 (BGBl. I S. 3346).

[2)] **Sartorius III Nr. 805.**

[3)] Nr. **80**.

a) Straftaten nach den §§ 89a, 89b, 89c Absatz 1 bis 4 oder § 129a, auch in Verbindung mit § 129b Abs. 1, sowie den §§ 146, 151 bis 152a oder § 261 des Strafgesetzbuches[1],

b) vorsätzliche Straftaten nach den §§ 17 und 18 des Außenwirtschaftsgesetzes, §§ 19 bis 21 oder § 22a Abs. 1 Nr. 4, 5 und 7 des Gesetzes über die Kontrolle von Kriegswaffen[2] oder

c) Straftaten nach § 29a Abs. 1 Nr. 2, § 30 Abs. 1 Nr. 1, 4 oder § 30a des Betäubungsmittelgesetzes[3]

plant oder begeht oder

2. bestimmte Tatsachen den Verdacht begründen, dass jemand eine der in § 3 Absatz 1 Satz 1 Nummer 1, 2, 5, 7 und 9, Satz 2 oder Absatz 1a dieses Gesetzes oder eine sonstige der in § 100a Absatz 2 der Strafprozessordnung[4] genannten Straftaten plant oder begeht.

[2] Die Daten dürfen zur Verfolgung von Straftaten an die zuständigen Behörden übermittelt werden, wenn bestimmte Tatsachen den Verdacht begründen, dass jemand eine in Satz 1 bezeichnete Straftat begeht oder begangen hat.

(4a) Durch Beschränkungen nach § 5 Absatz 1 Satz 1 in Verbindung mit Satz 3 Nummer 8 erhobene personenbezogene Daten dürfen an das Bundesamt für Sicherheit in der Informationstechnik übermittelt werden, wenn tatsächliche Anhaltspunkte dafür bestehen, dass die Daten erforderlich sind zur Abwehr von Gefahren für die Sicherheit der Informationstechnik des Bundes oder zur Sammlung und Auswertung von Informationen über Sicherheitsrisiken auch für andere Stellen und Dritte.

(5) [1] Die Übermittlung ist nur zulässig, soweit sie zur Erfüllung der Aufgaben des Empfängers erforderlich ist. [2] Sind mit personenbezogenen Daten, die übermittelt werden dürfen, weitere Daten des Betroffenen oder eines Dritten in Akten so verbunden, dass eine Trennung nicht oder nur mit unvertretbarem Aufwand möglich ist, ist die Übermittlung auch dieser Daten zulässig; eine Verwendung dieser Daten ist unzulässig. [3] Über die Übermittlung entscheidet ein Bediensteter des Bundesnachrichtendienstes, der die Befähigung zum Richteramt hat. [4] Die Übermittlung ist zu protokollieren.

(6) [1] Der Empfänger darf die Daten nur für die Zwecke verwenden, zu deren Erfüllung sie ihm übermittelt worden sind. [2] Er prüft unverzüglich und sodann in Abständen von höchstens sechs Monaten, ob die übermittelten Daten für diese Zwecke erforderlich sind. [3] § 4 Abs. 6 Satz 4 und § 6 Abs. 1 Satz 2 und 3 gelten entsprechend.

§ 7a[5] Übermittlungen durch den Bundesnachrichtendienst an ausländische öffentliche Stellen. (1) [1] Der Bundesnachrichtendienst darf durch Beschränkungen nach § 5 Abs. 1 Satz 3 Nr. 2, 3, 7 und 8 erhobene personenbezogene Daten an die mit nachrichtendienstlichen Aufgaben betrauten ausländischen öffentlichen Stellen übermitteln, soweit

---

[1] **Schönfelder Nr. 85.**
[2] Nr. **823.**
[3] Nr. **275.**
[4] **Schönfelder Nr. 90.**
[5] § 7a eingef. mWv 5.8.2009 durch G v. 31.7.2009 (BGBl. I S. 2499); Abs. 1 Satz 1 einl. Satzteil und Abs. 2 geänd. mWv 21.11.2015 durch G v. 17.11.2015 (BGBl. I S. 1938).

1. die Übermittlung zur Wahrung außen- oder sicherheitspolitischer Belange der Bundesrepublik Deutschland oder erheblicher Sicherheitsinteressen des ausländischen Staates erforderlich ist,
2. überwiegende schutzwürdige Interessen des Betroffenen nicht entgegenstehen, insbesondere in dem ausländischen Staat ein angemessenes Datenschutzniveau gewährleistet ist sowie davon auszugehen ist, dass die Verwendung der Daten durch den Empfänger in Einklang mit grundlegenden rechtsstaatlichen Prinzipien erfolgt, und
3. das Prinzip der Gegenseitigkeit gewahrt ist.

[2]Die Übermittlung bedarf der Zustimmung des Bundeskanzleramtes.

(2) Der Bundesnachrichtendienst darf unter den Voraussetzungen des Absatzes 1 durch Beschränkungen nach § 5 Abs. 1 Satz 3 Nr. 2, 3, 7 und 8 erhobene personenbezogene Daten ferner im Rahmen von Artikel 3 des Zusatzabkommens zu dem Abkommen zwischen den Parteien des Nordatlantikvertrages über die Rechtsstellung ihrer Truppen hinsichtlich der in der Bundesrepublik Deutschland stationierten ausländischen Truppen vom 3. August 1959 (BGBl. 1961 II S. 1183, 1218) an Dienststellen der Stationierungsstreitkräfte übermitteln, soweit dies zur Erfüllung der in deren Zuständigkeit liegenden Aufgaben erforderlich ist.

(3) [1]Über die Übermittlung entscheidet ein Bediensteter des Bundesnachrichtendienstes, der die Befähigung zum Richteramt hat. [2]Die Übermittlung ist zu protokollieren. [3]Der Bundesnachrichtendienst führt einen Nachweis über den Zweck, die Veranlassung, die Aktenfundstelle und die Empfänger der Übermittlungen nach Absatz 1 und 2. [4]Die Nachweise sind gesondert aufzubewahren, gegen unberechtigten Zugriff zu sichern und am Ende des Kalenderjahres, das dem Jahr ihrer Erstellung folgt, zu vernichten.

(4) Der Empfänger ist zu verpflichten,

1. die übermittelten Daten nur zu dem Zweck zu verwenden, zu dem sie ihm übermittelt wurden,
2. eine angebrachte Kennzeichnung beizubehalten und
3. dem Bundesnachrichtendienst auf Ersuchen Auskunft über die Verwendung zu erteilen.

(5) Das zuständige Bundesministerium unterrichtet monatlich die G10-Kommission über Übermittlungen nach Absatz 1 und 2.

(6) Das Parlamentarische Kontrollgremium ist in Abständen von höchstens sechs Monaten über die vorgenommenen Übermittlungen nach Absatz 1 und 2 zu unterrichten.

§ 8[1)] Gefahr für Leib oder Leben einer Person im Ausland. (1) Auf Antrag des Bundesnachrichtendienstes dürfen Beschränkungen nach § 1 für internationale Telekommunikationsbeziehungen im Sinne des § 5 Abs. 1 Satz 1 angeordnet werden, wenn dies erforderlich ist, um eine im Einzelfall bestehende Gefahr für Leib oder Leben einer Person im Ausland rechtzeitig zu erkennen oder ihr zu begegnen und dadurch Belange der Bundesrepublik Deutschland unmittelbar in besonderer Weise berührt sind.

[1)] § 8 Abs. 1 Satz 2 aufgeh., Abs. 2 neu gef., Abs. 3 Satz 4 angef., Abs. 6 Satz 3 neu gef. mWv 5.8.2009 durch G v. 31.7.2009 (BGBl. I S. 2499); Abs. 5 geänd. mWv 31.12.2016 durch G v. 23.12.2016 (BGBl. I S. 3346).

(2) [1]Die jeweiligen Telekommunikationsbeziehungen werden von dem nach § 10 Abs. 1 zuständigen Bundesministerium mit Zustimmung des Parlamentarischen Kontrollgremiums bestimmt. [2]Die Zustimmung bedarf der Mehrheit von zwei Dritteln seiner Mitglieder. [3]Die Bestimmung tritt spätestens nach zwei Monaten außer Kraft. [4]Eine erneute Bestimmung ist zulässig, soweit ihre Voraussetzungen fortbestehen.

(3) [1]Die Anordnung ist nur zulässig, wenn die Erforschung des Sachverhalts auf andere Weise aussichtslos oder wesentlich erschwert wäre. [2]Der Bundesnachrichtendienst darf nur Suchbegriffe verwenden, die zur Erlangung von Informationen über die in der Anordnung bezeichnete Gefahr bestimmt und geeignet sind. [3]§ 5 Abs. 2 Satz 2 bis 6 gilt entsprechend. [4]Ist die Überwachungsmaßnahme erforderlich, um einer im Einzelfall bestehenden Gefahr für Leib oder Leben einer Person zu begegnen, dürfen die Suchbegriffe auch Identifizierungsmerkmale enthalten, die zu einer gezielten Erfassung der Rufnummer oder einer anderen Kennung des Telekommunikationsanschlusses dieser Person im Ausland führen.

(4) [1]Der Bundesnachrichtendienst prüft unverzüglich und sodann in Abständen von höchstens sechs Monaten, ob die erhobenen personenbezogenen Daten im Rahmen seiner Aufgaben allein oder zusammen mit bereits vorliegenden Daten zu dem in Absatz 1 bestimmten Zweck erforderlich sind. [2]Soweit die Daten für diesen Zweck nicht erforderlich sind, sind sie unverzüglich unter Aufsicht eines Bediensteten, der die Befähigung zum Richteramt hat, zu löschen. [3]Die Löschung ist zu protokollieren. [4]§ 6 Abs. 1 Satz 4 und 5, Abs. 2 Satz 1 und 2 gilt entsprechend. [5]Die Daten dürfen nur zu den in den Absätzen 1, 5 und 6 genannten Zwecken verwendet werden.

(5) Die erhobenen personenbezogenen Daten dürfen nach § 33 des BND-Gesetzes[1)] zur Unterrichtung über die in Absatz 1 genannte Gefahr übermittelt werden.

(6) [1]Die erhobenen personenbezogenen Daten dürfen zur Verhinderung von Straftaten an die zuständigen Behörden übermittelt werden, wenn tatsächliche Anhaltspunkte den Verdacht begründen, dass jemand eine Straftat plant oder begeht, die geeignet ist, zu der Entstehung oder Aufrechterhaltung der in Absatz 1 bezeichneten Gefahr beizutragen. [2]Die Daten dürfen zur Verfolgung von Straftaten an die zuständigen Behörden übermittelt werden, wenn bestimmte Tatsachen den Verdacht begründen, dass jemand eine in Satz 1 bezeichnete Straftat begeht oder begangen hat. [3]§ 7 Abs. 5 und 6 sowie § 7a Abs. 1 und 3 bis 6 gelten entsprechend.

Abschnitt 4. Verfahren

§ 9[2)] Antrag. (1) Beschränkungsmaßnahmen nach diesem Gesetz dürfen nur auf Antrag angeordnet werden.

(2) Antragsberechtigt sind im Rahmen ihres Geschäftsbereichs

1. das Bundesamt für Verfassungsschutz,
2. die Verfassungsschutzbehörden der Länder,
3. der Militärische Abschirmdienst und
4. der Bundesnachrichtendienst

[1)] **Sartorius III Nr. 805.**

[2)] § 9 Abs. 2 Nr. 3 geänd. mWv 21.11.2015 durch G v. 17.11.2015 (BGBl. I S. 1938); Abs. 3 Satz 2 neu gef. mWv 9.7.2021 durch G v. 5.7.2021 (BGBl. I S. 2274).

durch den Behördenleiter oder seinen Stellvertreter.

(3) [1] Der Antrag ist schriftlich zu stellen und zu begründen. [2] Er muss alle für die Anordnung erforderlichen Angaben enthalten; im Falle der Durchführung nach § 11 Absatz 1a auch eine möglichst genaue Bezeichnung des informationstechnischen Systems, in das zur Datenerhebung eingegriffen werden soll. [3] In den Fällen der §§ 3 und 8 hat der Antragsteller darzulegen, dass die Erforschung des Sachverhalts auf andere Weise aussichtslos oder wesentlich erschwert wäre.

§ 10[1)] Anordnung. (1) Zuständig für die Anordnung von Beschränkungsmaßnahmen ist bei Anträgen der Verfassungsschutzbehörden der Länder die zuständige oberste Landesbehörde, im Übrigen das Bundesministerium des Innern, für Bau und Heimat.

(2) [1] Die Anordnung ergeht schriftlich. [2] In ihr sind der Grund der Anordnung und die zur Überwachung berechtigte Stelle anzugeben sowie Art, Umfang und Dauer der Beschränkungsmaßnahme zu bestimmen.

(3) [1] In den Fällen des § 3 muss die Anordnung denjenigen bezeichnen, gegen den sich die Beschränkungsmaßnahme richtet. [2] Bei einer Überwachung der Telekommunikation ist auch die Rufnummer oder eine andere Kennung des Telekommunikationsanschlusses oder die Kennung des Endgerätes, wenn diese allein diesem Endgerät zuzuordnen ist, anzugeben.

(4) [1] In den Fällen der §§ 5 und 8 sind die Suchbegriffe in der Anordnung zu benennen. [2] Ferner sind das Gebiet, über das Informationen gesammelt werden sollen, und die Übertragungswege, die der Beschränkung unterliegen, zu bezeichnen. [3] Weiterhin ist festzulegen, welcher Anteil der auf diesen Übertragungswegen zur Verfügung stehenden Übertragungskapazität überwacht werden darf. [4] In den Fällen des § 5 darf dieser Anteil höchstens 20 vom Hundert betragen.

(5) [1] In den Fällen der §§ 3 und 5 ist die Anordnung auf höchstens drei Monate zu befristen. [2] Verlängerungen um jeweils nicht mehr als drei weitere Monate sind auf Antrag zulässig, soweit die Voraussetzungen der Anordnung fortbestehen.

(6) [1] Die Anordnung ist dem nach § 2 Absatz 1 Satz 1 oder Absatz 1a Verpflichteten insoweit mitzuteilen, als dies erforderlich ist, um ihm die Erfüllung seiner Verpflichtungen zu ermöglichen. [2] Die Mitteilung entfällt, wenn die Anordnung ohne seine Mitwirkung ausgeführt werden kann.

(7) [1] Das Bundesamt für Verfassungsschutz unterrichtet die jeweilige Landesbehörde für Verfassungsschutz über die in deren Bereich getroffenen Beschränkungsanordnungen. [2] Die Landesbehörden für Verfassungsschutz teilen dem Bundesamt für Verfassungsschutz die in ihrem Bereich getroffenen Beschränkungsanordnungen mit.

§ 11[2)] Durchführung. (1) Die aus der Anordnung sich ergebenden Beschränkungsmaßnahmen sind unter Verantwortung der Behörde, auf deren Antrag die Anordnung ergangen ist, und unter Aufsicht eines Bediensteten vorzunehmen, der die Befähigung zum Richteramt hat.

(1a) [1] Die Überwachung und Aufzeichnung der laufenden Telekommunikation, die nach dem Zeitpunkt der Anordnung übertragen worden ist, darf auch in der

---

[1)] § 10 Abs. 3 Satz 2 geänd. mWv 5.8.2009 durch G v. 31.7.2009 (BGBl. I S. 2499); Abs. 1 geänd. mWv 10.1.2012 durch G v. 7.12.2011 (BGBl. I S. 2576); Abs. 1 geänd. mWv 27.6.2020 durch VO v. 19.6.2020 (BGBl. I S. 1328); Abs. 6 Satz 1 geänd. mWv 9.7.2021 durch G v. 5.7.2021 (BGBl. I S. 2274).

[2)] § 11 Abs. 1a und 1b eingef., Abs. 2 Satz 2 geänd. mWv 9.7.2021 durch G v. 5.7.2021 (BGBl. I S. 2274).

Art und Weise erfolgen, dass in ein von dem Betroffenen genutztes informationstechnisches System eingegriffen wird, wenn dies notwendig ist, um die Überwachung und Aufzeichnung insbesondere in unverschlüsselter Form zu ermöglichen. [2] Auf dem informationstechnischen System des Betroffenen ab dem Zeitpunkt der Anordnung gespeicherte Inhalte und Umstände der Kommunikation dürfen überwacht und aufgezeichnet werden, wenn sie auch während des laufenden Übertragungsvorgangs im öffentlichen Telekommunikationsnetz in verschlüsselter Form hätten überwacht und aufgezeichnet werden können. [3] Bei den Maßnahmen nach den Sätzen 1 und 2 ist technisch sicherzustellen, dass

1. ausschließlich überwacht und aufgezeichnet werden können:
   a) die laufende Kommunikation (Satz 1) und
   b) Inhalte und Umstände der Kommunikation, die auch während des laufenden Kommunikationsvorgangs ab dem Zeitpunkt der Anordnung im öffentlichen Telekommunikationsnetz hätten überwacht und aufgezeichnet werden können (Satz 2),
2. an dem informationstechnischen System nur Veränderungen vorgenommen werden, die für die Datenerhebung unerlässlich sind,
3. die vorgenommenen Veränderungen bei Beendigung der Maßnahme, soweit technisch möglich, automatisiert rückgängig gemacht werden.

[4] Das eingesetzte Mittel ist nach dem Stand der Technik gegen unbefugte Nutzung zu schützen. [5] Kopierte Daten sind nach dem Stand der Technik gegen Veränderung, unbefugte Löschung und unbefugte Kenntnisnahme zu schützen. [6] Bei jedem Einsatz sind zu protokollieren:

1. die Bezeichnung des technischen Mittels und der Zeitpunkt seines Einsatzes,
2. die Angaben zur Identifizierung des informationstechnischen Systems und die daran vorgenommenen nicht nur flüchtigen Veränderungen,
3. die Angaben, die die Feststellung der erhobenen Daten ermöglichen, und
4. die Organisationseinheit, die die Maßnahme durchführt.

(1b) [1] Werden nach der Anordnung weitere Kennungen von Telekommunikationsanschlüssen der Person, gegen die sich die Anordnung richtet, bekannt, darf die Durchführung der Beschränkungsmaßnahme auch auf diese Kennungen erstreckt werden. [2] Satz 1 findet keine Anwendung auf weitere Kennungen von Telekommunikationsanschlüssen von Personen, gegen die sich die Anordnung richtet, weil auf Grund bestimmter Tatsachen anzunehmen ist, dass der Verdächtige ihren Anschluss benutzt (§ 3 Absatz 2 Satz 2 Variante 3).

(2) [1] Die Maßnahmen sind unverzüglich zu beenden, wenn sie nicht mehr erforderlich sind oder die Voraussetzungen der Anordnung nicht mehr vorliegen. [2] Die Beendigung ist der Stelle, die die Anordnung getroffen hat, und dem nach § 2 Absatz 1 Satz 1 oder Absatz 1a Verpflichteten, dem die Anordnung mitgeteilt worden ist, anzuzeigen. [3] Die Anzeige an den Verpflichteten entfällt, wenn die Anordnung ohne seine Mitwirkung ausgeführt wurde.

(3) [1] Postsendungen, die zur Öffnung und Einsichtnahme ausgehändigt worden sind, sind dem Postverkehr unverzüglich wieder zuzuführen. [2] Telegramme dürfen dem Postverkehr nicht entzogen werden. [3] Der zur Einsichtnahme berechtigten Stelle ist eine Abschrift des Telegramms zu übergeben.

§ 12[1)] Mitteilungen an Betroffene. (1) [1]Beschränkungsmaßnahmen nach § 3 sind dem Betroffenen nach ihrer Einstellung mitzuteilen. [2]Die Mitteilung unterbleibt, solange eine Gefährdung des Zwecks der Beschränkung nicht ausgeschlossen werden kann oder solange der Eintritt übergreifender Nachteile für das Wohl des Bundes oder eines Landes absehbar ist. [3]Erfolgt die nach Satz 2 zurückgestellte Mitteilung nicht binnen zwölf Monaten nach Beendigung der Maßnahme, bedarf die weitere Zurückstellung der Zustimmung der G10-Kommission. [4]Die G10-Kommission bestimmt die Dauer der weiteren Zurückstellung. [5]Einer Mitteilung bedarf es nicht, wenn die G10-Kommission einstimmig festgestellt hat, dass

1. eine der Voraussetzungen in Satz 2 auch nach fünf Jahren nach Beendigung der Maßnahme noch vorliegt,
2. sie mit an Sicherheit grenzender Wahrscheinlichkeit auch in Zukunft vorliegt und
3. die Voraussetzungen für eine Löschung sowohl bei der erhebenden Stelle als auch beim Empfänger vorliegen.

(2) [1]Absatz 1 gilt entsprechend für Beschränkungsmaßnahmen nach den §§ 5 und 8, sofern die personenbezogenen Daten nicht unverzüglich gelöscht wurden. [2]Die Frist von fünf Jahren beginnt mit der Erhebung der personenbezogenen Daten.

(3) [1]Die Mitteilung obliegt der Behörde, auf deren Antrag die Anordnung ergangen ist. [2]Wurden personenbezogene Daten übermittelt, erfolgt die Mitteilung im Benehmen mit dem Empfänger.

§ 13 Rechtsweg. Gegen die Anordnung von Beschränkungsmaßnahmen nach den §§ 3 und 5 Abs. 1 Satz 3 Nr. 1 und ihren Vollzug ist der Rechtsweg vor der Mitteilung an den Betroffenen nicht zulässig.

Abschnitt 5. Kontrolle

§ 14[2)] Parlamentarisches Kontrollgremium. (1) [1]Das nach § 10 Abs. 1 für die Anordnung von Beschränkungsmaßnahmen zuständige Bundesministerium unterrichtet in Abständen von höchstens sechs Monaten das Parlamentarische Kontrollgremium über die Durchführung dieses Gesetzes. [2]Dabei ist gesondert auf Anordnungen einzugehen, die nach § 11 Absatz 1a durchgeführt werden. [3]Das Gremium erstattet dem Deutschen Bundestag jährlich einen Bericht über Durchführung sowie Art und Umfang der Maßnahmen nach den §§ 3, 5, 7a und 8; dabei sind die Grundsätze des § 10 Absatz 1 des Kontrollgremiumgesetzes zu beachten.

(2) [1]Bei Gefahr im Verzug kann das zuständige Bundesministerium die Bestimmungen nach den §§ 5 und 8 vorläufig treffen und das Parlamentarische Kontrollgremium durch seinen Vorsitzenden und dessen Stellvertreter vorläufig zustimmen. [2]Die Zustimmung des Parlamentarischen Kontrollgremiums ist unverzüglich einzuholen. [3]Die Bestimmung tritt außer Kraft, wenn die vorläufige Zustimmung nicht binnen drei Werktagen und die Zustimmung nicht binnen zwei Wochen erfolgt.

[1)] § 12 Abs. 1 neu gef. mWv 5.8.2009 durch G v. 31.7.2009 (BGBl. I S. 2499).

[2)] § 14 Abs. 1 Satz 2 2. Halbs. geänd. mWv 4.8.2009 durch G v. 29.7.2009 (BGBl. I S. 2346); Abs. 1 Satz 2 geänd. mWv 5.8.2009 durch G v. 31.7.2009 (BGBl. I S. 2499); Abs. 2 Sätze 1 und 3 neu gef. mWv 21.11.2015 durch G v. 17.11.2015 (BGBl. I S. 1938); Abs. 1 Satz 2 eingef., bish. Satz 2 wird Satz 3, Abs. 2 Satz 3 geänd. mWv 9.7.2021 durch G v. 5.7.2021 (BGBl. I S. 2274).

§ 15[1] G 10-Kommission. (1) [1]Die G 10-Kommission besteht aus dem Vorsitzenden und vier Beisitzern sowie fünf stellvertretenden Mitgliedern, die an den Sitzungen mit Rede- und Fragerecht teilnehmen können. [2]Mindestens drei Mitglieder und drei stellvertretende Mitglieder müssen die Befähigung zum Richteramt besitzen. [3]Die Mitglieder der G 10-Kommission sind in ihrer Amtsführung unabhängig und Weisungen nicht unterworfen. [4]Sie nehmen ein öffentliches Ehrenamt wahr und werden von dem Parlamentarischen Kontrollgremium nach Anhörung der Bundesregierung für die Dauer einer Wahlperiode des Deutschen Bundestages mit der Maßgabe bestellt, dass ihre Amtszeit erst mit der Neubestimmung der Mitglieder der Kommission endet. [5]Die oder der Ständige Bevollmächtigte des Parlamentarischen Kontrollgremiums nimmt regelmäßig an den Sitzungen der G 10-Kommission teil.

(2) [1]Die Beratungen der G 10-Kommission sind geheim. [2]Die Mitglieder der Kommission sind zur Geheimhaltung der Angelegenheiten verpflichtet, die ihnen bei ihrer Tätigkeit in der Kommission bekannt geworden sind. [3]Dies gilt auch für die Zeit nach ihrem Ausscheiden aus der Kommission.

(3) [1]Der G 10-Kommission ist die für die Erfüllung ihrer Aufgaben notwendige Personal- und Sachausstattung zur Verfügung zu stellen; sie ist im Einzelplan des Deutschen Bundestages gesondert im Kapitel für die parlamentarische Kontrolle der Nachrichtendienste auszuweisen. [2]Der Kommission sind Mitarbeiter mit technischem Sachverstand zur Verfügung zu stellen.

(4) [1]Die G 10-Kommission tritt mindestens einmal im Monat zusammen. [2]Sie gibt sich eine Geschäftsordnung, die der Zustimmung des Parlamentarischen Kontrollgremiums bedarf. [3]Vor der Zustimmung ist die Bundesregierung zu hören.

(5) [1]Die G 10-Kommission entscheidet von Amts wegen oder auf Grund von Beschwerden über die Zulässigkeit und Notwendigkeit von Beschränkungsmaßnahmen. [2]Die Kontrollbefugnis der Kommission erstreckt sich auf die gesamte Verarbeitung der nach diesem Gesetz erlangten personenbezogenen Daten durch Nachrichtendienste des Bundes einschließlich der Entscheidung über die Mitteilung an Betroffene. [3]Der Kommission und ihren Mitarbeitern ist dabei insbesondere

1. Auskunft zu ihren Fragen zu erteilen,
2. Einsicht in alle Unterlagen, insbesondere in die gespeicherten Daten und in die Datenverarbeitungsprogramme, zu gewähren, die im Zusammenhang mit der Beschränkungsmaßnahme stehen, und
3. jederzeit Zutritt in alle Diensträume zu gewähren.

[4]Nummer 2 schließt ein, während einer Kontrolle beim Nachrichtendienst des Bundes dort Daten aus automatisierten Dateien selbst abrufen zu können. [5]Die Kommission kann dem Bundesbeauftragten für den Datenschutz Gelegenheit zur Stellungnahme in Fragen des Datenschutzes geben.

(6) [1]Das zuständige Bundesministerium holt die Zustimmung der G 10-Kommission zu den von ihm angeordneten Beschränkungsmaßnahmen ein. [2]Die An-

[1] § 15 Abs. 6 Sätze 4 und 5 neu gef. mWv 5.8.2009 durch G v. 31.7.2009 (BGBl. I S. 2499); Abs. 6 Sätze 3–5 eingef., bish. Sätze 3–5 werden Sätze 6–8 mWv 30.7.2016 durch G v. 26.7.2016 (BGBl. I S. 1818); Abs. 1 Satz 5 angef., Abs. 3 Satz 1 geänd., Abs. 8 angef. mWv 7.12.2016 durch G v. 30.11.2016 (BGBl. I S. 2746); Abs. 5 Satz 2 geänd. mWv 25.5.2018 durch G v. 30.6.2017 (BGBl. I S. 2097); Abs. 1 Satz 1 und 2 neu gef., Satz 4 geänd., Abs. 5 Satz 4 eingef., bish. Satz 4 wird Satz 5, Abs. 6 neu gef. mWv 9.7.2021 durch G v. 5.7.2021 (BGBl. I S. 2274).

ordnung darf erst vollzogen werden, wenn die G 10-Kommission der angeordneten Beschränkungsmaßnahme nach Prüfung der Zulässigkeit und Notwendigkeit zugestimmt hat. [3] Stimmt die G 10-Kommission der angeordneten Beschränkungsmaßnahme nicht zu, hat das zuständige Bundesministerium die Anordnung unverzüglich aufzuheben.

(7) [1] Das zuständige Bundesministerium unterrichtet monatlich die G 10-Kommission über Mitteilungen von Bundesbehörden nach § 12 Abs. 1 und 2 oder über die Gründe, die einer Mitteilung entgegenstehen. [2] Hält die Kommission eine Mitteilung für geboten, ist diese unverzüglich vorzunehmen. [3] § 12 Abs. 3 Satz 2 bleibt unberührt, soweit das Benehmen einer Landesbehörde erforderlich ist.

(8) Die G 10-Kommission und das Parlamentarische Kontrollgremium tauschen sich regelmäßig unter Wahrung der jeweils geltenden Geheimhaltungsvorschriften über allgemeine Angelegenheiten ihrer Kontrolltätigkeit aus.

§ 15a[1)] Eilanordnung. (1) Das zuständige Bundesministerium kann bei Gefahr im Verzug in der Anordnung bestimmen, dass die Beschränkungsmaßnahme abweichend von § 15 Absatz 6 Satz 2 auch bereits vor der Zustimmung der G 10-Kommission vollzogen werden darf (Eilanordnung).

(2) [1] Wird die Eilanordnung nicht innerhalb von drei Werktagen vom Vorsitzenden der G 10-Kommission, von seinem Stellvertreter oder einem vom Vorsitzenden dazu bestimmten Mitglied bestätigt, so ist unverzüglich

1. der Vollzug der Eilanordnung auszusetzen und
2. die Eilanordnung durch das zuständige Bundesministerium aufzuheben.

[2] Die mit der Beschränkungsmaßnahme erhobenen Daten sind zudem unverzüglich unter Aufsicht eines Beamten, der die Befähigung zum Richteramt hat, zu löschen; § 4 Absatz 1 Satz 3 bis 7 gilt entsprechend. [3] Eine Bestätigung der Eilanordnung kann unter Auflagen erfolgen.

(3) [1] Wird die Eilanordnung bestätigt, so hat die G 10-Kommission die Zulässigkeit und die Notwendigkeit der durch die Eilanordnung angeordneten Beschränkungsmaßnahme unverzüglich zu prüfen. [2] Erteilt die G 10-Kommission nach Prüfung der Zulässigkeit und Notwendigkeit ihre Zustimmung nicht, so ist die Beschränkungsmaßnahme vom zuständigen Bundesministerium unverzüglich aufzuheben und die mit der Beschränkungsmaßnahme erhobenen Daten sind unverzüglich unter Aufsicht eines Beamten, der die Befähigung zum Richteramt hat, zu löschen; § 4 Absatz 1 Satz 3 bis 7 gilt entsprechend.

(4) [1] Bei Gefahr im Verzug ist am Tag der Beantragung der Anordnung der Beschränkungsmaßnahme bereits vor der Anordnung durch das zuständige Bundesministerium eine automatische Aufzeichnung der zu überwachenden Telekommunikation durch die den Antrag stellende Behörde zulässig. [2] Diese Aufzeichnung darf von der antragstellenden Behörde weiterverarbeitet werden, wenn eine Eilanordnung des zuständigen Bundesministeriums innerhalb von 24 Stunden nach Beantragung erfolgt. [3] Anderenfalls ist die technische Aufzeichnung unverzüglich automatisiert zu löschen; § 4 Absatz 1 Satz 3 bis 7 gilt entsprechend.

§ 16[2)] Parlamentarische Kontrolle in den Ländern. [1] Durch den Landesgesetzgeber wird die parlamentarische Kontrolle der nach § 10 Abs. 1 für die Anordnung von Beschränkungsmaßnahmen zuständigen obersten Landesbehörden

---

1) § 15a eingef. mWv 9.7.2021 durch G v. 5.7.2021 (BGBl. I S. 2274).
2) § 16 Satz 2 geänd. mWv 25.5.2018 durch G v. 30.6.2017 (BGBl. I S. 2097).

und die Überprüfung der von ihnen angeordneten Beschränkungsmaßnahmen geregelt. 2 Personenbezogene Daten dürfen nur dann an Landesbehörden übermittelt werden, wenn die Kontrolle ihrer Verarbeitung durch den Landesgesetzgeber geregelt ist.

Abschnitt 6. Straf- und Bußgeldvorschriften

§ 17[1)] Mitteilungsverbote. (1) Wird die Telekommunikation nach diesem Gesetz oder nach den §§ 100a, 100e der Strafprozessordnung[2)] überwacht, darf diese Tatsache von Personen, die Telekommunikationsdienste erbringen oder an der Erbringung solcher Dienste mitwirken, anderen nicht mitgeteilt werden.

(2) Wird die Aushändigung von Sendungen nach § 2 Absatz 1 Satz 1 angeordnet, darf diese Tatsache von Personen, die zur Aushändigung verpflichtet oder mit der Sendungsübermittlung betraut sind oder hieran mitwirken, anderen nicht mitgeteilt werden.

(3) Erfolgt ein Auskunftsersuchen oder eine Auskunftserteilung nach § 2 Absatz 1 oder Absatz 1a Satz 1, darf diese Tatsache oder der Inhalt des Ersuchens oder der erteilten Auskunft von Personen, die zur Beantwortung verpflichtet oder mit der Beantwortung betraut sind oder hieran mitwirken, anderen nicht mitgeteilt werden.

§ 18 Straftaten. Mit Freiheitsstrafe bis zu zwei Jahren oder mit Geldstrafe wird bestraft, wer entgegen § 17 eine Mitteilung macht.

§ 19[3)] Ordnungswidrigkeiten. (1) Ordnungswidrig handelt, wer

1. einer vollziehbaren Anordnung nach § 2 Abs. 1 Satz 1 oder Absatz 1a Satz 1 zuwiderhandelt,
2. entgegen § 2 Abs. 2 Satz 2 eine Person betraut oder
3. entgegen § 2 Abs. 2 Satz 3 nicht sicherstellt, dass eine Geheimschutzmaßnahme getroffen wird.

(2) Die Ordnungswidrigkeit kann mit einer Geldbuße bis zu fünfzehntausend Euro geahndet werden.

(3) Bußgeldbehörde im Sinne des § 36 Abs. 1 Nr. 1 des Gesetzes über Ordnungswidrigkeiten[4)] ist die nach § 10 Abs. 1 zuständige Stelle.

Abschnitt 7. Schlussvorschriften

§ 20[5)] Entschädigung. 1 Die nach § 1 Abs. 1 berechtigten Stellen haben für die Leistungen nach § 2 Absatz 1 und 1a eine Entschädigung zu gewähren, deren Umfang sich nach § 23 des Justizvergütungs- und -entschädigungsgesetzes[6)] be-

---

1) § 17 Abs. 1 geänd. mWv 1.1.2008 durch G v. 21.12.2007 (BGBl. I S. 3198); Abs. 1 geänd. mWv 24.8.2017 durch G v. 17.8.2017 (BGBl. I S. 3202); Abs. 2 und 3 geänd. mWv 9.7.2021 durch G v. 5.7.2021 (BGBl. I S. 2274).

2) **Schönfelder Nr. 90.**

3) § 19 Abs. 2 geänd. mWv 1.1.2002 durch G v. 9.1.2002 (BGBl. I S. 361); Abs. 1 Nr. 1 geänd. mWv 9.7.2021 durch G v. 5.7.2021 (BGBl. I S. 2274).

4) **Schönfelder Nr. 94.**

5) § 20 neu gef. mWv 1.7.2009 durch G v. 29.4.2009 (BGBl. I S. 994); Satz 1 geänd. mWv 9.7.2021 durch G v. 5.7.2021 (BGBl. I S. 2274).

6) **Schönfelder Nr. 116.**

misst. [2] In den Fällen der §§ 5 und 8 ist eine Entschädigung zu vereinbaren, deren Höhe sich an den nachgewiesenen tatsächlichen Kosten orientiert.

§ 21 Einschränkung von Grundrechten. Das Grundrecht des Brief-, Post- und Fernmeldegeheimnisses (Artikel 10 des Grundgesetzes[1]) wird durch dieses Gesetz eingeschränkt.

§ 22[2] Übergangsregelung. Bis zur Neubestellung der G 10-Kommission nach § 15 Absatz 1 Satz 4 ist

1. § 15 Absatz 1 Satz 1 und 2 und Absatz 6 in der bis zum 8. Juli 2021 geltenden Fassung weiter anzuwenden,
2. § 15a nicht anzuwenden.

---

[1] Nr. **1**.
[2] § 22 angef. mWv 9.7.2021 durch G v. 5.7.2021 (BGBl. I S. 2274).

30. Bundeswahlgesetz[1)]

In der Fassung der Bekanntmachung vom 23. Juli 1993[2)]
(BGBl. I S. 1288, ber. S. 1594)

FNA 111-1

geänd. durch Art. 2 Sechstes G zur Änd. des ParteienG und anderer Gesetze v. 28.1.1994 (BGBl. I S. 142), Bek. zur Wahlkreiseinteilung v. 30.3.1994 (BGBl. I S. 680), Art. 1 Zwölftes ÄndG v. 10.5.1994 (BGBl. I S. 993), Zweite Bek. zur Wahlkreiseinteilung v. 15.9.1994 (BGBl. I S. 2417), Art. 1 13. ÄndG v. 15.11. 1996 (BGBl. I S. 1712), Bek. zur Wahlkreiseinteilung v. 9.7.1997 (BGBl. I S. 1691), Zweite Bek. zur Wahlkreiseinteilung v. 1.12.1997 (BGBl. I S. 2772), Art. 1 14. ÄndG v. 20.4.1998 (BGBl. I S. 706), Art. 1 WahlkreisneueinteilungsG v. 1.7.1998 (BGBl. I S. 1698), Art. 1 G zur Aussetzung der Vorschriften über die repräsentative Wahlstatistik für die Wahl zum 14. Deutschen Bundestag v. 25.8.1998 (BGBl. I S. 2430), Art. 2 WahlstatistikG v. 21.5.1999 (BGBl. I S. 1023), Art. 1 15. ÄndG v. 27.4.2001 (BGBl. I S. 698), Art. 1 16. ÄndG v. 27.4.2001 (BGBl. I S. 701, ber. BGBl.2002 I S. 1848), Art. 12 Sechstes Euro-EinführungsG v. 3.12.2001 (BGBl. I S. 3306), Art. 1a Behindertengleichstellungs-EinführungsG v. 27.4. 2002 (BGBl. I S. 1467), Art. 1 Post- und telekommunikationsrechtliches BereinigungsG v. 7.5.2002 (BGBl. I S. 1529), Art. 11 Nr. 2 ZuwanderungsG v. 20.6.2002 (BGBl. I S. 1946; nichtig gem. Urt. des BVerfG v. 18.12.2002 – 2 BvF 1/02 –), Bek. zur Wahlkreiseinteilung v. 31.7.2002 (BGBl. I S. 2964), Art. 2 Achte ZuständigkeitsanpassungsVO v. 25.11.2003 (BGBl. I S. 2304), Art. 11 Nr. 2 ZuwanderungsG v. 30.7.2004 (BGBl. I S. 1950), Art. 1 17. ÄndG v. 11.3.2005 (BGBl. I S. 674), § 1 VO über die Abkürzung von Fristen im BWG für die Wahl zum 16. Deutschen Bundestag v. 21.7.2005 (BGBl. I S. 2179), Bek. zur Wahlkreiseinteilung für die Wahl zum Deutschen Bundestag v. 21.7.2005 (BGBl. I S. 2180), Art. 5 Neunte ZuständigkeitsanpassungsVO v. 31.10.2006 (BGBl. I S. 2407), Art. 1 18. ÄndG v. 17.3.2008 (BGBl. I S. 316), Art. 1 G zur Änd. des Wahl- und Abgeordnetenrechts v. 17.3.2008 (BGBl. I S. 394), Urt. des BVerfG – 2 BvC 1/07, 2 BvC 7/07 – v. 3.7.2008 (BGBl. I S. 1286), Bek. zur Wahlkreiseinteilung für die Wahl zum Deutschen Bundestag v. 5.8.2009 (BGBl. I S. 2687), Art. 1 19. ÄndG v. 25.11.2011 (BGBl. I S. 2313), Art. 1 20. ÄndG v. 12.4.2012 (BGBl. I S. 518), Art. 1 G zur Verbesserung des Rechtsschutzes in Wahlsachen v. 12.7.2012 (BGBl. I S. 1501), Beschluss des BVerfG – 2 BvC 1/11, 2 BvC 2/11 – v. 4.7.2012 (BGBl. I S. 1769), Urteil des BVerfG – 2 BvF 3/11, 2 BvR 2670/ 11, 2 BvE 9/11 – v. 25.7.2012 (BGBl. I S. 1769), Art. 1 21. ÄndG v. 27.4.2013 (BGBl. I S. 962), Art. 1, 2 Abs. 2 22. ÄndG v. 3.5.2013 (BGBl. I S. 1082), Art. 2 Abs. 1 G zur Fortentwicklung des Meldewesens v. 3.5.2013 (BGBl. I S. 1084, geänd. durch G v. 20.11.2014, BGBl. I S. 1738), Art. 9 Zehnte ZuständigkeitsanpassungsVO v. 31.8.2015 (BGBl. I S. 1474), Art. 1 23. ÄndG v. 3.5.2016 (BGBl. I S. 1062), Art. 4 G zu bereichsspezifischen Regelungen der Gesichtsverhüllung und zur Änd. weiterer dienstrechtlicher Vorschriften v. 8.6.2017 (BGBl. I S. 1570), Bek. zur Wahlkreiseinteilung für die Wahl zum Deutschen Bundestag v. 30.8.2017 (BGBl. I S. 3339), Art. 2 G zur Änd. des ParteienG und anderer Gesetze v. 10.7. 2018 (BGBl. I S. 1116), Beschluss des BVerfG – 2 BvC 62/14 – v. 29.1.2019 (BGBl. I S. 368), Art. 1 G zur Änd. des BundeswahlG und anderer Gesetze v. 18.6.2019 (BGBl. I S. 834), Art. 9 Elfte ZuständigkeitsanpassungsVO v. 19.6.2020 (BGBl. I S. 1328), Art. 1 24. ÄndG v. 25.6.2020 (BGBl. I S. 1409), Art. 1 G zur Änd. des BundeswahlG und des Gesetzes über Maßnahmen im Gesellschafts-, Genossenschafts-, Vereins-, Stiftungs- und Wohnungseigentumsrecht zur Bekämpfung der Auswirkungen der COVID-19-Pandemie v. 28.10.2020 (BGBl. I S. 2264), Art. 1 25. ÄndG v. 14.11.2020 (BGBl. I S. 2395) und Art. 1 und 2 26. ÄndG v. 3.6.2021 (BGBl. I S. 1482)

[1)] Die Änderungen durch G v. 14.11.2020 (BGBl. I S. 2395) treten teilweise erst **mWv 1.1.2024**, die Änderungen durch G v. 3.6.2021 (BGBl. I S. 1482) treten teilweise erst **mWv 1.1.2022** in Kraft und sind insoweit im Text noch nicht berücksichtigt.

[2)] Neubekanntmachung des BundeswahlG idF der Bek. v. 21.9.1990 (BGBl. I S. 2059) in der ab 28.7. 1993 geltenden Fassung.

Inhaltsübersicht[1]

---

[1] Inhaltsübersicht geänd. mWv 21.3.2008 durch G v. 17.3.2008 (BGBl. I S. 394); mWv 1.7.2019 durch G v. 18.6.2019 (BGBl. I S. 834); mWv 30.6.2020 durch G v. 25.6.2020 (BGBl. I S. 1409); mWv 19.11. 2020 durch G v. 14.11.2020 (BGBl. I S. 2395); mWv 10.6.2021 durch G v. 3.6.2021 (BGBl. I S. 1482); sie wurde nichtamtlich an die nachträglichen Änderungen angepasst.

Erster Abschnitt. Wahlsystem

§ 1[1)] Zusammensetzung des Deutschen Bundestages und Wahlrechtsgrundsätze (1) [1]Der Deutsche Bundestag besteht vorbehaltlich der sich aus diesem Gesetz ergebenden Abweichungen aus 598 Abgeordneten. [2]Sie werden in allgemeiner, unmittelbarer, freier, gleicher und geheimer Wahl von den wahlberechtigten Deutschen nach den Grundsätzen einer mit der Personenwahl verbundenen Verhältniswahl gewählt.

(2) Von den Abgeordneten werden 299 nach Kreiswahlvorschlägen in den Wahlkreisen und die übrigen nach Landeswahlvorschlägen (Landeslisten) gewählt.

§ 2[2)] Gliederung des Wahlgebietes. (1) Wahlgebiet ist das Gebiet der Bundesrepublik Deutschland.

(2) Die Einteilung des Wahlgebietes in Wahlkreise ergibt sich aus der Anlage 2 zu diesem Gesetz.

(3) Jeder Wahlkreis wird für die Stimmabgabe in Wahlbezirke eingeteilt.

§ 3[3)] Wahlkreiskommission und Wahlkreiseinteilung. (1) [1]Bei der Wahlkreiseinteilung sind folgende Grundsätze zu beachten:

1. Die Ländergrenzen sind einzuhalten.
2. [1]Die Zahl der Wahlkreise in den einzelnen Ländern muß deren Bevölkerungsanteil soweit wie möglich entsprechen. [2]Sie wird mit demselben Berechnungsverfahren ermittelt, das nach § 6 Abs. 2 Satz 2 bis 7 für die Verteilung der Sitze auf die Landeslisten angewandt wird.
3. Die Bevölkerungszahl eines Wahlkreises soll von der durchschnittlichen Bevölkerungszahl der Wahlkreise nicht um mehr als 15 vom Hundert nach oben oder

---

1) § 1 Abs. 1 Satz 1 und Abs. 2 geänd. durch G v. 15.11.1996 (BGBl. I S. 1712).

2) § 2 Abs. 2 geänd. mWv 30.6.2020 durch G v. 25.6.2020 (BGBl. I S. 1409).

3) § 3 Abs. 1 eingef., bish. Abs. 1 wird Abs. 2 sowie Abs. 3 eingef., bish. Abs. 3 und 4 werden Abs. 4 und 5 durch G v. 15.11.1996 (BGBl. I S. 1712); Abs. 1 Satz 2 geänd. mWv 1.1.2005 durch G v. 30.7.2004 (BGBl. I S. 1950); Abs. 1 Satz 1 Nr. 2 Satz 2 angef. und Abs. 3 Satz 3 geänd. mWv 21.3.2008 durch G v. 17.3.2008 (BGBl. I S. 394); Abs. 4 Satz 2 geänd. mWv 10.5.2016 durch G v. 3.5.2016 (BGBl. I S. 1062); Abs. 4 Sätze 1–3 geänd. mWv 27.6.2020 durch VO v. 19.6.2020 (BGBl. I S. 1328).

unten abweichen; beträgt die Abweichung mehr als 25 vom Hundert, ist eine Neuabgrenzung vorzunehmen.

4. Der Wahlkreis soll ein zusammenhängendes Gebiet bilden.
5. Die Grenzen der Gemeinden, Kreise und kreisfreien Städte sollen nach Möglichkeit eingehalten werden.

[2]Bei Ermittlung der Bevölkerungszahlen bleiben Ausländer (§ 2 Abs. 1 des Aufenthaltsgesetzes[1)]) unberücksichtigt.

(2) [1]Der Bundespräsident ernennt eine ständige Wahlkreiskommission. [2]Sie besteht aus dem Präsidenten des Statistischen Bundesamtes, einem Richter des Bundesverwaltungsgerichts und fünf weiteren Mitgliedern.

(3) [1]Die Wahlkreiskommission hat die Aufgabe, über Änderungen der Bevölkerungszahlen im Wahlgebiet zu berichten und darzulegen, ob und welche Änderungen der Wahlkreiseinteilung sie im Hinblick darauf für erforderlich hält. [2]Sie kann in ihrem Bericht auch aus anderen Gründen Änderungsvorschläge machen. [3]Bei ihren Vorschlägen zur Wahlkreiseinteilung hat sie die in Absatz 1 genannten Grundsätze zu beachten; ergeben sich nach der Berechnung in Absatz 1 Nr. 2 mehrere mögliche Wahlkreiszuteilungen, erarbeitet sie hierzu Vorschläge.

(4) [1]Der Bericht der Wahlkreiskommission ist dem Bundesministerium des Innern, für Bau und Heimat innerhalb von fünfzehn Monaten nach Beginn der Wahlperiode des Deutschen Bundestages zu erstatten. [2]Das Bundesministerium des Innern, für Bau und Heimat leitet ihn unverzüglich dem Deutschen Bundestag zu und veröffentlicht einen Hinweis auf die Veröffentlichung als Bundestagsdrucksache im Bundesanzeiger. [3]Auf Ersuchen des Bundesministeriums des Innern, für Bau und Heimat hat die Wahlkreiskommission einen ergänzenden Bericht zu erstatten; für diesen Fall gilt Satz 2 entsprechend.

(5) [1]Werden Landesgrenzen nach den gesetzlichen Vorschriften über das Verfahren bei sonstigen Änderungen des Gebietsbestandes der Länder nach Artikel 29 Abs. 7 des Grundgesetzes[2)] geändert, so ändern sich entsprechend auch die Grenzen der betroffenen Wahlkreise. [2]Werden im aufnehmenden Land zwei oder mehrere Wahlkreise berührt oder wird eine Exklave eines Landes gebildet, so bestimmt sich die Wahlkreiszugehörigkeit des neuen Landesteiles nach der Wahlkreiszugehörigkeit der Gemeinde, des Gemeindebezirks oder des gemeindefreien Gebietes, denen er zugeschlagen wird. [3]Änderungen von Landesgrenzen, die nach Ablauf des 32. Monats nach Beginn der Wahlperiode vorgenommen werden, wirken sich auf die Wahlkreiseinteilung erst in der nächsten Wahlperiode aus.

§ 4 Stimmen. Jeder Wähler hat zwei Stimmen, eine Erststimme für die Wahl eines Wahlkreisabgeordneten, eine Zweitstimme für die Wahl einer Landesliste.

§ 5 Wahl in den Wahlkreisen. [1]In jedem Wahlkreis wird ein Abgeordneter gewählt. [2]Gewählt ist der Bewerber, der die meisten Stimmen auf sich vereinigt. [3]Bei Stimmengleichheit entscheidet das vom Kreiswahlleiter zu ziehende Los.

§ 6[3)] Wahl nach Landeslisten. (1) [1]Für die Verteilung der nach Landeslisten zu besetzenden Sitze werden die für jede Landesliste abgegebenen Zweitstimmen

---

[1)] Nr. **565**.

[2)] Nr. **1**.

[3)] § 6 neu gef. mWv 9.5.2013 durch G v. 3.5.2013 (BGBl. I S. 1082); Abs. 5 neu gef., Abs. 6 Sätze 1 und 2 geänd., Sätze 4 und 5 eingef., bish. Sätze 4–6 werden Sätze 6–8 mWv 19.11.2020 durch G v. 14.11. 2020 (BGBl. I S. 2395).

zusammengezählt. [2]Nicht berücksichtigt werden dabei die Zweitstimmen derjenigen Wähler, die ihre Erststimme für einen im Wahlkreis erfolgreichen Bewerber abgegeben haben, der gemäß § 20 Absatz 3 oder von einer Partei vorgeschlagen ist, die nach Absatz 3 bei der Sitzverteilung nicht berücksichtigt wird oder für die in dem betreffenden Land keine Landesliste zugelassen ist. [3]Von der Gesamtzahl der Abgeordneten (§ 1 Absatz 1) wird die Zahl der erfolgreichen Wahlkreisbewerber abgezogen, die in Satz 2 genannt sind.

(2) [1]In einer ersten Verteilung wird zunächst die Gesamtzahl der Sitze (§ 1 Absatz 1) in dem in Satz 2 bis 7 beschriebenen Berechnungsverfahren den Ländern

(Fortsetzung nächstes Blatt)

und in der Bundeswahlordnung bestimmten Fristen und Termine durch Rechtsverordnung ohne Zustimmung des Bundesrates abzukürzen.

(4) [1] Das Bundesministerium des Innern, für Bau und Heimat wird ermächtigt, im Falle einer Naturkatastrophe oder eines ähnlichen Ereignisses höherer Gewalt durch Rechtsverordnung mit Zustimmung des Bundestages von den Bestimmungen über die Aufstellung von Wahlbewerbern abweichende Regelungen zu treffen und Abweichungen der Parteien von entgegenstehenden Bestimmungen ihrer Satzungen zuzulassen, um die Benennung von Wahlbewerbern ohne Versammlungen, soweit erforderlich, zu ermöglichen, wenn der Deutsche Bundestag zu einem Zeitpunkt, der näher als neun Monate vor dem Beginn des nach Artikel 39 Absatz 1 Satz 3 des Grundgesetzes[1)] bestimmten Zeitraums liegt, feststellt, dass die Durchführung von Versammlungen ganz oder teilweise unmöglich ist. [2] Stehen einem rechtzeitigen Zusammentritt des Deutschen Bundestages unüberwindliche Hindernisse entgegen oder ist er nicht beschlussfähig, so entscheidet der nach § 3 des Wahlprüfungsgesetzes[2)] gebildete Ausschuss des Deutschen Bundestages über die Feststellung und die Zustimmung nach Satz 1. [3] Durch Rechtsverordnung nach Satz 1 können Regelungen getroffen werden, die den Parteien für die Wahl bei Vorliegen der in Satz 1 genannten Umstände eine Abweichung von den entgegenstehenden Bestimmungen dieses Gesetzes, der Bundeswahlordnung und, sofern eine Satzungsänderung wegen der in Satz 1 genannten Umstände und der in diesem Gesetz und der Bundeswahlordnung bestimmten Fristen und Termine nicht mehr rechtzeitig möglich ist, ihrer Satzungen ermöglichen, insbesondere,

1. um die Wahl der Wahlbewerber und der Vertreter für die Vertreterversammlungen unter Verringerung der satzungsgemäßen Zahl der Vertreter in der Vertreterversammlung oder anstatt durch eine Mitgliederversammlung durch eine Vertreterversammlung durchführen zu können,
2. um Mitglieder- oder Vertreterversammlungen in der Form mehrerer miteinander im Wege der elektronischen Kommunikation verbundener gleichzeitiger Teilversammlungen an verschiedenen Orten durchführen zu können,
3. um die Wahrnehmung des Vorschlagsrechts, des Vorstellungsrechts und der sonstigen Mitgliederrechte mit Ausnahme der Schlussabstimmung über einen Wahlvorschlag ausschließlich oder zusätzlich im Wege elektronischer Kommunikation ermöglichen zu können,
4. um die Wahl von Wahlbewerbern und Vertretern für die Vertreterversammlungen im Wege der Briefwahl oder einer Kombination aus Urnenwahl und Briefwahl durchführen zu können.

§ 52a[3)] Unterstützungsunterschriften bei der Bundestagswahl 2021.

Bei der Wahl des 20. Deutschen Bundestages gelten § 20 Absatz 2 und 3 sowie § 27 Absatz 1 Satz 2 des Bundeswahlgesetzes und § 34 Absatz 4 Satz 1 und § 39 Absatz 3 Satz 1 der Bundeswahlordnung[4)] mit der Maßgabe, dass die Zahl der danach erforderlichen Unterstützungsunterschriften jeweils auf ein Viertel reduziert ist.

[1)] Nr. **1**.
[2)] Nr. **32**.
[3)] § 52a eingef. mWv 10.6.2021 durch G v. 3.6.2021 (BGBl. I S. 1482).
[4)] Nr. **31**.

§ 53[1] Übergangsregelung. Ausschlüsse vom Wahlrecht und Ausschlüsse von der Wählbarkeit, die nicht auf einem Richterspruch im Sinne von § 13 in der ab dem 1. Juli 2019 geltenden Fassung oder auf einem Richterspruch im Sinne von § 15 Absatz 2 Nummer 2 beruhen, sind nicht nach § 3 Absatz 2 Nummer 1 Buchstabe a des Bundesmeldegesetzes[2] im Melderegister zu speichern.

§ 54[3] Fristen, Termine und Form. (1) [1] Die in diesem Gesetz und in der auf Grund dieses Gesetzes erlassenen Bundeswahlordnung[4] vorgesehenen Fristen und Termine verlängern oder ändern sich nicht dadurch, daß der letzte Tag der Frist oder ein Termin auf einen Sonnabend, einen Sonntag, einen gesetzlichen oder staatlich geschützten Feiertag fällt. [2] Eine Wiedereinsetzung in den vorigen Stand ist ausgeschlossen.

(2) Soweit in diesem Gesetz oder in der auf Grund dieses Gesetzes erlassenen Bundeswahlordnung nichts anderes bestimmt ist, müssen vorgeschriebene Erklärungen persönlich und handschriftlich unterzeichnet sein und bei der zuständigen Stelle im Original vorliegen.

§ 55[5] Reformkommission. [1] Beim Deutschen Bundestag wird eine Reformkommission eingesetzt, die sich mit Fragen des Wahlrechts befasst und Empfehlungen erarbeitet. [2] Sie befasst sich auch mit der Frage des Wahlrechts ab 16 Jahren, der Dauer der Legislaturperiode und entwickelt Vorschläge zur Modernisierung der Parlamentsarbeit. [3] Die Reformkommission wird darüber hinaus Maßnahmen empfehlen, um eine gleichberechtigte Repräsentanz von Frauen und Männern auf den Kandidatenlisten und im Deutschen Bundestag zu erreichen. [4] Die Kommission soll spätestens bis zum 30. Juni 2023 ihre Ergebnisse vorlegen. [5] Das Nähere regelt ein vom Deutschen Bundestag unverzüglich zu verabschiedender Einsetzungsbeschluss.

Anlagen 1, 2
(vom Abdruck wurde abgesehen)

---

[1] § 53 neu gef. mWv 1.7.2019 durch G v. 18.6.2019 (BGBl. I S. 834).
[2] Nr. **256**.
[3] § 54 Überschrift geänd. und Abs. 2 angef., Abs. 1 Satz 1 geänd. mWv 21.3.2008 durch G v. 17.3. 2008 (BGBl. I S. 394).
[4] Nr. **31**.
[5] § 55 neu gef. mWv 19.11.2020 durch G v. 14.11.2020 (BGBl. I S. 2395).

80. Gesetz über die Zusammenarbeit des Bundes und der Länder in Angelegenheiten des Verfassungsschutzes und über das Bundesamt für Verfassungsschutz (Bundesverfassungsschutzgesetz – BVerfSchG)[1) 2)]

Vom 20. Dezember 1990
(BGBl. I S. 2954)

FNA 12-4

geänd. durch § 38 Abs. 2 SicherheitsüberprüfungsG v. 20.4.1994 (BGBl. I S. 867), Art. 4 G zur Änd. von Vorschr. über parlamentarische Gremien v. 17.6.1999 (BGBl. I S. 1334), Art. 11 StrafverfahrensÄndG 1999 v. 2.8.2000 (BGBl. I S. 1253), Art. 2 G zur Änd. des BundesdatenschutzG und anderer G v. 18.5. 2001 (BGBl. I S. 904), Art. 3 Abs. 2 G zur Neuregelung von Beschränkungen des Brief-, Post- und Fernmeldegeheimnisses v. 26.6.2001 (BGBl. I S. 1254, ber. S. 2298), Art. 1 G zur Bekämpfung des internationalen Terrorismus v. 9.1.2002 (BGBl. I S. 361), Art. 9 ZollfahndungsneuregelungsG v. 16.8. 2002 (BGBl. I S. 3202), Art. 2 G zur Umbenennung des Bundesgrenzschutzes in Bundespolizei v. 21.6. 2005 (BGBl. I S. 1818), Art. 2 Gemeinsame-Dateien-G v. 22.12.2006 (BGBl. I S. 3409), Art. 1 und Art. 10 Abs. 1 TerrorismusbekämpfungsergänzungsG v. 5.1.2007 (BGBl. I S. 2, Art. 10 Abs. 1 aufgeh. durch G v. 3.12.2020, BGBl. I S. 2667), Art. 6 Abs. 1 G zur Umsetzung aufenthalts- und asylrechtl. Richtlinien der EU v. 19.8.2007 (BGBl. I S. 1970), § 32 SatellitendatensicherheitsG v. 23.11.2007 (BGBl. I S. 2590), Art. 6 FGG-ReformG v. 17.12.2008 (BGBl. I S. 2586), Art. 3 SIS-II-G v. 6.6.2009[3)] (BGBl. I S. 1226), Art. 3 Abs. 2 G zur Fortentwicklung der parlamentarischen Kontrolle der Nachrichtendienste des Bundes v. 29.7.2009 (BGBl. I S. 2346), Art. 1a Erstes G zur Änd. des Artikel 10-Gs v. 31.7. 2009 (BGBl. I S. 2499), Art. 1 G zur Änd. des BundesverfassungsschutzG v. 7.12.2011 (BGBl. I S. 2576), Art. 2 G zur Verbesserung der Bekämpfung des Rechtsextremismus v. 20.8.2012 (BGBl. I S. 1798), Art. 6 G zur Änd. des TelekommunikationsG und zur Neuregelung der Bestandsdatenauskunft v. 20.6.2013 (BGBl. I S. 1602), Art. 1 G zur Verbesserung der Zusammenarbeit im Bereich des Verfassungsschutzes v. 17.11.2015 (BGBl. I S. 1938), Art. 1 G zum besseren Informationsaustausch bei der Bekämpfung des internationalen Terrorismus v. 26.7.2016 (BGBl. I S. 1818), Art. 4 Digitale Hochgeschwindigkeitsnetze-Gesetz v. 4.11.2016 (BGBl. I S. 2473), Art. 2 Abs. 1 Erstes G zur Änd. des SicherheitsüberprüfungsG v. 16.6.2017 (BGBl. I S. 1634), Art. 2 Datenschutz-Anpassungs- und -Umsetzungsgesetz EU v. 30.6.2017 (BGBl. I S. 2097), Art. 16 Elfte ZuständigkeitsanpassungsVO v. 19.6.2020 (BGBl. I S. 1328), Beschluss des BVerfG – 1 BvR 1873/13, 1 BvR 2618/13 – v. 27.5.2020 (BGBl. I S. 1931), Art. 1 G zur Anpassung der Regelungen über die Bestandsdatenauskunft an die Vorgaben aus der Entscheidung des BVerfG v. 27.5.2020 v. 30.3.2021 (BGBl. I S. 448), Art. 7 Abs. 22 G zur Umsetzung der RL (EU) 2019/2034 über die Beaufsichtigung von Wertpapierinstituten v. 12.5.2021 (BGBl. I S. 990), Art. 2 Telekommunikationsmodernisierungsgesetz v. 23.6.2021 (BGBl. I S. 1858), Art. 5 G zur Regelung des Datenschutzes und des Schutzes der Privatsphäre in der Telekommunikation und bei Telemedien v. 23.6.2021 (BGBl. I S. 1982) und Art. 1 Gesetz zur Anpassung des Verfassungsschutzrechts v. 5.7.2021 (BGBl. I S. 2274)

Erster Abschnitt. Zusammenarbeit, Aufgaben der Verfassungsschutzbehörden

§ 1 Zusammenarbeitspflicht. (1) Der Verfassungsschutz dient dem Schutz der freiheitlichen demokratischen Grundordnung, des Bestandes und der Sicherheit des Bundes und der Länder.

(2) Der Bund und die Länder sind verpflichtet, in Angelegenheiten des Verfassungsschutzes zusammenzuarbeiten.

---

1) Verkündet als Art. 2 des G zur Fortentwicklung der Datenverarbeitung und des Datenschutzes v. 20.12.1990 (BGBl. I S. 2954); Inkrafttreten gem. Art. 6 Abs. 1 dieses G am 30.12.1990.

2) Die Änderungen durch G v. 23.6.2021 (BGBl. I S. 1858) und durch G v. 23.6.2021 (BGBl. I S. 1982) treten erst **mWv 1.12.2021** in Kraft und sind im Text noch nicht berücksichtigt.

3) Zum Inkrafttreten der Änderung siehe die Bekanntmachung über das Inkrafttreten von Teilen des SIS-II-Gesetzes v. 2.4.2013 (BGBl. I S. 727).

(3) Die Zusammenarbeit besteht auch in gegenseitiger Unterstützung und Hilfeleistung.

§ 2[1)] **Verfassungsschutzbehörden.** (1) [1] Für die Zusammenarbeit des Bundes mit den Ländern unterhält der Bund ein Bundesamt für Verfassungsschutz als Bundesoberbehörde. [2] Es untersteht dem Bundesministerium des Innern, für Bau und Heimat. [3] Das Bundesamt für Verfassungsschutz darf einer polizeilichen Dienststelle nicht angegliedert werden.

(2) [1] Für die Zusammenarbeit der Länder mit dem Bund und der Länder untereinander unterhält jedes Land eine Behörde zur Bearbeitung von Angelegenheiten des Verfassungsschutzes. [2] Mehrere Länder können eine gemeinsame Behörde unterhalten.

§ 3[2)] **Aufgaben der Verfassungsschutzbehörden.** (1) Aufgabe der Verfassungsschutzbehörden des Bundes und der Länder ist die Sammlung und Auswertung von Informationen, insbesondere von sach- und personenbezogenen Auskünften, Nachrichten und Unterlagen, über

1. Bestrebungen, die gegen die freiheitliche demokratische Grundordnung, den Bestand oder die Sicherheit des Bundes oder eines Landes gerichtet sind oder eine ungesetzliche Beeinträchtigung der Amtsführung der Verfassungsorgane des Bundes oder eines Landes oder ihrer Mitglieder zum Ziele haben,
2. sicherheitsgefährdende oder geheimdienstliche Tätigkeiten im Geltungsbereich dieses Gesetzes für eine fremde Macht,
3. Bestrebungen im Geltungsbereich dieses Gesetzes, die durch Anwendung von Gewalt oder darauf gerichtete Vorbereitungshandlungen auswärtige Belange der Bundesrepublik Deutschland gefährden,
4. Bestrebungen im Geltungsbereich dieses Gesetzes, die gegen den Gedanken der Völkerverständigung (Artikel 9 Abs. 2 des Grundgesetzes[3)]), insbesondere gegen das friedliche Zusammenleben der Völker (Artikel 26 Abs. 1 des Grundgesetzes) gerichtet sind.

(2) [1] Die Verfassungsschutzbehörden des Bundes und der Länder wirken mit

1. bei der Sicherheitsüberprüfung von Personen, denen im öffentlichen Interesse geheimhaltungsbedürftige Tatsachen, Gegenstände oder Erkenntnisse anvertraut werden, die Zugang dazu erhalten sollen oder ihn sich verschaffen können,
2. bei der Sicherheitsüberprüfung von Personen, die an sicherheitsempfindlichen Stellen von lebens- oder verteidigungswichtigen Einrichtungen beschäftigt sind oder werden sollen,
3. bei technischen Sicherheitsmaßnahmen zum Schutz von im öffentlichen Interesse geheimhaltungsbedürftigen Tatsachen, Gegenständen oder Erkenntnissen gegen die Kenntnisnahme durch Unbefugte,
4. bei der Überprüfung von Personen in sonstigen gesetzlich bestimmten Fällen,

---

[1)] § 2 Abs. 1 Satz 2 geänd. mWv 11.1.2007 durch G v. 5.1.2007 (BGBl. I S. 2); Abs. 2 Satz 2 angef. mWv 21.11.2015 durch G v. 17.11.2015 (BGBl. I S. 1938); Abs. 1 Satz 2 geänd. mWv 27.6.2020 durch VO v. 19.6.2020 (BGBl. I S. 1328).

[2)] § 3 Abs. 2 Satz 2 neu gef., Sätze 3 und 4 aufgeh. durch G v. 20.4.1994 (BGBl. I S. 867); Abs. 1 Nr. 3 und Abs. 2 Satz 2 geänd., Abs. 1 Nr. 4 angef. mWv 1.1.2002 durch G v. 9.1.2002 (BGBl. I S. 361); Abs. 2 Satz 1 Nr. 3 und Satz 2 geänd., Satz 1 Nr. 4 angef. mWv 1.12.2007 durch G v. 23.11.2007 (BGBl. I S. 2590); Abs. 2 Satz 1 Nr. 4 geänd., Nr. 5 sowie Sätze 3 und 4 angef. mWv 21.6.2017 durch G v. 16.6.2017 (BGBl. I S. 1634).

[3)] Nr. **1**.

5. bei der Geheimschutzbetreuung von nichtöffentlichen Stellen durch den Bund oder durch ein Land.

[2] Die Befugnisse des Bundesamtes für Verfassungsschutz bei der Mitwirkung nach Satz 1 Nr. 1, 2 und 4 sind im Sicherheitsüberprüfungsgesetz[1)] vom 20. April 1994 (BGBl. I S. 867) geregelt. [3] Bei der Mitwirkung nach Satz 1 Nummer 5 ist das Bundesamt für Verfassungsschutz zur sicherheitsmäßigen Bewertung der Angaben der nichtöffentlichen Stelle unter Berücksichtigung der Erkenntnisse der Verfassungsschutzbehörden des Bundes und der Länder befugt. [4] Sofern es im Einzelfall erforderlich erscheint, können bei der Mitwirkung nach Satz 1 Nummer 5 zusätzlich die Nachrichtendienste des Bundes sowie ausländische öffentliche Stellen um Übermittlung und Bewertung vorhandener Erkenntnisse und um Bewertung übermittelter Erkenntnisse ersucht werden.

(3) Die Verfassungsschutzbehörden sind an die allgemeinen Rechtsvorschriften gebunden (Artikel 20 des Grundgesetzes).

§ 4[2)] Begriffsbestimmungen. (1) [1] Im Sinne dieses Gesetzes sind

a) Bestrebungen gegen den Bestand des Bundes oder eines Landes solche politisch bestimmten, ziel- und zweckgerichteten Verhaltensweisen in einem oder für einen Personenzusammenschluß, der darauf gerichtet ist, die Freiheit des Bundes oder eines Landes von fremder Herrschaft aufzuheben, ihre staatliche Einheit zu beseitigen oder ein zu ihm gehörendes Gebiet abzutrennen;

b) Bestrebungen gegen die Sicherheit des Bundes oder eines Landes solche politisch bestimmten, ziel- und zweckgerichteten Verhaltensweisen in einem oder für einen Personenzusammenschluß, der darauf gerichtet ist, den Bund, Länder oder deren Einrichtungen in ihrer Funktionsfähigkeit erheblich zu beeinträchtigen;

c) Bestrebungen gegen die freiheitliche demokratische Grundordnung solche politisch bestimmten, ziel- und zweckgerichteten Verhaltensweisen in einem oder für einen Personenzusammenschluß, der darauf gerichtet ist, einen der in Absatz 2 genannten Verfassungsgrundsätze zu beseitigen oder außer Geltung zu setzen.

[2] Für einen Personenzusammenschluß handelt, wer ihn in seinen Bestrebungen nachdrücklich unterstützt. [3] Bestrebungen im Sinne des § 3 Absatz 1 können auch von Einzelpersonen ausgehen, die nicht in einem oder für einen Personenzusammenschluss handeln. [4] In diesem Fall gilt Satz 1 mit der Maßgabe, dass die Verhaltensweise der Einzelperson darauf gerichtet sein muss, die dort genannten Ziele zu verwirklichen. [5] Voraussetzung für die Sammlung und Auswertung von Informationen im Sinne des § 3 Abs. 1 ist das Vorliegen tatsächlicher Anhaltspunkte.

(2) Zur freiheitlichen demokratischen Grundordnung im Sinne dieses Gesetzes zählen:

a) das Recht des Volkes, die Staatsgewalt in Wahlen und Abstimmungen und durch besondere Organe der Gesetzgebung, der vollziehenden Gewalt und der Rechtsprechung auszuüben und die Volksvertretung in allgemeiner, unmittelbarer, freier, gleicher und geheimer Wahl zu wählen,

---

[1)] **Sartorius III Nr. 810.**

[2)] § 4 Abs. 1 Sätze 3 und 4 eingef., bish. Satz 3 wird Satz 5, bish. Satz 4 aufgeh. mWv 9.7.2021 durch G v. 5.7.2021 (BGBl. I S. 2274).

b) die Bindung der Gesetzgebung an die verfassungsmäßige Ordnung und die Bindung der vollziehenden Gewalt und der Rechtsprechung an Gesetz und Recht,
c) das Recht auf Bildung und Ausübung einer parlamentarischen Opposition,
d) die Ablösbarkeit der Regierung und ihre Verantwortlichkeit gegenüber der Volksvertretung,
e) die Unabhängigkeit der Gerichte,
f) der Ausschluß jeder Gewalt- und Willkürherrschaft und
g) die im Grundgesetz[1)] konkretisierten Menschenrechte.

§ 5[2)] Zuständigkeiten des Bundesamtes für Verfassungsschutz. (1) [1]Das Bundesamt für Verfassungsschutz darf in einem Lande im Benehmen mit der Landesbehörde für Verfassungsschutz Informationen, Auskünfte, Nachrichten und Unterlagen im Sinne des § 3 sammeln. [2]Bei Bestrebungen und Tätigkeiten im Sinne des § 3 Abs. 1 Nr. 1 bis 4 ist Voraussetzung, daß

1. sie sich ganz oder teilweise gegen den Bund richten,
2. sie darauf gerichtet sind, Gewalt anzuwenden, Gewaltanwendung vorzubereiten, zu unterstützen oder zu befürworten,
3. sie sich über den Bereich eines Landes hinaus erstrecken,
4. sie auswärtige Belange der Bundesrepublik Deutschland berühren oder
5. eine Landesbehörde für Verfassungsschutz das Bundesamt für Verfassungsschutz um ein Tätigwerden ersucht.

[3]Das Benehmen kann für eine Reihe gleichgelagerter Fälle hergestellt werden.

(2) [1]Das Bundesamt für Verfassungsschutz wertet unbeschadet der Auswertungsverpflichtungen der Landesbehörden für Verfassungsschutz zentral alle Erkenntnisse über Bestrebungen und Tätigkeiten im Sinne des § 3 Absatz 1 aus. [2]Es unterrichtet die Landesbehörden für Verfassungsschutz nach § 6 Absatz 1, insbesondere durch Querschnittsauswertungen in Form von Struktur- und Methodikberichten sowie regelmäßig durch bundesweite Lageberichte zu den wesentlichen Phänomenbereichen unter Berücksichtigung der entsprechenden Landeslageberichte.

(3) [1]Das Bundesamt für Verfassungsschutz koordiniert die Zusammenarbeit der Verfassungsschutzbehörden. [2]Die Koordinierung schließt insbesondere die Vereinbarung von

1. einheitlichen Vorschriften zur Gewährleistung der Zusammenarbeitsfähigkeit,
2. allgemeinen Arbeitsschwerpunkten und arbeitsteiliger Durchführung der Aufgaben sowie
3. Relevanzkriterien für Übermittlungen nach § 6 Absatz 1

ein.

(4) Das Bundesamt für Verfassungsschutz unterstützt als Zentralstelle die Landesbehörden für Verfassungsschutz bei der Erfüllung ihrer Aufgaben nach § 3 insbesondere durch

1. Bereitstellung des nachrichtendienstlichen Informationssystems (§ 6 Absatz 2),

---

[1)] Nr. 1.

[2)] § 5 Abs. 2 Satz 2 geänd. mWv 1.1.2002 durch G v. 9.1.2002 (BGBl. I S. 361); Überschrift neu gef., Abs. 1 aufgeh., bish. Abs. 2 wird Abs. 1 und Satz 2 Nr. 2 eingef., bish. Nr. 2–4 werden Nr. 3–5, Abs. 2 eingef., Abs. 3 neu gef., Abs. 4 und 5 angef. mWv 21.11.2015 durch G v. 17.11.2015 (BGBl. I S. 1938).

2. zentrale Einrichtungen im Bereich besonderer technischer und fachlicher Fähigkeiten,
3. Erforschung und Entwicklung von Methoden und Arbeitsweisen im Verfassungsschutz und
4. Fortbildung in speziellen Arbeitsbereichen.

(5) [1] Dem Bundesamt für Verfassungsschutz obliegt der für Aufgaben nach § 3 erforderliche Dienstverkehr mit zuständigen öffentlichen Stellen anderer Staaten. [2] Die Landesbehörden für Verfassungsschutz können solchen Dienstverkehr führen
1. mit den Dienststellen der in der Bundesrepublik Deutschland stationierten Streitkräfte,
2. mit den Nachrichtendiensten angrenzender Nachbarstaaten in regionalen Angelegenheiten oder
3. im Einvernehmen mit dem Bundesamt für Verfassungsschutz.

§ 6[1]) Gegenseitige Unterrichtung der Verfassungsschutzbehörden.

(1) [1] Die Landesbehörden für Verfassungsschutz und das Bundesamt für Verfassungsschutz übermitteln sich unverzüglich die für ihre Aufgaben relevanten Informationen, einschließlich der Erkenntnisse ihrer Auswertungen. [2] Wenn eine übermittelnde Behörde sich dies vorbehält, dürfen die übermittelten Daten nur mit ihrer Zustimmung an Stellen außerhalb der Behörden für Verfassungsschutz übermittelt werden.

(2) [1] Die Verfassungsschutzbehörden verarbeiten zur Erfüllung ihrer Unterrichtungspflichten nach Absatz 1 Informationen im gemeinsamen nachrichtendienstlichen Informationssystem. [2] Der Militärische Abschirmdienst kann zur Erfüllung der Unterrichtungspflichten nach § 3 Absatz 3 Satz 1 des MAD-Gesetzes[2]) am nachrichtendienstlichen Informationssystem teilnehmen. [3] Der Abruf von Daten aus dem nachrichtendienstlichen Informationssystem im automatisierten Verfahren ist im Übrigen nur entsprechend den §§ 22a und 22b zulässig. [4] Für die Verarbeitung personenbezogener Daten im nachrichtendienstlichen Informationssystem gelten die §§ 10 und 11. [5] Die Verantwortung einer speichernden Stelle im Sinne der allgemeinen Vorschriften des Datenschutzrechts trägt jede Verfassungsschutzbehörde nur für die von ihr eingegebenen Daten; nur sie darf diese Daten verändern, die Verarbeitung einschränken oder löschen. [6] Die eingebende Stelle muss feststellbar sein. [7] Eine Abfrage von Daten ist nur zulässig, soweit dies zur Erfüllung von Aufgaben, mit denen der Abfragende unmittelbar betraut ist, erforderlich ist. [8] Die Zugriffsberechtigung auf Daten, die nicht zum Auffinden von Akten und der dazu notwendigen Identifizierung von Personen erforderlich sind, ist auf Personen zu beschränken, die mit der Erfassung von Daten oder Analysen betraut sind. [9] Die Zugriffsberechtigung auf Unterlagen, die gespeicherte Angaben belegen, ist zudem auf Personen zu beschränken, die unmittelbar mit Arbeiten in diesem Anwendungsgebiet betraut sind.

(3) [1] Das Bundesamt für Verfassungsschutz trifft für die gemeinsamen Dateien die technischen und organisatorischen Maßnahmen entsprechend § 64 des Bundesdatenschutzgesetzes[3]). [2] Es hat bei jedem Zugriff für Zwecke der Datenschutz-

---

[1]) § 6 neu gef. mWv 21.11.2015 durch G v. 17.11.2015 (BGBl. I S. 1938); Abs. 2 Satz 4, Abs. 3 Satz 1 geänd. mWv 25.5.2018 durch G v. 30.6.2017 (BGBl. I S. 2097); Abs. 2 Sätze 1–3 neu gef., Satz 4 eingef., bish. Sätze 4–8 werden Sätze 5–9 mWv 9.7.2021 durch G v. 5.7.2021 (BGBl. I S. 2274).

[2]) **Sartorius III Nr. 806.**

[3]) Nr. **245**.

kontrolle den Zeitpunkt, die Angaben, die die Feststellung der abgefragten Datensätze ermöglichen, sowie die abfragende Stelle zu protokollieren. [3] Die Auswertung der Protokolldaten ist nach dem Stand der Technik zu gewährleisten. [4] Die protokollierten Daten dürfen nur für Zwecke der Datenschutzkontrolle, der Datensicherung oder zur Sicherstellung eines ordnungsgemäßen Betriebs der Datenverarbeitungsanlage verwendet werden. [5] Die Protokolldaten sind am Ende des Kalenderjahres, das dem Jahr der Protokollierung folgt, zu löschen.

§ 7 Weisungsrechte des Bundes. Die Bundesregierung kann, wenn ein Angriff auf die verfassungsmäßige Ordnung des Bundes erfolgt, den obersten Landesbehörden die für die Zusammenarbeit der Länder mit dem Bund auf dem Gebiete des Verfassungsschutzes erforderlichen Weisungen erteilen.

Zweiter Abschnitt. Bundesamt für Verfassungsschutz

§ 8[1)] Befugnisse des Bundesamtes für Verfassungsschutz. (1) [1] Das Bundesamt für Verfassungsschutz darf die zur Erfüllung seiner Aufgaben erforderlichen Informationen einschließlich personenbezogener Daten verarbeiten, soweit nicht die anzuwendenden Bestimmungen des Bundesdatenschutzgesetzes[2)] oder besondere Regelungen in diesem Gesetz entgegenstehen; die Verarbeitung ist auch zulässig, wenn der Betroffene eingewilligt hat. [2] Ein Ersuchen des Bundesamtes für Verfassungsschutz um Übermittlung personenbezogener Daten darf nur diejenigen personenbezogenen Daten enthalten, die für die Erteilung der Auskunft unerlässlich sind. [3] Schutzwürdige Interessen des Betroffenen dürfen nur in unvermeidbarem Umfang beeinträchtigt werden.

(2) [1] Das Bundesamt für Verfassungsschutz darf Methoden, Gegenstände und Instrumente zur heimlichen Informationsbeschaffung, wie den Einsatz von Vertrauensleuten und Gewährspersonen, Observationen, Bild- und Tonaufzeichnungen, Tarnpapiere und Tarnkennzeichen anwenden. [2] In Individualrechte darf nur nach Maßgabe besonderer Befugnisse eingegriffen werden. [3] Im Übrigen darf die Anwendung eines Mittels gemäß Satz 1 keinen Nachteil herbeiführen, der erkennbar außer Verhältnis zur Bedeutung des aufzuklärenden Sachverhalts steht. [4] Die Mittel nach Satz 1 sind in einer Dienstvorschrift zu benennen, die auch die Zuständigkeit für die Anordnung solcher Informationsbeschaffungen und das Nähere zu Satz 3 regelt. [5] Die Dienstvorschrift bedarf der Zustimmung des Bundesministeriums des Innern, für Bau und Heimat, das das Parlamentarische Kontrollgremium unterrichtet.

(3) Polizeiliche Befugnisse oder Weisungsbefugnisse stehen dem Bundesamt für Verfassungsschutz nicht zu; es darf die Polizei auch nicht im Wege der Amtshilfe um Maßnahmen ersuchen, zu denen es selbst nicht befugt ist.

[1)] § 8 Abs. 4 Satz 2 neu gef. durch G v. 20.4.1994 (BGBl. I S. 867); Abs. 2 Satz 3 geänd. durch G v. 17.6.1999 (BGBl. I S. 1334); Abs. 1 Sätze 2 und 3 angef., bish. Wortlaut wird Satz 1 sowie Abs. 5–12 angef., bish. Abs. 5 wird Abs. 13 mWv 1.1.2002 durch G v. 9.1.2002 (BGBl. I S. 361); Abs. 2 Satz 3 geänd. und Abs. 5–12 aufgeh., bish. Abs. 13 wird Abs. 5 mWv 11.1.2007 durch G v. 5.1.2007 (BGBl. I S. 2); Abs. 2 Sätze 2 und 3 eingef., bish. Sätze 2 und 3 werden Sätze 4 und 5 und neuer Satz 4 neu gef., neuer Satz 5 geänd. mWv 21.11.2015 durch G v. 17.11.2015 (BGBl. I S. 1938); Abs. 1 Satz 1 neu gef. mWv 25.5.2018 durch G v. 30.6.2017 (BGBl. I S. 2097); Abs. 2 Satz 5 geänd. mWv 27.6.2020 durch VO v. 19.6.2020 (BGBl. I S. 1328).

[2)] Nr. **245**.

(4) [1]Werden personenbezogene Daten beim Betroffenen mit seiner Kenntnis erhoben, so ist der Erhebungszweck anzugeben. [2]Der Betroffene ist auf die Freiwilligkeit seiner Angaben hinzuweisen.

(5) [1]Von mehreren geeigneten Maßnahmen hat das Bundesamt für Verfassungsschutz diejenige zu wählen, die den Betroffenen voraussichtlich am wenigsten beeinträchtigt. [2]Eine Maßnahme darf keinen Nachteil herbeiführen, der erkennbar außer Verhältnis zu dem beabsichtigten Erfolg steht.

§ 8a[1)] Besondere Auskunftsverlangen. (1) [1]Das Bundesamt für Verfassungsschutz darf im Einzelfall Auskunft einholen bei

1. Luftfahrtunternehmen sowie Betreibern von Computerreservierungssystemen und Globalen Distributionssystemen für Flüge zu Namen und Anschriften des Kunden sowie zur Inanspruchnahme und den Umständen von Transportleistungen, insbesondere zum Zeitpunkt von Abfertigung und Abflug und zum Buchungsweg,
2. Kreditinstituten, Finanzdienstleistungsinstituten, Wertpapierinstituten und Finanzunternehmen zu Konten, Konteninhabern und sonstigen Berechtigten sowie weiteren am Zahlungsverkehr Beteiligten und zu Geldbewegungen und Geldanlagen, insbesondere über Kontostand und Zahlungsein- und -ausgänge,
3. *(aufgehoben)*
4. denjenigen, die geschäftsmäßig Telekommunikationsdienste erbringen oder daran mitwirken, zu Verkehrsdaten nach § 96 Abs. 1 Nr. 1 bis 4 des Telekommunikationsgesetzes[2)] und sonstigen zum Aufbau und zur Aufrechterhaltung der Telekommunikation notwendigen Verkehrsdaten und
5. denjenigen, die geschäftsmäßig Teledienste erbringen oder daran mitwirken, zu
   a) Merkmalen zur Identifikation des Nutzers eines Teledienstes,
   b) Angaben über Beginn und Ende sowie über den Umfang der jeweiligen Nutzung und
   c) Angaben über die vom Nutzer in Anspruch genommenen Teledienste,

soweit dies zur Sammlung und Auswertung von Informationen erforderlich ist und Tatsachen die Annahme rechtfertigen, dass schwerwiegende Gefahren für die in § 3 Abs. 1 genannten Schutzgüter vorliegen. [2]Im Falle des § 3 Abs. 1 Nr. 1 gilt dies nur für Bestrebungen, die bezwecken oder auf Grund ihrer Wirkungsweise geeignet sind,

1. zu Hass oder Willkürmaßnahmen gegen Teile der Bevölkerung aufzustacheln oder deren Menschenwürde durch Beschimpfen, böswilliges Verächtlichmachen oder Verleumden anzugreifen und dadurch die Bereitschaft zur Anwendung von Gewalt zu fördern und den öffentlichen Frieden zu stören oder
2. Gewalt anzuwenden oder vorzubereiten, einschließlich dem Befürworten, Hervorrufen oder Unterstützen von Gewaltanwendung, auch durch Unterstützen

---

[1)] § 8a eingef. mWv 11.1.2007 durch G v. 5.1.2007 (BGBl. I S. 2); Abs. 6 Satz 2 Halbs. 2 geänd. mWv 4.8.2009 durch G v. 29.7.2009 (BGBl. I S. 2346); Abs. 1, Abs. 2 Satz 1 Nr. 1 und abschl. Satzteil geänd., Nr. 3 aufgeh., Abs. 2a eingef., Abs. 3 einl. Satzteil, Nr. 1 und Nr. 2 Buchst. a und b geänd., Abs. 4–9 aufgeh. mWv 10.1.2012 durch G v. 7.12.2011 (BGBl. I S. 2576); Abs. 1 aufgeh., bish. Abs. 2 und 2a werden Abs. 1 und 2, Abs. 3 einl. Satzteil, Nr. 2 Buchst. a und b geänd. mWv 2.4.2021 durch G v. 30.3. 2021 (BGBl. I S. 448); Abs. 1 [im BGBl. wohl irrtümlich: Abs. 2] Satz 1 Nr. 2 geänd. mWv 26.6.2021 durch G v. 12.5.2021 (BGBl. I S. 990); Abs. 4 angef. mWv 9.7.2021 durch G v. 5.7.2021 (BGBl. I S. 2274).

[2)] **Sartorius ErgBd. Nr. 920.**

von Vereinigungen, die Anschläge gegen Personen oder Sachen veranlassen, befürworten oder androhen.

(2) [1] Soweit dies zur Sammlung und Auswertung von Informationen erforderlich ist und Tatsachen die Annahme rechtfertigen, dass schwerwiegende Gefahren für die in § 3 Absatz 1 genannten Schutzgüter vorliegen, darf das Bundesamt für Verfassungsschutz im Einzelfall das Bundeszentralamt für Steuern ersuchen, bei den Kreditinstituten die in § 93b Absatz 1 der Abgabenordnung bezeichneten Daten abzurufen. [2] § 93 Absatz 9 der Abgabenordnung findet keine Anwendung.

(3) Anordnungen nach den Absätzen 1 und 2 dürfen sich nur gegen Personen richten, bei denen

1. tatsächliche Anhaltspunkte dafür vorliegen, dass sie die schwerwiegenden Gefahren nach den Absätzen 1 und 2 nachdrücklich fördern, oder
2. auf Grund bestimmter Tatsachen anzunehmen ist
   a) bei Auskünften nach Absatz 1 Satz 1 Nummer 1, 2 und 5 sowie nach Absatz 2, dass sie die Leistung für eine Person nach Nummer 1 in Anspruch nehmen, oder
   b) bei Auskünften nach Absatz 1 Satz 1 Nummer 4, dass sie für eine Person nach Nummer 1 bestimmte oder von ihr herrührende Mitteilungen entgegennehmen oder weitergeben, oder dass eine Person nach Nummer 1 ihren Anschluss benutzt.

(4) Auskunft nach den Absätzen 1 und 2 darf bei Unternehmen eingeholt werden, die in Deutschland

1. eine Niederlassung haben oder
2. Leistungen erbringen oder hieran nach Absatz 2 Satz 1 Nummer 4 oder Nummer 5 mitwirken.

§ 8b[1)] Verfahrensregelungen zu besonderen Auskunftsverlangen.

(1) [1] Anordnungen nach § 8a Absatz 1 und 2 werden vom Behördenleiter oder seinem Vertreter beantragt; der Antrag ist schriftlich zu stellen und zu begründen. [2] Zuständig für die Anordnungen ist das Bundesministerium des Innern, für Bau und Heimat. [3] Die Anordnung einer Auskunft über künftig anfallende Daten ist auf höchstens drei Monate zu befristen. [4] Die Verlängerung dieser Anordnung um jeweils nicht mehr als drei Monate ist auf Antrag zulässig, soweit die Voraussetzungen der Anordnung fortbestehen. [5] Auf die Anordnung der Verlängerung finden die Sätze 1 und 2 Anwendung.

(2) [1] Über Anordnungen nach § 8a Absatz 1 und 2 unterrichtet das Bundesministerium des Innern, für Bau und Heimat monatlich die G 10-Kommission (§ 1 Absatz 2 des Artikel 10-Gesetzes[2)]) vor deren Vollzug. [2] Bei Gefahr im Verzug kann es den Vollzug der Entscheidung auch bereits vor der Unterrichtung der G 10-Kommission anordnen. [3] Die G 10-Kommission prüft von Amts wegen oder auf Grund von Beschwerden die Zulässigkeit und Notwendigkeit der Einholung von

[1)] § 8b eingef. mWv 10.1.2012 durch G v. 7.12.2011 (BGBl. I S. 2576); Abs. 8 Satz 1 geänd. mWv 10.11.2016 durch G v. 4.11.2016 (BGBl. I S. 2473); Abs. 2 Satz 4 geänd. mWv 25.5.2018 durch G v. 30.6.2017 (BGBl. I S. 2097); Abs. 1 Satz 2, Abs. 2 Sätze 1 und 5, Abs. 3 Satz 1 und Abs. 8 Satz 1 geänd. mWv 27.6.2020 durch VO v. 19.6.2020 (BGBl. I S. 1328); Abs. 1 Satz 1, Abs. 2 Sätze 1, 4 und 7, Abs. 3 Satz 1, Abs. 5 Satz 1, Abs. 6, Abs. 8 Sätze 1 und 4, Abs. 9, Abs. 10 Sätze 1 und 2 geänd. mWv 2.4.2021 durch G v. 30.3.2021 (BGBl. I S. 448); Abs. 7 Satz 1 geänd. mWv 9.7.2021 durch G v. 5.7.2021 (BGBl. I S. 2274).

[2)] Nr. **7**.

Auskünften. [4] § 15 Absatz 5 des Artikel 10-Gesetzes ist mit der Maßgabe entsprechend anzuwenden, dass die Kontrollbefugnis der Kommission sich auf die gesamte Verarbeitung der nach § 8a Absatz 1 und 2 erlangten personenbezogenen Daten erstreckt. [5] Entscheidungen über Auskünfte, welche die G 10-Kommission für unzulässig oder nicht notwendig erklärt, hat das Bundesministerium des Innern, für Bau und Heimat unverzüglich aufzuheben. [6] Die Daten unterliegen in diesem Falle einem absoluten Verwendungsverbot und sind unverzüglich zu löschen. [7] Für die Verarbeitung der nach § 8a Absatz 1 und 2 erhobenen Daten ist § 4 des Artikel 10-Gesetzes entsprechend anzuwenden.

(3) [1] Das Bundesministerium des Innern, für Bau und Heimat unterrichtet im Abstand von höchstens sechs Monaten das Parlamentarische Kontrollgremium über Anordnungen nach § 8a Absatz 1 und 2; dabei ist insbesondere ein Überblick über Anlass, Umfang, Dauer, Ergebnis und Kosten der im Berichtszeitraum durchgeführten Maßnahmen zu geben. [2] Das Gremium erstattet dem Deutschen Bundestag jährlich einen Bericht über die Durchführung sowie Art, Umfang und Anordnungsgründe der Maßnahmen; dabei sind die Grundsätze des § 10 Absatz 1 des Kontrollgremiumgesetzes[1)] zu beachten.

(4) [1] Anordnungen sind dem Verpflichteten insoweit schriftlich mitzuteilen, als dies erforderlich ist, um ihm die Erfüllung seiner Verpflichtung zu ermöglichen. [2] Anordnungen und übermittelte Daten dürfen dem Betroffenen oder Dritten vom Verpflichteten nicht mitgeteilt werden.

(5) [1] Dem Verpflichteten ist es verboten, allein auf Grund einer Anordnung nach § 8a Absatz 1 einseitige Handlungen vorzunehmen, die für den Betroffenen nachteilig sind und die über die Erteilung der Auskunft hinausgehen, insbesondere bestehende Verträge oder Geschäftsverbindungen zu beenden, ihren Umfang zu beschränken oder ein Entgelt zu erheben oder zu erhöhen. [2] Die Anordnung ist mit dem ausdrücklichen Hinweis auf dieses Verbot und darauf zu verbinden, dass das Auskunftsersuchen nicht die Aussage beinhaltet, dass sich die betroffene Person rechtswidrig verhalten hat oder ein darauf gerichteter Verdacht bestehen müsse.

(6) Die in § 8a Absatz 1 Satz 1 genannten Stellen sind verpflichtet, die Auskunft unverzüglich und vollständig und in dem Format zu erteilen, das durch die auf Grund von Absatz 8 Satz 1 bis 3 erlassene Rechtsverordnung oder in den in Absatz 8 Satz 4 und 5 bezeichneten Rechtsvorschriften vorgeschrieben ist.

(7) [1] Für Anordnungen nach § 8a findet § 12 Absatz 1 des Artikel 10-Gesetzes entsprechende Anwendung, mit der Maßgabe, dass § 12 Absatz 1 Satz 5 des Artikel 10-Gesetzes nur für Maßnahmen nach § 8a Absatz 1 Satz 1 Nummer 4 und 5 Anwendung findet. [2] Wurden personenbezogene Daten an eine andere Stelle übermittelt, erfolgt die Mitteilung im Benehmen mit dieser.

(8) [1] Das Bundesministerium des Innern, für Bau und Heimat wird ermächtigt, durch Rechtsverordnung im Einvernehmen mit dem Bundeskanzleramt, dem Bundesministerium für Wirtschaft und Energie, dem Bundesministerium für Verkehr und digitale Infrastruktur, dem Bundesministerium der Justiz und für Verbraucherschutz und dem Bundesministerium der Verteidigung ohne Zustimmung des Bundesrates zu bestimmen, dass Auskünfte nach § 8a Absatz 1 mit Ausnahme der Auskünfte nach § 8a Absatz 1 Satz 1 Nummer 4, auch soweit andere Vorschriften hierauf verweisen, ganz oder teilweise auf maschinell verwertbaren Datenträgern oder durch Datenfernübertragung übermittelt werden müssen. [2] Dabei können insbesondere geregelt werden

---

[1)] Nr. **81**.

1. die Voraussetzungen für die Anwendung des Verfahrens,
2. das Nähere über Form, Inhalt, Verarbeitung und Sicherung der zu übermittelnden Daten,
3. die Art und Weise der Übermittlung der Daten,
4. die Zuständigkeit für die Entgegennahme der zu übermittelnden Daten,
5. der Umfang und die Form der für dieses Verfahren erforderlichen besonderen Erklärungspflichten des Auskunftspflichtigen und
6. Tatbestände und Bemessung einer auf Grund der Auskunftserteilung an Verpflichtete zu leistenden Aufwandsentschädigung.

[3] Zur Regelung der Datenübermittlung kann in der Rechtsverordnung auf Veröffentlichungen sachverständiger Stellen verwiesen werden; hierbei sind das Datum der Veröffentlichung, die Bezugsquelle und eine Stelle zu bezeichnen, bei der die Veröffentlichung archivmäßig gesichert niedergelegt ist. [4] Die Vorgaben für die Erteilung von Auskünften nach § 8a Absatz 1 Satz 1 Nummer 4, insbesondere ob und in welchem Umfang die Verpflichteten hierfür Vorkehrungen für die technische und organisatorische Umsetzung der Auskunftsverpflichtung zu treffen haben, bestimmen sich nach § 110 des Telekommunikationsgesetzes[1)] und der dazu erlassenen Rechtsverordnung. [5] Die technischen Einzelheiten, die zur Auskunftserteilung sowie zur Gestaltung des Übergabepunktes zu den berechtigten Stellen erforderlich sind, insbesondere das technische Format für die Übermittlung derartiger Auskunftsverlangen an die Verpflichteten und die Rückübermittlung der zugehörigen Auskünfte an die berechtigten Stellen, richten sich nach den Festlegungen in der Technischen Richtlinie nach § 110 Absatz 3 des Telekommunikationsgesetzes.

(9) Für die Erteilung von Auskünften nach § 8a Absatz 1 Satz 1 Nummer 4 hat der Verpflichtete Anspruch auf Entschädigung entsprechend § 23 des Justizvergütungs- und -entschädigungsgesetzes[2)].

(10) [1] Die Befugnisse nach § 8a Absatz 1 Satz 1 Nummer 4 und 5 stehen den Verfassungsschutzbehörden der Länder nur dann zu, wenn das Verfahren sowie die Beteiligung der G 10-Kommission, die Verarbeitung der erhobenen Daten und die Mitteilung an den Betroffenen gleichwertig wie in Absatz 2 und ferner eine Absatz 3 gleichwertige parlamentarische Kontrolle sowie eine Verpflichtung zur Berichterstattung über die durchgeführten Maßnahmen an das Parlamentarische Kontrollgremium des Bundes unter entsprechender Anwendung des Absatzes 3 Satz 1 zweiter Halbsatz für dessen Berichte nach Absatz 3 Satz 2 durch den Landesgesetzgeber geregelt ist. [2] Die Verpflichtungen zur gleichwertigen parlamentarischen Kontrolle nach Absatz 3 gelten auch für die Befugnisse nach § 8a Absatz 1 Satz 1 Nummer 1 und 2. [3] Landesrecht kann für Auskünfte an die jeweilige Verfassungsschutzbehörde des Landes Regelungen vorsehen, die dem Absatz 5 entsprechen, und die auf Grund von Absatz 8 Satz 1 bis 3 erlassene Rechtsverordnung sowie die Vorgaben nach Absatz 8 Satz 4 und 5 für solche Auskünfte für anwendbar erklären.

§ 8c[3)] *(aufgehoben)*

[1)] **Sartorius ErgBd. Nr. 920.**
[2)] **Schönfelder Nr. 116.**
[3)] § 8c aufgeh. mWv 9.7.2021 durch G v. 5.7.2021 (BGBl. I S. 2274).

§ 8d[1] Besondere Auskunftsverlangen zu Bestandsdaten. (1) [1]Soweit dies auf Grund tatsächlicher Anhaltspunkte im Einzelfall zur Aufklärung bestimmter Bestrebungen oder Tätigkeiten nach § 3 Absatz 1 erforderlich ist, darf das Bundesamt für Verfassungsschutz Auskunft verlangen von demjenigen, der geschäftsmäßig

1. Telekommunikationsdienste erbringt oder daran mitwirkt, über Bestandsdaten nach den §§ 95 und 111 des Telekommunikationsgesetzes[2],
2. Telemediendienste erbringt oder daran mitwirkt, über Bestandsdaten nach § 14 Absatz 1 des Telemediengesetzes[3].

[2]Zur Auskunft sind Unternehmen verpflichtet, die in Deutschland

1. eine Niederlassung haben oder
2. den Dienst erbringen oder daran mitwirken.

(2) [1]Die Auskunft darf auch verlangt werden anhand einer zu einem bestimmten Zeitpunkt zugewiesenen Internetprotokoll-Adresse. [2]Die Rechtsgrundlage und die tatsächlichen Anhaltspunkte, die das Auskunftsverlangen veranlassen, sind aktenkundig zu machen.

(3) [1]Die Auskunft zu Daten, mittels derer der Zugriff auf Endgeräte oder auf Speichereinrichtungen, die in diesen Endgeräten oder hiervon räumlich getrennt eingesetzt werden, geschützt wird, darf nur im Falle des Absatzes 1 Satz 1 Nummer 1 verlangt werden und nur dann verlangt werden, wenn die gesetzlichen Voraussetzungen für die Nutzung der Daten vorliegen. [2]Für diese Auskunftsverlangen gilt § 8b Absatz 1 Satz 1 und 2 und Absatz 2 entsprechend.

(4) [1]Die betroffene Person ist in den Fällen der Absätze 2 und 3 über die Auskunftserteilung zu benachrichtigen. [2]Die Benachrichtigung erfolgt, soweit und sobald eine Gefährdung des Zwecks der Auskunft und der Eintritt übergreifender Nachteile für das Wohl des Bundes oder eines Landes ausgeschlossen werden können. [3]Die Benachrichtigung unterbleibt, wenn ihr überwiegende schutzwürdige Belange Dritter oder der betroffenen Person selbst entgegenstehen. [4]Wird die Benachrichtigung nach Satz 2 zurückgestellt oder nach Satz 3 von ihr abgesehen, sind die Gründe aktenkundig zu machen.

(5) Der auf Grund eines Auskunftsverlangens Verpflichtete hat die zur Auskunftserteilung erforderlichen Daten unverzüglich und vollständig zu übermitteln.

(6) [1]Das Bundesamt für Verfassungsschutz hat den Verpflichteten für ihm erteilte Auskünfte eine Entschädigung zu gewähren. [2]Der Umfang der Entschädigung bemisst sich nach § 23 und Anlage 3 des Justizvergütungs- und -entschädigungsgesetzes[4]; die Vorschriften über die Verjährung in § 2 Absatz 1 und 4 des Justizvergütungs- und -entschädigungsgesetzes finden entsprechend Anwendung.

(7) Das Fernmeldegeheimnis (Artikel 10 des Grundgesetzes[5]) wird nach Maßgabe des Absatzes 2 Satz 1 eingeschränkt.

---

[1] § 8d neu gef. mWv 2.4.2021 durch G v. 30.3.2021 (BGBl. I S. 448).
[2] **Sartorius ErgBd. Nr. 920.**
[3] **Sartorius ErgBd. Nr. 922.**
[4] **Schönfelder Nr. 116.**
[5] Nr. **1**.

§ 9[1)] Besondere Formen der Datenerhebung. (1) [1]Das Bundesamt für Verfassungsschutz darf Informationen, insbesondere personenbezogene Daten, mit den Mitteln gemäß § 8 Abs. 2 erheben, wenn Tatsachen die Annahme rechtfertigen, daß

1. auf diese Weise Erkenntnisse über Bestrebungen oder Tätigkeiten nach § 3 Abs. 1 oder die zur Erforschung solcher Erkenntnisse erforderlichen Quellen gewonnen werden können oder
2. dies zum Schutz der Mitarbeiter, Einrichtungen, Gegenstände und Quellen des Bundesamtes für Verfassungsschutz gegen sicherheitsgefährdende oder geheimdienstliche Tätigkeiten erforderlich ist.

[2]Die Erhebung nach Satz 1 ist unzulässig, wenn die Erforschung des Sachverhalts auf andere, den Betroffenen weniger beeinträchtigende Weise möglich ist; eine geringere Beeinträchtigung ist in der Regel anzunehmen, wenn die Information aus allgemein zugänglichen Quellen oder durch eine Auskunft nach § 18 Abs. 3 gewonnen werden kann. [3]Die Anwendung eines Mittels gemäß § 8 Abs. 2 darf nicht erkennbar außer Verhältnis zur Bedeutung des aufzuklärenden Sachverhaltes stehen. [4]Die Maßnahme ist unverzüglich zu beenden, wenn ihr Zweck erreicht ist oder sich Anhaltspunkte dafür ergeben, daß er nicht oder nicht auf diese Weise erreicht werden kann.

(2) [1]Das in einer Wohnung nicht öffentlich gesprochene Wort darf mit technischen Mitteln nur heimlich mitgehört oder aufgezeichnet werden, wenn es im Einzelfall zur Abwehr einer gegenwärtigen gemeinen Gefahr oder einer gegenwärtigen Lebensgefahr für einzelne Personen unerläßlich ist und geeignete polizeiliche Hilfe für das bedrohte Rechtsgut nicht rechtzeitig erlangt werden kann. [2]Satz 1 gilt entsprechend für einen verdeckten Einsatz technischer Mittel zur Anfertigung von Bildaufnahmen und Bildaufzeichnungen. [3]Maßnahmen nach den Sätzen 1 und 2 werden durch den Präsidenten des Bundesamtes für Verfassungsschutz oder seinen Vertreter angeordnet, wenn eine richterliche Entscheidung nicht rechtzeitig herbeigeführt werden kann. [4]Die richterliche Entscheidung ist unverzüglich nachzuholen. [5]Zuständig ist das Amtsgericht, in dessen Bezirk das Bundesamt für Verfassungsschutz seinen Sitz hat. [6]Für das Verfahren gelten die Vorschriften des Gesetzes über das Verfahren in Familiensachen und in den Angelegenheiten der freiwilligen Gerichtsbarkeit[2)] entsprechend. [7]Die erhobenen Informationen dürfen nur nach Maßgabe des § 4 Abs. 4 des Artikel 10-Gesetzes[3)] verwendet werden. [8]§ 4 Abs. 6 des Artikel 10-Gesetzes gilt entsprechend.

(3) Bei Erhebungen nach Absatz 2 und solchen nach Absatz 1, die in ihrer Art und Schwere einer Beschränkung des Brief-, Post- und Fernmeldegeheimnisses gleichkommen, wozu insbesondere das Abhören und Aufzeichnen des nicht öffentlich gesprochenen Wortes mit dem verdeckten Einsatz technischer Mittel gehören, ist

---

[1)] § 9 Abs. 3 Satz 1 Nr. 2 geänd. durch G v. 17.6.1999 (BGBl. I S. 1334); Abs. 2 Sätze 3–6 angef. mWv 1.11.2000 durch G v. 2.8.2000 (BGBl. I S. 1253); Abs. 3 Satz 2 geänd. mWv 29.6.2001 durch G v. 26.6. 2001 (BGBl. I S. 1254); Abs. 2 Sätze 7–13 angef., Abs. 3 Satz 2 aufgeh. und Abs. 4 eingef. mWv 1.1.2002 durch G v. 9.1.2002 (BGBl. I S. 361); Abs. 4 neu gef. mWv 11.1.2007 durch G v. 5.1.2007 (BGBl. I S. 2); Abs. 2 Satz 6 geänd. mWv 1.9.2009 durch G v. 17.12.2008 (BGBl. I S. 2586); Abs. 2 Sätze 8–11 aufgeh., bish. Sätze 12 und 13 werden Sätze 8 und 9, Abs. 4 Satz 7 neu gef., Satz 8 aufgeh. mWv 10.1.2012 durch G v. 7.12.2011 (BGBl. I S. 2576); Abs. 4 Satz 1 geänd. mWv 2.4.2021 durch G v. 30.3.2021 (BGBl. I S. 448); Abs. 2 Satz 9 aufgeh. mWv 9.7.2021 durch G v. 5.7.2021 (BGBl. I S. 2274).

[2)] **Schönfelder Nr. 112.**

[3)] Nr. **7**.

1. der Eingriff nach seiner Beendigung dem Betroffenen mitzuteilen, sobald eine Gefährdung des Zweckes des Eingriffs ausgeschlossen werden kann, und
2. das Parlamentarische Kontrollgremium zu unterrichten.

(4) [1]Das Bundesamt für Verfassungsschutz darf unter den Voraussetzungen des § 8a Absatz 1 technische Mittel zur Ermittlung des Standortes eines aktiv geschalteten Mobilfunkendgerätes oder zur Ermittlung der Geräte- oder Kartennummer einsetzen. [2]Die Maßnahme ist nur zulässig, wenn ohne Einsatz technischer Mittel nach Satz 1 die Ermittlung des Standortes oder die Ermittlung der Geräte- oder Kartennummer aussichtslos oder wesentlich erschwert ist. [3]Sie darf sich nur gegen die in § 8a Abs. 3 Nr. 1 und 2 Buchstabe b bezeichneten Personen richten. [4]Für die Verarbeitung der Daten ist § 4 des Artikel 10-Gesetzes entsprechend anzuwenden. [5]Personenbezogene Daten eines Dritten dürfen anlässlich solcher Maßnahmen nur erhoben werden, wenn dies aus technischen Gründen zur Erreichung des Zweckes nach Satz 1 unvermeidbar ist. [6]Sie unterliegen einem absoluten Verwendungsverbot und sind nach Beendigung der Maßnahme unverzüglich zu löschen. [7]§ 8b Absatz 1 bis 3 und 7 Satz 1 gilt entsprechend.

§ 9a[1)] Verdeckte Mitarbeiter. (1) [1]Das Bundesamt für Verfassungsschutz darf eigene Mitarbeiter unter einer ihnen verliehenen und auf Dauer angelegten Legende (Verdeckte Mitarbeiter) zur Aufklärung von Bestrebungen unter den Voraussetzungen des § 9 Absatz 1 einsetzen. [2]Ein dauerhafter Einsatz zur Aufklärung von Bestrebungen nach § 3 Absatz 1 Nummer 1 und 4 ist nur bei Bestrebungen von erheblicher Bedeutung zulässig, insbesondere wenn sie darauf gerichtet sind, Gewalt anzuwenden oder Gewaltanwendung vorzubereiten.

(2) [1]Verdeckte Mitarbeiter dürfen weder zur Gründung von Bestrebungen nach § 3 Absatz 1 Nummer 1, 3 oder 4 noch zur steuernden Einflussnahme auf derartige Bestrebungen eingesetzt werden. [2]Sie dürfen in solchen Personenzusammenschlüssen oder für solche Personenzusammenschlüsse, einschließlich strafbare Vereinigungen, tätig werden, um deren Bestrebungen aufzuklären. [3]Im Übrigen ist im Einsatz eine Beteiligung an Bestrebungen zulässig, wenn sie

1. nicht in Individualrechte eingreift,
2. von den an den Bestrebungen Beteiligten derart erwartet wird, dass sie zur Gewinnung und Sicherung der Informationszugänge unumgänglich ist und
3. nicht außer Verhältnis zur Bedeutung des aufzuklärenden Sachverhalts steht.

[4]Sofern zureichende tatsächliche Anhaltspunkte dafür bestehen, dass Verdeckte Mitarbeiter rechtswidrig einen Straftatbestand von erheblicher Bedeutung verwirklicht haben, soll der Einsatz unverzüglich beendet und die Strafverfolgungsbehörde unterrichtet werden. [5]Über Ausnahmen nach Satz 4 entscheidet der Behördenleiter oder sein Vertreter.

(3) [1]Die Staatsanwaltschaft kann von der Verfolgung von im Einsatz begangenen Vergehen absehen oder eine bereits erhobene Klage in jeder Lage des Verfahrens zurücknehmen und das Verfahren einstellen, wenn

1. der Einsatz zur Aufklärung von Bestrebungen erfolgte, die auf die Begehung von in § 3 Absatz 1 des Artikel 10-Gesetzes[2)] bezeichneten Straftaten gerichtet sind, und

---

[1)] § 9a eingef. mWv 21.11.2015 durch G v. 17.11.2015 (BGBl. I S. 1938).
[2)] Nr. 7.

2. die Tat von an den Bestrebungen Beteiligten derart erwartet wurde, dass sie zur Gewinnung und Sicherung der Informationszugänge unumgänglich war.

[2]Dabei ist das Verhältnis der Bedeutung der Aufklärung der Bestrebungen zur Schwere der begangenen Straftat und Schuld des Täters zu berücksichtigen. [3]Ein Absehen von der Verfolgung ist ausgeschlossen, wenn eine höhere Strafe als ein Jahr Freiheitsstrafe zu erwarten ist. [4]Ein Absehen von der Verfolgung ist darüber hinaus stets ausgeschlossen, wenn zu erwarten ist, dass die Strafe nicht zur Bewährung ausgesetzt werden würde. [5]Die Sätze 1 bis 4 gelten auch in Fällen der Landesbehörden für Verfassungsschutz.

§ 9b[1)] Vertrauensleute. (1) [1]Für den Einsatz von Privatpersonen, deren planmäßige, dauerhafte Zusammenarbeit mit dem Bundesamt für Verfassungsschutz Dritten nicht bekannt ist (Vertrauensleute), ist § 9a entsprechend anzuwenden. [2]Die Bundesregierung trägt dem Parlamentarischen Kontrollgremium mindestens einmal im Jahr einen Lagebericht zum Einsatz von Vertrauensleuten vor.

(2) [1]Über die Verpflichtung von Vertrauensleuten entscheidet der Behördenleiter oder sein Vertreter. [2]Als Vertrauensleute dürfen Personen nicht angeworben und eingesetzt werden, die

1. nicht voll geschäftsfähig, insbesondere minderjährig sind,
2. von den Geld- oder Sachzuwendungen für die Tätigkeit auf Dauer als alleinige Lebensgrundlage abhängen würden,
3. an einem Aussteigerprogramm teilnehmen,
4. Mitglied des Europäischen Parlaments, des Deutschen Bundestages, eines Landesparlaments oder Mitarbeiter eines solchen Mitglieds sind oder
5. im Bundeszentralregister mit einer Verurteilung wegen eines Verbrechens oder zu einer Freiheitsstrafe, deren Vollstreckung nicht zur Bewährung ausgesetzt worden ist, eingetragen sind.

[3]Der Behördenleiter kann eine Ausnahme von Nummer 5 zulassen, wenn die Verurteilung nicht als Täter eines Totschlags (§§ 212, 213 des Strafgesetzbuches[2)]) oder einer allein mit lebenslanger Haft bedrohten Straftat erfolgt ist und der Einsatz zur Aufklärung von Bestrebungen, die auf die Begehung von in § 3 Absatz 1 des Artikel 10-Gesetzes[3)] bezeichneten Straftaten gerichtet sind, unerlässlich ist. [4]Im Falle einer Ausnahme nach Satz 3 ist der Einsatz nach höchstens sechs Monaten zu beenden, wenn er zur Erforschung der in Satz 3 genannten Bestrebungen nicht zureichend gewichtig beigetragen hat. [5]Auch im Weiteren ist die Qualität der gelieferten Informationen fortlaufend zu bewerten.

§ 10[4)] Speicherung, Veränderung und Nutzung personenbezogener Daten. (1) Das Bundesamt für Verfassungsschutz darf zur Erfüllung seiner Aufgaben personenbezogene Daten in Dateien speichern, verändern und nutzen, wenn

1. tatsächliche Anhaltspunkte für Bestrebungen oder Tätigkeiten nach § 3 Abs. 1 vorliegen,
2. dies für die Erforschung und Bewertung von Bestrebungen oder Tätigkeiten nach § 3 Abs. 1 erforderlich ist oder

---

[1)] § 9b eingef. mWv 21.11.2015 durch G v. 17.11.2015 (BGBl. I S. 1938).
[2)] **Schönfelder Nr. 85.**
[3)] Nr. 7.
[4)] § 10 Abs. 2 aufgeh. durch G v. 20.4.1994 (BGBl. I S. 867); Abs. 2 neu gef. mWv 21.11.2015 durch G v. 17.11.2015 (BGBl. I S. 1938).

3. das Bundesamt für Verfassungsschutz nach § 3 Abs. 2 tätig wird.

(2) [1] Unterlagen, die nach Absatz 1 gespeicherte Angaben belegen, dürfen auch gespeichert werden, wenn in ihnen weitere personenbezogene Daten Dritter enthalten sind. [2] Eine Abfrage von Daten Dritter ist unzulässig.

(3) Das Bundesamt für Verfassungsschutz hat die Speicherungsdauer auf das für seine Aufgabenerfüllung erforderliche Maß zu beschränken.

§ 11[1)] Speicherung, Veränderung und Nutzung personenbezogener Daten von Minderjährigen. (1) [1] Das Bundesamt für Verfassungsschutz darf unter den Voraussetzungen des § 10 Daten über Minderjährige vor Vollendung des 14. Lebensjahres in zu ihrer Person geführten Akten nur speichern, verändern und nutzen, wenn tatsächliche Anhaltspunkte dafür bestehen, dass der Minderjährige eine der in § 3 Abs. 1 des Artikel 10-Gesetzes[2)] genannten Straftaten plant, begeht oder begangen hat. [2] In Dateien ist eine Speicherung von Daten oder über das Verhalten Minderjähriger vor Vollendung des 14. Lebensjahres nicht zulässig.

(2) [1] In Dateien oder zu ihrer Person geführten Akten gespeicherte Daten über Minderjährige vor Vollendung des 16. Lebensjahres sind spätestens nach zwei Jahren zu löschen, es sei denn, dass weitere Erkenntnisse nach § 3 Absatz 1 angefallen sind. [2] In Dateien oder zu ihrer Person geführten Akten gespeicherte Daten über Minderjährige ab Vollendung des 16. Lebensjahres sind nach zwei Jahren auf die Erforderlichkeit der Speicherung zu überprüfen und spätestens nach fünf Jahren zu löschen, es sei denn, dass nach Eintritt der Volljährigkeit weitere Erkenntnisse nach § 3 Absatz 1 angefallen sind.

§ 12[3)] Berichtigung, Löschung und Verarbeitungseinschränkung personenbezogener Daten in Dateien. (1) Das Bundesamt für Verfassungsschutz hat die in Dateien gespeicherten personenbezogenen Daten zu berichtigen, wenn sie unrichtig sind.

(2) [1] Das Bundesamt für Verfassungsschutz hat die in Dateien gespeicherten personenbezogenen Daten zu löschen, wenn ihre Speicherung unzulässig war oder ihre Kenntnis für die Aufgabenerfüllung nicht mehr erforderlich ist. [2] Die Löschung unterbleibt, wenn Grund zu der Annahme besteht, daß durch sie schutzwürdige Interessen des Betroffenen beeinträchtigt würden. [3] In diesem Falle ist die Verarbeitung einzuschränken. [4] Sie dürfen nur noch mit Einwilligung des Betroffenen übermittelt werden.

(3) [1] Das Bundesamt für Verfassungsschutz prüft bei der Einzelfallbearbeitung und nach festgesetzten Fristen, spätestens nach fünf Jahren, ob gespeicherte personenbezogene Daten zu berichtigen oder zu löschen sind. [2] Gespeicherte personenbezogene Daten über Bestrebungen nach § 3 Absatz 1 Nummer 1, 3 und 4 sind spätestens zehn Jahre nach dem Zeitpunkt der letzten gespeicherten relevanten Information zu löschen, es sei denn, die zuständige Abteilungsleitung oder deren Vertretung trifft im Einzelfall ausnahmsweise eine andere Entscheidung.

[1)] § 11 Abs. 1 Satz 1 geänd. mWv 29.6.2001 durch G v. 26.6.2001 (BGBl. I S. 1254, ber. S. 2298); Abs. 1 neu gef. mWv 5.8.2009 durch G v. 31.7.2009 (BGBl. I S. 2499); Abs. 1 Sätze 1 und 2 geänd., Satz 3 aufgeh., Abs. 2 neu gef. mWv 30.7.2016 durch G v. 26.7.2016 (BGBl. I S. 1818).

[2)] Nr. **7**.

[3)] § 12 Abs. 3 Satz 2 neu gef. mWv 1.1.2002 durch G v. 9.1.2002 (BGBl. I S. 361); Abs. 3 Satz 2 geänd. mWv 10.1.2012 durch G v. 7.12.2011 (BGBl. I S. 2576); Abs. 3 Satz 2 geänd. mWv 21.11.2015 durch G v. 17.11.2015 (BGBl. I S. 1938); Überschrift geänd., Abs. 2 Satz 3 neu gef. mWv 25.5.2018 durch G v. 30.6.2017 (BGBl. I S. 2097).

(4) Personenbezogene Daten, die ausschließlich zu Zwecken der Datenschutzkontrolle, der Datensicherung oder zur Sicherstellung eines ordnungsgemäßen Betriebes einer Datenverarbeitungsanlage gespeichert werden, dürfen nur für diese Zwecke verwendet werden.

§ 13[1)] Verwendung und Berichtigung personenbezogener Daten in Akten. (1) Stellt das Bundesamt für Verfassungsschutz fest, daß in Akten gespeicherte personenbezogene Daten unrichtig sind oder wird ihre Richtigkeit von dem Betroffenen bestritten, so ist dies in der Akte zu vermerken oder auf sonstige Weise festzuhalten.

(2) [1] Das Bundesamt für Verfassungsschutz hat die Verarbeitung personenbezogener Daten einzuschränken, wenn es im Einzelfall feststellt, dass ohne die Einschränkung schutzwürdige Interessen des Betroffenen beeinträchtigt würden und die Daten für seine künftige Aufgabenerfüllung nicht mehr erforderlich sind. [2] Verarbeitungseingeschränkte Daten sind mit einem entsprechenden Vermerk zu versehen; sie dürfen nicht mehr genutzt oder übermittelt werden. [3] Eine Aufhebung der Einschränkung ist möglich, wenn ihre Voraussetzungen nachträglich entfallen.

(3) [1] Eine Akte ist zu vernichten, wenn sie insgesamt zur Erfüllung der Aufgaben des Bundesamtes für Verfassungsschutz nicht oder nicht mehr erforderlich ist. [2] Die Erforderlichkeit ist bei der Einzelfallbearbeitung und nach festgesetzten Fristen, spätestens nach fünf Jahren, zu prüfen. [3] Für die Vernichtung einer Akte, die zu einer Person im Sinne des § 10 Absatz 1 Nummer 1 geführt wird, gilt § 12 Absatz 3 Satz 2 entsprechend. [4] Eine Vernichtung unterbleibt, wenn Grund zu der Annahme besteht, dass durch sie schutzwürdige Interessen des Betroffenen beeinträchtigt würden. [5] In diesem Fall ist die Verarbeitung der in der Akte gespeicherten personenbezogenen Daten einzuschränken und mit einem entsprechenden Vermerk zu versehen. [6] Sie dürfen nur für die Interessen nach Satz 4 verarbeitet werden oder wenn es zur Abwehr einer erheblichen Gefahr unerlässlich ist. [7] Eine Vernichtung der Akte erfolgt nicht, wenn sie nach den Vorschriften des Bundesarchivgesetzes[2)] dem Bundesarchiv zur Übernahme anzubieten und zu übergeben ist.

(4) [1] Akten oder Auszüge aus Akten dürfen auch in elektronischer Form geführt werden. [2] Insoweit kommen die Regelungen über die Verwendung und Berichtigung personenbezogener Daten in Akten zur Anwendung. [3] Eine Abfrage personenbezogener Daten ist insoweit nur zulässig, wenn die Voraussetzungen des § 10 Absatz 1 Nummer 1 oder Nummer 2 vorliegen und die Person das 14. Lebensjahr vollendet hat. [4] Der automatisierte Abgleich dieser personenbezogenen Daten ist nur beschränkt auf Akten eng umgrenzter Anwendungsgebiete zulässig. [5] Bei jeder Abfrage sind für Zwecke der Datenschutzkontrolle der Zeitpunkt, die Angaben, die die Feststellung der abgefragten Daten ermöglichen, sowie Angaben zur Feststellung des Abfragenden zu protokollieren. [6] Die protokollierten Daten dürfen nur für Zwecke der Datenschutzkontrolle, der Datensicherung oder zur Sicherstellung eines ordnungsgemäßen Betriebs der Datenverarbeitungsanlage verwendet werden. [7] Die Protokolldaten sind am Ende des Kalenderjahres, das dem Jahr der Protokollierung folgt, zu löschen.

[1)] § 13 Überschrift neu gef., Abs. 3 und 4 angef. mWv 21.11.2015 durch G v. 17.11.2015 (BGBl. I S. 1938); Abs. 2 und Abs. 3 Sätze 5 und 6 neu gef. mWv 25.5.2018 durch G v. 30.6.2017 (BGBl. I S. 2097); Abs. 4 Satz 3 geänd. mWv 9.7.2021 durch G v. 5.7.2021 (BGBl. I S. 2274).

[2)] **Sartorius III Nr. 834.**

§ 14[1] Dateianordnungen. (1) [1] Für jede automatisierte Datei beim Bundesamt für Verfassungsschutz nach § 6 oder § 10 sind in einer Dateianordnung, die der Zustimmung des Bundesministeriums des Innern, für Bau und Heimat bedarf, festzulegen:

1. Bezeichnung der Datei,
2. Zweck der Datei,
3. Voraussetzung der Speicherung, Übermittlung und Nutzung (betroffener Personenkreis, Arten der Daten),
4. Anlieferung oder Eingabe,
5. Zugangsberechtigung,
6. Überprüfungsfristen, Speicherungsdauer,
7. Protokollierung.

(Fortsetzung nächstes Blatt)

[1] § 14 Abs. 1 Satz 1 einl. Satzteil geänd. mWv 11.1.2007 durch G v. 5.1.2007 (BGBl. I S. 2); Abs. 1 Satz 2 geänd. mWv 5.8.2009 durch G v. 31.7.2009 (BGBl. I S. 2499); Abs. 3 neu gef. mWv 21.11.2015 durch G v. 17.11.2015 (BGBl. I S. 1938); Abs. 1 Satz 3 angef. mWv 25.5.2018 durch G v. 30.6.2017 (BGBl. I S. 2097); Abs. 1 Satz 1 einl. Satzteil geänd. mWv 27.6.2020 durch VO v. 19.6.2020 (BGBl. I S. 1328).

wenn tatsächliche Anhaltspunkte dafür bestehen, daß die Übermittlung für die Erfüllung der gesetzlichen Aufgaben des Empfängers erforderlich ist.

(2) [1] Die Polizeien dürfen zur Verhinderung von Staatsschutzdelikten nach Absatz 1 Satz 2 das Bundesamt für Verfassungsschutz um Übermittlung der erforderlichen Informationen einschließlich personenbezogener Daten ersuchen. [2] Der Bundesnachrichtendienst darf zur Erfüllung seiner Aufgaben das Bundesamt für Verfassungsschutz um die Übermittlung der erforderlichen Informationen einschließlich personenbezogener Daten ersuchen.

§ 21 Übermittlung von Informationen durch die Verfassungsschutzbehörden der Länder an Strafverfolgungs- und Sicherheitsbehörden in Angelegenheiten des Staats- und Verfassungsschutzes. (1) [1] Die Verfassungsschutzbehörden der Länder übermitteln den Staatsanwaltschaften und, vorbehaltlich der staatsanwaltschaftlichen Sachleitungsbefugnis, den Polizeien Informationen einschließlich personenbezogener Daten unter den Voraussetzungen des § 20 Abs. 1 Satz 1 und 2 sowie Abs. 2 Satz 1. [2] Auf die Übermittlung von Informationen zwischen Behörden desselben Bundeslandes findet Satz 1 keine Anwendung.

(2) Die Verfassungsschutzbehörden der Länder übermitteln dem Bundesnachrichtendienst und dem Militärischen Abschirmdienst Informationen einschließlich personenbezogener Daten unter den Voraussetzungen des § 20 Abs. 1 Satz 3 sowie Abs. 2 Satz 2.

§ 22[1] Übermittlung von Informationen durch die Staatsanwaltschaften und Polizeien an den Militärischen Abschirmdienst. Für die Übermittlung von Informationen einschließlich personenbezogener Daten durch die Staatsanwaltschaften und, vorbehaltlich der staatsanwaltschaftlichen Sachleitungsbefugnis, die Polizeien, die Behörden des Zollfahndungsdienstes sowie andere Zolldienststellen, soweit diese Aufgaben nach dem Bundespolizeigesetz[2] wahrnehmen, an den Militärischen Abschirmdienst findet § 18 entsprechende Anwendung.

§ 22a[3] Projektbezogene gemeinsame Dateien. (1) [1] Das Bundesamt für Verfassungsschutz kann für die Dauer einer befristeten projektbezogenen Zusammenarbeit mit den Landesbehörden für Verfassungsschutz, dem Militärischen Abschirmdienst, dem Bundesnachrichtendienst, den Polizeibehörden des Bundes und der Länder und dem Zollkriminalamt eine gemeinsame Datei errichten. [2] Die projektbezogene Zusammenarbeit bezweckt nach Maßgabe der Aufgaben und Befugnisse der in Satz 1 genannten Behörden den Austausch und die gemeinsame Auswertung von Erkenntnissen zu Bestrebungen, die durch Anwendung von Gewalt oder darauf gerichtete Vorbereitungshandlungen gegen die in § 3 Abs. 1 Nr. 1 bis 4 genannten Schutzgüter gerichtet sind. [3] Personenbezogene Daten zu Bestrebungen nach Satz 2 dürfen unter Einsatz der gemeinsamen Datei durch die an der projektbezogenen Zusammenarbeit beteiligten Behörden im Rahmen ihrer Befugnisse verwendet werden, soweit dies in diesem Zusammenhang zur Erfüllung ihrer Aufgaben erforderlich ist. [4] Bei der weiteren Verwendung der personenbezogenen Daten finden

---

[1] § 22 geänd. mWv 24.8.2002 durch G v. 16.8.2002 (BGBl. I S. 3202); geänd. mWv 1.7.2005 durch G v. 21.6.2005 (BGBl. I S. 1818).

[2] Nr. **90**.

[3] § 22a eingef. mWv 31.12.2006 durch G v. 22.12.2006 (BGBl. I S. 3409); Abs. 3 Satz 1 und Abs. 6 Satz 4 geänd. mWv 21.11.2015 durch G v. 17.11.2015 (BGBl. I S. 1938); Abs. 4 Satz 2 neu gef. mWv 30.7.2016 durch G v. 26.7.2016 (BGBl. I S. 1818); Abs. 5, Abs. 6 Satz 1 Nr. 9 geänd. mWv 25.5.2018 durch G v. 30.6. 2017 (BGBl. I S. 2097); Abs. 6 Satz 2 geänd. mWv 27.6.2020 durch VO v. 19.6.2020 (BGBl. I S. 1328); Abs. 3 Satz 1 und Abs. 6 Satz 4 geänd. mWv 9.7.2021 durch G v. 5.7.2021 (BGBl. I S. 2274).

für die beteiligten Behörden die jeweils für sie geltenden Vorschriften über die Verwendung von Daten Anwendung.

(2) [1] Für die Eingabe personenbezogener Daten in die gemeinsame Datei gelten die jeweiligen Übermittlungsvorschriften zugunsten der an der Zusammenarbeit beteiligten Behörden entsprechend mit der Maßgabe, dass die Eingabe nur zulässig ist, wenn die Daten allen an der projektbezogenen Zusammenarbeit teilnehmenden Behörden übermittelt werden dürfen. [2] Eine Eingabe ist ferner nur zulässig, wenn die Behörde, die die Daten eingegeben hat, die Daten auch in eigene Dateien speichern darf. [3] Die Behörde, die die Daten eingegeben hat, hat die Daten zu kennzeichnen.

(3) [1] Für die Führung einer projektbezogenen gemeinsamen Datei gelten § 6 Absatz 2 Satz 5 und 6 und Absatz 3 Satz 1 und § 14 Abs. 2 entsprechend. [2] § 15 ist mit der Maßgabe anzuwenden, dass das Bundesamt für Verfassungsschutz die Auskunft im Einvernehmen mit der Behörde erteilt, die die datenschutzrechtliche Verantwortung nach Satz 1 trägt und die beteiligte Behörde die Zulässigkeit der Auskunftserteilung nach den für sie geltenden Bestimmungen prüft.

(4) [1] Die gemeinsame Datei nach Absatz 1 ist auf höchstens zwei Jahre zu befristen. [2] Die Frist kann um zwei Jahre und danach um ein weiteres Jahr verlängert werden, wenn das Ziel der projektbezogenen Zusammenarbeit bei Projektende noch nicht erreicht worden ist und die Datei weiterhin für die Erreichung des Ziels erforderlich ist.

(5) Für die Berichtigung, Verarbeitungseinschränkung und Löschung der Daten zu einer Person durch die Behörde, die die Daten eingegeben hat, gelten die jeweiligen, für sie anwendbaren Vorschriften über die Berichtigung, Sperrung und Löschung der Daten entsprechend.

(6) [1] Das Bundesamt für Verfassungsschutz hat für die gemeinsame Datei in einer Dateianordnung die Angaben nach § 14 Abs. 1 Satz 1 Nr. 1 bis 7 sowie weiter festzulegen:

1. die Rechtsgrundlage der Datei,
2. die Art der zu speichernden personenbezogenen Daten,
3. die Arten der personenbezogenen Daten, die der Erschließung der Datei dienen,
4. Voraussetzungen, unter denen in der Datei gespeicherte personenbezogene Daten an welche Empfänger und in welchen Verfahren übermittelt werden,
5. im Einvernehmen mit den an der projektbezogenen Zusammenarbeit teilnehmenden Behörden deren jeweilige Organisationseinheiten, die zur Eingabe und zum Abruf befugt sind,
6. die umgehende Unterrichtung der eingebenden Behörde über Anhaltspunkte für die Unrichtigkeit eingegebener Daten durch die an der gemeinsamen Datei beteiligten Behörden sowie die Prüfung und erforderlichenfalls die unverzügliche Änderung, Berichtigung oder Löschung dieser Daten durch die Behörde, die die Daten eingegeben hat,
7. die Möglichkeit der ergänzenden Eingabe weiterer Daten zu den bereits über eine Person gespeicherten Daten durch die an der gemeinsamen Datei beteiligten Behörden,
8. die Protokollierung des Zeitpunkts, der Angaben zur Feststellung des aufgerufenen Datensatzes sowie der für den Abruf verantwortlichen Behörde bei jedem Abruf aus der gemeinsamen Datei durch das Bundesamt für Verfassungsschutz für Zwecke der Datenschutzkontrolle einschließlich der Zweckbestimmung der Protokolldaten sowie deren Löschfrist und

9. die Zuständigkeit des Bundesamtes für Verfassungsschutz für Schadensersatzansprüche des Betroffenen entsprechend § 83 des Bundesdatenschutzgesetzes[1].

[2]Die Dateianordnung bedarf der Zustimmung des Bundesministeriums des Innern, für Bau und Heimat sowie der für die Fachaufsicht über die beteiligten Behörden zuständigen obersten Bundes- oder Landesbehörden. [3]Der Bundesbeauftragte für den Datenschutz und die Informationsfreiheit ist vor Erlass einer Dateianordnung anzuhören. [4]§ 6 Absatz 2 Satz 7 gilt entsprechend.

§ 22b[2] Errichtung gemeinsamer Dateien mit ausländischen Nachrichtendiensten. (1) Das Bundesamt für Verfassungsschutz kann für die Zusammenarbeit mit ausländischen öffentlichen Stellen, die mit nachrichtendienstlichen Aufgaben betraut sind (ausländische Nachrichtendienste), zur Erforschung von Bestrebungen oder Tätigkeiten, die sich auf bestimmte Ereignisse oder Personenkreise beziehen, gemeinsame Dateien einrichten, wenn

1. die Erforschung von erheblichem Sicherheitsinteresse für die Bundesrepublik Deutschland und den jeweils teilnehmenden Staat ist,
2. in den teilnehmenden Staaten die Einhaltung grundlegender rechtsstaatlicher Prinzipien gewährleistet ist,
3. die Festlegungen und Zusagen nach Absatz 5 Satz 1 verlässlich sind und
4. das Bundesministerium des Innern, für Bau und Heimat zugestimmt hat.

(2) [1]Der Nachrichtendienst eines Staates, der weder unmittelbar an die Bundesrepublik Deutschland angrenzt noch Mitgliedstaat der Europäischen Union oder des Nordatlantikvertrages ist, kann darüber hinaus nur teilnehmen, wenn besondere Sicherheitsinteressen dies erfordern. [2]Dies ist der Fall, wenn Bestrebungen oder Tätigkeiten erforscht werden, die auf die Begehung von schwerwiegenden Straftaten gegen den Bestand oder die Sicherheit eines Staates oder einer internationalen Organisation gerichtet sind. [3]Schwerwiegende Straftaten sind die in § 3 Absatz 1 des Artikel 10-Gesetzes[3] genannten Straftaten. [4]Die Teilnahme eines solchen ausländischen Nachrichtendienstes bedarf der Zustimmung der Bundesministerin oder des Bundesministers des Innern, für Bau und Heimat.

(3) [1]Die Datei dient der Feststellung, ob zu Personen, Objekten oder Ereignissen bei einem der beteiligten Nachrichtendienste Informationen vorhanden sind. [2]Hierzu kann die Datei solche personenbezogene Daten enthalten, die zum Auffinden der Informationen und der dazu notwendigen Identifizierung von Personen erforderlich sind. [3]Im Falle eines Treffers wird lediglich derjenige ausländische Nachrichtendienst angezeigt, der die Daten eingegeben hat.

(4) [1]Die Datei kann auch dem Austausch und der gemeinsamen Auswertung von Informationen und Erkenntnissen dienen, wenn dies zur Wahrung besonderer Sicherheitsinteressen (Absatz 2 Satz 2) erforderlich ist. [2]Hierzu kann sie die zur Erforschung und Bewertung solcher Bestrebungen oder Tätigkeiten erforderlichen Daten enthalten und zu diesem Zweck genutzt werden.

(5) [1]Die Ziele der Zusammenarbeit und das Nähere der Datenverwendung sind vor Beginn der Zusammenarbeit zwischen den teilnehmenden Nachrichtendiensten

---

[1] Nr. **245**.

[2] § 22b eingef. mWv 30.7.2016 durch G v. 26.7.2016 (BGBl. I S. 1818); Abs. 7 Sätze 1 und 2 neu gef. mWv 25.5.2018 durch G v. 30.6.2017 (BGBl. I S. 2097); Abs. 1 Nr. 4 und Abs. 2 Satz 4 geänd. mWv 27.6. 2020 durch VO v. 19.6.2020 (BGBl. I S. 1328); Abs. 6 Satz 3 und Abs. 7 Satz 2 geänd. mWv 9.7.2021 durch G v. 5.7.2021 (BGBl. I S. 2274).

[3] Nr. **7**.

zur Gewährleistung eines angemessenen Datenschutzniveaus und zum Ausschluss unangemessener Verwendung schriftlich festzulegen, insbesondere:

1. Zweck der Datei,
2. Voraussetzungen der Verwendungen von Daten,
3. Prüfung und erforderlichenfalls unverzügliche Änderung, Berichtigung und Löschung von Daten,
4. Zusage,
   a) die Daten ohne Zustimmung des eingebenden Nachrichtendienstes nicht für einen anderen Zweck als den nach Nummer 1 zu verwenden oder an Dritte zu übermitteln,
   b) Auskunft über die Verwendung der Daten zu geben, die vom Auskunft erbittenden Nachrichtendienst eingegeben worden sind.

[2] § 14 gilt mit der Maßgabe, dass die Festlegungen auf das Bundesamt für Verfassungsschutz beschränkt sind und der Dateianordnung die Festlegung nach Satz 1 als Anlage beizufügen ist.

(6) [1] Das Bundesamt für Verfassungsschutz darf personenbezogene Daten in der gemeinsamen Datei entsprechend § 10 Absatz 1 und 3, § 11 Absatz 1 eingeben, wenn es die Daten allen teilnehmenden ausländischen Nachrichtendiensten übermitteln darf. [2] Für die vom Bundesamt für Verfassungsschutz eingegebenen Daten gelten für die Veränderung und Nutzung § 10 Absatz 1 und § 11 Absatz 1 und für die Überprüfung, Berichtigung, Löschung und Sperrung § 11 Absatz 2 und § 12 Absatz 1 bis 3 entsprechend. [3] Für die Verantwortung des an der Datei teilnehmenden Nachrichtendienstes gilt § 6 Absatz 2 Satz 5 und 6 entsprechend.

(7) [1] Das Bundesamt für Verfassungsschutz trifft für die Dateien die technischen und organisatorischen Maßnahmen entsprechend § 64 des Bundesdatenschutzgesetzes[1)]. [2] § 6 Absatz 3 Satz 2 bis 5 und § 28 gelten nur für die vom Bundesamt für Verfassungsschutz eingegebenen Daten sowie dessen Abrufe. [3] Das Bundesamt für Verfassungsschutz erteilt dem Betroffenen entsprechend § 15 Auskunft nur zu den vom Bundesamt für Verfassungsschutz eingegebenen Daten.

§ 22c[2)] Teilnahme an gemeinsamen Dateien mit ausländischen Nachrichtendiensten. [1] Das Bundesamt für Verfassungsschutz darf an gemeinsamen Dateien, die von ausländischen Nachrichtendiensten errichtet sind, teilnehmen. [2] § 22b Absatz 1 bis 4 und 6 gilt entsprechend. [3] Dabei gilt § 22b Absatz 1 Nummer 3 mit der Maßgabe, dass verlässlich zuzusagen ist, dass

1. die vom Bundesamt für Verfassungsschutz eingegebenen Daten ohne dessen Zustimmung nicht an Dritte übermittelt werden dürfen und nur zu dem Zweck verwendet werden dürfen, zu dem sie in die Datei eingegeben wurden, und
2. das Bundesamt für Verfassungsschutz auf Ersuchen Auskunft über die vorgenommene Verwendung der Daten erhält.

[4] Das Bundesamt für Verfassungsschutz erteilt über die von ihm eingegebenen Daten entsprechend § 15 Auskunft.

§ 23 Übermittlungsverbote. Die Übermittlung nach den Vorschriften dieses Abschnitts unterbleibt, wenn

---

[1)] Nr. **245**.

[2)] § 22c eingef. mWv 30.7.2016 durch G v. 26.7.2016 (BGBl. I S. 1818).

1. für die übermittelnde Stelle erkennbar ist, daß unter Berücksichtigung der Art der Informationen und ihrer Erhebung die schutzwürdigen Interessen des Betroffenen das Allgemeininteresse an der Übermittlung überwiegen,
2. überwiegende Sicherheitsinteressen dies erfordern oder
3. besondere gesetzliche Übermittlungsregelungen entgegenstehen; die Verpflichtung zur Wahrung gesetzlicher Geheimhaltungspflichten oder von Berufs- oder besonderen Amtsgeheimnissen, die nicht auf gesetzlichen Vorschriften beruhen, bleibt unberührt.

§ 24[1)] Minderjährigenschutz. (1) [1] Informationen einschließlich personenbezogener Daten über das Verhalten Minderjähriger dürfen nach den Vorschriften dieses Gesetzes übermittelt werden, solange die Voraussetzungen der Speicherung nach § 11 Abs. 1 Satz 1 erfüllt sind. [2] Liegen diese Voraussetzungen nicht mehr vor, bleibt eine Übermittlung nur zulässig, wenn sie zur Abwehr einer erheblichen Gefahr oder zur Verfolgung einer Straftat von erheblicher Bedeutung erforderlich ist.

(2) [1] Informationen einschließlich personenbezogener Daten über das Verhalten Minderjähriger vor Vollendung des 16. Lebensjahres dürfen nach den Vorschriften dieses Gesetzes nicht an ausländische sowie über- oder zwischenstaatliche Stellen übermittelt werden. [2] Abweichend hiervon dürfen Informationen einschließlich personenbezogener Daten über das Verhalten Minderjähriger, die das 14. Lebensjahr vollendet haben, übermittelt werden, wenn nach den Umständen des Einzelfalls nicht ausgeschlossen werden kann, dass die Übermittlung zur Abwehr einer erheblichen Gefahr für Leib oder Leben einer Person erforderlich ist oder tatsächliche Anhaltspunkte dafür vorliegen, dass die Übermittlung zur Verfolgung einer der in § 3 Abs. 1 des Artikel 10-Gesetzes[2)] genannten Straftaten erforderlich ist.

§ 25[3)] Pflichten des Empfängers. [1] Der Empfänger prüft, ob die nach den Vorschriften dieses Gesetzes übermittelten personenbezogenen Daten für die Erfüllung seiner Aufgaben erforderlich sind. [2] Ergibt die Prüfung, daß sie nicht erforderlich sind, hat er die Unterlagen zu vernichten. [3] Die Vernichtung kann unterbleiben, wenn die Trennung von anderen Informationen, die zur Erfüllung der Aufgaben erforderlich sind, nicht oder nur mit unvertretbarem Aufwand möglich ist; in diesem Fall ist die Verarbeitung der Daten einzuschränken.

§ 26 Nachberichtspflicht. Erweisen sich personenbezogene Daten nach ihrer Übermittlung nach den Vorschriften dieses Gesetzes als unvollständig oder unrichtig, so sind sie unverzüglich gegenüber dem Empfänger zu berichtigen, es sei denn, daß dies für die Beurteilung eines Sachverhalts ohne Bedeutung ist.

Vierter Abschnitt. Schlußvorschriften

§ 27[4)] Anwendung des Bundesdatenschutzgesetzes. Bei der Erfüllung der Aufgaben nach § 3 durch das Bundesamt für Verfassungsschutz findet das Bundesdatenschutzgesetz[5)] wie folgt Anwendung:

1. § 1 Absatz 8, die §§ 4, 16 Absatz 1 und 4 und die §§ 17 bis 21 sowie § 85 finden keine Anwendung,

---

[1)] § 24 Abs. 1 Satz 1 geänd., Abs. 2 neu gef. mWv 5.8.2009 durch G v. 31.7.2009 (BGBl. I S. 2499).

[2)] Nr. **7**.

[3)] § 25 Satz 3 neu gef. mWv 25.5.2018 durch G v. 30.6.2017 (BGBl. I S. 2097).

[4)] § 27 neu gef. mWv 25.5.2018 durch G v. 30.6.2017 (BGBl. I S. 2097).

[5)] Nr. **245**.

2. die §§ 46, 51 Absatz 1 bis 4 und die §§ 52 bis 54, 62, 64, 83, 84 sind entsprechend anzuwenden.

§ 28[1)] Unabhängige Datenschutzkontrolle. (1) Jedermann kann sich an die Bundesbeauftragte oder den Bundesbeauftragten für den Datenschutz und die Informationsfreiheit wenden, wenn er der Ansicht ist, bei der Verarbeitung seiner personenbezogenen Daten durch das Bundesamt für Verfassungsschutz in seinen Rechten verletzt worden zu sein.

(2) [1] Die oder der Bundesbeauftragte für den Datenschutz und die Informationsfreiheit kontrolliert beim Bundesamt für Verfassungsschutz die Einhaltung der Vorschriften über den Datenschutz. [2] Soweit die Einhaltung von Vorschriften der Kontrolle durch die G 10-Kommission unterliegt, unterliegt sie nicht der Kontrolle durch die Bundesbeauftragte oder den Bundesbeauftragten für den Datenschutz und die Informationsfreiheit, es sei denn, die G 10-Kommission ersucht die Bundesbeauftragte oder den Bundesbeauftragten für den Datenschutz und die Informationsfreiheit, die Einhaltung der Vorschriften über den Datenschutz bei bestimmten Vorgängen oder in bestimmten Bereichen zu kontrollieren und ausschließlich ihr darüber zu berichten.

(3) [1] Das Bundesamt für Verfassungsschutz ist verpflichtet, die Bundesbeauftragte oder den Bundesbeauftragten für den Datenschutz und die Informationsfreiheit und ihre oder seine schriftlich besonders Beauftragten bei der Erfüllung ihrer oder seiner Aufgaben zu unterstützen. [2] Den in Satz 1 genannten Personen ist dabei insbesondere

1. Auskunft zu ihren Fragen sowie Einsicht in alle Unterlagen, insbesondere in die gespeicherten Daten und in die Datenverarbeitungsprogramme, zu gewähren, die im Zusammenhang mit der Kontrolle nach Absatz 2 stehen,
2. jederzeit Zutritt in alle Diensträume zu gewähren.

[3] Dies gilt nicht, soweit das Bundesministerium des Innern, für Bau und Heimat im Einzelfall feststellt, dass die Auskunft oder Einsicht die Sicherheit des Bundes oder eines Landes gefährden würde.

(4) [1] Die Absätze 1 bis 3 gelten ohne Beschränkung auf die Erfüllung der Aufgaben nach § 3. [2] Sie gelten entsprechend für die Verarbeitung personenbezogener Daten durch andere Stellen, wenn diese der Erfüllung der Aufgaben von Verfassungsschutzbehörden nach § 3 dient. [3] § 16 Absatz 1 und 4 des Bundesdatenschutzgesetzes[2)] findet keine Anwendung.

§ 29[3)] Einschränkung von Grundrechten. Die Grundrechte der Versammlungsfreiheit (Artikel 8 des Grundgesetzes[4)]), des Brief-, Post- und Fernmeldegeheimnisses (Artikel 10 des Grundgesetzes) und der Unverletzlichkeit der Wohnung (Artikel 13 des Grundgesetzes) werden nach Maßgabe dieses Gesetzes eingeschränkt.

[1)] Früherer § 26a eingef. mWv 25.5.2018 durch G v. 30.6.2017 (BGBl. I S. 2097); Abs. 3 Satz 3 geänd. mWv 27.6.2020 durch VO v. 19.6.2020 (BGBl. I S. 1328); bish. § 26a wird § 28 mWv 9.7.2021 durch G v. 5.7.2021 (BGBl. I S. 2274).

[2)] Nr. **245**.

[3)] § 29 angef. mWv 9.7.2021 durch G v. 5.7.2021 (BGBl. I S. 2274).

[4)] Nr. **1**.

90. Gesetz über die Bundespolizei (Bundespolizeigesetz – BPolG)[1] [2] [3]

Vom 19. Oktober 1994
(BGBl. I S. 2978)

FNA 13-7-2

geänd. durch Art. 3 BundeskriminalamtG v. 7.7.1997 (BGBl. I S. 1650), Art. 1 Erstes ÄndG v. 25.8.1998 (BGBl. I S. 2486, geänd.2003 I S. 2770 und 2007 I S. 1142), Art. 4 Abs. 3 G zur Änd. von Vorschr. über parlamentar. Gremien v. 17.6.1999 (BGBl. I S. 1334), Art. 1 HaushaltssanierungsG v. 22.12.1999 (BGBl. I S. 2534), Art. 6 BundesdatenschutzG-ÄndG v. 18.5.2001 (BGBl. I S. 904), Art. 6 TerrorismusbekämpfungsG v. 9.1.2002 (BGBl. I S. 361), Art. 11 Nr. 3 ZuwanderungsG v. 20.6.2002 (BGBl. I S. 1946, nichtig gem. Urt. des BVerfG v. 18.12.2002 – 2 BvF 1/02 –), Art. 10 Abs. 1 Zweites Schadensersatzrechts-ÄndG v. 19.7.2002 (BGBl. I S. 2674), Art. 4 Abs. 2 KostenrechtsmodernisierungsG v. 5.5. 2004 (BGBl. I S. 718), Art. 11 Nr. 3 ZuwanderungsG v. 30.7.2004 (BGBl. I S. 1950), Art. 12g Abs. 1 Erstes JustizmodernisierungsG v. 24.8.2004 (BGBl. I S. 2198), Art. 3 Luftsicherheitsaufgaben-NeuregelungsG v. 11.1.2005 (BGBl. I S. 78), Art. 1 G zur Umbenennung des Bundesgrenzschutzes in Bundespolizei v. 21.6.2005 (BGBl. I S. 1818), Art. 8 Neunte ZuständigkeitsanpassungsVO v. 31.10.2006 (BGBl. I S. 2407), Art. 3 Zweites G zur Änd. des FinanzverwaltungsG und anderer G v. 13.12.2007 (BGBl. I S. 2897), Art. 1 Drittes ÄndG v. 22.12.2007 (BGBl. I S. 3214, geänd. 2008 I S. 215), Art. 1 G zur Änd. des Bundespolizeigesetzes und anderer Gesetze v. 26.2.2008 (BGBl. I S. 215), Art. 7 FGG-ReformG v. 17.12.2008 (BGBl. I S. 2586), Art. 2 G zur Umsetzung des Beschlusses des Rates 2008/615/JI vom 23. Juni 2008 zur Vertiefung der grenzüberschreitenden Zusammenarbeit, insbesondere zur Bekämpfung des Terrorismus und der grenzüberschreitenden Kriminalität v. 31.7.2009 (BGBl. I S. 2507), Art. 4 G über die Vereinfachung des Austauschs von Informationen und Erkenntnissen zwischen den Strafverfolgungsbehörden der Mitgliedstaaten der EU v. 21.7.2012 (BGBl. I S. 1566), Art. 4 G zur Änd. des TelekommunikationsG und zur Neuregelung der Bestandsdatenauskunft v. 20.6.2013 (BGBl. I S. 1602), Art. 14 Zehnte ZuständigkeitsanpassungsVO v. 31.8.2015 (BGBl. I S. 1474), Art. 14 Nr. 9 AsylverfahrensbeschleunigungsG v. 20.10.2015 (BGBl. I S. 1722), Art. 3 G zum besseren Informationsaustausch bei der Bekämpfung des internationalen Terrorismus v. 26.7.2016 (BGBl. I S. 1818), Art. 2 Erstes G zur Änd. des LuftsicherheitsG v. 23.2.2017 (BGBl. I S. 298), Art. 5 Abs. 1 G zur Neuregelung des Bundesarchivrechts v. 10.3.2017 (BGBl. I S. 410), Art. 2 G zur Einbeziehung der Bundespolizei in den Anwendungsbereich des BundesgebührenG v. 10.3.2017 (BGBl. I S. 417), Art. 1 G zur Verbesserung der Fahndung bei besonderen Gefahrenlagen und zum Schutz von Beamtinnen und Beamten der Bundespolizei durch den Einsatz von mobiler Videotechnik v. 5.5.2017 (BGBl. I S. 1066), Art. 26 Abs. 1 G zur Umsetzung der RL (EU) 2016/680 im Strafverfahren sowie zur Anp. datenschutzrechtl. Bestimmungen an die VO (EU) 2016/679 v. 20.11.2019 (BGBl. I S. 1724), Art. 26 Elfte ZuständigkeitsanpassungsVO v. 19.6.2020 (BGBl. I S. 1328), Beschluss des BVerfG – 1 BvR 1873/13, 1 BvR 2618/13 – v. 27.5.2020 (BGBl. I S. 1931), Art. 6 G zur Anpassung der Regelungen über die Bestandsdatenauskunft an die Vorgaben aus der Entscheidung des BVerfG v. 27.5.2020 v. 30.3.2021 (BGBl. I S. 448, ber. S. 1380), Art. 6 TelekommunikationsmodernisierungsG v. 23.6.2021 (BGBl. I S. 1858) und Art. 8 G zur Regelung des Datenschutzes und des Schutzes der Privatsphäre in der Telekommunikation und bei Telemedien v. 23.6. 2021 (BGBl. I S. 1982)

---

[1] Verkündet als Art. 1 BundesgrenzschutzneuregelungsG v. 19.10.1994 (BGBl. I S. 2978); Inkrafttreten gem. Art. 3 Abs. 1 Satz 1 dieses G am 1.11.1994.

[2] Überschrift neu gef. mWv 1.7.2005 durch G v. 21.6.2005 (BGBl. I S. 1818); bis 30.6.2005: „Gesetz über den Bundesgrenzschutz (Bundesgrenzschutzgesetz – BGSG)".

[3] Die Änderungen durch G v. 23.6.2021 (BGBl. I S. 1858) sowie durch G v. 23.6.2021 (BGBl. I S. 1982) treten jeweils erst **mWv 1.12.2021** in Kraft und sind im Text noch nicht berücksichtigt.

Inhaltsübersicht[1)]

[1)] Inhaltsübersicht geänd. mWv 1.7.2005 durch G v. 21.6.2005 (BGBl. I S. 1818); geänd. mWv 26.7. 2012 durch G v. 21.7.2012 (BGBl. I S. 1566); geänd. mWv 16.5.2017 durch G v. 5.5.2017 (BGBl. I S. 1066); geänd. mWv 2.4.2021 durch G v. 30.3.2021 (BGBl. I S. 448).

Die Inhaltsübersicht wurde redaktionell an die Änderungen durch G v. 9.1.2002 (BGBl. I S. 361), G v. 22.12.2007 (BGBl. I S. 3214), G v. 20.6.2013 (BGBl. I S. 1602), G v. 26.7.2016 (BGBl. I S. 1818) und G v. 10.3.2017 (BGBl. I S. 417) angepasst.

(Fortsetzung nächstes Blatt)

(4) [1] § 136a der Strafprozeßordnung gilt entsprechend. [2] § 12 des Verwaltungsvollstreckungsgesetzes[1)] findet keine Anwendung.

§ 22a[2)] **Bestandsdatenauskunft.** (1) [1] Die Bundespolizei darf Auskunft verlangen

1. über die nach den §§ 95 und 111 des Telekommunikationsgesetzes[3)] erhobenen Daten (§ 113 Absatz 1 Satz 1 des Telekommunikationsgesetzes) von demjenigen, der geschäftsmäßig Telekommunikationsdienste erbringt oder daran mitwirkt, und
2. über die nach § 14 des Telemediengesetzes[4)] erhobenen Daten (§ 15a Absatz 1 Satz 1 und § 15b Absatz 1 Satz 1 des Telemediengesetzes) von demjenigen, der geschäftsmäßig eigene oder fremde Telemedien zur Nutzung bereithält oder den Zugang zur Nutzung vermittelt.

[2] Die Auskunft nach Satz 1 darf nur verlangt werden, soweit die zu erhebenden Daten im Einzelfall erforderlich sind

1. zur Abwehr einer Gefahr für die öffentliche Sicherheit oder
2. zum Schutz von Leib, Leben, Freiheit sowie sexueller Selbstbestimmung der Person, dem Bestand und der Sicherheit des Bundes oder eines Landes, der freiheitlich demokratischen Grundordnung, Gütern der Allgemeinheit, deren Bedrohung die Grundlagen der Existenz der Menschen berührt sowie nicht unerheblichen Sachwerten, wenn Tatsachen den Schluss auf ein wenigstens seiner Art nach konkretisiertes und zeitlich absehbares Geschehen zulassen, an dem bestimmte Personen beteiligt sein werden, oder
3. zum Schutz von Leib, Leben, Freiheit sowie sexueller Selbstbestimmung der Person, dem Bestand und der Sicherheit des Bundes oder eines Landes, der freiheitlich demokratischen Grundordnung sowie Gütern der Allgemeinheit, deren Bedrohung die Grundlagen der Existenz der Menschen berührt, wenn das individuelle Verhalten einer Person die konkrete Wahrscheinlichkeit begründet, dass sie eine Straftat gegen ein solches Rechtsgut in einem übersehbaren Zeitraum begehen wird.

(2) [1] Bezieht sich das Auskunftsverlangen nach Absatz 1 auf Daten nach § 113 Absatz 1 Satz 2 des Telekommunikationsgesetzes, mittels derer der Zugriff auf Endgeräte oder auf Speichereinrichtungen, die in diesen Endgeräten oder hiervon räumlich getrennt eingesetzt werden, geschützt wird, darf die Auskunft nur verlangt werden, wenn im Einzelfall die gesetzlichen Voraussetzungen für die Nutzung der Daten vorliegen. [2] Bezieht sich das Auskunftsverlangen nach Absatz 1 auf nach § 14 Absatz 1 des Telemediengesetzes erhobene Passwörter oder auf andere Daten, mittels derer der Zugriff auf Endgeräte oder auf Speichereinrichtungen, die in diesen Endgeräten oder hiervon räumlich getrennt eingesetzt werden, geschützt wird (§ 15b Absatz 1 Satz 1 des Telemediengesetzes), darf die Auskunft nur verlangt werden zur Abwehr einer konkreten Gefahr für Leib, Leben, Freiheit oder die sexuelle Selbstbestimmung einer Person oder für den Bestand des Bundes oder eines Landes sowie Güter der Allgemeinheit, deren Bedrohung die Grundlagen der Existenz der Menschen berührt, und wenn die gesetzlichen Voraussetzungen für die Nutzung der Daten vorliegen. [3] Auskunftsverlangen nach den Sätzen 1 und 2 dürfen nur auf

---

[1)] Nr. **112**.
[2)] § 22a neu gef. mWv 2.4.2021 durch G v. 30.3.2021 (BGBl. I S. 448, ber. S. 1380).
[3)] **Sartorius ErgBd. Nr. 920.**
[4)] **Sartorius ErgBd. Nr. 922.**

Antrag des Präsidenten des Bundespolizeipräsidiums, seines Vertreters oder des Leiters einer Abteilung des Bundespolizeipräsidiums durch das Gericht angeordnet werden. [4] In den Fällen des Satzes 1 ist Satz 3 nicht anzuwenden, wenn

1. die betroffene Person vom Auskunftsverlangen bereits Kenntnis hat oder haben muss oder
2. die Verarbeitung der Daten bereits durch eine gerichtliche Entscheidung gestattet wird.

[5] Das Vorliegen der Voraussetzungen nach Satz 4 ist aktenkundig zu machen. [6] Zuständig ist das Amtsgericht, in dessen Bezirk das Bundespolizeipräsidium seinen Sitz hat. [7] Für das Verfahren gelten die Vorschriften des Gesetzes über das Verfahren in Familiensachen und in den Angelegenheiten der freiwilligen Gerichtsbarkeit[1)] entsprechend. [8] Werden der Bundespolizei aufgrund eines Auskunftsersuchens nach Satz 2 Passwörter oder andere Daten unverschlüsselt beauskunftet, so informiert die Bundespolizei hierüber die jeweils zuständige Datenschutzaufsichtsbehörde.

(3) [1] Die Auskunft nach den Absätzen 1 und 2 darf auch anhand einer zu einem bestimmten Zeitpunkt zugewiesenen Internetprotokoll-Adresse verlangt werden (§ 113 Absatz 1 Satz 3, § 113c Absatz 1 Nummer 3 des Telekommunikationsgesetzes und § 15a Absatz 1 Satz 3 und 4 des Telemediengesetzes) in den Fällen von

1. Absatz 1 Satz 2 Nummer 1 zum Schutz von Leib, Leben, Freiheit oder sexueller Selbstbestimmung der Person, dem Bestand und der Sicherheit des Bundes oder eines Landes, der freiheitlich demokratischen Grundordnung, Gütern der Allgemeinheit, deren Bedrohung die Grundlagen der Existenz der Menschen berührt, sowie nicht unerheblicher Sachwerte oder zur Verhütung einer Straftat oder
2. Absatz 1 Satz 2 Nummer 2 und 3 zum Schutz von Leib, Leben, Freiheit oder sexueller Selbstbestimmung der Person, dem Bestand und der Sicherheit des Bundes oder eines Landes, der freiheitlich demokratischen Grundordnung sowie Gütern der Allgemeinheit, deren Bedrohung die Grundlagen der Existenz der Menschen berührt.

[2] Absatz 2 Satz 2 bleibt unberührt. [3] Die Auskunft nach den Absätzen 1 und 2 anhand einer zu einem bestimmten Zeitpunkt zugewiesenen Internetprotokoll-Adresse nach § 15a Absatz 1 Satz 3 und 4 des Telemediengesetzes darf darüber hinaus nur verlangt werden, wenn tatsächliche Anhaltspunkte dafür vorliegen, dass die betroffene Person Nutzer des Telemediendienstes ist, bei dem die Daten erhoben werden sollen. [4] Die rechtlichen und tatsächlichen Grundlagen des Auskunftsverlangens sind aktenkundig zu machen.

(4) [1] Die betroffene Person ist in den Fällen der Absätze 2 und 3 über die Auskunftserteilung zu benachrichtigen. [2] Die Benachrichtigung erfolgt, soweit und sobald hierdurch der Zweck der Auskunft nicht vereitelt wird. [3] Die Benachrichtigung unterbleibt, wenn ihr überwiegende schutzwürdige Belange Dritter oder der betroffenen Person selbst entgegenstehen. [4] Wird die Benachrichtigung nach Satz 2 zurückgestellt oder nach Satz 3 von ihr abgesehen, sind die Gründe aktenkundig zu machen.

(5) Der auf Grund eines Auskunftsverlangens Verpflichtete hat die zur Auskunftserteilung erforderlichen Daten unverzüglich und vollständig zu übermitteln.

[1)] **Schönfelder Nr. 112.**

100. Verwaltungsverfahrensgesetz (VwVfG)[1) 2) 3)]

In der Fassung der Bekanntmachung vom 23. Januar 2003[4)]
(BGBl. I S. 102)

FNA 201-6

geänd. durch Art. 4 Abs. 8 KostenrechtsmodernisierungsG v. 5.5.2004 (BGBl. I S. 718), Art. 1 Viertes G zur Änd. verwaltungsverfahrensrechtlicher Vorschriften v. 11.12.2008 (BGBl. I S. 2418), Art. 10 FGG-ReformG v. 17.12.2008 (BGBl. I S. 2586), Art. 4a G zur Umsetzung der DienstleistungsRL im Gewerberecht und in weiteren Rechtsvorschriften v. 17.7.2009 (BGBl. I S. 2091), Art. 4 G zur Modernisierung von Verfahren im anwaltlichen und notariellen Berufsrecht, zur Errichtung einer Schlichtungsstelle der Rechtsanwaltschaft sowie zur Änd. sonstiger Vorschriften v. 30.7.2009 (BGBl. I S. 2449), Art. 2 Abs. 1 G zur Modernisierung von Verfahren im patentanwaltlichen Berufsrecht v. 14.8.2009 (BGBl. I S. 2827), Art. 1 Planfeststellungsverfahren-VereinheitlichungsG v. 31.5.2013 (BGBl. I S. 1388), Art. 3 G zur Förderung der elektronischen Verwaltung sowie zur Änd. weiterer Vorschriften v. 25.7.2013 (BGBl. I S. 2749), Art. 1 G zur Bereinigung des Rechts der Lebenspartner v. 20.11.2015 (BGBl. I S. 2010), Art. 20 G zur Modernisierung des Besteuerungsverfahrens v. 18.7.2016 (BGBl. I S. 1679), Art. 5 G zum Abbau verzichtbarer Anordnungen der Schriftform im Verwaltungsrecht des Bundes v. 29.3.2017 (BGBl. I S. 626), Art. 11 Abs. 2 eIDAS-DurchführungsG v. 18.7.2017 (BGBl. I S. 2745), Art. 7 G zur Umsetzung

---

1) Siehe zum Verwaltungsverfahren auch die folgenden Vorschriften der Länder:
- **Baden-Württemberg:** LandesverwaltungsverfahrensG – LVwVfG idF der Bek. v. 12.4.2005 (GBl. S. 350), zuletzt geänd. durch G v. 4.2.2021 (GBl. S. 181)
- **Bayern:** Bayerisches VerwaltungsverfahrensG – BayVwVfG v. 23.12.1976 (BayRS II S. 213), zuletzt geänd. durch G v. 25.3.2020 (GVBl. S. 174)
- **Berlin:** G über das Verfahren der Berliner Verwaltung v. 21.4.2016 (GVBl. S. 218), zuletzt geänd. durch G v. 17.12.2020 (GVBl. S. 1485)
- **Brandenburg:** VerwaltungsverfahrensG für das Land Brandenburg – VwVfGBbg v. 7.7.2009 (GVBl. I S. 262, 264), zuletzt geänd. durch G v. 8.5.2018 (GVBl. I Nr. 8)
- **Bremen:** Bremisches VerwaltungsverfahrensG – BremVwVfG idF der Bek. v. 9.5.2003 (Brem.GBl. S. 219), zuletzt geänd. durch G v. 27.1.2015 (Brem.GBl. S. 15)
- **Hamburg:** Hamburgisches VerwaltungsverfahrensG – HmbVwVfG v. 9.11.1977 (HmbGVBl. S. 333, ber. 1977 S. 402), zuletzt geänd. durch G v. 18.3.2020 (HmbGVBl. S. 171)
- **Hessen:** Hessisches VerwaltungsverfahrensG – HVwVfG idF der Bek. v. 15.1.2010 (GVBl. I S. 18), zuletzt geänd. durch G v. 12.9.2018 (GVBl. S. 570)
- **Mecklenburg-Vorpommern:** LandesverwaltungsverfahrensG – VwVfG M-V idF der Bek. v. 6.5.2020 (GVOBl. M-V S. 410)
- **Niedersachsen:** Niedersächsisches VerwaltungsverfahrensG – NVwVfG v. 3.12.1976 (Nds. GVBl. S. 311), zuletzt geänd. durch G v. 24.9.2009 (Nds. GVBl. S. 361)
- **Nordrhein-Westfalen:** VerwaltungsverfahrensG für das Land Nordrhein-Westfalen – VwVfG. NRW. idF der Bek. v. 12.11.1999 (GV. NRW. S. 602), zuletzt geänd. durch G v. 8.7.2021 (GV. NRW. S. 904)
- **Rheinland-Pfalz:** LandesverwaltungsverfahrensG – LVwVfG v. 23.12.1976 (GVBl. S. 308), zuletzt geänd. durch G v. 22.12.2015 (GVBl. S. 487)
- **Saarland:** Saarländisches VerwaltungsverfahrensG – SVwVfG v. 15.12.1976 (Amtsbl. S. 1151), zuletzt geänd. durch G v. 26.8.2020 (Amtsbl. I S. 1058)
- **Sachsen:** Gesetz zur Regelung des Verwaltungsverfahrens- und des Verwaltungszustellungsrechts für den Freistaat Sachsen – SächsVwVfZG v. 19.5.2010 (SächsGVBl. S. 142), geänd. durch G v. 12.7.2013 (SächsGVBl. S. 503)
- **Sachsen-Anhalt:** VerwaltungsverfahrensG Sachsen-Anhalt – VwVfG LSA v. 18.11.2005 (GVBl. LSA S. 698), zuletzt geänd. durch G v. 8.4.2020 (GVBl. LSA S. 134)
- **Schleswig-Holstein:** Allgemeines VerwaltungsG für das Land Schleswig-Holstein – LVwG idF der Bek. v. 2.6.1992 (GVOBl. Schl.-H. S. 243, ber. S. 534), zuletzt geänd. durch G v. 26.2.2021 (GVOBl. Schl.-H. S. 222)
- **Thüringen:** Thüringer VerwaltungsverfahrensG – ThürVwVfG idF der Bek. v. 1.12.2014 (GVBl. S. 685), zuletzt geänd. durch G v. 10.5.2018 (GVBl. S. 212).

2) Siehe hierzu ua die Belehrung über Rechtsbehelfe nach dem VwVfG v. 12.8.2013 (GMBl S. 1150), geänd. durch Rundschreiben v. 14.3.2018 (GMBl S. 600).

3) Die Änderungen durch G v. 4.5.2021 (BGBl. I S. 882) treten erst **mWv 1.1.2023** in Kraft und sind im Text noch nicht berücksichtigt.

4) Neubekanntmachung des VwVfG idF der Bek. v. 21.9.1998 (BGBl. I S. 3050) in der ab 1.2.2003 geltenden Fassung.

des G zur Einführung des Rechts auf Eheschließung für Personen gleichen Geschlechts v. 18.12.2018 (BGBl. I S. 2639), Art. 5 Abs. 25 G zur Einführung einer Karte für Unionsbürger und Angehörige des Europäischen Wirtschaftsraums mit Funktion zum elektronischen Identitätsnachweis sowie zur Änd. des PersonalausweisG und weiterer Vorschriften[1] v. 21.6.2019 (BGBl. I S. 846, geänd. durch G v. 20.11.2019, BGBl. I S. 1626), Art. 15 Abs. 1 Vormundschafts- und Betreuungsrechts-ReformG v. 4.5.2021 (BGBl. I S. 882) und Art. 24 Abs. 3 G zur Modernisierung des notariellen Berufsrechts und zur Änd. weiterer Vorschriften v. 25.6.2021 (BGBl. I S. 2154)

Inhaltsübersicht[2]

[1] Die Änd. des Inkrafttretens dieses G durch Art. 154a G v. 20.11.2019 (BGBl. I S. 1626) ist unbeachtlich, da das G bei Erlass des ÄndG bereits in Kraft getreten war.

[2] Inhaltsübersicht geänd. mWv 18.12.2008 durch G v. 11.12.2008 (BGBl. I S. 2418); geänd. mWv 28.12.2009 durch G v. 17.7.2009 (BGBl. I S. 2091); geänd. mWv 7.6.2013 durch G v. 31.5.2013 (BGBl. I S. 1388); geänd. mWv 1.1.2017 durch G v. 18.7.2016 (BGBl. I S. 1679).

(Fortsetzung nächstes Blatt)

(3) [1] Die Behörde wirkt darauf hin, dass der Träger bei der Planung von Vorhaben, die nicht nur unwesentliche Auswirkungen auf die Belange einer größeren Zahl von Dritten haben können, die betroffene Öffentlichkeit frühzeitig über die Ziele des Vorhabens, die Mittel, es zu verwirklichen, und die voraussichtlichen Auswirkungen des Vorhabens unterrichtet (frühe Öffentlichkeitsbeteiligung). [2] Die frühe Öffentlichkeitsbeteiligung soll möglichst bereits vor Stellung eines Antrags stattfinden. [3] Der betroffenen Öffentlichkeit soll Gelegenheit zur Äußerung und zur Erörterung gegeben werden. [4] Das Ergebnis der vor Antragstellung durchgeführten frühen Öffentlichkeitsbeteiligung soll der betroffenen Öffentlichkeit und der Behörde spätestens mit der Antragstellung, im Übrigen unverzüglich mitgeteilt werden. [5] Satz 1 gilt nicht, soweit die betroffene Öffentlichkeit bereits nach anderen Rechtsvorschriften vor der Antragstellung zu beteiligen ist. [6] Beteiligungsrechte nach anderen Rechtsvorschriften bleiben unberührt.

§ 26[1] Beweismittel. (1) [1] Die Behörde bedient sich der Beweismittel, die sie nach pflichtgemäßem Ermessen zur Ermittlung des Sachverhalts für erforderlich hält. [2] Sie kann insbesondere
1. Auskünfte jeder Art einholen,
2. Beteiligte anhören, Zeugen und Sachverständige vernehmen oder die schriftliche oder elektronische Äußerung von Beteiligten, Sachverständigen und Zeugen einholen,
3. Urkunden und Akten beiziehen,
4. den Augenschein einnehmen.

(2) [1] Die Beteiligten sollen bei der Ermittlung des Sachverhalts mitwirken. [2] Sie sollen insbesondere ihnen bekannte Tatsachen und Beweismittel angeben. [3] Eine weitergehende Pflicht, bei der Ermittlung des Sachverhalts mitzuwirken, insbesondere eine Pflicht zum persönlichen Erscheinen oder zur Aussage, besteht nur, soweit sie durch Rechtsvorschrift besonders vorgesehen ist.

(3) [1] Für Zeugen und Sachverständige besteht eine Pflicht zur Aussage oder zur Erstattung von Gutachten, wenn sie durch Rechtsvorschrift vorgesehen ist. [2] Falls die Behörde Zeugen und Sachverständige herangezogen hat, erhalten sie auf Antrag in entsprechender Anwendung des Justizvergütungs- und -entschädigungsgesetzes[2] eine Entschädigung oder Vergütung.

§ 27[3] Versicherung an Eides statt. (1) [1] Die Behörde darf bei der Ermittlung des Sachverhalts eine Versicherung an Eides statt nur verlangen und abnehmen, wenn die Abnahme der Versicherung über den betreffenden Gegenstand und in dem betreffenden Verfahren durch Gesetz oder Rechtsverordnung vorgesehen und die Behörde durch Rechtsvorschrift für zuständig erklärt worden ist. [2] Eine Versicherung an Eides statt soll nur gefordert werden, wenn andere Mittel zur Erforschung der Wahrheit nicht vorhanden sind, zu keinem Ergebnis geführt haben oder einen unverhältnismäßigen Aufwand erfordern. [3] Von eidesunfähigen Personen im Sinne des § 393 der Zivilprozessordnung[4] darf eine eidesstattliche Versicherung nicht verlangt werden.

(2) [1] Wird die Versicherung an Eides statt von einer Behörde zur Niederschrift aufgenommen, so sind zur Aufnahme nur der Behördenleiter, sein allgemeiner

---

[1] § 26 Abs. 3 Satz 2 geänd. mWv 1.7.2004 durch G v. 5.5.2004 (BGBl. I S. 718).
[2] **Schönfelder Nr. 116.**
[3] § 27 Abs. 2 Satz 1 geänd. mWv 1.8.2021 durch G v. 25.6.2021 (BGBl. I S. 2154).
[4] **Schönfelder Nr. 100.**

Vertreter sowie Angehörige des öffentlichen Dienstes befugt, welche die Befähigung zum Richteramt haben. [2]Andere Angehörige des öffentlichen Dienstes kann der Behördenleiter oder sein allgemeiner Vertreter hierzu allgemein oder im Einzelfall schriftlich ermächtigen.

(3) [1]Die Versicherung besteht darin, dass der Versichernde die Richtigkeit seiner Erklärung über den betreffenden Gegenstand bestätigt und erklärt: „Ich versichere an Eides statt, dass ich nach bestem Wissen die reine Wahrheit gesagt und nichts verschwiegen habe." [2]Bevollmächtigte und Beistände sind berechtigt, an der Aufnahme der Versicherung an Eides statt teilzunehmen.

(4) [1]Vor der Aufnahme der Versicherung an Eides statt ist der Versichernde über die Bedeutung der eidesstattlichen Versicherung und die strafrechtlichen Folgen einer unrichtigen oder unvollständigen eidesstattlichen Versicherung zu belehren. [2]Die Belehrung ist in der Niederschrift zu vermerken.

(5) [1]Die Niederschrift hat ferner die Namen der anwesenden Personen sowie den Ort und den Tag der Niederschrift zu enthalten. [2]Die Niederschrift ist demjenigen, der die eidesstattliche Versicherung abgibt, zur Genehmigung vorzulesen oder auf Verlangen zur Durchsicht vorzulegen. [3]Die erteilte Genehmigung ist zu vermerken und von dem Versichernden zu unterschreiben. [4]Die Niederschrift ist sodann von demjenigen, der die Versicherung an Eides statt aufgenommen hat, sowie von dem Schriftführer zu unterschreiben.

§ 27a[1)] Öffentliche Bekanntmachung im Internet. (1) [1]Ist durch Rechtsvorschrift eine öffentliche oder ortsübliche Bekanntmachung angeordnet, soll die Behörde deren Inhalt zusätzlich im Internet veröffentlichen. [2]Dies wird dadurch bewirkt, dass der Inhalt der Bekanntmachung auf einer Internetseite der Behörde oder ihres Verwaltungsträgers zugänglich gemacht wird. [3]Bezieht sich die Bekanntmachung auf zur Einsicht auszulegende Unterlagen, sollen auch diese über das Internet zugänglich gemacht werden. [4]Soweit durch Rechtsvorschrift nichts anderes geregelt ist, ist der Inhalt der zur Einsicht ausgelegten Unterlagen maßgeblich.

(2) In der öffentlichen oder ortsüblichen Bekanntmachung ist die Internetseite anzugeben.

§ 28 Anhörung Beteiligter. (1) Bevor ein Verwaltungsakt erlassen wird, der in Rechte eines Beteiligten eingreift, ist diesem Gelegenheit zu geben, sich zu den für die Entscheidung erheblichen Tatsachen zu äußern.

(2) Von der Anhörung kann abgesehen werden, wenn sie nach den Umständen des Einzelfalls nicht geboten ist, insbesondere wenn

1. eine sofortige Entscheidung wegen Gefahr im Verzug oder im öffentlichen Interesse notwendig erscheint;
2. durch die Anhörung die Einhaltung einer für die Entscheidung maßgeblichen Frist in Frage gestellt würde;

(Fortsetzung nächstes Blatt)

[1)] § 27a eingef. mWv 7.6.2013 durch G v. 31.5.2013 (BGBl. I S. 1388).

§ 60 Anpassung und Kündigung in besonderen Fällen. (1) [1]Haben die Verhältnisse, die für die Festsetzung des Vertragsinhalts maßgebend gewesen sind, sich seit Abschluss des Vertrags so wesentlich geändert, dass einer Vertragspartei das Festhalten an der ursprünglichen vertraglichen Regelung nicht zuzumuten ist, so kann diese Vertragspartei eine Anpassung des Vertragsinhalts an die geänderten Verhältnisse verlangen oder, sofern eine Anpassung nicht möglich oder einer Vertragspartei nicht zuzumuten ist, den Vertrag kündigen. [2]Die Behörde kann den Vertrag auch kündigen, um schwere Nachteile für das Gemeinwohl zu verhüten oder zu beseitigen.

(2) [1]Die Kündigung bedarf der Schriftform, soweit nicht durch Rechtsvorschrift eine andere Form vorgeschrieben ist. [2]Sie soll begründet werden.

§ 61[1)] Unterwerfung unter die sofortige Vollstreckung. (1) [1]Jeder Vertragschließende kann sich der sofortigen Vollstreckung aus einem öffentlich-rechtlichen Vertrag im Sinne des § 54 Satz 2 unterwerfen. [2]Die Behörde muss hierbei von dem Behördenleiter, seinem allgemeinen Vertreter oder einem Angehörigen des öffentlichen Dienstes, der die Befähigung zum Richteramt hat, vertreten werden.

(2) [1]Auf öffentlich-rechtliche Verträge im Sinne des Absatzes 1 Satz 1 ist das Verwaltungs-Vollstreckungsgesetz[2)] des Bundes entsprechend anzuwenden, wenn Vertragschließender eine Behörde im Sinne des § 1 Abs. 1 Nr. 1 ist. [2]Will eine natürliche oder juristische Person des Privatrechts oder eine nichtrechtsfähige Vereinigung die Vollstreckung wegen einer Geldforderung betreiben, so ist § 170 Abs. 1 bis 3 der Verwaltungsgerichtsordnung[3)] entsprechend anzuwenden. [3]Richtet sich die Vollstreckung wegen der Erzwingung einer Handlung, Duldung oder Unterlassung gegen eine Behörde im Sinne des § 1 Abs. 1 Nr. 2, so ist § 172 der Verwaltungsgerichtsordnung entsprechend anzuwenden.

§ 62 Ergänzende Anwendung von Vorschriften. [1]Soweit sich aus den §§ 54 bis 61 nichts Abweichendes ergibt, gelten die übrigen Vorschriften dieses Gesetzes. [2]Ergänzend gelten die Vorschriften des Bürgerlichen Gesetzbuchs[4)] entsprechend.

Teil V. Besondere Verfahrensarten

Abschnitt 1. Förmliches Verwaltungsverfahren

§ 63 Anwendung der Vorschriften über das förmliche Verwaltungsverfahren. (1) Das förmliche Verwaltungsverfahren nach diesem Gesetz findet statt, wenn es durch Rechtsvorschrift angeordnet ist.

(2) Für das förmliche Verwaltungsverfahren gelten die §§ 64 bis 71 und, soweit sich aus ihnen nichts Abweichendes ergibt, die übrigen Vorschriften dieses Gesetzes.

(3) [1]Die Mitteilung nach § 17 Abs. 2 Satz 2 und die Aufforderung nach § 17 Abs. 4 Satz 2 sind im förmlichen Verwaltungsverfahren öffentlich bekannt zu machen. [2]Die öffentliche Bekanntmachung wird dadurch bewirkt, dass die Behörde die Mitteilung oder die Aufforderung in ihrem amtlichen Veröffentlichungsblatt

---

1) § 61 Abs. 1 Satz 2 geänd. mWv 1.8.2021 durch G v. 25.6.2021 (BGBl. I S. 2154).
2) Nr. **112**.
3) Nr. **600**.
4) **Schönfelder Nr. 20.**

und außerdem in örtlichen Tageszeitungen, die in dem Bereich verbreitet sind, in dem sich die Entscheidung voraussichtlich auswirken wird, bekannt macht.

§ 64 Form des Antrags. Setzt das förmliche Verwaltungsverfahren einen Antrag voraus, so ist er schriftlich oder zur Niederschrift bei der Behörde zu stellen.

§ 65[1)] Mitwirkung von Zeugen und Sachverständigen. (1) [1] Im förmlichen Verwaltungsverfahren sind Zeugen zur Aussage und Sachverständige zur Erstattung von Gutachten verpflichtet. [2] Die Vorschriften der Zivilprozessordnung[2)] über die Pflicht, als Zeuge auszusagen oder als Sachverständiger ein Gutachten zu erstatten, über die Ablehnung von Sachverständigen sowie über die Vernehmung von Angehörigen des öffentlichen Dienstes als Zeugen oder Sachverständige gelten entsprechend.

(2) [1] Verweigern Zeugen oder Sachverständige ohne Vorliegen eines der in den §§ 376, 383 bis 385 und 408 der Zivilprozessordnung bezeichneten Gründe die Aussage oder die Erstattung des Gutachtens, so kann die Behörde das für den Wohnsitz oder den Aufenthaltsort des Zeugen oder des Sachverständigen zuständige Verwaltungsgericht um die Vernehmung ersuchen. [2] Befindet sich der Wohnsitz oder der Aufenthaltsort des Zeugen oder des Sachverständigen nicht am Sitz eines Verwaltungsgerichts oder einer besonders errichteten Kammer, so kann auch das zuständige Amtsgericht um die Vernehmung ersucht werden. [3] In dem Ersuchen hat die Behörde den Gegenstand der Vernehmung darzulegen sowie die Namen und Anschriften der Beteiligten anzugeben. [4] Das Gericht hat die Beteiligten von den Beweisterminen zu benachrichtigen.

(3) Hält die Behörde mit Rücksicht auf die Bedeutung der Aussage eines Zeugen oder des Gutachtens eines Sachverständigen oder zur Herbeiführung einer wahrheitsgemäßen Aussage die Beeidigung für geboten, so kann sie das nach Absatz 2 zuständige Gericht um die eidliche Vernehmung ersuchen.

(4) Das Gericht entscheidet über die Rechtmäßigkeit einer Verweigerung des Zeugnisses, des Gutachtens oder der Eidesleistung.

(5) Ein Ersuchen nach Absatz 2 oder 3 an das Gericht darf nur von dem Behördenleiter, seinem allgemeinen Vertreter oder einem Angehörigen des öffentlichen Dienstes gestellt werden, der die Befähigung zum Richteramt hat.

§ 66 Verpflichtung zur Anhörung von Beteiligten. (1) Im förmlichen Verwaltungsverfahren ist den Beteiligten Gelegenheit zu geben, sich vor der Entscheidung zu äußern.

(2) Den Beteiligten ist Gelegenheit zu geben, der Vernehmung von Zeugen und Sachverständigen und der Einnahme des Augenscheins beizuwohnen und hierbei sachdienliche Fragen zu stellen; ein schriftlich oder elektronisch vorliegendes Gutachten soll ihnen zugänglich gemacht werden.

§ 67 Erfordernis der mündlichen Verhandlung. (1) [1] Die Behörde entscheidet nach mündlicher Verhandlung. [2] Hierzu sind die Beteiligten mit angemessener Frist schriftlich zu laden. [3] Bei der Ladung ist darauf hinzuweisen, dass bei Ausbleiben eines Beteiligten auch ohne ihn verhandelt und entschieden werden kann. [4] Sind mehr als 50 Ladungen vorzunehmen, so können sie durch öffentliche Bekanntmachung ersetzt werden. [5] Die öffentliche Bekanntmachung wird dadurch bewirkt, dass der Verhandlungstermin mindestens zwei Wochen vorher im amtli-

---

[1)] § 65 Abs. 5 geänd. mWv 1.8.2021 durch G v. 25.6.2021 (BGBl. I S. 2154).
[2)] **Schönfelder Nr. 100.**

chen Veröffentlichungsblatt der Behörde und außerdem in örtlichen Tageszeitungen, die in dem Bereich verbreitet sind, in dem sich die Entscheidung voraussichtlich auswirken wird, mit dem Hinweis nach Satz 3 bekannt gemacht wird. [6] Maßgebend für die Frist nach Satz 5 ist die Bekanntgabe im amtlichen Veröffentlichungsblatt.

(2) Die Behörde kann ohne mündliche Verhandlung entscheiden, wenn
1. einem Antrag im Einvernehmen mit allen Beteiligten in vollem Umfang entsprochen wird;
2. kein Beteiligter innerhalb einer hierfür gesetzten Frist Einwendungen gegen die vorgesehene Maßnahme erhoben hat;
3. die Behörde den Beteiligten mitgeteilt hat, dass sie beabsichtige, ohne mündliche Verhandlung zu entscheiden, und kein Beteiligter innerhalb einer hierfür gesetzten Frist Einwendungen dagegen erhoben hat;
4. alle Beteiligten auf sie verzichtet haben;
5. wegen Gefahr im Verzug eine sofortige Entscheidung notwendig ist.

(3) Die Behörde soll das Verfahren so fördern, dass es möglichst in einem Verhandlungstermin erledigt werden kann.

§ 68 Verlauf der mündlichen Verhandlung. (1) [1] Die mündliche Verhandlung ist nicht öffentlich. [2] An ihr können Vertreter der Aufsichtsbehörden und Personen, die bei der Behörde zur Ausbildung beschäftigt sind, teilnehmen. [3] Anderen Personen kann der Verhandlungsleiter die Anwesenheit gestatten, wenn kein Beteiligter widerspricht.

(2) [1] Der Verhandlungsleiter hat die Sache mit den Beteiligten zu erörtern. [2] Er hat darauf hinzuwirken, dass unklare Anträge erläutert, sachdienliche Anträge gestellt, ungenügende Angaben ergänzt sowie alle für die Feststellung des Sachverhalts wesentlichen Erklärungen abgegeben werden.

(3) [1] Der Verhandlungsleiter ist für die Ordnung verantwortlich. [2] Er kann Personen, die seine Anordnungen nicht befolgen, entfernen lassen. [3] Die Verhandlung kann ohne diese Personen fortgesetzt werden.

(4) [1] Über die mündliche Verhandlung ist eine Niederschrift zu fertigen. [2] Die Niederschrift muss Angaben enthalten über
1. den Ort und den Tag der Verhandlung,
2. die Namen des Verhandlungsleiters, der erschienenen Beteiligten, Zeugen und Sachverständigen,
3. den behandelten Verfahrensgegenstand und die gestellten Anträge,
4. den wesentlichen Inhalt der Aussagen der Zeugen und Sachverständigen,
5. das Ergebnis eines Augenscheins.

[3] Die Niederschrift ist von dem Verhandlungsleiter und, soweit ein Schriftführer hinzugezogen worden ist, auch von diesem zu unterzeichnen. [4] Der Aufnahme in die Verhandlungsniederschrift steht die Aufnahme in eine Schrift gleich, die ihr als Anlage beigefügt und als solche bezeichnet ist; auf die Anlage ist in der Verhandlungsniederschrift hinzuweisen.

§ 69[1)] Entscheidung. (1) Die Behörde entscheidet unter Würdigung des Gesamtergebnisses des Verfahrens.

---

1) § 69 Abs. 3 Satz 2 2. Halbs. geänd. mWv 18.12.2008 durch G v. 11.12.2008 (BGBl. I S. 2418).

(2) [1] Verwaltungsakte, die das förmliche Verfahren abschließen, sind schriftlich zu erlassen, schriftlich zu begründen und den Beteiligten zuzustellen; in den Fällen des § 39 Abs. 2 Nr. 1 und 3 bedarf es einer Begründung nicht. [2] Ein elektronischer Verwaltungsakt nach Satz 1 ist mit einer dauerhaft überprüfbaren qualifizierten elektronischen Signatur zu versehen. [3] Sind mehr als 50 Zustellungen vorzunehmen, so können sie durch öffentliche Bekanntmachung ersetzt werden. [4] Die öffentliche Bekanntmachung wird dadurch bewirkt, dass der verfügende Teil des Verwaltungsaktes und die Rechtsbehelfsbelehrung im amtlichen Veröffentlichungsblatt der Behörde und außerdem in örtlichen Tageszeitungen bekannt gemacht werden, die in dem Bereich verbreitet sind, in dem sich die Entscheidung voraussichtlich auswirken wird. [5] Der Verwaltungsakt gilt mit dem Tage als zugestellt, an dem seit dem Tage der Bekanntmachung in dem amtlichen Veröffentlichungsblatt zwei Wochen verstrichen sind; hierauf ist in der Bekanntmachung hinzuweisen. [6] Nach der öffentlichen Bekanntmachung kann der Verwaltungsakt bis zum Ablauf der Rechtsbehelfsfrist von den Beteiligten schriftlich oder elektronisch angefordert werden; hierauf ist in der Bekanntmachung gleichfalls hinzuweisen.

(3) [1] Wird das förmliche Verwaltungsverfahren auf andere Weise abgeschlossen, so sind die Beteiligten hiervon zu benachrichtigen. [2] Sind mehr als 50 Benachrichtigungen vorzunehmen, so können sie durch öffentliche Bekanntmachung ersetzt werden; Absatz 2 Satz 4 gilt entsprechend.

§ 70 Anfechtung der Entscheidung. Vor Erhebung einer verwaltungsgerichtlichen Klage, die einen im förmlichen Verwaltungsverfahren erlassenen Verwaltungsakt zum Gegenstand hat, bedarf es keiner Nachprüfung in einem Vorverfahren.

(Fortsetzung nächstes Blatt)

110. Verwaltungszustellungsgesetz (VwZG)[1) 2) 3)]

Vom 12. August 2005
(BGBl. I S. 2354)

FNA 201-9

geänd. durch Art. 6b G zur Modernisierung des GmbH-Rechts und zur Bekämpfung von Missbräuchen v. 23.10.2008 (BGBl. I S. 2026), Art. 9a Viertes G zur Änd. verwaltungsverfahrensrechtl. Vorschriften v. 11.12. 2008 (BGBl. I S. 2418), Art. 3 G zur Regelung von De-Mail-Diensten und zur Änd. weiterer Vorschriften v. 28.4.2011 (BGBl. I S. 666), Art. 2 Abs. 2 G zur Änd. von Vorschriften über Verkündung und Bekanntmachungen sowie der ZPO, des EGZPO und der AO v. 22.12.2011 (BGBl. I S. 3044), Art. 17 G zur Förderung des elektronischen Rechtsverkehrs mit den Gerichten v. 10.10.2013 (BGBl. I S. 3786), Art. 11 Abs. 3 eIDAS-Durchführungsgesetz v. 18.7.2017 (BGBl. I S. 2745), Art. 15 Abs. 2 Vormundschafts- und Betreuungsrechts-Reformgesetz v. 4.5.2021 (BGBl. I S. 882) und Art. 7 G zur Neuregelung des Berufsrechts der anwaltlichen und steuerberatenden Berufsausübungsgesellschaften sowie zur Änd. weiterer Vorschriften im Bereich der rechtsberatenden Berufe v. 7.7.2021 (BGBl. I S. 2363)

§ 1 Anwendungsbereich. (1) Die Vorschriften dieses Gesetzes gelten für das Zustellungsverfahren der Bundesbehörden, der bundesunmittelbaren Körperschaften, Anstalten und Stiftungen des öffentlichen Rechts und der Landesfinanzbehörden.

---

1) Verkündet als Art. 1 G zur Novellierung des Verwaltungszustellungsrechts v. 12.8.2005 (BGBl. I S. 2354); Inkrafttreten gem. Art. 4 Abs. 1 Satz 2 dieses G am 1.2.2006.

2) Siehe zur Verwaltungszustellung u.a. auch die folgenden Vorschriften der Länder:
- **Baden-Württemberg:** Verwaltungszustellungsgesetz für Baden-Württemberg – LVwZG v. 3.7.2007 (GBl. S. 293), zuletzt geänd. durch G v. 4.2.2021 (GBl. S. 181)
- **Bayern:** Bayerisches Verwaltungszustellungs- und Vollstreckungsgesetz (VwZVG) v. 11.11.1970 (BayRS II S. 232), zuletzt geänd. durch V v. 26.3.2019 (GVBl. S. 98)
- **Berlin:** Gesetz über das Verfahren der Berliner Verwaltung v. 21.4.2016 (GVBl. S. 218), zuletzt geänd. durch G v. 17.12.2020 (GVBl. S. 1485)
- **Brandenburg:** Verwaltungszustellungsgesetz für das Land Brandenburg (BbgVwZG) v. 18.10.1991 (GVBl. S. 457), zuletzt geänd. durch G v. 28.6.2006 (GVBl. I S. 74)
- **Bremen:** Bremisches Verwaltungszustellungsgesetz (BremVwZG) v. 26.1.2006 (Brem.GBl. S. 49)
- **Hamburg:** Hamburgisches Verwaltungszustellungsgesetz (HmbVwZG) v. 21.6.1954 (BS Hbg I), zuletzt geänd. durch G v. 25.11.2010 (HmbGVBl. S. 614)
- **Hessen:** Hessisches Verwaltungszustellungsgesetz (HessVwZG) v. 14.2.1957 (GVBl. I S. 9), zuletzt geänd. durch G v. 13.12.2012 (GVBl. S. 622)
- **Mecklenburg-Vorpommern:** Verwaltungsverfahrens-, Zustellungs- und Vollstreckungsgesetz des Landes Mecklenburg-Vorpommern (Landesverwaltungsverfahrensgesetz – VwVfG M-V) idF der Bek. v. 6.5.2020 (GVOBl. M-V S. 410)
- **Niedersachsen:** Niedersächsisches Verwaltungszustellungsgesetz (NVwZG) v. 23.2.2006 (Nds. GVBl. S. 72)
- **Nordrhein-Westfalen:** Verwaltungszustellungsgesetz für das Land Nordrhein-Westfalen (Landeszustellungsgesetz – LZG NRW) v. 7.3.2006 (GV. NRW. S. 94), zuletzt geänd. durch G v. 23.6.2021 (GV. NRW. S. 762)
- **Rheinland-Pfalz:** Landesverwaltungszustellungsgesetz (LVwZG) v. 2.3.2006 (GVBl. S. 56), geänd. durch G v. 3.4.2014 (GVBl. S. 34)
- **Saarland:** Saarländisches Verwaltungszustellungsgesetz (SVwZG) v. 13.12.2005 (Amtsbl. 2006 S. 214)
- **Sachsen:** Gesetz zur Regelung des Verwaltungsverfahrens- und des Verwaltungszustellungsrechts für den Freistaat Sachsen (SächsVwVfZG) v. 19.5.2010 (SächsGVBl. S. 142), geänd. durch G v. 12.7.2013 (SächsGVBl. S. 503)
- **Sachsen-Anhalt:** Verwaltungszustellungsgesetz des Landes Sachsen-Anhalt (VwZG-LSA) v. 9.10.1992 (GVBl. LSA S. 715), zuletzt geänd. durch G v. 17.1.2008 (GVBl. LSA S. 2)
- **Schleswig-Holstein:** Allgemeines Verwaltungsgesetz für das Land Schleswig-Holstein (LVwG) idF der Bek. v. 2.6.1992 (GVOBl. Schl.-H. S. 243, ber. S. 534), zuletzt geänd. durch G v. 26.2.2021 (GVOBl. Schl.-H. S. 222)
- **Thüringen:** Thüringer Verwaltungszustellungs- und Vollstreckungsgesetz (ThürVwZVG) idF der Bek. v. 5.2. 2009 (GVBl. S. 24), zuletzt geänd. durch G v. 23.9.2015 (GVBl. S. 131)

3) Die Änderungen durch G v. 4.5.2021 (BGBl. I S. 882) treten erst **mWv 1.1.2023**, die Änderuneng durch G v. 7.7.2021 (BGBl. I S. 2363) treten erst **mWv 1.8.2022** in Kraft und sind im Text noch nicht berücksichtigt.

(2) Zugestellt wird, soweit dies durch Rechtsvorschrift oder behördliche Anordnung bestimmt ist.

§ 2[1)] Allgemeines. (1) Zustellung ist die Bekanntgabe eines schriftlichen oder elektronischen Dokuments in der in diesem Gesetz bestimmten Form.

(2) [1]Die Zustellung wird durch einen Erbringer von Postdienstleistungen (Post), einen nach § 17 des De-Mail-Gesetzes[2)] akkreditierten Diensteanbieter oder durch die Behörde ausgeführt. [2]Daneben gelten die in den §§ 9 und 10 geregelten Sonderarten der Zustellung.

(3) [1]Die Behörde hat die Wahl zwischen den einzelnen Zustellungsarten. [2]§ 5 Absatz 5 Satz 2 bleibt unberührt.

§ 3 Zustellung durch die Post mit Zustellungsurkunde. (1) Soll durch die Post mit Zustellungsurkunde zugestellt werden, übergibt die Behörde der Post den Zustellungsauftrag, das zuzustellende Dokument in einem verschlossenen Umschlag und einen vorbereiteten Vordruck einer Zustellungsurkunde.

(2) [1]Für die Ausführung der Zustellung gelten die §§ 177 bis 182 der Zivilprozessordnung[3)] entsprechend. [2]Im Fall des § 181 Abs. 1 der Zivilprozessordnung kann das zuzustellende Dokument bei einer von der Post dafür bestimmten Stelle am Ort der Zustellung oder am Ort des Amtsgerichts, in dessen Bezirk der Ort der Zustellung liegt, niedergelegt werden oder bei der Behörde, die den Zustellungsauftrag erteilt hat, wenn sie ihren Sitz an einem der vorbezeichneten Orte hat. [3]Für die Zustellungsurkunde, den Zustellungsauftrag, den verschlossenen Umschlag nach Absatz 1 und die schriftliche Mitteilung nach § 181 Abs. 1 Satz 3 der Zivilprozessordnung sind die Vordrucke nach der Zustellungsvordruckverordnung zu verwenden.

§ 4 Zustellung durch die Post mittels Einschreiben. (1) Ein Dokument kann durch die Post mittels Einschreiben durch Übergabe oder mittels Einschreiben mit Rückschein zugestellt werden.

(2) [1]Zum Nachweis der Zustellung genügt der Rückschein. [2]Im Übrigen gilt das Dokument am dritten Tag nach der Aufgabe zur Post als zugestellt, es sei denn, dass es nicht oder zu einem späteren Zeitpunkt zugegangen ist. [3]Im Zweifel hat die Behörde den Zugang und dessen Zeitpunkt nachzuweisen. [4]Der Tag der Aufgabe zur Post ist in den Akten zu vermerken.

§ 5[4)] Zustellung durch die Behörde gegen Empfangsbekenntnis; elektronische Zustellung. (1) [1]Bei der Zustellung durch die Behörde händigt der zustellende Bedienstete das Dokument dem Empfänger in einem verschlossenen Umschlag aus. [2]Das Dokument kann auch offen ausgehändigt werden, wenn keine schutzwürdigen Interessen des Empfängers entgegenstehen. [3]Der Empfänger hat ein mit dem Datum der Aushändigung versehenes Empfangsbekenntnis zu unterschreiben. [4]Der Bedienstete vermerkt das Datum der Zustellung auf dem Umschlag des auszuhändigenden Dokuments oder bei offener Aushändigung auf dem Dokument selbst.

[1)] § 2 Abs. 3 Satz 2 angef. mWv 18.12.2008 durch G v. 11.12.2008 (BGBl. I S. 2418); Abs. 2 Satz 1 geänd., Abs. 3 Satz 2 neu gef. mWv 3.5.2011 durch G v. 28.4.2011 (BGBl. I S. 666).

[2)] **Sartorius III Nr. 730.**

[3)] **Schönfelder Nr. 100.**

[4)] § 5 Abs. 4 Satz 2 aufgeh., Abs. 5 neu gef., Abs. 6 und 7 angef. mWv 18.12.2008 durch G v. 11.12.2008 (BGBl. I S. 2418); Überschrift, Abs. 5 und 7 Satz 2 und 4 neu gef., Abs. 7 Satz 3 geänd. mWv 3.5.2011 durch G v. 28.4.2011 (BGBl. I S. 666); Abs. 5 Satz 3 geänd. mWv 29.7.2017 durch G v. 18.7.2017 (BGBl. I S. 2745).

112. Verwaltungs-Vollstreckungsgesetz (VwVG)[1) 2) 3)]

Vom 27. April 1953
(BGBl. I S. 157)

FNA 201-4

geänd. durch § 13 Nr. 3 G über die Kosten der Zwangsvollstreckung nach der ReichsabgabenO v. 12.4. 1961 (BGBl. I S. 429), Art. 4 Kostenermächtigungs-ÄndG v. 23.6.1970 (BGBl. I S. 805), Art. 36 EinführungsG zum Strafgesetzbuch v. 2.3.1974 (BGBl. I S. 469), Art. 40 EinführungsG zur AbgabenO v. 14.12.1976 (BGBl. I S. 3341), Art. 2 Abs. 1 Zweite Zwangsvollstreckungsnovelle v. 17.12.1997 (BGBl. I S. 3039), Art. 4 Abs. 1 G zur Reform der Sachaufklärung in der Zwangsvollstreckung v. 29.7. 2009 (BGBl. I S. 2258), Art. 1 Sechstes ÄndG v. 25.11.2014 (BGBl. I S. 1770), Art. 15 Abs. 1 EU-Kontopfändungsverordnung-DurchführungsG v. 21.11.2016 (BGBl. I S. 2591), Art. 3 G zur Einbeziehung der Bundespolizei in den Anwendungsbereich des BundesgebührenG v. 10.3.2017 (BGBl. I S. 417), Art. 1 G zur Verbesserung der Sachaufklärung in der Verwaltungsvollstreckung v. 30.6.2017 (BGBl. I S. 2094), Art. 42 Elfte ZuständigkeitsanpassungsVO v. 19.6.2020 (BGBl. I S. 1328) und Art. 4 Abs. 1 G zur Verbesserung des Schutzes von Gerichtsvollziehern vor Gewalt sowie zur Änd. weiterer zwangsvollstreckungsrechtl. Vorschriften und zur Änd. des InfektionsschutzG v. 7.5.2021 (BGBl. I S. 850)

---

1) Zur Anwendbarkeit des VwVG im Rahmen des verwaltungsgerichtl. Verfahrens siehe § 169 VwGO (Nr. **600**).

2) Siehe zur Verwaltungsvollstreckung u.a. auch die folgenden Vorschriften der Länder:
- **Baden-Württemberg:** Verwaltungsvollstreckungsgesetz für Baden-Württemberg (LVwVG) v. 12.3. 1974 (GBl. S. 93), zuletzt geänd. durch VO v. 23.2.2017 (GBl. S. 99)
- **Bayern:** Bayerisches Verwaltungszustellungs- und Vollstreckungsgesetz (VwZVG) v. 11.11.1970 (BayRS II S. 232), zuletzt geänd. durch V v. 26.3.2019 (GVBl. S. 98)
- **Berlin:** Gesetz über das Verfahren der Berliner Verwaltung v. 21.4.2016 (GVBl. S. 218), zuletzt geänd. durch G v. 17.12.2020 (GVBl. S. 1485)
- **Brandenburg:** Verwaltungsvollstreckungsgesetz für das Land Brandenburg (VwVGBbg) v. 16.5.2013 (GVBl. I Nr. 18), zuletzt geänd. durch G v. 15.10.2018 (GVBl. I Nr. 22)
- **Bremen:** Bremisches Verwaltungsvollstreckungsgesetz – BremVwVG – idF der Bek. v. 1.4.1960 (Brem.GBl. S. 37), zuletzt geänd. durch G v. 24.11.2020 (Brem.GBl. S. 1486)
- **Hamburg:** Verwaltungsvollstreckungsgesetz (VwVG) v. 4.12.2012 (HmbGVBl. S. 510), geänd. durch G v. 21.5.2013 (HmbGVBl. S. 210)
- **Hessen:** Hessisches Verwaltungsvollstreckungsgesetz (HessVwVG) idF der Bek. v. 12.12.2008 (GVBl. 2009 I S. 2), zuletzt geänd. durch G v. 12.9.2018 (GVBl. S. 570)
- **Mecklenburg-Vorpommern:** Verwaltungsverfahrens-, Zustellungs- und Vollstreckungsgesetz des Landes Mecklenburg-Vorpommern (Landesverwaltungsverfahrensgesetz – VwVfG M-V) idF der Bek. v. 6.5.2020 (GVOBl. M-V S. 410)
- **Niedersachsen:** Niedersächsisches Verwaltungsvollstreckungsgesetz (NVwVG) idF der Bek. v. 14.11. 2019 (Nds. GVBl. S. 316)
- **Nordrhein-Westfalen:** Verwaltungsvollstreckungsgesetz NRW (VwVG NW) idF der Bek. v. 19.2.2003 (GV. NRW. S. 156, ber. S. 570, 2005 S. 818), zuletzt geänd. durch G v. 23.6.2021 (GV. NRW. S. 762)
- **Rheinland-Pfalz:** Landesverwaltungsvollstreckungsgesetz (LVwVG) v. 8.7.1957 (GVBl. S. 101), zuletzt geänd. durch G v. 3.6.2020 (GVBl. S. 209)
- **Saarland:** Saarländisches Verwaltungsvollstreckungsgesetz (SVwVG) v. 27.3.1974 (Amtsbl. S. 430), zuletzt geänd. durch G v. 1.12.2015 (Amtsbl. I S. 913)
- **Sachsen:** Verwaltungsvollstreckungsgesetz für den Freistaat Sachsen (SächsVwVG) idF der Bek. v. 10.9. 2003 (SächsGVBl. S. 614, ber. S. 913), zuletzt geänd. durch G v. 5.4.2019 (SächsGVBl. S. 245)
- **Sachsen-Anhalt:** Verwaltungsvollstreckungsgesetz des Landes Sachsen-Anhalt (VwVG LSA) idF der Bek. v. 20.2.2015 (GVBl. LSA S. 50)
- **Schleswig-Holstein:** Allgemeines Verwaltungsgesetz für das Land Schleswig-Holstein (LVwG) idF der Bek. v. 2.6.1992 (GVOBl. Schl.-H. S. 243, ber. S. 534), zuletzt geänd. durch G v. 26.2.2021 (GVOBl. Schl.-H. S. 222)
- **Thüringen:** Thüringer Verwaltungszustellungs- und Vollstreckungsgesetz (ThürVwZVG) idF der Bek. v. 5.2.2009 (GVBl. S. 24), zuletzt geänd. durch G v. 23.9.2015 (GVBl. S. 131)

3) Die Änderungen durch G v. 7.5.2021 (BGBl. I S. 850) treten erst **mWv 1.1.2022** in Kraft und sind im Text noch nicht berücksichtigt.

Der Bundestag hat mit Zustimmung des Bundesrates das folgende Gesetz beschlossen:

Erster Abschnitt. Vollstreckung wegen Geldforderungen

§ 1[1] Vollstreckbare Geldforderungen. (1) Die öffentlich-rechtlichen Geldforderungen des Bundes und der bundesunmittelbaren juristischen Personen des öffentlichen Rechts werden nach den Bestimmungen dieses Gesetzes im Verwaltungswege vollstreckt.

(2) Ausgenommen sind solche öffentlich-rechtlichen Geldforderungen, die im Wege des Parteistreites vor den Verwaltungsgerichten verfolgt werden oder für die ein anderer Rechtsweg als der Verwaltungsrechtsweg begründet ist.

(3) Die Vorschriften der Abgabenordnung, des Sozialversicherungsrechts einschließlich der Arbeitslosenversicherung und des Justizbeitreibungsgesetzes[2] bleiben unberührt.

§ 2 Vollstreckungsschuldner. (1) Als Vollstreckungsschuldner kann in Anspruch genommen werden,

a) wer eine Leistung als Selbstschuldner schuldet;

b) wer für die Leistung, die ein anderer schuldet, persönlich haftet.

(2) Wer zur Duldung der Zwangsvollstreckung verpflichtet ist, wird dem Vollstreckungsschuldner gleichgestellt, soweit die Duldungspflicht reicht.

§ 3 Vollstreckungsanordnung. (1) Die Vollstreckung wird gegen den Vollstreckungsschuldner durch Vollstreckungsanordnung eingeleitet; eines vollstreckbaren Titels bedarf es nicht.

(2) Voraussetzungen für die Einleitung der Vollstreckung sind:

a) der Leistungsbescheid, durch den der Schuldner zur Leistung aufgefordert worden ist;

b) die Fälligkeit der Leistung;

c) der Ablauf einer Frist von einer Woche seit Bekanntgabe des Leistungsbescheides oder, wenn die Leistung erst danach fällig wird, der Ablauf einer Frist von einer Woche nach Eintritt der Fälligkeit.

(3) Vor Anordnung der Vollstreckung soll der Schuldner ferner mit einer Zahlungsfrist von einer weiteren Woche besonders gemahnt werden.

(4) Die Vollstreckungsanordnung wird von der Behörde erlassen, die den Anspruch geltend machen darf.

§ 4[3] Vollstreckungsbehörden. Vollstreckungsbehörden sind:

a) die von einer obersten Bundesbehörde im Einvernehmen mit dem Bundesminister des Innern, für Bau und Heimat bestimmten Behörden des betreffenden Verwaltungszweiges;

---

[1] § 1 Abs. 3 geänd. durch G v. 14.12.1976 (BGBl. I S. 3341); Abs. 3 geänd. mWv 1.7.2017 durch G v. 21.11.2016 (BGBl. I S. 2591).

[2] **Schönfelder Nr. 122.**

[3] § 4 Buchst. a geänd. mWv 27.6.2020 durch VO v. 19.6.2020 (BGBl. I S. 1328).

120. Gesetz über Gebühren und Auslagen des Bundes (Bundesgebührengesetz – BGebG)[1)]

Vom 7. August 2013
(BGBl. I S. 3154)

FNA 202-5

geänd. durch Art. 3 G zur Einführung einer Infrastrukturabgabe für die Benutzung von Bundesfernstraßen v. 8.6.2015 (BGBl. I S. 904), Art. 3 AbschlussprüferaufsichtsreformG v. 31.3.2016 (BGBl. I S. 518), Art. 1 G zur Aktualisierung der Strukturreform des Gebührenrechts des Bundes v. 18.7.2016 (BGBl. I S. 1666), Art. 1 G zur Einbeziehung der Bundespolizei in den Anwendungsbereich des BundesgebührenG v. 10.3. 2017 (BGBl. I S. 417) und Art. 1 G zur Änd. gebührenrechtlicher und weiterer Vorschriften über das Befahren der Bundeswasserstraßen durch die Schifffahrt v. 3.6.2021 (BGBl. I S. 1465)

Inhaltsübersicht

§ 1 Gebührenerhebung. Der Gebührengläubiger erhebt für individuell zurechenbare öffentliche Leistungen vom Gebührenschuldner Gebühren und Auslagen nach Maßgabe dieses Gesetzes und der Gebührenverordnungen nach § 22 Absatz 3 und 4.

§ 2[2)] **Anwendungsbereich.** (1) Dieses Gesetz gilt für die Gebühren und Auslagen öffentlich-rechtlicher Verwaltungstätigkeit der Behörden des Bundes und der bundesunmittelbaren Körperschaften, Anstalten und Stiftungen des öffentlichen Rechts, soweit dieses Gesetz oder die Gebührenverordnungen nach § 22 Absatz 3

[1)] Verkündet als Art. 1 G v. 7.8.2013 (BGBl. I S. 3154); Inkrafttreten gem. Art. 5 Abs. 1 Satz 1 dieses G am 15.8.2013; gem. § 24 BGebG tritt § 23 Abs. 2–8 am 1.10.2021 außer Kraft.

[2)] § 2 Abs. 2 Satz 2 Nr. 8 geänd. mWv 12.6.2015 durch G v. 8.6.2015 (BGBl. I S. 904); Abs. 2 Satz 2 Nr. 7 geänd. mWv 17.6.2016 durch G v. 31.3.2016 (BGBl. I S. 518); Abs. 2 Satz 2 Nr. 4 aufgeh., Nr. 5–8 werden Nr. 4–7 mWv 16.3.2017 durch G v. 10.3.2017 (BGBl. I S. 417); Abs. 2 Satz 2 Nr. 6 und 7 geänd., Nr. 8 angef. mWv 1.7.2021 durch G v. 3.6.2021 (BGBl. I S. 1465).

und 4 für individuell zurechenbare öffentliche Leistungen die Erhebung von Gebühren oder die Erstattung von Auslagen vorsehen.

(2) [1] Dieses Gesetz gilt auch für die Erhebung von Gebühren und Auslagen durch die in Absatz 1 genannten Behörden nach anderen Rechtsvorschriften des Bundes, soweit dort nichts anderes bestimmt ist. [2] Es gilt jedoch nicht für individuell zurechenbare öffentliche Leistungen

1. in Verfahren nach der Abgabenordnung,
2. in Verfahren nach dem Sozialgesetzbuch und der Postbeamtenkrankenkasse,
3. der Bundesbehörden der Justiz- und Gerichtsverwaltung sowie des Deutschen Patent- und Markenamtes, des Bundeskartellamtes und der Bundesnetzagentur, soweit sie als Regulierungsbehörde im Sinne des Energiewirtschaftsgesetzes[1] auftritt,
4. der Stiftung Preußischer Kulturbesitz, der Akademie der Künste, der Deutschen Nationalbibliothek, der Stiftung zur Aufarbeitung der SED-Diktatur, der Stiftung Jüdisches Museum Berlin, der Stiftung Reichspräsident-Friedrich-Ebert-Gedenkstätte, der Stiftung Bundespräsident-Theodor-Heuss-Haus, der Stiftung Bundeskanzler-Adenauer-Haus und der Museumsstiftung Post und Telekommunikation,
5. des Deutschen Weinfonds und in Verfahren nach der Verordnung über den Klärschlamm-Entschädigungsfonds,
6. nach der Bundesrechtsanwaltsordnung[2], der Patentanwaltsordnung, der Bundesnotarordnung[3], der Wirtschaftsprüferordnung, dem Gesetz zur Einrichtung einer Abschlussprüferaufsichtsstelle beim Bundesamt für Wirtschaft und Ausfuhrkontrolle und dem Steuerberatungsgesetz,
7. nach dem Bundesfernstraßengesetz[4], dem Fernstraßenbauprivatfinanzierungsgesetz[5], dem Bundesfernstraßenmautgesetz[6], dem Mautsystemgesetz[7] und dem Infrastrukturabgabengesetz[8] sowie
8. der Ermöglichung des Befahrens von Bundeswasserstraßen mit Wasserfahrzeugen.

(3) Dieses Gesetz findet keine Anwendung, soweit das Recht der Europäischen Union die Erhebung von Gebühren oder Auslagen für bestimmte Leistungen ausschließt.

§ 3[9] Begriffsbestimmungen. (1) Individuell zurechenbare öffentliche Leistungen sind

1. in Ausübung hoheitlicher Befugnisse erbrachte Handlungen,
2. die Ermöglichung der Inanspruchnahme von vom Bund oder von bundesunmittelbaren Körperschaften, Anstalten und Stiftungen unterhaltenen Einrichtungen und Anlagen, soweit die Ermöglichung der Inanspruchnahme öffentlich-rechtlich geregelt ist,
3. Überwachungsmaßnahmen, Prüfungen und Untersuchungen sowie

---

[1] Nr. **830**.
[2] **Schönfelder ErgBd. Nr. 98.**
[3] **Schönfelder ErgBd. Nr. 98a.**
[4] Nr. **932**.
[5] **Sartorius III Nr. 148.**
[6] **Sartorius III Nr. 270.**
[7] **Sartorius III Nr. 271.**
[8] **Sartorius III Nr. 272.**
[9] § 3 Abs. 1 Nr. 2 geänd. mWv 1.7.2021 durch G v. 3.6.2021 (BGBl. I S. 1465).

4. sonstige Handlungen, die im Rahmen einer öffentlich-rechtlichen Verwaltungstätigkeit erbracht werden,

soweit ihnen Außenwirkung zukommt.

(2) Individuell zurechenbar ist eine Leistung,

1. die beantragt oder sonst willentlich in Anspruch genommen wird,
2. die zugunsten des von der Leistung Betroffenen erbracht wird,
3. die durch den von der Leistung Betroffenen veranlasst wurde oder
4. bei der ein Anknüpfungspunkt im Pflichtenkreis des von der Leistung Betroffenen rechtlich begründet ist; für Stichprobenkontrollen gilt dies nur,

(Fortsetzung nächstes Blatt)

150. Gesetz zur Regelung des Statusrechts der Beamtinnen und Beamten in den Ländern (Beamtenstatusgesetz – BeamtStG)

Vom 17. Juni 2008

(BGBl. I S. 1010)

FNA 2030-1-9

geänd. durch Art. 15 Abs. 16 DienstrechtsneuordnungsG v. 5.2.2009 (BGBl. I S. 160), Art. 6 Abs. 3 G zur Reform der strafrechtlichen Vermögensabschöpfung v. 13.4.2017 (BGBl. I S. 872), Art. 3 G zur Neuregelung des Mutterschutzrechts v. 23.5.2017 (BGBl. I S. 1228), Art. 2 G zu bereichsspezifischen Regelungen der Gesichtsverhüllung und zur Änd. weiterer dienstrechtlicher Vorschriften v. 8.6.2017 (BGBl. I S. 1570), Art. 1 G zur Änd. des BeamtenstatusG und des BundesbeamtenG sowie weiterer dienstrechtlicher Vorschriften v. 29.11.2018 (BGBl. I S. 2232), Art. 10 Zweites Datenschutz-Anpassungs- und UmsetzungsG EU v. 20.11.2019 (BGBl. I S. 1626) und Art. 2 G zur Regelung des Erscheinungsbilds von Beamtinnen und Beamten sowie zur Änd. weiterer dienstrechtl. Vorschriften v. 28.6.2021 (BGBl. I S. 2250)

Der Bundestag hat mit Zustimmung des Bundesrates das folgende Gesetz beschlossen:

Inhaltsübersicht[1)]

---

1) Inhaltsübersicht geänd. mWv 7.12.2018 durch G v. 29.11.2018 (BGBl. I S. 2232); geänd. mWv 7.7.2021 durch G v. 28.6.2021 (BGBl. I S. 2250).

Abschnitt 1. Allgemeine Vorschriften

§ 1 Geltungsbereich. Dieses Gesetz regelt das Statusrecht der Beamtinnen und Beamten der Länder, Gemeinden und Gemeindeverbände sowie der sonstigen der Aufsicht eines Landes unterstehenden Körperschaften, Anstalten und Stiftungen des öffentlichen Rechts.

§ 2 Dienstherrnfähigkeit. Das Recht, Beamtinnen und Beamte zu haben, besitzen

1. Länder, Gemeinden und Gemeindeverbände,
2. sonstige Körperschaften, Anstalten und Stiftungen des öffentlichen Rechts, die dieses Recht im Zeitpunkt des Inkrafttretens dieses Gesetzes besitzen oder

denen es durch ein Landesgesetz oder aufgrund eines Landesgesetzes verliehen wird.

Abschnitt 2. Beamtenverhältnis

§ 3 Beamtenverhältnis. (1) Beamtinnen und Beamte stehen zu ihrem Dienstherrn in einem öffentlich-rechtlichen Dienst- und Treueverhältnis (Beamtenverhältnis).

(2) Die Berufung in das Beamtenverhältnis ist nur zulässig zur Wahrnehmung

1. hoheitsrechtlicher Aufgaben oder
2. solcher Aufgaben, die aus Gründen der Sicherung des Staates oder des öffentlichen Lebens nicht ausschließlich Personen übertragen werden dürfen, die in einem privatrechtlichen Arbeitsverhältnis stehen.

§ 4 Arten des Beamtenverhältnisses. (1) [1] Das Beamtenverhältnis auf Lebenszeit dient der dauernden Wahrnehmung von Aufgaben nach § 3 Abs. 2. [2] Es bildet die Regel.

(2) Das Beamtenverhältnis auf Zeit dient

a) der befristeten Wahrnehmung von Aufgaben nach § 3 Abs. 2 oder
b) der zunächst befristeten Übertragung eines Amtes mit leitender Funktion.

(3) Das Beamtenverhältnis auf Probe dient der Ableistung einer Probezeit

a) zur späteren Verwendung auf Lebenszeit oder
b) zur Übertragung eines Amtes mit leitender Funktion.

(4) Das Beamtenverhältnis auf Widerruf dient

a) der Ableistung eines Vorbereitungsdienstes oder
b) der nur vorübergehenden Wahrnehmung von Aufgaben nach § 3 Abs. 2.

§ 5 Ehrenbeamtinnen und Ehrenbeamte. (1) Als Ehrenbeamtin oder Ehrenbeamter kann berufen werden, wer Aufgaben im Sinne des § 3 Abs. 2 unentgeltlich wahrnehmen soll.

(2) Die Rechtsverhältnisse der Ehrenbeamtinnen und Ehrenbeamten können durch Landesrecht abweichend von den für Beamtinnen und Beamte allgemein geltenden Vorschriften geregelt werden, soweit es deren besondere Rechtsstellung erfordert.

(3) Ein Ehrenbeamtenverhältnis kann nicht in ein Beamtenverhältnis anderer Art, ein solches Beamtenverhältnis nicht in ein Ehrenbeamtenverhältnis umgewandelt werden.

§ 6 Beamtenverhältnis auf Zeit. Für die Rechtsverhältnisse der Beamtinnen auf Zeit und Beamten auf Zeit gelten die Vorschriften für Beamtinnen auf Lebenszeit und Beamte auf Lebenszeit entsprechend, soweit durch Landesrecht nichts anderes bestimmt ist.

§ 7[1)] Voraussetzungen des Beamtenverhältnisses. (1) [1] In das Beamtenverhältnis darf nur berufen werden, wer

---

[1)] § 7 Abs. 1 Nr. 1 einl. Satzteil, Buchst. c und Abs. 2 geänd. mWv 7.12.2018 durch G v. 29.11.2018 (BGBl. I S. 2232); Abs. 1 Satz 2 angef. mWv 7.7.2021 durch G v. 28.6.2021 (BGBl. I S. 2250).

1. Deutsche oder Deutscher im Sinne des Artikels 116 Absatz 1 des Grundgesetzes[1] ist oder die Staatsangehörigkeit
   a) eines anderen Mitgliedstaates der Europäischen Union oder
   b) eines anderen Vertragsstaates des Abkommens über den Europäischen Wirtschaftsraum oder
   c) eines Drittstaates, dem die Bundesrepublik Deutschland und die Europäische Union vertraglich einen entsprechenden Anspruch auf Anerkennung von Berufsqualifikationen eingeräumt haben,

   besitzt,
2. die Gewähr dafür bietet, jederzeit für die freiheitliche demokratische Grundordnung im Sinne des Grundgesetzes einzutreten, und
3. die nach Landesrecht vorgeschriebene Befähigung besitzt.

[2] In das Beamtenverhältnis darf nicht berufen werden, wer unveränderliche Merkmale des Erscheinungsbilds aufweist, die mit der Erfüllung der Pflichten nach § 34 Absatz 2 nicht vereinbar sind.

(2) Wenn die Aufgaben es erfordern, darf nur eine Deutsche oder ein Deutscher im Sinne des Artikels 116 Absatz 1 des Grundgesetzes in ein Beamtenverhältnis berufen werden.

(3) Ausnahmen von Absatz 1 Nr. 1 und Absatz 2 können nur zugelassen werden, wenn
1. für die Gewinnung der Beamtin oder des Beamten ein dringendes dienstliches Interesse besteht oder
2. bei der Berufung von Hochschullehrerinnen und Hochschullehrern und anderen Mitarbeiterinnen und Mitarbeitern des wissenschaftlichen und künstlerischen Personals in das Beamtenverhältnis andere wichtige Gründe vorliegen.

§ 8 Ernennung. (1) Einer Ernennung bedarf es zur
1. Begründung des Beamtenverhältnisses,
2. Umwandlung des Beamtenverhältnisses in ein solches anderer Art (§ 4),
3. Verleihung eines anderen Amtes mit anderem Grundgehalt oder
4. Verleihung eines anderen Amtes mit anderer Amtsbezeichnung, soweit das Landesrecht dies bestimmt.

(2) [1] Die Ernennung erfolgt durch Aushändigung einer Ernennungsurkunde. [2] In der Urkunde müssen enthalten sein
1. bei der Begründung des Beamtenverhältnisses die Wörter „unter Berufung in das Beamtenverhältnis“ mit dem die Art des Beamtenverhältnisses bestimmenden Zusatz „auf Lebenszeit“, „auf Probe“, „auf Widerruf“, „als Ehrenbeamtin“ oder „als Ehrenbeamter“ oder „auf Zeit“ mit der Angabe der Zeitdauer der Berufung,
2. bei der Umwandlung des Beamtenverhältnisses in ein solches anderer Art die diese Art bestimmenden Worte nach Nummer 1 und
3. bei der Verleihung eines Amtes die Amtsbezeichnung.

(3) Mit der Begründung eines Beamtenverhältnisses auf Probe, auf Lebenszeit und auf Zeit wird gleichzeitig ein Amt verliehen.

---

[1] Nr. **1**.

(4) Eine Ernennung auf einen zurückliegenden Zeitpunkt ist unzulässig und insoweit unwirksam.

§ 9 Kriterien der Ernennung. Ernennungen sind nach Eignung, Befähigung und fachlicher Leistung ohne Rücksicht auf Geschlecht, Abstammung, Rasse oder ethnische Herkunft, Behinderung, Religion oder Weltanschauung, politische Anschauungen, Herkunft, Beziehungen oder sexuelle Identität vorzunehmen.

§ 10 Voraussetzung der Ernennung auf Lebenszeit. [1]Die Ernennung zur Beamtin auf Lebenszeit oder zum Beamten auf Lebenszeit ist nur zulässig, wenn die Beamtin oder der Beamte sich in einer Probezeit von mindestens sechs Monaten und höchstens fünf Jahren bewährt hat. [2]Von der Mindestprobezeit können durch Landesrecht Ausnahmen bestimmt werden.

§ 11[1)] Nichtigkeit der Ernennung. (1) Die Ernennung ist nichtig, wenn
1. sie nicht der in § 8 Abs. 2 vorgeschriebenen Form entspricht,
2. sie von einer sachlich unzuständigen Behörde ausgesprochen wurde oder
3. zum Zeitpunkt der Ernennung
   a) nach § 7 Absatz 1 Satz 1 Nummer 1 keine Ernennung erfolgen durfte und keine Ausnahme nach § 7 Abs. 3 zugelassen war,
   b) nicht die Fähigkeit zur Bekleidung öffentlicher Ämter vorlag oder
   c) eine ihr zu Grunde liegende Wahl unwirksam ist.

(2) Die Ernennung ist von Anfang an als wirksam anzusehen, wenn
1. im Fall des Absatzes 1 Nr. 1 aus der Urkunde oder aus dem Akteninhalt eindeutig hervorgeht, dass die für die Ernennung zuständige Stelle ein bestimmtes Beamtenverhältnis begründen oder ein bestehendes Beamtenverhältnis in ein solches anderer Art umwandeln wollte, für das die sonstigen Voraussetzungen vorliegen, und die für die Ernennung zuständige Stelle die Wirksamkeit schriftlich bestätigt; das Gleiche gilt, wenn die Angabe der Zeitdauer fehlt, durch Landesrecht aber die Zeitdauer bestimmt ist,
2. im Fall des Absatzes 1 Nr. 2 die sachlich zuständige Behörde die Ernennung bestätigt oder
3. im Fall des Absatzes 1 Nr. 3 Buchstabe a eine Ausnahme nach § 7 Abs. 3 nachträglich zugelassen wird.

§ 12[2)] Rücknahme der Ernennung. (1) Die Ernennung ist mit Wirkung für die Vergangenheit zurückzunehmen, wenn
1. sie durch Zwang, arglistige Täuschung oder Bestechung herbeigeführt wurde,
2. dem Dienstherrn zum Zeitpunkt der Ernennung nicht bekannt war, dass die ernannte Person vor ihrer Ernennung ein Verbrechen oder Vergehen begangen hat, aufgrund dessen sie vor oder nach ihrer Ernennung rechtskräftig zu einer Strafe verurteilt worden ist und das sie für die Berufung in das Beamtenverhältnis als unwürdig erscheinen lässt,
3. die Ernennung nach § 7 Abs. 2 nicht erfolgen durfte und eine Ausnahme nach § 7 Abs. 3 nicht zugelassen war und die Ausnahme nicht nachträglich erteilt wird oder

---

[1)] § 11 Abs. 1 Nr. 3 Buchst. a geänd. mWv 7.7.2021 durch G v. 28.6.2021 (BGBl. I S. 2250).

[2)] § 12 Abs. 2 Satz 2 geänd. mWv 7.12.2018 durch G v. 29.11.2018 (BGBl. I S. 2232); Abs. 1 Nr. 2 neu gef., Abs. 2 Satz 2 geänd. mWv 7.7.2021 durch G v. 28.6.2021 (BGBl. I S. 2250).

4. eine durch Landesrecht vorgeschriebene Mitwirkung einer unabhängigen Stelle oder einer Aufsichtsbehörde unterblieben ist und nicht nachgeholt wurde.

(2) [1] Die Ernennung soll zurückgenommen werden, wenn nicht bekannt war, dass gegen die ernannte Person in einem Disziplinarverfahren auf Entfernung aus dem Beamtenverhältnis oder auf Aberkennung des Ruhegehalts erkannt worden war. [2] Dies gilt auch, wenn die Entscheidung gegen eine Beamtin oder einen Beamten der Europäischen Union oder eines Staates nach § 7 Absatz 1 Satz 1 Nummer 1 ergangen ist.

Abschnitt 3. Länderübergreifender Wechsel und Wechsel in die Bundesverwaltung

§ 13[1)] Grundsatz. Die Vorschriften dieses Abschnitts gelten nur bei landesübergreifender Abordnung, Versetzung und Umbildung von Körperschaften sowie bei einer Abordnung oder Versetzung aus einem Land in die Bundesverwaltung.

§ 14 Abordnung. (1) Beamtinnen und Beamte können aus dienstlichen Gründen vorübergehend ganz oder teilweise zu einer dem übertragenen Amt entsprechenden Tätigkeit in den Bereich eines Dienstherrn eines anderen Landes oder des Bundes abgeordnet werden.

(2) [1] Aus dienstlichen Gründen ist eine Abordnung vorübergehend ganz oder teilweise auch zu einer nicht dem Amt entsprechenden Tätigkeit zulässig, wenn der Beamtin oder dem Beamten die Wahrnehmung der neuen Tätigkeit aufgrund der Vorbildung oder Berufsausbildung zuzumuten ist. [2] Dabei ist auch die Abordnung zu einer Tätigkeit, die nicht einem Amt mit demselben Grundgehalt entspricht, zulässig.

(3) [1] Die Abordnung bedarf der Zustimmung der Beamtin oder des Beamten. [2] Abweichend von Satz 1 ist die Abordnung auch ohne Zustimmung zulässig, wenn die neue Tätigkeit zuzumuten ist und einem Amt mit demselben Grundgehalt entspricht und die Abordnung die Dauer von fünf Jahren nicht übersteigt.

(4) [1] Die Abordnung wird von dem abgebenden im Einverständnis mit dem aufnehmenden Dienstherrn verfügt. [2] Soweit zwischen den Dienstherren nichts anderes vereinbart ist, sind die für den Bereich des aufnehmenden Dienstherrn geltenden Vorschriften über die Pflichten und Rechte der Beamtinnen und Beamten mit Ausnahme der Regelungen über Diensteid, Amtsbezeichnung, Zahlung von Bezügen, Krankenfürsorgeleistungen und Versorgung entsprechend anzuwenden. [3] Die Verpflichtung zur Bezahlung hat auch der Dienstherr, zu dem die Abordnung erfolgt ist.

§ 15 Versetzung. (1) Beamtinnen und Beamte können auf Antrag oder aus dienstlichen Gründen in den Bereich eines Dienstherrn eines anderen Landes oder des Bundes in ein Amt einer Laufbahn versetzt werden, für die sie die Befähigung besitzen.

(2) [1] Eine Versetzung bedarf der Zustimmung der Beamtin oder des Beamten. [2] Abweichend von Satz 1 ist die Versetzung auch ohne Zustimmung zulässig, wenn das neue Amt mit mindestens demselben Grundgehalt verbunden ist wie das bisherige Amt. [3] Stellenzulagen gelten hierbei nicht als Bestandteile des Grundgehalts.

[1)] § 13 geänd. mWv 7.12.2018 durch G v. 29.11.2018 (BGBl. I S. 2232).

(3) [1]Die Versetzung wird von dem abgebenden im Einverständnis mit dem aufnehmenden Dienstherrn verfügt. [2]Das Beamtenverhältnis wird mit dem neuen Dienstherrn fortgesetzt.

§ 16 Umbildung einer Körperschaft. (1) Beamtinnen und Beamte einer juristischen Person des öffentlichen Rechts mit Dienstherrnfähigkeit (Körperschaft), die vollständig in eine andere Körperschaft eingegliedert wird, treten mit der Umbildung kraft Gesetzes in den Dienst der aufnehmenden Körperschaft über.

(2) [1]Die Beamtinnen und Beamten einer Körperschaft, die vollständig in mehrere andere Körperschaften eingegliedert wird, sind anteilig in den Dienst der aufnehmenden Körperschaften zu übernehmen. [2]Die beteiligten Körperschaften haben innerhalb einer Frist von sechs Monaten nach der Umbildung im Einvernehmen miteinander zu bestimmen, von welchen Körperschaften die einzelnen Beamtinnen und Beamten zu übernehmen sind. [3]Solange eine Beamtin oder ein Beamter nicht übernommen ist, haften alle aufnehmenden Körperschaften für die ihr oder ihm zustehenden Bezüge als Gesamtschuldner.

(3) [1]Die Beamtinnen und Beamten einer Körperschaft, die teilweise in eine oder mehrere andere Körperschaften eingegliedert wird, sind zu einem verhältnismäßigen Teil, bei mehreren Körperschaften anteilig, in den Dienst der aufnehmenden Körperschaften zu übernehmen. [2]Absatz 2 Satz 2 ist entsprechend anzuwenden.

(4) Die Absätze 1 bis 3 gelten entsprechend, wenn eine Körperschaft mit einer oder mehreren anderen Körperschaften zu einer neuen Körperschaft zusammengeschlossen wird, wenn ein oder mehrere Teile verschiedener Körperschaften zu einem oder mehreren neuen Teilen einer Körperschaft zusammengeschlossen werden, wenn aus einer Körperschaft oder aus Teilen einer Körperschaft eine oder mehrere neue Körperschaften gebildet werden, oder wenn Aufgaben einer Körperschaft vollständig oder teilweise auf eine oder mehrere andere Körperschaften übergehen.

§ 17 Rechtsfolgen der Umbildung. (1) Tritt eine Beamtin oder ein Beamter aufgrund des § 16 Abs. 1 kraft Gesetzes in den Dienst einer anderen Körperschaft über oder wird sie oder er aufgrund des § 16 Abs. 2 oder 3 von einer anderen Körperschaft übernommen, wird das Beamtenverhältnis mit dem neuen Dienstherrn fortgesetzt.

(2) Im Fall des § 16 Abs. 1 ist der Beamtin oder dem Beamten von der aufnehmenden oder neuen Körperschaft die Fortsetzung des Beamtenverhältnisses schriftlich zu bestätigen.

(3) [1]In den Fällen des § 16 Abs. 2 und 3 wird die Übernahme von der Körperschaft verfügt, in deren Dienst die Beamtin oder der Beamte treten soll. [2]Die Verfügung wird mit der Zustellung an die Beamtin oder den Beamten wirksam. [3]Die Beamtin oder der Beamte ist verpflichtet, der Übernahmeverfügung Folge zu leisten. [4]Kommt die Beamtin oder der Beamte der Verpflichtung nicht nach, ist sie oder er zu entlassen.

(4) Die Absätze 1 bis 3 gelten entsprechend in den Fällen des § 16 Abs. 4.

§ 18 Rechtsstellung der Beamtinnen und Beamten. (1) [1]Beamtinnen und Beamten, die nach § 16 in den Dienst einer anderen Körperschaft kraft Gesetzes übertreten oder übernommen werden, soll ein gleich zu bewertendes Amt übertragen werden, das ihrem bisherigen Amt nach Bedeutung und Inhalt ohne Rücksicht auf Dienststellung und Dienstalter entspricht. [2]Wenn eine dem bisherigen

Amt entsprechende Verwendung nicht möglich ist, kann ihnen auch ein anderes Amt mit geringerem Grundgehalt übertragen werden. [3]Das Grundgehalt muss mindestens dem des Amtes entsprechen, das die Beamtinnen und Beamten vor dem bisherigen Amt innehatten. [4]In diesem Fall dürfen sie neben der neuen Amtsbezeichnung die des früheren Amtes mit dem Zusatz „außer Dienst" („a.D.") führen.

(2) [1]Die aufnehmende oder neue Körperschaft kann, wenn die Zahl der bei ihr nach der Umbildung vorhandenen Beamtinnen und Beamten den tatsächlichen Bedarf übersteigt, innerhalb einer Frist, deren Bestimmung dem Landesrecht vorbehalten bleibt, Beamtinnen und Beamte im Beamtenverhältnis auf Lebenszeit oder auf Zeit in den einstweiligen Ruhestand versetzen, wenn deren Aufgabengebiet von der Umbildung berührt wurde. [2]Bei Beamtinnen auf Zeit und Beamten auf Zeit, die nach Satz 1 in den einstweiligen Ruhestand versetzt sind, endet der einstweilige Ruhestand mit Ablauf der Amtszeit; sie gelten in diesem Zeitpunkt als dauernd in den Ruhestand versetzt, wenn sie bei Verbleiben im Amt mit Ablauf der Amtszeit in den Ruhestand getreten wären.

§ 19 Rechtsstellung der Versorgungsempfängerinnen und Versorgungsempfänger. (1) Die Vorschriften des § 16 Abs. 1 und 2 und des § 17 gelten entsprechend für die im Zeitpunkt der Umbildung bei der abgebenden Körperschaft vorhandenen Versorgungsempfängerinnen und Versorgungsempfänger.

(2) In den Fällen des § 16 Abs. 3 bleiben die Ansprüche der im Zeitpunkt der Umbildung vorhandenen Versorgungsempfängerinnen und Versorgungsempfänger gegenüber der abgebenden Körperschaft bestehen.

(3) Die Absätze 1 und 2 gelten entsprechend in den Fällen des § 16 Abs. 4.

Abschnitt 4. Zuweisung einer Tätigkeit bei anderen Einrichtungen

§ 20 Zuweisung. (1) Beamtinnen und Beamten kann mit ihrer Zustimmung vorübergehend ganz oder teilweise eine ihrem Amt entsprechende Tätigkeit zugewiesen werden

1. bei einer öffentlichen Einrichtung ohne Dienstherrneigenschaft oder bei einer öffentlich-rechtlichen Religionsgemeinschaft im dienstlichen oder öffentlichen Interesse oder
2. bei einer anderen Einrichtung, wenn öffentliche Interessen es erfordern.

(2) Beamtinnen und Beamten einer Dienststelle, die ganz oder teilweise in eine öffentlich-rechtlich organisierte Einrichtung ohne Dienstherrneigenschaft oder eine privatrechtlich organisierte Einrichtung der öffentlichen Hand umgewandelt wird, kann auch ohne ihre Zustimmung ganz oder teilweise eine ihrem Amt entsprechende Tätigkeit bei dieser Einrichtung zugewiesen werden, wenn öffentliche Interessen es erfordern.

(3) Die Rechtsstellung der Beamtinnen und Beamten bleibt unberührt.

Abschnitt 5. Beendigung des Beamtenverhältnisses

§ 21 Beendigungsgründe. Das Beamtenverhältnis endet durch

1. Entlassung,
2. Verlust der Beamtenrechte,
3. Entfernung aus dem Beamtenverhältnis nach den Disziplinargesetzen oder

4. Eintritt oder Versetzung in den Ruhestand.

§ 22[1] Entlassung kraft Gesetzes. (1) Beamtinnen und Beamte sind entlassen, wenn

1. die Voraussetzungen des § 7 Absatz 1 Satz 1 Nummer 1 nicht mehr vorliegen und eine Ausnahme nach § 7 Absatz 3 auch nachträglich nicht zugelassen wird oder
2. sie die Altersgrenze erreichen und das Beamtenverhältnis nicht durch Eintritt in den Ruhestand endet.

(2) [1] Die Beamtin oder der Beamte ist entlassen, wenn ein öffentlich-rechtliches Dienst- oder Amtsverhältnis zu einem anderen Dienstherrn oder zu einer Einrichtung ohne Dienstherrneigenschaft begründet wird, sofern nicht im Einvernehmen mit dem neuen Dienstherrn oder der Einrichtung die Fortdauer des Beamtenverhältnisses neben dem neuen Dienst- oder Amtsverhältnis angeordnet oder durch Landesrecht etwas anderes bestimmt wird. [2] Dies gilt nicht für den Eintritt in ein Beamtenverhältnis auf Widerruf oder als Ehrenbeamtin oder Ehrenbeamter.

(3) Die Beamtin oder der Beamte ist mit der Berufung in ein Beamtenverhältnis auf Zeit aus einem anderen Beamtenverhältnis bei demselben Dienstherrn entlassen, soweit das Landesrecht keine abweichenden Regelungen trifft.

(4) Das Beamtenverhältnis auf Widerruf endet mit Ablauf des Tages der Ablegung oder dem endgültigen Nichtbestehen der für die Laufbahn vorgeschriebenen Prüfung, sofern durch Landesrecht nichts anderes bestimmt ist.

(5) Das Beamtenverhältnis auf Probe in einem Amt mit leitender Funktion endet mit Ablauf der Probezeit oder mit Versetzung zu einem anderen Dienstherrn.

§ 23[2] Entlassung durch Verwaltungsakt. (1) [1] Beamtinnen und Beamte sind zu entlassen, wenn sie

1. den Diensteid oder ein an dessen Stelle vorgeschriebenes Gelöbnis verweigern,
2. nicht in den Ruhestand oder einstweiligen Ruhestand versetzt werden können, weil eine versorgungsrechtliche Wartezeit nicht erfüllt ist,
3. dauernd dienstunfähig sind und das Beamtenverhältnis nicht durch Versetzung in den Ruhestand endet,
4. die Entlassung in schriftlicher Form verlangen oder
5. nach Erreichen der Altersgrenze berufen worden sind.

[2] Im Fall des Satzes 1 Nr. 3 ist § 26 Abs. 2 entsprechend anzuwenden.

(2) Beamtinnen und Beamte können entlassen werden, wenn sie in Fällen des § 7 Abs. 2 die Eigenschaft als Deutsche oder Deutscher im Sinne des Artikels 116 Absatz 1 des Grundgesetzes[3] verlieren.

(3) [1] Beamtinnen auf Probe und Beamte auf Probe können entlassen werden,

1. wenn sie eine Handlung begehen, die im Beamtenverhältnis auf Lebenszeit mindestens eine Kürzung der Dienstbezüge zur Folge hätte,
2. wenn sie sich in der Probezeit nicht bewährt haben oder

---

[1] § 22 Abs. 1 Nr. 1 neu gef. mWv 7.12.2018 durch G v. 29.11.2018 (BGBl. I S. 2232); Abs. 1 Nr. 1 geänd. mWv 7.7.2021 durch G v. 28.6.2021 (BGBl. I S. 2250).

[2] § 23 Abs. 2 geänd. mWv 7.12.2018 durch G v. 29.11.2018 (BGBl. I S. 2232).

[3] Nr. **1**.

3. wenn ihr Aufgabengebiet bei einer Behörde von der Auflösung dieser Behörde oder einer auf landesrechtlicher Vorschrift beruhenden wesentlichen Änderung des Aufbaus oder Verschmelzung dieser Behörde mit einer anderen oder von der Umbildung einer Körperschaft berührt wird und eine andere Verwendung nicht möglich ist.

[2] Im Fall des Satzes 1 Nr. 2 ist § 26 Abs. 2 bei allein mangelnder gesundheitlicher Eignung entsprechend anzuwenden.

(4) [1] Beamtinnen auf Widerruf und Beamte auf Widerruf können jederzeit entlassen werden. [2] Die Gelegenheit zur Beendigung des Vorbereitungsdienstes und zur Ablegung der Prüfung soll gegeben werden.

§ 24 Verlust der Beamtenrechte. (1) [1] Wenn eine Beamtin oder ein Beamter im ordentlichen Strafverfahren durch das Urteil eines deutschen Gerichts

1. wegen einer vorsätzlichen Tat zu einer Freiheitsstrafe von mindestens einem Jahr oder
2. wegen einer vorsätzlichen Tat, die nach den Vorschriften über Friedensverrat, Hochverrat und Gefährdung des demokratischen Rechtsstaates, Landesverrat und Gefährdung der äußeren Sicherheit oder, soweit sich die Tat auf eine Diensthandlung im Hauptamt bezieht, Bestechlichkeit, strafbar ist, zu einer Freiheitsstrafe von mindestens sechs Monaten

verurteilt wird, endet das Beamtenverhältnis mit der Rechtskraft des Urteils. [2] Entsprechendes gilt, wenn die Fähigkeit zur Bekleidung öffentlicher Ämter aberkannt wird oder wenn die Beamtin oder der Beamte aufgrund einer Entscheidung des Bundesverfassungsgerichts nach Artikel 18 des Grundgesetzes[1)] ein Grundrecht verwirkt hat.

(2) Wird eine Entscheidung, die den Verlust der Beamtenrechte zur Folge hat, in einem Wiederaufnahmeverfahren aufgehoben, gilt das Beamtenverhältnis als nicht unterbrochen.

§ 25 Ruhestand wegen Erreichens der Altersgrenze. Beamtinnen auf Lebenszeit und Beamte auf Lebenszeit treten nach Erreichen der Altersgrenze in den Ruhestand.

§ 26[2)] Dienstunfähigkeit. (1) [1] Beamtinnen auf Lebenszeit und Beamte auf Lebenszeit sind in den Ruhestand zu versetzen, wenn sie wegen ihres körperlichen Zustands oder aus gesundheitlichen Gründen zur Erfüllung ihrer Dienstpflichten dauernd unfähig (dienstunfähig) sind. [2] Als dienstunfähig kann auch angesehen werden, wer infolge Erkrankung innerhalb eines Zeitraums von sechs Monaten mehr als drei Monate keinen Dienst getan hat und keine Aussicht besteht, dass innerhalb einer Frist, deren Bestimmung dem Landesrecht vorbehalten bleibt, die Dienstfähigkeit wieder voll hergestellt ist. [3] In den Ruhestand wird nicht versetzt, wer anderweitig verwendbar ist. [4] Für Gruppen von Beamtinnen und Beamten können besondere Voraussetzungen für die Dienstunfähigkeit durch Landesrecht geregelt werden.

(2) [1] Eine anderweitige Verwendung ist möglich, wenn der Beamtin oder dem Beamten ein anderes Amt derselben oder einer anderen Laufbahn übertragen werden kann. [2] In den Fällen des Satzes 1 ist die Übertragung eines anderen Amtes ohne Zustimmung zulässig, wenn das neue Amt zum Bereich desselben Dienst-

---

[1)] Nr. 1.
[2)] § 26 Abs. 1 Satz 3 neu gef. mWv 7.12.2018 durch G v. 29.11.2018 (BGBl. I S. 2232).

herrn gehört, es mit mindestens demselben Grundgehalt verbunden ist wie das bisherige Amt und wenn zu erwarten ist, dass die gesundheitlichen Anforderungen des neuen Amtes erfüllt werden. [3]Beamtinnen und Beamte, die nicht die Befähigung für die andere Laufbahn besitzen, haben an Qualifizierungsmaßnahmen für den Erwerb der neuen Befähigung teilzunehmen.

(3) Zur Vermeidung der Versetzung in den Ruhestand kann der Beamtin oder dem Beamten unter Beibehaltung des übertragenen Amtes ohne Zustimmung auch eine geringerwertige Tätigkeit im Bereich desselben Dienstherrn übertragen werden, wenn eine anderweitige Verwendung nicht möglich ist und die Wahrnehmung der neuen Aufgabe unter Berücksichtigung der bisherigen Tätigkeit zumutbar ist.

§ 27[1)] Begrenzte Dienstfähigkeit. (1) Von der Versetzung in den Ruhestand wegen Dienstunfähigkeit ist abzusehen, wenn die Beamtin oder der Beamte unter Beibehaltung des übertragenen Amtes die Dienstpflichten noch während mindestens der Hälfte der regelmäßigen Arbeitszeit erfüllen kann (begrenzte Dienstfähigkeit).

(2) [1]Die Arbeitszeit ist entsprechend der begrenzten Dienstfähigkeit herabzusetzen. [2]Mit Zustimmung der Beamtin oder des Beamten ist auch eine Verwendung in einer nicht dem Amt entsprechenden Tätigkeit möglich.

§ 28 Ruhestand bei Beamtenverhältnis auf Probe. (1) Beamtinnen auf Probe und Beamte auf Probe sind in den Ruhestand zu versetzen, wenn sie infolge Krankheit, Verwundung oder sonstiger Beschädigung, die sie sich ohne grobes Verschulden bei Ausübung oder aus Veranlassung des Dienstes zugezogen haben, dienstunfähig geworden sind.

(2) Beamtinnen auf Probe und Beamte auf Probe können in den Ruhestand versetzt werden, wenn sie aus anderen Gründen dienstunfähig geworden sind.

(3) § 26 Abs. 1 Satz 3, Abs. 2 und 3 sowie § 27 sind entsprechend anzuwenden.

§ 29 Wiederherstellung der Dienstfähigkeit. (1) Wird nach der Versetzung in den Ruhestand wegen Dienstunfähigkeit die Dienstfähigkeit wiederhergestellt und beantragt die Ruhestandsbeamtin oder der Ruhestandsbeamte vor Ablauf einer Frist, deren Bestimmung dem Landesrecht vorbehalten bleibt, spätestens zehn Jahre nach der Versetzung in den Ruhestand, eine erneute Berufung in das Beamtenverhältnis, ist diesem Antrag zu entsprechen, falls nicht zwingende dienstliche Gründe entgegenstehen.

(2) [1]Beamtinnen und Beamte, die wegen Dienstunfähigkeit in den Ruhestand versetzt worden sind, können erneut in das Beamtenverhältnis berufen werden, wenn im Dienstbereich des früheren Dienstherrn ein Amt mit mindestens demselben Grundgehalt übertragen werden soll und wenn zu erwarten ist, dass die gesundheitlichen Anforderungen des neuen Amtes erfüllt werden. [2]Beamtinnen und Beamte, die nicht die Befähigung für die andere Laufbahn besitzen, haben an Qualifizierungsmaßnahmen für den Erwerb der neuen Befähigung teilzunehmen. [3]Den wegen Dienstunfähigkeit in den Ruhestand versetzten Beamtinnen und Beamten kann unter Übertragung eines Amtes ihrer früheren Laufbahn nach Satz 1 auch eine geringerwertige Tätigkeit im Bereich desselben Dienstherrn übertragen werden, wenn eine anderweitige Verwendung nicht möglich ist und die Wahr-

[1)] § 27 Abs. 1 geänd. mWv 7.7.2021 durch G v. 28.6.2021 (BGBl. I S. 2250).

nehmung der neuen Aufgabe unter Berücksichtigung ihrer früheren Tätigkeit zumutbar ist.

(3) Die erneute Berufung in ein Beamtenverhältnis ist auch in den Fällen der begrenzten Dienstfähigkeit möglich.

(4) Beamtinnen und Beamte, die wegen Dienstunfähigkeit in den Ruhestand versetzt worden sind, sind verpflichtet, sich geeigneten und zumutbaren Maßnahmen zur Wiederherstellung ihrer Dienstfähigkeit zu unterziehen; die zuständige Behörde kann ihnen entsprechende Weisungen erteilen.

(5) [1] Die Dienstfähigkeit der Ruhestandsbeamtin oder des Ruhestandsbeamten kann nach Maßgabe des Landesrechts untersucht werden; sie oder er ist verpflichtet, sich nach Weisung der zuständigen Behörde ärztlich untersuchen zu lassen. [2] Die Ruhestandsbeamtin oder der Ruhestandsbeamte kann eine solche Untersuchung verlangen, wenn sie oder er einen Antrag nach Absatz 1 zu stellen beabsichtigt.

(6) Bei einer erneuten Berufung gilt das frühere Beamtenverhältnis als fortgesetzt.

§ 30 Einstweiliger Ruhestand. (1) [1] Beamtinnen auf Lebenszeit und Beamte auf Lebenszeit können jederzeit in den einstweiligen Ruhestand versetzt werden, wenn sie ein Amt bekleiden, bei dessen Ausübung sie in fortdauernder Übereinstimmung mit den grundsätzlichen politischen Ansichten und Zielen der Regierung stehen müssen. [2] Die Bestimmung der Ämter nach Satz 1 ist dem Landesrecht vorbehalten.

(2) Beamtinnen und Beamte, die auf Probe ernannt sind und ein Amt im Sinne des Absatzes 1 bekleiden, können jederzeit entlassen werden.

(3) [1] Für den einstweiligen Ruhestand gelten die Vorschriften über den Ruhestand. [2] § 29 Abs. 2 und 6 gilt entsprechend. [3] Der einstweilige Ruhestand endet bei erneuter Berufung in das Beamtenverhältnis auf Lebenszeit auch bei einem anderen Dienstherrn, wenn den Beamtinnen oder Beamten ein Amt verliehen wird, das derselben oder einer gleichwertigen Laufbahn angehört wie das frühere Amt und mit mindestens demselben Grundgehalt verbunden ist.

(4) Erreichen Beamtinnen und Beamte, die in den einstweiligen Ruhestand versetzt sind, die gesetzliche Altersgrenze, gelten sie mit diesem Zeitpunkt als dauernd in den Ruhestand versetzt.

§ 31 Einstweiliger Ruhestand bei Umbildung und Auflösung von Behörden. (1) [1] Bei der Auflösung einer Behörde oder bei einer auf landesrechtlicher Vorschrift beruhenden wesentlichen Änderung des Aufbaus oder bei Verschmelzung einer Behörde mit einer oder mehreren anderen kann eine Beamtin auf Lebenszeit oder ein Beamter auf Lebenszeit in den einstweiligen Ruhestand versetzt werden, wenn das übertragene Aufgabengebiet von der Auflösung oder Umbildung berührt wird und eine Versetzung nach Landesrecht nicht möglich ist. [2] Zusätzliche Voraussetzungen können geregelt werden.

(2) [1] Die erneute Berufung der in den einstweiligen Ruhestand versetzten Beamtin oder des in den einstweiligen Ruhestand versetzten Beamten in ein Beamtenverhältnis ist vorzusehen, wenn ein der bisherigen Tätigkeit entsprechendes Amt zu besetzen ist, für das sie oder er geeignet ist. [2] Für erneute Berufungen nach Satz 1, die weniger als fünf Jahre vor Erreichen der Altersgrenze (§ 25) wirksam werden, können durch Landesrecht abweichende Regelungen getroffen werden.

(3) § 29 Abs. 6 gilt entsprechend.

§ 32 Wartezeit. Die Versetzung in den Ruhestand setzt die Erfüllung einer versorgungsrechtlichen Wartezeit voraus.

Abschnitt 6. Rechtliche Stellung im Beamtenverhältnis

§ 33 Grundpflichten. (1) [1]Beamtinnen und Beamte dienen dem ganzen Volk, nicht einer Partei. [2]Sie haben ihre Aufgaben unparteiisch und gerecht zu erfüllen und ihr Amt zum Wohl der Allgemeinheit zu führen. [3]Beamtinnen und Beamte müssen sich durch ihr gesamtes Verhalten zu der freiheitlichen demokratischen Grundordnung im Sinne des Grundgesetzes[1)] bekennen und für deren Erhaltung eintreten.

(2) Beamtinnen und Beamte haben bei politischer Betätigung diejenige Mäßigung und Zurückhaltung zu wahren, die sich aus ihrer Stellung gegenüber der Allgemeinheit und aus der Rücksicht auf die Pflichten ihres Amtes ergibt.

§ 34[2)] Wahrnehmung der Aufgaben, Verhalten und Erscheinungsbild.

(1) [1]Beamtinnen und Beamte haben sich mit vollem persönlichen Einsatz ihrem Beruf zu widmen. [2]Sie haben die übertragenen Aufgaben uneigennützig nach bestem Gewissen wahrzunehmen. [3]Ihr Verhalten innerhalb und außerhalb des Dienstes muss der Achtung und dem Vertrauen gerecht werden, die ihr Beruf erfordern.

(2) [1]Beamtinnen und Beamte haben bei der Ausübung des Dienstes oder bei einer Tätigkeit mit unmittelbarem Dienstbezug auch hinsichtlich ihres Erscheinungsbilds Rücksicht auf das ihrem Amt entgegengebrachte Vertrauen zu nehmen. [2]Insbesondere das Tragen von bestimmten Kleidungsstücken, Schmuck, Symbolen und Tätowierungen im sichtbaren Bereich sowie die Art der Haar- und Barttracht können eingeschränkt oder untersagt werden, soweit die Funktionsfähigkeit der Verwaltung oder die Pflicht zum achtungs- und vertrauenswürdigen Verhalten dies erfordert. [3]Das ist insbesondere dann der Fall, wenn Merkmale des Erscheinungsbilds nach Satz 2 durch ihre über das übliche Maß hinausgehende besonders individualisierende Art geeignet sind, die amtliche Funktion der Beamtin oder des Beamten in den Hintergrund zu drängen. [4]Religiös oder weltanschaulich konnotierte Merkmale des Erscheinungsbilds nach Satz 2 können nur dann eingeschränkt oder untersagt werden, wenn sie objektiv geeignet sind, das Vertrauen in die neutrale Amtsführung der Beamtin oder des Beamten zu beeinträchtigen. [5]Die Einzelheiten nach den Sätzen 2 bis 4 können durch Landesrecht bestimmt werden. [6]Die Verhüllung des Gesichts bei der Ausübung des Dienstes oder bei einer Tätigkeit mit unmittelbarem Dienstbezug ist stets unzulässig, es sei denn, dienstliche oder gesundheitliche Gründe erfordern dies.

§ 35[3)] Folgepflicht. (1) [1]Beamtinnen und Beamte haben ihre Vorgesetzten zu beraten und zu unterstützen. [2]Sie sind verpflichtet, deren dienstliche Anordnungen auszuführen und deren allgemeine Richtlinien zu befolgen. [3]Dies gilt nicht,

---

[1)] Nr. **1**.

[2)] § 34 Satz 4 angef. mWv 15.6.2017 durch G v. 8.6.2017 (BGBl. I S. 1570); Satz 3 neu gef. mWv 7.12.2018 durch G v. 29.11.2018 (BGBl. I S. 2232); Überschr. neu gef., Abs. 1 Satz 4 aufgeh., Abs. 2 angef. mWv 7.7.2021 durch G v. 28.6.2021 (BGBl. I S. 2250).

[3)] § 35 Überschrift neu gef., Abs. 2 angef. mWv 7.12.2018 durch G v. 29.11.2018 (BGBl. I S. 2232).

soweit die Beamtinnen und Beamten nach besonderen gesetzlichen Vorschriften an Weisungen nicht gebunden und nur dem Gesetz unterworfen sind.

(2) Beamtinnen und Beamte haben bei organisatorischen Veränderungen dem Dienstherrn Folge zu leisten.

§ 36[1)] Verantwortung für die Rechtmäßigkeit. (1) Beamtinnen und Beamte tragen für die Rechtmäßigkeit ihrer dienstlichen Handlungen die volle persönliche Verantwortung.

(2) [1] Bedenken gegen die Rechtmäßigkeit dienstlicher Anordnungen haben Beamtinnen und Beamte unverzüglich auf dem Dienstweg geltend zu machen. [2] Wird die Anordnung aufrechterhalten, haben sie sich, wenn die Bedenken fortbestehen, an die nächst höhere Vorgesetzte oder den nächst höheren Vorgesetzten zu wenden. [3] Wird die Anordnung bestätigt, müssen die Beamtinnen und Beamten sie ausführen und sind von der eigenen Verantwortung befreit. [4] Dies gilt nicht, wenn das aufgetragene Verhalten die Würde des Menschen verletzt oder strafbar oder ordnungswidrig ist und die Strafbarkeit oder Ordnungswidrigkeit für die Beamtinnen oder Beamten erkennbar ist. [5] Die Bestätigung hat auf Verlangen schriftlich zu erfolgen.

(3) [1] Wird von den Beamtinnen oder Beamten die sofortige Ausführung der Anordnung verlangt, weil Gefahr im Verzug besteht und die Entscheidung der oder des höheren Vorgesetzten nicht rechtzeitig herbeigeführt werden kann, gilt Absatz 2 Satz 3 und 4 entsprechend. [2] Die Anordnung ist durch die anordnende oder den anordnenden Vorgesetzten schriftlich zu bestätigen, wenn die Beamtin oder der Beamte dies unverzüglich nach Ausführung der Anordnung verlangt.

§ 37 Verschwiegenheitspflicht. (1) [1] Beamtinnen und Beamte haben über die ihnen bei oder bei Gelegenheit ihrer amtlichen Tätigkeit bekannt gewordenen dienstlichen Angelegenheiten Verschwiegenheit zu bewahren. [2] Dies gilt auch über den Bereich eines Dienstherrn hinaus sowie nach Beendigung des Beamtenverhältnisses.

(2) [1] Absatz 1 gilt nicht, soweit

1. Mitteilungen im dienstlichen Verkehr geboten sind,
2. Tatsachen mitgeteilt werden, die offenkundig sind oder ihrer Bedeutung nach keiner Geheimhaltung bedürfen, oder
3. gegenüber der zuständigen obersten Dienstbehörde, einer Strafverfolgungsbehörde oder einer durch Landesrecht bestimmten weiteren Behörde oder außerdienstlichen Stelle ein durch Tatsachen begründeter Verdacht einer Korruptionsstraftat nach den §§ 331 bis 337 des Strafgesetzbuches[2)] angezeigt wird.

[2] Im Übrigen bleiben die gesetzlich begründeten Pflichten, geplante Straftaten anzuzeigen und für die Erhaltung der freiheitlichen demokratischen Grundordnung einzutreten, von Absatz 1 unberührt.

(3) [1] Beamtinnen und Beamte dürfen ohne Genehmigung über Angelegenheiten, für die Absatz 1 gilt, weder vor Gericht noch außergerichtlich aussagen oder Erklärungen abgeben. [2] Die Genehmigung erteilt der Dienstherr oder, wenn das Beamtenverhältnis beendet ist, der letzte Dienstherr. [3] Hat sich der Vorgang, der den Gegenstand der Äußerung bildet, bei einem früheren Dienstherrn ereignet, darf die Genehmigung nur mit dessen Zustimmung erteilt werden. [4] Durch Lan-

---

[1)] § 36 Abs. 3 Satz 2 angef. mWv 7.12.2018 durch G v. 29.11.2018 (BGBl. I S. 2232).

[2)] **Schönfelder Nr. 85.**

desrecht kann bestimmt werden, dass an die Stelle des in den Sätzen 2 und 3 genannten jeweiligen Dienstherrn eine andere Stelle tritt.

(4) [1] Die Genehmigung, als Zeugin oder Zeuge auszusagen, darf nur versagt werden, wenn die Aussage dem Wohl des Bundes oder eines deutschen Landes erhebliche Nachteile bereiten oder die Erfüllung öffentlicher Aufgaben ernstlich gefährden oder erheblich erschweren würde. [2] Durch Landesrecht kann bestimmt werden, dass die Verweigerung der Genehmigung zur Aussage vor Untersuchungsausschüssen des Deutschen Bundestages oder der Volksvertretung eines Landes einer Nachprüfung unterzogen werden kann. [3] Die Genehmigung, ein Gutachten zu erstatten, kann versagt werden, wenn die Erstattung den dienstlichen Interessen Nachteile bereiten würde.

(5) [1] Sind Beamtinnen oder Beamte Partei oder Beschuldigte in einem gerichtlichen Verfahren oder soll ihr Vorbringen der Wahrnehmung ihrer berechtigten Interessen dienen, darf die Genehmigung auch dann, wenn die Voraussetzungen des Absatzes 4 Satz 1 erfüllt sind, nur versagt werden, wenn die dienstlichen Rücksichten dies unabweisbar erfordern. [2] Wird sie versagt, ist Beamtinnen oder Beamten der Schutz zu gewähren, den die dienstlichen Rücksichten zulassen.

(6) [1] Beamtinnen und Beamte haben, auch nach Beendigung des Beamtenverhältnisses, auf Verlangen des Dienstherrn oder des letzten Dienstherrn amtliche Schriftstücke, Zeichnungen, bildliche Darstellungen sowie Aufzeichnungen jeder Art über dienstliche Vorgänge, auch soweit es sich um Wiedergaben handelt, herauszugeben. [2] Die gleiche Verpflichtung trifft ihre Hinterbliebenen und Erben.

§ 38[1)] **Diensteid.** (1) [1] Beamtinnen und Beamte haben einen Diensteid zu leisten. [2] Der Diensteid hat eine Verpflichtung auf das Grundgesetz[2)] zu enthalten.

(2) In den Fällen, in denen Beamtinnen und Beamte erklären, dass sie aus Glaubens- oder Gewissensgründen den Eid nicht leisten wollen, kann für diese an Stelle des Eides ein Gelöbnis zugelassen werden.

(3) In den Fällen, in denen nach § 7 Abs. 3 eine Ausnahme von § 7 Absatz 1 Satz 1 Nummer 1 zugelassen worden ist, kann an Stelle des Eides ein Gelöbnis vorgeschrieben werden.

§ 39 Verbot der Führung der Dienstgeschäfte. [1] Beamtinnen und Beamten kann aus zwingenden dienstlichen Gründen die Führung der Dienstgeschäfte verboten werden. [2] Das Verbot erlischt, wenn nicht bis zum Ablauf von drei Monaten gegen die Beamtin oder den Beamten ein Disziplinarverfahren oder ein sonstiges auf Rücknahme der Ernennung oder auf Beendigung des Beamtenverhältnisses gerichtetes Verfahren eingeleitet worden ist.

§ 40 Nebentätigkeit. [1] Eine Nebentätigkeit ist grundsätzlich anzeigepflichtig. [2] Sie ist unter Erlaubnis- oder Verbotsvorbehalt zu stellen, soweit sie geeignet ist, dienstliche Interessen zu beeinträchtigen.

§ 41 Tätigkeit nach Beendigung des Beamtenverhältnisses. [1] Ruhestandsbeamtinnen und Ruhestandsbeamte sowie frühere Beamtinnen mit Versorgungsbezügen und frühere Beamte mit Versorgungsbezügen haben die Ausübung einer Erwerbstätigkeit oder sonstigen Beschäftigung außerhalb des öffentlichen Dienstes, die mit der dienstlichen Tätigkeit innerhalb eines Zeitraums, dessen Bestimmung dem Landesrecht vorbehalten bleibt, im Zusammenhang steht und durch die

---

1) § 38 Abs. 3 geänd. mWv 7.7.2021 durch G v. 28.6.2021 (BGBl. I S. 2250).
2) Nr. **1**.

dienstliche Interessen beeinträchtigt werden können, anzuzeigen. [2]Die Erwerbstätigkeit oder sonstige Beschäftigung ist zu untersagen, wenn zu besorgen ist, dass durch sie dienstliche Interessen beeinträchtigt werden. [3]Das Verbot endet spätestens mit Ablauf von fünf Jahren nach Beendigung des Beamtenverhältnisses.

§ 42[1)] Verbot der Annahme von Belohnungen, Geschenken und sonstigen Vorteilen. (1) [1]Beamtinnen und Beamte dürfen, auch nach Beendigung des Beamtenverhältnisses, keine Belohnungen, Geschenke oder sonstigen Vorteile für sich oder eine dritte Person in Bezug auf ihr Amt fordern, sich versprechen lassen oder annehmen. [2]Ausnahmen bedürfen der Zustimmung ihres gegenwärtigen oder letzten Dienstherrn.

(2) Wer gegen das in Absatz 1 genannte Verbot verstößt, hat das aufgrund des pflichtwidrigen Verhaltens Erlangte auf Verlangen dem Dienstherrn herauszugeben, soweit nicht die Einziehung von Taterträgen angeordnet worden oder es auf andere Weise auf den Staat übergegangen ist.

§ 43 Teilzeitbeschäftigung. Teilzeitbeschäftigung ist zu ermöglichen.

§ 44 Erholungsurlaub. Beamtinnen und Beamten steht jährlicher Erholungsurlaub unter Fortgewährung der Bezüge zu.

§ 45 Fürsorge. [1]Der Dienstherr hat im Rahmen des Dienst- und Treueverhältnisses für das Wohl der Beamtinnen und Beamten und ihrer Familien, auch für die Zeit nach Beendigung des Beamtenverhältnisses, zu sorgen. [2]Er schützt die Beamtinnen und Beamten bei ihrer amtlichen Tätigkeit und in ihrer Stellung.

§ 46[2)] Mutterschutz und Elternzeit. Effektiver Mutterschutz und Elternzeit sind zu gewährleisten.

§ 47[3)] Nichterfüllung von Pflichten. (1) [1]Beamtinnen und Beamte begehen ein Dienstvergehen, wenn sie schuldhaft die ihnen obliegenden Pflichten verletzen. [2]Ein Verhalten außerhalb des Dienstes ist nur dann ein Dienstvergehen, wenn es nach den Umständen des Einzelfalls in besonderem Maße geeignet ist, das Vertrauen in einer für ihr Amt bedeutsamen Weise zu beeinträchtigen.

(2) [1]Bei Ruhestandsbeamtinnen und Ruhestandsbeamten oder früheren Beamtinnen mit Versorgungsbezügen und früheren Beamten mit Versorgungsbezügen gilt es als Dienstvergehen, wenn sie sich gegen die freiheitliche demokratische Grundordnung im Sinne des Grundgesetzes[4)] betätigen oder an Bestrebungen teilnehmen, die darauf abzielen, den Bestand oder die Sicherheit der Bundesrepublik Deutschland zu beeinträchtigen, oder wenn sie schuldhaft gegen die in den §§ 37, 41 und 42 bestimmten Pflichten verstoßen. [2]Bei sonstigen früheren Beamtinnen und früheren Beamten gilt es als Dienstvergehen, wenn sie schuldhaft gegen die in den §§ 37, 41 und 42 bestimmten Pflichten verstoßen. [3]Für Beamtinnen und Beamte nach den Sätzen 1 und 2

(Fortsetzung nächstes Blatt)

[1)] § 42 Abs. 2 geänd. mWv 1.7.2017 durch G v. 13.4.2017 (BGBl. I S. 872).
[2)] § 46 neu gef. mWv 1.1.2018 durch G v. 23.5.2017 (BGBl. I S. 1228).
[3)] § 47 Abs. 2 Satz 1 geänd. mWv 7.12.2018 durch G v. 29.11.2018 (BGBl. I S. 2232).
[4)] Nr. **1**.

155. Gesetz über die Versorgung der Beamten und Richter des Bundes (Beamtenversorgungsgesetz – BeamtVG)[1) 2) 3)]

In der Fassung der Bekanntmachung vom 24. Februar 2010[4)]

(BGBl. I S. 150)

FNA 2030-25

geänd. durch Art. 4, 4a DienstrechtsneuordnungsG v. 5.2.2009 (BGBl. I S. 160, Art. 4a geänd. durch G v. 19.11.2010, BGBl. I S. 1552, aufgeh. durch G v. 20.12.2011, BGBl. I S. 2842), Art. 2 G zum Versorgungslastenteilungs-Staatsvertrag v. 5.9.2010 (BGBl. I S. 1288 iVm Bek. v. 8.10.2010, BGBl. I S. 1404), Art. 8–10 Bundesbesoldungs- und -versorgungsanpassungsG 2010/2011 v. 19.11.2010 (BGBl. I S. 1552), Art. 14 G zur Einführung eines Bundesfreiwilligendienstes v. 28.4.2011 (BGBl. I S. 687), Art. 2 G zur Übertragung ehebezogener Regelungen im öffentl. Dienstrecht auf Lebenspartnerschaften v. 14.11.2011 (BGBl. I S. 2219), Art. 2 Einsatzversorgungs-VerbesserungsG v. 5.12.2011 (BGBl. I S. 2458), Art. 3, 5 G zur Wiedergewährung der Sonderzahlung v. 20.12.2011 (BGBl. I S. 2842), Art. 4 G zur Unterstützung der Fachkräftegewinnung im Bund und zur Änd. weiterer dienstrechtl. Vorschriften v. 15.3.2012 (BGBl. I S. 462), Art. 5 Bundeswehrreform-BegleitG v. 21.7.2012 (BGBl. I S. 1583), Art. 7–9 Bundesbesoldungs- und -versorgungsanpassungsG 2012/2013 v. 15.8.2012 (BGBl. I S. 1670), Art. 2 Abs. 5 G zur Modernisierung des Außenwirtschaftsrechts v. 6.6.2013 (BGBl. I S. 1482), Art. 2 G zur Neuregelung der Professorenbesoldung und zur Änd. weiterer dienstrechtlicher Vorschriften v. 11.6.2013 (BGBl. I S. 1514), Art. 3 G über die Gewährung eines Altersgelds für freiwillig aus dem Bundesdienst ausscheidende Beamte, Richter und Soldaten v. 28.8.2013 (BGBl. I S. 3386), Art. 4, 5 Bundesbesoldungs- und -versorgungsanpassungsG 2014/2015 v. 25.11.2014 (BGBl. I S. 1772), Art. 1 Bundeswehr-AttraktivitätssteigerungsG v. 13.5.2015 (BGBl. I S. 706), Art. 3a Siebtes BesoldungsänderungsG v. 3.12.2015 (BGBl. I S. 2163), Art. 3, 4 Bundesbesoldungs- und -versorgungsanpassungsG 2016/2017 v. 21.11.2016 (BGBl. I S. 2570), Art. 3 G zur Änd. des VersorgungsrücklageG und weiterer dienstrechtlicher Vorschriften v. 5.1.2017 (BGBl. I S. 17), Art. 11 G zu bereichsspezifischen Regelungen der Gesichtsverhüllung und zur Änd. weiterer dienstrechtlicher Vorschriften v. 8.6.2017 (BGBl. I S. 1570), Art. 5–7 Bundesbesoldungs- und -versorgungsanpassungsG 2018/2019/2020 v. 8.11.2018 (BGBl. I S. 1810), Art. 3 G zur Änd. des BeamtenstatusG und des BundesbeamtenG sowie weiterer dienstrechtlicher Vorschriften v. 29.11.2018 (BGBl. I S. 2232), Art. 2 Bundeswehr-EinsatzbereitschaftsstärkungsG v. 4.8.2019 (BGBl. I S. 1147), Art. 9 BesoldungsstrukturenmodernisierungsG v. 9.12.2019 (BGBl. I S. 2053), Art. 43 G zur Regelung des Sozialen Entschädigungsrechts v. 12.12.2019 (BGBl. I S. 2652), Art. 3, 4 Zweites G zur Änd. des BundespersonalvertretungsG und weiterer dienstrechtl. Vorschriften aus Anlass der COVID-19-Pandemie v. 25.5.2020 (BGBl. I S. 1063), Art. 2 G über eine einmalige Sonderzahlung aus Anlass der COVID-19-Pandemie an Besoldungs- und Wehrsoldempfänger v. 21.12.2020 (BGBl. I S. 3136), Art. 6, 7 G zur Regelung des Erscheinungsbilds von Beamtinnen und Beamten sowie zur Änd. weiterer dienstrechtl. Vorschriften v. 28.6.2021 (BGBl. I S. 2250) und Art. 5, 6 G zur Anpassung der Bundesbesoldung und -versorgung für 2021/2022 und zur Änd. weiterer dienstrechtl. Vorschriften v. 9.7.2021 (BGBl. I S. 2444)

---

1) Die in der Neubekanntmachung v. 24.2.2010 als Fußnoten wiedergegebenen, zum 1.9.2009 in Kraft getretenen Änderungen durch das G v. 3.4.2009 (BGBl. I S. 700) wurden in den laufenden Text übernommen.

2) Zur Anwendung in den Ländern siehe § 108.

3) Die Änderungen durch G v. 12.12.2019 (BGBl. I S. 2652) treten erst **mWv 1.1.2024** in Kraft und sind im Text noch nicht berücksichtigt.

4) Neubekanntmachung des Beamtenversorgungsgesetzes idF der Bek. v. 16.3.1999 (BGBl. I S. 322) in der ab 1.7.2009 geltenden Fassung.

Inhaltsübersicht[1)]

Abschnitt 1. Allgemeine Vorschriften

Abschnitt 2. Ruhegehalt, Unterhaltsbeitrag

Abschnitt 3. Hinterbliebenenversorgung

Abschnitt 4. Bezüge bei Verschollenheit

Abschnitt 5. Unfallfürsorge

[1)] Inhaltsübersicht geänd. mWv 1.1.2010 durch G v. 19.11.2010 (BGBl. I S. 1552); mWv 1.1.2011 durch G v. 5.2.2009 (BGBl. I S. 160); mWv 1.1.2009 durch G v. 14.11.2011 (BGBl. I S. 2219); mWv 25.3.2010 durch G v. 15.3.2012 (BGBl. I S. 462); mWv 26.7.2012 durch G v. 21.7.2012 (BGBl. I S. 1583); mWv 1.1.2013 durch G v. 11.6.2013 (BGBl. I S. 1514); mWv 4.9.2013 durch G v. 28.8.2013 (BGBl. I S. 3386); mWv 23.5.2015 durch G v. 13.5.2015 (BGBl. I S. 706); mWv 1.1.2016 durch G v. 3.12.2015 (BGBl. I S. 2163); mWv 11.1.2017 durch G v. 5.1.2017 (BGBl. I S. 17); mWv 15.6.2017 durch G v. 8.6.2017 (BGBl. I S. 1570); geänd. mWv 1.1.2020 und mWv 1.7.2020 durch G v. 9.12.2019 (BGBl. I S. 2053); geänd. mWv 1.1.2020 und mWv 1.1.2021 durch G v. 25.5.2020 (BGBl. I S. 1063); geänd. mWv 1.1.2020 und mWv 1.8.2021 durch G v. 28.6.2021 (BGBl. I S. 2250).

(Fortsetzung nächstes Blatt)

1. nichtberufsmäßigen Wehrdienst in der Bundeswehr oder der Nationalen Volksarmee der ehemaligen Deutschen Demokratischen Republik oder einen vergleichbaren zivilen Ersatzdienst oder Polizeivollzugsdienst geleistet hat oder
2. sich insgesamt länger als drei Monate in einem Gewahrsam (§ 1 Absatz 1 Nummer 1 in Verbindung mit § 9 des Häftlingshilfegesetzes in der bis zum 28. Dezember 1991 geltenden Fassung) befunden hat oder
3. sich auf Grund einer Krankheit oder Verwundung als Folge eines Dienstes nach Nummer 1 oder im Sinne des § 8 Absatz 1 im Anschluss an die Entlassung arbeitsunfähig in einer Heilbehandlung befunden hat.

(2) § 6 Absatz 1 Satz 2 Nummer 2, 5 bis 7 und Absatz 2 gilt entsprechend.

§ 10[1)] Zeiten im privatrechtlichen Arbeitsverhältnis im öffentlichen Dienst. [1] Als ruhegehaltfähig sollen auch folgende Zeiten berücksichtigt werden, in denen ein Beamter vor der Berufung in das Beamtenverhältnis im privatrechtlichen Arbeitsverhältnis im Dienst eines öffentlich-rechtlichen Dienstherrn ohne von dem Beamten zu vertretende Unterbrechung tätig war, sofern diese Tätigkeit zu seiner Ernennung geführt hat:
1. Zeiten einer hauptberuflichen in der Regel einem Beamten obliegenden oder später einem Beamten übertragenen entgeltlichen Beschäftigung oder
2. Zeiten einer für die Laufbahn des Beamten förderlichen Tätigkeit.

[2] Der Tätigkeit im Dienst eines öffentlich-rechtlichen Dienstherrn steht die Tätigkeit im Dienst von Einrichtungen gleich, die von mehreren der im Satz 1 bezeichneten Dienstherren durch Staatsvertrag oder Verwaltungsabkommen zur Erfüllung oder Koordinierung ihnen obliegender hoheitsrechtlicher Aufgaben geschaffen worden sind. [3] Zeiten mit einer geringeren als der regelmäßigen Arbeitszeit dürfen nur zu dem Teil als ruhegehaltfähig berücksichtigt werden, der dem Verhältnis der tatsächlichen zur regelmäßigen Arbeitszeit entspricht.

§ 11[2)] Sonstige Zeiten. Die Zeit, während der ein Beamter vor der Berufung in das Beamtenverhältnis
1. a) als Rechtsanwalt oder Verwaltungsrechtsrat oder als Beamter oder Notar, der ohne Ruhegehaltsberechtigung nur Gebühren bezieht, oder
   b) hauptberuflich im Dienst öffentlich-rechtlicher Religionsgesellschaften oder ihrer Verbände (Artikel 140 des Grundgesetzes[3)]) oder im öffentlichen oder nichtöffentlichen Schuldienst oder
   c) hauptberuflich im Dienst der Fraktionen des Bundestages oder der Landtage oder kommunaler Vertretungskörperschaften oder
   d) hauptberuflich im Dienst von kommunalen Spitzenverbänden oder ihren Landesverbänden sowie von Spitzenverbänden der Sozialversicherung oder ihren Landesverbänden

   tätig gewesen ist oder
2. hauptberuflich im ausländischen öffentlichen Dienst gestanden hat oder
3. a) auf wissenschaftlichem, künstlerischem, technischem oder wirtschaftlichem Gebiet besondere Fachkenntnisse erworben hat, die die notwendige Voraussetzung für die Wahrnehmung seines Amtes bilden, oder

---

[1)] § 10 Satz 1 einl. Satzteil geänd. mWv 11.1.2017 durch G v. 5.1.2017 (BGBl. I S. 17).

[2)] § 11 einl. Satzteil geänd. mWv 11.1.2017 durch G v. 5.1.2017 (BGBl. I S. 17); Nr. 3 Buchst. b geänd. mWv 1.1.2020 durch G v. 9.12.2019 (BGBl. I S. 2053).

[3)] Nr. **1**.

b) als Entwicklungshelfer im Sinne des Entwicklungshelfer-Gesetzes[1] tätig gewesen ist,

kann als ruhegehaltfähige Dienstzeit berücksichtigt werden, die Zeit nach Nummer 1 Buchstabe a und Nummer 3 jedoch höchstens bis zur Hälfte und in der Regel nicht über zehn Jahre hinaus.

§ 12[2] Ausbildungszeiten. (1) [1] Die verbrachte Mindestzeit

1. der außer der allgemeinen Schulbildung vorgeschriebenen Ausbildung (Fachschul-, Hochschul- und praktische Ausbildung, Vorbereitungsdienst, übliche Prüfungszeit),
2. einer praktischen hauptberuflichen Tätigkeit, die für die Übernahme in das Beamtenverhältnis vorgeschrieben ist,

kann als ruhegehaltfähige Dienstzeit berücksichtigt werden, die Zeit einer Fachschulausbildung einschließlich der Prüfungszeit bis zu 1 095 Tagen und die Zeit einer Hochschulausbildung einschließlich der Prüfungszeit bis zu 855 Tagen, insgesamt höchstens bis zu 1 095 Tagen. [2] Wird die allgemeine Schulbildung durch eine andere Art der Ausbildung ersetzt, so steht diese der Schulbildung gleich. [3] Zum Zeitpunkt des Ruhestandseintritts ist das Ruhegehalt unter Berücksichtigung von Hochschulausbildungszeiten nach Satz 1 zu berechnen. [4] Auf eine praktische hauptberufliche Tätigkeit nach Satz 1 Nummer 2 ist § 6 Absatz 1 Satz 3 entsprechend anzuwenden.

(1a) [1] Ergibt eine Berechnung des Ruhegehalts unter Berücksichtigung von Hochschulausbildungszeiten nach Absatz 1 Satz 1 in der bis zum 11. Februar 2009 geltenden Fassung gegenüber der Ruhegehaltsberechnung nach Absatz 1 Satz 3 einen Differenzbetrag, der größer ist als der Rentenbetrag, der sich durch Vervielfältigung des aktuellen Rentenwertes mit dem Faktor 2,25 ergibt, bleibt es bei der Berechnung des Ruhegehalts unter Berücksichtigung von Hochschulausbildungszeiten nach Absatz 1 Satz 1 in der bis zum 11. Februar 2009 geltenden Fassung, soweit dadurch eine ruhegehaltfähige Gesamtdienstzeit von 40 Jahren nicht überschritten wird. [2] Die der Berechnung nach Satz 1 zugrunde gelegten Hochschulausbildungszeiten sind um die Hochschulausbildungszeiten zu vermindern, die dem Rentenbetrag entsprechen, der sich durch Vervielfältigung des aktuellen Rentenwertes mit dem Faktor 2,25 ergibt.

(2) [1] Für Beamte des Vollzugsdienstes und des Einsatzdienstes der Feuerwehr können verbrachte Zeiten einer praktischen Ausbildung und einer praktischen hauptberuflichen Tätigkeit anstelle einer Berücksichtigung nach Absatz 1 bis zu einer Gesamtzeit von fünf Jahren als ruhegehaltfähige Dienstzeit berücksichtigt werden, wenn sie für die Wahrnehmung des Amtes förderlich sind. [2] Absatz 1 Satz 2 und 4 gilt entsprechend.

(3) Hat der Beamte sein Studium nach der Festsetzung von Regelstudienzeiten in dem jeweiligen Studiengang begonnen, kann die tatsächliche Studiendauer nur insoweit berücksichtigt werden, als die Regelstudienzeit einschließlich der Prüfungszeit nicht überschritten ist.

(4) [1] Bei anderen als Laufbahnbewerbern können Zeiten nach Absatz 1 als ruhegehaltfähig berücksichtigt werden, wenn und soweit sie für Laufbahnbewerber

[1] **Aichberger, SGB Nr. 40/10.**

[2] § 12 Abs. 1a Satz 1 geänd. mWv 12.2.2009, Abs. 5 aufgeh. mWv 25.3.2010 durch G v. 15.3.2012 (BGBl. I S. 462); Abs. 1 Satz 1 einl. Satzteil, Abs. 2 Satz 1 geänd. mWv 11.1.2017 durch G v. 5.1.2017 (BGBl. I S. 17); Abs. 1 Satz 4 angef., Abs. 2 Satz 2 neu gef. mWv 1.8.2021 durch G v. 28.6.2021 (BGBl. I S. 2250).

vorgeschrieben sind. [2]Ist eine Laufbahn der Fachrichtung des Beamten bei einem Dienstherrn noch nicht gestaltet, so gilt das Gleiche für solche Zeiten, die bei Gestaltung der Laufbahn mindestens vorgeschrieben werden müssen.

§ 12a Nicht zu berücksichtigende Zeiten. Zeiten nach § 30 des Bundesbesoldungsgesetzes[1)] sind nicht ruhegehaltfähig.

§ 12b[2)] Zeiten in dem in Artikel 3 des Einigungsvertrages genannten Gebiet. (1) [1]Wehrdienstzeiten und vergleichbare Zeiten nach den §§ 8 und 9, Beschäftigungszeiten nach § 10 und sonstige Zeiten nach den §§ 11 und 67 Absatz 2, die der Beamte vor dem 3. Oktober 1990 in dem in Artikel 3 des Einigungsvertrages[3)] genannten Gebiet zurückgelegt hat, werden nicht als ruhegehaltfähige Dienstzeit berücksichtigt, sofern die allgemeine Wartezeit für die gesetzliche Rentenversicherung erfüllt ist und diese Zeiten als rentenrechtliche Zeiten berücksichtigungsfähig sind; Ausbildungszeiten nach § 12 sind nicht ruhegehaltfähig, soweit die allgemeine Wartezeit für die gesetzliche Rentenversicherung erfüllt ist. [2]Rentenrechtliche Zeiten sind auch solche im Sinne des Artikels 2 des Renten-Überleitungsgesetzes[4)].

(2) Sofern die allgemeine Wartezeit für die gesetzliche Rentenversicherung nicht erfüllt ist, können die in Absatz 1 genannten Zeiten im Rahmen der dort genannten Vorschriften insgesamt höchstens bis zu fünf Jahren als ruhegehaltfähig berücksichtigt werden.

§ 13[5)] Zurechnungszeit und Zeit gesundheitsschädigender Verwendung.

(1) [1]Ist der Beamte vor Vollendung des sechzigsten Lebensjahres wegen Dienstunfähigkeit in den Ruhestand versetzt worden, wird die Zeit vom Beginn des Ruhestandes bis zum Ablauf des Monats der Vollendung des sechzigsten Lebensjahres, soweit diese nicht nach anderen Vorschriften als ruhegehaltfähig berücksichtigt wird, für die Berechnung des Ruhegehalts der ruhegehaltfähigen Dienstzeit zu zwei Dritteln hinzugerechnet (Zurechnungszeit). [2]Ist der Beamte nach § 46 des Bundesbeamtengesetzes[6)] erneut in das Beamtenverhältnis berufen worden, so wird eine der Berechnung des früheren Ruhegehalts zugrunde gelegene Zurechnungszeit insoweit berücksichtigt, als die Zahl der dem neuen Ruhegehalt zugrunde liegenden Dienstjahre hinter der Zahl der dem früheren Ruhegehalt zugrunde gelegenen Dienstjahre zurückbleibt.

(2) [1]Die Zeit der Verwendung eines Beamten in Ländern, in denen er gesundheitsschädigenden klimatischen Einflüssen ausgesetzt ist, kann bis zum Doppelten als ruhegehaltfähige Dienstzeit berücksichtigt werden, wenn sie ununterbrochen mindestens ein Jahr gedauert hat. [2]Entsprechendes gilt für einen beurlaubten Beamten, dessen Tätigkeit in den in Satz 1 genannten Gebieten öffentlichen Belangen oder dienstlichen Interessen diente, wenn dies spätestens bei Beendigung des Urlaubs anerkannt worden ist.

---

1) Nr. **230**.
2) § 12b Abs. 1 Satz 1 1. und 2. Halbsatz geänd. mWv 12.2.2009 durch G v. 15.3.2012 (BGBl. I S. 462).
3) **Sartorius III Nr. 2.**
4) **Sartorius III Nr. 550.**
5) § 13Abs. 2 Satz 3 angef. mWv 13.12.2011 durch G v. 5.12.2011 (BGBl. I S. 2458); Abs. 1 Satz 3 aufgeh. mWv 25.3.2010 durch G v. 15.3.2012 (BGBl. I S. 462); Abs. 2 Sätze 1 und 3 geänd. mWv 11.1.2017 durch G v. 5.1.2017 (BGBl. I S. 17); Abs. 1 Satz 1 geänd., Abs. 2 Satz 3 aufgeh., Abs. 3 eingef., bish. Abs. 3 wird Abs. 4 und geänd. mWv 1.1.2020 durch G v. 9.12.2019 (BGBl. I S. 2053).
6) Nr. **160**.

(3) [1]Zeiten einer besonderen Verwendung im Ausland können bis zum Doppelten als ruhegehaltfähige Dienstzeit berücksichtigt werden, wenn sie

1. einzeln ununterbrochen mindestens 30 Tage gedauert haben und
2. insgesamt mindestens 180 Tage gedauert haben.

[2]Eine besondere Verwendung im Ausland ist eine Verwendung nach § 31a Absatz 1 Satz 2 in der während der Verwendung geltenden Fassung.

(4) Sind sowohl die Voraussetzungen des Absatzes 1 als auch die Voraussetzungen der Absätze 2 und 3 erfüllt, findet nur die für den Beamten günstigere Vorschrift Anwendung.

§ 14[1)] Höhe des Ruhegehalts. (1) [1]Das Ruhegehalt beträgt für jedes Jahr ruhegehaltfähiger Dienstzeit 1,79375 Prozent, insgesamt jedoch höchstens 71,75 Prozent, der ruhegehaltfähigen Dienstbezüge. [2]Bei der Berechnung der Jahre ruhegehaltfähiger Dienstzeit werden unvollständige Jahre als Dezimalzahl angegeben. [3]Dabei wird ein Jahr mit 365 Tagen angesetzt und wird das Ergebnis kaufmännisch auf zwei Dezimalstellen gerundet. [4]Der Ruhegehaltssatz wird ebenfalls kaufmännisch auf zwei Dezimalstellen gerundet.

(2) (weggefallen)

(3) [1]Das Ruhegehalt vermindert sich um 3,6 Prozent für jedes Jahr, um das der Beamte

1. vor Ablauf des Monats, in dem er das 65. Lebensjahr vollendet, nach § 52 Absatz 1 und 2 des Bundesbeamtengesetzes[2)] in den Ruhestand versetzt wird,
2. vor Ablauf des Monats, in dem er die für ihn geltende gesetzliche Altersgrenze erreicht, nach § 52 Absatz 3 des Bundesbeamtengesetzes in den Ruhestand versetzt wird,
3. vor Ablauf des Monats, in dem er das 65. Lebensjahr vollendet, wegen Dienstunfähigkeit, die nicht auf einem Dienstunfall beruht, in den Ruhestand versetzt wird;

die Minderung des Ruhegehalts darf 10,8 vom Hundert in den Fällen der Nummern 1 und 3 und 14,4 vom Hundert in den Fällen der Nummer 2 nicht übersteigen. [2]Absatz 1 Satz 2 bis 4 gilt entsprechend. [3]Gilt für den Beamten eine vor der Vollendung des 65. Lebensjahres liegende Altersgrenze, tritt sie in den Fällen des Satzes 1 Nummer 1 und 3 an die Stelle des 65. Lebensjahres. [4]Gilt für den Beamten eine nach Vollendung des 67. Lebensjahres liegende Altersgrenze, wird in den Fällen des Satzes 1 Nummer 2 nur die Zeit bis zum Ablauf des Monats berücksichtigt, in dem der Beamte das 67. Lebensjahr vollendet. [5]In den Fällen des Satzes 1 Nummer 2 ist das Ruhegehalt nicht zu vermindern, wenn der Beamte zum Zeitpunkt des Eintritts in den Ruhestand das 65. Lebensjahr vollendet und mindestens 45 Jahre mit ruhegehaltfähigen Dienstzeiten nach den §§ 6, 8 bis 10, Zeiten im Sinne des § 6a und nach § 14a Absatz 2 Satz 1 erster Halbsatz berücksichtigungsfähigen Pflichtbeitragszeiten, soweit sie nicht im Zusammenhang mit Arbeitslosigkeit stehen, und Zeiten nach § 50d sowie Zeiten einer dem Beamten zuzuordnenden Erziehung eines Kindes bis zu dessen vollendetem zehnten Le-

---

[1)] § 14 Abs. 4 Satz 4 aufgeh. mWv 25.3.2010 durch G v. 15.3.2012 (BGBl. I S. 462); Abs. 4 Sätze 4 und 5 angef. mWv 11.1.2017 durch G v. 5.1.2017 (BGBl. I S. 17); Abs. 1 neu gef., Abs. 3 Satz 1, Abs. 4 Sätze 1, 2 und Abs. 6 Satz 1 geänd. mWv 1.1.2020, Abs. 3 Sätze 5 und 6 geänd., Abs. 4 Sätze 4 und 5 neu gef. mWv 1.7.2020 durch G v. 9.12.2019 (BGBl. I S. 2053); Abs. 3 Sätze 5 und 6 geänd. mWv 1.8.2021 durch G v. 28.6.2021 (BGBl. I S. 2250).

[2)] Nr. **160**.

bensjahr zurückgelegt hat. [6] In den Fällen des Satzes 1 Nummer 3 ist das Ruhegehalt nicht zu vermindern, wenn der Beamte zum Zeitpunkt des Eintritts in den Ruhestand das 63. Lebensjahr vollendet und mindestens 40 Jahre mit ruhegehaltfähigen Dienstzeiten nach den §§ 6, 8 bis 10, Zeiten im Sinne des § 6a und nach § 14a Absatz 2 Satz 1 erster Halbsatz berücksichtigungsfähigen Pflichtbeitragszeiten, soweit sie nicht im Zusammenhang mit Arbeitslosigkeit stehen, und Zeiten nach § 50d sowie Zeiten einer dem Beamten zuzuordnenden Erziehung eines Kindes bis zu dessen vollendetem zehnten Lebensjahr zurückgelegt hat. [7] Soweit sich bei der Berechnung nach den Sätzen 5 und 6 Zeiten überschneiden, sind diese nur einmal zu berücksichtigen.

(4) [1] Das Ruhegehalt beträgt mindestens fünfunddreißig Prozent der ruhegehaltfähigen Dienstbezüge (§ 5). [2] An die Stelle des Ruhegehalts nach Satz 1 treten, wenn dies günstiger ist, fünfundsechzig Prozent der jeweils ruhegehaltfähigen Dienstbezüge aus der Endstufe der Besoldungsgruppe A 4. [3] Die Mindestversorgung nach Satz 2 erhöht sich um 30,68 Euro für den Ruhestandsbeamten und die Witwe; der Erhöhungsbetrag bleibt bei einer Kürzung nach § 25 außer Betracht. [4] Die Sätze 1 bis 3 sind nicht anzuwenden, wenn der Beamte eine ruhegehaltfähige Dienstzeit nach den §§ 6, 6a, 8 bis 10 und 67 von weniger als fünf Jahren zurückgelegt hat oder das erdiente Ruhegehalt allein wegen fehlender Berücksichtigung von Zeiten nach § 6a als ruhegehaltfähig hinter der Mindestversorgung nach den Sätzen 1 bis 3 zurückbleibt. [5] Satz 4 gilt nicht, wenn in Fällen des § 4 Absatz 1 Satz 1 Nummer 2 der Beamte wegen Dienstunfähigkeit in den Ruhestand versetzt worden ist.

(5) [1] Übersteigt beim Zusammentreffen von Mindestversorgung nach Absatz 4 mit einer Rente nach Anwendung des § 55 die Versorgung das erdiente Ruhegehalt, so ruht die Versorgung bis zur Höhe des Unterschieds zwischen dem erdienten Ruhegehalt und der Mindestversorgung; in den von § 85 erfassten Fällen gilt das nach dieser Vorschrift maßgebliche Ruhegehalt als erdient. [2] Der Erhöhungsbetrag nach Absatz 4 Satz 3 sowie der Unterschiedsbetrag nach § 50 Absatz 1 bleiben bei der Berechnung außer Betracht. [3] Die Summe aus Versorgung und Rente darf nicht hinter dem Betrag der Mindestversorgung zuzüglich des Unterschiedsbetrages nach § 50 Absatz 1 zurückbleiben. [4] Zahlbar bleibt mindestens das erdiente Ruhegehalt zuzüglich des Unterschiedsbetrages nach § 50 Absatz 1. [5] Die Sätze 1 bis 4 gelten entsprechend für Witwen und Waisen.

(6) [1] Bei einem in den einstweiligen Ruhestand versetzten Beamten beträgt das Ruhegehalt für die Dauer der Zeit, die der Beamte das Amt, aus dem er in den einstweiligen Ruhestand versetzt worden ist, innehatte, mindestens für die Dauer von sechs Monaten, längstens für die Dauer von drei Jahren, 71,75 Prozent der ruhegehaltfähigen Dienstbezüge aus der Endstufe der Besoldungsgruppe, in der sich der Beamte zur Zeit seiner Versetzung in den einstweiligen Ruhestand befunden hat. [2] Das erhöhte Ruhegehalt darf die Dienstbezüge, die dem Beamten in diesem Zeitpunkt zustanden, nicht übersteigen; das nach sonstigen Vorschriften ermittelte Ruhegehalt darf nicht unterschritten werden.

§ 14a[1)] Vorübergehende Erhöhung des Ruhegehaltssatzes. (1) Der nach § 14 Absatz 1, § 36 Absatz 3 Satz 1, § 66 Absatz 2 und § 85 Absatz 4 berechnete Ruhegehaltssatz erhöht sich vorübergehend, wenn der Beamte vor Erreichen der

[1)] § 14a Abs. 1 Nr. 4 Satz 2 geänd. mWv 1.1.2013 durch G v. 11.6.2013 (BGBl. I S. 1514); Abs. 1 Nr. 4 neu gef. mWv 1.1.2016; Abs. 2 Satz 1 geänd. mWv 11.1.2017 durch G v. 5.1.2017 (BGBl. I S. 17); Abs. 1 Nr. 3 geänd., Abs. 2 neu gef. mWv 1.1.2020 durch G v. 9.12.2019 (BGBl. I S. 2053).

Regelaltersgrenze nach § 51 Absatz 1 und 2 des Bundesbeamtengesetzes[1)] in den Ruhestand getreten ist und er

1. bis zum Beginn des Ruhestandes die Wartezeit von 60 Kalendermonaten für eine Rente der gesetzlichen Rentenversicherung erfüllt hat,
2. a) wegen Dienstunfähigkeit im Sinne des § 44 Absatz 1 des Bundesbeamtengesetzes in den Ruhestand versetzt worden ist oder
   b) wegen Erreichens einer besonderen Altersgrenze in den Ruhestand getreten ist,
3. einen Ruhegehaltssatz von 66,97 Prozent noch nicht erreicht hat und
4. kein Erwerbs- oder Erwerbsersatzeinkommen nach § 53 Absatz 7 bezieht, das im Durchschnitt des Kalenderjahres 525 Euro monatlich übersteigt.

(2) [1] Die Erhöhung des Ruhegehaltssatzes beträgt 0,95667 Prozent für je zwölf Kalendermonate der für die Erfüllung der Wartezeit (Absatz 1 Nummer 1) anrechnungsfähigen Pflichtbeitragszeiten, soweit sie vor Begründung des Beamtenverhältnisses zurückgelegt worden sind; unberücksichtigt bleiben

1. Pflichtbeitragszeiten, die als ruhegehaltfähig berücksichtigt worden sind,
2. Pflichtbeitragszeiten, für die Leistungen nach § 50e Absatz 1 Satz 1 vorübergehend gewährt werden.

[2] Die Erhöhung ist kaufmännisch auf zwei Dezimalstellen zu runden; der erhöhte Ruhegehaltssatz darf 66,97 Prozent nicht überschreiten. [3] In den Fällen des § 14 Absatz 3 ist das Ruhegehalt, das sich nach Anwendung der Sätze 1 und 2 ergibt, entsprechend zu vermindern. [4] Für die Berechnung nach Satz 1 wird die Gesamtzahl der Kalendermonate in Jahre umgerechnet. [5] Dabei werden unvollständige Jahre als Dezimalzahl angegeben. [6] Das Ergebnis wird kaufmännisch auf zwei Dezimalstellen gerundet.

(3) [1] Die Erhöhung fällt spätestens mit Ablauf des Monats weg, in dem der Ruhestandsbeamte die Regelaltersgrenze nach § 51 Absatz 1 und 2 des Bundesbeamtengesetzes erreicht. [2] Sie endet vorher, wenn der Ruhestandsbeamte

1. aus den anrechnungsfähigen Pflichtbeitragszeiten eine Versichertenrente einer inländischen oder ausländischen Alterssicherungseinrichtung bezieht, mit Ablauf des Tages vor dem Beginn der Rente, oder
2. in den Fällen des Absatzes 1 Nummer 2 Buchstabe a nicht mehr dienstunfähig ist, mit Ablauf des Monats, in dem ihm der Wegfall der Erhöhung mitgeteilt wird, oder
3. ein Erwerbseinkommen bezieht, mit Ablauf des Tages vor dem Beginn der Erwerbstätigkeit.

[3] § 35 Absatz 3 Satz 2 gilt sinngemäß.

(4) [1] Die Erhöhung des Ruhegehaltssatzes wird auf Antrag vorgenommen. [2] Anträge, die innerhalb von drei Monaten nach Eintritt des Beamten in den Ruhestand gestellt werden, gelten als zum Zeitpunkt des Ruhestandseintritts gestellt. [3] Wird der Antrag zu einem späteren Zeitpunkt gestellt, so tritt die Erhöhung vom Beginn des Antragsmonats an ein.

[1)] Nr. **160**.

§ 15[1] **Unterhaltsbeitrag für entlassene Beamte auf Lebenszeit und auf Probe.** (1) Einem Beamten auf Lebenszeit, der vor Ableistung einer Dienstzeit von fünf Jahren (§ 4 Absatz 1 Satz 1 Nummer 1) wegen Dienstunfähigkeit oder Erreichens der Altersgrenze nach § 32 Absatz 1 Nummer 2 des Bundesbeamtengesetzes[2] entlassen ist, kann auf Antrag ein Unterhaltsbeitrag bis zur Höhe des Ruhegehalts bewilligt werden.

(2) Das Gleiche gilt für einen Beamten auf Probe, der wegen Dienstunfähigkeit oder wegen Erreichens der Altersgrenze entlassen ist (§ 34 Absatz 1 Satz 1 Nummer 3, Absatz 4 des Bundesbeamtengesetzes).

§ 15a[3] **Beamte auf Zeit und auf Probe in leitender Funktion.** (1) § 15 ist auf Beamtenverhältnisse auf Zeit und auf Probe in leitender Funktion nicht anzuwenden.

(2) Aus diesen Beamtenverhältnissen auf Probe und auf Zeit ergibt sich kein selbständiger Anspruch auf Versorgung; die Unfallfürsorge bleibt hiervon unberührt.

(Fortsetzung nächstes Blatt)

---

[1] § 15 Abs. 1 geänd. mWv 11.1.2017 durch G v. 5.1.2017 (BGBl. I S. 17); Abs. 1 und 2 geänd. mWv 1.1.2020 durch G v. 9.12.2019 (BGBl. I S. 2053).

[2] Nr. **160**.

[3] § 15a Überschrift neu gef. mWv 1.1.2020 durch G v. 9.12.2019 (BGBl. I S. 2053).

§ 31[1] Dienstunfall. (1) [1]Dienstunfall ist ein auf äußerer Einwirkung beruhendes, plötzliches, örtlich und zeitlich bestimmbares, einen Körperschaden verursachendes Ereignis, das in Ausübung des Dienstes eingetreten ist. [2]Zum Dienst gehören auch

1. Dienstreisen und die dienstliche Tätigkeit am Bestimmungsort,
2. die Teilnahme an dienstlichen Veranstaltungen und
3. Nebentätigkeiten im öffentlichen Dienst oder in dem ihm gleichstehenden Dienst, zu deren Übernahme der Beamte gemäß § 98 des Bundesbeamtengesetzes[2] verpflichtet ist, oder Nebentätigkeiten, deren Wahrnehmung von ihm im Zusammenhang mit den Dienstgeschäften erwartet wird, sofern der Beamte hierbei nicht in der gesetzlichen Unfallversicherung versichert ist (§ 2 Siebtes Buch Sozialgesetzbuch[3]).

(2) [1]Als Dienst gilt auch das Zurücklegen des mit dem Dienst zusammenhängenden Weges zu und von der Dienststelle. [2]Hat der Beamte wegen der Entfernung seiner ständigen Familienwohnung vom Dienstort an diesem oder in dessen Nähe eine Unterkunft, so gilt Satz 1 auch für den Weg zwischen der Familienwohnung und der Dienststelle. [3]Der Zusammenhang mit dem Dienst gilt als nicht unterbrochen, wenn der Beamte

1. von dem unmittelbaren Weg zwischen der Wohnung und der Dienststelle in vertretbarem Umfang abweicht,
   a) um ein eigenes Kind, für das ihm dem Grunde nach Kindergeld zusteht, wegen seiner eigenen Berufstätigkeit oder der Berufstätigkeit seines Ehegatten in fremde Obhut zu geben oder aus fremder Obhut abzuholen oder
   b) weil er mit anderen berufstätigen oder in der gesetzlichen Unfallversicherung versicherten Personen gemeinsam ein Fahrzeug für den Weg zu und von der Dienststelle benutzt, oder
2. in seiner Wohnung Dienst leistet und Wege zurücklegt, um ein Kind im Sinne des Satzes 3 Nummer 1 Buchstabe a in fremde Obhut zu geben oder aus fremder Obhut abzuholen.

[4]Ein Unfall, den der Verletzte bei Durchführung des Heilverfahrens (§ 33) oder auf einem hierzu notwendigen Wege erleidet, gilt als Folge eines Dienstunfalles.

(3) [1]Erkrankt ein Beamter, der wegen der Art seiner dienstlichen Verrichtungen der Gefahr der Erkrankung an einer bestimmten Krankheit besonders ausgesetzt ist, an dieser Krankheit, so gilt die Erkrankung als Dienstunfall, es sei denn, dass der Beamte sich die Krankheit außerhalb des Dienstes zugezogen hat. [2]Die Erkrankung gilt jedoch stets als Dienstunfall, wenn sie durch gesundheitsschädigende Verhältnisse verursacht worden ist, denen der Beamte am Ort seines dienstlich angeordneten Aufenthalts im Ausland besonders ausgesetzt war. [3]Als Krankheiten im Sinne des Satzes 1 kommen die in Anlage 1 zur Berufskrankheiten-Verordnung[4] vom 31. Oktober 1997 (BGBl. I S. 2623) in der jeweils geltenden Fassung genannten Krankheiten mit den dort bezeichneten Maßgaben in Betracht. [4]Für die Feststellung einer Krankheit als Dienstunfall sind auch den Versicherungs-

---

[1] § 31 Abs. 1 Satz 1, Abs. 2 Satz 2 geänd. mWv 11.1.2017 durch G v. 5.1.2017 (BGBl. I S. 17); Abs. 3 neu gef. mWv 9.8.2019 durch G v. 4.8.2019 (BGBl. I S. 1147); Abs. 3 Satz 3 neu gef., Abs. 5 geänd. mWv 1.1.2020 durch G v. 9.12.2019 (BGBl. I S. 2053); Abs. 2 Sätze 1 und 2 neu gef., Satz 3 eingef., bish. Satz 3 wird Satz 4 mWv 1.8.2021 durch G v. 28.6.2021 (BGBl. I S. 2250).

[2] Nr. **160**.

[3] **Aichberger, SGB** Nr. **7**.

[4] **Aichberger, SGB** Nr. **7/10**.

schutz nach § 2, § 3 oder § 6 des Siebten Buches Sozialgesetzbuch begründende Tätigkeiten zu berücksichtigen, wenn sie ihrer Art nach geeignet waren, die Krankheit zu verursachen, und die schädigende Einwirkung überwiegend durch dienstliche Verrichtungen nach Satz 1 verursacht worden ist.

(4) [1]Dem durch Dienstunfall verursachten Körperschaden ist ein Körperschaden gleichzusetzen, den ein Beamter außerhalb seines Dienstes erleidet, wenn er im Hinblick auf sein pflichtgemäßes dienstliches Verhalten oder wegen seiner Eigenschaft als Beamter angegriffen wird. [2]Gleichzuachten ist ferner ein Körperschaden, den ein Beamter im Ausland erleidet, wenn er bei Kriegshandlungen, Aufruhr oder Unruhen, denen er am Ort seines dienstlich angeordneten Aufenthaltes im Ausland besonders ausgesetzt war, angegriffen wird.

(5) Unfallfürsorge wie bei einem Dienstunfall kann auch gewährt werden, wenn ein Beamter, der zur Wahrnehmung einer Tätigkeit, die öffentlichen Belangen oder dienstlichen Interessen dient, beurlaubt worden ist und in Ausübung dieser Tätigkeit einen Körperschaden erleidet.

§ 31a[1)] Einsatzversorgung. (1) [1]Unfallfürsorge wie bei einem Dienstunfall wird auch dann gewährt, wenn ein Beamter auf Grund eines in Ausübung des Dienstes eingetretenen Unfalls oder einer derart eingetretenen Erkrankung im Sinne des § 31 bei einer besonderen Verwendung im Ausland eine gesundheitliche Schädigung erleidet (Einsatzunfall). [2]Eine besondere Verwendung im Ausland ist eine Verwendung auf Grund eines Übereinkommens oder einer Vereinbarung mit einer über- oder zwischenstaatlichen Einrichtung oder mit einem auswärtigen Staat im Ausland oder außerhalb des deutschen Hoheitsgebietes auf Schiffen oder in Luftfahrzeugen,

1. für die ein Beschluss der Bundesregierung vorliegt oder
2. die im Rahmen von Maßnahmen nach § 56 Absatz 1 Satz 2 Nummer 4 des Bundesbesoldungsgesetzes[2)] stattfindet.

[3]Dem steht eine sonstige Verwendung im Ausland oder außerhalb des deutschen Hoheitsgebietes auf Schiffen oder in Luftfahrzeugen mit vergleichbar gesteigerter Gefährdungslage gleich. [4]Die Verwendung im Sinne der Sätze 2 und 3 beginnt mit dem Eintreffen im Einsatzgebiet und endet mit dem Verlassen des Einsatzgebietes.

(2) Gleiches gilt, wenn bei einem Beamten eine Erkrankung oder ihre Folgen oder ein Unfall auf gesundheitsschädigende oder sonst vom Inland wesentlich abweichende Verhältnisse bei einer Verwendung im Sinne des Absatzes 1 zurückzuführen sind oder wenn eine gesundheitliche Schädigung bei dienstlicher Verwendung im Ausland auf einen Unfall oder eine Erkrankung im Zusammenhang mit einer Verschleppung oder einer Gefangenschaft zurückzuführen ist oder darauf beruht, dass der Beamte aus sonstigen mit dem Dienst zusammenhängenden Gründen dem Einflussbereich des Dienstherrn entzogen ist.

(3) § 31 Absatz 5 gilt entsprechend.

(4) Die Unfallfürsorge ist ausgeschlossen, wenn sich der Beamte vorsätzlich oder grob fahrlässig der Gefährdung ausgesetzt oder die Gründe für eine Verschleppung,

[1)] § 31a Abs. 1 Satz 1 geänd. mWv 11.1.2017 durch G v. 5.1.2017 (BGBl. I S. 17); Abs. 1 neu gef. mWv 9.8.2019 durch G v. 4.8.2019 (BGBl. I S. 1147); Abs. 1 Satz 2 Nr. 2 geänd. mWv 1.1.2020 durch G v. 9.12.2019 (BGBl. I S. 2053).

[2)] Nr. **230**.

Gefangenschaft oder sonstige Einflussbereichsentziehung herbeigeführt hat, es sei denn, dass der Ausschluss für ihn eine unbillige Härte wäre.

§ 32[1)] Erstattung von Sachschäden und besonderen Aufwendungen. [1]Sind bei einem Dienstunfall Kleidungsstücke oder sonstige Gegenstände, die der Beamte zur Dienstausübung oder während der Dienstzeit benötigt und deshalb mit sich geführt hat, beschädigt oder zerstört worden oder abhanden gekommen, so kann dafür Ersatz geleistet werden. [2]Anträge auf Gewährung von Sachschadenersatz nach Satz 1 sind innerhalb einer Ausschlussfrist von drei Monaten zu stellen. [3]Sind durch eine Erste-Hilfe-Leistung nach dem Unfall besondere Kosten entstanden, so ist dem Beamten der nachweisbar notwendige Aufwand zu ersetzen.

§ 33[2)] Heilverfahren. (1) Das Heilverfahren umfasst

1. die notwendigen ärztlichen, zahnärztlichen und psychotherapeutischen Maßnahmen,
2. die notwendige Versorgung mit Arznei-, Verband-, Heil- und Hilfsmitteln, mit Geräten zur Selbstbehandlung und zur Selbstkontrolle sowie mit Körperersatzstücken, die den Erfolg der Heilbehandlung sichern oder die Unfallfolgen erleichtern sollen,
3. die notwendigen Krankenhausleistungen,
4. die notwendigen Rehabilitationsmaßnahmen,
5. die notwendige Pflege (§ 34),
6. die notwendige Haushaltshilfe und
7. die notwendigen Fahrten.

(2) Der Verletzte ist verpflichtet, sich einer Krankenhausbehandlung zu unterziehen, wenn sie nach einer Stellungnahme eines durch die Dienstbehörde bestimmten Arztes zur Sicherung des Heilerfolges notwendig ist.

(3) [1]Der Verletzte ist verpflichtet, sich einer ärztlichen Untersuchung und Behandlung zu unterziehen, es sei denn, dass sie mit einer erheblichen Gefahr für Leben oder Gesundheit des Verletzten verbunden ist. [2]Das Gleiche gilt für eine Operation dann, wenn sie keinen erheblichen Eingriff in die körperliche Unversehrtheit bedeutet. [3]Die oberste Dienstbehörde oder die von ihr bestimmte Stelle kann bestimmen, welcher Arzt die Untersuchung oder Behandlung nach Satz 1 durchführt.

(4) [1]Verursachen die Folgen des Dienstunfalles außergewöhnliche Kosten für Kleider- und Wäscheverschleiß, so sind diese in angemessenem Umfang zu ersetzen. [2]Kraftfahrzeughilfe wird gewährt, wenn der Verletzte infolge des Dienstunfalls nicht nur vorübergehend auf die Benutzung eines Kraftfahrzeugs angewiesen ist, um die zur Dienstausübung erforderlichen Wege zurückzulegen. [3]Notwendige Aufwendungen für eine bedarfsgerechte Anpassung des Wohnumfelds werden erstattet, wenn infolge des Dienstunfalls nicht nur vorübergehend die Anpassung vorhandenen oder die Beschaffung bedarfsgerechten Wohnraums erforderlich ist. [4]Ist der Verletzte an den Folgen des Dienstunfalles verstorben, so können auch die

---

[1)] § 32 Satz 1 geänd. mWv 11.1.2017 durch G v. 5.1.2017 (BGBl. I S. 17); Satz 3 geänd. mWv 1.1.2020 durch G v. 9.12.2019 (BGBl. I S. 2053).

[2)] § 33 Abs. 1 Nr. 1 und 3 geänd., Nr. 4 und 5 angef., Abs. 2 Sätze 1 und 2, Abs. 3 Satz 1 geänd., Satz 3 angef. mWv 11.1.2017 durch G v. 5.1.2017 (BGBl. I S. 17); Abs. 5 geänd. mWv 1.1.2020 durch G v. 9.12.2019 (BGBl. I S. 2053); Abs. 1 neu gef., Abs. 2 Satz 1 aufgeh., Abs. 4 Sätze 2 und 3 eingef., bish. Satz 2 wird Satz 4 mWv 29.5.2020 durch G v. 25.5.2020 (BGBl. I S. 1063).

Kosten für die Überführung und die Bestattung in angemessener Höhe erstattet werden.

(5) Die Durchführung regelt das Bundesministerium des Innern, für Bau und Heimat im Einvernehmen mit dem Bundesministerium der Finanzen durch Rechtsverordnung[1)].

§ 34[2)] Pflegekosten. [1] Ist der Verletzte infolge des Dienstunfalles so hilflos, dass er nicht ohne fremde Hilfe und Pflege auskommen kann, so sind ihm die Kosten einer notwendigen Pflege in angemessenem Umfang zu erstatten. [2] Die Dienstbehörde kann jedoch selbst für die Pflege Sorge tragen.

§ 35[3)] Unfallausgleich. (1) [1] Ist der Verletzte infolge des Dienstunfalles in seiner Erwerbsfähigkeit länger als sechs Monate um mindestens 25 Prozent gemindert, so erhält er, solange dieser Zustand andauert, neben den Dienstbezügen, den Anwärterbezügen oder dem Ruhegehalt einen Unfallausgleich. [2] Dieser wird in Höhe der Grundrente nach § 31 Absatz 1 bis 3 in Verbindung mit § 30 Absatz 1 Satz 2 zweiter Halbsatz des Bundesversorgungsgesetzes[4)] gewährt. [3] Wird die Minderung der Erwerbsfähigkeit bei der Feststellung gestaffelt eingeschätzt, ist der Unfallausgleich in Höhe desjenigen Grades der Minderung der Erwerbsfähigkeit zu zahlen, der wenigstens sechs Monate Bestand hat.

(2) [1] Die Minderung der Erwerbsfähigkeit ist nach der körperlichen Beeinträchtigung im allgemeinen Erwerbsleben zu beurteilen. [2] Hat bei Eintritt des Dienstunfalles eine abschätzbare Minderung der Erwerbsfähigkeit bereits bestanden, so ist für die Berechnung des Unfallausgleichs von der individuellen Erwerbsfähigkeit des Verletzten, die unmittelbar vor dem Eintritt des Dienstunfalles bestand, auszugehen und zu ermitteln, welcher Teil dieser individuellen Erwerbsfähigkeit durch den Dienstunfall gemindert wurde. [3] Beruht die frühere Erwerbsminderung auf einem Dienstunfall, so kann ein einheitlicher Unfallausgleich festgesetzt werden.

(3) [1] Der Unfallausgleich wird neu festgestellt, wenn in den Verhältnissen, die für die Feststellung maßgebend gewesen sind, eine wesentliche Änderung eingetreten ist. [2] Zu diesem Zweck ist der Beamte verpflichtet, sich auf Anordnung der obersten Dienstbehörde durch einen von ihr bestimmten Arzt untersuchen zu lassen; die oberste Dienstbehörde kann diese Befugnis auf andere Stellen übertragen.

(4) Der Unfallausgleich wird auch während einer Beurlaubung ohne Dienstbezüge gewährt.

§ 36[5)] Unfallruhegehalt. (1) Ist der Beamte infolge des Dienstunfalles dienstunfähig geworden und deswegen in den Ruhestand versetzt worden, so erhält er Unfallruhegehalt.

[1)] Siehe die HeilverfahrensVO **(Bundesbeamtengesetze Nr. 83)**.

[2)] § 34 Abs. 1 Satz 1 geänd. mWv 11.1.2017 durch G v. 5.1.2017 (BGBl. I S. 17); Überschrift neu gef., Abs. 2 aufgeh. mWv 1.8.2021 durch G v. 28.6.2021 (BGBl. I S. 2250).

[3)] § 35 Abs. 1 Satz 2 geänd. mWv 12.2.2009 durch G v. 15.3.2012 (BGBl. I S. 462); Abs. 1 Satz 1 geänd., Satz 2 neu gef., Satz 3 angef., Abs. 2 Satz 4 aufgeh. mWv 11.1.2017 durch G v. 5.1.2017 (BGBl. I S. 17).

[4)] **Aichberger, SGB Nr. 20/10.**

[5)] § 36 Abs. 1 neu gef., Abs. 2 und 3 Satz 2 geänd. mWv 11.1.2017 durch G v. 5.1.2017 (BGBl. I S. 17); Abs. 2 und Abs. 3 Sätze 1–3 geänd. mWv 1.1.2020 durch G v. 9.12.2019 (BGBl. I S. 2053).

(2) Für die Berechnung des Unfallruhegehalts eines vor Vollendung des 60. Lebensjahres in den Ruhestand versetzten Beamten wird der ruhegehaltfähigen Dienstzeit nur die Hälfte der Zurechnungszeit nach § 13 Absatz 1 hinzugerechnet; § 13 Absatz 4 gilt entsprechend.

(3) [1]Der Ruhegehaltssatz nach § 14 Absatz 1 erhöht sich um 20 Prozent. [2]Das Unfallruhegehalt beträgt mindestens 66,67 Prozent der ruhegehaltfähigen Dienstbezüge und darf 75 Prozent der ruhegehaltfähigen Dienstbezüge nicht übersteigen. [3]Es darf nicht hinter 75 Prozent der jeweils ruhegehaltfähigen Dienstbezüge aus der Endstufe der Besoldungsgruppe A 4 zurückbleiben; § 14 Absatz 4 Satz 3 gilt entsprechend.

§ 37[1)] Erhöhtes Unfallruhegehalt. (1) [1]Setzt sich ein Beamter bei Ausübung einer Diensthandlung einer damit verbundenen besonderen Lebensgefahr aus und erleidet er infolge dieser Gefährdung einen Dienstunfall, so sind bei der Bemessung des Unfallruhegehalts 80 Prozent der ruhegehaltfähigen Dienstbezüge aus der Endstufe der übernächsten Besoldungsgruppe zugrunde zu legen, wenn er infolge dieses Dienstunfalles dienstunfähig geworden und in den Ruhestand versetzt wurde und im Zeitpunkt der Versetzung in den Ruhestand infolge des Dienstunfalles in seiner Erwerbsfähigkeit um mindestens 50 Prozent beschränkt ist. [2]Satz 1 gilt mit der Maßgabe, dass sich für Beamte der Laufbahngruppe des einfachen Dienstes die ruhegehaltfähigen Dienstbezüge mindestens nach der Besoldungsgruppe A 6, für Beamte der Laufbahngruppe des mittleren Dienstes mindestens nach der Besoldungsgruppe A 9, für Beamte der Laufbahngruppe des gehobenen Dienstes mindestens nach der Besoldungsgruppe A 12 und für Beamte der Laufbahngruppe des höheren Dienstes mindestens nach der Besoldungsgruppe A 16 bemessen; die Einteilung in Laufbahngruppen gilt für die Polizeivollzugsbeamten, die sonstigen Beamten des Vollzugsdienstes und die Beamten des Einsatzdienstes der Berufsfeuerwehr entsprechend.

(2) Unfallruhegehalt nach Absatz 1 wird auch gewährt, wenn der Beamte

1. in Ausübung des Dienstes durch einen rechtswidrigen Angriff oder
2. außerhalb seines Dienstes durch einen Angriff im Sinne des § 31 Absatz 4

einen Dienstunfall mit den in Absatz 1 genannten Folgen erleidet.

(3) Unfallruhegehalt nach Absatz 1 wird auch gewährt, wenn ein Beamter einen Einsatzunfall oder ein diesem gleichstehendes Ereignis im Sinne des § 31a erleidet und er infolge des Einsatzunfalls oder des diesem gleichstehenden Ereignisses dienstunfähig geworden und in den Ruhestand versetzt wurde und im Zeitpunkt der Versetzung in den Ruhestand infolge des Einsatzunfalls oder des diesem gleichstehenden Ereignisses in seiner Erwerbsfähigkeit um mindestens 50 Prozent beschränkt ist.

§ 38[2)] Unterhaltsbeitrag für frühere Beamte und frühere Ruhestandsbeamte. (1) [1]Ein durch Dienstunfall verletzter früherer Beamter, dessen Beamtenverhältnis nicht durch Eintritt oder Versetzung in den Ruhestand geendet hat, erhält neben dem Heilverfahren (§§ 33, 34) für die Dauer einer durch den Dienst-

---

1) § 37 Abs. 1 Satz 1, Abs. 3 geänd. mWv 11.1.2017 durch G v. 5.1.2017 (BGBl. I S. 17); Abs. 1 Satz 1 und Abs. 3 geänd. mWv 1.1.2020 durch G v. 9.12.2019 (BGBl. I S. 2053).

2) § 38 Abs. 1 Satz 2 angef. mWv 4.9.2013 durch G v. 28.8.2013 (BGBl. I S. 3386); Abs. 1 Satz 1, Abs. 2 Nr. 1 und 2 geänd. mWv 11.1.2017 durch G v. 5.1.2017 (BGBl. I S. 17); Abs. 2 Nr. 1, 2 und Abs. 5 Satz 2 geänd. mWv 1.1.2020 durch G v. 9.12.2019 (BGBl. I S. 2053).

unfall verursachten Erwerbsbeschränkung einen Unterhaltsbeitrag. [2]Der Anspruch erlischt ab der Gewährung von Altersgeld.

(2) Der Unterhaltsbeitrag beträgt

1. bei völliger Erwerbsunfähigkeit 66,67 Prozent der ruhegehaltfähigen Dienstbezüge nach Absatz 4,
2. bei Minderung der Erwerbsfähigkeit um wenigstens 25 Prozent den der Minderung entsprechenden Teil des Unterhaltsbeitrages nach Nummer 1.

(3) [1]Im Falle des Absatzes 2 Nummer 2 kann der Unterhaltsbeitrag, solange der Verletzte aus Anlass des Unfalles unverschuldet arbeitslos ist, bis auf den Betrag nach Nummer 1 erhöht werden. [2]Bei Hilflosigkeit des Verletzten gilt § 34 entsprechend.

(4) [1]Die ruhegehaltfähigen Dienstbezüge bestimmen sich nach § 5 Absatz 1. [2]Bei einem früheren Beamten auf Widerruf im Vorbereitungsdienst sind die Dienstbezüge zugrunde zu legen, die er bei der Ernennung zum Beamten auf Probe zuerst erhalten hätte; das Gleiche gilt bei einem früheren Polizeivollzugsbeamten auf Widerruf mit Dienstbezügen. [3]Ist der Beamte wegen Dienstunfähigkeit infolge des Dienstunfalles entlassen worden, gilt § 5 Absatz 2 entsprechend. [4]Der Unterhaltsbeitrag für einen früheren Beamten auf Widerruf, der ein Amt bekleidete, das seine Arbeitskraft nur nebenbei beanspruchte, ist nach billigem Ermessen festzusetzen.

(5) [1]Ist der Beamte wegen Dienstunfähigkeit infolge des Dienstunfalles entlassen worden, darf der Unterhaltsbeitrag nach Absatz 2 Nummer 1 nicht hinter dem Mindestunfallruhegehalt (§ 36 Absatz 3 Satz 3) zurückbleiben. [2]Ist der Beamte wegen Dienstunfähigkeit infolge eines Dienstunfalles der in § 37 bezeichneten Art entlassen worden und war er im Zeitpunkt der Entlassung infolge des Dienstunfalles in seiner Erwerbsfähigkeit um mindestens fünfzig Prozent beschränkt, treten an die Stelle des Mindestunfallruhegehalts achtzig Prozent der ruhegehaltfähigen Dienstbezüge aus der Endstufe der Besoldungsgruppe, die sich bei sinngemäßer Anwendung des § 37 ergibt. [3]Absatz 4 Satz 4 gilt entsprechend.

(6) [1]Die Minderung der Erwerbsfähigkeit ist nach der körperlichen Beeinträchtigung im allgemeinen Erwerbsleben zu beurteilen. [2]Zum Zwecke der Nachprüfung des Grades der Minderung der Erwerbsfähigkeit ist der frühere Beamte verpflichtet, sich auf Anordnung der obersten Dienstbehörde durch einen von ihr bestimmten Arzt untersuchen zu lassen; die oberste Dienstbehörde kann diese Befugnis auf andere Stellen übertragen.

(7) Die Absätze 1 bis 6 gelten entsprechend für einen durch Dienstunfall verletzten früheren Ruhestandsbeamten, der seine Rechte als Ruhestandsbeamter verloren hat oder dem das Ruhegehalt aberkannt worden ist.

§ 38a[1)] Unterhaltsbeitrag bei Schädigung eines ungeborenen Kindes.

(1) Der Unterhaltsbeitrag wird im Fall des § 30 Absatz 1 Satz 2 und 3 für die Dauer der durch einen Dienstunfall der Mutter verursachten Minderung der Erwerbsfähigkeit gewährt

1. bei Verlust der Erwerbsfähigkeit in Höhe des Mindestunfallwaisengeldes nach § 39 Absatz 1 Nummer 2 in Verbindung mit § 36 Absatz 3 Satz 3,

[1)] § 38a Abs. 1 Nr. 2 geänd. mWv 11.1.2017 durch G v. 5.1.2017 (BGBl. I S. 17); Abs. 1 Nr. 2 und Abs. 3 geänd. mWv 1.1.2020 durch G v. 9.12.2019 (BGBl. I S. 2053); Abs. 4 geänd. mWv 1.8.2021 durch G v. 28.6.2021 (BGBl. I S. 2250).

2. bei Minderung der Erwerbsfähigkeit um mindestens 25 Prozent in Höhe eines der Minderung der Erwerbsfähigkeit entsprechenden Teils des Unterhaltsbeitrages nach Nummer 1.

(2) [1] § 38 Absatz 6 gilt entsprechend. [2] Bei Minderjährigen wird die Minderung der Erwerbsfähigkeit nach den Auswirkungen bemessen, die sich bei Erwachsenen mit gleichem Gesundheitsschaden ergeben würden. [3] Die Sorgeberechtigten sind verpflichtet, Untersuchungen zu ermöglichen.

(3) Der Unterhaltsbeitrag beträgt vor Vollendung des 14. Lebensjahres 30 Prozent, vor Vollendung des 18. Lebensjahres 50 Prozent der Sätze nach Absatz 1.

(4) Der Anspruch auf Unterhaltsbeitrag ruht insoweit, als während einer Heimpflege von mehr als einem Kalendermonat Pflegekosten gemäß § 34 erstattet werden.

(5) Hat ein Unterhaltsbeitragsberechtigter Anspruch auf Waisengeld nach diesem Gesetz, wird nur der höhere Versorgungsbezug gezahlt.

§ 39[1)] Unfall-Hinterbliebenenversorgung. (1) [1] Ist ein Beamter, der Unfallruhegehalt erhalten hätte, oder ein Ruhestandsbeamter, der Unfallruhegehalt bezog, an den Folgen des Dienstunfalles verstorben, so erhalten seine Hinterbliebenen Unfall-Hinterbliebenenversorgung. [2] Für diese gelten folgende besondere Vorschriften:

1. Das Witwengeld beträgt sechzig Prozent des Unfallruhegehalts (§§ 36, 37).
2. [1] Das Waisengeld beträgt für jedes waisengeldberechtigte Kind (§ 23) dreißig Prozent des Unfallruhegehalts. [2] Es wird auch elternlosen Enkeln gewährt, deren Unterhalt zur Zeit des Dienstunfalles ganz oder überwiegend durch den Verstorbenen bestritten wurde.

(2) Ist ein Ruhestandsbeamter, der Unfallruhegehalt bezog, nicht an den Folgen des Dienstunfalles verstorben, so steht den Hinterbliebenen nur Versorgung nach Abschnitt 3 zu; diese Bezüge sind aber unter Zugrundelegung des Unfallruhegehalts zu berechnen.

§ 40[2)] Unterhaltsbeitrag für Verwandte der aufsteigenden Linie. [1] Verwandten der aufsteigenden Linie, deren Unterhalt zur Zeit des Dienstunfalles ganz oder überwiegend durch den Verstorbenen (§ 39 Absatz 1) bestritten wurde, ist für die Dauer der Bedürftigkeit ein Unterhaltsbeitrag von zusammen dreißig Prozent des Unfallruhegehalts zu gewähren, mindestens jedoch vierzig Prozent des in § 36 Absatz 3 Satz 3 genannten Betrages. [2] Sind mehrere Personen dieser Art vorhanden, so wird der Unterhaltsbeitrag den Eltern vor den Großeltern gewährt; an die Stelle eines verstorbenen Elternteiles treten dessen Eltern.

§ 41 Unterhaltsbeitrag für Hinterbliebene. (1) Ist in den Fällen des § 38 der frühere Beamte oder der frühere Ruhestandsbeamte an den Folgen des Dienstunfalles verstorben, so erhalten seine Hinterbliebenen einen Unterhaltsbeitrag in Höhe des Witwen- und Waisengeldes, das sich nach den allgemeinen Vorschriften unter Zugrundelegung des Unterhaltsbeitrages nach § 38 Absatz 2 Nummer 1 ergibt.

(2) Ist der frühere Beamte oder der frühere Ruhestandsbeamte nicht an den Folgen des Dienstunfalles verstorben, so kann seinen Hinterbliebenen ein Unter-

1) § 39 Abs. 1 Satz 2 Nr. 1, 2 und Abs. 2 geänd. mWv 1.1.2020 durch G v. 9.12.2019 (BGBl. I S. 2053).
2) § 40 Satz 1 geänd. mWv 1.1.2020 durch G v. 9.12.2019 (BGBl. I S. 2053).

haltsbeitrag bis zur Höhe des Witwen- und Waisengeldes bewilligt werden, das sich nach den allgemeinen Vorschriften unter Zugrundelegung des Unterhaltsbeitrages ergibt, den der Verstorbene im Zeitpunkt seines Todes bezogen hat.

(3) Für die Hinterbliebenen eines an den Unfallfolgen verstorbenen Beamten gilt Absatz 1 entsprechend, wenn nicht Unfall-Hinterbliebenenversorgung nach § 39 zusteht.

(4) § 21 gilt entsprechend.

§ 42[1)] Höchstgrenzen der Hinterbliebenenversorgung. [1]Die Unfallversorgung der Hinterbliebenen (§§ 39 bis 41) darf insgesamt die Bezüge (Unfallruhegehalt oder Unterhaltsbeitrag) nicht übersteigen, die der Verstorbene erhalten hat oder hätte erhalten können. [2]Abweichend von Satz 1 sind in den Fällen des § 37 als Höchstgrenze mindestens die ruhegehaltfähigen Dienstbezüge aus der Endstufe der übernächsten anstelle der von dem Verstorbenen tatsächlich erreichten Besoldungsgruppe zugrunde zu legen. [3]§ 25 ist entsprechend anzuwenden. [4]Der Unfallausgleich (§ 35) sowie der Zuschlag bei Arbeitslosigkeit (§ 38 Absatz 3 Satz 1) bleiben sowohl bei der Berechnung des Unterhaltsbeitrages nach § 41 als auch bei der vergleichenden Berechnung nach § 25 außer Betracht.

§ 43[2)] Einmalige Unfallentschädigung und einmalige Entschädigung.

(1) Ein Beamter des Bundes, der einen Dienstunfall der in § 37 bezeichneten Art erleidet, erhält eine einmalige Unfallentschädigung von 150 000 Euro, wenn er nach Feststellung der obersten Dienstbehörde oder der von ihr bestimmten Stelle infolge des Unfalls in seiner Erwerbsfähigkeit dauerhaft um wenigstens 50 Prozent beeinträchtigt ist.

(2) Ist ein Beamter des Bundes an den Folgen eines Dienstunfalles der in § 37 bezeichneten Art verstorben und hat er eine einmalige Unfallentschädigung nach Absatz 1 nicht erhalten, wird seinen Hinterbliebenen eine einmalige Unfallentschädigung nach Maßgabe der folgenden Bestimmungen gewährt:

1. Die Witwe sowie die versorgungsberechtigten Kinder erhalten eine Entschädigung in Höhe von insgesamt 100 000 Euro.
2. Sind Anspruchsberechtigte im Sinne der Nummer 1 nicht vorhanden, so erhalten die Eltern und die in Nummer 1 bezeichneten, nicht versorgungsberechtigten Kinder eine Entschädigung in Höhe von insgesamt 40 000 Euro.
3. Sind Anspruchsberechtigte im Sinne der Nummern 1 und 2 nicht vorhanden, so erhalten die Großeltern und Enkel eine Entschädigung in Höhe von insgesamt 20 000 Euro.

(3) [1]Die Absätze 1 und 2 gelten entsprechend, wenn ein Beamter, der

1. als Angehöriger des besonders gefährdeten fliegenden Personals während des Flugdienstes,
2. als Helm- oder Schwimmtaucher während des besonders gefährlichen Tauchdienstes,
3. im Bergrettungsdienst während des Einsatzes und der Ausbildung oder
4. als Angehöriger des besonders gefährdeten Munitionsuntersuchungspersonals während des dienstlichen Umgangs mit Munition oder

---

1) § 42 Satz 4 geänd. mWv 1.8.2021 durch G v. 28.6.2021 (BGBl. I S. 2250).

2) § 43 Abs. 1, Abs. 2 Nr. 1–3 geänd. mWv 13.12.2011 durch G v. 5.12.2011 (BGBl. I S. 2458); Abs. 1 geänd. mWv 1.1.2020 durch G v. 9.12.2019 (BGBl. I S. 2053).

5. als Angehöriger eines Verbandes der Bundespolizei für besondere polizeiliche Einsätze bei einer besonders gefährlichen Diensthandlung im Einsatz oder in der Ausbildung dazu oder
6. im Einsatz beim Ein- oder Aushängen von Außenlasten bei einem Drehflügelflugzeug

einen Unfall erleidet, der nur auf die eigentümlichen Verhältnisse des Dienstes nach den Nummern 1 bis 6 zurückzuführen ist. [2]Die Bundesregierung bestimmt durch Rechtsverordnung[1)] den Personenkreis des Satzes 1 und die zum Dienst im Sinne des Satzes 1 gehörenden dienstlichen Verrichtungen. [3]Die Sätze 1 und 2 gelten entsprechend für andere Angehörige des öffentlichen Dienstes, zu deren Dienstobliegenheiten Tätigkeiten der in Satz 1 Nummer 1 bis 6 bezeichneten Art gehören.

(4) (weggefallen)

(5) Absatz 1 gilt entsprechend, wenn ein Beamter oder ein anderer Angehöriger des öffentlichen Dienstes einen Einsatzunfall oder ein diesem gleichstehendes Ereignis im Sinne des § 31a erleidet.

(6) Die Hinterbliebenen erhalten eine einmalige Entschädigung nach Maßgabe des Absatzes 2, wenn ein Beamter oder ein anderer Angehöriger des öffentlichen Dienstes an den Folgen eines Einsatzunfalls oder eines diesem gleichstehenden Ereignisses im Sinne des § 31a verstorben ist.

(7) [1]Für die einmalige Entschädigung nach den Absätzen 5 und 6 gelten § 31 Absatz 5 und § 31a Absatz 4 entsprechend. [2]Besteht auf Grund derselben Ursache Anspruch sowohl auf eine einmalige Unfallentschädigung nach den Absätzen 1 bis 3 als auch auf eine einmalige Entschädigung nach Absatz 5 oder 6, wird nur die einmalige Entschädigung gewährt.

§ 43a[2)] Schadensausgleich in besonderen Fällen. (1) [1]Schäden, die einem Beamten oder anderen Angehörigen des öffentlichen Dienstes während einer Verwendung im Sinne des § 31a Absatz 1 infolge von besonderen, vom Inland wesentlich abweichenden Verhältnissen, insbesondere infolge von Kriegshandlungen, kriegerischen Ereignissen, Aufruhr, Unruhen oder Naturkatastrophen oder als Folge der Ereignisse nach § 31a Absatz 2 entstehen, werden ihm in angemessenem Umfang ersetzt. [2]Gleiches gilt für Schäden des Beamten oder anderen Angehörigen des öffentlichen Dienstes durch einen Gewaltakt gegen staatliche Amtsträger, Einrichtungen oder Maßnahmen, wenn der Beamte oder andere Angehörige des öffentlichen Dienstes von dem Gewaltakt in Ausübung des Dienstes oder wegen seiner Eigenschaft als Beamter oder anderer Angehöriger des öffentlichen Dienstes betroffen ist.

(2) Im Falle einer Verwendung im Sinne des § 31a Absatz 1 wird einem Beamten oder anderen Angehörigen des öffentlichen Dienstes ein angemessener Ausgleich auch für Schäden infolge von Maßnahmen einer ausländischen Regierung, die sich gegen die Bundesrepublik Deutschland richten, gewährt.

(3) [1]Ist ein Beamter oder anderer Angehöriger des öffentlichen Dienstes an den Folgen des schädigenden Ereignisses der in Absatz 1 oder 2 bezeichneten Art verstorben, wird ein angemessener Ausgleich gewährt

1. der Witwe sowie den versorgungsberechtigten Kindern,

---

1) Siehe die Beamten-UnfallentschädigungsVO **(Bundesbeamtengesetze Nr. 81)**.

2) § 43a Abs. 3 Satz 3 angef. mWv 13.12.2011 durch G v. 5.12.2011 (BGBl. I S. 2458).

2. den Eltern sowie den nicht versorgungsberechtigten Kindern, wenn Hinterbliebene der in Nummer 1 bezeichneten Art nicht vorhanden sind.

[2]Der Ausgleich für ausgefallene Versicherungen wird der natürlichen Person gewährt, die der Beamte oder andere Angehörige des öffentlichen Dienstes im Versicherungsvertrag begünstigt hat. [3]Sind Versicherungsansprüche zur Finanzierung des Erwerbs von Wohneigentum an eine juristische Person abgetreten worden, wird der Ausgleich für die ausgefallene Versicherung an diese juristische Person gezahlt, wenn die Abtretung durch den Beamten dazu gedient hat, eine natürliche Person von Zahlungspflichten auf Grund der Finanzierung des Wohneigentums freizustellen.

(4) [1]Der Schadensausgleich nach den Absätzen 1 bis 3 wird nur einmal gewährt. [2]Wird er auf Grund derselben Ursache nach § 63b des Soldatenversorgungsgesetzes[1)] vorgenommen, sind die Absätze 1 bis 3 nicht anzuwenden.

(5) Die Absätze 1 bis 4 sind auch auf Schäden bei dienstlicher Verwendung im Ausland anzuwenden, die im Zusammenhang mit einer Verschleppung oder einer Gefangenschaft entstanden sind oder darauf beruhen, dass der Geschädigte aus sonstigen mit dem Dienst zusammenhängenden Gründen dem Einflussbereich des Dienstherrn entzogen ist.

(6) Für den Schadensausgleich gelten § 31 Absatz 5 und § 31a Absatz 4 entsprechend.

§ 44 Nichtgewährung von Unfallfürsorge. (1) Unfallfürsorge wird nicht gewährt, wenn der Verletzte den Dienstunfall vorsätzlich herbeigeführt hat.

(2) [1]Hat der Verletzte eine die Heilbehandlung betreffende Anordnung ohne gesetzlichen oder sonstigen wichtigen Grund nicht befolgt und wird dadurch seine Dienst- oder Erwerbsfähigkeit ungünstig beeinflusst, so kann ihm die oberste Dienstbehörde oder die von ihr bestimmte Stelle die Unfallfürsorge insoweit versagen. [2]Der Verletzte ist auf diese Folgen schriftlich hinzuweisen.

(3) Hinterbliebenenversorgung nach den Unfallfürsorgevorschriften wird im Falle des § 22 Absatz 1 nicht gewährt.

§ 45[2)] Meldung und Untersuchungsverfahren. (1) [1]Unfälle, aus denen Unfallfürsorgeansprüche nach diesem Gesetz entstehen können, sind innerhalb einer Ausschlussfrist von zwei Jahren nach dem Eintritt des Unfalles schriftlich oder elektronisch bei dem Dienstvorgesetzten des Verletzten zu melden. [2]§ 32 Satz 2 bleibt unberührt. [3]Die Frist nach Satz 1 gilt auch dann als gewahrt, wenn der Unfall bei der zuständigen Dienstunfallfürsorgestelle gemeldet worden ist.

(2) [1]Nach Ablauf der Ausschlussfrist wird Unfallfürsorge nur gewährt, wenn seit dem Unfall noch nicht zehn Jahre vergangen sind und gleichzeitig glaubhaft gemacht wird, dass mit der Möglichkeit einer den Anspruch auf Unfallfürsorge begründenden Folge des Unfalles nicht habe gerechnet werden können oder dass der Berechtigte durch außerhalb seines Willens liegende Umstände gehindert worden ist, den Unfall zu melden. [2]Die Meldung muss, nachdem mit der Möglichkeit einer den Anspruch auf Unfallfürsorge begründenden Folge des Unfalles gerechnet werden konnte oder das Hindernis für die Meldung weggefallen ist, innerhalb dreier Monate erfolgen. [3]Die Unfallfürsorge wird in diesen Fällen vom

---

[1)] **Sartorius III Nr. 865.**

[2)] § 45 Abs. 1 Satz 3 geänd., Abs. 3 Satz 1 neu gef. mWv 11.1.2017 durch G v. 5.1.2017 (BGBl. I S. 17); Abs. 1 Satz 1 geänd. mWv 1.8.2021 durch G v. 28.6.2021 (BGBl. I S. 2250).

Tage der Meldung an gewährt; zur Vermeidung von Härten kann sie auch von einem früheren Zeitpunkt an gewährt werden.

(3) [1] Der Dienstvorgesetzte hat jeden Unfall, der ihm von Amts wegen oder durch die Meldung des verletzten Beamten bekannt wird, unverzüglich zu untersuchen und das Ergebnis der zuständigen Dienstunfallfürsorgestelle mitzuteilen. [2] Die oberste Dienstbehörde oder die von ihr bestimmte Stelle entscheidet, ob ein Dienstunfall vorliegt und ob der Verletzte den Unfall vorsätzlich herbeigeführt hat. [3] Die Entscheidung ist dem Verletzten oder seinen Hinterbliebenen bekanntzugeben.

(4) [1] Unfallfürsorge nach § 30 Absatz 1 Satz 2 wird nur gewährt, wenn der Unfall der Beamtin innerhalb der Fristen nach den Absätzen 1 und 2 gemeldet und als Dienstunfall anerkannt worden ist. [2] Der Anspruch auf Unfallfürsorge nach § 30 Absatz 2 Satz 2 ist innerhalb von zwei Jahren vom Tag der Geburt an von den Sorgeberechtigten geltend zu machen. [3] Absatz 2 gilt mit der Maßgabe, dass die Zehn-Jahres-Frist am Tag der Geburt zu laufen beginnt. [4] Der Antrag muss, nachdem mit der Möglichkeit einer Schädigung durch einen Dienstunfall der Mutter während der Schwangerschaft gerechnet werden konnte oder das Hindernis für den Antrag weggefallen ist, innerhalb von drei Monaten gestellt werden.

§ 46[1)] Begrenzung der Unfallfürsorgeansprüche. (1) [1] Der verletzte Beamte und seine Hinterbliebenen haben aus Anlass eines Dienstunfalles gegen den Dienstherrn nur die in den §§ 30 bis 43a geregelten Ansprüche. [2] Ist der Beamte nach dem Dienstunfall in den Dienstbereich eines anderen öffentlich-rechtlichen Dienstherrn versetzt worden, so richten sich die Ansprüche gegen diesen; das Gleiche gilt in den Fällen des gesetzlichen Übertritts oder der Übernahme bei der Umbildung von Körperschaften. [3] Satz 2 gilt in den Fällen, in denen der Beamte aus dem Dienstbereich eines öffentlich-rechtlichen Dienstherrn außerhalb des Geltungsbereichs dieses Gesetzes zu einem Dienstherrn im Geltungsbereich dieses Gesetzes versetzt wird, mit der Maßgabe, dass dieses Gesetz angewendet wird.

(2) [1] Weitergehende Ansprüche auf Grund allgemeiner gesetzlicher Vorschriften können gegen einen öffentlich-rechtlichen Dienstherrn im Bundesgebiet oder gegen die in seinem Dienst stehenden Personen nur dann geltend gemacht werden, wenn der Dienstunfall

1. durch eine vorsätzliche unerlaubte Handlung einer solchen Person verursacht worden oder
2. bei der Teilnahme am allgemeinen Verkehr eingetreten ist.

[2] Im Fall des Satzes 1 Nummer 2 sind Leistungen, die dem Beamten und seinen Hinterbliebenen nach diesem Gesetz gewährt werden, auf die weitergehenden Ansprüche anzurechnen; der Dienstherr, der Leistungen nach diesem Gesetz gewährt, hat keinen Anspruch auf Ersatz dieser Leistungen gegen einen anderen öffentlich-rechtlichen Dienstherrn im Bundesgebiet.

(3) Ersatzansprüche gegen andere Personen bleiben unberührt.

(4) [1] Auf laufende und einmalige Geldleistungen, die nach diesem Gesetz wegen eines Körper-, Sach- oder Vermögensschadens gewährt werden, sind Geldleistungen anzurechnen, die wegen desselben Schadens von anderer Seite erbracht werden. [2] Hierzu gehören insbesondere Geldleistungen, die von Drittstaaten oder von

---

1) § 46 Abs. 2 Satz 1 einl. Satzteil und Satz 2 2. Halbsatz geänd. mWv 12.2.2009 durch G v. 15.3.2012 (BGBl. I S. 462); Abs. 1 Satz 3 angef. mWv 11.1.2017 durch G v. 5.1.2017 (BGBl. I S. 17); Abs. 2 Satz 2 geänd. mWv 1.1.2020 durch G v. 9.12.2019 (BGBl. I S. 2053).

zwischenstaatlichen oder überstaatlichen Einrichtungen gewährt oder veranlasst werden. [3] Nicht anzurechnen sind Leistungen privater Schadensversicherungen, die auf Beiträgen der Beamten oder anderen Angehörigen des öffentlichen Dienstes beruhen; dies gilt nicht in den Fällen des § 32.

§ 46a (weggefallen)

Abschnitt 6.[1)] Übergangsgeld, Ausgleich

§ 47[2)] Übergangsgeld. (1) [1] Ein Beamter mit Dienstbezügen, der nicht auf eigenen Antrag entlassen wird, erhält als Übergangsgeld nach vollendeter einjähriger Beschäftigungszeit das Einfache und bei längerer Beschäftigungszeit für jedes weitere volle Jahr ihrer Dauer die Hälfte, insgesamt höchstens das Sechsfache der Dienstbezüge (§ 1 Absatz 2 Nummer 1 bis 4 des Bundesbesoldungsgesetzes[3)]) des letzten Monats. [2] § 5 Absatz 1 Satz 2 gilt entsprechend. [3] Das Übergangsgeld wird auch dann gewährt, wenn der Beamte im Zeitpunkt der Entlassung ohne Dienstbezüge beurlaubt war. [4] Maßgebend sind die Dienstbezüge, die der Beamte im Zeitpunkt der Entlassung erhalten hätte.

(2) [1] Als Beschäftigungszeit gilt die Zeit ununterbrochener hauptberuflicher entgeltlicher Tätigkeit im Dienste desselben Dienstherrn oder der Verwaltung, deren Aufgaben der Dienstherr übernommen hat, sowie im Falle der Versetzung die entsprechende Zeit im Dienste des früheren Dienstherrn; die vor einer Beurlaubung ohne Dienstbezüge liegende Beschäftigungszeit wird mit berücksichtigt. [2] Zeiten mit einer Ermäßigung der regelmäßigen Arbeitszeit sind nur zu dem Teil anzurechnen, der dem Verhältnis der ermäßigten zur regelmäßigen Arbeitszeit entspricht.

(3) Das Übergangsgeld wird nicht gewährt, wenn

1. der Beamte wegen eines Verhaltens im Sinne der §§ 31, 32 Absatz 1 Nummer 1 und 3, Absatz 2, § 34 Absatz 1 Satz 1 Nummer 1 und § 40 Absatz 2 des Bundesbeamtengesetzes[4)] entlassen wird oder
2. ein Unterhaltsbeitrag nach § 15 bewilligt wird oder
3. die Beschäftigungszeit als ruhegehaltfähige Dienstzeit angerechnet wird oder
4. der Beamte mit der Berufung in ein Richterverhältnis oder mit der Ernennung zum Beamten auf Zeit entlassen wird.

(4) [1] Das Übergangsgeld wird in Monatsbeträgen für die der Entlassung folgende Zeit wie die Dienstbezüge gezahlt. [2] Es ist längstens bis zum Ende des Monats zu zahlen, in dem der Beamte die für sein Beamtenverhältnis bestimmte gesetzliche Altersgrenze erreicht hat. [3] Beim Tode des Empfängers ist der noch nicht ausgezahlte Betrag den Hinterbliebenen in einer Summe zu zahlen.

(5) Bezieht der entlassene Beamte Erwerbs- oder Erwerbsersatzeinkommen im Sinne des § 53 Absatz 7, verringert sich das Übergangsgeld um den Betrag dieser Einkünfte.

§ 47a[5)] Übergangsgeld für entlassene politische Beamte. (1) [1] Ein Beamter, der aus einem Amt im Sinne des § 54 des Bundesbeamtengesetzes[4)] nicht auf

[1)] 6. Abschnitt Überschrift geänd. mWv 1.1.2020 durch G v. 9.12.2019 (BGBl. I S. 2053).
[2)] § 47 Abs. 3 Nr. 1 geänd. mWv 22.3.2012 durch G v. 15.3.2012 (BGBl. I S. 462).
[3)] Nr. **230**.
[4)] Nr. **160**.
[5)] § 47a Abs. 1 Satz 1 geänd. mWv 1.1.2020 durch G v. 9.12.2019 (BGBl. I S. 2053).

eigenen Antrag entlassen wird, erhält ein Übergangsgeld in Höhe von 71,75 Prozent der ruhegehaltfähigen Dienstbezüge aus der Endstufe der Besoldungsgruppe, in der er sich zur Zeit seiner Entlassung befunden hat. [2] § 4 des Bundesbesoldungsgesetzes[1)] gilt entsprechend.

(2) Das Übergangsgeld wird für die Dauer der Zeit, die der Beamte das Amt, aus dem er entlassen worden ist, innehatte, mindestens für die Dauer von sechs Monaten, längstens für die Dauer von drei Jahren, gewährt.

(3) § 47 Absatz 3 Nummer 1 bis 4 und Absatz 4 gilt entsprechend.

(4) Bezieht der entlassene Beamte Erwerbs- oder Erwerbsersatzeinkommen im Sinne des § 53 Absatz 7, so verringern sich die in entsprechender Anwendung des § 4 des Bundesbesoldungsgesetzes fortgezahlten Bezüge und das Übergangsgeld um den Betrag dieser Einkünfte; § 63 Nummer 10 findet keine Anwendung.

§ 48 Ausgleich bei besonderen Altersgrenzen. (1) [1] Beamte des Vollzugsdienstes, Beamte des Einsatzdienstes der Feuerwehr und Beamte im Flugverkehrskontrolldienst, die vor Vollendung des 67. Lebensjahres wegen Erreichens der besonderen Altersgrenze in den Ruhestand treten, erhalten neben dem Ruhegehalt einen Ausgleich in Höhe des Fünffachen der Dienstbezüge (§ 1 Absatz 2 Nummer 1, 3 und 4 des Bundesbesoldungsgesetzes[1)]) des letzten Monats, jedoch nicht über 4 091 Euro. [2] Dieser Betrag verringert sich um jeweils ein Fünftel für jedes Jahr, das über die besondere Altersgrenze hinaus abgeleistet wird. [3] § 5 Absatz 1 Satz 2 gilt entsprechend. [4] Der Ausgleich ist bei Eintritt in den Ruhestand in einer Summe zu zahlen. [5] Der Ausgleich wird nicht neben einer einmaligen (Unfall-)Entschädigung im Sinne des § 43 gewährt.

(2) [1] Schwebt zum Zeitpunkt des Eintritts in den Ruhestand gegen den Beamten ein Verfahren auf Rücknahme der Ernennung oder ein Verfahren, das nach § 41 Absatz 1 des Bundesbeamtengesetzes[2)] zum Verlust der Beamtenrechte führen könnte, oder ist gegen den Beamten Disziplinarklage erhoben worden, darf der Ausgleich erst nach dem rechtskräftigen Abschluss des Verfahrens und nur gewährt werden, wenn kein Verlust der Versorgungsbezüge eingetreten ist. [2] Die disziplinarrechtlichen Vorschriften bleiben unberührt.

(3) Der Ausgleich wird im Falle der Bewilligung von Urlaub bis zum Eintritt in den Ruhestand nach § 95 Absatz 1 Nummer 2 des Bundesbeamtengesetzes nicht gewährt.

Abschnitt 7.[3)] Gemeinsame Vorschriften

§ 49[4)] Festsetzung und Zahlung der Versorgungsbezüge, Versorgungsauskunft. (1) [1] Die oberste Dienstbehörde setzt die Versorgungsbezüge fest, bestimmt die Person des Zahlungsempfängers und entscheidet über die Berücksichtigung von Zeiten als ruhegehaltfähige Dienstzeit sowie über die Bewilligung von Versorgungsbezügen auf Grund von Kannvorschriften. [2] Sie kann diese Befugnisse

---

1) Nr. **230**.

2) Nr. **160**.

3) 7. Abschnitt Überschrift geänd. mWv 1.1.2020 durch G v. 9.12.2019 (BGBl. I S. 2053).

4) § 49 Abs. 7 Satz 2 geänd. mWv 1.9.2013 durch G v. 6.6.2013 (BGBl. I S. 1482); Abs. 2 Satz 2 neu gef., Sätze 3 und 4 angef. mWv 11.1.2017 durch G v. 5.1.2017 (BGBl. I S. 17); Überschrift neu gef., Abs. 1 Satz 2 und Abs. 3 geänd. mWv 1.1.2020 durch G v. 9.12.2019 (BGBl. I S. 2053); Abs. 10 Satz 1 neu gef. mWv 1.8.2021 durch G v. 28.6.2021 (BGBl. I S. 2250).

im Einvernehmen mit dem Bundesministerium des Innern, für Bau und Heimat auf andere Stellen übertragen.[1)]

(2) [1]Entscheidungen über die Bewilligung von Versorgungsbezügen auf Grund von Kannvorschriften dürfen erst beim Eintritt des Versorgungsfalles getroffen werden; vorherige Zusicherungen sind unwirksam. [2]Bei der Einstellung eines Beamten des Bundes ist auf Antrag zu entscheiden, ob ruhegehaltfähige Zeiten nach § 10 vorliegen und Zeiten auf Grund der §§ 11 und 12 als ruhegehaltfähig berücksichtigt werden können. [3]Satz 2 gilt für die Versetzung eines Beamten von einem anderen Dienstherrn in den Dienst des Bundes entsprechend. [4]Die Entscheidungen stehen unter dem Vorbehalt des Gleichbleibens der Sach- und Rechtslage, die diesen Entscheidungen zugrunde liegt.

(3) Entscheidungen in versorgungsrechtlichen Angelegenheiten, die eine grundsätzliche, über den Einzelfall hinausgehende Bedeutung haben, sind von dem für das Versorgungsrecht zuständigen Ministerium zu treffen.

(4) Die Versorgungsbezüge sind, soweit nichts anderes bestimmt ist, für die gleichen Zeiträume und im gleichen Zeitpunkt zu zahlen wie die Dienstbezüge der Beamten.

(5) Werden Versorgungsbezüge nach dem Tag der Fälligkeit gezahlt, so besteht kein Anspruch auf Verzugszinsen.

(6) Hat ein Versorgungsberechtigter seinen Wohnsitz oder dauernden Aufenthalt außerhalb des Geltungsbereichs dieses Gesetzes, so kann die oberste Dienstbehörde oder die von ihr bestimmte Stelle die Zahlung der Versorgungsbezüge von der Bestellung eines Empfangsbevollmächtigten im Geltungsbereich dieses Gesetzes abhängig machen.

(7) [1]Für die Zahlung der Versorgungsbezüge hat der Empfänger auf Verlangen der zuständigen Behörde ein Konto anzugeben oder einzurichten, auf das die Überweisung erfolgen kann. [2]Die Übermittlungskosten mit Ausnahme der Kosten für die Gutschrift auf dem Konto des Empfängers trägt die die Versorgungsbezüge zahlende Stelle; bei einer Überweisung der Versorgungsbezüge auf ein im Ausland geführtes Konto trägt der Versorgungsempfänger die Kosten und die Gefahr der Übermittlung der Versorgungsbezüge sowie die Kosten einer Meldung nach § 11 Absatz 2 des Außenwirtschaftsgesetzes in Verbindung mit einer auf Grund dieser Vorschrift erlassenen Rechtsverordnung. [3]Die Kontoeinrichtungs-, Kontoführungs- oder Buchungsgebühren trägt der Empfänger. [4]Eine Auszahlung auf andere Weise kann nur zugestanden werden, wenn dem Empfänger die Einrichtung oder Benutzung eines Kontos aus wichtigem Grund nicht zugemutet werden kann.

(8) [1]Bei der Berechnung von Versorgungsbezügen sind die sich ergebenden Bruchteile eines Cents unter 0,5 abzurunden und ab 0,5 aufzurunden. [2]Zwischenrechnungen werden jeweils auf zwei Dezimalstellen durchgeführt. [3]Jeder Versorgungsbestandteil ist einzeln zu runden. [4]Abweichend von den Sätzen 1 und 2 sind bei der Berechnung von Leistungen nach den §§ 50a bis 50d die Regelungen des § 121 des Sechsten Buches Sozialgesetzbuch[2)] anzuwenden.

(9) Beträge von weniger als fünf Euro sind nur auf Verlangen des Empfangsberechtigten auszuzahlen.

[1)] Siehe die Beamtenversorgungs-ZuständigkeitsAnO **(Bundesbeamtengesetze Nr. 80.2)**, die BMVg-Beamtenversorgungs-ZuständigkeitsAnO v. 30.9.2013 (BGBl. I S. 3739), geänd. durch AO v. 3.3. 2016 (BGBl. I S. 516) sowie die ZOVers Deutsche Post AG v. 10.11.2008 (BGBl. I S. 2327), aufgeh. mit Ablauf des 31.12.2015 durch AO v. 18.10.2017 (BGBl. I S. 3615).

[2)] **Aichberger, SGB Nr. 6.**

(10) [1]Die zuständige Dienstbehörde hat dem Beamten auf schriftlichen oder elektronischen Antrag eine Auskunft zum Anspruch auf Versorgungsbezüge nach der Sach- und Rechtslage zum Zeitpunkt der Auskunftserteilung zu erteilen. [2]Die Auskunft steht unter dem Vorbehalt künftiger Sach- und Rechtsänderungen sowie der Richtigkeit und Vollständigkeit der zugrunde liegenden Daten.

§ 50[1)] Familienzuschlag und Ausgleichsbetrag. (1) [1]Auf den Familienzuschlag finden die für die Beamten geltenden Vorschriften des Besoldungsrechts Anwendung. [2]Der Unterschiedsbetrag zwischen Stufe 1 und der nach dem Besoldungsrecht in Betracht kommenden Stufe des Familienzuschlags wird nach Anwendung des Faktors nach § 5 Absatz 1 Satz 1 neben dem Ruhegehalt gezahlt. [3]Er wird unter Berücksichtigung der nach den Verhältnissen des Beamten oder Ruhestandsbeamten für die Stufen des Familienzuschlags in Betracht kommenden Kinder neben dem Witwengeld gezahlt, soweit die Witwe Anspruch auf Kindergeld für diese Kinder hat oder ohne Berücksichtigung der §§ 64, 65 des Einkommensteuergesetzes oder der §§ 3, 4 des Bundeskindergeldgesetzes[2)] haben würde; soweit hiernach ein Anspruch auf den Unterschiedsbetrag nicht besteht, wird er neben dem Waisengeld gezahlt, wenn die Waise bei den Stufen des Familienzuschlags zu berücksichtigen ist oder zu berücksichtigen wäre, wenn der Beamte oder Ruhestandsbeamte noch lebte. [4]Sind mehrere Anspruchsberechtigte vorhanden, wird der Unterschiedsbetrag auf die Anspruchsberechtigten nach der Zahl der auf sie entfallenden Kinder zu gleichen Teilen aufgeteilt. [5]§ 40 Absatz 7 des Bundesbesoldungsgesetzes[3)] gilt entsprechend.

(2) (weggefallen)

(3) [1]Neben dem Waisengeld wird ein Ausgleichsbetrag gezahlt, der dem Betrag für das erste Kind nach § 66 Absatz 1 des Einkommensteuergesetzes entspricht, wenn in der Person der Waise die Voraussetzungen des § 32 Absatz 1 bis 5 des Einkommensteuergesetzes erfüllt sind, Ausschlussgründe nach § 65 des Einkommensteuergesetzes nicht vorliegen, keine Person vorhanden ist, die nach § 62 des Einkommensteuergesetzes oder nach § 1 des Bundeskindergeldgesetzes anspruchsberechtigt ist, und die Waise keinen Anspruch auf Kindergeld nach § 1 Absatz 2 des Bundeskindergeldgesetzes hat. [2]Der Ausgleichsbetrag gilt für die Anwendung der §§ 53 und 54 nicht als Versorgungsbezug. [3]Im Falle des § 54 wird er nur zu den neuen Versorgungsbezügen gezahlt.

§ 50a[4)] Kindererziehungszuschlag. (1) [1]Das Ruhegehalt erhöht sich für jeden Monat einer dem Beamten zuzuordnenden Kindererziehungszeit um einen Kindererziehungszuschlag. [2]Dies gilt nicht, wenn der Beamte wegen der Erziehung des Kindes in der gesetzlichen Rentenversicherung versicherungspflichtig (§ 3 Satz 1 Nummer 1 Sechstes Buch Sozialgesetzbuch[5)]) war und die allgemeine Wartezeit für eine Rente der gesetzlichen Rentenversicherung erfüllt ist. [3]§ 249 Absatz 4 bis 6 und § 249a des Sechsten Buches Sozialgesetzbuch gelten entsprechend.

[1)] § 50 Überschr. neu gef., Abs. 4 und 5 aufgeh. mWv 1.1.2011 durch G v. 5.2.2009 (BGBl. I S. 160); Abs. 1 Satz 1 geänd., Satz 2 neu gef., Satz 5 angef. mWv 1.1.2020 durch G v. 9.12.2019 (BGBl. I S. 2053).

[2)] **Schönfelder ErgBd. Nr. 45b.**

[3)] Nr. **230**.

[4)] § 50a Abs. 8 Satz 2 geänd. mWv 1.7.2014 durch G v. 5.1.2017 (BGBl. I S. 17); Abs. 1 Satz 1, Abs. 2 und Abs. 7 Satz 1 neu gef., Abs. 1 Satz 3 angef., Abs. 8 aufgeh. mWv 1.9.2020 durch G v. 9.12.2019 (BGBl. I S. 2053).

[5)] **Aichberger, SGB Nr. 6.**

(2) [1] Die Kindererziehungszeit beginnt mit dem ersten Kalendermonat, der auf die Geburt folgt, und endet

1. für ein vor dem 1. Januar 1992 geborenes Kind nach 30 Kalendermonaten,
2. für ein nach dem 31. Dezember 1991 geborenes Kind nach 36 Kalendermonaten.

[2] Die Kindererziehungszeit endet vorzeitig mit dem

1. Tod des Kindes,
2. Eintritt oder der Versetzung des Anspruchsberechtigten in den Ruhestand,
3. Tod des Anspruchsberechtigten oder
4. Wechsel der Zuordnung der Erziehungszeit zu einem anderen Elternteil.

[3] Wird während einer Kindererziehungszeit vom erziehenden Elternteil ein weiteres Kind erzogen, für das dem erziehenden Elternteil eine Kindererziehungszeit zuzuordnen ist, wird die Kindererziehungszeit für dieses und jedes weitere Kind um die Anzahl der Kalendermonate der gleichzeitigen Erziehung verlängert.

(3) Für die Zuordnung der Kindererziehungszeit zu einem Elternteil (§ 56 Absatz 1 Satz 1 Nummer 3 und Absatz 3 Nummer 2 und 3 Erstes Buch Sozialgesetzbuch[1)]) gilt § 56 Absatz 2 des Sechsten Buches Sozialgesetzbuch entsprechend.

(4) Die Höhe des Kindererziehungszuschlags entspricht für jeden Monat der Kindererziehungszeit dem in § 70 Absatz 2 Satz 1 des Sechsten Buches Sozialgesetzbuch bestimmten Bruchteil des aktuellen Rentenwerts.

(5) [1] Der um den Kindererziehungszuschlag erhöhte Betrag, der sich unter Berücksichtigung der ruhegehaltfähigen Dienstbezüge und der auf die Kindererziehungszeit entfallenden ruhegehaltfähigen Dienstzeit als Ruhegehalt ergeben würde, darf die Höchstgrenze nicht übersteigen. [2] Als Höchstgrenze gilt der Betrag, der sich unter Berücksichtigung des aktuellen Rentenwerts nach dem Sechsten Buch Sozialgesetzbuch und des auf die Jahre der Kindererziehungszeit entfallenden Höchstwerts an Entgeltpunkten in der Rentenversicherung nach Anlage 2b zum Sechsten Buch Sozialgesetzbuch als Rente ergeben würde.

(6) Das um den Kindererziehungszuschlag erhöhte Ruhegehalt darf nicht höher sein als das Ruhegehalt, das sich unter Berücksichtigung des Höchstruhegehaltssatzes und der ruhegehaltfähigen Dienstbezüge aus der Endstufe der Besoldungsgruppe, aus der sich das Ruhegehalt berechnet, ergeben würde.

(7) [1] Der Kindererziehungszuschlag gilt als Teil des Ruhegehalts. [2] Auf das Mindestruhegehalt ist die Erhöhung nach Absatz 1 nicht anzuwenden.

§ 50b Kindererziehungsergänzungszuschlag. (1) [1] Das Ruhegehalt erhöht sich um einen Kindererziehungsergänzungszuschlag, wenn

1. nach dem 31. Dezember 1991 liegende Zeiten der Erziehung eines Kindes bis zur Vollendung des zehnten Lebensjahres oder Zeiten der nichterwerbsmäßigen Pflege eines pflegebedürftigen Kindes (§ 3 Sechstes Buch Sozialgesetzbuch[2)]) bis zur Vollendung des 18. Lebensjahres
   a) mit entsprechenden Zeiten für ein anderes Kind zusammentreffen oder
   b) mit Zeiten im Beamtenverhältnis, die als ruhegehaltfähig berücksichtigt werden, oder Zeiten nach § 50d Absatz 1 Satz 1 zusammentreffen,

---

[1)] **Sartorius ErgBd. Nr. 401.**
[2)] **Aichberger, SGB Nr. 6.**

2. für diese Zeiten kein Anspruch nach § 70 Absatz 3a Satz 2 des Sechsten Buches Sozialgesetzbuch besteht und
3. dem Beamten die Zeiten nach § 50a Absatz 3 zuzuordnen sind.

[2] Der Kindererziehungsergänzungszuschlag wird nicht für Zeiten gewährt, für die ein Kindererziehungszuschlag zusteht.

(2) Die Höhe des Kindererziehungsergänzungszuschlags entspricht für jeden angefangenen Monat, in dem die Voraussetzungen nach Absatz 1 erfüllt waren,
1. im Fall von Absatz 1 Nummer 1 Buchstabe a dem in § 70 Absatz 3a Satz 2 Buchstabe b des Sechsten Buches Sozialgesetzbuch bestimmten Bruchteil des aktuellen Rentenwerts,
2. im Fall von Absatz 1 Nummer 1 Buchstabe b einem Bruchteil in Höhe von 0,0208 des aktuellen Rentenwerts.

(3) [1] § 50a Absatz 5 gilt entsprechend mit der Maßgabe, dass in Satz 1 neben den Kindererziehungszuschlag der Kindererziehungsergänzungszuschlag und eine Leistung nach § 50d Absatz 1 sowie bei der Ermittlung der Höchstgrenze an die Stelle des in Satz 2 genannten Höchstwerts an Entgeltpunkten für jeden Monat der Zeiten nach den §§ 50a und 50b der in § 70 Absatz 2 Satz 1 des Sechsten Buches Sozialgesetzbuch bestimmte Bruchteil des aktuellen Rentenwerts tritt. [2] § 50a Absatz 6 und 7 gilt entsprechend.

§ 50c[1)] Kinderzuschlag zum Witwengeld. (1) [1] Das Witwengeld nach § 20 Absatz 1 erhöht sich für jeden Monat einer nach § 50a Absatz 3 zuzuordnenden Kindererziehungszeit bis zum Ablauf des Monats, in dem das Kind das dritte Lebensjahr vollendet hat, um einen Kinderzuschlag. [2] Der Zuschlag ist Bestandteil der Versorgung. [3] Satz 1 gilt nicht bei Bezügen nach § 20 Absatz 1 in Verbindung mit § 14 Absatz 4 Satz 2.

(2) [1] War die Kindererziehungszeit dem vor Vollendung des dritten Lebensjahres des Kindes Verstorbenen zugeordnet, erhalten Witwen und Witwer den Kinderzuschlag anteilig mindestens für die Zeit, die bis zum Ablauf des Monats, in dem das Kind das dritte Lebensjahr vollendet hat, fehlt. [2] Stirbt ein Beamter vor der Geburt des Kindes, sind der Berechnung des Kinderzuschlags 36 Kalendermonate zugrunde zu legen, wenn das Kind innerhalb von 300 Tagen nach dem Tod geboren wird. [3] Ist das Kind später geboren, wird der Zuschlag erst nach Ablauf des in § 50a Absatz 2 Satz 1 genannten Zeitraums gewährt. [4] Verstirbt das Kind vor der Vollendung des dritten Lebensjahres, ist der Kinderzuschlag anteilig zu gewähren.

(3) Die Höhe des Kinderzuschlags entspricht für jeden Monat der Kindererziehungszeit, in dem die Voraussetzungen des Absatzes 1 erfüllt waren, 55 Prozent des in § 78a Absatz 1 Satz 3 des Sechsten Buches Sozialgesetzbuch[2)] bestimmten Bruchteils des aktuellen Rentenwerts.

(4) § 50a Absatz 7 Satz 1 gilt entsprechend.

§ 50d Pflege- und Kinderpflegeergänzungszuschlag. (1) [1] War ein Beamter nach § 3 Satz 1 Nummer 1a des Sechsten Buches Sozialgesetzbuch[2)] versicherungspflichtig, weil er einen Pflegebedürftigen nicht erwerbsmäßig gepflegt hat, erhält er für die Zeit der Pflege einen Pflegezuschlag zum Ruhegehalt. [2] Dies gilt nicht, wenn die allgemeine Wartezeit in der gesetzlichen Rentenversicherung erfüllt ist.

[1)] § 50c Abs. 3 geänd. mWv 1.1.2020 durch G v. 9.12.2019 (BGBl. I S. 2053).
[2)] **Aichberger, SGB Nr. 6.**

(2) [1]Hat ein Beamter ein ihm nach § 50a Absatz 3 zuzuordnendes pflegebedürftiges Kind nicht erwerbsmäßig gepflegt (§ 3 Sechstes Buch Sozialgesetzbuch), erhält er neben dem Pflegezuschlag einen Kinderpflegeergänzungszuschlag. [2]Dieser wird längstens für die Zeit bis zur Vollendung des 18. Lebensjahres des pflegebedürftigen Kindes und nicht neben einem Kindererziehungsergänzungszuschlag oder einer Leistung nach § 70 Absatz 3a des Sechsten Buches Sozialgesetzbuch gewährt.

(3) [1]Die Höhe des Pflegezuschlags ergibt sich aus der Vervielfältigung der nach § 166 Absatz 2 in Verbindung mit § 70 Absatz 1 des Sechsten Buches Sozialgesetzbuch für die Zeit der Pflege nach Absatz 1 ermittelten Entgeltpunkte mit dem aktuellen Rentenwert. [2]Die Höhe des Kinderpflegeergänzungszuschlags ergibt sich aus dem in § 70 Absatz 3a Satz 2 Buchstabe a und Satz 3 des Sechsten Buches Sozialgesetzbuch bestimmten Bruchteil des aktuellen Rentenwerts.

(4) [1]§ 50a Absatz 5 bis 7 gilt entsprechend. [2]§ 50a Absatz 5 gilt bei der Anwendung des Absatzes 2 mit der Maßgabe, dass bei der Ermittlung der Höchstgrenze an die Stelle des in Satz 2 genannten Höchstwerts an Entgeltpunkten für jeden Monat berücksichtigungsfähiger Kinderpflegezeit der in § 70 Absatz 2 Satz 1 des Sechsten Buches Sozialgesetzbuch bestimmte Bruchteil des aktuellen Rentenwerts tritt.

§ 50e[1)] Vorübergehende Gewährung von Zuschlägen. (1) [1]Versorgungsempfänger, die vor Erreichen der Regelaltersgrenze nach § 51 Absatz 1 und 2 des Bundesbeamtengesetzes[2)] in den Ruhestand treten, erhalten vorübergehend Leistungen entsprechend den §§ 50a, 50b und 50d, wenn

1. bis zum Beginn des Ruhestandes die allgemeine Wartezeit für eine Rente der gesetzlichen Rentenversicherung erfüllt ist,
2. a) sie wegen Dienstunfähigkeit im Sinne des § 44 Absatz 1 des Bundesbeamtengesetzes in den Ruhestand versetzt worden sind oder
   b) sie wegen Erreichens einer besonderen Altersgrenze in den Ruhestand getreten sind,
3. entsprechende Leistungen nach dem Sechsten Buch Sozialgesetzbuch[3)] dem Grunde nach zustehen, jedoch vor dem Erreichen der maßgebenden Altersgrenze noch nicht gewährt werden,
4. sie einen Ruhegehaltssatz von 66,97 Prozent noch nicht erreicht haben,
5. sie kein Erwerbs- oder Erwerbsersatzeinkommen nach § 53 Absatz 7 beziehen, das im Durchschnitt des Kalenderjahres 525 Euro monatlich übersteigt.

[2]Durch die Leistung nach Satz 1 darf der Betrag nicht überschritten werden, der sich bei Berechnung des Ruhegehalts mit einem Ruhegehaltssatz von 66,97 Prozent ergibt.

(2) [1]Die Leistung entfällt spätestens mit Ablauf des Monats, in dem der Versorgungsempfänger die Regelaltersgrenze nach § 51 Absatz 1 und 2 des Bundesbeamtengesetzes erreicht. [2]Sie endet vorher, wenn der Versorgungsempfänger

---

[1)] § 50e Abs. 1 Satz 1 Nr. 5 und Abs. 2 Satz Nr. 2 geänd. mWv 1.1.2013 durch G v. 11.6.2013 (BGBl. I S. 1514); Abs. 1 Satz 1 Nr 5 neu gef., Abs. 2 Satz 2 Nr. 2 geänd. mWv 1.1.2016 durch G v. 5.1.2017 (BGBl. I S. 17); Abs. 1 Satz 1 Nr. 4 und Satz 2 geänd. mWv 1.1.2020 durch G v. 9.12.2019 (BGBl. I S. 2053).

[2)] Nr. **160**.

[3)] **Aichberger, SGB Nr. 6.**

1. eine Versichertenrente der gesetzlichen Rentenversicherung bezieht, mit Ablauf des Tages vor dem Beginn der Rente, oder
2. ein Erwerbseinkommen (§ 53 Absatz 7 Satz 1 und 2) bezieht, das im Durchschnitt des Kalenderjahres 525 Euro monatlich übersteigt, mit Ablauf des Tages vor Beginn der Erwerbstätigkeit.

(3) [1] Die Leistung wird auf Antrag gewährt. [2] Anträge, die innerhalb von drei Monaten nach Eintritt des Beamten in den Ruhestand gestellt werden, gelten als zum Zeitpunkt des Ruhestandseintritts gestellt. [3] Wird der Antrag zu einem späteren Zeitpunkt gestellt, so wird die Leistung vom Beginn des Antragsmonats an gewährt.

§ 50f[1) 2)] Abzug für Pflegeleistungen. [1] Die zu zahlenden Versorgungsbezüge vermindern sich um den hälftigen Prozentsatz nach § 55 Absatz 1 Satz 1 des Elften Buches Sozialgesetzbuch[3)], sofern eine Beihilfeberechtigung nach § 2 der Bundesbeihilfeverordnung[4)] besteht. [2] Versorgungsbezüge nach Satz 1 sind

1. Ruhegehalt, Witwengeld, Waisengeld, Unterhaltsbeitrag zuzüglich des Unterschiedsbetrages nach § 50 Absatz 1 Satz 2 bis 4,
2. Leistungen nach § 4 Absatz 2 Nummer 3 bis 7 des Gesetzes über die Gewährung einer jährlichen Sonderzuwendung in der Fassung der Bekanntmachung vom 15. Dezember 1998 (BGBl. I S. 3642), das zuletzt durch Artikel 18 des Gesetzes vom 10. September 2003 (BGBl. I S. 1798) geändert worden ist.

[3] Die Verminderung darf den Betrag, der sich aus dem hälftigen Prozentsatz nach § 55 Absatz 1 Satz 1 des Elften Buches Sozialgesetzbuch des zwölften Teils der jährlichen Beitragsbemessungsgrenze in der Pflegeversicherung (§ 55 Absatz 2 des Elften Buches Sozialgesetzbuch) errechnet, nicht übersteigen.

§ 51 Abtretung, Verpfändung, Aufrechnungs- und Zurückbehaltungsrecht. (1) Ansprüche auf Versorgungsbezüge können, wenn gesetzlich nichts anderes bestimmt ist, nur insoweit abgetreten oder verpfändet werden, als sie der Pfändung unterliegen.

(2) [1] Gegenüber Ansprüchen auf Versorgungsbezüge kann der Dienstherr ein Aufrechnungs- oder Zurückbehaltungsrecht nur in Höhe des pfändbaren Teils der Versorgungsbezüge geltend machen. [2] Dies gilt nicht, soweit gegen den Versorgungsberechtigten ein Anspruch auf Schadenersatz wegen vorsätzlicher unerlaubter Handlung besteht.

(3) [1] Ansprüche auf Sterbegeld (§ 18), auf Erstattung der Kosten des Heilverfahrens (§ 33) und der Pflege (§ 34), auf Unfallausgleich (§ 35) sowie auf eine einmalige Unfallentschädigung (§ 43) und auf Schadensausgleich in besonderen Fällen (§ 43a) können weder gepfändet noch abgetreten noch verpfändet werden. [2] Forderungen des Dienstherrn gegen den Verstorbenen aus Vorschuss- oder Darlehensgewährungen sowie aus Überzahlungen von Dienst- oder Versorgungsbezügen können auf das Sterbegeld angerechnet werden.

[1)] § 50f Satz 2 Nr. 2 aufgeh., bish. Nr. 3 wird Nr. 2 und geänd. mWv 22.3.2012 durch G v. 15.3.2012 (BGBl. I S. 462); Sätze 1 und 3 geänd. mWv 1.1.2020 durch G v. 9.12.2019 (BGBl. I S. 2053); Satz 1 geänd. mWv 1.8.2021 durch G v. 28.6.2021 (BGBl. I S. 2250).

[2)] Siehe hierzu auch die Durchführungshinweise des BMI **(Bundesbeamtengesetze Nr. 80.4)**.

[3)] **Aichberger, SGB Nr. 11.**

[4)] **Bundesbeamtengesetze Nr. 48.**

§ 52 Rückforderung von Versorgungsbezügen. (1) Wird ein Versorgungsberechtigter durch eine gesetzliche Änderung seiner Versorgungsbezüge mit rückwirkender Kraft schlechter gestellt, so sind die Unterschiedsbeträge nicht zu erstatten.

(2) [1] Im Übrigen regelt sich die Rückforderung zuviel gezahlter Versorgungsbezüge nach den Vorschriften des Bürgerlichen Gesetzbuchs[1)] über die Herausgabe einer ungerechtfertigten Bereicherung, soweit gesetzlich nichts anderes bestimmt ist. [2] Der Kenntnis des Mangels des rechtlichen Grundes der Zahlung steht es gleich, wenn der Mangel so offensichtlich war, dass der Empfänger ihn hätte erkennen müssen. [3] Von der Rückforderung kann aus Billigkeitsgründen mit Zustimmung der obersten Dienstbehörde oder der von ihr bestimmten Stelle ganz oder teilweise abgesehen werden.

(3) [1] Die Rückforderung von Beträgen von weniger als fünf Euro unterbleibt. [2] Treffen mehrere Einzelbeträge zusammen, gilt die Grenze für die Gesamtrückforderung.

(4) § 118 Absatz 3 bis 5 des Sechsten Buches Sozialgesetzbuch[2)] gilt entsprechend.

§ 53[3)] Zusammentreffen von Versorgungsbezügen mit Erwerbs- und Erwerbsersatzeinkommen. (1) [1] Bezieht ein Versorgungsberechtigter Erwerbs- oder Erwerbsersatzeinkommen (Absatz 7), erhält er daneben seine Versorgungsbezüge nur bis zum Erreichen der in Absatz 2 bezeichneten Höchstgrenze. [2] Satz 1 ist nicht auf Empfänger von Waisengeld anzuwenden.

(2) Als Höchstgrenze gelten

1. für Ruhestandsbeamte und Witwen die ruhegehaltfähigen Dienstbezüge aus der Endstufe der Besoldungsgruppe, aus der sich das Ruhegehalt berechnet, mindestens ein Betrag in Höhe des Eineinhalbfachen der jeweils ruhegehaltfähigen Dienstbezüge aus der Endstufe der Besoldungsgruppe A 4, zuzüglich des jeweils zustehenden Unterschiedsbetrages nach § 50 Absatz 1,
2. *(aufgehoben)*
3. für Ruhestandsbeamte, die wegen Dienstunfähigkeit, die nicht auf einem Dienstunfall beruht, oder nach § 52 Absatz 1 und 2 des Bundesbeamtengesetzes[4)] in den Ruhestand getreten sind, bis zum Ablauf des Monats, in dem die Regelaltersgrenze nach § 51 Absatz 1 und 2 des Bundesbeamtengesetzes erreicht wird, 71,75 Prozent der ruhegehaltfähigen Dienstbezüge aus der Endstufe der Besoldungsgruppe, aus der sich das Ruhegehalt berechnet, mindestens ein Betrag in Höhe von 71,75 Prozent des Eineinhalbfachen der jeweils ruhegehaltfähigen Dienstbezüge aus der Endstufe der Besoldungsgruppe A 4, zuzüglich des jeweils zustehenden Unterschiedsbetrages nach § 50 Absatz 1 sowie eines Betrages von monatlich 525 Euro.

(3) (weggefallen)

[1)] **Schönfelder Nr. 20.**

[2)] **Aichberger, SGB Nr. 6.**

[3)] § 53 Abs. 2 Nr. 3 geänd. mWv 1.1.2013 durch G v. 11.6.2013 (BGBl. I S. 1514); Abs. 7 Satz 5 neu gef. mWv 1.1.2016 durch G v. 3.12.2015 (BGBl. I S. 2163); Abs. 1 Satz 2 angef., Abs. 2 Nr. 2 aufgeh., Nr. 3 und Abs. 5 Satz 3 geänd., Abs. 7 Sätze 2, 4 und 5 neu gef. mWv 1.1.2016 durch G v. 5.1.2017 (BGBl. I S. 17); Abs. 2 Nr. 3, Abs. 5 Sätze 1 und 2, Abs. 6 Satz 2, Abs. 8 Satz 4 und Abs. 10 geänd. mWv 1.1.2020 durch G v. 9.12.2019 (BGBl. I S. 2053); Abs. 7 Satz 4 neu gef., Satz 5 aufgeh. mWv 1.1.2021 durch G v. 28.6.2021 (BGBl. I S. 2250).

[4)] Nr. **160**.

(4) (weggefallen)

(5) [1]Dem Versorgungsberechtigten ist mindestens ein Betrag in Höhe von 20 Prozent seines jeweiligen Versorgungsbezuges (§ 2) zu belassen. [2]Satz 1 gilt nicht beim Bezug von Verwendungseinkommen, das mindestens aus derselben Besoldungsgruppe oder einer vergleichbaren Entgeltgruppe berechnet wird, aus der sich auch die ruhegehaltfähigen Dienstbezüge bestimmen. [3]Für sonstiges in der Höhe vergleichbares Verwendungseinkommen gelten Satz 2 und Absatz 7 Satz 4 entsprechend.

(6) [1]Bei der Ruhensberechnung für einen früheren Beamten oder früheren Ruhestandsbeamten, der Anspruch auf Versorgung nach § 38 hat, ist mindestens ein Betrag als Versorgung zu belassen, der unter Berücksichtigung seiner Minderung der Erwerbsfähigkeit infolge des Dienstunfalles dem Unfallausgleich entspricht. [2]Dies gilt nicht, wenn die Minderung der Erwerbsfähigkeit weniger als 25 Prozent beträgt oder wegen desselben Unfalls Grundrente nach dem Bundesversorgungsgesetz[1)] zusteht.

(7) [1]Erwerbseinkommen sind Einkünfte aus nichtselbständiger Arbeit einschließlich Abfindungen, aus selbständiger Arbeit sowie aus Gewerbebetrieb und aus Land- und Forstwirtschaft. [2]Nicht als Erwerbseinkommen gelten

1. Aufwandsentschädigungen,
2. im Rahmen der Einkunftsarten nach Satz 1 anerkannte Betriebsausgaben und Werbungskosten nach dem Einkommensteuergesetz,
3. Jubiläumszuwendungen,
4. ein Unfallausgleich nach § 35,
5. steuerfreie Einnahmen für Leistungen zur Grundpflege oder hauswirtschaftlichen Versorgung nach § 3 Nummer 36 des Einkommensteuergesetzes,
6. Einkünfte aus Tätigkeiten, die nach Art und Umfang Nebentätigkeiten im Sinne des § 100 Absatz 1 Nummer 2 des Bundesbeamtengesetzes entsprechen,
7. als Einmalzahlung gewährte Leistungsbezüge im Sinne der Bundesleistungsbesoldungsverordnung[2)] und des § 18 (Bund) des Tarifvertrags für den öffentlichen Dienst und vergleichbare Leistungen aus einer Beschäftigung im öffentlichen Dienst sowie
8. Bezüge nach den §§ 52 bis 56 des Bundesbesoldungsgesetzes[3)], wenn ein Versorgungsberechtigter auf Grund seiner Verwendung außerhalb des Geltungsbereiches des Grundgesetzes[4)] ein Einkommen nach Absatz 8 bezieht.

[3]Erwerbsersatzeinkommen sind Leistungen, die auf Grund oder in entsprechender Anwendung öffentlich-rechtlicher Vorschriften kurzfristig erbracht werden, um Erwerbseinkommen zu ersetzen. [4]Erwerbs- und Erwerbsersatzeinkommen werden in den Monaten des Zusammentreffens mit Versorgungsbezügen mit einem Zwölftel des im Kalenderjahr erzielten Einkommens angerechnet.

(8) [1]Nach Ablauf des Monats, in dem der Versorgungsberechtigte die Regelaltersgrenze nach § 51 Absatz 1 und 2 des Bundesbeamtengesetzes erreicht, gelten die Absätze 1 bis 7 nur für Erwerbseinkommen aus einer Verwendung im öffentlichen Dienst (Verwendungseinkommen). [2]Dies ist jede Beschäftigung im Dienst von Körperschaften, Anstalten und Stiftungen des deutschen öffentlichen Rechts

---

1) **Aichberger, SGB Nr. 20/10.**
2) **Bundesbeamtengesetze Nr. 53q.**
3) Nr. **230.**
4) Nr. **1.**

oder ihrer Verbände; ausgenommen ist die Beschäftigung bei öffentlich-rechtlichen Religionsgesellschaften oder ihren Verbänden. [3]Der Verwendung im öffentlichen Dienst steht gleich die Verwendung im öffentlichen Dienst einer zwischenstaatlichen oder überstaatlichen Einrichtung, an der eine Körperschaft oder ein Verband im Sinne des Satzes 2 durch Zahlung von Beiträgen oder Zuschüssen oder in anderer Weise beteiligt ist. [4]Ob die Voraussetzungen zutreffen, entscheidet auf Antrag der zuständigen Stelle oder des Versorgungsberechtigten das Bundesministerium des Innern, für Bau und Heimat.

(9) [1]Bezieht ein Wahlbeamter auf Zeit im Ruhestand neben seinen Versorgungsbezügen Verwendungseinkommen nach Absatz 8, findet anstelle der Absätze 1 bis 8 § 53 in der bis zum 31. Dezember 1998 geltenden Fassung Anwendung. [2]Satz 1 gilt entsprechend für Hinterbliebene.

(10) Bezieht ein Beamter im einstweiligen Ruhestand Erwerbs- und Erwerbsersatzeinkommen nach Absatz 7, das nicht Verwendungseinkommen nach Absatz 8 ist, ruhen die Versorgungsbezüge um fünfzig Prozent des Betrages, um den sie und das Einkommen die Höchstgrenze übersteigen.

§ 53a[1)] Zusammentreffen von Versorgungsbezügen mit Altersgeld, Witwenaltersgeld oder Waisenaltersgeld. [1]Bezieht ein Versorgungsempfänger Altersgeld, Witwenaltersgeld oder Waisenaltersgeld nach dem Altersgeldgesetz[2)] vom 28. August 2013 (BGBl. I S. 3386) oder eine vergleichbare Alterssicherungsleistung, ruhen seine Versorgungsbezüge nach Anwendung des § 55 in Höhe des jeweiligen Betrages des Altersgelds, Witwenaltersgelds oder Waisenaltersgelds. [2]Satz 1 gilt nicht beim Bezug einer Mindestversorgung nach § 14 Absatz 4. [3]Beim Zusammentreffen von Ruhegehalt mit Witwenaltersgeld wird mindestens ein Betrag in Höhe des Ruhegehalts zuzüglich 20 Prozent des Witwenaltersgelds gezahlt. [4]Beim Zusammentreffen von Witwen- oder Witwergeld mit Altersgeld wird mindestens ein Betrag in Höhe des Altersgelds zuzüglich 20 Prozent des Witwen- oder Witwergelds gezahlt.

§ 54[3)] Zusammentreffen mehrerer Versorgungsbezüge. (1) [1]Erhalten aus einer Verwendung im öffentlichen Dienst (§ 53 Absatz 8) an neuen Versorgungsbezügen

1. ein Ruhestandsbeamter Ruhegehalt oder eine ähnliche Versorgung,
2. eine Witwe oder Waise aus der Verwendung des verstorbenen Beamten oder Ruhestandsbeamten Witwengeld, Waisengeld oder eine ähnliche Versorgung,
3. eine Witwe Ruhegehalt oder eine ähnliche Versorgung,

so sind neben den neuen Versorgungsbezügen die früheren Versorgungsbezüge nur bis zum Erreichen der in Absatz 2 bezeichneten Höchstgrenze zu zahlen. [2]Dabei darf die Gesamtversorgung nicht hinter der früheren Versorgung zurückbleiben.

(2) [1]Als Höchstgrenze gelten

1. für Ruhestandsbeamte (Absatz 1 Satz 1 Nummer 1) das Ruhegehalt, das sich unter Zugrundelegung der gesamten ruhegehaltfähigen Dienstzeit und der ruhegehaltfähigen Dienstbezüge aus der Endstufe der Besoldungsgruppe, aus der

---

[1)] § 53a neu gef. mWv 4.9.2013 durch G v. 28.8.2013 (BGBl. I S. 3386); Sätze 3 und 4 geänd. mWv 1.1.2020 durch G v. 9.12.2019 (BGBl. I S. 2053).

[2)] **Bundesbeamtengesetze Nr. 100.**

[3)] § 54 Abs. 4 Satz 1 geänd. mWv 1.1.2016 durch G v. 5.1.2017 (BGBl. I S. 17); Abs. 2 Satz 1 Nr. 1–3, Sätze 3 und 5, Abs. 3, Abs. 4 Satz 2 geänd. mWv 1.1.2020 durch G v. 9.12.2019 (BGBl. I S. 2053); Abs. 4 Satz 3 angef., Abs. 4a eingef. mWv 1.8.2021 durch G v. 28.6.2021 (BGBl. I S. 2250).

sich das frühere Ruhegehalt berechnet, ergibt, zuzüglich des Unterschiedsbetrages nach § 50 Absatz 1,

2. für Witwen und Waisen (Absatz 1 Satz 1 Nummer 2) das Witwen- oder Waisengeld, das sich aus dem Ruhegehalt nach Nummer 1 ergibt, zuzüglich des Unterschiedsbetrages nach § 50 Absatz 1,

3. für Witwen (Absatz 1 Satz 1 Nummer 3) 71,75 Prozent, in den Fällen des § 36 75 Prozent, in den Fällen des § 37 80 Prozent, der ruhegehaltfähigen Dienstbezüge aus der Endstufe der Besoldungsgruppe, aus der sich das dem Witwengeld zugrunde liegende Ruhegehalt bemisst, zuzüglich des Unterschiedsbetrages nach § 50 Absatz 1.

[2] Ist bei einem an der Ruhensregelung nach Satz 1 Nummer 1 oder 2 beteiligten Versorgungsbezug das Ruhegehalt nach § 14 Absatz 3 gemindert, ist das für die Höchstgrenze maßgebende Ruhegehalt in sinngemäßer Anwendung dieser Vorschrift festzusetzen. [3] Ist bei der Ruhensregelung nach Satz 1 Nummer 3 das dem Witwengeld zugrunde liegende Ruhegehalt nach § 14 Absatz 3 gemindert, ist die Höchstgrenze entsprechend dieser Vorschrift zu berechnen, wobei dem zu vermindernden Ruhegehalt mindestens ein Ruhegehaltssatz von 71,75 Prozent zugrunde zu legen ist. [4] Ist bei einem an der Ruhensregelung nach Satz 1 Nummer 1 oder 2 beteiligten Versorgungsbezug der Ruhegehaltssatz nach § 14 Absatz 1 Satz 1 Halbsatz 2 oder 3 dieses Gesetzes in der bis zum 31. Dezember 1991 geltenden Fassung gemindert, ist der für die Höchstgrenze maßgebende Ruhegehaltssatz in sinngemäßer Anwendung dieser Vorschrift festzusetzen. [5] Ist bei der Ruhensregelung nach Satz 1 Nummer 3 der Ruhegehaltssatz des dem Witwengeld zugrunde liegenden Ruhegehalts nach § 14 Absatz 1 Satz 1 Halbsatz 2 oder 3 dieses Gesetzes in der bis zum 31. Dezember 1991 geltenden Fassung gemindert, ist die Höchstgrenze entsprechend dieser Vorschrift zu berechnen, wobei der zu vermindernde Ruhegehaltssatz mindestens 71,75 Prozent beträgt.

(3) Im Falle des Absatzes 1 Nummer 3 ist neben dem neuen Versorgungsbezug mindestens ein Betrag in Höhe von 20 Prozent des früheren Versorgungsbezuges zu belassen.

(4) [1] Erwirbt ein Ruhestandsbeamter einen Anspruch auf Witwer- oder Witwengeld oder eine ähnliche Versorgung, so erhält er daneben sein Ruhegehalt zuzüglich des Unterschiedsbetrages nach § 50 Absatz 1 nur bis zum Erreichen der in Absatz 2 Satz 1 Nummer 3 sowie Satz 3 und 5 bezeichneten Höchstgrenze; beruht das Witwengeld, das Witwergeld oder die ähnliche Versorgung auf dem Recht eines anderen Dienstherrn und gewährt dieser eine einmalige Sonderzahlung, so ist die monatliche Höchstgrenze um ein Zwölftel der tatsächlich an die Witwe oder den Witwer gewährten Sonderzahlung zu erhöhen. [2] Die Gesamtbezüge dürfen nicht hinter seinem Ruhegehalt zuzüglich des Unterschiedsbetrages nach § 50 Absatz 1 sowie eines Betrages in Höhe von 20 Prozent des neuen Versorgungsbezuges zurückbleiben. [3] Absatz 1 Satz 2 ist anzuwenden.

(4a) [1] Ist ein an der Ruhensregelung beteiligter Versorgungsbezug auf Grund eines Versorgungsausgleichs zu kürzen, bleibt die Kürzung bei der Anwendung der Absätze 1 bis 4 unberücksichtigt. [2] § 57 ist auf den nach Anwendung der Absätze 1 bis 4 verbleibenden Versorgungsbezug anzuwenden.

(5) § 53 Absatz 6 gilt entsprechend.

§ 55[1] Zusammentreffen von Versorgungsbezügen mit Renten. (1) [1]Versorgungsbezüge werden neben Renten nur bis zum Erreichen der in Absatz 2 bezeichneten Höchstgrenze gezahlt. [2]Als Renten gelten

1. Renten aus den gesetzlichen Rentenversicherungen,

1a. Renten nach dem Gesetz über die Alterssicherung der Landwirte[2],

2. Renten aus einer zusätzlichen Alters- oder Hinterbliebenenversorgung für Angehörige des öffentlichen Dienstes,

3. Renten aus der gesetzlichen Unfallversicherung, wobei für den Ruhegehaltsempfänger ein dem Unfallausgleich (§ 35) entsprechender Betrag unberücksichtigt bleibt; bei einer Minderung der Erwerbsfähigkeit um 20 Prozent bleiben zwei Drittel der Mindestgrundrente nach dem Bundesversorgungsgesetz[3], bei einer Minderung der Erwerbsfähigkeit um 10 Prozent ein Drittel der Mindestgrundrente nach dem Bundesversorgungsgesetz unberücksichtigt,

4. Leistungen aus einer berufsständischen Versorgungseinrichtung oder aus einer befreienden Lebensversicherung, zu denen der Arbeitgeber auf Grund eines Beschäftigungsverhältnisses im öffentlichen Dienst mindestens die Hälfte der Beiträge oder Zuschüsse in dieser Höhe geleistet hat.

[3]Wird eine Rente im Sinne des Satzes 2 nicht beantragt oder auf sie verzichtet oder wird an deren Stelle ein Kapitalbetrag gezahlt, so tritt an die Stelle der Rente der Betrag, der vom Leistungsträger ansonsten zu zahlen wäre. [4]Erfolgt die Zahlung eines Kapitalbetrages, weil kein Anspruch auf eine laufende Rente besteht, so ist der Betrag zugrunde zu legen, der sich bei einer Verrentung der einmaligen Zahlung ergibt. [5]Die Sätze 3 und 4 gelten nicht, wenn der Ruhestandsbeamte innerhalb von drei Monaten nach Zufluss den Kapitalbetrag zuzüglich der hierauf gewährten Zinsen an den Dienstherrn abführt. [6]Zu den Renten und den Leistungen nach Nummer 4 rechnet nicht der Kinderzuschuss. [7]Renten, Rentenerhöhungen und Rentenminderungen, die auf § 1587b des Bürgerlichen Gesetzbuchs[4] oder § 1 des Gesetzes zur Regelung von Härten im Versorgungsausgleich, jeweils in der bis zum 31. August 2009 geltenden Fassung, beruhen, sowie übertragene Anrechte nach Maßgabe des Versorgungsausgleichsgesetzes[5] und Zuschläge oder Abschläge beim Rentensplitting unter Ehegatten nach § 76c des Sechsten Buches Sozialgesetzbuch[6] bleiben unberücksichtigt. [8]Der Verrentungsbetrag nach Satz 4 berechnet sich nach folgender Formel:

$$EP \times aRW = VrB.$$

[9]In dieser Formel bedeutet:

EP: Entgeltpunkte, die sich ergeben durch Multiplikation des Kapitalbetrages in Euro mit dem für dessen Auszahlungsjahr maßgeblichen Faktor zur Umrechnung von Kapitalwerten in Entgeltpunkte nach § 187 Absatz 3 des Sechsten Buches Sozialgesetzbuch und anschließende Division durch Euro; die Entgeltpunkte werden kaufmännisch auf vier Dezimalstellen gerundet;

---

[1] § 55 Abs. 1 Satz 9 geänd. mWv 1.1.2009, Satz 7 geänd. mWv 1.9.2009 durch G v. 19.11.2010 (BGBl. I S. 1552); Abs. 1 Satz 4 neu gef., Abs. 2 Satz 1 Nr. 1 Buchst. b geänd., Abs. 8 Satz 2 angef. mWv 11.1.2017 durch G v. 5.1.2017 (BGBl. I S. 17); Abs. 1 Satz 2 Nr. 1a eingef. mWv 15.6.2017 durch G v. 8.6.2017 (BGBl. I S. 1570); Abs. 1 Satz 2 Nr. 3, Sätze 3, 4 und 7 geänd. mWv 1.1.2020, Abs. 1 Sätze 8 und 9 neu gef., Abs. 2 Satz 1 Nr. 1 Buchst. b geänd. mWv 1.7.2020 durch G v. 9.12.2019 (BGBl. I S. 2053); Abs. 1 Satz 3 geänd., Satz 5 neu gef., Abs. 4 Satz 1 Nr. 2 geänd., Nr. 3 angef. mWv 1.8.2021 durch G v. 28.6.2021 (BGBl. I S. 2250).

[2] **Aichberger, SGB Nr. 30/10.**

[3] **Aichberger, SGB Nr. 20/10.**

[4] **Schönfelder Nr. 20.**

[5] **Schönfelder Nr. 48.**

[6] **Aichberger, SGB Nr. 6.**

aRW: aktueller Rentenwert in Euro,
VrB: Verrentungsbetrag in Euro.

(2) [1] Als Höchstgrenze gelten

1. für Ruhestandsbeamte der Betrag, der sich als Ruhegehalt zuzüglich des Unterschiedsbetrages nach § 50 Absatz 1 ergeben würde, wenn der Berechnung zugrunde gelegt werden
   a) bei den ruhegehaltfähigen Dienstbezügen die Endstufe der Besoldungsgruppe, aus der sich das Ruhegehalt berechnet,
   b) als ruhegehaltfähige Dienstzeit die Zeit vom vollendeten siebzehnten Lebensjahr bis zum Eintritt des Versorgungsfalles abzüglich von Zeiten nach § 12a und nicht ruhegehaltfähiger Zeiten im Sinne des § 6a, zuzüglich ruhegehaltfähiger Dienstzeiten vor Vollendung des 17. Lebensjahres sowie der Zeiten, um die sich die ruhegehaltfähige Dienstzeit erhöht, und der bei der Rente berücksichtigten Zeiten einer rentenversicherungspflichtigen Beschäftigung oder Tätigkeit nach Eintritt des Versorgungsfalles,
2. für Witwen der Betrag, der sich als Witwengeld zuzüglich des Unterschiedsbetrages nach § 50 Absatz 1, für Waisen der Betrag, der sich als Waisengeld zuzüglich des Unterschiedsbetrages nach § 50 Absatz 1, wenn dieser neben dem Waisengeld gezahlt wird, aus dem Ruhegehalt nach Nummer 1 ergeben würde.

[2] Ist bei einem an der Ruhensregelung beteiligten Versorgungsbezug das Ruhegehalt nach § 14 Absatz 3 gemindert, ist das für die Höchstgrenze maßgebende Ruhegehalt in sinngemäßer Anwendung dieser Vorschrift festzusetzen. [3] Ist bei einem an der Ruhensregelung beteiligten Versorgungsbezug der Ruhegehaltssatz nach § 14 Absatz 1 Satz 1 Halbsatz 2 oder 3 dieses Gesetzes in der bis zum 31. Dezember 1991 geltenden Fassung gemindert, ist der für die Höchstgrenze maßgebende Ruhegehaltssatz in sinngemäßer Anwendung dieser Vorschrift festzusetzen.

(3) Als Renten im Sinne des Absatzes 1 gelten nicht

1. bei Ruhestandsbeamten (Absatz 2 Nummer 1) Hinterbliebenenrenten aus einer Beschäftigung oder Tätigkeit des Ehegatten,
2. bei Witwen und Waisen (Absatz 2 Nummer 2) Renten auf Grund einer eigenen Beschäftigung oder Tätigkeit.

(4) [1] Bei Anwendung der Absätze 1 und 2 bleibt außer Ansatz der Teil der Rente (Absatz 1), der

1. dem Verhältnis der Versicherungsjahre auf Grund freiwilliger Weiterversicherung oder Selbstversicherung zu den gesamten Versicherungsjahren oder, wenn sich die Rente nach Werteinheiten berechnet, dem Verhältnis der Werteinheiten für freiwillige Beiträge zu der Summe der Werteinheiten für freiwillige Beiträge, Pflichtbeiträge, Ersatzzeiten und Ausfallzeiten oder, wenn sich die Rente nach Entgeltpunkten berechnet, dem Verhältnis der Entgeltpunkte für freiwillige Beiträge zu der Summe der Entgeltpunkte für freiwillige Beiträge, Pflichtbeiträge, Ersatzzeiten, Zurechnungszeiten und Anrechnungszeiten entspricht,
2. auf einer Höherversicherung beruht,
3. auf Entgeltpunkten beruht, die auf Zeiten einer Verwendung bei einer Einrichtung im Sinne des § 6a zurückzuführen sind, sofern diese Zeiten nicht als ruhegehaltfähige Dienstzeiten nach § 6a berücksichtigt werden.

[2]Dies gilt nicht, soweit der Arbeitgeber mindestens die Hälfte der Beiträge oder Zuschüsse in dieser Höhe geleistet hat.

(5) Bei Anwendung des § 53 ist von der nach Anwendung der Absätze 1 bis 4 verbleibenden Gesamtversorgung auszugehen.

(6) [1]Beim Zusammentreffen von zwei Versorgungsbezügen mit einer Rente ist zunächst der neuere Versorgungsbezug nach den Absätzen 1 bis 4 und danach der frühere Versorgungsbezug unter Berücksichtigung des gekürzten neueren Versorgungsbezuges nach § 54 zu regeln. [2]Der hiernach gekürzte frühere Versorgungsbezug ist unter Berücksichtigung des gekürzten neueren Versorgungsbezuges nach den Absätzen 1 bis 4 zu regeln; für die Berechnung der Höchstgrenze nach Absatz 2 ist hierbei die Zeit bis zum Eintritt des neueren Versorgungsfalles zu berücksichtigen.

(7) § 53 Absatz 6 gilt entsprechend.

(8) [1]Den in Absatz 1 bezeichneten Renten stehen entsprechende wiederkehrende Geldleistungen gleich, die auf Grund der Zugehörigkeit zu Zusatz- oder Sonderversorgungssystemen der ehemaligen Deutschen Demokratischen Republik geleistet werden oder die von einem ausländischen Versicherungsträger nach einem für die Bundesrepublik Deutschland wirksamen zwischen- oder überstaatlichen Abkommen gewährt werden. [2]Für die Umrechnung von Renten ausländischer Versorgungsträger gilt § 17a Absatz 1 des Vierten Buches Sozialgesetzbuch[1)] entsprechend.

§ 55a[2)] Zusammentreffen von Versorgungsbezügen mit Versorgungsabfindungen. (1) [1]Neben einer nach Landesrecht gezahlten ergänzenden Versorgungsabfindung wird das Ruhegehalt nur bis zum Erreichen der in Absatz 2 genannten Höchstgrenzen gezahlt. [2]Auf die ergänzende Versorgungsabfindung sind dabei die Vorgaben des § 55 Absatz 1 Satz 4, 8 und 9 anzuwenden. [3]Dies gilt nicht, wenn der Beamte den erhaltenen Betrag innerhalb eines Jahres nach Berufung in den Dienst des Bundes an den Dienstherrn abführt; § 6a Absatz 3 ist entsprechend anzuwenden.

(2) Als Höchstgrenzen gelten die in § 55 Absatz 2 Satz 1 Nummer 1 bezeichneten Höchstgrenzen sinngemäß.

(3) § 55 Absatz 3 gilt entsprechend.

§ 56[3)] Zusammentreffen von Versorgungsbezügen mit einer laufenden Alterssicherungsleistung aus zwischenstaatlicher oder überstaatlicher Verwendung. (1) Steht einem Ruhestandsbeamten auf Grund einer Verwendung im öffentlichen Dienst einer zwischenstaatlichen oder überstaatlichen Einrichtung von dieser Einrichtung eine laufende Alterssicherungsleistung zu und ist die Zeit dieser Verwendung nach § 6a Absatz 1 ruhegehaltfähig, ruht sein deutsches Ruhegehalt in Höhe des in Absatz 2 bezeichneten Betrages.

(2) [1]Das Ruhegehalt ruht nach Anwendung von § 14 Absatz 3 in Höhe der aus einer Verwendung bei der zwischenstaatlichen oder überstaatlichen Einrichtung zustehenden laufenden Alterssicherungsleistung. [2]Beruht diese Leistung auch auf Zeiten nach Beginn des Ruhestandes, bleibt die laufende Alterssicherungsleistung in Höhe des auf die Dauer der Verwendung nach Beginn des Ruhestandes entfallenden Anteils unberücksichtigt; § 14 Absatz 1 Satz 2 und 3 gilt entspre-

---

[1)] **Aichberger, SGB Nr. 4.**
[2)] § 55a eingef. mWv 1.8.2021 durch G v. 28.6.2021 (BGBl. I S. 2250).
[3)] § 56 neu gef. mWv 1.7.2020 durch G v. 9.12.2019 (BGBl. I S. 2053).

chend. [3] Bei der Anwendung des Satzes 1 werden auch Ansprüche auf Alterssicherungsleistungen berücksichtigt, die der Beamte während der Zeit erworben hat, in der er, ohne ein Amt bei der zwischenstaatlichen oder überstaatlichen Einrichtung auszuüben, dort einen Anspruch auf Vergütung oder sonstige Entschädigung hat. [4] Satz 3 gilt entsprechend für nach dem Ausscheiden aus dem Dienst einer zwischenstaatlichen oder überstaatlichen Einrichtung erworbene und bei der Berechnung der Alterssicherungsleistung berücksichtigte Ansprüche. [5] Ist die Alterssicherungsleistung durch Teilkapitalisierung, Aufrechnung oder in anderer Form verringert worden, ist bei der Anwendung der Sätze 1 und 2 der ungekürzt zustehende Betrag zugrunde zu legen. [6] Satz 5 gilt entsprechend, sofern der Beamte oder Ruhestandsbeamte auf die laufende Alterssicherungsleistung verzichtet oder diese nicht beantragt. [7] Auf freiwilligen Beiträgen beruhende Anteile, einschließlich darauf entfallender Erträge, bleiben außer Betracht.

(3) Absatz 2 gilt ungeachtet der Ruhegehaltfähigkeit einer Verwendungszeit nach § 6a entsprechend, wenn der Ruhestandsbeamte Anspruch auf Invaliditätspension aus seinem Amt bei der zwischenstaatlichen oder überstaatlichen Einrichtung hat.

(4) [1] Steht der Witwe oder den Waisen eines Beamten oder Ruhestandsbeamten eine laufende Alterssicherungsleistung der zwischenstaatlichen oder überstaatlichen Einrichtung für Hinterbliebene zu und ist die Zeit der Verwendung des Beamten nach § 6a Absatz 1 ruhegehaltfähig, ruhen das deutsche Witwengeld und Waisengeld in Höhe der Alterssicherungsleistung der zwischenstaatlichen oder überstaatlichen Einrichtung. [2] Absatz 2 Satz 2 bis 7 und Absatz 3 gelten entsprechend.

(5) Der sich nach den Absätzen 1 bis 4 ergebende Ruhensbetrag ist von den nach Anwendung der §§ 53 bis 55 verbleibenden Versorgungsbezügen abzuziehen.

§ 57[1)] Kürzung der Versorgungsbezüge nach der Ehescheidung. (1) [1] Sind durch Entscheidung des Familiengerichts

1. Anwartschaften in einer gesetzlichen Rentenversicherung nach § 1587b Absatz 2 des Bürgerlichen Gesetzbuchs[2)] in der bis zum 31. August 2009 geltenden Fassung oder
2. Anrechte nach dem Versorgungsausgleichsgesetz[3)]

übertragen oder begründet worden, werden nach Wirksamkeit dieser Entscheidung die Versorgungsbezüge der ausgleichspflichtigen Person und ihrer Hinterbliebenen nach Anwendung von Ruhens-, Kürzungs- und Anrechnungsvorschriften um den nach Absatz 2 oder Absatz 3 berechneten Betrag gekürzt. [2] Das Ruhegehalt, das die ausgleichspflichtige Person im Zeitpunkt der Wirksamkeit der Entscheidung des Familiengerichts über den Versorgungsausgleich erhält, wird erst gekürzt, wenn aus der Versicherung der ausgleichsberechtigten Person eine Rente zu gewähren ist; dies gilt nur, wenn der Anspruch auf Ruhegehalt vor dem 1. September 2009 entstanden und das Verfahren über den Versorgungsausgleich zu diesem Zeitpunkt eingeleitet worden ist. [3] Das einer Vollwaise zu gewährende Waisengeld wird nicht gekürzt, wenn nach dem Recht der gesetzlichen Rentenversicherungen die Voraussetzungen für die Gewährung einer Waisenrente aus der Versicherung der ausgleichsberechtigten Person nicht erfüllt sind.

---

1) § 57 Abs. 1 Satz 1 Nr. 2, Sätze 2, 3, Abs. 2 Sätze 1, 2 und Abs. 5 geänd. mWv 1.1.2020 durch G v. 9.12.2019 (BGBl. I S. 2053).

2) **Schönfelder Nr. 20.**

3) **Schönfelder Nr. 48.**

(2) [1]Der Kürzungsbetrag für das Ruhegehalt berechnet sich aus dem Monatsbetrag der durch die Entscheidung des Familiengerichts begründeten Anwartschaften oder übertragenen Anrechte; in den Fällen des § 10 Absatz 2 des Versorgungsausgleichsgesetzes berechnet sich der Kürzungsbetrag aus dem sich nach Verrechnung ergebenden Monatsbetrag. [2]Der Monatsbetrag erhöht oder vermindert sich bei einem Beamten um die Vomhundertsätze der nach dem Ende der Ehezeit bis zum Zeitpunkt des Eintritts in den Ruhestand eingetretenen Erhöhungen oder Verminderungen der beamtenrechtlichen Versorgungsbezüge, die in festen Beträgen festgesetzt sind. [3]Vom Zeitpunkt des Eintritts in den Ruhestand an, bei einem Ruhestandsbeamten vom Tag nach dem Ende der Ehezeit an, erhöht oder vermindert sich der Kürzungsbetrag in dem Verhältnis, in dem sich das Ruhegehalt vor Anwendung von Ruhens-, Kürzungs- und Anrechnungsvorschriften durch Anpassung der Versorgungsbezüge erhöht oder vermindert.

(3) Der Kürzungsbetrag für das Witwen- und Waisengeld berechnet sich aus dem Kürzungsbetrag nach Absatz 2 für das Ruhegehalt, das der Beamte erhalten hat oder hätte erhalten können, wenn er am Todestag in den Ruhestand getreten wäre, nach den Anteilssätzen des Witwen- oder Waisengeldes.

(4) Ein Unterhaltsbeitrag nach § 22 Absatz 2 oder 3 oder nach entsprechendem bisherigen Recht und eine Abfindungsrente nach bisherigem Recht werden nicht gekürzt.

(5) In den Fällen des Absatzes 1 Satz 2 und des § 5 des Gesetzes zur Regelung von Härten im Versorgungsausgleich vom 21. Februar 1983 in der bis zum 31. August 2009 geltenden Fassung steht die Zahlung des Ruhegehalts der ausgleichspflichtigen Person für den Fall rückwirkender oder erst nachträglich bekanntwerdender Rentengewährung an die ausgleichsberechtigte Person oder deren Hinterbliebene unter dem Vorbehalt der Rückforderung.

§ 58[1)] Abwendung der Kürzung der Versorgungsbezüge. (1) Die Kürzung der Versorgungsbezüge nach § 57 kann von dem Beamten oder Ruhestandsbeamten ganz oder teilweise durch Zahlung eines Kapitalbetrages an den Dienstherrn abgewendet werden.

(2) [1]Als voller Kapitalbetrag wird der Betrag angesetzt, der aufgrund der Entscheidung des Familiengerichts zu leisten gewesen wäre, erhöht oder vermindert um die Prozentsätze der nach dem Ende der Ehezeit bis zum Tag der Zahlung des Kapitalbetrages eingetretenen Erhöhungen oder Verminderungen der beamtenrechtlichen Versorgungsbezüge, die in festen Beträgen festgesetzt sind. [2]Vom Zeitpunkt des Eintritts in den Ruhestand an, bei einem Ruhestandsbeamten vom Tage nach dem Ende der Ehezeit an, erhöht oder vermindert sich der Kapitalbetrag in dem Verhältnis, in dem sich das Ruhegehalt vor Anwendung von Ruhens-, Kürzungs- und Anrechnungsvorschriften durch Anpassung der Versorgungsbezüge erhöht oder vermindert.

(3) Bei teilweiser Zahlung vermindert sich die Kürzung der Versorgungsbezüge in dem entsprechenden Verhältnis; der Betrag der teilweisen Zahlung soll den Monatsbetrag der Dienstbezüge des Beamten oder des Ruhegehalts des Ruhestandsbeamten nicht unterschreiten.

(4) Ergeht nach der Scheidung eine Entscheidung zur Abänderung des Wertausgleichs und sind Zahlungen nach Absatz 1 erfolgt, sind im Umfang der Ab-

[1)] § 58 Abs. 2 Sätze 1 und 2 geänd. mWv 11.1.2017 durch G v. 5.1.2017 (BGBl. I S. 17); Abs. 2 Satz 1 geänd. mWv 1.1.2020 durch G v. 9.12.2019 (BGBl. I S. 2053).

änderung zu viel gezahlte Beiträge unter Anrechnung der nach § 57 anteilig errechneten Kürzungsbeträge zurückzuzahlen.

§ 59 Erlöschen der Versorgungsbezüge wegen Verurteilung. (1) [1]Ein Ruhestandsbeamter,

1. gegen den wegen einer vor Beendigung des Beamtenverhältnisses begangenen Tat eine Entscheidung ergangen ist, die nach § 41 Absatz 1 des Bundesbeamtengesetzes[1)] zum Verlust der Beamtenrechte geführt hätte, oder
2. der wegen einer nach Beendigung des Beamtenverhältnisses begangenen Tat durch ein deutsches Gericht im Geltungsbereich dieses Gesetzes im ordentlichen Strafverfahren
   a) wegen einer vorsätzlichen Tat zu Freiheitsstrafe von mindestens zwei Jahren oder
   b) wegen einer vorsätzlichen Tat, die nach den Vorschriften über Friedensverrat, Hochverrat, Gefährdung des demokratischen Rechtsstaates oder Landesverrat und Gefährdung der äußeren Sicherheit strafbar ist, zu Freiheitsstrafe von mindestens sechs Monaten

   verurteilt worden ist,

verliert mit der Rechtskraft der Entscheidung seine Rechte als Ruhestandsbeamter. [2]Entsprechendes gilt, wenn der Ruhestandsbeamte auf Grund einer Entscheidung des Bundesverfassungsgerichts gemäß Artikel 18 des Grundgesetzes[2)] ein Grundrecht verwirkt hat.

(2) Die §§ 42 und 43 des Bundesbeamtengesetzes sind entsprechend anzuwenden.

§ 60 Erlöschen der Versorgungsbezüge bei Ablehnung einer erneuten Berufung. [1]Kommt ein Ruhestandsbeamter entgegen den Vorschriften des § 46 Absatz 1 und des § 57 des Bundesbeamtengesetzes[1)] einer erneuten Berufung in das Beamtenverhältnis schuldhaft nicht nach, obwohl er auf die Folgen eines solchen Verhaltens schriftlich hingewiesen worden ist, so verliert er für diese Zeit seine Versorgungsbezüge. [2]Die oberste Dienstbehörde stellt den Verlust der Versorgungsbezüge fest. [3]Eine disziplinarrechtliche Verfolgung wird dadurch nicht ausgeschlossen.

§ 61[3)] Erlöschen der Witwen- und Waisenversorgung. (1) [1]Der Anspruch der Witwen und Waisen auf Versorgungsbezüge erlischt

1. für jeden Berechtigten mit dem Ende des Monats, in dem er stirbt,
2. für jede Witwe außerdem mit dem Ende des Monats, in dem sie heiratet,
3. für jede Waise außerdem mit dem Ende des Monats, in dem sie das achtzehnte Lebensjahr vollendet,
4. für jeden Berechtigten, der durch ein deutsches Gericht im Geltungsbereich dieses Gesetzes im ordentlichen Strafverfahren wegen eines Verbrechens zu Freiheitsstrafe von mindestens zwei Jahren oder wegen einer vorsätzlichen Tat, die nach den Vorschriften über Friedensverrat, Hochverrat, Gefährdung des demo-

---

[1)] Nr. **160**.

[2)] Nr. **1**.

[3)] § 61 Abs. 2 Satz 4 angef. mWv 3.5.2011 durch G v. 28.4.2011 (BGBl. I S. 687); Abs. 1 Satz 1 Nr. 2, Abs. 3 Satz 1 geänd. mWv 1.1.2009 durch G v. 14.11.2011 (BGBl. I S. 2219); Abs. 2 neu gef. mWv 11.1. 2017 durch G v. 5.1.2017 (BGBl. I S. 17); Abs. 2 Satz 1 einl. Satzteil geänd. mWv 1.8.2021 durch G v. 28.6.2021 (BGBl. I S. 2250).

kratischen Rechtsstaates oder Landesverrat und Gefährdung der äußeren Sicherheit strafbar ist, zu Freiheitsstrafe von mindestens sechs Monaten verurteilt worden ist, mit der Rechtskraft des Urteils.

[2] Entsprechendes gilt, wenn der Berechtigte auf Grund einer Entscheidung des Bundesverfassungsgerichts gemäß Artikel 18 des Grundgesetzes[1)] ein Grundrecht verwirkt hat. [3] In den Fällen des Satzes 1 Nummer 4 und des Satzes 2 gilt § 41 sinngemäß. [4] Die §§ 42 und 43 des Bundesbeamtengesetzes[2)] finden entsprechende Anwendung.

(2) [1] Waisengeld wird nach Vollendung des 18. Lebensjahres auf Antrag gewährt, solange die Waise

1. das 27. Lebensjahr noch nicht vollendet hat und
   a) sich in Schulausbildung oder Berufsausbildung befindet,
   b) sich in einer Übergangszeit von höchstens vier Kalendermonaten befindet, die zwischen zwei Ausbildungsabschnitten oder zwischen einem Ausbildungsabschnitt und der Ableistung des gesetzlichen Wehr- oder Zivildienstes oder der Ableistung eines freiwilligen Dienstes im Sinne des Buchstaben c liegt, oder
   c) einen freiwilligen Dienst im Sinne des § 32 Absatz 4 Satz 1 Nummer 2 Buchstabe d des Einkommensteuergesetzes leistet;
2. wegen körperlicher, geistiger oder seelischer Behinderung außerstande ist, sich selbst zu unterhalten; Waisengeld wird auch über das 27. Lebensjahr hinaus gewährt, wenn
   a) die Behinderung vor Vollendung des 27. Lebensjahres eingetreten ist und
   b) die Waise ledig oder verwitwet ist oder ihr Ehegatte oder früherer Ehegatte ihr keinen ausreichenden Unterhalt leisten kann oder dem Grunde nach nicht unterhaltspflichtig ist und sie auch nicht unterhält.

[2] In den Fällen des Satzes 1 Nummer 1 Buchstabe a und b sowie Nummer 2 erhöht sich die jeweilige Altersgrenze für eine Waise, die einen in § 32 Absatz 5 Satz 1 Nummer 1 oder 2 des Einkommensteuergesetzes genannten Dienst oder eine in § 32 Absatz 5 Satz 1 Nummer 3 des Einkommensteuergesetzes genannte Tätigkeit ausgeübt hat, um den Zeitraum, der der Dauer des jeweiligen Dienstes oder der jeweiligen Tätigkeit entspricht. [3] Die Altersgrenze erhöht sich jedoch höchstens um die Dauer des inländischen gesetzlichen Grundwehrdienstes oder bei anerkannten Kriegsdienstverweigerern um die Dauer des inländischen gesetzlichen Zivildienstes. [4] Die Ableistung eines freiwilligen Dienstes im Sinne des Satzes 1 Nummer 1 Buchstabe c ist kein gleichgestellter Dienst im Sinne des Satzes 2. [5] In den Fällen des Satzes 1 Nummer 2 wird Waisengeld ungeachtet der Höhe eines eigenen Einkommens dem Grunde nach gewährt. [6] Soweit ein eigenes Einkommen der Waise jedoch das Zweifache des Mindestvollwaisengeldes nach § 14 Absatz 4 Satz 2 in Verbindung mit § 24 Absatz 1 übersteigt, wird es zur Hälfte auf das Waisengeld zuzüglich des Unterschiedsbetrages nach § 50 Absatz 1 angerechnet.

(3) [1] Hat eine Witwe geheiratet und wird die Ehe aufgelöst, so lebt der Anspruch auf Witwengeld wieder auf; ein von der Witwe infolge Auflösung der Ehe erworbener neuer Versorgungs-, Unterhalts- oder Rentenanspruch ist auf das Witwengeld und den Unterschiedsbetrag nach § 50 Absatz 1 anzurechnen. [2] Wird

---

[1)] Nr. **1**.
[2)] Nr. **160**.

eine in Satz 1 genannte Leistung nicht beantragt oder wird auf sie verzichtet oder wird an ihrer Stelle eine Abfindung, Kapitalleistung oder Beitragserstattung gezahlt, ist der Betrag anzurechnen, der ansonsten zu zahlen wäre. [3]Der Auflösung der Ehe steht die Nichtigerklärung gleich.

§ 62[1)] Anzeigepflicht. (1) Die Beschäftigungsstelle hat der die Versorgungsbezüge anweisenden Stelle (Regelungsbehörde) jede Verwendung eines Versorgungsberechtigten unter Angabe der gewährten Bezüge, ebenso jede spätere Änderung der Bezüge oder die Zahlungseinstellung sowie die Gewährung einer Versorgung unverzüglich anzuzeigen.

(2) [1]Der Versorgungsberechtigte ist verpflichtet, der Regelungsbehörde

1. die Verlegung des Wohnsitzes,
2. den Bezug und jede Änderung von Einkünften nach den §§ 10, 14 Absatz 5, §§ 14a, 22 Absatz 1 Satz 2 und §§ 47, 47a sowie den §§ 53 bis 56 und 61 Absatz 2,
3. die Witwe auch die Heirat (§ 61 Absatz 1 Satz 1 Nummer 2) sowie im Falle der Auflösung dieser Ehe den Erwerb und jede Änderung eines neuen Versorgungs-, Unterhalts- oder Rentenanspruchs (§ 61 Absatz 3 Satz 1 zweiter Halbsatz),
4. die Begründung eines neuen öffentlich-rechtlichen Dienstverhältnisses oder eines privatrechtlichen Arbeitsverhältnisses im öffentlichen Dienst in den Fällen des § 47 Absatz 5 und des § 47a,
5. die Erfüllung der allgemeinen Wartezeit nach dem Sechsten Buch Sozialgesetzbuch[2)]

unverzüglich anzuzeigen. [2]Auf Verlangen der Regelungsbehörde ist der Versorgungsberechtigte verpflichtet, Nachweise vorzulegen oder der Erteilung erforderlicher Nachweise oder Auskünfte, die für die Versorgungsbezüge erheblich sind, durch Dritte zuzustimmen. [3]Die Regelungsbehörde oder die für das Bezügezahlungsverfahren zuständige Stelle darf diejenigen Daten übermitteln, die für Datenübermittlungen nach § 69 Absatz 1 Nummer 1 und 2 des Zehnten Buches Sozialgesetzbuch[3)] oder nach § 151 des Sechsten Buches Sozialgesetzbuch erforderlich sind.

(2a) [1]Wer Dienstunfallfürsorgeleistungen nach Abschnitt 5 beantragt oder erhält, hat gegenüber der obersten Dienstbehörde oder der von ihr bestimmten Stelle alle Tatsachen anzugeben, die für die Leistung erheblich sind. [2]Absatz 2 Satz 2 gilt entsprechend.

(3) [1]Kommt ein Versorgungsberechtigter der ihm nach Absatz 2 Satz 1 Nummer 2 und 3 auferlegten Verpflichtung schuldhaft nicht nach, so kann ihm die Versorgung ganz oder teilweise auf Zeit oder Dauer entzogen werden. [2]Beim Vorliegen besonderer Verhältnisse kann die Versorgung ganz oder teilweise wieder zuerkannt werden. [3]Die Entscheidung trifft die oberste Dienstbehörde oder die von ihr bestimmte Stelle.

[1)] § 62 Abs. 2 Satz 1 Nr. 3 geänd. mWv 1.1.2009 durch G v. 14.11.2011 (BGBl. I S. 2219); Abs. 1 geänd., Abs. 2 Satz 1 einl. Satzteil geänd., Satz 3 angef., Abs. 3 Satz 1 geänd. mWv 22.3.2012 durch G v. 15.3.2012 (BGBl. I S. 462); Abs. 2 Satz 1 Nr. 5 geänd., Abs. 2a eingef. mWv 11.1.2017 durch G v. 5.1. 2017 (BGBl. I S. 17); Abs. 2a Satz 1 geänd., Abs. 4 angef. mWv 1.1.2020 durch G v. 9.12.2019 (BGBl. I S. 2053).

[2)] **Aichberger, SGB Nr. 6.**

[3)] **Sartorius ErgBd. Nr. 410.**

(4) Solange ein Versorgungsberechtigter der Verpflichtung nach Absatz 2 Nummer 1 schuldhaft nicht nachkommt, kann die Auszahlung der Versorgungsbezüge vorübergehend ausgesetzt werden.

§ 62a[1] **Versorgungsbericht, Mitteilungspflichten.** (1) Die Bundesregierung soll dem Deutschen Bundestag in jeder Wahlperiode einen Bericht über die jeweils im Vorjahr erbrachten Versorgungsleistungen im öffentlichen Dienst, über die Entwicklung der Sondervermögen nach dem Versorgungsrücklagegesetz[2] sowie über Vorausberechnungen der zumindest in den nächsten 30 Jahren zu erwartenden Versorgungsleistungen vorlegen.

(2) [1] Öffentliche Stellen im Sinne des § 2 Absatz 1 und 2 des Bundesdatenschutzgesetzes[3], die Dienstvorgesetzte im Sinne des § 3 Absatz 2 des Bundesbeamtengesetzes[4] sind, übermitteln dem Bundesministerium des Innern, für Bau und Heimat die für die Erstellung des Berichtes erforderlichen Daten

1. zu den Gründen der Dienstunfähigkeit nach Hauptdiagnoseklassen und
2. zur Person und letzten Beschäftigung des Betroffenen, die zur statistischen Auswertung erforderlich sind.

[2] Soweit entsprechende Daten nicht vorliegen, können bei anderen als den in Satz 1 genannten Stellen, insbesondere solchen, die mit der ärztlichen Begutachtung beauftragt wurden, Angaben zu Gründen einer Versetzung in den Ruhestand erhoben werden.

§ 63[5] **Gleichstellungen.** Für die Anwendung dieses Abschnitts gelten

1. ein Unterhaltsbeitrag nach § 15 als Ruhegehalt,
2. ein Unterhaltsbeitrag nach § 38 als Ruhegehalt, außer für die Anwendung des § 59,
3. ein Unterhaltsbeitrag nach § 26 als Witwen- oder Waisengeld,
4. ein Unterhaltsbeitrag nach den §§ 41 und 61 Absatz 1 Satz 3 als Witwen- oder Waisengeld, außer für die Anwendung des § 61 Absatz 1 Satz 1 Nummer 4 und Satz 2,
5. ein Unterhaltsbeitrag nach § 22 Absatz 1 und § 40 als Witwengeld,
6. ein Unterhaltsbeitrag nach § 22 Absatz 2 oder 3 als Witwengeld, außer für die Anwendung des § 57,
7. ein Unterhaltsbeitrag nach § 23 Absatz 2 als Waisengeld,

7a. ein Unterhaltsbeitrag nach § 38a als Waisengeld,

8. ein Unterhaltsbeitrag nach § 43 des Bundesbeamtengesetzes[4], den §§ 59 und 61 Absatz 1 Satz 4 und § 68 als Ruhegehalt, Witwen- oder Waisengeld,
9. die Bezüge der nach § 32 des Deutschen Richtergesetzes[6] oder einer entsprechenden gesetzlichen Vorschrift nicht im Amt befindlichen Richter und Mitglieder einer obersten Rechnungsprüfungsbehörde als Ruhegehalt,

---

[1] § 62a neu gef. mWv 11.1.2017 durch G v. 5.1.2017 (BGBl. I S. 17); Abs. 2 Satz 1 geänd. mWv 1.1. 2020 durch G v. 9.12.2019 (BGBl. I S. 2053).

[2] **Bundesbeamtengesetze Nr. 90.**

[3] Nr. **245.**

[4] Nr. **160.**

[5] § 63 Überschrift neu gef., einl. Satzteil geänd. mWv 1.1.2020 durch G v. 9.12.2019 (BGBl. I S. 2053); einl. Satzteil geänd. mWv 1.7.2020 durch G v. 28.6.2021 (BGBl. I S. 2250).

[6] **Schönfelder ErgBd. Nr. 97.**

10. die Bezüge, die nach oder entsprechend § 4 Absatz 1 Satz 1 des Bundesbesoldungsgesetzes[1] gewährt werden, als Ruhegehalt;

die Empfänger dieser Versorgungsbezüge gelten als Ruhestandsbeamte, Witwen oder Waisen.

Abschnitt 8.[2] Sondervorschriften

§ 64 Entzug von Hinterbliebenenversorgung. (1) [1]Die oberste Dienstbehörde kann Empfängern von Hinterbliebenenversorgung die Versorgungsbezüge auf Zeit teilweise oder ganz entziehen, wenn sie sich gegen die freiheitliche demokratische Grundordnung im Sinne des Grundgesetzes[3] betätigt haben; § 41 gilt sinngemäß. [2]Die diese Maßnahme rechtfertigenden Tatsachen sind in einem Untersuchungsverfahren festzustellen, in dem die eidliche Vernehmung von Zeugen und Sachverständigen zulässig und der Versorgungsberechtigte zu hören ist.

(2) § 61 Absatz 1 Satz 1 Nummer 4 und Satz 2 bleibt unberührt.

§ 65 Nichtberücksichtigung der Versorgungsbezüge. [1]Werden Versorgungsberechtigte im öffentlichen Dienst (§ 53 Absatz 8) verwendet, so sind ihre Bezüge aus dieser Beschäftigung ohne Rücksicht auf die Versorgungsbezüge zu bemessen. [2]Das Gleiche gilt für eine auf Grund der Beschäftigung zu gewährende Versorgung.

Abschnitt 9.[4] Versorgung besonderer Beamtengruppen

§ 66[5] Beamte auf Zeit. (1) Für die Versorgung der Beamten auf Zeit und ihrer Hinterbliebenen gelten die Vorschriften für die Versorgung der Beamten auf Lebenszeit und ihrer Hinterbliebenen entsprechend, soweit in diesem Gesetz nichts anderes bestimmt ist.

(2) [1]Für Beamte auf Zeit, die eine ruhegehaltfähige Dienstzeit von zehn Jahren zurückgelegt haben, beträgt das Ruhegehalt, wenn es für sie günstiger ist, nach einer Amtszeit von acht Jahren als Beamter auf Zeit 33,48345 Prozent der ruhegehaltfähigen Dienstbezüge und steigt mit jedem weiteren vollen Amtsjahr als Beamter auf Zeit um 1,91333 Prozent der ruhegehaltfähigen Dienstbezüge bis zum Höchstruhegehaltssatz von 71,75 Prozent. [2]Als Amtszeit rechnet hierbei auch die Zeit bis zur Dauer von fünf Jahren, die ein Beamter auf Zeit im einstweiligen Ruhestand zurückgelegt hat. [3]§ 14 Absatz 3 findet Anwendung. [4]Die Sätze 1 bis 3 finden auf zu Beamten auf Zeit ernannte Militärgeistliche keine Anwendung.

(3) Ein Übergangsgeld nach § 47 wird nicht gewährt, wenn der Beamte auf Zeit einer gesetzlichen Verpflichtung, sein Amt nach Ablauf der Amtszeit unter erneuter Berufung in das Beamtenverhältnis weiterzuführen, nicht nachkommt.

(4) [1]Führt der Beamte auf Zeit nach Ablauf seiner Amtszeit sein bisheriges Amt unter erneuter Berufung als Beamter auf Zeit für die folgende Amtszeit weiter, gilt für die Anwendung dieses Gesetzes das Beamtenverhältnis als nicht unterbrochen. [2]Satz 1 gilt entsprechend für Beamte auf Zeit, die aus ihrem bisherigen Amt ohne

---

[1] Nr. **230**.
[2] 8. Abschnitt Überschrift geänd. mWv 1.1.2020 durch G v. 9.12.2019 (BGBl. I S. 2053).
[3] Nr. **1**.
[4] 9. Abschnitt Überschrift geänd. mWv 1.1.2020 durch G v. 9.12.2019 (BGBl. I S. 2053).
[5] § 66 Abs. 2 Satz 1 geänd. mWv 1.1.2020 durch G v. 9.12.2019 (BGBl. I S. 2053).

Unterbrechung in ein vergleichbares oder höherwertiges Amt unter erneuter Berufung als Beamter auf Zeit gewählt werden.

(5) Wird ein Beamter auf Zeit wegen Dienstunfähigkeit entlassen, gelten die §§ 15 und 26 entsprechend.

§ 67[1)] Professoren an Hochschulen, Hochschuldozenten, Oberassistenten, Oberingenieure, Wissenschaftliche und Künstlerische Assistenten mit Bezügen nach § 77 Absatz 2 des Bundesbesoldungsgesetzes sowie Professoren und hauptberufliche Leiter und Mitglieder von Leitungsgremien an Hochschulen mit Bezügen nach der Bundesbesoldungsordnung W.

(1) [1] Für die Versorgung der zu Beamten ernannten Professoren an Hochschulen, Hochschuldozenten, Oberassistenten, Oberingenieure, Wissenschaftlichen und Künstlerischen Assistenten mit Bezügen nach § 77 Absatz 2 des Bundesbesoldungsgesetzes[2)] und ihrer Hinterbliebenen gelten die Vorschriften dieses Gesetzes, soweit nachfolgend nichts anderes bestimmt ist. [2] Satz 1 gilt auch für die Versorgung der zu Beamten ernannten Professoren und der hauptberuflichen Leiter und Mitglieder von Leitungsgremien an Hochschulen mit Bezügen nach der Bundesbesoldungsordnung W und ihre Hinterbliebenen.

(2) [1] Ruhegehaltfähig ist auch die Zeit, in der die Professoren, Hochschuldozenten, Oberassistenten, Oberingenieure, Wissenschaftlichen und Künstlerischen Assistenten nach der Habilitation dem Lehrkörper einer Hochschule angehört haben. [2] Als ruhegehaltfähig gilt auch die zur Vorbereitung für die Promotion benötigte Zeit bis zu zwei Jahren. [3] Die in einer Habilitationsordnung vorgeschriebene Mindestzeit für die Erbringung der Habilitationsleistungen oder sonstiger gleichwertiger wissenschaftlicher Leistungen kann als ruhegehaltfähige Dienstzeit berücksichtigt werden; soweit die Habilitationsordnung eine Mindestdauer nicht vorschreibt, sind bis zu drei Jahre berücksichtigungsfähig. [4] Die nach erfolgreichem Abschluss eines Hochschulstudiums vor der Ernennung zum Professor, Hochschuldozenten, Oberassistenten, Oberingenieur, Wissenschaftlichen und Künstlerischen Assistenten liegende Zeit einer hauptberuflichen Tätigkeit, in der besondere Fachkenntnisse erworben wurden, die für die Wahrnehmung des Amtes förderlich sind, soll im Falle des § 44 Absatz 1 Nummer 4 Buchstabe c des Hochschulrahmengesetzes[3)] als ruhegehaltfähig berücksichtigt werden; im Übrigen kann sie bis zu fünf Jahren in vollem Umfang, darüber hinaus bis zur Hälfte als ruhegehaltfähig berücksichtigt werden. [5] Zeiten nach Satz 4 können in der Regel insgesamt nicht über zehn Jahre hinaus als ruhegehaltfähig berücksichtigt werden. [6] Zeiten mit einer geringeren als der regelmäßigen Arbeitszeit dürfen nur bis zu dem Teil als ruhegehaltfähig berücksichtigt werden, der dem Verhältnis der tatsächlichen zur regelmäßigen Arbeitszeit entspricht.

(3) [1] Bei der Einstellung eines in Absatz 1 genannten Beamten in den Dienst des Bundes ist auf Antrag zu entscheiden, ob

1. ruhegehaltfähige Zeiten nach Absatz 2 Satz 1, 2 und 4 erster Halbsatz sowie nach § 10 vorliegen und
2. Zeiten auf Grund des Absatzes 2 Satz 3 und 4 zweiter Halbsatz sowie der §§ 11 und 12 als ruhegehaltfähig berücksichtigt werden können.

[1)] § 67 Abs. 3 Satz 1 neu gef., Satz 2 eingef., bisher. Satz 2 wird Satz 3 mWv 1.8.2021 durch G v. 28.6. 2021 (BGBl. I S. 2250).
[2)] Nr. **230**.
[3)] Nr. **500**.

[2]Satz 1 gilt für die Versetzung von einem anderen Dienstherrn in den Dienst des Bundes entsprechend. [3]Diese Entscheidungen stehen unter dem Vorbehalt eines Gleichbleibens der Rechtslage, die ihnen zugrunde liegt.

(4) Für Hochschuldozenten, Oberassistenten, Oberingenieure, Wissenschaftliche und Künstlerische Assistenten beträgt das Übergangsgeld abweichend von § 47 Absatz 1 Satz 1 für ein Jahr Dienstzeit das Einfache, insgesamt höchstens das Sechsfache der Dienstbezüge (§ 1 Absatz 2 Nummer 1 bis 4 des Bundesbesoldungsgesetzes) des letzten Monats.

§ 68[1)] Ehrenbeamte. [1]Erleidet der Ehrenbeamte einen Dienstunfall (§ 31), so hat er Anspruch auf ein Heilverfahren (§ 33). [2]Außerdem kann ihm Ersatz von Sachschäden (§ 32) und von der obersten Dienstbehörde oder der von ihr bestimmten Stelle im Einvernehmen mit dem Bundesministerium des Innern, für Bau und Heimat ein nach billigem Ermessen festzusetzender Unterhaltsbeitrag bewilligt werden. [3]Das Gleiche gilt für seine Hinterbliebenen.

Abschnitt 10.[2)] Übergangsvorschriften

§ 69[3)] Anwendung bisherigen und neuen Rechts für am 1. Januar 1977 vorhandene Versorgungsempfänger. (1) Die Rechtsverhältnisse der am 1. Januar 1992 vorhandenen Ruhestandsbeamten, entpflichteten Hochschullehrer, Witwen, Waisen und sonstigen Versorgungsempfänger regeln sich, sofern der Versorgungsfall oder die Entpflichtung vor dem 1. Januar 1977 eingetreten oder wirksam geworden ist, nach dem bis zum 31. Dezember 1976 geltenden Recht mit folgenden Maßgaben:

1. Die Witwenabfindung richtet sich nach diesem Gesetz.
2. [1]Die §§ 3, 9, 22 Absatz 1 Satz 2 und 3, die §§ 33, 34, 42 Satz 2, die §§ 49 bis 50a, 51, 52, 55 Absatz 1 Satz 7 und Absatz 2 bis 8, die §§ 57 bis 65, 69e Absatz 3, 4 und 7 sowie § 70 dieses Gesetzes sind anzuwenden. [2]§ 6 Absatz 1 Satz 5, § 10 Absatz 2, § 14a Absatz 1, 3 und 4, § 55 Absatz 1 Satz 1 und 2

(Fortsetzung nächstes Blatt)

---

1) § 68 Satz 2 geänd. mWv 11.1.2017 durch G v. 5.1.2017 (BGBl. I S. 17); Satz 2 geänd. mWv 1.1.2020 durch G v. 9.12.2019 (BGBl. I S. 2053).

2) 10. Abschnitt Überschrift neu gef. mWv 1.1.2020 durch G v. 9.12.2019 (BGBl. I S. 2053).

3) § 69 Abs. 4 Satz 2 geänd. mWv 1.1.2020 durch G v. 9.12.2019 (BGBl. I S. 2053).

[illegible]

Abschnitt 10 Übergangsvorschriften

[illegible]

2012 geltenden Rechts festgesetzt worden sind. [4] Für Hinterbliebene gelten die Sätze 1 bis 3 entsprechend.

§ 69k[1)] Übergangsregelung aus Anlass des Gesetzes zur Änderung des Versorgungsrücklagegesetzes und weiterer dienstrechtlicher Vorschriften.

[1] Für Versorgungsfälle, die vor dem 11. Januar 2017 eingetreten sind, sind § 6 Absatz 1 Satz 2 Nummer 1, § 8 Absatz 1, § 9 Absatz 1, § 10 Satz 1, die §§ 11, 12 Absatz 1 Satz 1 und Absatz 2, § 13 Absatz 2 Satz 1 und 3, § 14a Absatz 2 Satz 1, § 38 Absatz 2 Nummer 2 und § 55 Absatz 2 in der bis zum 10. Januar 2017 geltenden Fassung anzuwenden. [2] Satz 1 gilt entsprechend für künftige Hinterbliebene eines vor dem 11. Januar 2017 vorhandenen Versorgungsempfängers.

§ 69l[2)] Übergangsregelung zu § 55. [1] § 55 Absatz 1 Satz 2 Nummer 1a gilt nicht für Versorgungsfälle, die am 14. Juni 2017 vorhanden waren. [2] Für Versorgungsfälle, die nach dem 14. Juni 2017 eintreten, sind Renten nach dem Gesetz über die Alterssicherung der Landwirte[3)] mit der Maßgabe zu berücksichtigen, dass der Teil der Rente nach dem Gesetz über die Alterssicherung der Landwirte außer Ansatz bleibt, der auf rentenrechtlichen Zeiten beruht, die bis zum 14. Juni 2017 zurückgelegt worden sind.

§ 69m[4)] Übergangsregelung aus Anlass des Besoldungsstrukturenmodernisierungsgesetzes. (1) [1] § 6a findet auf am 30. Juni 2020 vorhandene Beamte Anwendung, wenn eine Verwendung im Sinne des § 6a Absatz 1 vor dem 1. Juli 2020

1. begonnen hat und über diesen Zeitpunkt hinaus andauert oder
2. bereits beendet war und der Beamte auf Grund dieser Verwendung einen Anspruch auf eine laufende Alterssicherungsleistung hat oder
3. bereits beendet war und der Beamte auf Grund dieser Verwendung einen Anspruch auf eine Alterssicherungsleistung in Form eines Kapitalbetrages (§ 6a Absatz 2) hat mit den Maßgaben, dass
   a) abweichend von § 6a Absatz 3 Satz 1 der Kapitalbetrag vom Beginn des auf die Beendigung der Verwendung folgenden Monats bis zum 30. Juni 2020 zu verzinsen ist und
   b) der Antrag nach § 6a Absatz 4 Satz 1 bis zum 31. Januar 2022 gestellt werden kann.

[2] Die Zeit einer vor dem 1. Juli 2020 bereits beendeten Verwendung im Dienst einer zwischenstaatlichen oder überstaatlichen Einrichtung ist ungeachtet des § 6a ruhegehaltfähig, sofern die für diese Zeit zustehende Alterssicherungsleistung im Sinne des § 6a Absatz 2 bereits vor dem 1. Juli 2020 an den Dienstherrn abgeführt worden ist.

(2) [1] Für am 30. Juni 2020 vorhandene Versorgungsempfänger gilt vorbehaltlich von Satz 2 die bisherige Rechtslage weiter, insbesondere sind § 6 Absatz 3 Nummer 4, § 7 Satz 1 Nummer 1 Buchstabe b, § 55 Absatz 1 Satz 8 und 9, die §§ 56, 69c Absatz 5 sowie § 85 Absatz 6 Satz 2 bis 4 in der bis zum 30. Juni 2020

1) § 69k angef. mWv 11.1.2017 durch G v. 5.1.2017 (BGBl. I S. 17); Satz 1 geänd. mWv 11.1.2017 durch G v. 8.6.2017 (BGBl. I S. 1570).

2) § 69l angef. mWv 15.6.2017 durch G v. 8.6.2017 (BGBl. I S. 1570).

3) **Aichberger, SGB Nr. 30/10.**

4) § 69m angef. mWv 1.7.2020, Abs. 3 angef. mWv 1.9.2020 durch G v. 9.12.2019 (BGBl. I S. 2053); Abs. 2 Satz 2 geänd., Abs. 2a eingef. mWv 1.7.2020 durch G v. 28.6.2021 (BGBl. I S. 2250).

geltenden Fassung weiter anzuwenden; dabei bleiben § 69 Absatz 1 Nummer 2 Satz 2, Nummer 4 Satz 1, Nummer 6 Satz 1, Absatz 4 Satz 2, § 69a Nummer 3 Satz 2, Nummer 5 Satz 3 und § 69e Absatz 1 Nummer 3 Satz 1 unberührt. [2] Versorgungsempfänger nach Satz 1, deren Ruhensbetrag mittels Höchstgrenzenberechnung nach § 56 Absatz 1 Satz 1 in Verbindung mit Absatz 2 in einer zwischen dem 1. Oktober 1994 und dem 30. Juni 2020 anzuwendenden Fassung bestimmt wird, können einmalig für die Zukunft beantragen, dass ihr Ruhegehalt in Höhe von 1,79375 Prozent der ruhegehaltfähigen Dienstbezüge für jedes Jahr einer Verwendung im öffentlichen Dienst einer zwischenstaatlichen oder überstaatlichen Einrichtung ruht; der Unterschiedsbetrag nach § 50 Absatz 1 ruht für jedes Jahr einer Verwendung im öffentlichen Dienst einer zwischenstaatlichen oder überstaatlichen Einrichtung in Höhe von 2,5 Prozent. [3] Bei der Anwendung von Satz 2 ist § 69c Absatz 5 Satz 1 bis 4 in der bis zum 30. Juni 2020 geltenden Fassung vorrangig zu berücksichtigen. [4] Dienstzeiten, die über volle Jahre hinausgehen, sind einzubeziehen; § 14 Absatz 1 Satz 2 und 3 gilt entsprechend. [5] Zeiten ab Beginn des Ruhestandes sind nicht zu berücksichtigen, es sei denn, sie führen zu einer Erhöhung des Ruhegehaltssatzes. [6] Die zuständige Behörde erteilt auf schriftlichen oder elektronischen Antrag Auskunft zur Höhe des Ruhensbetrages nach Satz 2 zu dem nach Satz 7 oder 8 maßgeblichen Zeitpunkt. [7] Anträge, die bis zum 31. Juli 2021 gestellt werden, gelten als zum 1. Juli 2020 gestellt. [8] Wird der Antrag später gestellt, tritt die Änderung mit Beginn des Antragsmonats ein. [9] Vor dem Änderungszeitpunkt entstandene Ruhensbeträge bleiben unberührt. [10] Die Sätze 1 bis 9 gelten entsprechend für künftige Hinterbliebene eines vor dem 1. Juli 2020 vorhandenen Ruhestandsbeamten.

(2a) [1] Versorgungsempfänger nach Absatz 2 Satz 1, bei denen sich der Ruhensbetrag nach § 56 in einer bis zum 30. September 1994 geltenden Fassung bestimmt, können einmalig für die Zukunft beantragen, dass bei der Ermittlung des Ruhensbetrages Zeiten ab Beginn des Ruhestandes nicht zu berücksichtigen sind. [2] Dies gilt nicht, wenn die Zeiten nach Beginn des Ruhestandes zu einer Erhöhung des Ruhegehaltssatzes führen. [3] Absatz 2 Satz 4 und 6 bis 9 gilt entsprechend.

(3) [1] Für am 31. August 2020 vorhandene Ruhestandsbeamte, bei denen eine ruhegehaltfähige Zeit nach § 85 Absatz 7 in der bis zum 31. August 2020 geltenden Fassung berücksichtigt worden ist, ist § 50a auf schriftlichen oder elektronischen Antrag anzuwenden. [2] Dem Antrag ist stattzugeben, wenn am 1. September 2020 das Ruhegehalt ohne Zeiten nach § 85 Absatz 7 Satz 1 in der bis zum 31. August 2020 geltenden Fassung zusammen mit dem Kindererziehungszuschlag nach § 50a Absatz 1 in Verbindung mit Absatz 2 Satz 1 Nummer 1 sowie Absatz 5 und 6 dieses Gesetzes das Ruhegehalt übersteigt, das sich unter Berücksichtigung des § 85 Absatz 7 in der bis zum 31. August 2020 geltenden Fassung ergibt. [3] Anträge, die innerhalb von drei Monaten ab dem 1. September 2020 gestellt werden, gelten als zum 1. September 2020 gestellt. [4] Wird der Antrag zu einem späteren Zeitpunkt gestellt, tritt die Änderung mit Beginn des Antragsmonats ein. [5] Wurde dem Antrag stattgegeben, ist § 85 Absatz 7 in der bis zum 31. August 2020 geltenden Fassung ab dem Zeitpunkt der Gewährung eines Kindererziehungszuschlags nach § 50a nicht mehr anzuwenden. [6] Die Sätze 1 bis 5 gelten entsprechend für vor dem 1. September 2020 vorhandene Hinterbliebene.

Abschnitt 11.[1)] Anpassung der Versorgungsbezüge

§ 70 Allgemeine Anpassung. (1) Werden die Dienstbezüge der Besoldungsberechtigten allgemein erhöht oder vermindert, sind von demselben Zeitpunkt an die Versorgungsbezüge durch Bundesgesetz entsprechend zu regeln.

(2) Als allgemeine Änderung der Dienstbezüge im Sinne des Absatzes 1 gelten auch die Neufassung der Grundgehaltstabelle mit unterschiedlicher Änderung der Grundgehaltssätze und die allgemeine Erhöhung oder Verminderung der Dienstbezüge um feste Beträge.

§ 71[2)] Erhöhung der Versorgungsbezüge. (1) [1]Bei Versorgungsempfängern gilt die Erhöhung nach § 14 Absatz 2 des Bundesbesoldungsgesetzes[3)] entsprechend für die

1. in § 5 Absatz 1 Satz 1 Nummer 1 und § 69g Absatz 1 Nummer 1 Buchstabe a Satz 3 dieses Gesetzes sowie in § 84 Nummer 1, 3 und 4 des Bundesbesoldungsgesetzes genannten Bezügebestandteile,
2. Leistungsbezüge nach § 5 Absatz 1 Satz 1 Nummer 4, soweit sie nach den auf Grund des § 33 Absatz 4 des Bundesbesoldungsgesetzes erlassenen Rechtsverordnungen an den regelmäßigen Besoldungsanpassungen teilnehmen,
3. den Versorgungsbezügen zugrunde liegenden Grundvergütungen,
4. den Versorgungsbezügen zugrunde liegenden Grundgehältern nach fortgeltenden oder früheren Besoldungsordnungen.

[2]Satz 1 gilt entsprechend für Empfänger von Versorgungsbezügen der weggefallenen Besoldungsgruppen A 1 und A 2.

(2) [1]Versorgungsbezüge, deren Berechnung ein Ortszuschlag nach dem Bundesbesoldungsgesetz in der bis zum 30. Juni 1997 geltenden Fassung nicht zugrunde liegt, werden ab 1. April 2021 um 1,1 Prozent erhöht, wenn der Versorgungsfall vor dem 1. Juli 1997 eingetreten ist. [2]Satz 1 gilt entsprechend für

1. Hinterbliebene eines vor dem 1. Juli 1997 vorhandenen Versorgungsempfängers,
2. Versorgungsbezüge, die in festen Beträgen festgesetzt sind,
3. den Betrag nach Artikel 13 § 2 Absatz 4 des Fünften Gesetzes zur Änderung besoldungsrechtlicher Vorschriften vom 28. Mai 1990 (BGBl. I S. 967).

§ 72[4)] *(aufgehoben)*

§§ 73–76 (weggefallen)

[1)] 11. Abschnitt Überschrift geänd. mWv 1.1.2020 durch G v. 9.12.2019 (BGBl. I S. 2053).

[2)] § 71 Abs. 2 Satz 1 und Abs. 3 geänd. mWv 1.1.2010, mWv 1.1.2011 und mWv 1.8.2011 durch G v. 19.11.2010 (BGBl. I S. 1552); Abs. 2 Satz 1 und Abs. 3 geänd. mWv 1.3.2012, mWv 1.1.2013 und mWv 1.8.2013 durch G v. 15.8.2012 (BGBl. I S. 1670); Abs. 2 neu gef., Abs. 3 geänd. mWv 1.3.2014 , Abs. 1 Satz 1 geänd., Abs. 2 neu gef., Abs. 3 geänd. mWv 1.3.2015 durch G v. 25.11.2014 (BGBl. I S. 1772); Abs. 2 Satz 1 und Abs. 3 geänd. mWv 1.3.2016 und mWv 1.2.2017 durch G v. 21.11.2016 (BGBl. I S. 2570); Abs. 1 Satz 1 neu gef., Abs. 2 Satz 1 geänd., Abs. 3 aufgeh. mWv 1.3.2018, Abs. 2 Satz 1 geänd. mWv 1.4.2019 und mWv 1.3.2020 durch G v. 8.11.2018 (BGBl. I S. 1810); Abs. 2 Satz 1 geänd. mWv 1.1.2020, Abs. 1 Satz 2 geänd. mWv 1.3.2020 durch G v. 9.12.2019 (BGBl. I S. 2053); Abs. 2 Satz 1 geänd. mWv 1.4.2021 durch G v. 9.7.2021 (BGBl. I S. 2444).

[3)] Nr. **230**.

[4)] § 72 aufgeh. mWv 1.1.2010 durch G v. 19.11.2010 (BGBl. I S. 1552).

Abschnitt 12.[1] (weggefallen)

§§ 77–83 (weggefallen)

Abschnitt 13.[2] Übergangsvorschriften alten Rechts

§ 84[3] Ruhegehaltfähige Dienstzeit. [1] Für am 1. Januar 1977 vorhandene Beamte können zum Ausgleich von Härten Zeiten, die nach dem bis zum 31. Dezember 1976 geltenden Recht ruhegehaltfähig waren, als ruhegehaltfähig galten oder als ruhegehaltfähig berücksichtigt werden konnten und vor dem 1. Januar 1977 zurückgelegt worden sind, im Anwendungsbereich des bis zum 31. Dezember 1976 geltenden Rechts als ruhegehaltfähig berücksichtigt werden. [2] Die Entscheidung trifft das Bundesministerium des Innern, für Bau und Heimat.

§ 85[4] Ruhegehaltssatz für am 31. Dezember 1991 vorhandene Beamte.

(1) [1] Hat das Beamtenverhältnis, aus dem der Beamte in den Ruhestand tritt, oder ein unmittelbar vorangehendes anderes öffentlich-rechtliches Dienstverhältnis bereits am 31. Dezember 1991 bestanden, bleibt der zu diesem Zeitpunkt erreichte Ruhegehaltssatz gewahrt. [2] Dabei richtet sich die Berechnung der ruhegehaltfähigen Dienstzeit und des Ruhegehaltssatzes nach dem bis zum 31. Dezember 1991 geltenden Recht; § 14 Absatz 1 Satz 1 Halbsatz 2 und 3 findet hierbei keine Anwendung. [3] Der sich nach den Sätzen 1 und 2 ergebende Ruhegehaltssatz steigt mit jedem Jahr, das vom 1. Januar 1992 an nach dem von diesem Zeitpunkt an geltenden Recht als ruhegehaltfähige Dienstzeit zurückgelegt wird, um ein Prozent der ruhegehaltfähigen Dienstbezüge bis zum Höchstsatz von fünfundsiebzig Prozent; insoweit gilt § 14 Absatz 1 Satz 2 und 3 entsprechend. [4] Bei der Anwendung von Satz 3 bleiben Zeiten bis zur Vollendung einer zehnjährigen ruhegehaltfähigen Dienstzeit außer Betracht; § 13 Absatz 1 findet in der bis zum 31. Dezember 1991 geltenden Fassung Anwendung. [5] § 14 Absatz 3 findet Anwendung.

(2) Für die Beamten auf Zeit, deren Beamtenverhältnis über den 31. Dezember 1991 hinaus fortbesteht, ist § 66 Absatz 2, 4 und 6 in der bis zum 31. Dezember 1991 geltenden Fassung anzuwenden.

(3) [1] Hat das Beamtenverhältnis, aus dem der Beamte in den Ruhestand tritt, oder ein unmittelbar vorangehendes anderes öffentlich-rechtliches Dienstverhältnis bereits am 31. Dezember 1991 bestanden und erreicht der Beamte vor dem 1. Januar 2002 die für ihn jeweils maßgebende gesetzliche Altersgrenze, so richtet sich die Berechnung der ruhegehaltfähigen Dienstzeit und des Ruhegehaltssatzes nach dem bis zum 31. Dezember 1991 geltenden Recht. [2] Satz 1 gilt entsprechend, wenn ein von dieser Vorschrift erfasster Beamter vor dem Zeitpunkt des Erreichens der jeweils maßgebenden gesetzlichen Altersgrenze wegen Dienstunfähigkeit oder auf Antrag in den Ruhestand versetzt wird oder verstirbt.

(4) [1] Der sich nach Absatz 1, 2 oder 3 ergebende Ruhegehaltssatz wird der Berechnung des Ruhegehalts zugrunde gelegt, wenn er höher ist als der Ruhe-

---

[1] 12. Abschnitt Überschrift geänd. mWv 1.1.2020 durch G v. 9.12.2019 (BGBl. I S. 2053).

[2] 13. Abschnitt Überschrift geänd. mWv 1.1.2020 durch G v. 9.12.2019 (BGBl. I S. 2053).

[3] § 84 Satz 2 geänd. mWv 1.1.2020 durch G v. 9.12.2019 (BGBl. I S. 2053).

[4] § 85 Abs. 12 angef. mWv 22.3.2012 durch G v. 15.3.2012 (BGBl. I S. 462); Abs. 1 Satz 3, Abs. 5 und Abs. 11 geänd. mWv 1.1.2020, Abs. 6 Sätze 2–4 aufgeh., bish. Satz 5 wird Satz 2 mWv 1.7.2020, Abs. 7 aufgeh. mWv 1.9.2020 durch G v. 9.12.2019 (BGBl. I S. 2053); Abs. 11 geänd. mWv 1.7.2020 durch G v. 28.6.2021 (BGBl. I S. 2250).

gehaltssatz, der sich nach diesem Gesetz für dic gesamte ruhegehaltfähige Dienstzeit ergibt. [2] Der sich nach Absatz 1 ergebende Ruhegehaltssatz darf den Ruhegehaltssatz, der sich nach dem bis zum 31. Dezember 1991 geltenden Recht ergäbe, nicht übersteigen.

(5) Hat das Beamtenverhältnis, aus dem der Beamte in den Ruhestand tritt, oder ein unmittelbar vorangehendes anderes öffentlich-rechtliches Dienstverhältnis bereits am 31. Dezember 1991 bestanden, ist § 14 Absatz 3 mit folgenden Maßgaben anzuwenden:

Bei Erreichen der Altersgrenze nach § 42 Absatz 4 Satz 1 Nummer 2 des Bundesbeamtengesetzes oder entsprechendem Landesrecht		beträgt der Prozentsatz der Minderung für jedes Jahr
vor dem	1. Januar 1998	0,0,
nach dem	31. Dezember 1997	0,6,
nach dem	31. Dezember 1998	1,2,
nach dem	31. Dezember 1999	1,8,
nach dem	31. Dezember 2000	2,4,
nach dem	31. Dezember 2001	3,0,
nach dem	31. Dezember 2002	3,6.

(6) [1] Errechnet sich der Ruhegehaltssatz nach Absatz 1 in Verbindung mit Absatz 4 Satz 2, Absatz 2 oder 3, ist entsprechend diesen Vorschriften auch der Ruhegehaltssatz für die Höchstgrenze nach § 54 Absatz 2 und § 55 Absatz 2 zu berechnen. [2] § 14 Absatz 1 Satz 2 bis 4 gilt entsprechend.

(7) *(aufgehoben)*

(8) Auf die am 31. Dezember 1991 vorhandenen Beamten, denen auf Grund eines bis zu diesem Zeitpunkt erlittenen Dienstunfalles ein Unfallausgleich gewährt wird, findet § 35 in der bis zum 31. Dezember 1991 geltenden Fassung Anwendung.

(9) Bei der Anwendung der Absätze 1 und 3 bleibt der am 31. Dezember 1991 erreichte Ruhegehaltssatz auch dann gewahrt, wenn dem Beamtenverhältnis, aus dem der Beamte in den Ruhestand tritt, mehrere öffentlich-rechtliche Dienstverhältnisse in unmittelbarem zeitlichen Zusammenhang mit dem am 31. Dezember 1991 bestehenden öffentlich-rechtlichen Dienstverhältnis vorangegangen sind.

(10) Einem öffentlich-rechtlichen Dienstverhältnis steht ein Beschäftigungsverhältnis im Sinne des § 5 Absatz 1 Nummer 2 und des § 6 Absatz 1 Nummer 2 des Sechsten Buches Sozialgesetzbuch[1)] gleich.

(11) Für den nach den Absätzen 1 bis 4 ermittelten Ruhegehaltssatz gilt § 69e Absatz 4 entsprechend.

(12) Die §§ 12a und 12b sind anzuwenden.

§ 85a Erneute Berufung in das Beamtenverhältnis. [1] Bei einem nach § 46 oder § 57 des Bundesbeamtengesetzes[2)] erneut in das Beamtenverhältnis berufenen Beamten bleibt der am Tag vor der erneuten Berufung in das Beamtenverhältnis vor Anwendung von Ruhens-, Kürzungs- und Anrechnungsvorschriften zustehende Betrag des Ruhegehalts gewahrt. [2] Tritt der Beamte erneut in den Ruhestand, wird die ruhgehaltfähige Dienstzeit und das Ruhegehalt nach dem im Zeit-

[1)] **Aichberger, SGB Nr. 6.**
[2)] Nr. **160**.

punkt der Zurruhesetzung geltenden Recht berechnet. [3]Bei der Anwendung des § 85 Absatz 1 und 3 gilt die Zeit des Ruhestandes nicht als Unterbrechung des Beamtenverhältnisses; die Zeit im Ruhestand ist nicht ruhegehaltfähig. [4]Das höhere Ruhegehalt wird gezahlt.

§ 86 Hinterbliebenenversorgung. (1) Die Gewährung von Unterhaltsbeiträgen an geschiedene Ehegatten richtet sich nach den bis zum 31. Dezember 1976 geltenden beamtenrechtlichen Vorschriften, wenn die Ehe vor dem 1. Juli 1977 geschieden, aufgehoben oder für nichtig erklärt worden ist.

(2) [1]Die Vorschrift des § 19 Absatz 1 Satz 2 Nummer 2 über den Ausschluss von Witwengeld findet keine Anwendung, wenn die Ehe am 1. Januar 1977 bestanden und das bis zu diesem Zeitpunkt geltende Landesrecht den Ausschlussgrund nicht enthalten hat. [2]An die Stelle des fünfundsechzigsten Lebensjahres in § 19 Absatz 1 Satz 2 Nummer 2 tritt ein in der bis zum 31. Dezember 1976 geltenden landesrechtlichen Vorschrift vorgesehenes höheres Lebensalter, wenn die Ehe am 1. Januar 1977 bestanden hat.

(3) Die Vorschriften über die Kürzung des Witwengeldes bei großem Altersunterschied der Ehegatten (§ 20 Absatz 2) finden keine Anwendung, wenn die Ehe am 1. Januar 1977 bestanden und das bis zu diesem Zeitpunkt für den Beamten oder Ruhestandsbeamten geltende Landesrecht entsprechende Kürzungsvorschriften nicht enthalten hat.

(4) Die Vorschrift des § 22 Absatz 2 in der bis zum 31. Juli 1989 geltenden Fassung findet Anwendung, wenn ein Scheidungsverfahren bis zum 31. Juli 1989 rechtshängig geworden ist oder die Parteien bis zum 31. Juli 1989 eine Vereinbarung nach § 1587o des Bürgerlichen Gesetzbuchs[1)] in der bis zum 31. August 2009 geltenden Fassung getroffen haben.

§ 87[2)] Unfallfürsorge. (1) Für die am 1. Januar 1977 vorhandenen Beamten steht ein vor diesem Zeitpunkt erlittener Dienstunfall im Sinne des bisherigen Bundes- oder Landesrechts dem Dienstunfall im Sinne dieses Gesetzes gleich.

(2) *(aufgehoben)*

(3) Eine Entschädigung aus einer Unfallversicherung, für die der Dienstherr die Beiträge gezahlt hat, ist auf die Unfallentschädigung nach § 43 Absatz 3 anzurechnen.

§ 88 Abfindung. (1) Bei der Entlassung einer verheirateten Beamtin bis zum 31. August 1977 finden die bisherigen Vorschriften über die Abfindung nach § 152 des Bundesbeamtengesetzes[3)] oder dem entsprechenden bisherigen Landesrecht weiter Anwendung.

(2) [1]Eine erneut in das Beamtenverhältnis berufene Beamtin kann eine früher erhaltene Abfindung an ihren neuen Dienstherrn zurückzahlen. [2]Hierbei sind anstelle der Dienstbezüge, die der Abfindung zugrunde lagen, die Dienstbezüge nach § 1 Absatz 2 Nummer 1 bis 4 des Bundesbesoldungsgesetzes[4)] nach der Besoldungsgruppe des vor der Abfindung innegehabten Amtes zugrunde zu legen, die sich ergeben würden, wenn die im Zeitpunkt der erneuten Berufung in das Beamtenverhältnis maßgebenden Grundgehalts- und Familienzuschlagssätze im

[1)] **Schönfelder Nr. 20.**
[2)] § 87 Abs. 2 aufgeh. mWv 1.8.2021 durch G v. 28.6.2021 (BGBl. I S. 2250).
[3)] Nr. **160**.
[4)] Nr. **230**.

Monat vor der Entlassung gegolten hätten. [3]Der Antrag auf Rückzahlung ist innerhalb einer Ausschlussfrist von zwei Jahren nach Inkrafttreten dieses Gesetzes, bei erneuter Berufung in das Beamtenverhältnis auf Lebenszeit nach dem Inkrafttreten dieses Gesetzes innerhalb einer Ausschlussfrist von zwei Jahren nach der Berufung in das Beamtenverhältnis auf Lebenszeit zu stellen. [4]Eine teilweise Rückzahlung der Abfindung ist nicht zulässig. [5]Nach der Rückzahlung werden die Zeiten vor der Entlassung aus dem früheren Dienstverhältnis besoldungs- und versorgungsrechtlich so behandelt, als wäre eine Abfindung nicht gewährt worden. [6]Satz 5 gilt entsprechend, wenn eine Beamtin bei erneuter Berufung in das Beamtenverhältnis innerhalb der Ausschlussfrist nach Satz 3 auf eine zugesicherte aber noch nicht gezahlte Abfindungsrente verzichtet.

§ 89 (weggefallen)

§ 90[1)] Zusammentreffen von Versorgungsbezügen mit Versorgung aus zwischenstaatlicher und überstaatlicher Verwendung. (1) Bei der Anwendung des § 56 Absatz 1 bleibt die Zeit, die ein Beamter oder Ruhestandsbeamter vor dem 1. Juli 1968 im Dienst einer zwischenstaatlichen oder überstaatlichen Einrichtung tätig war, bis zu sechs Jahren außer Betracht.

(2) Auf die am 1. Juli 1968 vorhandenen Versorgungsempfänger findet § 56 Absatz 1 Satz 3 mit der Maßgabe Anwendung, dass ihnen zwölf Prozent der ruhegehaltfähigen Dienstbezüge als Versorgung verbleiben.

(3) Hat ein Beamter oder Versorgungsempfänger vor dem 1. Juli 1968 bei seinem Ausscheiden aus dem öffentlichen Dienst einer zwischenstaatlichen oder überstaatlichen Einrichtung anstelle einer Versorgung einen Kapitalbetrag als Abfindung oder Zahlung aus einem Versorgungsfonds erhalten, sind Absatz 1, § 56 Absatz 3 und § 69c Absatz 5 anzuwenden.

(Fortsetzung nächstes Blatt)

[1)] § 90 Abs. 2 geänd. mWv 1.1.2020 durch G v. 9.12.2019 (BGBl. I S. 2053).

[illegible] der Erhaltung [illegible]. [2] Der Antrag auf Rückzahlung ist [illegible] nach Inkrafttreten dieses Gesetzes [illegible] nach dem Inkrafttreten [illegible] Ausscheiden [illegible] Rückzahlung [illegible] Versorgungsempfänger [illegible] Beginn [illegible] nach Satz [illegible] Versorgungsempfänger [illegible].

§ 89 (weggefallen)[1]

§ 90[1] Zusammentreffen von Versorgungsbezügen mit Versorgung aus zwischenstaatlicher und überstaatlicher Verwendung (1) Bei der Anwendung des § 56 Absatz 1 bleibt die Zeit, in der ein Beamter oder Ruhestandsbeamter vor dem 1. Juli 1968 in einer zwischenstaatlichen oder überstaatlichen Einrichtung [illegible] außer Betracht.

(2) Abweichend von § 56 [illegible] Absatz 1 Satz [illegible] mindestens [illegible] Prozent der [illegible] Versorgung [illegible].

(3) Hat ein Beamter oder Ruhestandsbeamter vor dem 1. Juli 1968 bei seinem Ausscheiden aus dem öffentlichen Dienst einer zwischenstaatlichen oder überstaatlichen Einrichtung [illegible] Versorgung einen Kapitalbetrag als Abfindung oder Zahlung aus einem Versorgungsfonds erhalten, sind Absatz 1 [illegible] § 56 [illegible] Satz 2 und [illegible] dieses Absatzes anzuwenden.

(Fortsetzung nächstes Blatt)

[1] [illegible]

Ablauf des Monats, in dem sie die Regelaltersgrenze nach § 51 Absatz 1 und 2 des Bundesbeamtengesetzes erreicht haben.

§ 107e[1] Sonderregelungen zur Bewältigung der COVID-19-Pandemie.

(1) [1]Für Ruhestandsbeamte, die ein Erwerbseinkommen aus einer Beschäftigung erzielen, die in unmittelbarem Zusammenhang mit der Bewältigung der Auswirkungen der COVID-19-Pandemie steht, beträgt die Höchstgrenze nach § 53 Absatz 2 Nummer 1 erste Alternative bis zum 31. Dezember 2021 150 Prozent der ruhegehaltfähigen Dienstbezüge aus der Endstufe der Besoldungsgruppe, aus der sich das Ruhegehalt berechnet, zuzüglich des jeweils zustehenden Unterschiedsbetrages nach § 50 Absatz 1. [2]§ 53 Absatz 5 Satz 2 und 3 ist nicht anzuwenden. [3]Die Sätze 1 und 2 gelten nicht für Beamte, die wegen Dienstunfähigkeit oder nach § 52 Absatz 1 oder 2 des Bundesbeamtengesetzes[2] in den Ruhestand versetzt worden sind.

(2) Anspruch auf Waisengeld besteht auch dann, wenn wegen der COVID-19-Pandemie

1. eine Schul- oder Berufsausbildung oder ein freiwilliger Dienst im Sinne des § 61 Absatz 2 Satz 1 Nummer 1 Buchstabe a oder Buchstabe c nicht angetreten werden kann oder
2. die Übergangszeit nach § 61 Absatz 2 Satz 1 Nummer 1 Buchstabe b überschritten wird.

§ 108 Anwendungsbereich in den Ländern. (1) Für die Beamten der Länder, der Gemeinden, der Gemeindeverbände sowie der sonstigen der Aufsicht eines Landes unterstehenden Körperschaften, Anstalten und Stiftungen des öffentlichen Rechts gilt das Beamtenversorgungsgesetz in der bis zum 31. August 2006 geltenden Fassung, soweit es nicht durch Landesrecht ersetzt wurde.[3]

---

[1] § 107e eingef. mWv 1.1.2020 und aufgeh. mWv 1.1.2021 durch G v. 25.5.2020 (BGBl. I S. 1063); erneut eingef. mWv 1.1.2020, Abs. 2 aufgeh., bish. Abs. 3 wird Abs. 2 mWv 1.7.2021 durch G v. 28.6. 2021 (BGBl. I S. 2250).

[2] Nr. **160**.

[3] Siehe die versorgungsrechtlichen Regelungen der Länder:
- **Baden-Württemberg:** LandesbeamtenversorgungsG v. 9.11.2010 (GBl. S. 793, 911), zuletzt geänd. durch G v. 15.10.2020 (GBl. S. 914)
- **Bayern:** Bayerisches BeamtenversorgungsG v. 5.8.2010 (GVBl. S. 410, 528, 764), zuletzt geänd. durch G v. 19.3.2020 (GVBl. S. 153)
- **Berlin:** Beamtenversorgungs-ÜberleitungsG v. 21.6.2011 (GVBl. S. 266)
- **Brandenburg:** Brandenburgisches BeamtenversorgungsG v. 20.11.2013 (GVBl. I Nr. 32, 77), zuletzt geänd. durch G v. 19.6.2019 (GVBl. I Nr. 39)
- **Bremen:** Bremisches BeamtenversorgungsG v. 4.11.2014 (Brem.GBl. S. 458), zuletzt geänd. durch G v. 14.7.2020 (Brem.GBl. S. 671)
- **Hamburg:** Hamburgisches BeamtenversorgungsG v. 26.1.2010 (HmbGVBl. S. 23, 72), zuletzt geänd. durch G v. 3.2.2021 (HmbGVBl. S. 59)
- **Hessen:** Hessisches BeamtenversorgungsG v. 27.5.2013 (GVBl. S. 218, 312), zuletzt geänd. durch G v. 23.6.2020 (GVBl. S. 430)
- **Mecklenburg-Vorpommern:** LandesbeamtenversorgungsG idF der Bek. v. 8.3.2012 (GVOBl. M-V S. 26), zuletzt geänd. durch G v. 11.5.2021 (GVOBl. M-V S. 600)
- **Niedersachsen:** Niedersächsisches BeamtenversorgungsG idF der Bek. v. 2.4.2013 (Nds. GVBl. S. 73), zuletzt geänd. durch G v. 19.12.2019 (Nds. GVBl. S. 451)
- **Nordrhein-Westfalen:** Beamtenversorgungs-ÜberleitungsG v. 16.5.2013 (GV. NRW. S. 234, 238), geänd. durch G v. 16.5.2013 (GV. NRW. S. 234)
- **Rheinland-Pfalz:** LandesbeamtenversorgungsG v. 18.6.2013 (GVBl. S. 157, 208), zuletzt geänd. durch G v. 23.9.2020 (GVBl. S. 516)
- **Saarland:** vgl. § 2 Saarländisches BeamtenversorgungsG v. 14.5.2008 (Amtsbl. S. 1062), zuletzt geänd. durch G v. 8.12.2020 (Amtsbl. I S. 1341)

→

(2) Nach Maßgabe des Deutschen Richtergesetzes[1] ist auf die Versorgung der Richter der Länder das Beamtenversorgungsgesetz in der bis zum 31. August 2006 geltenden Fassung entsprechend anzuwenden, soweit nichts anderes bestimmt ist.

§ 109 (Inkrafttreten)

(Fortsetzung der Anm. von voriger Seite)

- **Sachsen:** Sächsisches BeamtenversorgungsG v. 18.12.2013 (SächsGVBl. S. 970, 1045), zuletzt geänd. durch G v. 25.6.2019 (SächsGVBl. S. 496)
- **Sachsen-Anhalt:** LandesbeamtenversorgungsG v. 13.6.2018 (GVBl. LSA S. 72, 78), zuletzt geänd. durch G v. 11.10.2019 (GVBl. LSA S. 290)
- **Schleswig-Holstein:** BeamtenversorgungsG Schleswig-Holstein v. 26.1.2012 (GVOBl. Schl.-H. S. 153), zuletzt geänd. durch G v. 25.2.2021 (GVOBl. Schl.-H. S. 201)
- **Thüringen:** Thüringer BeamtenversorgungsG v. 22.6.2011 (GVBl. S. 99), zuletzt geänd. durch G v. 30.7.2019 (GVBl. S. 298)

[1] **Schönfelder ErgBd. Nr. 97.**

160. Bundesbeamtengesetz (BBG)[1)]

Vom 5. Februar 2009
(BGBl. I S. 160)

FNA 2030-2-30

geänd. durch Art. 11 Bundesbesoldungs- und -versorgungsanpassungsG 2010/2011 v. 19.11.2010 (BGBl. I S. 1552), Art. 13 G zur Einführung eines Bundesfreiwilligendienstes v. 28.4.2011 (BGBl. I S. 687), Art. 1 G zur Übertragung ehebezogener Regelungen im öffentl. Dienstrecht auf Lebenspartnerschaften v. 14.11. 2011 (BGBl. I S. 2219), Art. 7 G zur Verbesserung der Feststellung und Anerkennung im Ausland erworbener Berufsqualifikationen v. 6.12.2011 (BGBl. I S. 2515), Art. 2 G zur Unterstützung der Fachkräftegewinnung im Bund und zur Änd. weiterer dienstrechtl. Vorschriften v. 15.3.2012 (BGBl. I S. 462), Art. 4 Bundeswehrreform-BegleitG v. 21.7.2012 (BGBl. I S. 1583), Art. 1 G zur Familienpflegezeit und zum flexibleren Eintritt in den Ruhestand für Beamtinnen und Beamte des Bundes v. 3.7.2013 (BGBl. I S. 1978), Art. 2 Abs. 8, Art. 3 Abs. 4 G zur Strukturreform des Gebührenrechts des Bundes v. 7.8.2013 (BGBl. I S. 3154, geänd. durch G v. 18.7.2016 BGBl. I S. 1666), Art. 2 G über die Gewährung eines Altersgelds für freiwillig aus dem Bundesdienst ausscheidende Beamte, Richter und Soldaten v. 28.8.2013 (BGBl. I S. 3386), Art. 1 G zur Änderung des BundesbeamtenG und weiterer dienstrechtlicher Vorschriften v. 6.3.2015 (BGBl. I S. 250), Art. 7 G zur Verbesserung der Zusammenarbeit im Bereich des Verfassungsschutzes v. 17.11.2015 (BGBl. I S. 1938), Art. 2 G zur Neuorganisation der Zollverwaltung v. 3.12.2015 (BGBl. I S. 2178), Art. 3 Abs. 3 G zur Aktualisierung der Strukturreform des Gebührenrechts des Bundes v. 18.7.2016 (BGBl. I S. 1666), Art. 1 G zur besseren Vereinbarkeit von Familie, Pflege und Beruf für Beamtinnen und Beamte des Bundes und Soldatinnen und Soldaten sowie zur Änd. weiterer dienstrechtlicher Vorschriften v. 19.10.2016 (BGBl. I S. 2362), Art. 5 Bundesbesoldungs- und -versorgungsanpassungsG 2016/2017 v. 21.11.2016 (BGBl. I S. 2570), Art. 5 Abs. 2 G zur Neuregelung des Bundesarchivrechts v. 10.3.2017 (BGBl. I S. 410), Art. 9 G zum Abbau verzichtbarer Anordnungen der Schriftform im Verwaltungsrecht des Bundes v. 29.3.2017 (BGBl. I S. 626), Art. 6 Abs. 4 G zur Reform der strafrechtlichen Vermögensabschöpfung v. 13.4.2017 (BGBl. I S. 872), Art. 2 G zur Neuregelung des Mutterschutzrechts v. 23.5.2017 (BGBl. I S. 1228), Art. 1 G zu bereichsspezifischen Regelungen der Gesichtsverhüllung und zur Änd. weiterer dienstrechtlicher Vorschriften v. 8.6.2017 (BGBl. I S. 1570), Art. 8 Bundesbesoldungs- und -versorgungsanpassungsG 2018/2019/2020 v. 8.11.2018 (BGBl. I S. 1810), Art. 2 G zur Änd. des BeamtenstatusG und des BundesbeamtenG sowie weiterer dienstrechtlicher Vorschriften v. 29.11.2018 (BGBl. I S. 2232), Art. 11 Zweites Datenschutz-Anpassungs- und UmsetzungsG EU v. 20.11.2019 (BGBl. I S. 1626), Art. 2 G zur Verlängerung der Geltungsdauer des PlanungssicherstellungsG und der Geltungsdauer dienstrechtl. Vorschriften v. 18.3.2021 (BGBl. I S. 353) und Art. 1 G zur Regelung des Erscheinungsbilds von Beamtinnen und Beamten sowie zur Änd. weiterer dienstrechtl. Vorschriften v. 28.6.2021 (BGBl. I S. 2250)

Inhaltsübersicht[2)]

---

1) Verkündet als Art. 1 DienstrechtsneuordnungsG v. 5.2.2009 (BGBl. I S. 160); Inkrafttreten gem. Art. 17 Abs. 11 dieses G am 12.2.2009.

2) Inhaltsübersicht geänd. mWv 1.4.2012 durch G v. 6.12.2011 (BGBl. I S. 2515); mWv 11.7.2013 durch G v. 3.7.2013 (BGBl. I S. 1978); mWv 14.3.2015 durch G v. 6.3.2015 (BGBl. I S. 250); mWv 28.10.2016 durch G v. 19.10.2016 (BGBl. I S. 2362); mWv 26.11.2019 durch G v. 20.11.2019 (BGBl. I S. 1626); mWv 7.7.2021 durch G v. 28.6.2021 (BGBl. I S. 2250).

Abschnitt 6. Rechtliche Stellung im Beamtenverhältnis

Abschnitt 1. Allgemeine Vorschriften

§ 1 Geltungsbereich. Dieses Gesetz gilt für die Beamtinnen und Beamten des Bundes, soweit nicht gesetzlich etwas anderes bestimmt ist.

§ 2[1] Dienstherrnfähigkeit. Das Recht, Beamtinnen und Beamte zu haben, besitzen der Bund sowie bundesunmittelbare Körperschaften, Anstalten und Stiftun-

[1] § 2 geänd. mWv 14.3.2015 durch G v. 6.3.2015 (BGBl. I S. 250).

gen des öffentlichen Rechts, die dieses Recht zum Zeitpunkt des Inkrafttretens dieses Gesetzes besitzen oder denen es danach durch Gesetz oder aufgrund eines Gesetzes verliehen wird.

§ 3 Begriffsbestimmungen. (1) Oberste Dienstbehörde der Beamtin oder des Beamten ist die oberste Behörde eines Dienstherrn, in deren Geschäftsbereich die Beamtin oder der Beamte ein Amt wahrnimmt.

(2) Dienstvorgesetzte oder Dienstvorgesetzter ist, wer für beamtenrechtliche Entscheidungen über die persönlichen Angelegenheiten der ihr oder ihm nachgeordneten Beamtinnen und Beamten zuständig ist.

(3) Vorgesetzte oder Vorgesetzter ist, wer dienstliche Anordnungen erteilen darf.

(4) Die Dienstvorgesetzten- und Vorgesetzteneigenschaft bestimmt sich nach dem Aufbau der Verwaltung.

Abschnitt 2. Beamtenverhältnis

§ 4 Beamtenverhältnis. Beamtinnen und Beamte stehen zu ihrem Dienstherrn in einem öffentlich-rechtlichen Dienst- und Treueverhältnis (Beamtenverhältnis).

§ 5 Zulässigkeit des Beamtenverhältnisses. Die Berufung in das Beamtenverhältnis ist nur zulässig zur Wahrnehmung

1. hoheitsrechtlicher Aufgaben oder
2. von Aufgaben, die zur Sicherung des Staates oder des öffentlichen Lebens nicht ausschließlich Personen übertragen werden dürfen, die in einem privatrechtlichen Arbeitsverhältnis stehen.

§ 6 Arten des Beamtenverhältnisses. (1) [1] Das Beamtenverhältnis auf Lebenszeit dient der dauernden Wahrnehmung von Aufgaben nach § 5. [2] Es bildet die Regel.

(2) [1] Das Beamtenverhältnis auf Zeit ist in gesetzlich besonders bestimmten Fällen zulässig und dient der befristeten Wahrnehmung von Aufgaben nach § 5. [2] Für das Beamtenverhältnis auf Zeit gelten die Vorschriften über das Beamtenverhältnis auf Lebenszeit entsprechend, soweit nicht gesetzlich etwas anderes bestimmt ist.

(3) Das Beamtenverhältnis auf Probe dient der Ableistung einer Probezeit

1. zur späteren Verwendung auf Lebenszeit oder
2. zur Übertragung eines Amtes mit leitender Funktion.

(4) Das Beamtenverhältnis auf Widerruf dient

1. der Ableistung eines Vorbereitungsdienstes oder
2. der vorübergehenden Wahrnehmung von Aufgaben nach § 5.

(5) [1] Das Ehrenbeamtenverhältnis dient der unentgeltlichen Wahrnehmung von Aufgaben nach § 5. [2] Es kann nicht in ein Beamtenverhältnis anderer Art und ein solches kann nicht in ein Ehrenbeamtenverhältnis umgewandelt werden.

§ 7[1)] Voraussetzungen des Beamtenverhältnisses. (1) [1] In das Beamtenverhältnis darf berufen werden, wer

---

1) § 7 Abs. 1 Nr. 1 geänd. mWv 14.3.2015 durch G v. 6.3.2015 (BGBl. I S. 250); Abs. 2 und 3 geänd. mWv 7.12.2018 durch G v. 29.11.2018 (BGBl. I S. 2232); Abs. 1 Satz 2 angef. mWv 7.7.2021 durch G v. 28.6.2021 (BGBl. I S. 2250).

1. Deutsche oder Deutscher im Sinne des Artikels 116 Absatz 1 des Grundgesetzes[1)] ist oder die Staatsangehörigkeit
   a) eines anderen Mitgliedstaates der Europäischen Union oder
   b) eines anderen Vertragsstaates des Abkommens über den Europäischen Wirtschaftsraum oder
   c) eines Drittstaates, dem die Bundesrepublik Deutschland und die Europäische Union vertraglich einen entsprechenden Anspruch auf Anerkennung der Berufsqualifikationen eingeräumt haben,

   besitzt,
2. die Gewähr dafür bietet, jederzeit für die freiheitliche demokratische Grundordnung im Sinne des Grundgesetzes einzutreten, und
3. a) die für die entsprechende Laufbahn vorgeschriebene Vorbildung besitzt oder
   b) die erforderliche Befähigung durch Lebens- und Berufserfahrung erworben hat.

[2] In das Beamtenverhältnis darf nicht berufen werden, wer unveränderliche Merkmale des Erscheinungsbilds aufweist, die mit der Erfüllung der Pflichten nach § 61 Absatz 2 nicht vereinbar sind.

(2) Wenn die Aufgaben es erfordern, darf nur eine Deutsche oder ein Deutscher im Sinne des Artikels 116 Absatz 1 des Grundgesetzes in ein Beamtenverhältnis berufen werden.

(3) Das Bundesministerium des Innern, für Bau und Heimat kann Ausnahmen von Absatz 1 Nr. 1 und Absatz 2 zulassen, wenn für die Berufung der Beamtin oder des Beamten ein dringendes dienstliches Bedürfnis besteht.

§ 8[2)] Stellenausschreibung. (1) [1] Zu besetzende Stellen sind auszuschreiben. [2] Bei der Einstellung von Bewerberinnen und Bewerbern muss die Ausschreibung öffentlich sein. [3] Ausnahmen von den Sätzen 1 und 2 kann die Bundesregierung durch Rechtsverordnung regeln.

(2) [1] Die Art der Ausschreibung regelt die oberste Dienstbehörde nach Maßgabe des § 6 des Bundesgleichstellungsgesetzes[3)]. [2] Sie kann diese Befugnis auf unmittelbar nachgeordnete Behörden übertragen.

§ 9 Auswahlkriterien. [1] Die Auswahl der Bewerberinnen und Bewerber richtet sich nach Eignung, Befähigung und fachlicher Leistung ohne Rücksicht auf Geschlecht, Abstammung, Rasse oder ethnische Herkunft, Behinderung, Religion oder Weltanschauung, politische Anschauungen, Herkunft, Beziehungen oder sexuelle Identität. [2] Dem stehen gesetzliche Maßnahmen zur Durchsetzung der tatsächlichen Gleichstellung im Erwerbsleben, insbesondere Quotenregelungen mit Einzelfallprüfung sowie zur Förderung schwerbehinderter Menschen nicht entgegen.

§ 10 Ernennung. (1) Einer Ernennung bedarf es zur
1. Begründung des Beamtenverhältnisses,
2. Umwandlung des Beamtenverhältnisses in ein solches anderer Art,
3. Verleihung eines anderen Amtes mit anderem Endgrundgehalt und anderer Amtsbezeichnung oder

---

[1)] Nr. **1.**
[2)] § 8 Abs. 2 Satz 2 angef. mWv 28.10.2016 durch G v. 19.10.2016 (BGBl. I S. 2362).
[3)] **Bundesbeamtengesetze Nr. 3.**

4. Verleihung eines anderen Amtes mit anderer Amtsbezeichnung beim Wechsel der Laufbahngruppe.

(2) [1] Die Ernennung erfolgt durch Aushändigung einer Ernennungsurkunde. [2] In der Urkunde müssen enthalten sein

1. bei der Begründung des Beamtenverhältnisses die Wörter „unter Berufung in das Beamtenverhältnis" mit dem die Art des Beamtenverhältnisses bestimmenden Zusatz „auf Lebenszeit", „auf Probe", „auf Widerruf" oder „als Ehrenbeamtin" oder „als Ehrenbeamter" oder „auf Zeit" mit der Angabe der Zeitdauer der Berufung,
2. bei der Umwandlung des Beamtenverhältnisses in ein solches anderer Art die diese Art bestimmenden Wörter nach Nummer 1 und
3. bei der Verleihung eines Amtes die Amtsbezeichnung.

(3) Mit der Begründung eines Beamtenverhältnisses auf Probe, auf Lebenszeit und auf Zeit wird gleichzeitig ein Amt verliehen.

§ 11[1)] Voraussetzungen der Ernennung auf Lebenszeit; Verordnungsermächtigung. (1) [1] Zur Beamtin auf Lebenszeit oder zum Beamten auf Lebenszeit darf nur ernannt werden, wer

1. die in § 7 bezeichneten Voraussetzungen erfüllt und
2. sich in einer Probezeit in vollem Umfang bewährt hat.

[2] Für die Feststellung der Bewährung gilt ein strenger Maßstab. [3] Die Probezeit dauert mindestens drei Jahre. [4] Die Anrechnung einer gleichwertigen Tätigkeit kann bis zu einer Mindestprobezeit von einem Jahr vorgesehen werden. [5] Die Bundesregierung regelt durch Rechtsverordnung die Einzelheiten, insbesondere regelt sie

1. die Kriterien und das Verfahren der Bewährungsfeststellung,
2. die Mindestprobezeit sowie Ausnahmen von der Mindestprobezeit,
3. die Verlängerung der Probezeit und die Anrechnung von Zeiten gleichwertiger Tätigkeiten auf die Probezeit.

(2) [1] Ein Beamtenverhältnis auf Probe ist spätestens nach fünf Jahren in ein solches auf Lebenszeit umzuwandeln, wenn die beamtenrechtlichen Voraussetzungen hierfür erfüllt sind. [2] Die Frist verlängert sich um die Zeit, um die sich die Probezeit wegen Elternzeit oder einer Beurlaubung unter Wegfall der Besoldung verlängert.

§ 11a[2)] Ableisten eines Vorbereitungsdienstes durch Beamtinnen auf Lebenszeit und Beamte auf Lebenszeit. (1) Eine Beamtin auf Lebenszeit oder ein Beamter auf Lebenszeit kann zur Ableistung eines fachspezifischen Vorbereitungsdienstes des Bundes zur Erlangung der Befähigung für eine höhere Laufbahn oder für eine andere Laufbahn derselben oder einer höheren Laufbahngruppe zur Beamtin auf Widerruf oder zum Beamten auf Widerruf ernannt werden, wenn die Dienstbehörde die Fortdauer des Beamtenverhältnisses auf Lebenszeit neben dem Beamtenverhältnis auf Widerruf anordnet.

(2) Hat eine Beamtin auf Lebenszeit oder ein Beamter auf Lebenszeit den Vorbereitungsdienst nach Absatz 1 abgeschlossen, kann sie oder er zur Ableistung einer Probezeit für die neue Laufbahn zur Beamtin auf Probe oder zum Beamten auf Probe ernannt werden, wenn die bisherige Dienstbehörde im Einvernehmen mit

---

[1)] § 11 Überschrift und Abs. 1 Satz 5 neu gef. mWv 7.7.2021 durch G v. 28.6.2021 (BGBl. I S. 2250).
[2)] § 11a eingef. mWv 28.10.2016 durch G v. 19.10.2016 (BGBl. I S. 2362).

der neuen Dienstbehörde die Fortdauer des Beamtenverhältnisses auf Lebenszeit neben dem Beamtenverhältnis auf Probe anordnet.

(3) Für die Dauer des Vorbereitungsdienstes und der Probezeit ruhen die Rechte und Pflichten aus dem im Beamtenverhältnis auf Lebenszeit übertragenen Amt.

(4) Vorschriften über den Wechsel in eine andere Laufbahn derselben Laufbahngruppe bleiben unberührt.

§ 12 Zuständigkeit und Wirksamwerden der Ernennung. (1) Die Bundespräsidentin oder der Bundespräsident oder eine von ihr oder ihm bestimmte Stelle[1] ernennt die Beamtinnen und Beamten, soweit gesetzlich nichts anderes bestimmt ist.

(2) [1]Die Ernennung wird mit dem Tag der Aushändigung der Ernennungsurkunde wirksam, wenn nicht in der Urkunde ausdrücklich ein späterer Zeitpunkt bestimmt ist. [2]Eine Ernennung auf einen zurückliegenden Zeitpunkt ist unzulässig und insoweit unwirksam.

(3) Mit der Ernennung erlischt ein privatrechtliches Arbeitsverhältnis zum Dienstherrn.

§ 13[2] Nichtigkeit der Ernennung. (1) Die Ernennung ist nichtig, wenn

1. sie nicht der in § 10 Abs. 2 vorgeschriebenen Form entspricht,
2. sie von einer sachlich unzuständigen Behörde ausgesprochen wurde oder
3. zum Zeitpunkt der Ernennung
   a) nach § 7 Absatz 1 Satz 1 Nummer 1 keine Ernennung erfolgen durfte und keine Ausnahme nach § 7 Abs. 3 zugelassen war oder
   b) die Fähigkeit zur Wahrnehmung öffentlicher Ämter nicht vorlag.

(2) Die Ernennung ist von Anfang an als wirksam anzusehen, wenn

1. im Fall des Absatzes 1 Nummer 1 aus der Urkunde oder aus dem Akteninhalt eindeutig hervorgeht, dass die für die Ernennung zuständige Stelle ein bestimmtes Beamtenverhältnis begründen oder ein bestehendes Beamtenverhältnis in ein solches anderer Art umwandeln wollte, für das die sonstigen Voraussetzungen vorliegen, und die oder der Dienstvorgesetzte dies schriftlich festgestellt hat; das Gleiche gilt, wenn die Angabe der Dauer fehlt, die Dauer aber durch Rechtsvorschrift bestimmt ist,
2. im Fall des Absatzes 1 Nr. 2 die sachlich zuständige Behörde die Ernennung bestätigt oder
3. im Fall des Absatzes 1 Nr. 3 Buchstabe a eine Ausnahme nach § 7 Abs. 3 nachträglich zugelassen wird.

§ 14[3] Rücknahme der Ernennung. (1) Die Ernennung ist mit Wirkung auch für die Vergangenheit zurückzunehmen, wenn

1. sie durch Zwang, arglistige Täuschung oder Bestechung herbeigeführt wurde,

---

[1] Siehe hierzu die AnO des Bundespräsidenten über die Ernennung und Entlassung der Beamtinnen, Beamten, Richterinnen und Richter des Bundes **(Bundesbeamtengesetze Nr. 10)** mit Durchführungsbestimmungen **(Bundesbeamtengesetze Nr. 10.1)**.

[2] § 13 Abs. 2 Nr. 1 neu gef. mWv 22.3.2012 durch G v. 15.3.2012 (BGBl. I S. 462); Abs. 1 Nr. 3 Buchst. a geänd. mWv 7.7.2021 durch G v. 28.6.2021 (BGBl. I S. 2250).

[3] § 14 Abs. 2 Satz 2 geänd. mWv 22.3.2012 durch G v. 15.3.2012 (BGBl. I S. 462); Abs. 1 Nr. 2 neu gef., Abs. 2 Satz 2 geänd. und Abs. 3 Satz 3 angef. mWv 7.7.2021 durch G v. 28.6.2021 (BGBl. I S. 2250).

2. dem Dienstherrn zum Zeitpunkt der Ernennung nicht bekannt war, dass die ernannte Person vor ihrer Ernennung ein Verbrechen oder ein Vergehen begangen hat, aufgrund dessen sie vor oder nach ihrer Ernennung rechtskräftig zu einer Strafe verurteilt worden ist und das sie für die Berufung in das Beamtenverhältnis als unwürdig erscheinen lässt, oder
3. die Ernennung nach § 7 Abs. 2 nicht erfolgen durfte und eine Ausnahme nach § 7 Abs. 3 nicht zugelassen war und eine Ausnahme nicht nachträglich zugelassen wird.

(2) [1] Die Ernennung soll zurückgenommen werden, wenn dem Dienstherrn nicht bekannt war, dass gegen die ernannte Person in einem Disziplinarverfahren auf Entfernung aus dem Beamtenverhältnis oder auf Aberkennung des Ruhegehalts erkannt worden war. [2] Dies gilt auch, wenn die Entscheidung gegen eine Beamtin oder einen Beamten der Europäischen Union oder eines Staates nach § 7 Absatz 1 Satz 1 Nummer 1 ergangen ist.

(3) [1] Die oberste Dienstbehörde nimmt die Ernennung innerhalb von sechs Monaten zurück, nachdem sie von ihr und dem Grund der Rücknahme Kenntnis erlangt hat. [2] Der Rücknahmebescheid wird der Beamtin oder dem Beamten zugestellt. [3] Die oberste Dienstbehörde kann die Aufgaben nach den Sätzen 1 und 2 auf unmittelbar nachgeordnete Behörden übertragen.

§ 15 Rechtsfolgen nichtiger oder zurückgenommener Ernennungen.

[1] Ist die erstmalige Ernennung nichtig oder zurückgenommen worden, hat die oder der Dienstvorgesetzte jede weitere Wahrnehmung der Dienstgeschäfte zu verbieten. [2] Bei Nichtigkeit ist das Verbot erst dann auszusprechen, wenn die sachlich zuständige Behörde es abgelehnt hat, die Ernennung zu bestätigen, oder die Ausnahme nach § 7 Abs. 3 nicht nachträglich zugelassen wird. [3] Die bis zu dem Verbot oder bis zur Zustellung der Erklärung der Rücknahme vorgenommenen Amtshandlungen sind in gleicher Weise gültig, wie wenn eine Beamtin oder ein Beamter sie ausgeführt hätte. [4] Die gezahlte Besoldung kann belassen werden.

Abschnitt 3. Laufbahnen

§ 16 Laufbahn. (1) Eine Laufbahn umfasst alle Ämter, die verwandte und gleichwertige Vor- und Ausbildungen voraussetzen.

(2) [1] Die Befähigung für die Laufbahn, in die eingestellt, gewechselt oder von einem anderen Dienstherrn versetzt werden soll, ist festzustellen und der Beamtin oder dem Beamten schriftlich mitzuteilen. [2] Gleiches gilt, wenn die Beamtin oder der Beamte infolge der Umbildung einer Körperschaft übernommen wird oder kraft Gesetzes in den Dienst der aufnehmenden Körperschaft übertritt.

§ 17[1] Zulassung zu den Laufbahnen. (1) Für die Zulassung zu den Laufbahnen werden die Bildungsgänge und ihre Abschlüsse den Laufbahnen unter Berücksichtigung der mit der Laufbahn verbundenen Anforderungen zugeordnet.

(2) Für die Zulassung zu den Laufbahnen des einfachen Dienstes sind mindestens zu fordern

1. als Bildungsvoraussetzung

---

[1] § 17 Abs. 2–5 jeweils einl. Satzteil geänd. mWv 22.3.2012 durch G v. 15.3.2012 (BGBl. I S. 462); Abs. 5 Nr. 2 Buchst. b eingef., bish. Buchst. b wird Buchst. c mWv 14.3.2015 durch G v. 6.3.2015 (BGBl. I S. 250).

a) der erfolgreiche Besuch einer Hauptschule oder
b) ein als gleichwertig anerkannter Bildungsstand und

2. als sonstige Voraussetzung
a) ein Vorbereitungsdienst oder
b) eine abgeschlossene Berufsausbildung.

(3) Für die Zulassung zu den Laufbahnen des mittleren Dienstes sind mindestens zu fordern

1. als Bildungsvoraussetzung
a) der Abschluss einer Realschule oder
b) der erfolgreiche Besuch einer Hauptschule und eine abgeschlossene Berufsausbildung oder
c) der erfolgreiche Besuch einer Hauptschule und eine Ausbildung in einem öffentlich-rechtlichen Ausbildungsverhältnis oder
d) ein als gleichwertig anerkannter Bildungsstand und

2. als sonstige Voraussetzung
a) ein mit einer Laufbahnprüfung abgeschlossener Vorbereitungsdienst oder
b) eine inhaltliche dessen Anforderungen entsprechende abgeschlossene Berufsausbildung oder
c) eine abgeschlossene Berufsausbildung und eine hauptberufliche Tätigkeit.

(4) Für die Zulassung zu den Laufbahnen des gehobenen Dienstes sind mindestens zu fordern

1. als Bildungsvoraussetzung
a) eine zu einem Hochschulstudium berechtigende Schulbildung oder
b) ein als gleichwertig anerkannter Bildungsstand und

2. als sonstige Voraussetzung
a) ein mit einer Laufbahnprüfung abgeschlossener Vorbereitungsdienst oder
b) ein inhaltlich dessen Anforderungen entsprechendes mit einem Bachelor abgeschlossenes Hochschulstudium oder ein gleichwertiger Abschluss oder
c) ein mit einem Bachelor abgeschlossenes Hochschulstudium oder ein gleichwertiger Abschluss und eine hauptberufliche Tätigkeit.

(5) Für die Zulassung zu den Laufbahnen des höheren Dienstes sind mindestens zu fordern

1. als Bildungsvoraussetzung
a) ein mit einem Master abgeschlossenes Hochschulstudium oder
b) ein gleichwertiger Abschluss und

2. als sonstige Voraussetzung
a) ein mit einer Laufbahnprüfung abgeschlossener Vorbereitungsdienst oder
b) eine inhaltlich dem Vorbereitungsdienst entsprechende Ausbildung und eine inhaltlich der Laufbahnprüfung entsprechende Prüfung oder
c) eine hauptberufliche Tätigkeit.

(6) Vor- und Ausbildung, Prüfung sowie sonstige Voraussetzungen müssen geeignet sein, die Befähigung für die Laufbahn zu vermitteln.

(7) Die Bundesregierung kann durch Rechtsverordnung[1] Ausnahmen von den Absätzen 2 bis 5 zulassen.

§ 18[2] Anerkennung der Laufbahnbefähigung aufgrund der Richtlinie 2005/36/EG und aufgrund in Drittstaaten erworbener Berufsqualifikationen. (1) Die Laufbahnbefähigung kann auch aufgrund

1. der Richtlinie 2005/36/EG des Europäischen Parlaments und des Rates vom 7. September 2005 über die Anerkennung von Berufsqualifikationen (ABl. L 255 vom 30.9.2005, S. 22, L 271 vom 16.10.2007, S. 18, L 93 vom 4.4.2008, S. 28, L 33 vom 3.2.2009, S. 49), die zuletzt durch die Richtlinie 2013/55/EU (ABl. L 354 vom 28.12.2013, S. 132) geändert worden ist,
2. eines mit einem Drittstaat geschlossenen Vertrages, in dem die Bundesrepublik Deutschland und die Europäische Union einen entsprechenden Anspruch auf Anerkennung der Berufsqualifikationen eingeräumt haben, oder
3. einer auf eine Tätigkeit in einer öffentlichen Verwaltung vorbereitenden Berufsqualifikation, die in einem von § 7 Absatz 1 Satz 1 Nummer 1 Buchstabe c nicht erfassten Drittstaat erworben worden ist,

anerkannt werden.

(2) Die deutsche Sprache muss in dem für die Wahrnehmung der Aufgaben der Laufbahn erforderlichen Maß beherrscht werden.

(3) Das Bundesministerium des Innern, für Bau und Heimat wird ermächtigt, durch Rechtsverordnung[3] die Voraussetzungen und das Verfahren der Anerkennung zu bestimmen.

(4) Das Berufsqualifikationsfeststellungsgesetz findet mit Ausnahme des § 12 Absatz 5 Satz 2 und des § 17 keine Anwendung.

§ 19 Andere Bewerberinnen und andere Bewerber. Der Bundespersonalausschuss oder ein von ihm bestimmter unabhängiger Ausschuss stellt fest, wer die Befähigung für eine Laufbahn ohne die vorgeschriebene Vorbildung durch Lebens- und Berufserfahrung erworben hat.

§ 20[4] Einstellung. [1] Die Einstellung in ein höheres Amt als das Eingangsamt der Laufbahn ist zulässig bei entsprechenden beruflichen Erfahrungen oder sonstigen Qualifikationen, die zusätzlich zu den Abschlüssen und beruflichen Erfahrungen, die für die Anerkennung der Laufbahnbefähigung erforderlich sind, erworben wurden. [2] Das Nähere regelt die Bundesregierung durch Rechtsverordnung[1].

§ 21[5] Dienstliche Beurteilung; Verordnungsermächtigung. (1) [1] Eignung, Befähigung und fachliche Leistung der Beamtinnen und Beamten sind regelmäßig,

---

[1] Siehe die BundeslaufbahnVO (Nr. **180**) und die dazu erlassene Allg. Verwaltungsvorschrift **(Bundesbeamtengesetze Nr. 12.1)**.

[2] § 18 Überschrift neu gef., Abs. 1 Nr. 1 neu gef., Nr. 2 geänd., Nr. 3 und Abs. 5 angef. mWv 1.4.2012 durch G v. 6.12.2011 (BGBl. I S. 2515); Abs. 3 geänd. mWv 15.8.2013 durch G v. 7.8.2013 (BGBl. I S. 3154); Abs. 1 Nr. 1 geänd. mWv 14.3.2015 durch G v. 6.3.2015 (BGBl. I S. 250); Abs. 3 aufgeh., bish. Abs. 4 wird Abs. 3 und geänd, bish. Abs. 5 wird Abs. 4 mWv 1.10.2019 durch G v. 18.7.2016 (BGBl. I S. 1666); Abs. 5 geänd. mWv 28.10.2016 durch G v. 19.10.2016 (BGBl. I S. 2362); Abs. 4 geänd. mWv 7.12.2018 durch G v. 29.11.2018 (BGBl. I S. 2232); Abs. 1 Nr. 3 geänd. mWv 7.7.2021 durch G v. 28.6.2021 (BGBl. I S. 2250).

[3] Siehe die LaufbahnbefähigungsanerkennungsVO **(Bundesbeamtengesetze Nr. 13)**.

[4] § 20 Satz 1 geänd. mWv 14.3.2015 durch G v. 6.3.2015 (BGBl. I S. 250).

[5] § 21 neu gef. mWv 7.7.2021 durch G v. 28.6.2021 (BGBl. I S. 2250).

mindestens jedoch alle drei Jahre, zu beurteilen. [2]Sie sind zusätzlich zu beurteilen, wenn es die dienstlichen oder persönlichen Verhältnisse erfordern.

(2) Die Bundesregierung wird ermächtigt, durch Rechtsverordnung Grundsätze für dienstliche Beurteilungen sowie für das Beurteilungsverfahren zu regeln, insbesondere über

1. den Inhalt der Beurteilung, beispielsweise die Festlegung von zu beurteilenden Merkmalen von Eignung, Befähigung und fachlicher Leistung,
2. ein Bewertungssystem für die Beurteilung,
3. die Ausgestaltung des Beurteilungsmaßstabs, beispielsweise die konkrete Festlegung von Richtwerten oder die Möglichkeit, von den Richtwerten aus Gründen der Einzelfallgerechtigkeit abzuweichen,
4. die Festlegung von Mindestanforderungen an die an der Beurteilung mitwirkenden Personen,
5. die Bekanntgabe des Ergebnisses eines Beurteilungsdurchgangs,
6. die Voraussetzungen und das Verfahren einer fiktiven Fortschreibung von Beurteilungen und
7. Ausnahmen von der Beurteilungspflicht.

§ 22[1)] Beförderungen. (1) [1]Für Beförderungen gelten die Grundsätze des § 9. [2]Erfolgt die Auswahlentscheidung auf der Grundlage dienstlicher Beurteilungen, darf das Ende des letzten Beurteilungszeitraums zum Zeitpunkt der Auswahlentscheidung höchstens drei Jahre zurückliegen.

(2) Beförderungen, die mit einer höherwertigen Funktion verbunden sind, setzen eine mindestens sechsmonatige Erprobungszeit voraus.

(3) Ämter, die nach der Gestaltung der Laufbahn regelmäßig zu durchlaufen sind, dürfen nicht übersprungen werden.

(4) Eine Beförderung ist unzulässig vor Ablauf eines Jahres

1. seit der Einstellung in das Beamtenverhältnis auf Probe oder
2. a) seit der Einstellung in das Beamtenverhältnis auf Lebenszeit oder
   b) seit der letzten Beförderung,

es sei denn, das bisherige Amt musste nicht regelmäßig durchlaufen werden.

(5) Der Bundespersonalausschuss kann Ausnahmen von den Absätzen 2 bis 4 zulassen, wenn sie die Bundesregierung nicht durch Rechtsverordnung regelt.

§ 22a[2)] Aufstieg; Verordnungsermächtigung. (1) Vor dem Wechsel in ein Amt einer höheren Laufbahngruppe (Aufstieg) ist die erforderliche Qualifikation durch eine Prüfung nachzuweisen.

(2) Die Bundesregierung regelt durch Rechtsverordnung die Einzelheiten zu den Voraussetzungen und zum Verfahren des Aufstiegs, insbesondere

1. legt sie Aufstiegsverfahren für die verschiedenen Laufbahngruppen fest,
2. gestaltet sie die Auswahlverfahren für den Aufstieg aus,
3. legt sie Altersgrenzen für die Zulassung zum Auswahlverfahren fest,
4. gestaltet sie die Aufstiegsverfahren aus,

[1)] § 22 Abs. 4 Nr. 2 neu gef. mWv 22.3.2012 durch G v. 15.3.2012 (BGBl. I S. 462); Abs. 5 aufgeh., bish. Abs. 6 wird Abs. 5 mWv 7.7.2021 durch G v. 28.6.2021 (BGBl. I S. 2250).

[2)] § 22a eingef. mWv 7.7.2021 durch G v. 28.6.2021 (BGBl. I S. 2250).

5. legt sie die Voraussetzungen für die Übertragung des Amtes der neuen Laufbahn fest und
6. legt sie die Voraussetzungen für die Erstattung von Kosten einer Aufstiegsausbildung im Fall einer Entlassung fest.

§ 23[1)] Beförderungssperre zwischen zwei Mandaten. [1]Legen Beamtinnen oder Beamte, deren Rechte und Pflichten aus dem Beamtenverhältnis ruhen oder die ohne Besoldung beurlaubt sind, ihr Mandat im Europäischen Parlament, im Deutschen Bundestag oder in der gesetzgebenden Körperschaft eines Landes nieder und bewerben sie sich zu diesem Zeitpunkt erneut um ein Mandat, ist die Übertragung eines anderen Amtes mit höherem Endgrundgehalt und die Übertragung eines anderen Amtes beim Wechsel der Laufbahngruppe nicht zulässig. [2]Satz 1 gilt entsprechend für die Zeit zwischen zwei Wahlperioden.

§ 24[2)] Führungsämter auf Probe. (1) [1]Ein Amt mit leitender Funktion wird zunächst im Beamtenverhältnis auf Probe übertragen. [2]Die regelmäßige Probezeit beträgt zwei Jahre. [3]Die oberste Dienstbehörde kann eine Verkürzung zulassen, wenn vor Ablauf der Probezeit eine höherwertige Funktion übertragen wird oder die Funktion als ständige Vertretung der Amtsinhaberin oder des Amtsinhabers mindestens sechs Monate tatsächlich wahrgenommen wurde. [4]Die Mindestprobezeit beträgt ein Jahr. [5]Angerechnet werden können Zeiten, in denen die leitende Funktion oder eine gleichwertige Funktion als Beamtin oder Beamter der Bundesbesoldungsordnungen B, W oder R oder der früheren Bundesbesoldungsordnung C oder entsprechender Landesbesoldungsordnungen oder als Richterin oder Richter bereits übertragen war. [6]Eine Verlängerung der Probezeit ist nicht zulässig, es sei denn, wegen Elternzeit konnte die Mindestprobezeit nicht geleistet werden. [7]Bei Beurlaubungen im dienstlichen Interesse kann von der Probezeit abgesehen werden. [8]§ 22 Abs. 2 und 4 Nr. 1 ist nicht anzuwenden.

(2) [1]In ein Amt mit leitender Funktion darf berufen werden, wer

1. sich in einem Beamtenverhältnis auf Lebenszeit befindet und
2. in dieses Amt auch als Beamtin auf Lebenszeit oder Beamter auf Lebenszeit berufen werden könnte.

[2]Mit der Ernennung ruhen für die Dauer der Probezeit die Rechte und Pflichten aus dem zuletzt im Beamtenverhältnis auf Lebenszeit übertragenen Amt mit Ausnahme der Pflicht zur Verschwiegenheit und des Verbotes der Annahme von Belohnungen, Geschenken und sonstigen Vorteilen. [3]Das Beamtenverhältnis auf Lebenszeit besteht fort. [4]Dienstvergehen, die mit Bezug auf das Beamtenverhältnis auf Lebenszeit oder das Beamtenverhältnis auf Probe begangen worden sind, werden so verfolgt, als stünde die Beamtin oder der Beamte nur im Beamtenverhältnis auf Lebenszeit.

(3) [1]Der Bundespersonalausschuss kann Ausnahmen von Absatz 2 Satz 1 zulassen, wenn sie die Bundesregierung nicht durch Rechtsverordnung regelt. [2]Besteht nur ein Beamtenverhältnis auf Probe nach Absatz 1, beträgt die regelmäßige Probezeit drei Jahre und die Mindestprobezeit zwei Jahre. [3]Die für die Beamtinnen auf Probe und Beamten auf Probe geltenden Vorschriften des Bundesdisziplinargesetzes[3)] bleiben unberührt.

---

1) § 23 Satz 1 geänd. mWv 14.3.2015 durch G v. 6.3.2015 (BGBl. I S. 250).

2) § 24 Abs. 1 Satz 5 geänd. mWv 14.3.2015 durch G v. 6.3.2015 (BGBl. I S. 250); Abs. 1 Satz 5 neu gef. mWv 28.10.2016 durch G v. 19.10.2016 (BGBl. I S. 2362).

3) Nr. **220**.

(4) [1] Mit erfolgreichem Abschluss der Probezeit soll das Amt nach Absatz 1 auf Dauer im Beamtenverhältnis auf Lebenszeit übertragen werden. [2] Eine erneute Berufung in ein Beamtenverhältnis auf Probe zur Übertragung dieses Amtes innerhalb eines Jahres ist nicht zulässig. [3] Wird das Amt nicht auf Dauer übertragen, erlischt der Anspruch auf Besoldung aus diesem Amt. [4] Weiter gehende Ansprüche bestehen nicht.

(5) [1] Ämter im Sinne des Absatzes 1 sind Ämter der Besoldungsgruppen B 6 bis B 9 in obersten Bundesbehörden sowie die der Besoldungsordnung B angehörenden Ämter der Leiterinnen und Leiter der übrigen Bundesbehörden sowie der bundesunmittelbaren Körperschaften, Anstalten und Stiftungen des öffentlichen Rechts, wenn sie keine richterliche Unabhängigkeit besitzen. [2] Ausgenommen sind das Amt der Direktorin und des Direktors beim Bundesverfassungsgericht sowie die den Funktionen der stellvertretenden Direktorin und des stellvertretenden Direktors des Bundesrates zugeordneten Ämter.

(6) [1] Beamtinnen und Beamte führen während ihrer Amtszeit im Dienst nur die Amtsbezeichnung des ihnen nach Absatz 1 übertragenen Amtes. [2] Sie dürfen nur diese auch außerhalb des Dienstes führen. [3] Wird ihnen das Amt nach Absatz 1 nicht auf Dauer übertragen, dürfen sie die Amtsbezeichnung nach Satz 1 nach dem Ausscheiden aus dem Beamtenverhältnis auf Probe nicht weiterführen.

§ 25 Benachteiligungsverbote. [1] Schwangerschaft, Mutterschutz und Elternzeit dürfen sich bei der Einstellung und dem beruflichen Fortkommen nicht nachteilig auswirken. [2] Dies gilt auch für Teilzeit, Telearbeit und familienbedingte Beurlaubung, wenn nicht zwingende sachliche Gründe vorliegen.

§ 26[1)] Ermächtigung zum Erlass von Laufbahn- und Vorbereitungsdienstverordnungen. (1) Die Bundesregierung wird ermächtigt, durch Rechtsverordnung nach Maßgabe der §§ 16 bis 25 allgemeine Vorschriften für die Laufbahnen und die Vorbereitungsdienste zu erlassen, insbesondere Vorschriften über

1. die Gestaltung der Laufbahnen, einschließlich der regelmäßig zu durchlaufenden Ämter,
2. den Erwerb und die Anerkennung der Laufbahnbefähigung, einschließlich der Festlegung gleichwertiger Abschlüsse,
3. die Rahmenregelungen für Auswahlverfahren für die Einstellung in einen Vorbereitungsdienst,
4. die Anrechnung von Zeiten auf den Vorbereitungsdienst und die Voraussetzungen für eine Verkürzung des Vorbereitungsdienstes,
5. die Einstellungsvoraussetzungen für andere Bewerberinnen und andere Bewerber,
6. die Festlegung von Altersgrenzen,
7. die Voraussetzungen für den Laufbahnwechsel und
8. die Voraussetzungen für Beförderungen.

(2) [1] Die Bundesregierung wird ermächtigt, durch Rechtsverordnung nach Maßgabe der §§ 16 bis 25 besondere Vorschriften für die einzelnen Laufbahnen und Vorbereitungsdienste zu erlassen, insbesondere Vorschriften über

1. das Auswahlverfahren für die Einstellung in den Vorbereitungsdienst,
2. den Ablauf des Vorbereitungsdienstes, insbesondere über dessen Inhalte und Dauer,

---

[1)] § 26 neu gef. mWv 7.7.2021 durch G v. 28.6.2021 (BGBl. I S. 2250).

3. die Prüfung und das Prüfungsverfahren, einschließlich der Prüfungsnoten, sowie
4. die Folgen der Nichtteilnahme an Prüfungen und die Folgen von Ordnungsverstößen.

[2]Die Bundesregierung kann die Befugnis nach Satz 1 durch Rechtsverordnung obersten Dienstbehörden übertragen.

Abschnitt 4. Abordnung, Versetzung und Zuweisung

§ 27[1)] Abordnung. (1) [1]Eine Abordnung ist die vorübergehende Übertragung einer dem Amt der Beamtin oder des Beamten entsprechenden Tätigkeit bei einer anderen Dienststelle desselben oder eines anderen Dienstherrn unter Beibehaltung der Zugehörigkeit zur bisherigen Dienststelle. [2]Die Abordnung kann ganz oder teilweise erfolgen.

(2) [1]Eine Abordnung ist ganz oder teilweise aus dienstlichen Gründen auch zu einer nicht dem bisherigen Amt entsprechenden Tätigkeit möglich, wenn die Wahrnehmung der neuen Tätigkeit aufgrund der Vorbildung oder Berufsausbildung zumutbar ist. [2]Dabei ist auch die Abordnung zu einer Tätigkeit zulässig, die nicht einem Amt mit demselben Endgrundgehalt entspricht.

(3) [1]Die Abordnung bedarf der Zustimmung der Beamtin oder des Beamten, wenn sie
1. im Fall des Absatzes 2 länger als zwei Jahre dauert oder
2. zu einem anderen Dienstherrn erfolgt.

[2]Die Abordnung zu einem anderen Dienstherrn ist ohne Zustimmung zulässig, wenn die Tätigkeit einem Amt mit demselben Endgrundgehalt auch einer anderen Laufbahn entspricht und nicht länger als fünf Jahre dauert.

(4) [1]Die Abordnung zu einem anderen Dienstherrn wird von dem abgebenden im Einverständnis mit dem aufnehmenden Dienstherrn verfügt. [2]Das Einverständnis ist schriftlich oder elektronisch zu erklären.

(5) Werden Beamtinnen und Beamte des Bundes zu einem Land, einer Gemeinde, einem Gemeindeverband oder einer sonstigen nicht der Bundesaufsicht unterstehenden Körperschaft, Anstalt oder Stiftung des öffentlichen Rechts zur vorübergehenden Beschäftigung abgeordnet, sind, soweit zwischen den Dienstherren nichts anderes vereinbart ist, die für den Bereich des aufnehmenden Dienstherrn geltenden Vorschriften über die Pflichten und Rechte der Beamtinnen und Beamten entsprechend anzuwenden mit Ausnahme der Regelungen über Diensteid, Amtsbezeichnung, Zahlung von Bezügen, Krankenfürsorgeleistungen und Versorgung.

(6) Die Verpflichtung zur Zahlung der Besoldung hat auch der Dienstherr, zu dem die Abordnung erfolgt ist.

§ 28[2)] Versetzung. (1) Eine Versetzung ist die auf Dauer angelegte Übertragung eines anderen Amtes bei einer anderen Dienststelle bei demselben oder einem anderen Dienstherrn.

(2) Eine Versetzung ist auf Antrag der Beamtin oder des Beamten oder aus dienstlichen Gründen ohne ihre oder seine Zustimmung zulässig, wenn das Amt mit

---

[1)] § 27 Abs. 6 aufgeh., bish. Abs. 7 wird Abs. 6 mWv 22.3.2012 durch G v. 15.3.2012 (BGBl. I S. 462); Abs. 4 Satz 2 geänd. mWv 5.4.2017 durch G v. 29.3.2017 (BGBl. I S. 626).

[2)] § 28 Abs. 5 Satz 2 geänd. mWv 5.4.2017 durch G v. 29.3.2017 (BGBl. I S. 626).

mindestens demselben Endgrundgehalt verbunden ist wie das bisherige Amt, und die Tätigkeit aufgrund der Vorbildung oder Berufsausbildung zumutbar ist.

(3) [1] Bei der Auflösung oder einer wesentlichen Änderung des Aufbaus oder der Aufgaben einer Behörde oder der Verschmelzung von Behörden können Beamtinnen und Beamte, deren Aufgabengebiet davon berührt wird, ohne ihre Zustimmung in ein anderes Amt derselben oder einer anderen Laufbahn mit geringerem Endgrundgehalt im Bereich desselben Dienstherrn versetzt werden, wenn eine dem bisherigen Amt entsprechende Verwendung nicht möglich ist. [2] Das Endgrundgehalt muss mindestens dem des Amtes entsprechen, das die Beamtin oder der Beamte vor dem bisherigen Amt wahrgenommen hat. [3] Beamtinnen und Beamte sind verpflichtet, an Qualifizierungsmaßnahmen zum Erwerb der Befähigung für eine andere Laufbahn teilzunehmen.

(4) Im Übrigen bedarf die Versetzung der Zustimmung der Beamtin oder des Beamten.

(5) [1] Die Versetzung zu einem anderen Dienstherrn wird von dem abgebenden im Einverständnis mit dem aufnehmenden Dienstherrn verfügt. [2] Das Einverständnis ist schriftlich oder elektronisch zu erklären.

§ 29 Zuweisung. (1) [1] Beamtinnen und Beamten kann mit ihrer Zustimmung vorübergehend ganz oder teilweise eine ihrem Amt entsprechende Tätigkeit

1. bei einer öffentlichen Einrichtung ohne Dienstherrnfähigkeit im dienstlichen oder öffentlichen Interesse oder
2. bei einer anderen Einrichtung, wenn ein öffentliches Interesse es erfordert,

zugewiesen werden. [2] Die Entscheidung trifft die oberste Dienstbehörde oder eine von ihr bestimmte Stelle.

(2) Beamtinnen und Beamten einer Dienststelle, die ganz oder teilweise in eine öffentlich-rechtlich organisierte Einrichtung ohne Dienstherrnfähigkeit oder eine privatrechtlich organisierte Einrichtung der öffentlichen Hand umgewandelt wird, kann auch ohne ihre Zustimmung eine ihrem Amt entsprechende Tätigkeit bei dieser Einrichtung zugewiesen werden, wenn öffentliche Interessen es erfordern.

(3) Die Rechtsstellung der Beamtinnen und Beamten bleibt unberührt.

Abschnitt 5. Beendigung des Beamtenverhältnisses

Unterabschnitt 1. Entlassung

§ 30 Beendigungsgründe. Das Beamtenverhältnis endet durch

1. Entlassung,
2. Verlust der Beamtenrechte,
3. Entfernung aus dem Beamtenverhältnis nach dem Bundesdisziplinargesetz[1)] oder
4. Eintritt oder Versetzung in den Ruhestand.

§ 31[2)] Entlassung kraft Gesetzes. (1) [1] Beamtinnen und Beamte sind entlassen, wenn

[1)] Nr. **220**.

[2)] § 31 Abs. 1 Nr. 2 Satz 2 aufgeh., Satz 2 angef., Abs. 2 Satz 1 geänd., Satz 2 aufgeh. mWv 14.3.2015 durch G v. 6.3.2015 (BGBl. I S. 250); Abs. 1 Satz 1 Nr. 1 und 2 geänd., Nr. 3 und Abs. 2 Satz 2 angef. mWv 28.10.2016 durch G v. 19.10.2016 (BGBl. I S. 2362); Abs. 1 Satz 1 Nr. 1 geänd. mWv 7.7.2021 durch G v. 28.6.2021 (BGBl. I S. 2250).

1. die Voraussetzungen des § 7 Absatz 1 Satz 1 Nummer 1 nicht mehr vorliegen und eine Ausnahme nach § 7 Abs. 3 auch nachträglich nicht zugelassen wird,
2. sie in ein öffentlich-rechtliches Dienst- oder Amtsverhältnis zu einem anderen Dienstherrn oder zu einer Einrichtung ohne Dienstherrnfähigkeit nach deutschem Recht treten oder zur Berufssoldatin, zum Berufssoldaten, zur Soldatin auf Zeit oder zum Soldaten auf Zeit ernannt werden, sofern gesetzlich nichts anderes bestimmt ist oder
3. sie in den Fällen des § 11a Absatz 2 eine Probezeit für die neue Laufbahn abgeleistet haben und in der neuen Laufbahn zu Beamtinnen auf Lebenszeit oder zu Beamten auf Lebenszeit ernannt sind.

[2] Satz 1 Nummer 2 gilt nicht, wenn
1. die Beamtin oder der Beamte in ein Beamtenverhältnis auf Widerruf oder in ein Ehrenbeamtenverhältnis eintritt oder
2. die oberste Dienstbehörde nach ihrem Ermessen die Fortdauer des Beamtenverhältnisses angeordnet hat, bevor die Beamtin oder der Beamte in das Dienst- oder Amtsverhältnis zu dem anderen Dienstherrn oder der Einrichtung eingetreten ist; bei Dienstherren im Sinne des Beamtenstatusgesetzes[1)] kann die Fortdauer nur mit deren Einvernehmen angeordnet werden.

(2) [1] Die oberste Dienstbehörde entscheidet darüber, ob die Voraussetzungen des Absatzes 1 Satz 1 vorliegen, und stellt den Tag der Beendigung des Beamtenverhältnisses fest. [2] Die oberste Dienstbehörde kann diese Aufgaben auf unmittelbar nachgeordnete Behörden übertragen.

§ 32[2)] Entlassung aus zwingenden Gründen. (1) Beamtinnen und Beamte sind zu entlassen, wenn sie
1. den Diensteid oder ein an dessen Stelle vorgeschriebenes Gelöbnis verweigern,
2. nicht in den Ruhestand oder einstweiligen Ruhestand versetzt werden können, weil eine versorgungsrechtliche Wartezeit nicht erfüllt ist, oder
3. zur Zeit der Ernennung Inhaberin oder Inhaber eines Amtes, das kraft Gesetzes mit dem Mandat unvereinbar ist, Mitglied des Deutschen Bundestages oder des Europäischen Parlaments waren und nicht innerhalb der von der obersten Dienstbehörde gesetzten angemessenen Frist ihr Mandat niederlegen.

(2) Beamtinnen und Beamte können entlassen werden, wenn sie in den Fällen des § 7 Abs. 2 die Eigenschaft als Deutsche oder Deutscher im Sinne des Artikels 116 Absatz 1 des Grundgesetzes[3)] verlieren.

§ 33 Entlassung auf Verlangen. (1) [1] Beamtinnen und Beamte sind zu entlassen, wenn sie gegenüber der zuständigen Behörde schriftlich ihre Entlassung verlangen. [2] Die Erklärung kann, solange die Entlassungsverfügung noch nicht zugegangen ist, innerhalb von zwei Wochen nach Zugang bei der zuständigen Behörde zurückgenommen werden, mit Zustimmung der zuständigen Behörde auch nach Ablauf dieser Frist.

(2) [1] Die Entlassung kann jederzeit verlangt werden. [2] Sie ist für den beantragten Zeitpunkt auszusprechen. [3] Sie kann jedoch so lange hinausgeschoben werden, bis

---

1) Nr. **150**.
2) § 32 Abs. 2 geänd. mWv 14.3.2015 durch G v. 6.3.2015 (BGBl. I S. 250).
3) Nr. **1**.

die Beamtin oder der Beamte die ihr oder ihm übertragenen Aufgaben ordnungsgemäß erledigt hat, längstens drei Monate.

§ 34[1] Entlassung von Beamtinnen auf Probe und Beamten auf Probe.

(1) [1] Beamtinnen auf Probe und Beamte auf Probe im Sinne des § 6 Absatz 3 Nummer 1 können außerdem entlassen werden, wenn einer der folgenden Entlassungsgründe vorliegt:

1. ein Verhalten, das im Beamtenverhältnis auf Lebenszeit mindestens eine Kürzung der Dienstbezüge zur Folge hätte,
2. fehlende Bewährung im Sinne des § 11 Abs. 1 Satz 1 Nr. 2,
3. Dienstunfähigkeit, ohne dass eine Versetzung in den Ruhestand erfolgt ist, oder
4. Auflösung oder wesentliche Änderung des Aufbaus oder der Aufgaben der Beschäftigungsbehörde oder deren Verschmelzung mit einer anderen Behörde, wenn das übertragene Aufgabengebiet davon berührt wird und eine anderweitige Verwendung nicht möglich ist.

[2] Im Fall des Satzes 1 Nr. 2 ist bei allein mangelnder gesundheitlicher Eignung und im Fall der Nummer 3 eine anderweitige Verwendung entsprechend zu prüfen.

(2) [1] Die Frist für die Entlassung beträgt bei einer Beschäftigungszeit

1. bis zum Ablauf von drei Monaten zwei Wochen zum Monatsschluss und
2. von mehr als drei Monaten sechs Wochen zum Schluss eines Kalendervierteljahres.

[2] Als Beschäftigungszeit gilt die Zeit ununterbrochener Tätigkeit im Beamtenverhältnis auf Probe im Bereich derselben obersten Dienstbehörde.

(3) [1] Im Fall des Absatzes 1 Nr. 1 ist eine Entlassung ohne Einhaltung einer Frist möglich. [2] Die §§ 21 bis 29 des Bundesdisziplinargesetzes[2] sind entsprechend anzuwenden.

(4) Beamtinnen auf Probe und Beamte auf Probe sind mit dem Ende des Monats entlassen, in dem sie die im Beamtenverhältnis auf Lebenszeit geltende Altersgrenze erreichen.

§ 35 Entlassung von Beamtinnen und Beamten in Führungsämtern auf Probe. [1] Beamtinnen und Beamte in Ämtern mit leitender Funktion sind

1. mit Ablauf der Probezeit nach § 24 Abs. 1,
2. mit Beendigung des Beamtenverhältnisses auf Lebenszeit,
3. mit Versetzung zu einem anderen Dienstherrn,
4. mit Festsetzung mindestens einer Kürzung der Dienstbezüge als Disziplinarmaßnahme oder
5. in den Fällen, in denen nur ein Beamtenverhältnis auf Probe besteht, mit Ende des Monats, in dem sie die im Beamtenverhältnis auf Lebenszeit geltende Altersgrenze erreichen,

(Fortsetzung nächstes Blatt)

---

[1] § 34 Abs. 1 Satz 1 geänd. mWv 7.7.2021 durch G v. 28.6.2021 (BGBl. I S. 2250).
[2] Nr. **220**.

ist nicht möglich. [6] Der Antrag ist spätestens sechs Monate vor dem Zeitpunkt zu stellen, zu dem die Teilzeitbeschäftigung beginnen soll.

(5) [1] Dem Antrag nach Absatz 4 darf nur entsprochen werden, wenn die Beamtin oder der Beamte sich verpflichtet, während des Bewilligungszeitraumes berufliche Verpflichtungen außerhalb des Beamtenverhältnisses nur in dem Umfang einzugehen, in dem Vollzeitbeschäftigten die Ausübung von Nebentätigkeiten gestattet ist. [2] Ausnahmen hiervon sind nur zulässig, soweit dies mit dem Beamtenverhältnis vereinbar ist. [3] Dabei ist von der regelmäßigen wöchentlichen Arbeitszeit für Vollzeitbeschäftigte auszugehen. [4] Wird der Verpflichtung nach Satz 1 schuldhaft nicht nachgekommen, soll die Bewilligung mit Wirkung für die Zukunft widerrufen werden.

(6) [1] Die Bewilligung nach Absatz 4 darf außer in den Fällen des Absatzes 5 Satz 4 mit Wirkung für die Zukunft nur widerrufen werden, wenn der Beamtin oder dem Beamten die Teilzeitbeschäftigung nicht mehr zugemutet werden kann. [2] Wird die Bewilligung widerrufen, nach dem die Regelaltersgrenze oder die besondere Altersgrenze erreicht worden ist, tritt die Beamtin oder der Beamte mit dem Ende des Monats in den Ruhestand, in dem der Widerruf bekannt gegeben worden ist. [3] Die Vorschriften über die Beendigung des Beamtenverhältnisses wegen Dienstunfähigkeit und die Feststellung der begrenzten Dienstfähigkeit bleiben unberührt.

§ 54[1)] Einstweiliger Ruhestand. (1) Die Bundespräsidentin oder der Bundespräsident kann jederzeit die nachfolgend genannten politischen Beamtinnen und politischen Beamten in den einstweiligen Ruhestand versetzen, wenn sie Beamtinnen auf Lebenszeit oder Beamte auf Lebenszeit sind:

1. Staatssekretärinnen und Staatssekretäre sowie Ministerialdirektorinnen und Ministerialdirektoren,
2. sonstige Beamtinnen und Beamte des höheren Dienstes im auswärtigen Dienst von der Besoldungsgruppe B 3 an aufwärts sowie Botschafterinnen und Botschafter in der Besoldungsgruppe A 16,
3. Beamtinnen und Beamte des höheren Dienstes des Militärischen Abschirmdienstes, des Bundesamtes für Verfassungsschutz und des Bundesnachrichtendienstes von der Besoldungsgruppe B 6 an aufwärts,
4. die Chefin oder den Chef des Presse- und Informationsamtes der Bundesregierung, deren oder dessen Stellvertretung und die Stellvertretende Sprecherin oder den Stellvertretenden Sprecher der Bundesregierung,
5. die Generalbundesanwältin oder den Generalbundesanwalt beim Bundesgerichtshof,
6. *(aufgehoben)*
7. die Präsidentin oder den Präsidenten des Bundeskriminalamtes,
8. die Präsidentin oder den Präsidenten des Bundespolizeipräsidiums,
9. die Präsidentin oder den Präsidenten des Bundesamtes für das Personalmanagement der Bundeswehr
10. die Präsidentin oder den Präsidenten des Bundesamtes für Ausrüstung, Informationstechnik und Nutzung der Bundeswehr,

1) § 54 Abs. 1 Nr. 6 aufgeh. mWv 3.5.2011 durch G v. 28.4.2011 (BGBl. I S. 687); Abs. 1 Nr. 7 und 8 geänd., Nr. 9–11 angef. mWv 26.7.2012 durch G v. 21.7.2012 (BGBl. I S. 1583); Abs. 1 Nr. 3 geänd. mWv 21.11.2015 durch G v. 17.11.2015 (BGBl. I S. 1938); Abs. 1 Nr. 10 und 11 geänd., Nr. 12 angef. mWv 1.1.2016 durch G v. 3.12.2015 (BGBl. I S. 2178).

11. die Präsidentin oder den Präsidenten des Bundesamtes für Infrastruktur, Umweltschutz und Dienstleistungen der Bundeswehr und
12. die Präsidentin oder den Präsidenten der Generalzolldirektion.

(2) Gesetzliche Vorschriften, nach denen andere politische Beamtinnen und politische Beamte in den einstweiligen Ruhestand versetzt werden können, bleiben unberührt.

§ 55 Einstweiliger Ruhestand bei organisatorischen Veränderungen. [1] Im Fall der Auflösung oder einer wesentlichen Änderung des Aufbaus oder der Aufgaben einer Behörde oder der Verschmelzung von Behörden können Beamtinnen auf Lebenszeit und Beamte auf Lebenszeit, deren Aufgabengebiet davon betroffen ist und die ein Amt der Bundesbesoldungsordnung B[1)] wahrnehmen, in den einstweiligen Ruhestand versetzt werden, wenn durch die organisatorische Änderung eine ihrem Amt entsprechende Planstelle eingespart wird und eine Versetzung nicht möglich ist. [2] Frei werdende Planstellen sollen den in den einstweiligen Ruhestand versetzten Beamtinnen und Beamten, die dafür geeignet sind, vorbehalten werden.

§ 56 Beginn des einstweiligen Ruhestands. [1] Wenn nicht im Einzelfall ausdrücklich ein späterer Zeitpunkt festgesetzt wird, beginnt der einstweilige Ruhestand mit dem Zeitpunkt, zu dem die Versetzung in den einstweiligen Ruhestand der Beamtin oder dem Beamten bekannt gegeben wird, spätestens jedoch mit dem Ende des dritten Monats, der auf den Monat der Bekanntgabe folgt. [2] Die Verfügung kann bis zum Beginn des Ruhestands zurückgenommen werden.

§ 57 Erneute Berufung. Die in den einstweiligen Ruhestand versetzten Beamtinnen und Beamten sind verpflichtet, einer erneuten Berufung in das Beamtenverhältnis auf Lebenszeit Folge zu leisten, wenn ihnen im Dienstbereich ihres früheren Dienstherrn ein Amt mit mindestens demselben Endgrundgehalt verliehen werden soll.

§ 58 Ende des einstweiligen Ruhestands. (1) Der einstweilige Ruhestand endet bei erneuter Berufung in das Beamtenverhältnis auf Lebenszeit.

(2) Die in den einstweiligen Ruhestand versetzten Beamtinnen und Beamten gelten mit Erreichen der Regelaltersgrenze als dauernd in den Ruhestand versetzt.

§ 59 Zuständigkeit bei Versetzung in den Ruhestand. [1] Die Versetzung in den Ruhestand wird von der für die Ernennung zuständigen Stelle verfügt, soweit gesetzlich nichts anderes bestimmt ist. [2] Die Versetzungsverfügung ist der Beamtin oder dem Beamten schriftlich zuzustellen. [3] Sie kann bis zum Beginn des Ruhestands zurückgenommen werden.

Abschnitt 6. Rechtliche Stellung im Beamtenverhältnis

Unterabschnitt 1. Allgemeine Pflichten und Rechte

§ 60[2)] Grundpflichten. (1) [1] Beamtinnen und Beamte dienen dem ganzen Volk, nicht einer Partei. [2] Sie haben ihre Aufgaben unparteiisch und gerecht zu erfüllen und ihr Amt zum Wohl der Allgemeinheit zu führen. [3] Beamtinnen und Beamte

[1)] Nr. 230.
[2)] § 60 Abs. 1 Satz 2 neu gef. mWv 7.12.2018 durch G v. 29.11.2018 (BGBl. I S. 2232).

müssen sich durch ihr gesamtes Verhalten zu der freiheitlichen demokratischen Grundordnung im Sinne des Grundgesetzes[1] bekennen und für deren Erhaltung eintreten.

(2) Beamtinnen und Beamte haben bei politischer Betätigung diejenige Mäßigung und Zurückhaltung zu wahren, die sich aus ihrer Stellung gegenüber der Allgemeinheit und aus der Rücksicht auf die Pflichten ihres Amtes ergeben.

§ 61[2] Wahrnehmung der Aufgaben, Verhalten und Erscheinungsbild.

(1) [1]Beamtinnen und Beamte haben sich mit vollem persönlichem Einsatz ihrem Beruf zu widmen. [2]Sie haben das ihnen übertragene Amt uneigennützig nach bestem Gewissen wahrzunehmen. [3]Ihr Verhalten innerhalb und außerhalb des Dienstes muss der Achtung und dem Vertrauen gerecht werden, die ihr Beruf erfordert.

(2) [1]Beamtinnen und Beamte haben bei Ausübung des Dienstes oder bei einer Tätigkeit mit unmittelbarem Dienstbezug auch hinsichtlich ihres Erscheinungsbilds Rücksicht auf das ihrem Amt entgegengebrachte Vertrauen zu nehmen. [2]Insbesondere das Tragen von bestimmten Kleidungsstücken, Schmuck, Symbolen und Tätowierungen im sichtbaren Bereich sowie die Art der Haar- und Barttracht können von der obersten Dienstbehörde eingeschränkt oder untersagt werden, soweit die Funktionsfähigkeit der Verwaltung oder die Pflicht zum achtungs- und vertrauenswürdigen Verhalten dies erfordert. [3]Das ist insbesondere dann der Fall, wenn Merkmale des Erscheinungsbilds nach Satz 2 durch ihre über das übliche Maß hinausgehende besonders individualisierende Art geeignet sind, die amtliche Funktion der Beamtin oder des Beamten in den Hintergrund zu drängen. [4]Religiös oder weltanschaulich konnotierte Merkmale des Erscheinungsbilds nach Satz 2 können nur dann eingeschränkt oder untersagt werden, wenn sie objektiv geeignet sind, das Vertrauen in die neutrale Amtsführung der Beamtin oder des Beamten zu beeinträchtigen. [5]Das Bundesministerium des Innern, für Bau und Heimat, das Bundesministerium der Finanzen sowie das Bundesministerium der Justiz und für Verbraucherschutz werden ermächtigt, jeweils für ihren Geschäftsbereich die Einzelheiten zu den Sätzen 2 bis 4 durch Rechtsverordnung zu regeln. [6]Die Verhüllung des Gesichts bei der Ausübung des Dienstes oder bei einer Tätigkeit mit unmittelbarem Dienstbezug ist stets unzulässig, es sei denn, dienstliche oder gesundheitliche Gründe erfordern dies.

(3) Beamtinnen und Beamte sind verpflichtet, an Maßnahmen der dienstlichen Qualifizierung zur Erhaltung oder Fortentwicklung ihrer Kenntnisse und Fähigkeiten teilzunehmen.

§ 62 Folgepflicht. (1) [1]Beamtinnen und Beamte haben ihre Vorgesetzten zu beraten und zu unterstützen. [2]Sie sind verpflichtet, deren dienstliche Anordnungen auszuführen und deren allgemeine Richtlinien zu befolgen. [3]Dies gilt nicht, soweit die Beamtinnen und Beamten nach besonderen gesetzlichen Vorschriften an Weisungen nicht gebunden und nur dem Gesetz unterworfen sind.

(2) Beamtinnen und Beamte haben bei organisatorischen Veränderungen dem Dienstherrn Folge zu leisten.

---

[1] Nr. **1**.

[2] § 61 Abs. 1 Satz 4 angef. mWv 15.6.2017 durch G v. 8.6.2017 (BGBl. I S. 1570); Überschrift neu gef., Abs. 1 Satz 4 aufgeh., Abs. 2 eingef., bish. Abs. 2 wird Abs. 3 mWv 7.7.2021 durch G v. 28.6.2021 (BGBl. I S. 2250).

§ 63[1)] Verantwortung für die Rechtmäßigkeit. (1) Beamtinnen und Beamte tragen für die Rechtmäßigkeit ihrer dienstlichen Handlungen die volle persönliche Verantwortung.

(2) [1]Bedenken gegen die Rechtmäßigkeit dienstlicher Anordnungen haben Beamtinnen und Beamte unverzüglich bei der oder dem unmittelbaren Vorgesetzten geltend zu machen. [2]Wird die Anordnung aufrechterhalten, haben sie sich, wenn ihre Bedenken gegen deren Rechtmäßigkeit fortbestehen, an die nächsthöhere Vorgesetzte oder den nächsthöheren Vorgesetzten zu wenden. [3]Wird die Anordnung bestätigt, müssen die Beamtinnen und Beamten sie ausführen und sind von der eigenen Verantwortung befreit. [4]Dies gilt nicht, wenn das aufgetragene Verhalten die Würde des Menschen verletzt oder strafbar oder ordnungswidrig ist und die Strafbarkeit oder Ordnungswidrigkeit für die Beamtinnen und Beamten erkennbar ist. [5]Die Bestätigung hat auf Verlangen schriftlich zu erfolgen.

(3) [1]Verlangt eine Vorgesetzte oder ein Vorgesetzter die sofortige Ausführung der Anordnung, weil Gefahr im Verzug ist und die Entscheidung der oder des höheren Vorgesetzten nicht rechtzeitig herbeigeführt werden kann, gilt Absatz 2 Satz 3 und 4 entsprechend. [2]Die Anordnung ist durch die anordnende oder den anordnenden Vorgesetzten schriftlich zu bestätigen, wenn die Beamtin oder der Beamte dies unverzüglich nach Ausführung der Anordnung verlangt.

§ 64[2)] Eidespflicht, Eidesformel. (1) Beamtinnen und Beamte haben folgenden Diensteid zu leisten: „Ich schwöre, das Grundgesetz und alle in der Bundesrepublik Deutschland geltenden Gesetze zu wahren und meine Amtspflichten gewissenhaft zu erfüllen, so wahr mir Gott helfe."

(2) Der Eid kann auch ohne die Worte „so wahr mir Gott helfe" geleistet werden.

(3) Lehnt eine Beamtin oder ein Beamter aus Glaubens- oder Gewissensgründen die Ablegung des vorgeschriebenen Eides ab, können an Stelle der Worte „Ich schwöre" die Worte „Ich gelobe" oder eine andere Beteuerungsformel gesprochen werden.

(4) [1]In den Fällen, in denen nach § 7 Abs. 3 eine Ausnahme von § 7 Absatz 1 Satz 1 Nummer 1 zugelassen worden ist, kann von einer Eidesleistung abgesehen werden. [2]Sofern gesetzlich nichts anderes bestimmt ist, hat die Beamtin oder der Beamte in diesen Fällen zu geloben, ihre oder seine Amtspflichten gewissenhaft zu erfüllen.

§ 65 Befreiung von Amtshandlungen. (1) Beamtinnen und Beamte sind von Amtshandlungen zu befreien, die sich gegen sie selbst oder Angehörige richten würden, zu deren Gunsten ihnen wegen familienrechtlicher Beziehungen im Strafverfahren das Zeugnisverweigerungsrecht zusteht.

(2) Gesetzliche Vorschriften, nach denen Beamtinnen oder Beamte von einzelnen Amtshandlungen ausgeschlossen sind, bleiben unberührt.

(Fortsetzung nächstes Blatt)

[1)] § 63 Abs. 3 Satz 1 geänd., Satz 2 angef. mWv 7.12.2018 durch G v. 29.11.2018 (BGBl. I S. 2232).
[2)] § 64 Abs. 4 Satz 1 geänd. mWv 7.7.2021 durch G v. 28.6.2021 (BGBl. I S. 2250).

(2) Personalaktendaten im Sinne des § 108 dürfen nur im Rahmen ihrer Zweckbestimmung und nur von den übrigen Personaldateien technisch und organisatorisch getrennt automatisiert verarbeitet werden.

(3) Von den Unterlagen über medizinische oder psychologische Untersuchungen und Tests dürfen im Rahmen der Personalverwaltung nur die Ergebnisse automatisiert verarbeitet werden, soweit sie die Eignung betreffen und ihre Verwendung dem Schutz der Beamtin oder des Beamten dient.

(4) Beamtenrechtliche Entscheidungen dürfen nicht ausschließlich auf eine automatisierte Verarbeitung personenbezogener Daten gestützt werden, die der Bewertung einzelner Persönlichkeitsmerkmale dienen.

(5) [1] Bei erstmaliger Speicherung ist der Beamtin oder dem Beamten die Art der zu ihrer oder seiner Person nach Absatz 1 gespeicherten Daten mitzuteilen, bei wesentlichen Änderungen sind sie zu benachrichtigen. [2] Ferner sind die Verarbeitungs- und Nutzungsformen automatisierter Personalverwaltungsverfahren zu dokumentieren und einschließlich des jeweiligen Verwendungszweckes sowie der regelmäßigen Empfänger und des Inhalts automatisierter Datenübermittlung allgemein bekannt zu geben.

§ 115 Übermittlungen in Strafverfahren. (1) [1] Das Gericht, die Strafverfolgungs- oder die Strafvollstreckungsbehörde hat in Strafverfahren gegen Beamtinnen und Beamte zur Sicherstellung der erforderlichen dienstrechtlichen Maßnahmen im Fall der Erhebung der öffentlichen Klage

1. die Anklageschrift oder eine an ihre Stelle tretende Antragsschrift,
2. den Antrag auf Erlass eines Strafbefehls und
3. die einen Rechtszug abschließende Entscheidung mit Begründung

zu übermitteln. [2] Ist gegen die Entscheidung ein Rechtsmittel eingelegt worden, ist die Entscheidung unter Hinweis auf das eingelegte Rechtsmittel zu übermitteln. [3] Der Erlass und der Vollzug eines Haftbefehls oder eines Unterbringungsbefehls sind mitzuteilen.

(2) In Verfahren wegen fahrlässig begangener Straftaten werden die in Absatz 1 Satz 1 bestimmten Übermittlungen nur vorgenommen, wenn

1. es sich um schwere Verstöße handelt, namentlich Vergehen der Trunkenheit im Straßenverkehr oder der fahrlässigen Tötung, oder
2. in sonstigen Fällen die Kenntnis der Daten aufgrund der Umstände des Einzelfalls erforderlich ist, um zu prüfen, ob dienstrechtliche Maßnahmen zu ergreifen sind.

(3) [1] Entscheidungen über Verfahrenseinstellungen, die nicht bereits nach Absatz 1 oder 2 zu übermitteln sind, sollen übermittelt werden, wenn die in Absatz 2 Nr. 2 genannten Voraussetzungen erfüllt sind. [2] Dabei ist zu berücksichtigen, wie gesichert die Erkenntnisse sind, die der zu übermittelnden Entscheidung zugrunde liegen.

(4) [1] Sonstige Tatsachen, die in einem Strafverfahren bekannt werden, dürfen mitgeteilt werden, wenn ihre Kenntnis aufgrund besonderer Umstände des Einzelfalls für dienstrechtliche Maßnahmen gegen eine Beamtin oder einen Beamten erforderlich ist und soweit nicht für die übermittelnde Stelle erkennbar ist, dass schutzwürdige Interessen der Beamtin oder des Beamten an dem Ausschluss der Übermittlung überwiegen. [2] Erforderlich ist die Kenntnis der Daten auch dann, wenn diese Anlass zur Prüfung bieten, ob dienstrechtliche Maßnahmen zu ergreifen sind. [3] Absatz 3 Satz 2 ist entsprechend anzuwenden.

(5) Nach den Absätzen 1 bis 4 übermittelte Daten dürfen auch für die Wahrnehmung der Aufgaben nach dem Sicherheitsüberprüfungsgesetz[1)] oder einem entsprechenden Gesetz verwendet werden.

(6) [1] Übermittlungen nach den Absätzen 1 bis 3 sind auch zulässig, soweit sie Daten betreffen, die dem Steuergeheimnis (§ 30 der Abgabenordnung) unterliegen. [2] Übermittlungen nach Absatz 4 sind unter den Voraussetzungen des § 30 Abs. 4 Nr. 5 der Abgabenordnung zulässig.

(7) Mitteilungen sind an die zuständigen Dienstvorgesetzten oder deren Vertretung im Amt zu richten und als „Vertrauliche Personalsache" zu kennzeichnen.

Abschnitt 7. Beamtenvertretung

§ 116 Mitgliedschaft in Gewerkschaften und Berufsverbänden. (1) [1] Beamtinnen und Beamte haben das Recht, sich in Gewerkschaften oder Berufsverbänden zusammenzuschließen. [2] Sie können die für sie zuständigen Gewerkschaften oder Berufsverbände mit ihrer Vertretung beauftragen, soweit gesetzlich nichts anderes bestimmt ist.

(2) Keine Beamtin und kein Beamter darf wegen Betätigung für eine Gewerkschaft oder einen Berufsverband dienstlich gemaßregelt oder benachteiligt werden.

§ 117 Personalvertretung. [1] Die Personalvertretung der Beamtinnen und Beamten ist zu gewährleisten. [2] Das Nähere wird durch Gesetz[2)] geregelt.

§ 118 Beteiligung der Spitzenorganisationen. Die Spitzenorganisationen der zuständigen Gewerkschaften sind bei der Vorbereitung allgemeiner Regelungen der beamtenrechtlichen Verhältnisse zu beteiligen.

Abschnitt 8. Bundespersonalausschuss

§ 119[3)] Aufgaben; Verordnungsermächtigung. (1) [1] Der Bundespersonalausschuss dient der einheitlichen Handhabung beamtenrechtlicher Ausnahmevorschriften. [2] Weitere als die in diesem Gesetz vorgesehenen Aufgaben kann die Bundesregierung dem Bundespersonalausschuss durch Rechtsverordnung übertragen, insbesondere

1. die Feststellung des erfolgreichen Abschlusses von Aufstiegsverfahren,
2. der Erlass von Regelungen über die Feststellungsverfahren nach Nummer 1 und § 19.

(2) Der Bundespersonalausschuss übt seine Tätigkeit unabhängig und in eigener Verantwortung aus.

§ 120[4)] Mitglieder. (1) Der Bundespersonalausschuss besteht aus acht ordentlichen und acht stellvertretenden Mitgliedern.

[1)] **Sartorius III Nr. 810.**

[2)] Siehe das BundespersonalvertretungsG (Nr. **240**).

[3)] § 119 Überschrift und Abs. 1 neu gef. mWv 7.7.2021 durch G v. 28.6.2021 (BGBl. I S. 2250).

[4)] § 120 Abs. 2 Satz 1, Abs. 3 und 4 geänd. mWv 7.12.2018 durch G v. 29.11.2018 (BGBl. I S. 2232).

2. aus einem Beamtenverhältnis auf Lebenszeit oder aus einem Dienstverhältnis als Berufssoldatin oder Berufssoldat in ein Beamtenverhältnis auf Zeit berufen worden waren.

[4] Handelt es sich in den Fällen des Satzes 3 Nummer 2 um ein Beamtenverhältnis auf Lebenszeit zum Bund, so gilt Absatz 1 Satz 3 und 4 entsprechend.

(9) [1] Die Vorschriften über die Laufbahnen und über den einstweiligen Ruhestand sowie die §§ 87 und 88 sind auf Hochschullehrerinnen und Hochschullehrer nicht anzuwenden. [2] Erfordert der Aufgabenbereich einer Hochschuleinrichtung eine regelmäßige oder planmäßige Anwesenheit, kann die oberste Dienstbehörde die §§ 87 und 88 für bestimmte Gruppen von Beamtinnen und Beamten für anwendbar erklären.

(10) [1] Hochschullehrerinnen und Hochschullehrer können nur mit ihrer Zustimmung abgeordnet oder versetzt werden. [2] Bei der Auflösung, der Verschmelzung oder einer wesentlichen Änderung des Aufbaues oder der Aufgaben von staatlich anerkannten Hochschulen des Bundes, deren Ausbildungsgänge ausschließlich auf den öffentlichen Dienst ausgerichtet sind, gilt § 28 Abs. 3 für beamtete Professorinnen, Professoren, Juniorprofessorinnen, Juniorprofessoren sowie Hochschuldozentinnen und Hochschuldozenten entsprechend.

§ 133[1)] Ehrenbeamtinnen und Ehrenbeamte. (1) Für Ehrenbeamtinnen und Ehrenbeamte nach § 6 Abs. 5 gelten die Vorschriften dieses Gesetzes mit folgenden Maßgaben:

1. Nach Erreichen der Regelaltersgrenze können Ehrenbeamtinnen und Ehrenbeamte verabschiedet werden. Sie sind zu verabschieden, wenn die sonstigen Voraussetzungen für die Versetzung einer Beamtin oder eines Beamten in den Ruhestand gegeben sind.
2. Nicht anzuwenden sind die §§ 28, 53 Abs. 2, §§ 72, 76, 87, 88, 97 bis 101 und 104, auf Honorarkonsularbeamtinnen und Honorarkonsularbeamte, außerdem § 7 Absatz 1 Satz 1 Nummer 1.

(2) Die Unfallfürsorge für Ehrenbeamtinnen und Ehrenbeamte und ihre Hinterbliebenen richtet sich nach § 68 des Beamtenversorgungsgesetzes[2)].

(3) Im Übrigen regeln sich die Rechtsverhältnisse nach den besonderen für die einzelnen Gruppen der Ehrenbeamtinnen und Ehrenbeamten geltenden Vorschriften.

Abschnitt 11. Umbildung von Körperschaften

§ 134 Umbildung einer Körperschaft. (1) Beamtinnen und Beamte einer juristischen Person des öffentlichen Rechts mit Dienstherrnfähigkeit (Körperschaft), die vollständig in eine andere Körperschaft eingegliedert wird, treten mit der Umbildung kraft Gesetzes in den Dienst der aufnehmenden Körperschaft über.

(2) [1] Beamtinnen und Beamte einer Körperschaft, die vollständig in mehrere andere Körperschaften eingegliedert wird, sind anteilig in den Dienst der aufnehmenden Körperschaften zu übernehmen. [2] Die beteiligten Körperschaften haben innerhalb einer Frist von sechs Monaten nach dem Zeitpunkt, in dem die Umbildung vollzogen ist, im Einvernehmen miteinander zu bestimmen, von welchen

---

1) § 133 Abs. 1 Nr. 2 geänd. mWv 7.7.2021 durch G v. 28.6.2021 (BGBl. I S. 2250).
2) Nr. **155**.

Körperschaften die einzelnen Beamtinnen und Beamten zu übernehmen sind. [3] Solange die Übernahme nicht erfolgt ist, haften alle beteiligten Körperschaften für die zustehenden Bezüge als Gesamtschuldner.

(3) [1] Beamtinnen und Beamte einer Körperschaft, die teilweise in eine oder mehrere andere Körperschaften eingegliedert wird, sind zu einem verhältnismäßigen Teil, bei mehreren Körperschaften anteilig, in den Dienst der aufnehmenden Körperschaften zu übernehmen. [2] Absatz 2 Satz 2 findet Anwendung.

(4) Die Absätze 1 bis 3 gelten entsprechend, wenn eine Körperschaft mit einer oder mehreren anderen Körperschaften zu einer neuen Körperschaft zusammengeschlossen wird, wenn aus einer Körperschaft oder aus Teilen einer Körperschaft eine oder mehrere neue Körperschaften gebildet werden oder wenn Aufgaben einer Körperschaft vollständig oder teilweise auf eine oder mehrere andere Körperschaften übergehen.

§ 135 Rechtsfolgen der Umbildung. (1) Tritt eine Beamtin oder ein Beamter aufgrund des § 134 Abs. 1 kraft Gesetzes in den Dienst einer anderen Körperschaft über oder wird sie oder er aufgrund des § 134 Abs. 2 oder 3 von einer anderen Körperschaft übernommen, wird das Beamtenverhältnis mit dem neuen Dienstherrn fortgesetzt.

(2) Im Fall des § 134 Abs. 1 ist der Beamtin oder dem Beamten von der aufnehmenden oder neuen Körperschaft die Fortsetzung des Beamtenverhältnisses schriftlich zu bestätigen.

(3) [1] In den Fällen des § 134 Abs. 2 und 3 wird die Übernahme von der Körperschaft verfügt, in deren Dienst die Beamtin oder der Beamte treten soll. [2] Die Verfügung wird mit der Zustellung an die Beamtin oder den Beamten wirksam. [3] Die Beamtin oder der Beamte ist verpflichtet, der Verfügung Folge zu leisten. [4] Kommt sie oder er der Verpflichtung nicht nach, wird sie oder er entlassen.

(4) Die Absätze 1 bis 3 gelten entsprechend in den Fällen des § 134 Abs. 4.

§ 136[1)] Rechtsstellung der Beamtinnen und Beamten. (1) [1] Den nach § 134 in den Dienst einer anderen Körperschaft übergetretenen oder von ihr übernommenen Beamtinnen und Beamten soll ein dem bisherigen Amt nach Bedeutung und Inhalt gleich zu bewertendes Amt übertragen werden. [2] Wenn eine dem bisherigen Amt entsprechende Verwendung nicht möglich ist, sind § 28 Abs. 3 und § 34 Abs. 1 Satz 1 Nr. 4 entsprechend anzuwenden. [3] Bei Anwendung des § 28 Abs. 3 darf die Beamtin oder der Beamte neben der neuen Amtsbezeichnung die des früheren Amtes mit dem Zusatz „außer Dienst“ oder „a.D.“ führen.

(Fortsetzung nächstes Blatt)

[1)] § 136 Abs. 1 Satz 2 geänd. mWv 14.3.2015 durch G v. 6.3.2015 (BGBl. I S. 250).

170. Verordnung über die Arbeitszeit der Beamtinnen und Beamten des Bundes (Arbeitszeitverordnung – AZV)[1)]

Vom 23. Februar 2006
(BGBl. I S. 427)

FNA 2030-2-29

geänd. durch Art. 1 VO zur Änd. arbeitszeit- und urlaubsrechtlicher Vorschriften v. 13.8.2008 (BGBl. I S. 1684, geänd. durch VO v. 14.9.2012, BGBl. I S. 2017), Art. 1 Erste ÄndVO v. 16.12.2010 (BAnz. S. 4262, geänd. durch VO v. 11.12.2014, BGBl. I S. 2191), Art. 2 VO zur Änd. arbeitszeitrechtlicher Vorschriften v. 14.9.2012 (BGBl. I S. 2017, geänd. durch G v. 8.6.2017, BGBl. I S. 1570 und durch VO v. 8.1.2020, BGBl. I S. 27), Art. 4 VO zur Änd. von Vorschriften für Dienst zu wechselnden Zeiten v. 20.8.2013 (BGBl. I S. 3286), Art. 1 Zweite ÄndVO v. 11.12.2014 (BGBl. I S. 2191), Art. 8 G zum Abbau verzichtbarer Anordnungen der Schriftform im Verwaltungsrecht des Bundes v. 29.3.2017 (BGBl. I S. 626), Art. 49 Elfte ZuständigkeitsanpassungsVO v. 19.6.2020 (BGBl. I S. 1328) und Art. 1, 2 VO zur Weiterentwicklung dienstrechtl. Regelungen zu Arbeitszeit und Sonderurlaub v. 17.12.2020 (BGBl. I S. 3011)

§ 1 Geltungsbereich. [1] Diese Verordnung gilt für alle Beamtinnen und Beamten des Bundes, soweit nicht besondere Arbeitszeitregelungen gelten. [2] Sie gilt nicht für Ehrenbeamtinnen und Ehrenbeamte. [3] Für Beamtinnen auf Widerruf und Beamte auf Widerruf ist zu bestimmen, ob und inwieweit die Vorschriften dieser Verordnung anzuwenden sind.

§ 2[2)] Begriffsbestimmungen. Im Sinne dieser Verordnung ist

1. Abrechnungszeitraum bei Gleitzeit der Zeitraum, in dem ein Über- oder Unterschreiten der regelmäßigen wöchentlichen Arbeitszeit auszugleichen ist,
2. Arbeitsplatz grundsätzlich die Dienststelle oder ein von der oder dem Dienstvorgesetzten bestimmter Ort, an dem Dienst zu leisten ist,
3. Arbeitstag grundsätzlich der Werktag,
4. Bereitschaftsdienst die Pflicht, sich, ohne ständig zur Dienstleistung verpflichtet zu sein, an einer vom Dienstherrn bestimmten Stelle aufzuhalten, um im Bedarfsfall den Dienst aufzunehmen, wenn dabei Zeiten ohne Arbeitsleistung überwiegen,
5. Blockmodell die Zusammenfassung der Freistellung von der Arbeit bis zu fünf Jahren bei Teilzeitbeschäftigung,
6. Funktionszeit der Teil der regelmäßigen täglichen Arbeitszeit, in dem der Dienstbetrieb durch Absprache der Beamtinnen und Beamten sichergestellt wird,
7. Gleitzeit die Arbeitszeit, bei der Beamtinnen und Beamte Beginn und Ende der täglichen Arbeitszeit in gewissen Grenzen selbst bestimmen können,
8. Gleittag ein mit Zustimmung der oder des unmittelbaren Vorgesetzten gewährter ganztägiger Zeitausgleich im Abrechnungszeitraum bei Gleitzeit, dabei gelten tägliche Arbeitszeiten von weniger als zwei Stunden als Gleittag,

---

1) Verkündet als Art. 1 VO zur Neuordnung der Arbeitszeit der Beamtinnen und Beamten des Bundes und zur Änd. anderer VOen v. 23.2.2006 (BGBl. I S. 427); Inkrafttreten gem. Art. 5 Satz 1 dieser VO am 1.3.2006. Diese VO wurde erlassen auf Grund von § 72 Abs. 4, § 80 Nr. 1 sowie § 89 Abs. 1 Satz 2 und Abs. 2 Satz 1 BBG (Nr. 160) iVm § 46 DRiG **(Schönfelder ErgBd. Nr. 97)**.

2) § 2 neu gef. mWv 1.1.2021 durch VO v. 17.12.2020 (BGBl. I S. 3011).

9. Kernarbeitszeit der Teil der regelmäßigen täglichen Arbeitszeit, in dem grundsätzlich alle Beamtinnen und Beamten in der Dienststelle anwesend sein müssen,
10. Langzeitkonto ein personenbezogenes Arbeitszeitkonto, auf dem durch erhöhten Arbeitsanfall bedingte Zeitguthaben für Freistellungszeiten angespart werden können,
11. Nachtdienst ein Dienst, der zwischen 20 Uhr und 6 Uhr zu leisten ist,
12. regelmäßige wöchentliche Arbeitszeit die innerhalb von zwölf Monaten durchschnittlich zu erbringende wöchentliche Arbeitszeit,
13. Reisezeit die Zeit ohne Wartezeit (Nummer 17), die die Beamtin oder der Beamte benötigt für den Weg zwischen
    a) der Wohnung oder der Dienststätte und der Stelle des auswärtigen Dienstgeschäfts oder der auswärtigen Unterkunft (Anreise),
    b) der Stelle des auswärtigen Dienstgeschäfts oder der auswärtigen Unterkunft und der Stelle eines weiteren auswärtigen Dienstgeschäfts oder einer weiteren auswärtigen Unterkunft,
    c) der Stelle des auswärtigen Dienstgeschäfts oder der auswärtigen Unterkunft und der Wohnung oder der Dienststätte (Abreise),
14. Rufbereitschaft die Pflicht, sich außerhalb des Arbeitsplatzes bereitzuhalten, um bei Bedarf sofort zu Dienstleistungen abgerufen werden zu können,
15. Ruhepause der Zeitraum, in dem Beamtinnen und Beamte keinen Dienst leisten,
16. Schichtdienst der Dienst nach einem Schichtplan, der einen regelmäßigen Wechsel der täglichen Arbeitszeit in Zeitabschnitten von längstens einem Monat vorsieht,
17. Wartezeit eine während einer Dienstreise anfallende Zeit ohne Dienstleistung zwischen
    a) dem Ende der Anreise und dem Beginn der dienstlichen Tätigkeit,
    b) dem Ende der dienstlichen Tätigkeit an einem Tag und dem Beginn der dienstlichen Tätigkeit an einem anderen Tag,
    c) dem Ende der dienstlichen Tätigkeit und dem Beginn der Abreise.

§ 3[1)] Regelmäßige wöchentliche Arbeitszeit. (1) [1] Die regelmäßige wöchentliche Arbeitszeit beträgt 41 Stunden. [2] Schwerbehinderte Beamtinnen und schwerbehinderte Beamte können eine Verkürzung der regelmäßigen wöchentlichen Arbeitszeit auf 40 Stunden beantragen. [3] Gleiches gilt für Beamtinnen und Beamte,

1. die für ein Kind unter zwölf Jahren Kindergeld erhalten,
2. die eine nahe Angehörige oder einen nahen Angehörigen nach § 7 Absatz 3 des Pflegezeitgesetzes[2)] im eigenen Haushalt oder im eigenen Haushalt der oder des nahen Angehörigen tatsächlich betreut oder pflegt, die oder der

(Fortsetzung nächstes Blatt)

[1)] § 3 Abs. 1 Satz 3 Nr. 2 neu gef. mWv 19.12.2014 durch VO v. 11.12.2014 (BGBl. I S. 2191); Abs. 1 Satz 3 Nr. 2 neu gef. mWv 1.1.2021 durch VO v. 17.12.2020 (BGBl. I S. 3011).
[2)] **Aichberger, SGB Nr. 11/10.**

§ 15 Ausnahmen bei spezifischen Tätigkeiten. [1] Soweit Besonderheiten bestimmter spezifischer Tätigkeiten, die dem Schutz der Bevölkerung oder des Allgemeinwohls zur Abwehr schwerwiegender kollektiver Gefahrensituationen dienen, der Anwendung von Regelungen dieser Verordnung zwingend entgegenstehen, kann von dieser Verordnung abgewichen werden. [2] In diesen Ausnahmefällen ist gleichwohl dafür Sorge zu tragen, dass unter Berücksichtigung der Ziele der Richtlinie 89/391/EWG des Rates vom 12. Juni 1989 über die Durchführung von Maßnahmen zur Verbesserung der Sicherheit und des Gesundheitsschutzes der Arbeitnehmer bei der Arbeit (ABl. EG Nr. L 183 S. 1) eine größtmögliche Sicherheit und ein größtmöglicher Gesundheitsschutz der Beamtinnen und Beamten gewährleistet ist.

§ 16 Zuständigkeit. [1] Zuständige Behörde im Sinne dieser Verordnung ist die oberste Dienstbehörde, soweit nichts Abweichendes bestimmt ist. [2] Die oberste Dienstbehörde kann ihre Befugnisse nach dieser Verordnung auf andere Behörden übertragen. [3] Die für Teilzeitbeschäftigung notwendigen individuellen Festsetzungen trifft die Dienstbehörde.

§ 17[1] *(aufgehoben)*

[1] § 17 angef. mWv 1.1.2021 und aufgeh. mWv 1.8.2021 durch VO v. 17.12.2020 (BGBl. I S. 3011).

171. Verordnung über den Mutterschutz für Beamtinnen des Bundes und die Elternzeit für Beamtinnen und Beamte des Bundes (Mutterschutz- und Elternzeitverordnung – MuSchEltZV)[1)]

Vom 12. Februar 2009

(BGBl. I S. 320)

FNA 2030-2-30-2

geänd. durch Art. 9 Abs. 1 G zur Neuregelung der Professorenbesoldung und zur Änd. weiterer dienstrechtlicher Vorschriften v. 11.6.2013 (BGBl. I S. 1514), Art. 3 G zur Einführung des Elterngeld Plus mit Partnerschaftsbonus und einer flexibleren Elternzeit im BEEG v. 18.12.2014 (BGBl. I S. 2325), Art. 9 G zur besseren Vereinbarkeit von Familie, Pflege und Beruf für Beamtinnen und Beamte des Bundes und Soldatinnen und Soldaten sowie zur Änd. weiterer dienstrechtlicher Vorschriften v. 19.10.2016 (BGBl. I S. 2362), Art. 1 ÄndVO v. 9.2.2018 (BGBl. I S. 198), Art. 2 G für Maßnahmen im Elterngeld aus Anlass der COVID-19-Pandemie v. 20.5.2020 (BGBl. I S. 1061) und Art. 6 Zweites G zur Änd. des Bundeselterngeld- und ElternzeitG v. 15.2.2021 (BGBl. I S. 239)

Abschnitt 1.[2)] Mutterschutz

§ 1[2)] Allgemeines. Für den Mutterschutz von Personen in einem Beamtenverhältnis beim Bund sowie bei bundesunmittelbaren Körperschaften, Anstalten und Stiftungen des öffentlichen Rechts gelten die §§ 2 bis 5.

§ 2[2)] Anwendung des Mutterschutzgesetzes. (1) [1] Die folgenden Vorschriften des Mutterschutzgesetzes[3)] sind entsprechend anzuwenden:
1. zu Begriffsbestimmungen (§ 2 Absatz 1 Satz 1, Absatz 3 Satz 1 und Absatz 4 des Mutterschutzgesetzes),
2. zur Gestaltung der Arbeitsbedingungen (§§ 9, 10 Absatz 1 und 2, §§ 11, 12, 13 Absatz 1 Nummer 1 des Mutterschutzgesetzes),
3. zum Arbeitsplatzwechsel (§ 13 Absatz 1 Nummer 2 des Mutterschutzgesetzes),
4. zur Dokumentation und Information durch den Arbeitgeber (§ 14 des Mutterschutzgesetzes),
5. zu Beschäftigungsverboten (§§ 3 bis 6, 10 Absatz 3, § 13 Absatz 1 Nummer 3 und § 16 des Mutterschutzgesetzes),
6. zu Mitteilungen und Nachweisen über die Schwangerschaft und das Stillen (§ 15 des Mutterschutzgesetzes),
7. zur Freistellung für Untersuchungen und zum Stillen (§ 7 des Mutterschutzgesetzes),
8. zu den Mitteilungs- und Aufbewahrungspflichten des Arbeitgebers (§ 27 Absatz 1 bis 5 des Mutterschutzgesetzes) sowie
9. zum behördlichen Genehmigungsverfahren für eine Beschäftigung zwischen 20 und 22 Uhr (§ 28 des Mutterschutzgesetzes).

[2] Andere Arbeitsschutzvorschriften bleiben unberührt.

[1)] Verkündet als Art. 1 VO v. 12.2.2009 (BGBl. I S. 320); Inkrafttreten gem. Art. 4 dieser VO am 14.2. 2009. Die VO wurde erlassen auf Grund des § 79 Abs. 1 Satz 1 BBG iVm § 46 DRiG.

[2)] Abschnitt 1 (§§ 1–5) neu gef. mWv 1.1.2018 durch VO v. 9.2.2018 (BGBl. I S. 198).

[3)] **Schönfelder ErgBd. Nr. 79.**

(2) In jeder Dienststelle, bei der regelmäßig mehr als drei Personen tätig sind, sind ein Abdruck des Mutterschutzgesetzes sowie ein Abdruck dieser Verordnung an geeigneter Stelle zur Einsicht auszulegen, auszuhändigen oder in einem elektronischen Informationssystem jederzeit zugänglich zu machen.

§ 3[1] Besoldung bei Beschäftigungsverbot, Untersuchungen und Stillen.

(1) [1] Durch die mutterschutzrechtlichen Beschäftigungsverbote wird die Zahlung der Dienst- und Anwärterbezüge, mit Ausnahme des Verbots der Mehrarbeit, nicht berührt (§§ 3 bis 6, 10 Absatz 3, § 13 Absatz 1 Nummer 3 und § 16 des Mutterschutzgesetzes). [2] Dies gilt auch für das Dienstversäumnis wegen ärztlicher Untersuchungen bei Schwangerschaft und Mutterschaft sowie während des Stillens (§ 7 des Mutterschutzgesetzes).

(2) Im Fall der vorzeitigen Beendigung einer Elternzeit nach § 16 Absatz 3 Satz 3 des Bundeselterngeld- und Elternzeitgesetzes[2] richtet sich die Höhe der Dienst- und Anwärterbezüge nach dem Beschäftigungsumfang vor der Elternzeit oder während der Elternzeit, wobei die höheren Bezüge maßgeblich sind.

(3) Bemessungsgrundlage für die Zahlung von Erschwerniszulagen nach der Erschwerniszulagenverordnung[3] sowie für die Vergütung nach der Vollstreckungsvergütungsverordnung[4] in der Fassung der Bekanntmachung vom 6. Januar 2003 (BGBl. I S. 8) in der jeweils geltenden Fassung ist der Durchschnitt der Zulagen und der Vergütungen der letzten drei Monate vor Beginn des Monats, in dem die Schwangerschaft eingetreten ist.

§ 4[5] Entlassung während der Schwangerschaft, nach einer Fehlgeburt und nach der Entbindung. (1) [1] Während der Schwangerschaft, bis zum Ablauf von vier Monaten nach einer Fehlgeburt nach der zwölften Schwangerschaftswoche und bis zum Ende der Schutzfrist nach der Entbindung, mindestens bis zum Ablauf von vier Monaten nach der Entbindung, darf die Entlassung von Beamtinnen auf Probe und von Beamtinnen auf Widerruf gegen ihren Willen nicht ausgesprochen werden, wenn der oder dem Dienstvorgesetzten die Schwangerschaft, die Fehlgeburt nach der zwölften Schwangerschaftswoche oder die Entbindung bekannt ist. [2] Eine ohne diese Kenntnis ergangene Entlassungsverfügung ist zurückzunehmen, wenn innerhalb von zwei Wochen nach ihrer Zustellung der oder dem Dienstvorgesetzten die Schwangerschaft, die Fehlgeburt nach der zwölften Schwangerschaftswoche oder die Entbindung mitgeteilt wird. [3] Das Überschreiten dieser Frist ist unbeachtlich, wenn dies auf einem von der Beamtin nicht zu vertretenden Grund beruht und die Mitteilung über die Schwangerschaft, die Fehlgeburt oder die Entbindung unverzüglich nachgeholt wird. [4] Die Sätze 1 bis 3 gelten entsprechend für Vorbereitungsmaßnahmen des Dienstherrn, die er im Hinblick auf eine Entlassung einer Beamtin trifft.

(2) Die oberste Dienstbehörde kann in besonderen Fällen, die nicht mit dem Zustand der Beamtin in der Schwangerschaft, nach einer Fehlgeburt nach der zwölften Schwangerschaftswoche oder nach der Entbindung in Zusammenhang stehen, ausnahmsweise die Entlassung für zulässig erklären.

[1] Abschnitt 1 (§§ 1–5) neu gef. mWv 1.1.2018 durch VO v. 9.2.2018 (BGBl. I S. 198).
[2] **Schönfelder ErgBd. Nr. 45e.**
[3] **Bundesbeamtengesetze Nr. 53a.**
[4] **Bundesbeamtengesetze Nr. 53g.**
[5] Abschnitt 1 (§§ 1–5) neu gef. mWv 1.1.2018, § 4 Abs. 2 und 3 angef. mWv 16.2.2018 durch VO v. 9.2.2018 (BGBl. I S. 198).

(3) Die §§ 31, 32, 34 Absatz 4, § 35 Satz 1, letzterer vorbehaltlich der Fälle des § 24 Absatz 3, sowie die §§ 36 und 37 Absatz 1 Satz 3 des Bundesbeamtengesetzes[1] bleiben unberührt.

§ 5[2] Zuschuss bei Beschäftigungsverbot während einer Elternzeit. [1] Beamtinnen erhalten einen Zuschuss von 13 Euro für jeden Kalendertag eines Beschäftigungsverbots in den letzten sechs Wochen vor der Entbindung und eines Beschäftigungsverbots nach der Entbindung – einschließlich des Entbindungstages –, der in eine Elternzeit fällt. [2] Dies gilt nicht, wenn sie während der Elternzeit teilzeitbeschäftigt sind. [3] Der Zuschuss ist auf 210 Euro begrenzt, wenn die Dienst- oder Anwärterbezüge ohne die mit Rücksicht auf den Familienstand gewährten Zuschläge und ohne Leistungen nach Abschnitt 5 des Bundesbesoldungsgesetzes[3] die Versicherungspflichtgrenze in der gesetzlichen Krankenversicherung überschreiten oder überschreiten würden.

Abschnitt 2. Elternzeit

§ 6[4] Anwendung des Bundeselterngeld- und Elternzeitgesetzes. Beamtinnen und Beamte haben Anspruch auf Elternzeit ohne Dienst- oder Anwärterbezüge entsprechend des § 15 Absatz 1 bis 3 sowie der §§ 16 und 28 Absatz 1 Satz 1 des Bundeselterngeld- und Elternzeitgesetzes[5].

§ 7[6] Teilzeitbeschäftigung während der Elternzeit. (1) Während der Elternzeit ist Beamtinnen und Beamten, die Anspruch auf Dienst- oder Anwärterbezüge haben, auf Antrag eine Teilzeitbeschäftigung bei ihrem Dienstherrn bis zu 30 Wochenstunden im Durchschnitt eines Monats zu bewilligen, wenn zwingende dienstliche Belange nicht entgegenstehen.

(2) [1] Mit Genehmigung der zuständigen Dienstbehörde darf während der Elternzeit auch eine Teilzeitbeschäftigung außerhalb des Beamtenverhältnisses in dem in Absatz 1 genannten Umfang ausgeübt werden. [2] Die Genehmigung kann nur innerhalb von vier Wochen ab Antragstellung versagt werden, wenn dringende dienstliche Belange entgegenstehen. [3] Sie ist zu versagen, wenn einer der in § 99 Absatz 2 Satz 2 Nummer 2 bis 6 des Bundesbeamtengesetzes[1] genannten Gründe vorliegt.

§ 8[7] Entlassung während der Elternzeit. (1) [1] Während der Elternzeit darf die Entlassung von Beamtinnen und Beamten auf Probe und von Beamtinnen und Beamten auf Widerruf gegen ihren Willen nicht ausgesprochen werden. [2] Dies gilt nicht für Zeiten einer Teilzeitbeschäftigung nach § 7 Absatz 1.

(2) In besonderen Fällen kann die oberste Dienstbehörde die Entlassung ausnahmsweise für zulässig erklären.

(3) § 4 Absatz 3 gilt entsprechend.

---

[1] Nr. **160**.

[2] Abschnitt 1 (§§ 1–5) neu gef. mWv 1.1.2018 durch VO v. 9.2.2018 (BGBl. I S. 198).

[3] Nr. **230**.

[4] § 6 neu gef. mWv 1.1.2018 durch VO v. 9.2.2018 (BGBl. I S. 198); geänd. mWv 1.3.2020 durch G v. 20.5.2020 (BGBl. I S. 1061).

[5] **Schönfelder ErgBd. Nr. 45e.**

[6] § 7 Abs. 1 geänd. mWv 1.1.2018 durch VO v. 9.2.2018 (BGBl. I S. 198).

[7] § 8 Abs. 2 Satz 2 angef. mWv 28.10.2016 durch G v. 19.10.2016 (BGBl. I S. 2362); Abs. 2 und 3 neu gef. mWv 16.2.2018 durch VO v. 9.2.2018 (BGBl. I S. 198).

§ 9[1)] Erstattung von Krankenversicherungsbeiträgen. (1) [1]Beamtinnen und Beamten werden für die Dauer der Elternzeit die Beiträge für ihre Kranken- und Pflegeversicherung bis zu monatlich 31 Euro erstattet, wenn ihre Dienst- oder Anwärterbezüge vor Beginn der Elternzeit die Versicherungspflichtgrenze in der gesetzlichen Krankenversicherung nicht überschritten haben oder überschritten hätten. [2]Hierbei werden die mit Rücksicht auf den Familienstand gewährten Zuschläge sowie Leistungen nach Abschnitt 5 des Bundesbesoldungsgesetzes[2)] nicht berücksichtigt. [3]Nehmen die Eltern gemeinsam Elternzeit, steht die Beitragserstattung nur dem Elternteil zu, bei dem das Kind im Familienzuschlag berücksichtigt wird oder berücksichtigt werden soll.

(2) [1]Für die Zeit, für die sie Elterngeld nach den §§ 4 und 4c des Bundeselterngeld- und Elternzeitgesetzes[3)] beziehen, werden Beamtinnen und Beamten mit Dienstbezügen bis einschließlich der Besoldungsgruppe A 8 sowie Beamtinnen und Beamten mit Anwärterbezügen auf Antrag die Beiträge für die Kranken- und Pflegeversicherung über die Erstattung nach Absatz 1 hinaus in voller Höhe erstattet, soweit sie auf einen auf den Beihilfebemessungssatz abgestimmten Prozenttarif oder einen die jeweilige Beihilfe ergänzenden Tarif einschließlich etwaiger darin enthaltener Altersrückstellungen entfallen. [2]Für andere Monate einer Elternzeit wird die Beitragserstattung nach Satz 1 weitergezahlt, solange keine Beschäftigung mit mindestens der Hälfte der regelmäßigen Arbeitszeit ausgeübt wird.

(3) Die Absätze 1 und 2 gelten entsprechend für auf die Beamtin oder den Beamten entfallende Beiträge für die freiwillige gesetzliche Krankenversicherung und Pflegeversicherung.

§ 10 Sonderregelung für Richterinnen und Richter im Bundesdienst.

Während der Elternzeit ist eine Teilzeitbeschäftigung als Richterin oder Richter von mindestens der Hälfte bis zu drei Vierteln des regelmäßigen Dienstes zulässig.

Abschnitt 3. Übergangs- und Schlussvorschriften

§ 11[4)] Übergangsvorschrift. Auf die vor dem 14. Februar 2009 geborenen Kinder oder auf die vor diesem Zeitpunkt mit dem Ziel der Adoption aufgenommenen Kinder ist § 1 Absatz 2 Satz 2 und 3 der Elternzeitverordnung in der bis zum 13. Februar 2009 geltenden Fassung anzuwenden.

[1)] § 9 Abs. 1 Satz 2 geänd. mWv 1.8.2013 durch G v. 11.6.2013 (BGBl. I S. 1514); Abs. 2 Satz 1 geänd. mWv 1.9.2021 durch G v. 15.2.2021 (BGBl. I S. 239).

[2)] Nr. **230**.

[3)] **Schönfelder ErgBd. Nr. 45e.**

[4)] § 11 Abs. 1 aufgeh. mWv 1.1.2018 durch VO v. 9.2.2018 (BGBl. I S. 198).

173. Verordnung über den Sonderurlaub für Bundesbeamtinnen und Bundesbeamte sowie für Richterinnen und Richter des Bundes (Sonderurlaubsverordnung – SUrlV)[1) 2)]

Vom 1. Juni 2016
(BGBl. I S. 1284)

FNA 2030-2-30-5

geänd. durch Art. 44 G zur Regelung des Sozialen Entschädigungsrechts v. 12.12.2019 (BGBl. I S. 2652), Art. 51 Elfte ZuständigkeitsanpassungsVO v. 19.6.2020 (BGBl. I S. 1328), Art. 3, 4 VO zur Weiterentwicklung dienstrechtl. Regelungen zu Arbeitszeit und Sonderurlaub v. 17.12.2020 (BGBl. I S. 3011) und Art. 1–3 Erste ÄndVO v. 3.6.2021 (BGBl. I S. 1367)

Auf Grund des § 90 Absatz 1 des Bundesbeamtengesetzes[3)] vom 5. Februar 2009 (BGBl. I S. 160) verordnet die Bundesregierung:

Inhaltsübersicht

§ 1 Geltungsbereich. (1) [1] Diese Verordnung gilt für die Beamtinnen und Beamten des Bundes. [2] Für die Richterinnen und Richter im Bundesdienst gilt diese Verordnung nach § 46 des Deutschen Richtergesetzes[4)] entsprechend.

---

1) Die Änderung durch G v. 12.12.2019 (BGBl. I S. 2652) tritt erst **mWv 1.1.2024** in Kraft und ist im Text noch nicht berücksichtigt.

2) Die Änderungen durch VO v. 3.6.2021 (BGBl. I S. 1367) treten teilweise erst **mWv 1.1.2022** in Kraft und sind insoweit noch nicht im Text berücksichtigt.

3) Nr. **160**.

4) **Schönfelder ErgBd. Nr. 97.**

(2) Ansprüche auf Sonderurlaub für Beamtinnen und Beamte des Bundes sowie Richterinnen und Richter des Bundes, die sich aus anderen Rechtsvorschriften ergeben, bleiben unberührt.

§ 2 Zuständigkeit. Die Entscheidung über die Gewährung von Sonderurlaub trifft – außer in den Fällen des § 22 Absatz 1 Satz 2 und Absatz 3 Satz 2 – die personalverwaltende Dienstbehörde.

§ 3 Voraussetzungen. Sonderurlaub wird nur gewährt, wenn

1. der Anlass, für den Sonderurlaub beantragt wurde, nicht außerhalb der Arbeitszeit wahrgenommen oder erledigt werden kann,
2. dienstliche Gründe nicht entgegenstehen und
3. die jeweiligen Voraussetzungen der §§ 5 bis 22 erfüllt sind.

§ 4 Dauer. Die in den folgenden Vorschriften bestimmte Urlaubsdauer verlängert sich um erforderliche Reisezeiten.

§ 5 Sonderurlaub zur Ausübung staatsbürgerlicher Rechte und zur Erfüllung staatsbürgerlicher Pflichten. Sonderurlaub unter Fortzahlung der Besoldung ist zu gewähren

1. für die Teilnahme an öffentlichen Wahlen und Abstimmungen,
2. zur Wahrnehmung amtlicher, insbesondere gerichtlicher, staatsanwaltschaftlicher oder polizeilicher Termine, sofern sie nicht durch private Angelegenheiten der Beamtin oder des Beamten veranlasst sind, oder
3. zur Ausübung einer ehrenamtlichen Tätigkeit oder eines öffentlichen Ehrenamtes, wenn die Übernahme der Tätigkeit auf einer gesetzlichen Vorschrift beruht.

§ 6 Sonderurlaub zur Ausübung einer Tätigkeit in öffentlichen zwischenstaatlichen oder überstaatlichen Einrichtungen oder in einer öffentlichen Einrichtung eines Mitgliedstaates der Europäischen Union. (1) [1]Sonderurlaub unter Wegfall der Besoldung ist zu gewähren bei Entsendung für eine hauptberufliche Tätigkeit

1. in einer öffentlichen zwischenstaatlichen oder überstaatlichen Einrichtung,
2. in der Verwaltung eines Mitgliedstaates der Europäischen Union oder
3. in einer öffentlichen Einrichtung eines Mitgliedstaates der Europäischen Union.

[2]Die Dauer des Sonderurlaubs richtet sich nach der Dauer der Entsendung.

(2) Sonderurlaub von bis zu einem Jahr unter Wegfall der Besoldung ist auch für die Wahrnehmung einer hauptberuflichen Tätigkeit nach Absatz 1 Satz 1 zu gewähren, wenn die Beamtin oder der Beamte zu dieser hauptberuflichen Tätigkeit nicht entsandt wird.

§ 7 Sonderurlaub zur Wahrnehmung von Aufgaben der Entwicklungszusammenarbeit. Zur Wahrnehmung von Aufgaben der Entwicklungszusammenarbeit sind bis zu fünf Jahre Sonderurlaub unter Wegfall der Besoldung zu gewähren.

für Bau und Heimat von Absatz 1 abweichende Regelungen treffen. [2]Für die bei den Postnachfolgeunternehmen beschäftigten Beamtinnen und Beamten kann die oberste Dienstbehörde im Einvernehmen mit dem Bundesministerium der Finanzen von Absatz 1 abweichende Regelungen treffen.

§ 20 Sonderurlaub aus medizinischen Anlässen. (1) Sonderurlaub unter Fortzahlung der Besoldung ist zu gewähren für die Dauer der notwendigen Abwesenheit

1. einer amts-, vertrauens- oder versorgungsärztlich angeordneten Untersuchung,
2. einer kurzfristigen Behandlung einschließlich der Anpassung, Wiederherstellung oder Erneuerung von Körperersatzstücken oder
3. einer ärztlich verordneten sonstigen Behandlung.

(2) Sonderurlaub unter Fortzahlung der Besoldung ist zu gewähren

1. für eine stationäre oder ambulante Rehabilitationsmaßnahme,
2. für eine Maßnahme der medizinischen Rehabilitation für Mütter und Väter nach § 41 des Fünften Buches Sozialgesetzbuch[1)],
3. für die Betreuung eines Kindes unter zwölf Jahren während einer Rehabilitationsmaßnahme als medizinisch notwendig anerkannte Begleitperson,
4. für eine ärztlich verordnete familienorientierte Rehabilitation im Fall einer Krebs-, Herz- oder Mukoviszidoseerkrankung eines Kindes oder für ein Kind, dessen Zustand im Fall einer Operation am Herzen oder einer Organtransplantation eine solche Maßnahme erfordert,
5. für ärztlich verordneten Rehabilitationssport oder Funktionstraining in Gruppen nach § 44 Absatz 1 Nummer 3 und 4 des Neunten Buches Sozialgesetzbuch oder
6. für die Durchführung einer Badekur nach § 11 Absatz 2 des Bundesversorgungsgesetzes[2)].

(3) [1]Sonderurlaub nach Absatz 2 Nummer 1 bis 3 wird nur bei Vorlage des Anerkennungsbescheids der Beihilfefestsetzungsstelle oder des Bescheids der Krankenkasse über die Gewährung der Rehabilitationsleistung gewährt. [2]Die Maßnahmen müssen entsprechend den darin genannten Festlegungen zur Behandlung und zum Behandlungsort durchgeführt werden.

(4) [1]Die Notwendigkeit der Maßnahmen nach Absatz 2 Nummer 1 bis 3 muss durch eine ärztliche Bescheinigung nachgewiesen werden. [2]Die Notwendigkeit der Maßnahme nach Absatz 2 Nummer 4 muss durch ein Zeugnis des behandelnden Arztes in der Klinik nachgewiesen werden.

(5) Dauer und Häufigkeit des Sonderurlaubs nach Absatz 2 Nummer 1 bis 4 und 6 bestimmen sich nach § 35 Absatz 2 Satz 2 Nummer 5 und § 36 Absatz 2 der Bundesbeihilfeverordnung[3)].

§ 21[4)] Sonderurlaub aus persönlichen Anlässen. (1) Sonderurlaub unter Fortzahlung der Besoldung ist wie folgt zu gewähren:

[1)] **Aichberger, SGB Nr. 5.**
[2)] **Aichberger, SGB Nr. 20/10.**
[3)] **Bundesbeamtengesetze Nr. 48.**
[4)] § 21 Abs. 4 einl. Satzteil und Abs. 5 geänd. mWv 27.6.2020 durch VO v. 19.6.2020 (BGBl. I S. 1328); Abs. 1 Nr. 6a und Abs. 2a–2c eingef. mWv 15.10.2020 und aufgeh. mWv 1.1.2021 durch VO v. 17.12.2020 (BGBl. I S. 3011); Abs. 1 Nr. 6a eingef. mWv 1.1.2021, Abs. 2a, 2b eingef. mWv 5.1.2021, Abs. 1 Nr. 6a aufgeh. mWv 1.7.2021 durch VO v. 3.6.2021 (BGBl. I S. 1367).

	Anlass	Urlaubsdauer
1.	Niederkunft der Ehefrau, der Lebenspartnerin oder der mit der Beamtin oder dem Beamten in ehe- oder lebenspartnerschaftsähnlicher Gemeinschaft lebenden Lebensgefährtin	ein Arbeitstag
2.	Tod der Ehefrau oder des Ehemanns, der Lebenspartnerin oder des Lebenspartners, eines Kindes oder eines Elternteils der Beamtin oder des Beamten	zwei Arbeitstage
3.	bei ärztlich bescheinigter Erkrankung und bei ärztlicher Bescheinigung über die Notwendigkeit zur Pflege, Beaufsichtigung oder Betreuung einer oder eines im Haushalt der Beamtin oder des Beamten lebenden Angehörigen im Sinne des § 20 Absatz 5 Satz 1 des Verwaltungsverfahrensgesetzes	ein Arbeitstag im Urlaubsjahr
4.	bei ärztlich bescheinigter Erkrankung und bei ärztlicher Bescheinigung über die Notwendigkeit zur Pflege, Beaufsichtigung oder Betreuung eines Kindes der Beamtin oder des Beamten, das noch nicht zwölf Jahre alt ist, oder eines behinderten und auf Hilfe angewiesenen Kindes	für jedes Kind bis zu vier Arbeitstage im Urlaubsjahr
5.	Erkrankung der Betreuungsperson eines Kindes der Beamtin oder des Beamten, das noch nicht acht Jahre alt ist oder wegen körperlicher, geistiger oder seelischer Behinderung auf Hilfe angewiesen ist	bis zu vier Arbeitstage im Urlaubsjahr
6.	Fälle, in denen für einen nahen Angehörigen im Sinne des § 7 Absatz 3 des Pflegezeitgesetzes in einer akut auftretenden Pflegesituation eine bedarfsgerechte Pflege organisiert oder eine pflegerische Versorgung sichergestellt werden muss, nach Verlangen unter Vorlage einer ärztlichen Bescheinigung über die Pflegebedürftigkeit im Sinne des § 14 Absatz 1 des Elften Buches Sozialgesetzbuch	für jede pflegebedürftige Person bis zu neun Arbeitstage
7.	Spende von Organen und Geweben, die nach § 8 des Transplantationsgesetzes erfolgt, oder für eine Blutspende zur Separation von Blutstammzellen oder anderer Blutbestandteile im Sinne von § 1 des Transfusionsgesetzes, soweit eine ärztliche Bescheinigung vorgelegt wird	Dauer der notwendigen Abwesenheit

(2) In den Fällen des Absatzes 1 Nummer 4 darf die Dauer des gewährten Sonderurlaubs bei Beamtinnen und Beamten, deren Dienstbezüge oder Anwärterbezüge nicht die Jahresarbeitsentgeltgrenze nach § 6 Absatz 6 des Fünften Buches Sozialgesetzbuch[1)] überschreiten, bis zu 75 Prozent der Arbeitstage betragen, die in § 45 Absatz 2 Satz 1 und 2 des Fünften Buches Sozialgesetzbuch für eine Freistellung von der Arbeitsleistung vorgesehen sind.

(2a) [1] Für das Jahr 2021 gilt für den Sonderurlaub nach Absatz 1 Nummer 4, dass

1. der Anspruch auf ihn zudem besteht, wenn die Beamtin oder der Beamte ihr oder sein nicht erkranktes Kind, das noch nicht zwölf Jahre alt ist oder das behindert und auf Hilfe angewiesen ist, nach § 45 Absatz 2a Satz 3 des Fünften Buches Sozialgesetzbuch betreut, weil wegen der COVID-19-Pandemie
   a) Schulen, Einrichtungen zur Betreuung von Kindern oder Einrichtungen für Menschen mit Behinderung zur Eindämmung der COVID-19-Pandemie auf Grund des Infektionsschutzgesetzes vorübergehend geschlossen worden sind,
   b) das Betreten von Schulen, Einrichtungen zur Betreuung von Kindern oder Einrichtungen für Menschen mit Behinderung – auch auf Grund einer Absonderung – untersagt worden ist,
   c) Schul- oder Betriebsferien von der zuständigen Behörde zur Eindämmung der COVID-19-Pandemie angeordnet oder verlängert worden sind,
   d) die Präsenzpflicht in einer Schule aufgehoben worden ist,
   e) der Zugang zum Angebot der Kinderbetreuung eingeschränkt worden ist oder

[1)] **Aichberger, SGB Nr. 5.**

f) das Kind auf Grund einer behördlichen Empfehlung die Schule, Einrichtung zur Betreuung von Kindern oder Einrichtung für Menschen mit Behinderung nicht besucht,

2. sich die Dauer des Sonderurlaubs erhöht
   a) bei alleinerziehenden Beamtinnen und Beamten für jedes Kind um 40 Arbeitstage, höchstens jedoch auf 86 Arbeitstage, und
   b) bei den übrigen Beamtinnen und Beamten für jedes Kind um 20 Arbeitstage, höchstens jedoch auf 43 Arbeitstage.

[2] In den Fällen des Satzes 1 Nummer 1 Buchstabe a bis f kann die Dienststelle die Vorlage einer Bescheinigung der Schule oder der Einrichtung verlangen.

(2b) Für die Zeit, in der ein Elternteil Sonderurlaub nach Absatz 1 Nummer 4 in Anspruch nimmt, ruht für beide Elternteile die Möglichkeit, Sonderurlaub nach § 22 Absatz 2 in Anspruch zu nehmen.

(3) [1] In den Fällen des Absatzes 1 Nummer 3 bis 5 können auch halbe Sonderurlaubstage gewährt werden. [2] Ein halber Sonderurlaubstag entspricht der Hälfte der für den jeweiligen Arbeitstag festgesetzten regelmäßigen Arbeitszeit.

(4) Die oberste Dienstbehörde kann im Einvernehmen mit dem Bundesministerium des Innern, für Bau und Heimat von den Absätzen 1 bis 3 abweichende Regelungen treffen für Beamtinnen und Beamte, die beschäftigt sind

1. im Bereich der Deutschen Bahn Aktiengesellschaft,
2. bei einer Gesellschaft, die nach § 2 Absatz 1 und § 3 Absatz 3 Satz 2 des Deutsche Bahn Gründungsgesetzes ausgegliedert worden ist.

(5) Für die bei den Postnachfolgeunternehmen beschäftigten Beamtinnen und Beamten kann die oberste Dienstbehörde im Einvernehmen mit dem Bundesministerium der Finanzen und dem Bundesministerium des Innern, für Bau und Heimat von den Absätzen 1 bis 3 abweichende Regelungen treffen.

§ 22[1)] Sonderurlaub in anderen Fällen. (1) [1] Sonderurlaub unter Wegfall der Besoldung kann gewährt werden, wenn ein wichtiger Grund vorliegt. [2] Für mehr als drei Monate kann Sonderurlaub unter Wegfall der Besoldung nur in besonders

(Fortsetzung nächstes Blatt)

[1)] § 22 Abs. 2 und Abs. 3 Satz 3 geänd. mWv 27.6.2020 durch VO v. 19.6.2020 (BGBl. I S. 1328).

180. Verordnung über die Laufbahnen der Bundesbeamtinnen und Bundesbeamten (Bundeslaufbahnverordnung – BLV)[1]

Vom 12. Februar 2009
(BGBl. I S. 284)

FNA 2030-7-3-1

geänd. durch Art. 1 Erste ÄndVO v. 20.2.2013 (BGBl. I S. 316), Art. 16 Abs. 16 Bundesunfallkassen-NeuorganisationsG v. 19.10.2013 (BGBl. I S. 3836), Art. 3 HaushaltsbegleitG 2014 v. 11.8.2014 (BGBl. I S. 1346), Art. 38 Zehnte ZuständigkeitsanpassungsVO v. 31.8.2015 (BGBl. I S. 1474), Art. 1 WSV-ZuständigkeitsanpassungsVO v. 2.6.2016 (BGBl. I S. 1257), Art. 1 Zweite ÄndVO v. 15.8.2016 (BGBl. I S. 1981), Art. 7 G zur besseren Vereinbarkeit von Familie, Pflege und Beruf für Beamtinnen und Beamte des Bundes und Soldatinnen und Soldaten sowie zur Änd. weiterer dienstrechtlicher Vorschriften v. 19.10. 2016 (BGBl. I S. 2362), Art. 1 VO zur Änd. der BundeslaufbahnVO und anderer laufbahnrechtlicher Vorschriften v. 18.1.2017 (BGBl. I S. 89, ber. S. 406), Art. 2 VO zur Änd. dienstrechtl. Verordnungen aus Anlass des BesoldungsstrukturenmodernisierungsG v. 8.1.2020 (BGBl. I S. 27), Art. 56 Elfte ZuständigkeitsanpassungsVO v. 19.6.2020 (BGBl. I S. 1328), Art. 1 Dritte ÄndVO v. 15.9.2020 (BGBl. I S. 1990), Art. 1 Vierte ÄndVO v. 3.2.2021 (BGBl. I S. 148) und Art. 14 Abs. 7 G zur Regelung des Erscheinungsbilds von Beamtinnen und Beamten sowie zur Änd. weiterer dienstrechtl. Vorschriften v. 28.6.2021 (BGBl. I S. 2250)

Auf Grund des § 8 Absatz 1 Satz 3, § 11 Absatz 1 Satz 5, § 17 Absatz 7, § 20 Satz 2, § 21 Satz 2, § 22 Absatz 5 Satz 2 und des § 26 des Bundesbeamtengesetzes[2] vom 5. Februar 2009 (BGBl. I S. 160) verordnet die Bundesregierung:

Inhaltsübersicht[3]

Abschnitt 1. Allgemeines

Abschnitt 2. Einstellung von Bewerberinnen und Bewerbern

Unterabschnitt 1. Gemeinsame Vorschriften

Unterabschnitt 2. Vorbereitungsdienste

---

[1] Siehe hierzu auch die Allgemeine Verwaltungsvorschrift des BMI **(Bundesbeamtengesetze Nr. 12.1)**.

[2] Nr. **160**.

[3] Inhaltsübersicht geänd. mWv 23.8.2016 durch VO v. 15.8.2016 (BGBl. I S. 1981); geänd. mWv 27.1.2017 durch VO v. 18.1.2017 (BGBl. I S. 89); geänd. mWv 7.7.2021 durch G v. 28.6.2021 (BGBl. I S. 2250).

Abschnitt 5. Dienstliche Beurteilung

§ 48[1] Ausnahmen von der regelmäßigen Beurteilung. [1]Ausnahmen von der regelmäßigen Beurteilung können zugelassen werden, wenn eine dienstliche Beurteilung nicht zweckmäßig ist. [2]Dies ist insbesondere während der laufbahnrechtlichen Probezeit und in herausgehobenen Führungsfunktionen der Fall. [3]Die §§ 28 bis 31 bleiben unberührt.

§ 49 Inhalt der dienstlichen Beurteilung. (1) In der dienstlichen Beurteilung sind die fachliche Leistung der Beamtin oder des Beamten nachvollziehbar darzustellen sowie Eignung und Befähigung einzuschätzen.

(2) [1]Die fachliche Leistung ist insbesondere nach den Arbeitsergebnissen, der praktischen Arbeitsweise, dem Arbeitsverhalten und für Beamtinnen oder Beamte, die bereits Vorgesetzte sind, nach dem Führungsverhalten zu beurteilen. [2]Soweit Zielvereinbarungen getroffen werden, soll der Grad der Zielerreichung in die Gesamtwertung der dienstlichen Beurteilung einfließen.

(3) [1]Die Beurteilung schließt mit einem Gesamturteil und einem Vorschlag für die weitere dienstliche Verwendung. [2]Sie bewertet die Eignung für Leitungs- und Führungsaufgaben, wenn entsprechende Aufgaben wahrgenommen werden, und kann eine Aussage über die Eignung für Aufgaben der nächsthöheren Laufbahn enthalten.

§ 50[2] Beurteilungsverfahren und Beurteilungsmaßstab. (1) [1]Die dienstlichen Beurteilungen erfolgen nach einem einheitlichen Beurteilungsmaßstab unter Berücksichtigung der Anforderungen des Amtes und in der Regel von mindestens zwei Personen. [2]Einzelheiten des Beurteilungsverfahrens, insbesondere die Zahl der Beurteilerinnen und Beurteiler sowie gegebenenfalls die Rolle und Verantwortlichkeit mitwirkender Berichterstatterinnen und Berichterstatter, regeln die obersten Dienstbehörden in den Beurteilungsrichtlinien. [3]Sie können diese Befugnis auf andere Behörden übertragen.

(2) [1]Der Anteil der Beamtinnen und Beamten einer Besoldungsgruppe oder einer Funktionsebene, die beurteilt werden, soll bei der höchsten Note zehn Prozent und bei der zweithöchsten Note zwanzig Prozent nicht überschreiten. [2]Im Interesse der Einzelfallgerechtigkeit ist eine Überschreitung um jeweils bis zu fünf Prozentpunkte möglich. [3]Ist die Bildung von Richtwerten wegen zu geringer Fallzahlen nicht möglich, sind die dienstlichen Beurteilungen in geeigneter Weise entsprechend zu differenzieren.

(3) [1]Die dienstliche Beurteilung ist der Beamtin oder dem Beamten in ihrem vollen Wortlaut zu eröffnen und mit ihr oder ihm zu besprechen. [2]Die Eröffnung ist aktenkundig zu machen und mit der Beurteilung zu den Personalakten zu nehmen.

(4) [1]Das Ergebnis eines Beurteilungsdurchgangs soll den Beurteilten in Form eines Notenspiegels in geeigneter Weise bekannt gegeben werden. [2]Hierbei soll der Anteil an Frauen, Männern, Teilzeit- und Telearbeitskräften und schwerbehinderten Menschen jeweils gesondert ausgewiesen werden, wenn die Anonymität der Beurteilungen gewahrt bleibt.

---

[1] § 48 Überschrift neu gef. und Abs. 1 aufgeh. mWv 7.7.2021 durch G v. 28.6.2021 (BGBl. I S. 2250).

[2] § 50 Abs. 1 Satz 1 neu gef., Abs. 2 Satz 2 geänd. mWv 26.2.2013 durch VO v. 20.2.2013 (BGBl. I S. 316); Abs. 1 Satz 2 neu gef. mWv 23.8.2016 durch VO v. 15.8.2016 (BGBl. I S. 1981).

Abschnitt 6. Übergangs- und Schlussvorschriften

§ 51[1)] Überleitung der Beamtinnen und Beamten. (1) [1]Beamtinnen und Beamte, die sich beim Inkrafttreten dieser Rechtsverordnung bereits in einer Laufbahn befinden, die in § 35 Absatz 8 oder den Anlagen 1 bis 5 der Bundeslaufbahnverordnung in der Fassung der Bekanntmachung vom 2. Juli 2002 (BGBl. I S. 2459, 2671), die zuletzt durch Artikel 15 Absatz 28 des Gesetzes vom 5. Februar 2009 (BGBl. I S. 160) geändert worden ist, genannt wird, besitzen die Befähigung für die in § 6 dieser Rechtsverordnung aufgeführte entsprechende Laufbahn. [2]Welche Laufbahnen sich entsprechen, ist in Anlage 4 festgelegt. [3]Im Übrigen besitzen sie die Befähigung für eine in § 6 dieser Rechtsverordnung aufgeführte Laufbahn, die ihrer Fachrichtung entspricht.

(2) Beamtinnen und Beamte, die sich bei Inkrafttreten dieser Rechtsverordnung in Laufbahnen des Post- und Fernmeldedienstes oder der ehemaligen Bundesanstalt für Flugsicherung befinden, besitzen auch die Befähigung für eine in § 6 dieser Rechtsverordnung aufgeführte Laufbahn, die ihrer Fachrichtung entspricht.

(3) Beamtinnen und Beamte, die sich am 26. Januar 2017 in den Laufbahnen des tierärztlichen Dienstes befinden, besitzen die Befähigung für die Laufbahn des agrar-, forst- und ernährungswissenschaftlichen sowie tierärztlichen Dienstes in ihrer bisherigen Laufbahngruppe.

(4) Amtsbezeichnungen, die beim Inkrafttreten dieser Rechtsverordnung geführt werden, können bis zur Übertragung eines anderen Amtes weitergeführt werden.

(5) Beamtinnen und Beamte, die am 1. März 2020 die Amtsbezeichnung Oberamtsgehilfin/Oberamtsgehilfe oder Wachtmeisterin/Wachtmeister führen, können diese bis zur Übertragung eines anderen Amtes weiterführen.

§ 52[2)] Vorbereitungsdienste. (1) [1]Die in Anlage 2 aufgeführten obersten Dienstbehörden erlassen nach § 10 die den jeweiligen fachspezifischen Vorbereitungsdienst regelnden Rechtsverordnungen bis zum 31. Dezember 2018. [2]Bis zum Inkrafttreten der den jeweiligen fachspezifischen Vorbereitungsdienst regelnden Rechtsverordnungen sind die entsprechend geltenden Laufbahn-, Ausbildungs- und Prüfungsordnungen, die aufgrund des § 2 Absatz 4 der Bundeslaufbahnverordnung in der Fassung der Bekanntmachung vom 2. Juli 2002 (BGBl. I S. 2459, 2671), die zuletzt durch Artikel 15 Absatz 28 des Gesetzes vom 5. Februar 2009 (BGBl. I S. 160) geändert worden

(Fortsetzung nächstes Blatt)

[1)] § 51 Abs. 3 eingef., bish. Abs. 3 wird Abs. 4 mWv 27.1.2017 durch VO v. 18.1.2017 (BGBl. I S. 89); Abs. 5 angef. mWv 1.3.2020 durch VO v. 8.1.2020 (BGBl. I S. 27).

[2)] § 52 Abs. 1 Satz 1 geänd. mWv 23.8.2016 durch VO v. 15.8.2016 (BGBl. I S. 1981).

200. Bundespolizeibeamtengesetz (BPolBG)[1)]

In der Fassung der Bekanntmachung vom 3. Juni 1976[2)]
(BGBl. I S. 1357)

FNA 2030-6

geänd. durch § 94 BeamtenversorgungsG v. 24.8.1976 (BGBl. I S. 2485), Art. 3 Bundesbesoldungs- und -versorgungsanpassungsG 1988 v. 20.12.1988 (BGBl. I S. 2363), Art. 8 ReformG v. 24.2.1997 (BGBl. I S. 322), Art. 3 VersorgungsreformG 1998 v. 29.6.1998 (BGBl. I S. 1666), Art. 7 G zur Umbenennung des Bundesgrenzschutzes in Bundespolizei v. 21.6.2005 (BGBl. I S. 1818), Art. 24 Erstes G über die Bereinigung von Bundesrecht im Zuständigkeitsbereich des BMI v. 19.2.2006 (BGBl. I S. 334), Art. 6 DienstrechtsneuordnungsG v. 5.2.2009 (BGBl. I S. 160), Art. 3 G zur Unterstützung der Fachkräftegewinnung im Bund und zur Änd. weiterer dienstrechtl. Vorschriften v. 15.3.2012 (BGBl. I S. 462), Art. 4 G zur besseren Vereinbarkeit von Familie, Pflege und Beruf für Beamtinnen und Beamte des Bundes und Soldatinnen und Soldaten sowie zur Änd. weiterer dienstrechtlicher Vorschriften v. 19.10.2016 (BGBl. I S. 2362), Art. 12 G zu bereichsspezifischen Regelungen der Gesichtsverhüllung und zur Änd. weiterer dienstrechtlicher Vorschriften v. 8.6.2017 (BGBl. I S. 1570), Art. 52 Elfte ZuständigkeitsanpassungsVO v. 19.6.2020 (BGBl. I S. 1328) und Art. 4 G zur Regelung des Erscheinungsbilds von Beamtinnen und Beamten sowie zur Änd. weiterer dienstrechtl. Vorschriften v. 28.6.2021 (BGBl. I S. 2250)

Abschnitt I. Gemeinsame Vorschriften

§ 1[3)] Anwendungsbereich. (1) [1] Dieses Gesetz gilt für die Polizeivollzugsbeamten in der Bundespolizei, im kriminalpolizeilichen Vollzugsdienst des Bundes und für den Inspekteur der Bereitschaftspolizeien der Länder. [2] Polizeivollzugsbeamte im Sinne des Satzes 1 sind die mit polizeilichen Aufgaben betrauten und zur Anwendung unmittelbaren Zwanges befugten Beamten; welche dieser Beamtengruppen im einzelnen dazu gehören, bestimmt das Bundesministerium des Innern, für Bau und Heimat durch Rechtsverordnung[4)].

(2) Dieses Gesetz gilt auch für die Polizeivollzugsbeamten beim Deutschen Bundestag.

§ 2 Anwendung beamtenrechtlicher Vorschriften. Auf die Polizeivollzugsbeamten finden die für Bundesbeamte allgemein geltenden Vorschriften Anwendung, soweit in diesem Gesetz nichts anderes bestimmt ist.

§ 3[5)] Laufbahnen; Verordnungsermächtigung. (1) Für die in § 1 bezeichneten Polizeivollzugsbeamten bestehen folgende Laufbahnen:

1. in der Bundespolizei:
   a) die Laufbahn des mittleren Polizeivollzugsdienstes,
   b) die Laufbahn des gehobenen Polizeivollzugsdienstes,

[1)] Verkündet als Art. 1 G über die Personalstruktur des Bundesgrenzschutzes v. 3.6.1976 (BGBl. I S. 1357); Inkrafttreten gem. Art. 5 dieses G am 1.7.1976.

[2)] Neubekanntmachung des BPolBG idF der Bek. v. 12.2.1972 (BGBl. I S. 165) in der ab 1.7.1976 geltenden Fassung.

[3)] § 1 Abs. 1 Satz 1 geänd. mWv 1.7.2005 durch G v. 21.6.2005 (BGBl. I S. 1818); Abs. 1 Satz 2 geänd. mWv 27.6.2020 durch VO v. 19.6.2020 (BGBl. I S. 1328).

[4)] Siehe die VO zu § 1 Abs. 1 des BPolBG **(Bundesbeamtengesetze Nr. 121)**.

[5)] § 3 Abs. 1 Nr. 3 Buchst. b geänd. und Buchst. c angef. sowie Abs. 2 neu gef. durch G v. 29.6.1998 (BGBl. I S. 1666); Abs. 1 Nr. 1 einl. Satzteil geänd. mWv 1.7.2005 durch G v. 21.6.2005 (BGBl. I S. 1818); Abs. 2 Satz 2 eingef., bish. Satz 2 wird Satz 3 mWv 28.10.2016 durch G v. 19.10.2016 (BGBl. I S. 2362); Abs. 2 Satz 3 geänd. mWv 27.6.2020 durch VO v. 19.6.2020 (BGBl. I S. 1328); Überschrift und Abs. 2 neu gef., Abs. 3 angef. mWv 7.7.2021 durch G v. 28.6.2021 (BGBl. I S. 2250).

c) die Laufbahn des höheren Polizeivollzugsdienstes;
2. im kriminalpolizeilichen Vollzugsdienst des Bundes:
a) die Laufbahn des gehobenen Kriminaldienstes,
b) die Laufbahn des höheren Kriminaldienstes;
3. beim Deutschen Bundestag:
a) die Laufbahn des mittleren Polizeivollzugsdienstes,
b) die Laufbahn des gehobenen Polizeivollzugsdienstes,
c) die Laufbahn des höheren Polizeivollzugsdienstes.

(2) Die Bundesregierung wird ermächtigt, durch Rechtsverordnung ohne Zustimmung des Bundesrates allgemeine Vorschriften für die Laufbahnen zu erlassen, insbesondere Vorschriften über

1. die Gestaltung der Laufbahnen, einschließlich der regelmäßig zu durchlaufenden Ämter,
2. die Festlegung von Altersgrenzen,
3. den Erwerb der Laufbahnbefähigung,
4. die Grundsätze der Fortbildung,
5. die Voraussetzungen und das Verfahren für den Aufstieg und
6. die Voraussetzungen für den Laufbahnwechsel.

(3) Das Bundesministerium des Innern, für Bau und Heimat wird ermächtigt, durch Rechtsverordnung ohne Zustimmung des Bundesrates besondere Vorschriften für die einzelnen Laufbahnen und Vorbereitungsdienste zu erlassen, insbesondere Vorschriften über

1. das Auswahlverfahren für die Einstellung in den Vorbereitungsdienst,
2. den Ablauf des Vorbereitungsdienstes, insbesondere über dessen Inhalte und Dauer,
3. die Prüfung und das Prüfungsverfahren, einschließlich der Prüfungsnoten, sowie
4. die Folgen der Nichtteilnahme an Prüfungen und die Folgen von Ordnungsverstößen.

§ 4[1] Polizeidienstunfähigkeit. (1) Der Polizeivollzugsbeamte ist dienstunfähig, wenn er den besonderen gesundheitlichen Anforderungen für den Polizeivollzugsdienst nicht mehr genügt und nicht zu erwarten ist, daß er seine volle Verwendungsfähigkeit innerhalb zweier Jahre wiedererlangt (Polizeidienstunfähigkeit), es sei denn, die auszuübende Funktion erfordert bei Beamten auf Lebenszeit diese besonderen gesundheitlichen Anforderungen auf Dauer nicht mehr uneingeschränkt.

(2) Die Polizeidienstunfähigkeit wird durch den Dienstvorgesetzten auf Grund des Gutachtens eines Amtsarztes oder eines beamteten Arztes, in der Bundespolizei eines beamteten Bundespolizeiarztes, festgestellt.

(3) Die Bundesregierung kann jährlich bestimmen, in welchem Umfang für die nach § 44 Abs. 2 bis 5 des Bundesbeamtengesetzes[2] anderweitig zu verwendenden Polizeivollzugsbeamten freie, frei werdende und neu geschaffene Planstellen für Beamte des mittleren, des gehobenen und des höheren Dienstes beim Bund und

---

[1] § 4 Abs. 1 geänd. und Abs. 3 angef. durch G v. 24.2.1997 (BGBl. I S. 322); Abs. 2 geänd. mWv 1.7. 2005 durch G v. 21.6.2005 (BGBl. I S. 1818); Abs. 3 geänd. mWv 12.2.2009 durch G v. 5.2.2009 (BGBl. I S. 160).

[2] Nr. **160**.

bei den bundesunmittelbaren Körperschaften, Anstalten und Stiftungen des öffentlichen Rechts vorbehalten werden.

§ 5[1] Ruhestand wegen Erreichens der Altersgrenze. (1) Polizeivollzugsbeamte auf Lebenszeit treten mit dem Ende des Monats in den Ruhestand, in dem sie das 62. Lebensjahr vollenden.

(2) [1] Polizeivollzugsbeamte auf Lebenszeit, die vor dem 1. Januar 1952 geboren sind, treten mit dem Ende des Monats in den Ruhestand, in dem sie das 60. Lebensjahr vollenden. [2] Für Polizeivollzugsbeamte, die nach dem 31. Dezember 1951 geboren sind, wird die Altersgrenze wie folgt angehoben:

Geburtsjahr Geburtsmonat	Anhebung um Monate	Altersgrenze	
		Jahr	Monat
1952			
Januar	1	60	1
Februar	2	60	2
März	3	60	3
April	4	60	4
Mai	5	60	5
Juni–Dezember	6	60	6
1953	7	60	7
1954	8	60	8
1955	9	60	9
1956	10	60	10
1957	11	60	11
1958	12	61	0
1959	14	61	2
1960	16	61	4
1961	18	61	6
1962	20	61	8
1963	22	61	10

(3) § 147 Absatz 2 des Bundesbeamtengesetzes[2] gilt entsprechend.

§ 6[3] *(aufgehoben)*

Abschnitt II.[4] Polizeivollzugsbeamte in der Bundespolizei

§ 7[5] Ausbildung. Die Polizeivollzugsbeamten erhalten eine Ausbildung, die sie für eine Verwendung im Polizeivollzugsdienst in der Bundespolizei und in den entsprechenden Laufbahnen des Polizeivollzugsdienstes der Länder befähigen soll.

---

[1] § 5 neu gef. mWv 12.2.2009 durch G v. 5.2.2009 (BGBl. I S. 160); Abs. 3 geänd. mWv 15.6.2017 durch G v. 8.6.2017 (BGBl. I S. 1570); Überschrift neu gef. mWv 7.7.2021 durch G v. 28.6.2021 (BGBl. I S. 2250).

[2] Nr. **160**.

[3] § 6 aufgeh. durch G v. 24.8.1976 (BGBl. I S. 2485).

[4] Abschn. II Überschr. geänd. mWv 1.7.2005 durch G v. 21.6.2005 (BGBl. I S. 1818).

[5] § 7 geänd. mWv 1.7.2005 durch G v. 21.6.2005 (BGBl. I S. 1818).

§ 8[1] Versetzung. (1) Die Versetzung eines Beamten, der noch nicht zehn Dienstjahre seit seiner Einstellung in der Bundespolizei vollendet hat, in den Polizeivollzugsdienst eines Landes bedarf nicht der Zustimmung des Beamten, wenn ein dienstliches Bedürfnis an der Versetzung besteht und das neue Amt einer gleichwertigen Laufbahn angehört wie das bisherige Amt und mit mindestens demselben Endgrundgehalt verbunden ist; zum Endgrundgehalt gehören auch Amtszulagen und ruhegehaltfähige Stellenzulagen.

(2) [1]Der Polizeivollzugsbeamte kann auch in ein Amt einer Laufbahn außerhalb des Polizeivollzugsdienstes im öffentlichen Dienst des Bundes oder einer bundesunmittelbaren Körperschaft, Anstalt oder Stiftung des öffentlichen Rechts versetzt werden, wenn er es beantragt oder ein dienstliches Bedürfnis besteht und wenn er die Befähigung für diese Laufbahn besitzt. [2]Besitzt er die Befähigung nicht, hat er die ihm gebotene Gelegenheit wahrzunehmen, während seiner Zugehörigkeit zur Bundespolizei die ergänzenden Kenntnisse und Fähigkeiten zu erwerben und die Befähigung durch erfolgreiche Unterweisung in den Aufgaben der neuen Laufbahn nachzuweisen. [3]Die für die Gestaltung der neuen Laufbahn zuständige oberste Dienstbehörde trifft im Einvernehmen mit dem Bundesministerium des Innern, für Bau und Heimat Regelungen für die Unterweisung und für die Feststellung ihres erfolgreichen Abschlusses. [4]§ 28 Abs. 3 Satz 3 des Bundesbeamtengesetzes[2] bleibt unberührt.

(3) Der Beamte ist vor einer Versetzung nach Absatz 1 oder 2 zu hören.

§ 9 Stellenvorbehalt. Die Bundesregierung kann jährlich bestimmen, in welchem Umfange Beamten der Laufbahn des mittleren Polizeivollzugsdienstes in der Regel bis zur Besoldungsgruppe A 7 der Bundesbesoldungsordnung[3] freie, frei werdende und neu geschaffene Planstellen für Beamte des mittleren Dienstes beim Bund und bei den bundesunmittelbaren Körperschaften, Anstalten und Stiftungen des öffentlichen Rechts vorbehalten werden.

§ 10 Wohnen in Gemeinschaftsunterkunft und Teilnahme an der Gemeinschaftsverpflegung. (1) Die Polizeivollzugsbeamten, die noch nicht fünf Dienstjahre abgeleistet oder noch nicht das fünfundzwanzigste Lebensjahr vollendet haben, sind auf Anordnung des Dienstvorgesetzten verpflichtet, in einer Gemeinschaftsunterkunft zu wohnen und an einer Gemeinschaftsverpflegung teilzunehmen.

(2) Andere als in Absatz 1 bezeichnete Polizeivollzugsbeamte können aus Anlaß besonderer Einsätze sowie bei der Teilnahme an Lehrgängen und Übungen zum Wohnen in einer Gemeinschaftsunterkunft und zur Teilnahme an einer Gemeinschaftsverpflegung vorübergehend verpflichtet werden.

§ 11[4] Freizeitausgleich bei Einsätzen und Übungen. [1]Bei Einsätzen und bei Übungen von Verbänden, Einheiten oder Teileinheiten der Bundespolizei von einer Dauer von mehr als einem Tag wird anstelle einer Dienstbefreiung

(Fortsetzung nächstes Blatt)

[1] § 8 Abs. 1 und Abs. 2 Satz 2 geänd. mWv 1.7.2005 durch G v. 21.6.2005 (BGBl. I S. 1818); Abs. 2 Satz 4 geänd. mWv 12.2.2009 durch G v. 5.2.2009 (BGBl. 2008 I S. 160); Abs. 2 Satz 3 geänd. mWv 27.6.2020 durch VO v. 19.6.2020 (BGBl. I S. 1328).

[2] Nr. **160**.

[3] Siehe Anl. I BBesG (Nr. **230**).

[4] § 11 neu gef. durch G v. 20.12.1988 (BGBl. I S. 2363); Satz 1 geänd. mWv 1.7.2005 durch G v. 21.6. 2005 (BGBl. I S. 1818); Satz 1 geänd. mWv 12.2.2009 durch G v. 5.2.2009 (BGBl. I S. 160); Satz 2 geänd. mWv 27.6.2020 durch VO v. 19.6.2020 (BGBl. I S. 1328).

230. Bundesbesoldungsgesetz[1) 2)]

In der Fassung der Bekanntmachung vom 19. Juni 2009[3)]
(BGBl. I S. 1434)

FNA 2032-1

geänd. durch Art. 2, 2a DienstrechtsneuordnungsG v. 5.2.2009 (BGBl. I S. 160; Art. 2a geänd. durch G v. 19.11.2010, BGBl. I S. 1552, aufgeh. durch G v. 20.12.2011, BGBl. I S. 2842), Art. 8 G zur Änd. des SGB IV, zur Errichtung einer Versorgungsausgleichskasse und anderer Gesetze v. 15.7.2009 (BGBl. I S. 1939), Art. 2 G zur Änd. arzneimittelrechtl. und anderer Vorschriften v. 17.7.2009 (BGBl. I S. 1990), Art. 2 Nr. 2 Erstes G zur Änd. des G zur Regelung der Rechtsverhältnisse der Helfer der Bundesanstalt Technisches Hilfswerk v. 29.7.2009 (BGBl. I S. 2350), Art. 4 G zur Errichtung eines Bundesaufsichtsamtes für Flugsicherung und zur Änd. und Anpassung weiterer Vorschriften v. 29.7.2009 (BGBl. I S. 2424), Art. 2 Abs. 7 G zur Weiterentwicklung der Organisation der Grundsicherung für Arbeitsuchende v. 3.8. 2010 (BGBl. I S. 1112), Art. 1–4 BBVAnpG 2010/2011 v. 19.11.2010 (BGBl. I S. 1552), Art. 11 Wehrrechtsänderungsgesetz 2011 v. 28.4.2011 (BGBl. I S. 678), Art. 15 G zur Einführung eines Bundesfreiwilligendienstes v. 28.4.2011 (BGBl. I S. 687), Art. 4 G zur Übertragung ehebezogener Regelungen im öffentl. Dienstrecht auf Lebenspartnerschaften v. 14.11.2011 (BGBl. I S. 2219), Art. 9a G zur Umsetzung der RL 2010/78/EU im Hinblick auf die Errichtung des Europäischen Finanzaufsichtssystems v. 4.12. 2011 (BGBl. I S. 2427), Art. 1, 5 G zur Wiedergewährung der Sonderzahlung v. 20.12.2011 (BGBl. I S. 2842), Art. 28 G zur Verbesserung der Eingliederungschancen am Arbeitsmarkt v. 20.12.2011 (BGBl. I S. 2854), Urt. des BVerfG – 2 BvL 4/10 – v. 14.2.2012 (BGBl. I S. 459), Art. 1 G zur Unterstützung der Fachkräftegewinnung im Bund und zur Änd. weiterer dienstrechtl. Vorschriften v. 15.3.2012 (BGBl. I S. 462, ber. S. 1489), Art. 7 Bundeswehrreform-BegleitG v. 21.7.2012 (BGBl. I S. 1583), Art. 1–3 BBVAnpG 2012/2013 v. 15.8.2012 (BGBl. I S. 1670), Beschl. des BVerfG – 2 BvR 1397/09 – v. 19.6. 2012 (BGBl. I S. 1770), Art. 1 G zur Neuregelung der Professorenbesoldung und zur Änd. weiterer dienstrechtlicher Vorschriften v. 11.6.2013 (BGBl. I S. 1514), Art. 2 G zur Familienpflegezeit und zum flexibleren Eintritt in den Ruhestand für Beamtinnen und Beamte des Bundes v. 3.7.2013 (BGBl. I S. 1978), Art. 5 Abs. 3 G zur Suche und Auswahl eines Standortes für ein Endlager für Wärme entwickelnde radioaktive Abfälle und zur Änd. anderer Gesetze v. 23.7.2013 (BGBl. I S. 2553), Art. 13–13c Bundesunfallkassen-NeuorganisationsG v. 19.10.2013 (BGBl. I S. 3836), Art. 1, 2 BBVAnpG 2014/ 2015 v. 25.11.2014 (BGBl. I S. 1772), Art. 2–5 G zur Änderung des BundesbeamtenG und weiterer dienstrechtlicher Vorschriften v. 6.3.2015 (BGBl. I S. 250), Art. 2 Bundeswehr-AttraktivitätssteigerungsG v. 13.5.2015 (BGBl. I S. 706), Art. 6 IT-Sicherheitsgesetz v. 17.7.2015 (BGBl. I S. 1324), Art. 43 Zehnte ZuständigkeitsanpassungsVO v. 31.8.2015 (BGBl. I S. 1474), Art. 8 G zur Verbesserung der Zusammenarbeit im Bereich des Verfassungsschutzes v. 17.11.2015 (BGBl. I S. 1938), Art. 1 Siebtes BesoldungsänderungsG v. 3.12.2015 (BGBl. I S. 2163), Art. 3 G zur Neuorganisation der Zollverwaltung v. 3.12. 2015 (BGBl. I S. 2178), Art. 26 WSV-ZuständigkeitsanpassungsG v. 24.5.2016 (BGBl. I S. 1217), Art. 2 G zur besseren Vereinbarkeit von Familie, Pflege und Beruf für Beamtinnen und Beamte des Bundes und Soldatinnen und Soldaten sowie zur Änd. weiterer dienstrechtlicher Vorschriften v. 19.10.2016 (BGBl. I S. 2362), Art. 1, 2 Bundesbesoldungs- und -versorgungsanpassungsG 2016/2017 v. 21.11.2016 (BGBl. I S. 2570), Art. 6 G zur Änd. des VersorgungsrücklageG und weiterer dienstrechtlicher Vorschriften v. 5.1. 2017 (BGBl. I S. 17), Art. 4 Branntweinmonopolverwaltung-AuflösungsG v. 10.3.2017 (BGBl. I S. 420), Art. 33 G zum Abbau verzichtbarer Anordnungen der Schriftform im Verwaltungsrecht des Bundes v. 29.3.2017 (BGBl. I S. 626), Art. 13–15 G zu bereichsspezifischen Regelungen der Gesichtsverhüllung und zur Änd. weiterer dienstrechtlicher Vorschriften v. 8.6.2017 (BGBl. I S. 1570), Art. 12 G zur Umsetzung der 4. EU-GeldwäscheRL, zur Ausführung der EU-GeldtransferVO und zur Neuorganisation der Zentralstelle für Finanztransaktionsuntersuchungen v. 23.6.2017 (BGBl. I S. 1822), Art. 1–4 Bundesbesoldungs- und -versorgungsanpassungsG 2018/2019/2020 v. 8.11.2018 (BGBl. I S. 1810), Art. 3 G zur Änd. des ZensusvorbereitungsG 2021 und Zweiten Dopingopfer-HilfeG sowie BundesbesoldungsG v. 27.11.2018 (BGBl. I S. 2010), Art. 4 G zur Änd. des BeamtenstatusG und des BundesbeamtenG sowie weiterer dienstrechtlicher Vorschriften v. 29.11.2018 (BGBl. I S. 2232), Art. 1, 2 BesoldungsstrukturenmodernisierungsG v. 9.12.2019 (BGBl. I S. 2053), Art. 3 G zur Modernisierung des Versicherungsteuerrechts und zur Änd. dienstrechtlicher Vorschriften v. 3.12.2020 (BGBl. I S. 2659), Art. 2 G über die

---

[1)] Zur Anwendung in den Ländern siehe § 85.

[2)] Siehe auch die hierzu erlassene Allgemeine Verwaltungsvorschrift **(Bundesbeamtengesetze Nr. 52.1)**.

[3)] Neubekanntmachung des Bundesbesoldungsgesetzes idF der Bek. v. 6.8.2002 (BGBl. I S. 3020) in der ab 1.7.2009 geltenden Fassung.

Umwandlung des Informationstechnikzentrums Bund in eine nichtrechtsfähige Anstalt des öffentl. Rechts und zur Änd. weiterer Vorschriften v. 7.12.2020 (BGBl. I S. 2756), Art. 1 G über eine einmalige Sonderzahlung aus Anlass der COVID-19-Pandemie an Besoldungs- und Wehrsoldempfänger v. 21.12. 2020 (BGBl. I S. 3136), Art. 2 Abs. 5 G zur Neustrukturierung des ZollfahndungsdienstG v. 30.3.2021 (BGBl. I S. 402), Art. 9 Siebtes G zur Änd. von Verbrauchsteuergesetzen v. 30.3.2021 (BGBl. I S. 607) und Art. 8 G zur Regelung des Erscheinungsbilds von Beamtinnen und Beamten sowie zur Änd. weiterer dienstrechtl. Vorschriften v. 28.6.2021 (BGBl. I S. 2250)

Inhaltsübersicht[1)]

[1)] Inhaltsübersicht neu gef. mWv 1.8.2013 durch G v. 11.6.2013 (BGBl. I S. 1514); geänd. mWv 11.7. 2013 durch G v. 3.7.2013 (BGBl. I S. 1978); geänd. mWv 14.3.2015 durch G v. 6.3.2015 (BGBl. I S. 250); geänd. mWv 23. 5.2015, mWv 1. 12.2015 und mWv 1.5.2018 durch G v. 13.5.2015 (BGBl. I S. 706); geänd. mWv 1.1.2016 durch G v. 3.12.2015 (BGBl. I S. 2163); geänd. mWv 28.10.2016 durch G v. 19.10.2016 (BGBl. I S. 2362); geänd. mWv 1.6.2017 und mWv 1.1.2020 durch G v. 8.6.2017 (BGBl. I S. 1570); geänd. mWv 1.1.2020 durch G v. 9.12.2019 (BGBl. I S. 2053); geänd. mWv 1.1.2020 und mWv 1.8.2021 durch G v. 28.6.2021 (BGBl. I S. 2250); redaktionell angepasst.

Abschnitt 1. Allgemeine Vorschriften

§ 1[1] Anwendungsbereich (1) Dieses Gesetz regelt die Besoldung der
1. Beamten des Bundes; ausgenommen sind Ehrenbeamte,
2. Richter des Bundes; ausgenommen sind ehrenamtliche Richter,
3. Berufssoldaten und Soldaten auf Zeit.

(2) Zur Besoldung gehören folgende Dienstbezüge:
1. Grundgehalt,
2. Leistungsbezüge für Professoren sowie hauptberufliche Leiter von Hochschulen und Mitglieder von Leitungsgremien an Hochschulen,
3. Familienzuschlag,
4. Zulagen,
5. Vergütungen,

[1] § 1 Abs. 2 Nr. 6 geänd. mWv 1.7.2010 durch G v. 5.2.2009 (BGBl. I S. 160); Abs. 3 Nr. 2 aufgeh., bish. Nr. 3 wird Nr. 2 mWv 1.1.2012 durch G v. 20.12.2011 (BGBl. I S. 2842); Überschrift neu gef. mWv 22.3.2012 durch G v. 15.3.2012 (BGBl. I S. 462); Abs. 2 Nr. 2 geänd. mWv 1.1.2013 durch G v. 11.6.2013 (BGBl. I S. 1514).

6. Auslandsbesoldung.

(3) Zur Besoldung gehören ferner folgende sonstige Bezüge:
1. Anwärterbezüge,
2. vermögenswirksame Leistungen.

(4) Dieses Gesetz gilt nicht für die öffentlich-rechtlichen Religionsgesellschaften und ihre Verbände.

§ 2 Regelung durch Gesetz. (1) Die Besoldung der Beamten, Richter und Soldaten wird durch Gesetz geregelt.

(2) [1] Zusicherungen, Vereinbarungen und Vergleiche, die dem Beamten, Richter oder Soldaten eine höhere als die ihm gesetzlich zustehende Besoldung verschaffen sollen, sind unwirksam. [2] Das Gleiche gilt für Versicherungsverträge, die zu diesem Zweck abgeschlossen werden.

(3) Der Beamte, Richter oder Soldat kann auf die ihm gesetzlich zustehende Besoldung weder ganz noch teilweise verzichten; ausgenommen sind die vermögenswirksamen Leistungen.

§ 3 Anspruch auf Besoldung. (1) [1] Die Beamten, Richter und Soldaten haben Anspruch auf Besoldung. [2] Der Anspruch entsteht mit dem Tag, an dem ihre Ernennung, Versetzung, Übernahme oder ihr Übertritt in den Dienst des Bundes wirksam wird. [3] Bedarf es zur Verleihung eines Amtes mit anderem Endgrundgehalt (Grundgehalt) keiner Ernennung oder wird der Beamte, Richter oder Soldat rückwirkend in eine Planstelle eingewiesen, so entsteht der Anspruch mit dem Tag, der in der Einweisungsverfügung bestimmt ist.

(2) Der Anspruch auf Besoldung endet mit Ablauf des Tages, an dem der Beamte, Richter oder Soldat aus dem Dienstverhältnis ausscheidet, soweit gesetzlich nichts anderes bestimmt ist.

(3) Besteht der Anspruch auf Besoldung nicht für einen vollen Kalendermonat, so wird nur der Teil der Bezüge gezahlt, der auf den Anspruchszeitraum entfällt, soweit gesetzlich nichts Anderes bestimmt ist.

(4) [1] Die Dienstbezüge nach § 1 Absatz 2 Nr. 1 bis 3 werden monatlich im Voraus gezahlt. [2] Die anderen Bezüge werden monatlich im Voraus gezahlt, soweit nichts Anderes bestimmt ist.

(5) Werden Bezüge nach dem Tag der Fälligkeit gezahlt, so besteht kein Anspruch auf Verzugszinsen.

(6) [1] Bei der Berechnung von Bezügen nach § 1 sind die sich ergebenden Bruchteile eines Cents unter 0,5 abzurunden und Bruchteile von 0,5 und mehr aufzurunden. [2] Zwischenrechnungen werden jeweils auf zwei Dezimalstellen durchgeführt. [3] Jeder Bezügebestandteil ist einzeln zu runden.

§ 3a[1)] *(aufgehoben)*

§ 4[2)] Weitergewährung der Besoldung bei Versetzung in den einstweiligen Ruhestand. (1) [1] Der in den einstweiligen Ruhestand versetzte Beamte, Richter oder Soldat erhält für den Monat, in dem ihm die Versetzung in den einstweiligen Ruhestand mitgeteilt worden ist, und für die folgenden drei Monate die Bezüge weiter, die ihm am Tag vor der Versetzung zustanden; Änderungen

---

[1)] § 3a aufgeh. mWv 1.1.2020 durch G v. 9.12.2019 (BGBl. I S. 2053).
[2)] § 4 Abs. 2 Satz 3 geänd. mWv 1.1.2020 durch G v. 9.12.2019 (BGBl. I S. 2053).

beim Familienzuschlag sind zu berücksichtigen. [2] Aufwandsentschädigungen werden nur bis zum Beginn des einstweiligen Ruhestandes gezahlt.

(2) [1] Bezieht der in den einstweiligen Ruhestand versetzte Beamte, Richter oder Soldat Einkünfte aus einer Verwendung im Dienst eines öffentlich-rechtlichen Dienstherrn (§ 29 Absatz 1) oder eines Verbandes, dessen Mitglieder öffentlich-rechtliche Dienstherren sind, so werden die Bezüge um den Betrag dieser Einkünfte verringert. [2] Dem Dienst bei einem öffentlich-rechtlichen Dienstherrn steht gleich die Tätigkeit im Dienst einer zwischenstaatlichen oder überstaatlichen Einrichtung, an der ein öffentlich-rechtlicher Dienstherr oder ein Verband, dessen Mitglieder öffentlich-rechtliche Dienstherren sind, durch Zahlung von Beiträgen oder Zuschüssen oder in anderer Weise beteiligt ist. [3] Die Entscheidung, ob die Voraussetzungen erfüllt sind, trifft das Bundesministerium des Innern, für Bau und Heimat oder die von ihm bestimmte Stelle.

§ 5 Besoldung bei mehreren Hauptämtern. [1] Hat der Beamte, Richter oder Soldat mit Genehmigung der obersten Dienstbehörde gleichzeitig mehrere besoldete Hauptämter inne, so wird die Besoldung aus dem Amt mit den höheren Dienstbezügen gewährt, soweit gesetzlich nichts Anderes bestimmt ist. [2] Sind für die Ämter Dienstbezüge in gleicher Höhe vorgesehen, so werden die Dienstbezüge aus dem ihm zuerst übertragenen Amt gezahlt, soweit gesetzlich nichts anderes bestimmt ist.

§ 6[1)] Besoldung bei Teilzeitbeschäftigung. (1) [1] Bei Teilzeitbeschäftigung werden die Dienstbezüge und die Anwärterbezüge im gleichen Verhältnis wie die Arbeitszeit gekürzt. [2] Dies gilt nicht für Bezüge, die während eines Erholungsurlaubs gezahlt werden, soweit der Urlaubsanspruch in Höhe des unionsrechtlich gewährleisteten Mindesturlaubsanspruchs (Artikel 7 Absatz 1 der Richtlinie 2003/88/EG[2)] des Europäischen Parlaments und des Rates vom 4. November 2003 über bestimmte Aspekte der Arbeitszeitgestaltung [ABl. L 299 vom 18.11.2003, S. 9]) während einer Vollzeitbeschäftigung erworben wurde, aber aus den in § 5a Absatz 1 Satz 1 der Erholungsurlaubsverordnung[3)] genannten Gründen während dieser Zeit nicht erfüllt werden konnte.

(1a) [1] Abweichend von Absatz 1 Satz 1 werden bei einer Teilzeitbeschäftigung nach § 9 der Arbeitszeitverordnung[4)] oder nach § 9 der Soldatenteilzeitbeschäftigungsverordnung die folgenden Bezüge entsprechend der tatsächlich geleisteten Arbeitszeit gewährt:

1. steuerfreie Bezüge,
2. Vergütungen und
3. Stellen- und Erschwerniszulagen, deren Voraussetzung die tatsächliche Verwendung in dem zulagefähigen Bereich oder die Ausübung der zulageberechtigenden Tätigkeit ist.

[1)] § 6 Abs. 3 und 4 angef. mWv 1.1.2011 durch G v. 19.11.2010 (BGBl. I S. 1552); Abs. 2 Sätze 2, 3 und 5, Abs. 3 Satz 1 und Abs. 4 Satz 1 geänd. mWv 1.8.2013 durch G v. 11.6.2013 (BGBl. I S. 1514); Abs. 4 Satz 1 geänd., Satz 2 aufgeh. mWv 11.7.2013 durch G v. 3.7.2013 (BGBl. I S. 1978); Abs. 1 Satz 2 angef. mWv 29.11.2014 durch G v. 3.12.2015 (BGBl. I S. 2163); Abs. 1a eingef., Abs. 2 Satz 2 geänd., Satz 5 neu gef., Abs. 3 Sätze 1 und 4 geänd. mWv 1.1.2020 durch G v. 9.12.2019 (BGBl. I S. 2053); Abs. 3 Satz 3 2. Halbsatz angef. mWv 1.1.2020 durch G v. 28.6.2021 (BGBl. I S. 2250).

[2)] **Nipperdey I, Arbeitsrecht Nr. 893.**

[3)] Nr. **172**.

[4)] Nr. **170**.

[2] Bei der Ermittlung der Mieteigenbelastung nach § 54 Absatz 1 sind die Dienstbezüge maßgeblich, die entsprechend der tatsächlich geleisteten Arbeitszeit zustünden. [3] § 2a der Altersteilzeitzuschlagsverordnung[1)] in der Fassung der Bekanntmachung vom 23. August 2001 (BGBl. I S. 2239) gilt entsprechend.

(2) [1] Die Bundesregierung wird ermächtigt, durch Rechtsverordnung[2)] bei Altersteilzeit nach § 93 des Bundesbeamtengesetzes[3)] sowie nach entsprechenden Bestimmungen für Richter die Gewährung eines nichtruhegehaltfähigen Zuschlags zur Besoldung zu regeln. [2] Zuschlag und Besoldung dürfen zusammen 83 Prozent der Nettobesoldung nicht überschreiten, die nach der bisherigen Arbeitszeit, die für die Bemessung der ermäßigten Arbeitszeit während der Altersteilzeit zugrunde gelegt worden ist, zustehen würde; § 6a ist zu berücksichtigen. [3] Abweichend von Satz 2 dürfen Zuschlag und Besoldung im Geschäftsbereich des Bundesministeriums der Verteidigung zusammen 88 Prozent betragen, wenn Dienstposten infolge von Strukturmaßnahmen auf Grund der Neuausrichtung der Bundeswehr wegfallen. [4] Für den Fall der vorzeitigen Beendigung der Altersteilzeit ist ein Ausgleich zu regeln. [5] Absatz 1a Satz 1 und 2 gilt entsprechend.

(3) [1] Abweichend von Absatz 2 sowie den §§ 1 und 2 der Altersteilzeitzuschlagsverordnung wird in den Fällen des § 93 Absatz 3 und 4 des Bundesbeamtengesetzes zusätzlich zur Besoldung nach Absatz 1 ein nicht ruhegehaltfähiger Zuschlag in Höhe von 20 Prozent der Dienstbezüge gewährt, die entsprechend der während der Altersteilzeit ermäßigten Arbeitszeit zustehen; § 6a ist zu berücksichtigen. [2] Dienstbezüge im Sinne des Satzes 1 sind das Grundgehalt, der Familienzuschlag, Amtszulagen, Stellenzulagen, Zuschüsse zum Grundgehalt für Professoren an Hochschulen, die bei der Deutschen Bundesbank gewährte Bankzulage, Überleitungszulagen und Ausgleichszulagen, die wegen des Wegfalls oder der Verminderung solcher Bezüge zustehen. [3] Bezüge, die nicht der anteiligen Kürzung nach Absatz 1 unterliegen, bleiben unberücksichtigt; dies gilt nicht für Stellenzulagen im Sinne von Absatz 1a Satz 1 Nummer 3. [4] Absatz 1a Satz 1 und 2 gilt entsprechend. [5] Für den Fall, dass die Altersteilzeit vorzeitig beendet wird, ist § 2a der Altersteilzeitzuschlagsverordnung entsprechend anzuwenden.

(4) Im Fall des § 53 Absatz 4 des Bundesbeamtengesetzes wird zusätzlich zur Besoldung nach Absatz 1 ein nicht ruhegehaltfähiger Zuschlag in Höhe von 50 Prozent desjenigen nicht um einen Versorgungsabschlag geminderten Ruhegehaltes gewährt, das bei einer Versetzung in den Ruhestand am Tag vor dem Beginn der Teilzeitbeschäftigung zustünde.

§ 6a[4)] Besoldung bei begrenzter Dienstfähigkeit. (1) Bei begrenzter Dienstfähigkeit (§ 45 des Bundesbeamtengesetzes[3)]) erhält der Beamte oder Richter Dienstbezüge entsprechend § 6 Absatz 1.

(2) [1] Begrenzt Dienstfähige erhalten zusätzlich zu den Dienstbezügen nach Absatz 1 einen nicht ruhegehaltfähigen Zuschlag. [2] Der Zuschlag beträgt 50 Prozent des Unterschiedsbetrages zwischen den nach Absatz 1 gekürzten Dienstbezügen und den Dienstbezügen, die bei einer Vollzeitbeschäftigung zustünden.

(3) In die Zuschlagsberechnung nach Absatz 2 sind einzubeziehen:

[1)] **Bundesbeamtengesetze Nr. 53k.**

[2)] Siehe die AltersteilzeitzuschlagsVO **(Bundesbeamtengesetze Nr. 53k)**.

[3)] Nr. **160**.

[4)] § 6a eingef. mWv 1.1.2020 durch G v. 9.12.2019 (BGBl. I S. 2053); Abs. 3 eingef., bish. Abs. 3 wird Abs. 4, bish. Abs. 4 aufgeh., Abs. 5 Nr. 4, 5 geänd. und Nr. 6 angef. mWv 1.1.2020 durch G v. 28.6.2021 (BGBl. I S. 2250).

1. das Grundgehalt,
2. der Familienzuschlag,
3. Amts- und Stellenzulagen,
4. Überleitungs- und Ausgleichszulagen,
5. Zuschüsse und Leistungsbezüge für Professoren sowie hauptamtliche Leiter an Hochschulen und für Mitglieder von Leitungsgremien an Hochschulen.

(4) Wird die Arbeitszeit auf Grund einer Teilzeitbeschäftigung zusätzlich reduziert, verringert sich der Zuschlag nach Absatz 2 entsprechend dem Verhältnis zwischen der wegen begrenzter Dienstfähigkeit verringerten Arbeitszeit und der insgesamt reduzierten Arbeitszeit.

(5) Der Zuschlag nach Absatz 2 wird nicht gewährt neben einem Zuschlag

1. nach § 6 Absatz 2 in Verbindung mit der Altersteilzeitzuschlagsverordnung[1)],
2. nach § 6 Absatz 3 oder Absatz 4,
3. nach § 7a,
4. nach § 2 der Telekom-Beamtenaltersteilzeitverordnung[2)],
5. nach § 2 der Postbeamtenaltersteilzeitverordnung[3)] oder
6. nach § 2 der Deutsche-Bank-Beamtenaltersteilzeitverordnung.

§ 7[4)] Vorschuss während der Familienpflegezeit und Pflegezeit, Verordnungsermächtigung. (1) [1]Während einer Familienpflegezeit nach § 92a des Bundesbeamtengesetzes[5)] und einer Pflegezeit nach § 92b des Bundesbeamtengesetzes wird ein Vorschuss gewährt. [2]Dieser Vorschuss wird zusätzlich zu den Dienstbezügen nach § 6 Absatz 1 gewährt. [3]Der Vorschuss ist nach Ablauf der Familienpflegezeit oder Pflegezeit mit den laufenden Dienstbezügen zu verrechnen oder in einer Summe zurückzuzahlen.

(2) Ein Vorschuss wird nicht gewährt, wenn für eine frühere Familienpflegezeit oder Pflegezeit zusammen die Höchstdauer von 24 Monaten ausgeschöpft und der gezahlte Vorschuss noch nicht vollständig zurückgezahlt worden ist.

(Fortsetzung nächstes Blatt)

[1)] **Bundesbeamtengesetze Nr. 53k.**

[2)] **Bundesbeamtengesetze Nr. 63a.**

[3)] **Bundesbeamtengesetze Nr. 63b.**

[4)] § 7 eingef. mWv 11.7.2013 durch G v. 3.7.2013 (BGBl. I S. 1978); Überschrift und Abs. 1 neu gef., Abs. 2 eingef., bish. Abs. 2 wird Abs. 3, Abs. 4 angef. mWv 28.10.2016 durch G v. 19.10.2016 (BGBl. I S. 2362).

[5)] Nr. **160**.

§ 17b[1)] Lebenspartnerschaft. [1]Die Vorschriften dieses Gesetzes, die sich auf das Bestehen oder das frühere Bestehen einer Ehe beziehen, gelten entsprechend für das Bestehen oder das frühere Bestehen einer Lebenspartnerschaft. [2]Die Vorschriften dieses Gesetzes, die sich auf den Ehegatten beziehen, gelten entsprechend für den Lebenspartner.

Abschnitt 2. Grundgehalt, Leistungsbezüge an Hochschulen

Unterabschnitt 1. Allgemeine Grundsätze

§ 18[2)] Grundsatz der funktionsgerechten Besoldung. (1) [1]Die Funktionen der Beamten und Soldaten sind nach den mit ihnen verbundenen Anforderungen sachgerecht zu bewerten und Ämtern zuzuordnen. [2]Eine Funktion kann bis zu drei Ämtern einer Laufbahngruppe, in obersten Bundesbehörden allen Ämtern einer Laufbahngruppe zugeordnet werden. [3]Bei Soldaten gilt dies in der Laufbahngruppe der Mannschaften für alle Dienstgrade und in der Laufbahngruppe der Unteroffiziere für bis zu vier Dienstgrade.

(2) [1]Abweichend von Absatz 1 Satz 1 und 2 kann in der Bundesbesoldungsordnung B jede Funktion nur einem Amt zugeordnet werden. [2]Für die Zuordnung zu einem Amt der Bundesbesoldungsordnung B, das eine Grundamtsbezeichnung trägt, bedarf die zuständige oberste Bundesbehörde des Einvernehmens des Bundesministeriums des Innern, für Bau und Heimat und des Bundesministeriums der Finanzen.

§ 19[3)] Bestimmung des Grundgehaltes nach dem Amt. (1) [1]Das Grundgehalt des Beamten, Richters oder Soldaten bestimmt sich nach der Besoldungsgruppe des ihm verliehenen Amtes. [2]Ist ein Amt noch nicht in einer Bundesbesoldungsordnung enthalten oder ist es mehreren Besoldungsgruppen zugeordnet, bestimmt sich das Grundgehalt nach der Besoldungsgruppe, die in der Einweisungsverfügung bestimmt ist; die Einweisung bedarf bei Körperschaften, Anstalten und Stiftungen des öffentlichen Rechts in den Fällen, in denen das Amt in einer Bundesbesoldungsordnung noch nicht enthalten ist, der Zustimmung der obersten Rechtsaufsichtsbehörde im Einvernehmen mit dem Bundesministerium des Innern, für Bau und Heimat. [3]Ist dem Beamten oder Richter noch kein Amt verliehen worden, so bestimmt sich das Grundgehalt des Beamten nach der Besoldungsgruppe seines Eingangsamtes, das Grundgehalt des Richters und des Staatsanwalts nach der Besoldungsgruppe R 1; soweit die Einstellung in einem anderen als dem Eingangsamt erfolgt ist, bestimmt sich das Grundgehalt nach der entsprechenden Besoldungsgruppe.

(2) Ist einem Amt gesetzlich eine Funktion zugeordnet oder richtet sich die Zuordnung eines Amtes zu einer Besoldungsgruppe einschließlich der Gewährung von Amtszulagen nach einem gesetzlich festgelegten Bewertungsmaßstab, insbesondere nach der Zahl der Planstellen, so gibt die Erfüllung dieser Voraussetzungen allein keinen Anspruch auf die Besoldung aus diesem Amt.

[1)] § 17b angef. mWv 1.1.2009 durch G v. 14.11.2011 (BGBl. I S. 2219).

[2)] § 18 Satz 1 geänd., Satz 2 neu gef. und Satz 3 angef. mWv 1.1.2013 durch G v. 11.6.2013 (BGBl. I S. 1514); Abs. 2 angef. mWv 1.1.2020 durch G v. 9.12.2019 (BGBl. I S. 2053); Abs. 2 Satz 2 geänd. mWv 1.8.2021 durch G v. 28.6.2021 (BGBl. I S. 2250).

[3)] § 19 Abs. 1 Satz 2 geänd. mWv 1.8.2013 durch G v. 11.6.2013 (BGBl. I S. 1514); Abs. 1 Satz 2 geänd. mWv 1.1.2020 durch G v. 9.12.2019 (BGBl. I S. 2053).

§ 19a[1)] Besoldung bei Verleihung eines anderen Amtes. [1]Verringert sich während eines Dienstverhältnisses nach § 1 Absatz 1 das Grundgehalt durch Verleihung eines anderen Amtes aus Gründen, die nicht vom Beamten, Richter oder Soldaten zu vertreten sind, ist abweichend von § 19 das Grundgehalt zu zahlen, das dem Besoldungsempfänger bei einem Verbleiben in dem bisherigen Amt zugestanden hätte. [2]Satz 1 gilt entsprechend bei einem Wechsel eines Beamten in das Dienstverhältnis eines Richters oder bei einem Wechsel eines Richters in das Dienstverhältnis eines Beamten. [3]Veränderungen in der Bewertung des bisherigen Amtes bleiben unberücksichtigt. [4]Die Sätze 1 und 2 gelten entsprechend für Amtszulagen, auch bei Übertragung einer anderen Funktion. [5]Die Sätze 1 bis 3 gelten nicht im Fall des § 24 Absatz 6 Satz 3 des Bundesbeamtengesetzes[2)] sowie im Fall der Übertragung eines Amtes in einem Dienstverhältnis auf Zeit.

§ 19b[3)] Besoldung bei Wechsel in den Dienst des Bundes. (1) [1]Verringert sich auf Grund einer Versetzung, die auf Antrag erfolgt, die Summe aus dem Grundgehalt, den grundgehaltsergänzenden Zulagen und der auf diese Beträge entfallenden Sonderzahlung, ist eine Ausgleichszulage zu gewähren. [2]Dies gilt nicht für einen Wechsel in die Besoldungsgruppe W 2 oder W 3.

(2) [1]Die Ausgleichszulage bemisst sich nach dem Unterschied zwischen den Summen nach Absatz 1 in der bisherigen Verwendung und in der neuen Verwendung zum Zeitpunkt der Versetzung. [2]Sie verringert sich bei jeder Erhöhung des Grundgehaltes um ein Drittel des Erhöhungsbetrages.

(3) [1]Bei einer Versetzung aus dienstlichen Gründen, einer Übernahme oder einem Übertritt gelten die Absätze 1 und 2 entsprechend. [2]Zur Bestimmung der Ausgleichszulage ist in diesen Fällen auch eine in der bisherigen Verwendung nach Landesrecht gewährte Ausgleichszulage oder eine andere Leistung einzubeziehen, die für die Verringerung von Grundgehalt und grundgehaltsergänzenden Zulagen zustand. [3]Die Ausgleichszulage nach den Sätzen 1 und 2 ist ruhegehaltfähig, soweit sie ruhegehaltfähige Dienstbezüge ausgleicht. [4]Als Bestandteil der Versorgungsbezüge verringert sie sich bei jeder auf das Grundgehalt bezogenen Erhöhung der Versorgungsbezüge um ein Drittel des Erhöhungsbetrages.

(4) Die Absätze 1 bis 3 gelten entsprechend beim Eintritt eines Richters in ein Dienstverhältnis nach § 1 Absatz 1 Nummer 1.

Unterabschnitt 2.[4)] Beamte und Soldaten

§ 20[5)] Bundesbesoldungsordnungen A und B. (1) [1]Die Ämter der Beamten und Soldaten und ihre Besoldungsgruppen werden in Bundesbesoldungsordnungen geregelt. [2]Dabei sind die Ämter nach ihrer Wertigkeit unter Berücksichtigung der gemeinsamen Belange aller Dienstherren den Besoldungsgruppen zuzuordnen.

[1)] Bish. § 19a ersetzt durch §§ 19a, 19b mWv 22.3.2012 durch G v. 15.3.2012 (BGBl. I S. 462); Satz 1 geänd. mWv 1.8.2013 durch G v. 11.6.2013 (BGBl. I S. 1514).

[2)] Nr. **160**.

[3)] Bish. § 19a ersetzt durch §§ 19a, 19b mWv 22.3.2012 durch G v. 15.3.2012 (BGBl. I S. 462); Abs. 1 Satz 1 geänd., Satz 2 und Abs. 4 angef. mWv 1.8.2013 durch G v. 11.6.2013 (BGBl. I S. 1514); Abs. 1 Satz 2 geänd. mWv 1.1.2020 durch G v. 9.12.2019 (BGBl. I S. 2053).

[4)] Unterabschnitt 2 Überschrift neu gef. mWv 1.8.2013 durch G v. 11.6.2013 (BGBl. I S. 1514).

[5)] § 20 Abs. 1 Satz 2 angef., Abs. 2 Satz 3 aufgeh. mWv 1.1.2013, Überschrift neu gef. mWv 1.8.2013 durch G v. 11.6.2013 (BGBl. I S. 1514); Abs. 2 Satz 2 geänd. mWv 1.1.2020 durch G v. 9.12.2019 (BGBl. I S. 2053).

(2) [1] Die Bundesbesoldungsordnung A – aufsteigende Gehälter – und die Bundesbesoldungsordnung B – feste Gehälter – sind Anlage I. [2] Die Grundgehaltssätze der Besoldungsgruppen sind in Anlage IV ausgewiesen.

§§ 21, 22 (weggefallen)

§ 23[1)] Eingangsämter für Beamte. (1) Die Eingangsämter für Beamte sind folgenden Besoldungsgruppen zuzuweisen:

1. in Laufbahnen des einfachen Dienstes der Besoldungsgruppe A 3 oder A 4,
2. in Laufbahnen

(Fortsetzung nächstes Blatt)

[1)] § 23 Abs. 2 neu gef. mWv 22.3.2012 durch G v. 15.3.2012 (BGBl. I S. 462); Abs. 2 Satz 3 geänd. mWv 1.8.2013 durch G v. 11.6.2013 (BGBl. I S. 1514); Abs. 1 Nr. 2 neu gef., Abs. 2 Satz 1 geänd., Satz 2 neu gef. und Satz 3 aufgeh. mWv 1.1.2020, Abs. 1 Nr. 1 geänd. mWv 1.3.2020 durch G v. 9.12.2019 (BGBl. I S. 2053).

§ 50a[1] Vergütung für Soldaten mit besonderer zeitlicher Belastung.

(1) Soldaten mit Dienstbezügen nach der Bundesbesoldungsordnung A erhalten für tatsächlich geleistete Dienste in den in § 30c Absatz 4 des Soldatengesetzes[2] genannten Fällen eine Vergütung, soweit ein über einen dienstfreien Tag im Kalendermonat hinausgehender zeitlicher Ausgleich nicht gewährt werden kann.

(2) Die Vergütung beträgt 91 Euro für jeden Tag, für den keine Freistellung vom Dienst gewährt werden kann.

(3) Die Vergütung wird nicht gewährt

1. neben Auslandsbesoldung nach Abschnitt 5,
2. für Dienst, der als erzieherische Maßnahme angeordnet worden ist, sowie für Dienst, der während der Vollstreckung von gerichtlicher Freiheitsentziehung, Disziplinararrest oder Ausgangsbeschränkung geleistet worden ist,
3. im Spannungs- oder Verteidigungsfall,
4. für Dienst im Bereitschaftsfall.

(4) Neben der Vergütung nach Absatz 1 wird keine Vergütung nach den §§ 50 und 50b gewährt.

§ 50b[3] Vergütung für Bereitschaftsdienst und Rufbereitschaft im Sanitätsdienst in Bundeswehrkrankenhäusern. (1) Das Bundesministerium des Innern, für Bau und Heimat wird ermächtigt, durch Rechtsverordnung im Einvernehmen mit dem Bundesministerium der Verteidigung und dem Bundesministerium der Finanzen die Gewährung einer Vergütung für Beamte und Soldaten im Sanitätsdienst in Bundeswehrkrankenhäusern mit Dienstbezügen nach der Bundesbesoldungsordnung A zu regeln für Zeiten

1. eines Bereitschaftsdienstes außerhalb der regelmäßigen Arbeitszeit,
2. einer Rufbereitschaft,
3. einer tatsächlichen Inanspruchnahme während einer Rufbereitschaft.

(2) [1] Zeiten eines Bereitschaftsdienstes werden entsprechend der durchschnittlich anfallenden tatsächlichen Inanspruchnahme pauschal berücksichtigt. [2] Zeiten einer Rufbereitschaft, die 10 Stunden im Kalendermonat übersteigen, werden zu einem Achtel berücksichtigt. [3] Zeiten einer tatsächlichen Inanspruchnahme während einer Rufbereitschaft werden vollständig berücksichtigt. [4] Zeiten einer Tätigkeit, für die Gebühren nach der Gebührenordnung für Ärzte oder der Gebührenordnung für Zahnärzte berechnet werden können, bleiben unberücksichtigt.

§ 50c[4] Vergütung für Beamte im Einsatzdienst der Bundeswehrfeuerwehren. (1) [1] Beamte, die im Einsatzdienst der Bundeswehrfeuerwehren verwendet werden und deren regelmäßige wöchentliche Arbeitszeit 48 Stunden beträgt, erhalten für jeden geleisteten Dienst von mehr als 10 Stunden eine Vergütung, wenn sie sich zu einer Verlängerung der regelmäßigen wöchentlichen Arbeitszeit auf bis zu 54 Stunden im Siebentageszeitraum schriftlich oder elektronisch bereit erklärt haben und die über 48 Stunden hinausgehende wöchentliche Arbeitszeit

---

[1] § 50a neu gef. mWv 1.1.2020 durch G v. 9.12.2019 (BGBl. I S. 2053); Abs. 4 angef. mWv 1.1.2020 durch G v. 28.6.2021 (BGBl. I S. 2250).

[2] **Sartorius III Nr. 850.**

[3] § 50b eingef. mWv 1.1.2011 durch G v. 15.3.2012 (BGBl. I S. 462); Überschrift und Abs. 1 einl. Satzteil geänd. mWv 1.1.2016 durch G v. 3.12.2015 (BGBl. I S. 2163); Abs. 1 geänd. mWv 1.1.2019 durch G v. 9.12.2019 (BGBl. I S. 2053).

[4] § 50c eingef. mWv 1.1.2020 durch G v. 9.12.2019 (BGBl. I S. 2053).

nicht durch Freizeit ausgeglichen werden kann. [2]Die Vergütung beträgt bei einer durchschnittlichen Arbeitszeit von 54 Stunden im Siebentageszeitraum

1. für einen Dienst von mehr als 10 Stunden 25,50 Euro,
2. für einen Dienst von 24 Stunden 51 Euro.

(2) [1]Bei einer geringeren durchschnittlichen wöchentlichen Arbeitszeit werden die Beträge nach Absatz 1 Satz 2 anteilig gewährt, und zwar entsprechend dem Teil der durchschnittlichen wöchentlichen Arbeitszeit, der über 48 Stunden hinausgeht. [2]Dabei ist die durchschnittliche wöchentliche Arbeitszeit in einem Kalendermonat auf volle Stunden zu runden. [3]Bei einem Bruchteil von mindestens 30 Minuten wird aufgerundet; ansonsten wird abgerundet.

§ 51 Andere Zulagen und Vergütungen. [1]Andere als die in diesem Abschnitt geregelten Zulagen und Vergütungen dürfen nur gewährt werden, soweit dies gesetzlich bestimmt ist. [2]Vergütungen für Nebentätigkeiten im öffentlichen Dienst bleiben unberührt.

Abschnitt 5. Auslandsbesoldung[1)]

§ 52[2)] Auslandsdienstbezüge. (1) [1]Auslandsdienstbezüge werden gezahlt bei dienstlichem und tatsächlichem Wohnsitz im Ausland (ausländischer Dienstort), der nicht einer Tätigkeit im Grenzverkehr und nicht einer besonderen Verwendung im Ausland dient (allgemeine Verwendung im Ausland). [2]Sie setzen sich zusammen aus Auslandszuschlag und Mietzuschuss.

(2) [1]Die Auslandsdienstbezüge werden bei Umsetzung oder Versetzung zwischen dem Inland und dem Ausland vom Tag nach dem Eintreffen am ausländischen Dienstort bis zum Tag vor der Abreise aus diesem Ort gezahlt. [2]Bei Umsetzung oder Versetzung im Ausland werden sie bis zum Tag des Eintreffens am neuen Dienstort nach den für den bisherigen Dienstort maßgebenden Sätzen gezahlt.

(3) [1]Die Absätze 1 und 2 gelten entsprechend, wenn der Beamte, Richter oder Soldat für einen Zeitraum von mehr als drei Monaten vom Inland ins Ausland oder im Ausland abgeordnet oder kommandiert ist. [2]Der Abordnung kann eine Verwendung im Ausland nach § 29 des Bundesbeamtengesetzes[3)] gleichgestellt werden. [3]Absatz 1 Satz 1 gilt nicht

1. bei einer Umsetzung, Abordnung oder Kommandierung vom Ausland in das Inland für mehr als drei Monate,
2. bei einer Umsetzung, Abordnung oder Kommandierung vom Ausland in das Inland für bis zu drei Monate, wenn die Voraussetzungen des Satzes 1 nicht erfüllt sind,
3. wenn der Besoldungsempfänger nach der Umsetzung, Abordnung oder Kommandierung vom Ausland in das Inland nicht mehr in das Ausland zurückkehrt.

[1)] 5. Abschnitt Überschrift neu gef. mWv 1.7.2010 durch G v. 5.2.2009 (BGBl. I S. 160).

[2)] § 52 neu gef. mWv 1.7.2010 durch G v. 5.2.2009 (BGBl. I S. 160); Abs. 3 Satz 1 geänd., Satz 4 angef. mWv 22.3.2012 durch G v. 15.3.2012 (BGBl. I S. 462); Abs. 3 Satz 3 neu gef. und Satz 4 geänd. mWv 1.1.2020 durch G v. 9.12.2019 (BGBl. I S. 2053); Abs. 3 Satz 3 Nr. 1–3 geänd. mWv 1.1.2020 durch G v. 28.6.2021 (BGBl. I S. 2250).

[3)] Nr. **160**.

Belastungen am bisherigen ausländischen Dienstort pauschaliert ein Anteil des Auslandszuschlags nach § 53 angerechnet.

(4) [1] Steht Beamten, Richtern oder Soldaten ein Auslandsverwendungszuschlag aus einer Verwendung nach Absatz 1 an einem ausländischen Dienstort zu und befindet sich ein anderer Beamter, Richter oder Soldat an diesem Ort auf Dienstreise, gelten für Letzteren ab dem 15. Tag der Dienstreise rückwirkend ab dem Tag der Ankunft am ausländischen Dienstort die Vorschriften über den Auslandsverwendungszuschlag entsprechend. [2] Das gilt nur, wenn die Dienstreise hinsichtlich der Mehraufwendungen und Belastungen einer Verwendung nach Absatz 1 entspricht. [3] Ist der Beamte, Richter oder Soldat wegen Verschleppung, Gefangenschaft oder aus sonstigen mit dem Dienst zusammenhängenden Gründen, die er nicht zu vertreten hat, dem Einflussbereich des Dienstherrn entzogen, werden für diesen Zeitraum Aufwandsentschädigungen und Zulagen, die zum Zeitpunkt des Eintritts des Ereignisses zustanden, weiter gewährt; daneben steht ihm Auslandsverwendungszuschlag nach dem Tagessatz der höchsten Stufe zu.

(5) [1] Werden von einem auswärtigen Staat oder einer über- oder zwischenstaatlichen Einrichtung Leistungen für eine besondere Verwendung gewährt, sind diese, soweit damit nicht Reisekosten abgegolten werden, in vollem Umfang auf den Auslandsverwendungszuschlag anzurechnen. [2] Die Anrechnung erfolgt jeweils bezogen auf einen Kalendermonat. [3] § 9a Abs. 2 ist nicht anzuwenden.

(6) Das Bundesministerium des Innern, für Bau und Heimat regelt die Einzelheiten des Auslandsverwendungszuschlags im Einvernehmen mit dem Auswärtigen Amt, dem Bundesministerium der Finanzen und dem Bundesministerium der Verteidigung durch Rechtsverordnung[1)].

§ 57[2)] Auslandsverpflichtungsprämie. (1) [1] Einem Beamten, der sich verpflichtet hat, im Rahmen einer besonderen Verwendung im Ausland mindestens zwei Wochen Dienst zu leisten, kann eine Auslandsverpflichtungsprämie gewährt werden, wenn

1. es sich um eine Verwendung nach § 56 Absatz 1 Satz 2 Nummer 5 handelt und
2. die Verwendung im Rahmen einer über- oder zwischenstaatlichen Zusammenarbeit oder im Rahmen einer Mission der Europäischen Union oder einer internationalen Organisation erfolgt und
3. die Europäische Union oder eine internationale Organisation Mitgliedern einer von ihr in denselben Staat entsandten Mission für materielle Mehraufwendungen und immaterielle Belastungen sowie für Reisekosten höhere auslandsbezogene Gesamtleistungen gewährt.

[2] Der Höchstbetrag der Prämie entspricht dem Unterschiedsbetrag zur höheren auslandsbezogenen Gesamtleistung im auf die Verpflichtung folgenden Verwendungszeitraum.

(2) [1] Für die Zahlung der Prämie gilt § 56 Absatz 2 Satz 6 und 7 entsprechend. [2] Die Prämie darf nur gezahlt werden, wenn während der Mindestverpflichtungszeit ununterbrochen Anspruch auf Auslandsverwendungszuschlag bestand. [3] Wird dieser Zeitraum aus Gründen nicht erreicht, die vom Beamten nicht zu vertreten sind, gilt § 3 Absatz 3 entsprechend.

---

1) Siehe die AuslandsverwendungszuschlagsVO **(Bundesbeamtengesetze Nr. 53d)**.

2) § 57 eingef. mWv 1.6.2011 durch G v. 15.3.2012 (BGBl. I S. 462); Abs. 1 Satz 1 neu gef., Satz 3 aufgeh., Abs. 2 Satz 2 neu gef. mWv 1.1.2020 durch G v. 9.12.2019 (BGBl. I S. 2053).

§ 58[1]) Zulage für Kanzler an großen Botschaften. (1) Einem Beamten des Auswärtigen Dienstes der Besoldungsgruppe A 13 wird während der Dauer seiner Verwendung als Kanzler an einer Auslandsvertretung eine Zulage gewährt, wenn

1. der Leiter der Auslandsvertretung in die Besoldungsgruppe B 9 eingestuft ist oder
2. er die Geschäfte des Inneren Dienstes mehrerer Vertretungen leitet und der Leiter mindestens einer dieser Auslandsvertretungen in die Besoldungsgruppe B 6 eingestuft ist.

(2) [1] Die Zulage beträgt

1. für Kanzler an den Botschaften in London, Moskau, Paris, Peking und Washington sowie an den Ständigen Vertretungen bei der Europäischen Union in Brüssel und bei den Vereinten Nationen in New York 35 Prozent des Auslandszuschlags nach Anlage VI.1 Grundgehaltsspanne 9 Zonenstufe 13,
2. für Kanzler an den übrigen Auslandsvertretungen 15 Prozent des Auslandszuschlags nach Anlage VI.1 Grundgehaltsspanne 9 Zonenstufe 13.

[2] Sie wird nicht neben einer Zulage nach § 45 gewährt.

Abschnitt 6. Anwärterbezüge

§ 59[2]) Anwärterbezüge. (1) Beamte auf Widerruf im Vorbereitungsdienst (Anwärter) erhalten Anwärterbezüge.

(2) [1] Zu den Anwärterbezügen gehören der Anwärtergrundbetrag, der Anwärtererhöhungsbetrag und die Anwärtersonderzuschläge. [2] Daneben werden der Familienzuschlag und die vermögenswirksamen Leistungen gewährt. [3] Zulagen und Vergütungen werden nur gewährt, wenn dies gesetzlich besonders bestimmt ist.

(3) [1] Anwärter mit dienstlichem Wohnsitz im Ausland erhalten zusätzlich Bezüge entsprechend der Auslandsbesoldung. [2] Der Berechnung des Mietzuschusses sind der Anwärtergrundbetrag, der Familienzuschlag der Stufe 1, der Anwärtererhöhungsbetrag und der Anwärtersonderzuschlag zugrunde zu legen. [3] Der Auslandszuschlag bemisst sich nach dem Anwärtergrundbetrag, dem Anwärtererhöhungsbetrag und dem Anwärtersonderzuschlag.

(4) [1] Absatz 3 gilt nicht für Anwärter, die bei einer von ihnen selbst gewählten Stelle im Ausland ausgebildet werden. [2] § 55 gilt mit der Maßgabe, dass mindestens die Bezüge nach Absatz 2 verbleiben.

(5) Für Anwärter, die im Rahmen ihres Vorbereitungsdienstes ein Studium ableisten, kann die Gewährung der Anwärterbezüge von der Erfüllung von Auflagen abhängig gemacht werden.

---

[1]) § 58 neu gef. mWv 1.1.2020 durch G v. 9.12.2019 (BGBl. I S. 2053).

[2]) § 59 Abs. 3 Satz 1 und Abs. 4 Satz 2 geänd. mWv 1.7.2010 durch G v. 5.2.2009 (BGBl. I S. 160); Abs. 2 Satz 2 geänd. mWv 1.1.2012 durch G v. 20.12.2011 (BGBl. I S. 2842); Abs. 2 Satz 1 und Abs. 3 Satz 2 geänd. mWv 1.1.2020 durch G v. 9.12.2019 (BGBl. I S. 2053); Abs. 3 Satz 3 angef. mWv 1.1.2020 durch G v. 28.6.2021 (BGBl. I S. 2250).

(2) [1] Den Polizeivollzugsbeamten der Bundespolizei wird Heilfürsorge gewährt. [2] Dies gilt auch

1. während der Inanspruchnahme von Elternzeit und während der Zeit einer Beurlaubung nach § 92 Absatz 1 oder § 92b Absatz 1 des Bundesbeamtengesetzes[1)], sofern die Beamten nicht nach § 10 des Fünften Buches Sozialgesetzbuch[2)] familienversichert sind, sowie
2. in den Fällen des § 26 Absatz 3 der Sonderurlaubsverordnung[3)].

[3] Das Nähere regelt das Bundesministerium des Innern, für Bau und Heimat in Anlehnung an das Fünfte Buch Sozialgesetzbuch und das Elfte Buch Sozialgesetzbuch[4)] durch Rechtsverordnung im Einvernehmen mit dem Bundesministerium der Finanzen.

(3) Für Polizeivollzugsbeamte der Bundespolizei, die auf Grund dienstlicher Verpflichtung in Gemeinschaftsunterkunft wohnen, wird die Unterkunft unentgeltlich bereitgestellt.

§ 70a[5)] Dienstkleidung für Beamte. (1) Beamten, die zum Tragen von Dienstkleidung verpflichtet sind, wird diese unentgeltlich bereitgestellt.

(2) Beamten der Zollverwaltung, die zur Teilnahme am Dienstsport verpflichtet sind, wird für die dienstlich bedingte Abnutzung privater Sportbekleidung eine Abnutzungsentschädigung gewährt.

(3) Das Nähere regelt das jeweils zuständige Bundesministerium im Einvernehmen mit dem Bundesministerium des Innern, für Bau und Heimat durch allgemeine Verwaltungsvorschrift.

Abschnitt 9. Übergangs- und Schlussvorschriften

§ 71[6)] Rechtsverordnungen, allgemeine Verwaltungsvorschriften.

(1) Rechtsverordnungen nach diesem Gesetz bedürfen nicht der Zustimmung des Bundesrates.

(2) [1] Allgemeine Verwaltungsvorschriften erlässt das Bundesministerium des Innern, für Bau und Heimat, wenn gesetzlich nichts Anderes bestimmt ist.[7)] [2] Soweit die Besoldung der Richter und Staatsanwälte berührt ist, erlässt sie das Bundesministerium des Innern, für Bau und Heimat im Einvernehmen mit dem Bundesministerium der Justiz und für Verbraucherschutz. [3] Soweit die Besoldung der Soldaten berührt ist, erlässt sie das Bundesministerium des Innern, für Bau und Heimat im Einvernehmen mit dem Bundesministerium der Verteidigung.

§ 72[8)] Übergangsregelung zu den §§ 6, 43, 43b, 44 und 63. (1) [1] § 6 in der bis zum 31. Dezember 2019 geltenden Fassung ist weiterhin anzuwenden, wenn der Beamte, Richter oder Soldat

---

1) Nr. **160**.
2) **Aichberger, SGB Nr. 5.**
3) Nr. **173**.
4) **Aichberger, SGB Nr. 11.**
5) § 70a neu gef. mWv 1.1.2020 durch G v. 9.12.2019 (BGBl. I S. 2053).
6) § 71 Abs. 2 Satz 2 geänd. mWv 8.9.2015 durch VO v. 31.8.2015 (BGBl. I S. 1474); Überschrift und Abs. 2 Sätze 1–3 geänd. mWv 1.1.2020 durch G v. 9.12.2019 (BGBl. I S. 2053).
7) Siehe die Allgemeine Verwaltungsvorschrift zum Bundesbesoldungsgesetz (BBesGVwV) **(Bundesbeamtengesetze Nr. 52.1)**.
8) § 72 neu gef. mWv 1.1.2020 durch G v. 9.12.2019 (BGBl. I S. 2053); Überschrift neu gef., Abs. 1 eingef., bish. Abs. 1–3 werden Abs. 2–4 mWv 1.1.2020 durch G v. 28.6.2021 (BGBl. I S. 2250).

1. vor dem 31. Dezember 2019 eine Teilzeitbeschäftigung nach § 9 der Arbeitszeitverordnung[1] oder nach § 9 der Soldatinnen- und Soldatenteilzeitbeschäftigungsverordnung oder eine Altersteilzeit im Blockmodell begonnen und
2. sich am 1. Januar 2020 bereits in der Freistellungsphase befunden hat.

[2] Stellenzulagen im Sinne von § 6 Absatz 1a Satz 1 Nummer 3, die erstmals ab dem 1. Januar 2020 gewährt werden, bleiben unberücksichtigt. [3] Befand sich der Beamte, Richter oder Soldat am 1. Januar 2020 noch in der Arbeitsphase eines in Satz 1 bezeichneten Teilzeitmodells, besteht für die Zeit von Beginn des Teilzeitmodells bis zum 31. Dezember 2019 Anspruch auf Bezüge nach Maßgabe des § 6 Absatz 1a. [4] § 6 Absatz 3 Satz 3 gilt entsprechend.

(2) § 43 Absatz 6 und 7 in der bis zum 31. Dezember 2019 geltenden Fassung ist auf Personalgewinnungszuschläge, die nach § 43 bis zum 31. Dezember 2019 gewährt wurden, weiterhin anzuwenden.

(3) § 43b Absatz 4 in der bis zum 31. Dezember 2019 geltenden Fassung ist bei Soldaten, die eine Verpflichtungsprämie nach § 43b bis zum 31. Dezember 2019 erhalten haben, weiterhin anzuwenden.

(4) § 44 Absatz 5 und 6 in der bis zum 31. Dezember 2019 geltenden Fassung ist auf Personalbindungszuschläge, die nach § 44 bis zum 31. Dezember 2019 gewährt wurden, weiterhin anzuwenden.

§ 72a[2] *(aufgehoben)*

§ 73[3] Übergangsregelung bei Gewährung einer Versorgung durch eine zwischenstaatliche oder überstaatliche Einrichtung. [1] Bei Zeiten im Sinne des § 8 Absatz 1 Satz 1, die bis zum 31. Dezember 1991 zurückgelegt sind, ist § 8 in der bis zu diesem Zeitpunkt geltenden Fassung anzuwenden. [2] Für Zeiten ab dem 1. Januar 1992 bis zum 31. Dezember 2002 beträgt die Kürzung nach § 8 Absatz 1 Satz 2 1,875 Prozent. [3] Für Zeiten ab dem 1. Januar 2003 ist der Prozentsatz des § 8 Absatz 1 Satz 2 vervielfältigt mit dem jeweiligen in § 69e Absatz 3 und 4 des Beamtenversorgungsgesetzes[4] genannten Faktor anzuwenden.

§ 74[5] Übergangsregelung zu den Änderungen der Anlage I durch das Besoldungsstrukturenmodernisierungsgesetz. Amtsbezeichnungen, die mit dem Inkrafttreten des Besoldungsstrukturenmodernisierungsgesetzes wegfallen, werden weitergeführt.

§ 74a[6] Übergangsregelung aus Anlass der Übertragung ehebezogener Regelungen im öffentlichen Dienstrecht auf Lebenspartnerschaften.

(1) Für Beamte, Richter und Soldaten in Lebenspartnerschaften gelten für die Zeit vom 1. Januar 2009 bis zum 30. Juni 2010 folgende Übergangsregelungen:
1. Für den Auslandszuschlag gelten § 55 und die Anlagen VIa bis VIh sowie die Rechtsverordnung nach § 55 Absatz 5 Satz 4 in der bis zum 30. Juni 2010

---

[1] Nr. **170**.

[2] § 72a aufgeh. mWv 1.1.2020 durch G v. 9.12.2019 (BGBl. I S. 2053).

[3] § 73 aufgeh., bish. § 73a wird § 73 und Sätze 2 und 3 geänd. mWv 1.8.2013 durch G v. 11.6.2013 (BGBl. I S. 1514).

[4] Nr. **155**.

[5] § 74 neu gef. mWv 1.1.2020 durch G v. 9.12.2019 (BGBl. I S. 2053).

[6] § 74a eingef. mWv 25.11.2011 durch G v. 14.11.2011 (BGBl. I S. 2219); Abs. 2 Satz 1 geänd., Abs. 3 angef. mWv 1.8.2013 durch G v. 11.6.2013 (BGBl. I S. 1514).

geltenden Fassung entsprechend, soweit sie sich auf das Bestehen oder das frühere Bestehen einer Ehe oder auf den Ehegatten beziehen.

2. Anspruch auf Auslandskinderzuschlag nach § 56 in der bis zum 30. Juni 2010 geltenden Fassung haben auch Beamte, Richter und Soldaten, die während dieses Zeitraums Kinder ihres Lebenspartners in ihren Haushalt aufgenommen hatten; § 32 Absatz 3 bis 5 des Einkommensteuergesetzes gilt entsprechend.

(Fortsetzung nächstes Blatt)

§ 80 Übergangsregelung für beihilfeberechtigte Polizeivollzugsbeamte der Bundespolizei. [1] Polizeivollzugsbeamten der Bundespolizei, die am 1. Januar 1993 Beihilfe nach den Beihilfevorschriften des Bundes erhalten, wird diese weiterhin gewährt. [2] Auf Antrag erhalten sie an Stelle der Beihilfe Heilfürsorge nach § 70 Abs. 2. [3] Der Antrag ist unwiderruflich.

§ 80a[1)] Übergangsregelung für Verpflichtungsprämien für Soldaten auf Zeit aus Anlass des Bundeswehrreform-Begleitgesetzes. § 85a Absatz 4 in der bis zum 31. Dezember 2012 geltenden Fassung ist auf Verpflichtungsprämien, die nach § 85a in der Zeit vom 1. Januar 2011 bis zum 31. Dezember 2012 gewährt wurden, weiterhin anzuwenden.

§ 80b[2)] Übergangsregelung zum Auslandsverwendungszuschlag. Beamten und Soldaten, die am 31. Mai 2017 eine Vergütung nach § 50a oder Auslandsdienstbezüge nach § 52 beziehen, werden diese bis zur Beendigung ihrer jeweiligen Verwendung weitergewährt, soweit dies für die Betroffenen günstiger ist als die Gewährung des Auslandsverwendungszuschlags nach § 56 in der ab dem 1. Juni 2017 geltenden Fassung.

§ 81 Übergangsregelungen bei Zulagenänderungen aus Anlass des Versorgungsreformgesetzes 1998. [1] Soweit durch das Versorgungsreformgesetz 1998 die Ruhegehaltfähigkeit von Zulagen wegfällt oder Zulagen, die der Berechtigte bezogen hat, nicht mehr zu den ruhegehaltfähigen Dienstbezügen gehören, sind für Empfänger von Dienstbezügen, die bis zum 31. Dezember 2007 in den Ruhestand treten oder versetzt werden, die bisherigen Vorschriften über die Ruhegehaltfähigkeit in der bis zum 31. Dezember 1998 geltenden Fassung weiter anzuwenden, für Empfänger von Dienstbezügen der Besoldungsgruppen A 1 bis A 9 bei einer Zurruhesetzung bis zum 31. Dezember 2010. [2] Dies gilt nicht, wenn die Zulage nach dem 1. Januar 1999 erstmals gewährt wird.

§ 82[3)] *(aufgehoben)*

§ 83[4)] Übergangsregelung für Ausgleichszulagen. § 19a gilt entsprechend, wenn ein Anspruch auf eine ruhegehaltfähige Ausgleichszulage wegen der Verringerung oder des Verlustes einer Amtszulage während eines Dienstverhältnisses nach § 1 Absatz 1 bis zum 30. Juni 2009 entstanden ist, und in den Fällen des § 2 Absatz 6 des Besoldungsüberleitungsgesetzes[5)].

§ 83a[6)] Übergangsregelung für die Besoldung bei Verleihung eines anderen Amtes oder bei Wechsel in den Dienst des Bundes. (1) Der Anspruch nach § 19a Satz 2 besteht ab dem 1. März 2012 auch für Wechsel in der Zeit vom 1. Juli 2009 bis zum 21. März 2012.

(2) [1] Für Beamte, Richter und Soldaten, die in der Zeit vom 1. Juli 2009 bis zum 21. März 2012 auf Grund einer Versetzung, einer Übernahme oder eines Übertritts in den Dienst des Bundes gewechselt sind, ist § 19b mit der Maßgabe

---

1) § 80a eingef. mWv 1.1.2013 durch G v. 21.7.2012 (BGBl. I S. 1583).
2) § 80b eingef. mWv 1.6.2017 durch G v. 8.6.2017 (BGBl. I S. 1570).
3) § 82 aufgeh. mWv 1.8.2021 durch G v. 28.6.2021 (BGBl. I S. 2250).
4) § 83 Abs. 3 geänd. mWv 1.1.2011 durch G v. 5.2.2009 (BGBl. I S. 160, insoweit geänd. durch G v. 19.11.2010, BGBl. I S. 1552); Überschrift und Abs. 3 geänd. mWv 1.1.2012 durch G v. 20.12.2011 (BGBl. I S. 2842); Abs. 2 und 3 aufgeh. mWv 11.1.2017 durch G v. 5.1.2017 (BGBl. I S. 17).
5) **Bundesbeamtengesetze Nr. 52A.**
6) § 83a eingef. mWv 22.3.2012 durch G v. 15.3.2012 (BGBl. I S. 462).

anzuwenden, dass eine Ausgleichszulage ab dem 1. März 2012 gewährt wird. [2]Sie wird in der Höhe gewährt, die sich am 22. März 2012 ergäbe, wenn die Zulage bereits seit dem Wechsel in den Dienst des Bundes zugestanden hätte.

§ 84 Anpassung von Bezügen nach fortgeltendem Recht. Die Anpassung nach § 14 Absatz 2 gilt entsprechend für

1. die Grundgehaltssätze (Gehaltssätze) in den Regelungen über künftig wegfallende Ämter,
2. die Amtszulagen in Überleitungsvorschriften oder Regelungen über künftig wegfallende Ämter,
3. die in festen Beträgen ausgewiesenen Zuschüsse zum Grundgehalt nach den Vorbemerkungen Nummer 1 und 2 sowie die allgemeine Stellenzulage nach Vorbemerkung Nummer 2b der Anlage II in der bis zum 22. Februar 2002 geltenden Fassung,
4. die Beträge der Amtszulagen nach Anlage 2 der Verordnung zur Überleitung in die im Zweiten Gesetz zur Vereinheitlichung und Neuregelung des Besoldungsrechts in Bund und Ländern geregelten Ämter und über die künftig wegfallenden Ämter vom 1. Oktober 1975 (BGBl. I S. 2608), geändert durch Artikel 9 des Gesetzes vom 24. März 1997 (BGBl. I S. 590).

§ 85[1)] Anwendungsbereich in den Ländern. Für die Beamten und Richter der Länder, der Gemeinden, der Gemeindeverbände sowie der sonstigen der Aufsicht eines Landes unterstehenden Körperschaften, Anstalten und Stiftungen des öffentlichen Rechts gilt das Bundesbesoldungsgesetz in der bis zum 31. August 2006 geltenden Fassung, soweit nichts Anderes bestimmt ist.[2)]

[1)] § 85 aufgeh., bish. § 86 wird § 85 mWv 1.8.2013 durch G v. 11.6.2013 (BGBl. I S. 1514).

[2)] Siehe die besoldungsrechtlichen Regelungen der Länder:
- **Baden-Württemberg:** LandesbesoldungsG v. 9.11.2010 (GBl. S. 793, 826), zuletzt geänd. durch G v. 4.2.2021 (GBl. S. 182)
- **Bayern:** Bayerisches BesoldungsG v. 5.8.2010 (GVBl. S. 410, 764), zuletzt geänd. durch G v. 9.4.2021 (GVBl. S. 150)
- **Berlin:** vgl. § 1b LandesbesoldungsG v. 9.4.1996 (GVBl. S. 160, ber. S. 463), zuletzt geänd. durch G v. 23.6.2021 (GVBl. S. 678)
- **Brandenburg:** Brandenburgisches BesoldungsG v. 20.11.2013 (GVBl. I Nr. 32, 2, ber. Nr. 34), zuletzt geänd. durch Bek. v. 25.6.2019 (GVBl. I Nr. 46, ber. Nr 47, Nr. 48)
- **Bremen:** Bremisches BesoldungsG v. 20.12.2016 (Brem.GBl. S. 924), zuletzt geänd. durch Bek. v. 20.10.2020 (Brem.GBl. S. 1172)
- **Hamburg:** Hamburgisches BesoldungsG v. 26.1.2010 (HmbGVBl. S. 23), zuletzt geänd. durch G v. 3.2.2021 (HmbGVBl. S. 59)
- **Hessen:** Hessisches BesoldungsG v. 27.5.2013 (GVBl. S. 218, 256, ber. S. 508), zuletzt geänd. durch G v. 21.5.2021 (GVBl. S. 270)
- **Mecklenburg-Vorpommern:** BesoldungsüberleitungsG v. 4.7.2011 (GVOBl. M-V S. 376) iVm Bek. v. 12.3.2013 (GVOBl. M-V S. 182)
- **Niedersachsen:** Niedersächsisches BesoldungsG v. 20.12.2016 (Nds. GVBl. S. 308, ber. 2017 S. 64), zuletzt geänd. durch G v. 10.12.2020 (Nds. GVBl. S. 496)
- **Nordrhein-Westfalen:** LandesbesoldungsG v. 14.6.2016 (GV. NRW. S. 310, 339), zuletzt geänd. durch G v. 25.3.2021 (GV. NRW. S. 331)
- **Rheinland-Pfalz:** LandesbesoldungsG v. 18.6.2013 (GVBl. S. 157, 158), zuletzt geänd. durch G v. 23.9.2020 (GVBl. S. 535)
- **Saarland:** vgl. § 1 Abs. 2 Saarländisches BesoldungsG idF der Bek. v. 10.1.1989 (Amtsbl. S. 301), zuletzt geänd. durch G v. 20.11.2019 (Amtsbl. I S. 1055)
- **Sachsen:** Sächsisches BesoldungsG v. 18.12.2013 (SächsGVBl. S. 970, 1005), zuletzt geänd. durch G v. 21.5.2021 (SächsGVBl. S. 578)
- **Sachsen-Anhalt:** LandesbesoldungsG v. 8.2.2011 (GVBl. LSA S. 68), zuletzt geänd. durch G v. 2.7.2020 (GVBl. LSA S. 334)

→

Anlage I[1)]
(zu § 20 Absatz 2 Satz 1)

Bundesbesoldungsordnungen A und B

Vorbemerkungen[2)]

I. Allgemeine Vorbemerkungen

1.[3)] Amtsbezeichnungen

(1) Weibliche Beamte führen die Amtsbezeichnung soweit möglich in der weiblichen Form.

(2) [1]Die in den Bundesbesoldungsordnungen A und B gesperrt gedruckten Amtsbezeichnungen sind Grundamtsbezeichnungen. [2]Den Grundamtsbezeichnungen können Zusätze beigefügt werden, die hinweisen auf

1. den Dienstherrn oder den Verwaltungsbereich,
2. die Laufbahn,
3. die Fachrichtung.

[3]Die Grundamtsbezeichnungen „Rat", „Oberrat", „Direktor", „Leitender Direktor", „Direktor und Professor", „Erster Direktor", „Oberdirektor", „Präsident" und „Präsident und Professor" dürfen nur in Verbindung mit einem Zusatz nach Satz 2 verliehen werden.

(3) [1]Über die Beifügung der Zusätze zu den Grundamtsbezeichnungen der Bundesbesoldungsordnung B entscheidet das Bundesministerium des Innern, für Bau und Heimat im Einvernehmen mit dem Bundesministerium der Finanzen. [2]Das Bundesministerium des Innern, für Bau und Heimat macht die Zusätze zu den Grundamtsbezeichnungen der Bundesbesoldungsordnung B jährlich zum 1. März im Gemeinsamen Ministerialblatt bekannt.

(4) [1]Die Regelungen in der Bundesbesoldungsordnung A für Ämter des mittleren, gehobenen und höheren Polizeivollzugsdienstes – mit Ausnahme des kriminalpolizeilichen Vollzugsdienstes – gelten auch für die Polizeivollzugsbeamten beim Deutschen Bundestag. [2]Diese führen die Amtsbezeichnungen des Polizeivollzugsdienstes mit dem Zusatz „beim Deutschen Bundestag".

2. „Direktor und Professor" in den Besoldungsgruppen B 1, B 2 und B 3

[1]Die Ämter „Direktor und Professor" in den Besoldungsgruppen B 1, B 2 und B 3 dürfen nur an Beamte verliehen werden, denen in wissenschaftlichen Forschungseinrichtungen oder in Dienststellen und Einrichtungen mit eigenen wis-

---

(Fortsetzung der Anm. von voriger Seite)
– **Schleswig-Holstein:** BesoldungsG Schleswig-Holstein v. 26.1.2012 (GVOBl. Schl.-H. S. 153), zuletzt geänd. durch G v. 18.3.2021 (GVOBl. Schl.-H. S. 309)
– **Thüringen:** Thüringer BesoldungsG idF der Bek. v. 18.1.2016 (GVBl. S. 1, ber. S. 166, 202), zuletzt geänd. durch G v. 21.12.2020 (GVBl. S. 655)

1) Anl. I neu gef. mWv 1.8.2013 durch G v. 11.6.2013 (*BGBl. I S. 1514*).

2) Vorbemerkung Nr. 6 und Nr. 11 geänd. mWv 1.1.2015, Nr. 4 neu gef. mWv 1.6.2015 durch G v. 13.5.2015 (BGBl. I S. 706); Nr. 5, 6, 6a, 8a, 9, 9a und 11 geänd., Nr. 8c eingef. mWv 1.1.2016 durch G v. 3.12.2015 (BGBl. I S. 2163); Nr. 6a geänd. mWv 11.1.2017 durch G v. 5.1.2017 (BGBl. I S. 17); Nr. 13 geänd. mWv 26.6.2017 durch G v. 23.6.2017 (BGBl. I S. 1822); Nr. 8c geänd. mWv 1.1.2019 durch G v. 29.11.2018 (BGBl. I S. 2232); Nr. 1, 2, 2a, 5a, 6, 6a, 7, 8, 8a, 8b, 9, 10, 13 geänd., Nr. 4, 9a, 11, 15–17 neu gef., Nr. 18 und 19 angef., Nr. 3a aufgeh. mWv 1.1.2020 durch G v. 9.12.2019 (BGBl. I S. 2053); Nr. 1, 4, 9a und 11 geänd. mWv 1.1.2020 durch G v. 28.6.2021 (BGBl. I S. 2250).

3) Siehe hierzu das BMI-RdSchr. D3 – 30200/101#6 **(Bundesbeamtengesetze Nr. 52.7)** und das BMI-RdSchr. D3 – 30200/183#5 **(Bundesbeamtengesetze Nr. 52.8)**.

senschaftlichen Forschungsbereichen überwiegend wissenschaftliche Forschungsaufgaben obliegen. [2]Dienststellen und Einrichtungen mit eigenen wissenschaftlichen Forschungsbereichen sind:

Bundesagentur für Arbeit
Bundesamt für Bauwesen und Raumordnung
Bundesamt für Naturschutz
Bundesamt für Seeschifffahrt und Hydrographie
Bundesamt für Strahlenschutz
Bundesamt für Verbraucherschutz und Lebensmittelsicherheit
Bundesanstalt für Arbeitsschutz und Arbeitsmedizin
Bundesanstalt für Geowissenschaften und Rohstoffe
Bundesanstalt für Materialforschung und -prüfung
Bundesanstalt für Straßenwesen
Bundesinstitut für Arzneimittel und Medizinprodukte
Bundesinstitut für Risikobewertung
Bundesinstitut für Sportwissenschaft
Bundeskriminalamt
Deutscher Wetterdienst
Eisenbahn-Bundesamt
Friedrich-Loeffler-Institut, Bundesforschungsinstitut für Tiergesundheit
Johann Heinrich von Thünen-Institut, Bundesforschungsinstitut für Ländliche Räume, Wald und Fischerei
Julius Kühn-Institut, Bundesforschungsinstitut für Kulturpflanzen
Max Rubner-Institut, Bundesforschungsinstitut für Ernährung und Lebensmittel
Paul-Ehrlich-Institut
Physikalisch-Technische Bundesanstalt
Robert Koch-Institut
Umweltbundesamt
Wehrtechnische Dienststelle für Schiffe und Marinewaffen, Maritime Technologie und Forschung
Wehrwissenschaftliches Institut für Werk- und Betriebsstoffe.

2a. Leiter von unteren Verwaltungsbehörden und Leiter von allgemeinbildenden oder beruflichen Schulen

[1]Die Ämter der Leiter von unteren Verwaltungsbehörden mit einem beim jeweiligen Dienstherrn örtlich begrenzten Zuständigkeitsbereich sowie die Ämter der Leiter von allgemeinbildenden oder beruflichen Schulen dürfen nur in Besoldungsgruppen der Bundesbesoldungsordnung A eingestuft werden. [2]Die Ämter der Leiter besonders bedeutender und zugleich besonders großer unterer Verwaltungsbehörden der Zollverwaltung dürfen auch in Besoldungsgruppen der Bundesbesoldungsordnung B eingestuft werden.

3. Zuordnung von Funktionen zu den Ämtern

Den Grundamtsbezeichnungen beigefügte Zusätze bezeichnen die Funktionen, die diesen Ämtern zugeordnet werden können, nicht abschließend.

II. Stellenzulagen

4. Zulage für militärische Führungsfunktionen

(1) Eine Stellenzulage nach Anlage IX erhalten Soldaten in Besoldungsgruppen bis A 14

1. als Kompaniechef oder in vergleichbarer Führungs- oder Ausbildungsfunktion,
2. als Zugführer oder in vergleichbarer Führungs- oder Ausbildungsfunktion,
3. als Gruppenführer oder in vergleichbarer Führungs- oder Ausbildungsfunktion,
4. als Truppführer oder in vergleichbarer Führungs- oder Ausbildungsfunktion,
5. mit Weisungsrecht gegenüber Zivilpersonen in der Funktion als Vertreter des Bundes als Arbeitgeber im Sinne der Gewerbeordnung.

(2) Sofern mehrere Voraussetzungen des Absatzes 1 gleichzeitig erfüllt sind, wird nur die höhere Zulage gewährt.

(3) [1]Die Zulage nach Absatz 1 wird neben einer anderen Stellenzulage nur gewährt, soweit sie diese übersteigt. [2]Neben einer Amtszulage in der Besoldungsgruppe A 13 wird die Zulage nach Absatz 1 nicht gewährt.

(4) Das Nähere regelt das Bundesministerium der Verteidigung im Einvernehmen mit dem Bundesministerium des Innern, für Bau und Heimat durch allgemeine Verwaltungsvorschrift.

4a. Zulage für Soldaten als Kompaniefeldwebel

Soldaten der Besoldungsgruppen A 7 bis A 9 erhalten als Kompaniefeldwebel eine Stellenzulage nach Anlage IX.

5. Zulage für flugzeugtechnisches Personal, flugsicherungstechnisches Personal der militärischen Flugsicherung und technisches Personal des Einsatzführungsdienstes

(1) Eine Stellenzulage nach Anlage IX erhalten Beamte und Soldaten als erster Spezialist oder in höherwertigen Funktionen in einer Verwendung als

1. flugzeugtechnisches Personal,
2. flugsicherungstechnisches Personal der militärischen Flugsicherung und als technisches Personal des Einsatzführungsdienstes,
3. hauptamtliches Personal zentraler Ausbildungseinrichtungen, das nach einer Verwendung gemäß Nummer 1 oder Nummer 2 Beamte und Soldaten für solche Verwendungen ausbildet.

(2) Die Stellenzulage wird neben einer Stellenzulage nach den Nummern 4, 6, 6a oder 9a nur gewährt, soweit sie diese übersteigt.

5a. Zulage für Beamte und Soldaten im militärischen Flugsicherungsbetriebsdienst, Einsatzführungsdienst und Geoinformationsdienst der Bundeswehr

(1) Eine Stellenzulage nach Anlage IX erhalten Beamte und Soldaten, die im militärischen Flugsicherungsbetriebsdienst, im Einsatzführungsdienst und im Geoinformationsdienst der Bundeswehr verwendet werden

1. als Flugsicherungskontrollpersonal in
   a) Flugsicherungssektoren,
   b) Flugsicherungsstellen,
   c) einer Lehrtätigkeit an einer Schule,
2. als Flugdatenbearbeitungspersonal in Flugsicherungssektoren,

3. als Flugberatungspersonal in
   a) Flugsicherungsstellen,
   b) zentralen Stellen des Flugberatungsdienstes,
   c) einer Lehrtätigkeit an einer Schule,
4. als Betriebspersonal des Einsatzführungsdienstes
   a) mit erfolgreich abgeschlossenem Lehrgang Radarleitung/Einsatzführungsoffizier,
   b) ohne Lehrgang Radarleitung/Einsatzführungsoffizier
      aa) im Einsatzdienst in Luftverteidigungsanlagen,
      bb) in einer Lehrtätigkeit im Einsatzführungsdienst,
5. in Stabs-, Fach- und Truppenführerfunktionen – nicht jedoch bei einer obersten Bundesbehörde – sowie als Ausbildungspersonal der militärischen Flugsicherung oder des Einsatzführungsdienstes,
6. im Flugwetterberatungsdienst oder im Wetterbeobachtungsdienst auf Flugplätzen mit Flugbetrieb der Bundeswehr oder in den zentralen Geoinformationsberatungsstellen.

(2) Die Stellenzulage wird neben einer Stellenzulage nach den Nummern 6, 8, 9 oder 9a nur gewährt, soweit sie diese übersteigt.

(3) Die allgemeinen Verwaltungsvorschriften erlässt das Bundesministerium der Verteidigung im Einvernehmen mit dem Bundesministerium des Innern, für Bau und Heimat.

6. Zulage für Beamte und Soldaten in fliegerischer Verwendung

(1) [1] Eine Stellenzulage nach Anlage IX erhalten Beamte und Soldaten in Besoldungsgruppen der Bundesbesoldungsordnung A, wenn sie verwendet werden

1. als Luftfahrzeugführer mit der Erlaubnis zum Führen ein- oder zweisitziger strahlgetriebener Kampf- oder Schulflugzeuge oder als Waffensystemoffizier mit der Erlaubnis zum Einsatz auf zweisitzigen strahlgetriebenen Kampf- oder Schulflugzeugen,
2. als Luftfahrzeugführer mit der Erlaubnis zum Führen sonstiger strahlgetriebener Flugzeuge oder sonstiger Luftfahrzeuge oder als Luftfahrzeugoperationsoffizier,
3. als Steuerer mit der Erlaubnis und Berechtigung zum Führen und Bedienen unbemannter Luftfahrtgeräte, die nach Instrumentenflugregeln geführt und bedient werden müssen,
4. als Flugtechniker in der Bundespolizei oder als sonstige ständige Luftfahrzeugbesatzungsangehörige in der Bundeswehr.

[2] Die Stellenzulage erhöht sich um den Betrag nach Anlage IX für verantwortliche Luftfahrzeugführer, die mit der Berechtigung eines Kommandanten auf Flugzeugen verwendet werden, für die eine Mindestbesatzung von zwei Luftfahrzeugführern vorgeschrieben ist. [3] Die Erhöhung gilt bis zum 31. Dezember 2023.

(2) [1] Die zuletzt nach Absatz 1 Satz 1 gewährte Stellenzulage wird nach Beendigung der Verwendung, auch über die Besoldungsgruppe A 16 hinaus, für fünf Jahre weitergewährt, wenn der Beamte oder Soldat

1. mindestens fünf Jahre in einer Tätigkeit nach Absatz 1 verwendet worden ist oder
2. bei der Verwendung nach Absatz 1 einen Dienstunfall im Flugdienst oder eine durch die Besonderheiten dieser Verwendung bedingte gesundheitliche Schädigung erlitten hat, die die weitere Verwendung nach Absatz 1 ausschließen.

[2] Der Fünfjahreszeitraum verlängert sich bei Soldaten, die zur Erhaltung ihres fliegerischen Könnens verpflichtet sind, um zwei Drittel des Verpflichtungszeitraumes, höchstens jedoch um drei Jahre. [3] Danach verringert sich die Stellenzulage auf 50 Prozent.

(3) [1] Hat der Beamte oder Soldat einen Anspruch auf eine Stellenzulage nach Absatz 2 und wechselt er in eine weitere Verwendung, mit der ein Anspruch auf eine geringere Stellenzulage nach Absatz 1 verbunden ist, so erhält er zusätzlich zu der geringeren Stellenzulage den Unterschiedsbetrag zu der Stellenzulage nach Absatz 2. [2] Nach Beendigung der weiteren Verwendung wird die Stellenzulage nach Absatz 2 Satz 1 und 2 nur weitergewährt, soweit sie noch nicht vor der weiteren Verwendung bezogen und auch nicht während der weiteren Verwendung durch den Unterschiedsbetrag zwischen der geringeren Stellenzulage und der Stellenzulage nach Absatz 2 abgegolten worden ist. [3] Der Berechnung der Stellenzulage nach Absatz 2 Satz 3 wird die höhere Stellenzulage zugrunde gelegt.

(4) Eine Stellenzulage nach Absatz 1 Satz 1 ist in Höhe von 50 Prozent ruhegehaltfähig, wenn

1. sie mindestens fünf Jahre bezogen worden ist oder
2. das Dienstverhältnis beendet worden ist
   a) durch Tod oder
   b) durch Dienstunfähigkeit infolge eines durch die Verwendung erlittenen Dienstunfalls oder einer durch die Besonderheiten dieser Verwendung bedingten gesundheitlichen Schädigung.

(5) [1] Die Stellenzulage wird neben einer Stellenzulage nach Nummer 8 nur gewährt, soweit sie diese übersteigt. [2] Abweichend von Satz 1 wird die Stellenzulage nach Absatz 1 neben einer Stellenzulage nach Nummer 8 gewährt, soweit sie deren Hälfte übersteigt.

(6) [1] Der Erwerb der Berechtigung nach Absatz 1 Satz 2 wird durch allgemeine Verwaltungsvorschrift des Bundesministeriums der Verteidigung geregelt. [2] Im Übrigen erlässt die oberste Dienstbehörde die allgemeinen Verwaltungsvorschriften im Einvernehmen mit dem Bundesministerium des Innern, für Bau und Heimat.

6a. Zulage für Beamte und Soldaten als Luftfahrttechnisches Prüfpersonal und freigabeberechtigtes Personal

(1) Beamte und Soldaten erhalten eine Stellenzulage nach Anlage IX, wenn sie eine der folgenden Qualifikationen besitzen und entsprechend der Qualifikation verwendet werden:

1. die Erlaubnis als Nachprüfer von Luftfahrtgerät,
2. die Erlaubnis als Prüfer von Luftfahrtgerät,
3. die Berechtigung der Kategorie B oder Kategorie C zur Freigabe von Luftfahrzeugen oder Komponenten nach der Verordnung (EU) Nr. 1321/2014 der Kommission vom 26. November 2014 über die Aufrechterhaltung der Lufttüchtigkeit von Luftfahrzeugen und luftfahrttechnischen Erzeugnissen, Teilen und Ausrüstungen und die Erteilung von Genehmigungen für Organisationen und Personen, die diese Tätigkeiten ausführen (ABl. L 362 vom 17.12.2014, S. 1),
4. die Erlaubnis zur Prüfung der Lufttüchtigkeit,
5. die Berechtigung als Prüfer für zerstörungsfreie Prüfungen von Luftfahrzeugen, Luftfahrtgeräten und Zusatzausrüstungen mit Zertifizierung nach DIN EN

4179, Ausgabe März 2017, in Verbindung mit den für den Geschäftsbereich des Bundesministeriums der Verteidigung geltenden Zulassungsvorschriften.

(2) Die Stellenzulage wird neben einer Stellenzulage nach Nummer 4, 5a oder 9a nur gewährt, soweit sie diese übersteigt.

7. Zulage für Beamte und Soldaten bei obersten Behörden sowie bei obersten Gerichtshöfen des Bundes

(1) Beamte und Soldaten erhalten, wenn sie bei obersten Bundesbehörden oder bei obersten Gerichtshöfen des Bundes verwendet werden, eine Stellenzulage nach Anlage IX.

(2) [1] Die Stellenzulage wird nicht neben der bei der Deutschen Bundesbank gewährten Bankzulage und neben Auslandsdienstbezügen oder Auslandsverwendungszuschlag nach Abschnitt 5 gewährt. [2] Die Stellenzulage wird neben Stellenzulagen nach den Nummern 6, 6a, 8 bis 9, 10 und 15 bis 19 nur gewährt, soweit sie diese übersteigt.

(3) Beamte und Soldaten erhalten während der Verwendung bei obersten Behörden eines Landes, das für die Beamten bei seinen obersten Behörden eine Regelung entsprechend Absatz 1 getroffen hat, die Stellenzulage in der nach dem Besoldungsrecht dieses Landes bestimmten Höhe.

8. Zulage für Beamte und Soldaten bei den Nachrichtendiensten

(1) Beamte und Soldaten erhalten, wenn sie bei den Nachrichtendiensten des Bundes oder der Länder verwendet werden, eine Stellenzulage nach Anlage IX.

(2) Nachrichtendienste sind der Bundesnachrichtendienst, das Bundesamt für den Militärischen Abschirmdienst, das Bundesamt für Verfassungsschutz sowie die Einrichtungen für Verfassungsschutz der Länder.

8a. Zulage für Beamte der Bundeswehr und Soldaten in der Fernmelde- und elektronischen Aufklärung, der satellitengestützten abbildenden Aufklärung oder der Luftbildauswertung

(1) [1] Beamte der Bundeswehr und Soldaten erhalten eine Stellenzulage nach Anlage IX, wenn sie verwendet werden in

1. der Fernmelde- und elektronischen Aufklärung,
2. der satellitengestützten abbildenden Aufklärung oder
3. der Luftbildauswertung.

[2] Die Zulage erhalten unter den gleichen Voraussetzungen auch Beamte auf Widerruf, die einen Vorbereitungsdienst ableisten.

(2) Durch die Stellenzulage werden die mit dem Dienst allgemein verbundenen Erschwernisse und Aufwendungen mit abgegolten.

(3) Die Stellenzulage wird neben einer Stellenzulage nach den Nummern 5, 5a, 6, 6a oder 8 nur gewährt, soweit sie diese übersteigt.

8b. Zulage für Beamte bei dem Bundesamt für Sicherheit in der Informationstechnik und bei der Zentralen Stelle für Informationstechnik im Sicherheitsbereich

(1) Beamte erhalten eine Stellenzulage nach Anlage IX, wenn sie verwendet werden

1. beim Bundesamt für Sicherheit in der Informationstechnik oder
2. bei der Zentralen Stelle für Informationstechnik im Sicherheitsbereich.

(2) Die Stellenzulage wird neben einer Stellenzulage nach Nummer 9 nur gewährt, soweit sie diese übersteigt.

8c. Zulage für Beamte und Soldaten bei dem Bundesamt für Migration und Flüchtlinge

(1) Beamte und Soldaten erhalten, wenn sie bei dem Bundesamt für Migration und Flüchtlinge verwendet werden, bis zum 31. Dezember 2023 eine Stellenzulage nach Anlage IX.

(2) Durch die Stellenzulage werden die mit dem Dienst allgemein verbundenen Erschwernisse und Aufwendungen mit abgegolten.

9. Zulage für Beamte und Soldaten mit vollzugspolizeilichen Aufgaben

(1) Eine Stellenzulage nach Anlage IX erhalten, soweit ihnen Dienstbezüge nach der Bundesbesoldungsordnung A zustehen,

1. Polizeivollzugsbeamte,
2. Feldjäger,
3. Beamte der Zollverwaltung, die
   a) in der Grenzabfertigung verwendet werden,
   b) in einem Bereich verwendet werden, in dem gemäß Bestimmung des Bundesministeriums der Finanzen typischerweise vollzugspolizeilich geprägte Tätigkeiten wahrgenommen werden, oder
   c) mit vollzugspolizeilichen Aufgaben betraut sind.

(2) Eine Zulage nach Absatz 1 erhalten unter den gleichen Voraussetzungen auch Beamte auf Widerruf, die einen Vorbereitungsdienst ableisten.

(3) Die Stellenzulage wird nicht neben einer Stellenzulage nach Nummer 8 gewährt.

(4) Durch die Stellenzulage werden die Besonderheiten des jeweiligen Dienstes, insbesondere der mit dem Posten- und Streifendienst sowie dem Nachtdienst verbundene Aufwand sowie der Aufwand für Verzehr mit abgegolten.

9a. Zulage im maritimen Bereich

(1) [1] Eine Stellenzulage nach Anlage IX erhalten Beamte der Bundeswehr und Soldaten, wenn sie verwendet werden

1. als Angehörige einer Besatzung in Dienst gestellter seegehender Schiffe der Marine oder anderer Seestreitkräfte,
2. als Angehörige einer Besatzung in Dienst gestellter U-Boote der Marine oder anderer Seestreitkräfte oder
3. als Kampfschwimmer oder Minentaucher mit gültigem Kampfschwimmer- oder Minentaucherschein auf einer Stelle des Stellenplans, die eine Kampfschwimmer- oder Minentaucherausbildung voraussetzt.

[2] Sind gleichzeitig mehrere Tatbestände nach Satz 1 Nummer 1 bis 3 erfüllt, wird nur die höhere Zulage gewährt.

(2) [1] Die Stellenzulage nach Absatz 1 Satz 1 Nummer 1 oder Nummer 2 erhalten auch Beamte der Bundeswehr und Soldaten, die auf Grund einer Abordnung oder einer Kommandierung Aufgaben an Bord eines seegehenden Schiffes oder U-Bootes der Marine oder anderer Streitkräfte zu erfüllen haben, ohne zur Besatzung zu gehören. [2] Ist dieses Schiff oder U-Boot noch nicht in Dienst gestellt, steht die Zulage ab dem Tag der Zugehörigkeit zur Fahrmannschaft für die Dauer der Verwendung zu. [3] Absatz 1 Satz 2 gilt entsprechend.

(3) Eine Stellenzulage nach Anlage IX erhalten auch Beamte und Soldaten in einer Verwendung als

1. Angehörige einer Besatzung anderer seegehender Schiffe, die überwiegend zusammenhängend mehrstündig seewärts der in § 1 der Flaggenrechtsverordnung festgelegten Grenzen der Seefahrt verwendet werden,
2. Angehörige einer Besatzung anderer, als der unter Nummer 1 genannter seegehender Schiffe,
3. Taucher für den maritimen Einsatz.

(4) Die Stellenzulage wird neben einer anderen Stellenzulage, mit Ausnahme der Stellenzulage nach Nummer 4a, Nummer 8a oder Nummer 9, nur gewährt, soweit sie diese übersteigt.

(5) Das Nähere kann die oberste Bundesbehörde durch allgemeine Verwaltungsvorschriften im Einvernehmen mit dem Bundesministerium des Innern, für Bau und Heimat und dem Bundesministerium der Finanzen regeln.

10. Zulage für Beamte und Soldaten im Einsatzdienst der Feuerwehr

(1) [1]Beamte und Soldaten der Bundesbesoldungsordnung A, die im Einsatzdienst der Feuerwehr verwendet werden, erhalten eine Stellenzulage nach Anlage IX. [2]Die Zulage erhalten unter den gleichen Voraussetzungen auch Beamte auf Widerruf, die Vorbereitungsdienst leisten.

(2) Die Zulage erhält auch hauptamtliches feuerwehrdiensttaugliches Personal zentraler Ausbildungseinrichtungen der Bundeswehr, das nach einer Verwendung nach Absatz 1

1. Beamte und Soldaten für den Einsatzdienst der Feuerwehr ausbildet oder
2. in der unmittelbaren Unterstützung der Ausbildung für den Einsatzdienst der Feuerwehr verwendet wird.

(3) Durch die Stellenzulage nach Absatz 1 werden die Besonderheiten des Einsatzdienstes der Feuerwehr, insbesondere der mit dem Nachtdienst verbundene Aufwand sowie der Aufwand für Verzehr mit abgegolten.

11. Zulage für Beamte der Bundeswehr als Gebietsärzte sowie für Soldaten als Rettungsmediziner oder als Gebietsärzte

(1) Eine Stellenzulage nach Anlage IX erhalten bis zum 31. Dezember 2023

1. Beamte der Bundeswehr der Besoldungsgruppen A 13 bis A 16 mit der Approbation als Arzt, die die Weiterbildung zum Gebietsarzt erfolgreich abgeschlossen haben und in diesem Fachgebiet in einer kurativen Sanitätseinrichtung der Bundeswehr verwendet werden,
2. Soldaten der Besoldungsgruppen A 13 bis A 16 als Sanitätsoffiziere mit der Approbation als Arzt, die
   a) über die Zusatzqualifikation Rettungsmedizin verfügen und dienstlich zur Erhaltung dieser Qualifikation verpflichtet sind oder
   b) die Weiterbildung zum Gebietsarzt erfolgreich abgeschlossen haben und in diesem Fachgebiet verwendet werden.

(2) Bei gleichzeitigem Vorliegen der Voraussetzungen nach Absatz 1 Nummer 2 Buchstabe a und b wird die Stellenzulage nur einmal gewährt.

(3) [1]Die Zulage nach Absatz 1 Nummer 2 wird um den Betrag nach Anlage IX erhöht, wenn der Soldat als Angehöriger einer Besatzung in Dienst gestellter seegehender Schiffe der Marine oder anderer Seestreitkräfte verwendet wird. [2]Erfüllt der Soldat entsprechende Aufgaben auf einem solchen Schiff auf Grund

einer Kommandierung, ohne zur Besatzung zu gehören, erhält er diesen Betrag anteilig für die Dauer der Kommandierung.

(4) Den Erwerb und die Erhaltung der Zusatzqualifikation Rettungsmedizin regelt das Bundesministerium der Verteidigung durch allgemeine Verwaltungsvorschrift.

12. Zulage für Beamte mit Meisterprüfung oder Abschlussprüfung als staatlich geprüfter Techniker

Beamte in Laufbahnen des mittleren Dienstes, in denen die Meisterprüfung oder die Abschlussprüfung als staatlich geprüfter Techniker vorgeschrieben ist, erhalten, wenn sie die Prüfung bestanden haben, eine Stellenzulage nach Anlage IX.

13. Zulage für Beamte im Außendienst der Steuerprüfung oder der Zollfahndung sowie bei der Zentralstelle für Finanztransaktionsuntersuchungen

(1) Beamte des mittleren Dienstes und des gehobenen Dienstes in der Steuerverwaltung und der Zollverwaltung erhalten für die Zeit ihrer Verwendung im Außendienst der Steuerprüfung oder der Zollfahndung eine Stellenzulage nach Anlage IX.

(2) [1] Beamte, die bei der Zentralstelle für Finanztransaktionsuntersuchungen verwendet werden, erhalten eine Stellenzulage nach Anlage IX. [2] Mit der Zulage werden die mit der Tätigkeit allgemein verbundenen Aufwendungen abgegolten.

(3) Die Stellenzulage nach Absatz 1 oder Absatz 2 wird neben einer Stellenzulage nach Nummer 9 nur gewährt, soweit sie diese übersteigt.

(4) Die allgemeinen Verwaltungsvorschriften erlässt das Bundesministerium der Finanzen im Einvernehmen mit dem Bundesministerium des Innern, für Bau und Heimat.

14. Zulage für Flugsicherungslotsen

(1) Beamte des gehobenen Dienstes in den Besoldungsgruppen A 9 bis A 11 und Soldaten in diesen Besoldungsgruppen erhalten im Flugsicherungskontrolldienst eine Stellenzulage nach Anlage IX.

(2) Die Stellenzulage wird nicht neben einer Stellenzulage nach den Nummern 6a bis 10 gewährt.

15. Zulage für Beamte beim Bundeskriminalamt, bei der Bundespolizei und der Zollverwaltung

(1) [1] Beamte erhalten eine Stellenzulage nach Anlage IX, wenn sie verwendet werden

1. im Bundeskriminalamt,
2. in der Bundespolizei oder
3. in der Zollverwaltung
   a) im Zollkriminalamt oder
   b) in einer örtlichen Behörde der Zollverwaltung in Bereichen, in denen typischerweise Außendienst oder gefährdungsrelevante Tätigkeiten wahrgenommen werden.

[2] Die Bereiche nach Satz 1 Nummer 3 Buchstabe b bestimmt das Bundesministerium der Finanzen durch allgemeine Verwaltungsvorschrift.

(2) Die Zulage wird nicht neben einer Stellenzulage nach Nummer 9 oder Nummer 13 gewährt.

(3) Mit der Zulage werden auch die mit der Tätigkeit allgemein verbundenen Aufwendungen abgegolten.

16. Zulage für Beamte und Soldaten der Cyberverteidigung bei der Bundeswehr

(1) Eine Stellenzulage nach Anlage IX erhalten Beamte und Soldaten der Bundeswehr in Besoldungsgruppen der Bundesbesoldungsordnung A, wenn sie verwendet werden

1. für Computernetzwerkoperationen im Rahmen der Cyberverteidigung,
2. für die Entwicklung und Bereitstellung informationstechnischer Systeme und Verfahren für die Aufgaben nach Nummer 1 oder
3. für die Aus- und Fortbildung für Aufgaben nach Nummer 1.

(2) Für denselben Zeitraum wird die Zulage nur einmal gewährt.

(3) Die Stellenzulage wird neben einer anderen Stellenzulage nur gewährt, soweit sie diese übersteigt.

(4) Die allgemeinen Verwaltungsvorschriften erlässt das Bundesministerium der Verteidigung.

17. Zulage für Beamte bei der Bundesanstalt für den Digitalfunk der Behörden und Organisationen mit Sicherheitsaufgaben und beim Informationstechnikzentrum Bund

(1) Beamte erhalten eine Stellenzulage nach Anlage IX, wenn sie verwendet werden

1. bei der Bundesanstalt für den Digitalfunk der Behörden und Organisationen mit Sicherheitsaufgaben oder
2. beim Informationstechnikzentrum Bund.

(2) Die Stellenzulage wird neben einer anderen Stellenzulage nur gewährt, soweit sie diese übersteigt.

18. Zulage für Beamte der Bundeswehr und Soldaten in Verwendungen zur Aufrechterhaltung und Sicherstellung des IT-Betriebs und der IT-Infrastruktur der Bundeswehr

(1) Eine Stellenzulage nach Anlage IX erhalten Beamte der Bundeswehr und Soldaten, die bei zentralen Einrichtungen des Geschäftsbereichs des Bundesministeriums der Verteidigung unmittelbar für die Aufrechterhaltung und Sicherstellung des IT-Betriebs und der IT-Infrastruktur der Bundeswehr verwendet werden.

(2) Die Stellenzulage wird nicht neben einer Stellenzulage nach Nummer 8a, 8b oder 16 gewährt.

(3) Die allgemeinen Verwaltungsvorschriften erlässt das Bundesministerium der Verteidigung.

19. Zulage für Beamte der Zentrale der Bundesagentur für Arbeit

[1]Beamte, die in der Zentrale der Bundesagentur für Arbeit verwendet werden, erhalten eine Zulage nach Anlage IX. [2]Mit der Zulage werden auch die mit der Tätigkeit allgemein verbundenen Aufwendungen abgegolten.

Bundesbesoldungsordnung A

Besoldungsgruppe A 2[1)]

(aufgehoben)

Besoldungsgruppe A 3[2)]

Hauptamtsgehilfe
Oberaufseher[*1)]
Oberschaffner[*1)]
Oberwachtmeister[*1)][*2)]
Grenadier, Jäger, Panzerschütze, Panzergrenadier, Panzerjäger, Kanonier, Panzerkanonier, Pionier, Panzerpionier, Funker, Panzerfunker, Schütze, Flieger, Sanitätssoldat, Matrose
Gefreiter[*3)]

[*1)] **Amtl. Anm.:** Erhält eine Amtszulage nach Anlage IX.
[*2)] **Amtl. Anm.:** Beamte im Justizdienst erhalten eine Amtszulage nach Anlage IX. Neben der Amtszulage steht eine Amtszulage nach Fußnote 1 nicht zu.
[*3)] **Amtl. Anm.:** Erhält eine Amtszulage nach Anlage IX.

Besoldungsgruppe A 4

Amtsmeister
Hauptaufseher[*1)]
Hauptschaffner[*1)]
Hauptwachtmeister[*1)][*2)]
Oberwart[*1)][*3)]

Obergefreiter
Hauptgefreiter[*4)]

[*1)] **Amtl. Anm.:** Erhält eine Amtszulage nach Anlage IX.
[*2)] **Amtl. Anm.:** Beamte im Justizdienst erhalten eine Amtszulage nach Anlage IX. Neben der Amtszulage steht eine Amtszulage nach der Fußnote 1 nicht zu.
[*3)] **Amtl. Anm.:** Als Eingangsamt.
[*4)] **Amtl. Anm.:** Erhält eine Amtszulage nach Anlage IX.

Besoldungsgruppe A 5[3)]

Betriebsassistent[*1)][*2)]
Erster Hauptwachtmeister[*1)][*2)][*3)]
Hauptwart[*1)][*2)]
Oberamtsmeister[*2)]

Stabsgefreiter
Oberstabsgefreiter[*1)]

[1)] BesGr. A 2 aufgeh. mWv 1.3.2020 durch G v. 9.12.2019 (BGBl. I S. 2053).
[2)] BesGr. A 3 neu gef. mWv 1.3.2020 durch G v. 9.12.2019 (BGBl. I S. 2053); neu gef. mWv 1.1.2020 durch G v. 28.6.2021 (BGBl. I S. 2250).
[3)] BesGr. A 5 geänd. mWv 1.6.2015 durch G v. 13.5.2015 (BGBl. I S. 706).

Unteroffizier
Maat
Fahnenjunker
Seekadett

---

*1) **Amtl. Anm.:** Erhält eine Amtszulage nach Anlage IX.
*2) **Amtl. Anm.:** Soweit nicht in der Besoldungsgruppe A 6.
*3) **Amtl. Anm.:** Beamte im Justizdienst erhalten eine Amtszulage nach Anlage IX. Neben der Amtszulage steht eine Amtszulage nach der Fußnote 1 nicht zu.

Besoldungsgruppe A 6[1)]

Betriebsassistent*1)
Erster Hauptwachtmeister*1) *2)
Hauptwart*1)
Oberamtsmeister*1)
Sekretär*3)
Korporal
Stabskorporal*5)

Stabsunteroffizier*4)
Obermaat*4)

---

*1) **Amtl. Anm.:** Soweit nicht in der Besoldungsgruppe A 5.
*2) **Amtl. Anm.:** Beamte im Justizdienst erhalten eine Amtszulage nach Anlage IX.
*3) **Amtl. Anm.:** Als Eingangsamt.
*4) **Amtl. Anm.:** Soweit nicht in der Besoldungsgruppe A 7.
*5) **Amtl. Anm.:** Erhält eine Amtszulage nach Anlage IX.

Besoldungsgruppe A 7

Brandmeister*1)
Oberlokomotivführer*2)
Obersekretär*3)
Oberwerkmeister*2)
Polizeimeister*1)

Stabsunteroffizier*4)
Obermaat*4)
Feldwebel
Bootsmann
Fähnrich
Fähnrich zur See
Oberfeldwebel*5)
Oberbootsmann*5)

---

*1) **Amtl. Anm.:** Als Eingangsamt.
*2) **Amtl. Anm.:** Auch als Eingangsamt.

---

1) BesGr. A 6 geänd. mWv 1.6.2015 durch G v. 13.5.2015 (BGBl. I S. 706); geänd. mWv 1.1.2020 durch G v. 9.12.2019 (BGBl. I S. 2053).

*3) **Amtl. Anm.:** Auch als Eingangsamt für Laufbahnen des mittleren technischen Dienstes.
*4) **Amtl. Anm.:** Soweit nicht in der Besoldungsgruppe A 6.
*5) **Amtl. Anm.:** Erhält eine Amtszulage nach Anlage IX.

Besoldungsgruppe A 8

Hauptlokomotivführer
H a u p t s e k r e t ä r
H a u p t w e r k m e i s t e r
Oberbrandmeister
Polizeiobermeister

Hauptfeldwebel*1)
Hauptbootsmann*1)
Oberfähnrich*1)
Oberfähnrich zur See*1)

*1) **Amtl. Anm.:** Erhält eine Amtszulage nach Anlage IX.

Besoldungsgruppe A 9[1)]

A m t s i n s p e k t o r *1)
B e t r i e b s i n s p e k t o r *1)
Hauptbrandmeister*1)
I n s p e k t o r
Kapitän
Konsulatssekretär
Kriminalkommissar
Polizeihauptmeister*1)
Polizeikommissar

Stabsfeldwebel
Stabsbootsmann
Oberstabsfeldwebel*1)
Oberstabsbootsmann*1)
Leutnant
Leutnant zur See

*1) **Amtl. Anm.:** Beamte und Soldaten in Funktionen, die sich von denen der Besoldungsgruppe A 9 abheben, können eine Amtszulage nach Anlage IX erhalten.

Besoldungsgruppe A 10*1)

Konsulatssekretär Erster Klasse
Kriminaloberkommissar
O b e r i n s p e k t o r
Polizeioberkommissar

1) BesGr. A 9 geänd. mWv 1.1.2016 durch G v. 3.12.2015 (BGBl. I S. 2163); geänd. mWv 1.1.2020 durch G v. 9.12.2019 (BGBl. I S. 2053); geänd. mWv 1.1.2020 durch G v. 28.6.2021 (BGBl. I S. 2250).

Seekapitän

Oberleutnant
Oberleutnant zur See

*1) **Amtl. Anm.:** Auch als Eingangsamt (siehe § 23 Absatz 2).

Besoldungsgruppe A 11*1)

Amtmann
Kanzler*2)
Kriminalhauptkommissar*3)
Polizeihauptkommissar*3)
Seeoberkapitän

Hauptmann*3)
Kapitänleutnant*3)

*1) **Amtl. Anm.:** Auch als Eingangsamt (siehe § 23 Absatz 2).
*2) **Amtl. Anm.:** Im Auswärtigen Dienst.
*3) **Amtl. Anm.:** Soweit nicht in der Besoldungsgruppe A 12.

Besoldungsgruppe A 12

Amtsrat
Kanzler Erster Klasse*1) *2)
Kriminalhauptkommissar*3)
Polizeihauptkommissar*3)
Rechnungsrat
– als Prüfungsbeamter beim Bundesrechnungshof –
Seehauptkapitän*1)

Hauptmann*3)
Kapitänleutnant*3)

*1) **Amtl. Anm.:** Soweit nicht in der Besoldungsgruppe A 13.
*2) **Amtl. Anm.:** Im Auswärtigen Dienst.
*3) **Amtl. Anm.:** Soweit nicht in der Besoldungsgruppe A 11.

Besoldungsgruppe A 13*1) [1]

Akademischer Rat
– als wissenschaftlicher Mitarbeiter an einer Hochschule –
Erster Kriminalhauptkommissar
Erster Polizeihauptkommissar
Kanzler Erster Klasse*3) *4)
Konsul

[1] BesGr. A 13 geänd. mWv 1.8.2013 durch G v. 6.3.2015 (BGBl. I S. 250); mWv 1.1.2017 durch G v. 5.1.2017 (BGBl. I S. 17); geänd. mWv 1.1.2020 durch G v. 9.12.2019 (BGBl. I S. 2053); geänd. mWv 1.1.2020 und mWv 17.7.2020 durch G v. 28.6.2021 (BGBl. I S. 2250).

Kustos
Legationsrat
Militärrabbiner*5)
O b e r a m t s r a t
Oberrechnungsrat
– als Prüfungsbeamter beim Bundesrechnungshof –
P f a r r e r *5)
R a t
Seehauptkapitän*3)
Fachschuloberlehrer*6) *7) *8)
Studienrat
– im höheren Dienst –*9)

Stabshauptmann
Stabskapitänleutnant
Major
Korvettenkapitän
Stabsapotheker
Stabsarzt
Stabsveterinär

---

*1) **Amtl. Anm.:** Beamte des gehobenen Dienstes und Soldaten im Dienstgrad Stabshauptmann oder Stabskapitänleutnant in Funktionen, die sich von denen der Besoldungsgruppe A 13 abheben, können eine Amtszulage nach Anlage IX erhalten.
*2) **Amtl. Anm.:** *(aufgehoben)*
*3) **Amtl. Anm.:** Soweit nicht in der Besoldungsgruppe A 12.
*4) **Amtl. Anm.:** Im Auswärtigen Dienst.
*5) **Amtl. Anm.:** Soweit nicht in der Besoldungsgruppe A 14.
*6) **Amtl. Anm.:** Mit der Befähigung für das Lehramt an Realschulen.
*7) **Amtl. Anm.:** Erhält als der ständige Vertreter eines Fachschuldirektors oder als Fachvorsteher eine Amtszulage nach Anlage IX.
*8) **Amtl. Anm.:** Als Eingangsamt.
*9) **Amtl. Anm.:** Mit der Befähigung für das Lehramt an Gymnasien oder beruflichen Schulen.

Besoldungsgruppe A 14[1)]

Akademischer Oberrat
– als wissenschaftlicher Mitarbeiter an einer Hochschule –
Konsul Erster Klasse
Legationsrat Erster Klasse*2)
Militärrabbiner*4)
Oberkustos
O b e r r a t
P f a r r e r *4)
Fachschuldirektor
– als Leiter einer Bundeswehrfachschule mit Lehrgängen, die zu einem Abschluss führen, der dem der Realschule entspricht –*5)

---

1) BesGr. A 14 geänd. mWv 1.1.2020 durch G v. 9.12.2019 (BGBl. I S. 2053); geänd. mWv 17.7.2020 durch G v. 28.6.2021 (BGBl. I S. 2250).

Fachschuloberlehrer
– als der ständige Vertreter des Direktors einer Fachschule als Leiter einer Fachschule mit beruflichem Unterricht mit bis zu 360 Unterrichtsteilnehmern –*6) *7)
– als Stufenleiter Sekundarstufe I bei einer Bundeswehrfachschule –*6)
Oberstudienrat
– im höheren Dienst –*8)
Regierungsschulrat
– im Schulaufsichtsdienst –

Oberstleutnant*3)
Fregattenkapitän*3)
Oberstabsapotheker
Oberstabsarzt
Oberstabsveterinär

*1) **Amtl. Anm.:** *(aufgehoben)*
*2) **Amtl. Anm.:** Führt während der Verwendung als Leiter einer Botschaft oder Gesandtschaft die Amtsbezeichnung „Botschafter" oder „Gesandter".
*3) **Amtl. Anm.:** Soweit nicht in der Besoldungsgruppe A 15.
*4) **Amtl. Anm.:** Soweit nicht in der Besoldungsgruppe A 13.
*5) **Amtl. Anm.:** Erhält eine Amtszulage nach Anlage IX.
*6) **Amtl. Anm.:** Mit der Befähigung für das Lehramt an Realschulen.
*7) **Amtl. Anm.:** Bei Schulen mit Teilzeitunterricht rechnen 2,5 Unterrichtsteilnehmer mit Teilzeitunterricht als einer.
*8) **Amtl. Anm.:** Mit der Befähigung für das Lehramt an Gymnasien oder beruflichen Schulen.

Besoldungsgruppe A 15[1)]

Akademischer Direktor
– als wissenschaftlicher Mitarbeiter an einer Hochschule –
Botschafter*1)
Botschaftsrat
Bundesbankdirektor*2)
Dekan
Direktor*3)
Generalkonsul*4)
Gesandter*4)
Hauptkustos
Koordinierender Militärrabbiner
Museumsdirektor und Professor
Vortragender Legationsrat
Direktor einer Fachschule
– als Leiter einer Fachschule mit beruflichem Unterricht mit bis zu 360 Unterrichtsteilnehmern –*8) *9)
Regierungsschuldirektor
– als Dezernent (Referent) im Schulaufsichtsdienst –
Studiendirektor

1) BesGr. A 15 geänd. mWv 1.1.2020 durch G v. 9.12.2019 (BGBl. I S. 2053); geänd. mWv 17.7.2020 durch G v. 28.6.2021 (BGBl. I S. 2250).

– im höheren Dienst
als der ständige Vertreter des Leiters einer Fachschule mit beruflichem Unterricht mit mehr als 360 Unterrichtsteilnehmern,*8) *9)
zur Koordinierung schulfachlicher Aufgaben –

Oberstleutnant*7) *10)
Fregattenkapitän*7) *10)
Oberfeldapotheker
Flottillenapotheker
Oberfeldarzt
Flottillenarzt
Oberfeldveterinär

---

*1) **Amtl. Anm.:** Soweit nicht in den Besoldungsgruppen A 16, B 3, B 6, B 9.
*2) **Amtl. Anm.:** Soweit nicht in den Besoldungsgruppen A 16, B 3, B 5, B 6, B 9.
*3) **Amtl. Anm.:** Soweit nicht in den Besoldungsgruppen A 16, B 2, B 3, B 4, B 6, B 7, B 8, B 9. Prüfer als Gruppenleiter beim Deutschen Patent- und Markenamt erhalten eine Amtszulage nach Anlage IX.
*4) **Amtl. Anm.:** Soweit nicht in den Besoldungsgruppen A 16, B 3, B 6.
*5) **Amtl. Anm.:** *(aufgehoben)*
*6) **Amtl. Anm.:** *(aufgehoben)*
*7) **Amtl. Anm.:** Soweit nicht in der Besoldungsgruppe A 14.
*8) **Amtl. Anm.:** Erhält eine Amtszulage nach Anlage IX.
*9) **Amtl. Anm.:** Bei Schulen mit Teilzeitunterricht rechnen 2,5 Unterrichtsteilnehmer mit Teilzeitunterricht als einer.
*10) **Amtl. Anm.:** Auf herausgehobenen Dienstposten.

Besoldungsgruppe A 16[1)]

Abteilungsdirektor
Abteilungspräsident
Botschafter*1)
Botschaftsrat Erster Klasse
Bundesbankdirektor*2)
D i r e k t o r *3)
Generalkonsul*4)
Gesandter*4)
Leitender Akademischer Direktor
– als wissenschaftlicher Mitarbeiter an einer Hochschule –*5)
L e i t e n d e r D e k a n
L e i t e n d e r D i r e k t o r *6)
Leitender Militärrabbiner
Ministerialrat
– bei einer obersten Bundesbehörde oder beim Bundeseisenbahnvermögen –*7)
Museumsdirektor und Professor
Vortragender Legationsrat Erster Klasse*7)
Leitender Regierungsschuldirektor

---

1) BesGr. A 16 neu gef. mWv 1.1.2020 durch G v. 9.12.2019 (BGBl. I S. 2053); geänd. mWv 1.1.2020 und mWv 17.7.2020 durch G v. 28.6.2021 (BGBl. I S. 2250).

– als Dezernent (Referent) im Schulaufsichtsdienst –

Oberstudiendirektor

– im höheren Dienst als Leiter einer Fachschule mit beruflichem Unterricht mit mehr als 360 Unterrichtsteilnehmern –*8)

Oberst*9)

Kapitän zur See*9)

Oberstapotheker*9)

Flottenapotheker*9)

Oberstarzt*9)

Flottenarzt*9)

Oberstveterinär*9)

---

*1) **Amtl. Anm.:** Soweit nicht in den Besoldungsgruppen A 15, B 3, B 6, B 9.

*2) **Amtl. Anm.:** Soweit nicht in den Besoldungsgruppen A 15, B 3, B 5, B 6, B 9.

*3) **Amtl. Anm.:** Soweit nicht in den Besoldungsgruppen A 15, B 2, B 3, B 4, B 5, B 6, B 7, B 8, B 9.

*4) **Amtl. Anm.:** Soweit nicht in den Besoldungsgruppen A 15, B 3, B 6.

*5) **Amtl. Anm.:** Nur in Stellen von besonderer Bedeutung.

*6) **Amtl. Anm.:** Für die Leiter von besonders großen und besonders bedeutenden unteren Verwaltungsbehörden sowie die Leiter von Mittelbehörden oder Oberbehörden können nach Maßgabe des Haushalts Planstellen mit einer Amtszulage nach Anlage IX ausgestattet werden.

*7) **Amtl. Anm.:** Soweit nicht in der Besoldungsgruppe B 3.

*8) **Amtl. Anm.:** Bei Schulen mit Teilzeitunterricht rechnen 2,5 Unterrichtsteilnehmer mit Teilzeitunterricht als einer.

*9) **Amtl. Anm.:** Soweit nicht in den Besoldungsgruppen B 2, B 3.

Bundesbesoldungsordnung B[1)]

Besoldungsgruppe B 1

Direktor und Professor*1)

---

*1) **Amtl. Anm.:** Soweit nicht in den Besoldungsgruppen B 2, B 3, B 5, B 6.

Besoldungsgruppe B 2

Abteilungsdirektor, Abteilungspräsident

– als Leiter einer großen und bedeutenden Abteilung
bei einer Mittel- oder Oberbehörde,
bei einer sonstigen Dienststelle oder Einrichtung, wenn deren Leiter mindestens in die Besoldungsgruppe B 5 eingestuft ist –

Direktor*1)

Direktor und Professor*2)

Vizepräsident

– bei einer Dienststelle oder sonstigen Einrichtung, wenn der Leiter in die Besoldungsgruppe B 5 eingestuft ist –*3)

Oberst*4)

Kapitän zur See*4)

Oberstapotheker*4)

Oberstarzt*4)

[1)] Besoldungsordnung B neu gef. mWv 1.1.2020 durch G v. 9.12.2019 (BGBl. I S. 2053).

Flottenarzt*[1)]
Oberstveterinär*[4)]

---

*[1)] **Amtl. Anm.:** Soweit nicht in den Besoldungsgruppen A 15, A 16, B 3, B 4, B 5, B 6, B 7, B 8, B 9.

*[2)] **Amtl. Anm.:** Soweit nicht in den Besoldungsgruppen B 1, B 3, B 5, B 6.

*[3)] **Amtl. Anm.:** Der Amtsbezeichnung kann ein Zusatz beigefügt werden, der auf die Dienststelle oder sonstige Einrichtung hinweist, der der Amtsinhaber angehört. Der Zusatz „und Professor" darf beigefügt werden, wenn der Leiter der Dienststelle oder sonstigen Einrichtung diesen Zusatz in der Amtsbezeichnung führt.

*[4)] **Amtl. Anm.:** Soweit nicht in den Besoldungsgruppen A 16, B 3.

Besoldungsgruppe B 3[1) 2)]

Abteilungsdirektor, Abteilungspräsident
– als der ständige Vertreter eines Direktionspräsidenten bei der Generalzolldirektion –
– als Leiter der Zentralabteilung des Bundesinstituts für Berufsbildung –
– beim Bundesamt für den Militärischen Abschirmdienst –
– beim Informationstechnikzentrum Bund –
– beim Bundeszentralamt für Steuern –
– als Leiter einer großen Abteilung bei einer wissenschaftlichen Forschungseinrichtung, wenn der Leiter mindestens in die Besoldungsgruppe B 7 eingestuft ist –

Abteilungsdirektor bei der Deutschen Rentenversicherung Bund
– als Leiter einer besonders großen und besonders bedeutenden Abteilung –

Abteilungsdirektor bei der Deutschen Rentenversicherung Knappschaft-Bahn-See
– als Leiter einer besonders großen und besonders bedeutenden Abteilung –

Abteilungspräsident beim Bundesamt für Soziale Sicherung
– als Leiter einer besonders großen und besonders bedeutenden Abteilung –

Botschafter*[1)]
Bundesbankdirektor*[2)]
Direktor*[3)]
Direktor und Professor*[4)]
Generalkonsul*[5)]
Gesandter*[5)]
Kurator der Museumsstiftung Post und Telekommunikation
Leitender Postdirektor
– bei der Bundesanstalt für Post und Telekommunikation Deutsche Bundespost –
– bei der Deutschen Post AG –
– bei der Deutschen Bank AG –
– bei der Deutschen Telekom AG –

Ministerialrat

[1)] Die durch G v. 30.3.2021 (BGBl. I S. 402) mWv 2.4.2021 angeordnete Änderung der BesGr. B 3 [*In der Gliederungseinheit „Besoldungsgruppe B 3" […], wird nach der Angabe „Leitender Postdirektor" die Angabe „– bei der Deutsche Postbank AG–" durch die Angabe „– bei der DB Privat- und Firmenkundenbank AG –" ersetzt*], ist nicht umsetzbar.

[2)] BesGr. B 3 geänd. mWv 1.1.2020 durch G v. 28.6.2021 (BGBl. I S. 2250); geänd. mWv 1.4.2021 durch G v. 30.3.2021 (BGBl. I S. 607)..

– bei einer obersten Bundesbehörde oder beim Bundeseisenbahnvermögen –[*6)] [*7)]
– als Mitglied des Bundesrechnungshofes –

Vizepräsident
– bei einer Dienststelle oder sonstigen Einrichtung, wenn der Leiter in die Besoldungsgruppe B 6 eingestuft ist –[*8)]

Vortragender Legationsrat Erster Klasse[*6)]

Oberst[*9)]

Kapitän zur See[*9)]

Oberstapotheker[*9)]

Flottenapotheker[*9)]

Oberstarzt[*9)]

Flottenarzt[*9)]

Oberstveterinär[*9)]

[*1)] **Amtl. Anm.:** Soweit nicht in den Besoldungsgruppen A 15, A 16, B 6, B 9.

[*2)] **Amtl. Anm.:** Soweit nicht in den Besoldungsgruppen A 15, A 16, B 5, B 6, B 9.

[*3)] **Amtl. Anm.:** Soweit nicht in den Besoldungsgruppen A 15, A 16, B 2, B 4, B 5, B 6, B 7, B 8, B 9.

[*4)] **Amtl. Anm.:** Soweit nicht in den Besoldungsgruppen B 1, B 2, B 5, B 6.

[*5)] **Amtl. Anm.:** Soweit nicht in den Besoldungsgruppen A 15, A 16, B 6.

[*6)] **Amtl. Anm.:** Soweit nicht in der Besoldungsgruppe A 16.

[*7)] **Amtl. Anm.:** Der Leiter des Präsidialbüros des Präsidenten des Deutschen Bundestages erhält eine Stellenzulage in Höhe des Unterschiedsbetrages zwischen dem Grundgehalt der Besoldungsgruppe B 3 und dem Grundgehalt der Besoldungsgruppe B 6.

[*8)] **Amtl. Anm.:** Der Amtsbezeichnung kann ein Zusatz beigefügt werden, der auf die Dienststelle oder sonstige Einrichtung hinweist, der der Amtsinhaber angehört. Der Zusatz „und Professor" darf beigefügt werden, wenn der Leiter der Dienststelle oder sonstigen Einrichtung diesen Zusatz in der Amtsbezeichnung führt.

[*9)] **Amtl. Anm.:** Soweit nicht in den Besoldungsgruppen A 16, B 2.

Besoldungsgruppe B 4

Direktor[*1)]

Erster Direktor[*2)]

Leitender Direktor des Marinearsenals

Präsident[*3)]

Vizepräsident
– bei einer Dienststelle oder sonstigen Einrichtung, wenn der Leiter in die Besoldungsgruppe B 7 eingestuft ist –[*4)]

[*1)] **Amtl. Anm.:** Soweit nicht in den Besoldungsgruppen A 15, A 16, B 2, B 3, B 6, B 7, B 8, B 9.

[*2)] **Amtl. Anm.:** Soweit nicht in den Besoldungsgruppen B 5, B 6.

[*3)] **Amtl. Anm.:** Soweit nicht in den Besoldungsgruppen B 5, B 6, B 7, B 8, B 9.

[*4)] **Amtl. Anm.:** Der Amtsbezeichnung kann ein Zusatz beigefügt werden, der auf die Dienststelle oder sonstige Einrichtung hinweist, der der Amtsinhaber angehört. Der Zusatz „und Professor" darf beigefügt werden, wenn der Leiter der Dienststelle oder sonstigen Einrichtung diesen Zusatz in der Amtsbezeichnung führt.

Besoldungsgruppe B 5

Bundesbankdirektor[*1)]

Direktor[*2)]

Direktor und Professor[*3)]

Erster Direktor[*4)]

Generaldirektor der Staatsbibliothek der Stiftung Preußischer Kulturbesitz
Generaldirektor und Professor der Staatlichen Museen der Stiftung Preußischer Kulturbesitz
Inspekteur der Bereitschaftspolizeien der Länder
Oberdirektor*5)
Präsident*6)
Präsident und Professor*7)
Vizepräsident, Vizedirektor
– bei einer Dienststelle oder sonstigen Einrichtung, wenn der Leiter in die Besoldungsgruppe B 8 eingestuft ist –*8)

---

*1) **Amtl. Anm.:** Soweit nicht in den Besoldungsgruppen A 15, A 16, B 3, B 6, B 9.
*2) **Amtl. Anm.:** Soweit nicht in den Besoldungsgruppen A 15, A 16, B 2, B 3, B 4, B 6, B 7, B 8, B 9.
*3) **Amtl. Anm.:** Soweit nicht in den Besoldungsgruppen B 1, B 2, B 3, B 6.
*4) **Amtl. Anm.:** Soweit nicht in den Besoldungsgruppen B 4, B 6, B 8.
*5) **Amtl. Anm.:** Soweit nicht in den Besoldungsgruppen B 6, B 7.
*6) **Amtl. Anm.:** Soweit nicht in den Besoldungsgruppen B 4, B 6, B 7, B 8, B 9.
*7) **Amtl. Anm.:** Soweit nicht in den Besoldungsgruppen B 6, B 7, B 8.
*8) **Amtl. Anm.:** Der Amtsbezeichnung kann ein Zusatz beigefügt werden, der auf die Dienststelle oder sonstige Einrichtung hinweist, der der Amtsinhaber angehört. Der Zusatz „und Professor" darf beigefügt werden, wenn der Leiter der Dienststelle oder sonstigen Einrichtung diesen Zusatz in der Amtsbezeichnung führt.

Besoldungsgruppe B 6[1)]

Botschafter*1)
Bundesbankdirektor*2)
Bundeswehrdisziplinaranwalt
Direktionspräsident bei der Generalzolldirektion
Direktor*3)
Direktor und Professor*4)
Erster Direktor*5)
Generaldirektor der Deutschen Nationalbibliothek
Generalkonsul*6)
Gesandter*6)
Leiter des Militärrabbinats
Militärgeneraldekan
Militärgeneralvikar
Ministerialdirigent
– bei einer obersten Bundesbehörde
als Leiter einer Abteilung,*7)
als Leiter einer Unterabteilung,*8)
als der ständige Vertreter eines in die Besoldungsgruppe B 9 eingestuften Abteilungsleiters, soweit kein Unterabteilungsleiter vorhanden ist –*8)
– beim Bundespräsidialamt und beim Bundeskanzleramt als Leiter einer auf Dauer eingerichteten Gruppe –

Oberdirektor*9)
Präsident*10)

---

1) BesGr. B 6 geänd. mWv 17.7.2020 durch G v. 28.6.2021 (BGBl. I S. 2250).

Präsident und Professor *11)
Vizepräsident
– bei einer Dienststelle oder sonstigen Einrichtung, wenn der Leiter in die Besoldungsgruppe B 9 eingestuft ist –*12)
– beim Bundesamt für den Militärischen Abschirmdienst –

Brigadegeneral
Flottillenadmiral
Generalapotheker
Generalarzt
Admiralarzt

---

*1) **Amtl. Anm.:** Soweit nicht in den Besoldungsgruppen A 15, A 16, B 3, B 9.
*2) **Amtl. Anm.:** Soweit nicht in den Besoldungsgruppen A 15, A 16, B 3, B 5, B 9.
*3) **Amtl. Anm.:** Soweit nicht in den Besoldungsgruppen A 15, A 16, B 2, B 3, B 4, B 5, B 7, B 8, B 9.
*4) **Amtl. Anm.:** Soweit nicht in den Besoldungsgruppen B 1, B 2, B 3, B 5.
*5) **Amtl. Anm.:** Soweit nicht in den Besoldungsgruppen B 4, B 5, B 8.
*6) **Amtl. Anm.:** Soweit nicht in den Besoldungsgruppen A 15, A 16, B 3.
*7) **Amtl. Anm.:** Soweit die Funktion nicht dem Amt des Ministerialdirektors in die Besoldungsgruppe B 9 zugeordnet ist.
*8) **Amtl. Anm.:** Soweit die Funktion nicht dem Amt des Ministerialrats in die Besoldungsgruppe B 3 zugeordnet ist.
*9) **Amtl. Anm.:** Soweit nicht in den Besoldungsgruppen B 5, B 7.
*10) **Amtl. Anm.:** Soweit nicht in den Besoldungsgruppen B 4, B 5, B 7, B 8, B 9.
*11) **Amtl. Anm.:** Soweit nicht in den Besoldungsgruppen B 5, B 7, B 8.
*12) **Amtl. Anm.:** Der Amtsbezeichnung kann ein Zusatz beigefügt werden, der auf die Dienststelle oder sonstige Einrichtung hinweist, der der Amtsinhaber angehört.

Besoldungsgruppe B 7

Direktor *1)
Ministerialdirigent
– im Bundesministerium der Verteidigung als ständiger Vertreter des Leiters einer großen oder bedeutenden Abteilung oder als Leiter des Stabes Organisation und Revision –

Oberdirektor *2)
Präsident *3)
Präsident und Professor *4)
Vizepräsident

– der Generalzolldirektion –

– eines Amtes der Bundeswehr, dessen Leiter in die Besoldungsgruppe B 9 eingestuft ist –

Generalmajor
Konteradmiral
Generalstabsarzt

(Fortsetzung nächstes Blatt)

Anlage VI[1)]

(zu § 53 Absatz 2 Satz 1 und 3 sowie Absatz 3 Satz 1 und 4)
gültig ab 1. März 2020

Auslandszuschlag

(Anlage hier nicht abgedruckt)

Anlage VII

(weggefallen)

Anlage VIII[2)]

(zu § 61)
gültig ab 1. August 2020

Anwärtergrundbetrag

Laufbahnen	Grundbetrag (Monatsbetrag in Euro)
des einfachen Dienstes	1 196,40
des mittleren Dienstes	1 268,99
des gehobenen Dienstes	1 511,86
des höheren Dienstes	2 317,52

Anlage IX[3) 4)]

(zu den Anlagen I und III)
gültig ab 1. März 2020

Zulagen

– in der Reihenfolge der Gesetzesstellen –

	Dem Grunde nach geregelt in	Zulagenberechtigter Personenkreis, soweit nicht bereits in Anlage I oder Anlage III geregelt	Monatsbetrag in Euro/Prozentsatz
	1	2	3
1	**Anlage I (Bundesbesoldungsordnungen A und B)**		
2	Vorbemerkung		
3		Stellenzulagen	
4	Nummer 4 Absatz 1 Nummer 1		150,00
5	Nummer 2		130,00
6	Nummer 3, 4 und 5		100,00
7	Nummer 4a		135,00
8	Nummer 5	Mannschaften, Unteroffiziere/Beamte der Besoldungsgruppen A 5 und A 6	53,00

1) Anl. VI neu gef. mWv 1.3.2020 durch G v. 8.11.2018 (BGBl. I S. 1810).
2) Anl. VIII neu gef. mWv 1.8.2020 durch G v. 3.12.2020 (BGBl. I S. 2659).
3) Anl. IX neu gef. mWv 1.3.2020 durch G v. 9.12.2019 (BGBl. I S. 2053); geänd. mWv 1.1.2020 durch G v. 28.6.2021 (BGBl. I S. 2250).
4) Zu den entsprechenden Beträgen für Beamtinnen und Beamte bei den Postnachfolgeunternehmen siehe die Bek. nach § 78 BBesG **(Bundesbeamtengesetze Nr. 52d.1)**.

	Dem Grunde nach geregelt in	Zulagenberechtigter Personenkreis, soweit nicht bereits in Anlage I oder Anlage III geregelt	Monatsbetrag in Euro/Prozentsatz
	1	2	3
9		Unteroffiziere/Beamte der Besoldungsgruppen A 7 bis A 9	75,00
10		Offiziere/Beamte des gehobenen und höheren Dienstes	113,00
11	Nummer 5a		
12	Absatz 1		
13	Nummer 1		
14	Buchstabe a	Beamte des mittleren Dienstes und Unteroffiziere der Besoldungsgruppen A 5 bis A 9	308,00
15		Beamte des gehobenen Dienstes, Offiziere der Besoldungsgruppen A 9 bis A 12 sowie Offiziere des militärfachlichen Dienstes der Besoldungsgruppe A 13	340,00
16	Buchstabe b	Beamte des mittleren Dienstes und Unteroffiziere der Besoldungsgruppen A 5 bis A 9	263,00
17		Beamte des gehobenen Dienstes, Offiziere der Besoldungsgruppen A 9 bis A 12 sowie Offiziere des militärfachlichen Dienstes der Besoldungsgruppe A 13	295,00
18	Buchstabe c	Beamte des gehobenen und des höheren Dienstes, Offiziere der Besoldungsgruppen A 9 bis A 12, Offiziere des militärfachlichen Dienstes der Besoldungsgruppe A 13 und Offiziere des Truppendienstes der Besoldungsgruppen A 13 und höher	340,00
19	Nummer 2 und 3	Beamte des mittleren Dienstes und Unteroffiziere der Besoldungsgruppen A 5 bis A 9	212,00
20		Beamte des gehobenen Dienstes, Offiziere der Besoldungsgruppen A 9 bis A 12 sowie Offiziere des militärfachlichen Dienstes der Besoldungsgruppe A 13	237,00
21	Nummer 4		
22	Buchstabe a	Beamte und Soldaten mit Radarleit-Jagdlizenz	340,00
23		Beamte des mittleren und des gehobenen Dienstes, Unteroffiziere der Besoldungsgruppen A 5 bis A 9, Offiziere der Besoldungsgruppen A 9 bis A 12 sowie Offiziere des militärfachlichen Dienstes der Besoldungsgruppe A 13 ohne Radarleit-Jagdlizenz	263,00
24	Buchstabe b	Beamte des mittleren und des gehobenen Dienstes, Unteroffiziere der Besoldungsgruppen A 5 bis A 9, Offiziere der Besoldungsgruppen A 9 bis A 12 sowie Offiziere des militärfachlichen Dienstes der Besoldungsgruppe A 13	212,00
25	Nummer 5 und 6	Beamte des mittleren Dienstes und Unteroffiziere der Besoldungsgruppen A 5 bis A 9	135,00
26		Beamte des gehobenen Dienstes, Offiziere der Besoldungsgruppen A 9 bis A 12 sowie Offiziere des militärfachlichen Dienstes der Besoldungsgruppe A 13	212,00
27		Beamte des höheren Dienstes und Offiziere des Truppendienstes der Besoldungsgruppen A 13 und höher	295,00
28	Nummer 6		
29	Absatz 1 Satz 1		
30	Nummer 1		680,00
31	Nummer 2		540,00
32	Nummer 3		475,00
33	Nummer 4		435,00
34	Absatz 1 Satz 2		615,00
35	Nummer 6a		150,00

	Dem Grunde nach geregelt in	Zulagenberechtigter Personenkreis, soweit nicht bereits in Anlage I oder Anlage III geregelt	Monatsbetrag in Euro/Prozentsatz
	1	2	3
36	Nummer 7	Beamte und Soldaten der Besoldungsgruppe(n)	
37		– A 3 bis A 5	165,00
38		– A 6 bis A 9	220,00
39		– A 10 bis A 13	275,00
40		– A 14, A 15, B 1	330,00
41		– A 16, B 2 bis B 4	400,00
42		– B 5 bis B 7	470,00
43		– B 8 bis B 10	540,00
44		– B 11	610,00
45	Nummer 8	Beamte der Besoldungsgruppen	
46		– A 3 bis A 5	150,00
47		– A 6 bis A 9	200,00
48		– A 10 bis A 13	250,00
49		– A 14 und höher	300,00
50	Nummer 8a	Beamte und Soldaten der Besoldungsgruppen	
51		– A 3 bis A 5	103,00
52		– A 6 bis A 9	141,00
53		– A 10 bis A 13	174,00
54		– A 14 und höher	206,00
55		Anwärter der Laufbahngruppe	
56		– des mittleren Dienstes	75,00
57		– des gehobenen Dienstes	99,00
58		– des höheren Dienstes	122,00
59	Nummer 8b	Beamte der Besoldungsgruppen	
60		– A 3 bis A 5	120,00
61		– A 6 bis A 9	160,00
62		– A 10 bis A 13	200,00
63		– A 14 und höher	240,00
64	Nummer 8c	Beamte und Soldaten der Besoldungsgruppen	
65		– A 3 bis A 5	85,00
66		– A 6 bis A 9	110,00
67		– A 10 bis A 13	125,00
68		– A 14 und höher	140,00
69	Nummer 9	Beamte und Soldaten nach einer Dienstzeit von	
70		– einem Jahr	95,00
71		– zwei Jahren	190,00
72	Nummer 9a		
73	Absatz 1		
74	Nummer 1		350,00
75	Nummer 2		700,00
76	Nummer 3		225,00
77	Absatz 3		
78	Nummer 1		136,00
79	Nummer 2 und 3		76,00
80	Nummer 10	Beamte und Soldaten nach einer Dienstzeit von	
81		– einem Jahr	95,00
82		– zwei Jahren	190,00
83	Nummer 11		

	Dem Grunde nach geregelt in		Zulagenberechtigter Personenkreis, soweit nicht bereits in Anlage I oder Anlage III geregelt	Monatsbetrag in Euro/Prozentsatz
	1		2	3
84	Absatz 1			
85	Nummer 1			415,00
86	Nummer 2			615,00
87	Absatz 3			220,00
88	Nummer 12			55,00
89	Nummer 13			
90	Absatz 1		Beamte des mittleren Dienstes	110,00
91			Beamte des gehobenen Dienstes	160,00
92	Absatz 2 Satz 1		Beamte der Besoldungsgruppen	
93			– A 6 bis A 9	200,00
94			– A 10 bis A 13	210,00
95			– A 14 bis A 16	220,00
96	Nummer 14			35,00
97	Nummer 15		Beamte der Besoldungsgruppen	
98			– A 3 bis A 5	70,00
99			– A 6 bis A 9	90,00
100			– A 10 bis A 13	110,00
101			– A 14 und höher	140,00
102	Nummer 16		Beamte und Soldaten der Besoldungsgruppen	
103			– A 3 bis A 5	150,00
104			– A 6 bis A 9	200,00
105			– A 10 bis A 13	250,00
106			– A 14 und höher	300,00
107	Nummer 17		Beamte der Besoldungsgruppen	
108			– A 3 bis A 5	96,00
109			– A 6 bis A 9	128,00
110			– A 10 bis A 13	160,00
111			– A 14 und höher	192,00
112	Nummer 18		Beamte und Soldaten der Besoldungsgruppen	
113			– A 3 bis A 5	96,00
114			– A 6 bis A 9	128,00
115			– A 10 bis A 13	160,00
116			– A 14 und höher	192,00
117	Nummer 19		Beamte der Besoldungsgruppen	
118			– A 3 bis A 5	20,00
119			– A 6 bis A 9	40,00
120			– A 10 bis A 13	60,00
121			– A 14 und höher	80,00
122			Amtszulagen	
123	Besoldungsgruppe	Fußnote(n)		
124	A 3	1		43,37
125		2		80,00
126		3		40,39
127	A 4	1		43,37
128		2		80,00
129		4		8,72
130	A 5	1		43,37

	Dem Grunde nach geregelt in		Zulagenberechtigter Personenkreis, soweit nicht bereits in Anlage I oder Anlage III geregelt	Monatsbetrag in Euro/Prozentsatz
	1		2	3
131		3		80,00
132	A 6	2, 5		43,37
133	A 7	5		53,86
134	A 8	1		69,39
135	A 9	1		322,88
136	A 13	1		328,12
137		7		149,98
138	A 14	5		224,96
139	A 15	3		299,93
140		8		224,96
141	A 16	6		251,58
142	B 10	1		519,86
143	**Anlage III (Bundesbesoldungsordnung R)**			
144			Stellenzulage	
145	Vorbemerkung			
146	Nummer 2		Richter und Staatsanwälte der Besoldungsgruppe(n)	
147			– R 1	330,00
148			– R 2 bis R 4	400,00
149			– R 5 bis R 7	470,00
150			– R 8 und höher	540,00
151			Amtszulagen	
152	Besoldungsgruppe	Fußnote		
153	R 2	1		248,73
154	R 7	1		369,88
155	R 8	1		497,35

235. Bundesreisekostengesetz (BRKG)[1]

Vom 26. Mai 2005
(BGBl. I S. 1418)

FNA 2032-28

geänd. durch § 62 Abs. 7 BeamtenstatusG v. 17.6.2008 (BGBl. I S. 1010), Art. 15 Abs. 51 Dienstrechtsneuordnungs G v. 5.2.2009 (BGBl. I S. 160), Art. 3 G zur Änd. und Vereinfachung der Unternehmensbesteuerung und des steuerlichen Reisekostenrechts v. 20.2.2013 (BGBl. I S. 285), Art. 68 Elfte Zuständigkeitsanpassungs VO v. 19.6.2020 (BGBl. I S. 1328) und Art. 9 G zur Regelung des Erscheinungsbilds von Beamtinnen und Beamten sowie zur Änd. weiterer dienstrechtl. Vorschriften v. 28.6.2021 (BGBl. I S. 2250)

§ 1 Geltungsbereich. (1) Dieses Gesetz regelt Art und Umfang der Reisekostenvergütung der Beamtinnen, Beamten, Richterinnen und Richter des Bundes sowie der Soldatinnen und Soldaten und der in den Bundesdienst abgeordneten Beamtinnen, Beamten, Richterinnen und Richter.

(2) Die Reisekostenvergütung umfasst

1. die Fahrt- und Flugkostenerstattung (§ 4),
2. die Wegstreckenentschädigung (§ 5),
3. das Tagegeld (§ 6),
4. das Übernachtungsgeld (§ 7),
5. die Auslagenerstattung bei längerem Aufenthalt am Geschäftsort (§ 8),
6. die Aufwands- und Pauschvergütung (§ 9) sowie
7. die Erstattung sonstiger Kosten (§ 10).

§ 2[2] Dienstreisen. (1) [1] Dienstreisen sind Reisen zur Erledigung von Dienstgeschäften außerhalb der Dienststätte. [2] Sie müssen, mit Ausnahme von Dienstreisen am Dienst- oder Wohnort, schriftlich oder elektronisch angeordnet oder genehmigt worden sein, es sei denn, dass eine Anordnung oder Genehmigung nach dem Amt der Dienstreisenden oder dem Wesen des Dienstgeschäfts nicht in Betracht kommt. [3] Dienstreisen sollen nur durchgeführt werden, wenn sie aus dienstlichen Gründen notwendig sind. [4] Dienstreisen dürfen nur angeordnet oder genehmigt werden, wenn das Dienstgeschäft nicht auf andere Weise, insbesondere durch Einsatz digitaler Kommunikationsmittel, erledigt werden kann. [5] Dienstreisen sind auch Reisen aus Anlass der Versetzung, Abordnung oder Kommandierung.

(2) Die Dauer der Dienstreise bestimmt sich nach der Abreise und Ankunft an der Wohnung, es sei denn, die Dienstreise beginnt oder endet an der Dienststätte.

§ 3[3] Anspruch auf Reisekostenvergütung. (1) [1] Dienstreisenden werden auf Antrag die dienstlich veranlassten notwendigen Reisekosten vergütet. [2] Werden Dienstreisen umweltverträglich und nachhaltig durchgeführt, sind die dadurch

---

[1] Verkündet als Art. 1 G zur Reform des Reisekostenrechts v. 26.5.2005 (BGBl. I S. 1418) v. 26.5.2005 (BGBl. I S. 1418); Inkrafttreten gem. Art. 18 Abs. 1 Satz 1 dieses G v. 26.5.2005 (BGBl. I S. 1418) am 1.9. 2005.

[2] § 2 Abs. 1 Satz 4 eingef., bish. Satz 4 wird Satz 5 mWv 7.7.2021 durch G v. 28.6.2021 (BGBl. I S. 2250).

[3] § 3 Abs. 1 neu gef., Abs. 2 eingef., bish. Abs 2 und 3 werden Abs. 3 und 4 mWv 7.7.2021 durch G v. 28.6.2021 (BGBl. I S. 2250).

entstehenden notwendigen Kosten zu erstatten, soweit sie in angemessenem Verhältnis zu den Zielen der Umweltverträglichkeit und Nachhaltigkeit stehen.

(2) [1]Der Anspruch auf Reisekostenvergütung erlischt, wenn sie nicht innerhalb einer Ausschlussfrist von sechs Monaten nach Beendigung der Dienstreise schriftlich oder elektronisch beantragt wird. [2]Die zuständigen Stellen können bis zum Ablauf von sechs Monaten nach Antragstellung die Vorlage der maßgeblichen Kostenbelege verlangen. [3]Werden diese Belege auf Anforderung nicht innerhalb von drei Monaten vorgelegt, kann der Vergütungsantrag insoweit abgelehnt werden.

(3) Leistungen, die Dienstreisende ihres Amtes wegen von dritter Seite aus Anlass einer Dienstreise erhalten, sind auf die Reisekostenvergütung anzurechnen.

(4) [1]Bei Dienstreisen für eine auf Veranlassung der zuständigen Behörde ausgeübte Nebentätigkeit haben Dienstreisende nur Anspruch auf Reisekostenvergütung, die nicht von anderer Stelle zu übernehmen ist. [2]Das gilt auch dann, wenn Dienstreisende auf ihren Anspruch gegen diese Stelle verzichtet haben.

§ 3a[1)] Vollständig automatisierter Erlass des Bescheides über die Reisekostenvergütung. Der Bescheid über die Reisekostenvergütung kann vollständig durch automatische Einrichtungen erlassen werden.

§ 4 Fahrt- und Flugkostenerstattung. (1) [1]Entstandene Kosten für Fahrten auf dem Land- oder Wasserweg mit regelmäßig verkehrenden Beförderungsmitteln werden bis zur Höhe der niedrigsten Beförderungsklasse erstattet. [2]Für Bahnfahrten von mindestens zwei Stunden können die entstandenen Fahrtkosten der nächsthöheren Klasse erstattet werden. [3]Wurde aus dienstlichen oder wirtschaftlichen Gründen ein Flugzeug benutzt, werden die Kosten der niedrigsten Flugklasse erstattet. [4]Kosten einer höheren Klasse regelmäßig verkehrender Beförderungsmittel können erstattet werden, wenn dienstliche Gründe dies im Einzelfall oder allgemein erfordern.

(2) [1]Mögliche Fahrpreisermäßigungen sind zu berücksichtigen. [2]Fahrtkosten werden nicht erstattet, wenn eine unentgeltliche Beförderungsmöglichkeit genutzt werden kann.

(3) Dienstreisenden, denen für Bahnfahrten die Kosten der niedrigsten Beförderungsklasse zu erstatten wären, werden bei einem Grad der Behinderung von mindestens 50 die Kosten der nächsthöheren Klasse erstattet.

(4) Wurde aus triftigem Grund ein Mietwagen oder ein Taxi benutzt, werden die entstandenen notwendigen Kosten erstattet.

§ 5 Wegstreckenentschädigung. (1) [1]Für Fahrten mit anderen als den in § 4 genannten Beförderungsmitteln wird eine Wegstreckenentschädigung gewährt. [2]Sie beträgt bei Benutzung eines Kraftfahrzeuges oder eines anderen motorbetriebenen Fahrzeuges 20 Cent je Kilometer zurückgelegter Strecke, höchstens jedoch 130 Euro. [3]Die oberste Bundesbehörde kann den Höchstbetrag auf 150 Euro festsetzen, wenn dienstliche Gründe dies im Einzelfall oder allgemein erfordern.

(2) [1]Besteht an der Benutzung eines Kraftwagens ein erhebliches dienstliches Interesse, beträgt die Wegstreckenentschädigung 30 Cent je Kilometer zurückgelegter Strecke. [2]Das erhebliche dienstliche Interesse muss vor Antritt der Dienstreise in der Anordnung oder Genehmigung schriftlich oder elektronisch festgestellt werden.

[1)] § 3a eingef. mWv 7.7.2021 durch G v. 28.6.2021 (BGBl. I S. 2250).

(3) Benutzen Dienstreisende zur Erledigung von Dienstgeschäften regelmäßig ein Fahrrad, wird Wegstreckenentschädigung nach Maßgabe einer allgemeinen Verwaltungsvorschrift gemäß § 16 gewährt.

(4) Eine Wegstreckenentschädigung wird Dienstreisenden nicht gewährt, wenn sie

1. eine vom Dienstherrn unentgeltlich zur Verfügung gestellte Beförderungsmöglichkeit nutzen konnten oder
2. von anderen Dienstreisenden des Bundes oder eines anderen Dienstherrn in einem Kraftwagen mitgenommen wurden.

§ 6[1] Tagegeld. (1) [1] Als Ersatz von Mehraufwendungen für Verpflegung erhalten Dienstreisende ein Tagegeld. [2] Die Höhe des Tagegeldes bemisst sich nach der Verpflegungspauschale zur Abgeltung tatsächlich entstandener, beruflich veranlasster Mehraufwendungen im Inland nach dem Einkommensteuergesetz. [3] Besteht zwischen der Dienststätte oder der Wohnung und der Stelle, an der das Dienstgeschäft erledigt wird, nur eine geringe Entfernung, wird Tagegeld nicht gewährt.

(2) [1] Erhalten Dienstreisende ihres Amtes wegen unentgeltlich Verpflegung, werden von dem zustehenden Tagegeld für das Frühstück 20 Prozent und für das Mittag- und Abendessen je 40 Prozent des Tagegeldes für einen vollen Kalendertag einbehalten. [2] Gleiches gilt, wenn das Entgelt für Verpflegung in den erstattungsfähigen Fahrt-, Übernachtungs- oder Nebenkosten enthalten ist. [3] Die Sätze 1 und 2 sind auch dann anzuwenden, wenn Dienstreisende ihres Amtes wegen unentgeltlich bereitgestellte Verpflegung ohne triftigen Grund nicht in Anspruch nehmen. [4] Die oberste Dienstbehörde kann in besonderen Fällen niedrigere Einbehaltungssätze zulassen.

§ 7 Übernachtungsgeld. (1) [1] Für eine notwendige Übernachtung erhalten Dienstreisende pauschal 20 Euro. [2] Höhere Übernachtungskosten werden erstattet, soweit sie notwendig sind.

(2) Übernachtungsgeld wird nicht gewährt

1. für die Dauer der Benutzung von Beförderungsmitteln,
2. bei Dienstreisen am oder zum Wohnort für die Dauer des Aufenthalts an diesem Ort,
3. bei unentgeltlicher Bereitstellung einer Unterkunft des Amtes wegen, auch wenn diese Unterkunft ohne triftigen Grund nicht genutzt wird, und
4. in den Fällen, in denen das Entgelt für die Unterkunft in den erstattungsfähigen Fahrt- oder sonstigen Kosten enthalten ist, es sei denn, dass eine Übernachtung aufgrund einer zu frühen Ankunft am Geschäftsort oder einer zu späten Abfahrt von diesem zusätzlich erforderlich wird.

§ 8 Auslagenerstattung bei längerem Aufenthalt am Geschäftsort. [1] Dauert der dienstlich veranlasste Aufenthalt an demselben auswärtigen Geschäftsort länger als 14 Tage, wird vom 15. Tag an ein um 50 Prozent ermäßigtes Tagegeld gewährt; in besonderen Fällen kann die oberste Dienstbehörde oder die von ihr ermächtigte Behörde auf eine Ermäßigung des Tagegeldes verzichten. [2] Notwendige Übernachtungskosten werden erstattet; ein pauschales Übernachtungsgeld nach § 7 Abs. 1 wird nicht gewährt. [3] Als Reisebeihilfe für Heimfahrten werden für jeweils 14 Tage des Aufenthalts am Geschäftsort je nach benutztem Beförderungs-

[1] § 6 Abs. 1 Satz 2 neu gef. mWv 1.1.2014 durch G v. 20.2.2013 (BGBl. I S. 285).

mittel Fahrt- oder Flugkosten bis zur Höhe des in § 4 Abs. 1 Satz 1 oder 3 oder in § 5 Abs. 1 genannten Betrages gewährt. [4] Wird der Geschäftsort aufgrund von Heimfahrten verlassen, wird für die Zeit des Aufenthalts in der Wohnung Tagegeld nicht gewährt.

§ 9 Aufwands- und Pauschvergütung. (1) [1] Dienstreisende, denen erfahrungsgemäß geringerer Aufwand für Verpflegung oder Unterkunft als allgemein üblich entsteht, erhalten nach näherer Bestimmung der obersten Dienstbehörde oder der von ihr ermächtigten Behörde anstelle von Tagegeld, Übernachtungsgeld und Auslagenerstattung nach § 8 Satz 1 und 2 eine entsprechende Aufwandsvergütung. [2] Diese kann auch nach Stundensätzen bemessen werden.

(2) Die oberste Dienstbehörde oder die von ihr ermächtigte Behörde kann für regelmäßige oder gleichartige Dienstreisen anstelle der Reisekostenvergütung oder einzelner ihrer Bestandteile eine Pauschvergütung gewähren, die nach dem Durchschnitt der in einem bestimmten Zeitraum sonst anfallenden Reisekostenvergütungen zu bemessen ist.

§ 10[1)] Erstattung sonstiger Kosten. (1) Zur Erledigung des Dienstgeschäfts notwendige Auslagen, die nicht nach den §§ 4 bis 9 zu erstatten sind, werden als Nebenkosten erstattet.

(2) [1] Entfällt eine Dienstreise aus einem von der oder dem Bediensteten nicht zu vertretenden Grund, werden durch die Vorbereitung entstandene, nach diesem Gesetz abzugeltende Auslagen erstattet. [2] Dies gilt auch für Kosten nach § 3 Absatz 1 Satz 2.

§ 11 Bemessung der Reisekostenvergütung in besonderen Fällen.

(1) [1] Für Dienstreisen aus Anlass der Versetzung, Abordnung oder Kommandierung wird das Tagegeld für die Zeit bis zur Ankunft am neuen Dienstort gewährt; im Übrigen gilt § 2 Abs. 2. [2] Das Tagegeld wird für die Zeit bis zum Ablauf des Ankunftstages gewährt, wenn den Dienstreisenden vom nächsten Tag an Trennungsreise- oder Trennungstagegeld zusteht; daneben wird Übernachtungsgeld (§ 7) gewährt. [3] Für Dienstreisen im Sinne des Satzes 1 wird das Tagegeld vom Beginn des Abfahrtstages an gewährt, wenn für den vorhergehenden Tag Trennungsreise- oder Trennungstagegeld gewährt wird. [4] Für ein- und zweitägige Abordnungen oder Kommandierungen ist bei der Festsetzung der Reisekostenvergütung abweichend von den Sätzen 1 bis 3 die gesamte Dauer der Abwesenheit von der Wohnung oder bisherigen Dienststätte zugrunde zu legen.

(2) [1] Für Reisen aus Anlass der Einstellung kann Reisekostenvergütung wie für Dienstreisen gewährt werden; Absatz 1 ist entsprechend anzuwenden. [2] Die Reisekostenvergütung darf dabei nicht höher sein als der Betrag, der für eine Dienstreise von der Wohnung zur Dienststätte zu erstatten wäre.

(3) [1] Reisekostenvergütung kann ferner gewährt werden

1. für Einstellungsreisen vor dem Wirksamwerden der Ernennung zur Beamtin, zum Beamten, zur Richterin, zum Richter, zur Soldatin oder zum Soldaten und
2. für Reisen aus Anlass des Ausscheidens aus dem Dienst wegen Ablaufs der Dienstzeit oder wegen Dienstunfähigkeit von Beamtinnen und Beamten auf Widerruf, von Soldatinnen und Soldaten auf Zeit oder von Soldaten, die aufgrund der Wehrpflicht Wehrdienst leisten; dies gilt für Reisen in das Ausland

---

[1)] § 10 Abs. 2 Satz 2 angef. mWv 7.7.2021 durch G v. 28.6.2021 (BGBl. I S. 2250).

nur bis zum inländischen Grenzort oder dem inländischen Flughafen, von dem die Flugreise angetreten wird.

[2]Die Absätze 1 und 2 Satz 2 gelten entsprechend.

(4) Für Reisen zum Zwecke der Ausbildung oder Fortbildung, die teilweise im dienstlichen Interesse liegen, können mit Zustimmung der obersten Dienstbehörde oder der von ihr ermächtigten Behörde entstandene Kosten bis zur Höhe der für Dienstreisen zustehenden Reisekostenvergütung erstattet werden.

(Fortsetzung nächstes Blatt)

240. Bundespersonalvertretungsgesetz (BPersVG)[1)]

Vom 9. Juni 2021
(BGBl. I S. 1614)

FNA 2035-5

Inhaltsübersicht

---

1) Verkündet als Art. 1 G v. 9.6.2021 (BGBl. I S. 1614); Inkrafttreten gem. Art. 25 dieses G am 15.6. 2021.

Amtl. Anm. zum Mantelgesetz: Artikel 1 dieses Gesetzes dient der Umsetzung der Richtlinie 2002/ 14/EG des Europäischen Parlaments und des Rates vom 11. März 2002 zur Festlegung eines allgemeinen Rahmens für die Unterrichtung und Anhörung der Arbeitnehmer in der Europäischen Gemeinschaft (ABl. L 80 vom 23.3.2002, S. 29).

Artikel 1 dieses Gesetzes dient der Umsetzung der Richtlinie 2001/23/EG des Rates vom 12. März 2001 zur Angleichung der Rechtsvorschriften der Mitgliedstaaten über die Wahrung von Ansprüchen der Arbeitnehmer beim Übergang von Unternehmen, Betrieben oder Unternehmens- oder Betriebsteilen (ABl. L 82 vom 22.3.2001, S. 16).

Artikel 1 dieses Gesetzes dient der Umsetzung der Richtlinie 2000/43/EG des Rates vom 29. Juni 2000 zur Anwendung des Gleichbehandlungsgrundsatzes ohne Unterschied der Rasse oder der ethnischen Herkunft (ABl. L 180 vom 19.7.2000, S. 22) und der Richtlinie 2000/78/EG des Rates vom 27. November 2000 zur Festlegung eines allgemeinen Rahmens für die Verwirklichung der Gleichbehandlung in Beschäftigung und Beruf (ABl. L 303 vom 2.12.2000, S. 16).

Teil 1. Personalvertretungen im Bundesdienst

Kapitel 1. Allgemeine Vorschriften

§ 1 Anwendungsbereich. (1) [1]Dieser Teil gilt für die Verwaltungen des Bundes und die bundesunmittelbaren Körperschaften, Anstalten und Stiftungen des öffentlichen Rechts sowie die Gerichte des Bundes. [2]Zu den Verwaltungen im Sinne dieses Gesetzes gehören auch die Betriebsverwaltungen.

(2) Dieses Gesetz gilt nicht für Religionsgemeinschaften und ihre karitativen und erzieherischen Einrichtungen ohne Rücksicht auf ihre Rechtsform; ihnen bleibt die selbstständige Ordnung eines Personalvertretungsrechts überlassen.

§ 2 Grundsätze der Zusammenarbeit. (1) Dienststelle und Personalvertretung arbeiten unter Beachtung der Gesetze und Tarifverträge vertrauensvoll zum Wohl der Beschäftigten und zur Erfüllung der der Dienststelle obliegenden Aufgaben zusammen.

(2) [1]Dienststelle und Personalvertretung haben alles zu unterlassen, was geeignet ist, die Arbeit und den Frieden der Dienststelle zu beeinträchtigen. [2]Insbesondere dürfen sie keine Maßnahmen des Arbeitskampfes gegeneinander durchführen. [3]Die Zulässigkeit von Arbeitskämpfen tariffähiger Parteien wird hierdurch nicht berührt.

(3) Außenstehende Stellen dürfen erst angerufen werden, wenn eine Einigung in der Dienststelle nicht erzielt worden ist.

(4) [1]Dienststelle und Personalvertretung haben darüber zu wachen, dass alle Angehörigen der Dienststelle nach Recht und Billigkeit behandelt werden. [2]Dazu zählt insbesondere, dass jede Benachteiligung von Personen wegen ihrer ethnischen Herkunft, ihrer Abstammung oder sonstigen Herkunft, ihrer Nationalität, ihrer Religion oder Weltanschauung, ihrer Behinderung, ihres Alters, ihrer politischen oder gewerkschaftlichen Betätigung oder Einstellung oder wegen ihres Geschlechts oder ihrer sexuellen Identität unterbleibt. [3]Dabei müssen Dienststelle und Personalvertretung sich so verhalten, dass das Vertrauen der Verwaltungsangehörigen in die Objektivität und Neutralität ihrer Amtsführung nicht beeinträchtigt wird.

(5) Die Leiterin oder der Leiter der Dienststelle und ihre oder seine Vertretung sowie die Personalvertretung und ihre Mitglieder haben jede parteipolitische Betätigung in der Dienststelle zu unterlassen; die Behandlung von Tarif-, Besoldungs- und Sozialangelegenheiten wird hierdurch nicht berührt.

§ 3 Ausschluss abweichender Regelungen. Durch Tarifvertrag oder Dienstvereinbarung kann das Personalvertretungsrecht nicht abweichend von diesem Gesetz geregelt werden.

§ 4 Begriffsbestimmungen. (1) Im Sinne dieses Gesetzes sind

1. Arbeitnehmerinnen und Arbeitnehmer die Beschäftigten, die nach dem für die Dienststelle maßgebenden Tarifvertrag oder nach der Dienstordnung Arbeitnehmerinnen und Arbeitnehmer sind, die als übertarifliche Arbeitnehmerinnen und Arbeitnehmer beschäftigt werden oder die sich in einer beruflichen Ausbildung befinden,
2. Arbeitstage die Wochentage Montag bis Freitag mit Ausnahme der gesetzlichen Feiertage,
3. Beamtinnen und Beamte die Beschäftigten, die nach den jeweils für sie geltenden Beamtengesetzen Beamtinnen und Beamte sind,
4. Behörden der Mittelstufe die der obersten Dienstbehörde im Sinne dieses Gesetzes unmittelbar nachgeordneten Behörden, denen andere Dienststellen nachgeordnet sind,
5. Beschäftigte im öffentlichen Dienst vorbehaltlich des Absatzes 2 die Beamtinnen und Beamten sowie die Arbeitnehmerinnen und Arbeitnehmer einschließlich der zu ihrer Berufsausbildung Beschäftigten sowie Richterinnen und Richter, die an eine der in § 1 Absatz 1 genannten Verwaltungen oder zur Wahrnehmung einer nichtrichterlichen Tätigkeit an ein Gericht des Bundes abgeordnet sind,
6. Dienststellen vorbehaltlich des § 6 die einzelnen Behörden, Verwaltungsstellen und Betriebe der in § 1 Absatz 1 genannten Verwaltungen sowie die Gerichte,
7. Personalvertretungen die Personalräte, die Stufenvertretungen und die Gesamtpersonalräte.

(2) Als Beschäftigte im Sinne dieses Gesetzes gelten nicht Personen,

1. deren Beschäftigung überwiegend durch Beweggründe karitativer oder religiöser Art bestimmt ist oder
2. die überwiegend zu ihrer Heilung, Wiedereingewöhnung oder Erziehung beschäftigt werden.

§ 5 Gruppen von Beschäftigten. [1]Die Beamtinnen und Beamten sowie die Arbeitnehmerinnen und Arbeitnehmer bilden je eine Gruppe. [2]Die in § 4 Absatz 1 Nummer 5 bezeichneten Richterinnen und Richter treten zur Gruppe der Beamtinnen und Beamten hinzu.

§ 6 Dienststellenaufbau, gemeinsame Dienststellen. (1) [1]Die einer Behörde der Mittelstufe unmittelbar nachgeordnete Behörde bildet mit den ihr nachgeordneten Stellen eine Dienststelle. [2]Dies gilt nicht, soweit die weiter nachgeordneten Stellen im Verwaltungsaufbau nach Aufgabenbereich und Organisation selbstständig sind.

(2) Bei gemeinsamen Dienststellen des Bundes und anderer Körperschaften gelten nur die im Bundesdienst Beschäftigten als zur Dienststelle gehörig.

§ 7 Verselbstständigung von Nebenstellen und Dienststellenteilen. [1]Nebenstellen und Teile einer Dienststelle, die räumlich weit von dieser entfernt liegen, gelten als selbstständige Dienststellen, wenn die Mehrheit ihrer wahlberechtigten Beschäftigten dies in geheimer Abstimmung beschließt. [2]Der Beschluss ist für die folgende Wahl und die Amtszeit der aus ihr hervorgehenden Personalvertretung wirksam.

§ 8 Vertretung der Dienststelle. [1]Für die Dienststelle handelt ihre Leiterin oder ihr Leiter. [2]Sie oder er kann sich bei Verhinderung durch ihre oder seine ständige Vertreterin oder ihren oder seinen ständigen Vertreter vertreten lassen. [3]Bei obersten Dienstbehörden kann die Leiterin oder der Leiter der Dienststelle auch die Leiterin oder den Leiter der Abteilung für Personal- und Verwaltungsangelegenheiten, bei Bundesoberbehörden ohne nachgeordnete Dienststellen und bei Behörden der Mittelstufe auch die jeweils entsprechende Abteilungsleiterin oder den jeweils entsprechenden Abteilungsleiter zur Vertreterin oder zum Vertreter bestimmen. [4]Die Vertretung durch sonstige Beauftragte ist zulässig, sofern der Personalrat sich mit dieser Beauftragung einverstanden erklärt.

§ 9 Stellung der Gewerkschaften und Arbeitgebervereinigungen.

(1) Dienststelle und Personalvertretung arbeiten mit den in der Dienststelle vertretenen Gewerkschaften und Arbeitgebervereinigungen zum Wohl der Beschäftigten und zur Erfüllung der der Dienststelle obliegenden Aufgaben vertrauensvoll zusammen.

(2) Den Beauftragten der in der Dienststelle vertretenen Gewerkschaften ist zur Wahrnehmung der in diesem Gesetz genannten Aufgaben und Befugnisse nach Unterrichtung der Dienststelle Zugang zu der Dienststelle zu gewähren, soweit dem nicht zwingende dienstliche Gründe, zwingende Sicherheitsvorschriften oder der Schutz von Dienstgeheimnissen entgegenstehen.

(3) [1]Die Aufgaben der Gewerkschaften und der Vereinigungen der Arbeitgeber, insbesondere die Wahrnehmung der Interessen ihrer Mitglieder, werden durch dieses Gesetz nicht berührt. [2]Auf Verlangen einer Gewerkschaft oder einer Vereinigung der Arbeitgeber hat die Dienststelle in ihrem Intranet auf den Internetauftritt der Gewerkschaft oder der Arbeitgebervereinigung zu verlinken.

(4) Beschäftigte, die Aufgaben nach diesem Gesetz wahrnehmen, werden in der Betätigung für ihre Gewerkschaft auch in der Dienststelle nicht beschränkt.

(5) Die Personalvertretung hat sich für die Wahrung der Vereinigungsfreiheit der Beschäftigten einzusetzen.

§ 10 Behinderungs-, Benachteiligungs- und Begünstigungsverbot. Personen, die Aufgaben oder Befugnisse nach diesem Gesetz wahrnehmen, dürfen dabei nicht behindert und deswegen nicht benachteiligt oder begünstigt werden; dies gilt auch in Bezug auf ihre berufliche Entwicklung.

§ 11 Schweigepflicht. (1) [1]Personen, die Aufgaben oder Befugnisse nach diesem Gesetz wahrnehmen oder wahrgenommen haben, haben über die ihnen dabei bekannt werdenden oder bekannt gewordenen Angelegenheiten und Tatsachen Stillschweigen zu bewahren. [2]Abgesehen von den Fällen des § 66 Absatz 2 Satz 1 und des § 125 gilt die Schweigepflicht nicht

1. für Mitglieder der Personalvertretung und der Jugend- und Auszubildendenvertretung gegenüber den übrigen Mitgliedern der Vertretung,
2. für die in Absatz 1 Satz 1 bezeichneten Personen gegenüber der zuständigen Personalvertretung,
3. gegenüber der vorgesetzten Dienststelle, der bei ihr gebildeten Stufenvertretung und gegenüber dem Gesamtpersonalrat sowie
4. für die Anrufung der Einigungsstelle.

(2) Die Schweigepflicht besteht nicht in Bezug auf Angelegenheiten oder Tatsachen, die offenkundig sind oder ihrer Bedeutung nach keiner Geheimhaltung bedürfen.

§ 12 Unfallfürsorge. Erleidet eine Beamtin oder ein Beamter anlässlich der Wahrnehmung von Rechten oder der Erfüllung von Pflichten nach diesem Gesetz einen Unfall, der im Sinne der beamtenrechtlichen Unfallfürsorgevorschriften ein Dienstunfall wäre, so sind diese Vorschriften entsprechend anzuwenden.

Kapitel 2. Personalrat

Abschnitt 1. Wahl und Zusammensetzung des Personalrats

§ 13 Bildung von Personalräten. (1) In Dienststellen, die in der Regel mindestens fünf Wahlberechtigte beschäftigen, von denen drei wählbar sind, werden Personalräte gebildet.

(2) Dienststellen, bei denen die Voraussetzungen des Absatzes 1 nicht gegeben sind, werden von der übergeordneten Dienststelle im Einvernehmen mit der Stufenvertretung einer benachbarten Dienststelle zugeordnet.

§ 14 Wahlberechtigung. (1) Wahlberechtigt sind Beschäftigte, die am Wahltag das 16. Lebensjahr vollendet haben, es sei denn, dass sie

1. infolge Richterspruchs das Recht, in öffentlichen Angelegenheiten zu wählen oder zu stimmen, nicht besitzen,
2. am Wahltag seit mehr als zwölf Monaten beurlaubt sind oder
3. Altersteilzeit im Blockmodell ausüben und sich am Wahltag in der Freistellung befinden.

(2) [1] Wer zu einer Dienststelle abgeordnet ist, wird dort wahlberechtigt, sobald die Abordnung länger als drei Monate gedauert hat; im gleichen Zeitpunkt verliert er das Wahlrecht in der bisherigen Dienststelle. [2] Das gilt nicht für Beschäftigte, die als Mitglieder einer Stufenvertretung oder des Gesamtpersonalrats freigestellt sind. [3] Satz 1 gilt ferner nicht, wenn feststeht, dass die oder der Beschäftigte binnen weiterer neun Monate zur bisherigen Dienststelle zurückkehren wird. [4] Hinsichtlich des Verlustes des Wahlrechts in der bisherigen Dienststelle gelten die Sätze 1 und 3 entsprechend in Fällen einer Zuweisung nach § 29 des Bundesbeamtengesetzes[1)], nach den tarifvertraglichen Bestimmungen oder auf Grund entsprechender arbeitsvertraglicher Vereinbarung.

(3) Beamtinnen und Beamte im Vorbereitungsdienst sowie Arbeitnehmerinnen und Arbeitnehmer in entsprechender Berufsausbildung sind nur bei ihrer Stammbehörde wahlberechtigt.

§ 15 Wählbarkeit. (1) [1] Wählbar sind die Wahlberechtigten, die am Wahltag

1. das 18. Lebensjahr vollendet haben und
2. seit sechs Monaten Beschäftigte im öffentlichen Dienst des Bundes sind.

[2] Besteht die Dienststelle weniger als ein Jahr, ist Satz 1 Nummer 2 nicht anzuwenden.

(2) Nicht wählbar sind

---

1) Nr. **160**.

1. Beschäftigte, die infolge Richterspruchs nicht die Fähigkeit besitzen, Rechte aus öffentlichen Wahlen zu erlangen,
2. Beschäftigte, die am Wahltag noch länger als zwölf Monate beurlaubt sind,
3. für die Wahl in eine Stufenvertretung die in § 14 Absatz 3 genannten Personen oder
4. für die Wahl der Personalvertretung ihrer Dienststelle die in § 8 genannten Personen sowie Beschäftigte, die zu selbstständigen Entscheidungen in Personalangelegenheiten der Dienststelle befugt sind.

§ 16 Zahl der Personalratsmitglieder. (1) [1] Der Personalrat besteht in Dienststellen mit in der Regel

1. 5 bis 20 wahlberechtigten Beschäftigten aus einem Mitglied,
2. 21 Wahlberechtigten bis 50 Beschäftigten aus drei Mitgliedern,
3. 51 bis 150 Beschäftigten aus fünf Mitgliedern,
4. 151 bis 300 Beschäftigten aus sieben Mitgliedern,
5. 301 bis 600 Beschäftigten aus neun Mitgliedern,
6. 601 bis 1 000 Beschäftigten aus elf Mitgliedern.

[2] Die Zahl der Mitglieder erhöht sich in Dienststellen mit 1 001 bis 5 000 Beschäftigten um je zwei Mitglieder für je weitere angefangene 1 000 Beschäftigte und in Dienststellen mit mehr als 5 000 Beschäftigten um je zwei Mitglieder für je weitere angefangene 2 000 Beschäftigte.

(2) Die Höchstzahl der Mitglieder beträgt 31.

§ 17 Sitzverteilung auf die Gruppen. (1) [1] Sind in der Dienststelle Angehörige verschiedener Gruppen beschäftigt, so muss jede Gruppe entsprechend ihrer Stärke im Personalrat vertreten sein, wenn dieser aus mindestens drei Mitgliedern besteht. [2] Bei gleicher Stärke der Gruppen entscheidet das Los. [3] Macht eine Gruppe von ihrem Recht, im Personalrat vertreten zu sein, keinen Gebrauch, so verliert sie ihren Anspruch auf Vertretung.

(2) Der Wahlvorstand errechnet die Verteilung der Sitze auf die Gruppen nach den Grundsätzen der Verhältniswahl.

(3) Eine Gruppe erhält

1. bei weniger als 51 Gruppenangehörigen mindestens eine Vertreterin oder einen Vertreter,
2. bei 51 bis 200 Gruppenangehörigen mindestens zwei Vertreterinnen oder Vertreter,
3. bei 201 bis 600 Gruppenangehörigen mindestens drei Vertreterinnen oder Vertreter,
4. bei 601 bis 1 000 Gruppenangehörigen mindestens vier Vertreterinnen oder Vertreter,
5. bei 1 001 bis 3 000 Gruppenangehörigen mindestens fünf Vertreterinnen oder Vertreter,
6. bei mehr als 3 000 Gruppenangehörigen mindestens sechs Vertreterinnen oder Vertreter.

(4) [1] Die Zahl der Mitglieder eines Personalrats, der nach § 16 Absatz 1 Satz 1 Nummer 2 aus drei Mitgliedern besteht, erhöht sich auf vier Mitglieder, wenn eine Gruppe mindestens ebenso viele Beschäftigte zählt wie die beiden anderen Gruppen zusammen. [2] Das vierte Mitglied steht der stärksten Gruppe zu.

(5) [1] Eine Gruppe, der in der Regel nicht mehr als fünf Beschäftigte angehören, erhält nur dann eine Vertretung, wenn sie mindestens 5 Prozent der Beschäftigten der Dienststelle umfasst. [2] Erhält sie keine Vertretung und findet Gruppenwahl statt, so kann sich jede und jeder Angehörige dieser Gruppe durch Erklärung gegenüber dem Wahlvorstand einer anderen Gruppe anschließen.

(6) Die Verteilung der Mitglieder des Personalrats auf die Gruppen kann abweichend geordnet werden, wenn jede Gruppe dies vor der Neuwahl in getrennter geheimer Abstimmung beschließt.

(7) [1] Für jede Gruppe können auch Angehörige anderer Gruppen vorgeschlagen werden. [2] Die Gewählten gelten als Vertreterinnen oder Vertreter derjenigen Gruppe, für die sie vorgeschlagen worden sind. [3] Satz 2 gilt auch für Ersatzmitglieder.

§ 18 Berücksichtigung der Beschäftigungsarten und Geschlechter.

(1) Der Personalrat soll sich aus Vertreterinnen und Vertretern der verschiedenen Beschäftigungsarten zusammensetzen.

(2) Frauen und Männer sollen im Personalrat entsprechend dem Zahlenverhältnis in der Dienststelle vertreten sein.

§ 19 Wahlgrundsätze und Wahlverfahren. (1) Der Personalrat wird in geheimer und unmittelbarer Wahl gewählt.

(2) [1] Besteht der Personalrat aus mehr als einer Person, so wählen die Beamtinnen und Beamten sowie die Arbeitnehmerinnen und Arbeitnehmer ihre Vertreterinnen und Vertreter nach § 17 jeweils in getrennten Wahlgängen, es sei denn, dass die wahlberechtigten Angehörigen jeder Gruppe vor der Neuwahl in getrennten geheimen Abstimmungen die gemeinsame Wahl beschließen. [2] Der Beschluss bedarf der Mehrheit der Stimmen aller Wahlberechtigten jeder Gruppe.

(3) [1] Die Wahl wird nach den Grundsätzen der Verhältniswahl durchgeführt. [2] Wird nur ein Wahlvorschlag eingereicht, so findet Personenwahl statt. [3] In Dienststellen, deren Personalrat aus einer Person besteht, wird dieser mit Stimmenmehrheit gewählt. [4] Das Gleiche gilt für Gruppen, denen nur eine Vertreterin oder ein Vertreter im Personalrat zusteht.

§ 20 Wahlvorschläge. (1) [1] Zur Wahl des Personalrats können die wahlberechtigten Beschäftigten und die in der Dienststelle vertretenen Gewerkschaften Wahlvorschläge machen. [2] Jeder Wahlvorschlag der Beschäftigten muss von mindestens 5 Prozent der wahlberechtigten Gruppenangehörigen, jedoch mindestens von drei Wahlberechtigten unterzeichnet sein. [3] In jedem Fall genügt die Unterzeichnung durch 50 wahlberechtigte Gruppenangehörige. [4] Die nach § 15 Absatz 2 Nummer 4 nicht wählbaren Beschäftigten dürfen keine Wahlvorschläge machen oder unterzeichnen.

(2) Ist gemeinsame Wahl beschlossen worden, so muss jeder Wahlvorschlag der Beschäftigten von mindestens 5 Prozent der wahlberechtigten Beschäftigten unterzeichnet sein; Absatz 1 Satz 2 bis 4 gilt entsprechend.

(3) [1] Werden bei gemeinsamer Wahl für eine Gruppe gruppenfremde Bewerberinnen oder Bewerber vorgeschlagen, muss der Wahlvorschlag von mindestens 10 Prozent der wahlberechtigten Angehörigen der Gruppe unterzeichnet sein, für die sie vorgeschlagen sind. [2] Absatz 1 Satz 3 und 4 gilt entsprechend.

(4) Eine Person kann nur auf einem Wahlvorschlag benannt werden.

(5) [1] Jeder Wahlvorschlag einer Gewerkschaft muss von zwei Beauftragten unterzeichnet sein; die Beauftragten müssen Beschäftigte der Dienststelle sein und einer in der Dienststelle vertretenen Gewerkschaft angehören. [2] Bei Zweifeln an der Beauftragung kann der Wahlvorstand verlangen, dass die Gewerkschaft die Beauftragung bestätigt.

§ 21 Bestellung des Wahlvorstands durch den Personalrat. [1] Spätestens acht Wochen vor Ablauf der Amtszeit bestellt der Personalrat drei Wahlberechtigte, die das 18. Lebensjahr vollendet haben, als Wahlvorstand und eine oder einen von ihnen als Vorsitzende oder Vorsitzenden. [2] Der Personalrat kann die Zahl der Wahlvorstandsmitglieder erhöhen, wenn dies zur ordnungsgemäßen Durchführung der Wahl erforderlich ist. [3] Der Wahlvorstand muss aus einer ungeraden Zahl von Mitgliedern bestehen. [4] Sind in der Dienststelle Angehörige verschiedener Gruppen beschäftigt, so muss jede Gruppe im Wahlvorstand vertreten sein. [5] Hat die Dienststelle weibliche und männliche Beschäftigte, sollen dem Wahlvorstand Frauen und Männer angehören. [6] Für jedes Mitglied des Wahlvorstands sollen für den Fall seiner Verhinderung bis zu drei Ersatzmitglieder bestellt werden. [7] Jeweils eine Beauftragte oder ein Beauftragter der in der Dienststelle vertretenen Gewerkschaften ist berechtigt, an den Sitzungen des Wahlvorstands mit beratender Stimme teilzunehmen.

§ 22 Wahl des Wahlvorstands durch die Personalversammlung.

(1) [1] Besteht sechs Wochen vor Ablauf der Amtszeit des Personalrats kein Wahlvorstand, so beruft die Leiterin oder der Leiter der Dienststelle auf Antrag von mindestens drei Wahlberechtigten oder einer in der Dienststelle vertretenen Gewerkschaft eine Personalversammlung zur Wahl des Wahlvorstands ein. [2] § 21 gilt entsprechend. [3] Die Personalversammlung wählt eine Versammlungsleiterin oder einen Versammlungsleiter.

(2) [1] Besteht in einer Dienststelle, die die Voraussetzungen des § 13 erfüllt, kein Personalrat, so beruft die Leiterin oder der Leiter der Dienststelle eine Personalversammlung zur Wahl des Wahlvorstands ein. [2] Absatz 1 Satz 3 gilt entsprechend.

§ 23 Bestellung des Wahlvorstands durch die Leiterin oder den Leiter der Dienststelle. Findet eine Personalversammlung nach § 22 nicht statt oder wählt die Personalversammlung keinen Wahlvorstand, so bestellt ihn die Leiterin oder der Leiter der Dienststelle auf Antrag von mindestens drei Wahlberechtigten oder einer in der Dienststelle vertretenen Gewerkschaft.

§ 24 Aufgaben des Wahlvorstands. (1) [1] Der Wahlvorstand hat die Wahl unverzüglich nach seiner Bestellung einzuleiten; die Wahl soll spätestens zwei Wochen vor dem Ende der Amtszeit des Personalrats stattfinden. [2] Kommt der Wahlvorstand dieser Verpflichtung nicht nach, so beruft die Leiterin oder der Leiter der Dienststelle auf Antrag von mindestens drei Wahlberechtigten oder einer in der Dienststelle vertretenen Gewerkschaft eine Personalversammlung zur Wahl eines neuen Wahlvorstands ein. [3] § 22 Absatz 1 Satz 3 und § 23 gelten entsprechend.

(2) [1] Unverzüglich nach Abschluss der Wahl nimmt der Wahlvorstand öffentlich die Auszählung der Stimmen vor, stellt deren Ergebnis in einem Protokoll fest und gibt es den Angehörigen der Dienststelle bekannt. [2] Der Leiterin oder dem Leiter der Dienststelle und den in der Dienststelle vertretenen Gewerkschaften ist eine Kopie des Protokolls zu übersenden.

§ 25 Schutz und Kosten der Wahl. (1) [1]Niemand darf die Wahl des Personalrats behindern oder in einer gegen die guten Sitten verstoßenden Weise beeinflussen. [2]Insbesondere dürfen Wahlberechtigte nicht in der Ausübung des aktiven und passiven Wahlrechts beschränkt werden. [3]§ 55 Absatz 1 und 2 Satz 1 und 2 gilt für Mitglieder des Wahlvorstands sowie für Wahlbewerberinnen und Wahlbewerber entsprechend.

(2) [1]Die Kosten der Wahl trägt der Bund. [2]Erforderliche Versäumnis von Arbeitszeit infolge der Ausübung des Wahlrechts, der Teilnahme an den in den §§ 22 und 24 Absatz 1 genannten Personalversammlungen oder der Betätigung im Wahlvorstand hat keine Minderung der Dienstbezüge oder des Arbeitsentgelts zur Folge. [3]Für die Mitglieder des Wahlvorstands gelten § 46 Absatz 2 und § 51 Satz 2 entsprechend.

§ 26 Anfechtung der Wahl. Mindestens drei Wahlberechtigte, jede in der Dienststelle vertretene Gewerkschaft oder die Leiterin oder der Leiter der Dienststelle können binnen einer Frist von zwölf Arbeitstagen, vom Tag der Bekanntgabe des Wahlergebnisses an gerechnet, die Wahl beim Verwaltungsgericht anfechten, wenn gegen wesentliche Vorschriften über das Wahlrecht, die Wählbarkeit oder das Wahlverfahren verstoßen worden und eine Berichtigung nicht erfolgt ist, es sei denn, dass durch den Verstoß das Wahlergebnis nicht geändert oder beeinflusst werden konnte.

Abschnitt 2. Amtszeit

§ 27 Zeitpunkt der Wahl, Amtszeit. (1) Die regelmäßigen Personalratswahlen finden alle vier Jahre in der Zeit vom 1. März bis 31. Mai statt.

(2) [1]Die Amtszeit des Personalrats beginnt am 1. Juni des Jahres, in dem die regelmäßigen Personalratswahlen stattfinden, und endet mit dem Ablauf von vier Jahren. [2]Ist am Tag des Ablaufs der Amtszeit ein neuer Personalrat nicht gewählt oder hat sich am Tag des Ablaufs der Amtszeit noch kein neuer Personalrat konstituiert, führt der Personalrat die Geschäfte weiter, bis sich der neu gewählte Personalrat konstituiert hat, längstens jedoch bis zum Ablauf des 31. Juli.

§ 28 Vorzeitige Neuwahl. (1) Außerhalb des in § 27 Absatz 1 genannten Zeitraums ist der Personalrat neu zu wählen, wenn

1. mit Ablauf von 24 Monaten, vom Tag der Wahl gerechnet, die Zahl der regelmäßig Beschäftigten um die Hälfte, mindestens aber um 50 Personen gestiegen oder gesunken ist,
2. die Gesamtzahl der Mitglieder des Personalrats auch nach Eintreten sämtlicher Ersatzmitglieder um mehr als ein Viertel der vorgeschriebenen Zahl gesunken ist,
3. der Personalrat mit der Mehrheit seiner Mitglieder seinen Rücktritt beschlossen hat,
4. die Personalratswahl mit Erfolg gerichtlich angefochten worden ist,
5. der Personalrat durch gerichtliche Entscheidung aufgelöst ist oder
6. in der Dienststelle kein Personalrat besteht.

(2) In den Fällen des Absatzes 1 Nummer 1 bis 3 führt der Personalrat die Geschäfte weiter, bis sich der neu gewählte Personalrat konstituiert hat.

(3) [1]In den Fällen des Absatzes 1 Nummer 4 und 5 nimmt der Wahlvorstand, der die Neuwahl durchführt, die dem Personalrat nach diesem Gesetz zustehenden Befugnisse und Pflichten wahr, bis sich der neu gewählte Personalrat konstituiert

hat. [2]Die Bestellung des Wahlvorstands nach § 22 Absatz 2 oder § 23 erfolgt unverzüglich nach Eintritt der Rechtskraft der Entscheidung. [3]Der Wahlvorstand hat die Neuwahl unverzüglich einzuleiten.

(4) [1]Ist eine in der Dienststelle vorhandene Gruppe, die bisher im Personalrat vertreten war, durch kein Mitglied des Personalrats mehr vertreten oder wird nach § 26 die Wahl nur einer Gruppe mit Erfolg angefochten, so wählt diese Gruppe neue Mitglieder. [2]Der Personalrat bestellt mit seinen verbleibenden Mitgliedern unverzüglich einen aus Angehörigen dieser Gruppe gebildeten Wahlvorstand und nimmt bis zur Neuwahl die der Gruppe nach diesem Gesetz zustehenden Befugnisse und Pflichten wahr.

(5) [1]Hat außerhalb des für die regelmäßigen Personalratswahlen festgelegten Zeitraums eine Personalratswahl stattgefunden, so ist der Personalrat in dem auf die Wahl folgenden nächsten Zeitraum der regelmäßigen Personalratswahlen neu zu wählen. [2]Hat die Amtszeit des Personalrats zu Beginn des für die regelmäßigen Personalratswahlen festgelegten Zeitraums noch nicht ein Jahr betragen, so ist der Personalrat in dem übernächsten Zeitraum der regelmäßigen Personalratswahlen neu zu wählen.

§ 29 Übergangsmandat und Restmandat bei Umstrukturierungsmaßnahmen. (1) [1]Wird eine Dienststelle in mehrere Dienststellen aufgespalten oder werden Teile einer Dienststelle in eine neue Dienststelle ausgegliedert, führt der Personalrat die Geschäfte für die ihm bislang zugeordneten Dienststellenteile weiter (Übergangsmandat). [2]Der Personalrat hat unverzüglich nach Wirksamwerden der Organisationsmaßnahme einen Wahlvorstand in der neuen Dienststelle zu bestellen. [3]Das Übergangsmandat endet, sobald sich der neu gewählte Personalrat konstituiert hat, spätestens jedoch sechs Monate nach Wirksamwerden der Organisationsmaßnahme. [4]Durch Vereinbarung zwischen der neuen Dienststelle und dem Personalrat kann das Übergangsmandat um weitere sechs Monate verlängert werden.

(2) [1]Werden Dienststellen oder Teile mehrerer Dienststellen zu einer neuen Dienststelle zusammengelegt, nimmt der Personalrat derjenigen Dienststelle, aus der die meisten Beschäftigten zu der neuen Dienststelle übergegangen sind, das Übergangsmandat wahr. [2]Absatz 1 Satz 2 bis 4 gilt entsprechend.

(3) [1]Wird im Geschäftsbereich einer obersten Dienstbehörde eine Dienststelle neu errichtet, ohne dass die Voraussetzungen des Absatzes 1 Satz 1 oder des Absatzes 2 Satz 1 vorliegen, so nimmt die bei der übergeordneten Dienststelle gebildete Stufenvertretung oder, wenn eine solche nicht besteht, der bei der übergeordneten Dienststelle gebildete Personalrat das Übergangsmandat wahr. [2]Absatz 1 Satz 2 bis 4 gilt entsprechend.

(4) [1]Werden Teile einer Dienststelle in eine andere Dienststelle eingegliedert und steigt oder sinkt hierdurch in der abgebenden oder in der aufnehmenden Dienststelle die Zahl der regelmäßig Beschäftigten um ein Viertel, mindestens aber um 50 Personen, ist der Personalrat der hiervon betroffenen Dienststelle abweichend von § 28 Absatz 1 Nummer 1 neu zu wählen. [2]Dies gilt nicht, wenn die Eingliederung weniger als zwölf Monate vor dem Ende der regelmäßigen Amtszeit des Personalrats wirksam wird. [3]Wird eine Dienststelle vollständig in eine andere Dienststelle eingegliedert, gelten die Sätze 1 und 2 entsprechend für den Personalrat der aufnehmenden Dienststelle.

(5) Wird eine Dienststelle aufgelöst, bleibt deren Personalrat so lange im Amt, wie dies zur Wahrnehmung der damit im Zusammenhang stehenden Beteiligungsrechte erforderlich ist.

(6) [1] Geht eine Dienststelle durch Umwandlung oder eine anderweitige Privatisierungsmaßnahme in eine Rechtsform des Privatrechts über, bleibt deren Personalrat im Amt und führt die Geschäfte weiter, wenn die Voraussetzungen des § 1 Absatz 1 Satz 1 des Betriebsverfassungsgesetzes[1)] erfüllt sind und ein Betriebsrat nicht besteht. [2] Werden Dienststellen oder Teile mehrerer Dienststellen zu einem Betrieb im Sinne des § 1 Absatz 1 Satz 1 des Betriebsverfassungsgesetzes zusammengefasst, bestimmt sich der das Übergangsmandat wahrnehmende Personalrat in entsprechender Anwendung des Absatzes 2 Satz 1. [3] Der Personalrat nimmt die Aufgaben eines Betriebsrats nach dem Betriebsverfassungsgesetz wahr und hat unverzüglich den Wahlvorstand zur Einleitung der Betriebsratswahl zu bestellen. [4] Für das Ende des Übergangsmandats gilt § 21a Absatz 1 Satz 3 und 4 des Betriebsverfassungsgesetzes entsprechend. [5] Auf die bis zum Zeitpunkt des Wirksamwerdens der Privatisierungsmaßnahme eingeleiteten Beteiligungsverfahren, Verfahren vor der Einigungsstelle und den Verwaltungsgerichten sind die Bestimmungen dieses Gesetzes anzuwenden. [6] Die in den bisherigen Dienststellen bestehenden Dienstvereinbarungen gelten für die Beschäftigten aus diesen Dienststellen längstens für zwölf Monate nach Wirksamwerden der Privatisierungsmaßnahme als Betriebsvereinbarung fort, soweit sie nicht durch eine andere Regelung ersetzt werden.

(7) Auf Wahlen nach den Absätzen 1 bis 4 ist § 28 Absatz 5 anzuwenden.

§ 30 Ausschluss eines Mitglieds und Auflösung des Personalrats. [1] Auf Antrag eines Viertels der Wahlberechtigten oder einer in der Dienststelle vertretenen Gewerkschaft kann das Verwaltungsgericht den Ausschluss eines Mitglieds aus dem Personalrat oder die Auflösung des Personalrats wegen grober Vernachlässigung seiner gesetzlichen Befugnisse oder wegen grober Verletzung seiner gesetzlichen Pflichten beschließen. [2] Der Personalrat kann aus den gleichen Gründen den Ausschluss eines Mitglieds beantragen. [3] Die Leiterin oder der Leiter der Dienststelle kann den Ausschluss eines Mitglieds aus dem Personalrat oder die Auflösung des Personalrats wegen grober Verletzung seiner gesetzlichen Pflichten beantragen.

§ 31 Erlöschen der Mitgliedschaft. (1) Die Mitgliedschaft im Personalrat erlischt durch

1. Ablauf der Amtszeit,
2. Niederlegung des Amtes,
3. Beendigung des Dienst- oder Arbeitsverhältnisses,
4. Ausscheiden aus der Dienststelle,
5. Verlust der Wählbarkeit,
6. Eintritt in eine mehr als zwölfmonatige Beurlaubung,
7. Eintritt in die Freistellungsphase der Altersteilzeit im Blockmodell,
8. Ausschluss aus dem Personalrat oder Auflösung des Personalrats auf Grund einer gerichtlichen Entscheidung oder
9. gerichtliche Entscheidung über die Feststellung der Nichtwählbarkeit nach Ablauf der in § 26 bezeichneten Frist, es sei denn, der Mangel liegt nicht mehr vor.

(2) Die Mitgliedschaft im Personalrat wird durch einen Wechsel der Gruppenzugehörigkeit eines Mitglieds nicht berührt; dieses vertritt weiterhin die Gruppe, von der es gewählt wurde.

[1)] Schönfelder ErgBd. Nr. 82.

§ 32 Ruhen der Mitgliedschaft. Die Mitgliedschaft einer Beamtin oder eines Beamten im Personalrat ruht, solange ihr oder ihm die Führung der Dienstgeschäfte verboten oder sie oder er wegen eines schwebenden Disziplinarverfahrens vorläufig des Dienstes enthoben ist.

§ 33 Eintritt von Ersatzmitgliedern. (1) [1] Scheidet ein Mitglied aus dem Personalrat aus, so tritt ein Ersatzmitglied ein. [2] Das Gleiche gilt, wenn ein Mitglied des Personalrats zeitweilig verhindert ist.

(2) [1] Die Ersatzmitglieder werden der Reihe nach aus den nicht gewählten Beschäftigten derjenigen Vorschlagslisten entnommen, denen die zu ersetzenden Mitglieder angehören. [2] Ist das ausgeschiedene oder verhinderte Mitglied mit einfacher Stimmenmehrheit gewählt, so tritt der nicht gewählte Beschäftigte mit der nächsthöheren Stimmenzahl als Ersatzmitglied ein.

(3) § 31 Absatz 2 gilt entsprechend bei einem Wechsel der Gruppenzugehörigkeit vor dem Eintritt des Ersatzmitglieds in den Personalrat.

(4) Ist die Personalratswahl mit Erfolg angefochten worden oder der Personalrat durch gerichtliche Entscheidung aufgelöst, treten Ersatzmitglieder nicht ein.

Abschnitt 3. Geschäftsführung

§ 34 Vorstand. (1) [1] Der Personalrat bildet aus seiner Mitte den Vorstand. [2] Diesem muss ein Mitglied jeder im Personalrat vertretenen Gruppe angehören. [3] Die Vertreterinnen und Vertreter jeder Gruppe wählen das auf ihre Gruppe entfallende Vorstandsmitglied. [4] Der Vorstand führt die laufenden Geschäfte.

(2) [1] Hat der Personalrat elf oder mehr Mitglieder, so wählt er aus seiner Mitte mit einfacher Stimmenmehrheit zwei weitere Mitglieder in den Vorstand. [2] Sind Mitglieder des Personalrats aus Wahlvorschlagslisten mit verschiedenen Bezeichnungen gewählt worden und sind im Vorstand Mitglieder aus derjenigen Liste nicht vertreten, die die größte oder zweitgrößte Anzahl, mindestens jedoch ein Drittel aller von den Angehörigen der Dienststelle abgegebenen Stimmen erhalten hat, so ist eines der weiteren Vorstandsmitglieder aus dieser Liste zu wählen.

§ 35 Vorsitz. (1) [1] Der Personalrat bestimmt mit einfacher Mehrheit, welches der nach § 34 Absatz 1 gewählten Vorstandsmitglieder den Vorsitz übernimmt. [2] Er bestimmt zugleich die Vertretung der oder des Vorsitzenden. [3] Dabei sind die Gruppen zu berücksichtigen, denen der oder die Vorsitzende nicht angehört, es sei denn, dass die Vertreterinnen und Vertreter dieser Gruppen darauf verzichten.

(2) [1] Die oder der Vorsitzende vertritt den Personalrat im Rahmen der von diesem gefassten Beschlüsse. [2] In Angelegenheiten, die nur eine Gruppe betreffen, vertritt die oder der Vorsitzende, wenn sie oder er nicht selbst dieser Gruppe angehört, den Personalrat gemeinsam mit einem der Gruppe angehörenden Vorstandsmitglied.

§ 36 Anberaumung von Sitzungen. (1) [1] Spätestens fünf Arbeitstage nach dem Wahltag hat der Wahlvorstand die Mitglieder des Personalrats zu den Wahlen des Vorstands und des Vorsitzes einzuberufen. [2] Die oder der Vorsitzende des Wahlvorstands leitet die Sitzung, bis der Personalrat aus seiner Mitte eine Wahlleiterin oder einen Wahlleiter bestellt hat.

(2) [1] Die weiteren Sitzungen beruft die oder der Vorsitzende des Personalrats ein. [2] Sie oder er setzt die Tagesordnung fest und leitet die Verhandlung. [3] Die oder der Vorsitzende hat die Mitglieder des Personalrats zu den Sitzungen rechtzeitig unter Mitteilung der Tagesordnung zu laden. [4] Ist ein Mitglied des Personalrats an

der Sitzungsteilnahme verhindert, hat es dies unter Angabe der Gründe unverzüglich der oder dem Vorsitzenden mitzuteilen. [5]Die oder der Vorsitzende hat für ein verhindertes Mitglied des Personalrats das nach § 33 Absatz 1 Satz 2 eintretende Ersatzmitglied zu laden.

(3) Die oder der Vorsitzende hat eine Sitzung einzuberufen und den Gegenstand, dessen Beratung beantragt ist, auf die Tagesordnung zu setzen, wenn dies beantragt wird von

1. einem Viertel der Mitglieder des Personalrats,
2. der Mehrheit der Vertreterinnen und Vertreter einer Gruppe,
3. der Leiterin oder dem Leiter der Dienststelle,
4. der Vertrauensperson der schwerbehinderten Menschen in Angelegenheiten, die besonders schwerbehinderte Beschäftigte betreffen, oder
5. der Mehrheit der Mitglieder der Jugend- und Auszubildendenvertretung in Angelegenheiten, die besonders Beschäftigte betreffen, die das 18. Lebensjahr noch nicht vollendet haben oder sich in einer beruflichen Ausbildung befinden.

§ 37 Teilnahme- und Stimmrecht sonstiger Personen. (1) [1]Eine Vertreterin oder ein Vertreter der Jugend- und Auszubildendenvertretung, die oder der von dieser benannt wird, und die Schwerbehindertenvertretung haben das Recht, an den Sitzungen des Personalrats beratend teilzunehmen. [2]An der Behandlung von Angelegenheiten, die besonders Beschäftigte betreffen, die das 18. Lebensjahr noch nicht vollendet haben oder die sich in einer beruflichen Ausbildung befinden, hat die gesamte Jugend- und Auszubildendenvertretung das Recht zur beratenden Teilnahme. [3]Bei Beschlüssen des Personalrats, die überwiegend Beschäftigte betreffen, die das 18. Lebensjahr noch nicht vollendet haben oder die sich in einer beruflichen Ausbildung befinden, haben die Jugend- und Auszubildendenvertreterinnen und -vertreter Stimmrecht. [4]Soweit sie ein Recht auf Teilnahme an der Sitzung haben, gilt § 36 Absatz 2 Satz 3 entsprechend für die Ladung der Schwerbehindertenvertretung und der Mitglieder der Jugend- und Auszubildendenvertretung.

(2) Auf Antrag eines Viertels der Mitglieder oder der Mehrheit einer Gruppe des Personalrats kann eine Beauftragte oder ein Beauftragter einer im Personalrat vertretenen Gewerkschaft an den Sitzungen beratend teilnehmen; in diesem Fall sind der Gewerkschaft der Zeitpunkt der Sitzung und die Tagesordnung rechtzeitig mitzuteilen.

(3) Die Leiterin oder der Leiter der Dienststelle nimmt an den Sitzungen teil, die auf ihr oder sein Verlangen anberaumt worden sind oder zu denen sie oder er ausdrücklich eingeladen worden ist.

§ 38 Zeitpunkt der Sitzungen und Nichtöffentlichkeit. (1) [1]Die Sitzungen des Personalrats finden in der Regel während der Arbeitszeit statt. [2]Der Personalrat hat bei der Anberaumung seiner Sitzungen auf die dienstlichen Erfordernisse und auf die Arbeitszeiten seiner Mitglieder Rücksicht zu nehmen. [3]Die Leiterin oder der Leiter der Dienststelle ist vom Zeitpunkt der Sitzung vorher zu verständigen.

(2) [1]Die Sitzungen sind nicht öffentlich. [2]Der Personalrat kann ihm nach § 47 zur Verfügung gestelltes Büropersonal zur Anfertigung der Niederschrift hinzuziehen.

(3) [1]Die Sitzungen des Personalrats finden in der Regel als Präsenzsitzung in Anwesenheit seiner Mitglieder vor Ort statt. [2]Die Sitzung kann vollständig oder

unter Zuschaltung einzelner Personalratsmitglieder mittels Video- oder Telefonkonferenz durchgeführt werden, wenn

1. vorhandene Einrichtungen genutzt werden, die durch die Dienststelle zur dienstlichen Nutzung freigegeben sind,
2. nicht mindestens ein Viertel der Mitglieder oder die Mehrheit der Vertreterinnen und Vertreter einer Gruppe des Personalrats binnen einer von der oder dem Vorsitzenden zu bestimmenden Frist gegenüber der oder dem Vorsitzenden widerspricht und
3. der Personalrat geeignete organisatorische Maßnahmen trifft, um sicherzustellen, dass Dritte vom Inhalt der Sitzung keine Kenntnis nehmen können.

[3] Eine Aufzeichnung ist unzulässig. [4] Personalratsmitglieder, die mittels Video- oder Telefonkonferenz an Sitzungen teilnehmen, gelten als anwesend im Sinne des § 39 Absatz 1 Satz 1. [5] § 43 Absatz 1 Satz 3 findet mit der Maßgabe Anwendung, dass die oder der Vorsitzende vor Beginn der Beratung die zugeschalteten Personalratsmitglieder feststellt und in die Anwesenheitsliste einträgt. [6] Das Recht eines Personalratsmitglieds auf Teilnahme an der Sitzung vor Ort bleibt durch die Durchführung der Sitzung mittels Video- oder Telefonkonferenz unberührt.

§ 39 Beschlussfassung. (1) [1] Die Beschlüsse des Personalrats werden, soweit in diesem Gesetz nichts anderes bestimmt ist, mit einfacher Stimmenmehrheit der anwesenden Mitglieder gefasst. [2] Stimmenthaltung gilt als Ablehnung. [3] Bei Stimmengleichheit ist ein Antrag abgelehnt.

(2) Der Personalrat ist nur beschlussfähig, wenn mindestens die Hälfte seiner Mitglieder anwesend ist; Vertretung durch Ersatzmitglieder ist zulässig.

(3) Bei der Feststellung der Stimmenmehrheit werden die Stimmen anderer anwesender Personen, die über ein Stimmrecht verfügen, mitgezählt.

(4) [1] In der Geschäftsordnung kann die Beschlussfassung im elektronischen Verfahren vorgesehen werden. [2] § 38 Absatz 3 Satz 2 Nummer 1 und 3 gilt entsprechend. [3] Die Beschlussfassung im elektronischen Verfahren ist unzulässig, wenn ein Mitglied des Personalrats oder eine nach § 37 teilnahmeberechtigte Person binnen einer von der oder dem Vorsitzenden zu bestimmenden Frist gegenüber der oder dem Vorsitzenden widerspricht. [4] Die oder der Vorsitzende gibt das Ergebnis der Beschlussfassung im elektronischen Verfahren spätestens in der nächsten Sitzung des Personalrats bekannt.

§ 40 Beschlussfassung in gemeinsamen Angelegenheiten und in Gruppenangelegenheiten. (1) Über die gemeinsamen Angelegenheiten der Beamtinnen und Beamten sowie der Arbeitnehmerinnen und Arbeitnehmer wird vom Personalrat gemeinsam beraten und beschlossen.

(2) [1] In Angelegenheiten, die lediglich die Angehörigen einer Gruppe betreffen, sind nach gemeinsamer Beratung im Personalrat nur die Vertreterinnen und Vertreter dieser Gruppe zur Beschlussfassung berufen. [2] Dies gilt nicht für eine Gruppe, die im Personalrat nicht vertreten ist.

(3) Absatz 2 gilt entsprechend für Angelegenheiten, die lediglich die Angehörigen zweier Gruppen betreffen.

§ 41 Ausschluss von Beratung und Beschlussfassung. (1) [1] Ein Mitglied des Personalrats ist ausgeschlossen von der Beratung und Beschlussfassung

1. über beteiligungspflichtige Angelegenheiten, die seine persönlichen Interessen oder die seiner Angehörigen unmittelbar und individuell berühren, oder

2. über einen Antrag auf seinen Ausschluss aus dem Personalrat.

[2] Angehörige im Sinne des Satzes 1 Nummer 1 sind die in § 20 Absatz 5 des Verwaltungsverfahrensgesetzes[1)] aufgeführten Personen. [3] Hat ein Mitglied des Personalrats Grund zu der Annahme, dass in seiner Person ein Ausschließungsgrund vorliegt, so hat es dies der oder dem Vorsitzenden unverzüglich, spätestens jedoch vor Beginn der Beratung über die Angelegenheit anzuzeigen. [4] Über das Vorliegen eines Ausschließungsgrundes entscheidet der Personalrat in Zweifelsfällen in Abwesenheit der oder des Betroffenen. [5] Das betroffene Personalratsmitglied ist vorher anzuhören. [6] Das ausgeschlossene Mitglied hat für die Dauer der Beratung und Beschlussfassung über die Angelegenheit nach Satz 1 den Sitzungsraum zu verlassen.

(2) Absatz 1 gilt entsprechend für weitere Personen, die zur Teilnahme an den Sitzungen des Personalrats berechtigt sind.

(3) Werden die den Ausschließungsgrund begründenden Umstände erst während der Sitzung bekannt, tritt ein Ersatzmitglied nach § 33 Absatz 1 Satz 2 nur ein, wenn es auf die Ladung durch die Vorsitzende oder den Vorsitzenden des Personalrats hin unverzüglich an der Sitzung teilnehmen kann.

(4) [1] Ein Beschluss ist nichtig, wenn an der Beratung oder Beschlussfassung ein ausgeschlossenes Mitglied mitgewirkt hat, es sei denn, dass durch die Mitwirkung die Beschlussfassung nicht geändert oder beeinflusst werden konnte. [2] Die Nichtigkeit des Beschlusses berührt die Wirksamkeit einer Maßnahme, die die Dienststelle im Vertrauen auf den Beschluss des Personalrats durchgeführt hat, nicht.

§ 42 Aussetzung von Beschlüssen. (1) [1] Erachtet die Mehrheit der Vertreterinnen und Vertreter einer Gruppe oder der Jugend- und Auszubildendenvertretung einen Beschluss des Personalrats als eine erhebliche Beeinträchtigung wichtiger Interessen der durch sie vertretenen Beschäftigten, so ist auf ihren Antrag der Beschluss auf die Dauer von fünf Arbeitstagen vom Zeitpunkt der Beschlussfassung an auszusetzen. [2] In dieser Frist soll, gegebenenfalls mit Hilfe der unter den Mitgliedern des Personalrats oder der Jugend- und Auszubildendenvertretung vertretenen Gewerkschaften, eine Verständigung versucht werden. [3] Die Aussetzung eines Beschlusses nach Satz 1 hat keine Verlängerung einer Frist zur Folge.

(2) [1] Nach Ablauf der Frist von fünf Arbeitstagen ist über die Angelegenheit neu zu beschließen. [2] Wird der erste Beschluss bestätigt, so kann der Antrag auf Aussetzung nicht wiederholt werden.

(3) Die Absätze 1 und 2 gelten entsprechend, wenn die Schwerbehindertenvertretung einen Beschluss des Personalrats als eine erhebliche Beeinträchtigung wichtiger Interessen der schwerbehinderten oder ihnen gleichgestellten Beschäftigten erachtet.

§ 43 Protokoll. (1) [1] Über jede Verhandlung des Personalrats ist ein Protokoll zu führen, das mindestens den Wortlaut der Beschlüsse und die Stimmenmehrheit, mit der sie gefasst sind, enthält. [2] Das Protokoll ist von der oder dem Vorsitzenden und einem weiteren Mitglied zu unterzeichnen. [3] Dem Protokoll ist eine Anwesenheitsliste beizufügen, in die sich jede Teilnehmerin und jeder Teilnehmer eigenhändig einzutragen hat.

(2) [1] Haben die Leiterin oder der Leiter der Dienststelle oder Beauftragte von Gewerkschaften an der Sitzung teilgenommen, so ist ihnen der entsprechende

---

[1)] Nr. **100**.

Auszug aus dem Protokoll zuzuleiten. [2] Einwendungen gegen das Protokoll sind unverzüglich schriftlich oder elektronisch zu erheben und dem Protokoll beizufügen.

§ 44 Geschäftsordnung. Sonstige Bestimmungen über die Geschäftsführung können in einer Geschäftsordnung getroffen werden, die der Personalrat mit der Mehrheit der Stimmen seiner Mitglieder beschließt.

§ 45 Sprechstunden. (1) [1] Der Personalrat kann Sprechstunden während der Arbeitszeit einrichten. [2] Zeit und Ort bestimmt er im Einvernehmen mit der Leiterin oder dem Leiter der Dienststelle.

(2) Führt die Jugend- und Auszubildendenvertretung keine eigenen Sprechstunden durch, so kann an den Sprechstunden des Personalrats ein Mitglied der Jugend- und Auszubildendenvertretung zur Beratung derjenigen Beschäftigten, die das 18. Lebensjahr noch nicht vollendet haben oder sich in einer beruflichen Ausbildung befinden, teilnehmen.

(3) [1] In der Geschäftsordnung kann die Durchführung der Sprechstunde mittels Video- oder Telefonkonferenz vorgesehen werden. [2] § 38 Absatz 3 Satz 2 Nummer 1 und 3 sowie Satz 3 gilt entsprechend.

§ 46 Kosten der Personalratstätigkeit. (1) Die durch die Tätigkeit des Personalrats und seiner Mitglieder entstehenden Kosten trägt der Bund.

(2) [1] Mitglieder des Personalrats erhalten bei Reisen, die zur Erfüllung ihrer Aufgaben notwendig sind, Aufwendungsersatz in entsprechender Anwendung der beamtenrechtlichen Bestimmungen zu Reisekosten und Trennungsgeld. [2] Für den Ersatz von Sachschäden an privaten Kraftfahrzeugen gelten die beamtenrechtlichen Bestimmungen entsprechend.

§ 47 Sachaufwand und Büropersonal. Für die Sitzungen, die Sprechstunden und die laufende Geschäftsführung hat die Dienststelle dem Personalrat Räume, Geschäftsbedarf, in der Dienststelle üblicherweise genutzte Informations- und Kommunikationstechnik sowie Büropersonal in dem zur sachgerechten Wahrnehmung seiner Aufgaben erforderlichen Umfang zur Verfügung zu stellen.

§ 48 Bekanntmachungen und Aushänge. [1] Dem Personalrat werden in den Dienststellen geeignete Plätze für Bekanntmachungen und Aushänge zur Verfügung gestellt. [2] Er kann Mitteilungen an die Beschäftigten über Angelegenheiten, die sie betreffen, herausgeben. [3] Für Informationen nach den Sätzen 1 und 2 kann der Personalrat die in der Dienststelle üblicherweise genutzten Informations- und Kommunikationssysteme nutzen.

§ 49 Verbot der Beitragserhebung. Der Personalrat darf für seine Zwecke von den Beschäftigten keine Beiträge erheben oder annehmen.

Abschnitt 4. Rechtsstellung der Personalratsmitglieder

§ 50 Ehrenamtlichkeit. Die Mitglieder des Personalrats führen ihr Amt unentgeltlich als Ehrenamt.

§ 51 Versäumnis von Arbeitszeit. [1] Die zur ordnungsgemäßen Durchführung der Aufgaben des Personalrats erforderliche Versäumnis von Arbeitszeit hat keine Minderung der Dienstbezüge oder des Arbeitsentgelts zur Folge. [2] Werden Personalratsmitglieder durch die Erfüllung ihrer Aufgaben über ihre regelmäßige

Arbeitszeit hinaus beansprucht, so ist ihnen Dienstbefreiung in entsprechendem Umfang zu gewähren.

§ 52 Freistellung. (1) [1] Mitglieder des Personalrats sind von ihrer dienstlichen Tätigkeit freizustellen, wenn und soweit es nach Umfang und Art der Dienststelle zur ordnungsgemäßen Durchführung ihrer Aufgaben erforderlich ist. [2] Die Freistellung darf nicht zur Beeinträchtigung des beruflichen Werdegangs führen.

(2) [1] Von ihrer dienstlichen Tätigkeit sind nach Absatz 1 freizustellen in Dienststellen mit in der Regel

1. 300 bis 600 Beschäftigten ein Mitglied,
2. 601 bis 1 000 Beschäftigten zwei Mitglieder,
3. 1 001 bis 2 000 Beschäftigten drei Mitglieder,
4. 2 001 bis 3 000 Beschäftigten vier Mitglieder,
5. 3 001 bis 4 000 Beschäftigten fünf Mitglieder,
6. 4 001 bis 5 000 Beschäftigten sechs Mitglieder,
7. 5 001 bis 6 000 Beschäftigten sieben Mitglieder,
8. 6 001 bis 7 000 Beschäftigten acht Mitglieder,
9. 7 001 bis 8 000 Beschäftigten neun Mitglieder,
10. 8 001 bis 9 000 Beschäftigten zehn Mitglieder,
11. 9 001 bis 10 000 Beschäftigten elf Mitglieder.

[2] In Dienststellen mit mehr als 10 000 Beschäftigten ist für je angefangene weitere 2 000 Beschäftigte ein weiteres Mitglied freizustellen. [3] Von den Sätzen 1 und 2 kann im Einvernehmen zwischen Personalrat und der Leiterin oder dem Leiter der Dienststelle abgewichen werden.

(3) [1] Freistellungen können in Form von Teilfreistellungen erfolgen. [2] Diese dürfen zusammengenommen nicht den Umfang der Freistellungen nach Absatz 2 überschreiten. [3] Freistellungen müssen mindestens 20 Prozent der regelmäßigen wöchentlichen Arbeitszeit betragen.

(4) [1] Die von ihrer dienstlichen Tätigkeit vollständig freigestellten Personalratsmitglieder erhalten eine monatliche Aufwandsentschädigung. [2] Die Bundesregierung bestimmt durch Rechtsverordnung, die nicht der Zustimmung des Bundesrates bedarf, die Höhe der Aufwandsentschädigung. [3] Nur teilweise, aber mindestens für die Hälfte der regelmäßigen Arbeitszeit freigestellte Personalratsmitglieder erhalten die Hälfte der Aufwandsentschädigung.

§ 53 Auswahl der freizustellenden Mitglieder. (1) [1] Bei der Auswahl der freizustellenden Mitglieder hat der Personalrat zunächst die nach § 34 Absatz 1 gewählten Vorstandsmitglieder, sodann die nach § 34 Absatz 2 gewählten Ergänzungsmitglieder und schließlich weitere Mitglieder zu berücksichtigen. [2] Die freizustellenden Vorstands- und Ergänzungsmitglieder haben Anspruch auf vollständige Freistellung.

(2) [1] Ist der Personalrat nach den Grundsätzen der Verhältniswahl gewählt worden, sind für die weiteren Freistellungen die auf die einzelnen Wahlvorschlagslisten entfallenden Stimmen im Wege des Höchstzahlverfahrens zu berücksichtigen; dabei sind die nach Absatz 1 freigestellten Vorstands- und Ergänzungsmitglieder von den auf jede Wahlvorschlagsliste entfallenden Freistellungen abzuziehen. [2] Die aus der jeweiligen Vorschlagsliste in den Personalrat gewählten Mitglieder bestimmen mehrheitlich, wer von ihnen die Freistellung wahrnimmt.

(3) Ist der Personalrat im Wege der Personenwahl gewählt worden, bestimmt sich die Rangfolge der weiteren freizustellenden Mitglieder nach der Zahl der für sie bei der Wahl zum Personalrat abgegebenen Stimmen.

(4) Sind die Mitglieder der im Personalrat vertretenen Gruppen teils nach den Grundsätzen der Verhältniswahl, teils im Wege der Personenwahl gewählt worden, so sind bei weiteren Freistellungen die Gruppen entsprechend der Zahl ihrer Mitglieder nach dem Höchstzahlverfahren zu berücksichtigen; innerhalb der nach identischen Wahlverfahren zusammengefassten Gruppen bestimmen sich die weiteren Freistellungen in diesem Fall je nach Wahlverfahren in entsprechender Anwendung des Absatzes 2 und nach Absatz 3.

§ 54 Teilnahme an Schulungs- und Bildungsveranstaltungen. (1) Die Mitglieder des Personalrats sind unter Fortzahlung der Dienstbezüge oder des Arbeitsentgelts für die Teilnahme an Schulungs- und Bildungsveranstaltungen vom Dienst freizustellen, soweit diese Kenntnisse vermitteln, die für die Tätigkeit im Personalrat erforderlich sind.

(2) [1] Unbeschadet des Absatzes 1 hat jedes Mitglied des Personalrats während seiner regelmäßigen Amtszeit Anspruch auf Freistellung vom Dienst unter Fortzahlung der Dienstbezüge oder des Arbeitsentgelts für insgesamt drei Wochen zur Teilnahme an Schulungs- und Bildungsveranstaltungen, die von der Bundeszentrale für politische Bildung als geeignet anerkannt sind. [2] Beschäftigte, die erstmals das Amt eines Personalratsmitglieds übernehmen und nicht zuvor Jugend- und Auszubildendenvertreterinnen oder -vertreter gewesen sind, haben einen Anspruch nach Satz 1 für insgesamt vier Wochen.

§ 55 Schutz vor Kündigung, Versetzung, Abordnung und Zuweisung.

(1) [1] Die außerordentliche Kündigung von Mitgliedern des Personalrats, die in einem Arbeitsverhältnis stehen, bedarf der Zustimmung des Personalrats. [2] Verweigert der Personalrat seine Zustimmung oder äußert er sich nicht innerhalb von drei Arbeitstagen nach Eingang des Antrags, so kann das Verwaltungsgericht sie auf Antrag der Leiterin oder des Leiters der Dienststelle ersetzen, wenn die außerordentliche Kündigung unter Berücksichtigung aller Umstände gerechtfertigt ist. [3] In dem Verfahren vor dem Verwaltungsgericht ist die betroffene Person Beteiligte.

(2) [1] Mitglieder des Personalrats dürfen gegen ihren Willen nur versetzt, zugewiesen oder abgeordnet werden, wenn dies auch unter Berücksichtigung der Mitgliedschaft im Personalrat aus wichtigen dienstlichen Gründen unvermeidbar ist. [2] Als Versetzung gilt auch die mit einem Wechsel des Dienstortes verbundene Umsetzung in derselben Dienststelle; das Einzugsgebiet im Sinne des Umzugskostenrechts gehört zum Dienstort. [3] Die Versetzung, Zuweisung oder Abordnung von Mitgliedern des Personalrats bedarf der Zustimmung des Personalrats.

(3) [1] Für Beamtinnen und Beamte im Vorbereitungsdienst sowie Arbeitnehmerinnen und Arbeitnehmer in entsprechender Berufsausbildung gelten die Absätze 1 und 2 sowie die §§ 15 und 16 des Kündigungsschutzgesetzes[1)] nicht. [2] Die Absätze 1 und 2 gelten ferner nicht bei der Versetzung oder Abordnung dieser Beschäftigten zu einer anderen Dienststelle im Anschluss an das Ausbildungsverhältnis. [3] Die Mitgliedschaft der in Satz 1 bezeichneten Beschäftigten im Personalrat ruht unbeschadet des § 31, solange sie entsprechend den Erfordernissen ihrer Ausbildung zu einer anderen Dienststelle versetzt oder abgeordnet sind.

[1)] **Schönfelder Nr. 84.**

§ 56 Besonderer Schutz der Auszubildenden. (1) Beabsichtigt der Arbeitgeber, eine Beschäftigte oder einen Beschäftigten, die oder der in einem Berufsausbildungsverhältnis nach dem Berufsbildungsgesetz[1]), dem Krankenpflegegesetz, dem Pflegeberufegesetz[2]) oder dem Hebammengesetz steht und die oder der Mitglied des Personalrats ist, nach erfolgreicher Beendigung des Berufsausbildungsverhältnisses nicht in ein Arbeitsverhältnis auf unbestimmte Zeit zu übernehmen, so hat er dies drei Monate vor Beendigung des Berufsausbildungsverhältnisses der betroffenen Person schriftlich mitzuteilen.

(2) Verlangt eine Auszubildende oder ein Auszubildender im Sinne des Absatzes 1, die oder der Mitglied des Personalrats ist, innerhalb der letzten drei Monate vor Beendigung des Berufsausbildungsverhältnisses schriftlich die Weiterbeschäftigung, so gilt im Anschluss an das erfolgreiche Berufsausbildungsverhältnis ein Arbeitsverhältnis auf unbestimmte Zeit als begründet.

(3) Die Absätze 1 und 2 gelten auch, wenn das Berufsausbildungsverhältnis vor Ablauf eines Jahres nach Beendigung der Amtszeit des Personalrats erfolgreich endet.

(4) [1] Wenn Tatsachen vorliegen, auf Grund derer dem Arbeitgeber unter Berücksichtigung aller Umstände die Weiterbeschäftigung nicht zugemutet werden kann, so kann er spätestens bis zum Ablauf von zwei Wochen nach Beendigung des Berufsausbildungsverhältnisses beim Verwaltungsgericht beantragen,

1. festzustellen, dass ein Arbeitsverhältnis nach Absatz 2 oder 3 nicht begründet wird, oder
2. das bereits nach Absatz 2 oder 3 begründete Arbeitsverhältnis aufzulösen.

[2] In dem Verfahren vor dem Verwaltungsgericht ist der Personalrat Beteiligter.

(5) Die Absätze 2 bis 4 sind unabhängig davon anzuwenden, ob der Arbeitgeber seiner Mitteilungspflicht nach Absatz 1 nachgekommen ist.

Kapitel 3. Personalversammlung

§ 57 Zusammensetzung, Leitung, Teilversammlung. (1) [1] Die Personalversammlung besteht aus den Beschäftigten der Dienststelle. [2] Sie wird von der oder dem Vorsitzenden des Personalrats geleitet.

(2) Kann nach den dienstlichen Verhältnissen eine gemeinsame Versammlung der Beschäftigten nicht stattfinden, so sind Teilversammlungen abzuhalten.

§ 58 Nichtöffentlichkeit, Teilnahmerechte. (1) [1] Die Personalversammlung ist nicht öffentlich. [2] Der Personalrat kann die Personalversammlung im Einvernehmen mit der Leiterin oder dem Leiter der Dienststelle mittels Videokonferenz in Nebenstellen oder Teile der Dienststelle übertragen. [3] § 38 Absatz 3 Satz 2 Nummer 1 und 3 sowie Satz 3 gilt entsprechend. [4] Die Möglichkeit zur Durchführung von Teilversammlungen bleibt unberührt.

(2) [1] Beauftragte der in der Dienststelle vertretenen Gewerkschaften und eine Beauftragte oder ein Beauftragter der Arbeitgebervereinigung, der die Dienststelle angehört, sind berechtigt, mit beratender Stimme an der Personalversammlung teilzunehmen. [2] Der Personalrat hat die Einberufung der Personalversammlung den Gewerkschaften und der Arbeitgebervereinigung mitzuteilen. [3] Ein beauftragtes Mitglied der Stufenvertretung und des Gesamtpersonalrats sowie eine Beauf-

---

[1]) **Sartorius ErgBd. Nr. 422.**
[2]) **Nipperdey I, Arbeitsrecht Nr. 416.**

tragte oder ein Beauftragter der Dienststelle, bei der die Stufenvertretung besteht, können an der Personalversammlung ohne beratende Stimme teilnehmen. [4] Teilnahmerechte auf Grund anderer Rechtvorschriften bleiben unberührt.

§ 59 Ordentliche und außerordentliche Personalversammlung.

(1) Der Personalrat hat einmal in jedem Kalenderhalbjahr in einer Personalversammlung einen Tätigkeitsbericht zu erstatten (ordentliche Personalversammlung).

(2) [1] Der Personalrat ist berechtigt und auf Wunsch der Leiterin oder des Leiters der Dienststelle oder eines Viertels der wahlberechtigten Beschäftigten verpflichtet, eine außerordentliche Personalversammlung einzuberufen und den Gegenstand, dessen Beratung beantragt ist, auf die Tagesordnung zu setzen. [2] An Versammlungen, die auf Wunsch der Leiterin oder des Leiters der Dienststelle einberufen sind oder zu denen sie oder er ausdrücklich eingeladen ist, hat sie oder er teilzunehmen; im Übrigen kann sie oder er an der Personalversammlung teilnehmen.

(3) Auf Antrag einer in der Dienststelle vertretenen Gewerkschaft muss der Personalrat vor Ablauf von 15 Arbeitstagen nach Eingang des Antrags eine ordentliche Personalversammlung einberufen und durchführen, wenn im vorhergegangenen Kalenderhalbjahr keine Personalversammlung und keine Teilversammlung durchgeführt worden sind, in denen ein Tätigkeitsbericht erstattet worden ist.

§ 60 Zeitpunkt, Dienstbefreiung, Bezüge, Fahrtkosten. (1) [1] Die ordentlichen und die auf Wunsch der Leiterin oder des Leiters der Dienststelle einberufenen außerordentlichen Personalversammlungen finden während der Arbeitszeit statt, soweit nicht die dienstlichen Verhältnisse eine andere Regelung erfordern. [2] Andere außerordentliche Personalversammlungen finden außerhalb der Arbeitszeit statt; hiervon kann im Einvernehmen mit der Leiterin oder dem Leiter der Dienststelle abgewichen werden.

(2) Soweit in den Fällen des Absatzes 1 Satz 1 Personalversammlungen aus dienstlichen Gründen außerhalb der Arbeitszeit stattfinden müssen, ist den Teilnehmerinnen und Teilnehmern Dienstbefreiung in entsprechendem Umfang zu gewähren.

(3) [1] Die Teilnahme an Personalversammlungen nach Absatz 1 Satz 1 hat keine Minderung der Dienstbezüge oder des Arbeitsentgelts zur Folge. [2] Dasselbe gilt für außerordentliche Personalversammlungen nach Absatz 1 Satz 2, die im Einvernehmen mit der Leiterin oder dem Leiter der Dienststelle während der Arbeitszeit durchgeführt werden.

(4) Fahrtkosten, die durch die Teilnahme an Personalversammlungen nach Absatz 1 Satz 1 entstehen, werden in entsprechender Anwendung des Bundesreisekostengesetzes[1)] erstattet.

§ 61 Befugnisse. (1) Die Personalversammlung darf Angelegenheiten behandeln, die die Dienststelle oder ihre Beschäftigten unmittelbar betreffen, insbesondere Tarif-, Besoldungs- und Sozialangelegenheiten sowie Fragen der tatsächlichen Gleichstellung von Frauen und Männern, der Vermeidung von Benachteiligungen von Menschen, die sich keinem dieser Geschlechter zuordnen, der Teilhabe von Menschen mit Behinderungen und der Vereinbarkeit von Familie, Pflege und Beruf.

[1)] Nr. **235**.

(2) Die Personalversammlung kann dem Personalrat Anträge unterbreiten und zu seinen Beschlüssen Stellung nehmen.

(3) § 2 Absatz 2 und 5 gilt für die Personalversammlung entsprechend.

Kapitel 4. Beteiligung des Personalrats

Abschnitt 1. Allgemeines

§ 62 Allgemeine Aufgaben. Der Personalrat hat folgende allgemeine Aufgaben:

1. Maßnahmen, die der Dienststelle und ihren Angehörigen dienen, zu beantragen,
2. darüber zu wachen, dass die zugunsten der Beschäftigten geltenden Gesetze, Verordnungen, Tarifverträge, Dienstvereinbarungen und Verwaltungsanordnungen durchgeführt werden,
3. Anregungen und Beschwerden von Beschäftigten und der Jugend- und Auszubildendenvertretung entgegenzunehmen und, falls sie berechtigt erscheinen, durch Verhandlung mit der Leiterin oder dem Leiter der Dienststelle auf ihre Erledigung hinzuwirken; der Personalrat hat die betreffenden Beschäftigten über den Stand und das Ergebnis der Verhandlungen zu unterrichten,
4. der Benachteiligung von Menschen mit Behinderungen entgegenzuwirken sowie die Inklusion und Teilhabe behinderter Menschen zu fördern, insbesondere die Eingliederung und berufliche Entwicklung schwerbehinderter und ihnen gleichgestellter Beschäftigter und sonstiger besonders schutzbedürftiger, insbesondere älterer Beschäftigter zu fördern sowie Maßnahmen zur beruflichen Förderung schwerbehinderter und ihnen gleichgestellter Beschäftigter zu beantragen,
5. die Durchsetzung der tatsächlichen Gleichstellung von Frauen und Männern zu fördern sowie Benachteiligungen von Menschen, die sich keinem dieser Geschlechter zuordnen, entgegenzuwirken, insbesondere bei der Einstellung, Beschäftigung, Aus-, Fort- und Weiterbildung und dem beruflichen Aufstieg,
6. die Vereinbarkeit von Familie, Pflege und Beruf zu fördern,
7. die Integration ausländischer Beschäftigter in die Dienststelle und das Verständnis zwischen ihnen und den deutschen Beschäftigten zu fördern sowie Maßnahmen zur Bekämpfung gruppenbezogener Menschenfeindlichkeit in der Dienststelle zu beantragen,
8. mit der Jugend- und Auszubildendenvertretung zur Förderung der Belange der Beschäftigten, die das 18. Lebensjahr noch nicht vollendet haben oder sich in einer beruflichen Ausbildung befinden, eng zusammenzuarbeiten sowie
9. Maßnahmen des Arbeitsschutzes und des Gesundheitsschutzes in der Dienststelle zu fördern.

§ 63 Dienstvereinbarungen. (1) [1] Dienstvereinbarungen sind in Angelegenheiten des § 78 Absatz 1 Nummer 12 bis 15, des § 79 Absatz 1 Nummer 4 und 5 sowie des § 80 Absatz 1 zulässig, soweit eine gesetzliche oder tarifliche Regelung nicht besteht und es sich nicht um Einzelangelegenheiten handelt. [2] Arbeitsentgelte und sonstige Arbeitsbedingungen, die durch Tarifvertrag geregelt sind oder üblicherweise geregelt werden, können nicht Gegenstand einer Dienstvereinbarung sein. [3] Dies gilt nicht, wenn ein Tarifvertrag den Abschluss ergänzender Dienstvereinbarungen ausdrücklich zulässt.

(2) Dienstvereinbarungen werden durch die Dienststelle und den Personalrat gemeinsam vereinbart, sind in schriftlicher oder elektronischer Form abzuschließen und in geeigneter Weise bekanntzumachen.

(3) Dienstvereinbarungen, die für einen größeren Bereich gelten, gehen den Dienstvereinbarungen für einen kleineren Bereich vor.

§ 64 Durchführung der Entscheidungen. (1) Entscheidungen, an denen der Personalrat beteiligt war, führt die Dienststelle durch, es sei denn, dass im Einzelfall etwas anderes vereinbart ist.

(2) Der Personalrat darf nicht durch einseitige Handlungen in den Dienstbetrieb eingreifen.

Abschnitt 2. Unterrichtungs- und Teilnahmerechte, Datenschutz

§ 65 Monatsgespräch. [1] Die Leiterin oder der Leiter der Dienststelle und der Personalrat sollen mindestens einmal im Monat zu einer Besprechung zusammentreten. [2] In den Besprechungen soll auch die Gestaltung des Dienstbetriebs behandelt werden, insbesondere alle Vorgänge, die die Beschäftigten wesentlich berühren. [3] Die Leiterin oder der Leiter der Dienststelle und der Personalrat haben über strittige Fragen mit dem ernsten Willen zur Einigung zu verhandeln und Vorschläge für die Beilegung von Meinungsverschiedenheiten zu machen.

§ 66 Informationspflicht der Dienststelle. (1) [1] Der Personalrat ist zur Durchführung seiner Aufgaben rechtzeitig und umfassend zu unterrichten. [2] Ihm sind die hierfür erforderlichen Unterlagen, einschließlich der für die Durchführung seiner Aufgaben erforderlichen personenbezogenen Daten, vorzulegen.

(2) [1] Personalakten dürfen nur mit Zustimmung der oder des Beschäftigten und nur von den von ihr oder ihm bestimmten Mitgliedern des Personalrats eingesehen werden. [2] Dienstliche Beurteilungen sind auf Verlangen der oder des Beschäftigten dem Personalrat zur Kenntnis zu bringen.

§ 67 Beratende Teilnahme an Prüfungen. An Prüfungen, die eine Dienststelle für Beschäftigte ihres Bereichs abnimmt, kann ein Mitglied des für diesen Bereich zuständigen Personalrats, das von diesem benannt ist, beratend teilnehmen.

§ 68 Hinzuziehung in Fragen des Arbeitsschutzes und der Unfallverhütung. (1) Der Personalrat hat bei der Bekämpfung von Unfall- und Gesundheitsgefahren die für den Arbeitsschutz zuständigen Behörden, die Träger der gesetzlichen Unfallversicherung und die übrigen in Betracht kommenden Stellen durch Anregung, Beratung und Auskunft zu unterstützen und sich für die Durchführung der Vorschriften über den Arbeitsschutz und die Unfallverhütung in der Dienststelle einzusetzen.

(2) [1] Die Leiterin oder der Leiter der Dienststelle und die in Absatz 1 genannten Behörden, Träger und sonstigen Stellen sind verpflichtet, bei allen im Zusammenhang mit dem Arbeitsschutz oder der Unfallverhütung stehenden Besichtigungen und Fragen und bei Unfalluntersuchungen den Personalrat oder die von ihm beauftragten Personalratsmitglieder derjenigen Dienststelle hinzuzuziehen, in der die Besichtigung oder Untersuchung stattfindet. [2] Die Leiterin oder der Leiter der Dienststelle hat dem Personalrat unverzüglich die den Arbeitsschutz und die Unfallverhütung betreffenden Auflagen und Anordnungen der in Absatz 1 genannten Stellen mitzuteilen.

(3) An den Besprechungen der Leiterin oder des Leiters der Dienststelle mit den Sicherheitsbeauftragten im Rahmen des § 22 Absatz 2 des Siebten Buches Sozialgesetzbuch[1)] nehmen vom Personalrat beauftragte Personalratsmitglieder teil.

(4) Der Personalrat erhält die Protokolle über Untersuchungen, Besichtigungen und Besprechungen, zu denen er oder die von ihm beauftragten Personalratsmitglieder nach den Absätzen 2 und 3 hinzuzuziehen ist oder sind.

(5) Die Leiterin oder der Leiter der Dienststelle hat dem Personalrat eine Kopie der Unfallanzeige nach § 193 des Siebten Buches Sozialgesetzbuch oder des nach beamtenrechtlichen Vorschriften zu erstattenden Berichts auszuhändigen.

§ 69 Datenschutz. [1]Bei der Verarbeitung personenbezogener Daten hat der Personalrat die Vorschriften über den Datenschutz einzuhalten. [2]Soweit der Personalrat zur Erfüllung der in seiner Zuständigkeit liegenden Aufgaben personenbezogene Daten verarbeitet, ist die Dienststelle der für die Verarbeitung Verantwortliche im Sinne der datenschutzrechtlichen Vorschriften. [3]Die Dienststelle und der Personalrat unterstützen sich gegenseitig bei der Einhaltung der datenschutzrechtlichen Vorschriften.

Abschnitt 3. Mitbestimmung

Unterabschnitt 1. Verfahren der Mitbestimmung

§ 70 Verfahren zwischen Dienststelle und Personalrat. (1) Soweit eine Maßnahme der Mitbestimmung des Personalrats unterliegt, kann sie nur mit seiner Zustimmung getroffen werden.

(2) [1]Die Leiterin oder der Leiter der Dienststelle unterrichtet den Personalrat von der beabsichtigten Maßnahme und beantragt seine Zustimmung. [2]Der Personalrat kann verlangen, dass die Leiterin oder der Leiter der Dienststelle die beabsichtigte Maßnahme begründet; die Begründung hat außer in Personalangelegenheiten schriftlich oder elektronisch zu erfolgen.

(3) [1]Der Beschluss des Personalrats über die beantragte Zustimmung ist der Leiterin oder dem Leiter der Dienststelle innerhalb von zehn Arbeitstagen mitzuteilen. [2]In dringenden Fällen kann die Leiterin oder der Leiter der Dienststelle diese Frist auf drei Arbeitstage abkürzen. [3]Der Personalrat und die Leiterin oder der Leiter der Dienststelle können im Einzelfall oder für die Dauer der Amtszeit des Personalrats schriftlich oder elektronisch von Satz 1 abweichende Fristen vereinbaren. [4]Die Maßnahme gilt als gebilligt, wenn nicht der Personalrat fristgerecht die Zustimmung unter Angabe der Gründe schriftlich oder elektronisch verweigert. [5]Soweit dabei Beschwerden oder Behauptungen tatsächlicher Art vorgetragen werden, die für einen Beschäftigten ungünstig sind oder ihm nachteilig werden können, hat die Dienststelle dem Beschäftigten Gelegenheit zur Äußerung zu geben; die Äußerung ist aktenkundig zu machen.

§ 71 Stufenverfahren. (1) [1]Kommt eine Einigung nicht zustande, so kann die Leiterin oder der Leiter der Dienststelle oder der Personalrat die Angelegenheit binnen fünf Arbeitstagen auf dem Dienstweg den übergeordneten Dienststellen, bei denen Stufenvertretungen bestehen, schriftlich oder elektronisch vorlegen. [2]Der Personalrat und die Leiterin oder der Leiter der Dienststelle können im Einzelfall schriftlich oder elektronisch eine abweichende Frist vereinbaren. [3]In Körperschaften, Anstalten oder Stiftungen des öffentlichen Rechts ist als oberste

---

[1)] **Aichberger, SGB Nr. 7.**

Dienstbehörde das in ihrer Verfassung für die Geschäftsführung vorgesehene oberste Organ anzurufen. [4]In Zweifelsfällen bestimmt die zuständige oberste Bundesbehörde die anzurufende Stelle. [5]Legt die Leiterin oder der Leiter der Dienststelle die Angelegenheit der übergeordneten Dienststelle vor, teilt sie oder er dies dem Personalrat unter Angabe der Gründe mit.

(2) [1]Die übergeordnete Dienststelle soll die Angelegenheit, sofern sie dem Anliegen des Personalrats nicht oder nicht in vollem Umfang entspricht, innerhalb von sechs Wochen der bei ihr gebildeten Stufenvertretung vorlegen. [2]Für das weitere Verfahren gilt § 70 Absatz 2 und 3 entsprechend.

§ 72 Anrufung der Einigungsstelle. Ergibt sich zwischen der obersten Dienstbehörde und der bei ihr bestehenden zuständigen Personalvertretung keine Einigung, kann jede Seite die Einigungsstelle anrufen.

§ 73 Bildung und Zusammensetzung der Einigungsstelle. (1) Die Einigungsstelle wird bei der obersten Dienstbehörde gebildet.

(2) [1]Die Einigungsstelle besteht aus je drei Beisitzerinnen oder Beisitzern, die von der obersten Dienstbehörde und der bei ihr bestehenden zuständigen Personalvertretung bestellt werden, sowie einer oder einem unparteiischen Vorsitzenden, auf die oder den sich beide Seiten einigen. [2]Unter den Beisitzerinnen und Beisitzern, die von der Personalvertretung bestellt werden, muss sich je eine Beamtin oder ein Beamter und eine Arbeitnehmerin oder ein Arbeitnehmer befinden, es sei denn, die Angelegenheit betrifft nur die Beamtinnen und Beamten oder nur die Arbeitnehmerinnen und Arbeitnehmer. [3]Kommt eine Einigung über die Person der oder des Vorsitzenden nicht zustande, so bestellt sie oder ihn die Präsidentin oder der Präsident des Bundesverwaltungsgerichts.

§ 74 Verfahren der Einigungsstelle. (1) Die Einigungsstelle soll binnen zwei Monaten nach der Erklärung eines Beteiligten, die Entscheidung der Einigungsstelle herbeiführen zu wollen, entscheiden.

(2) [1]Die Verhandlung ist nicht öffentlich. [2]Der obersten Dienstbehörde und der zuständigen Personalvertretung ist Gelegenheit zur mündlichen Äußerung zu geben. [3]Im Einvernehmen mit den Beteiligten kann die Äußerung schriftlich erfolgen.

(3) [1]Die Einigungsstelle entscheidet durch Beschluss. [2]Sie kann den Anträgen der Beteiligten auch teilweise entsprechen. [3]In den Fällen des § 78 Absatz 5 stellt sie fest, ob ein Grund zur Verweigerung der Zustimmung vorliegt.

(4) [1]Der Beschluss wird mit Stimmenmehrheit gefasst. [2]Er muss sich im Rahmen der geltenden Rechtsvorschriften, insbesondere des Haushaltsgesetzes, halten. [3]Der Beschluss ist den Beteiligten zuzustellen.

(5) [1]Für die Verhandlung und Beschlussfassung der Einigungsstelle gilt § 38 Absatz 3 Satz 1, 2 Nummer 1 und 3 sowie Satz 3 entsprechend. [2]Die Verhandlung und Beschlussfassung mittels Video- oder Telefonkonferenz ist unzulässig, wenn ein Mitglied der Einigungsstelle binnen einer von der oder dem Vorsitzenden zu bestimmenden Frist gegenüber der oder dem Vorsitzenden widerspricht. [3]Mitglieder der Einigungsstelle, die mittels Video- oder Telefonkonferenz teilnehmen, gelten als anwesend.

§ 75 Bindung an die Beschlüsse der Einigungsstelle. (1) Der Beschluss der Einigungsstelle bindet die Beteiligten mit Ausnahme der in den Absätzen 2 und 3 geregelten Fälle.

(2) [1]Die oberste Dienstbehörde kann einen Beschluss der Einigungsstelle in Angelegenheiten, die im Einzelfall wegen ihrer Auswirkungen auf das Gemeinwesen wesentlicher Bestandteil der Regierungsgewalt sind, innerhalb von vier Wochen nach dessen Zustellung ganz oder teilweise aufheben und in der Angelegenheit endgültig entscheiden. [2]Die Aufhebung und deren Gründe sind der Vorsitzenden oder dem Vorsitzenden der Einigungsstelle sowie den beteiligten Dienststellen und Personalvertretungen unverzüglich schriftlich oder elektronisch mitzuteilen.

(3) [1]In den Fällen des § 78 Absatz 1 und des § 80 Absatz 1 Nummer 10 bis 13 und 19 bis 21 beschließt die Einigungsstelle, wenn sie sich nicht der Auffassung der obersten Dienstbehörde anschließt, eine Empfehlung an diese. [2]Die oberste Dienstbehörde entscheidet sodann endgültig.

§ 76 Vorläufige Maßnahmen. [1]Die Leiterin oder der Leiter der Dienststelle kann bei Maßnahmen, die der Natur der Sache nach keinen Aufschub dulden, bis zur endgültigen Entscheidung vorläufige Regelungen treffen. [2]Sie oder er hat dem Personalrat die vorläufige Regelung mitzuteilen und zu begründen und unverzüglich das Verfahren der Mitbestimmung einzuleiten oder fortzusetzen.

§ 77 Initiativrecht des Personalrats. (1) Beantragt der Personalrat eine Maßnahme, die nach den §§ 78 bis 80 seiner Mitbestimmung unterliegt, so hat er sie schriftlich oder elektronisch der Leiterin oder dem Leiter der Dienststelle vorzuschlagen und zu begründen.

(2) [1]Die Leiterin oder der Leiter der Dienststelle soll über den Antrag nach Absatz 1 innerhalb von sechs Wochen unter Angabe der Gründe entscheiden oder, wenn die Einhaltung der Frist nicht möglich ist, einen Sachstandshinweis erteilen. [2]Entspricht die Leiterin oder der Leiter der Dienststelle dem Antrag nicht oder nicht in vollem Umfang, so bestimmt sich das weitere Verfahren

1. in den Fällen des § 78 Absatz 1 Nummer 12, des § 79 Absatz 1 Nummer 4 und 5 sowie des § 80 Absatz 1 Nummer 1, 3, 4, 6 bis 9, 14, 16, 18 und 21 nach den §§ 71 bis 75,
2. in den übrigen Angelegenheiten nach § 71 mit der Maßgabe, dass die oberste Dienstbehörde endgültig entscheidet.

Unterabschnitt 2. Angelegenheiten der Mitbestimmung

§ 78 Mitbestimmung in Personalangelegenheiten. (1) Der Personalrat bestimmt mit in Personalangelegenheiten bei

1. Einstellung,
2. Beförderung, Verleihung eines anderen Amtes mit anderer Amtsbezeichnung beim Wechsel der Laufbahngruppe, Laufbahnwechsel,
3. Übertragung einer höher oder niedriger zu bewertenden Tätigkeit oder eines höher oder niedriger zu bewertenden Dienstpostens,
4. Eingruppierung, Höher- oder Rückgruppierung von Arbeitnehmerinnen oder Arbeitnehmern einschließlich der hiermit jeweils verbundenen Stufenzuordnung, jedoch nicht bei in das Ermessen des Arbeitgebers gestellten Stufenzuordnungen, es sei denn, es wurden allgemeine Grundsätze erlassen,
5. Versetzung zu einer anderen Dienststelle,
6. Umsetzung innerhalb der Dienstelle für mehr als drei Monate, wenn die Umsetzung mit einem Wechsel des Dienstortes verbunden ist und der neue

Dienstort sich außerhalb des Einzugsgebietes im Sinne des Umzugskostenrechts befindet,
7. Abordnung, Zuweisung oder Personalgestellung für mehr als drei Monate,
8. Hinausschieben des Eintritts von Beamtinnen oder Beamten in den Ruhestand oder Weiterbeschäftigung von Arbeitnehmerinnen oder Arbeitnehmern über die Altersgrenze hinaus,
9. Anordnungen zur Wahl der Wohnung,
10. Versagung oder Widerruf der Genehmigung einer Nebentätigkeit,
11. Ablehnung eines Antrags nach den §§ 91 bis 92b oder § 95 des Bundesbeamtengesetzes[1] auf Teilzeitbeschäftigung, Ermäßigung der regelmäßigen Arbeitszeit oder Urlaub,
12. Absehen von der Ausschreibung von Dienstposten, die besetzt werden sollen,
13. Auswahl der Teilnehmerinnen und Teilnehmer an Fortbildungsveranstaltungen mit Ausnahme der Nachbesetzung freier Plätze von Fortbildungsveranstaltungen, die in weniger als drei Arbeitstagen beginnen,
14. Bestellung von Vertrauens- oder Betriebsärztinnen und -ärzten als Beschäftigte,
15. Geltendmachung von Ersatzansprüchen gegen eine Beschäftigte oder einen Beschäftigten.

(2) In den Fällen des Absatzes 1 Nummer 15 bestimmt der Personalrat nur auf Antrag der oder des Beschäftigten mit; diese oder dieser ist von der beabsichtigten Maßnahme rechtzeitig vorher in Kenntnis zu setzen.

(3) In Personalangelegenheiten der in § 15 Absatz 2 Nummer 4 bezeichneten Beschäftigten, der Beamtinnen und Beamten auf Zeit und der Beschäftigten mit überwiegend wissenschaftlicher oder künstlerischer Tätigkeit bestimmt der Personalrat nach Absatz 1 nur mit, wenn sie es beantragen.

(4) Absatz 1 gilt nicht
1. für die in § 54 Absatz 1 des Bundesbeamtengesetzes bezeichneten Beamtinnen und Beamten und für entsprechende Arbeitnehmerinnen und Arbeitnehmer sowie
2. für Beamtenstellen von der Besoldungsgruppe A 16 an aufwärts und entsprechende Arbeitnehmerstellen.

(5) Der Personalrat kann in den Fällen des Absatzes 1 seine Zustimmung verweigern, wenn
1. die Maßnahme gegen ein Gesetz, eine Verordnung, eine Bestimmung in einem Tarifvertrag, eine gerichtliche Entscheidung, den Gleichstellungsplan oder eine Verwaltungsanordnung oder gegen eine Richtlinie im Sinne des § 80 Absatz 1 Nummer 12 verstößt,
2. die durch Tatsachen begründete Besorgnis besteht, dass durch die Maßnahme der oder die betroffene Beschäftigte oder andere Beschäftigte benachteiligt werden, ohne dass dies aus dienstlichen oder persönlichen Gründen gerechtfertigt ist, oder
3. die durch Tatsachen begründete Besorgnis besteht, dass die oder der Beschäftigte oder die Bewerberin oder der Bewerber den Frieden in der Dienststelle durch unsoziales oder gesetzwidriges Verhalten stören werde.

---

[1] Nr. **160**.

§ 79 Mitbestimmung in sozialen Angelegenheiten. (1) Der Personalrat bestimmt mit in sozialen Angelegenheiten bei

1. Gewährung von Unterstützungen, Vorschüssen, Darlehen und entsprechenden sozialen Zuwendungen,
2. Zuweisung und Kündigung von Wohnungen, über die die Beschäftigungsdienststelle verfügt, Ausübung von Belegungs- oder Vorschlagsrechten der Beschäftigungsdienststelle sowie der allgemeinen Festsetzung der Nutzungsbedingungen,
3. Zuweisung von Dienst- und Pachtland und Festsetzung der Nutzungsbedingungen,
4. Errichtung, Verwaltung und Auflösung von Sozialeinrichtungen ohne Rücksicht auf ihre Rechtsform,
5. Aufstellung von Sozialplänen einschließlich Plänen für Umschulungen zum Ausgleich oder zur Milderung von wirtschaftlichen Nachteilen, die der oder dem Beschäftigten infolge von Rationalisierungsmaßnahmen entstehen.

(2) [1] Hat eine Beschäftigte oder ein Beschäftigter eine Leistung nach Absatz 1 Nummer 1 beantragt, wird der Personalrat nur auf ihren oder seinen Antrag beteiligt; auf Verlangen der Antragstellerin oder des Antragstellers bestimmt nur der Vorstand des Personalrats mit. [2] Die Dienststelle hat dem Personalrat nach Abschluss jedes Kalendervierteljahres einen Überblick über die Unterstützungen und entsprechenden sozialen Zuwendungen zu geben. [3] Dabei sind die Anträge und die Leistungen gegenüberzustellen. [4] Auskunft über die von den Antragstellerinnen und Antragstellern angeführten Gründe wird hierbei nicht erteilt.

§ 80 Mitbestimmung in organisatorischen Angelegenheiten. (1) Der Personalrat bestimmt mit, soweit eine gesetzliche oder tarifliche Regelung nicht besteht, über

1. Beginn und Ende der täglichen Arbeitszeit und der Pausen sowie die Verteilung der Arbeitszeit auf die einzelnen Wochentage,
2. Anordnung von Dienstbereitschaft, Bereitschaftsdienst, Rufbereitschaft, Mehrarbeit und Überstunden,
3. Einführung, Änderung und Aufhebung von Arbeitszeitmodellen,
4. Gestaltung der Arbeitsplätze,
5. Einführung, Änderung und Aufhebung von Arbeitsformen außerhalb der Dienststelle,
6. Aufstellung allgemeiner Urlaubsgrundsätze und des Urlaubsplanes, Festsetzung der zeitlichen Lage des Erholungsurlaubs für einzelne Beschäftigte, wenn zwischen der Dienststelle und den beteiligten Beschäftigten kein Einverständnis erzielt wird,
7. Zeit, Ort und Art der Auszahlung der Dienstbezüge und Arbeitsentgelte,
8. Fragen der Lohngestaltung innerhalb der Dienststelle, insbesondere die Aufstellung von Entlohnungsgrundsätzen, die Einführung und Anwendung von neuen Entlohnungsmethoden und deren Änderung sowie die Festsetzung der Akkord- und Prämiensätze und vergleichbarer leistungsbezogener Entgelte, einschließlich der Geldfaktoren,
9. Durchführung der Berufsausbildung bei Arbeitnehmerinnen und Arbeitnehmern,
10. allgemeine Fragen der Fortbildung der Beschäftigten,
11. Beurteilungsrichtlinien,

12. Erlass von Richtlinien über die personelle Auswahl bei Einstellungen, Versetzungen, Umgruppierungen und Kündigungen,
13. Maßnahmen, die der Familienfreundlichkeit, der Vereinbarkeit von Familie, Pflege und Beruf, der Durchsetzung der tatsächlichen Gleichstellung von Frauen und Männern, der Vermeidung von Benachteiligungen von Menschen, die sich keinem dieser Geschlechter zuordnen, sowie der Vermeidung von Benachteiligungen von Menschen mit Behinderungen dienen, insbesondere bei der Einstellung, Beschäftigung, Aus-, Fort- und Weiterbildung und dem beruflichen Aufstieg,
14. Grundsätze über die Bewertung von anerkannten Vorschlägen im Rahmen des behördlichen oder betrieblichen Vorschlagwesens,
15. Inhalt von Personalfragebogen,
16. Maßnahmen zur Verhütung von Dienst- und Arbeitsunfällen und Berufskrankheiten sowie zum Gesundheitsschutz im Rahmen der gesetzlichen Vorschriften oder der Unfallverhütungsvorschriften,
17. Grundsätze des behördlichen oder betrieblichen Gesundheits- und Eingliederungsmanagements,
18. Regelung der Ordnung in der Dienststelle und des Verhaltens der Beschäftigten,
19. Maßnahmen zur Hebung der Arbeitsleistung oder zur Erleichterung des Arbeitsablaufs,
20. Einführung grundlegend neuer Arbeitsmethoden,
21. Einführung und Anwendung technischer Einrichtungen, die dazu bestimmt sind, das Verhalten oder die Leistung der Beschäftigten zu überwachen.

(2) Muss für Gruppen von Beschäftigten die tägliche Arbeitszeit nach Erfordernissen, die die Dienststelle nicht voraussehen kann, unregelmäßig und kurzfristig festgesetzt werden, so beschränkt sich die Mitbestimmung nach Absatz 1 Nummer 1 und 2 auf die Grundsätze für die Aufstellung der Dienstpläne, insbesondere für die Anordnung von Dienstbereitschaft, Mehrarbeit und Überstunden.

Abschnitt 4. Mitwirkung

Unterabschnitt 1. Verfahren der Mitwirkung

§ 81 Verfahren zwischen Dienststelle und Personalrat. (1) Soweit der Personalrat an Entscheidungen mitwirkt, ist die beabsichtigte Maßnahme vor der Durchführung mit dem Ziel einer Verständigung rechtzeitig und eingehend mit ihm zu erörtern.

(2) [1] Äußert sich der Personalrat nicht innerhalb von zehn Arbeitstagen oder hält er bei Erörterung seine Einwendungen oder Vorschläge nicht aufrecht, so gilt die beabsichtigte Maßnahme als gebilligt. [2] Der Personalrat und die Leiterin oder der Leiter der Dienststelle können im Einzelfall oder für die Dauer der Amtszeit des Personalrats schriftlich oder elektronisch eine abweichende Frist vereinbaren. [3] Erhebt der Personalrat Einwendungen, so hat er der Leiterin oder dem Leiter der Dienststelle die Gründe mitzuteilen. [4] Soweit dabei Beschwerden oder Behauptungen tatsächlicher Art vorgetragen werden, die für eine Beschäftigte oder einen Beschäftigten ungünstig sind oder für sie oder ihn nachteilig werden können, hat die Dienststelle der oder dem Beschäftigten Gelegenheit zur Äußerung zu geben; die Äußerung ist aktenkundig zu machen.

(3) Entspricht die Dienststelle den Einwendungen des Personalrats nicht oder nicht in vollem Umfang, so teilt sie dem Personalrat ihre Entscheidung unter Angabe der Gründe schriftlich oder elektronisch mit.

§ 82 Stufenverfahren. (1) [1] Der Personalrat einer nachgeordneten Dienststelle kann die Angelegenheit binnen drei Arbeitstagen nach Zugang der Mitteilung auf dem Dienstweg den übergeordneten Dienststellen, bei denen Stufenvertretungen bestehen, mit dem Antrag auf Entscheidung schriftlich oder elektronisch vorlegen. [2] Die übergeordneten Dienststellen entscheiden nach Verhandlung mit der bei ihnen bestehenden Stufenvertretung. [3] § 71 Absatz 1 Satz 2 bis 4 gilt entsprechend. [4] Eine Kopie seines Antrags leitet der Personalrat seiner Dienststelle zu.

(2) Ist ein Antrag nach Absatz 1 gestellt, so ist die beabsichtigte Maßnahme bis zur Entscheidung der angerufenen Dienststelle auszusetzen.

§ 83 Vorläufige Maßnahmen. [1] Die Leiterin oder der Leiter der Dienststelle kann bei Maßnahmen, die der Natur der Sache nach keinen Aufschub dulden, bis zur endgültigen Entscheidung vorläufige Regelungen treffen. [2] Sie oder er hat dem Personalrat die vorläufige Regelung mitzuteilen und zu begründen sowie unverzüglich das Verfahren der Mitwirkung einzuleiten oder fortzusetzen.

Unterabschnitt 2. Angelegenheiten der Mitwirkung

§ 84 Angelegenheiten der Mitwirkung. (1) Der Personalrat wirkt mit bei

1. Vorbereitung von Verwaltungsanordnungen einer Dienststelle für die innerdienstlichen, sozialen und persönlichen Angelegenheiten der Beschäftigten ihres Geschäftsbereiches, wenn nicht nach § 118 des Bundesbeamtengesetzes[1)] die Spitzenorganisationen der zuständigen Gewerkschaften bei der Vorbereitung zu beteiligen sind,
2. Auflösung, Einschränkung, Verlegung oder Zusammenlegung, Aufspaltung oder Ausgliederung von Dienststellen oder wesentlichen Teilen von ihnen,
3. Übertragung von Aufgaben der Dienststelle, die üblicherweise von ihren Beschäftigten wahrgenommen werden, auf Dauer an Privatpersonen oder andere Rechtsträger in der Rechtsform des Privatrechts,
4. Erhebung der Disziplinarklage gegen eine Beamtin oder einen Beamten,
5. Entlassung einer Beamtin oder eines Beamten auf Probe oder auf Widerruf, die oder der die Entlassung nicht selbst beantragt hat,
6. vorzeitiger Versetzung in den Ruhestand und Feststellung der begrenzten Dienstfähigkeit.

(2) [1] Maßnahmen nach Absatz 1 Nummer 4 bis 6 gegenüber den in § 78 Absatz 3 genannten Beschäftigten unterliegen nicht der Mitwirkung. [2] Im Übrigen wird der Personalrat in den Fällen des Absatzes 1 Nummer 4 bis 6 nur auf Antrag der oder des Beschäftigten beteiligt; die oder der Beschäftigte ist von der beabsichtigten Maßnahme rechtzeitig vorher in Kenntnis zu setzen. [3] Der Personalrat kann bei der Mitwirkung nach Absatz 1 Nummer 4 Einwendungen auf die in § 78 Absatz 5 Nummer 1 und 2 bezeichneten Gründe stützen.

§ 85 Ordentliche Kündigung. (1) [1] Der Personalrat wirkt bei der ordentlichen Kündigung durch den Arbeitgeber mit. [2] § 78 Absatz 3 gilt entsprechend. [3] Der

---

1) Nr. **160**.

Personalrat kann gegen die Kündigung Einwendungen erheben, wenn nach seiner Ansicht

1. bei der Auswahl der zu kündigenden Arbeitnehmerin oder des zu kündigenden Arbeitnehmers soziale Gesichtspunkte nicht oder nicht ausreichend berücksichtigt worden sind,
2. die Kündigung gegen eine Richtlinie nach § 80 Absatz 1 Nummer 12 verstößt,
3. die zu kündigende Arbeitnehmerin oder der zu kündigende Arbeitnehmer an einem anderen Arbeitsplatz in derselben Dienststelle oder in einer anderen Dienststelle desselben Verwaltungszweiges an demselben Dienstort einschließlich seines Einzugsgebietes weiterbeschäftigt werden kann,
4. die Weiterbeschäftigung der Arbeitnehmerin oder des Arbeitnehmers nach zumutbaren Umschulungs- oder Fortbildungsmaßnahmen möglich ist oder
5. die Weiterbeschäftigung der Arbeitnehmerin oder des Arbeitnehmers unter geänderten Vertragsbedingungen möglich ist und die Arbeitnehmerin oder der Arbeitnehmer sich damit einverstanden erklärt.

[4] Wird der Arbeitnehmerin oder dem Arbeitnehmer gekündigt, obwohl der Personalrat Einwendungen gegen die Kündigung erhoben hat, so ist dem Arbeitnehmer mit der Kündigung eine Kopie der Stellungnahme des Personalrats zuzuleiten, es sei denn, dass die Stufenvertretung in der Verhandlung nach § 82 Absatz 1 Satz 2 die Einwendungen nicht aufrechterhalten hat.

(2) [1] Hat die Arbeitnehmerin oder der Arbeitnehmer im Fall des Absatzes 1 Satz 4 nach dem Kündigungsschutzgesetz[1)] Klage auf Feststellung erhoben, dass das Arbeitsverhältnis durch die Kündigung nicht aufgelöst ist, so muss der Arbeitgeber auf Verlangen der Arbeitnehmerin oder des Arbeitnehmers diese oder diesen nach Ablauf der Kündigungsfrist bis zum rechtskräftigen Abschluss des Rechtsstreits bei unveränderten Arbeitsbedingungen weiterbeschäftigen. [2] Auf Antrag des Arbeitgebers kann das Arbeitsgericht ihn durch einstweilige Verfügung von der Verpflichtung zur Weiterbeschäftigung nach Satz 1 entbinden, wenn

1. die Klage keine hinreichende Aussicht auf Erfolg bietet oder mutwillig erscheint,
2. die Weiterbeschäftigung zu einer unzumutbaren wirtschaftlichen Belastung des Arbeitgebers führen würde oder
3. der Widerspruch des Personalrats offensichtlich unbegründet war.

(3) Eine Kündigung ist unwirksam, wenn der Personalrat nicht beteiligt worden ist.

Abschnitt 5. Anhörung

§ 86 Außerordentliche Kündigung und fristlose Entlassung. [1] Vor fristlosen Entlassungen und außerordentlichen Kündigungen ist der Personalrat anzuhören. [2] Die Leiterin oder der Leiter der Dienststelle hat die beabsichtigte Maßnahme zu begründen. [3] Hat der Personalrat Bedenken, so hat er sie unter Angabe der Gründe der Leiterin oder dem Leiter der Dienststelle unverzüglich, spätestens jedoch innerhalb von drei Arbeitstagen schriftlich oder elektronisch mitzuteilen. [4] § 85 Absatz 3 gilt entsprechend.

§ 87 Weitere Angelegenheiten der Anhörung. (1) [1] Vor der Weiterleitung von Personalanforderungen zum Haushaltsvoranschlag ist der Personalrat anzuhö-

---

[1)] **Schönfelder Nr. 84.**

ren. [2] Gibt der Personalrat einer nachgeordneten Dienststelle zu den Personalanforderungen eine Stellungnahme ab, so ist diese mit den Personalanforderungen der übergeordneten Dienststelle vorzulegen. [3] Das gilt entsprechend für die Personalplanung.

(2) Absatz 1 gilt entsprechend für Neu-, Um- und Erweiterungsbauten von Diensträumen.

(3) Vor grundlegenden Änderungen von Arbeitsverfahren und Arbeitsabläufen ist der Personalrat anzuhören.

Kapitel 5. Stufenvertretungen und Gesamtpersonalrat

Abschnitt 1. Bildung und Beteiligung der Stufenvertretungen

§ 88 Errichtung. Für den Geschäftsbereich mehrstufiger Verwaltungen werden bei den Behörden der Mittelstufe Bezirkspersonalräte, bei den obersten Dienstbehörden Hauptpersonalräte gebildet.

§ 89 Wahl und Zusammensetzung. (1) [1] Die Mitglieder des Bezirkspersonalrats werden von den zum Geschäftsbereich der Behörde der Mittelstufe gehörenden Beschäftigten gewählt. [2] Die Mitglieder des Hauptpersonalrats werden von den zum Geschäftsbereich der obersten Dienstbehörde gehörenden Beschäftigten gewählt.

(2) [1] Die §§ 13 bis 16, § 17 Absatz 1, 2, 6 und 7, die §§ 18 bis 22 sowie die §§ 24 bis 26 gelten entsprechend. [2] § 15 Absatz 2 Nummer 4 gilt nur für die Beschäftigten der Dienststelle, bei der die Stufenvertretung zu errichten ist. [3] Eine Personalversammlung zur Bestellung des Bezirks- oder Hauptwahlvorstands findet nicht statt. [4] An ihrer Stelle übt die Leiterin oder der Leiter der Dienststelle, bei der die Stufenvertretung zu errichten ist, die Befugnis zur Bestellung des Wahlvorstands nach den §§ 22 und 24 aus.

(3) Werden in einer Verwaltung die Personalräte und Stufenvertretungen gleichzeitig gewählt, so führen die bei den Dienststellen bestehenden Wahlvorstände die Wahlen der Stufenvertretungen im Auftrag des Bezirks- oder Hauptwahlvorstands durch; andernfalls bestellen auf sein Ersuchen die Personalräte oder, wenn solche nicht bestehen, die Leiterinnen oder Leiter der Dienststellen die örtlichen Wahlvorstände für die Wahl der Stufenvertretungen.

(4) [1] In den Stufenvertretungen erhält jede Gruppe mindestens eine Vertreterin oder einen Vertreter. [2] Besteht die Stufenvertretung aus mehr als neun Mitgliedern, erhält jede Gruppe mindestens zwei Vertreterinnen oder Vertreter. [3] § 17 Absatz 5 gilt entsprechend.

§ 90 Amtszeit und Geschäftsführung. [1] Für die Stufenvertretungen gilt Kapitel 2 Abschnitt 2 und 3 mit Ausnahme des § 45 entsprechend. [2] § 36 Absatz 1 gilt mit der Maßgabe, dass die Mitglieder der Stufenvertretung spätestens zehn Arbeitstage nach dem Wahltag einzuberufen sind.

§ 91 Rechtsstellung. Für die Rechtsstellung der Mitglieder der Stufenvertretung gilt Kapitel 2 Abschnitt 4 mit Ausnahme des § 52 Absatz 2 entsprechend.

§ 92 Zuständigkeit. (1) In Angelegenheiten, in denen die Dienststelle nicht zur Entscheidung befugt ist, ist an Stelle des Personalrats die bei der zuständigen Dienststelle gebildete Stufenvertretung zu beteiligen.

(2) [1] Vor einem Beschluss in Angelegenheiten, die einzelne Beschäftigte oder Dienststellen betreffen, gibt die Stufenvertretung dem Personalrat oder, sofern dieser zuständig wäre, dem bei dieser Dienststelle gebildeten Gesamtpersonalrat Gelegenheit zur Äußerung. [2] In diesem Fall verdoppeln sich die Fristen des § 70 Absatz 3 Satz 1 und 2, des § 71 Absatz 1 Satz 1, des § 81 Absatz 2 Satz 1 sowie des § 82 Absatz 1 Satz 1, sofern die Stufenvertretung und die Leiterin oder der Leiter der Dienststelle keine abweichende Regelung vereinbaren.

(3) Für die Aufgaben, Befugnisse und Pflichten der Stufenvertretungen gilt Kapitel 4 entsprechend.

(4) Werden im Geschäftsbereich mehrstufiger Verwaltungen personelle oder soziale Maßnahmen von einer Dienststelle getroffen, bei der keine für eine Beteiligung an diesen Maßnahmen zuständige Personalvertretung vorgesehen ist, so ist die Stufenvertretung bei der nächsthöheren Dienststelle, zu deren Geschäftsbereich die entscheidende Dienststelle und die von der Entscheidung Betroffenen gehören, zu beteiligen.

Abschnitt 2. Bildung und Beteiligung des Gesamtpersonalrats

§ 93 Errichtung. In den Fällen des § 7 wird neben den einzelnen Personalräten ein Gesamtpersonalrat gebildet.

§ 94 Anzuwendende Vorschriften. Für den Gesamtpersonalrat gelten § 89 Absatz 1, 2 und 4, § 90 Satz 1 sowie § 91 entsprechend.

§ 95 Zuständigkeit. (1) Für die Verteilung der Zuständigkeiten zwischen Personalrat und Gesamtpersonalrat gilt § 92 Absatz 1 und 2 entsprechend.

(2) Für die Aufgaben, Befugnisse und Pflichten des Gesamtpersonalrats gilt Kapitel 4 entsprechend.

Kapitel 6. Arbeitsgemeinschaft der Hauptpersonalräte

§ 96 Zusammensetzung, Amtszeit, Teilnahmerechte. (1) [1] Die Hauptpersonalräte bei den obersten Bundesbehörden bilden die Arbeitsgemeinschaft der Hauptpersonalräte. [2] Ist in der obersten Bundesbehörde kein Hauptpersonalrat gebildet, gilt der Gesamtpersonalrat oder, falls ein Gesamtpersonalrat nicht gebildet ist, der Personalrat der obersten Bundesbehörde als Hauptpersonalrat im Sinne dieses Kapitels.

(2) [1] Jeder Hauptpersonalrat entsendet ein Mitglied in die Arbeitsgemeinschaft der Hauptpersonalräte und bestimmt mindestens ein Ersatzmitglied. [2] Die Mitgliedschaft in der Arbeitsgemeinschaft der Hauptpersonalräte endet durch das Erlöschen der Mitgliedschaft in dem entsendenden Hauptpersonalrat, die Abberufung durch den entsendenden Hauptpersonalrat oder die Niederlegung des Amts in der Arbeitsgemeinschaft der Hauptpersonalräte. [3] § 32 ist entsprechend anzuwenden.

(3) Die Arbeitsgemeinschaft der Hauptpersonalräte wählt aus ihrer Mitte bis zu zwei Vorsitzende und bis zu zwei stellvertretende Vorsitzende.

(4) Die Amtszeit der Arbeitsgemeinschaft der Hauptpersonalräte beginnt am 1. Juni des Jahres, in dem die regelmäßigen Personalratswahlen stattfinden, und endet mit dem Ablauf von vier Jahren.

(5) Ein Vertreter oder eine Vertreterin der Haupt-Jugend- und -Auszubildendenvertretungen, der oder die von diesen benannt wird, und je ein Vertreter oder eine Vertreterin der Arbeitsgemeinschaft der Schwerbehindertenvertretungen des

Bundes und der Vereinigung der Schwerbehindertenvertretungen des Bundes haben das Recht, an den Sitzungen der Arbeitsgemeinschaft der Hauptpersonalräte beratend teilzunehmen.

§ 97 Geschäftsführung und Rechtsstellung. (1) Für die Geschäftsführung der Arbeitsgemeinschaft der Hauptpersonalräte und die Rechtsstellung ihrer Mitglieder gelten § 36 Absatz 2 Satz 1 bis 3, die §§ 38, 43 und 44 sowie die §§ 48 bis 52 Absatz 1 entsprechend.

(2) [1] Die Geschäftsstelle der Arbeitsgemeinschaft der Hauptpersonalräte wird bei der obersten Bundesbehörde eingerichtet, deren Geschäftsbereich die oder der Vorsitzende der Arbeitsgemeinschaft der Hauptpersonalräte angehört. [2] Hat die Arbeitsgemeinschaft der Hauptpersonalräte zwei Vorsitzende gewählt, beschließt sie mit einfacher Mehrheit über den Sitz der Geschäftsstelle bei einer der obersten Bundesbehörden, deren Geschäftsbereichen die Vorsitzenden angehören.

§ 98 Stellungnahmerecht bei ressortübergreifenden Digitalisierungsmaßnahmen. (1) [1] Vor Entscheidungen oberster Bundesbehörden oder Vorlagen an die Bundesregierung in Angelegenheiten des § 80 Absatz 1 Nummer 21, die die Geschäftsbereiche mehrerer oberster Bundesbehörden betreffen, ist der Arbeitsgemeinschaft der Hauptpersonalräte Gelegenheit zur Stellungnahme zu geben. [2] Das Stellungnahmerecht erstreckt sich auch auf Maßnahmen, die

1. mit den in Satz 1 genannten Angelegenheiten unmittelbar zusammenhängen,
2. ebenfalls die Geschäftsbereiche mehrerer oberster Bundesbehörden betreffen und
3. der Beteiligung nach Kapitel 4 unterlägen, wenn sie von einer Dienststelle nur für ihre Beschäftigten getroffen würden, mit Ausnahme personeller Einzelmaßnahmen.

(2) [1] Die federführend zuständige oberste Bundesbehörde unterrichtet die Arbeitsgemeinschaft der Hauptpersonalräte rechtzeitig und umfassend von der beabsichtigten Entscheidung und legt ihr die hierfür erforderlichen Unterlagen vor. [2] Die Arbeitsgemeinschaft der Hauptpersonalräte teilt der obersten Bundesbehörde ihre Stellungnahme innerhalb einer Frist von vier Wochen mit, soweit nicht einvernehmlich eine andere Frist vereinbart ist. [3] In dringenden Fällen kann die Dienststelle die Frist auf eine Woche verkürzen oder, sofern die Entscheidung der Natur der Sache nach keinen Aufschub duldet, die Stellungnahme nachträglich einholen. [4] Auf Verlangen der Arbeitsgemeinschaft der Hauptpersonalräte ist die beabsichtigte Maßnahme mit ihr vor Abgabe der Stellungnahme zu erörtern.

(3) [1] Die Befugnisse und Pflichten der Personalvertretungen nach diesem Gesetz bleiben unberührt. [2] Die Arbeitsgemeinschaft der Hauptpersonalräte informiert die Hauptpersonalräte regelmäßig über ihre Tätigkeit.

Kapitel 7. Jugend- und Auszubildendenvertretung, Jugend- und Auszubildendenversammlung

§ 99 Errichtung. In Dienststellen, bei denen Personalvertretungen gebildet sind und denen in der Regel mindestens fünf Beschäftigte angehören, die das 18. Lebensjahr noch nicht vollendet haben oder die sich in einer beruflichen Ausbildung befinden, werden Jugend- und Auszubildendenvertretungen gebildet.

§ 100 Wahlberechtigung und Wählbarkeit. (1) [1] Wahlberechtigt sind die Beschäftigten, die am Wahltag das 18. Lebensjahr noch nicht vollendet haben oder sich in einer beruflichen Ausbildung befinden. [2] § 14 Absatz 1 Nummer 1 und 2 sowie Absatz 2 gilt entsprechend.

(2) [1] Wählbar sind die Beschäftigten, die am Wahltag das 26. Lebensjahr noch nicht vollendet haben oder sich in einer beruflichen Ausbildung befinden. [2] § 15 Absatz 1 Satz 1 Nummer 2, Satz 2 und Absatz 2 Nummer 1, 2 und 4 gilt entsprechend. [3] Die gleichzeitige Mitgliedschaft im Personalrat und in der Jugend- und Auszubildendenvertretung ist zulässig. [4] Ein Mitglied des Personalrats, das gleichzeitig Mitglied der Jugend- und Auszubildendenvertretung ist, darf bei Beschlussfassungen des Personalrats, bei denen die Vertreterinnen und Vertreter der Jugend- und Auszubildendenvertretung stimmberechtigt sind, nur eine Stimme abgeben.

§ 101 Größe und Zusammensetzung. (1) Die Jugend- und Auszubildendenvertretung besteht in Dienststellen mit in der Regel

1. 5 bis 20 Beschäftigten, die das 18. Lebensjahr noch nicht vollendet haben oder sich in einer beruflichen Ausbildung befinden, aus einer Jugend- und Auszubildendenvertreterin oder einem Jugend- und Auszubildendenvertreter,
2. 21 bis 50 der in Nummer 1 genannten Beschäftigten aus drei Jugend- und Auszubildendenvertreterinnen oder -vertretern,
3. 51 bis 200 der in Nummer 1 genannten Beschäftigten aus fünf Jugend- und Auszubildendenvertreterinnen oder -vertretern,
4. 201 bis 300 der in Nummer 1 genannten Beschäftigten aus sieben Jugend- und Auszubildendenvertreterinnen oder -vertretern,
5. 301 bis 1 000 der in Nummer 1 genannten Beschäftigten aus elf Jugend- und Auszubildendenvertreterinnen oder -vertretern,
6. mehr als 1 000 der in Nummer 1 genannten Beschäftigten aus 15 Jugend- und Auszubildendenvertreterinnen oder -vertretern.

(2) Die Jugend- und Auszubildendenvertretung soll sich aus Vertreterinnen oder Vertretern der verschiedenen Beschäftigungsarten der Beschäftigten, die das 18. Lebensjahr noch nicht vollendet haben oder sich in einer beruflichen Ausbildung befinden, zusammensetzen.

(3) Frauen und Männer sollen in der Jugend- und Auszubildendenvertretung entsprechend ihrem Zahlenverhältnis unter den Beschäftigten, die das 18. Lebensjahr noch nicht vollendet haben oder sich in einer beruflichen Ausbildung befinden, vertreten sein.

§ 102 Wahl, Amtszeit und Vorsitz. (1) [1] Spätestens acht Wochen vor Ablauf der Amtszeit der Jugend- und Auszubildendenvertretung bestimmt der Personalrat im Einvernehmen mit der Jugend- und Auszubildendenvertretung den Wahlvorstand und seinen Vorsitzenden oder seine Vorsitzende. [2] § 21 Satz 5 bis 7 gilt entsprechend. [3] Kommt ein Einvernehmen zwischen Personalrat und Jugend- und Auszubildendenvertretung nicht zustande, gelten die §§ 22 und 23 entsprechend mit der Maßgabe, dass an die Stelle einer Personalversammlung eine Jugend- und Auszubildendenversammlung tritt. [4] Für die Wahl der Jugend- und Auszubildendenvertretung gelten § 19 Absatz 1 und 3, § 20 Absatz 1 Satz 1, Absatz 2, 4 und 5, § 25 Absatz 1 Satz 1 und 2, Absatz 2 und § 26 entsprechend.

(2) [1] Die regelmäßigen Wahlen der Jugend- und Auszubildendenvertretung finden alle zwei Jahre in der Zeit vom 1. März bis 31. Mai statt. [2] Die Amtszeit der Jugend- und Auszubildendenvertretung beginnt am 1. Juni des Jahres, in dem die regelmäßigen Wahlen der Jugend- und Auszubildendenvertretung stattfinden, und

endet mit dem Ablauf von zwei Jahren. [3] § 27 Absatz 2 Satz 2 ist entsprechend anzuwenden. [4] Für die Wahl der Jugend- und Auszubildendenvertretung außerhalb des in Satz 1 genannten Zeitraums gilt § 28 Absatz 1 Nummer 2 bis 6, Absatz 2, 3 und 5 entsprechend.

(3) Besteht die Jugend- und Auszubildendenvertretung aus mehr als zwei Mitgliedern, so wählt sie aus ihrer Mitte eine Vorsitzende oder einen Vorsitzenden und eine stellvertretende Vorsitzende oder einen stellvertretenden Vorsitzenden.

(4) Die §§ 29 bis 33 gelten entsprechend.

§ 103 Aufgaben. Die Jugend- und Auszubildendenvertretung hat folgende allgemeine Aufgaben:

1. Maßnahmen beim Personalrat zu beantragen, die den Beschäftigten dienen, die das 18. Lebensjahr noch nicht vollendet haben oder sich in einer beruflichen Ausbildung befinden, insbesondere Maßnahmen auf dem Gebiet der Berufsbildung,
2. darüber zu wachen, dass die zugunsten der in Nummer 1 genannten Beschäftigten geltenden Gesetze, Verordnungen, Unfallverhütungsvorschriften, Tarifverträge, Dienstvereinbarungen und Verwaltungsanordnungen durchgeführt werden,
3. Anregungen und Beschwerden der in Nummer 1 genannten Beschäftigten, insbesondere auf dem Gebiet der Berufsbildung, entgegenzunehmen und, falls die Anregungen und Beschwerden berechtigt erscheinen, beim Personalrat auf eine Erledigung hinzuwirken; die Jugend- und Auszubildendenvertretung hat die betroffenen Beschäftigten über den Stand und das Ergebnis der Verhandlungen zu informieren.

§ 104 Zusammenarbeit mit dem Personalrat. (1) Die Zusammenarbeit der Jugend- und Auszubildendenvertretung mit dem Personalrat bestimmt sich nach § 36 Absatz 3, § 37 Absatz 1 und § 42.

(2) [1] Zur Durchführung ihrer Aufgaben ist die Jugend- und Auszubildendenvertretung durch den Personalrat rechtzeitig und umfassend zu unterrichten. [2] Die Jugend- und Auszubildendenvertretung kann verlangen, dass ihr der Personalrat die zur Durchführung ihrer Aufgaben erforderlichen Unterlagen, einschließlich der für die Durchführung seiner Aufgaben erforderlichen personenbezogenen Daten, zur Verfügung stellt. [3] § 69 gilt entsprechend.

(3) [1] Der Personalrat hat die Jugend- und Auszubildendenvertretung zu den Besprechungen zwischen der Leiterin oder dem Leiter der Dienststelle und dem Personalrat nach § 65 beizuziehen, wenn Angelegenheiten behandelt werden, die besonders die Beschäftigten betreffen, die das 18. Lebensjahr noch nicht vollendet haben oder sich in einer beruflichen Ausbildung befinden. [2] Darüber hinaus sollen die Leiterin oder der Leiter der Dienststelle und die Jugend- und Auszubildendenvertretung mindestens einmal im Halbjahr zu einer Besprechung zusammentreten.

(4) [1] Die Jugend- und Auszubildendenvertretung kann nach Verständigung des Personalrats Sitzungen abhalten; § 36 Absatz 1 und 2, § 37 Absatz 2 und 3, die §§ 38, 39 und 41 sowie die §§ 43 und 44 gelten entsprechend. [2] An den Sitzungen der Jugend- und Auszubildendenvertretung kann ein vom Personalrat beauftragtes Personalratsmitglied teilnehmen.

§ 105 Anzuwendende Vorschriften. [1] Für die Jugend- und Auszubildendenvertretung gelten § 2 Absatz 5, die §§ 45 bis 52 Absatz 1 und § 54 entsprechend.

[2] § 55 gilt entsprechend mit der Maßgabe, dass die außerordentliche Kündigung, die Versetzung und die Abordnung von Mitgliedern der Jugend- und Auszubildendenvertretung der Zustimmung des Personalrats bedürfen. [3] Für Mitglieder des Wahlvorstands und Wahlbewerberinnen und Wahlbewerber gilt § 55 Absatz 1 und 2 Satz 1 und 2 entsprechend. [4] § 56 gilt entsprechend; in dem Verfahren vor dem Verwaltungsgericht nach § 56 Absatz 4 ist bei einem Mitglied der Jugend- und Auszubildendenvertretung auch diese Beteiligte.

§ 106 Jugend- und Auszubildendenversammlung. [1] Die Jugend- und Auszubildendenvertretung hat einmal in jedem Kalenderjahr eine Jugend- und Auszubildendenversammlung durchzuführen. [2] Diese soll möglichst unmittelbar vor oder nach einer ordentlichen Personalversammlung stattfinden. [3] Sie wird von der oder dem Vorsitzenden der Jugend- und Auszubildendenvertretung geleitet. [4] Der oder die Personalratsvorsitzende oder ein vom Personalrat beauftragtes Mitglied soll an der Jugend- und Auszubildendenversammlung teilnehmen. [5] Die für die Personalversammlung geltenden Vorschriften gelten entsprechend. [6] Außer der in Satz 1 bezeichneten Jugend- und Auszubildendenversammlung kann eine weitere, nicht auf Wunsch des Leiters oder der Leiterin der Dienststelle einberufene Versammlung während der Arbeitszeit stattfinden.

§ 107 Stufenvertretungen. (1) [1] Für den Geschäftsbereich mehrstufiger Verwaltungen werden, soweit Stufenvertretungen bestehen, bei den Behörden der Mittelstufen Bezirks-Jugend- und -Auszubildendenvertretungen und bei den obersten Dienstbehörden Haupt-Jugend- und -Auszubildendenvertretungen gebildet. [2] Für die Jugend- und Auszubildendenstufenvertretungen gelten § 89 Absatz 1 und 3 sowie die §§ 99 bis 105 entsprechend.

(2) [1] In den Fällen des § 7 wird neben den einzelnen Jugend- und Auszubildendenvertretungen eine Gesamt-Jugend- und -Auszubildendenvertretung gebildet. [2] Absatz 1 Satz 2 gilt entsprechend.

Kapitel 8. Gerichtliche Entscheidungen

§ 108 Zuständigkeit der Verwaltungsgerichte, Anwendung des Arbeitsgerichtsgesetzes. (1) Die Verwaltungsgerichte, im dritten Rechtszug das Bundesverwaltungsgericht, entscheiden in den Fällen der §§ 26, 30, 55 Absatz 1 und des § 56 sowie über

1. Wahlberechtigung und Wählbarkeit,
2. Wahl, Amtszeit und Zusammensetzung der Personalvertretungen und der Jugend- und Auszubildendenvertretungen,
3. Zuständigkeit, Geschäftsführung und Rechtsstellung der Personalvertretungen und der Jugend- und Auszubildendenvertretungen,
4. Rechtmäßigkeit eines Beschlusses der Einigungsstelle oder Aufhebung eines Beschlusses der Einigungsstelle durch die oberste Dienstbehörde sowie
5. Bestehen oder Nichtbestehen von Dienstvereinbarungen.

(2) Die Vorschriften des Arbeitsgerichtsgesetzes[1)] über das Beschlussverfahren gelten entsprechend.

§ 109 Bildung von Fachkammern und Fachsenaten. (1) [1] Für Streitigkeiten nach diesem Teil sind bei den Verwaltungsgerichten Fachkammern und bei den

[1)] **Schönfelder Nr. 83.**

Oberverwaltungsgerichten Fachsenate zu bilden. [2]Die Zuständigkeit einer Fachkammer kann auf die Bezirke anderer Gerichte oder Teile von ihnen erstreckt werden.

(2) Die Fachkammern und Fachsenate entscheiden in der Besetzung mit einer oder einem Vorsitzenden und vier ehrenamtlichen Richterinnen oder Richtern.

(3) [1]Die ehrenamtlichen Richterinnen und Richter müssen Beschäftigte im öffentlichen Dienst des Bundes sein. [2]Sie werden durch die Landesregierung oder die von ihr bestimmte Stelle je zur Hälfte auf Vorschlag der Gewerkschaften, die unter den Beschäftigten vertreten sind, und der in § 1 bezeichneten Verwaltungen und Gerichte berufen. [3]Von den von den Gewerkschaften vorzuschlagenden ehrenamtlichen Richterinnen und Richtern muss eine Person Beamtin oder Beamter und die andere Arbeitnehmerin oder Arbeitnehmer sein. [4]Für die Berufung und die Stellung der ehrenamtlichen Richterinnen und Richter und für ihre Heranziehung zu den Sitzungen gelten die Vorschriften des Arbeitsgerichtsgesetzes[1)] über ehrenamtliche Richterinnen und Richter entsprechend.

Kapitel 9. Sondervorschriften

Abschnitt 1. Vorschriften für besondere Verwaltungszweige

§ 110 Grundsatz. Für die nachstehenden Zweige des öffentlichen Dienstes gilt dieses Gesetz, soweit im Folgenden nichts anderes bestimmt ist.

§ 111 Bundespolizei. (1) [1]Die Beschäftigten der Bundespolizeibehörden und der ihnen nachgeordneten Dienststellen wählen Bundespolizeipersonalvertretungen. [2]Bundespolizeipersonalvertretungen sind die Bundespolizeipersonalräte, die Bundespolizeibezirkspersonalräte und der Bundespolizeihauptpersonalrat.

(2) Die Vorschriften über die Jugend- und Auszubildendenvertretung gelten nicht für die Polizeivollzugsbeamtinnen und -beamten.

(3) Eine Beteiligung der Bundespolizeipersonalvertretung findet nicht statt bei

1. Anordnungen für Polizeivollzugsbeamtinnen und -beamte, durch die Einsätze oder Einsatzübungen geregelt werden,
2. der Einstellung von Polizeivollzugsbeamtinnen und -beamten für die Grundausbildung.

§ 112 Bundesnachrichtendienst. (1) [1]Teile und Stellen des Bundesnachrichtendienstes, die nicht zur Zentrale des Bundesnachrichtendienstes gehören, gelten als Dienststellen im Sinne des § 4 Absatz 1 Nummer 6. [2]In Zweifelsfällen entscheidet die Präsidentin oder der Präsident des Bundesnachrichtendienstes über die Dienststelleneigenschaft.

(2) Die Mitgliedschaft im Personalrat ruht bei Personen, die zu einer sicherheitsempfindlichen Tätigkeit nicht zugelassen sind.

(3) [1]Die Personalversammlungen finden nur in den Räumen der Dienststelle statt. [2]Die Präsidentin oder der Präsident des Bundesnachrichtendienstes kann nach Anhörung des Personalrats bestimmen, dass Personalversammlungen als Teilversammlung durchgeführt werden. [3]Die Leiterin oder der Leiter der Dienststelle kann nach Anhörung des Personalrats bestimmen, dass Beschäftigte, bei denen dies wegen ihrer dienstlichen Aufgaben zwingend geboten ist, nicht an der jeweiligen Personalversammlung teilnehmen. [4]Die Tagesordnung der Personalversammlung

---

[1)] **Schönfelder Nr. 83.**

und die in der Personalversammlung sowie im Tätigkeitsbericht zu behandelnden Punkte legt der Personalrat im Benehmen mit der Leiterin oder dem Leiter der Dienststelle fest. [5] Andere Punkte dürfen nicht behandelt werden.

(4) [1] In den Fällen der §§ 22 und 24 sowie des § 28 Absatz 3 bestellt die Leiterin oder der Leiter der Dienststelle den Wahlvorstand. [2] Die Beschäftigten des Bundesnachrichtendienstes wählen keine Stufenvertretung. [3] Soweit eine Stufenvertretung zuständig ist, ist an ihrer Stelle der Gesamtpersonalrat zu beteiligen. [4] Die Aufgaben der obersten Dienstbehörde nach diesem Gesetz nimmt die Chefin oder der Chef des Bundeskanzleramtes wahr. [5] Die §§ 72 bis 75 sind nicht anzuwenden. [6] § 71 ist mit der Maßgabe anzuwenden, dass die oberste Dienstbehörde endgültig entscheidet. [7] In den Fällen des § 55 Absatz 2 tritt an die Stelle der Zustimmung die Mitwirkung nach Kapitel 4 Abschnitt 4.

(5) [1] § 77 Absatz 2 Satz 2 Nummer 1 und § 85 Absatz 2 sind nicht anzuwenden. [2] Die Regelungen der §§ 21, 37 Absatz 2, des § 42 Absatz 1 sowie des § 58 Absatz 2 über eine Beteiligung von Vertreterinnen oder Vertretern oder Beauftragten der Gewerkschaften und Arbeitgebervereinigungen sind nicht anzuwenden. [3] Die Präsidentin oder der Präsident des Bundesnachrichtendienstes kann bestimmen, dass Beauftragte der Gewerkschaften zu einer sicherheitsempfindlichen Tätigkeit zugelassen sein müssen. [4] Die Präsidentin oder der Präsident des Bundesnachrichtendienstes kann die Anwendung des § 13 Absatz 2 ausschließen.

(6) § 125 ist mit den Maßgaben anzuwenden, dass

1. § 125 Absatz 1 Satz 1 nur anzuwenden ist, wenn nicht alle Mitglieder der zuständigen Personalvertretung ermächtigt sind, von Verschlusssachen des entsprechenden Geheimhaltungsgrades Kenntnis zu erhalten;
2. Personalvertretungen keine Ausschüsse bilden; an die Stelle der Ausschüsse der Personalvertretungen tritt der Ausschuss des Gesamtpersonalrats;
3. die Präsidentin oder der Präsident des Bundesnachrichtendienstes außer in den Fällen des § 125 Absatz 5 auch bei Vorliegen besonderer nachrichtendienstlicher Gründe Anordnungen im Sinne des § 125 Absatz 5 treffen oder von einer Beteiligung absehen kann.

(7) [1] Bei Vorliegen besonderer Sicherheitsvorfälle oder einer besonderen Einsatzsituation, von der der Bundesnachrichtendienst ganz oder teilweise betroffen ist, ruhen die Rechte und Pflichten der zuständigen Personalvertretungen. [2] Beginn und Ende des Ruhens der Befugnisse der Personalvertretung werden jeweils von der Präsidentin oder dem Präsidenten des Bundesnachrichtendienstes im Einvernehmen mit der Chefin oder dem Chef des Bundeskanzleramtes festgestellt.

(8) [1] Für gerichtliche Entscheidungen nach § 108 Absatz 1 ist im ersten und letzten Rechtszug das Bundesverwaltungsgericht zuständig. [2] Im gerichtlichen Verfahren gilt § 99 der Verwaltungsgerichtsordnung[1)] entsprechend.

(9) Die oberste Dienstbehörde und der Gesamtpersonalrat können schriftlich oder elektronisch und jederzeit widerruflich eine von den Absätzen 1 bis 3, Absatz 4 Satz 1, 5 bis 7 sowie den Absätzen 5 und 6 abweichende Dienstvereinbarung treffen.

(10) Soweit sich aus den Absätzen 1 bis 9 nichts anderes ergibt, gelten die §§ 59 bis 63 des Soldatinnen- und Soldatenbeteiligungsgesetzes[2)] entsprechend.

[1)] Nr. **600**.
[2)] **Sartorius III Nr. 860.**

§ 113 Bundesamt für Verfassungsschutz. (1) Die Präsidentin oder der Präsident des Bundesamtes für Verfassungsschutz kann nach Anhörung des Personalrats bestimmen, dass Beschäftigte, bei denen dies wegen ihrer dienstlichen Aufgaben dringend geboten ist, nicht an Personalversammlungen teilnehmen.

(2) Die Regelungen der §§ 21, 37 Absatz 2, des § 42 Absatz 1 und des § 58 Absatz 2 über eine Beteiligung von Vertreterinnen oder Vertretern oder Beauftragten der Gewerkschaften und Arbeitgebervereinigungen sind nicht anzuwenden.

(3) Bei der Beteiligung der Stufenvertretung und der Einigungsstelle sind Angelegenheiten, die lediglich Beschäftigte des Bundesamtes für Verfassungsschutz betreffen, in entsprechender Anwendung des § 125 wie Verschlusssachen des Geheimhaltungsgrades „VS-VERTRAULICH" zu behandeln, soweit nicht die zuständige Stelle etwas anderes bestimmt.

§ 114 Bundesagentur für Arbeit und andere bundesunmittelbare Körperschaften des öffentlichen Rechts im Bereich der Sozialversicherung.

(1) Abweichend von § 4 Absatz 1 Nummer 4 sind bei der Bundesagentur für Arbeit und den anderen bundesunmittelbaren Körperschaften des öffentlichen Rechts im Bereich der Sozialversicherung Behörden der Mittelstufe im Sinne dieses Gesetzes die der Zentrale, der Hauptverwaltung oder der Hauptverwaltungsstelle unmittelbar nachgeordneten Dienststellen, denen andere Dienststellen nachgeordnet sind.

(2) [1] Abweichend von § 8 Satz 1 handelt für die Körperschaft der Vorstand, soweit ihm die Entscheidung zusteht. [2] Abweichend von § 8 Satz 2 kann der Vorstand sich durch eines oder mehrere seiner Mitglieder vertreten lassen.

(3) [1] Abweichend von § 8 Satz 1 handelt für die Agenturen für Arbeit, bei denen eine Geschäftsführung bestellt ist, und für die Regionaldirektionen der Bundesagentur für Arbeit das vorsitzende Mitglied der Geschäftsführung. [2] Abweichend von § 8 Satz 2 kann es sich durch eines oder mehrere der weiteren Mitglieder der Geschäftsführung vertreten lassen.

(4) [1] Als oberste Dienstbehörde im Sinne der §§ 71 bis 77 gilt der Vorstand. [2] Abweichend von § 71 Absatz 1 Satz 3 ist als oberste Dienstbehörde der Vorstand anzurufen.

§ 115 Deutsche Bundesbank. (1) [1] Oberste Dienstbehörde ist die Präsidentin oder der Präsident der Deutschen Bundesbank. [2] Der Vorstand gilt als oberste Dienstbehörde, soweit ihm die Entscheidung zusteht; § 71 Absatz 1 Satz 3 ist nicht anzuwenden.

(2) [1] Abweichend von § 8 Satz 1 handelt der Vorstand, soweit ihm die Entscheidung zusteht. [2] Er kann sich durch eines oder mehrere seiner Mitglieder vertreten lassen.

§ 116 Deutsche Welle. (1) [1] Die Einrichtungen der Deutschen Welle am Sitz Bonn und die Einrichtungen der Deutschen Welle am Sitz Berlin bilden je eine Dienststelle im Sinne dieses Gesetzes. [2] Leiterin oder Leiter der Dienststellen ist die Intendantin oder der Intendant. [3] Sie oder er gilt als oberste Dienstbehörde im Sinne dieses Gesetzes; § 71 Absatz 1 Satz 3 ist nicht anzuwenden. [4] § 8 ist entsprechend anzuwenden. [5] Andere als die in Satz 1 genannten Einrichtungen der Deutschen Welle werden von der Intendantin oder dem Intendanten einer Dienststelle zugeordnet. [6] § 7 ist nicht anzuwenden.

(2) [1]Die Beschäftigten in beiden Dienststellen wählen neben den örtlichen Personalräten einen Gesamtpersonalrat. [2]Dieser wirkt bei der Entscheidung nach Absatz 1 Satz 5 mit. [3]Er ist zuständig für die Behandlung dienststellenübergreifender Angelegenheiten. [4]Der Gesamtpersonalrat hat seinen Sitz am Sitz der Intendantin oder des Intendanten. [5]Die für den Gesamtpersonalrat maßgebenden Bestimmungen sind im Übrigen entsprechend anzuwenden.

(3) [1]Die Beschäftigten im Sinne des § 99 in beiden Dienststellen wählen neben den örtlichen Jugend- und Auszubildendenvertretungen eine Gesamt-Jugend- und -Auszubildendenvertretung. [2]Absatz 2 Satz 3 gilt entsprechend. [3]Der Sitz der Gesamt-Jugend- und -Auszubildendenvertretung ist am Sitz des Gesamtpersonalrats. [4]Die für die Gesamt-Jugend- und -Auszubildendenvertretung maßgebenden Bestimmungen sind im Übrigen entsprechend anzuwenden.

(4) [1]Beschäftigte im Sinne dieses Gesetzes sind die durch Arbeitsvertrag unbefristet oder auf Zeit angestellten Beschäftigten der Deutschen Welle einschließlich der zu ihrer Berufsausbildung Beschäftigten. [2]Als Beschäftigte der Deutschen Welle gelten auch arbeitnehmerähnliche Personen im Sinne des § 12a des Tarifvertragsgesetzes[1)]; für sie gilt dieses Gesetz entsprechend. [3]Beschäftigte im Sinne dieses Gesetzes sind nicht:

1. die Intendantin oder der Intendant, die Direktorinnen und Direktoren sowie die Justitiarin oder der Justitiar,
2. arbeitnehmerähnliche Personen im Sinne des § 12a des Tarifvertragsgesetzes, die maßgeblich an der Programmgestaltung beteiligt sind,
3. sonstige freie Mitarbeiterinnen und Mitarbeiter sowie Personen, die auf Produktionsdauer beschäftigt sind.

[4]Beschäftigte, die in einer Einrichtung der Deutschen Welle im Ausland eingesetzt sind, sowie Volontärinnen und Volontäre sind nicht wählbar.

(5) § 46 Absatz 2 Satz 1 ist mit der Maßgabe anzuwenden, dass an die Stelle des Bundesreisekostengesetzes[2)] die Reisekostenordnung der Deutschen Welle tritt.

(6) [1]Bei Beschäftigten, deren Vergütung sich nach der Vergütungsgruppe I des Vergütungstarifvertrags der Deutschen Welle bemisst oder deren Vergütung über der höchsten Vergütungsgruppe liegt, wird der Personalrat in den Fällen des § 78 Absatz 1 nicht beteiligt. [2]Bei im Programmbereich Beschäftigten der Vergütungsgruppe II des Vergütungstarifvertrags der Deutschen Welle tritt in Fällen des § 78 Absatz 1 an die Stelle der Mitbestimmung des Personalrats die Mitwirkung. [3]Bei Beschäftigten mit überwiegend wissenschaftlicher oder künstlerischer Tätigkeit sowie bei Beschäftigten, die maßgeblich an der Programmgestaltung beteiligt sind, bestimmt der Personalrat in den Fällen des § 78 Absatz 1 nur mit, wenn sie dies beantragen; § 75 Absatz 3 gilt entsprechend.

§ 117 Geschäftsbereich des Bundesministeriums der Verteidigung.

(1) Dieses Gesetz gilt für die bei militärischen Dienststellen und Einrichtungen der Bundeswehr beschäftigten Beamtinnen und Beamten sowie Arbeitnehmerinnen und Arbeitnehmer.

(2) § 64 Absatz 2 des Soldatinnen- und Soldatenbeteiligungsgesetzes[3)] gilt entsprechend.

[1)] **Schönfelder ErgBd. Nr. 81.**
[2)] Nr. 235.
[3)] **Sartorius III Nr. 860.**

(3) [1] § 78 Absatz 1 Nummer 14 gilt entsprechend bei der Bestellung von Soldatinnen und Soldaten zu Vertrauens- oder Betriebsärztinnen und -ärzten. [2] Hierbei ist nach § 40 Absatz 1 zu verfahren.

(4) § 84 Absatz 1 Nummer 2 findet bei der Auflösung, Einschränkung, Verlegung, Zusammenlegung, Aufspaltung oder Ausgliederung von militärischen Dienststellen und Einrichtungen oder wesentlichen Teilen von ihnen keine Anwendung, soweit militärische Gründe entgegenstehen.

(5) § 92 Absatz 4 ist mit den Maßgaben anzuwenden, dass

1. bei personellen oder sozialen Maßnahmen, die von einer Dienststelle, bei der keine für eine Beteiligung an diesen Maßnahmen zuständige Personalvertretung vorgesehen ist, mit Wirkung für einzelne Beschäftigte einer ihr nicht nachgeordneten Dienststelle getroffen werden, der Personalrat dieser Dienststelle von deren Leiterin oder Leiter zu beteiligen ist, nachdem zuvor ein Einvernehmen zwischen den Dienststellen über die beabsichtigte Maßnahme hergestellt worden ist;
2. bei innerdienstlichen oder sozialen Angelegenheiten, die Liegenschaften eines Dienstortes betreffen, die Beteiligung durch einen Ausschuss ausgeübt wird, der bei der für die Entscheidung zuständigen Stelle eingerichtet ist, sofern ein solcher gebildet worden ist und das gesetzlich zuständige Beteiligungsgremium zugestimmt hat. Die Aufgaben und Befugnisse der Leiterin oder des Leiters der Dienststelle werden in diesen Fällen durch die für die Entscheidung zuständige Stelle wahrgenommen. Kommt im Beteiligungsverfahren eine Einigung nicht zustande, richtet sich das weitere Verfahren nach den §§ 71 bis 75 oder nach § 82.

Abschnitt 2. Dienststellen des Bundes im Ausland

§ 118 Grundsatz. Für die Dienststellen des Bundes im Ausland gilt dieses Gesetz, soweit im Folgenden nichts anderes bestimmt ist.

§ 119 Allgemeine Regelungen. (1) Arbeitstage sind diejenigen Wochentage, die gemäß der für die Dienststelle geltenden Arbeitszeitregelung als Arbeitstage vorgesehen sind, mit Ausnahme der Tage, die nach der für die Dienststelle geltenden Feiertagsregelung für die Beschäftigten Feiertage sind.

(2) Nicht entsandte Beschäftigte (lokal Beschäftigte) gelten nicht als Beschäftigte im Sinne des § 4 Absatz 1 Nummer 5.

(3) Die Beschäftigten sind nicht in eine Stufenvertretung oder einen Gesamtpersonalrat bei einer Dienststelle im Inland wählbar.

(4) Für Streitigkeiten nach § 108, die eine Dienststelle des Bundes im Ausland betreffen, ist das Verwaltungsgericht zuständig, in dessen Bezirk die oberste Dienstbehörde ihren Sitz hat.

§ 120 Vertrauensperson der lokal Beschäftigten. (1) [1] In Dienststellen, in denen in der Regel mindestens fünf lokal Beschäftigte beschäftigt sind, wählen diese eine Vertrauensperson der lokal Beschäftigten und höchstens drei Stellvertreterinnen oder Stellvertreter. [2] In Nebenstellen, in denen in der Regel mindestens fünf lokal Beschäftigte beschäftigt sind, können diese zusätzlich eine Vertrauensperson der lokal Beschäftigten der Nebenstelle und eine Stellvertreterin oder einen Stellvertreter wählen. [3] Die Vertrauensperson der lokal Beschäftigten der Nebenstelle arbeitet vertrauensvoll mit der Vertrauensperson der lokal Beschäftigten der Dienststelle zusammen. [4] Gegenüber der Leiterin oder dem Leiter der

Dienststelle vertritt die Vertrauensperson der lokal Beschäftigten der Dienststelle auch die Interessen der lokal Beschäftigten der Nebenstelle.

(2) [1]Gewählt werden die Vertrauensperson der lokal Beschäftigten und ihre Stellvertreterinnen oder Stellvertreter durch Handaufheben; widerspricht eine Wahlberechtigte oder ein Wahlberechtigter diesem Verfahren oder ordnet der Wahlvorstand für die Wahl zur Vertrauensperson der lokal Beschäftigten geheime Wahl an, so wird eine geheime Wahl vorgenommen. [2]§ 25 Absatz 1 Satz 1 und 2 und Absatz 2 gilt entsprechend. [3]Die Amtszeit der Vertrauensperson der lokal Beschäftigten und ihrer Stellvertreterinnen oder Stellvertreter beträgt vier Jahre; im Übrigen gilt § 31 Absatz 1 entsprechend. [4]§ 33 gilt mit der Maßgabe entsprechend, dass eine Neuwahl stattfindet, wenn nach Eintreten der Stellvertreterinnen oder Stellvertreter keine Vertrauensperson der lokal Beschäftigten mehr vorhanden ist.

(3) [1]Der Personalrat und die Vertrauensperson der lokal Beschäftigten arbeiten vertrauensvoll zusammen. [2]Die Vertrauensperson der lokal Beschäftigten nimmt Anregungen, Anträge und Beschwerden der lokal Beschäftigten in innerdienstlichen, sozialen und persönlichen Angelegenheiten entgegen und vertritt sie gegenüber der Leiterin oder dem Leiter der Dienststelle und dem Personalrat. [3]Vor der Beschlussfassung in Angelegenheiten, die die besonderen Interessen der lokal Beschäftigten wesentlich berühren, hat der Personalrat der Vertrauensperson der lokal Beschäftigten Gelegenheit zur Äußerung zu geben. [4]Die Vertrauensperson der lokal Beschäftigten hat in solchen Angelegenheiten das Recht, der Leiterin oder dem Leiter der Dienststelle schriftlich oder elektronisch Vorschläge zu unterbreiten. [5]Die Leiterin oder der Leiter der Dienststelle hat der Vertrauensperson der lokal Beschäftigten vor Entscheidungen in Personalangelegenheiten und sozialen Angelegenheiten der Beschäftigten, die die Interessen von einzelnen oder von allen lokal Beschäftigten wesentlich berühren, Gelegenheit zur Äußerung zu geben. [6]Gelegenheit zur Äußerung ist insbesondere zu geben vor der Einstellung und Kündigung lokal Beschäftigter sowie vor dem Erlass allgemeiner Verwaltungsanordnungen, bezüglich derer der Personalrat ein Beteiligungsrecht nach diesem Gesetz hat.

(4) [1]Für die Vertrauensperson der lokal Beschäftigten gelten § 2 Absatz 5, die §§ 45 bis 52 Absatz 1 Satz 1, § 59 Absatz 2 sowie § 65 entsprechend. [2]Der Personalrat und die Vertrauensperson der lokal Beschäftigten können vereinbaren, dass

1. Besprechungen im Sinne des § 65 durch den Personalrat und die Vertrauensperson der lokal Beschäftigten gemeinsam wahrgenommen werden,
2. eine gemeinsame Personalversammlung der lokal Beschäftigten und der Beschäftigten im Sinne des § 4 Absatz 1 Nummer 5 einberufen wird. § 61 Absatz 2 findet im Hinblick auf die lokal Beschäftigten keine Anwendung.

[3]Die Leiterin oder der Leiter der Dienststelle kann der gemeinsamen Wahrnehmung oder Einberufung einer gemeinsamen Personalversammlung widersprechen, wenn dienstliche Interessen der Bundesrepublik Deutschland entgegenstehen.

§ 121 Ergänzende Regelungen für die Dienststellen im Geschäftsbereich des Auswärtigen Amts mit Ausnahme der Dienststellen des Deutschen Archäologischen Instituts. (1) Die Leiterin oder der Leiter der Dienststelle kann sich bei Verhinderung mit der Zustimmung der Leiterin oder des Leiters der Verwaltung durch diese oder diesen vertreten lassen.

(2) Dienststellen, bei denen die Voraussetzungen des § 13 Absatz 1 nicht gegeben sind, gelten als der Botschaft im jeweiligen Empfangsstaat zugeordnet, soweit keine anderweitige Zuordnung gemäß § 13 Absatz 2 erfolgt ist.

(3) [1] Die nach § 14 wahlberechtigten Beschäftigten sind außer zur Wahl des Personalrats ihrer Dienststelle auch zur Wahl des Personalrats des Auswärtigen Amts wahlberechtigt. [2] Zur Wahl des Hauptpersonalrats des Auswärtigen Amts sind sie nicht wahlberechtigt. [3] Sofern sie in den Auswärtigen Dienst nicht nur zeitlich befristet entsprechend § 13 Absatz 1 des Gesetzes über den Auswärtigen Dienst[1)] übernommen worden sind, sind sie auch zum Personalrat des Auswärtigen Amts wählbar, für die Dauer ihres dienstlichen Einsatzes außerhalb des Auswärtigen Amts jedoch im Sinne des § 33 Absatz 1 Satz 2 zeitweilig verhindert. [4] Aus einer Wahl in den Personalrat des Auswärtigen Amts folgt kein Anspruch auf eine Versetzung, Umsetzung oder Abordnung.

(4) [1] Die regelmäßigen Personalratswahlen zu den örtlichen Personalräten finden alle vier Jahre in der Zeit vom 1. Oktober bis zum 31. Dezember statt. [2] Abweichend von § 27 Absatz 2 beginnt die Amtszeit der Personalräte am 1. Januar des auf das Jahr der regelmäßigen Personalratswahlen folgenden Jahres und endet mit dem Ablauf von vier Jahren. [3] Ist am Tag des Ablaufs der Amtszeit ein neuer Personalrat nicht gewählt oder hat sich am Tag des Ablaufs der Amtszeit noch kein neuer Personalrat konstituiert, führt der Personalrat die Geschäfte weiter, bis sich der neu gewählte Personalrat konstituiert hat, längstens jedoch bis zum Ablauf des letzten Tags des Monats Februar des auf das Jahr der regelmäßigen Personalratswahlen folgenden Jahres.

(5) § 55 Absatz 2 gilt nicht für die nach Absatz 3 Satz 1 zur Wahl des Personalrats des Auswärtigen Amts wahlberechtigten Beschäftigten.

(6) Soweit eine Stufenvertretung zuständig wäre, ist an ihrer Stelle der Personalrat des Auswärtigen Amts zu beteiligen.

§ 122 Ergänzende Regelungen für die Dienststellen des Deutschen Archäologischen Instituts. (1) Die Verwaltungsstellen des Deutschen Archäologischen Instituts im Ausland sind Dienststellen, sofern es sich nicht lediglich um Nebenstellen oder Teile anderer im Ausland belegener Dienststellen handelt.

(2) Die nach § 14 wahlberechtigten Beschäftigten sind außer zur Wahl des Personalrats ihrer Dienststelle auch zur Wahl des Gesamtpersonalrats des Deutschen Archäologischen Instituts wahlberechtigt, jedoch nicht wählbar.

(3) [1] Soweit eine Stufenvertretung zuständig wäre, ist an ihrer Stelle der Gesamtpersonalrat des Deutschen Archäologischen Instituts zu beteiligen. [2] Die weitergehende Zuständigkeit des Hauptpersonalrats des Auswärtigen Amts wird hiervon nicht berührt.

§ 123 Ergänzende Regelungen für die Dienststellen des Bundesnachrichtendienstes. Auf die Dienststellen des Bundesnachrichtendienstes im Ausland findet § 119 Absatz 4 keine Anwendung.

§ 124 Ergänzende Regelungen für die Dienststellen im Geschäftsbereich des Bundesministeriums der Verteidigung. § 55 Absatz 2 gilt für Mitglieder von Personalräten im Geschäftsbereich des Bundesministeriums der Verteidigung im Ausland nur für die Dauer einer regelmäßigen Amtszeit in dem durch § 27 festgelegten Umfang.

[1)] **Bundesbeamtengesetze Nr. 130.**

Abschnitt 3. Behandlung von Verschlusssachen

§ 125 Ausschuss für Verschlusssachen und Verfahren. (1) [1]Soweit eine Angelegenheit, an der eine Personalvertretung zu beteiligen ist, als Verschlusssache mindestens des Geheimhaltungsgrades „VS-VERTRAULICH" eingestuft ist, tritt an die Stelle der Personalvertretung ein Ausschuss. [2]Dem Ausschuss gehört höchstens je eine in entsprechender Anwendung des § 34 Absatz 1 gewählte Vertreterin oder ein in entsprechender Anwendung des § 34 Absatz 1 gewählter Vertreter der im Personalrat vertretenen Gruppen an. [3]Die Mitglieder des Ausschusses müssen ermächtigt sein, Kenntnis von Verschlusssachen des in Betracht kommenden Geheimhaltungsgrades zu erhalten. [4]Personalvertretungen bei Dienststellen, die Behörden der Mittelstufe nachgeordnet sind, bilden keinen Ausschuss; an ihre Stelle tritt der Ausschuss des Bezirkspersonalrats.

(2) Wird der zuständige Ausschuss nicht rechtzeitig gebildet, ist der Ausschuss der bei der Dienststelle bestehenden Stufenvertretung oder, wenn dieser nicht rechtzeitig gebildet wird, der Ausschuss der bei der obersten Dienstbehörde bestehenden Stufenvertretung zu beteiligen.

(3) [1]Die Einigungsstelle besteht in den in Absatz 1 Satz 1 bezeichneten Fällen abweichend von § 73 Absatz 2 aus je einer Beisitzerin oder einem Beisitzer, die oder der von der obersten Dienstbehörde und der bei ihr bestehenden zuständigen Personalvertretung bestellt wird, und einer oder einem unparteiischen Vorsitzenden. [2]Die oder der Vorsitzende sowie die Beisitzerinnen und Beisitzer müssen nach den dafür geltenden Bestimmungen ermächtigt sein, von Verschlusssachen des in Betracht kommenden Geheimhaltungsgrades Kenntnis zu erhalten.

(4) [1]§ 37 Absatz 1, § 92 Absatz 2 und die Vorschriften über die Beteiligung der Gewerkschaften und Arbeitgebervereinigungen in § 37 Absatz 2 und § 42 Absatz 1 sind nicht anzuwenden. [2]Angelegenheiten, die als Verschlusssachen mindestens des Geheimhaltungsgrades „VS-VERTRAULICH" eingestuft sind, werden in der Personalversammlung nicht behandelt.

(5) [1]Die oberste Dienstbehörde kann anordnen, dass in den Fällen des Absatzes 1 Satz 1 dem Ausschuss und der Einigungsstelle Unterlagen nicht vorgelegt und Auskünfte nicht erteilt werden dürfen, soweit dies zur Vermeidung von Nachteilen für das Wohl der Bundesrepublik Deutschland oder eines ihrer Länder oder auf Grund internationaler Verpflichtungen geboten ist. [2]Im Verfahren nach § 108 sind die gesetzlichen Voraussetzungen für die Anordnung glaubhaft zu machen.

Teil 2. Für die Länder geltende Vorschriften

§ 126 Anwendungsbereich. Dieser Teil gilt für die Personalvertretungen in den Ländern.

§ 127 Besonderer Schutz von Funktionsträgern. (1) [1]Die außerordentliche Kündigung von Mitgliedern der Personalvertretungen, der Jugendvertretungen oder der Jugend- und Auszubildendenvertretungen, der Wahlvorstände sowie von Wahlbewerberinnen und Wahlbewerbern, die in einem Arbeitsverhältnis stehen, bedarf der Zustimmung der zuständigen Personalvertretung. [2]Verweigert die zuständige Personalvertretung ihre Zustimmung oder äußert sie sich nicht innerhalb von drei Arbeitstagen nach Eingang des Antrags, so kann das Verwaltungsgericht sie auf Antrag der Leiterin oder des Leiters der Dienststelle ersetzen, wenn die außerordentliche Kündigung unter Berücksichtigung aller Umstände gerechtfertigt ist. [3]In dem Verfahren vor dem Verwaltungsgericht ist die betroffene Person Beteiligte.

(2) Auf Auszubildende, die Mitglied einer Personalvertretung oder einer Jugend- und Auszubildendenvertretung sind, ist § 56 anzuwenden.

§ 128 Beteiligung bei Kündigungen. Eine durch den Arbeitgeber ausgesprochene Kündigung des Arbeitsverhältnisses einer oder eines Beschäftigten ist unwirksam, wenn die Personalvertretung nicht beteiligt worden ist.

Teil 3. Schlussvorschriften

§ 129 Verordnungsermächtigung. Die Bundesregierung wird ermächtigt, zur Durchführung der in diesem Gesetz bezeichneten Wahlen durch Rechtsverordnung, die nicht der Zustimmung des Bundesrates bedarf, Vorschriften zu erlassen über

1. die Vorbereitung der Wahl, insbesondere die Aufstellung der Wählerlisten und die Errechnung der Vertreterzahl,
2. die Frist für die Einsichtnahme in die Wählerlisten und die Erhebung von Einsprüchen,
3. die Vorschlagslisten und die Frist für ihre Einreichung,
4. das Wahlausschreiben und die Fristen für seine Bekanntmachung,
5. die Stimmabgabe,
6. die Feststellung des Wahlergebnisses und die Fristen für seine Bekanntmachung,
7. die Aufbewahrung der Wahlakten.

§ 130[1] Übergangsregelung für bestehende Jugend- und Auszubildendenvertretungen und Personalvertretungen. (1) [1] § 102 Absatz 2 Satz 2 findet erstmalig Anwendung auf die regelmäßigen Wahlen der Jugend- und Auszubildendenvertretung im Jahr 2022. [2] Die am 15. Juni 2021 bestehenden Jugend- und Auszubildendenvertretungen führen die Geschäfte weiter, bis sich die neu gewählten Jugend- und Auszubildendenvertretungen konstituiert haben, längstens jedoch bis zum Ablauf des in § 102 Absatz 2 Satz 3 in Verbindung mit § 27 Absatz 2 Satz 2 bestimmten Zeitpunkts.

(2) [1] § 27 Absatz 2 Satz 1 und § 121 Absatz 4 Satz 2 finden erstmalig Anwendung auf die regelmäßigen Personalratswahlen im Jahr 2024. [2] Die am 15. Juni 2021 bestehenden Personalvertretungen führen die Geschäfte weiter, bis sich die neu gewählten Personalvertretungen konstituiert haben, längstens jedoch bis zum Ablauf des in § 27 Absatz 2 Satz 2 und § 121 Absatz 4 Satz 3 bestimmten Zeitpunkts.

(3) § 52 Absatz 3 Satz 3 und § 53 Absatz 2 Satz 2 finden auf am 15. Juni 2021 bestehende Freistellungen keine Anwendung.

§ 131[2] Übergangsregelung für die Personalvertretungen in den Ländern. Die §§ 90, 94 bis 107 Satz 1 und § 109 des Bundespersonalvertretungsgesetzes[3] vom 15. März 1974 (BGBl. I S. 693), das zuletzt durch Artikel 2 des Gesetzes vom 25. Mai 2020 (BGBl. I S. 1063) geändert worden ist, sind bis zum Ablauf des 31. Dezember 2024 weiter anzuwenden.

---

[1] § 130 tritt gem. Art. 25 Abs. 3 G v. 9.6.2021 (BGBl. I S. 1614) am 31.12.2025 außer Kraft.
[2] § 131 tritt gem. Art. 25 Abs. 2 G v. 9.6.2021 (BGBl. I S. 1614) am 31.12.2024 außer Kraft.
[3] **Bundesbeamtengesetze Nr. 65.**

245. Bundesdatenschutzgesetz (BDSG)[1) 2)]

Vom 30. Juni 2017
(BGBl. I S. 2097)

FNA 204-4

geänd. durch Art. 12 Zweites Datenschutz-Anpassungs- und Umsetzungsgesetz EU v. 20.11.2019 (BGBl. I S. 1626) und Art. 10 Telekommunikationsmodernisierungsgesetz v. 23.6.2021 (BGBl. I S. 1858)

Inhaltsübersicht[3)]

---

1) Verkündet als Art. 1 des Datenschutz-Anpassungs- und -UmsetzungsG EU v. 30.6.2017 (BGBl. I S. 2097); Inkrafttreten gem. Art. 8 Abs. 1 dieses G am 25.5.2018.

2) Die Änderung durch G v. 23.6.2021 (BGBl. I S. 1858) tritt erst **mWv 1.12.2021** in Kraft und ist im Text noch nicht berücksichtigt.

3) Inhaltsübersicht geänd. mWv 26.11.2019 durch G v. 20.11.2019 (BGBl. I S. 1626).

250. Paßgesetz (PaßG)[1) 2) 3)]

Vom 19. April 1986
(BGBl. I S. 537)

FNA 210-5

geänd. durch Art. 7 BetreuungsG v. 12.9.1990 (BGBl. I S. 2002), Art. 2 G zur Änd. des G über Personalausweise und des PaßG v. 30.7.1996 (BGBl. I S. 1182), Art. 2 G zur Reform des Staatsangehörigkeitsrechts v. 15.7.1999 (BGBl. I S. 1618), Art. 1 G zur Änd. des Pass- und Personalausweisrechts v. 1.5.2000 (BGBl. I S. 626), Art. 25 Sechstes Euro-EinführungsG v. 3.12.2001 (BGBl. I S. 3306), Art. 7 TerrorismusbekämpfungsG v. 9.1.2002 (BGBl. I S. 361), Art. 4 MelderechtsrahmenG-ÄndG v. 25.3.2002 (BGBl. I S. 1186), Art. 13 Drittes VerwaltungsverfahrensrechtsÄndG v. 21.8.2002 (BGBl. I S. 3322), Art. 13 G zur Umbenennung des Bundesgrenzschutzes in Bundespolizei v. 21.6.2005 (BGBl. I S. 1818), Art. 7b TerrorismusbekämpfungsergänzungsG v. 5.1.2007 (BGBl. I S. 2), Art. 1 ÄndG v. 20.7.2007 (BGBl. I S. 1566, ber. S. 2317), Art. 11 G zur Änd. des BundespolizeiG und anderer Gesetze v. 26.2.2008 (BGBl. I S. 215), Art. 2 G über Personalausweise und den elektronischen Identitätsnachweis sowie zur Änd. weiterer Vorschriften v. 18.6.2009 (BGBl. I S. 1346), Art. 4 Abs. 2 G zur Verfolgung der Vorbereitung von schweren staatsgefährdenden Gewalttaten v. 30.7.2009 (BGBl. I S. 2437), Art. 2 Abs. 4 G zur Fortentwicklung des Meldewesens v. 3.5.2013 (BGBl. I S. 1084, geänd. durch G v. 20.11.2014, BGBl. I S. 1738), Art. 8 G zur Förderung der elektronischen Verwaltung sowie zur Änd. weiterer Vorschriften v. 25.7.2013 (BGBl. I S. 2749), Art. 2 G zur Änd. des PersonalausweisG zur Einführung eines Ersatz-Personalausweises und zur Änd. des PassG v. 20.6.2015 (BGBl. I S. 970), Art. 3 G zur Förderung des elektronischen Identitätsnachweises v. 7.7.2017 (BGBl. I S. 2310), Art. 4 G zur Einführung einer Karte für Unionsbürger und Angehörige des Europäischen Wirtschaftsraums mit Funktion zum elektronischen Identitätsnachweis sowie zur Änd. des PersonalausweisG und weiterer Vorschriften v. 21.6.2019 (BGBl. I S. 846), Art. 78 Elfte ZuständigkeitsanpassungsVO v. 19.6.2020 (BGBl. I S. 1328), Art. 1, Art. 12 G zur Stärkung der Sicherheit im Pass-, Ausweis- und ausländerrechtlichen Dokumentenwesen v. 3.12.2020 (BGBl. I S. 2744), Art. 7 RegistermodernisierungsG[4)] v. 28.3.2021 (BGBl. I S. 591) und Art. 1 G zur Einführung eines elektronischen Identitätsnachweises mit einem mobilen Endgerät v. 5.7.2021 (BGBl. I S. 2281)

Der Bundestag hat mit Zustimmung des Bundesrates das folgende Gesetz beschlossen:

Erster Abschnitt. Paßvorschriften

§ 1[5)] **Passpflicht.** (1) [1]Deutsche im Sinne des Artikels 116 Abs. 1 des Grundgesetzes[6)], die aus dem Geltungsbereich dieses Gesetzes aus- oder in ihn einreisen, sind verpflichtet, einen gültigen Pass mitzuführen und sich damit über ihre Person auszuweisen. [2]Der Passpflicht wird durch Vorlage eines Passes der Bundesrepublik Deutschland im Sinne des Absatzes 2 genügt.

(2) Als Pass im Sinne dieses Gesetzes gelten:

[1)] Verkündet als Art. 1 PassG und G zur Änd. der StrafprozessO v. 19.4.1986 (BGBl. I S. 537); Inkrafttreten gem. Art. 4 Abs. 1 Satz 1 dieses G am 1.1.1988.

[2)] Für Ausländer siehe das AufenthaltsG (Nr. **565**) und die AufenthaltsVO (Nr. **566**).

[3)] Die Änderungen durch G v. 3.12.2020 (BGBl. I S. 2744) treten teilweise erst **mWv 1.5.2025**, die Änderungen durch G v. 28.3.2021 (BGBl. I S. 591) treten teilweise erst **mit noch unbestimmtem Datum** in Kraft und sind insoweit im Text noch nicht berücksichtigt.

[4)] Die Änderungen durch Art. 7 Nr. 1 und 2 RegistermodernisierungsG treten gem. Art. 22 Satz 3 dieses Gesetzes „an dem Tag in Kraft, an dem das Bundesministerium des Innern, für Bau und Heimat im Bundesgesetzblatt […] bekannt gibt, dass die technischen Voraussetzungen für die Verarbeitung der Identifikationsnummer nach § 139b der Abgabenordnung […] vorliegen".

[5)] § 1 neu gef. mWv 1.11.2007 durch G v. 20.7.2007 (BGBl. I S. 1566); Abs. 5 geänd. mWv 27.6.2020 durch VO v. 19.6.2020 (BGBl. I S. 1328); Abs. 5 neu gef. mWv 12.12.2020 durch G v. 3.12.2020 (BGBl. I S. 2744).

[6)] Nr. **1**.

1. Reisepass,
2. Kinderreisepass,
3. vorläufiger Reisepass,
4. amtlicher Pass
   a) Dienstpass,
   b) Diplomatenpass,
   c) vorläufiger Dienstpass,
   d) vorläufiger Diplomatenpass.

(3) Niemand darf mehrere Pässe der Bundesrepublik Deutschland besitzen, sofern nicht ein berechtigtes Interesse an der Ausstellung mehrerer Pässe nachgewiesen wird.

(4) [1] Der Pass darf nur Deutschen im Sinne des Artikels 116 Abs. 1 des Grundgesetzes ausgestellt werden; er ist Eigentum der Bundesrepublik Deutschland. [2] Der amtliche Pass kann auch
1. Diplomaten im Sinne des Wiener Übereinkommens über diplomatische Beziehungen vom 18. April 1961 (BGBl. 1964 II S. 959) und Konsularbeamten im Sinne des Wiener Übereinkommens über konsularische Beziehungen vom 24. April 1963 (BGBl. 1969 II S. 1587) und deren Familienangehörigen sowie
2. sonstigen Personen, die im amtlichen Auftrag der Bundesrepublik Deutschland im Ausland tätig sind und deren Familienangehörigen, ausgestellt werden,

wenn diese nicht Deutsche im Sinne des Artikels 116 Abs. 1 des Grundgesetzes sind.

(5) [1] Das Bundesministerium des Innern, für Bau und Heimat bestimmt den Passhersteller sowie den Lieferanten von Geräten zur Aufnahme und elektronischen Erfassung von Lichtbildern, sofern diese durch die Passbehörde gefertigt werden, und von Fingerabdrücken und macht deren Namen im Bundesanzeiger bekannt. [2] Dies gilt nicht für Geräte zur Aufnahme und elektronischen Erfassung von Lichtbildern, die im Rahmen einer Antragstellung beim Auswärtigen Amt gefertigt werden.

§ 2[1)] Befreiung von der Paßpflicht. (1) Das Bundesministerium des Innern, für Bau und Heimat kann durch Rechtsverordnung[2)] mit Zustimmung des Bundesrates
1. Deutsche zur Erleichterung des Grenzübertritts in besonderen Fällen sowie im Verkehr mit einzelnen ausländischen Staaten von der Paßpflicht befreien,
2. andere amtliche Ausweise als Paßersatz einführen oder zulassen.

(2) Die für die polizeiliche Kontrolle des grenzüberschreitenden Verkehrs zuständigen Behörden können in Einzelfällen, insbesondere aus humanitären Gründen, Ausnahmen von der Paßpflicht zulassen.

§ 3 Grenzübertritt. Das Überschreiten der Auslandsgrenze ist nur an zugelassenen Grenzübergangsstellen und innerhalb der festgesetzten Verkehrsstunden zulässig, sofern nicht auf Grund anderer Rechtsvorschriften oder zwischenstaatlicher Vereinbarungen Ausnahmen zugelassen sind.

[1)] § 2 Abs. 1 einl. Satzteil geänd. mWv 1.11.2007 durch G v. 20.7.2007 (BGBl. I S. 1566); Abs. 1 einl. Satzteil geänd. mWv 27.6.2020 durch VO v. 19.6.2020 (BGBl. I S. 1328).

[2)] Siehe die PassVO (Nr. **251**).

teilen, wenn die innere oder äußere Sicherheit oder sonstige erhebliche Belange der Bundesrepublik Deutschland es erfordern.

Zweiter Abschnitt. Straf- und Bußgeldvorschriften

§ 24[1] **Straftaten.** (1) Mit Freiheitsstrafe bis zu einem Jahr oder mit Geldstrafe wird bestraft, wer als Deutscher im Sinne des Artikels 116 Abs. 1 des Grundgesetzes[2]

1. aus dem Geltungsbereich dieses Gesetzes über eine Auslandsgrenze ausreist, obwohl ihm ein Paß versagt oder vollziehbar entzogen worden ist oder gegen ihn eine vollziehbare Anordnung nach § 7 Abs. 2 dieses Gesetzes oder nach § 6 Abs. 7 des Personalausweisgesetzes[3] ergangen ist oder
2. aus dem Geltungsbereich dieses Gesetzes über eine Auslandsgrenze ausreist, obwohl ihm von einer für die polizeiliche Kontrolle des grenzüberschreitenden Verkehrs zuständigen Behörde nach § 10 Abs. 1 Satz 2 oder 3 die Ausreise untersagt worden ist.

(2) Der Versuch ist strafbar.

§ 25[4] **Ordnungswidrigkeiten.** (1) Ordnungswidrig handelt, wer fahrlässig eine der in § 24 Abs.1 Nr. 1 bezeichneten Handlungen begeht.

(2) Ordnungswidrig handelt auch, wer

1. entgegen § 6 Abs. 2 Satz 1 eine Angabe nicht richtig macht,
2. durch unrichtige Angaben die Ausstellung eines weiteren Passes bewirkt,
3. sich der polizeilichen Kontrolle des grenzüberschreitenden Verkehrs über eine Auslandsgrenze entzieht,
4. entgegen § 15 Nr. 3, 4 oder 5 eine Anzeige nicht oder nicht rechtzeitig erstattet oder
5. entgegen § 18 Absatz 3 Satz 2 eine Kopie weitergibt.

(3) Ordnungswidrig handelt auch, wer vorsätzlich oder fahrlässig

1. entgegen § 1 Abs. 1 Satz 1, auch in Verbindung mit einer Rechtsverordnung nach § 2 Abs. 1 Nr. 2, einen Pass oder Passersatz nicht mitführt oder sich nicht oder nicht rechtzeitig ausweist oder
2. entgegen § 3 eine Auslandsgrenze außerhalb der zugelassenen Grenzübergangsstellen oder der festgesetzten Verkehrsstunden überschreitet.

(4) Die Ordnungswidrigkeit kann in den Fällen des Absatzes 1 und des Absatzes 2 Nummer 5 mit einer Geldbuße bis zu dreißigtausend Euro und in den übrigen Fällen mit einer Geldbuße bis zu fünftausend Euro geahndet werden.

---

[1] § 24 Abs. 1 Nr. 1 geänd. mWv 11.5.2000 durch G v. 1.5.2000 (BGBl. I S. 626); Abs. 1 Nr. 1 geänd. mWv 1.11.2010 durch G v. 18.6.2009 (BGBl. I S. 1346).

[2] Nr. **1**.

[3] Nr. **255**.

[4] § 25 Abs. 4 geänd. mWv 1.1.2002 durch G v. 3.12.2001 (BGBl. I S. 3306); Abs. 2 Nr. 3 und Abs. 3 Nr. 1 neu gef., Abs. 2 Nr. 4 und Abs. 4 geänd. sowie Abs. 2 Nr. 5 angef. mWv 1.11.2007 durch G v. 20.7. 2007 (BGBl. I S. 1566); Abs. 2 Nr.1 eingef., bish. Nr. 1–5 werden Nr. 2–6 und Abs. 4 neu gef. mWv 1.11.2010 durch G v. 18.6.2009 (BGBl. I S. 1346); Abs. 4 und 6 geänd. mWv 1.8.2013 durch G v. 25.7. 2013 (BGBl. I S. 2749); Abs. 2 Nr. 5 neu gef., Nr. 5a und 5b eingef., Abs. 4 geänd. mWv 15.7.2017 durch G v. 7.7.2017 (BGBl. I S. 2310); Abs. 2 Nr. 4 geänd., Nr. 5, 5b und 6 aufgeh., bish. Nr. 5a wird Nr. 5 und geänd., Abs. 4 neu gef. mWv 5.8.2019 durch G v. 21.6.2019 (BGBl. I S. 846).

(5) In den Fällen der Absätze 2 und 3 kann der Versuch der Ordnungswidrigkeit geahndet werden.

(6) In den Fällen des Absatzes 2 Nummer 2 und 4 kann die Tat auch dann geahndet werden, wenn sie im Ausland begangen wird.

§ 26[1)] Bußgeldbehörden. Verwaltungsbehörden im Sinne des § 36 Abs. 1 Nr. 1 des Gesetzes über Ordnungswidrigkeiten[2)] sind

1. für die Auslandsvertretungen der Bundesrepublik Deutschland das Auswärtige Amt oder die vom Auswärtigen Amt im Benehmen mit dem Bundesministerium des Innern, für Bau und Heimat durch Rechtsverordnung bestimmte Behörde des Bundes; die Rechtsverordnung bedarf nicht der Zustimmung des Bundesrates;
2. die in der Rechtsverordnung nach § 58 Abs. 1 des Bundespolizeigesetzes[3)] bestimmten Bundespolizeibehörden, soweit nicht die Länder im Einvernehmen mit dem Bund Aufgaben des grenzpolizeilichen Einzeldienstes mit eigenen Kräften wahrnehmen.

Dritter Abschnitt. Schlußvorschriften

§ 27[4)] Allgemeine Verwaltungsvorschriften. Das Auswärtige Amt erlässt im Benehmen mit dem Bundesministerium des Innern, für Bau und Heimat allgemeine Verwaltungsvorschriften über das Ausstellen amtlicher Pässe.

§ 27a[5)] Regelungsbefugnisse der Länder. [1]Durch Landesrecht können zentrale Passregisterdatenbestände zur Speicherung des Lichtbilds und der Unterschrift für die Durchführung eines automatisierten Abrufs des Lichtbilds nach § 22a Absatz 2 Satz 1 und 5 sowie eines automatisierten Abrufs des Lichtbilds und der Unterschrift nach § 22a Absatz 2 Satz 6 eingerichtet werden. [2]In diesem Fall gelten § 4 Absatz 3 Satz 3, § 21 Absatz 4 und § 22a Absatz 2 Satz 6 bis 9 entsprechend. [3]Macht ein Land von der Regelungsbefugnis Gebrauch, hat es technisch sicherzustellen, dass die Lichtbilder und Unterschriften vor unbefugtem Zugriff geschützt sind. [4]Die Lichtbilder und Unterschriften dürfen nur so gespeichert werden, dass keine Verknüpfung mit anderen als für den automatisierten Abruf benötigten Daten ermöglicht wird.

§ 28[6)] Übergangsregelungen. (1) [1]Als Pass im Sinne dieses Gesetzes gelten auch Kinderreisepässe, die vor dem 1. November 2007 auf Grund einer Rechtsverordnung nach § 2 Abs. 1 Nr. 2 als Passersatz ausgestellt worden sind, wenn diese maschinenlesbar und mit einem digitalen Lichtbild versehen sind. [2]Abweichend von § 1 Abs. 3 ist der Besitz eines Kinderreisepasses im Sinne des Satzes 1 neben einem Reisepass zulässig, soweit der Reisepass vor Inkrafttreten dieses Gesetzes ausgestellt wurde.

[1)] § 26 Nr. 2 geänd. mWv 1.7.2005 durch G v. 21.6.2005 (BGBl. I S. 1818); Nr. 1 geänd. mWv 1.11. 2007 durch G v. 20.7.2007 (BGBl. I S. 1566); Nr. 2 geänd. mWv 1.3.2008 durch G v. 26.2.2008 (BGBl. I S. 215); Nr. 1 geänd. mWv 27.6.2020 durch VO v. 19.6.2020 (BGBl. I S. 1328).

[2)] **Schönfelder Nr. 94.**

[3)] Nr. **90.**

[4)] § 27 neu gef. mWv 11.5.2000 durch G v. 1.5.2000 (BGBl. I S. 626); geänd. mWv 1.11.2007 durch G v. 20.7.2007 (BGBl. I S. 1566); geänd. mWv 27.6.2020 durch VO v. 19.6.2020 (BGBl. I S. 1328).

[5)] § 27a eingef. mWv 1.9.2021 durch G v. 5.7.2021 (BGBl. I S. 2281).

[6)] § 28 angef. mWv 1.11.2007 durch G v. 20.7.2007 (BGBl. I S. 1566); Abs. 3 angef. mWv 12.12.2020 durch G v. 3.12.2020 (BGBl. I S. 2744).

(2) [1] Liegen bei der Passbehörde die technischen Voraussetzungen für die Datenübertragung noch nicht vor, ist bis zum 30. Juni 2008 abweichend von § 6a Abs. 1 Satz 1 und 2 die Datenübermittlung zwischen Passbehörden und Vermittlungsstellen statt durch Datenübertragung auch auf automatisiert verarbeitbaren Datenträgern zulässig. [2] § 6a Abs. 1 Satz 3 erster Halbsatz gilt entsprechend.

(3) [1] Für Kinderpässe, die vor dem 1. Januar 2021 beantragt worden sind, ist § 5 Absatz 2 in der bis einschließlich 31. Dezember 2020 geltenden Fassung weiterhin anzuwenden. [2] Für deren Verlängerung gilt § 5 Absatz 4 Satz 2 und 3 in der ab dem 1. Januar 2021 geltenden Fassung.

255. Gesetz über Personalausweise und den elektronischen Identitätsnachweis (Personalausweisgesetz – PAuswG)[1) 2)]

Vom 18. Juni 2009

(BGBl. I S. 1346)

FNA 210-6

geänd. durch Art. 4 G zur Optimierung der Geldwäscheprävention v. 22.12.2011 (BGBl. I S. 2959), Art. 2 Abs. 5 G zur Fortentwicklung des Meldewesens v. 3.5.2013 (BGBl. I S. 1084, geänd. durch G v. 20.11. 2014, BGBl. I S. 1738), Art. 9 G zur Förderung der elektronischen Verwaltung sowie zur Änd. weiterer Vorschriften v. 25.7.2013 (BGBl. I S. 2749), Art. 2 Abs. 13, Art. 4 Abs. 1 G zur Strukturreform des Gebührenrechts des Bundes v. 7.8.2013 (BGBl. I S. 3154, Art. 4 Abs. 1 dieses G aufgeh. durch Art. 2 G v. 18.7.2016, BGBl. I S. 1666), Art. 1 G zur Änd. des PersonalausweisG zur Einführung eines Ersatz-Personalausweises und zur Änd. des PassG v. 20.6.2015 (BGBl. I S. 970), Art. 4 Abs. 1 G zur Aktualisierung der Strukturreform des Gebührenrechts des Bundes v. 18.7.2016 (BGBl. I S. 1666), Art. 6 G zu bereichsspezifischen Regelungen der Gesichtsverhüllung und zur Änd. weiterer dienstrechtlicher Vorschriften v. 8.6.2017 (BGBl. I S. 1570), Art. 1, 2 G zur Förderung des elektronischen Identitätsnachweises v. 7.7.2017 (BGBl. I S. 2310), Art. 4 eIDAS-DurchführungsG v. 18.7.2017 (BGBl. I S. 2745), Art. 2, 3 G zur Einführung einer Karte für Unionsbürger und Angehörige des Europäischen Wirtschaftsraums mit Funktion zum elektronischen Identitätsnachweis sowie zur Änd. des PersonalausweisG und weiterer Vorschriften v. 21.6.2019 (BGBl. I S. 846), Art. 80 Elfte ZuständigkeitsanpassungsVO v. 19.6.2020 (BGBl. I S. 1328), Art. 2, 11, 13 G zur Stärkung der Sicherheit im Pass-, Ausweis- und ausländerrechtlichen Dokumentenwesen v. 3.12.2020 (BGBl. I S. 2744), Art. 2 Zweites G zur Änd. des BundesmeldeG v. 15.1.2021 (BGBl. I S. 530), Art. 8 RegistermodernisierungsG v. 28.3.2021 (BGBl. I S. 591) und Art. 2 G zur Einführung eines elektronischen Identitätsnachweises mit einem mobilen Endgerät v. 5.7.2021 (BGBl. I S. 2281)

Inhaltsübersicht[3)]

Abschnitt 1. Allgemeine Vorschriften

Abschnitt 2. Ausstellung und Sperrung des Ausweises; elektronischer Identitätsnachweis

---

1) Verkündet als Art. 1 G über Personalausweise und den elektronischen Identitätsnachweis sowie zur Änderung weiterer Vorschriften v. 18.6.2009 (GVBl. S. 1346); Inkrafttreten gem. Art. 7 dieses G am 1.11. 2010.

2) Die Änderungen durch G v. 3.12.2020 (BGBl. I S. 2744) treten teilweise erst **mWv 1.5.2025**, die Änderungen durch G v. 28.3.2021 (BGBl. I S. 591) treten teilweise erst **mit noch unbestimmtem Datum** in Kraft und sind insoweit im Text noch nicht berücksichtigt.

3) Inhaltsübersicht geänd. mWv 30.6.2015 durch G v. 20.6.2015 (BGBl. I S. 970); geänd. mWv 15.7. 2017 durch G v. 7.7.2017 (BGBl. I S. 2310); geänd. mWv 1.7.2021 durch G v. 15.1.2021 (BGBl. I S. 530); geänd. mWv 1.9.2021 durch G v. 5.7.2021 (BGBl. I S. 2281).

Abschnitt 1. Allgemeine Vorschriften

§ 1[1)] Ausweispflicht; Ausweisrecht. (1) [1]Deutsche im Sinne des Artikels 116 Abs. 1 des Grundgesetzes[2)] sind verpflichtet, einen gültigen Ausweis zu besitzen, sobald sie 16 Jahre alt sind und der allgemeinen Meldepflicht unterliegen oder, ohne ihr zu unterliegen, sich überwiegend in Deutschland aufhalten. [2]Sie müssen ihn auf Verlangen einer zur Feststellung der Identität berechtigten Behörde vorlegen und es ihr ermöglichen, ihr Gesicht mit dem Lichtbild des Ausweises abzugleichen. [3]Vom Ausweisinhaber darf nicht verlangt werden, den Personalausweis zu hinterlegen oder in sonstiger Weise den Gewahrsam aufzugeben. [4]Dies gilt nicht für zur Identitätsfeststellung berechtigte Behörden sowie in den Fällen der Einziehung und Sicherstellung.

[1)] § 1 Abs. 2 Satz 1 geänd. mWv 1.11.2015 durch G v. 3.5.2013 (BGBl. I S. 1084, geänd. durch G v. 20.11.2014, BGBl. I S. 1738); Abs. 1 Satz 2 geänd., Abs. 2 Satz 3 neu gef. mWv 15.6.2017 durch G v. 8.6. 2017 (BGBl. I S. 1570); Abs. 1 Satz 1 geänd. mWv 15.7.2017 durch G v. 7.7.2017 (BGBl. I S. 2310); Abs. 2 Satz 2 geänd. mWv 12.12.2020 durch G v. 3.12.2020 (BGBl. I S. 2744).

[2)] Nr. 1.

(2) [1] Die Ausweispflicht gilt auch für Personen, die als Binnenschiffer oder Seeleute nach dem Bundesmeldegesetz[1)] einer besonderen Meldepflicht unterliegen. [2] Sie gilt nicht für Personen, gegen die eine Freiheitsstrafe vollzogen wird, wenn deren Vollzug noch länger als drei Monate andauert. [3] Die Ausweispflicht nach Absatz 1 Satz 1 und 2 erfüllt auch, wer einen gültigen Pass im Sinne des § 1 Absatz 2 des Passgesetzes[2)] besitzt, ihn auf Verlangen vorlegt und den Lichtbildabgleich ermöglicht.

(3) Die zuständige Personalausweisbehörde nach § 7 Abs. 1 und 2 kann Personen von der Ausweispflicht befreien,

1. für die ein Betreuer oder eine Betreuerin nicht nur durch einstweilige Anordnung bestellt ist oder die handlungs- oder einwilligungsunfähig sind und von einem oder von einer mit öffentlich beglaubigter Vollmacht Bevollmächtigten vertreten werden,
2. die voraussichtlich dauerhaft in einem Krankenhaus, einem Pflegeheim oder einer ähnlichen Einrichtung untergebracht sind oder
3. die sich wegen einer dauerhaften Behinderung nicht allein in der Öffentlichkeit bewegen können.

(4) Auf Antrag ist ein Ausweis auch auszustellen, wenn Personen

1. noch nicht 16 Jahre alt sind oder
2. Deutsche im Sinne des Artikels 116 Abs. 1 des Grundgesetzes sind, die der Meldepflicht deswegen nicht unterliegen, weil sie keine Wohnung in Deutschland haben.

§ 2[3)] Begriffsbestimmungen. (1) Ausweise im Sinne dieses Gesetzes sind der Personalausweis, der vorläufige Personalausweis und der Ersatz-Personalausweis.

(2) Zur Identitätsfeststellung berechtigte Behörden im Sinne dieses Gesetzes sind öffentliche Stellen, die befugt sind, zur Erfüllung ihrer gesetzlichen Aufgaben als hoheitliche Maßnahme die Identität von Personen festzustellen.

(3) Diensteanbieter sind natürliche und juristische Personen, die zur Wahrnehmung von Aufgaben der öffentlichen Verwaltung oder zur Erfüllung eigener Geschäftszwecke den Nachweis der Identität oder einzelner Identitätsmerkmale des Ausweisinhabers benötigen und ihren Wohn-, Geschäfts- oder Dienstsitz innerhalb der Europäischen Union sowie in Staaten, in denen ein vergleichbarer Datenschutzstandard besteht, haben.

(3a) Identifizierungsdiensteanbieter sind Diensteanbieter, deren Dienst darin besteht, für einen Dritten eine einzelfallbezogene Identifizierungsdienstleistung mittels des elektronischen Identitätsnachweises nach § 18 zu erbringen.

(4) Ein Berechtigungszertifikat ist eine elektronische Bescheinigung, die es einem Diensteanbieter ermöglicht,

1. seine Identität dem Personalausweisinhaber nachzuweisen und

---

[1)] Nr. **256**.

[2)] Nr. **250**.

[3)] § 2 Abs. 6a eingef. mWv 1.8.2013 durch G v. 25.7.2013 (BGBl. I S. 2749); Abs. 1 und 8 Satz 3 geänd. mWv 30.6.2015 durch G v. 20.6.2015 (BGBl. I S. 970); Abs. 3a eingef., Abs. 6 neu gef. mWv 15.7.2017 durch G v. 7.7.2017 (BGBl. I S. 2310); Abs. 3 geänd., Abs. 4 Satz 4 angef. mWv 5.8.2019 durch G v. 21.6.2019 (BGBl. I S. 846); Abs. 4 Sätze 2–4 aufgeh. mWv 1.7.2021 durch G v. 15.1.2021 (BGBl. I S. 530); Abs. 5–7 neu gef., Abs. 10 geänd., Abs. 13 angef. mWv 1.9.2021 durch G v. 5.7.2021 (BGBl. I S. 2281).

2. die Übermittlung personen- und ausweisbezogener Daten aus dem Personalausweis anzufragen.

(5) [1] Ein dienste- und kartenspezifisches Kennzeichen ist eine Zeichenfolge, die im Speicher- und Verarbeitungsmedium des Personalausweises oder eines mobilen Endgeräts berechnet wird. [2] Es dient der eindeutigen elektronischen Wiedererkennung eines elektronischen Identitätsnachweises mit dem Personalausweis oder mit einem mobilen Endgerät durch den Diensteanbieter, für den es errechnet wurde, ohne dass weitere personenbezogene Daten übermittelt werden müssen.

(6) Das Sperrkennwort ist eine Zeichenfolge, die ausschließlich der Sperrung eines elektronischen Identitätsnachweises dient.

(6a) [1] Die Sperrsumme ist ein eindeutiges Merkmal, das aus dem Sperrkennwort, dem Familiennamen, den Vornamen und dem Tag der Geburt eines Ausweisinhabers errechnet wird. [2] Es dient der Übermittlung einer Sperrung vom Sperrnotruf oder einer Personalausweisbehörde an den Sperrlistenbetreiber. [3] Mithilfe der Sperrsumme ermittelt der Sperrlistenbetreiber anhand der Referenzliste den Sperrschlüssel eines zu sperrenden elektronischen Identitätsnachweises.

(7) Sperrmerkmale eines elektronischen Identitätsnachweises mit dem Personalausweis oder mit einem mobilen Endgerät sind dienste- und kartenspezifische Zeichenfolgen, die ausschließlich der Erkennung abhandengekommener Personalausweise oder mobiler Endgeräte durch den Diensteanbieter dienen, für den sie errechnet wurden.

(8) [1] Jeder Ausweis erhält eine neue Seriennummer. [2] Die Seriennummer eines Personalausweises setzt sich aus einer vierstelligen Behördenkennzahl und einer fünfstelligen, zufällig vergebenen Nummer zusammen und kann Ziffern und Buchstaben enthalten. [3] Die Seriennummer des vorläufigen Personalausweises und des Ersatz-Personalausweises besteht aus einem Buchstaben und sieben Ziffern.

(9) Die Prüfziffern werden aus den Daten des maschinenlesbaren Bereichs errechnet und dienen zur Feststellung seiner Unversehrtheit.

(10) Die Geheimnummer besteht aus einer sechsstelligen Ziffernfolge und dient der Freigabe der Datenübermittlung aus dem Personalausweis oder aus einem mobilen Endgerät im Rahmen des elektronischen Identitätsnachweises.

(11) Die Zugangsnummer ist eine zufällig erzeugte, ausschließlich auf der Karte sichtbar aufgebrachte sechsstellige Ziffernfolge, die zur Absicherung gegen unberechtigten Zugriff auf die Kommunikation zwischen Personalausweis und Lesegeräten dient.

(12) Die Entsperrnummer ist eine zufällig erzeugte Ziffernfolge, die die Freischaltung der Geheimnummer ermöglicht, wenn diese nach dreimaliger Fehleingabe gesperrt worden ist.

(13) Im Sinne dieses Gesetzes ist ein mobiles Endgerät ein solches Gerät, das dem Stand der Technik entspricht, um einen elektronischen Identitätsnachweis nach § 18 Absatz 2 Satz 1 Nummer 2 durchführen zu können.

§ 3 Vorläufiger Personalausweis. (1) Macht die antragstellende Person glaubhaft, dass sie sofort einen Ausweis benötigt, ist ihr ein vorläufiger Personalausweis auszustellen.

(2) Hierfür sind ausschließlich die in § 7 Abs. 1 genannten Behörden zuständig.

§ 4[1)] Eigentum am Ausweis; Ausweishersteller; Vergabestelle für Berechtigungszertifikate. (1) Niemand darf mehr als einen auf seine Person ausgestellten gültigen Ausweis der Bundesrepublik Deutschland besitzen.

(2) Ausweise sind Eigentum der Bundesrepublik Deutschland.

(3) [1] Das Bundesministerium des Innern, für Bau und Heimat bestimmt

1. den Ausweishersteller,
2. den Lieferanten von Geräten zur Aufnahme und elektronischen Erfassung von Lichtbildern, sofern diese durch die Personalausweisbehörde gefertigt werden, und von Fingerabdrücken,
3. die Vergabestelle für Berechtigungszertifikate sowie
4. den Sperrlistenbetreiber

und macht deren Namen jeweils im Bundesanzeiger bekannt. [2] Dies gilt nicht für Geräte zur Aufnahme und elektronischen Erfassung von Lichtbildern nach Satz 1 Nummer 2, die im Rahmen einer Antragstellung beim Auswärtigen Amt gefertigt werden.

§ 5[2)] Ausweismuster; gespeicherte Daten. (1) Ausweise sind nach einheitlichen Mustern auszustellen.

(2) Der Personalausweis enthält neben der Angabe der ausstellenden Behörde, dem Tag der Ausstellung, dem letzten Tag der Gültigkeitsdauer, der Zugangsnummer und den in Absatz 4 Satz 2 genannten Daten ausschließlich folgende sichtbar aufgebrachte Angaben über den Ausweisinhaber:

1. Familienname und Geburtsname,
2. Vornamen,
3. Doktorgrad,
4. Tag und Ort der Geburt,
5. Lichtbild,
6. Unterschrift,
7. Größe,
8. Farbe der Augen,
9. Anschrift; hat der Ausweisinhaber keine Wohnung in Deutschland, kann die Angabe „keine Wohnung in Deutschland" eingetragen werden,
10. Staatsangehörigkeit,
11. Seriennummer und
12. Ordensname, Künstlername.

(3) Der vorläufige Personalausweis enthält die in Absatz 2 Nr. 1 bis 12 und die in Absatz 4 Satz 2 genannten Angaben sowie die Angabe der ausstellenden Behörde, den Tag der Ausstellung und den letzten Tag der Gültigkeitsdauer.

[1)] § 4 Abs. 3 geänd. mWv 27.6.2020 durch VO v. 19.6.2020 (BGBl. I S. 1328); Abs. 3 neu gef. mWv 12.12.2020 durch G v. 3.12.2020 (BGBl. I S. 2744).

[2)] § 5 Abs. 3 geänd., Abs. 3a eingef., Abs. 4 Satz 2 Nr. 1 Buchst. a und b geänd., Buchst. c angef. mWv 30.6.2015 durch G v. 20.6.2015 (BGBl. I S. 970); Abs. 2 Nr. 9 geänd. mWv 15.5.2018 durch G v. 7.7. 2017 (BGBl. I S. 2310); Abs. 2 Nr. 9 neu gef. mWv 1.11.2019 durch G v. 21.6.2019 (BGBl. I S. 846); Abs. 3a Satz 2 geänd. mWv 12.12.2020 und Abs. 4 Satz 2 Nr. 7a eingef., Abs. 9 Satz 1 neu gef. mWv 2.8. 2021 durch G v. 3.12.2020 (BGBl. I S. 2744); Abs. 9 Satz 2 aufgeh., bish. Sätze 3 und 4 werden Sätze 2 und 3 mWv 2.8.2021 durch G v. 15.1.2021 (BGBl. I S. 530); Abs. 5 Nr. 1 neu gef., Nr. 1a eingef., Abs. 5a eingef., Abs. 10 geänd. mWv 1.9.2021 durch G v. 5.7.2021 (BGBl. I S. 2281).

(3a) [1]Der Ersatz-Personalausweis enthält die in Absatz 2 Nummer 1 bis 12 und die in Absatz 4 Satz 2 genannten Angaben sowie die Angabe der ausstellenden Behörde, den Tag der Ausstellung, den letzten Tag der Gültigkeitsdauer und den Vermerk, dass der Ersatz-Personalausweis nicht zum Verlassen Deutschlands berechtigt. [2]Abweichend von Absatz 2 Nummer 9 ist die Eintragung „keine Wohnung in Deutschland" nicht zulässig.

(4) [1]Ausweise haben einen Bereich für das automatisierte Auslesen. [2]Dieser darf ausschließlich die folgenden sichtbar aufgedruckten Angaben enthalten:

1. Abkürzungen
   a) „IDD" für Personalausweis der Bundesrepublik Deutschland,
   b) „ITD" für vorläufigen Personalausweis der Bundesrepublik Deutschland oder
   c) „IXD" für Ersatz-Personalausweis der Bundesrepublik Deutschland,
2. Familienname,
3. Vornamen,
4. Seriennummer,
5. Abkürzung „D" für deutsche Staatsangehörigkeit,
6. Tag der Geburt,
7. letzter Tag der Gültigkeitsdauer,
7a. Versionsnummer des Ausweismusters,
8. Prüfziffern und
9. Leerstellen.

[3]Bei einer Identitätsüberprüfung nach § 17 darf auch die aufgedruckte Zugangsnummer automatisiert gelesen werden.

(5) Der Personalausweis enthält ein elektronisches Speicher- und Verarbeitungsmedium, auf dem folgende Daten gespeichert werden:

1. die Daten nach Absatz 2 Nummer 1 bis 5, 9, 10 und 12,
1a. der im amtlichen Gemeindeverzeichnis verwendete eindeutige Gemeindeschlüssel,
2. die Daten des maschinenlesbaren Bereichs nach Absatz 4 Satz 2 und
3. die Fingerabdrücke nach Absatz 9, die Bezeichnung der erfassten Finger, die Angaben zur Qualität der Abdrücke.

(5a) Zur Einrichtung eines elektronischen Identitätsnachweises nach § 10a Absatz 1 Satz 1 dürfen auf einem elektronischen Speicher- und Verarbeitungsmedium in einem mobilen Endgerät folgende Daten gespeichert werden:

1. die Daten nach Absatz 2 Nummer 1 bis 4, 9, 10 und 12,
2. die Dokumentenart,
3. der letzte Tag der Gültigkeitsdauer des elektronischen Identitätsnachweises,
4. die Abkürzung „D" für Bundesrepublik Deutschland und
5. der im amtlichen Gemeindeverzeichnis verwendete eindeutige Gemeindeschlüssel.

(6) Die gespeicherten Daten sind gegen unbefugtes Verändern, Löschen und Auslesen zu sichern.

(7) Abweichend von Absatz 5 erhalten Kinder, solange sie noch nicht sechs Jahre alt sind, einen Personalausweis mit einem elektronischen Speicher- und

Verarbeitungsmedium, auf dem nur das Lichtbild und die Daten des maschinenlesbaren Bereichs nach Absatz 4 Satz 2 gespeichert sind.

(8) Die Seriennummer, die Prüfziffern, das Sperrkennwort und Sperrmerkmale dürfen keine Daten über die Person des Ausweisinhabers oder Hinweise auf solche Daten enthalten.

(9) [1] Die auf Grund der Verordnung (EU) 2019/1157 des Europäischen Parlaments und des Rates vom 20. Juni 2019 zur Erhöhung der Sicherheit der Personalausweise von Unionsbürgern und der Aufenthaltsdokumente, die Unionsbürgern und deren Familienangehörigen ausgestellt werden, die ihr Recht auf Freizügigkeit ausüben (ABl. L 188 vom 12.7.2019, S. 67), auf dem elektronischen Speichermedium zu speichernden zwei Fingerabdrücke der antragstellenden Person werden in Form des flachen Abdrucks des linken und rechten Zeigefingers im elektronischen Speicher- und Verarbeitungsmedium des Personalausweises gespeichert. [2] Bei Fehlen eines Zeigefingers, ungenügender Qualität des Fingerabdrucks oder Verletzungen der Fingerkuppe wird ersatzweise der flache Abdruck entweder des Daumens, des Mittelfingers oder des Ringfingers gespeichert. [3] Fingerabdrücke sind nicht zu speichern, wenn die Abnahme der Fingerabdrücke aus medizinischen Gründen, die nicht nur vorübergehender Art sind, unmöglich ist.

(10) Die im elektronischen Speicher- und Verarbeitungsmedium des Personalausweises oder eines mobilen Endgeräts gespeicherten Daten ermöglichen auch die Funktion des elektronischen Identitätsnachweises nach § 18.

§ 6[1)] Gültigkeitsdauer des Ausweises; vorzeitige Beantragung; räumliche Beschränkungen. (1) Personalausweise werden für eine Gültigkeitsdauer von zehn Jahren ausgestellt.

(2) Vor Ablauf der Gültigkeit eines Personalausweises kann ein neuer Personalausweis beantragt werden, wenn ein berechtigtes Interesse an der Neuausstellung dargelegt wird.

(3) Bei Personen, die noch nicht 24 Jahre alt sind, beträgt die Gültigkeitsdauer des Personalausweises sechs Jahre.

(4) Die Gültigkeitsdauer eines vorläufigen Personalausweises ist unter Berücksichtigung des Nutzungszwecks festzulegen; sie darf einen Zeitraum von drei Monaten nicht überschreiten.

(4a) Die Gültigkeitsdauer des Ersatz-Personalausweises ist auf den Zeitraum zu beschränken, der für das Erreichen des Zweckes nach § 6a erforderlich ist; sie darf einen Zeitraum von drei Jahren nicht überschreiten.

(5) Eine Verlängerung der Gültigkeitsdauer ist nicht zulässig.

(6) Die Gültigkeitsdauer eines Ausweises darf in den Fällen des § 29 des Staatsangehörigkeitsgesetzes[2)] den Zeitpunkt der Vollendung des 23. Lebensjahres des Inhabers so lange nicht überschreiten, bis die zuständige Behörde den Fortbestand der deutschen Staatsangehörigkeit festgestellt hat.

(7) Unter den Voraussetzungen des § 7 Abs. 1 des Passgesetzes[3)] kann die zuständige Behörde im Einzelfall anordnen, dass der Ausweis nicht zum Verlassen Deutschlands berechtigt.

[1)] § 6 Abs. 4a eingef. mWv 30.6.2015 durch G v. 20.6.2015 (BGBl. I S. 970); Überschrift geänd. mWv 1.9.2021 durch G v. 5.7.2021 (BGBl. I S. 2281).

[2)] Nr. **15**.

[3)] Nr. **250**.

(8) Anordnungen nach Absatz 7 dürfen im polizeilichen Grenzfahndungsbestand gespeichert werden.

§ 6a[1] Versagung und Entziehung; Ersatz-Personalausweis. (1) [1]Ein Personalausweis oder ein vorläufiger Personalausweis kann unter den Voraussetzungen des § 7 Absatz 1 Nummer 1 oder Nummer 10 des Passgesetzes[2] versagt werden. [2]Im Falle des § 7 Absatz 1 Nummer 1 des Passgesetzes gilt dies nur, wenn die Gefährdung darin besteht, dass bestimmte Tatsachen die Annahme begründen, dass der Ausweisbewerber

1. einer terroristischen Vereinigung nach § 129a des Strafgesetzbuchs[3] oder einer terroristischen Vereinigung nach § 129a in Verbindung mit § 129b Absatz 1 Satz 1 des Strafgesetzbuchs mit Bezug zur Bundesrepublik Deutschland angehört oder diese unterstützt oder
2. rechtswidrig Gewalt gegen Leib oder Leben als Mittel zur Durchsetzung international ausgerichteter politischer oder religiöser Belange anwendet oder eine solche Gewaltanwendung unterstützt oder vorsätzlich hervorruft.

(2) [1]Dem Ausweisinhaber kann ein Personalausweis oder ein vorläufiger Personalausweis entzogen werden, wenn gegen ihn eine vollziehbare Anordnung nach § 6 Absatz 7 in Verbindung mit § 7 Absatz 1 Nummer 1 oder Nummer 10 des Passgesetzes besteht. [2]Im Falle einer Anordnung nach § 6 Absatz 7 in Verbindung mit § 7 Absatz 1 Nummer 1 des Passgesetzes gilt dies nur, wenn die Gefährdung darin besteht, dass bestimmte Tatsachen die Annahme begründen, dass der Ausweisinhaber

1. einer terroristischen Vereinigung nach § 129a des Strafgesetzbuchs oder einer terroristischen Vereinigung nach § 129a in Verbindung mit § 129b Absatz 1 Satz 1 des Strafgesetzbuchs mit Bezug zur Bundesrepublik Deutschland angehört oder diese unterstützt oder
2. rechtswidrig Gewalt gegen Leib oder Leben als Mittel zur Durchsetzung international ausgerichteter politischer oder religiöser Belange anwendet oder eine solche Gewaltanwendung unterstützt oder vorsätzlich hervorruft.

(3) Ist ein Personalausweis oder vorläufiger Personalausweis versagt oder entzogen worden, ist ein Ersatz-Personalausweis auszustellen.

(4) Liegen die Voraussetzungen des Absatzes 1 oder des Absatzes 2 nicht mehr vor, ist dies dem Inhaber eines Ersatz-Personalausweises unverzüglich mitzuteilen und ihm auf Antrag ein Personalausweis oder ein vorläufiger Personalausweis auszustellen.

(5) Für Maßnahmen nach den Absätzen 1 bis 3 sowie Mitteilungen nach Absatz 4 sind ausschließlich die in § 7 Absatz 1 genannten Behörden zuständig.

§ 7[4] Sachliche Zuständigkeit. (1) Für Ausweisangelegenheiten in Deutschland sind die von den Ländern bestimmten Behörden zuständig (Personalausweisbehörden).

---

[1] § 6a eingef. mWv 30.6.2015 durch G v. 20.6.2015 (BGBl. I S. 970).

[2] Nr. **250**.

[3] **Schönfelder Nr. 85.**

[4] § 7 Abs. 5 Satz 2 geänd. mWv 5.8.2019 durch G v. 21.6.2019 (BGBl. I S. 846); Abs. 3a eingef. mWv 1.7.2021 durch G v. 15.1.2021 (BGBl. I S. 530); Abs. 3b eingef. mWv 1.9.2021 durch G v. 5.7.2021 (BGBl. I S. 2281).

(2) Für Personalausweisangelegenheiten im Ausland ist das Auswärtige Amt mit den von ihm bestimmten Auslandsvertretungen zuständig (Personalausweisbehörde).

(3) Für die Einziehung nach § 29 Abs. 1 und die Sicherstellung nach § 29 Abs. 2 sind die Personalausweisbehörden, die Auslandsvertretungen und die zur hoheitlichen Identitätsfeststellung berechtigten Behörden zuständig.

(3a) Für das elektronisch beantragte Neusetzen der Geheimnummer sowie für die elektronische Beantragung des nachträglichen Einschaltens der Funktion zum elektronischen Identitätsnachweis ist der Ausweishersteller zuständig.

(3b) Für die Übermittlung von Daten nach § 5 Absatz 5a aus dem elektronischen Speicher- und Verarbeitungsmedium des Personalausweises auf ein elektronisches Speicher- und Verarbeitungsmedium in einem mobilen Endgerät nach § 10a Absatz 1 sowie für die Auskunft nach § 10a Absatz 5 ist der Ausweishersteller zuständig.

(4) [1] Für die Erteilung und Aufhebung von Berechtigungen nach § 21 ist die Vergabestelle für Berechtigungszertifikate nach § 4 Abs. 3 zuständig. [2] Für das Führen einer Sperrliste nach § 10 Abs. 4 Satz 1 ist der Sperrlistenbetreiber nach § 4 Abs. 3 zuständig.

(5) [1] Für Diensteanbieter in Deutschland sind die für die Einhaltung der Vorgaben des Datenschutzes zuständigen Stellen zuständig. [2] Haben Diensteanbieter ihren Wohn-, Geschäfts- oder Dienstsitz nicht in Deutschland, so ist der Bundesbeauftragte für den Datenschutz und die Informationsfreiheit zuständige Datenschutzaufsichtsbehörde im Sinne des § 21 Absatz 4 Satz 3.

§ 8 Örtliche Zuständigkeit; Tätigwerden bei örtlicher Unzuständigkeit.

(1) [1] In Deutschland ist die Personalausweisbehörde zuständig, in deren Bezirk die antragstellende Person oder der Ausweisinhaber für seine Wohnung, bei mehreren Wohnungen für seine Hauptwohnung, meldepflichtig ist. [2] Hat die antragstellende Person keine Wohnung, so ist die Personalausweisbehörde zuständig, in deren Bezirk sie sich vorübergehend aufhält.

(2) [1] Im Ausland sind die vom Auswärtigen Amt bestimmten Auslandsvertretungen zuständig, in deren Bezirk sich die antragstellende Person oder der Ausweisinhaber gewöhnlich aufhält. [2] Der Ausweisinhaber hat den Nachweis über den gewöhnlichen Aufenthaltsort zu erbringen.

(3) Für Binnenschiffer, die keine Wohnung in Deutschland haben, ist die Personalausweisbehörde am Heimatort des Binnenschiffes, für Seeleute, die keine Wohnung in Deutschland haben, die Personalausweisbehörde am Sitz des Reeders zuständig.

(4) [1] Der Antrag auf Ausstellung eines Ausweises muss auch von einer örtlich nicht zuständigen Personalausweisbehörde bearbeitet werden, wenn ein wichtiger Grund dargelegt wird. [2] Ein Ausweis darf nur mit Ermächtigung der örtlich zuständigen Personalausweisbehörde ausgestellt werden.

Abschnitt 2.[1] Ausstellung und Sperrung des Ausweises; elektronischer Identitätsnachweis

§ 9[2] Ausstellung des Ausweises. (1) [1] Personalausweise und vorläufige Personalausweise werden auf Antrag für Deutsche im Sinne des Artikels 116 Abs. 1 des Grundgesetzes[3] ausgestellt. [2] § 3a Abs. 1 des Verwaltungsverfahrensgesetzes[4] ist nicht anzuwenden. [3] Im Antragsverfahren nachzureichende Erklärungen können mittels Datenübertragung abgegeben werden. [4] Die antragstellende Person und ihr gesetzlicher Vertreter können sich bei der Stellung des Antrags nicht durch einen Bevollmächtigten vertreten lassen. [5] Dies gilt nicht für eine handlungs- oder einwilligungsunfähige antragstellende Person, wenn eine für diesen Fall erteilte, öffentlich beglaubigte oder beurkundete Vollmacht vorliegt. [6] Die antragstellende Person und ihr gesetzlicher oder bevollmächtigter Vertreter sollen persönlich erscheinen.

(2) [1] Für Minderjährige, die noch nicht 16 Jahre alt sind, und für Personen, die geschäftsunfähig sind und sich nicht nach Absatz 1 Satz 5 durch einen Bevollmächtigten vertreten lassen, kann nur diejenige Person den Antrag stellen, die sorgeberechtigt ist oder als Betreuer ihren Aufenthalt bestimmen darf. [2] Sie ist verpflichtet, für Jugendliche, die 16, aber noch nicht 18 Jahre alt sind, innerhalb von sechs Wochen, nachdem der Jugendliche 16 Jahre alt geworden ist, den Antrag auf Ausstellung eines Ausweises zu stellen, falls dies der Jugendliche unterlässt. [3] Jugendliche, die mindestens 16 Jahre alt sind, dürfen Verfahrenshandlungen nach diesem Gesetz vornehmen.

(3) [1] In dem Antrag sind alle Tatsachen anzugeben, die zur Feststellung der Person des Antragstellers und seiner Eigenschaft als Deutscher notwendig sind. [2] Die Angaben zum Doktorgrad und zu den Ordens- und Künstlernamen sind freiwillig. [3] Die antragstellende Person hat die erforderlichen Nachweise zu erbringen. [4] Fingerabdrücke von Kindern sind nicht abzunehmen, solange die Kinder noch nicht sechs Jahre alt sind.

(4) [1] Bestehen Zweifel über die Person des Antragstellers, sind die zur Feststellung seiner Identität erforderlichen Maßnahmen zu treffen. [2] Die Personalausweisbehörde kann die Durchführung erkennungsdienstlicher Maßnahmen veranlassen, wenn die Identität der antragstellenden Person auf andere Weise nicht oder nur unter erheblichen Schwierigkeiten festgestellt werden kann. [3] Ist die Identität festgestellt, so sind die im Zusammenhang mit der Feststellung angefallenen Unterlagen zu vernichten. [4] Die Vernichtung ist zu protokollieren.

(5) Die Unterschrift durch ein Kind ist zu leisten, wenn es zum Zeitpunkt der Beantragung des Ausweises zehn Jahre oder älter ist.

(6) [1] Für Deutsche im Sinne des Artikels 116 Absatz 1 des Grundgesetzes werden nach Maßgabe des § 6a Ersatz-Personalausweise von Amts wegen ausgestellt. [2] Absatz 1 Satz 2 bis 6, Absatz 2 Satz 3, Absatz 3 Satz 1 bis 3 sowie die Absätze 4 und 5 gelten entsprechend.

---

[1] Abschnitt 2 Überschrift neu gef. mWv 1.9.2021 durch G v. 5.7.2021 (BGBl. I S. 2281).

[2] § 9 Abs. 3 Sätze 4 und 6 geänd. mWv 1.8.2013 durch G v. 25.7.2013 (BGBl. I S. 2749); Abs. 1 Satz 1 geänd., Abs. 6 angef. mWv 30.6.2015 durch G v. 20.6.2015 (BGBl. I S. 970); Abs. 3 Sätze 4–7 aufgeh., bish. Satz 8 wird Satz 4 mWv 2.8.2021.

[3] Nr. **1**.

[4] Nr. **100**.

§ 10[1] Einschaltung, Sperrung und Entsperrung der Funktion des elektronischen Identitätsnachweises mit dem Personalausweis. (1) Der Personalausweis wird mit einer Funktion zum elektronischen Identitätsnachweis nach § 18 ausgegeben.

(2) Der Ausweishersteller schaltet die Funktion aus, wenn die antragstellende Person zum Zeitpunkt der Antragstellung noch nicht 16 Jahre alt ist.

(3) Auf Antrag des Ausweisinhabers und unter Vorlage des Personalausweises kann ein ausgeschalteter elektronischer Identitätsnachweis während der Gültigkeitsdauer des Personalausweises eingeschaltet werden, wenn der Ausweisinhaber zum Zeitpunkt der Antragstellung bereits 16 Jahre alt ist.

(4) [1] Der Sperrlistenbetreiber nach § 7 Abs. 4 Satz 2 stellt jedem Diensteanbieter über jederzeit öffentlich erreichbare Kommunikationsverbindungen eine für ihn errechnete, aktuelle Liste bereit, die ausschließlich die Sperrmerkmale von Personalausweisen mit gesperrtem elektronischen Identitätsnachweis enthält (Sperrliste). [2] Die Diensteanbieter rufen die für sie errechnete Sperrliste regelmäßig ab und gleichen sie im Rahmen des elektronischen Identitätsnachweises lokal mit zu akzeptierenden Personalausweisen ab.

(5) Die zuständige Personalausweisbehörde hat unverzüglich zur Aktualisierung der Sperrliste die Sperrsumme des Personalausweises an den Sperrlistenbetreiber nach § 7 Absatz 4 Satz 2 zu übermitteln, wenn sie Kenntnis erlangt von

1. dem Abhandenkommen eines Personalausweises mit elektronischem Identitätsnachweis,
2. dem Versterben eines Ausweisinhabers oder
3. der Ungültigkeit eines nicht im Besitz der Behörde befindlichen Ausweises nach § 28 Absatz 1 oder Absatz 2.

(6) [1] Der Personalausweisinhaber kann durch Mitteilung des Sperrkennworts an den Sperrlistenbetreiber nach § 7 Abs. 4 Satz 2 eine sofortige Sperrung des elektronischen Identitätsnachweises veranlassen. [2] Davon unberührt bleibt die Pflicht, den Verlust oder das Abhandenkommen des Personalausweises der Personalausweisbehörde nach § 27 Abs. 1 Nr. 3 anzuzeigen.

(7) Der Sperrlistenbetreiber nach § 7 Abs. 4 Satz 2 stellt den Personalausweisbehörden für die Fälle nach Absatz 5 und den Personalausweisinhabern für die Fälle nach Absatz 6 einen Sperrdienst über jederzeit öffentlich erreichbare Kommunikationsverbindungen zur Verfügung.

(8) [1] Teilt nach erfolgter Sperrung nach Absatz 5 der Personalausweisinhaber das Wiederauffinden seines Personalausweises unter den Voraussetzungen des § 9 Absatz 1 Satz 6 und unter Vorlage seines Personalausweises mit oder bittet er nach einer Sperrung nach Absatz 6 unter den Voraussetzungen des § 9 Absatz 1 Satz 6 und unter Vorlage seines Personalausweises um Entsperrung, so ersucht die Personalausweisbehörde den Sperrlistenbetreiber nach § 7 Absatz 4 Satz 2 um Löschung des Sperreintrags zu diesem Personalausweis. [2] Die Pflicht des Personalausweisinhabers, den Ausweis bei Wiederauffinden nach § 27 Abs. 1 Nr. 3 vorzulegen, bleibt hiervon unberührt.

---

[1] § 10 Abs. 1 Sätze 1 und 2, Abs. 5 abschl. Satzteil geänd. mWv 1.8.2013 durch G v. 25.7.2013 (BGBl. I S. 2749); Überschrift geänd., Abs. 1 neu gef., Abs. 2 Satz 1 geänd., Satz 2 aufgeh., Abs. 3 Satz 2 aufgeh., Abs. 4 Satz 1, Abs. 5 Nr. 1, Abs. 6 Satz 1 geänd., Abs. 8 Satz 1 neu gef. mWv 15.7.2017 durch G v. 7.7. 2017 (BGBl. I S. 2310); Abs. 5 neu gef. mWv 5.8.2019 durch G v. 21.6.2019 (BGBl. I S. 846); Überschrift geänd. mWv 1.9.2021 durch G v. 5.7.2021 (BGBl. I S. 2281).

(9) Der Zeitpunkt der Meldung des Abhandenkommens eines Ausweises ist von der Personalausweisbehörde oder Polizeibehörde zu dokumentieren und der ausstellenden Personalausweisbehörde mitzuteilen.

§ 10a[1)] Einrichtung des elektronischen Identitätsnachweises mit einem mobilen Endgerät. (1) [1] Auf elektronische Veranlassung durch den Ausweisinhaber übermittelt der Ausweishersteller die Daten nach § 5 Absatz 5a aus dem elektronischen Speicher- und Verarbeitungsmedium des Personalausweises in einem sicheren Verfahren auf ein elektronisches Speicher- und Verarbeitungsmedium in einem mobilen Endgerät. [2] Der Ausweisinhaber weist seine Identität gegenüber dem Ausweishersteller mit einem elektronischen Identitätsnachweis nach § 18 nach. [3] Ferner hat der Ausweishersteller Maßnahmen gegen eine missbräuchliche Verwendung der Daten im Anschluss an die Übermittlung der Daten auf das elektronische Speicher- und Verarbeitungsmedium in dem mobilen Endgerät vorzusehen. [4] Der Ausweisinhaber ist auf seine Pflichten nach § 27 Absatz 2 sowie darauf hinzuweisen, dass das mobile Endgerät hinsichtlich der in seinem elektronischen Speicher- und Verarbeitungsmedium nach Absatz 1 gespeicherten Daten mit besonderer Sorgfalt zu behandeln ist.

(2) [1] Die Gültigkeitsdauer eines elektronischen Identitätsnachweises nach § 18 Absatz 2 Satz 1 Nummer 2 auf Grundlage einer Übermittlung der Daten nach Absatz 1 beträgt fünf Jahre. [2] Eine Verlängerung der Gültigkeitsdauer ist nicht zulässig. [3] Durch Rechtsverordnung nach § 34 Satz 1 Nummer 8a kann eine kürzere Gültigkeitsdauer festgelegt werden. [4] Eine Übermittlung nach Absatz 1 Satz 1 kann mehrfach durchgeführt werden.

(3) [1] Im Zuge der Übermittlung nach Absatz 1 Satz 1 erzeugt der Ausweishersteller einen neuen Sperrschlüssel sowie eine neue Sperrsumme und übermittelt diese Daten sowie den letzten Tag der Gültigkeit an den Sperrlistenbetreiber. [2] § 10 Absatz 4 und Absatz 6 Satz 1 gilt entsprechend. [3] Der Ausweisinhaber kann die Daten auf dem mobilen Endgerät selbst löschen.

(4) [1] Werden die auf das elektronische Speicher- und Verarbeitungsmedium des mobilen Endgeräts übermittelten Daten nach Absatz 1 Satz 1 unrichtig, darf ein elektronischer Identitätsnachweis nach § 18 Absatz 2 Satz 1 Nummer 2 nicht durchgeführt werden. [2] Vor einer weiteren Nutzung ist erneut eine Übermittlung nach Absatz 1 unter Verwendung des elektronischen Speicher- und Verarbeitungsmediums des Personalausweises mit den richtigen Daten durchzuführen.

(5) [1] Auf elektronischen Antrag des Ausweisinhabers hat der Ausweishersteller diesem Auskunft zu erteilen darüber, jeweils zu welchem Datum und zu welcher Uhrzeit eine Übermittlung nach Absatz 1 Satz 1 der Daten des Personalausweises des Ausweisinhabers auf ein elektronisches Speicher- und Verarbeitungsmedium in einem mobilen Endgerät durchgeführt wurde, sowie über jeweils den letzten Tag der Gültigkeitsdauer, das Sperrkennwort und den Hersteller und die Modellbezeichnung des mobilen Endgeräts. [2] Zur Identifizierung der antragstellenden Person hat der Ausweishersteller zur Person des Ausweisinhabers einen elektronischen Identitätsnachweis nach § 18 durchzuführen.

[1)] § 10a eingef. mWv 1.9.2021 durch G v. 5.7.2021 (BGBl. I S. 2281).

§ 11[1)] Informationspflichten. (1) Auf Verlangen des Personalausweisinhabers hat die Personalausweisbehörde ihm Einsicht in die im elektronischen Speicher- und Verarbeitungsmedium des Personalausweises gespeicherten auslesbaren Daten zu gewähren.

(2) *(aufgehoben)*

(3) [1] Die Personalausweisbehörde hat die antragstellende Person bei Antragstellung über den elektronischen Identitätsnachweis nach § 18, einschließlich des elektronischen Identitätsnachweises mit einem mobilen Endgerät, und das Vor-Ort-Auslesen nach § 18a sowie über Maßnahmen zu unterrichten, die erforderlich sind, um die Sicherheit der Nutzung des elektronischen Identitätsnachweises zu gewährleisten. [2] Sie hat der antragstellenden Person die Übergabe von entsprechendem Informationsmaterial anzubieten, in dem auch auf die Möglichkeit einer Sperrung nach § 10 Absatz 6 hingewiesen wird.

(4) *(aufgehoben)*

(5) [1] Personalausweisbehörden, die Kenntnis von dem Abhandenkommen eines Ausweises erlangen, haben die zuständige Personalausweisbehörde, die ausstellende Personalausweisbehörde und eine Polizeibehörde unverzüglich in Kenntnis zu setzen; eine Polizeibehörde, die anderweitig Kenntnis vom Abhandenkommen eines Ausweises erlangt, hat die zuständige und die ausstellende Personalausweisbehörde unverzüglich zu unterrichten. [2] Dabei sollen Angaben zum Familiennamen, den Vornamen, zur Seriennummer, zur ausstellenden Personalausweisbehörde, zum Ausstellungsdatum und zur Gültigkeitsdauer des Ausweises übermittelt werden. [3] Die Polizeibehörde hat die Einstellung in die polizeiliche Sachfahndung vorzunehmen.

(6) Stellt eine nicht zuständige Personalausweisbehörde nach § 8 Abs. 4 einen Ausweis aus, so hat sie der zuständigen Personalausweisbehörde den Familiennamen, die Vornamen, den Tag und Ort der Geburt, die ausstellende Personalausweisbehörde, das Ausstellungsdatum, die Gültigkeitsdauer und die Seriennummer des Ausweises zu übermitteln.

(7) [1] Schaltet eine Personalausweisbehörde den elektronischen Identitätsnachweis eines Personalausweises ein, so hat sie unverzüglich die ausstellende Personalausweisbehörde davon in Kenntnis zu setzen. [2] Das Gleiche gilt für den Ausweishersteller im Falle der elektronischen Beantragung des nachträglichen Einschaltens der Funktion zum elektronischen Identitätsnachweis.

§ 12[2)] Form und Verfahren der Datenerfassung, -prüfung und -übermittlung. (1) [1] Die Datenübermittlung von den Personalausweisbehörden an den Ausweishersteller zum Zweck der Ausweisherstellung, insbesondere die Übermittlung sämtlicher Ausweisantragsdaten, erfolgt durch Datenübertragung. [2] Die Datenübertragung kann auch über Vermittlungsstellen erfolgen. [3] Die beteiligten Stellen haben dem jeweiligen Stand der Technik entsprechende Maßnahmen zur Sicherstellung von Datenschutz und Datensicherheit zu treffen, die insbesondere die Vertraulichkeit und Unversehrtheit der Daten sowie die Feststellbarkeit der übermittelnden Stelle gewährleisten; im Falle der Nutzung allgemein zugänglicher

---

[1)] § 11 Abs. 2 geänd., Abs. 4 aufgeh. mWv 1.8.2013 durch G v. 25.7.2013 (BGBl. I S. 2749); Abs. 2 aufgeh., Abs. 3 neu gef., Abs. 7 geänd. mWv 15.7.2017 durch G v. 7.7.2017 (BGBl. I S. 2310); Abs. 7 Satz 2 angef. mWv 1.7.2021 durch G v. 15.1.2021 (BGBl. I S. 530); Abs. 1, Abs. 3 Satz 1 geänd. mWv 1.9.2021 durch G v. 5.7.2021 (BGBl. I S. 2281).

[2)] § 12 Abs. 2 Satz 1 geänd. mWv 5.8.2019 durch G v. 21.6.2019 (BGBl. I S. 846); Abs. 2 Sätze 1, 2 geänd. mWv 1.9.2021 durch G v. 5.7.2021 (BGBl. I S. 2281).

Netze sind Verschlüsselungsverfahren anzuwenden, die dem jeweiligen Stand der Technik entsprechen.

(2) [1] Zur elektronischen Erfassung, Echtheitsbewertung und Qualitätssicherung des Lichtbildes und der Fingerabdrücke sowie zur Übermittlung der Ausweisdaten von der Personalausweisbehörde an den Ausweishersteller dürfen ausschließlich solche technischen Systeme und Bestandteile eingesetzt werden, die den Anforderungen der Rechtsverordnung nach § 34 Satz 1 Nummer 3 entsprechen. [2] Die Einhaltung der Anforderungen ist vom Bundesamt für Sicherheit in der Informationstechnik gemäß der Rechtsverordnung nach § 34 Satz 1 Nummer 4 festzustellen.

§ 13[1)] Übermittlung von Geheimnummer, Entsperrnummer und Sperrkennwort. [1] Der Ausweishersteller übersendet antragstellenden Personen zum Zweck der Verwendung, Sperrung und Entsperrung des elektronischen Identitätsnachweises mit dem Personalausweis die Geheimnummer, die Entsperrnummer und das Sperrkennwort. [2] Die Geheimnummer wird auf einer von den sonstigen Unterlagen gesonderten Seite übermittelt. [3] Soweit die antragstellende Person berechtigte Gründe darlegt, werden die Unterlagen nach Satz 1 an die Personalausweisbehörde übersandt, die den Personalausweis aushändigt. [4] Diese stellt dem Ausweisinhaber die Unterlagen zur Verfügung. [5] Die Personalausweisbehörde hat den Ausweisinhaber bei Antragstellung auf die Risiken dieses Verfahrens hinzuweisen.

Abschnitt 3. Umgang mit personenbezogenen Daten

§ 14 Erhebung und Verwendung personenbezogener Daten. Die Erhebung und Verwendung personenbezogener Daten aus dem Ausweis oder mithilfe des Ausweises darf ausschließlich erfolgen durch

1. zur Identitätsfeststellung berechtigte Behörden nach Maßgabe der §§ 15 bis 17,
2. öffentliche Stellen und nichtöffentliche Stellen nach Maßgabe der §§ 18 bis 20.

§ 15 Automatisierter Abruf und automatisierte Speicherung durch zur Identitätsfeststellung berechtigte Behörden. (1) [1] Zur Identitätsfeststellung berechtigte Behörden dürfen den Ausweis nicht zum automatisierten Abruf personenbezogener Daten verwenden. [2] Abweichend von Satz 1 dürfen Polizeibehörden und -dienststellen des Bundes und der Länder, die Behörden der Zollverwaltung sowie die Steuerfahndungsstellen der Länder den Ausweis im Rahmen ihrer Aufgaben und Befugnisse zum automatisierten Abruf personenbezogener Daten verwenden, die zu folgenden Zwecken im polizeilichen Fahndungsbestand gespeichert sind:

1. Grenzkontrolle,
2. Fahndung oder Aufenthaltsfeststellung zum Zweck der Strafverfolgung, Strafvollstreckung oder der Abwehr von Gefahren für die öffentliche Sicherheit oder
3. der zollamtlichen Überwachung im Rahmen der polizeilichen Beobachtung.

[3] Über Abrufe, die zu keiner Feststellung geführt haben, dürfen, vorbehaltlich gesetzlicher Regelungen, die gemäß Absatz 2 erlassen werden, keine personenbezogenen Aufzeichnungen gefertigt werden.

[1)] § 13 Satz 1 geänd. mWv 1.9.2021 durch G v. 5.7.2021 (BGBl. I S. 2281).

(2) In den Fällen des Absatzes 1 dürfen personenbezogene Daten, soweit gesetzlich nichts anderes bestimmt ist, beim automatisierten Lesen des Ausweises nicht in Dateien gespeichert werden; dies gilt auch für Abrufe aus dem polizeilichen Fahndungsbestand, die zu einer Feststellung geführt haben.

§ 16[1)] *(aufgehoben)*

§ 17 Identitätsüberprüfung anhand der im elektronischen Speicher- und Verarbeitungsmedium gespeicherten Daten durch zur Identitätsfeststellung berechtigte Behörden. [1] Zur Identitätsfeststellung berechtigte Behörden dürfen die im elektronischen Speicher- und Verarbeitungsmedium des Personalausweises gespeicherten Daten nur zum Zweck der Überprüfung der Echtheit des Dokumentes oder der Identität des Ausweisinhabers und nur nach Maßgabe der Sätze 3 und 4 auslesen und verwenden. [2] Echtheits- oder Identitätskontrollen über öffentliche Kommunikationswege sind unzulässig. [3] Soweit die Polizeivollzugsbehörden, die Zollverwaltung, die Steuerfahndungsstellen der Länder sowie die Personalausweis-, Pass- und Meldebehörden die Echtheit des Personalausweises oder die Identität des Inhabers überprüfen dürfen, sind sie befugt, die auf dem elektronischen Speicher- und Verarbeitungsmedium des Personalausweises gespeicherten biometrischen und sonstigen Daten auszulesen, die benötigten biometrischen Daten beim Personalausweisinhaber zu erheben und die biometrischen Daten miteinander zu vergleichen. [4] Die nach Satz 3 erhobenen Daten sind unverzüglich zu löschen, wenn die Prüfung der Echtheit des Personalausweises oder der Identität des Inhabers beendet ist.

§ 18[2)] **Elektronischer Identitätsnachweis.** (1) [1] Der Personalausweisinhaber, der mindestens 16 Jahre alt ist, kann den elektronischen Identitätsnachweis dazu verwenden, seine Identität gegenüber öffentlichen und nichtöffentlichen Stellen elektronisch nachzuweisen. [2] Dies gilt auch dann, wenn er für eine andere Person, ein Unternehmen oder eine Behörde handelt. [3] Abweichend von Satz 1 ist der elektronische Identitätsnachweis ausgeschlossen, wenn die Voraussetzungen des § 3a Abs. 1 des Verwaltungsverfahrensgesetzes[3)], des § 87a Abs. 1 Satz 1 der Abgabenordnung oder des § 36a Abs. 1 des Ersten Buches Sozialgesetzbuch[4)] nicht vorliegen.

(2) [1] Der elektronische Identitätsnachweis erfolgt durch Übermittlung von Daten

1. aus dem elektronischen Speicher- und Verarbeitungsmedium des Personalausweises oder
2. aus einem elektronischen Speicher- und Verarbeitungsmedium in einem mobilen Endgerät.

[2] Dabei sind dem jeweiligen Stand der Technik entsprechende Maßnahmen zur Sicherstellung von Datenschutz und Datensicherheit zu treffen, die insbesondere

---

1) § 16 aufgeh. mWv 12.12.2020 durch G v. 3.12.2020 (BGBl. I S. 2744).

2) § 18 Abs. 3 Satz 2 Nr. 1a eingef. mWv 1.8.2013 durch G v. 25.7.2013 (BGBl. I S. 2749); Abs. 3 Satz 2 Nr. 7a eingef., Abs. 4 Satz 2 einl. Satzteil geänd., Nr. 3, Abs. 5 Satz 2 aufgeh. mWv 15.7.2017 durch G v. 7.7.2017 (BGBl. I S. 2310); Abs. 1 Satz 2 eingef., bish. Satz 2 wird Satz 3, Abs. 3 Satz 2 Nr. 6a eingef. mWv 5.8.2019 durch G v. 21.6.2019 (BGBl. I S. 846); Abs. 6 angef. mWv 1.7.2021 durch G v. 15.1.2021 (BGBl. I S. 530); Abs. 1 Satz 1 geänd., Abs. 2 Satz 1 neu gef., Abs. 3 Sätze 1, 2 Nr. 6a neu gef., Nr. 6b eingef., Abs. 4 Sätze 1 und 2 geänd. mWv 1.9.2021 durch G v. 5.7.2021 (BGBl. I S. 2281).

3) Nr. **100**.

4) **Sartorius ErgBd. Nr. 401.**

die Vertraulichkeit und Unversehrtheit der Daten gewährleisten. [3] Im Falle der Nutzung allgemein zugänglicher Netze sind Verschlüsselungsverfahren anzuwenden. [4] Die Nutzung des elektronischen Identitätsnachweises durch eine andere Person als den Personalausweisinhaber ist unzulässig.

(3) [1] Das Sperrmerkmal und die Angabe, ob der elektronische Identitätsnachweis gültig ist, sind zur Überprüfung, ob ein gesperrter oder abgelaufener elektronischer Identitätsnachweis vorliegt, immer zu übermitteln. [2] Folgende weitere Daten können übermittelt werden:

1. Familienname,
1a. Geburtsname,
2. Vornamen,
3. Doktorgrad,
4. Tag der Geburt,
5. Ort der Geburt,
6. Anschrift,
6a. im amtlichen Gemeindeverzeichnis verwendeter eindeutiger Gemeindeschlüssel,
6b. Staatsangehörigkeit,
7. Dokumentenart,
7a. letzter Tag der Gültigkeitsdauer,
8. dienste- und kartenspezifisches Kennzeichen,
9. Abkürzung „D“ für Bundesrepublik Deutschland,
10. Angabe, ob ein bestimmtes Alter über- oder unterschritten wird,
11. Angabe, ob ein Wohnort dem abgefragten Wohnort entspricht, und
12. Ordensname, Künstlername.

(4) [1] Die Daten werden nur übermittelt, wenn der Diensteanbieter ein gültiges Berechtigungszertifikat an den Inhaber des elektronischen Identitätsnachweises übermittelt und dieser in der Folge seine Geheimnummer eingibt. [2] Der Diensteanbieter muss dem Inhaber des elektronischen Identitätsnachweises vor dessen Eingabe der Geheimnummer die Gelegenheit bieten, die folgenden Daten einzusehen:

1. Name, Anschrift und E-Mail-Adresse des Diensteanbieters,
2. Kategorien der zu übermittelnden Daten nach Absatz 3 Satz 2,
3. *(aufgehoben)*
4. Hinweis auf die für den Diensteanbieter zuständigen Stellen, die die Einhaltung der Vorschriften zum Datenschutz kontrollieren,
5. letzter Tag der Gültigkeitsdauer des Berechtigungszertifikats.

(5) Die Übermittlung ist auf die im Berechtigungszertifikat genannten Datenkategorien beschränkt.

(6) Personalausweisbehörden dürfen im Rahmen der Änderung der Anschrift auf dem elektronischen Speicher- und Verarbeitungsmedium nach einer elektronischen Anmeldung gemäß § 23a des Bundesmeldegesetzes[1] einen elektronischen Identitätsnachweis durchführen und hierzu ein hoheitliches Berechtigungszertifikat verwenden.

[1] Nr. **256**.

§ 18a[1)] Vor-Ort-Auslesen von Ausweisdaten unter Anwesenden.

(1) Der Ausweisinhaber kann seinen Personalausweis ferner dazu verwenden, die in § 18 Absatz 3 Satz 2 genannten Daten zum Zwecke der medienbruchfreien Übernahme von Formulardaten unter Anwesenden zu übermitteln.

(2) [1] Vor dem Vor-Ort-Auslesen der Daten ist der Vor-Ort-Diensteanbieter verpflichtet, anhand des Personalausweises per Lichtbildabgleich zu prüfen, ob die den Personalausweis vorlegende Person der Ausweisinhaber ist. [2] Die Daten werden nur übermittelt, wenn der Vor-Ort-Anbieter mit Einverständnis des Ausweisinhabers die Zugangsnummer ausliest und diese zusammen mit einem gültigen Vor-Ort-Zertifikat an das Speicher- und Verarbeitungsmedium des Personalausweises übermittelt.

§ 19[2)] Speicherung im Rahmen des elektronischen Identitätsnachweises.

(1) Die Speicherung eines Sperrmerkmals ist ausschließlich zulässig

1. in der Sperrliste nach § 10 Abs. 4 Satz 1 oder
2. vorübergehend beim Diensteanbieter zur Prüfung, ob der Personalausweis in den Sperrlisten nach § 10 Abs. 4 Satz 1 aufgeführt ist; die Daten sind nach der Prüfung unverzüglich zu löschen. Zur Ermöglichung auch wiederholter Prüfungen, ob der Personalausweis in den Sperrlisten nach § 10 Absatz 4 Satz 1 aufgeführt ist, erfolgt bei einem Diensteanbieter, der eine Identifizierung nach dem Geldwäschegesetz[3)], der Verordnung (EU) Nr. 910/2014[4)] des Europäischen Parlaments und des Rates vom 23. Juli 2014 über elektronische Identifizierung und Vertrauensdienste für elektronische Transaktionen im Binnenmarkt und zur Aufhebung der Richtlinie 1999/93/EG (ABl. L 257 vom 28.8.2014, S. 73), dem Vertrauensdienstegesetz[5)] oder dem Telekommunikationsgesetz[6)] durchführt, abweichend hiervon die Löschung eines gespeicherten Sperrmerkmals erst nach Ablauf einer Frist von einer Woche ab dem Speicherbeginn.

(2) [1] Der Ausweishersteller speichert zur Durchführung des Auskunftsanspruchs nach § 10a Absatz 5 Satz 1 zu jeder Übermittlung nach § 10a Absatz 1 Satz 1 das dienste- und kartenspezifische Kennzeichen jeweils für das elektronische Speicher- und Verarbeitungsmedium des Personalausweises und des mobilen Endgeräts sowie das Datum und die Uhrzeit der Einrichtung, den letzten Tag der Gültigkeitsdauer, die Sperrsumme, das Sperrkennwort und den Hersteller und die Modellbezeichnung des mobilen Endgeräts. [2] Die in Satz 1 genannten Daten sind spätestens einen Monat nach Ablauf der Gültigkeitsdauer des elektronischen Identitätsnachweises mit einem mobilen Endgerät zu löschen. [3] Im Übrigen ist eine Speicherung des Sperrkennworts und der Sperrsumme zum elektronischen Identitätsnachweis mit dem Personalausweis ausschließlich im Personalausweisregister nach § 23 Absatz 3 Nummer 12 und im Melderegister zulässig.

[1)] § 18a eingef. mWv 15.7.2017 durch G v. 7.7.2017 (BGBl. I S. 2310).

[2)] § 19 Abs. 1 Nr. 2 Satz 2 angef. mWv 29.12.2011 durch G v. 22.12.2011 (BGBl. I S. 2959); Abs. 2 geänd. mWv 1.11.2015 durch G v. 3.5.2013 (BGBl. I S. 1084, geänd. durch G v. 20.11.2014, BGBl. I S. 1738); Abs. 2 geänd. mWv 1.8.2013 durch G v. 25.7.2013 (BGBl. I S. 2749); Abs. 1 Nr. 1 geänd., Abs. 5 und 6 angef. mWv 15.7.2017 durch G v. 7.7.2017 (BGBl. I S. 2310); Abs. 1 Nr. 2 geänd. mWv 29.7.2017 durch G v. 18.7.2017 (BGBl. I S. 2745); Abs. 2 neu gef. mWv 1.9.2021 durch G v. 5.7.2021 (BGBl. I S. 2281).

[3)] **Schönfelder ErgBd. Nr. 88a.**

[4)] **Sartorius III Nr. 741.**

[5)] **Sartorius ErgBd. Nr. 924.**

[6)] **Sartorius ErgBd. Nr. 920.**

(3) Eine zentrale, alle Sperrkennwörter oder alle Sperrmerkmale umfassende Speicherung ist unzulässig.

(4) [1] Daten, die im Rahmen der Durchführung des elektronischen Identitätsnachweises aus technischen Gründen oder zum Abgleich mit der Sperrliste an den Diensteanbieter übermittelt werden, dürfen nur für den Zeitraum der Übermittlung gespeichert werden. [2] Die Verarbeitung der Daten nach § 18 Abs. 3 Satz 2 bleibt hiervon unberührt.

(5) Die Speicherung der nach § 18 Absatz 3 Satz 2 oder nach § 18a übermittelten Daten ist zulässig zum Zwecke der Anlegung oder Änderung eines elektronischen Benutzerkontos.

(6) [1] Die Übernahme der nach § 18 Absatz 3 Satz 2 oder nach § 18a übermittelten Daten in ein elektronisches Formular und deren Speicherung sind zulässig, soweit und solange die Speicherung zur Wahrnehmung der Geschäftszwecke des Diensteanbieters erforderlich ist. [2] Zulässig ist auch, das Formular mit einem dauerhaften elektronischen Vermerk des Inhalts zu versehen, dass sich der Ausweisinhaber beim Ausfüllen des Formulars nach § 18 oder nach § 18a identifiziert hat.

§ 19a[1)] Speicherung durch Identifizierungsdiensteanbieter. (1) [1] Ein Identifizierungsdiensteanbieter darf die personenbezogenen Daten des Ausweisinhabers ausschließlich zum Zwecke der bei ihm in Auftrag gegebenen Identifizierung sowie nach § 19 Absatz 6 zum Ausfüllen eines elektronischen Formulars verwenden, das ihm hierfür von seinem Auftraggeber zur Verfügung gestellt wurde. [2] Das Anbringen eines elektronischen Vermerks nach § 19 Absatz 6 Satz 2 ist zulässig. [3] Gesetzliche Aufzeichnungspflichten bleiben unberührt.

(2) Der Identifizierungsdiensteanbieter hat die personenbezogenen Daten des Ausweisinhabers zu löschen, sobald die Identifizierung abgeschlossen und gegebenenfalls das elektronische Formular sowie die auf Grund gesetzlicher Aufzeichnungspflichten aufgezeichneten Daten an den Auftraggeber übermittelt wurden.

§ 20[2)] Verwendung durch öffentliche und nichtöffentliche Stellen.

(1) Der Inhaber kann den Ausweis bei öffentlichen und nichtöffentlichen Stellen als Identitätsnachweis und Legitimationspapier verwenden.

(2) [1] Der Ausweis darf nur vom Ausweisinhaber oder von anderen Personen mit Zustimmung des Ausweisinhabers in der Weise abgelichtet werden, dass die Ablichtung eindeutig und dauerhaft als Kopie erkennbar ist. [2] Andere Personen als der Ausweisinhaber dürfen die Kopie nicht an Dritte weitergeben. [3] Werden durch Ablichtung personenbezogene Daten aus dem Personalausweis erhoben oder verarbeitet, so darf die datenerhebende oder -verarbeitende Stelle dies nur mit Einwilligung des Ausweisinhabers tun. [4] Die Vorschriften des allgemeinen Datenschutzrechts über die Erhebung und Verwendung personenbezogener Daten bleiben unberührt.

(3) [1] Die Seriennummern dürfen nicht mit Hilfe automatisierter Verfahren zum Abruf oder zur Verknüpfung personenbezogener Daten verwendet werden. [2] Abweichend hiervon dürfen die Seriennummern mit Hilfe automatisierter Verfahren zum Abruf verwenden

---

[1)] § 19a eingef. mWv 15.7.2017 durch G v. 7.7.2017 (BGBl. I S. 2310).

[2)] § 20 Abs. 4 angef. mWv 30.6.2015 durch G v. 20.6.2015 (BGBl. I S. 970); Abs. 2 neu gef., Abs. 5 angef. mWv 15.7.2017 durch G v. 7.7.2017 (BGBl. I S. 2310); Abs. 3 neu gef. mWv 12.12.2020 durch G v. 3.12.2020 (BGBl. I S. 2744).

1. die Personalausweisbehörden zur Erfüllung ihrer Aufgaben,
2. die Polizeibehörden des Bundes und der Länder, der Militärische Abschirmdienst, der Bundesnachrichtendienst, die Verfassungsschutzbehörden des Bundes und der Länder, die Steuerfahndungsdienststellen der Länder, der Zollfahndungsdienst und die Hauptzollämter zur Klärung,
   a) wer Inhaber des Personalausweises ist für den Fall, dass eine ausländische öffentliche Stelle die Seriennummer des Personalausweises übermittelt hat und anhand der übrigen von der ausländischen Stelle übermittelten Daten eine Feststellung des Ausweisinhabers nicht möglich ist,
   b) ob der Personalausweis durch einen Nichtberechtigten genutzt wird oder
   c) ob der Personalausweis für ungültig erklärt oder abhandengekommen ist.

[3]Der Ausweishersteller hat öffentlichen Stellen auf deren Verlangen die ausstellende Behörde mitzuteilen. [4]Nichtöffentliche Stellen dürfen die Seriennummern, die Sperrkennwörter und die Sperrmerkmale nicht so verwenden, dass mit ihrer Hilfe ein automatisierter Abruf personenbezogener Daten oder eine Verknüpfung von Dateien möglich ist. [5]Dies gilt nicht für den Abgleich von Sperrmerkmalen durch Diensteanbieter zum Zweck der Überprüfung, ob ein elektronischer Identitätsnachweis gesperrt ist.

(4) [1]Beförderungsunternehmen dürfen personenbezogene Daten aus der maschinenlesbaren Zone des Personalausweises elektronisch nur auslesen und verarbeiten, soweit sie auf Grund internationaler Abkommen oder Einreisebestimmungen zur Mitwirkung an Kontrolltätigkeiten im internationalen Reiseverkehr und zur Übermittlung personenbezogener Daten verpflichtet sind. [2]Biometrische Daten dürfen nicht ausgelesen werden. [3]Die Daten sind unverzüglich zu löschen, wenn sie für die Erfüllung dieser Pflichten nicht mehr erforderlich sind.

(5) [1]Zum Zwecke des Jugendschutzes und mit Einwilligung des Ausweisinhabers dürfen die in § 5 Absatz 4 Satz 2 Nummer 6 und 7 genannten Daten aus der maschinenlesbaren Zone des Personalausweises erhoben werden, um das Alter des Ausweisinhabers und die Gültigkeit des Ausweises zu überprüfen. [2]Eine Speicherung der Daten ist unzulässig.

Abschnitt 4.[1)] Hoheitliche Berechtigungszertifikate; Berechtigungen; elektronische Signaturen

§ 20a[2)] Hoheitliche Berechtigungszertifikate. (1) Zur Identitätsfeststellung berechtigte Behörden erhalten hoheitliche Berechtigungszertifikate, die ausschließlich für die hoheitliche Tätigkeit der Identitätsfeststellung zu verwenden sind.

(2) [1]Personalausweisbehörden und der Ausweishersteller erhalten hoheitliche Berechtigungszertifikate. [2]Umfang und Inhalt der in Satz 1 genannten hoheitlichen Berechtigungszertifikate bestimmen sich durch die auf Grund dieses Gesetzes den Personalausweisbehörden und dem Ausweishersteller jeweils zugewiesenen Zuständigkeiten.

(3) Das Bundesamt für Sicherheit in der Informationstechnik erhält hoheitliche Berechtigungszertifikate zur Qualitätssicherung anhand von Testausweisen.

---

1) Abschnitt 4 Überschrift neu gef. mWv 1.7.2021 durch G v. 15.1.2021 (BGBl. I S. 530).
2) § 20a eingef. mWv 1.7.2021 durch G v. 15.1.2021 (BGBl. I S. 530).

§ 21[1)] Berechtigungen für Diensteanbieter. (1) [1]Um Daten im Wege des elektronischen Identitätsnachweises anzufragen, benötigen Diensteanbieter eine Berechtigung. [2]Die Berechtigung lässt datenschutzrechtliche Vorschriften unberührt. [3]Das Vorliegen einer Berechtigung ist durch die Vergabe von Berechtigungszertifikaten technisch abzusichern.

(2) [1]Die Berechtigung wird auf Antrag erteilt. [2]Die antragstellende Person muss die Daten nach § 18 Absatz 4 Satz 2 Nummer 1, 2 und 4 angeben. [3]Die Berechtigung ist zu erteilen, wenn

1. der Diensteanbieter seine Identität gegenüber der Vergabestelle für Berechtigungszertifikate nachweist,
2. der Diensteanbieter das dem Antrag zu Grunde liegende Interesse an einer Berechtigung, insbesondere zur geplanten organisationsbezogenen Nutzung, darlegt,
3. der Diensteanbieter die Einhaltung des betrieblichen Datenschutzes versichert und
4. der Vergabestelle für Berechtigungszertifikate keine Anhaltspunkte für eine missbräuchliche Verwendung der Daten vorliegen.

(3) [1]Die Berechtigung ist zu befristen. [2]Die Gültigkeitsdauer darf einen Zeitraum von drei Jahren nicht überschreiten. [3]Die Berechtigung darf nur von dem im Berechtigungszertifikat angegebenen Diensteanbieter verwendet werden. [4]Sie wird auf Antrag wiederholt erteilt.

(4) [1]Die Berechtigung ist zurückzunehmen, wenn der Diensteanbieter diese durch Angaben erwirkt hat, die in wesentlicher Beziehung unrichtig oder unvollständig waren. [2]Sie ist zu widerrufen, wenn sie nicht oder nicht im gleichen Umfang hätte erteilt werden dürfen. [3]Die Berechtigung soll zurückgenommen oder widerrufen werden, wenn die für den Diensteanbieter zuständige Datenschutzaufsichtsbehörde die Rücknahme oder den Widerruf verlangt, weil Tatsachen die Annahme rechtfertigen, dass der Diensteanbieter die auf Grund der Nutzung des Berechtigungszertifikates erhaltenen personenbezogenen Daten in unzulässiger Weise verarbeitet oder nutzt.

(5) [1]Mit Bekanntgabe der Rücknahme oder des Widerrufs der Berechtigung darf der Diensteanbieter vorhandene Berechtigungszertifikate nicht mehr verwenden. [2]Dies gilt nicht, solange und soweit die sofortige Vollziehung (§ 30) ausgesetzt worden ist.

(6) Der Diensteanbieter hat Änderungen der Angaben nach § 18 Absatz 4 Satz 2 Nummer 1 und 4 der Vergabestelle für Berechtigungszertifikate unverzüglich mitzuteilen.

(7) Öffentliche Stellen anderer Mitgliedstaaten der Europäischen Union sind berechtigt, Daten im Wege des elektronischen Identitätsnachweises anzufragen.

(8) Die Vergabestelle für Berechtigungszertifikate führt ein Register über die erteilten Berechtigungen.

§ 21a[2)] Vor-Ort-Berechtigung für Vor-Ort-Diensteanbieter. [1]Um Ausweisdaten nach § 18a unter Anwesenden vor Ort auslesen zu dürfen, benötigen

[1)] § 21 Abs. 2 Satz 1 Nr. 2a eingef. mWv 1.8.2013 durch G v. 25.7.2013 (BGBl. I S. 2749); Überschrift geänd., Abs. 1 und 2 neu gef., Abs. 3 Satz 3 geänd., Satz 4 neu gef., Abs. 4 aufgeh., bish. Abs. 5 und 6 werden Abs. 4 und 5, Abs. 6–8 angef. mWv 15.7.2017 durch G v. 7.7.2017 (BGBl. I S. 2310).
[2)] § 21a eingef. mWv 15.7.2017 durch G v. 7.7.2017 (BGBl. I S. 2310).

Vor-Ort-Diensteanbieter eine Vor-Ort-Berechtigung einschließlich eines Vor-Ort-Zertifikats. [2] § 21 gilt hierfür entsprechend.

§ 21b[1)] Berechtigung für Identifizierungsdiensteanbieter. (1) Wer als Identifizierungsdiensteanbieter die Funktion des elektronischen Identitätsnachweises nach § 18 Absatz 2 Satz 1 in Verbindung mit § 19 Absatz 6 nutzen möchte, um Identifizierungsdienstleistungen für Dritte zu erbringen, bedarf einer Berechtigung.

(2) [1] Die Berechtigung ist zu erteilen, wenn der Identifizierungsdiensteanbieter

1. durch technisch-organisatorische Maßnahmen die Einhaltung der in § 19a enthaltenen Vorgaben gewährleistet und
2. die weiteren Anforderungen an Datenschutz und Datensicherheit nach der Rechtsverordnung nach § 34 Satz 1 Nummer 7 erfüllt.

[2] Im Übrigen gilt § 21 entsprechend.

§ 22[2)] Elektronische Signatur. [1] Der Personalausweis kann als qualifizierte elektronische Signaturerstellungseinheit im Sinne des Artikels 3 Nummer 23 der Verordnung (EU) Nr. 910/2014[3)] ausgestaltet werden. [2] Die Zertifizierung nach Artikel 30 der Verordnung (EU) Nr. 910/2014 erfolgt durch das Bundesamt für Sicherheit in der Informationstechnik. [3] Die Vorschriften des Vertrauensdienstegesetzes[4)] bleiben unberührt.

Abschnitt 5. Personalausweisregister; Speicherungsvorschriften

§ 23[5)] Personalausweisregister. (1) Die Personalausweisbehörden führen Personalausweisregister.

(2) Das Personalausweisregister dient der Durchführung dieses Gesetzes, insbesondere

1. der Ausstellung der Ausweise und der Feststellung ihrer Echtheit und
2. der Identitätsfeststellung der Person, die den Ausweis besitzt oder für die er ausgestellt ist.

(3) Das Personalausweisregister darf neben dem Lichtbild, der Unterschrift des Ausweisinhabers und verfahrensbedingten Bearbeitungsvermerken ausschließlich folgende Daten enthalten:

1. Familienname und Geburtsname,
2. Vornamen,
3. Doktorgrad,
4. Tag der Geburt,
5. Ort der Geburt,
6. Größe,
7. Farbe der Augen,

---

1) § 21b eingef. mWv 15.7.2017 durch G v. 7.7.2017 (BGBl. I S. 2310); Abs. 2 Satz 1 Nr. 2 geänd. mWv 1.9.2021 durch G v. 5.7.2021 (BGBl. I S. 2281).

2) § 22 neu gef. mWv 29.7.2017 durch G v. 18.7.2017 (BGBl. I S. 2745).

3) **Sartorius III Nr. 741.**

4) **Sartorius ErgBd. Nr. 924.**

5) § 23 Abs. 3 Nr. 12 geänd. mWv 1.8.2013 durch G v. 25.7.2013 (BGBl. I S. 2749); Abs. 3 Nr. 15 neu gef. mWv 15.7.2017 durch G v. 7.7.2017 (BGBl. I S. 2310); Abs. 3 Nr. 17 neu gef. mWv 1.9.2021 durch G v. 5.7.2021 (BGBl. I S. 2281).

8. Anschrift,
9. Staatsangehörigkeit,
10. Familienname, Vornamen, Tag der Geburt und Unterschrift des gesetzlichen Vertreters,
11. Seriennummer,
12. Sperrkennwort und Sperrsumme,
13. letzter Tag der Gültigkeitsdauer,
14. ausstellende Behörde,
15. Vermerke über Anordnungen nach § 6 Absatz 7 und Maßnahmen nach § 6a Absatz 1 bis 3,
16. Angaben zur Erklärungspflicht des Ausweisinhabers nach § 29 des Staatsangehörigkeitsgesetzes[1)],
17. die Tatsache, dass die Funktion zum elektronischen Identitätsnachweis mit Personalausweis ausgeschaltet wurde oder in die Sperrliste eingetragen ist,
18. Ordensname, Künstlername und
19. den Nachweis über eine erteilte Ermächtigung nach § 8 Abs. 4 Satz 2.

(4) [1] Personenbezogene Daten im Personalausweisregister sind mindestens bis zur Ausstellung eines neuen Ausweises, höchstens jedoch bis zu fünf Jahre nach dem Ablauf der Gültigkeit des Ausweises, auf den sie sich beziehen, zu speichern und dann zu löschen. [2] Für die Personalausweisbehörde nach § 7 Abs. 2 bei der Wahrnehmung konsularischer Aufgaben beträgt die Frist 30 Jahre.

(5) Die zuständige Personalausweisbehörde führt den Nachweis über Personalausweise, für die sie eine Ermächtigung nach § 8 Abs. 4 Satz 2 erteilt hat.

§ 24[2)] Verwendung im Personalausweisregister gespeicherter Daten.

(1) Die Personalausweisbehörden dürfen personenbezogene Daten nur nach Maßgabe dieses Gesetzes, anderer Gesetze oder Rechtsverordnungen erheben oder verwenden.

(2) [1] Die Personalausweisbehörden dürfen anderen Behörden auf deren Ersuchen Daten aus dem Personalausweisregister übermitteln, wenn

1. die ersuchende Behörde auf Grund von Gesetzen oder Rechtsverordnungen berechtigt ist, solche Daten zu erhalten,
2. die ersuchende Behörde ohne Kenntnis der Daten nicht in der Lage wäre, eine ihr obliegende Aufgabe zu erfüllen, und
3. die ersuchende Behörde die Daten bei dem Betroffenen nicht oder nur mit unverhältnismäßig hohem Aufwand erheben kann oder wenn nach der Art der Aufgabe, zu deren Erfüllung die Daten erforderlich sind, von einer solchen Datenerhebung abgesehen werden muss.

[2] Hinsichtlich der Daten, die auch im Melderegister gespeichert sind, müssen die im Bundesmeldegesetz[3)] enthaltenen Beschränkungen beachtet werden.

(3) [1] Die ersuchende Behörde trägt die Verantwortung dafür, dass die Voraussetzungen des Absatzes 2 vorliegen. [2] Ein Ersuchen nach Absatz 2 darf nur von Bediensteten gestellt werden, die vom Behördenleiter dazu besonders ermächtigt

---

[1)] Nr. **15**.

[2)] § 24 Abs. 2 Satz 2 geänd. mWv 1.11.2015 durch G v. 3.5.2013 (BGBl. I S. 1084, geänd. durch G v. 20.11.2014, BGBl. I S. 1738).

[3)] Nr. **256**.

sind. [3]Die ersuchende Behörde hat den Anlass des Ersuchens und die Herkunft der übermittelten Daten und Unterlagen zu dokumentieren. [4]Wird die Personalausweisbehörde vom Bundesamt für Verfassungsschutz, den Landesbehörden für Verfassungsschutz, dem Militärischen Abschirmdienst, dem Bundesnachrichtendienst, dem Bundeskriminalamt oder dem Generalbundesanwalt oder der Generalbundesanwältin um die Übermittlung von Daten ersucht, so hat die ersuchende Behörde den Familiennamen, die Vornamen und die Anschrift des Betroffenen unter Hinweis auf den Anlass der Übermittlung aufzuzeichnen. [5]Die Aufzeichnungen sind gesondert aufzubewahren, durch technische und organisatorische Maßnahmen zu sichern und am Ende des Kalenderjahres, das dem Jahr der Übermittlung folgt, zu vernichten.

(4) Die Daten des Personalausweisregisters und des Melderegisters dürfen zur Berichtigung des jeweils anderen Registers verwendet werden.

§ 25[1)] Datenübertragung und automatisierter Abruf von Lichtbildern.

(1) [1]In den Fällen des § 24 Abs. 2 dürfen personenbezogene Daten auch durch Datenübertragung übermittelt werden. [2]§ 12 Abs. 1 Satz 3 gilt entsprechend.

(2) [1]Die Ordnungsbehörden dürfen das Lichtbild zum Zweck der Verfolgung von Verkehrsordnungswidrigkeiten im automatisierten Verfahren abrufen, wenn die Personalausweisbehörde auf andere Weise nicht erreichbar ist und ein weiteres Abwarten den Ermittlungszweck gefährden würde. [2]Zuständig für den Abruf sind die Polizeivollzugsbehörden auf Ebene der Landkreise und kreisfreien Städte, die durch Landesrecht bestimmt werden. [3]Die abrufende Behörde trägt die Verantwortung dafür, dass die Voraussetzungen der Absätze 1 und 2 Satz 1 vorliegen. [4]Die Polizeibehörden des Bundes und der Länder, der Militärische Abschirmdienst, der Bundesnachrichtendienst, die Verfassungsschutzbehörden des Bundes und der Länder, Steuerfahndungsdienststellen der Länder, der Zollfahndungsdienst und die Hauptzollämter dürfen das Lichtbild zur Erfüllung ihrer Aufgaben im automatisierten Verfahren abrufen. [5]Ferner dürfen die zur Ausstellung

1. des Führerscheins,
2. des Fahrerqualifizierungsnachweises oder
3. der Fahrerkarte

zuständigen Behörden das Lichtbild sowie die Unterschrift der antragstellenden Person im automatisierten Verfahren abrufen, wenn die antragstellende Person zuvor im Rahmen der Online-Beantragung in die elektronische Übermittlung eingewilligt hat. [6]Die abrufende Behörde trägt die Verantwortung dafür, dass die Voraussetzungen des Absatzes 1 vorliegen. [7]Alle Abrufe sind von den beteiligten Behörden so zu protokollieren, dass eine Kontrolle der Zulässigkeit der Abrufe möglich ist. [8]Abrufe nach den Sätzen 4 und 5 werden nur von der abrufenden Behörde protokolliert. [9]Die Protokolle enthalten:

1. Familienname, Vornamen sowie Tag und Ort der Geburt der Person, deren Lichtbild abgerufen wurde,
2. Tag und Uhrzeit des Abrufs,
3. die Bezeichnung der am Abruf beteiligten Stellen,
4. die Angabe der abrufenden und der den Abruf anordnenden Person sowie

---

1) § 25 Abs. 2 Satz 1 geänd., Sätze 4 und 5 eingef., bish. Satz 4 wird Satz 6, Satz 7 eingef., bish. Sätze 5 und 6 werden Sätze 8 und 9 mWv 15.7.2017 durch G v. 7.7.2017 (BGBl. I S. 2310); Abs. 2 Satz 5 eingef., bish. Sätze 5–9 werden Sätze 6–10, neuer Satz 8 geänd. mWv 7.4.2021 durch G v. 28.3.2021 (BGBl. I S. 591).

5. das Aktenzeichen.

[10] § 24 Abs. 3 Satz 5 gilt entsprechend.

§ 26[1)] Sonstige Speicherung personenbezogener Daten. (1) [1] Beantragung, Ausstellung und Aushändigung von Ausweisen dürfen nicht zum Anlass genommen werden, die dafür erforderlichen Angaben und biometrischen Merkmale außer bei den ausstellenden Personalausweisbehörden nach § 7 Abs. 1 und 2 nach den Vorgaben der §§ 23 bis 25 zu speichern. [2] Entsprechendes gilt für die zur Ausstellung des Ausweises erforderlichen Antragsunterlagen sowie für personenbezogene Datenträger.

(2) Die bei der Personalausweisbehörde gespeicherten Fingerabdrücke sind spätestens nach Aushändigung des Personalausweises an die antragstellende Person zu löschen.

(3) [1] Eine zentrale, alle Seriennummern umfassende Speicherung darf nur bei dem Ausweishersteller und ausschließlich zum Nachweis des Verbleibs der Ausweise erfolgen. [2] Abgesehen von der Sperrsumme und dem letzten Tag der Gültigkeit der jeweiligen elektronischen Identitätsnachweise sowie den weiteren in § 19 Absatz 2 genannten Daten ist die Speicherung sonstiger personenbezogener Daten der antragstellenden Person bei dem Ausweishersteller unzulässig, soweit sie nicht ausschließlich und vorübergehend der Herstellung des Ausweises dient; die Angaben sind anschließend zu löschen.

(4) Eine bundesweite Datenbank der biometrischen Merkmale wird nicht errichtet.

Abschnitt 6. Pflichten des Ausweisinhabers; Ungültigkeit und Entziehung des Ausweises

§ 27[2)] Pflichten des Ausweisinhabers. (1) Der Ausweisinhaber ist verpflichtet, der Personalausweisbehörde unverzüglich

1. den Ausweis vorzulegen, wenn eine Eintragung unrichtig ist,
2. auf Verlangen den alten Ausweis beim Empfang eines neuen Ausweises abzugeben,
3. den Verlust des Ausweises und sein Wiederauffinden anzuzeigen und im Falle des Wiederauffindens diesen vorzulegen,
4. den Erwerb einer ausländischen Staatsangehörigkeit anzuzeigen und
5. anzuzeigen, wenn er auf Grund freiwilliger Verpflichtung in die Streitkräfte oder einen vergleichbaren bewaffneten Verband eines ausländischen Staates, dessen Staatsangehörigkeit er besitzt, eingetreten ist.

(2) [1] Der Personalausweisinhaber hat zumutbare Maßnahmen zu treffen, damit keine andere Person Kenntnis von der Geheimnummer erlangt. [2] Die Geheimnummer darf insbesondere nicht auf dem Personalausweis vermerkt oder in anderer Weise zusammen mit diesem aufbewahrt sowie im Fall des elektronischen Identitätsnachweises mit einem mobilen Endgerät nicht auf diesem gespeichert werden. [3] Ist dem Personalausweisinhaber bekannt, dass die Geheimnummer Dritten zur Kenntnis gelangt ist, soll er diese unverzüglich ändern oder die Funktion

---

1) § 26 Abs. 3 Satz 2 geänd. mWv 1.9.2021 durch G v. 5.7.2021 (BGBl. I S. 2281).

2) § 27 Abs. 1 Nr. 3, Abs. 2 Satz 3 geänd. mWv 15.7.2017 durch G v. 7.7.2017 (BGBl. I S. 2310); Abs. 2 Satz 2 geänd., Satz 4 angef. mWv 1.9.2021 durch G v. 5.7.2021 (BGBl. I S. 2281).

des elektronischen Identitätsnachweises sperren lassen. [4] Satz 3 gilt entsprechend für den Fall, dass dem Personalausweisinhaber bekannt wird, dass die Geheimnummer eines elektronischen Identitätsnachweises mit einem mobilen Endgerät Dritten zur Kenntnis gelangt ist.

(3) [1] Der Personalausweisinhaber soll durch technische und organisatorische Maßnahmen gewährleisten, dass der elektronische Identitätsnachweis gemäß § 18 nur in einer Umgebung eingesetzt wird, die nach dem jeweiligen Stand der Technik als sicher anzusehen ist. [2] Dabei soll er insbesondere solche technischen Systeme und Bestandteile einsetzen, die vom Bundesamt für Sicherheit in der Informationstechnik als für diesen Einsatzzweck sicher bewertet werden.

§ 28[1)] Ungültigkeit. (1) Ein Ausweis ist ungültig, wenn

1. er eine einwandfreie Feststellung der Identität des Ausweisinhabers nicht zulässt oder verändert worden ist,
2. Eintragungen nach diesem Gesetz fehlen oder – mit Ausnahme der Angaben über die Anschrift oder Größe – unzutreffend sind,
3. die Gültigkeitsdauer abgelaufen ist oder
4. gegen den Ausweisinhaber eine Anordnung im Sinne des § 6a Absatz 2 ergangen ist und er den Geltungsbereich dieses Gesetzes verlassen hat.

(2) Eine Personalausweisbehörde hat einen Ausweis für ungültig zu erklären, wenn die Voraussetzungen für seine Erteilung nicht vorgelegen haben oder nachträglich weggefallen sind.

(3) Störungen der Funktionsfähigkeit des elektronischen Speicher- und Verarbeitungsmediums berühren nicht die Gültigkeit des Personalausweises.

§ 29[2)] Sicherstellung und Einziehung. (1) Ein nach § 28 Abs. 1 oder Abs. 2 ungültiger Ausweis kann eingezogen werden.

(2) Ein Ausweis kann sichergestellt werden, wenn

1. eine Person ihn unberechtigt besitzt oder
2. Tatsachen die Annahme rechtfertigen, dass die Voraussetzungen für eine Einziehung nach Absatz 1 vorliegen, oder
3. eine Entziehung im Sinne des § 6a Absatz 2 ergangen ist oder Tatsachen die Annahme rechtfertigen, dass ein Entziehungsgrund im Sinne des § 6a Absatz 2 vorliegt.

(3) Eine Sicherstellung oder Einziehung ist schriftlich zu bestätigen.

§ 30[3)] Sofortige Vollziehung. Widerspruch und Anfechtungsklage gegen die Anordnung, dass der Ausweis nicht zum Verlassen Deutschlands berechtigt (§ 6 Abs. 7), gegen die Entziehung des Ausweises und die Ausstellung eines Ersatz-Personalausweises (§ 6a), gegen die Aufhebung der Berechtigung (§ 21 Abs. 5), gegen die Einziehung (§ 29 Abs. 1) und gegen die Sicherstellung des Ausweises (§ 29 Abs. 2) haben keine aufschiebende Wirkung.

---

1) § 28 Abs. 1 Nr. 2 und 3 geänd., Nr. 4 angef. mWv 30.6.2015 durch G v. 20.6.2015 (BGBl. I S. 970).
2) § 29 Abs. 2 Nr. 2 geänd., Nr. 3 angef. mWv 30.6.2015 durch G v. 20.6.2015 (BGBl. I S. 970).
3) § 30 geänd. mWv 30.6.2015 durch G v. 20.6.2015 (BGBl. I S. 970).

Abschnitt 7. Gebühren und Auslagen; Bußgeldvorschriften

§ 31[1)] Gebühren und Auslagen; Verordnungsermächtigung. (1) Für individuell zurechenbare öffentliche Leistungen nach diesem Gesetz und den auf diesem Gesetz beruhenden Rechtsverordnungen erheben die Personalausweisbehörden Gebühren und Auslagen nach den Absätzen 2 und 3.

(2) [1]Die Gebühr soll die mit der individuell zurechenbaren öffentlichen Leistung verbundenen Kosten aller an der Leistung Beteiligten decken. [2]In die Gebühr sind die mit der Leistung regelmäßig verbundenen Auslagen einzubeziehen. [3]Zur Ermittlung der Gebühr sind die Kosten, die nach betriebswirtschaftlichen Grundsätzen als Einzel- und Gemeinkosten zurechenbar und ansatzfähig sind, insbesondere Personal- und Sachkosten sowie kalkulatorische Kosten, zu Grunde zu legen. [4]Zu den Gemeinkosten zählen auch die Kosten der Rechts- und Fachaufsicht. [5]Grundlage der Gebührenermittlung nach den Sätzen 1 bis 4 sind Kosten, die in der Gesamtheit der Länder mit der jeweiligen Leistung verbundenen sind. [6]§ 3 Absatz 1 und 2, die §§ 5 bis 7, 9 Absatz 3 bis 6 und die §§ 10 bis 12 des Bundesgebührengesetzes[2)] gelten entsprechend.

(3) Das Bundesministerium des Innern, für Bau und Heimat wird ermächtigt, für den Bereich der Landesverwaltung durch Rechtsverordnung mit Zustimmung des Bundesrates die gebührenpflichtigen Tatbestände, die Gebührenhöhe und die Auslagenerstattung näher zu bestimmen.

(4) [1]Durch Besondere Gebührenverordnung des Auswärtigen Amts nach § 22 Absatz 4 des Bundesgebührengesetzes kann bestimmt werden, dass von den Auslandsvertretungen der Bundesrepublik Deutschland für individuell zurechenbare öffentliche Leistungen nach diesem Gesetz und den auf diesem Gesetz beruhenden Rechtsverordnungen zum Ausgleich von Kaufkraftunterschieden ein Zuschlag erhoben wird. [2]Der Zuschlag kann bis zu 300 Prozent der Gebühren betragen.

§ 32[3)] Bußgeldvorschriften. (1) Ordnungswidrig handelt, wer

1. entgegen § 1 Abs. 1 Satz 1, auch in Verbindung mit Abs. 2 Satz 1, einen Ausweis nicht besitzt,
2. entgegen § 1 Abs. 1 Satz 2, auch in Verbindung mit Abs. 2 Satz 1, einen Ausweis nicht oder nicht rechtzeitig vorlegt oder einen Abgleich mit dem Lichtbild nicht oder nicht rechtzeitig ermöglicht,
3. entgegen § 9 Abs. 2 Satz 2 einen dort genannten Antrag nicht oder nicht rechtzeitig stellt,
4. entgegen § 9 Abs. 3 Satz 1, auch in Verbindung mit Absatz 6 Satz 2, eine Angabe nicht richtig macht,
5. entgegen § 18 Abs. 2 Satz 4 einen elektronischen Identitätsnachweis nutzt,

---

[1)] § 31 neu gef. mWv 15.7.2017 durch G v. 7.7.2017 (BGBl. I S. 2310); Abs. 3 geänd. mWv 27.6.2020 durch VO v. 19.6.2020 (BGBl. I S. 1328).

[2)] Nr. **120**.

[3)] § 32 Abs. 3 geänd. mWv 1.8.2013 durch G v. 25.7.2013 (BGBl. I S. 2749); Abs. 1 Nr. 4 und 8 geänd., Nr. 9 und 10 eingef., bish. Nr. 9 wird Nr. 11, Abs. 3 geänd. mWv 30.6.2015 durch G v. 20.6. 2015 (BGBl. I S. 970); Abs. 1 Nr. 2, Abs. 3 geänd. mWv 15.6.2017 durch G v. 8.6.2017 (BGBl. I S. 1570); Abs. 1 Nr. 6a und 6b eingef., Nr. 7 neu gef., Nr 7a eingef., Abs. 2 Nr. 1 neu gef., bish. Nr. 1–3 werden Nr. 2–4 und neu gef., Nr. 5 und 6 angef., Abs. 3 neu gef. mWv 15.7.2017 durch G v. 7.7.2017 (BGBl. I S. 2310); Abs. 1 Nr. 6–6b aufgeh., bish. Nr. 7 wird Nr. 6 und geänd., Nr. 7a–10 aufgeh., bish. Nr. 11 wird Nr. 7, Abs. 2 Nr. 4 geänd., Nr. 5 aufgeh., bish. Nr. 6 wird Nr. 5, Abs. 3 neu gef. mWv 5.8.2019 durch G v. 21.6.2019 (BGBl. I S. 846).

6. entgegen § 20 Absatz 2 Satz 2 eine Kopie weitergibt oder
7. entgegen § 27 Abs. 1 Nr. 3, 4 oder Nr. 5 eine Anzeige nicht oder nicht rechtzeitig erstattet.

(2) Ordnungswidrig handelt, wer vorsätzlich oder fahrlässig
1. ohne Berechtigung nach § 21 Absatz 1 Satz 1 Daten anfragt,
2. entgegen § 21 Absatz 2 Satz 2, auch in Verbindung mit § 21a Satz 2 oder § 21b Absatz 2 Satz 2, eine Angabe nicht richtig macht,
3. entgegen § 21 Absatz 3 Satz 3 oder Absatz 5 Satz 1, jeweils auch in Verbindung mit § 21a Satz 2 oder § 21b Absatz 2 Satz 2, eine Berechtigung oder ein Berechtigungszertifikat verwendet,
4. entgegen § 21 Absatz 6, auch in Verbindung mit § 21a Satz 2 oder § 21b Absatz 2 Satz 2, eine Mitteilung nicht, nicht richtig, nicht vollständig oder nicht rechtzeitig macht oder
5. ohne Berechtigung nach § 21b Absatz 1 eine dort genannte Funktion nutzt.

(3) Die Ordnungswidrigkeit kann in den Fällen des Absatzes 1 Nummer 5 sowie des Absatzes 2 Nummer 1, 2, 3 und 5 mit einer Geldbuße bis zu dreißigtausend Euro und in den übrigen Fällen mit einer Geldbuße bis zu dreitausend Euro geahndet werden.

§ 33[1)] Bußgeldbehörden. Verwaltungsbehörden im Sinne des § 36 Abs. 1 Nr. 1 des Gesetzes über Ordnungswidrigkeiten[2)]§ 36 Abs. 1 Nr. 1 des Gesetzes über Ordnungswidrigkeiten sind, soweit dieses Gesetz von Bundesbehörden ausgeführt wird,
1. in den Fällen des § 32 Absatz 1 Nummer 2 und 5 die Bundespolizeibehörden jeweils für ihren Geschäftsbereich,
2. in den Fällen des § 32 Abs. 1 Nr. 4 das Auswärtige Amt für Ausweisangelegenheiten im Ausland,
3. in den Fällen des § 32 Abs. 2 Nr. 1 bis 4 die Vergabestelle für Berechtigungszertifikate nach § 7 Abs. 4 Satz 1.

Abschnitt 8. Verordnungsermächtigung; Übergangsvorschrift

§ 34[3)] Verordnungsermächtigung. [1]Das Bundesministerium des Innern, für Bau und Heimat wird ermächtigt, mit Zustimmung des Bundesrates durch Rechtsverordnung
1. die Muster der Ausweise zu bestimmen,
2. die Einzelheiten der technischen Anforderungen an die Speicherung des Lichtbildes und der Fingerabdrücke sowie den Zugriffsschutz auf die im elektronischen Speicher- und Verarbeitungsmedium abgelegten Daten zu regeln,
3. die Einzelheiten zu regeln

---

1) § 33 Nr. 1 geänd., Nr. 2 aufgeh., bish. Nr. 3 wird Nr. 2 und geänd., bish. Nr. 4 wird Nr. 3 mWv 5.8. 2019 durch G v. 21.6.2019 (BGBl. I S. 846).

2) **Schönfelder Nr. 94.**

3) § 34 neu gef. mWv 5.8.2019 durch G v. 21.6.2019 (BGBl. I S. 846); Satz 1 einl. Satzteil geänd., Nr. 3 neu gef., Nr. 10, 11 geänd., Nr. 12 und Satz 2 angef. mWv 12.12.2020 durch G v. 3.12.2020 (BGBl. I S. 2744); Satz 1 Nr. 6a eingef., Nr. 7 und 9 Buchst. a geänd. mWv 7.4.2021 durch G v. 15.1.2021 (BGBl. I S. 530); Satz 1 Nr. 8a eingef., Satz 3 angef. mWv 9.7.2021 durch G v. 5.7.2021 (BGBl. I S. 2281).

a) über das Verfahren und die technischen Anforderungen für die Aufnahme, die elektronische Erfassung, die Echtheitsbewertung und die Qualitätssicherung des Lichtbilds,

b) zur sicheren Übermittlung des Lichtbilds an die Personalausweisbehörde sowie zu einer Registrierung und Zertifizierung von Dienstleistern, welche Lichtbilder für die Personalausweisproduktion an die Personalausweisbehörde übermitteln,

c) über das Verfahren und die technischen Anforderungen für die Aufnahme, die elektronische Erfassung, die Echtheitsbewertung und Qualitätssicherung der Fingerabdrücke, die Reihenfolge der zu speichernden Fingerabdrücke bei Fehlen eines Zeigefingers, ungenügender Qualität des Fingerabdrucks oder Verletzungen der Fingerkuppe und

d) über die Form und die Einzelheiten für das Verfahren der Übermittlung sämtlicher Ausweisantragsdaten von den Personalausweisbehörden an den Ausweishersteller,

4. die Einzelheiten des Prüfverfahrens nach § 12 Absatz 2 Satz 2 zu regeln,
5. die Herstellung des Personalausweises und die Übermittlung von Geheimnummer, Entsperrnummer und Sperrkennwort zu regeln,
6. die Einzelheiten der Aushändigung und den Versand des Personalausweises zu regeln,

6a. die Einzelheiten zum Einschalten der Funktion zum elektronischen Identitätsnachweis, einschließlich des Verfahrens des nachträglichen Einschaltens der Funktion zum elektronischen Identitätsnachweis durch den Ausweishersteller nach elektronisch gestellter Beantragung, zu regeln,

7. die Änderung von Daten des Personalausweises wie den Namen oder die Anschrift, einschließlich des Verfahrens der Änderung der Anschrift auf dem elektronischen Speicher- und Verarbeitungsmedium nach einer elektronischen Anmeldung gemäß § 23a des Bundesmeldegesetzes[1], zu regeln,
8. die Einzelheiten zur Nutzung des elektronischen Identitätsnachweises und des Vor-Ort-Auslesens zu regeln,

8a. die Einzelheiten zur Einrichtung und zur Nutzung des elektronischen Identitätsnachweises mit einem mobilen Endgerät, sowie zu den technischen Anforderungen an mobile Endgeräte nach § 2 Absatz 13 zu regeln,

9. die Einzelheiten

a) der Geheimnummer, einschließlich des Verfahrens des Neusetzens der Geheimnummer durch den Ausweishersteller nach elektronisch gestelltem Antrag,

b) der Sperrung und Entsperrung des elektronischen Identitätsnachweises durch den Ausweisinhaber sowie

c) der Speicherung und Löschung der Sperrmerkmale und des Sperrkennworts

festzulegen,

10. die sicherheitstechnischen Rahmenbedingungen festzulegen, die vorliegen müssen, damit öffentliche und private Stellen ein Benutzerkonto nach § 19 Absatz 5 anlegen und betreiben dürfen,
11. die Einzelheiten der Vergabe der Berechtigungen und Berechtigungszertifikate festzulegen und

---

[1] Nr. **256**.

12. die Einzelheiten zur Durchführung von automatisierten Abrufen nach § 25 sowie zur Form und zum Inhalt der zu übermittelnden Daten zu regeln.

²Rechtsverordnungen nach Satz 1 ergehen im Benehmen mit dem Auswärtigen Amt, Rechtsverordnungen nach Satz 1 Nummer 3 Buchstabe b zusätzlich im Benehmen mit dem Bundesministerium für Wirtschaft und Energie. ³In einer Rechtsverordnung nach Satz 1 Nummer 8a sind Regelungen zu Maßnahmen gegen eine missbräuchliche Verwendung bei der Einrichtung eines elektronischen Identitätsnachweises mit einem mobilen Endgerät vorzusehen.

§ 34a[1)] Regelungsbefugnisse der Länder. ¹Durch Landesrecht können zentrale Personalausweisregisterdatenbestände zur Speicherung des Lichtbilds und der Unterschrift für die Durchführung eines automatisierten Abrufs des Lichtbilds nach § 25 Absatz 2 Satz 1 und 4 sowie eines automatisierten Abrufs des Lichtbilds und der Unterschrift nach § 25 Absatz 2 Satz 5 eingerichtet werden. ²In diesem Fall gelten § 23 Absatz 4, § 25 Absatz 2 Satz 5 bis 8 und § 26 Absatz 4 entsprechend. ³Macht ein Land von der Regelungsbefugnis Gebrauch, hat es technisch sicherzustellen, dass die Lichtbilder und Unterschriften vor unbefugtem Zugriff geschützt sind. ⁴Die Lichtbilder und Unterschriften dürfen nur so gespeichert werden, dass keine Verknüpfung mit anderen als für den automatisierten Abruf benötigten Daten ermöglicht wird.

§ 35 Übergangsvorschrift. Abweichend von § 7 Abs. 2, § 8 Abs. 2, § 10 Abs. 1 Satz 4 und Abs. 2 Satz 2, § 23 Abs. 4 Satz 2 sowie § 31 Abs. 2 ist bis zum 31. Dezember 2012 für Deutsche mit Hauptwohnung im Ausland die Personalausweisbehörde nach § 7 Abs. 1 zuständig, in deren Bezirk er oder sie sich vorübergehend aufhält.

[1)] § 34a eingef. mWv 1.9.2021 durch G v. 5.7.2021 (BGBl. I S. 2281).

260. Personenstandsgesetz (PStG)[1) 2) 3)]

Vom 19. Februar 2007
(BGBl. I S. 122)

FNA 211-9

geänd. durch Art. 2 Abs. 2 G zur Ergänzung des Rechts zur Anfechtung der Vaterschaft v. 13.3.2008 (BGBl. I S. 313), Art. 3 Viertes G zur Änd. verwaltungsverfahrensrechtlicher Vorschriften v. 11.12.2008 (BGBl. I S. 2418), Art. 12 FGG-ReformG v. 17.12.2008 (BGBl. I S. 2586), Art. 4 G zur Modernisierung des Benachrichtigungswesens in Nachlasssachen durch Schaffung des Zentralen Testamentsregisters bei der Bundesnotarkammer und zur Fristverlängerung nach der HofraumVO v. 22.12.2010 (BGBl. I S. 2255), Art. 2 G zur Anpassung der Vorschriften des Internationalen Privatrechts an die Verordnung (EU) Nr. 1259/2010 und zur Änd. anderer Vorschriften des Internationalen Privatrechts v. 23.1.2013 (BGBl. I S. 101), Art. 1 Personenstandsrechts-ÄnderungsG v. 7.5.2013 (BGBl. I S. 1122), Art. 2 Abs. 14 G zur Strukturreform des Gebührenrechts des Bundes v. 7.8.2013 (BGBl. I S. 3154), Art. 3 G zum Ausbau der Hilfen für Schwangere und zur Regelung der vertraulichen Geburt v. 28.8.2013 (BGBl. I S. 3458), Art. 49 Zehnte ZuständigkeitsanpassungsVO v. 31.8.2015 (BGBl. I S. 1474), Art. 2 G zur Bereinigung des Rechts der Lebenspartner v. 20.11.2015 (BGBl. I S. 2010), Art. 3 G zur Bekämpfung von Kinderehen v. 17.7.2017 (BGBl. I S. 2429), Art. 1 2. Personenstandsrechts-ÄnderungsG v. 17.7.2017 (BGBl. I S. 2522), Art. 2 Abs. 2 G zur Einführung des Rechts auf Eheschließung für Personen gleichen Geschlechts v. 20.7.2017 (BGBl. I S. 2787), Beschl. des BVerfG – 1 BvR 2019/16 – v. 10.10.2017 (BGBl. I S. 3783), Art. 3 Abs. 1 G zum Erlass und zur Änd. bundesrechtlicher Vorschriften in Bezug auf die Übernahme der Angehörigenbenachrichtigungs-Aufgabenübertragung[4)] v. 4.12.2018 (BGBl. I S. 2257 iVm Bek. v. 12.4.2019, BGBl. I S. 496), Art. 3 G zum Internationalen Güterrecht und zur Änd. von Vorschriften des Internationalen

---

[1)] Verkündet als Art. 1 PersonenstandsrechtsreformG v. 19.2.2007 (BGBl. I S. 122); Inkrafttreten gem. Art. 5 Abs. 2 Satz 1 dieses G am 1.1.2009 mit Ausnahme von § 67 Abs. 4, §§ 73, 74 und § 77 Abs. 1, die gem. Art. 5 Abs. 1 bereits am 24.2.2007 in Kraft getreten sind.

[2)] Die Änderungen durch G v. 28.3.2021 (BGBl. I S. 591) treten teilweise erst **mit noch unbestimmtem Datum**, die Änderung durch G v. 4.5.2021 (BGBl. I S. 882) tritt erst **mWv 1.1.2023** in Kraft und ist im Text noch nicht berücksichtigt.

[3)] Zur Ausführung und Durchführung des PStG haben die Länder ua folgende Vorschriften erlassen:
- **Baden-Württemberg:** PersonenstandsG-AusführungsG v. 3.12.2008 (GBl. S. 434), zuletzt geänd. durch G v. 15.12.2015 (GBl. S. 1147); PersonenstandsG-DurchführungsVO v. 10.6.2013 (GBl. S. 209), zuletzt geänd. durch VO v. 17.10.2018 (GBl. S. 371)
- **Bayern:** PersonenstandsausführungsG v. 8.7.2008 (GVBl. S. 344), zuletzt geänd. durch V v. 26.3.2019 (GVBl. S. 98)
- **Berlin:** Personenstands-AusführungsVO v. 2.7.2019 (GVBl. S. 454)
- **Brandenburg:** PersonenstandsausführungsG v. 9.10.2003 (GVBl. I S. 270), zuletzt geänd. durch G v. 10.7.2014 (GVBl. I Nr. 32)
- **Bremen:** Bremisches AusführungsG zum PersonenstandsG v. 16.12.2008 (Brem.GBl. S. 418), zuletzt geänd. durch G v. 27.9.2016 (Brem.GBl. S. 590)
- **Hessen:** PersonenstandsG-AusführungsG v. 19.11.2008 (GVBl. I S. 964), zuletzt geänd. durch G v. 22.3.2018 (GVBl. S. 31)
- **Mecklenburg-Vorpommern:** LandespersonenstandsausführungsG v. 1.12.2008 (GVOBl. M-V S. 461), zuletzt geänd. durch G v. 9.4.2020 (GVOBl. M-V S. 166)
- **Niedersachsen:** PersonenstandsG-AusführungsG v. 11.12.2008 (Nds. GVBl. S. 413)
- **Nordrhein-Westfalen:** PersonenstandsVO NRW v. 16.12.2008 (GV. NRW. S. 859, ber. S. 879), zuletzt geänd. durch VO v. 13.11.2018 (GV. NRW. S. 587)
- **Rheinland-Pfalz:** PersonenstandsVO v. 10.12.2008 (GVBl. S. 321), zuletzt geänd. durch VO v. 29.4.2014 (GVBl. S. 51)
- **Sachsen:** Personenstands-AusführungsG v. 11.12.2008 (SächsGVBl. S. 938), zuletzt geänd. durch G v. 5.4.2019 (SächsGVBl. S. 245)
- **Sachsen-Anhalt:** Personenstands-AusführungsG v. 5.12.2008 (GVBl. LSA S. 406), geänd. durch G v. 14.2.2019 (GVBl. LSA S. 32)
- **Schleswig-Holstein:** PersonenstandsG-DurchführungsVO v. 8.12.2008 (GVOBl. Schl.-H. S. 752), zuletzt geänd. durch VO v. 11.5.2015 (GVOBl. Schl.-H. S. 126)
- **Thüringen:** PersonenstandsG-AusführungsG v. 18.9.2008 (GVBl. S. 313), geänd. durch G v. 9.9.2010 (GVBl. S. 291)

[4)] In Kraft getreten am 1.1.2019, vgl. Art. 4 Abs. 2 G v. 4.12.2018 (BGBl. I S. 2257) iVm Bek. v. 12.4.2019 (BGBl. I S. 496).

Privatrechts v. 17.12.2018 (BGBl. I S. 2573), Art. 1 G zur Änd. der in das Geburtenregister einzutragenden Angaben v. 18.12.2018 (BGBl. I S. 2635), Art. 4 G zur Umsetzung des G zur Einführung des Rechts auf Eheschließung für Personen gleichen Geschlechts v. 18.12.2018 (BGBl. I S. 2639), Art. 17 Zweites Datenschutz-Anpassungs- und UmsetzungsG EU v. 20.11.2019 (BGBl. I S. 1626), Art. 88 Elfte ZuständigkeitsanpassungsVO v. 19.6.2020 (BGBl. I S. 1328), Art. 5 RegistermodernisierungsG[1] v. 28.3.2021 (BGBl. I S. 591) und Art. 3 Vormundschafts- und Betreuungsrechts-ReformG v. 4.5.2021 (BGBl. I S. 882)

Inhaltsübersicht[2]

---

[1] Die Änderung des § 3 PStG durch Art. 5 Nr. 1 RegistermodernisierungsG tritt gem. Art. 22 Satz 3 dieses Gesetzes „an dem Tag in Kraft, an dem das Bundesministerium des Innern, für Bau und Heimat im Bundesgesetzblatt […] bekannt gibt, dass die technischen Voraussetzungen für die Verarbeitung der Identifikationsnummer nach § 139b der Abgabenordnung […] vorliegen".

[2] Inhaltsübersicht geänd. mWv 1.9.2009 durch G v. 17.12.2008 (BGBl. I S. 2586); mWv 1.11.2013 durch G v. 7.5.2013 (BGBl. I S. 1122); mWv 15.8.2013 durch G v. 7.8.2013 (BGBl. I S. 3154); geänd. mWv 26.11.2015 durch G v. 20.11.2015 (BGBl. I S. 2010); geänd. mWv 22.7.2017 durch G v. 17.7.2017 (BGBl. I S. 2429); geänd. mWv 1.11.2017 durch G v. 17.7.2017 (BGBl. I S. 2522); geänd. mWv 1.10.2017 durch G v. 20.7.2017 (BGBl. I S. 2787); geänd. mWv 22.12.2018 durch G v. 18.12.2018 (BGBl. I S. 2635); geänd. mWv 22.12.2018 durch G v. 18.12.2018 (BGBl. I S. 2639); geänd. mWv 26.11.2019 durch G v. 20.11.2019 (BGBl. I S. 1626).

265. Gesetz über die Änderung von Familiennamen und Vornamen (Namensänderungsgesetz – NamÄndG)

in der Fassung der Bekanntmachung vom 26. März 2021[1) 2)]
(BGBl. I S. 738, 739)

FNA 401-1

geänd. durch Art. 15 Abs. 17 Vormundschafts- und Betreuungsrechts-ReformG v. 4.5.2021 (BGBl. I S. 882)

§ 1 [Anwendungsbereich] Der Familienname eines Deutschen im Sinne des Grundgesetzes[3)], eines Staatenlosen oder heimatlosen Ausländers mit gewöhnlichem Aufenthalt im Inland oder eines Asylberechtigten oder ausländischen Flüchtlings mit Wohnsitz im Inland kann auf Antrag geändert werden.

§ 2 [Antragstellung] (1) [1]Für eine beschränkt geschäftsfähige oder geschäftsunfähige Person stellt der gesetzliche Vertreter den Antrag; ein Vormund oder Pfleger bedarf hierzu der Genehmigung des Familiengerichts, ein Betreuer der Genehmigung des Betreuungsgerichts. [2]Für eine geschäftsfähige Person, für die in dieser Angelegenheit ein Betreuer bestellt und ein Einwilligungsvorbehalt nach § 1903 des Bürgerlichen Gesetzbuchs[4)] angeordnet ist, stellt der Betreuer den Antrag; er bedarf hierzu der Genehmigung des Betreuungsgerichts.

(2) Das Gericht hat den Antragsteller in den Fällen des Absatzes 1 Satz 1, wenn er als beschränkt Geschäftsfähiger das sechzehnte Lebensjahr vollendet hat, sowie in den Fällen des Absatzes 1 Satz 2 zu dem Antrag zu hören.

§ 3 [Rechtfertigung] (1) Ein Familienname darf nur geändert werden, wenn ein wichtiger Grund die Änderung rechtfertigt.

(2) Die für die Entscheidung erheblichen Umstände sind von Amts wegen festzustellen; dabei sollen insbesondere außer den unmittelbar Beteiligten die zuständige Ortspolizeibehörde und solche Personen gehört werden, deren Rechte durch die Namensänderung berührt werden.

§ 3a [Eingebürgerte Staatsangehörige] (1) Ist ein deutscher Staatsangehöriger, der die deutsche Staatsangehörigkeit nach dem 1. Januar 1919 erworben hat, daran gehindert, seinen früheren Familiennamen oder Vornamen zu führen, weil ihm dies vor seiner Einbürgerung durch ein Gesetz oder eine Verwaltungsmaßnahme seines früheren Heimatstaates verboten war, so liegt ein wichtiger Grund zur Änderung im Sinne des § 3 Absatz 1 vor, wenn durch das Gesetz oder die Verwaltungsmaßnahmen des früheren Heimatstaates überwiegend Angehörige einer deutschen Minderheit betroffen waren.

(2) Absatz 1 gilt auch für deutsche Staatsangehörige, auf die der frühere Name durch Ableitung übergegangen wäre.

---

1) Neubekanntmachung des Namensänderungsgesetzes in der im Bundesgesetzblatt Teil III, Gliederungsnummer 401-1, veröffentlichten bereinigten Fassung in der ab 18.3.2021 geltenden Fassung.

2) Die Änderungen durch G v. 4.5.2021 (BGBl. I S. 882) treten erst **mWv 1.1.2023** in Kraft und sind im Text noch nicht berücksichtigt.

3) Nr. **1**.

4) **Schönfelder Nr. 20.**

§ 4 [Kinder] Die Änderung des Familiennamens erstreckt sich, soweit nicht bei der Entscheidung etwas anderes bestimmt wird, auf Kinder der Person, deren Name geändert wird, sofern die Kinder bislang den Namen dieser Person getragen haben und für die Kinder die elterliche Sorge dieser Person besteht.

§ 5 [Zuständige Behörde] (1) [1]Der Antrag auf Änderung eines Familiennamens ist schriftlich oder zu Protokoll bei der nach Landesrecht zuständigen Verwaltungsbehörde zu stellen, in deren Bezirk der Antragsteller oder einer seiner Vorfahren seinen Wohnsitz oder beim Fehlen eines Wohnsitzes seinen Aufenthalt hat oder zuletzt hatte. [2]Das Bundesministerium des Innern, für Bau und Heimat entscheidet, welches Land für die Bearbeitung des Antrags zuständig ist, wenn keine örtliche Zuständigkeit nach Satz 1 begründet wird.

(2) Beantragen mehrere Angehörige einer Familie dieselbe Namensänderung und sind verschiedene Verwaltungsbehörden zuständig, so kann eine der beteiligten Behörden im Einvernehmen mit den anderen Behörden und mit dem Einverständnis der Antragsteller das Verfahren für alle Antragsteller durchführen.

§§ 6, 7 (weggefallen)

§ 8 [Namensfeststellung] (1) [1]Ist zweifelhaft, welchen Familiennamen ein Deutscher im Sinne des Grundgesetzes[1)], ein Staatenloser oder heimatloser Ausländer mit gewöhnlichem Aufenthalt im Inland oder ein Asylberechtigter oder ausländischer Flüchtling mit Wohnsitz im Inland zu führen berechtigt ist, kann die nach Landesrecht zuständige Behörde den zu führenden Namen auf Antrag eines Beteiligten oder von Amts wegen mit allgemein verbindlicher Wirkung feststellen. [2]Die Vorschriften der §§ 2, 3 Absatz 2, der §§ 4 und 5 finden entsprechende Anwendung.

(2) Ist in einem auf Antrag eines Beteiligten eingeleiteten Verfahren die Entscheidung von der Beurteilung einer familienrechtlichen Vorfrage abhängig, so kann die nach Landesrecht zuständige Behörde das Verfahren auf Antrag oder von Amts wegen aussetzen und den Antragsteller zur Herbeiführung einer Entscheidung über diese Vorfrage auf den Rechtsweg verweisen.

§ 9 [Registereintragung] [1]Die nach Landesrecht zuständige Verwaltungsbehörde veranlasst die Folgebeurkundung über die Namensänderung oder die Namensfeststellung im Geburtenregister und im Eheregister oder Lebenspartnerschaftsregister. [2]Sie benachrichtigt die für die Wohnung, bei mehreren Wohnungen die für die Hauptwohnung des Betroffenen zuständige Meldebehörde von der Änderung oder Feststellung des Namens. [3]Die Mitteilungen nach den Sätzen 1 und 2 bedürfen der Schriftform.

§ 10 [Namensrechtliche Vorschriften des BGB] Die namensrechtlichen Vorschriften des Bürgerlichen Gesetzbuchs[2)] bleiben unberührt.

§ 11 [Änderung von Vornamen] Die §§ 1 bis 3, 5 und 9 finden auch auf die Änderung von Vornamen Anwendung.

§§ 12, 13 (weggefallen)

[1)] Nr. 1.
[2)] **Schönfelder Nr. 20.**

§ 13a [Verordnungsermächtigung] [1] Die Landesregierungen werden ermächtigt, durch Rechtsverordnung die zuständigen Behörden abweichend von § 5 Abs. 1 Satz 1, den §§ 8 und 9 zu bestimmen. [2] Sie können diese Ermächtigung auf oberste Landesbehörden übertragen.

§ 14 (Inkrafttreten)

275. Gesetz über den Verkehr mit Betäubungsmitteln (Betäubungsmittelgesetz – BtMG)[1) 2)]

In der Fassung der Bekanntmachung vom 1. März 1994[3)]
(BGBl. I S. 358)

FNA 2121-6-24

geänd. durch Art. 3 § 1 Gesundheitseinrichtungen-NeuordnungsG v. 24.6.1994 (BGBl. I S. 1416), § 34 GrundstoffüberwachungsG v. 7.10.1994 (BGBl. I S. 2835), Art. 2 § 4 BundesgrenzschutzneuregelungsG v. 19.10.1994 (BGBl. I S. 2978), Art. 9 VerbrechensbekämpfungsG v. 28.10.1994 (BGBl. I S. 3186), Art. 1 Sechste Betäubungsmittelrechts-ÄndVO v. 14.9.1995 (BGBl. I S. 1161), Art. 1 Siebte Betäubungsmittelrechts-ÄndVO v. 29.3.1996 (BGBl. I S. 562), Art. 1 Zweites ÄndG v. 4.4.1996 (BGBl. I S. 582), Art. 1 Achte Betäubungsmittelrechts-ÄndVO v. 14.11.1996 (BGBl. I S. 1728), Art. 1 Neunte Betäubungsmittelrechts-ÄndVO v. 28.1.1997 (BGBl. I S. 65), Art. 7 JustizmitteilungsG und G zur Änd. kostenrechtlicher Vorschriften und anderer Gesetze v. 18.6.1997 (BGBl. I S. 1430), Art. 1 Zehnte Betäubungsmittelrechts-ÄndVO v. 20.1.1998 (BGBl. I S. 74), Art. 4 G zur Bekämpfung von Sexualdelikten und anderen gefährlichen Straftaten v. 26.1.1998 (BGBl. I S. 160), Art. 1 Zwölfte Betäubungsmittelrechts-ÄndVO v. 7.10.1998 (BGBl. I S. 3126), Art. 1 13. Betäubungsmittelrechts-ÄndVO v. 27.9.1999 (BGBl. I S. 1935), Art. 1 Drittes BtMG-ÄndG v. 28.3.2000 (BGBl. I S. 302), Art. 1 14. Betäubungsmittelrechts-ÄndVO v. 27.9.2000 (BGBl. I S. 1414), Art. 1 15. Betäubungsmittelrechts-ÄndVO v. 19.6.2001 (BGBl. I S. 1180), Art. 1 16. Betäubungsmittelrechts-ÄndVO v. 28.11.2001 (BGBl. I S. 3338), Art. 1 17. Betäubungsmittelrechts-ÄndVO v. 12.2.2002 (BGBl. I S. 612), Art. 2 GrundstoffüberwachungsG-ÄndG v. 26.6.2002 (BGBl. I S. 2261), Art. 18 Achte ZuständigkeitsanpassungsVO v. 25.11.2003 (BGBl. I S. 2304), Art. 1 18. Betäubungsmittelrechts-ÄndVO v. 22.12.2003 (BGBl. 2004 I S. 28), Art. 1 19. Betäubungsmittelrechts-ÄndVO v. 10.3.2005 (BGBl. I S. 757), Art. 15 G zur Umbenennung des Bundesgrenzschutzes in Bundespolizei v. 21.6.2005 (BGBl. I S. 1818), Art. 35 Neunte ZuständigkeitsanpassungsVO v. 31.10.2006 (BGBl. I S. 2407), Art. 1 Zweites JustizmodernisierungsG v. 22.12.2006 (BGBl. I S. 3416), Art. 1 20. Betäubungsmittelrechts-ÄndVO v. 14.2.2007 (BGBl. I S. 154), Art. 1 21. Betäubungsmittelrechts-ÄndVO v. 18.2.2008 (BGBl. I S. 246), Art. 1, 2 22. Betäubungsmittelrechts-ÄndVO v. 19.1.2009 (BGBl. I S. 49), Art. 1 G zur diamorphingestützten Substitutionsbehandlung v. 15.7.2009 (BGBl. I S. 1801), Art. 5 G zur Änd. arzneimittelrechtlicher und anderer Vorschriften v. 17.7.2009 (BGBl. I S. 1990), Art. 2 43. ÄndG v. 29.7.2009 (BGBl. I S. 2288), Art. 1, 2 24. Betäubungsmittelrechts-ÄndVO v. 18.12.2009 (BGBl. I S. 3944), Art. 6 ArzneimittelmarktneuordnungsG v. 22.12.2010 (BGBl. I S. 2262), Art. 1 25. VO zur Änd. betäubungsmittelrechtlicher Vorschriften v. 11.5.2011 (BGBl. I S. 821), Art. 1 26. VO zur Änd. betäubungsmittelrechtlicher Vorschriften v. 20.7.2012 (BGBl. I S. 1639), Art. 4 Zweites G zur Änd. arzneimittelrechtlicher und anderer Vorschriften v. 19.10.2012 (BGBl. I S. 2192), Art. 2 46. StrafrechtsänderungsG v. 10.6.2013 (BGBl. I S. 1497), Art. 1 27. VO zur Änd. betäubungsmittelrechtlicher Vorschriften v. 9.7.2013 (BGBl. I S. 2274), Art. 2 Abs. 20, Art. 4 Abs. 7 G zur Strukturreform des Gebührenrechts des Bundes v. 7.8.2013 (BGBl. I S. 3154, Art. 4 Abs. 7 dieses G aufgeh. durch Art. 2 G v. 18.7.2016, BGBl. I S. 1666), Art. 1 28. VO zur Änd. betäubungsmittelrechtlicher Vorschriften v. 5.12.2014 (BGBl. I S. 1999), Art. 1 29. VO zur Änd. betäubungsmittelrechtlicher Vorschriften v. 18.5.2015 (BGBl. I S. 723), Art. 2 G zur Änd. des Agrar- und Fischereifonds-Informationen-G und des BetäubungsmittelG v. 20.5.2015 (BGBl. I S. 725), Art. 1 30. VO zur Änd. betäubungsmittelrechtlicher Vorschriften v. 11.11.2015 (BGBl. I S. 1992), Art. 1 31. VO zur Änd. betäubungsmittelrechtlicher Vorschriften v. 31.5.2016 (BGBl. I S. 1282), Art. 4 Abs. 7 G zur Aktualisierung der Strukturreform des Gebührenrechts des Bundes v. 18.7.2016 (BGBl. I S. 1666), Art. 1 G zur Änd. betäubungsmittelrechtlicher und anderer Vorschriften v. 6.3.2017 (BGBl. I S. 403), Art. 6 Abs. 6 G zur Reform der strafrechtlichen Vermögensabschöpfung v. 13.4.2017 (BGBl. I S. 872), Art. 1 18. ÄndVO v. 16.6.2017 (BGBl. I S. 1670), Art. 1 VO zur Änd. betäubungsmittelrechtlicher und anderer Vorschriften v. 2.7.2018 (BGBl. I S. 1078), Art. 2 VO zur Änd. der Anl. des Neue-psychoaktive-Stoffe-G und von Anl. des BetäubungsmittelG v. 12.7.2019 (BGBl. I S. 1083), Art. 8 G für mehr Sicherheit in der Arzneimittelversorgung v. 9.8.2019 (BGBl. I S. 1202), Art. 1 19. ÄndVO v. 17.12.2019 (BGBl. I S. 2850), Art. 91 Elfte Zuständigkeits-

---

[1)] Zu Ausnahmen vom Betäubungsmittelgesetz siehe ua § 5 SARS-CoV-2-Arzneimittelversorgungsverordnung v. 20.4.2020 (BAnz AT 21.04.2020 V1).

[2)] Die Änderungen durch Art. 4 Abs. 7 G v. 18.7.2016 (BGBl. I S. 1666) treten erst **mWv 1.10.2021** in Kraft und sind im Text noch nicht berücksichtigt.

[3)] Neubekanntmachung des BetäubungsmittelG v. 28.7.1981 (BGBl. I S. 681) in der ab 28.2.1994 geltenden Fassung.

anpassungsVO v. 19.6.2020 (BGBl. I S. 1328), Art. 1 20. VO zur Änd. von Anlagen des Betäubungsmittel G v. 10.7.2020 (BGBl. I S. 1691), Art. 4 60. G zur Änd. des Strafgesetzbuches v. 30.11.2020 (BGBl. I S. 2600), Art. 1 21. VO zur Änd. von Anlagen des BetäubungsmittelG v. 14.1.2021 (BGBl. I S. 70), Art. 1 32. VO zur Änd. betäubungsmittelrechtlicher Vorschriften v. 18.5.2021 (BGBl. I S. 1096) und Art. 11 Digitale-Versorgung-und-Pflege-Modernisierungs-G v. 3.6.2021 (BGBl. I S. 1309)

Inhaltsübersicht[1)]

[1)] Inhaltsübersicht geänd. mWv 23.7.2009 durch G v. 17.7.2009 (BGBl. I S. 1990); geänd. mWv 15.8. 2013 durch G v. 7.8.2013 (BGBl. I S. 3154); geänd. mWv 1.7.2017 durch G v. 13.4.2017 (BGBl. I S. 872); sie wurde nichtamtlich um Anl. I–III ergänzt.

Dritter Abschnitt. Pflichten im Betäubungsmittelverkehr

§ 11[1)] Einfuhr, Ausfuhr und Durchfuhr. (1) [1]Wer Betäubungsmittel im Einzelfall einführen oder ausführen will, bedarf dazu neben der erforderlichen Erlaubnis nach § 3 einer Genehmigung des Bundesinstitutes für Arzneimittel und Medizinprodukte. [2]Betäubungsmittel dürfen durch den Geltungsbereich dieses Gesetzes nur unter zollamtlicher Überwachung ohne weiteren als den durch die Beförderung oder den Umschlag bedingten Aufenthalt und ohne daß das Betäubungsmittel zu irgendeinem Zeitpunkt während des Verbringens dem Durchführenden oder einer dritten Person tatsächlich zur Verfügung steht, durchgeführt werden. [3]Ausgenommene Zubereitungen dürfen nicht in Länder ausgeführt werden, die die Einfuhr verboten haben.

(2) [1]Die Bundesregierung wird ermächtigt, durch Rechtsverordnung ohne Zustimmung des Bundesrates das Verfahren über die Erteilung der Genehmigung zu regeln und Vorschriften über die Einfuhr, Ausfuhr und Durchfuhr zu erlassen, soweit es zur Sicherheit oder Kontrolle des Betäubungsmittelverkehrs, zur Durchführung der internationalen Suchtstoffübereinkommen oder von Rechtsakten der Organe der Europäischen Union erforderlich ist. [2]Insbesondere können

1. die Einfuhr, Ausfuhr oder Durchfuhr auf bestimmte Betäubungsmittel und Mengen beschränkt sowie in oder durch bestimmte Länder oder aus bestimmten Ländern verboten,
2. Ausnahmen von Absatz 1 für den Reiseverkehr und die Versendung von Proben im Rahmen der internationalen Zusammenarbeit zugelassen,
3. Regelungen über das Mitführen von Betäubungsmitteln durch Ärzte, Zahnärzte und Tierärzte im Rahmen des grenzüberschreitenden Dienstleistungsverkehrs getroffen und
4. Form, Inhalt, Anfertigung, Ausgabe und Aufbewahrung der zu verwendenden amtlichen Formblätter festgelegt

werden.

§ 12[2)] Abgabe und Erwerb. (1) Betäubungsmittel dürfen nur abgegeben werden an

1. Personen oder Personenvereinigungen, die im Besitz einer Erlaubnis nach § 3 zum Erwerb sind oder eine Apotheke oder tierärztliche Hausapotheke betreiben,
2. die in § 4 Abs. 2 oder § 26 genannten Behörden oder Einrichtungen.
3. (weggefallen)

(2) [1]Der Abgebende hat dem Bundesinstitut für Arzneimittel und Medizinprodukte außer in den Fällen des § 4 Abs. 1 Nr. 1 Buchstabe e unverzüglich jede einzelne Abgabe unter Angabe des Erwerbers und der Art und Menge des Betäubungsmittels zu melden. [2]Der Erwerber hat dem Abgebenden den Empfang der Betäubungsmittel zu bestätigen.

(3) Die Absätze 1 und 2 gelten nicht bei

[1)] § 11 Abs. 1 Satz 1 geänd. durch G v. 24.6.1994 (BGBl. I S. 1416); Abs. 2 Satz 1 geänd. mWv 26.10. 2012 durch G v. 19.10.2012 (BGBl. I S. 2192).

[2)] § 12 Abs. 2 Satz 1 geänd. durch G v. 24.6.1994 (BGBl I S. 1416); Abs. 4 geänd. mWv 28.11.2003 durch VO v. 25.11.2003 (BGBl. I S. 2304); Abs. 4 neu gef. mWv 1.1.2011 durch G v. 22.12.2010 (BGBl. I S. 2262); Abs. 3 Nr. 1 Buchst. c angef. mWv 26.10.2012 durch G v. 19.10.2012 (BGBl. I S. 2192).

1. Abgabe von in Anlage III[1] bezeichneten Betäubungsmitteln
   a) auf Grund ärztlicher, zahnärztlicher oder tierärztlicher Verschreibung im Rahmen des Betriebes einer Apotheke,
   b) im Rahmen des Betriebes einer tierärztlichen Hausapotheke für ein vom Betreiber dieser Hausapotheke behandeltes Tier,
   c) durch den Arzt nach § 13 Absatz 1a Satz 1,
2. der Ausfuhr von Betäubungsmitteln und
3. Abgabe und Erwerb von Betäubungsmitteln zwischen den in § 4 Abs. 2 oder § 26 genannten Behörden oder Einrichtungen.

(4) [1]Das Bundesministerium für Gesundheit wird ermächtigt, durch Rechtsverordnung ohne Zustimmung des Bundesrates das Verfahren der Meldung und der Empfangsbestätigung zu regeln. [2]Es kann dabei insbesondere deren Form, Inhalt und Aufbewahrung sowie eine elektronische Übermittlung regeln.

§ 13[2] Verschreibung und Abgabe auf Verschreibung. (1) [1]Die in Anlage III[1] bezeichneten Betäubungsmittel dürfen nur von Ärzten, Zahnärzten und Tierärzten und nur dann verschrieben oder im Rahmen einer ärztlichen, zahnärztlichen oder tierärztlichen Behandlung einschließlich der ärztlichen Behandlung einer Betäubungsmittelabhängigkeit verabreicht oder einem anderen zum unmittelbaren Verbrauch oder nach Absatz 1a Satz 1 überlassen werden, wenn ihre Anwendung am oder im menschlichen oder tierischen Körper begründet ist. [2]Die Anwendung ist insbesondere dann nicht begründet, wenn der beabsichtigte Zweck auf andere Weise erreicht werden kann. [3]Die in Anlagen I und II[1] bezeichneten Betäubungsmittel dürfen nicht verschrieben, verabreicht oder einem anderen zum unmittelbaren Verbrauch oder nach Absatz 1a Satz 1 überlassen werden.

(1a) [1]Zur Deckung des nicht aufschiebbaren Betäubungsmittelbedarfs eines ambulant versorgten Palliativpatienten darf der Arzt diesem die hierfür erforderlichen, in Anlage III[1] bezeichneten Betäubungsmittel in Form von Fertigarzneimitteln nur dann überlassen, soweit und solange der Bedarf des Patienten durch eine Verschreibung nicht rechtzeitig gedeckt werden kann; die Höchstüberlassungsmenge darf den Dreitagesbedarf nicht überschreiten. [2]Der Bedarf des Patienten kann durch eine Verschreibung nicht rechtzeitig gedeckt werden, wenn das erforderliche Betäubungsmittel

1. bei einer dienstbereiten Apotheke innerhalb desselben Kreises oder derselben kreisfreien Stadt oder in einander benachbarten Kreisen oder kreisfreien Städten nicht vorrätig ist oder nicht rechtzeitig zur Abgabe bereitsteht oder
2. obwohl es in einer Apotheke nach Nummer 1 vorrätig ist oder rechtzeitig zur Abgabe bereitstünde, von dem Patienten oder den Patienten versorgenden Personen nicht rechtzeitig beschafft werden kann, weil
   a) diese Personen den Patienten vor Ort versorgen müssen oder auf Grund ihrer eingeschränkten Leistungsfähigkeit nicht in der Lage sind, das Betäubungsmittel zu beschaffen, oder

---

[1] Anlagen hier nicht abgedruckt.

[2] § 13 Abs. 3 neu gef. mWv 1.4.2000 durch G v. 28.3.2000 (BGBl. I S. 302); Abs. 2 Satz 2 eingef., bish. Satz 2 wird Satz 3, Abs. 3 Satz 2 Nr. 2a., 2b. eingef., Sätze 3 und 4 eingef., bish. Sätze 3 und 4 werden Sätze 5 und 6 mWv 21.7.2009 durch G v. 15.7.2009 (BGBl. I S. 1801); Abs. 1 Sätze 1 und 3 geänd., Abs. 1a eingef., Abs. 3 Satz 1 geänd. mWv 26.10.2012 durch G v. 19.10.2012 (BGBl. I S. 2192); Abs. 3 Satz 2 Nr. 4 geänd. mWv 9.6.2021 durch G v. 3.6.2021 (BGBl. I S. 1309).

b) der Patient auf Grund der Art und des Ausmaßes seiner Erkrankung dazu nicht selbst in der Lage ist und keine Personen vorhanden sind, die den Patienten versorgen.

[3] Der Arzt muss unter Hinweis darauf, dass eine Situation nach Satz 1 vorliegt, bei einer dienstbereiten Apotheke nach Satz 2 Nummer 1 vor Überlassung anfragen, ob das erforderliche Betäubungsmittel dort vorrätig ist oder bis wann es zur Abgabe bereitsteht. [4] Über das Vorliegen der Voraussetzungen nach den Sätzen 1 und 2 und die Anfrage nach Satz 3 muss der Arzt mindestens folgende Aufzeichnungen führen und diese drei Jahre, vom Überlassen der Betäubungsmittel an gerechnet, aufbewahren:

1. den Namen des Patienten sowie den Ort, das Datum und die Uhrzeit der Behandlung,
2. den Namen der Apotheke und des kontaktierten Apothekers oder der zu seiner Vertretung berechtigten Person,
3. die Bezeichnung des angefragten Betäubungsmittels,
4. die Angabe der Apotheke, ob das Betäubungsmittel zum Zeitpunkt der Anfrage vorrätig ist oder bis wann es zur Abgabe bereitsteht,
5. die Angaben über diejenigen Tatsachen, aus denen sich das Vorliegen der Voraussetzungen nach den Sätzen 1 und 2 ergibt.

[5] Über die Anfrage eines nach Satz 1 behandelnden Arztes, ob ein bestimmtes Betäubungsmittel vorrätig ist oder bis wann es zur Abgabe bereitsteht, muss der Apotheker oder die zu seiner Vertretung berechtigte Person mindestens folgende Aufzeichnungen führen und diese drei Jahre, vom Tag der Anfrage an gerechnet, aufbewahren:

1. das Datum und die Uhrzeit der Anfrage,
2. den Namen des Arztes,
3. die Bezeichnung des angefragten Betäubungsmittels,
4. die Angabe gegenüber dem Arzt, ob das Betäubungsmittel zum Zeitpunkt der Anfrage vorrätig ist oder bis wann es zur Abgabe bereitsteht.

[6] Im Falle des Überlassens nach Satz 1 hat der Arzt den ambulant versorgten Palliativpatienten oder zu dessen Pflege anwesende Dritte über die ordnungsgemäße Anwendung der überlassenen Betäubungsmittel aufzuklären und eine schriftliche Gebrauchsanweisung mit Angaben zur Einzel- und Tagesgabe auszuhändigen.

(2) [1] Die nach Absatz 1 verschriebenen Betäubungsmittel dürfen nur im Rahmen des Betriebs einer Apotheke und gegen Vorlage der Verschreibung abgegeben werden. [2] Diamorphin darf nur vom pharmazeutischen Unternehmer und nur an anerkannte Einrichtungen nach Absatz 3 Satz 2 Nummer 2a gegen Vorlage der Verschreibung abgegeben werden. [3] Im Rahmen des Betriebs einer tierärztlichen Hausapotheke dürfen nur die in Anlage III[1)] bezeichneten Betäubungsmittel und nur zur Anwendung bei einem vom Betreiber der Hausapotheke behandelten Tier abgegeben werden.

(3) [1] Die Bundesregierung wird ermächtigt, durch Rechtsverordnung[2)] mit Zustimmung des Bundesrates das Verschreiben von den in Anlage III[1)] bezeichneten Betäubungsmitteln, ihre Abgabe auf Grund einer Verschreibung und das Aufzeichnen ihres Verbleibs und des Bestandes bei Ärzten, Zahnärzten, Tierärzten, in

---

[1)] Anlagen hier nicht abgedruckt.
[2)] Siehe die Betäubungsmittel-VerschreibungsVO **(Schönfelder ErgBd. Nr. 86a)**.

Apotheken, tierärztlichen Hausapotheken, Krankenhäusern, Tierkliniken, Alten- und Pflegeheimen, Hospizen, Einrichtungen der spezialisierten ambulanten Palliativversorgung, Einrichtungen der Rettungsdienste, Einrichtungen, in denen eine Behandlung mit dem Substitutionsmittel Diamorphin stattfindet, und auf Kauffahrteischiffen zu regeln, soweit es zur Sicherheit oder Kontrolle des Betäubungsmittelverkehrs erforderlich ist. [2] Insbesondere können

1. das Verschreiben auf bestimmte Zubereitungen, Bestimmungszwecke oder Mengen beschränkt,
2. das Verschreiben von Substitutionsmitteln für Drogenabhängige von der Erfüllung von Mindestanforderungen an die Qualifikation der verschreibenden Ärzte abhängig gemacht und die Festlegung der Mindestanforderungen den Ärztekammern übertragen,

2a. das Verschreiben von Diamorphin nur in Einrichtungen, denen eine Erlaubnis von der zuständigen Landesbehörde erteilt wurde, zugelassen,

2b. die Mindestanforderungen an die Ausstattung der Einrichtungen, in denen die Behandlung mit dem Substitutionsmittel Diamorphin stattfindet, festgelegt,

3. Meldungen
   a) der verschreibenden Ärzte an das Bundesinstitut für Arzneimittel und Medizinprodukte über das Verschreiben eines Substitutionsmittels für einen Patienten in anonymisierter Form,
   b) der Ärztekammern an das Bundesinstitut für Arzneimittel und Medizinprodukte über die Ärzte, die die Mindestanforderungen nach Nummer 2 erfüllen und

   Mitteilungen
   c) des Bundesinstituts für Arzneimittel und Medizinprodukte an die zuständigen Überwachungsbehörden und an die verschreibenden Ärzte über die Patienten, denen bereits ein anderer Arzt ein Substitutionsmittel verschrieben hat, in anonymisierter Form,
   d) des Bundesinstituts für Arzneimittel und Medizinprodukte an die zuständigen Überwachungsbehörden der Länder über die Ärzte, die die Mindestanforderungen nach Nummer 2 erfüllen,
   e) des Bundesinstituts für Arzneimittel und Medizinprodukte an die obersten Landesgesundheitsbehörden über die Anzahl der Patienten, denen ein Substitutionsmittel verschrieben wurde, die Anzahl der Ärzte, die zum Verschreiben eines Substitutionsmittels berechtigt sind, die Anzahl der Ärzte, die ein Substitutionsmittel verschrieben haben, die verschriebenen Substitutionsmittel und die Art der Verschreibung

   sowie Art der Anonymisierung, Form und Inhalt der Meldungen und Mitteilungen vorgeschrieben,
4. Form, Inhalt, Anfertigung, Ausgabe, Aufbewahrung und Rückgabe des zu verwendenden amtlichen Formblattes für die Verschreibung, das Verfahren für die Verschreibung in elektronischer Form sowie Form und Inhalt der Aufzeichnungen über den Verbleib und den Bestand der Betäubungsmittel festgelegt und
5. Ausnahmen von § 4 Abs. 1 Nr. 1 Buchstabe c für die Ausrüstung von Kauffahrteischiffen erlassen werden.

[3] Für das Verfahren zur Erteilung einer Erlaubnis nach Satz 2 Nummer 2a gelten § 7 Satz 2 Nummer 1 bis 4, § 8 Absatz 1 Satz 1, Absatz 2 und 3 Satz 1 bis 3, § 9 Absatz 2 und § 10 entsprechend. [4] Dabei tritt an die Stelle des Bundesinstitutes für

Arzneimittel und Medizinprodukte jeweils die zuständige Landesbehörde, an die Stelle der zuständigen obersten Landesbehörde jeweils das Bundesinstitut für Arzneimittel und Medizinprodukte. [5]Die Empfänger nach Satz 2 Nr. 3 dürfen die übermittelten Daten nicht für einen anderen als den in Satz 1 genannten Zweck verwenden. [6]Das Bundesinstitut für Arzneimittel und Medizinprodukte handelt bei der Wahrnehmung der ihm durch Rechtsverordnung nach Satz 2 zugewiesenen Aufgaben als vom Bund entliehenes Organ des jeweils zuständigen Landes; Einzelheiten einschließlich der Kostenerstattung an den Bund werden durch Vereinbarung geregelt.

§ 14 Kennzeichnung und Werbung. (1) [1]Im Betäubungsmittelverkehr sind die Betäubungsmittel unter Verwendung der in den Anlagen[1)] aufgeführten Kurzbezeichnungen zu kennzeichnen. [2]Die Kennzeichnung hat in deutlich lesbarer Schrift, in deutscher Sprache und auf dauerhafte Weise zu erfolgen.

(2) Die Kennzeichnung muß außerdem enthalten

1. bei rohen, ungereinigten und nicht abgeteilten Betäubungsmitteln den Gewichtsvomhundertsatz und bei abgeteilten Betäubungsmitteln das Gewicht des enthaltenen reinen Stoffes,
2. auf Betäubungsmittelbehältnissen und – soweit verwendet – auf den äußeren Umhüllungen bei Stoffen und nicht abgeteilten Zubereitungen die enthaltene Gewichtsmenge, bei abgeteilten Zubereitungen die enthaltene Stückzahl; dies gilt nicht für Vorratsbehältnisse in wissenschaftlichen Laboratorien sowie für zur Abgabe bestimmte kleine Behältnisse und Ampullen.

(3) Die Absätze 1 und 2 gelten nicht für Vorratsbehältnisse in Apotheken und tierärztlichen Hausapotheken.

(4) Die Absätze 1 und 2 gelten sinngemäß auch für die Bezeichnung von Betäubungsmitteln in Katalogen, Preislisten, Werbeanzeigen oder ähnlichen Druckerzeugnissen, die für die am Betäubungsmittelverkehr beteiligten Fachkreise bestimmt sind.

(5) [1]Für in Anlage I[1)] bezeichnete Betäubungsmittel darf nicht geworben werden. [2]Für in den Anlagen II und III[1)] bezeichnete Betäubungsmittel darf nur in Fachkreisen der Industrie und des Handels sowie bei Personen und Personenvereinigungen, die eine Apotheke oder eine tierärztliche Hausapotheke betreiben, geworben werden, für in Anlage III[1)] bezeichnete Betäubungsmittel auch bei Ärzten, Zahnärzten und Tierärzten.

§ 15[2)] Sicherungsmaßnahmen. [1]Wer am Betäubungsmittelverkehr teilnimmt, hat die Betäubungsmittel, die sich in seinem Besitz befinden, gesondert aufzubewahren und gegen unbefugte Entnahme zu sichern. [2]Das Bundesinstitut für Arzneimittel und Medizinprodukte kann Sicherungsmaßnahmen anordnen, soweit es nach Art oder Umfang des Betäubungsmittelverkehrs, dem Gefährdungsgrad oder der Menge der Betäubungsmittel erforderlich ist.

§ 16[3)] Vernichtung. (1) [1]Der Eigentümer von nicht mehr verkehrsfähigen Betäubungsmitteln hat diese auf seine Kosten in Gegenwart von zwei Zeugen in einer Weise zu vernichten, die eine auch nur teilweise Wiedergewinnung der Betäubungsmittel ausschließt sowie den Schutz von Mensch und Umwelt vor

---

1) Anlagen hier nicht abgedruckt.
2) § 15 Satz 2 geänd. durch G v. 24.6.1994 (BGBl. I S. 1416).
3) § 16 Abs. 2 Satz 1 geänd. durch G v. 24.6.1994 (BGBl. I S. 1416).

schädlichen Einwirkungen sicherstellt. [2]Über die Vernichtung ist eine Niederschrift zu fertigen und diese drei Jahre aufzubewahren.

(2) [1]Das Bundesinstitut für Arzneimittel und Medizinprodukte, in den Fällen des § 19 Abs. 1 Satz 3 die zuständige Behörde des Landes, kann den Eigentümer auffordern, die Betäubungsmittel auf seine Kosten an diese Behörden zur Vernichtung einzusenden. [2]Ist ein Eigentümer der Betäubungsmittel nicht vorhanden oder nicht zu ermitteln, oder kommt der Eigentümer seiner Verpflichtung zur Vernichtung oder der Aufforderung zur Einsendung der Betäubungsmittel gemäß Satz 1 nicht innerhalb einer zuvor gesetzten Frist von drei Monaten nach, so treffen die in Satz 1 genannten Behörden die zur Vernichtung erforderlichen Maßnahmen. [3]Der Eigentümer oder Besitzer der Betäubungsmittel ist verpflichtet, die Betäubungsmittel den mit der Vernichtung beauftragten Personen herauszugeben oder die Wegnahme zu dulden.

(3) Absatz 1 und Absatz 2 Satz 1 und 3 gelten entsprechend, wenn der Eigentümer nicht mehr benötigte Betäubungsmittel beseitigen will.

§ 17 Aufzeichnungen. (1) [1]Der Inhaber einer Erlaubnis nach § 3 ist verpflichtet, getrennt für jede Betriebsstätte und jedes Betäubungsmittel fortlaufend folgende Aufzeichnungen über jeden Zugang und jeden Abgang zu führen:

1. das Datum,
2. den Namen oder die Firma und die Anschrift des Lieferers oder des Empfängers oder die sonstige Herkunft oder den sonstigen Verbleib,
3. die zugegangene oder abgegangene Menge und den sich daraus ergebenden Bestand,
4. im Falle des Anbaues zusätzlich die Anbaufläche nach Lage und Größe sowie das Datum der Aussaat,
5. im Falle des Herstellens zusätzlich die Angabe der eingesetzten oder hergestellten Betäubungsmittel, der nicht dem Gesetz unterliegenden Stoffe oder der ausgenommenen Zubereitungen nach Art und Menge und
6. im Falle der Abgabe ausgenommener Zubereitungen durch deren Hersteller zusätzlich den Namen oder die Firma und die Anschrift des Empfängers.

[2]Anstelle der in Nummer 6 bezeichneten Aufzeichnungen können die Durchschriften der Ausgangsrechnungen, in denen die ausgenommenen Zubereitungen kenntlich gemacht sind, fortlaufend nach dem Rechnungsdatum abgeheftet werden.

(2) Die in den Aufzeichnungen oder Rechnungen anzugebenden Mengen sind

1. bei Stoffen und nicht abgeteilten Zubereitungen die Gewichtsmenge und
2. bei abgeteilten Zubereitungen die Stückzahl.

(3) Die Aufzeichnungen oder Rechnungsdurchschriften sind drei Jahre, von der letzten Aufzeichnung oder vom letzten Rechnungsdatum an gerechnet, gesondert aufzubewahren.

§ 18[1] Meldungen. (1) Der Inhaber einer Erlaubnis nach § 3 ist verpflichtet, dem Bundesinstitut für Arzneimittel und Medizinprodukte getrennt für jede Betriebsstätte und für jedes Betäubungsmittel die jeweilige Menge zu melden, die

1. beim Anbau gewonnen wurde, unter Angabe der Anbaufläche nach Lage und Größe,

---

[1] § 18 Abs. 1, 3 und 4 geänd. durch G v. 24.6.1994 (BGBl. I S. 1416).

2. hergestellt wurde, aufgeschlüsselt nach Ausgangsstoffen,
3. zur Herstellung anderer Betäubungsmittel verwendet wurde, aufgeschlüsselt nach diesen Betäubungsmitteln,
4. zur Herstellung von nicht unter dieses Gesetz fallenden Stoffen verwendet wurde, aufgeschlüsselt nach diesen Stoffen,
5. zur Herstellung ausgenommener Zubereitungen verwendet wurde, aufgeschlüsselt nach diesen Zubereitungen,
6. eingeführt wurde, aufgeschlüsselt nach Ausfuhrländern,
7. ausgeführt wurde, aufgeschlüsselt nach Einfuhrländern,
8. erworben wurde,
9. abgegeben wurde,
10. vernichtet wurde,
11. zu anderen als den nach den Nummern 1 bis 10 angegebenen Zwecken verwendet wurde, aufgeschlüsselt nach den jeweiligen Verwendungszwecken und
12. am Ende des jeweiligen Kalenderhalbjahres als Bestand vorhanden war.

(2) Die in den Meldungen anzugebenden Mengen sind
1. bei Stoffen und nicht abgeteilten Zubereitungen die Gewichtsmenge und
2. bei abgeteilten Zubereitungen die Stückzahl.

(3) Die Meldungen nach Absatz 1 Nr. 2 bis 12 sind dem Bundesinstitut für Arzneimittel und Medizinprodukte jeweils bis zum 31. Januar und 31. Juli für das vergangene Kalenderhalbjahr und die Meldung nach Absatz 1 Nr. 1 bis zum 31. Januar für das vergangene Kalenderjahr einzusenden.

(4) Für die in Absatz 1 bezeichneten Meldungen sind die vom Bundesinstitut für Arzneimittel und Medizinprodukte herausgegebenen amtlichen Formblätter zu verwenden.

§ 18a[1] *(aufgehoben)*

Vierter Abschnitt. Überwachung

§ 19[2] **Durchführende Behörde.** (1) [1]Der Betäubungsmittelverkehr sowie die Herstellung ausgenommener Zubereitungen unterliegt der Überwachung durch das Bundesinstitut für Arzneimittel und Medizinprodukte. [2]Diese Stelle ist auch zuständig für die Anfertigung und Ausgabe der zur Verschreibung von Betäubungsmitteln vorgeschriebenen amtlichen Formblätter, für die Bereitstellung eines Verfahrens zur Verschreibung von Betäubungsmitteln in elektronischer Form sowie für die Auswertung von Verschreibungen. [3]Der Betäubungsmittelverkehr bei Ärzten, Zahnärzten und Tierärzten, pharmazeutischen Unternehmern im Falle der Abgabe von Diamorphin und in Apotheken sowie im Falle von § 4 Absatz 1 Nummer 1 Buchstabe f zwischen Apotheken, tierärztlichen Hausapotheken, Kran-

---

[1] § 18a aufgeh. durch G v. 7.10.1994 (BGBl. I S. 2835).

[2] § 19 Abs. 1 Satz 1, Abs. 2 geänd. durch G v. 24.6.1994 (BGBl. I S. 1416); Abs. 3 angef. durch G v. 4.4.1996 (BGBl. I S. 582); Abs. 1 Satz 4 angef. mWv 1.4.2000 durch G v. 28.3.2000 (BGBl. I S. 302); Abs. 1 Satz 3 geänd. mWv 21.7.2009 durch G v. 15.7.2009 (BGBl. I S. 1801); Abs. 3 Satz 1 geänd., Satz 2 neu gef., Satz 3 angef. mWv 23.7.2009 durch G v. 17.7.2009 (BGBl. I S. 1990); Abs. 3 Satz 2 geänd. mWv 1.1.2011 durch G v. 22.12.2010 (BGBl. I S. 2262); Abs. 1 Satz 3 geänd. mWv 26.10.2012 durch G v. 19.10.2012 (BGBl. I S. 2192); Abs. 3 Sätze 2 und 3 neu gef., Satz 4 angef. mWv 23.5.2015 durch G v. 20.5.2015 (BGBl. I S. 725); Abs. 2a eingef. mWv 10.3.2017 durch G v. 6.3.2017 (BGBl. I S. 403); Abs. 1 Satz 2 geänd. mWv 9.6.2021 durch G v. 3.6.2021 (BGBl. I S. 1309).

kenhäusern und Tierkliniken unterliegt der Überwachung durch die zuständigen Behörden der Länder. [4] Diese überwachen auch die Einhaltung der in § 10a Abs. 2 aufgeführten Mindeststandards; den mit der Überwachung beauftragten Personen stehen die in den §§ 22 und 24 geregelten Befugnisse zu.

(2) Das Bundesinstitut für Arzneimittel und Medizinprodukte ist zugleich die besondere Verwaltungsdienststelle im Sinne der internationalen Suchtstoffübereinkommen.

(2a) [1] Der Anbau von Cannabis zu medizinischen Zwecken unterliegt der Kontrolle des Bundesinstituts für Arzneimittel und Medizinprodukte. [2] Dieses nimmt die Aufgaben einer staatlichen Stelle nach Artikel 23 Absatz 2 Buchstabe d und Artikel 28 Absatz 1 des Einheits-Übereinkommens von 1961 über Suchtstoffe vom 30. März 1961 (BGBl. 1973 II S. 1354) wahr. [3] Der Kauf von Cannabis zu medizinischen Zwecken durch das Bundesinstitut für Arzneimittel und Medizinprodukte nach Artikel 23 Absatz 2 Buchstabe d Satz 2 und Artikel 28 Absatz 1 des Einheits-Übereinkommens von 1961 über Suchtstoffe erfolgt nach den Vorschriften des Vergaberechts. [4] Das Bundesinstitut für Arzneimittel und Medizinprodukte legt unter Berücksichtigung der für die Erfüllung der Aufgaben nach Satz 2 entstehenden Kosten seinen Herstellerabgabepreis für den Verkauf von Cannabis zu medizinischen Zwecken fest.

(3) [1] Der Anbau von Nutzhanf im Sinne des Buchstabens d der Ausnahmeregelung zu Cannabis (Marihuana) in Anlage I[1)] unterliegt der Überwachung durch die Bundesanstalt für Landwirtschaft und Ernährung. [2] Artikel 45 Absatz 4 Unterabsatz 1 und der Anhang der Durchführungsverordnung (EU) Nr. 809/2014 der Kommission vom 17. Juli 2014 mit Durchführungsbestimmungen zur Verordnung (EU) Nr. 1306/2013 des Europäischen Parlaments und des Rates hinsichtlich des integrierten Verwaltungs- und Kontrollsystems, der Maßnahmen zur Entwicklung des ländlichen Raums und der Cross-Compliance (ABl. L 227 vom 31.7.2014, S. 69) in der jeweils gelten-

(Fortsetzung nächstes Blatt)

[1)] Anlagen hier nicht abgedruckt.

276. Gesetz zur Einführung eines Rauchverbotes in Einrichtungen des Bundes und öffentlichen Verkehrsmitteln (Bundesnichtraucherschutzgesetz – BNichtrSchG)[1)]

Vom 20. Juli 2007
(BGBl. I S. 1595)

FNA 212-3

geänd. durch Art. 2 G zur Änd. von Vorschriften im Eisenbahnbereich v. 9.6.2021 (BGBl. I S. 1730)

§ 1 Rauchverbot. (1) Das Rauchen ist nach Maßgabe der Absätze 2 und 3 verboten

1. in Einrichtungen des Bundes sowie der Verfassungsorgane des Bundes,
2. in Verkehrsmitteln des öffentlichen Personenverkehrs,
3. in Personenbahnhöfen der öffentlichen Eisenbahnen.

(2) Das Rauchverbot nach Absatz 1 gilt in Gebäuden und sonstigen vollständig umschlossenen Räumen; es gilt nicht für Räume, die Wohn- oder Übernachtungszwecken dienen und den Bewohnerinnen und Bewohnern zur alleinigen Nutzung überlassen sind.

(3) [1] Abweichend von Absatz 1 und 2 erster Halbsatz können in den dort genannten Einrichtungen, Verkehrsmitteln und Personenbahnhöfen gesonderte und entsprechend gekennzeichnete Räume vorgehalten werden, in denen das Rauchen gestattet ist, wenn insgesamt eine ausreichende Anzahl von Räumen zur Verfügung steht. [2] Satz 1 gilt nicht für die in § 2 Nr. 2 Buchstabe b genannten Verkehrsmittel.

(4) Die Bundesregierung wird ermächtigt, durch Rechtsverordnung ohne Zustimmung des Bundesrates nähere Bestimmungen zur Einrichtung und Kennzeichnung von Raucherräumen nach Absatz 3, insbesondere zu den baulichen Anforderungen an die Größe, Lage, Gestaltung sowie zur Art und Weise ihrer Belüftung, zu erlassen.

§ 2[2)] Begriffsbestimmungen.

1. Einrichtungen des Bundes im Sinne dieses Gesetzes sind
   a) Behörden, Dienststellen, Gerichte und sonstige öffentliche Einrichtungen des Bundes,
   b) bundesunmittelbare Körperschaften, Anstalten und Stiftungen.
2. Verkehrsmittel des öffentlichen Personenverkehrs im Sinne dieses Gesetzes sind
   a) die zur Beförderung von Personen benutzten Eisenbahnfahrzeuge der öffentlichen Eisenbahnen nach § 3 Abs. 1 des Allgemeinen Eisenbahngesetzes[3)],
   b) zur Beförderung von Personen eingesetzte Straßenbahnen, Oberleitungsomnibusse und Kraftfahrzeuge, soweit die Beförderung den Vorschriften des

---

[1)] Verkündet als Art. 1 G v. 20.7.2007; Inkrafttreten gem. Art. 7 Abs. 1 dieses G am 1.9.2007.
[2)] § 2 Nr. 3 neu gef. mWv 1.7.2021 durch G v. 9.6.2021 (BGBl. I S. 1730).
[3)] **Sartorius III Nr. 200.**

Personenbeförderungsgesetzes[1)] oder § 1 Nr. 4 Buchstabe d, g oder Buchstabe i der Freistellungs-Verordnung[2)] unterliegt,

c) Luftfahrzeuge, die für die gewerbsmäßige oder entgeltliche Beförderung von Personen oder für gewerbsmäßige Rundflüge eingesetzt werden,

d) Fahrgastschiffe, die Fahrgäste im Linienverkehr befördern.

3. Personenbahnhöfe der öffentlichen Eisenbahnen im Sinne dieses Gesetzes sind solche nach § 3 Absatz 1 des Allgemeinen Eisenbahngesetzes in Verbindung mit Anlage 2 (zu den §§ 10 bis 14) Nummer 2 Satz 1 Buchstabe a des Eisenbahnregulierungsgesetzes[3)].

4. Räume im Sinne dieses Gesetzes sind

a) baulich abgetrennte Einheiten eines Gebäudes,

b) räumlich abgetrennte Einheiten eines Verkehrsmittels.

§ 3 Hinweispflicht. Auf das Rauchverbot nach § 1 ist in geeigneter Weise hinzuweisen.

§ 4 Verantwortlichkeit. Die Einrichtung der Raucherbereiche und die Erfüllung der Hinweispflicht nach § 3 obliegen dem Inhaber des Hausrechts oder dem Betreiber des Verkehrsmittels.

§ 5 Bußgeldvorschrift. (1) Ordnungswidrig handelt, wer entgegen § 1 Abs. 1 raucht.

(2) Die Ordnungswidrigkeit kann mit einer Geldbuße geahndet werden.

(3) Verwaltungsbehörden im Sinne des § 36 Abs. 1 Nr. 1 des Gesetzes über Ordnungswidrigkeiten[4)] sind, soweit dieses Gesetz vom Bund ausgeführt wird, die obersten Bundesbehörden jeweils für sich und ihren Geschäftsbereich sowie für die Verfassungsorgane des Bundes die jeweils zur Ausübung des Hausrechts Berechtigten; § 36 Abs. 3 des Gesetzes über Ordnungswidrigkeiten gilt entsprechend.

[1)] Nr. **950**.
[2)] Nr. **951**.
[3)] **Sartorius III Nr. 210.**
[4)] **Schönfelder Nr. 94.**

290. Bundes-Klimaschutzgesetz (KSG)[1) 2)]

Vom 12. Dezember 2019
(BGBl. I S. 2513)

FNA 2129-64

geänd. durch Beschl. des BVerfG – 1 BvR 2656/18, 1 BvR 78/20, 1 BvR 96/20, 1 BvR 288/20 – v. 24.3.2021 (BGBl. I S. 1720)

Inhaltsübersicht

Abschnitt 1. Allgemeine Vorschriften

§ 1 Zweck des Gesetzes. [1]Zweck dieses Gesetzes ist es, zum Schutz vor den Auswirkungen des weltweiten Klimawandels die Erfüllung der nationalen Klimaschutzziele sowie die Einhaltung der europäischen Zielvorgaben zu gewährleisten. [2]Die ökologischen, sozialen und ökonomischen Folgen werden berücksichtigt.

---

1) Verkündet als Art. 1 G v. 12.12.2019 (BGBl. I S. 2513); Inkrafttreten gem. Art. 4 dieses G am 18.12. 2019.

2) Beachte hierzu den Beschl. des BVerfG v. 24.3.2021:

„Aus dem Beschluss des Bundesverfassungsgerichts vom 24. März 2021 – 1 BvR 2656/18, 1 BvR 78/20, 1 BvR 96/20, 1 BvR 288/20 – wird folgende Entscheidungsformel veröffentlicht:

1. § 3 Absatz 1 Satz 2 und § 4 Absatz 1 Satz 3 Bundes-Klimaschutzgesetz vom 12. Dezember 2019 (Bundesgesetzblatt I Seite 2513) in Verbindung mit Anlage 2 sind mit den Grundrechten unvereinbar, soweit eine den verfassungsrechtlichen Anforderungen nach Maßgabe der Gründe genügende Regelung über die Fortschreibung der Minderungsziele für Zeiträume ab dem Jahr 2031 fehlt.
2. Der Gesetzgeber ist verpflichtet, spätestens bis zum 31. Dezember 2022 die Fortschreibung der Minderungsziele für Zeiträume ab dem Jahr 2031 nach Maßgabe der Gründe zu regeln. § 3 Absatz 1 Satz 2 und § 4 Absatz 1 Satz 3 Bundes-Klimaschutzgesetz vom 12. Dezember 2019 (Bundesgesetzblatt I Seite 2513) in Verbindung mit Anlage 2 bleiben anwendbar.“

Die vorstehende Entscheidungsformel hat gemäß § 31 Absatz 2 des Bundesverfassungsgerichtsgesetzes Gesetzeskraft.

[3] Grundlage bildet die Verpflichtung nach dem Übereinkommen von Paris aufgrund der Klimarahmenkonvention der Vereinten Nationen, wonach der Anstieg der globalen Durchschnittstemperatur auf deutlich unter 2 Grad Celsius und möglichst auf 1,5 Grad Celsius gegenüber dem vorindustriellen Niveau zu begrenzen ist, um die Auswirkungen des weltweiten Klimawandels so gering wie möglich zu halten, sowie das Bekenntnis der Bundesrepublik Deutschland auf dem Klimagipfel der Vereinten Nationen am 23. September 2019 in New York, Treibhausgasneutralität bis 2050 als langfristiges Ziel zu verfolgen.

§ 2 Begriffsbestimmungen. Im Sinne dieses *Gesetz*[1] ist oder sind:

1. Treibhausgase: Kohlendioxid (CO_2), Methan (CH_4), Distickstoffoxid (N_2O), Schwefelhexafluorid (SF_6), Stickstofftrifluorid (NF_3) sowie teilfluorierte Kohlenwasserstoffe (HFKW) und perfluorierte Kohlenwasserstoffe (PFKW) gemäß Anhang V Teil 2 der Europäischen Governance-Verordnung in der jeweils geltenden Fassung;
2. Treibhausgasemissionen: die anthropogene Freisetzung von Treibhausgasen in Tonnen Kohlendioxidäquivalent, wobei eine Tonne Kohlendioxidäquivalent eine Tonne Kohlendioxid oder die Menge eines anderen Treibhausgases ist, die in ihrem Potenzial zur Erwärmung der Atmosphäre einer Tonne Kohlendioxid entspricht; das Potenzial richtet sich nach der Delegierten Verordnung (EU) Nr. 666/2014 der Kommission vom 12. März 2014 über die grundlegenden Anforderungen an ein Inventarsystem der Union und zur Berücksichtigung von Veränderungen der Treibhauspotenziale und der international vereinbarten Inventarleitlinien gemäß der Verordnung (EU) Nr. 525/2013 des Europäischen Parlaments und des Rates (ABl. L 179 vom 19.6.2014, S. 26) oder nach einer aufgrund von Artikel 26 Absatz 6 Buchstabe b der Europäischen Governance-Verordnung erlassenen Nachfolgeregelung;
3. Europäische Governance-Verordnung: die Verordnung (EU) 2018/1999 des Europäischen Parlaments und des Rates vom 11. Dezember 2018 über das Governance-System für die Energieunion und für den Klimaschutz, zur Änderung der Verordnungen (EG) Nr. 663/2009 und (EG) Nr. 715/2009 des Europäischen Parlaments und des Rates, der Richtlinien 94/22/EG, 98/70/EG, 2009/31/EG, 2009/73/EG, 2010/31/EU, 2012/27/EU und 2013/30/EU des Europäischen Parlaments und des Rates, der Richtlinien 2009/119/EG und (EU) 2015/652 des Rates und zur Aufhebung der Verordnung (EU) Nr. 525/2013 des Europäischen Parlaments und des Rates (ABl. L 328 vom 21.12.2018, S. 1), die durch den Beschluss (EU) 2019/504 (ABl. L 85 I vom 27.3.2019, S. 66) geändert worden ist;
4. Europäische Klimaschutzverordnung: die Verordnung (EU) 2018/842 des Europäischen Parlaments und des Rates vom 30. Mai 2018 zur Festlegung verbindlicher nationaler Jahresziele für die Reduzierung der Treibhausgasemissionen im Zeitraum 2021 bis 2030 als Beitrag zu Klimaschutzmaßnahmen zwecks Erfüllung der Verpflichtungen aus dem Übereinkommen von Paris sowie zur Änderung der Verordnung (EU) Nr. 525/2013 (ABl. L 156 vom 19.6.2018, S. 26);
5. Europäische Klimaberichterstattungsverordnung: die Durchführungsverordnung (EU) Nr. 749/2014 der Kommission vom 30. Juni 2014 über die Struktur, das Format, die Verfahren der Vorlage und die Überprüfung der von den Mitglied-

[1] Richtig wohl: „Gesetzes".

staaten gemäß der Verordnung (EU) Nr. 525/2013 des Europäischen Parlaments und des Rates gemeldeten Informationen (ABl. L 203 vom 11.7.2014, S. 23);

6. Übereinkommen von Paris: das von den Vertragsstaaten der Klimarahmenkonvention der Vereinten Nationen unterzeichnete und mit Gesetz vom 28. September 2016 ratifizierte Übereinkommen von Paris vom 12. Dezember 2015 (BGBl. 2016 II S. 1082, 1083);
7. Klimaschutzplan: die deutsche Langfriststrategie nach dem Übereinkommen von Paris und nach Artikel 15 der Europäischen Governance-Verordnung;
8. Landnutzung, Landnutzungsänderung und Forstwirtschaft: der in Anlage 1 Nummer 7 definierte Sektor Landnutzung, Landnutzungsänderung und Forstwirtschaft; für diesen Sektor sind § 3 Absatz 1 und die §§ 4, 7 und 8 nicht anzuwenden.
9. Netto-Treibhausgasneutralität: das Gleichgewicht zwischen den anthropogenen Emissionen von Treibhausgasen aus Quellen und dem Abbau solcher Gase durch Senken.

Abschnitt 2. Klimaschutzziele und Jahresemissionsmengen

§ 3 Nationale Klimaschutzziele. (1) [1] Die Treibhausgasemissionen werden im Vergleich zum Jahr 1990 schrittweise gemindert. [2] *Bis zum Zieljahr 2030 gilt eine Minderungsquote von mindestens 55 Prozent.*[1)]

(2) Die Möglichkeit, die nationalen Klimaschutzziele teilweise im Rahmen von staatenübergreifenden Mechanismen zur Minderung von Treibhausgasemissionen zu erreichen, bleibt unberührt.

(3) [1] Sollten zur Erfüllung europäischer oder internationaler Klimaschutzziele höhere nationale Klimaschutzziele erforderlich werden, so leitet die Bundesregierung die zur Erhöhung der Zielwerte nach Absatz 1 notwendigen Schritte ein. [2] Klimaschutzziele können erhöht, aber nicht abgesenkt werden.

§ 4 Zulässige Jahresemissionsmengen, Verordnungsermächtigung.

(1) [1] Zur Erreichung der nationalen Klimaschutzziele nach § 3 Absatz 1 werden jährliche Minderungsziele durch die Vorgabe von Jahresemissionsmengen für die folgenden Sektoren festgelegt:

1. Energiewirtschaft,
2. Industrie,
3. Verkehr,
4. Gebäude,
5. Landwirtschaft,
6. Abfallwirtschaft und Sonstiges.

---

1) § 3 Abs. 1 Satz 2 ist gem. Beschl. des BVerfG v. 24.3.2021 (BGBl. I S. 1720) mit den Grundrechten unvereinbar, soweit eine den verfassungsrechtlichen Anforderungen nach Maßgabe der Gründe genügende Regelung über die Fortschreibung der Minderungsziele für Zeiträume ab dem Jahr 2031 fehlt. Der Gesetzgeber ist verpflichtet, eine Neuregelung bis spätestens 31.12.2022 zu treffen. § 3 Abs. 1 Satz 2 ist bis zu einer Neuregelung weiter anwendbar.

[2]Die Emissionsquellen der einzelnen Sektoren und deren Abgrenzung ergeben sich aus Anlage 1. [3]*Die Jahresemissionsmengen für den Zeitraum bis zum Jahr 2030 richten sich nach Anlage 2.*[1)] [4]Im Sektor Energiewirtschaft sinken die Treibhausgasemissionen zwischen den angegebenen Jahresemissionsmengen möglichst stetig. [5]Für Zeiträume ab dem Jahr 2031 werden die jährlichen Minderungsziele durch Rechtsverordnung gemäß Absatz 6 fortgeschrieben. [6]Die Jahresemissionsmengen sind verbindlich, soweit dieses Gesetz auf sie Bezug nimmt. [7]Subjektive Rechte und klagbare Rechtspositionen werden durch dieses Gesetz oder aufgrund dieses Gesetzes nicht begründet.

(2) Die Bundesregierung wird ermächtigt, durch Rechtsverordnung, die nicht der Zustimmung des Bundesrates bedarf, die Zuordnung von Emissionsquellen zu den Sektoren in Anlage 1 zu ändern, sofern dies zur Sicherstellung der einheitlichen internationalen Berichterstattung über Treibhausgasemissionen erforderlich ist und unionsrechtliche Vorgaben nicht entgegenstehen.

(3) [1]Über- oder unterschreiten die Treibhausgasemissionen ab dem Jahr 2021 in einem Sektor die jeweils zulässige Jahresemissionsmenge, so wird die Differenzmenge auf die verbleibenden Jahresemissionsmengen des Sektors bis zum nächsten in § 3 Absatz 1 genannten Zieljahr gleichmäßig angerechnet. [2]Die Vorgaben der Europäischen Klimaschutzverordnung bleiben unberührt.

(4) [1]Für die Einhaltung der Jahresemissionsmengen ist das aufgrund seines Geschäftsbereichs für einen Sektor überwiegend zuständige Bundesministerium verantwortlich. [2]Es hat die Aufgabe, die für die Einhaltung erforderlichen nationalen Maßnahmen zu veranlassen, insbesondere die Maßnahmen nach den §§ 8 und 9 vorzulegen und umzusetzen. [3]Die Zuständigkeitsverteilung innerhalb der Bundesregierung bleibt unberührt. [4]Die Bundesregierung kann bei Überschneidungen zwischen den Zuständigkeiten einzelner Bundesministerien nach Satz 1, insbesondere in Ansehung der Klimaschutzprogramme nach § 9, die Verantwortlichkeit nach Satz 1 zuweisen.

(5) [1]Die Bundesregierung wird ermächtigt, durch Rechtsverordnung ohne Zustimmung des Bundesrates die Jahresemissionsmengen der Sektoren in Anlage 2 mit Wirkung zum Beginn des jeweils nächsten Kalenderjahres zu ändern. [2]Diese Veränderungen müssen im Einklang mit der Erreichung der Klimaschutzziele dieses Gesetzes und mit den unionsrechtlichen Anforderungen stehen. [3]Die Rechtsverordnung bedarf der Zustimmung des Deutschen Bundestages. [4]Hat sich der Deutsche Bundestag nach Ablauf von drei Sitzungswochen seit Eingang der Rechtsverordnung nicht mit ihr befasst, gilt seine Zustimmung zu der unveränderten Rechtsverordnung als erteilt.

(6) [1]Im Jahr 2025 legt die Bundesregierung für weitere Zeiträume nach dem Jahr 2030 jährlich absinkende Emissionsmengen durch Rechtsverordnung fest. [2]Diese müssen im Einklang mit der Erreichung der Klimaschutzziele dieses Gesetzes und mit den unionsrechtlichen Anforderungen stehen. [3]Wenn jährlich absinkende Emissionsmengen für Zeiträume nach dem Jahr 2030 festgelegt werden, bedarf die Rechtsverordnung der Zustimmung des Deutschen Bundestages. [4]Hat sich der Deutsche Bundestag nach Ablauf von sechs Sitzungswochen seit

[1)] § 4 Abs. 1 Satz 3 ist gem. Beschl. des BVerfG v. 24.3.2021 (BGBl. I S. 1720) mit den Grundrechten unvereinbar, soweit eine den verfassungsrechtlichen Anforderungen nach Maßgabe der Gründe genügende Regelung über die Fortschreibung der Minderungsziele für Zeiträume ab dem Jahr 2031 fehlt. Der Gesetzgeber ist verpflichtet, eine Neuregelung bis spätestens 31.12.2022 zu treffen. § 4 Abs. 1 Satz 3 ist bis zu einer Neuregelung weiter anwendbar.

Eingang der Rechtsverordnung nicht mit ihr befasst, gilt seine Zustimmung zu der unveränderten Rechtsverordnung als erteilt.

§ 5 Emissionsdaten, Verordnungsermächtigung. (1) [1]Das Umweltbundesamt erstellt die Daten der Treibhausgasemissionen in den Sektoren nach Anlage 1 (Emissionsdaten) für das zurückliegende Kalenderjahr (Berichtsjahr), beginnend mit dem Berichtsjahr 2020 auf der Grundlage der methodischen Vorgaben der Europäischen Klimaberichterstattungsverordnung oder auf der Grundlage einer nach Artikel 26 der Europäischen Governance-Verordnung erlassenen Nachfolgeregelung. [2]Das Umweltbundesamt veröffentlicht und übersendet bis zum 15. März eines jeden Jahres die Emissionsdaten des Berichtsjahres an den Expertenrat für Klimafragen nach § 10.

(2) Ab dem Berichtsjahr 2021 wird zusätzlich zu den Emissionsdaten Folgendes dargestellt:

1. für das jeweilige Berichtsjahr die Angabe für jeden Sektor, ob die Emissionsdaten die Jahresemissionsmengen nach Anlage 2 über- oder unterschreiten,
2. die Jahresemissionsmengen der einzelnen Sektoren für die auf das Berichtsjahr folgenden Jahre gemäß § 4 Absatz 3,

(Fortsetzung nächstes Blatt)

298. Gesetz zur Förderung der Kreislaufwirtschaft und Sicherung der umweltverträglichen Bewirtschaftung von Abfällen (Kreislaufwirtschaftsgesetz – KrWG)[1) 2)]

Vom 24. Februar 2012

(BGBl. I S. 212)

FNA 2129-56

geänd. durch Art. 3 G zur Umsetzung der RL über Industrieemissionen v. 8.4.2013 (BGBl. I S. 734, ber. S. 3753), § 44 Abs. 4 TiergesundheitsG v. 22.5.2013 (BGBl. I S. 1324), Art. 4 G zur Neuordnung des Rechts über das Inverkehrbringen, die Rücknahme und die umweltverträgliche Entsorgung von Elektro- und Elektronikgeräten v. 20.10.2015 (BGBl. I S. 1739), Art. 1a Erstes G zur Änd. des BatterieG und des KreislaufwirtschaftsG v. 20.11.2015 (BGBl. I S. 2071), Art. 4 G zur Umsetzung der RL über Tabakerzeugnisse und verwandte Erzeugnisse v. 4.4.2016 (BGBl. I S. 569), Art. 1 G zur Änd. des KreislaufwirtschaftsG und des Elektro- und ElektronikgeräteG v. 27.3.2017 (BGBl. I S. 567), Art. 15 G zur Neuordnung des Rechts zum Schutz vor der schädlichen Wirkung ionisierender Strahlung v. 27.6.2017 (BGBl. I S. 1966), Art. 2 Abs. 9 G zur Modernisierung des Rechts der Umweltverträglichkeitsprüfung v. 20.7.2017 (BGBl. I S. 2808), Art. 1 G zur Umsetzung der Abfallrahmenrichtlinie der Europäischen Union v. 23.10.2020 (BGBl. I S. 2232), Art. 2 Abs. 2 Erstes G zur Änd. des G zur Ausführung des Protokolls über Schadstofffreisetzungs- und -verbringungsregister vom 21. Mai 2003 sowie zur Durchführung der VO (EG) Nr. 166/2006 v. 9.12. 2020 (BGBl. I S. 2873) und Art. 2 G zur Umsetzung von Vorgaben der EinwegkunststoffRL und der AbfallrahmenRL im VerpackungsG und in anderen Gesetzen v. 9.6.2021 (BGBl. I S. 1699)

Zum KrWG (bzw. vormals KrW-/AbfG) wurden ua folgende Vorschriften erlassen:
- AbfallbeauftragtenVO v. 2.12.2016 (BGBl. I S. 2770, 2789), geänd. durch G v. 5.7.2017 (BGBl. I S. 2234)
- AbfallverbringungsG – AbfVerbrG v. 19.7.2007 (BGBl. I S. 1462), zuletzt geänd. durch VO v. 19.6.2020 (BGBl. I S. 1328)
- Abfallverzeichnis-VO – AVV v. 10.12.2001 (BGBl. I S. 3379), zuletzt geänd. durch VO v. 30.6.2020 (BGBl. I S. 1533), **Sartorius ErgBd. Nr. 298a**
- Altfahrzeug-VO – AltfahrzeugV idF der Bek. v. 21.6.2002 (BGBl. I S. 2214), zuletzt geänd. durch VO v. 18.11.2020 (BGBl. I S. 2451), **Sartorius ErgBd. Nr. 298b**
- AltholzVO – AltholzV v. 15.8.2002 (BGBl. I S. 3302), zuletzt geänd. durch VO v. 19.6.2020 (BGBl. I S. 1328)
- AltölVO – AltölV idF der Bek. v. 16.4.2002 (BGBl. I S. 1368), zuletzt geänd. durch VO v. 5.10.2020 (BGBl. I S. 2091), **Gewerberecht Nr. 877**
- VO über Anlagen zur biologischen Behandlung von Abfällen v. 20.2.2001 (BGBl. I S. 305, 317), zuletzt geänd. durch VO v. 13.12.2019 (BGBl. I S. 2739), **Sartorius ErgBd. Nr. 296/30**
- Anzeige- und ErlaubnisVO v. 5.12.2013 (BGBl. I S. 4043), zuletzt geänd. durch VO v. 3.7.2018 (BGBl. I S. 1084)
- BatterieG – BattG v. 25.6.2009 (BGBl. I S. 1582), zuletzt geänd. durch G v. 3.11.2020 (BGBl. I S. 2280)
- BioabfallVO – BioAbfV idF der Bek. v. 4.4.2013 (BGBl. I S. 658), zuletzt geänd. durch VO v. 27.9.2017 (BGBl. I S. 3465)

[1)] Verkündet als Art. 1 G zur Neuordnung des Kreislaufwirtschafts- und Abfallrechts v. 24.2.2012 (BGBl. I S. 212, ber. S. 1474); Inkrafttreten gem. Art. 6 Abs. 1 Satz 1 dieses G am 1.6.2012. § 4 Abs. 2, § 5 Abs. 2, § 8 Abs. 2, § 10, § 11 Abs. 2 und 3, § 12 Abs. 7, § 16, § 23 Abs. 4, § 24, § 25, § 26 Abs. 1, § 36 Abs. 4 Satz 4, § 38 Abs. 1 Satz 2, § 41 Abs. 2, § 43, § 48 Satz 2, § 52, § 53 Abs. 6, § 54 Abs. 7, § 55 Abs. 2, § 57, § 59 Abs. 1 Satz 2, § 60 Abs. 3, § 61, § 65, § 67 und § 68 treten gem. Art. 6 Abs. 2 dieses G am 1.3.2012 in Kraft.

[2)] **Amtl. Anm. zum ArtikelG:**

Dieses Gesetz dient der Umsetzung der Richtlinie 2008/98/EG des Europäischen Parlaments und des Rates vom 19. November 2008 über Abfälle und zur Aufhebung bestimmter Richtlinien (ABl. L 312 vom 22.11. 2008, S. 3, L 127 vom 26.5.2009, S. 24). Die Verpflichtung aus der Richtlinie 98/34/EG des Europäischen Parlaments und des Rates vom 22. Juni 2008 über ein Informationsverfahren auf dem Gebiet der technischen Vorschriften und der Vorschriften für die Dienste der Informationsgesellschaft (ABl. L 204 vom 21.7.1998, S. 37), die zuletzt durch die Richtlinie 2006/96/EG vom 20. November 2006 (ABl. L 363 vom 20.12.2006, S. 81) geändert worden ist, sind beachtet worden.

– Chemikalien-KlimaschutzVO v. 2.7.2008 (BGBl. I S. 1139), zuletzt geänd. durch VO v. 19.6.2020 (BGBl. I S. 1328)
– Chemikalien-OzonschichtVO idF der Bek. v. 15.2.2012 (BGBl. I S. 409), zuletzt geänd. durch VO v. 19.6.2020 (BGBl. I S. 1328)
– DepV v. 27.4.2009 (BGBl. I S. 900), zuletzt geänd. durch VO v. 30.6.2020 (BGBl. I S. 1533), **Sartorius ErgBd. Nr. 298h**
– Elektro- und ElektronikgeräteG – ElektroG v. 20.10.2015 (BGBl. I S. 1739), zuletzt geänd. durch G v. 20.5.2021 (BGBl. I S. 1145)
– Elektro- und Elektronikgeräte-Stoff-VO v. 19.4.2013 (BGBl. I S. 1111), zuletzt geänd. durch G v. 12.5. 2021 (BGBl. I S. 1087)
– EMAS-Privilegierungs-VO – EMASPrivilegV v. 24.6.2002 (BGBl. I S. 2247), zuletzt geänd. durch VO v. 6.7.2021 (BGBl. I S. 2514), **Sartorius ErgBd. Nr. 297**
– EntsorgungsfachbetriebeVO – EfbV v. 2.12.2016 (BGBl. I S. 2770), zuletzt geänd. durch G v. 20.5.2021 (BGBl. I S. 1145)
– VO über die Entsorgung gebrauchter halogenierter Lösemittel – HKWAbfV v. 23.10.1989 (BGBl. I S. 1918), geänd. durch VO v. 20.10.2006 (BGBl. I S. 2298), **Gewerberecht Nr. 871**
– GewinnungsabfallVO v. 27.4.2009 (BGBl. I S. 900), geänd. durch G v. 24.2.2012 (BGBl. I S. 212), **Sartorius ErgBd. Nr. 298g**
– GewerbeabfallVO – GewAbfV v. 18.4.2017 (BGBl. I S. 896), zuletzt geänd. durch G v. 23.10.2020 (BGBl. I S. 2232), **Sartorius ErgBd. Nr. 298e**
– KlärschlammVO – AbfKlärV v. 27.9.2017 (BGBl. I S. 3465), zuletzt geänd. durch VO v. 19.6.2020 (BGBl. I S. 1328)
– NachweisVO – NachwV v. 20.10.2006 (BGBl. I S. 2298), zuletzt geänd. durch G v. 23.10.2020 (BGBl. I S. 2232)
– PCB/PCT-AbfallVO – PCBAbfallV v. 26.6.2000 (BGBl. I S. 932), zuletzt geänd. durch G v. 24.2.2012 (BGBl. I S. 212)
– POP-Abfall-Überwachungs-Verordnung – POP-Abfall-ÜberwV v. 17.7.2017 (BGBl. I S. 2644), geänd. durch G v. 23.10.2020 (BGBl. I S. 2232)
– Tierische Nebenprodukte-BeseitigungsVO v. 27.7.2006 (BGBl. I S. 1735), zuletzt geänd. durch G v. 4.12. 2018 (BGBl. I S. 2254)
– VersatzVO – VersatzV v. 24.7.2002 (BGBl. I S. 2833), zuletzt geänd. durch G v. 24.2.2012 (BGBl. I S. 212)

Zur Ausführung und Durchführung des KrWG haben die **Länder** ua folgende Vorschriften erlassen:
– **Hessen:** Hessisches KrWG-AusführungsG v. 6.3.2013 (GVBl. S. 80), zuletzt geänd. durch G v. 3.5.2018 (GVBl. S. 82)
– **Rheinland-Pfalz:** LandeskreislaufwirtschaftsG v. 22.11.2013 (GVBl. S. 459), zuletzt geänd. durch G v. 19.12.2018 (GVBl. S. 469)
– **Thüringen:** Thüringer KrWG-AusführungsG v. 23.11.2017 (GVBl. S. 246), geänd. durch G v. 18.12. 2018 (GVBl. S. 731)

Inhaltsübersicht[1)]

Teil 1. Allgemeine Vorschriften

Teil 2. Grundsätze und Pflichten der Erzeuger und Besitzer von Abfällen sowie der öffentlich-rechtlichen Entsorgungsträger

Abschnitt 1. Grundsätze der Abfallvermeidung und Abfallbewirtschaftung

Abschnitt 2. Kreislaufwirtschaft

---

1) Inhaltsübersicht geänd. mWv 29.10.2020 durch G v. 23.10.2020 (BGBl. I S. 2232).

Teil 1. Allgemeine Vorschriften

§ 1[1)] Zweck des Gesetzes. (1) Zweck des Gesetzes ist es, die Kreislaufwirtschaft zur Schonung der natürlichen Ressourcen zu fördern und den Schutz von Mensch und Umwelt bei der Erzeugung und Bewirtschaftung von Abfällen sicherzustellen.

(2) Mit diesem Gesetz soll außerdem das Erreichen der europarechtlichen Zielvorgaben der Richtlinie 2008/98/EG des Europäischen Parlaments und des Rates vom 19. November 2008 über Abfälle und zur Aufhebung bestimmter Richtlinien (ABl. L 312 vom 22.11.2008, S. 3; L 127 vom 26.5.2009, S. 24; L 297 vom 13.11. 2015, S. 9; L 42 vom 18.2.2017, S. 43), die zuletzt durch die Richtlinie (EU) 2018/ 851 (ABl. L 150 vom 14.6.2018, S. 109) geändert worden ist, gefördert werden.

§ 2[2)] Geltungsbereich. (1) Die Vorschriften dieses Gesetzes gelten für

1. die Vermeidung von Abfällen sowie
2. die Verwertung von Abfällen,
3. die Beseitigung von Abfällen und
4. die sonstigen Maßnahmen der Abfallbewirtschaftung.

(2) Die Vorschriften dieses Gesetzes gelten nicht für

[1)] § 1 Abs. 2 angef. mWv 29.10.2020 durch G v. 23.10.2020 (BGBl. I S. 2232).

[2)] § 2 Abs. 2 Nr. 1 Buchst. d neu gef. mWv 1.5.2014 durch G v. 22.5.2013 (BGBl. I S. 1324); Abs. 2 Nr. 1 Buchst. b neu gef. mWv 20.5.2016 durch G v. 4.4.2016 (BGBl. I S. 569); Abs. 2 Nr. 5 geänd., Nr. 6 aufgeh., Abs. 3 angef. mWv 1.10.2017 durch G v. 27.6.2017 (BGBl. I S. 1966); Abs. 2 Nr. 3 eingef., bish. Nr. 3–5 werden Nr. 4–6 mWv 29.10.2020 durch G v. 23.10.2020 (BGBl. I S. 2232); Abs. 2 Nr. 1 Buchst. c und e neu gef., Nr. 2 geänd., Nr. 7 neu gef. mWv 3.7.2021 durch G v. 9.6.2021 (BGBl. I S. 1699).

1. Stoffe, die zu entsorgen sind
   a) nach dem Lebensmittel- und Futtermittelgesetzbuch[1] in der Fassung der Bekanntmachung vom 22. August 2011 (BGBl. I S. 1770) in der jeweils geltenden Fassung, soweit es für Lebensmittel, Lebensmittel-Zusatzstoffe, kosmetische Mittel, Bedarfsgegenstände und mit Lebensmitteln verwechselbare Produkte gilt,
   b) nach dem Tabakerzeugnisgesetz[2] vom 4. April 2016 (BGBl. I S. 569) in der jeweils geltenden Fassung,
   c) nach dem Milch- und Margarinegesetz vom 25. Juli 1990 (BGBl. I S. 1471), das zuletzt durch Artikel 2 des Gesetzes vom 18. Januar 2019 (BGBl. I S. 33) geändert worden ist, in der jeweils geltenden Fassung,
   d) nach dem Tiergesundheitsgesetz[3] vom 22. Mai 2013 (BGBl. I S. 1324),
   e) nach dem Pflanzenschutzgesetz[4] in der Fassung der Bekanntmachung vom 14. Mai 1998 (BGBl. I S. 971, 1527, 3512), das zuletzt durch Artikel 278 der Verordnung vom 19. Juni 2020 (BGBl. I S. 1328) geändert worden ist, in der jeweils geltenden Fassung sowie
   f) nach den auf Grund der in den Buchstaben a bis e genannten Gesetze erlassenen Rechtsverordnungen,
2. tierische Nebenprodukte, soweit diese nach der Verordnung (EG) Nr. 1069/2009 des Europäischen Parlaments und des Rates vom 21. Oktober 2009 mit Hygienevorschriften für nicht für den menschlichen Verzehr bestimmte tierische Nebenprodukte und zur Aufhebung der Verordnung (EG) Nr. 1774/2002 (Verordnung über tierische Nebenprodukte) (ABl. L 300 vom 14.11.2009, S. 1) in der jeweils geltenden Fassung, nach den zu ihrer Durchführung ergangenen Rechtsakten der Europäischen Union, nach dem Tierische Nebenprodukte-Beseitigungsgesetz vom 25. Januar 2004 (BGBl. I S. 82), das zuletzt durch Artikel 279 der Verordnung vom 19. Juni 2020 (BGBl. I S. 1328) geändert worden ist, in der jeweils geltenden Fassung, oder nach den auf Grund des Tierische Nebenprodukte-Beseitigungsgesetzes erlassenen Rechtsverordnungen abzuholen, zu sammeln, zu befördern, zu lagern, zu behandeln, zu verarbeiten, zu verwenden, zu beseitigen oder in Verkehr zu bringen sind, mit Ausnahme derjenigen tierischen Nebenprodukte, die zur Verbrennung, Lagerung auf einer Deponie oder Verwendung in einer Biogas- oder Kompostieranlage bestimmt sind,
3. Stoffe, die
   a) bestimmt sind für die Verwendung als Einzelfuttermittel gemäß Artikel 3 Absatz 2 Buchstabe g der Verordnung (EG) Nr. 767/2009 des Europäischen Parlaments und des Rates vom 13. Juli 2009 über das Inverkehrbringen und die Verwendung von Futtermitteln, zur Änderung der Verordnung (EG) Nr. 1831/2003 des Europäischen Parlaments und des Rates und zur Aufhebung der Richtlinien 79/373/EWG des Rates, 80/511/EWG der Kommission, 82/471/EWG des Rates, 83/228/EWG des Rates, 93/74/EWG des Rates, 93/113/EG des Rates und 96/25/EG des Rates und der Entscheidung 2004/217/EG der Kommission (ABl. L 229 vom 1.9.2009, S. 1; L 192 vom 22.7.2011, S. 71), die zuletzt durch die Verordnung (EU) 2018/1903 (ABl. L 310 vom 6.12.2018, S. 22) geändert worden ist, und

[1] **Sartorius ErgBd. Nr. 862.**
[2] **Sartorius ErgBd. Nr. 861.**
[3] Nr. **870**.
[4] Nr. **863**.

b) weder aus tierischen Nebenprodukten bestehen noch tierische Nebenprodukte enthalten,

4. Körper von Tieren, die nicht durch Schlachtung zu Tode gekommen sind, einschließlich von solchen Tieren, die zur Tilgung von Tierseuchen getötet wurden, soweit diese Tierkörper nach den in Nummer 2 genannten Rechtsvorschriften zu beseitigen oder zu verarbeiten sind,
5. Fäkalien, soweit sie nicht durch Nummer 2 erfasst werden, Stroh und andere natürliche nicht gefährliche land- oder forstwirtschaftliche Materialien, die in der Land- oder Forstwirtschaft oder zur Energieerzeugung aus einer solchen Biomasse durch Verfahren oder Methoden verwendet werden, die die Umwelt nicht schädigen oder die menschliche Gesundheit nicht gefährden,
6. Kernbrennstoffe und sonstige radioaktive Stoffe im Sinne des Atomgesetzes[1] oder des Strahlenschutzgesetzes,
7. Abfälle, die unmittelbar beim Aufsuchen, Gewinnen und Aufbereiten sowie bei der damit zusammenhängenden Lagerung von Bodenschätzen in Betrieben anfallen, die der Bergaufsicht unterstehen und die nach dem Bundesberggesetz[2] vom 13. August 1980 (BGBl. I S. 1310), das zuletzt durch Artikel 237 der Verordnung vom 19. Juni 2020 (BGBl. I S. 1328) geändert worden ist, in der jeweils geltenden Fassung und den auf Grund des Bundesberggesetzes erlassenen Rechtsverordnungen unter Bergaufsicht entsorgt werden,
8. gasförmige Stoffe, die nicht in Behältern gefasst sind,
9. Stoffe, sobald sie in Gewässer oder Abwasseranlagen eingeleitet oder eingebracht werden,
10. Böden am Ursprungsort (Böden in situ), einschließlich nicht ausgehobener, kontaminierter Böden und Bauwerke, die dauerhaft mit dem Grund und Boden verbunden sind,
11. nicht kontaminiertes Bodenmaterial und andere natürlich vorkommende Materialien, die bei Bauarbeiten ausgehoben wurden, sofern sichergestellt ist, dass die Materialien in ihrem natürlichen Zustand an dem Ort, an dem sie ausgehoben wurden, für Bauzwecke verwendet werden,
12. Sedimente, die zum Zweck der Bewirtschaftung von Gewässern, der Unterhaltung oder des Ausbaus von Wasserstraßen sowie der Vorbeugung gegen Überschwemmungen oder der Abschwächung der Auswirkungen von Überschwemmungen und Dürren oder zur Landgewinnung innerhalb von Oberflächengewässern umgelagert werden, sofern die Sedimente nachweislich nicht gefährlich sind,
13. die Erfassung und Übergabe von Schiffsabfällen und Ladungsrückständen, soweit dies auf Grund internationaler oder supranationaler Übereinkommen durch Bundes- oder Landesrecht geregelt wird,
14. das Aufsuchen, Bergen, Befördern, Lagern, Behandeln und Vernichten von Kampfmitteln sowie
15. Kohlendioxid, das für den Zweck der dauerhaften Speicherung abgeschieden, transportiert und in Kohlendioxidspeichern gespeichert wird, oder das in Forschungsspeichern gespeichert wird.

(3) Die Vorschriften dieses Gesetzes gelten nach Maßgabe der besonderen Vorschriften des Strahlenschutzgesetzes und der auf Grund des Strahlenschutzgesetzes

[1] Nr. **835.**
[2] **Sartorius III Nr. 460.**

von Satz 1 ist die Behandlung von Abfällen zur Beseitigung auch in solchen Anlagen zulässig, die überwiegend einem anderen Zweck als der Abfallbeseitigung dienen und die einer Genehmigung nach § 4 des Bundes-Immissionsschutzgesetzes[1] bedürfen. [3]Die Lagerung oder Behandlung von Abfällen zur Beseitigung in den diesen Zwecken dienenden Abfallbeseitigungsanlagen ist auch zulässig, soweit diese nach dem Bundes-Immissionsschutzgesetz auf Grund ihres geringen Beeinträchtigungspotenzials keiner Genehmigung bedürfen und in einer Rechtsverordnung nach § 23 des Bundes-Immissionsschutzgesetzes oder in einer Rechtsverordnung nach § 16 nichts anderes bestimmt ist. [4]Flüssige Abfälle, die kein Abwasser sind, können unter den Voraussetzungen des § 55 Absatz 3 des Wasserhaushaltsgesetzes[2] vom 31. Juli 2009 (BGBl. I S. 2585), das zuletzt durch Artikel 1 des Gesetzes vom 6. Oktober 2011 (BGBl. I S. 1986) geändert worden ist, in der jeweils geltenden Fassung mit Abwasser beseitigt werden.

(2) Die zuständige Behörde kann im Einzelfall unter dem Vorbehalt des Widerrufs Ausnahmen von Absatz 1 Satz 1 zulassen, wenn dadurch das Wohl der Allgemeinheit nicht beeinträchtigt wird.

(3) [1]Die Landesregierungen können durch Rechtsverordnung die Beseitigung bestimmter Abfälle oder bestimmter Mengen dieser Abfälle außerhalb von Anlagen im Sinne des Absatzes 1 Satz 1 zulassen, soweit hierfür ein Bedürfnis besteht und eine Beeinträchtigung des Wohls der Allgemeinheit nicht zu besorgen ist. [2]Sie können in diesem Fall auch die Voraussetzungen und die Art und Weise der Beseitigung durch Rechtsverordnung bestimmen. [3]Die Landesregierungen können die Ermächtigung durch Rechtsverordnung ganz oder teilweise auf andere Behörden übertragen.

§ 29 Durchführung der Abfallbeseitigung. (1) [1]Die zuständige Behörde kann den Betreiber einer Abfallbeseitigungsanlage verpflichten, einem Beseitigungspflichtigen nach § 15 sowie den öffentlich-rechtlichen Entsorgungsträgern im Sinne des § 20 die Mitbenutzung der Abfallbeseitigungsanlage gegen angemessenes Entgelt zu gestatten, soweit diese auf eine andere Weise den Abfall nicht zweckmäßig oder nur mit erheblichen Mehrkosten beseitigen können und die Mitbenutzung für den Betreiber zumutbar ist. [2]Kommt eine Einigung über das Entgelt nicht zustande, wird es auf Antrag durch die zuständige Behörde festgesetzt. [3]Auf Antrag des nach Satz 1 Verpflichteten kann der durch die Gestattung Begünstigte statt zur Zahlung eines angemessenen Entgelts dazu verpflichtet werden, nach dem Wegfall der Gründe für die Zuweisung Abfälle gleicher Art und Menge zu übernehmen. [4]Die Verpflichtung zur Gestattung darf nur erfolgen, wenn Rechtsvorschriften dieses Gesetzes nicht entgegenstehen; die Erfüllung der Grundpflichten gemäß § 15 muss sichergestellt sein. [5]Die zuständige Behörde hat von demjenigen Beseitigungspflichtigen, der durch die Gestattung begünstigt werden soll, die Vorlage eines Abfallwirtschaftskonzepts zu verlangen und dieses ihrer Entscheidung zugrunde zu legen.

(2) [1]Die zuständige Behörde kann dem Betreiber einer Abfallbeseitigungsanlage, der Abfälle wirtschaftlicher als die öffentlich-rechtlichen Entsorgungsträger beseitigen kann, auf seinen Antrag die Beseitigung dieser Abfälle übertragen. [2]Die Übertragung kann insbesondere mit der Auflage verbunden werden, dass der Antragsteller alle Abfälle, die in dem von den öffentlich-rechtlichen Entsorgungsträgern erfassten Gebiet angefallen sind, gegen Erstattung der Kosten beseitigt,

---

[1] Nr. **296**.
[2] Nr. **845**.

wenn die öffentlich-rechtlichen Entsorgungsträger die verbleibenden Abfälle nicht oder nur mit unverhältnismäßigem Aufwand beseitigen können; dies gilt nicht, wenn der Antragsteller darlegt, dass es unzumutbar ist, die Beseitigung auch dieser verbleibenden Abfälle zu übernehmen.

(3) [1] Die zuständige Behörde kann den Abbauberechtigten oder den Unternehmer eines Mineralgewinnungsbetriebs sowie den Eigentümer, Besitzer oder in sonstiger Weise Verfügungsberechtigten eines zur Mineralgewinnung genutzten Grundstücks verpflichten, die Beseitigung von Abfällen in freigelegten Bauen in seiner Anlage oder innerhalb seines Grundstücks zu dulden, während der üblichen Betriebs- oder Geschäftszeiten den Zugang zu ermöglichen und dabei, soweit dies unumgänglich ist, vorhandene Betriebsanlagen oder Einrichtungen oder Teile derselben zur Verfügung zu stellen. [2] Die dem Verpflichteten nach Satz 1 entstehenden Kosten hat der Beseitigungspflichtige zu erstatten. [3] Kommt eine Einigung über die Erstattung der Kosten nicht zustande, werden sie auf Antrag durch die zuständige Behörde festgesetzt. [4] Der Vorrang der Mineralgewinnung gegenüber der Abfallbeseitigung darf nicht beeinträchtigt werden. [5] Für die aus der Abfallbeseitigung entstehenden Schäden haftet der Duldungspflichtige nicht.

(4) [1] Das Einbringen von Abfällen in die Hohe See sowie die Verbrennung von Abfällen auf Hoher See ist nach Maßgabe des Hohe-See-Einbringungsgesetzes vom 25. August 1998 (BGBl. I S. 2455), das zuletzt durch Artikel 72 der Verordnung vom 31. Oktober 2006 (BGBl. I S. 2407) geändert worden ist, verboten. [2] Baggergut darf nach Maßgabe des in Satz 1 genannten Gesetzes unter Berücksichtigung der jeweiligen Inhaltsstoffe in die Hohe See eingebracht werden.

Abschnitt 2. Abfallwirtschaftspläne und Abfallvermeidungsprogramme

§ 30[1)] Abfallwirtschaftspläne. (1) [1] Die Länder stellen für ihr Gebiet Abfallwirtschaftspläne nach überörtlichen Gesichtspunkten auf. [2] Die Abfallwirtschaftspläne stellen Folgendes dar:

1. die Ziele der Abfallvermeidung, der Abfallverwertung, insbesondere der Vorbereitung zur Wiederverwendung und des Recyclings, sowie der Abfallbeseitigung,
2. die getroffenen Maßnahmen zur Abfallvermeidung und die bestehende Situation der Abfallbewirtschaftung,
3. die erforderlichen Maßnahmen zur Verbesserung der Abfallverwertung und Abfallbeseitigung einschließlich einer Bewertung ihrer Eignung zur Zielerreichung sowie
4. die Abfallentsorgungsanlagen, die zur Sicherung der Beseitigung von Abfällen sowie der Verwertung von gemischten Abfällen aus privaten Haushaltungen einschließlich solcher, die dabei auch in anderen Herkunftsbereichen gesammelt werden, im Inland erforderlich sind.

[3] Die Abfallwirtschaftspläne weisen Folgendes aus:

1. die zugelassenen Abfallentsorgungsanlagen im Sinne des Satzes 2 Nummer 4 sowie

---

1) § 30 Abs. 1 Satz 2 Nr. 2, Abs. 5 Satz 2 geänd., Abs. 6 Nr. 2 und 3 neu gef., Nr. 4 und 5 eingef., bish. Nr. 4 wird Nr. 6, bish. Nr. 5 wird Nr. 7 und geänd., Nr. 8 und 9 angef. mWv 29.10.2020 durch G v. 23.10.2020 (BGBl. I S. 2232; Abs. 6 Nr. 9 Buchst. b geänd., Nr. 10 angef. mWv 3.7.2021 durch G v. 9.6. 2021 (BGBl. I S. 1699)).

2. die Flächen, die für Deponien, für sonstige Abfallbeseitigungsanlagen sowie für Abfallentsorgungsanlagen im Sinne des Satzes 2 Nummer 4 geeignet sind.

[4] Die Abfallwirtschaftspläne können ferner bestimmen, welcher Entsorgungsträger vorgesehen ist und welcher Abfallentsorgungsanlage im Sinne des Satzes 2 Nummer 4 sich die Entsorgungspflichtigen zu bedienen haben.

(2) [1] Bei der Darstellung des Bedarfs sind zukünftige, innerhalb eines Zeitraums von mindestens zehn Jahren zu erwartende Entwicklungen zu berücksichtigen. [2] Soweit dies zur Darstellung des Bedarfs erforderlich ist, sind Abfallwirtschaftskonzepte und Abfallbilanzen auszuwerten.

(3) [1] Eine Fläche kann als geeignet im Sinne des Absatzes 1 Satz 3 Nummer 2 angesehen werden, wenn ihre Lage, Größe und Beschaffenheit im Hinblick auf die vorgesehene Nutzung mit den abfallwirtschaftlichen Zielsetzungen im Plangebiet übereinstimmen und Belange des Wohls der Allgemeinheit der Eignung der Fläche nicht offensichtlich entgegenstehen. [2] Die Flächenausweisung nach Absatz 1 Satz 3 Nummer 2 ist keine Voraussetzung für die Planfeststellung oder Genehmigung der in § 35 aufgeführten Abfallbeseitigungsanlagen.

(4) Die Ausweisungen im Sinne des Absatzes 1 Satz 3 Nummer 2 und Satz 4 können für die Entsorgungspflichtigen für verbindlich erklärt werden.

(5) [1] Bei der Abfallwirtschaftsplanung sind die Ziele der Raumordnung zu beachten und die Grundsätze und sonstigen Erfordernisse der Raumordnung zu berücksichtigen. [2] § 7 Absatz 4 des Raumordnungsgesetzes[1)] bleibt unberührt.

(6) Die Abfallwirtschaftspläne enthalten mindestens

1. Angaben über Art, Menge und Herkunft der im Gebiet erzeugten Abfälle und der Abfälle, die voraussichtlich aus dem oder in das deutsche Hoheitsgebiet verbracht werden, sowie eine Abschätzung der zukünftigen Entwicklung der Abfallströme,
2. Angaben über
   a) bestehende Abfallsammelsysteme und bedeutende Beseitigungs- und Verwertungsanlagen, einschließlich spezieller Vorkehrungen für Altöl, für gefährliche Abfälle und für Abfälle, die erhebliche Mengen kritischer Rohstoffe enthalten, oder
   b) Abfallströme, für die besondere Bestimmungen nach diesem Gesetz oder auf Grund dieses Gesetzes erlassener Rechtsverordnungen gelten,
   c) Abfallströme, für die besondere Gesetze über das Inverkehrbringen und die Rücknahme bestimmter Abfallströme oder auf Grund dieser Gesetze erlassener Rechtsverordnungen gelten,
3. eine Beurteilung der Notwendigkeit der Stilllegung bestehender oder der Errichtung zusätzlicher Abfallentsorgungsanlagen nach Absatz 1 Satz 3 Nummer 1; die Länder stellen sicher, dass die Investitionen und andere Finanzmittel, auch für die zuständigen Behörden, bewertet werden, die für die im Einklang mit dem ersten Halbsatz ermittelten notwendigen Maßnahmen benötigt werden; die Bewertung wird in die entsprechenden Abfallwirtschaftspläne oder andere für das jeweilige Land geltende strategische Dokumente aufgenommen,
4. Informationen über die Maßnahmen zur Erreichung der Zielvorgaben entsprechend Artikel 5 Absatz 3a der Richtlinie 1999/31/EG des Rates vom 26. April 1999 über Abfalldeponien (ABl. L 182 vom 16.7.1999, S. 1), die zuletzt durch die Richtlinie (EU) 2018/850 (ABl. L 150 vom 14.6.2018,

---

[1)] Nr. **340**.

S. 100) geändert worden ist, oder die in anderen für das jeweilige Land geltenden strategischen Dokumenten festgelegt sind,

5. eine Beurteilung
   a) der bestehenden Abfallsammelsysteme, einschließlich der Abfälle, die getrennt gesammelt werden, der geografischen Gebiete, in denen die getrennte Sammlung erfolgt, und der Maßnahmen zur Verbesserung der getrennten Sammlung,
   b) der Darlegung der Voraussetzungen nach § 9 Absatz 3, sofern keine getrennte Sammlung erfolgt, und
   c) der Notwendigkeit neuer Sammelsysteme,
6. ausreichende Informationen über die Ansiedlungskriterien zur Standortbestimmung und über die Kapazität künftiger Beseitigungsanlagen oder bedeutender Verwertungsanlagen,
7. allgemeine Abfallbewirtschaftungsstrategien, einschließlich geplanter Abfallbewirtschaftungstechnologien und -verfahren, oder Strategien für Abfälle, die besondere Bewirtschaftungsprobleme aufwerfen,
8. Maßnahmen zur Bekämpfung und Verhinderung jeglicher Form von Vermüllung sowie zur Reinigung der Umwelt von Abfällen jeder Art,
9. geeignete qualitative und quantitative Indikatoren und Zielvorgaben, auch in Bezug auf
   a) die Menge des anfallenden Abfalls und seine Behandlung und
   b) die Siedlungsabfälle, die energetisch verwertet oder beseitigt werden,
10. Maßnahmen, die zur Umsetzung der Artikel 4 bis 10 der Richtlinie (EU) 2019/904 getroffen wurden.

(7) Abfallwirtschaftspläne können weiterhin enthalten

1. Angaben über organisatorische Aspekte der Abfallbewirtschaftung, einschließlich einer Beschreibung der Aufteilung der Verantwortlichkeiten zwischen öffentlichen und privaten Akteuren, die die Abfallbewirtschaftung durchführen,
2. eine Bewertung von Nutzen und Eignung des Einsatzes wirtschaftlicher und anderer Instrumente zur Bewältigung verschiedener Abfallprobleme unter Berücksichtigung der Notwendigkeit, ein reibungsloses Funktionieren des Binnenmarkts aufrechtzuerhalten,
3. den Einsatz von Sensibilisierungskampagnen sowie Informationen für die Öffentlichkeit oder eine bestimmte Verbrauchergruppe,
4. Angaben über geschlossene kontaminierte Abfallbeseitigungsstandorte und Maßnahmen für deren Sanierung.

§ 31 Aufstellung von Abfallwirtschaftsplänen. (1) [1]Die Länder sollen ihre Abfallwirtschaftsplanungen aufeinander und untereinander abstimmen. [2]Ist eine die Grenze eines Landes überschreitende Planung erforderlich, sollen die betroffenen Länder bei der Aufstellung der Abfallwirtschaftspläne die Erfordernisse und Maßnahmen in gegenseitigem Benehmen miteinander festlegen.

(2) Bei der Aufstellung der Abfallwirtschaftspläne sind die Gemeinden und die Landkreise sowie ihre jeweiligen Zusammenschlüsse und die öffentlich-rechtlichen Entsorgungsträger zu beteiligen.

(3) Die öffentlich-rechtlichen Entsorgungsträger haben die von ihnen zu erstellenden und fortzuschreibenden Abfallwirtschaftskonzepte und Abfallbilanzen auf

Verlangen der zuständigen Behörde zur Auswertung für die Abfallwirtschaftsplanung vorzulegen.

(4) [1]Die Länder regeln das Verfahren zur Aufstellung der Pläne und zu deren Verbindlicherklärung. [2]Die Absätze 1 bis 3 und § 32 bleiben unberührt.

(5) Die Pläne sind mindestens alle sechs Jahre auszuwerten und bei Bedarf fortzuschreiben.

§ 32 Beteiligung der Öffentlichkeit bei der Aufstellung von Abfallwirtschaftsplänen, Unterrichtung der Öffentlichkeit. (1) [1]Bei der Aufstellung oder Änderung von Abfallwirtschaftplänen nach § 30, einschließlich besonderer Kapitel oder gesonderter Teilpläne, insbesondere über die Entsorgung von gefährlichen Abfällen, Altbatterien und Akkumulatoren oder Verpackungen und Verpackungsabfällen, ist die Öffentlichkeit durch die zuständige Behörde zu beteiligen. [2]Die Aufstellung oder Änderung eines Abfallwirtschaftsplans sowie Informationen über das Beteiligungsverfahren sind in einem amtlichen Veröffentlichungsblatt und auf andere geeignete Weise bekannt zu machen.

(2) [1]Der Entwurf des neuen oder geänderten Abfallwirtschaftsplans sowie die Gründe und Erwägungen, auf denen der Entwurf beruht, sind einen Monat zur Einsicht auszulegen. [2]Bis zwei Wochen nach Ablauf der Auslegungsfrist kann gegenüber der zuständigen Behörde schriftlich Stellung genommen werden. [3]Der Zeitpunkt des Fristablaufs ist bei der Bekanntmachung nach Absatz 1 Satz 2 mitzuteilen. [4]Fristgemäß eingegangene Stellungnahmen werden von der zuständigen Behörde bei der Entscheidung über die Annahme des Plans angemessen berücksichtigt.

(3) [1]Die Annahme des Plans ist von der zuständigen Behörde in einem amtlichen Veröffentlichungsblatt und auf einer öffentlich zugänglichen Webseite öffentlich bekannt zu machen; dabei ist in zusammengefasster Form über den Ablauf des Beteiligungsverfahrens und über die Gründe und Erwägungen, auf denen die getroffene Entscheidung beruht, zu unterrichten. [2]Der angenommene Plan ist zur Einsicht für die Öffentlichkeit auszulegen, hierauf ist in der öffentlichen Bekanntmachung nach Satz 1 hinzuweisen.

(4) Die Absätze 1 bis 3 finden keine Anwendung, wenn es sich bei dem Abfallwirtschaftsplan um einen Plan handelt, für den nach dem Gesetz über die Umweltverträglichkeitsprüfung[1)] eine Strategische Umweltprüfung durchzuführen ist.

(5) [1]Unbeschadet der Beteiligung der Öffentlichkeit nach den Absätzen 1 bis 4 unterrichten die Länder die Öffentlichkeit über den Stand der Abfallwirtschaftsplanung. [2]Die Unterrichtung enthält unter Beachtung der bestehenden Geheimhaltungsvorschriften eine zusammenfassende Darstellung und Bewertung der Abfallwirtschaftspläne, einen Vergleich zum vorangegangenen sowie eine Prognose für den folgenden Unterrichtungszeitraum.

§ 33[2)] Abfallvermeidungsprogramme. (1) [1]Der Bund erstellt ein Abfallvermeidungsprogramm. [2]Die Länder können sich an der Erstellung des Abfallvermeidungsprogramms beteiligen. [3]In diesem Fall leisten sie für ihren jeweiligen

---

[1)] Nr. **295**.

[2)] § 33 Abs. 5 Satz 3 geänd. mWv 24.10.2015 durch G v. 20.10.2015 (BGBl. I S. 1739); Abs. 3 Nr. 2 neu gef., Abs. 4–7 eingef., bish. Abs. 4 wird Abs. 8, bish. Abs. 5 wird Abs. 9 und Satz 1 neu gef., Satz 3 geänd. mWv 29.10.2020 durch G v. 23.10.2020 (BGBl. I S. 2232); Abs. 3 Nr. 2 Buchst. l und m geänd., Buchst. n angef. mWv 3.7.2021 durch G v. 9.6.2021 (BGBl. I S. 1699).

Zuständigkeitsbereich eigenverantwortliche Beiträge; diese Beiträge werden in das Abfallvermeidungsprogramm des Bundes aufgenommen.

(2) Soweit die Länder sich nicht an einem Abfallvermeidungsprogramm des Bundes beteiligen, erstellen sie eigene Abfallvermeidungsprogramme.

(3) Das Abfallvermeidungsprogramm

1. legt die Abfallvermeidungsziele fest; die Ziele sind darauf gerichtet, das Wirtschaftswachstum und die mit der Abfallerzeugung verbundenen Auswirkungen auf Mensch und Umwelt zu entkoppeln,
2. sieht mindestens die folgenden Abfallvermeidungsmaßnahmen vor:
   a) die Förderung und Unterstützung nachhaltiger Produktions- und Konsummodelle,
   b) die Förderung der Entwicklung, der Herstellung und der Verwendung von Produkten, die ressourceneffizient und auch in Bezug auf ihre Lebensdauer und den Ausschluss geplanter Obsoleszenz langlebig, reparierbar sowie wiederverwendbar oder aktualisierbar sind,
   c) die gezielte Identifizierung von Produkten, die kritische Rohstoffe enthalten, um zu verhindern, dass diese Materialien zu Abfall werden,
   d) die Unterstützung der Wiederverwendung von Produkten und der Schaffung von Systemen zur Förderung von Tätigkeiten zur Reparatur und Wiederverwendung, insbesondere von Elektro- und Elektronikgeräten, Textilien, Möbeln, Verpackungen sowie Baumaterialien und -produkten,
   e) unbeschadet der Rechte des geistigen Eigentums die Förderung der Verfügbarkeit von Ersatzteilen, Bedienungsanleitungen, technischen Informationen oder anderen Mitteln und Geräten sowie Software, die es ermöglichen, Produkte ohne Beeinträchtigung ihrer Qualität und Sicherheit zu reparieren und wiederzuverwenden,
   f) die Verringerung der Abfallerzeugung bei Prozessen im Zusammenhang mit der industriellen Produktion, bei der Gewinnung von Mineralien, bei der Herstellung, bei Bau- und Abbruchtätigkeiten, jeweils unter Berücksichtigung der besten verfügbaren Techniken,
   g) die Verringerung der Verschwendung von Lebensmitteln in der Primärerzeugung, Verarbeitung und Herstellung, im Einzelhandel und bei anderen Formen des Vertriebs von Lebensmitteln, in Gaststätten und bei Verpflegungsdienstleistungen sowie in privaten Haushaltungen, um zu dem Ziel der Vereinten Nationen für nachhaltige Entwicklung beizutragen, bis 2030 die weltweit im Einzelhandel und bei den Verbrauchern pro Kopf anfallenden Lebensmittelabfälle zu halbieren und die Verluste von Lebensmitteln entlang der Produktions- und Lieferkette einschließlich Nachernteverlusten zu reduzieren,
   h) die Förderung
      aa) von Lebensmittelspenden und anderen Formen der Umverteilung von Lebensmitteln für den menschlichen Verzehr, damit der Verzehr durch den Menschen Vorrang gegenüber dem Einsatz als Tierfutter und der Verarbeitung zu sonstigen Erzeugnissen hat,
      bb) von Sachspenden,
   i) die Förderung der Senkung des Gehalts an gefährlichen Stoffen in Materialien und Produkten,

j) die Reduzierung der Entstehung von Abfällen, insbesondere von Abfällen, die sich nicht für die Vorbereitung zur Wiederverwendung oder für das Recycling eignen,

k) die Ermittlung von Produkten, die Hauptquellen der Vermüllung insbesondere der Natur und der Meeresumwelt sind, und die Durchführung geeigneter Maßnahmen zur Vermeidung und Reduzierung des durch diese Produkte verursachten Müllaufkommens,

l) die Vermeidung und deutliche Reduzierung von Meeresmüll als Beitrag zu dem Ziel der Vereinten Nationen für nachhaltige Entwicklung, jegliche Formen der Meeresverschmutzung zu vermeiden und deutlich zu reduzieren,

m) die Entwicklung und Unterstützung von Informationskampagnen, in deren Rahmen für Abfallvermeidung und Vermüllung sensibilisiert wird, sowie

n) Maßnahmen, die zur Umsetzung der Artikel 4 bis 10 der Richtlinie (EU) 2019/904 getroffen wurden,

3. legt, soweit erforderlich, weitere Abfallvermeidungsmaßnahmen fest und
4. gibt zweckmäßige, spezifische, qualitative oder quantitative Maßstäbe für festgelegte Abfallvermeidungsmaßnahmen vor, anhand derer die bei den Maßnahmen erzielten Fortschritte überwacht und bewertet werden; als Maßstab können Indikatoren oder andere geeignete spezifische qualitative oder quantitative Ziele herangezogen werden.

(4) Bei der Festlegung der Abfallvermeidungsmaßnahmen ist Folgendes zu berücksichtigen:
1. die Verhältnismäßigkeit der Maßnahmen entsprechend § 7 Absatz 4,
2. andere Rechtsvorschriften zur Verwendung von Erzeugnissen, zur Produktverantwortung sowie zum Schutz von Mensch und Umwelt und
3. Festlegungen des Unionsrechts über den freien Warenverkehr.

(5) Bei der Erstellung des Abfallvermeidungsprogramms
1. sind die bestehenden Abfallvermeidungsmaßnahmen und ihr Beitrag zur Abfallvermeidung zu beschreiben,
2. ist die Zweckmäßigkeit der in der Anlage 4 angegebenen oder anderer geeigneter Abfallvermeidungsmaßnahmen zu bewerten und
3. ist, soweit relevant, der Beitrag zu beschreiben, den die in der Anlage 5 aufgeführten Instrumente und Maßnahmen zur Abfallvermeidung leisten.

(6) Das Abfallvermeidungsprogramm nimmt auf spezielle Programme zur Vermeidung von Lebensmittelabfällen Bezug und gibt deren Abfallvermeidungsziele und -maßnahmen an.

(7) [1] Das Abfallvermeidungsprogramm kann sich auf andere umweltpolitische Programme oder stoffstromspezifische Programme beziehen. [2] Wird auf ein solches Programm Bezug genommen, sind dessen Abfallvermeidungsziele und -maßnahmen im Abfallvermeidungsprogramm deutlich auszuweisen.

(8) [1] Beiträge der Länder nach Absatz 1 oder Abfallvermeidungsprogramme der Länder nach Absatz 2 können in die Abfallwirtschaftspläne nach § 30 aufgenommen oder als eigenständiges umweltpolitisches Programm oder Teil eines solchen erstellt werden. [2] Wird ein Beitrag oder ein Abfallvermeidungsprogramm in den Abfallwirtschaftsplan oder in ein anderes Programm aufgenommen, sind die Abfallvermeidungsmaßnahmen deutlich auszuweisen.

(9) [1]Bestehende Abfallvermeidungsprogramme sind bis zum Ablauf des 12. Dezember 2025 an die Anforderungen nach Absatz 3 Nummer 2, den Absätzen 4 und 5 anzupassen, alle sechs Jahre auszuwerten und bei Bedarf fortzuschreiben. [2]Bei der Aufstellung oder Änderung von Abfallvermeidungsprogrammen ist die Öffentlichkeit von der zuständigen Behörde entsprechend § 32 Absatz 1 bis 4 zu beteiligen. [3]Zuständig für die Erstellung des Abfallvermeidungsprogramms des Bundes ist das Bundesministerium für Umwelt, Naturschutz und nukleare Sicherheit oder eine von diesem zu bestimmende Behörde. [4]Das Abfallvermeidungsprogramm des Bundes wird im Einvernehmen mit den fachlich betroffenen Bundesministerien erstellt.

Abschnitt 3. Zulassung von Anlagen, in denen Abfälle entsorgt werden

§ 34 Erkundung geeigneter Standorte. (1) [1]Eigentümer und Nutzungsberechtigte von Grundstücken haben zu dulden, dass Beauftragte der zuständigen Behörde und der öffentlich-rechtlichen Entsorgungsträger zur Erkundung geeigneter Standorte für Deponien und öffentlich zugängliche Abfallbeseitigungsanlagen Grundstücke mit Ausnahme von Wohnungen betreten und Vermessungen, Boden- und Grundwasseruntersuchungen sowie ähnliche Maßnahmen durchführen. [2]Die Absicht, Grundstücke zu betreten und solche Maßnahmen durchzuführen, ist den Eigentümern und Nutzungsberechtigten der Grundstücke rechtzeitig vorher bekannt zu geben.

(2) [1]Die zuständige Behörde und die öffentlich-rechtlichen Entsorgungsträger haben nach Abschluss der Maßnahmen den vorherigen Zustand unverzüglich wiederherzustellen. [2]Sie können anordnen, dass bei der Erkundung geschaffene Einrichtungen aufrechtzuerhalten sind. [3]Die Einrichtungen sind zu beseitigen, wenn sie für die Erkundung nicht mehr benötigt werden oder wenn eine Entscheidung darüber nicht innerhalb von zwei Jahren nach Schaffung der Einrichtung getroffen worden ist und der Eigentümer oder Nutzungsberechtigte dem weiteren Verbleib der Einrichtung gegenüber der Behörde widersprochen hat.

(3) Eigentümer und Nutzungsberechtigte von Grundstücken können für durch Maßnahmen nach Absatz 1 oder Absatz 2 entstandene Vermögensnachteile von der zuständigen Behörde Entschädigung in Geld verlangen.

§ 35[1)] Planfeststellung und Genehmigung. (1) Die Errichtung und der Betrieb von Anlagen, in denen eine Entsorgung von Abfällen durchgeführt wird, sowie die wesentliche Änderung einer solchen Anlage oder ihres Betriebes bedürfen der Genehmigung nach den Vorschriften des Bundes-Immissionsschutzgesetzes[2)]; einer weiteren Zulassung nach diesem Gesetz bedarf es nicht.

(2) [1]Die Errichtung und der Betrieb von Deponien sowie die wesentliche Änderung einer solchen Anlage oder ihres Betriebes bedürfen der Planfeststellung durch die zuständige Behörde. [2]In dem Planfeststellungsverfahren ist eine Umweltverträglichkeitsprüfung nach den Vorschriften des Gesetzes über die Umweltverträglichkeitsprüfung[3)] durchzuführen.

[1)] § 35 Abs. 3 Satz 1 Nr. 1, 2 und Satz 2 geänd. mWv 29.7.2017 durch G v. 20.7.2017 (BGBl. I S. 2808).

[2)] Nr. **296**.

[3)] Nr. **295**.

(3) [1] § 74 Absatz 6 des Verwaltungsverfahrensgesetzes[1)] gilt mit der Maßgabe, dass die zuständige Behörde nur dann an Stelle eines Planfeststellungsbeschlusses auf Antrag oder von Amts wegen eine Plangenehmigung erteilen kann, wenn

1. die Errichtung und der Betrieb einer unbedeutenden Deponie beantragt werden, soweit die Errichtung und der Betrieb keine erheblichen nachteiligen Auswirkungen auf ein in § 2 Absatz 1 des Gesetzes über die Umweltverträglichkeitsprüfung genanntes Schutzgut haben können, oder
2. die wesentliche Änderung einer Deponie oder ihres Betriebes beantragt wird, soweit die Änderung keine erheblichen nachteiligen Auswirkungen auf ein in § 2 Absatz 1 des Gesetzes über die Umweltverträglichkeitsprüfung genanntes Schutzgut haben kann, oder
3. die Errichtung und der Betrieb einer Deponie beantragt werden, die ausschließlich oder überwiegend der Entwicklung und Erprobung neuer Verfahren dient,

(Fortsetzung nächstes Blatt)

---

1) Nr. **100**.

Teil 5. Absatzförderung und Abfallberatung

§ 45[1)] **Pflichten der öffentlichen Hand.** (1) Die Behörden des Bundes sowie die der Aufsicht des Bundes unterstehenden juristischen Personen des öffentlichen Rechts, Sondervermögen und sonstigen Stellen sind verpflichtet, durch ihr Verhalten zur Erfüllung des Zweckes des § 1 beizutragen.

(2) [1] Die Verpflichteten nach Absatz 1 haben, insbesondere unter Berücksichtigung der §§ 6 bis 8, bei der Gestaltung von Arbeitsabläufen, bei der Beschaffung oder Verwendung von Material und Gebrauchsgütern, bei Bauvorhaben und sonstigen Aufträgen, ohne damit Rechtsansprüche Dritter zu begründen, Erzeugnissen den Vorzug zu geben, die

1. in rohstoffschonenden, energiesparenden, wassersparenden, schadstoffarmen oder abfallarmen Produktionsverfahren hergestellt worden sind,
2. durch Vorbereitung zur Wiederverwendung oder durch Recycling von Abfällen, insbesondere unter Einsatz von Rezyklaten, oder aus nachwachsenden Rohstoffen hergestellt worden sind,
3. sich durch Langlebigkeit, Reparaturfreundlichkeit, Wiederverwendbarkeit und Recyclingfähigkeit auszeichnen oder
4. im Vergleich zu anderen Erzeugnissen zu weniger oder schadstoffärmeren Abfällen führen oder sich besser zur umweltverträglichen Abfallbewirtschaftung eignen.

[2] Die Pflicht des Satzes 1 gilt, soweit die Erzeugnisse für den vorgesehenen Verwendungszweck geeignet sind, durch ihre Beschaffung oder Verwendung keine unzumutbaren Mehrkosten entstehen, ein ausreichender Wettbewerb gewährleistet wird und keine anderen Rechtsvorschriften entgegenstehen. [3] Soweit vergaberechtliche Bestimmungen anzuwenden sind, sind diese zu beachten. [4] § 7 der Bundeshaushaltsordnung[2)] bleibt unberührt. [5] Abweichend von der Pflicht des Satzes 1 ist bei der Beschaffung oder Verwendung von Material und Gebrauchsgütern und bei Bauvorhaben sowie sonstigen Aufträgen, die verteidigungs- oder sicherheitsspezifische Aufträge sind oder die Verteidigungs- und Sicherheitsaspekte umfassen sowie bei sonstigen Aufträgen, soweit diese für die Einsatzfähigkeit der Bundeswehr erforderlich sind, zu prüfen, ob und in welchem Umfang die in Satz 1 genannten Erzeugnisse eingesetzt werden können.

(3) Die Verpflichteten nach Absatz 1 wirken im Rahmen ihrer Möglichkeiten darauf hin, dass die Gesellschaften des privaten Rechts, an denen sie beteiligt sind, die Verpflichtungen nach den Absätzen 1 und 2 beachten.

(4) Die öffentliche Hand hat im Rahmen ihrer Pflichten nach den Absätzen 1 bis 3 Regelungen für die Verwendung von Erzeugnissen oder Materialien sowie zum Schutz von Mensch und Umwelt nach anderen Rechtsvorschriften zu berücksichtigen.

§ 46[3)] **Abfallberatungspflicht.** (1) [1] Die öffentlich-rechtlichen Entsorgungsträger im Sinne des § 20 sind im Rahmen der ihnen übertragenen Aufgaben in Selbstverwaltung zur Information und Beratung über Möglichkeiten der Vermei-

---

[1)] § 45 Abs. 1 Satz 2 aufgeh., Abs. 2 eingef., bish. Abs. 2 und 3 werden Abs. 3 und 4 und neu gef. mWv 29.10.2020 durch G v. 23.10.2020 (BGBl. I S. 2232).

[2)] Nr. **700**.

[3)] § 46 Abs. 2 und 3 eingef., bish. Abs. 2 wird Abs. 4 mWv 29.10.2020 durch G v. 23.10.2020 (BGBl. I S. 2232); Abs. 2 Satz 2, Abs. 3 Satz 2 neu gef. mWv 3.7.2021 durch G v. 9.6.2021 (BGBl. I S. 1699).

dung, Verwertung und Beseitigung von Abfällen verpflichtet. [2] Zur Beratung verpflichtet sind auch die Industrie- und Handelskammern, Handwerkskammern und Landwirtschaftskammern.

(2) [1] Für die Beratung über Möglichkeiten der Abfallvermeidung sind insbesondere die in § 33 Absatz 3 Nummer 2 genannten Vermeidungsmaßnahmen und die Festlegungen des geltenden Abfallvermeidungsprogramms des Bundes und des jeweiligen Landes zugrunde zu legen. [2] Bei der Beratung ist insbesondere hinzuweisen auf

1. die Einrichtungen des öffentlich-rechtlichen Entsorgungsträgers und, soweit möglich, auf die Einrichtungen sonstiger natürlicher oder juristischer Personen, durch die Erzeugnisse, die kein Abfall sind, erfasst und einer Wiederverwendung zugeführt werden, und
2. die Verfügbarkeit von Mehrwegprodukten, insbesondere als Alternative zu den Einwegkunststoffprodukten nach Artikel 3 Nummer 2 der Richtlinie (EU) 2019/904.

(3) [1] Im Rahmen der Beratung über die Abfallverwertung ist insbesondere auf die Pflicht zur getrennten Sammlung von Abfällen und die Rücknahmepflichten hinzuweisen. [2] Die Beratung umfasst auch

1. die Beratung über die möglichst ressourcenschonende Bereitstellung von Sperrmüll,
2. die Information über die Auswirkungen einer Vermüllung oder einer sonstigen nicht ordnungsgemäßen Verwertung und Beseitigung von Abfällen auf die Umwelt, insbesondere die Meeresumwelt, und die Beratung über Maßnahmen zur Vermeidung dieser Vermüllung sowie
3. die Information über die Auswirkungen einer nicht ordnungsgemäßen Verwertung und Beseitigung von Abfällen auf Abwasseranlagen.

(4) Die zuständige Behörde hat den nach diesem Gesetz zur Beseitigung Verpflichteten Auskunft über geeignete Abfallbeseitigungsanlagen zu erteilen.

Teil 6. Überwachung

§ 47[1)] Allgemeine Überwachung. (1) [1] Die Vermeidung nach Maßgabe der auf Grund der §§ 24 und 25 erlassenen Rechtsverordnungen und die Abfallbewirtschaftung unterliegen der Überwachung durch die zuständige Behörde. [2] Für den Vollzug der nach den §§ 24 und 25 ergangenen Rechtsverordnungen sind § 25 Absatz 1 und 3, § 26 Absatz 2 und 3, § 27 Absatz 1, § 28 Absatz 1 und 2 und Absatz 4 Satz 1 und 2 des Produktsicherheitsgesetzes[2)] vom 8. November 2011 (BGBl. I S. 2178, 2179) entsprechend anzuwenden. [3] Die nach Satz 2 verpflichteten Personen sind verpflichtet, das Betreten von Geschäfts- und Betriebsgrundstücken und -räumen außerhalb der üblichen Geschäftszeiten sowie das Betreten von Wohnräumen zu gestatten, wenn dies zur Verhütung dringender Gefahren für die öffentliche Sicherheit oder Ordnung erforderlich ist. [4] Das Grundrecht auf

[1)] § 47 Abs. 7–9 angef. mWv 13.4.2013 durch G v. 8.4.2013 (BGBl. I S. 734); Abs. 8 Satz 1, Abs. 9 Satz 1 geänd. mWv 24.10.2015 durch G v. 20.10.2015 (BGBl. I S. 1739); Abs. 8 Satz 1 geänd. mWv 29.10.2020 durch G v. 23.10.2020 (BGBl. I S. 2232); Abs. 8 Satz 4, Abs. 9 Satz 2 neu gef. mWv 15.12.2020 durch G v. 9.12.2020 (BGBl. I S. 2873).

[2)] **Sartorius ErgBd. Nr. 803.**

Unverletzlichkeit der Wohnung (Artikel 13 Absatz 1 des Grundgesetzes[1)]) wird insoweit eingeschränkt.

(2) [1] Die zuständige Behörde überprüft in regelmäßigen Abständen und in angemessenem Umfang Erzeuger von gefährlichen Abfällen, Anlagen und Unternehmen, die Abfälle entsorgen, sowie Sammler, Beförderer, Händler und Makler von Abfällen. [2] Die Überprüfung der Tätigkeiten der Sammler und Beförderer von Abfällen erstreckt sich auch auf den Ursprung, die Art, die Menge und den Bestimmungsort der gesammelten und beförderten Abfälle.

(3) [1] Auskunft über Betrieb, Anlagen, Einrichtungen und sonstige der Überwachung unterliegende Gegenstände haben den Bediensteten und Beauftragten der zuständigen Behörde auf Verlangen zu erteilen

1. Erzeuger und Besitzer von Abfällen,

(Fortsetzung nächstes Blatt)

[1)] Nr. **1**.

2009 über die freiwillige Teilnahme von Organisationen an einem Gemeinschaftssystem für Umweltmanagement und Umweltbetriebsprüfung und zur Aufhebung der Verordnung (EG) Nr. 761/2001[1] sowie der Beschlüsse der Kommission 2001/681/EG und 2006/193/EG (ABl. L 342 vom 22.12.2009, S. 1) gleichwertig mit den Anforderungen sind, die zur Überwachung und zu den Antragsunterlagen nach diesem Gesetz oder den auf Grund dieses Gesetzes erlassenen Rechtsverordnungen vorgesehen sind oder soweit die Gleichwertigkeit durch die Rechtsverordnung nach dieser Vorschrift sichergestellt wird.

(2) Durch Rechtsverordnung nach Absatz 1 können weitere Voraussetzungen für die Inanspruchnahme und die Rücknahme von Erleichterungen oder die vollständige oder teilweise Aussetzung von Erleichterungen für Fälle festgelegt werden, in denen die Voraussetzungen für deren Gewährung nicht mehr vorliegen.

(3) Durch Rechtsverordnung nach Absatz 1 können ordnungsrechtliche Erleichterungen, insbesondere zu

1. Kalibrierungen, Ermittlungen, Prüfungen und Messungen,
2. Messberichten sowie sonstigen Berichten und Mitteilungen von Ermittlungsergebnissen,
3. Aufgaben des Betriebsbeauftragten für Abfall,
4. Mitteilungspflichten zur Betriebsorganisation und
5. der Häufigkeit der behördlichen Überwachung

nur gewährt werden, wenn der Umweltgutachter oder die Umweltgutachterorganisation im Sinne des Umweltauditgesetzes[2] die Einhaltung der Umweltvorschriften geprüft hat, keine Abweichungen festgestellt hat und dies in der Validierung bescheinigt.

(4) Durch Rechtsverordnung nach Absatz 1 können unter den dort genannten Voraussetzungen Erleichterungen im Genehmigungsverfahren sowie überwachungsrechtliche Erleichterungen für Entsorgungsfachbetriebe gewährt werden.

Teil 9. Schlussbestimmungen

§ 62 Anordnungen im Einzelfall. Die zuständige Behörde kann im Einzelfall die erforderlichen Anordnungen zur Durchführung dieses Gesetzes und der auf Grund dieses Gesetzes erlassenen Rechtsverordnungen treffen.

§ 63 Geheimhaltung und Datenschutz. Die Rechtsvorschriften über Geheimhaltung und Datenschutz bleiben unberührt.

§ 64 Elektronische Kommunikation. Soweit auf Grund dieses Gesetzes oder einer auf Grund dieses Gesetzes erlassenen Rechtsverordnung die Schriftform angeordnet wird, ist auch die elektronische Form nach Maßgabe des § 3a des Verwaltungsverfahrensgesetzes[3] zugelassen.

§ 65 Umsetzung von Rechtsakten der Europäischen Union. (1) [1] Zur Umsetzung von Rechtsakten der Europäischen Union kann die Bundesregierung mit Zustimmung des Bundesrates zu dem in § 1 genannten Zweck Rechtsverordnungen[4] zur Sicherstellung der umweltverträglichen Abfallvermeidung und Abfallbewirtschaf-

---

[1] **Gewerberecht Nr. 8101.**
[2] **Gewerberecht Nr. 810.**
[3] Nr. **100**.
[4] Siehe die Anmerkung am Titel.

tung, insbesondere zur ordnungsgemäßen und schadlosen Verwertung sowie zur umweltverträglichen Beseitigung von Abfällen erlassen. [2] In den Rechtsverordnungen kann auch geregelt werden, wie die Öffentlichkeit zu unterrichten ist.

(2) Zur Umsetzung von Rechtsakten der Europäischen Union kann die Bundesregierung durch Rechtsverordnung mit Zustimmung des Bundesrates das Verwaltungsverfahren zur Erteilung von Genehmigungen und Erlaubnissen oder Erstattung von Anzeigen nach diesem Gesetz oder nach einer auf Grund dieses Gesetzes erlassenen Rechtsverordnung regeln.

§ 66[1)] Vollzug im Bereich der Bundeswehr. (1) Im Geschäftsbereich des Bundesministeriums der Verteidigung obliegt der Vollzug des Gesetzes und der auf Grund dieses Gesetzes erlassenen Rechtsverordnungen für Material, das zur Verwendung für militärische Zwecke bestimmt ist, sowie für die Verwertung und Beseitigung militäreigentümlicher Abfälle sowie von Abfällen, für die ein besonderes militärisches Sicherheitsinteresse besteht, dem Bundesministerium der Verteidigung und den von ihm bestimmten Stellen.

(2) Das Bundesministerium der Verteidigung wird ermächtigt, für Material, das zur Verwendung für militärische Zwecke bestimmt ist, sowie für die Verwertung oder die Beseitigung von Abfällen im Sinne des Absatzes 1 aus dem Bereich der Bundeswehr Ausnahmen von diesem Gesetz und den auf Grund dieses Gesetzes erlassenen Rechtsverordnungen zuzulassen, soweit zwingende Gründe der Verteidigung oder die Erfüllung zwischenstaatlicher Pflichten dies erfordern.

§ 67 Beteiligung des Bundestages beim Erlass von Rechtsverordnungen.
[1] Rechtsverordnungen nach § 8 Absatz 2, § 10 Absatz 1 Nummer 1 und 4, den §§ 24, 25 und 65 sind dem Bundestag zuzuleiten. [2] Die Zuleitung erfolgt vor der Zuleitung an den Bundesrat. [3] Die Rechtsverordnungen können durch Beschluss des Bundestages geändert oder abgelehnt werden. [4] Der Beschluss des Bundestages wird der Bundesregierung zugeleitet. [5] Hat sich der Bundestag nach Ablauf von drei Sitzungswochen seit Eingang der Rechtsverordnung nicht mit ihr befasst, so wird die unveränderte Rechtsverordnung dem Bundesrat zugeleitet.

§ 68 Anhörung beteiligter Kreise. Soweit Ermächtigungen zum Erlass von Rechtsverordnungen und allgemeinen Verwaltungsvorschriften die Anhörung der beteiligten Kreise vorschreiben, ist ein jeweils auszuwählender Kreis von Vertretern der Wissenschaft, der Betroffenen, der beteiligten Wirtschaft, der für die Abfallwirtschaft zuständigen obersten Landesbehörden, der Gemeinden und Gemeindeverbände zu hören.

§ 69[2)] Bußgeldvorschriften. (1) Ordnungswidrig handelt, wer vorsätzlich oder fahrlässig

1. entgegen § 9a Absatz 1 gefährliche Abfälle vermischt,
1a. entgegen § 9a Absatz 3 Abfälle nicht oder nicht rechtzeitig trennt oder nicht oder nicht rechtzeitig behandelt,
1b. entgegen § 12 Absatz 4 oder § 56 Absatz 4 Satz 2 ein dort genanntes Zeichen führt,

---

[1)] § 66 Abs. 1 und 2 geänd. mWv 29.10.2020 durch G v. 23.10.2020 (BGBl. I S. 2232).

[2)] § 69 Abs. 1 Nr. 8, Abs. 2 Nr. 7 geänd. mWv 2.5.2013 durch G v. 8.4.2013 (BGBl. I S. 734); Abs. 2 Nr. 1, 14 und 15 geänd. mWv 24.10.2015 durch G v. 20.10.2015 (BGBl. I S. 1739); Abs. 1 Nr. 1 und 1a eingef., bish. Nr. 1 wird Nr. 1b, Nr. 8, Abs. 2 Nr. 15 geänd. mWv 29.10.2020 durch G v. 23.10.2020 (BGBl. I S. 2232); Abs. 1 Nr. 4, Abs. 2 Nr. 4 geänd. mWv 3.7.2021 durch G v. 9.6.2021 (BGBl. I S. 1699).

2. entgegen § 28 Absatz 1 Satz 1 Abfälle zur Beseitigung behandelt, lagert oder ablagert,
3. ohne Planfeststellungsbeschluss nach § 35 Absatz 2 Satz 1 oder ohne Plangenehmigung nach § 35 Absatz 3 Satz 1 eine Deponie errichtet oder wesentlich ändert,
4. einer vollziehbaren Auflage nach § 36 Absatz 4 Satz 1 oder Satz 3, § 39 Absatz 1 Satz 1 oder Absatz 2 Satz 1, § 53 Absatz 3 Satz 1 oder § 54 Absatz 2 zuwiderhandelt,
5. einer mit einer Zulassung nach § 37 Absatz 1 Satz 1 verbundenen vollziehbaren Auflage zuwiderhandelt,
6. einer vollziehbaren Untersagung nach § 53 Absatz 3 Satz 3 zuwiderhandelt,
7. ohne Erlaubnis nach § 54 Absatz 1 Satz 1 gefährliche Abfälle sammelt, befördert, mit ihnen Handel treibt oder diese makelt oder
8. einer Rechtsverordnung nach § 4 Absatz 2, § 5 Absatz 2, § 10 Absatz 1 oder 4 Nummer 2, § 11 Absatz 2 Satz 1 oder 2 oder Absatz 3 Satz 1 Nummer 1 bis 3 oder Satz 2 Nummer 2, § 12 Absatz 7, § 16 Satz 1 Nummer 1 oder Nummer 2, § 24, § 25 Absatz 1 Nummer 1 bis 3 oder 5 oder Absatz 2 Nummer 5 bis 7 oder 10, § 28 Absatz 3 Satz 2, § 43 Absatz 1 Satz 1 Nummer 2 bis 5, 7 oder Nummer 8 oder § 57 Satz 2 Nummer 1 bis 7 oder Nummer 8 oder einer vollziehbaren Anordnung auf Grund einer solchen Rechtsverordnung zuwiderhandelt, soweit die Rechtsverordnung für einen bestimmten Tatbestand auf diese Bußgeldvorschrift verweist.

(2) Ordnungswidrig handelt, wer vorsätzlich oder fahrlässig

1. entgegen § 18 Absatz 1, § 26 Absatz 2, § 40 Absatz 1 Satz 1 oder § 53 Absatz 1 Satz 1 eine Anzeige nicht, nicht richtig, nicht vollständig oder nicht rechtzeitig erstattet,
2. entgegen § 34 Absatz 1 Satz 1 das Betreten eines Grundstücks oder eine dort genannte Maßnahme nicht duldet,
3. entgegen § 41 Absatz 1 Satz 1 in Verbindung mit einer Rechtsverordnung nach § 41 Absatz 2 Satz 1 eine Emissionserklärung nicht, nicht richtig, nicht vollständig oder nicht rechtzeitig abgibt oder nicht, nicht richtig, nicht vollständig oder nicht rechtzeitig ergänzt,
4. entgegen § 47 Absatz 3 Satz 1 eine Auskunft nicht, nicht richtig, nicht vollständig oder nicht rechtzeitig erteilt,
5. entgegen § 47 Absatz 3 Satz 2 oder Satz 3 das Betreten eines Grundstücks oder eines Wohn-, Geschäfts- oder Betriebsraumes, die Einsicht in eine Unterlage oder die Vornahme einer technischen Ermittlung oder Prüfung nicht gestattet,
6. entgegen § 47 Absatz 4 eine dort genannte Anlage nicht zugänglich macht oder eine Arbeitskraft, ein Werkzeug oder eine Unterlage nicht zur Verfügung stellt,
7. einer vollziehbaren Anordnung nach § 47 Absatz 4 oder Absatz 9 Satz 1, § 51 Absatz 1 Satz 1 oder § 59 Absatz 2 zuwiderhandelt,
8. entgegen § 49 Absatz 1, auch in Verbindung mit § 49 Absatz 3 oder einer Rechtsverordnung nach § 10 Absatz 2 Nummer 1 Buchstabe b oder § 52 Absatz 1 Satz 1 oder Satz 2 Nummer 3 oder Nummer 5, ein Register nicht, nicht richtig oder nicht vollständig führt,
9. entgegen § 49 Absatz 2 in Verbindung mit einer Rechtsverordnung nach § 52 Absatz 1 Satz 1 eine Angabe nicht, nicht richtig, nicht vollständig oder nicht rechtzeitig verzeichnet,
10. entgegen § 49 Absatz 4, auch in Verbindung mit einer Rechtsverordnung nach § 10 Absatz 2 Nummer 1 Buchstabe b oder § 52 Absatz 1 Satz 1 oder Satz 2 Nummer 3, ein Register nicht, nicht richtig, nicht vollständig oder nicht recht-

zeitig vorlegt oder eine Mitteilung nicht, nicht richtig, nicht vollständig oder nicht rechtzeitig macht,

11. entgegen § 49 Absatz 5, auch in Verbindung mit einer Rechtsverordnung nach § 52 Absatz 1 Satz 2 Nummer 6, eine Angabe oder einen Beleg nicht oder nicht für die vorgeschriebene Dauer aufbewahrt,
12. entgegen § 50 Absatz 1 in Verbindung mit einer Rechtsverordnung nach § 52 Absatz 1 Satz 1, jeweils auch in Verbindung mit einer Rechtsverordnung nach § 10 Absatz 2 Nummer 1 Buchstabe b oder § 52 Absatz 1 Satz 2 Nummer 3, einen Nachweis nicht, nicht richtig, nicht vollständig oder nicht rechtzeitig führt,
13. entgegen § 55 Absatz 1 Satz 1 ein Fahrzeug nicht, nicht richtig, nicht vollständig oder nicht rechtzeitig mit Warntafeln versieht,
14. entgegen § 59 Absatz 1 Satz 1 in Verbindung mit einer Rechtsverordnung nach § 59 Absatz 1 Satz 2 und 3 einen Abfallbeauftragten nicht oder nicht rechtzeitig bestellt oder
15. einer Rechtsverordnung nach § 10 Absatz 2 Nummer 1 Buchstabe a, Nummer 2 bis 7 oder Nummer 8, jeweils auch in Verbindung mit § 11 Absatz 3 Satz 1 Nummer 4, § 16 Satz 1 Nummer 3 oder § 43 Absatz 5, nach § 10 Absatz 4 Nummer 1, § 11 Absatz 3 Satz 2 Nummer 1, § 25 Absatz 1 Nummer 7 oder 8 oder Absatz 2 Nummer 3, 9 oder 11, § 43 Absatz 1 Satz 1 Nummer 6 oder Nummer 9, § 52 Absatz 1 Satz 1 und Absatz 2 Nummer 2 oder Nummer 3, § 53 Absatz 6 Nummer 1, 2, 4 oder Nummer 5, § 54 Absatz 7 Nummer 1, 2, 4 oder Nummer 5 oder § 57 Satz 2 Nummer 9 oder einer vollziehbaren Anordnung auf Grund einer solchen Rechtsverordnung zuwiderhandelt, soweit die Rechtsverordnung für einen bestimmten Tatbestand auf diese Vorschrift verweist.

(3) Die Ordnungswidrigkeit nach Absatz 1 kann mit einer Geldbuße bis zu hunderttausend Euro, die Ordnungswidrigkeit nach Absatz 2 mit einer Geldbuße bis zu zehntausend Euro geahndet werden.

(4) Verwaltungsbehörde im Sinne des § 36 Absatz 1 Nummer 1 des Gesetzes über Ordnungswidrigkeiten[1)] ist das Bundesamt für Güterverkehr, soweit es sich um Ordnungswidrigkeiten nach Absatz 1 Nummer 6 bis 8 oder nach Absatz 2 Nummer 1, 7, 8, 10 bis 13 und 15 handelt und die Zuwiderhandlung im Zusammenhang mit der Beförderung von Abfällen durch Fahrzeuge zur Güterbeförderung auf der Straße in einem Unternehmen begangen wird, das im Inland weder seinen Sitz noch eine geschäftliche Niederlassung hat, und soweit die betroffene Person im Inland keinen Wohnsitz hat.

§ 70 Einziehung. [1] Ist eine Ordnungswidrigkeit nach § 69 Absatz 1 Nummer 2 bis 7 oder Nummer 8 begangen worden, so können Gegenstände eingezogen werden,

1. auf die sich die Ordnungswidrigkeit bezieht oder
2. die zu ihrer Begehung oder Vorbereitung gebraucht worden oder bestimmt gewesen sind.

[2] § 23 des Gesetzes über Ordnungswidrigkeiten[1)] ist anzuwenden.

§ 71 Ausschluss abweichenden Landesrechts. Von den in diesem Gesetz oder auf Grund dieses Gesetzes getroffenen Regelungen des Verwaltungsverfahrens kann durch Landesrecht nicht abgewichen werden.

[1)] **Schönfelder Nr. 94.**

§ 72[1)] Übergangsvorschrift. (1) [1] Pflichtenübertragungen nach § 16 Absatz 2, § 17 Absatz 3 oder § 18 Absatz 2 des Kreislaufwirtschafts- und Abfallgesetzes[2)] vom 27. September 1994 (BGBl. I S. 2705), das zuletzt durch Artikel 5 des Gesetzes vom 6. Oktober 2011 (BGBl. I S. 1986) geändert worden ist, gelten fort. [2] Die zuständige Behörde kann bestehende Pflichtenübertragungen nach Maßgabe des § 13 Absatz 2 und der §§ 16 bis 18 des Kreislaufwirtschafts- und Abfallgesetzes vom 27. September 1994 (BGBl. I S. 2705), das zuletzt durch Artikel 5 des Gesetzes vom 6. Oktober 2011 (BGBl. I S. 1986) geändert worden ist, verlängern.

(2) [1] Für Verfahren zur Aufstellung von Abfallwirtschaftsplänen, die bis zum Ablauf des 5. Juli 2020 eingeleitet worden sind, ist § 30 des Kreislaufwirtschaftsgesetzes vom 24. Februar 2012 (BGBl. I S. 212) in der bis zum 28. Oktober 2020 geltenden Fassung anzuwenden. [2] Für Verfahren zur Aufstellung von Abfallwirtschaftsplänen, die bis zum Ablauf des 3. Juli 2021 eingeleitet worden sind, ist § 30 des Kreislaufwirtschaftsgesetzes vom 24. Februar 2012 (BGBl. I S. 212) in der bis zum Ablauf des 3. Juli 2021 geltenden Fassung anzuwenden.

(3) Eine Transportgenehmigung nach § 49 Absatz 1 des Kreislaufwirtschafts- und Abfallgesetzes vom 27. September 1994 (BGBl. I S. 2705), das zuletzt durch Artikel 5 des Gesetzes vom 6. Oktober 2011 (BGBl. I S. 1986) geändert worden ist, auch in Verbindung mit § 1 der Transportgenehmigungsverordnung[3)] vom 10. September 1996 (BGBl. I S. 1411; 1997 I S. 2861), die zuletzt durch Artikel 5 des Gesetzes vom 19. Juli 2007 (BGBl. I S. 1462) geändert worden ist, gilt bis zum Ende ihrer Befristung als Erlaubnis nach § 54 Absatz 1 fort.

(4) Eine Genehmigung für Vermittlungsgeschäfte nach § 50 Absatz 1 des Kreislaufwirtschafts- und Abfallgesetzes vom 27. September 1994 (BGBl. I S. 2705), das zuletzt durch Artikel 5 des Gesetzes vom 6. Oktober 2011 (BGBl. I S. 1986) geändert worden ist, gilt bis zum Ende ihrer Befristung als Erlaubnis nach § 54 Absatz 1 fort.

Anlage 1

Beseitigungsverfahren

D 1	Ablagerungen in oder auf dem Boden (zum Beispiel Deponien)
D 2	Behandlung im Boden (zum Beispiel biologischer Abbau von flüssigen oder schlammigen Abfällen im Erdreich)
D 3	Verpressung (zum Beispiel Verpressung pumpfähiger Abfälle in Bohrlöcher, Salzdome oder natürliche Hohlräume)
D 4	Oberflächenaufbringung (zum Beispiel Ableitung flüssiger oder schlammiger Abfälle in Gruben, Teiche oder Lagunen)
D 5	Speziell angelegte Deponien (zum Beispiel Ablagerung in abgedichteten, getrennten Räumen, die gegeneinander und gegen die Umwelt verschlossen und isoliert werden)
D 6	Einleitung in ein Gewässer mit Ausnahme von Meeren und Ozeanen
D 7	Einleitung in Meere und Ozeane einschließlich Einbringung in den Meeresboden
D 8	Biologische Behandlung, die nicht an anderer Stelle in dieser Anlage beschrieben ist und durch die Endverbindungen oder Gemische entstehen, die mit einem der in D 1 bis D 12 aufgeführten Verfahren entsorgt werden
D 9	Chemisch-physikalische Behandlung, die nicht an anderer Stelle in dieser Anlage beschrieben ist und durch die Endverbindungen oder Gemische entstehen, die mit einem der in D 1 bis D 12 aufgeführten Verfahren entsorgt werden (zum Beispiel Verdampfen, Trocknen, Kalzinieren)
D 10	Verbrennung an Land

[1)] § 72 Abs. 2 neu gef., Abs. 3 und 4 aufgeh., bish. Abs. 5 und 6 werden Abs. 3 und 4 mWv 29.10.2020 durch G v. 23.10.2020 (BGBl. I S. 2232); Abs. 2 Satz 2 angef. mWv 3.7.2021 durch G v. 9.6.2021 (BGBl. I S. 1699).

[2)] **Gewerberecht Nr. 850.**

[3)] **Gewerberecht Nr. 854.**

D 11 Verbrennung auf See[1)]
D 12 Dauerlagerung (zum Beispiel Lagerung von Behältern in einem Bergwerk)
D 13 Vermengung oder Vermischung vor Anwendung eines der in D 1 bis D 12 aufgeführten Verfahren[2)]
D 14 Neuverpacken vor Anwendung eines der in D 1 bis D 13 aufgeführten Verfahren
D 15 Lagerung bis zur Anwendung eines der in D 1 bis D 14 aufgeführten Verfahren (ausgenommen zeitweilige Lagerung bis zur Sammlung auf dem Gelände der Entstehung der Abfälle)[3)]

Anlage 2[4)]

Verwertungsverfahren

R 1 Hauptverwendung als Brennstoff oder als anderes Mittel der Energieerzeugung[5)]

(Fortsetzung nächstes Blatt)

[1)] **Amtl. Anm.:** Nach EU-Recht und internationalen Übereinkünften verbotenes Verfahren.

[2)] **Amtl. Anm.:** Falls sich kein anderer D-Code für die Einstufung eignet, kann das Verfahren D 13 auch vorbereitende Verfahren einschließen, die der Beseitigung einschließlich der Vorbehandlung vorangehen, zum Beispiel Sortieren, Zerkleinern, Verdichten, Pelletieren, Trocknen, Schreddern, Konditionierung oder Trennung vor Anwendung eines der in D 1 bis D 12 aufgeführten Verfahren.

[3)] **Amtl. Anm.:** Unter einer zeitweiligen Lagerung ist eine vorläufige Lagerung im Sinne des § 3 Absatz 15 zu verstehen.

[4)] Anl. 2 geänd. mWv 26.11.2015 durch G v. 20.11.2015 (BGBl. I S. 2071).

[5)] **Amtl. Anm.:**

a) Hierunter fallen Verbrennungsanlagen, deren Zweck in der Behandlung fester Siedlungsabfälle besteht, nur dann, wenn deren Energieeffizienz mindestens folgende Werte hat:
   aa) 0,60 für in Betrieb befindliche Anlagen, die bis zum 31. Dezember 2008 genehmigt worden sind,
   bb) 0,65 für Anlagen, die nach dem 31. Dezember 2008 genehmigt worden sind oder genehmigt werden.
b) Bei der Berechnung nach Buchstabe a wird folgende Formel verwendet:
   Energieeffizienz = (Ep – (Ef + Ei)) / (0,97 × (Ew + Ef)).
c) Im Rahmen der in Buchstabe b enthaltenen Formel bedeutet
   aa) Ep die jährlich als Wärme oder Strom erzeugte Energie. Der Wert wird berechnet, indem Elektroenergie mit dem Faktor 2,6 und für gewerbliche Zwecke erzeugte Wärme mit dem Faktor 1,1 (Gigajoule pro Jahr) multipliziert wird;
   bb) Ef der jährliche Input von Energie in das System aus Brennstoffen, die zur Erzeugung von Dampf eingesetzt werden (Gigajoule pro Jahr);
   cc) Ew die jährliche Energiemenge, die im behandelten Abfall enthalten ist, berechnet anhand des unteren Heizwerts des Abfalls (Gigajoule pro Jahr);
   dd) Ei die jährliche importierte Energiemenge ohne Ew und Ef (Gigajoule pro Jahr);
   ee) 0,97 ein Faktor zur Berechnung der Energieverluste durch Rost- und Kesselasche sowie durch Strahlung.
d) Der Wert der Energieeffizienzformel wird mit einem Klimakorrekturfaktor (Climate Correction Factor, CCF) wie folgt multipliziert:
   aa) CCF für vor dem 1. September 2015 in Betrieb befindliche und nach geltendem EU-Recht genehmigte Anlagen:
   CCF = 1, wenn HDD > = 3 350
   CCF = 1,25, wenn HDD < = 2 150
   CCF = – (0,25/1 200) × HDD + 1,698, wenn 2 150 < HDD < 3 350;
   bb) CCF für nach dem 31. August 2015 genehmigte Anlagen und für Anlagen gemäß Nummer 1 ab 31. Dezember 2029:
   CCF = 1, wenn HDD > = 3 350
   CCF = 1,12, wenn HDD < = 2 150
   CCF = – (0,12/1 200) × HDD + 1,335, wenn 2 150 < HDD < 3 350.

300. Baugesetzbuch (BauGB)[1) 2)]

In der Fassung der Bekanntmachung vom 3. November 2017[3)]
(BGBl. I S. 3634)

FNA 213-1

geänd. durch Art. 2 HochwasserschutzG II v. 30.6.2017 (BGBl. I S. 2193), Art. 6 G zum Schutz der Bevölkerung bei einer epidemischen Lage von nationaler Tragweite v. 27.3.2020 (BGBl. I S. 587), Art. 2 G zur Vereinheitlichung des Energieeinsparrechts für Gebäude und zur Änd. weiterer Gesetze v. 8.8.2020 (BGBl. I S. 1728) und Art. 1 BaulandmobilisierungsG v. 14.6.2021 (BGBl. I S. 1802)

Zum BauGB haben die **Länder** ua folgende Vorschriften erlassen:

- **Baden-Württemberg:** AusführungsG zum BauGB v. 23.6.2009 (GBl. S. 251); GutachterausschußVO v. 11.12.1989 (GBl. S. 541), zuletzt geänd. durch VO v. 7.5.2020 (GBl. S. 261); DurchführungsVO zum BauGB v. 2.3.1998 (GBl. S. 185), zuletzt geänd. durch VO v. 23.2.2017 (GBl. S. 99);
- **Bayern:** AusführungsG zum Bau- und RaumordnungsG 1998 v. 9.5.1998 (GVBl. S. 242); UmlegungsausschussVO v. 18.1.1961 (BayRS III S. 483), zuletzt geänd. durch V v. 30.9.2014 (GVBl S. 411); Gerichtliche ZuständigkeitsVO Justiz v. 11.6.2012 (GVBl. S. 295), zuletzt geänd. durch V v. 24.11.2020 (GVBl. S. 654); GutachterausschussVO v. 5.4.2005 (GVBl. S. 88), zuletzt geänd. durch V v. 26.3.2019 (GVBl. S. 98); Bauwesen-ZuständigkeitsVO v. 5.7.1994 (GVBl. S. 573), zuletzt geänd. durch V v. 16.6. 2020 (GVBl. S. 310);
- **Berlin:** BauGB-AusführungsG idF der Bek. v. 7.11.1999 (GVBl. S. 578), zuletzt geänd. durch G v. 12.10.2020 (GVBl. S. 807); BauGB-DurchführungsVO v. 5.6.2018 (GVBl. S. 407), geänd. durch VO v. 15.12.2020 (GVBl. S. 1506); ErschließungsbeitragsG v. 12.7.1995 (GVBl. S. 444), zuletzt geänd. durch G v. 12.10.2020 (GVBl. S. 807);
- **Brandenburg:** UmlegungsausschussVO v. 23.2.2009 (GVBl. II S. 101); GutachterausschussVO v. 12.5. 2010 (GVBl. II Nr. 27), geänd. durch VO v. 21.9.2017 (GVBl. II Nr. 52); Gutachterausschuss-GebührenO v. 30.7.2010 (GVBl. II Nr. 51), zuletzt geänd. durch VO v. 21.1.2019 (GVBl. II Nr. 7);
- **Bremen:** BauGB-DurchführungsVO v. 22.6.1993 (Brem.GBl. S. 234), zuletzt geänd. durch Bek. v. 20.10.2020 (Brem.GBl. S. 1172); Erschließungsanlagen-BeitragserhebungsG v. 12.6.1973 (Brem.GBl. S. 127), zuletzt geänd. durch G v. 25.5.2010 (Brem.GBl. S. 365); ErschließungsbeitragsG v. 20.12.1982 (Brem.GBl. S. 405), zuletzt geänd. durch G v. 25.5.2010 (Brem.GBl. S. 365); GutachterausschussVO v. 2.9.2008 (Brem.GBl. S. 321), geänd. durch VO v. 17.6.2014 (Brem.GBl. S. 314); BauGB-GenehmigungswegfallG idF der Bek. v. 7.7.1987 (Brem.GBl. S. 215), zuletzt geänd. durch G v. 26.5.1998 (Brem. GBl. S. 134);
- **Hamburg:** BauleitplanfeststellungsG idF der Bek. v. 30.11.1999 (HmbGVBl. S. 271), zuletzt geänd. durch G v. 26.6.2020 (HmbGVBl. S. 380); GutachterausschussVO v. 12.5.2009 (HmbGVBl. S. 124); Enteignungsverfahren-DurchführungsVO v. 18.2.2004 (HmbGVBl. S. 107), geänd. durch G v. 31.3. 2021 (HmbGVBl. S. 182); BodenordnungskommissionsG v. 29.4.1997 (HmbGVBl. S. 131), zuletzt geänd. durch G v. 18.12.2020 (HmbGVBl. S. 703);

[1)] **Amtl. Anm.:** Dieses Gesetz dient der Umsetzung folgender Richtlinien:

1. Richtlinie 92/43/EWG des Rates vom 21. Mai 1992 zur Erhaltung der natürlichen Lebensräume sowie der wild lebenden Tiere und Pflanzen (ABl. L 206 vom 22.7.1992, S. 7), die zuletzt durch die Richtlinie 2013/17/EU (ABl. L 158 vom 10.6.2013, S. 193) geändert worden ist,
2. Richtlinie 2001/42/EG des Europäischen Parlaments und des Rates vom 27. Juni 2001 über die Prüfung der Umweltauswirkungen bestimmter Pläne und Programme (ABl. L 197 vom 21.7.2001, S. 30),
3. Richtlinie 2009/147/EG des Europäischen Parlaments und des Rates vom 30. November 2009 über die Erhaltung der wildlebenden Vogelarten (ABl. L 20 vom 26.1.2010, S. 7), die zuletzt durch die Richtlinie 2013/17/EU (ABl. L 158 vom 10.6.2013, S. 193) geändert worden ist,
4. Richtlinie 2011/92/EU des Europäischen Parlaments und des Rates vom 13. Dezember 2011 über die Umweltverträglichkeitsprüfung bei bestimmten öffentlichen und privaten Projekten (ABl. L 26 vom 28.1.2012, S. 1), die zuletzt durch die Richtlinie 2014/52/EU (ABl. L 124 vom 25.4.2014, S. 1) geändert worden ist.

[2)] Beachte hierzu ua das Planungssicherstellungsgesetz v. 20.5.2020 (BGBl. I S. 1041).

[3)] Neubekanntmachung des BauGB idF der Bek. v. 23.9.2004 (BGBl. I S. 2414) in der ab 1.10.2017 geltenden Fassung.

– **Hessen:** Baugesetzbuch-AusführungsG v. 28.5.2018 (GVBl. S. 198), zuletzt geänd. durch G v. 3.6.2020 (GVBl. S. 378); AusführungsVO zum BauGB v. 15.6.2018 (GVBl. S. 258), geänd. durch VO v. 16.3. 2021 (GVBl. S. 195);
– **Mecklenburg-Vorpommern:** BaugesetzbuchausführungsG v. 30.1.1998 (GVOBl. M-V S. 110), zuletzt geänd. durch G v. 19.3.2021 (GVOBl. M-V S. 270); GutachterausschusslandesVO v. 29.6.2011 (GVOBl. M-V S. 441); Enteignungsverfahren-DurchführungsVO v. 4.5.1993 (GVOBl. M-V S. 515); AnzeigepflichtVO v. 5.2.1998 (GVOBl. M-V S. 124), geänd. durch VO v. 10.10.2000 (GVOBl. M-V S. 530);
– **Niedersachsen:** NBauGB-DurchführungsG v. 13.5.2009 (Nds. GVBl. S. 169); Baugesetzbuch-DVO idF der Bek. v. 24.5.2005 (Nds. GVBl. S. 183), zuletzt geänd. durch G v. 15.7.2020 (Nds. GVBl. S. 244); Gutachterausschuss-GebührenO v. 25.6.2019 (Nds. GVBl. S. 156), geänd. durch VO v. 23.2.2021 (Nds. GVBl. S. 77);
– **Nordrhein-Westfalen:** Baugesetzbuch-AusführungsG v. 3.2.2015 (GV. NRW. S. 211), zuletzt geänd. durch G v. 8.7.2021 (GV. NRW. S. 891); BauGB-DurchführungsVO v. 7.7.1987 (GV. NRW. S. 220), zuletzt geänd. durch VO v. 28.8.2018 (GV. NRW. S. 468); GrundstückswertermittlungsVO v. 8.12.2020 (GV. NRW. S. 1186), geänd. durch VO v. 9.6.2021 (GV. NRW. S. 751); Baulandsachenzusammenfassungs VO v. 21.10.1994 (GV. NRW. S. 961), zuletzt geänd. durch VO v. 24.9.2014 (GV. NRW. S. 647);
– **Rheinland-Pfalz:** BauGB-ZuständigkeitsVO v. 21.12.2007 (GVBl. 2008 S. 22); Umlegungsausschuss-VO v. 27.6.2007 (GVBl. S. 102); GutachterausschussVO v. 20.4.2005 (GVBl. S. 139), zuletzt geänd. durch G v. 19.12.2018 (GVBl. S. 448);
– **Saarland:** BauGB-ZuständigkeitsVO v. 13.12.2012 (Amtsbl. 2013 I S. 3), zuletzt geänd. durch VO v. 7.4.2020 (Amtsbl. I S. 249); GutachterausschußVO v. 21.8.1990 (Amtsbl. S. 957), zuletzt geänd. durch VO v. 12.11.2015 (Amtsbl. I S. 888); UmlegungsausschußV v. 11.9.1998 (Amtsbl. S. 950), zuletzt geänd. durch G v. 4.12.2019 (Amtsbl. 2020 I S. 211);
– **Sachsen:** GutachterausschussVO v. 15.11.2011 (SächsGVBl. S. 598), zuletzt geänd. durch VO v. 25.3. 2021 (SächsGVBl. S. 426);
– **Sachsen-Anhalt:** Durchführung des Baugesetzbuchs LSA v. 1.12.1999 (MBl. LSA 2000 S. 227); GutachterausschussVO v. 18.12.2013 (GVBl. LSA S. 555), geänd. durch G v. 7.7.2020 (GVBl. LSA S. 372); Bodenordnung-VO v. 31.10.1991 (GVBl. LSA S. 430), zuletzt geänd. durch G v. 19.3.2002 (GVBl. LSA S. 130); UntersagungsVO zur Bebauungsteilgenehmigung v. 2.1.1998 (GVBl. LSA S. 2);
– **Schleswig-Holstein:** Baugesetzbuch-AusführungsG v. 21.10.1998 (GVOBl. Schl.-H. S. 303), zuletzt geänd. durch G v. 8.10.2009 (GVOBl. Schl.-H. S. 640); Vierte BundesbauG-DurchführungsVO v. 30.3. 1961 (GVOBl. Schl.-H. S. 45), zuletzt geänd. durch VO v. 17.10.1980 (GVOBl. Schl.-H. S. 315); Sechste BundesbauG-DurchführungsVO v. 14.6.1961 (GVOBl. Schl.-H. S. 108); Gutachterausschuss-VO v. 16.7.2014 (GVOBl. Schl.-H. S. 158), zuletzt geänd. durch VO v. 16.1.2019 (GVOBl. Schl.-H. S. 30); BauGB-ZuständigkeitsVO v. 21.8.1987 (GVOBl. Schl.-H. S. 319), zuletzt geänd. durch VO v. 16.1.2019 (GVOBl. Schl.-H. S. 30);
– **Thüringen:** Vorläufige BauGB-ZuständigkeitsVO v. 25.3.1991 (GVBl. S. 67); UmlegungsausschussVO v. 22.3.2005 (GVBl. S. 155), zuletzt geänd. durch G v. 18.12.2018 (GVBl. S. 731); Gutachterausschuss-VO v. 23.9.2013 (GVBl. S. 302), geänd. durch G v. 18.12.2018 (GVBl. S. 731).

Außerdem haben die Länder **Bauordnungen** und ua folgende zugehörige Vorschriften erlassen:
– **Baden-Württemberg:** LandesbauO idF der Bek. v. 5.3.2010 (GBl. S. 357, ber. S. 416), zuletzt geänd. durch G v. 18.7.2019 (GBl. S. 313); Allgemeine LBO-AusführungsVO v. 5.2.2010 (GBl. S. 24), zuletzt geänd. durch VO v. 8.12.2020 (GBl. S. 1182); VersammlungsstättenVO v. 28.4.2004 (GBl. S. 311, ber. S. 653), zuletzt geänd. durch VO v. 8.12.2020 (GBl. S. 1182); Elektrische Betriebsräume-VO v. 8.12. 2020 (GBl. S. 1182, 1192); CampingplatzVO v. 15.7.1984 (GBl. S. 545, ber. 1985 S. 20), zuletzt geänd. durch VO v. 23.2.2017 (GBl. S. 99); BauprüfVO v. 10.5.2010 (GBl. S. 446), zuletzt geänd. durch VO v. 8.10.2019 (GBl. S. 422); Verfahrensverordnung zur LBO v. 13.11.1995 (GBl. S. 794), zuletzt geänd. durch VO v. 28.7.2020 (GBl. S. 662, geänd. durch VO v. 12.1.2021, GBl. S. 41); VerkaufsstättenVO v. 11.2.1997 (GBl. S. 84), zuletzt geänd. durch VO v. 23.2.2017 (GBl. S. 99); GaragenVO v. 7.7.1997 (GBl. S. 332), zuletzt geänd. durch VO v. 8.12.2020 (GBl. S. 1182);
– **Bayern:** BauO idF der Bek. v. 14.8.2007 (GVBl. S. 588), zuletzt geänd. durch G v. 25.5.2021 (GVBl. S. 286); Elektrische Anlagen-BetriebsräumebauVO v. 13.4.1977 (BayRS III S. 575), zuletzt geänd. durch V v. 8.12.1997 (GVBl. S. 827); VersammlungsstättenVO v. 2.11.2007 (GVBl. S. 736), zuletzt geänd. durch V v. 7.8.2018 (GVBl. S. 694); Garagen- und Stellplatzverordnung v. 30.11.1993 (GVBl. S. 910), zuletzt geänd. durch V v. 7.8.2018 (GVBl. S. 694); BauvorlagenVO v. 10.11.2007 (GVBl. S. 792), zuletzt geänd. durch G v. 23.12.2020 (GVBl. S. 663); FeuerungsVO v. 11.11.2007 (GVBl. S. 800), zuletzt geänd. durch V v. 7.8.2018 (GVBl. S. 694); FeuerbeschauVO v. 5.6.1999 (GVBl. S. 270), zuletzt geänd. durch V v. 16.5.2019 (GVBl. S. 315); PrüfsachverständigenVO v. 29.11.2007 (GVBl. S. 829), zuletzt geänd. durch G v. 23.12.2020 (GVBl. S. 663);
– **Berlin:** BauO v. 29.9.2005 (GVBl. S. 495), zuletzt geänd. durch G v. 12.10.2020 (GVBl. S. 807); Bautechnische PrüfungsVO v. 12.2.2010 (GVBl. S. 62), zuletzt geänd. durch VO v. 15.12.2020 (GVBl.

S. 1506); BauverfahrensVO v. 15.11.2017 (GVBl. S. 636, ber. 2018 S. 147), zuletzt geänd. durch VO v. 20.9.2020 (GVBl. S. 742);

– **Brandenburg:** BauO idF der Bek. v. 15.11.2018 (GVBl. I Nr. 39), zuletzt geänd. durch G v. 9.2.2021 (GVBl. I Nr. 5); Garagen- und StellplatzVO v. 8.11.2017 (GVBl. II Nr. 61); Bautechnische PrüfungsVO v. 10.9.2008 (GVBl. II S. 374), zuletzt geänd. durch VO v. 31.3.2021 (GVBl. II Nr. 33); BauvorlagenVO v. 7.11.2016 (GVBl. II Nr. 60), zuletzt geänd. durch VO v. 31.3.2021 (GVBl. II Nr. 33); FeuerungsVO v. 13.1.2006 (GVBl. II S. 58), geänd. durch VO v. 13.9.2010 (GVBl. II Nr. 61 S. 1); Verkaufsstätten-BauVO v. 8.11.2017 (GVBl. II Nr. 60); BaugebührenO v. 20.8.2009 (GVBl. II S. 562), zuletzt geänd. durch VO v. 12.5.2021 (GVBl. II Nr. 50);

– **Bremen:** Landesbauordnung v. 4.9.2018 (Brem.GBl. S. 320), zuletzt geänd. durch G v. 22.9.2020 (Brem.GBl. S. 963); VO über die Prüfingenieure und Prüfsachverständigen (BremPPV) v. 7.1.2016 (Brem.GBl. S. 41); BauvorlagenVO v. 2.5.2019 (Brem.GBl. S. 368);

– **Hamburg:** BauO v. 14.12.2005 (HmbGVBl. S. 525, ber. S. 563), zuletzt geänd. durch G v. 20.2.2020 (HmbGVBl. S. 148); FeuerungsVO v. 25.9.2007 (HmbGVBl. S. 338), geänd. durch VO v. 2.11.2010 (HmbGVBl. S. 582); BauvorlagenVO v. 30.6.2020 (HmbGVBl. S. 391, ber. 2021 S. 280); BaugebührenO v. 23.5.2006 (HmbGVBl. S. 261), zuletzt geänd. durch VO v. 1.12.2020 (HmbGVBl. S. 680); GaragenVO v. 17.1.2012 (HmbGVBl. S. 8);

– **Hessen:** BauO v. 28.5.2018 (GVBl. S. 198), zuletzt geänd. durch G v. 3.6.2020 (GVBl. S. 378); Bauprodukte- und Bauartenverordnung v. 20.1.2004 (GVBl. I S. 56), zuletzt geänd. durch VO v. 4.12. 2017 (GVBl. S. 396);FeuerungsVO v. 15.10.2020 (GVBl. S. 748); Prüfberechtigten- und PrüfsachverständigenVO v. 18.12.2006 (GVBl. I S. 745), zuletzt geänd. durch VO v. 2.12.2020 (GVBl. S. 854, ber. 927); GaragenVO v. 17.11.2014 (GVBl. S. 286);

– **Mecklenburg-Vorpommern:** LandesbauO idF der Bek. v. 15.10.2015 (GVOBl. M-V S. 334, ber. 2016 S. 28), zuletzt geänd. durch G v. 26.6.2021 (GVOBl. M-V S. 1033); BauvorlagenVO v. 10.7.2006 (GVOBl. M-V S. 612), geänd. durch VO v. 28.6.2016 (GVOBl. M-V S. 519); Bauprodukte- und BauartenVO v. 10.7.2006 (GVOBl. M-V S. 610), zuletzt geänd. durch VO v. 14.7.2015 (GVOBl. M-V S. 190); CampingplatzVO v. 9.1.1996 (GVOBl. M-V S. 84), zuletzt geänd. durch VO v. 7.12.2010 (GVOBl. M-V S. 771); BauprüfVO v. 14.4.2016 (GVOBl. M-V S. 171), geänd. durch VO v. 11.6.2021 (GVOBl. M-V S. 1019);

– **Niedersachsen:** NBauO v. 3.4.2012 (Nds. GVBl. S. 46), zuletzt geänd. durch G v. 10.11.2020 (Nds. GVBl. S. 384); NBauO-DurchführungsVO v. 26.9.2012 (Nds. GVBl. S. 382), zuletzt geänd. durch VO v. 19.9.2019 (Nds. GVBl. S. 277); Elektrische Anlagen-BetriebsräumebauVO v. 25.1.2011 (Nds. GVBl. S. 19); VersammlungsstättenVO v. 8.11.2004 (Nds. GVBl. S. 426), zuletzt geänd. durch VO v. 13.11. 2012 (Nds. GVBl. S. 438); CampingplatzVO v. 12.4.1984 (Nds. GVBl. S. 109), zuletzt geänd. durch VO v. 13.11.2012 (Nds. GVBl. S. 438); Bautechnische PrüfungsVO v. 24.7.1987 (Nds. GVBl. S. 129), zuletzt geänd. durch VO v. 12.11.2019 (Nds. GVBl. S. 350); BauvorlagenVO v. 7.11.2012 (Nds. GVBl. S. 419); Garagen- und StellplatzVO v. 4.9.1989 (Nds. GVBl. S. 327), zuletzt geänd. durch VO v. 11.10. 2012 (Nds. GVBl. S. 401); VerkaufsstättenVO v. 17.1.1997 (Nds. GVBl. S. 31), zuletzt geänd. durch VO v. 13.11.2012 (Nds. GVBl. S. 438); BaugebührenO v. 13.1.1998 (Nds. GVBl. S. 3), zuletzt geänd. durch VO v. 2.3.2021 (Nds. GVBl. S. 88); FeuerungsVO v. 27.3.2008 (Nds. GVBl. S. 96), zuletzt geänd. durch VO v. 30.6.2020 (Nds. GVBl. S. 199);

– **Nordrhein-Westfalen:** Landesbauordnung 2018 v. 21.7.2018 (GV. NRW. S. 421), zuletzt geänd. durch G v. 30.6.2021 (GV. NRW. S. 822); SonderbauvO v. 2.12.2016 (GV. NRW. 2017 S. 2, ber. 2020 S. 148, 2020 148); Camping- und WochenendplatzVO v. 24.3.2011 (GV. NRW. S. 197), zuletzt geänd. durch VO v. 10.12.2018 (GV. NRW. S. 680); Bautechnische PrüfungsVO v. 6.12.1995 (GV. NRW. S. 1241), zuletzt geänd. durch VO v. 2.7.2021 (GV. NRW. S. 845); FeuerungsVO v. 10.12.2018 (GV. NRW. S. 675);

– **Rheinland-Pfalz:** LandesbauO v. 24.11.1998 (GVBl. S. 365), zuletzt geänd. durch G v. 3.2.2021 (GVBl. S. 66); VersammlungsstättenVO v. 13.3.2018 (GVBl. S. 29), geänd. durch VO v. 15.11.2018 (GVBl. S. 388); LandesVO über Betriebsräume für elektrische Anlagen v. 6.7.1977 (GVBl. S. 254), geänd. durch G v. 16.12.2002 (GVBl. S. 481); Camping- und WochenendplatzVO v. 18.9.1984 (GVBl. S. 195), zuletzt geänd. durch VO v. 8.8.2017 (GVBl. S. 184); GaragenVO v. 13.7.1990 (GVBl. S. 243), geänd. durch G v. 16.12.2002 (GVBl. S. 481); VerkaufsstättenVO v. 8.7.1998 (GVBl. S. 229), zuletzt geänd. durch G v. 16.12.2002 (GVBl. S. 481); VO über die Gebühren für Amtshandlungen der Bauaufsichtsbehörden und über die Vergütung der Leistungen der Prüfingenieurinnen und Prüfingenieure für Baustatik v. 9.1.2007 (GVBl. S. 22), zuletzt geänd. durch VO v. 18.3.2021 (GVBl. S. 195);

– **Saarland:** LandesbauO v. 18.2.2004 (Amtsbl. S. 822), zuletzt geänd. durch G v. 4.12.2019 (Amtsbl. 2020 I S. 211, ber. S. 760); BauvorlagenVO v. 15.6.2011 (Amtsbl. I S. 254), zuletzt geänd. durch G v. 4.12.2019 (Amtsbl. 2020 I S. 211); GaragenVO idF der Bek. v. 30.8.1976 (Amtsbl. S. 951), geänd. durch VO v. 25.8.2008 (Amtsbl. S. 1470); Prüfberechtigten- und PrüfsachverständigenVO v. 26.1.2011 (Amtsbl. I S. 30), zuletzt geänd. durch VO v. 29.7.2020 (Amtsbl. I S. 748); Technische PrüfVO v. 26.1. 2011 (Amtsbl. I S. 30, 48), zuletzt geänd. durch VO v. 12.11.2015 (Amtsbl. I S. 888); Versammlungs-

stättenVO v. 21.6.2021 (Amtsbl. I S. 1684); Elektrische Anlagen-BetriebsräumebauVO v. 27.1.2014 (Amtsbl. I S. 17); Camping- und WochenendplatzVO v. 22.6.1999 (Amtsbl. S. 1158), zuletzt geänd. durch G v. 15.7.2015 (Amtsbl. I S. 632); VerkaufsstättenVO v. 25.9.2000 (Amtsbl. S. 1934), zuletzt geänd. durch G v. 15.7.2015 (Amtsbl. I S. 632);
- **Sachsen:** BauO idF der Bek. v. 11.5.2016 (SächsGVBl. S. 186), zuletzt geänd. durch VO v. 12.4.2021 (SächsGVBl. S. 517); BauO-DurchführungsVO v. 2.9.2004 (SächsGVBl. S. 427), zuletzt geänd. durch VO v. 12.4.2021 (SächsGVBl. S. 517); VwV zur BauO v. 18.3.2005 (SächsABl. SDr. S. 59, ber. S. 363), zuletzt geänd. durch VwV v. 9.5.2019 (SächsABl. S. 782); RLn für die Durchführung von Bauaufgaben des Freistaates Sachsen im Zuständigkeitsbereich des Staatshochbauverwaltung; VO über Bauvorlagen und bautechnische Prüfungen v. 2.9.1997 (SächsABl. S. 533);
- **Sachsen-Anhalt:** BauO idF der Bek. v. 10.9.2013 (GVBl. LSA S. 440), zuletzt geänd. durch G v. 18.11.2020 (GVBl. LSA S. 660); BaugebührenO v. 4.5.2006 (GVBl. LSA S. 315), zuletzt geänd. durch VO v. 17.8.2018 (GVBl. LSA S. 284); FeuerungsVO v. 27.3.2006 (GVBl. LSA S. 177), geänd. durch VO v. 20.10.2008 (GVBl. LSA S. 374)
- **Schleswig-Holstein:** LandesbauO v. 22.1.2009 (GVOBl. Schl.-H. S. 6), zuletzt geänd. durch G v. 1.10.2019 (GVOBl. Schl.-H. S. 398); Allg. LandesVO zur Durchführung der LBO v. 25.4.1968 (GVOBl. Schl.-H. S. 105), zuletzt geänd. durch VO v. 10.7.1980 (GVOBl. Schl.-H. S. 263); VersammlungsstättenVO v. 11.9.2014 (GVOBl. Schl.-H. S. 245), geänd. durch VO v. 16.9.2019 (GVOBl. Schl.-H. S. 395); Landesverordnung über den Bau von Betriebsräumen für elektrische Anlagen v. 25.2.2020 (GVOBl. Schl.-H. S. 140); BauvorlagenVO v. 3.4.2019 (GVOBl. Schl.-H. S. 87); LandesVO über die Zuständigkeiten der Landesbauämter v. 19.5.1995 (GVOBl. Schl.-H. S. 227); LandesVO über die Prüfingenieurinnen oder Prüfingenieure für Baustatik, sowie Prüfsachverständigen v. 31.5.2021 (GVOBl. Schl.-H. S. 662); GaragenVO v. 22.4.2020 (GVOBl. Schl.-H. S. 203); FeuerungsVO v. 25.2.2020 (GVOBl. Schl.-H. S. 142); BaugebührenVO v. 12.11.2018 (GVOBl. Schl.-H. S. 703), geänd. durch VO v. 14.7.2020 (GVOBl. Schl.-H. S. 445); VerkaufsstättenVO v. 15.11.2019 (GVOBl. Schl.-H. S. 536); Camping- und WochenendplatzVO v. 15.7.2020 (GVOBl. Schl.-H. S. 448);
- **Thüringen:** BauO v. 13.3.2014 (GVBl. S. 49), zuletzt geänd. durch G v. 23.11.2020 (GVBl. S. 561); BauvorlagenVO v. 23.3.2010 (GVBl. S. 129), geänd. durch VO v. 2.12.2015 (GVBl. S. 212); FeuerungsVO v. 10.8.2009 (GVBl. S. 745), zuletzt geänd. durch VO v. 16.6.2021 (GVBl. S. 274).

Inhaltsübersicht[1)]

[1)] Inhaltsübersicht geänd. mWv 28.3.2020 durch G v. 27.3.2020 (BGBl. I S. 587); geänd. mWv 23.6.2021 durch G v. 14.6.2021 (BGBl. I S. 1802).

Erstes Kapitel. Allgemeines Städtebaurecht

Erster Teil. Bauleitplanung

Erster Abschnitt. Allgemeine Vorschriften

§ 1[2] Aufgabe, Begriff und Grundsätze der Bauleitplanung. (1) Aufgabe der Bauleitplanung ist es, die bauliche und sonstige Nutzung der Grundstücke in der Gemeinde nach Maßgabe dieses Gesetzbuchs vorzubereiten und zu leiten.

(2) Bauleitpläne sind der Flächennutzungsplan (vorbereitender Bauleitplan) und der Bebauungsplan (verbindlicher Bauleitplan).

(3) [1] Die Gemeinden haben die Bauleitpläne aufzustellen, sobald und soweit es für die städtebauliche Entwicklung und Ordnung erforderlich ist; die Aufstellung kann insbesondere bei der Ausweisung von Flächen für den Wohnungsbau in Betracht kommen. [2] Auf die Aufstellung von Bauleitplänen und städtebaulichen

---

[1] Nr. **300**.

[2] § 1 Abs. 3 Satz 1, Abs. 6 Nr. 8 Buchst. d, Nr. 9, 13 geänd., Nr. 14 angef. mWv 23.6.2021 durch G v. 14.6.2021 (BGBl. I S. 1802).

Satzungen besteht kein Anspruch; ein Anspruch kann auch nicht durch Vertrag begründet werden.

(4) Die Bauleitpläne sind den Zielen der Raumordnung anzupassen.

(5) [1] Die Bauleitpläne sollen eine nachhaltige städtebauliche Entwicklung, die die sozialen, wirtschaftlichen und umweltschützenden Anforderungen auch in Verantwortung gegenüber künftigen Generationen miteinander in Einklang bringt, und eine dem Wohl der Allgemeinheit dienende sozialgerechte Bodennutzung unter Berücksichtigung der Wohnbedürfnisse der Bevölkerung gewährleisten. [2] Sie sollen dazu beitragen, eine menschenwürdige Umwelt zu sichern, die natürlichen Lebensgrundlagen zu schützen und zu entwickeln sowie den Klimaschutz und die Klimaanpassung, insbesondere auch in der Stadtentwicklung, zu fördern, sowie die städtebauliche Gestalt und das Orts- und Landschaftsbild baukulturell zu erhalten und zu entwickeln. [3] Hierzu soll die städtebauliche Entwicklung vorrangig durch Maßnahmen der Innenentwicklung erfolgen.

(6) Bei der Aufstellung der Bauleitpläne sind insbesondere zu berücksichtigen:

1. die allgemeinen Anforderungen an gesunde Wohn- und Arbeitsverhältnisse und die Sicherheit der Wohn- und Arbeitsbevölkerung,
2. die Wohnbedürfnisse der Bevölkerung, insbesondere auch von Familien mit mehreren Kindern, die Schaffung und Erhaltung sozial stabiler Bewohnerstrukturen, die Eigentumsbildung weiter Kreise der Bevölkerung und die Anforderungen kostensparenden Bauens sowie die Bevölkerungsentwicklung,
3. die sozialen und kulturellen Bedürfnisse der Bevölkerung, insbesondere die Bedürfnisse der Familien, der jungen, alten und behinderten Menschen, unterschiedliche Auswirkungen auf Frauen und Männer sowie die Belange des Bildungswesens und von Sport, Freizeit und Erholung,
4. die Erhaltung, Erneuerung, Fortentwicklung, Anpassung und der Umbau vorhandener Ortsteile sowie die Erhaltung und Entwicklung zentraler Versorgungsbereiche,
5. die Belange der Baukultur, des Denkmalschutzes und der Denkmalpflege, die erhaltenswerten Ortsteile, Straßen und Plätze von geschichtlicher, künstlerischer oder städtebaulicher Bedeutung und die Gestaltung des Orts- und Landschaftsbildes,
6. die von den Kirchen und Religionsgesellschaften des öffentlichen Rechts festgestellten Erfordernisse für Gottesdienst und Seelsorge,
7. die Belange des Umweltschutzes, einschließlich des Naturschutzes und der Landschaftspflege, insbesondere
   a) die Auswirkungen auf Tiere, Pflanzen, Fläche, Boden, Wasser, Luft, Klima und das Wirkungsgefüge zwischen ihnen sowie die Landschaft und die biologische Vielfalt,
   b) *die Erhaltungsziele und der Schutzzweck* der Natura 2000-Gebiete im Sinne des Bundesnaturschutzgesetzes[1],
   c) umweltbezogene Auswirkungen auf den Menschen und seine Gesundheit sowie die Bevölkerung insgesamt,
   d) umweltbezogene Auswirkungen auf Kulturgüter und sonstige Sachgüter,
   e) die Vermeidung von Emissionen sowie der sachgerechte Umgang mit Abfällen und Abwässern,

---

[1] Nr. **880**.

f) die Nutzung erneuerbarer Energien sowie die sparsame und effiziente Nutzung von Energie,

g) die Darstellungen von Landschaftsplänen sowie von sonstigen Plänen, insbesondere des Wasser-, Abfall- und Immissionsschutzrechts,

h) die Erhaltung der bestmöglichen Luftqualität in Gebieten, in denen die durch Rechtsverordnung zur Erfüllung von Rechtsakten der Europäischen Union festgelegten Immissionsgrenzwerte nicht überschritten werden,

i) die Wechselwirkungen zwischen den einzelnen Belangen des Umweltschutzes nach den Buchstaben a bis d,

j) unbeschadet des § 50 Satz 1 des Bundes-Immissionsschutzgesetzes[1)], die Auswirkungen, die aufgrund der Anfälligkeit der nach dem Bebauungsplan zulässigen Vorhaben für schwere Unfälle oder Katastrophen zu erwarten sind, auf die Belange nach den Buchstaben a bis d und i,

8. die Belange
   a) der Wirtschaft, auch ihrer mittelständischen Struktur im Interesse einer verbrauchernahen Versorgung der Bevölkerung,
   b) der Land- und Forstwirtschaft,
   c) der Erhaltung, Sicherung und Schaffung von Arbeitsplätzen,
   d) des Post- und Telekommunikationswesens, insbesondere des Mobilfunkausbaus,
   e) der Versorgung, insbesondere mit Energie und Wasser, einschließlich der Versorgungssicherheit,
   f) der Sicherung von Rohstoffvorkommen,
9. die Belange des Personen- und Güterverkehrs und der Mobilität der Bevölkerung, auch im Hinblick auf die Entwicklungen beim Betrieb von Kraftfahrzeugen, etwa der Elektromobilität, einschließlich des öffentlichen Personennahverkehrs und des nicht motorisierten Verkehrs, unter besonderer Berücksichtigung einer auf Vermeidung und Verringerung von Verkehr ausgerichteten städtebaulichen Entwicklung,
10. die Belange der Verteidigung und des Zivilschutzes sowie der zivilen Anschlussnutzung von Militärliegenschaften,
11. die Ergebnisse eines von der Gemeinde beschlossenen städtebaulichen Entwicklungskonzeptes oder einer von ihr beschlossenen sonstigen städtebaulichen Planung,
12. die Belange des Küsten- oder Hochwasserschutzes und der Hochwasservorsorge, insbesondere die Vermeidung und Verringerung von Hochwasserschäden,
13. die Belange von Flüchtlingen oder Asylbegehrenden und ihrer Unterbringung,
14. die ausreichende Versorgung mit Grün- und Freiflächen.

(7) Bei der Aufstellung der Bauleitpläne sind die öffentlichen und privaten Belange gegeneinander und untereinander gerecht abzuwägen.

(8) Die Vorschriften dieses Gesetzbuchs über die Aufstellung von Bauleitplänen gelten auch für ihre Änderung, Ergänzung und Aufhebung.

§ 1a Ergänzende Vorschriften zum Umweltschutz. (1) Bei der Aufstellung der Bauleitpläne sind die nachfolgenden Vorschriften zum Umweltschutz anzuwenden.

[1)] Nr. **296**.

(2) [1] Mit Grund und Boden soll sparsam und schonend umgegangen werden; dabei sind zur Verringerung der zusätzlichen Inanspruchnahme von Flächen für bauliche Nutzungen die Möglichkeiten der Entwicklung der Gemeinde insbesondere durch Wiedernutzbarmachung von Flächen, Nachverdichtung und andere Maßnahmen zur Innenentwicklung zu nutzen sowie Bodenversiegelungen auf das notwendige Maß zu begrenzen. [2] Landwirtschaftlich, als Wald oder für Wohnzwecke genutzte Flächen sollen nur im notwendigen Umfang umgenutzt werden. [3] Die Grundsätze nach den Sätzen 1 und 2 sind in der Abwägung nach § 1 Absatz 7 zu berücksichtigen. [4] Die Notwendigkeit der Umwandlung landwirtschaftlich oder als Wald genutzter Flächen soll begründet werden; dabei sollen Ermittlungen zu den Möglichkeiten der Innenentwicklung zugrunde gelegt werden, zu denen insbesondere Brachflächen, Gebäudeleerstand, Baulücken und andere Nachverdichtungsmöglichkeiten zählen können.

(3) [1] Die Vermeidung und der Ausgleich voraussichtlich erheblicher Beeinträchtigungen des Landschaftsbildes sowie der Leistungs- und Funktionsfähigkeit des Naturhaushalts in seinen in § 1 Absatz 6 Nummer 7 Buchstabe a bezeichneten Bestandteilen (Eingriffsregelung nach dem Bundesnaturschutzgesetz[1)]) sind in der Abwägung nach § 1 Absatz 7 zu berücksichtigen. [2] Der Ausgleich erfolgt durch geeignete Darstellungen und Festsetzungen nach den §§ 5 und 9 als Flächen oder Maßnahmen zum Ausgleich. [3] Soweit dies mit einer nachhaltigen städtebaulichen Entwicklung und den Zielen der Raumordnung sowie des Naturschutzes und der Landschaftspflege vereinbar ist, können die Darstellungen und Festsetzungen auch an anderer Stelle als am Ort des Eingriffs erfolgen. [4] Anstelle von Darstellungen und Festsetzungen können auch vertragliche Vereinbarungen nach § 11 oder sonstige geeignete Maßnahmen zum Ausgleich auf von der Gemeinde bereitgestellten Flächen getroffen werden. [5] § 15 Absatz 3 des Bundesnaturschutzgesetzes gilt entsprechend. [6] Ein Ausgleich ist nicht erforderlich, soweit die Eingriffe bereits vor der planerischen Entscheidung erfolgt sind oder zulässig waren.

(4) Soweit ein Gebiet im Sinne des § 1 Absatz 6 Nummer 7 Buchstabe b in seinen für die Erhaltungsziele oder den Schutzzweck maßgeblichen Bestandteilen erheblich beeinträchtigt werden kann, sind die Vorschriften des Bundesnaturschutzgesetzes über die Zulässigkeit und Durchführung von derartigen Eingriffen einschließlich der Einholung der Stellungnahme der Europäischen Kommission anzuwenden.

(5) [1] Den Erfordernissen des Klimaschutzes soll sowohl durch Maßnahmen, die dem Klimawandel entgegenwirken, als auch durch solche, die der Anpassung an den Klimawandel dienen, Rechnung getragen werden. [2] Der Grundsatz nach Satz 1 ist in der Abwägung nach § 1 Absatz 7 zu berücksichtigen.

§ 2 Aufstellung der Bauleitpläne. (1) [1] Die Bauleitpläne sind von der Gemeinde in eigener Verantwortung aufzustellen. [2] Der Beschluss, einen Bauleitplan aufzustellen, ist ortsüblich bekannt zu machen.

(2) [1] Die Bauleitpläne benachbarter Gemeinden sind aufeinander abzustimmen. [2] Dabei können sich Gemeinden auch auf die ihnen durch Ziele der

(Fortsetzung nächstes Blatt)

[1)] Nr. **880**.

(6) Mit dem Beschluss über eine Änderung oder Ergänzung des Flächennutzungsplans kann die Gemeinde auch bestimmen, dass der Flächennutzungsplan in der Fassung, die er durch die Änderung oder Ergänzung erfahren hat, neu bekannt zu machen ist.

§ 6a Zusammenfassende Erklärung zum Flächennutzungsplan; Einstellen in das Internet. (1) Dem wirksamen Flächennutzungsplan ist eine zusammenfassende Erklärung beizufügen über die Art und Weise, wie die Umweltbelange und die Ergebnisse der Öffentlichkeits- und Behördenbeteiligung in dem Flächennutzungsplan berücksichtigt wurden, und über die Gründe, aus denen der Plan nach Abwägung mit den geprüften, in Betracht kommenden anderweitigen Planungsmöglichkeiten gewählt wurde.

(2) Der wirksame Flächennutzungsplan mit der Begründung und der zusammenfassenden Erklärung soll ergänzend auch in das Internet eingestellt und über ein zentrales Internetportal des Landes zugänglich gemacht werden.

§ 7 Anpassung an den Flächennutzungsplan. [1] Öffentliche Planungsträger, die nach § 4 oder § 13 beteiligt worden sind, haben ihre Planungen dem Flächennutzungsplan insoweit anzupassen, als sie diesem Plan nicht widersprochen haben. [2] Der Widerspruch ist bis zum Beschluss der Gemeinde einzulegen. [3] Macht eine Veränderung der Sachlage eine abweichende Planung erforderlich, haben sie sich unverzüglich mit der Gemeinde ins Benehmen zu setzen. [4] Kann ein Einvernehmen zwischen der Gemeinde und dem öffentlichen Planungsträger nicht erreicht werden, kann der öffentliche Planungsträger nachträglich widersprechen. [5] Der Widerspruch ist nur zulässig, wenn die für die abweichende Planung geltend gemachten Belange die sich aus dem Flächennutzungsplan ergebenden städtebaulichen Belange nicht nur unwesentlich überwiegen. [6] Im Falle einer abweichenden Planung ist § 37 Absatz 3 auf die durch die Änderung oder Ergänzung des Flächennutzungsplans oder eines Bebauungsplans, der aus dem Flächennutzungsplan entwickelt worden ist und geändert, ergänzt oder aufgehoben werden musste, entstehenden Aufwendungen und Kosten entsprechend anzuwenden; § 38 Satz 3 bleibt unberührt.

Dritter Abschnitt. Verbindlicher Bauleitplan (Bebauungsplan)

§ 8 Zweck des Bebauungsplans. (1) [1] Der Bebauungsplan enthält die rechtsverbindlichen Festsetzungen für die städtebauliche Ordnung. [2] Er bildet die Grundlage für weitere, zum Vollzug dieses Gesetzbuchs erforderliche Maßnahmen.

(2) [1] Bebauungspläne sind aus dem Flächennutzungsplan zu entwickeln. [2] Ein Flächennutzungsplan ist nicht erforderlich, wenn der Bebauungsplan ausreicht, um die städtebauliche Entwicklung zu ordnen.

(3) [1] Mit der Aufstellung, Änderung, Ergänzung oder Aufhebung eines Bebauungsplans kann gleichzeitig auch der Flächennutzungsplan aufgestellt, geändert oder ergänzt werden (Parallelverfahren). [2] Der Bebauungsplan kann vor dem Flächennutzungsplan bekannt gemacht werden, wenn nach dem Stand der Planungsarbeiten anzunehmen ist, dass der Bebauungsplan aus den künftigen Darstellungen des Flächennutzungsplans entwickelt sein wird.

(4) [1] Ein Bebauungsplan kann aufgestellt, geändert, ergänzt oder aufgehoben werden, bevor der Flächennutzungsplan aufgestellt ist, wenn dringende Gründe es erfordern und wenn der Bebauungsplan der beabsichtigten städtebaulichen Entwicklung des Gemeindegebiets nicht entgegenstehen wird (vorzeitiger Bebauungsplan). [2] Gilt bei Gebiets- oder Bestandsänderungen von Gemeinden oder

anderen Veränderungen der Zuständigkeit für die Aufstellung von Flächennutzungsplänen ein Flächennutzungsplan fort, kann ein vorzeitiger Bebauungsplan auch aufgestellt werden, bevor der Flächennutzungsplan ergänzt oder geändert ist.

§ 9[1)] Inhalt des Bebauungsplans. (1) Im Bebauungsplan können aus städtebaulichen Gründen festgesetzt werden:

1. die Art und das Maß der baulichen Nutzung;
2. die Bauweise, die überbaubaren und die nicht überbaubaren Grundstücksflächen sowie die Stellung der baulichen Anlagen;

2a. vom Bauordnungsrecht abweichende Maße der Tiefe der Abstandsflächen;

3. für die Größe, Breite und Tiefe der Baugrundstücke Mindestmaße und aus Gründen des sparsamen und schonenden Umgangs mit Grund und Boden für Wohnbaugrundstücke auch Höchstmaße;
4. die Flächen für Nebenanlagen, die auf Grund anderer Vorschriften für die Nutzung von Grundstücken erforderlich sind, wie Spiel-, Freizeit- und Erholungsflächen sowie die Flächen für Stellplätze und Garagen mit ihren Einfahrten;
5. die Flächen für den Gemeinbedarf sowie für Sport- und Spielanlagen;
6. die höchstzulässige Zahl der Wohnungen in Wohngebäuden;
7. die Flächen, auf denen ganz oder teilweise nur Wohngebäude, die mit Mitteln der sozialen Wohnraumförderung gefördert werden könnten, errichtet werden dürfen;
8. einzelne Flächen, auf denen ganz oder teilweise nur Wohngebäude errichtet werden dürfen, die für Personengruppen mit besonderem Wohnbedarf bestimmt sind;
9. der besondere Nutzungszweck von Flächen;
10. die Flächen, die von der Bebauung freizuhalten sind, und ihre Nutzung;
11. die Verkehrsflächen sowie Verkehrsflächen besonderer Zweckbestimmung, wie Fußgängerbereiche, Flächen für das Parken von Fahrzeugen, Flächen für Ladeinfrastruktur elektrisch betriebener Fahrzeuge, Flächen für das Abstellen von Fahrrädern sowie den Anschluss anderer Flächen an die Verkehrsflächen; die Flächen können auch als öffentliche oder private Flächen festgesetzt werden;
12. die Versorgungsflächen, einschließlich der Flächen für Anlagen und Einrichtungen zur dezentralen und zentralen Erzeugung, Verteilung, Nutzung oder Speicherung von Strom, Wärme oder Kälte aus erneuerbaren Energien oder Kraft-Wärme-Kopplung;
13. die Führung von oberirdischen oder unterirdischen Versorgungsanlagen und -leitungen;
14. die Flächen für die Abfall- und Abwasserbeseitigung, einschließlich der Rückhaltung und Versickerung von Niederschlagswasser, sowie für Ablagerungen;
15. die öffentlichen und privaten Grünflächen, wie Parkanlagen, Naturerfahrungsräume, Dauerkleingärten, Sport-, Spiel-, Zelt- und Badeplätze, Friedhöfe;
16. a) die Wasserflächen und die Flächen für die Wasserwirtschaft,
    b) die Flächen für Hochwasserschutzanlagen und für die Regelung des Wasserabflusses,

---

[1)] § 9 Abs. 6a Satz 1 geänd. mWv 5.1.2018 durch G v. 30.6.2017 (BGBl. I S. 2193); Abs. 1 Nr. 11, 15 geänd., Abs. 2d eingef. mWv 23.6.2021 durch G v. 14.6.2021 (BGBl. I S. 1802), die Änd. des Abs. 1a Satz 1 durch G v. 14.6.2021 (BGBl. I S. 1802) ist obsolet, vgl. Bek. v. 3.11.2017 (BGBl. I S. 3634).

c) Gebiete, in denen bei der Errichtung baulicher Anlagen bestimmte bauliche oder technische Maßnahmen getroffen werden müssen, die der Vermeidung oder Verringerung von Hochwasserschäden einschließlich Schäden durch Starkregen dienen, sowie die Art dieser Maßnahmen,

d) die Flächen, die auf einem Baugrundstück für die natürliche Versickerung von Wasser aus Niederschlägen freigehalten werden müssen, um insbesondere Hochwasserschäden, einschließlich Schäden durch Starkregen, vorzubeugen;

17. die Flächen für Aufschüttungen, Abgrabungen oder für die Gewinnung von Steinen, Erden und anderen Bodenschätzen;

18. a) die Flächen für die Landwirtschaft und

    b) Wald;

19. die Flächen für die Errichtung von Anlagen für die Kleintierhaltung wie Ausstellungs- und Zuchtanlagen, Zwinger, Koppeln und dergleichen;

20. die Flächen oder Maßnahmen zum Schutz, zur Pflege und zur Entwicklung von Boden, Natur und Landschaft;

21. die mit Geh-, Fahr- und Leitungsrechten zugunsten der Allgemeinheit, eines Erschließungsträgers oder eines beschränkten Personenkreises zu belastenden Flächen;

22. die Flächen für Gemeinschaftsanlagen für bestimmte räumliche Bereiche wie Kinderspielplätze, Freizeiteinrichtungen, Stellplätze und Garagen;

23. Gebiete, in denen

    a) zum Schutz vor schädlichen Umwelteinwirkungen im Sinne des Bundes-Immissionsschutzgesetzes[1] bestimmte luftverunreinigende Stoffe nicht oder nur beschränkt verwendet werden dürfen,

    b) bei der Errichtung von Gebäuden oder bestimmten sonstigen baulichen Anlagen bestimmte bauliche und sonstige technische Maßnahmen für die Erzeugung, Nutzung oder Speicherung von Strom, Wärme oder Kälte aus erneuerbaren Energien oder Kraft-Wärme-Kopplung getroffen werden müssen,

    c) bei der Errichtung, Änderung oder Nutzungsänderung von nach Art, Maß oder Nutzungsintensität zu bestimmenden Gebäuden oder sonstigen baulichen Anlagen in der Nachbarschaft von Betriebsbereichen nach § 3 Absatz 5a des Bundes-Immissionsschutzgesetzes bestimmte bauliche und sonstige technische Maßnahmen, die der Vermeidung oder Minderung der Folgen von Störfällen dienen, getroffen werden müssen;

24. die von der Bebauung freizuhaltenden Schutzflächen und ihre Nutzung, die Flächen für besondere Anlagen und Vorkehrungen zum Schutz vor schädlichen Umwelteinwirkungen und sonstigen Gefahren im Sinne des Bundes-Immissionsschutzgesetzes sowie die zum Schutz vor solchen Einwirkungen oder zur Vermeidung oder Minderung solcher Einwirkungen zu treffenden baulichen und sonstigen technischen Vorkehrungen, einschließlich von Maßnahmen zum Schutz vor schädlichen Umwelteinwirkungen durch Geräusche, wobei die Vorgaben des Immissionsschutzrechts unberührt bleiben;

25. für einzelne Flächen oder für ein Bebauungsplangebiet oder Teile davon sowie für Teile baulicher Anlagen mit Ausnahme der für landwirtschaftliche Nutzungen oder Wald festgesetzten Flächen

---

[1] Nr. **296**.

a) das Anpflanzen von Bäumen, Sträuchern und sonstigen Bepflanzungen,

b) Bindungen für Bepflanzungen und für die Erhaltung von Bäumen, Sträuchern und sonstigen Bepflanzungen sowie von Gewässern;

26. die Flächen für Aufschüttungen, Abgrabungen und Stützmauern, soweit sie zur Herstellung des Straßenkörpers erforderlich sind.

(1a) [1] Flächen oder Maßnahmen zum Ausgleich im Sinne des § 1a Absatz 3 können auf den Grundstücken, auf denen Eingriffe in Natur und Landschaft zu erwarten sind, oder an anderer Stelle sowohl im sonstigen Geltungsbereich des Bebauungsplans als auch in einem anderen Bebauungsplan festgesetzt werden. [2] Die Flächen oder Maßnahmen zum Ausgleich an anderer Stelle können den Grundstücken, auf denen Eingriffe zu erwarten sind, ganz oder teilweise zugeordnet werden; dies gilt auch für Maßnahmen auf von der Gemeinde bereitgestellten Flächen.

(2) [1] Im Bebauungsplan kann in besonderen Fällen festgesetzt werden, dass bestimmte der in ihm festgesetzten baulichen und sonstigen Nutzungen und Anlagen nur

1. für einen bestimmten Zeitraum zulässig oder
2. bis zum Eintritt bestimmter Umstände zulässig oder unzulässig

sind. [2] Die Folgenutzung soll festgesetzt werden.

(2a) [1] Für im Zusammenhang bebaute Ortsteile (§ 34) kann zur Erhaltung oder Entwicklung zentraler Versorgungsbereiche, auch im Interesse einer verbrauchernahen Versorgung der Bevölkerung und der Innenentwicklung der Gemeinden, in einem Bebauungsplan festgesetzt werden, dass nur bestimmte Arten der nach § 34 Absatz 1 und 2 zulässigen baulichen Nutzungen zulässig oder nicht zulässig sind oder nur ausnahmsweise zugelassen werden können; die Festsetzungen können für Teile des räumlichen Geltungsbereichs des Bebauungsplans unterschiedlich getroffen werden. [2] Dabei ist insbesondere ein hierauf bezogenes städtebauliches Entwicklungskonzept im Sinne des § 1 Absatz 6 Nummer 11 zu berücksichtigen, das Aussagen über die zu erhaltenden oder zu entwickelnden zentralen Versorgungsbereiche der Gemeinde oder eines Gemeindeteils enthält. [3] In den zu erhaltenden oder zu entwickelnden zentralen Versorgungsbereichen sollen die planungsrechtlichen Voraussetzungen für Vorhaben, die diesen Versorgungsbereichen dienen, nach § 30 oder § 34 vorhanden oder durch einen Bebauungsplan, dessen Aufstellung förmlich eingeleitet ist, vorgesehen sein.

(2b) Für im Zusammenhang bebaute Ortsteile (§ 34) kann in einem Bebauungsplan, auch für Teile des räumlichen Geltungsbereichs des Bebauungsplans, festgesetzt werden, dass Vergnügungsstätten oder bestimmte Arten von Vergnügungsstätten zulässig oder nicht zulässig sind oder nur ausnahmsweise zugelassen werden können, um

1. eine Beeinträchtigung von Wohnnutzungen oder anderen schutzbedürftigen Anlagen wie Kirchen, Schulen und Kindertagesstätten oder
2. eine Beeinträchtigung der sich aus der vorhandenen Nutzung ergebenden städtebaulichen Funktion des Gebiets, insbesondere durch eine städtebaulich nachteilige Häufung von Vergnügungsstätten,

zu verhindern.

(2c) Für im Zusammenhang bebaute Ortsteile nach § 34 und für Gebiete nach § 30 in der Nachbarschaft von Betriebsbereichen nach § 3 Absatz 5a des Bundes-Immissionsschutzgesetzes kann zur Vermeidung oder Verringerung der Folgen von Störfällen für bestimmte Nutzungen, Arten von Nutzungen oder für nach Art,

Maß oder Nutzungsintensität zu bestimmende Gebäude oder sonstige bauliche Anlagen in einem Bebauungsplan festgesetzt werden, dass diese zulässig, nicht zulässig oder nur ausnahmsweise zulässig sind; die Festsetzungen können für Teile des räumlichen Geltungsbereichs des Bebauungsplans unterschiedlich getroffen werden.

(2d) [1] Für im Zusammenhang bebaute Ortsteile (§ 34) können in einem Bebauungsplan zur Wohnraumversorgung eine oder mehrere der folgenden Festsetzungen getroffen werden:

1. Flächen, auf denen Wohngebäude errichtet werden dürfen;
2. Flächen, auf denen nur Gebäude errichtet werden dürfen, bei denen einzelne oder alle Wohnungen die baulichen Voraussetzungen für eine Förderung mit Mitteln der sozialen Wohnraumförderung erfüllen, oder
3. Flächen, auf denen nur Gebäude errichtet werden dürfen, bei denen sich ein Vorhabenträger hinsichtlich einzelner oder aller Wohnungen dazu verpflichtet, die zum Zeitpunkt der Verpflichtung geltenden Förderbedingungen der sozialen Wohnraumförderung, insbesondere die Miet- und Belegungsbindung, einzuhalten und die Einhaltung dieser Verpflichtung in geeigneter Weise sichergestellt wird.

[2] Ergänzend können eine oder mehrere der folgenden Festsetzungen getroffen werden:

1. das Maß der baulichen Nutzung;
2. die Bauweise, die überbaubaren und die nicht überbaubaren Grundstücksflächen sowie die Stellung der baulichen Anlagen;
3. vom Bauordnungsrecht abweichende Maße der Tiefe der Abstandsflächen;
4. Mindestmaße für die Größe, Breite und Tiefe der Baugrundstücke;
5. Höchstmaße für die Größe, Breite und Tiefe der Wohnbaugrundstücke, aus Gründen des sparsamen und schonenden Umgangs mit Grund und Boden.

[3] Die Festsetzungen nach den Sätzen 1 und 2 können für Teile des räumlichen Geltungsbereichs des Bebauungsplans getroffen werden. [4] Die Festsetzungen nach den Sätzen 1 bis 3 können für Teile des räumlichen Geltungsbereichs des Bebauungsplans oder für Geschosse, Ebenen oder sonstige Teile baulicher Anlagen unterschiedlich getroffen werden. [5] Das Verfahren zur Aufstellung eines Bebauungsplans nach diesem Absatz kann nur bis zum Ablauf des 31. Dezember 2024 förmlich eingeleitet werden. [6] Der Satzungsbeschluss nach § 10 Absatz 1 ist bis zum Ablauf des 31. Dezember 2026 zu fassen.

(3) [1] Bei Festsetzungen nach Absatz 1 kann auch die Höhenlage festgesetzt werden. [2] Festsetzungen nach Absatz 1 für übereinander liegende Geschosse und Ebenen und sonstige Teile baulicher Anlagen können gesondert getroffen werden; dies gilt auch, soweit Geschosse, Ebenen und sonstige Teile baulicher Anlagen unterhalb der Geländeoberfläche vorgesehen sind.

(4) Die Länder können durch Rechtsvorschriften bestimmen, dass auf Landesrecht beruhende Regelungen in den Bebauungsplan als Festsetzungen aufgenommen werden können und inwieweit auf diese Festsetzungen die Vorschriften dieses Gesetzbuchs Anwendung finden.

(5) Im Bebauungsplan sollen gekennzeichnet werden:

1. Flächen, bei deren Bebauung besondere bauliche Vorkehrungen gegen äußere Einwirkungen oder bei denen besondere bauliche Sicherungsmaßnahmen gegen Naturgewalten erforderlich sind;

2. Flächen, unter denen der Bergbau umgeht oder die für den Abbau von Mineralien bestimmt sind;
3. Flächen, deren Böden erheblich mit umweltgefährdenden Stoffen belastet sind.

(6) Nach anderen gesetzlichen Vorschriften getroffene Festsetzungen, gemeindliche Regelungen zum Anschluss- und Benutzungszwang sowie Denkmäler nach Landesrecht sollen in den Bebauungsplan nachrichtlich übernommen werden, soweit sie zu seinem Verständnis oder für die städtebauliche Beurteilung von Baugesuchen notwendig oder zweckmäßig sind.

(6a) [1]Festgesetzte Überschwemmungsgebiete im Sinne des § 76 Absatz 2 des Wasserhaushaltsgesetzes[1)], Risikogebiete außerhalb von Überschwemmungsgebieten im Sinne des § 78b Absatz 1 des Wasserhaushaltsgesetzes sowie Hochwasserentstehungsgebiete im Sinne des § 78d Absatz 1 des Wasserhaushaltsgesetzes sollen nachrichtlich übernommen werden. [2]Noch nicht festgesetzte Überschwemmungsgebiete im Sinne des § 76 Absatz 3 des Wasserhaushaltsgesetzes sowie als Risikogebiete im Sinne des § 73 Absatz 1 Satz 1 des Wasserhaushaltsgesetzes bestimmte Gebiete sollen im Bebauungsplan vermerkt werden.

(7) Der Bebauungsplan setzt die Grenzen seines räumlichen Geltungsbereichs fest.

(8) Dem Bebauungsplan ist eine Begründung mit den Angaben nach § 2a beizufügen.

§ 9a[2)] Verordnungsermächtigung. Das Bundesministerium des Innern, für Bau und Heimat wird ermächtigt, mit Zustimmung des Bundesrates durch Rechtsverordnung[3)] Vorschriften zu erlassen über

1. Darstellungen und Festsetzungen in den Bauleitplänen über
   a) die Art der baulichen Nutzung,
   b) das Maß der baulichen Nutzung und seine Berechnung,
   c) die Bauweise sowie die überbaubaren und die nicht überbaubaren Grundstücksflächen;
2. die in den Baugebieten zulässigen baulichen und sonstigen Anlagen;
3. die Zulässigkeit der Festsetzung nach Maßgabe des § 9 Absatz 3 über verschiedenartige Baugebiete oder verschiedenartige in den Baugebieten zulässige bauliche und sonstige Anlagen;
4. die Ausarbeitung der Bauleitpläne einschließlich der dazugehörigen Unterlagen sowie über die Darstellung des Planinhalts, insbesondere über die dabei zu verwendenden Planzeichen und ihre Bedeutung.

§ 10 Beschluss, Genehmigung und Inkrafttreten des Bebauungsplans.

(1) Die Gemeinde beschließt den Bebauungsplan als Satzung.

(2) [1]Bebauungspläne nach § 8 Absatz 2 Satz 2, Absatz 3 Satz 2 und Absatz 4 bedürfen der Genehmigung der höheren Verwaltungsbehörde. [2]§ 6 Absatz 2 und 4 ist entsprechend anzuwenden.

(3) [1]Die Erteilung der Genehmigung oder, soweit eine Genehmigung nicht erforderlich ist, der Beschluss des Bebauungsplans durch die Gemeinde ist ortsüblich bekannt zu machen. [2]Der Bebauungsplan ist mit der Begründung und der

[1)] Nr. **845**.
[2)] § 9a einl. Satzteil geänd. mWv 23.6.2021 durch G v. 14.6.2021 (BGBl. I S. 1802).
[3)] Siehe die BaunutzungsVO (Nr. **311**) und die PlanzeichenVO (**Sartorius ErgBd. Nr. 312**).

zusammenfassenden Erklärung nach § 10a Absatz 1 zu jedermanns Einsicht bereitzuhalten; über den Inhalt ist auf Verlangen Auskunft zu geben. [3]In der Bekanntmachung ist darauf hinzuweisen, wo der Bebauungsplan eingesehen werden kann. [4]Mit der Bekanntmachung tritt der Bebauungsplan in Kraft. [5]Die Bekanntmachung tritt an die Stelle der sonst für Satzungen vorgeschriebenen Veröffentlichung.

§ 10a Zusammenfassende Erklärung zum Bebauungsplan; Einstellen in das Internet. (1) Dem in Kraft getretenen Bebauungsplan ist eine zusammenfassende Erklärung beizufügen über die Art und Weise, wie die Umweltbelange und die Ergebnisse der Öffentlichkeits- und Behördenbeteiligung in dem Bebauungsplan berücksichtigt wurden, und über die Gründe, aus denen der Plan nach Abwägung mit den geprüften, in Betracht kommenden anderweitigen Planungsmöglichkeiten gewählt wurde.

(2) Der in Kraft getretene Bebauungsplan mit der Begründung und der zusammenfassenden Erklärung soll ergänzend auch in das Internet eingestellt und über ein zentrales Internetportal des Landes zugänglich gemacht werden.

Vierter Abschnitt. Zusammenarbeit mit Privaten; vereinfachtes Verfahren

§ 11 Städtebaulicher Vertrag. (1) [1]Die Gemeinde kann städtebauliche Verträge schließen. [2]Gegenstände eines städtebaulichen Vertrags können insbesondere sein:

1. die Vorbereitung oder Durchführung städtebaulicher Maßnahmen durch den Vertragspartner auf eigene Kosten; dazu gehören auch die Neuordnung der Grundstücksverhältnisse, die Bodensanierung und sonstige vorbereitende Maßnahmen, die Erschließung durch nach Bundes- oder nach Landesrecht beitragsfähige sowie nicht beitragsfähige Erschließungsanlagen, die Ausarbeitung der städtebaulichen Planungen sowie erforderlichenfalls des Umweltberichts; die Verantwortung der Gemeinde für das gesetzlich vorgesehene Planaufstellungsverfahren bleibt unberührt;
2. die Förderung und Sicherung der mit der Bauleitplanung verfolgten Ziele, insbesondere die Grundstücksnutzung, auch hinsichtlich einer Befristung oder einer Bedingung, die Durchführung des Ausgleichs im Sinne des § 1a Absatz 3, die Berücksichtigung baukultureller Belange, die Deckung des Wohnbedarfs von Bevölkerungsgruppen mit besonderen Wohnraumversorgungsproblemen sowie der Erwerb angemessenen Wohnraums durch einkommensschwächere und weniger begüterte Personen der örtlichen Bevölkerung;
3. die Übernahme von Kosten oder sonstigen Aufwendungen, die der Gemeinde für städtebauliche Maßnahmen entstehen oder entstanden sind und die Voraussetzung oder Folge des geplanten Vorhabens sind; dazu gehört auch die Bereitstellung von Grundstücken;
4. entsprechend den mit den städtebaulichen Planungen und Maßnahmen verfolgten Zielen und Zwecken die Errichtung und Nutzung von Anlagen und Einrichtungen zur dezentralen und zentralen Erzeugung, Verteilung, Nutzung oder Speicherung von Strom, Wärme oder Kälte aus erneuerbaren Energien oder Kraft-Wärme-Kopplung;
5. entsprechend den mit den städtebaulichen Planungen und Maßnahmen verfolgten Zielen und Zwecken die Anforderungen an die energetische Qualität von Gebäuden.

[3]Die Gemeinde kann städtebauliche Verträge auch mit einer juristischen Person abschließen, an der sie beteiligt ist.

(2) [1]Die vereinbarten Leistungen müssen den gesamten Umständen nach angemessen sein. [2]Die Vereinbarung einer vom Vertragspartner zu erbringenden Leistung ist unzulässig, wenn er auch ohne sie einen Anspruch auf die Gegenleistung hätte. [3]Trägt oder übernimmt der Vertragspartner Kosten oder sonstige Aufwendungen, ist unbeschadet des Satzes 1 eine Eigenbeteiligung der Gemeinde nicht erforderlich.

(3) Ein städtebaulicher Vertrag bedarf der Schriftform, soweit nicht durch Rechtsvorschriften eine andere Form vorgeschrieben ist.

(4) Die Zulässigkeit anderer städtebaulicher Verträge bleibt unberührt.

§ 12 Vorhaben- und Erschließungsplan. (1) [1]Die Gemeinde kann durch einen vorhabenbezogenen Bebauungsplan die Zulässigkeit von Vorhaben bestimmen, wenn der Vorhabenträger auf der Grundlage eines mit der Gemeinde abgestimmten Plans zur Durchführung der Vorhaben und der Erschließungsmaßnahmen (Vorhaben- und Erschließungsplan) bereit und in der Lage ist und sich zur Durchführung innerhalb einer bestimmten Frist und zur Tragung der Planungs- und Erschließungskosten ganz oder teilweise vor dem Beschluss nach § 10 Absatz 1 verpflichtet (Durchführungsvertrag). [2]Die Begründung des Planentwurfs hat die nach § 2a erforderlichen Angaben zu enthalten. [3]Für die grenzüberschreitende Beteiligung ist eine Übersetzung der Angaben vorzulegen, soweit dies nach den Vorschriften des Gesetzes über die Umweltverträglichkeitsprüfung[1)] notwendig ist. [4]Für den vorhabenbezogenen Bebauungsplan nach Satz 1 gelten ergänzend die Absätze 2 bis 6.

(2) [1]Die Gemeinde hat auf Antrag des Vorhabenträgers über die Einleitung des Bebauungsplanverfahrens nach pflichtgemäßem Ermessen zu entscheiden. [2]Auf Antrag des Vorhabenträgers oder sofern die Gemeinde es nach Einleitung des Bebauungsplanverfahrens für erforderlich hält, informiert die Gemeinde diesen über den voraussichtlich erforderlichen Untersuchungsrahmen der Umweltprüfung nach § 2 Absatz 4 unter Beteiligung der Behörden nach § 4 Absatz 1.

(3) [1]Der Vorhaben- und Erschließungsplan wird Bestandteil des vorhabenbezogenen Bebauungsplans. [2]Im Bereich des Vorhaben- und Erschließungsplans ist die Gemeinde bei der Bestimmung der Zulässigkeit der Vorhaben nicht an die Festsetzungen nach § 9 und nach der auf Grund von § 9a erlassenen Verordnung gebunden; die §§ 14 bis 18, 22 bis 28, 39 bis 79, 127 bis 135c sind nicht anzuwenden. [3]Soweit der vorhabenbezogene Bebauungsplan auch im Bereich des Vorhaben- und Erschließungsplans Festsetzungen nach § 9 für öffentliche Zwecke trifft, kann gemäß § 85 Absatz 1 Nummer 1 enteignet werden.

(3a) [1]Wird in einem vorhabenbezogenen Bebauungsplan für den Bereich des Vorhaben- und Erschließungsplans durch Festsetzung eines Baugebiets auf Grund der Baunutzungsverordnung[2)] oder auf sonstige Weise eine bauliche oder sonstige Nutzung allgemein festgesetzt, ist unter entsprechender Anwendung des § 9 Absatz 2 festzusetzen, dass im Rahmen der festgesetzten Nutzungen nur solche Vorhaben zulässig sind, zu deren Durchführung sich der Vorhabenträger im Durchführungsvertrag verpflichtet. [2]Änderungen des Durchführungsvertrags oder der Abschluss eines neuen Durchführungsvertrags sind zulässig.

[1)] Nr. **295**.
[2)] Nr. **311**.

(4) Einzelne Flächen außerhalb des Bereichs des Vorhaben- und Erschließungsplans können in den vorhabenbezogenen Bebauungsplan einbezogen werden.

(5) [1] Ein Wechsel des Vorhabenträgers bedarf der Zustimmung der Gemeinde. [2] Die Zustimmung darf nur dann verweigert werden, wenn Tatsachen die Annahme rechtfertigen, dass die Durchführung des Vorhaben- und Erschließungsplans innerhalb der Frist nach Absatz 1 gefährdet ist.

(6) [1] Wird der Vorhaben- und Erschließungsplan nicht innerhalb der Frist nach Absatz 1 durchgeführt, soll die Gemeinde den Bebauungsplan aufheben. [2] Aus der Aufhebung können Ansprüche des Vorhabenträgers gegen die Gemeinde nicht geltend gemacht werden. [3] Bei der Aufhebung kann das vereinfachte Verfahren nach § 13 angewendet werden.

(7) Soll in bisherigen Erholungssondergebieten nach § 10 der Baunutzungsverordnung auch Wohnnutzung zugelassen werden, kann die Gemeinde nach Maßgabe der Absätze 1 bis 6 einen vorhabenbezogenen Bebauungsplan aufstellen, der insbesondere die Zulässigkeit von baulichen Anlagen zu Wohnzwecken in diesen Gebieten regelt.

§ 13 Vereinfachtes Verfahren. (1) Werden durch die Änderung oder Ergänzung eines Bauleitplans die Grundzüge der Planung nicht berührt oder wird durch die Aufstellung eines Bebauungsplans in einem Gebiet nach § 34 der sich aus der vorhandenen Eigenart der näheren Umgebung ergebende Zulässigkeitsmaßstab nicht wesentlich verändert oder enthält er lediglich Festsetzungen nach § 9 Absatz 2a oder Absatz 2b, kann die Gemeinde das vereinfachte Verfahren anwenden, wenn

1. die Zulässigkeit von Vorhaben, die einer Pflicht zur Durchführung einer Umweltverträglichkeitsprüfung nach Anlage 1 zum Gesetz über die Umweltverträglichkeitsprüfung[1)] oder nach Landesrecht unterliegen, nicht vorbereitet oder begründet wird,
2. keine Anhaltspunkte für eine Beeinträchtigung der in § 1 Absatz 6 Nummer 7 Buchstabe b genannten Schutzgüter bestehen und
3. keine Anhaltspunkte dafür bestehen, dass bei der Planung Pflichten zur Vermeidung oder Begrenzung der Auswirkungen von schweren Unfällen nach § 50 Satz 1 des Bundes-Immissionsschutzgesetzes[2)] zu beachten sind.

(2) [1] Im vereinfachten Verfahren kann

1. von der frühzeitigen Unterrichtung und Erörterung nach § 3 Absatz 1 und § 4 Absatz 1 abgesehen werden,
2. der betroffenen Öffentlichkeit Gelegenheit zur Stellungnahme innerhalb angemessener Frist gegeben oder wahlweise die Auslegung nach § 3 Absatz 2 durchgeführt werden,
3. den berührten Behörden und sonstigen Trägern öffentlicher Belange Gelegenheit zur Stellungnahme innerhalb angemessener Frist gegeben oder wahlweise die Beteiligung nach § 4 Absatz 2 durchgeführt werden.

[2] Wird nach Satz 1 Nummer 2 die betroffene Öffentlichkeit beteiligt, gilt die Hinweispflicht des § 3 Absatz 2 Satz 2 Halbsatz 2 entsprechend.

(3) [1] Im vereinfachten Verfahren wird von der Umweltprüfung nach § 2 Absatz 4, von dem Umweltbericht nach § 2a, von der Angabe nach § 3 Absatz 2

---

1) Nr. **295**.
2) Nr. **296**.

Satz 2, welche Arten umweltbezogener Informationen verfügbar sind, sowie von der zusammenfassenden Erklärung nach § 6a Absatz 1 und § 10a Absatz 1 abgesehen; § 4c ist nicht anzuwenden. [2]Bei der Beteiligung nach Absatz 2 Nummer 2 ist darauf hinzuweisen, dass von einer Umweltprüfung abgesehen wird.

§ 13a[1)] Bebauungspläne der Innenentwicklung. (1) [1]Ein Bebauungsplan für die Wiedernutzbarmachung von Flächen, die Nachverdichtung oder andere Maßnahmen der Innenentwicklung (Bebauungsplan der Innenentwicklung) kann im beschleunigten Verfahren aufgestellt werden. [2]Der Bebauungsplan darf im beschleunigten Verfahren nur aufgestellt werden, wenn in ihm eine zulässige Grundfläche im Sinne des § 19 Absatz 2 der Baunutzungsverordnung[2)] oder eine Größe der Grundfläche festgesetzt wird von insgesamt

1. weniger als 20 000 Quadratmetern, wobei die Grundflächen mehrerer Bebauungspläne, die in einem engen sachlichen, räumlichen und zeitlichen Zusammenhang aufgestellt werden, mitzurechnen sind, oder
2. 20 000 Quadratmetern bis weniger als 70 000 Quadratmetern, wenn auf Grund einer überschlägigen Prüfung unter Berücksichtigung der in Anlage 2 dieses Gesetzes genannten Kriterien die Einschätzung erlangt wird, dass der Bebauungsplan voraussichtlich keine erheblichen Umweltauswirkungen hat, die nach § 2 Absatz 4 Satz 4 in der Abwägung zu berücksichtigen wären (Vorprüfung des Einzelfalls); die Behörden und sonstigen Träger öffentlicher Belange, deren Aufgabenbereiche durch die Planung berührt werden können, sind an der Vorprüfung des Einzelfalls zu beteiligen.

[3]Wird in einem Bebauungsplan weder eine zulässige Grundfläche noch eine Größe der Grundfläche festgesetzt, ist bei Anwendung des Satzes 2 die Fläche maßgeblich, die bei Durchführung des Bebauungsplans voraussichtlich versiegelt wird. [4]Das beschleunigte Verfahren ist ausgeschlossen, wenn durch den Bebauungsplan die Zulässigkeit von Vorhaben begründet wird, die einer Pflicht zur Durchführung einer Umweltverträglichkeitsprüfung nach dem Gesetz über die Umweltverträglichkeitsprüfung oder nach Landesrecht unterliegen. [5]Das beschleunigte Verfahren ist auch ausgeschlossen, wenn Anhaltspunkte für eine Beeinträchtigung der in § 1 Absatz 6 Nummer 7 Buchstabe b genannten Schutzgüter oder dafür bestehen, dass bei der Planung Pflichten zur Vermeidung oder Begrenzung der Auswirkungen von schweren Unfällen nach § 50 Satz 1 des Bundes-Immissionsschutzgesetzes[3)] zu beachten sind.

(2) Im beschleunigten Verfahren

1. gelten die Vorschriften des vereinfachten Verfahrens nach § 13 Absatz 2 und 3 Satz 1 entsprechend;
2. kann ein Bebauungsplan, der von Darstellungen des Flächennutzungsplans abweicht, auch aufgestellt werden, bevor der Flächennutzungsplan geändert oder ergänzt ist; die geordnete städtebauliche Entwicklung des Gemeindegebiets darf nicht beeinträchtigt werden; der Flächennutzungsplan ist im Wege der Berichtigung anzupassen;
3. soll einem Bedarf an Investitionen zur Erhaltung, Sicherung und Schaffung von Arbeitsplätzen, zur Versorgung der Bevölkerung mit Wohnraum oder zur Ver-

---

[1)] § 13a Abs. 4 geänd. mWv 23.6.2021 durch G v. 14.6.2021 (BGBl. I S. 1802).
[2)] Nr. **311**.
[3)] Nr. **296**.

wirklichung von Infrastrukturvorhaben in der Abwägung in angemessener Weise Rechnung getragen werden;

4. gelten in den Fällen des Absatzes 1 Satz 2 Nummer 1 Eingriffe, die auf Grund der Aufstellung des Bebauungsplans zu erwarten sind, als im Sinne des § 1a Absatz 3 Satz 6 vor der planerischen Entscheidung erfolgt oder zulässig.

(3) [1] Bei Aufstellung eines Bebauungsplans im beschleunigten Verfahren ist ortsüblich bekannt zu machen,

1. dass der Bebauungsplan im beschleunigten Verfahren ohne Durchführung einer Umweltprüfung nach § 2 Absatz 4 aufgestellt werden soll, in den Fällen des Absatzes 1 Satz 2 Nummer 2 einschließlich der hierfür wesentlichen Gründe, und
2. wo sich die Öffentlichkeit über die allgemeinen Ziele und Zwecke sowie die wesentlichen Auswirkungen der Planung unterrichten kann und dass sich die Öffentlichkeit innerhalb einer bestimmten Frist zur Planung äußern kann, sofern keine frühzeitige Unterrichtung und Erörterung im Sinne des § 3 Absatz 1 stattfindet.

[2] Die Bekanntmachung nach Satz 1 kann mit der ortsüblichen Bekanntmachung nach § 2 Absatz 1 Satz 2 verbunden werden. [3] In den Fällen des Absatzes 1 Satz 2 Nummer 2 erfolgt die Bekanntmachung nach Satz 1 nach Abschluss der Vorprüfung des Einzelfalls.

(4) Die Absätze 1 bis 3 gelten entsprechend für die Änderung, Ergänzung und Aufhebung eines Bebauungsplans.

§ 13b[1)] Einbeziehung von Außenbereichsflächen in das beschleunigte Verfahren. [1] Bis zum Ablauf des 31. Dezember 2022 gilt § 13a entsprechend für Bebauungspläne mit einer Grundfläche im Sinne des § 13a Absatz 1 Satz 2 von weniger als 10 000 Quadratmetern, durch die die Zulässigkeit von Wohnnutzungen auf Flächen begründet wird, die sich an im Zusammenhang bebaute Ortsteile anschließen. [2] Das Verfahren zur Aufstellung eines Bebauungsplans nach Satz 1 kann nur bis zum Ablauf des 31. Dezember 2022 förmlich eingeleitet werden; der Satzungsbeschluss nach § 10 Absatz 1 ist bis zum Ablauf des 31. Dezember 2024 zu fassen.

Zweiter Teil. Sicherung der Bauleitplanung

Erster Abschnitt. Veränderungssperre und Zurückstellung von Baugesuchen

§ 14 Veränderungssperre. (1) Ist ein Beschluss über die Aufstellung eines Bebauungsplans gefasst, kann die Gemeinde zur Sicherung der Planung für den künftigen Planbereich eine Veränderungssperre mit dem Inhalt beschließen, dass

1. Vorhaben im Sinne des § 29 nicht durchgeführt oder bauliche Anlagen nicht beseitigt werden dürfen;
2. erhebliche oder wesentlich wertsteigernde Veränderungen von Grundstücken und baulichen Anlagen, deren Veränderungen nicht genehmigungs-, zustimmungs- oder anzeigepflichtig sind, nicht vorgenommen werden dürfen.

(2) [1] Wenn überwiegende öffentliche Belange nicht entgegenstehen, kann von der Veränderungssperre eine Ausnahme zugelassen werden. [2] Die Entscheidung

---

[1)] § 13b neu gef. mWv 23.6.2021 durch G v. 14.6.2021 (BGBl. I S. 1802).

über Ausnahmen trifft die Baugenehmigungsbehörde im Einvernehmen mit der Gemeinde.

(3) Vorhaben, die vor dem Inkrafttreten der Veränderungssperre baurechtlich genehmigt worden sind, Vorhaben, von denen die Gemeinde nach Maßgabe des Bauordnungsrechts Kenntnis erlangt hat und mit deren Ausführung vor dem Inkrafttreten der Veränderungssperre hätte begonnen werden dürfen, sowie Unterhaltungsarbeiten und die Fortführung einer bisher ausgeübten Nutzung werden von der Veränderungssperre nicht berührt.

(4) Soweit für Vorhaben im förmlich festgelegten Sanierungsgebiet oder im städtebaulichen Entwicklungsbereich eine Genehmigungspflicht nach § 144 Absatz 1 besteht, sind die Vorschriften über die Veränderungssperre nicht anzuwenden.

§ 15 Zurückstellung von Baugesuchen. (1) [1] Wird eine Veränderungssperre nach § 14 nicht beschlossen, obwohl die Voraussetzungen gegeben sind, oder ist eine beschlossene Veränderungssperre noch nicht in Kraft getreten, hat die Baugenehmigungsbehörde auf Antrag der Gemeinde die Entscheidung über die Zulässigkeit von Vorhaben im Einzelfall für einen Zeitraum bis zu zwölf Monaten auszusetzen, wenn zu befürchten ist, dass die Durchführung der Planung durch das Vorhaben unmöglich gemacht oder wesentlich erschwert werden würde. [2] Wird kein Baugenehmigungsverfahren durchgeführt, wird auf Antrag der Gemeinde anstelle der Aussetzung der Entscheidung über die Zulässigkeit eine vorläufige Untersagung innerhalb einer durch Landesrecht festgesetzten Frist ausgesprochen. [3] Die vorläufige Untersagung steht der Zurückstellung nach Satz 1 gleich.

(2) Soweit für Vorhaben im förmlich festgelegten Sanierungsgebiet oder im städtebaulichen Entwicklungsbereich eine Genehmigungspflicht nach § 144 Absatz 1 besteht, sind die Vorschriften über die Zurückstellung von Baugesuchen nicht anzuwenden; mit der förmlichen Festlegung des Sanierungsgebiets oder des städtebaulichen Entwicklungsbereichs wird ein Bescheid über die Zurückstellung des Baugesuchs nach Absatz 1 unwirksam.

(3) [1] Auf Antrag der Gemeinde hat die Baugenehmigungsbehörde die Entscheidung über die Zulässigkeit von Vorhaben nach § 35 Absatz 1 Nummer 2 bis 6 für einen Zeitraum bis zu längstens einem Jahr nach Zustellung der Zurückstellung des Baugesuchs auszusetzen, wenn die Gemeinde beschlossen hat, einen Flächennutzungsplan aufzustellen, zu ändern oder zu ergänzen, mit dem die Rechtswirkungen des § 35 Absatz 3 Satz 3 erreicht werden sollen, und zu befürchten ist, dass die Durchführung der Planung durch das Vorhaben unmöglich gemacht oder wesentlich erschwert werden würde. [2] Auf diesen Zeitraum ist die Zeit zwischen dem Eingang des Baugesuchs bei der zuständigen Behörde bis zur Zustellung der Zurückstellung des Baugesuchs nicht anzurechnen, soweit der Zeitraum für die Bearbeitung des Baugesuchs erforderlich ist. [3] Der Antrag der Gemeinde nach Satz 1 ist nur innerhalb von sechs Monaten, nachdem die Gemeinde in einem Verwaltungsverfahren von dem Bauvorhaben förmlich Kenntnis erhalten hat, zulässig. [4] Wenn besondere Umstände es erfordern, kann die Baugenehmigungsbehörde auf Antrag der Gemeinde die Entscheidung nach Satz 1 um höchstens ein weiteres Jahr aussetzen.

§ 16 Beschluss über die Veränderungssperre. (1) Die Veränderungssperre wird von der Gemeinde als Satzung beschlossen.

(2) [1] Die Gemeinde hat die Veränderungssperre ortsüblich bekannt zu machen. [2] Sie kann auch ortsüblich bekannt machen, dass eine Veränderungssperre beschlossen worden ist; § 10 Absatz 3 Satz 2 bis 5 ist entsprechend anzuwenden.

§ 17 Geltungsdauer der Veränderungssperre. (1) [1] Die Veränderungssperre tritt nach Ablauf von zwei Jahren außer Kraft. [2] Auf die Zweijahresfrist ist der seit der Zustellung der ersten Zurückstellung eines Baugesuchs nach § 15 Absatz 1 abgelaufene Zeitraum anzurechnen. [3] Die Gemeinde kann die Frist um ein Jahr verlängern.

(2) Wenn besondere Umstände es erfordern, kann die Gemeinde die Frist bis zu einem weiteren Jahr nochmals verlängern.

(3) Die Gemeinde kann eine außer Kraft getretene Veränderungssperre ganz oder teilweise erneut beschließen, wenn die Voraussetzungen für ihren Erlass fortbestehen.

(4) Die Veränderungssperre ist vor Fristablauf ganz oder teilweise außer Kraft zu setzen, sobald die Voraussetzungen für ihren Erlass weggefallen sind.

(5) Die Veränderungssperre tritt in jedem Fall außer Kraft, sobald und soweit die Bauleitplanung rechtsverbindlich abgeschlossen ist.

(6) [1] Mit der förmlichen Festlegung des Sanierungsgebiets oder des städtebaulichen Entwicklungsbereichs tritt eine bestehende Veränderungssperre nach § 14 außer Kraft. [2] Dies gilt nicht, wenn in der Sanierungssatzung die Genehmigungspflicht nach § 144 Absatz 1 ausgeschlossen ist.

§ 18 Entschädigung bei Veränderungssperre. (1) [1] Dauert die Veränderungssperre länger als vier Jahre über den Zeitpunkt ihres Beginns oder der ersten Zurückstellung eines Baugesuchs nach § 15 Absatz 1 hinaus, ist den Betroffenen für dadurch entstandene Vermögensnachteile eine angemessene Entschädigung in Geld zu leisten. [2] Die Vorschriften über die Entschädigung im Zweiten Abschnitt des Fünften Teils sowie § 121 gelten entsprechend; dabei ist der Grundstückswert zugrunde zu legen, der nach den Vorschriften des Zweiten Abschnitts des Dritten Teils zu entschädigen wäre.

(2) [1] Zur Entschädigung ist die Gemeinde verpflichtet. [2] Der Entschädigungsberechtigte kann Entschädigung verlangen, wenn die in Absatz 1 Satz 1 bezeichneten Vermögensnachteile eingetreten sind. [3] Er kann die Fälligkeit des Anspruchs dadurch herbeiführen, dass er die Leistung der Entschädigung schriftlich bei dem Entschädigungspflichtigen beantragt. [4] Kommt eine Einigung über die Entschädigung nicht zustande, entscheidet die höhere Verwaltungsbehörde. [5] Für den Bescheid über die Festsetzung der Entschädigung gilt § 122 entsprechend.

(3) [1] Auf das Erlöschen des Entschädigungsanspruchs findet § 44 Absatz 4 mit der Maßgabe Anwendung, dass bei einer Veränderungssperre, die die Sicherung einer Festsetzung nach § 40 Absatz 1 oder § 41 Absatz 1 zum Gegenstand hat, die Erlöschensfrist frühestens ab Rechtsverbindlichkeit des Bebauungsplans beginnt. [2] In der Bekanntmachung nach § 16 Absatz 2 ist auf die Vorschriften des Absatzes 2 Satz 2 und 3 hinzuweisen.

Zweiter Abschnitt. Teilung von Grundstücken; Gebiete mit Fremdenverkehrsfunktionen

§ 19 Teilung von Grundstücken. (1) Die Teilung eines Grundstücks ist die dem Grundbuchamt gegenüber abgegebene oder sonst wie erkennbar gemachte Erklärung des Eigentümers, dass ein Grundstücksteil grundbuchmäßig abgeschrieben und als selbständiges Grundstück oder als ein Grundstück zusammen mit anderen Grundstücken oder mit Teilen anderer Grundstücke eingetragen werden soll.

(2) Durch die Teilung eines Grundstücks im Geltungsbereich eines Bebauungsplans dürfen keine Verhältnisse entstehen, die den Festsetzungen des Bebauungsplans widersprechen.

§ 20 (weggefallen)

§ 21 (weggefallen)

§ 22[1)] Sicherung von Gebieten mit Fremdenverkehrsfunktionen.

(1) [1] Die Gemeinden, die oder deren Teile überwiegend durch den Fremdenverkehr geprägt sind, können in einem Bebauungsplan oder durch eine sonstige Satzung bestimmen, dass zur Sicherung der Zweckbestimmung von Gebieten mit Fremdenverkehrsfunktionen Folgendes der Genehmigung unterliegt:

1. die Begründung oder Teilung von Wohnungseigentum oder Teileigentum nach § 1 des Wohnungseigentumsgesetzes[2)],
2. die Begründung der in den §§ 30 und 31 des Wohnungseigentumsgesetzes bezeichneten Rechte,
3. die Begründung von Bruchteilseigentum nach § 1008 des Bürgerlichen Gesetzbuchs[3)] an Grundstücken mit Wohngebäuden oder Beherbergungsbetrieben, wenn zugleich nach § 1010 Absatz 1 des Bürgerlichen Gesetzbuchs im Grundbuch als Belastung eingetragen werden soll, dass Räume einem oder mehreren Miteigentümern zur ausschließlichen Benutzung zugewiesen sind und die Aufhebung der Gemeinschaft ausgeschlossen ist,
4. bei bestehendem Bruchteilseigentum nach § 1008 des Bürgerlichen Gesetzbuchs an Grundstücken mit Wohngebäuden oder Beherbergungsbetrieben eine im Grundbuch als Belastung einzutragende Regelung nach § 1010 Absatz 1 des Bürgerlichen Gesetzbuchs, wonach Räume einem oder mehreren Miteigentümern zur ausschließlichen Benutzung zugewiesen sind und die Aufhebung der Gemeinschaft ausgeschlossen ist,
5. die Nutzung von Räumen in Wohngebäuden oder Beherbergungsbetrieben als Nebenwohnung, wenn die Räume insgesamt an mehr als der Hälfte der Tage eines Jahres unbewohnt sind.

[2] Voraussetzung für die Bestimmung ist, dass durch die Begründung oder Teilung der Rechte, durch die Regelung nach § 1010 des Bürgerlichen Gesetzbuchs oder durch die Nutzung als Nebenwohnung die vorhandene oder vorgesehene Zweckbestimmung des Gebiets für den Fremdenverkehr und dadurch die geordnete städtebauliche Entwicklung beeinträchtigt werden kann. [3] Die Zweckbestimmung eines Gebiets für den Fremdenverkehr ist insbesondere anzunehmen bei Kurgebieten, Gebieten für die Fremdenbeherbergung, Wochenend- und Ferienhausgebieten, die im Bebauungsplan festgesetzt sind, und bei im Zusammenhang bebauten Ortsteilen, deren Eigenart solchen Gebieten entspricht, sowie bei sonstigen Gebieten mit Fremdenverkehrsfunktionen, die durch Beherbergungsbetriebe und Wohngebäude mit Fremdenbeherbergung geprägt sind.

[1)] § 22 Abs. 10 Satz 2 geänd. mWv 23.6.2021 durch G v. 14.6.2021 (BGBl. I S. 1802).
[2)] **Schönfelder Nr. 37.**
[3)] **Schönfelder Nr. 20.**

(2) [1]Die Gemeinde hat die Satzung ortsüblich bekannt zu machen. [2]Sie kann die Bekanntmachung auch in entsprechender Anwendung des § 10 Absatz 3 Satz 2 bis 5 vornehmen. [3]Für Bestimmungen nach Absatz 1 Satz 1 Nummer 1 bis 4 teilt die Gemeinde dem Grundbuchamt den Beschluss über die Satzung, das Datum ihres Inkrafttretens sowie die genaue Bezeichnung der betroffenen Grundstücke vor ihrer Bekanntmachung rechtzeitig mit. [4]Von der genauen Bezeichnung der betroffenen Grundstücke kann in den Fällen des Absatzes 1 Satz 1 Nummer 1 und 2 abgesehen werden, wenn die gesamte Gemarkung betroffen ist und die Gemeinde dies dem Grundbuchamt mitteilt.

(3) (weggefallen)

(4) [1]Die Genehmigung darf nur versagt werden, wenn durch die Begründung oder Teilung der Rechte, durch die Regelung nach § 1010 des Bürgerlichen Gesetzbuchs oder durch die Nutzung als Nebenwohnung die Zweckbestimmung des Gebiets für den Fremdenverkehr und dadurch die städtebauliche Entwicklung und Ordnung beeinträchtigt wird. [2]Die Genehmigung nach Absatz 1 Satz 1 Nummer 1 bis 4 ist zu erteilen, wenn sie erforderlich ist, damit Ansprüche Dritter erfüllt werden können, zu deren Sicherung vor dem Wirksamwerden des Genehmigungsvorbehalts eine Vormerkung im Grundbuch eingetragen oder der Antrag auf Eintragung einer Vormerkung beim Grundbuchamt eingegangen ist; die Genehmigung kann auch von dem Dritten beantragt werden. [3]Die Genehmigung kann erteilt werden, um wirtschaftliche Nachteile zu vermeiden, die für den Eigentümer eine besondere Härte bedeuten.

(5) [1]Über die Genehmigung entscheidet die Baugenehmigungsbehörde im Einvernehmen mit der Gemeinde. [2]Über die Genehmigung ist innerhalb eines Monats nach Eingang des Antrags bei der Baugenehmigungsbehörde zu entscheiden. [3]Kann die Prüfung des Antrags in dieser Zeit nicht abgeschlossen werden, ist die Frist vor ihrem Ablauf in einem dem Antragsteller mitzuteilenden Zwischenbescheid um den Zeitraum zu verlängern, der notwendig ist, um die Prüfung abschließen zu können; höchstens jedoch um drei Monate. [4]Die Genehmigung gilt als erteilt, wenn sie nicht innerhalb der Frist versagt wird. [5]Darüber hat die Baugenehmigungsbehörde auf Antrag eines Beteiligten ein Zeugnis auszustellen. [6]Das Einvernehmen gilt als erteilt, wenn es nicht binnen zwei Monaten nach Eingang des Ersuchens der Genehmigungsbehörde verweigert wird; dem Ersuchen gegenüber der Gemeinde steht die Einreichung des Antrags bei der Gemeinde gleich, wenn sie nach Landesrecht vorgeschrieben ist.

(6) [1]Bei einem Grundstück, das im Geltungsbereich einer Satzung nach Absatz 1 liegt, darf das Grundbuchamt die von Absatz 1 Satz 1 Nummer 1 bis 4 erfassten Eintragungen in das Grundbuch nur vornehmen, wenn der Genehmigungsbescheid oder ein Zeugnis gemäß Absatz 5 Satz 5 vorgelegt wird oder wenn die Freistellungserklärung der Gemeinde gemäß Absatz 8 beim Grundbuchamt eingegangen ist. [2]Ist dennoch eine Eintragung in das Grundbuch vorgenommen worden, kann die Baugenehmigungsbehörde, falls die Genehmigung erforderlich war, das Grundbuchamt um die Eintragung eines Widerspruchs ersuchen; § 53 Absatz 1 der Grundbuchordnung[1)] bleibt unberührt. [3]Der Widerspruch ist zu löschen, wenn die Baugenehmigungsbehörde darum ersucht oder die Genehmigung erteilt ist.

(7) [1]Wird die Genehmigung versagt, kann der Eigentümer von der Gemeinde unter den Voraussetzungen des § 40 Absatz 2 die Übernahme des Grundstücks

---

[1)] **Schönfelder Nr. 114.**

verlangen. [2]§ 43 Absatz 1, 4 und 5 sowie § 44 Absatz 3 und 4 sind entsprechend anzuwenden.

(8) [1]Die Gemeinde hat den Genehmigungsvorbehalt aufzuheben oder im Einzelfall einzelne Grundstücke durch Erklärung gegenüber dem Eigentümer vom Genehmigungsvorbehalt freizustellen, wenn die Voraussetzungen für den Genehmigungsvorbehalt entfallen sind. [2]Die Gemeinde teilt dem Grundbuchamt die Aufhebung des Genehmigungsvorbehalts sowie die genaue Bezeichnung der hiervon betroffenen Grundstücke unverzüglich mit. [3]Von der genauen Bezeichnung kann abgesehen werden, wenn die gesamte Gemarkung betroffen ist und die Gemeinde dies dem Grundbuchamt mitteilt. [4]Sobald die Mitteilung über die Aufhebung des Genehmigungsvorbehalts beim Grundbuchamt eingegangen ist, ist Absatz 6 Satz 1 nicht mehr anzuwenden.

(9) [1]In der sonstigen Satzung nach Absatz 1 kann neben der Bestimmung des Genehmigungsvorbehalts die höchstzulässige Zahl der Wohnungen in Wohngebäuden nach Maßgabe des § 9 Absatz 1 Nummer 6 festgesetzt werden. [2]Vor der Festsetzung nach Satz 1 ist der betroffenen Öffentlichkeit und den berührten Behörden und sonstigen Trägern öffentlicher Belange Gelegenheit zur Stellungnahme innerhalb angemessener Frist zu geben.

(10) [1]Der sonstigen Satzung nach Absatz 1 ist eine Begründung beizufügen. [2]In der Begründung zum Bebauungsplan (§ 9 Absatz 8) oder zur sonstigen Satzung ist darzulegen, dass die in Absatz 1 Satz 2 bezeichneten Voraussetzungen für die Festlegung des Gebiets vorliegen.

§ 23 (weggefallen)

Dritter Abschnitt. Gesetzliche Vorkaufsrechte der Gemeinde

§ 24[1)] Allgemeines Vorkaufsrecht. (1) [1]Der Gemeinde steht ein Vorkaufsrecht zu beim Kauf von Grundstücken

1. im Geltungsbereich eines Bebauungsplans, soweit es sich um Flächen handelt, für die nach dem Bebauungsplan eine Nutzung für öffentliche Zwecke oder für Flächen oder Maßnahmen zum Ausgleich im Sinne des § 1a Absatz 3 festgesetzt ist,
2. in einem Umlegungsgebiet,
3. in einem förmlich festgelegten Sanierungsgebiet und städtebaulichen Entwicklungsbereich,
4. im Geltungsbereich einer Satzung zur Sicherung von Durchführungsmaßnahmen des Stadtumbaus und einer Erhaltungssatzung,
5. im Geltungsbereich eines Flächennutzungsplans, soweit es sich um unbebaute Flächen im Außenbereich handelt, für die nach dem Flächennutzungsplan eine Nutzung als Wohnbaufläche oder Wohngebiet dargestellt ist,
6. in Gebieten, die nach den §§ 30, 33 oder 34 Absatz 2 vorwiegend mit Wohngebäuden bebaut werden können, soweit die Grundstücke unbebaut sind, wobei ein Grundstück auch dann als unbebaut gilt, wenn es lediglich mit einer Einfriedung oder zu erkennbar vorläufigen Zwecken bebaut ist,
7. in Gebieten, die zum Zweck des vorbeugenden Hochwasserschutzes von Bebauung freizuhalten sind, insbesondere in Überschwemmungsgebieten, sowie
8. in Gebieten nach den §§ 30, 33 oder 34, wenn

[1)] § 24 Abs. 1 Satz 1 Nr. 6 neu gef., Nr. 7 geänd., Nr. 8 angef., Abs. 3 Satz 2 eingef., bish. Satz 2 wird Satz 3 mWv 23.6.2021 durch G v. 14.6.2021 (BGBl. I S. 1802).

a) in diesen ein städtebaulicher Missstand im Sinne des § 136 Absatz 2 Satz 2 in Verbindung mit Absatz 3 vorliegt oder

b) die baulichen Anlagen einen Missstand im Sinne des § 177 Absatz 2 aufweisen

und die Grundstücke dadurch erhebliche nachteilige Auswirkungen auf das soziale oder städtebauliche Umfeld aufweisen, insbesondere durch ihren baulichen Zustand oder ihre der öffentlichen Sicherheit und Ordnung widersprechende Nutzung.

[2] Im Falle der Nummer 1 kann das Vorkaufsrecht bereits nach Beginn der öffentlichen Auslegung ausgeübt werden, wenn die Gemeinde einen Beschluss gefasst hat, einen Bebauungsplan aufzustellen, zu ändern oder zu ergänzen. [3] Im Falle der Nummer 5 kann das Vorkaufsrecht bereits ausgeübt werden, wenn die Gemeinde einen Beschluss gefasst und ortsüblich bekannt gemacht hat, einen Flächennutzungsplan aufzustellen, zu ändern oder zu ergänzen und wenn nach dem Stand der Planungsarbeiten anzunehmen ist, dass der künftige Flächennutzungsplan eine solche Nutzung darstellen wird.

(2) Das Vorkaufsrecht steht der Gemeinde nicht zu beim Kauf von Rechten nach dem Wohnungseigentumsgesetz[1)] und von Erbbaurechten.

(3) [1] Das Vorkaufsrecht darf nur ausgeübt werden, wenn das Wohl der Allgemeinheit dies rechtfertigt. [2] Dem Wohl der Allgemeinheit kann insbesondere die Deckung eines Wohnbedarfs in der Gemeinde dienen. [3] Bei der Ausübung des Vorkaufsrechts hat die Gemeinde den Verwendungszweck des Grundstücks anzugeben.

§ 25[2)] Besonderes Vorkaufsrecht. (1) [1] Die Gemeinde kann

1. im Geltungsbereich eines Bebauungsplans durch Satzung ihr Vorkaufsrecht an unbebauten Grundstücken begründen;
2. in Gebieten, in denen sie städtebauliche Maßnahmen in Betracht zieht, zur Sicherung einer geordneten städtebaulichen Entwicklung durch Satzung Flächen bezeichnen, an denen ihr ein Vorkaufsrecht an den Grundstücken zusteht;
3. im Geltungsbereich eines Bebauungsplans an brachliegenden Grundstücken oder für im Zusammenhang bebaute Ortsteile (§ 34) an unbebauten oder brachliegenden Grundstücken durch Satzung ihr Vorkaufsrecht begründen, wenn
   a) diese vorwiegend mit Wohngebäuden bebaut werden können und
   b) es sich um ein nach § 201a bestimmtes Gebiet mit einem angespannten Wohnungsmarkt handelt.

[2] Ein Grundstück gilt auch dann als unbebaut, wenn es lediglich mit einer Einfriedung oder zu erkennbar vorläufigen Zwecken bebaut ist. [3] Das Vorkaufsrecht nach Satz 1 Nummer 3 erlischt mit dem Ende der Geltungsdauer der Rechtsverordnung nach § 201a. [4] Auf die Satzung ist § 16 Absatz 2 entsprechend anzuwenden.

(2) [1] § 24 Absatz 2 und 3 Satz 1 und 2 ist anzuwenden. [2] Der Verwendungszweck des Grundstücks ist anzugeben, soweit das bereits zum Zeitpunkt der Ausübung des Vorkaufsrechts möglich ist.

[1)] **Schönfelder Nr. 37.**

[2)] § 25 Abs. 1 Satz 1 Nr. 2 geänd., Nr. 3 angef., Sätze 2, 3 eingef., bish. Satz 2 wird Satz 4, Abs. 2 Satz 1 geänd. mWv 23.6.2021 durch G v. 14.6.2021 (BGBl. I S. 1802).

§ 26 Ausschluss des Vorkaufsrechts. Die Ausübung des Vorkaufsrechts ist ausgeschlossen, wenn

1. der Eigentümer das Grundstück an seinen Ehegatten oder an eine Person verkauft, die mit ihm in gerader Linie verwandt oder verschwägert oder in der Seitenlinie bis zum dritten Grad verwandt ist,
2. das Grundstück
   a) von einem öffentlichen Bedarfsträger für Zwecke der Landesverteidigung, der Bundespolizei, der Zollverwaltung, der Polizei oder des Zivilschutzes oder
   b) von Kirchen und Religionsgesellschaften des öffentlichen Rechts für Zwecke des Gottesdienstes oder der Seelsorge

   gekauft wird,
3. auf dem Grundstück Vorhaben errichtet werden sollen, für die ein in § 38 genanntes Verfahren eingeleitet oder durchgeführt worden ist, oder
4. das Grundstück entsprechend den Festsetzungen des Bebauungsplans oder den Zielen und Zwecken der städtebaulichen Maßnahme bebaut ist und genutzt wird und eine auf ihm errichtete bauliche Anlage keine Missstände oder Mängel im Sinne des § 177 Absatz 2 und 3 Satz 1 aufweist.

§ 27 Abwendung des Vorkaufsrechts. (1) [1]Der Käufer kann die Ausübung des Vorkaufsrechts abwenden, wenn die Verwendung des Grundstücks nach den baurechtlichen Vorschriften oder den Zielen und Zwecken der städtebaulichen Maßnahme bestimmt oder mit ausreichender Sicherheit bestimmbar ist, der Käufer in der Lage ist, das Grundstück binnen angemessener Frist dementsprechend zu nutzen, und er sich vor Ablauf der Frist nach § 28 Absatz 2 Satz 1 hierzu verpflichtet. [2]Weist eine auf dem Grundstück befindliche bauliche Anlage Missstände oder Mängel im Sinne des § 177 Absatz 2 und 3 Satz 1 auf, kann der Käufer die Ausübung des Vorkaufsrechts abwenden, wenn er diese Missstände oder Mängel binnen angemessener Frist beseitigen kann und er sich vor Ablauf der Frist nach § 28 Absatz 2 Satz 1 zur Beseitigung verpflichtet. [3]Die Gemeinde hat die Frist nach § 28 Absatz 2 Satz 1 auf Antrag des Käufers um zwei Monate zu verlängern, wenn der Käufer vor Ablauf dieser Frist glaubhaft macht, dass er in der Lage ist, die in Satz 1 oder 2 genannten Voraussetzungen zu erfüllen.

(2) Ein Abwendungsrecht besteht nicht

1. in den Fällen des § 24 Absatz 1 Satz 1 Nummer 1 und
2. in einem Umlegungsgebiet, wenn das Grundstück für Zwecke der Umlegung (§ 45) benötigt wird.

§ 27a Ausübung des Vorkaufsrechts zugunsten Dritter. (1) [1]Die Gemeinde kann

1. ihr Vorkaufsrecht zugunsten eines Dritten ausüben, wenn der Dritte zu der mit der Ausübung des Vorkaufsrechts bezweckten Verwendung des Grundstücks innerhalb angemessener Frist in der Lage ist und sich hierzu verpflichtet, oder
2. das ihr nach § 24 Absatz 1 Satz 1 Nummer 1 zustehende Vorkaufsrecht zugunsten eines öffentlichen Bedarfs- oder Erschließungsträgers sowie das ihr nach § 24 Absatz 1 Satz 1 Nummer 3 zustehende Vorkaufsrecht zugunsten eines Sanierungs- oder Entwicklungsträgers ausüben, wenn der Träger einverstanden ist.

a) der Erweiterung, Änderung, Nutzungsänderung oder Erneuerung eines zulässigerweise errichteten Gewerbe- oder Handwerksbetriebs,

b) der Erweiterung, Änderung oder Erneuerung eines zulässigerweise errichteten, Wohnzwecken dienenden Gebäudes oder

c) der Nutzungsänderung einer zulässigerweise errichteten baulichen Anlage zu Wohnzwecken, einschließlich einer erforderlichen Änderung oder Erneuerung,

2. städtebaulich vertretbar ist und

3. auch unter Würdigung nachbarlicher Interessen mit den öffentlichen Belangen vereinbar ist.

[2] Satz 1 findet keine Anwendung auf Einzelhandelsbetriebe, die die verbrauchernahe Versorgung der Bevölkerung beeinträchtigen oder schädliche Auswirkungen auf zentrale Versorgungsbereiche in der Gemeinde oder in anderen Gemeinden haben können. [3] In den Fällen des Satzes 1 Nummer 1 Buchstabe b und c kann darüber hinaus vom Erfordernis des Einfügens im Einzelfall im Sinne des Satzes 1 in mehreren vergleichbaren Fällen abgewichen werden, wenn die übrigen Voraussetzungen des Satzes 1 vorliegen und die Aufstellung eines Bebauungsplans nicht erforderlich ist.

(4) [1] Die Gemeinde kann durch Satzung

1. die Grenzen für im Zusammenhang bebaute Ortsteile festlegen,

2. bebaute Bereiche im Außenbereich als im Zusammenhang bebaute Ortsteile festlegen, wenn die Flächen im Flächennutzungsplan als Baufläche dargestellt sind,

3. einzelne Außenbereichsflächen in die im Zusammenhang bebauten Ortsteile einbeziehen, wenn die einbezogenen Flächen durch die bauliche Nutzung des angrenzenden Bereichs entsprechend geprägt sind.

[2] Die Satzungen können miteinander verbunden werden.

(5) [1] Voraussetzung für die Aufstellung von Satzungen nach Absatz 4 Satz 1 Nummer 2 und 3 ist, dass

1. sie mit einer geordneten städtebaulichen Entwicklung vereinbar sind,

2. die Zulässigkeit von Vorhaben, die einer Pflicht zur Durchführung einer Umweltverträglichkeitsprüfung nach Anlage 1 zum Gesetz über die Umweltverträglichkeitsprüfung[1)] oder nach Landesrecht unterliegen, nicht begründet wird und

3. keine Anhaltspunkte für eine Beeinträchtigung der in § 1 Absatz 6 Nummer 7 Buchstabe b genannten Schutzgüter oder dafür bestehen, dass bei der Planung Pflichten zur Vermeidung oder Begrenzung der Auswirkungen von schweren Unfällen nach § 50 Satz 1 des Bundes-Immissionsschutzgesetzes[2)] zu beachten sind.

[2] In den Satzungen nach Absatz 4 Satz 1 Nummer 2 und 3 können einzelne Festsetzungen nach § 9 Absatz 1 und 3 Satz 1 sowie Absatz 4 getroffen werden. [3] § 9 Absatz 6 und § 31 sind entsprechend anzuwenden. [4] Auf die Satzung nach Absatz 4 Satz 1 Nummer 3 sind ergänzend § 1a Absatz 2 und 3 und § 9 Absatz 1a entsprechend anzuwenden; ihr ist eine Begründung mit den Angaben entsprechend § 2a Satz 2 Nummer 1 beizufügen.

---

1) Nr. **295**.
2) Nr. **296**.

(6) [1] Bei der Aufstellung der Satzungen nach Absatz 4 Satz 1 Nummer 2 und 3 sind die Vorschriften über die Öffentlichkeits- und Behördenbeteiligung nach § 13 Absatz 2 Satz 1 Nummer 2 und 3 sowie Satz 2 entsprechend anzuwenden. [2] Auf die Satzungen nach Absatz 4 Satz 1 Nummer 1 bis 3 ist § 10 Absatz 3 entsprechend anzuwenden.

§ 35[1)] Bauen im Außenbereich. (1) Im Außenbereich ist ein Vorhaben nur zulässig, wenn öffentliche Belange nicht entgegenstehen, die ausreichende Erschließung gesichert ist und wenn es

1. einem land- oder forstwirtschaftlichen Betrieb dient und nur einen untergeordneten Teil der Betriebsfläche einnimmt,
2. einem Betrieb der gartenbaulichen Erzeugung dient,
3. der öffentlichen Versorgung mit Elektrizität, Gas, Telekommunikationsdienstleistungen, Wärme und Wasser, der Abwasserwirtschaft oder einem ortsgebundenen gewerblichen Betrieb dient,
4. wegen seiner besonderen Anforderungen an die Umgebung, wegen seiner nachteiligen Wirkung auf die Umgebung oder wegen seiner besonderen Zweckbestimmung nur im Außenbereich ausgeführt werden soll, es sei denn, es handelt sich um die Errichtung, Änderung oder Erweiterung einer baulichen Anlage zur Tierhaltung, die dem Anwendungsbereich der Nummer 1 nicht unterfällt und die einer Pflicht zur Durchführung einer standortbezogenen oder allgemeinen Vorprüfung oder einer Umweltverträglichkeitsprüfung nach dem Gesetz über die Umweltverträglichkeitsprüfung[2)] unterliegt, wobei bei kumulierenden Vorhaben für die Annahme eines engen Zusammenhangs diejenigen Tierhaltungsanlagen zu berücksichtigen sind, die auf demselben Betriebs- oder Baugelände liegen und mit gemeinsamen betrieblichen oder baulichen Einrichtungen verbunden sind,
5. der Erforschung, Entwicklung oder Nutzung der Wind- oder Wasserenergie dient,
6. der energetischen Nutzung von Biomasse im Rahmen eines Betriebs nach Nummer 1 oder 2 oder eines Betriebs nach Nummer 4, der Tierhaltung betreibt, sowie dem Anschluss solcher Anlagen an das öffentliche Versorgungsnetz dient, unter folgenden Voraussetzungen:
   a) das Vorhaben steht in einem räumlich-funktionalen Zusammenhang mit dem Betrieb,
   b) die Biomasse stammt überwiegend aus dem Betrieb oder überwiegend aus diesem und aus nahe gelegenen Betrieben nach den Nummern 1, 2 oder 4, soweit letzterer Tierhaltung betreibt,
   c) es wird je Hofstelle oder Betriebsstandort nur eine Anlage betrieben und
   d) die Kapazität einer Anlage zur Erzeugung von Biogas überschreitet nicht 2,3 Millionen Normkubikmeter Biogas pro Jahr, die Feuerungswärmeleistung anderer Anlagen überschreitet nicht 2,0 Megawatt,
7. der Erforschung, Entwicklung oder Nutzung der Kernenergie zu friedlichen Zwecken oder der Entsorgung radioaktiver Abfälle dient, mit Ausnahme der Neuerrichtung von Anlagen zur Spaltung von Kernbrennstoffen zur gewerblichen Erzeugung von Elektrizität, oder

---

1) § 35 Abs. 4 Satz 1 Nr. 1 einl. Satzteil, Buchst. f, Nr. 2 Buchst. c geänd. mWv 23.6.2021 durch G v. 14.6.2021 (BGBl. I S. 1802).

2) Nr. **295**.

f) im Falle der Änderung zu Wohnzwecken entstehen neben den bisher nach Absatz 1 Nummer 1 zulässigen Wohnungen höchstens fünf Wohnungen je Hofstelle und

g) es wird eine Verpflichtung übernommen, keine Neubebauung als Ersatz für die aufgegebene Nutzung vorzunehmen, es sei denn, die Neubebauung wird im Interesse der Entwicklung des Betriebs im Sinne des Absatzes 1 Nummer 1 erforderlich,

2. die Neuerrichtung eines gleichartigen Wohngebäudes an gleicher Stelle unter folgenden Vorraussetzungen:

   a) das vorhandene Gebäude ist zulässigerweise errichtet worden,

   b) das vorhandene Gebäude weist Missstände oder Mängel auf,

   c) das vorhandene Gebäude wurde oder wird seit längerer Zeit vom Eigentümer selbst genutzt und

   d) Tatsachen rechtfertigen die Annahme, dass das neu errichtete Gebäude für den Eigenbedarf des bisherigen Eigentümers oder seiner Familie genutzt wird; hat der Eigentümer das vorhandene Gebäude im Wege der Erbfolge von einem Voreigentümer erworben, der es seit längerer Zeit selbst genutzt hat, reicht es aus, wenn Tatsachen die Annahme rechtfertigen, dass das neu errichtete Gebäude für den Eigenbedarf des Eigentümers oder seiner Familie genutzt wird,

3. die alsbaldige Neuerrichtung eines zulässigerweise errichteten, durch Brand, Naturereignisse oder andere außergewöhnliche Ereignisse zerstörten, gleichartigen Gebäudes an gleicher Stelle,

4. die Änderung oder Nutzungsänderung von erhaltenswerten, das Bild der Kulturlandschaft prägenden Gebäuden, auch wenn sie aufgegeben sind, wenn das Vorhaben einer zweckmäßigen Verwendung der Gebäude und der Erhaltung des Gestaltwerts dient,

5. die Erweiterung eines Wohngebäudes auf bis zu höchstens zwei Wohnungen unter folgenden Voraussetzungen:

   a) das Gebäude ist zulässigerweise errichtet worden,

   b) die Erweiterung ist im Verhältnis zum vorhandenen Gebäude und unter Berücksichtigung der Wohnbedürfnisse angemessen und

   c) bei der Errichtung einer weiteren Wohnung rechtfertigen Tatsachen die Annahme, dass das Gebäude vom bisherigen Eigentümer oder seiner Familie selbst genutzt wird,

6. die bauliche Erweiterung eines zulässigerweise errichteten gewerblichen Betriebs, wenn die Erweiterung im Verhältnis zum vorhandenen Gebäude und Betrieb angemessen ist.

[2] In begründeten *Einzelfällen* gilt die Rechtsfolge des Satzes 1 auch für die Neuerrichtung eines Gebäudes im Sinne des Absatzes 1 Nummer 1, dem eine andere Nutzung zugewiesen werden soll, wenn das ursprüngliche Gebäude vom äußeren Erscheinungsbild auch zur Wahrung der Kulturlandschaft erhaltenswert ist, keine stärkere Belastung des Außenbereichs zu erwarten ist als in

(Fortsetzung nächstes Blatt)

8. der Nutzung solarer Strahlungsenergie in, an und auf Dach- und Außenwandflächen von zulässigerweise genutzten Gebäuden dient, wenn die Anlage dem Gebäude baulich untergeordnet ist.

(2) Sonstige Vorhaben können im Einzelfall zugelassen werden, wenn ihre Ausführung oder Benutzung öffentliche Belange nicht beeinträchtigt und die Erschließung gesichert ist.

(3) [1] Eine Beeinträchtigung öffentlicher Belange liegt insbesondere vor, wenn das Vorhaben

1. den Darstellungen des Flächennutzungsplans widerspricht,
2. den Darstellungen eines Landschaftsplans oder sonstigen Plans, insbesondere des Wasser-, Abfall- oder Immissionsschutzrechts, widerspricht,
3. schädliche Umwelteinwirkungen hervorrufen kann oder ihnen ausgesetzt wird,
4. unwirtschaftliche Aufwendungen für Straßen oder andere Verkehrseinrichtungen, für Anlagen der Versorgung oder Entsorgung, für die Sicherheit oder Gesundheit oder für sonstige Aufgaben erfordert,
5. Belange des Naturschutzes und der Landschaftpflege, des Bodenschutzes, des Denkmalschutzes oder die natürliche Eigenart der Landschaft und ihren Erholungswert beeinträchtigt oder das Orts- und Landschaftsbild verunstaltet,
6. Maßnahmen zur Verbesserung der Agrarstruktur beeinträchtigt, die Wasserwirtschaft oder den Hochwasserschutz gefährdet,
7. die Entstehung, Verfestigung oder Erweiterung einer Splittersiedlung befürchten lässt oder
8. die Funktionsfähigkeit von Funkstellen und Radaranlagen stört.

[2] Raumbedeutsame Vorhaben dürfen den Zielen der Raumordnung nicht widersprechen; öffentliche Belange stehen raumbedeutsamen Vorhaben nach Absatz 1 nicht entgegen, soweit die Belange bei der Darstellung dieser Vorhaben als Ziele der Raumordnung abgewogen worden sind. [3] Öffentliche Belange stehen einem Vorhaben nach Absatz 1 Nummer 2 bis 6 in der Regel auch dann entgegen, soweit hierfür durch Darstellungen im Flächennutzungsplan oder als Ziele der Raumordnung eine Ausweisung an anderer Stelle erfolgt ist.

(4) [1] Den nachfolgend bezeichneten sonstigen Vorhaben im Sinne des Absatzes 2 kann nicht entgegengehalten werden, dass sie Darstellungen des Flächennutzungsplans oder eines Landschaftsplans widersprechen, die natürliche Eigenart der Landschaft beeinträchtigen oder die Entstehung, Verfestigung oder Erweiterung einer Splittersiedlung befürchten lassen, soweit sie im Übrigen außenbereichsverträglich im Sinne des Absatzes 3 sind:

1. die Änderung der bisherigen Nutzung eines Gebäudes, das unter den Voraussetzungen des Absatzes 1 Nummer 1 errichtet wurde, unter folgenden Voraussetzungen:
   a) das Vorhaben dient einer zweckmäßigen Verwendung erhaltenswerter Bausubstanz,
   b) die äußere Gestalt des Gebäudes bleibt im Wesentlichen gewahrt,
   c) die Aufgabe der bisherigen Nutzung liegt nicht länger als sieben Jahre zurück,
   d) das Gebäude ist vor mehr als sieben Jahren zulässigerweise errichtet worden,
   e) das Gebäude steht im räumlich-funktionalen Zusammenhang mit der Hofstelle des land- oder forstwirtschaftlichen Betriebs,

so soll die Zahlungsweise der Auszahlung der Finanzierungsmittel angepasst, jedoch nicht über zwei Jahre hinaus erstreckt werden.

(3) [1]Lässt die Gemeinde nach Absatz 2 eine Verrentung zu, so ist der Erschließungsbeitrag durch Bescheid in eine Schuld umzuwandeln, die in höchstens zehn Jahresleistungen zu entrichten ist. [2]In dem Bescheid sind Höhe und Zeitpunkt der Fälligkeit der Jahresleistungen zu bestimmen. [3]Der jeweilige Restbetrag ist mit höchstens 2 vom Hundert über dem Basiszinssatz nach § 247 des Bürgerlichen Gesetzbuchs[1)] jährlich zu verzinsen. [4]Die Jahresleistungen stehen wiederkehrenden Leistungen im Sinne des § 10 Absatz 1 Nummer 3 des Zwangsversteigerungsgesetzes[2)] gleich.

(4) [1]Werden Grundstücke landwirtschaftlich oder als Wald genutzt, ist der Beitrag so lange zinslos zu stunden, wie das Grundstück zur Erhaltung der Wirtschaftlichkeit des landwirtschaftlichen Betriebs genutzt werden muss. [2]Satz 1 gilt auch für die Fälle der Nutzungsüberlassung und Betriebsübergabe an Familienangehörige im Sinne des § 15 der Abgabenordnung. [3]Der Beitrag ist auch zinslos zu stunden, solange Grundstücke als Kleingärten im Sinne des Bundeskleingartengesetzes[3)] genutzt werden.

(5) [1]Im Einzelfall kann die Gemeinde auch von der Erhebung des Erschließungsbeitrags ganz oder teilweise absehen, wenn dies im öffentlichen Interesse oder zur Vermeidung unbilliger Härten geboten ist. [2]Die Freistellung kann auch für den Fall vorgesehen werden, dass die Beitragspflicht noch nicht entstanden ist.

(6) Weitergehende landesrechtliche Billigkeitsregelungen bleiben unberührt.

Siebter Teil. Maßnahmen für den Naturschutz

§ 135a Pflichten des Vorhabenträgers; Durchführung durch die Gemeinde; Kostenerstattung. (1) Festgesetzte Maßnahmen zum Ausgleich im Sinne des § 1a Absatz 3 sind vom Vorhabenträger durchzuführen.

(2) [1]Soweit Maßnahmen zum Ausgleich an anderer Stelle den Grundstücken nach § 9 Absatz 1a zugeordnet sind, soll die Gemeinde diese anstelle und auf Kosten der Vorhabenträger oder der Eigentümer der Grundstücke durchführen und auch die hierfür erforderlichen Flächen bereitstellen, sofern dies nicht auf andere Weise gesichert ist. [2]Die Maßnahmen zum Ausgleich können bereits vor den Baumaßnahmen und der Zuordnung durchgeführt werden.

(3) [1]Die Kosten können geltend gemacht werden, sobald die Grundstücke, auf denen Eingriffe zu erwarten sind, baulich oder gewerblich genutzt werden dürfen. [2]Die Gemeinde erhebt zur Deckung ihres Aufwands für Maßnahmen zum Ausgleich einschließlich der Bereitstellung hierfür erforderlicher Flächen einen Kostenerstattungsbetrag. [3]Die Erstattungspflicht entsteht mit der Herstellung der Maßnahmen zum Ausgleich durch die Gemeinde. [4]Der Betrag ruht als öffentliche Last auf dem Grundstück.

(4) Die landesrechtlichen Vorschriften über kommunale Beiträge einschließlich der Billigkeitsregelungen sind entsprechend anzuwenden.

§ 135b Verteilungsmaßstäbe für die Abrechnung. [1]Soweit die Gemeinde Maßnahmen zum Ausgleich nach § 135a Absatz 2 durchführt, sind die Kosten auf die zugeordneten Grundstücke zu verteilen. [2]Verteilungsmaßstäbe sind

---

[1)] **Schönfelder Nr. 20.**
[2)] **Schönfelder Nr. 108.**
[3)] **Sartorius ErgBd. Nr. 350.**

1. die überbaubare Grundstücksfläche,
2. die zulässige Grundfläche,
3. die zu erwartende Versiegelung oder
4. die Schwere der zu erwartenden Eingriffe.

[3] Die Verteilungsmaßstäbe können miteinander verbunden werden.

§ 135c Satzungsrecht. Die Gemeinde kann durch Satzung regeln

1. Grundsätze für die Ausgestaltung von Maßnahmen zum Ausgleich entsprechend den Festsetzungen eines Bebauungsplans,
2. den Umfang der Kostenerstattung nach § 135a; dabei ist § 128 Absatz 1 Satz 1 Nummer 1 und 2 und Satz 2 entsprechend anzuwenden,
3. die Art der Kostenermittlung und die Höhe des Einheitssatzes entsprechend § 130,
4. die Verteilung der Kosten nach § 135b einschließlich einer Pauschalierung der Schwere der zu erwartenden Eingriffe nach Biotop- und Nutzungstypen,
5. die Voraussetzungen für die Anforderung von Vorauszahlungen,
6. die Fälligkeit des Kostenerstattungsbetrags.

Zweites Kapitel. Besonderes Städtebaurecht

Erster Teil. Städtebauliche Sanierungsmaßnahmen

Erster Abschnitt. Allgemeine Vorschriften

§ 136[1)] Städtebauliche Sanierungsmaßnahmen. (1) Städtebauliche Sanierungsmaßnahmen in Stadt und Land, deren einheitliche Vorbereitung und zügige Durchführung im öffentlichen Interesse liegen, werden nach den Vorschriften dieses Teils vorbereitet und durchgeführt.

(2) [1] Städtebauliche Sanierungsmaßnahmen sind Maßnahmen, durch die ein Gebiet zur Behebung städtebaulicher Missstände wesentlich verbessert oder umgestaltet wird. [2] Städtebauliche Missstände liegen vor, wenn

1. das Gebiet nach seiner vorhandenen Bebauung oder nach seiner sonstigen Beschaffenheit den allgemeinen Anforderungen an gesunde Wohn- und Arbeitsverhältnisse oder an die Sicherheit der in ihm wohnenden oder arbeitenden Menschen auch unter Berücksichtigung der Belange des Klimaschutzes und der Klimaanpassung nicht entspricht oder
2. das Gebiet in der Erfüllung der Aufgaben erheblich beeinträchtigt ist, die ihm nach seiner Lage und Funktion obliegen.

(3) Bei der Beurteilung, ob in einem städtischen oder ländlichen Gebiet städtebauliche Missstände vorliegen, sind insbesondere zu berücksichtigen

1. die Wohn- und Arbeitsverhältnisse oder die Sicherheit der in dem Gebiet wohnenden und arbeitenden Menschen in Bezug auf
   a) die Belichtung, Besonnung und Belüftung der Wohnungen und Arbeitsstätten,
   b) die bauliche Beschaffenheit von Gebäuden, Wohnungen und Arbeitsstätten,
   c) die Zugänglichkeit der Grundstücke,

[1)] § 136 Abs. 3 Nr. 2 Buchst c geänd. mWv 23.6.2021 durch G v. 14.6.2021 (BGBl. I S. 1802).

d) die Auswirkungen einer vorhandenen Mischung von Wohn- und Arbeitsstätten,
e) die Nutzung von bebauten und unbebauten Flächen nach Art, Maß und Zustand,
f) die Einwirkungen, die von Grundstücken, Betrieben, Einrichtungen oder Verkehrsanlagen ausgehen, insbesondere durch Lärm, Verunreinigungen und Erschütterungen,
g) die vorhandene Erschließung,
h) die energetische Beschaffenheit, die Gesamtenergieeffizienz der vorhandenen Bebauung und der Versorgungseinrichtungen des Gebiets unter Berücksichtigung der allgemeinen Anforderungen an den Klimaschutz und die Klimaanpassung;

2. die Funktionsfähigkeit des Gebiets in Bezug auf
a) den fließenden und ruhenden Verkehr,
b) die wirtschaftliche Situation und Entwicklungsfähigkeit des Gebiets unter Berücksichtigung seiner Versorgungsfunktion im Verflechtungsbereich,
c) die infrastrukturelle Erschließung des Gebiets, seine Ausstattung mit und die Vernetzung von Grün- und Freiflächen unter Berücksichtigung der Belange des Klimaschutzes und der Klimaanpassung, seine Ausstattung mit Spiel- und Sportplätzen und mit Anlagen des Gemeinbedarfs, insbesondere unter Berücksichtigung der sozialen und kulturellen Aufgaben dieses Gebiets im Verflechtungsbereich.

(4) [1] Städtebauliche Sanierungsmaßnahmen dienen dem Wohl der Allgemeinheit. [2] Sie sollen dazu beitragen, dass

1. die bauliche Struktur in allen Teilen des Bundesgebiets nach den allgemeinen Anforderungen an den Klimaschutz und die Klimaanpassung sowie nach den sozialen, hygienischen, wirtschaftlichen und kulturellen Erfordernissen entwickelt wird,
2. die Verbesserung der Wirtschafts- und Agrarstruktur unterstützt wird,
3. die Siedlungsstruktur den Erfordernissen des Umweltschutzes, den Anforderungen an gesunde Lebens- und Arbeitsbedingungen der Bevölkerung und der Bevölkerungsentwicklung entspricht oder
4. die vorhandenen Ortsteile erhalten, erneuert und fortentwickelt werden, die Gestaltung des Orts- und Landschaftsbilds verbessert und den Erfordernissen des Denkmalschutzes Rechnung getragen wird.

[3] Die öffentlichen und privaten Belange sind gegeneinander und untereinander gerecht abzuwägen.

§ 137 Beteiligung und Mitwirkung der Betroffenen. [1] Die Sanierung soll mit den Eigentümern, Mietern, Pächtern und sonstigen Betroffenen möglichst frühzeitig erörtert werden. [2] Die Betroffenen sollen zur Mitwirkung bei der Sanierung und zur Durchführung der erforderlichen baulichen Maßnahmen angeregt und hierbei im Rahmen des Möglichen beraten werden.

§ 138 Auskunftspflicht. (1) [1] Eigentümer, Mieter, Pächter und sonstige zum Besitz oder zur Nutzung eines Grundstücks, Gebäudes oder Gebäudeteils Berechtigte sowie ihre Beauftragten sind verpflichtet, der Gemeinde oder ihren Beauftragten Auskunft über die Tatsachen zu erteilen, deren Kenntnis zur Beurteilung der Sanierungsbedürftigkeit eines Gebiets oder zur Vorbereitung oder Durchführung der Sanierung erforderlich ist. [2]An personenbezogenen Daten können insbesondere Angaben der Betroffenen über ihre persönlichen Lebensumstände im wirtschaftlichen und sozialen Bereich, namentlich über die Berufs-, Erwerbs- und Familienverhältnisse, das Lebensalter, die Wohnbedürfnisse, die sozialen Verflechtungen sowie über die örtlichen Bindungen, erhoben werden.

(2) [1]Die nach Absatz 1 erhobenen personenbezogenen Daten dürfen nur zu Zwecken der Sanierung verwendet werden. [2]Wurden die Daten von einem Beauftragten der Gemeinde erhoben, dürfen sie nur an die Gemeinde weitergegeben werden; die Gemeinde darf die Daten an andere Beauftragte im Sinne des § 157 sowie an die höhere Verwaltungsbehörde weitergeben, soweit dies zu Zwecken der Sanierung erforderlich ist. [3]Nach Aufhebung der förmlichen Festlegung des Sanierungsgebiets sind die Daten zu löschen. [4]Soweit die erhobenen Daten für die Besteuerung erforderlich sind, dürfen sie an die Finanzbehörden weitergegeben werden.

(3) [1]Die mit der Erhebung der Daten Beauftragten sind bei Aufnahme ihrer Tätigkeit nach Maßgabe des Absatzes 2 zu verpflichten. [2]Ihre Pflichten bestehen nach Beendigung ihrer Tätigkeit fort.

(4) [1]Verweigert ein nach Absatz 1 Auskunftspflichtiger die Auskunft, ist § 208 Satz 2 bis 4 über die Androhung und Festsetzung eines Zwangsgelds entsprechend anzuwenden. [2]Der Auskunftspflichtige kann die Auskunft auf solche Fragen verweigern, deren Beantwortung ihn selbst oder einen der in § 383 Absatz 1 Nummer 1 bis 3 der Zivilprozessordnung[1)] bezeichneten Angehörigen der Gefahr strafrechtlicher Verfolgung oder eines Verfahrens nach dem Gesetz über Ordnungswidrigkeiten[2)] aussetzen würde.

§ 139 Beteiligung und Mitwirkung öffentlicher Aufgabenträger.

(1) Der Bund, einschließlich seiner Sondervermögen, die Länder, die Gemeindeverbände und die sonstigen Körperschaften, Anstalten und Stiftungen des öffentlichen Rechts sollen im Rahmen der ihnen obliegenden Aufgaben die Vorbereitung und Durchführung von städtebaulichen Sanierungsmaßnahmen unterstützen.

(2) [1]§ 4 Absatz 2 und § 4a Absatz 1 bis 4 und 6 sind bei der Vorbereitung und Durchführung der Sanierung auf Behörden und sonstige Träger öffent-

(Fortsetzung nächstes Blatt)

---

1) Schönfelder Nr. 100.
2) Schönfelder Nr. 94.

Baugenehmigungs- oder Zustimmungsverfahren wird über die in § 172 Absatz 3 bis 5 bezeichneten Belange entschieden.

(2) [1] Wird in den Fällen des § 172 Absatz 3 die Genehmigung versagt, kann der Eigentümer von der Gemeinde unter den Voraussetzungen des § 40 Absatz 2 die Übernahme des Grundstücks verlangen. [2] § 43 Absatz 1, 4 und 5 sowie § 44 Absatz 3 und 4 sind entsprechend anzuwenden.

(3) [1] Vor der Entscheidung über den Genehmigungsantrag hat die Gemeinde mit dem Eigentümer oder sonstigen zur Unterhaltung Verpflichteten die für die Entscheidung erheblichen Tatsachen zu erörtern. [2] In den Fällen des § 172 Absatz 4 und 5 hat sie auch Mieter, Pächter und sonstige Nutzungsberechtigte zu hören. [3] In den Fällen des § 172 Absatz 4 Satz 3 Nummer 6 hat sie die nach Satz 2 anzuhörenden Personen über die Erteilung einer Genehmigung zu informieren.

(4) Die landesrechtlichen Vorschriften, insbesondere über den Schutz und die Erhaltung von Denkmälern, bleiben unberührt.

§ 174 Ausnahmen. (1) § 172 ist nicht auf Grundstücke anzuwenden, die den in § 26 Nummer 2 bezeichneten Zwecken dienen, und auf die in § 26 Nummer 3 bezeichneten Grundstücke.

(2) [1] Befindet sich ein Grundstück der in Absatz 1 bezeichneten Art im Geltungsbereich einer Erhaltungssatzung, hat die Gemeinde den Bedarfsträger hiervon zu unterrichten. [2] Beabsichtigt der Bedarfsträger ein Vorhaben im Sinne des § 172 Absatz 1, hat er dies der Gemeinde anzuzeigen. [3] Der Bedarfsträger soll auf Verlangen der Gemeinde von dem Vorhaben absehen, wenn die Voraussetzungen vorliegen, die die Gemeinde berechtigen würden, die Genehmigung nach § 172 zu versagen, und wenn die Erhaltung oder das Absehen von der Errichtung der baulichen Anlage dem Bedarfsträger auch unter Berücksichtigung seiner Aufgaben zuzumuten ist.

Zweiter Abschnitt. Städtebauliche Gebote

§ 175[1] Allgemeines. (1) [1] Beabsichtigt die Gemeinde, ein Baugebot (§ 176), ein Modernisierungs- oder Instandsetzungsgebot (§ 177), ein Pflanzgebot (§ 178) oder ein Rückbau- oder Entsiegelungsgebot (§ 179) zu erlassen, soll sie die Maßnahme vorher mit den Betroffenen erörtern. [2] Die Gemeinde soll die Eigentümer, Mieter, Pächter und sonstigen Nutzungsberechtigten im Rahmen ihrer Möglichkeiten beraten, wie die Maßnahme durchgeführt werden kann und welche Finanzierungsmöglichkeiten aus öffentlichen Kassen bestehen.

(2) [1] Die Anordnung von Maßnahmen nach den §§ 176 bis 179 setzt voraus, dass die alsbaldige Durchführung der Maßnahmen aus städtebaulichen Gründen erforderlich ist; bei Anordnung eines Baugebots nach § 176 kann dabei auch ein dringender Wohnbedarf der Bevölkerung berücksichtigt werden. [2] Dies ist unter anderem insbesondere dann der Fall, wenn es sich um ein nach § 201a bestimmtes Gebiet mit einem angespannten Wohnungsmarkt handelt.

(3) Mieter, Pächter und sonstige Nutzungsberechtigte haben die Durchführung der Maßnahmen nach den §§ 176 bis 179 zu dulden.

(4) [1] Die §§ 176 bis 179 sind nicht auf Grundstücke anzuwenden, die den in § 26 Nummer 2 bezeichneten Zwecken dienen, und auf die in § 26 Nummer 3 bezeichneten Grundstücke. [2] Liegen für diese Grundstücke die Voraussetzungen für die Anordnung eines Gebots nach den §§ 176 bis 179 vor, soll auf Verlangen

---

[1] § 175 Abs. 2 Satz 2 angef. mWv 23.6.2021 durch G v. 14.6.2021 (BGBl. I S. 1802).

der Gemeinde der Bedarfsträger die entsprechenden Maßnahmen durchführen oder ihre Durchführung dulden, soweit dadurch nicht die Erfüllung seiner Aufgaben beeinträchtigt wird.

(5) Die landesrechtlichen Vorschriften, insbesondere über den Schutz und die Erhaltung von Denkmälern, bleiben unberührt.

§ 176[1)] Baugebot. (1) [1]Im Geltungsbereich eines Bebauungsplans kann die Gemeinde den Eigentümer durch Bescheid verpflichten, innerhalb einer zu bestimmenden angemessenen Frist

1. sein Grundstück entsprechend den Festsetzungen des Bebauungsplans zu bebauen,
2. ein vorhandenes Gebäude oder eine vorhandene sonstige bauliche Anlage den Festsetzungen des Bebauungsplans anzupassen oder
3. sein Grundstück mit einer oder mehreren Wohneinheiten zu bebauen, wenn in dem Bebauungsplan Wohnnutzungen zugelassen sind und wenn es sich um ein nach § 201a bestimmtes Gebiet mit einem angespannten Wohnungsmarkt handelt. Dabei kann die Gemeinde auch ein den Festsetzungen des Bebauungsplans entsprechendes Maß der Nutzung anordnen.

[2]Die Wirksamkeit eines nach Satz 1 Nummer 3 erlassenen Baugebots wird durch das Ende der Geltungsdauer der Rechtsverordnung nach § 201a nicht berührt.

(2) Das Baugebot kann außerhalb der in Absatz 1 bezeichneten Gebiete, aber innerhalb im Zusammenhang bebauter Ortsteile angeordnet werden, um unbebaute oder geringfügig bebaute Grundstücke entsprechend den baurechtlichen Vorschriften zu nutzen oder einer baulichen Nutzung zuzuführen, insbesondere zur Schließung von Baulücken.

(3) [1]Die Gemeinde hat von dem Baugebot abzusehen, wenn die Durchführung des Vorhabens aus wirtschaftlichen Gründen einem Eigentümer nicht zuzumuten ist. [2]Die Gemeinde hat weiter bis zum 23. Juni 2026 von dem Baugebot abzusehen, wenn ein Eigentümer im Falle des Absatzes 1 Satz 1 Nummer 3 glaubhaft macht, dass ihm die Durchführung des Vorhabens aus Gründen des Erhalts der Entscheidungsbefugnis über die Nutzung des Grundstücks für seinen Ehegatten oder eine in gerader Linie verwandte Person nicht zuzumuten ist. [3]Die Regelung ist zu evaluieren.

(4) [1]Der Eigentümer kann von der Gemeinde die Übernahme des Grundstücks verlangen, wenn er glaubhaft macht, dass ihm die Durchführung des Vorhabens aus wirtschaftlichen Gründen nicht zuzumuten ist. [2]In diesem Fall kann die Gemeinde das Grundstück zugunsten einer kommunalen Wohnungsbaugesellschaft übernehmen, wenn diese innerhalb angemessener Frist in der Lage ist, das Baugebot zu erfüllen und sich hierzu verpflichtet. [3]§ 43 Absatz 1, 4 und 5 sowie § 44 Absatz 3 und 4 sind entsprechend anzuwenden.

(5) [1]Ist die Durchführung eines Baugebots nur möglich, wenn zuvor eine bauliche Anlage oder Teile davon beseitigt werden, ist der Eigentümer mit dem Baugebot auch zur Beseitigung verpflichtet. [2]§ 179 Absatz 2 und 3 Satz 1, § 43 Absatz 2 und 5 sowie § 44 Absatz 3 und 4 sind entsprechend anzuwenden.

(6) Ist für ein Grundstück eine andere als bauliche Nutzung festgesetzt, sind die Absätze 1 und 3 bis 5 entsprechend anzuwenden.

[1)] § 176 Abs. 1 Satz 1 Nr. 1 und Nr. 2 geänd., Nr. 3, Satz 2 angef., Abs. 3 neu gef., Abs. 4 Satz 2 eingef., bish. Satz 2 wird Satz 3 mWv 23.6.2021 durch G v. 14.6.2021 (BGBl. I S. 1802).

(7) Mit dem Baugebot kann die Verpflichtung verbunden werden, innerhalb einer zu bestimmenden angemessenen Frist den für eine bauliche Nutzung des Grundstücks erforderlichen Antrag auf Erteilung einer bauaufsichtlichen Genehmigung zu stellen.

(8) Kommt der Eigentümer der Verpflichtung nach Absatz 7 auch nach Vollstreckungsmaßnahmen auf Grund landesrechtlicher Vorschriften nicht nach, kann das Enteignungsverfahren nach § 85 Absatz 1 Nummer 5 auch vor Ablauf der Frist nach Absatz 1 eingeleitet werden.

(9) [1] In dem Enteignungsverfahren ist davon auszugehen, dass die Voraussetzungen des Baugebots vorliegen; die Vorschriften über die Zulässigkeit der Enteignung bleiben unberührt. [2] Bei der Bemessung der Entschädigung bleiben Werterhöhungen unberücksichtigt, die nach Unanfechtbarkeit des Baugebots eingetreten sind, es sei denn, dass der Eigentümer die Werterhöhungen durch eigene Aufwendungen zulässigerweise bewirkt hat.

§ 176a[1)] Städtebauliches Entwicklungskonzept zur Stärkung der Innenentwicklung. (1) Die Gemeinde kann ein städtebauliches Entwicklungskonzept beschließen, das Aussagen zum räumlichen Geltungsbereich, zu Zielen und zur Umsetzung von Maßnahmen enthält, die der Stärkung der Innenentwicklung dienen.

(2) Das städtebauliche Entwicklungskonzept nach Absatz 1 soll insbesondere der baulichen Nutzbarmachung auch von im Gemeindegebiet ohne Zusammenhang verteilt liegenden unbebauten oder brachliegenden Grundstücken dienen.

(3) Die Gemeinde kann ein städtebauliches Entwicklungskonzept nach Absatz 1 zum Bestandteil der Begründung eines Bebauungsplans machen.

(Fortsetzung nächstes Blatt)

[1)] § 176a eingef. mWv 23.6.2021 durch G v. 14.6.2021 (BGBl. I S. 1802).

§ 196[1)] **Bodenrichtwerte.** (1) [1] Auf Grund der Kaufpreissammlung sind flächendeckend durchschnittliche Lagewerte für den Boden unter Berücksichtigung des unterschiedlichen Entwicklungszustands zu ermitteln (Bodenrichtwerte). [2] In bebauten Gebieten sind Bodenrichtwerte mit dem Wert zu ermitteln, der sich ergeben würde, wenn der Boden unbebaut wäre. [3] Es sind Richtwertzonen zu bilden, die jeweils Gebiete umfassen, die nach Art und Maß der Nutzung weitgehend übereinstimmen. [4] Die wertbeeinflussenden Merkmale des Bodenrichtwertgrundstücks sind darzustellen. [5] Die Bodenrichtwerte sind jeweils zu Beginn jedes zweiten Kalenderjahres zu ermitteln, wenn nicht eine häufigere Ermittlung bestimmt ist. [6] Für Zwecke der steuerlichen Bewertung des Grundbesitzes sind Bodenrichtwerte nach ergänzenden Vorgaben der Finanzverwaltung zum jeweiligen Hauptfeststellungszeitpunkt oder sonstigen Feststellungszeitpunkt zu ermitteln. [7] Auf Antrag der für den Vollzug dieses Gesetzbuchs zuständigen Behörden sind Bodenrichtwerte für einzelne Gebiete bezogen auf einen abweichenden Zeitpunkt zu ermitteln.

(2) [1] Hat sich in einem Gebiet die Qualität des Bodens durch einen Bebauungsplan oder andere Maßnahmen geändert, sind bei der nächsten Fortschreibung der Bodenrichtwerte auf der Grundlage der geänderten Qualität auch Bodenrichtwerte bezogen auf die Wertverhältnisse zum Zeitpunkt der letzten Hauptfeststellung oder dem letzten sonstigen Feststellungszeitpunkt für steuerliche Zwecke zu ermitteln. [2] Die Ermittlung kann unterbleiben, wenn das zuständige Finanzamt darauf verzichtet.

(3) [1] Die Bodenrichtwerte sind zu veröffentlichen und dem zuständigen Finanzamt mitzuteilen. [2] Jedermann kann von der Geschäftsstelle Auskunft über die Bodenrichtwerte verlangen.

§ 197 Befugnisse des Gutachterausschusses. (1) [1] Der Gutachterausschuss kann mündliche oder schriftliche Auskünfte von Sachverständigen und von Personen einholen, die Angaben über das Grundstück und, wenn das zur Ermittlung von Geldleistungen im Umlegungsverfahren, von Ausgleichsbeträgen und von Enteignungsentschädigungen erforderlich ist, über ein Grundstück, das zum Vergleich herangezogen werden soll, machen können. [2] Er kann verlangen, dass Eigentümer und sonstige Inhaber von Rechten an einem Grundstück die zur Führung der Kaufpreissammlung und zur Begutachtung notwendigen Unterlagen vorlegen. [3] Der Eigentümer und der Besitzer des Grundstücks haben zu dulden, dass Grundstücke zur Auswertung von Kaufpreisen und zur Vorbereitung von Gutachten betreten werden. [4] Wohnungen dürfen nur mit Zustimmung der Wohnungsinhaber betreten werden.

(2) [1] Alle Gerichte und Behörden haben dem Gutachterausschuss Rechts- und Amtshilfe zu leisten. [2] Die Finanzbehörden erteilen dem Gutachterausschuss auf Ersuchen Auskünfte über Grundstücke, soweit ihnen die Verhältnisse der Grundstücke bekannt sind und dies zur Ermittlung von Ausgleichsbeträgen und Enteignungsentschädigungen sowie zur Ermittlung von Verkehrswerten und der für die Wertermittlung erforderlichen Daten einschließlich der Bodenrichtwerte erforderlich ist. [3] Die Auskunftspflicht besteht nicht, soweit deren Erfüllung mit einem unverhältnismäßigen Aufwand verbunden wäre.

§ 198 Oberer Gutachterausschuss. (1) [1] Für den Bereich einer oder mehrerer höherer Verwaltungsbehörden sind Obere Gutachterausschüsse oder Zentrale Ge-

---

[1)] § 196 Abs. 1 Satz 5 geänd. mWv 23.6.2021 durch G v. 14.6.2021 (BGBl. I S. 1802).

schäftsstellen zu bilden, wenn in dem Bereich der höheren Verwaltungsbehörde mehr als zwei Gutachterausschüsse gebildet sind. [2] Auf die Oberen Gutachterausschüsse sind die Vorschriften über die Gutachterausschüsse entsprechend anzuwenden.

(2) [1] Der Obere Gutachterausschuss oder die Zentrale Geschäftsstelle haben insbesondere die Aufgabe, überregionale Auswertungen und Analysen des Grundstücksmarktgeschehens zu erstellen, auch um zu einer bundesweiten Grundstücksmarkttransparenz beizutragen. [2] Ist nach Absatz 1 kein Oberer Gutachterausschuss oder keine Zentrale Geschäftsstelle zu bilden, gilt Satz 1 für die Gutachterausschüsse entsprechend.

(3) Der Obere Gutachterausschuss hat auf Antrag eines Gerichts ein Obergutachten zu erstatten, wenn schon das Gutachten eines Gutachterausschusses vorliegt.

§ 199 Ermächtigungen. (1) Die Bundesregierung wird ermächtigt, mit Zustimmung des Bundesrates durch Rechtsverordnung[1)] Vorschriften über die Anwendung gleicher Grundsätze bei der Ermittlung der Verkehrswerte und bei der Ableitung der für die Wertermittlung erforderlichen Daten einschließlich der Bodenrichtwerte zu erlassen.

(2) Die Landesregierungen werden ermächtigt, durch Rechtsverordnung

1. die Bildung und das Tätigwerden der Gutachterausschüsse und der Oberen Gutachterausschüsse sowie der Zentralen Geschäftsstellen, soweit in diesem Gesetzbuch nicht bereits geschehen, die Mitwirkung der Gutachter und deren Ausschluss im Einzelfall,
2. die Aufgaben des Vorsitzenden,
3. die Einrichtung und die Aufgaben der Geschäftsstelle,
4. die Führung und Auswertung der Kaufpreissammlung, die Häufigkeit der Bodenrichtwertermittlung sowie die Veröffentlichung der Bodenrichtwerte und sonstiger Daten der Wertermittlung und die Erteilung von Auskünften aus der Kaufpreissammlung,
5. die Übermittlung von Daten der Flurbereinigungsbehörden zur Führung und Auswertung der Kaufpreissammlung,
6. die Übertragung weiterer Aufgaben auf den Gutachterausschuss und den Oberen Gutachterausschuss und
7. die Entschädigung der Mitglieder des Gutachterausschusses und des Oberen Gutachterausschusses

zu regeln.

Zweiter Teil. Allgemeine Vorschriften; Zuständigkeiten; Verwaltungsverfahren; Planerhaltung

Erster Abschnitt. Allgemeine Vorschriften

§ 200 Grundstücke; Rechte an Grundstücken; Baulandkataster. (1) Die für Grundstücke geltenden Vorschriften dieses Gesetzbuchs sind entsprechend auch auf Grundstücksteile anzuwenden.

[1)] Siehe die ImmobilienwertermittlungsVO **(Sartorius ErgBd. Nr. 310)**, die BodenrichtwertRL v. 11.1.2011 (BAnz. Nr. 24 S. 597), die SachwertRL v. 5.9.2012 (BAnz AT 18.10.2012 B1), die VergleichswertRL v. 20.3.2014 (BAnz AT 11.04.2014 B3) und die ErtragswertRL v. 12.11.2015 (BAnz AT 04.12.2015 B4).

(2) Die für das Eigentum an Grundstücken bestehenden Vorschriften sind, soweit dieses Gesetzbuch nichts anderes vorschreibt, entsprechend auch auf grundstücksgleiche Rechte anzuwenden.

(3) [1] Die Gemeinde kann sofort oder in absehbarer Zeit bebaubare Flächen in Karten oder Listen auf der Grundlage eines Lageplans erfassen, der Flur- und Flurstücksnummern, Straßennamen und Angaben zur Grundstücksgröße enthält (Baulandkataster). [2] Sie kann die Flächen in Karten oder Listen veröffentlichen, soweit der Grundstückseigentümer nicht widersprochen hat. [3] Die Gemeinde hat ihre Absicht zur Veröffentlichung einen Monat vorher öffentlich bekannt zu geben und dabei auf das Widerspruchsrecht der Grundstückseigentümer hinzuweisen.

§ 200a Ersatzmaßnahmen. [1] Darstellungen für Flächen zum Ausgleich und Festsetzungen für Flächen oder Maßnahmen zum Ausgleich im Sinne des § 1a Absatz 3 umfassen auch Ersatzmaßnahmen. [2] Ein unmittelbarer räumlicher Zusammenhang zwischen Eingriff und Ausgleich ist nicht erforderlich, soweit dies mit einer geordneten städtebaulichen Entwicklung und den Zielen der Raumordnung sowie des Naturschutzes und der Landschaftspflege vereinbar ist.

§ 201 Begriff der Landwirtschaft. Landwirtschaft im Sinne dieses Gesetzbuchs ist insbesondere der Ackerbau, die Wiesen- und Weidewirtschaft einschließlich Tierhaltung, soweit das Futter überwiegend auf den zum landwirtschaftlichen Betrieb gehörenden, landwirtschaftlich genutzten Flächen erzeugt werden kann, die gartenbauliche Erzeugung, der Erwerbsobstbau, der Weinbau, die berufsmäßige Imkerei und die berufsmäßige Binnenfischerei.

§ 201a[1)] Verordnungsermächtigung zur Bestimmung von Gebieten mit einem angespannten Wohnungsmarkt. [1] Die Landesregierungen werden ermächtigt, durch Rechtsverordnung Gebiete mit einem angespannten Wohnungsmarkt zu bestimmen. [2] Die Rechtsverordnung nach Satz 1 gilt für die Anwendung der Regelungen in § 25 Absatz 1 Satz 1 Nummer 3, § 31 Absatz 3, § 175 Absatz 2 Satz 2 und § 176 Absatz 1 Satz 1 Nummer 3. [3] Ein Gebiet mit einem angespannten Wohnungsmarkt liegt vor, wenn die ausreichende Versorgung der Bevölkerung mit Mietwohnungen in einer Gemeinde oder einem Teil der Gemeinde zu angemessenen Bedingungen besonders gefährdet ist. [4] Dies kann insbesondere dann der Fall sein, wenn

1. die Mieten deutlich stärker steigen als im bundesweiten Durchschnitt,
2. die durchschnittliche Mietbelastung der Haushalte den bundesweiten Durchschnitt deutlich übersteigt,
3. die Wohnbevölkerung wächst, ohne dass durch Neubautätigkeit insoweit erforderlicher Wohnraum geschaffen wird, oder
4. geringer Leerstand bei großer Nachfrage besteht.

[5] Eine Rechtsverordnung nach Satz 1 muss spätestens mit Ablauf des 31. Dezember 2026 außer Kraft treten. [6] Die muss begründet werden. [7] Aus der Begründung muss sich ergeben, auf Grund welcher Tatsachen ein Gebiet mit einem angespannten Wohnungsmarkt im Einzelfall vorliegt. [8] Die betroffenen Gemeinden und die auf Landesebene bestehenden kommunalen Spitzenverbände sollen vor dem Erlass der Rechtsverordnung beteiligt werden.

---

1) § 201a eingef. mWv 23.6.2021 durch G v. 14.6.2021 (BGBl. I S. 1802).

§ 202 Schutz des Mutterbodens. Mutterboden, der bei der Errichtung und Änderung baulicher Anlagen sowie bei wesentlichen anderen Veränderungen der Erdoberfläche ausgehoben wird, ist in nutzbarem Zustand zu erhalten und vor Vernichtung oder Vergeudung zu schützen.

Zweiter Abschnitt. Zuständigkeiten

§ 203 Abweichende Zuständigkeitsregelung. (1) Die Landesregierung oder die von ihr bestimmte Behörde kann im Einvernehmen mit der Gemeinde durch Rechtsverordnung bestimmen, dass die nach diesem Gesetzbuch der Gemeinde obliegenden Aufgaben auf eine andere Gebietskörperschaft übertragen werden oder auf einen Verband, an dessen Willensbildung die Gemeinde mitwirkt.

(2) [1] Durch Landesgesetz können Aufgaben der Gemeinden nach diesem Gesetzbuch auf Verbandsgemeinden, Verwaltungsgemeinschaften oder vergleichbare gesetzliche Zusammenschlüsse von Gemeinden, denen nach Landesrecht örtliche Selbstverwaltungsaufgaben der Gemeinde obliegen, übertragen werden. [2] In dem Landesgesetz ist zu regeln, wie die Gemeinden an der Aufgabenerfüllung mitwirken.

(3) Die Landesregierung kann durch Rechtsverordnung die nach diesem Gesetzbuch der höheren Verwaltungsbehörde zugewiesenen Aufgaben auf andere staatliche Behörden, Landkreise oder kreisfreie Gemeinden übertragen.

(4) [1] Unterliegen die Planungsbereiche gemeinsamer Flächennutzungspläne (§ 204) oder von Flächennutzungsplänen und Satzungen eines Planungsverbands (§ 205) der Zuständigkeit verschiedener höherer Verwaltungsbehörden, ist die Oberste Landesbehörde für die Entscheidung im Genehmigungs- und Zustimmungsverfahren zuständig. [2] Liegen die Geltungsbereiche in verschiedenen Ländern, entscheiden die Obersten Landesbehörden im gegenseitigen Einvernehmen.

§ 204 Gemeinsamer Flächennutzungsplan, Bauleitplanung bei Bildung von Planungsverbänden und bei Gebiets- oder Bestandsänderung.

(1) [1] Benachbarte Gemeinden sollen einen gemeinsamen Flächennutzungsplan aufstellen, wenn ihre städtebauliche Entwicklung wesentlich durch gemeinsame Voraussetzungen und Bedürfnisse bestimmt wird oder ein gemeinsamer Flächennutzungsplan einen gerechten Ausgleich der verschiedenen Belange ermöglicht. [2] Ein gemeinsamer Flächennutzungsplan soll insbesondere aufgestellt werden, wenn die Ziele der Raumordnung oder wenn Einrichtungen und Anlagen des öffentlichen Verkehrs, sonstige Erschließungsanlagen sowie Gemeinbedarfs- oder sonstige Folgeeinrichtungen eine gemeinsame Planung erfordern. [3] Der gemeinsame Flächennutzungsplan kann von den beteiligten Gemeinden nur gemeinsam aufgehoben, geändert oder ergänzt werden; die Gemeinden können vereinbaren, dass sich die Bindung nur auf bestimmte räumliche oder sachliche Teilbereiche erstreckt. [4] Ist eine gemeinsame Planung nur für räumliche oder sachliche Teilbereiche erforderlich, genügt anstelle eines gemeinsamen Flächennutzungsplans eine Vereinbarung der beteiligten Gemeinden über bestimmte Darstellungen in ihren Flächennutzungsplänen. [5] Sind die Voraussetzungen für eine gemeinsame Planung nach Satz 1 und 4 entfallen oder ist ihr Zweck erreicht, können die beteiligten Gemeinden den Flächennutzungsplan für ihr Gemeindegebiet ändern oder ergänzen; vor Einleitung des Bauleitplanverfahrens ist die Zustimmung der höheren Verwaltungsbehörde erforderlich.

(2) [1] Werden Gemeinden in ihrem Gebiet oder Bestand geändert oder geht die Zuständigkeit zur Aufstellung von Flächennutzungsplänen auf Verbände oder sons-

tige kommunale Körperschaften über, gelten unbeschadet abweichender landesrechtlicher Regelungen bestehende Flächennutzungspläne fort. [2]Dies gilt auch für räumliche und sachliche Teile der Flächennutzungspläne. [3]Die Befugnis und die Pflicht der Gemeinde, eines Verbands oder einer sonstigen Körperschaft, fortgeltende Flächennutzungspläne aufzuheben oder für das neue Gemeindegebiet zu ergänzen oder durch einen neuen Flächennutzungsplan zu ersetzen, bleiben unberührt.

(3) [1]Verfahren zur Aufstellung, Änderung, Ergänzung oder Aufhebung von Bebauungsplänen können nach einer Gebiets- oder Bestandsänderung in ihrem jeweiligen Stand fortgeführt werden. [2]Satz 1 gilt entsprechend bei Bildung von Planungsverbänden und für Zusammenschlüsse nach § 205 Ab-

(Fortsetzung nächstes Blatt)

§ 245a Überleitungsvorschriften aus Anlass des Gesetzes zur Stärkung der Innenentwicklung in den Städten und Gemeinden und weiteren Fortentwicklung des Städtebaurechts. (1) [1]Die Regelungen zur Zulässigkeit von Anlagen zur Kinderbetreuung sowie von Anlagen zur Nutzung solarer Strahlungsenergie und Kraft-Wärme-Kopplungsanlagen in § 3 Absatz 2 Nummer 2 und § 14 Absatz 3 der Baunutzungsverordnung[1)] in der ab dem 20. September 2013 geltenden Fassung gelten vorbehaltlich des Satzes 2 und des Absatzes 2 auch für Bebauungspläne, die auf der Grundlage der Baunutzungsverordnung in einer Fassung vor dem 20. September 2013 in Kraft getreten sind. [2]Satz 1 gilt nicht in Bezug auf Anlagen zur Kinderbetreuung, wenn vor dem 20. September 2013 die ausnahmsweise Zulässigkeit dieser Anlagen nach § 3 Absatz 3 Nummer 2 der Baunutzungsverordnung in der vom 27. Januar 1990 bis zum 20. September 2013 geltenden Fassung durch Festsetzungen nach § 1 Absatz 6 Nummer 1, Absatz 8 und 9 der Baunutzungsverordnung ausgeschlossen worden ist.

(2) [1]Die sich aus § 3 Absatz 2 Nummer 2 und § 14 Absatz 3 der Baunutzungsverordnung in der ab dem 20. September 2013 geltenden Fassung in Verbindung mit Absatz 1 Satz 1 ergebende Zulässigkeit von Anlagen zur Kinderbetreuung sowie von Anlagen zur Nutzung solarer Strahlungsenergie und von Kraft-Wärme-Kopplungsanlagen kann durch Änderung der Bebauungspläne nach Maßgabe der Vorschriften der Baunutzungsverordnung eingeschränkt oder ausgeschlossen werden; hierauf sind die Vorschriften dieses Gesetzbuchs über die Aufstellung der Bauleitpläne, einschließlich der §§ 14 bis 18, anzuwenden. [2]Das Verfahren für die Änderung von Bebauungsplänen nach Satz 1 kann vor dem 20. September 2013 eingeleitet werden.

(3) [1]Darstellungen in Flächennutzungsplänen, die vor dem 20. September 2013 in Bezug auf bauliche Anlagen zur Tierhaltung im Sinne des § 35 Absatz 1 Nummer 4 die Rechtswirkungen des § 35 Absatz 3 Satz 3 erzielt haben, haben diese Rechtswirkungen auch in Bezug auf bauliche Anlagen zur Tierhaltung im Sinne der ab dem 20. September 2013 geltenden Fassung des § 35 Absatz 1 Nummer 4. [2]Wenn ein Fortgelten der Rechtswirkungen nach Satz 1 der ursprünglichen planerischen Zielsetzung widerspricht, stellt die Gemeinde dies in einem Beschluss fest, der ortsüblich bekannt zu machen ist. [3]Mit der ortsüblichen Bekanntmachung des Beschlusses gelten die entsprechenden Darstellungen als aufgehoben; der Flächennutzungsplan ist im Wege der Berichtigung anzupassen.

(4) Soweit für Zulassungsentscheidungen über Anlagen zur Tierhaltung, die dem § 35 Absatz 1 Nummer 4 unterfallen, vor Ablauf des 4. Juli 2012 bei der zuständigen Behörde ein Antrag eingegangen ist, ist § 35 Absatz 1 Nummer 4 in seiner bis zum 20. September 2013 geltenden Fassung anzuwenden.

§ 245b Überleitungsvorschriften für Vorhaben im Außenbereich.

(1) (weggefallen)

(2) Die Länder können bestimmen, dass die Frist nach § 35 Absatz 4 Satz 1 Nummer 1 Buchstabe c nicht anzuwenden ist.

§ 245c Überleitungsvorschrift aus Anlass des Gesetzes zur Umsetzung der Richtlinie 2014/52/EU im Städtebaurecht und zur Stärkung des neuen Zusammenlebens in der Stadt. (1) [1]Abweichend von § 233 Absatz 1 Satz 1 können Verfahren nach diesem Gesetz, die förmlich vor dem 13. Mai 2017 eingeleitet worden sind, nur dann nach den vor dem 13. Mai 2017 geltenden Rechts-

---

[1)] Nr. **311**.

vorschriften abgeschlossen werden, wenn die Beteiligung der Behörden und der sonstigen Träger öffentlicher Belange nach § 4 Absatz 1 Satz 1 oder nach sonstigen Vorschriften dieses Gesetzes vor dem 16. Mai 2017 eingeleitet worden ist. 2 § 233 Absatz 1 Satz 2 bleibt unberührt.

(2) 1 Bebauungspläne oder Satzungen mit Regelungen nach § 22 Absatz 1 Satz 1 Nummer 3 und 4 finden keine Anwendung, wenn die Regelung nach § 1010 Absatz 1 des Bürgerlichen Gesetzbuchs[1] vor dem 13. Mai 2017 getroffen worden ist. 2 Bebauungspläne oder Satzungen mit Regelungen nach § 22 Absatz 1 Satz 1 Nummer 5 finden keine Anwendung, wenn die Nutzung als Nebenwohnung vor dem 13. Mai 2017 aufgenommen worden ist.

(3) § 34 Absatz 2 findet auf Baugebiete nach § 6a der Baunutzungsverordnung[2] keine Anwendung.

§ 245d[3] Überleitungsvorschrift aus Anlass des Gesetzes zur Mobilisierung von Bauland. (1) § 34 Absatz 2 findet auf Baugebiete nach § 5a der Baunutzungsverordnung[2] keine Anwendung.

(2) Im Anwendungsbereich des § 34 Absatz 2 ist § 14 Absatz 1a der Baunutzungsverordnung nicht anzuwenden; für die der öffentlichen Versorgung mit Telekommunikationsdienstleistungen dienenden Nebenanlagen gilt dort § 14 Absatz 2 der Baunutzungsverordnung entsprechend.

Zweiter Teil. Schlussvorschriften

§ 246[4] Sonderregelungen für einzelne Länder; Sonderregelungen für Flüchtlingsunterkünfte. (1) In den Ländern Berlin und Hamburg entfallen die in § 6 Absatz 1, § 10 Absatz 2 und § 190 Absatz 1 vorgesehenen Genehmigungen oder Zustimmungen; das Land Bremen kann bestimmen, dass diese Genehmigungen oder Zustimmungen entfallen.

(1a) 1 Die Länder können bestimmen, dass Bebauungspläne, die nicht der Genehmigung bedürfen, und Satzungen nach § 34 Absatz 4 Satz 1, § 35 Absatz 6 und § 165 Absatz 6 vor ihrem Inkrafttreten der höheren Verwaltungsbehörde anzuzeigen sind; dies gilt nicht für Bebauungspläne nach § 13. 2 Die höhere Verwaltungsbehörde hat die Verletzung von Rechtsvorschriften, die eine Versagung der Genehmigung nach § 6 Absatz 2 rechtfertigen würde, innerhalb eines Monats nach Eingang der Anzeige geltend zu machen. 3 Der Bebauungsplan und die Satzungen dürfen nur in Kraft gesetzt werden, wenn die höhere Verwaltungsbehörde die Verletzung von Rechtsvorschriften nicht innerhalb der in Satz 2 bezeichneten Frist geltend gemacht hat.

(2) 1 Die Länder Berlin und Hamburg bestimmen, welche Form der Rechtsetzung an die Stelle der in diesem Gesetzbuch vorgesehenen Satzungen tritt. 2 Das Land Bremen kann eine solche Bestimmung treffen. 3 Die Länder Berlin, Bremen und Hamburg können eine von § 10 Absatz 3, § 16 Absatz 2, § 22 Absatz 2, § 143 Absatz 1, § 162 Absatz 2 Satz 2 bis 4 und § 165 Absatz 8 abweichende Regelung treffen.

---

[1] **Schönfelder Nr. 20.**

[2] Nr. **311**.

[3] § 245d eingef. mWv 23.6.2021 durch G v. 14.6.2021 (BGBl. I S. 1802).

[4] *§ 246 Abs.* 6 neu gef., Abs. 8, 9, 10 Satz 1, 11 Satz 1, 12 Satz 1 geänd., Sätze 2, 3 eingef., bish. Satz 2 wird Satz 4, Abs. 13 Satz 1 geänd., Sätze 2, 3 eingef., bish. Sätze 2–5 werden Sätze 4–7, neue Sätze 6, 7 geänd., Abs. 13a eingef., Abs. 14 Satz 6, Abs. 15–17 geänd. mWv 23.6.2021 durch G v. 14.6.2021 (BGBl. I S. 1802).

(3) § 171f ist auch auf Rechtsvorschriften der Länder anzuwenden, die vor dem 1. Januar 2007 in Kraft getreten sind.

(4) Die Senate der Länder Berlin, Bremen und Hamburg werden ermächtigt, die Vorschriften dieses Gesetzbuchs über die Zuständigkeit von Behörden dem besonderen Verwaltungsaufbau ihrer Länder anzupassen.

(5) Das Land Hamburg gilt für die Anwendung dieses Gesetzbuchs auch als Gemeinde.

(6) § 9 Absatz 2d gilt entsprechend für Pläne, die gemäß § 173 Absatz 3 Satz 1 des Bundesbaugesetzes[1)] in Verbindung mit § 233 Absatz 3 als Bebauungspläne fortgelten.

(7) [1] Die Länder können bestimmen, dass § 34 Absatz 1 Satz 1 bis zum 31. Dezember 2004 nicht für Einkaufszentren, großflächige Einzelhandelsbetriebe und sonstige großflächige Handelsbetriebe im Sinne des § 11 Absatz 3 der Baunutzungsverordnung[2)] anzuwenden ist. [2] Wird durch eine Regelung nach Satz 1 die bis dahin zulässige Nutzung eines Grundstücks aufgehoben oder wesentlich geändert, ist § 238 entsprechend anzuwenden.

(8) Bis zum Ablauf des 31. Dezember 2024 gilt § 34 Absatz 3a Satz 1 entsprechend für die Nutzungsänderung zulässigerweise errichteter baulicher Anlagen in bauliche Anlagen, die der Unterbringung von Flüchtlingen oder Asylbegehrenden dienen, und für deren Erweiterung, Änderung oder Erneuerung.

(9) Bis zum Ablauf des 31. Dezember 2024 gilt die Rechtsfolge des § 35 Absatz 4 Satz 1 für Vorhaben entsprechend, die der Unterbringung von Flüchtlingen oder Asylbegehrenden dienen, wenn das Vorhaben im unmittelbaren räumlichen Zusammenhang mit nach § 30 Absatz 1 oder § 34 zu beurteilenden bebauten Flächen innerhalb des Siedlungsbereichs erfolgen soll.

(10) [1] Bis zum Ablauf des 31. Dezember 2024 kann in Gewerbegebieten (§ 8 der Baunutzungsverordnung, auch in Verbindung mit § 34 Absatz 2) für Aufnahmeeinrichtungen, Gemeinschaftsunterkünfte oder sonstige Unterkünfte für Flüchtlinge oder Asylbegehrende von den Festsetzungen des Bebauungsplans befreit werden, wenn an dem Standort Anlagen für soziale Zwecke als Ausnahme zugelassen werden können oder allgemein zulässig sind und die Abweichung auch unter Würdigung nachbarlicher Interessen mit öffentlichen Belangen vereinbar ist. [2] § 36 gilt entsprechend.

(11) [1] Soweit in den Baugebieten nach den §§ 2 bis 7 der Baunutzungsverordnung (auch in Verbindung mit § 34 Absatz 2) Anlagen für soziale Zwecke als Ausnahme zugelassen werden können, gilt § 31 Absatz 1 mit der Maßgabe, dass dort bis zum Ablauf des 31. Dezember 2024 Aufnahmeeinrichtungen, Gemeinschaftsunterkünfte oder sonstige Unterkünfte für Flüchtlinge oder Asylbegehrende in der Regel zugelassen werden sollen. [2] Satz 1 gilt entsprechend für in übergeleiteten Plänen festgesetzte Baugebiete, die den in Satz 1 genannten Baugebieten *vergleichbar sind*.

(12) [1] Bis zum Ablauf des 31. Dezember 2024 kann für die auf längstens drei Jahre zu befristende

1. Errichtung mobiler Unterkünfte für Flüchtlinge oder Asylbegehrende,
2. Nutzungsänderung zulässigerweise errichteter baulicher Anlagen in Gewerbe- und Industriegebieten sowie in Sondergebieten nach den §§ 8 bis 11 der

1) Nr. **300**.
2) Nr. **311**.

Baunutzungsverordnung (auch in Verbindung mit § 34 Absatz 2) in Aufnahmeeinrichtungen, Gemeinschaftsunterkünfte oder sonstige Unterkünfte für Flüchtlinge oder Asylbegehrende

von den Festsetzungen des Bebauungsplans befreit werden, wenn die Befreiung auch unter Würdigung nachbarlicher Interessen mit den öffentlichen Belangen vereinbar ist. [2]Die in Satz 1 genannte Frist von drei Jahren kann bei Vorliegen der dort genannten Befreiungsvoraussetzungen um weitere drei Jahre verlängert werden, längstens jedoch bis zum Ablauf des 31. Dezember 2027. [3]Sofern die Frist bereits abgelaufen ist, gilt Satz 1 auch für die auf drei Jahre, längstens jedoch bis zum Ablauf des 31. Dezember 2027 zu befristende Fortsetzung der zuvor ausgeübten Nutzung einer bestehenden baulichen Anlage entsprechend. [4]§ 36 gilt entsprechend.

(13) [1]Im Außenbereich (§ 35) gilt unbeschadet des Absatzes 9 bis zum Ablauf des 31. Dezember 2024 die Rechtsfolge des § 35 Absatz 4 Satz 1 entsprechend für

1. die auf längstens drei Jahre zu befristende Errichtung mobiler Unterkünfte für Flüchtlinge oder Asylbegehrende,
2. die Nutzungsänderung zulässigerweise errichteter baulicher Anlagen, auch wenn deren bisherige Nutzung aufgegeben wurde, in Aufnahmeeinrichtungen, Gemeinschaftsunterkünfte oder sonstige Unterkünfte für Flüchtlinge oder Asylbegehrende, einschließlich einer erforderlichen Erneuerung oder Erweiterung.

[2]Die in Satz 1 Nummer 1 genannte Frist von drei Jahren kann um weitere drei Jahre, längstens jedoch bis zum Ablauf des 31. Dezember 2027 verlängert werden; für die Verlängerung gilt die Rechtsfolge des § 35 Absatz 4 Satz 1 entsprechend. [3]Sofern die Frist bereits abgelaufen ist, gilt auch für die Entscheidung über die auf drei Jahre, längstens jedoch bis zum Ablauf des 31. Dezember 2027 zu befristende erneute Zulässigkeit einer bereits errichteten mobilen Unterkunft für Flüchtlinge oder Asylbegehrende die Rechtsfolge des § 35 Absatz 4 Satz 1 entsprechend. [4]Für Vorhaben nach Satz 1 gilt § 35 Absatz 5 Satz 2 Halbsatz 1 und Satz 3 entsprechend. [5]Wird zum Zeitpunkt einer Nutzungsänderung nach Satz 1 Nummer 2 eine Nutzung zulässigerweise ausgeübt, kann diese im Anschluss wieder aufgenommen werden; im Übrigen gelten für eine nachfolgende Nutzungsänderung die allgemeinen Regeln. [6]Die Rückbauverpflichtung nach Satz 4 entfällt, wenn eine nach Satz 5 zulässige Nutzung aufgenommen wird oder wenn sich die Zulässigkeit der nachfolgenden Nutzung aus § 30 Absatz 1, 2 oder § 33 ergibt. [7]Die Sicherstellung der Rückbauverpflichtung nach Satz 4 in entsprechender Anwendung des § 35 Absatz 5 Satz 3 ist nicht erforderlich, wenn Vorhabenträger ein Land oder eine Gemeinde ist.

(13a) Von den Absätzen 8 bis 13 darf nur Gebrauch gemacht werden, soweit dringend benötigte Unterkünfte im Gebiet der Gemeinde, in der sie entstehen sollen, nicht oder nicht rechtzeitig bereitgestellt werden können.

(14) [1]Soweit auch bei Anwendung der Absätze 8 bis 13 dringend benötigte Unterkunftsmöglichkeiten im Gebiet der Gemeinde, in der sie entstehen sollen, nicht oder nicht rechtzeitig bereitgestellt werden können, kann bei Aufnahmeeinrichtungen, Gemeinschaftsunterkünften oder sonstigen Unterkünften für Flüchtlinge oder Asylbegehrende bis zum 31. Dezember 2019 von den Vorschriften dieses Gesetzbuchs oder den aufgrund dieses Gesetzbuchs erlassenen Vorschriften in erforderlichem Umfang abgewichen werden. [2]Zuständig ist die höhere Verwaltungsbehörde. [3]Die Gemeinde ist anzuhören; diese Anhörung tritt auch an die Stelle des in § 14 Absatz 2 Satz 2 vorgesehenen Einvernehmens. [4]Satz 3 findet keine Anwendung, wenn Vorhabenträger die Gemeinde oder in deren Auftrag ein

Dritter ist. [5] Für Vorhaben nach Satz 1 gilt § 35 Absatz 5 Satz 2 Halbsatz 1 und Satz 3 entsprechend. [6] Absatz 13 Satz 5 gilt entsprechend. [7] Die Rückbauverpflichtung nach Satz 5 entfällt, wenn eine nach Satz 6 zulässige Nutzung aufgenommen wird oder wenn sich die Zulässigkeit der nachfolgenden Nutzung aus § 30 Absatz 1, 2 oder § 33 ergibt. [8] Die Sicherstellung der Rückbauverpflichtung nach Satz 5 in entsprechender Anwendung des § 35 Absatz 5 Satz 3 ist nicht erforderlich, wenn Vorhabenträger ein Land oder eine Gemeinde ist. [9] Wenn Vorhabenträger ein Land oder in dessen Auftrag ein Dritter ist, gilt § 37 Absatz 3 entsprechend; im Übrigen findet § 37 bis zum 31. Dezember 2019 auf Vorhaben nach Satz 1 keine Anwendung.

(15) In Verfahren zur Genehmigung von baulichen Anlagen, die der Unterbringung von Flüchtlingen oder Asylbegehrenden dienen, gilt bis zum Ablauf des 31. Dezember 2024 das Einvernehmen abweichend von § 36 Absatz 2 Satz 2 (auch in Verbindung mit Absatz 10 Satz 2 und Absatz 12 Satz 2) als erteilt, wenn es nicht innerhalb eines Monats verweigert wird.

(16) Bei Vorhaben nach den Absätzen 9 und 13 gilt § 18 Absatz 3 Satz 2 des Bundesnaturschutzgesetzes[1)] bis zum Ablauf des 31. Dezember 2024 entsprechend.

(17) Die Befristung bis zum Ablauf des 31. Dezember 2024 in den Absätzen 8 bis 13 sowie 15 und 16 bezieht sich nicht auf die Geltungsdauer einer Genehmigung, sondern auf den Zeitraum, bis zu dessen Ende im bauaufsichtlichen Zulassungsverfahren von den Vorschriften Gebrauch gemacht werden kann.

§ 246a Überschwemmungsgebiete, überschwemmungsgefährdete Gebiete. Anlässlich der Neubekanntmachung eines Flächennutzungsplans nach § 6 Absatz 6 sollen die in § 5 Absatz 4a bezeichneten Gebiete nach Maßgabe dieser Bestimmung nachrichtlich übernommen und vermerkt werden.

§ 246b[2)] Sonderregelungen für Anlagen für gesundheitliche Zwecke im Zuge der COVID-19-Pandemie. (1) [1] Soweit Anlagen für gesundheitliche Zwecke zur Versorgung von Personen, die sich mit dem Coronavirus SARS-CoV-2 infiziert haben oder möglicherweise infiziert haben oder die gegen das Coronavirus SARS-CoV-2 geimpft oder auf dieses getestet werden sollen, im Gebiet der Gemeinde, in der sie im Wege der Errichtung, Änderung oder Nutzungsänderung von baulichen Anlagen entstehen sollen, nicht oder nicht rechtzeitig bereitgestellt werden können, kann bei der Zulassung dieser Vorhaben bis zum Ablauf des 31. Dezember 2022 von den Vorschriften dieses Gesetzbuchs oder den aufgrund dieses Gesetzbuchs erlassenen Vorschriften in erforderlichem Umfang, erforderlichenfalls auch befristet, unter der Voraussetzung abgewichen werden, dass Vorhabenträger der Bund, ein Land, ein Landkreis oder eine Gemeinde oder ein im Auftrag eines der Vorgenannten tätiger Dritter ist. [2] Zuständig ist die höhere Verwaltungsbehörde. [3] Die Gemeinde ist anzuhören; diese Anhörung tritt auch an die Stelle des in § 14 Absatz 2 Satz 2 vorgesehenen Einvernehmens. [4] Satz 3 findet keine Anwendung, wenn Vorhabenträger die Gemeinde oder in deren Auftrag ein Dritter ist. [5] Für Vorhaben nach Satz 1 gilt § 35 Absatz 5 Satz 2 erster Halbsatz und Satz 3 entsprechend. [6] § 246 Absatz 13 Satz 5 gilt entsprechend auch bei zwischenzeitlichen Nutzungsänderungen zu Anlagen für gesundheitliche Zwecke nach Satz 1. [7] Die Rückbauverpflichtung nach Satz 5 entfällt, wenn eine nach Satz 6 zulässige Nutzung aufgenommen wird oder wenn sich die Zulässigkeit der nach-

---

[1)] Nr. **880**.
[2)] § 246b neu gef. mWv 23.6.2021 durch G v. 14.6.2021 (BGBl. I S. 1802).

folgenden Nutzung aus § 30 Absatz 1, 2 oder § 33 ergibt. [8] Die Sicherstellung der Rückbauverpflichtung nach Satz 5 in entsprechender Anwendung des § 35 Absatz 5 Satz 3 ist nicht erforderlich, wenn Vorhabenträger der Bund, ein Land, ein Landkreis oder eine Gemeinde ist. [9] Wenn Vorhabenträger der Bund, ein Land, ein Landkreis oder ein im Auftrag eines der Vorgenannten tätiger Dritter ist, gilt § 37 Absatz 3 entsprechend; im Übrigen findet § 37 bis zum Ablauf des 31. Dezember 2022 auf Vorhaben nach Satz 1 keine Anwendung.

(2) In Verfahren zur Genehmigung von baulichen Anlagen im Sinne des Absatzes 1 Satz 1 gilt bis zum Ablauf des 31. Dezember 2022 das Einvernehmen abweichend von § 36 Absatz 2 Satz 2 als erteilt, wenn es nicht innerhalb eines Monats verweigert wird.

(3) Bei Vorhaben nach Absatz 1 im Außenbereich gilt § 18 Absatz 3 Satz 2 des Bundesnaturschutzgesetzes[1)] bis zum Ablauf des 31. Dezember 2022 entsprechend.

(4) Die Befristung in Absatz 1 Satz 1 bezieht sich nicht auf die Geltungsdauer einer Genehmigung, sondern auf den Zeitraum, bis zu dessen Ende im bauaufsichtlichen Zulassungsverfahren von der Vorschrift Gebrauch gemacht werden kann.

§ 247 Sonderregelungen für Berlin als Hauptstadt der Bundesrepublik Deutschland. (1) Bei der Aufstellung von Bauleitplänen und sonstigen Satzungen nach diesem Gesetzbuch soll in der Abwägung den Belangen, die sich aus der Entwicklung Berlins als Hauptstadt Deutschlands ergeben, und den Erfordernissen der Verfassungsorgane des Bundes für die Wahrnehmung ihrer Aufgabe besonders Rechnung getragen werden.

(2) Die Belange und Erfordernisse nach Absatz 1 werden zwischen Bund und Berlin in einem Gemeinsamen Ausschuss erörtert.

(3) [1] Kommt es in dem Ausschuss zu keiner Übereinstimmung, können die Verfassungsorgane des Bundes ihre Erfordernisse eigenständig feststellen; sie haben dabei eine geordnete städtebauliche Entwicklung Berlins zu berücksichtigen. [2] Die Bauleitpläne und sonstigen Satzungen nach diesem Gesetzbuch sind so anzupassen, dass den festgestellten Erfordernissen in geeigneter Weise Rechnung getragen wird.

(4) Haben die Verfassungsorgane des Bundes Erfordernisse nach Absatz 3 Satz 1 festgestellt und ist zu deren Verwirklichung die Aufstellung eines Bauleitplans oder einer sonstigen Satzung nach diesem Gesetzbuch geboten, soll der Bauleitplan oder die Satzung aufgestellt werden.

(5) (weggefallen)

(6) (weggefallen)

(7) Die Entwicklung der Parlaments- und Regierungsbereiche in Berlin entspricht den Zielen und Zwecken einer städtebaulichen Entwicklungsmaßnahme nach § 165 Absatz 2.

(8) [1] Ist im Rahmen von Genehmigungs-, Zustimmungs- oder sonstigen Verfahren für Vorhaben der Verfassungsorgane des Bundes Ermessen auszuüben oder sind Abwägungen oder Beurteilungen vorzunehmen, sind die von den Verfassungsorganen des Bundes entsprechend Absatz 3 festgestellten Erfordernisse mit dem ihnen nach dem Grundgesetz[2)] zukommenden Gewicht zu berücksichtigen. [2] *Absatz 2 ist entsprechend anzuwenden.*

[1)] Nr. **880**.
[2)] Nr. **1**.

§ 248 Sonderregelung zur sparsamen und effizienten Nutzung von Energie. [1] In Gebieten mit Bebauungsplänen oder Satzungen nach § 34 Absatz 4 Satz 1 Nummer 2 oder 3 sind bei Maßnahmen an bestehenden Gebäuden zum Zwecke der Energieeinsparung geringfügige Abweichungen von dem festgesetzten Maß der baulichen Nutzung, der Bauweise und der überbaubaren Grundstücksfläche zulässig, soweit dies mit nachbarlichen Interessen und baukulturellen Belangen vereinbar ist. [2] Satz 1 gilt entsprechend für Anlagen zur Nutzung solarer Strahlungsenergie in, an und auf Dach- und Außenwandflächen. [3] In den im Zusammenhang bebauten Ortsteilen gelten die Sätze 1 und 2 entsprechend für Abweichungen vom Erfordernis des Einfügens in die Eigenart der näheren Umgebung (§ 34 Absatz 1 Satz 1).

§ 249[1)] Sonderregelungen zur Windenergie. (1) [1] Werden in einem Flächennutzungsplan zusätzliche Flächen für die Nutzung von Windenergie dargestellt, folgt daraus nicht, dass die vorhandenen Darstellungen des Flächennutzungsplans zur Erzielung der Rechtswirkungen des § 35 Absatz 3 Satz 3 nicht ausreichend sind. [2] Satz 1 gilt entsprechend bei der Änderung oder Aufhebung von Darstellungen zum Maß der baulichen Nutzung. [3] Die Sätze 1 und 2 gelten für Bebauungspläne, die aus den Darstellungen des Flächennutzungsplans entwickelt werden, entsprechend.

(2) [1] Nach § 9 Absatz 2 Satz 1 Nummer 2 kann auch festgesetzt werden, dass die im Bebauungsplan festgesetzten Windenergieanlagen nur zulässig sind, wenn sichergestellt ist, dass nach der Errichtung der im Bebauungsplan festgesetzten Windenergieanlagen andere im Bebauungsplan bezeichnete Windenergieanlagen innerhalb einer im Bebauungsplan zu bestimmenden angemessenen Frist zurückgebaut werden. [2] Die Standorte der zurückzubauenden Windenergieanlagen können auch außerhalb des Bebauungsplangebiets oder außerhalb des Gemeindegebiets liegen. [3] Darstellungen im Flächennutzungsplan, die die Rechtswirkungen des § 35 Absatz 3 Satz 3 haben, können mit Bestimmungen entsprechend den Sätzen 1 und 2 mit Wirkung für die Zulässigkeit der Windenergieanlagen nach § 35 Absatz 1 Nummer 5 verbunden sein.

(3) [1] Die Länder können durch Landesgesetze bestimmen, dass § 35 Absatz 1 Nummer 5 auf Vorhaben, die der Erforschung, Entwicklung oder Nutzung der Windenergie dienen, nur Anwendung findet, wenn sie bestimmte Mindestabstände zu den im Landesgesetz bezeichneten zulässigen baulichen Nutzungen zu Wohnzwecken einhalten. [2] Ein Mindestabstand nach Satz 1 darf höchstens 1 000 Meter von der Mitte des Mastfußes der Windenergieanlage bis zur nächstgelegenen im Landesgesetz bezeichneten baulichen Nutzung zu Wohnzwecken betragen. [3] Die weiteren Einzelheiten, insbesondere zur Abstandsfestlegung und zu den Auswirkungen der festgelegten Abstände auf Ausweisungen in geltenden Flächennutzungsplänen und Raumordnungsplänen, sind in den Landesgesetzen nach Satz 1 zu regeln. [4] Auf der Grundlage von § 249 Absatz 3 in der bis zum 14. August 2020 *geltenden* Fassung erlassene Landesgesetze gelten fort; sie können geändert werden, sofern die wesentlichen Elemente der in dem fortgeltenden Landesgesetz enthaltenen Regelung beibehalten werden.

§ 250[2)] Bildung von Wohnungseigentum in Gebieten mit angespannten Wohnungsmärkten. (1) [1] Sofern Gebiete mit angespannten Wohnungsmärkten im Sinne von § 201a Satz 3 und 4 vorliegen und diese Gebiete nach Satz 3

---

1) § 249 Abs. 3 neu gef. mWv 14.8.2020 durch G v. 8.8.2020 (BGBl. I S. 1728).

2) § 250 angef. mWv 23.6.2021 durch G v. 14.6.2021 (BGBl. I S. 1802).

bestimmt sind, bedarf bei Wohngebäuden, die bereits am Tag des Inkrafttretens der Rechtsverordnung nach Satz 3 bestanden, die Begründung oder Teilung von Wohnungseigentum oder Teileigentum nach § 1 des Wohnungseigentumsgesetzes[1)] der Genehmigung. [2]Das Genehmigungserfordernis nach Satz 1 gilt nicht, wenn sich in dem Wohngebäude nicht mehr als fünf Wohnungen befinden. [3]Die Landesregierungen werden ermächtigt, die Gebiete nach Satz 1 durch Rechtsverordnung zu bestimmen, die spätestens mit Ablauf des 31. Dezember 2025 außer Kraft treten muss. [4]Sie muss begründet werden. [5]Aus der Begründung muss sich ergeben, auf Grund welcher Tatsachen ein Gebiet mit einem angespannten Wohnungsmarkt im Einzelfall vorliegt. [6]In der Rechtsverordnung nach Satz 3 kann eine von Satz 2 abweichende Anzahl an Wohnungen bestimmt werden; diese Anzahl kann zwischen drei und 15 liegen.

(2) [1]Zuständig für die Genehmigung ist die von der Landesregierung bestimmte Stelle. [2]§ 173 Absatz 3 gilt entsprechend.

(3) [1]Die Genehmigung ist zu erteilen, wenn

1. das Grundstück zu einem Nachlass gehört und Wohnungseigentum oder Teileigentum zugunsten von Miterben oder Vermächtnisnehmern begründet werden soll,
2. das Wohnungseigentum oder Teileigentum zur eigenen Nutzung an Familienangehörige des Eigentümers veräußert werden soll,
3. das Wohnungseigentum oder Teileigentum zur eigenen Nutzung an mindestens zwei Drittel der Mieter veräußert werden soll,
4. auch unter Berücksichtigung des Allgemeinwohls ein Absehen von der Begründung von Wohnungseigentum oder Teileigentum nicht mehr zumutbar ist oder
5. ohne die Genehmigung Ansprüche Dritter auf Übertragung von Wohnungseigentum oder Teileigentum nicht erfüllt werden können, zu deren Sicherung vor dem Wirksamwerden des Genehmigungsvorbehalts eine Vormerkung im Grundbuch eingetragen ist.

[2]In der Genehmigung kann bestimmt werden, dass auch die Veräußerung von Wohnungseigentum oder Teileigentum der Genehmigung entsprechend Satz 1 Nummer 1 bis 3 bedarf. [3]Diese Genehmigungspflicht ist in das Wohnungs- oder Teileigentumsgrundbuch einzutragen; die Eintragung erfolgt auf Ersuchen der nach Absatz 2 Satz 1 zuständigen Stelle. [4]Die Genehmigungspflicht erlischt mit Außerkrafttreten der Verordnung nach Absatz 1 Satz 3.

(4) Unbeschadet des Absatzes 3 darf eine Genehmigung nur versagt werden, wenn dies für die ausreichende Versorgung der Bevölkerung mit Mietwohnraum erforderlich ist. Unter der Voraussetzung von Satz 1 kann die Genehmigung mit einer Auflage erteilt werden.

(5) [1]Bei einem Grundstück, das im Geltungsbereich einer Rechtsverordnung nach Absatz 1 Satz 3 liegt, darf das Grundbuchamt die Eintragungen in das Grundbuch nur vornehmen, wenn ihm die Genehmigung oder das Nichtbestehen der Genehmigungspflicht nachgewiesen ist. [2]Mit der Eintragung gilt die Genehmigung als erteilt.

(6) [1]Der Genehmigung nach Absatz 1 Satz 1 bedarf ferner

1. die Begründung der in den §§ 30 und 31 des Wohnungseigentumsgesetzes bezeichneten Rechte,

---

[1)] **Schönfelder Nr. 37.**

2. die Begründung von Bruchteilseigentum nach § 1008 des Bürgerlichen Gesetzbuchs[1] an Grundstücken mit Wohngebäuden, wenn zugleich nach § 1010 Absatz 1 des Bürgerlichen Gesetzbuchs im Grundbuch als Belastung eingetragen werden soll, dass Räume einem oder mehreren Miteigentümern zur ausschließlichen Benutzung zugewiesen sind und die Aufhebung der Gemeinschaft ausgeschlossen ist, sowie
3. bei bestehendem Bruchteilseigentum nach § 1008 des Bürgerlichen Gesetzbuchs an Grundstücken mit Wohngebäuden eine im Grundbuch als Belastung einzutragende Regelung nach § 1010 Absatz 1 des Bürgerlichen Gesetzbuchs, wonach Räume einem oder mehreren Miteigentümern zur ausschließlichen Benutzung zugewiesen sind und die Aufhebung der Gemeinschaft ausgeschlossen ist.

[2] Die Bestimmungen der Absätze 2 bis 5 gelten sinngemäß.

(7) [1] Diese Vorschrift geht im räumlichen Anwendungsbereich von Rechtsverordnungen nach Absatz 1 Satz 3 den Rechtsverordnungen nach § 172 Absatz 1 Satz 4 vor. [2] Satz 1 findet keine Anwendung, wenn nach Absatz 1 Satz 2 und 6 keine Genehmigungspflicht besteht.

Anlage 1
(zu § 2 Absatz 4 und den §§ 2a und 4c)

[Umweltbericht]

Der Umweltbericht nach § 2 Absatz 4 und § 2a Satz 2 Nummer 2 hat folgende Bestandteile:

1. Eine Einleitung mit folgenden Angaben:
   a) Kurzdarstellung des Inhalts und der wichtigsten Ziele des Bauleitplans, einschließlich einer Beschreibung der Festsetzungen des Plans mit Angaben über Standorte, Art und Umfang sowie Bedarf an Grund und Boden der geplanten Vorhaben;
   b) Darstellung der in einschlägigen Fachgesetzen und Fachplänen festgelegten Ziele des Umweltschutzes, die für den Bauleitplan von Bedeutung sind, und der Art, wie diese Ziele und die Umweltbelange bei der Aufstellung des Bauleitplans berücksichtigt wurden;
2. eine Beschreibung und Bewertung der erheblichen Umweltauswirkungen, die in der Umweltprüfung nach § 2 Absatz 4 Satz 1 ermittelt wurden; hierzu gehören folgende Angaben:
   a) eine Bestandsaufnahme der einschlägigen Aspekte des derzeitigen Umweltzustands (Basisszenario), einschließlich der Umweltmerkmale der Gebiete, die voraussichtlich erheblich beeinflusst werden, und eine Übersicht über die voraussichtliche Entwicklung des Umweltzustands bei Nichtdurchführung der Planung, soweit diese Entwicklung gegenüber dem Basisszenario mit zumutbarem Aufwand auf der Grundlage der verfügbaren Umweltinformationen und wissenschaftlichen Erkenntnisse abgeschätzt werden kann;
   b) eine Prognose über die Entwicklung des Umweltzustands bei Durchführung der Planung; hierzu sind, soweit möglich, insbesondere die möglichen erheblichen Auswirkungen während der Bau- und Betriebsphase der geplanten

---

[1] **Schönfelder Nr. 20.**

Vorhaben auf die Belange nach § 1 Absatz 6 Nummer 7 Buchstabe a bis i zu beschreiben, unter anderem infolge

aa) des Baus und des Vorhandenseins der geplanten Vorhaben, soweit relevant einschließlich Abrissarbeiten,

bb) der Nutzung natürlicher Ressourcen, insbesondere Fläche, Boden, Wasser, Tiere, Pflanzen und biologische Vielfalt, wobei soweit möglich die nachhaltige Verfügbarkeit dieser Ressourcen zu berücksichtigen ist,

cc) der Art und Menge an Emissionen von Schadstoffen, Lärm, Erschütterungen, Licht, Wärme und Strahlung sowie der Verursachung von Belästigungen,

dd) der Art und Menge der erzeugten Abfälle und ihrer Beseitigung und Verwertung,

ee) der Risiken für die menschliche Gesundheit, das kulturelle Erbe oder die Umwelt (zum Beispiel durch Unfälle oder Katastrophen),

ff) der Kumulierung mit den Auswirkungen von Vorhaben benachbarter Plangebiete unter Berücksichtigung etwaiger bestehender Umweltprobleme in Bezug auf möglicherweise betroffene Gebiete mit spezieller Umweltrelevanz oder auf die Nutzung von natürlichen Ressourcen,

gg) der Auswirkungen der geplanten Vorhaben auf das Klima (zum Beispiel Art und Ausmaß der Treibhausgasemissionen) und der Anfälligkeit der geplanten Vorhaben gegenüber den Folgen des Klimawandels,

hh) der eingesetzten Techniken und Stoffe;

die Beschreibung nach Halbsatz 2 soll sich auf die direkten und die etwaigen indirekten, sekundären, kumulativen, grenzüberschreitenden, kurzfristigen, mittelfristigen und langfristigen, ständigen und vorübergehenden sowie positiven und negativen Auswirkungen der geplanten Vorhaben erstrecken; die Beschreibung nach Halbsatz 2 soll zudem den auf Ebene der Europäischen Union oder auf Bundes-, Landes- oder kommunaler Ebene festgelegten Umweltschutzzielen Rechnung tragen;

(Fortsetzung nächstes Blatt)

311. Verordnung über die bauliche Nutzung der Grundstücke (Baunutzungsverordnung – BauNVO)

In der Fassung der Bekanntmachung vom 21. November 2017[1)]
(BGBl. I S. 3786)

FNA 213-1-2

geänd. durch Art. 2 BaulandmobilisierungsG v. 14.6.2021 (BGBl. I S. 1802)

Inhaltsübersicht[2)]

---

1) Neubekanntmachung der BauNVO idF der Bek. v. 27.1.1990 (BGBl. I S. 132) in der ab 1.10.2017 geltenden Fassung.

2) Inhaltsübersicht geänd. mWv 23.6.2021 durch G v. 14.6.2021 (BGBl. I S. 1802).

Erster Abschnitt. Art der baulichen Nutzung

§ 1[1)] **Allgemeine Vorschriften für Bauflächen und Baugebiete.** (1) Im Flächennutzungsplan können die für die Bebauung vorgesehenen Flächen nach der allgemeinen Art ihrer baulichen Nutzung (Bauflächen) dargestellt werden als

1. Wohnbauflächen (W)
2. gemischte Bauflächen (M)
3. gewerbliche Bauflächen (G)
4. Sonderbauflächen (S).

(2) Die für die Bebauung vorgesehenen Flächen können nach der besonderen Art ihrer baulichen Nutzung (Baugebiete) dargestellt werden als

1. Kleinsiedlungsgebiete (WS)
2. reine Wohngebiete (WR)
3. allgemeine Wohngebiete (WA)
4. besondere Wohngebiete (WB)
5. Dorfgebiete (MD)
6. dörfliche Wohngebiete (MDW)
7. Mischgebiete (MI)
8. urbane Gebiete (MU)
9. Kerngebiete (MK)
10. Gewerbegebiete (GE)
11. Industriegebiete (GI)
12. Sondergebiete (SO).

(3) [1]Im Bebauungsplan können die in Absatz 2 bezeichneten Baugebiete festgesetzt werden. [2]Durch die Festsetzung werden die Vorschriften der §§ 2 bis 14 Bestandteil des Bebauungsplans, soweit nicht auf Grund der Absätze 4 bis 10 etwas anderes bestimmt wird. [3]Bei Festsetzung von Sondergebieten finden die Vorschriften über besondere Festsetzungen nach den Absätzen 4 bis 10 keine Anwendung; besondere Festsetzungen über die Art der Nutzung können nach den §§ 10 und 11 getroffen werden.

(4) [1]Für die in den §§ 4 bis 9 bezeichneten Baugebiete können im Bebauungsplan für das jeweilige Baugebiet Festsetzungen getroffen werden, die das Baugebiet

1. nach der Art der zulässigen Nutzung,
2. nach der Art der Betriebe und Anlagen und deren besonderen Bedürfnissen und Eigenschaften

gliedern. [2]Die Festsetzungen nach Satz 1 können auch für mehrere Gewerbegebiete einer Gemeinde im Verhältnis zueinander getroffen werden; dies gilt auch für Industriegebiete. [3]Absatz 5 bleibt unberührt.

---

1) § 1 Abs. 2 Nr. 6 eingef., bish. Nr. 6–11 werden Nr. 7–12 mWv 23.6.2021 durch G v. 14.6.2021 (BGBl. I S. 1802).

(5) Im Bebauungsplan kann festgesetzt werden, dass bestimmte Arten von Nutzungen, die nach den §§ 2 bis 9 sowie 13 und 13a allgemein zulässig sind, nicht zulässig sind oder nur ausnahmsweise zugelassen werden können, sofern die allgemeine Zweckbestimmung des Baugebiets gewahrt bleibt.

(6) Im Bebauungsplan kann festgesetzt werden, dass alle oder einzelne Ausnahmen, die in den Baugebieten nach den §§ 2 bis 9 vorgesehen sind,

1. nicht Bestandteil des Bebauungsplans werden oder
2. in dem Baugebiet allgemein zulässig sind, sofern die allgemeine Zweckbestimmung des Baugebiets gewahrt bleibt.

(7) In Bebauungsplänen für Baugebiete nach den §§ 4 bis 9 kann, wenn besondere städtebauliche Gründe dies rechtfertigen (§ 9 Absatz 3 des Baugesetzbuchs[1)]), festgesetzt werden, dass in bestimmten Geschossen, Ebenen oder sonstigen Teilen baulicher Anlagen

1. nur einzelne oder mehrere der in dem Baugebiet allgemein zulässigen Nutzungen zulässig sind,
2. einzelne oder mehrere der in dem Baugebiet allgemein zulässigen Nutzungen unzulässig sind oder als Ausnahme zugelassen werden können oder
3. alle oder einzelne Ausnahmen, die in den Baugebieten nach den §§ 4 bis 9 vorgesehen sind, nicht zulässig oder, sofern die allgemeine Zweckbestimmung des Baugebiets gewahrt bleibt, allgemein zulässig sind.

(8) Die Festsetzungen nach den Absätzen 4 bis 7 können sich auch auf Teile des Baugebiets beschränken.

(9) Wenn besondere städtebauliche Gründe dies rechtfertigen, kann im Bebauungsplan bei Anwendung der Absätze 5 bis 8 festgesetzt werden, dass nur bestimmte Arten der in den Baugebieten allgemein oder ausnahmsweise zulässigen baulichen oder sonstigen Anlagen zulässig oder nicht zulässig sind oder nur ausnahmsweise zugelassen werden können.

(10) [1]Wären bei Festsetzung eines Baugebiets nach den §§ 2 bis 9 in überwiegend bebauten Gebieten bestimmte vorhandene bauliche und sonstige Anlagen unzulässig, kann im Bebauungsplan festgesetzt werden, dass Erweiterungen, Änderungen, Nutzungsänderungen und Erneuerungen dieser Anlagen allgemein zulässig sind oder ausnahmsweise zugelassen werden können. [2]Im Bebauungsplan können nähere Bestimmungen über die Zulässigkeit getroffen werden. [3]Die allgemeine Zweckbestimmung des Baugebiets muss in seinen übrigen Teilen gewahrt bleiben. [4]Die Sätze 1 bis 3 gelten auch für die Änderung und Ergänzung von Bebauungsplänen.

§ 2 Kleinsiedlungsgebiete. (1) Kleinsiedlungsgebiete dienen vorwiegend der Unterbringung von Kleinsiedlungen einschließlich Wohngebäuden mit entsprechenden Nutzgärten und landwirtschaftlichen Nebenerwerbsstellen.

(2) Zulässig sind

1. Kleinsiedlungen einschließlich Wohngebäude mit entsprechenden Nutzgärten, landwirtschaftliche Nebenerwerbsstellen und Gartenbaubetriebe,
2. die der Versorgung des Gebiets dienenden Läden, Schank- und Speisewirtschaften sowie nicht störenden Handwerksbetriebe.

(3) Ausnahmsweise können zugelassen werden

[1)] Nr. **300**.

1. sonstige Wohngebäude mit nicht mehr als zwei Wohnungen,
2. Anlagen für kirchliche, kulturelle, soziale, gesundheitliche und sportliche Zwecke,
3. Tankstellen,
4. nicht störende Gewerbebetriebe.

§ 3 Reine Wohngebiete. (1) Reine Wohngebiete dienen dem Wohnen.

(2) Zulässig sind

1. Wohngebäude,
2. Anlagen zur Kinderbetreuung, die den Bedürfnissen der Bewohner des Gebiets dienen.

(3) Ausnahmsweise können zugelassen werden

1. Läden und nicht störende Handwerksbetriebe, die zur Deckung des täglichen Bedarfs für die Bewohner des Gebiets dienen, sowie kleine Betriebe des Beherbergungsgewerbes,
2. sonstige Anlagen für soziale Zwecke sowie den Bedürfnissen der Bewohner des Gebiets dienende Anlagen für kirchliche, kulturelle, gesundheitliche und sportliche Zwecke.

(4) Zu den nach Absatz 2 sowie den §§ 2, 4 bis 7 zulässigen Wohngebäuden gehören auch solche, die ganz oder teilweise der Betreuung und Pflege ihrer Bewohner dienen.

§ 4 Allgemeine Wohngebiete. (1) Allgemeine Wohngebiete dienen vorwiegend dem Wohnen.

(2) Zulässig sind

1. Wohngebäude,
2. die der Versorgung des Gebiets dienenden Läden, Schank- und Speisewirtschaften sowie nicht störenden Handwerksbetriebe,
3. Anlagen für kirchliche, kulturelle, soziale, gesundheitliche und sportliche Zwecke.

(3) Ausnahmsweise können zugelassen werden

1. Betriebe des Beherbergungsgewerbes,
2. sonstige nicht störende Gewerbebetriebe,
3. Anlagen für Verwaltungen,
4. Gartenbaubetriebe,
5. Tankstellen.

§ 4a Gebiete zur Erhaltung und Entwicklung der Wohnnutzung (besondere Wohngebiete) (1) [1]Besondere Wohngebiete sind überwiegend bebaute Gebiete, die aufgrund ausgeübter Wohnnutzung und vorhandener sonstiger in Absatz 2 genannter Anlagen eine besondere Eigenart aufweisen und in denen unter Berücksichtigung dieser Eigenart die Wohnnutzung erhalten und fortentwickelt werden soll. [2]Besondere Wohngebiete dienen vorwiegend dem Wohnen; sie dienen auch der Unterbringung von Gewerbebetrieben und sonstigen Anlagen im Sinne der Absätze 2 und 3, soweit diese Betriebe und Anlagen nach der besonderen Eigenart des Gebiets mit der Wohnnutzung vereinbar sind.

(2) Zulässig sind

1. Wohngebäude,
2. Läden, Betriebe des Beherbergungsgewerbes, Schank- und Speisewirtschaften,
3. sonstige Gewerbebetriebe,
4. Geschäfts- und Bürogebäude,
5. Anlagen für kirchliche, kulturelle, soziale, gesundheitliche und sportliche Zwecke.

(3) Ausnahmsweise können zugelassen werden
1. Anlagen für zentrale Einrichtungen der Verwaltung,
2. Vergnügungsstätten, soweit sie nicht wegen ihrer Zweckbestimmung oder ihres Umfangs nur in Kerngebieten allgemein zulässig sind,
3. Tankstellen.

(4) Für besondere Wohngebiete oder Teile solcher Gebiete kann, wenn besondere städtebauliche Gründe dies rechtfertigen (§ 9 Absatz 3 des Baugesetzbuchs[1]), festgesetzt werden, dass
1. oberhalb eines im Bebauungsplan bestimmten Geschosses nur Wohnungen zulässig sind oder
2. in Gebäuden ein im Bebauungsplan bestimmter Anteil der zulässigen Geschossfläche oder eine bestimmte Größe der Geschossfläche für Wohnungen zu verwenden ist.

§ 5 Dorfgebiete. (1) [1]Dorfgebiete dienen der Unterbringung der Wirtschaftsstellen land- und forstwirtschaftlicher Betriebe, dem Wohnen und der Unterbringung von nicht wesentlich störenden Gewerbebetrieben sowie der Versorgung der Bewohner des Gebiets dienenden Handwerksbetrieben. [2]Auf die Belange der land- und forstwirtschaftlichen Betriebe einschließlich ihrer Entwicklungsmöglichkeiten ist vorrangig Rücksicht zu nehmen.

(2) Zulässig sind
1. Wirtschaftsstellen land- und forstwirtschaftlicher Betriebe und die dazugehörigen Wohnungen und Wohngebäude,
2. Kleinsiedlungen einschließlich Wohngebäude mit entsprechenden Nutzgärten und landwirtschaftliche Nebenerwerbsstellen,
3. sonstige Wohngebäude,
4. Betriebe zur Be- und Verarbeitung und Sammlung land- und forstwirtschaftlicher Erzeugnisse,
5. Einzelhandelsbetriebe, Schank- und Speisewirtschaften sowie Betriebe des Beherbergungsgewerbes,
6. sonstige Gewerbebetriebe,
7. *Anlagen für örtliche Verwaltungen* sowie für kirchliche, kulturelle, soziale, gesundheitliche und sportliche Zwecke,
8. Gartenbaubetriebe,
9. Tankstellen.

(3) Ausnahmsweise können Vergnügungsstätten im Sinne des § 4a Absatz 3 Nummer 2 zugelassen werden.

---

[1] Nr. **300**.

§ 5a[1)] Dörfliche Wohngebiete. (1) [1]Dörfliche Wohngebiete dienen dem Wohnen sowie der Unterbringung von land- und forstwirtschaftlichen Nebenerwerbsstellen und nicht wesentlich störenden Gewerbebetrieben. [2]Die Nutzungsmischung muss nicht gleichgewichtig sein.

(2) Zulässig sind
1. Wohngebäude,
2. Wirtschaftsstellen land- und forstwirtschaftlicher Nebenerwerbsbetriebe und die dazugehörigen Wohnungen und Wohngebäude,
3. Kleinsiedlungen einschließlich Wohngebäude mit entsprechenden Nutzgärten,
4. nicht gewerbliche Einrichtungen und Anlagen für die Tierhaltung,
5. die der Versorgung des Gebiets dienenden Läden sowie Schank- und Speisewirtschaften,
6. Betriebe des Beherbergungsgewerbes,
7. sonstige Gewerbebetriebe,
8. Anlagen für örtliche Verwaltungen sowie für kirchliche, kulturelle, soziale, gesundheitliche und sportliche Zwecke.

(3) Ausnahmsweise können zugelassen werden
1. Wirtschaftsstellen land- und forstwirtschaftlicher Betriebe und die dazugehörigen Wohnungen und Wohngebäude,
2. Gartenbaubetriebe,
3. Tankstellen.

§ 6 Mischgebiete. (1) Mischgebiete dienen dem Wohnen und der Unterbringung von Gewerbebetrieben, die das Wohnen nicht wesentlich stören.

(2) Zulässig sind
1. Wohngebäude,
2. Geschäfts- und Bürogebäude,
3. Einzelhandelsbetriebe, Schank- und Speisewirtschaften sowie Betriebe des Beherbergungsgewerbes,
4. sonstige Gewerbebetriebe,
5. Anlagen für Verwaltungen sowie für kirchliche, kulturelle, soziale, gesundheitliche und sportliche Zwecke,
6. Gartenbaubetriebe,
7. Tankstellen,
8. Vergnügungsstätten im Sinne des § 4a Absatz 3 Nummer 2 in den Teilen des Gebiets, die überwiegend durch gewerbliche Nutzungen geprägt sind.

(3) Ausnahmsweise können Vergnügungsstätten im Sinne des § 4a Absatz 3 Nummer 2 außerhalb der in Absatz 2 Nummer 8 bezeichneten Teile des Gebiets zugelassen werden.

§ 6a Urbane Gebiete. (1) [1]Urbane Gebiete dienen dem Wohnen sowie der Unterbringung von Gewerbebetrieben und sozialen, kulturellen und anderen Einrichtungen, die die Wohnnutzung nicht wesentlich stören. [2]Die Nutzungsmischung muss nicht gleichgewichtig sein.

(2) Zulässig sind

[1)] § 5a eingef. mWv 23.6.2021 durch G v. 14.6.2021 (BGBl. I S. 1802).

1. Wohngebäude,
2. Geschäfts- und Bürogebäude,
3. Einzelhandelsbetriebe, Schank- und Speisewirtschaften sowie Betriebe des Beherbergungsgewerbes,
4. sonstige Gewerbebetriebe,
5. Anlagen für Verwaltungen sowie für kirchliche, kulturelle, soziale, gesundheitliche und sportliche Zwecke.

(3) Ausnahmsweise können zugelassen werden

1. Vergnügungsstätten, soweit sie nicht wegen ihrer Zweckbestimmung oder ihres Umfangs nur in Kerngebieten allgemein zulässig sind,
2. Tankstellen.

(4) Für urbane Gebiete oder Teile solcher Gebiete kann festgesetzt werden, dass in Gebäuden

1. im Erdgeschoss an der Straßenseite eine Wohnnutzung nicht oder nur ausnahmsweise zulässig ist,
2. oberhalb eines im Bebauungsplan bestimmten Geschosses nur Wohnungen zulässig sind,
3. ein im Bebauungsplan bestimmter Anteil der zulässigen Geschossfläche oder eine im Bebauungsplan bestimmte Größe der Geschossfläche für Wohnungen zu verwenden ist, oder
4. ein im Bebauungsplan bestimmter Anteil der zulässigen Geschossfläche oder eine im Bebauungsplan bestimmte Größe der Geschossfläche für gewerbliche Nutzungen zu verwenden ist.

§ 7 Kerngebiete. (1) Kerngebiete dienen vorwiegend der Unterbringung von Handelsbetrieben sowie der zentralen Einrichtungen der Wirtschaft, der Verwaltung und der Kultur.

(2) Zulässig sind

1. Geschäfts-, Büro- und Verwaltungsgebäude,
2. Einzelhandelsbetriebe, Schank- und Speisewirtschaften, Betriebe des Beherbergungsgewerbes und Vergnügungsstätten,
3. sonstige nicht wesentlich störende Gewerbebetriebe,
4. Anlagen für kirchliche, kulturelle, soziale, gesundheitliche und sportliche Zwecke,
5. Tankstellen im Zusammenhang mit Parkhäusern und Großgaragen,
6. Wohnungen für Aufsichts- und Bereitschaftspersonen sowie für Betriebsinhaber und Betriebsleiter,
7. *sonstige Wohnungen nach* Maßgabe von Festsetzungen des Bebauungsplans.

(3) Ausnahmsweise können zugelassen werden

1. Tankstellen, die nicht unter Absatz 2 Nummer 5 fallen,
2. Wohnungen, die nicht unter Absatz 2 Nummer 6 und 7 fallen.

(4) [1] Für Teile eines Kerngebiets kann, wenn besondere städtebauliche Gründe dies rechtfertigen (§ 9 Absatz 3 des Baugesetzbuchs[1]), festgesetzt werden, dass

---

[1] Nr. **300**.

1. oberhalb eines im Bebauungsplan bestimmten Geschosses nur Wohnungen zulässig sind oder
2. in Gebäuden ein im Bebauungsplan bestimmter Anteil der zulässigen Geschossfläche oder eine bestimmte Größe der Geschossfläche für Wohnungen zu verwenden ist.

[2] Dies gilt auch, wenn durch solche Festsetzungen dieser Teil des Kerngebiets nicht vorwiegend der Unterbringung von Handelsbetrieben sowie der zentralen Einrichtungen der Wirtschaft, der Verwaltung und der Kultur dient.

§ 8 Gewerbegebiete. (1) Gewerbegebiete dienen vorwiegend der Unterbringung von nicht erheblich belästigenden Gewerbebetrieben.

(2) Zulässig sind
1. Gewerbebetriebe aller Art, Lagerhäuser, Lagerplätze und öffentliche Betriebe,
2. Geschäfts-, Büro- und Verwaltungsgebäude,
3. Tankstellen,
4. Anlagen für sportliche Zwecke.

(3) Ausnahmsweise können zugelassen werden
1. Wohnungen für Aufsichts- und Bereitschaftspersonen sowie für Betriebsinhaber und Betriebsleiter, die dem Gewerbebetrieb zugeordnet und ihm gegenüber in Grundfläche und Baumasse untergeordnet sind,
2. Anlagen für kirchliche, kulturelle, soziale und gesundheitliche Zwecke,
3. Vergnügungsstätten.

§ 9 Industriegebiete. (1) Industriegebiete dienen ausschließlich der Unterbringung von Gewerbebetrieben, und zwar vorwiegend solcher Betriebe, die in anderen Baugebieten unzulässig sind.

(2) Zulässig sind
1. Gewerbebetriebe aller Art, Lagerhäuser, Lagerplätze und öffentliche Betriebe,
2. Tankstellen.

(3) Ausnahmsweise können zugelassen werden
1. Wohnungen für Aufsichts- und Bereitschaftspersonen sowie für Betriebsinhaber und Betriebsleiter, die dem Gewerbebetrieb zugeordnet und ihm gegenüber in Grundfläche und Baumasse untergeordnet sind,
2. Anlagen für kirchliche, kulturelle, soziale, gesundheitliche und sportliche Zwecke.

§ 10 Sondergebiete, die der Erholung dienen. (1) Als Sondergebiete, die der Erholung dienen, kommen insbesondere in Betracht
Wochenendhausgebiete,
Ferienhausgebiete,
Campingplatzgebiete.

(2) [1] Für Sondergebiete, die der Erholung dienen, sind die Zweckbestimmung *und die Art der Nutzung* darzustellen und festzusetzen. [2] Im Bebauungsplan kann festgesetzt werden, dass bestimmte, der Eigenart des Gebiets entsprechende Anlagen und Einrichtungen zur Versorgung des Gebiets und für sportliche Zwecke allgemein zulässig sind oder ausnahmsweise zugelassen werden können.

(3) [1] In Wochenendhausgebieten sind Wochenendhäuser als Einzelhäuser zulässig. [2] Im Bebauungsplan kann festgesetzt werden, dass Wochenendhäuser nur als Hausgruppen zulässig sind oder ausnahmsweise als Hausgruppen zugelassen werden können. [3] Die zulässige Grundfläche der Wochenendhäuser ist im Bebauungsplan, begrenzt nach der besonderen Eigenart des Gebiets, unter Berücksichtigung der landschaftlichen Gegebenheiten festzusetzen.

(4) [1] In Ferienhausgebieten sind Ferienhäuser zulässig, die aufgrund ihrer Lage, Größe, Ausstattung, Erschließung und Versorgung für den Erholungsaufenthalt geeignet und dazu bestimmt sind, überwiegend und auf Dauer einem wechselnden Personenkreis zur Erholung zu dienen. [2] Im Bebauungsplan kann die Grundfläche der Ferienhäuser, begrenzt nach der besonderen Eigenart des Gebiets, unter Berücksichtigung der landschaftlichen Gegebenheiten festgesetzt werden.

(5) In Campingplatzgebieten sind Campingplätze und Zeltplätze zulässig.

§ 11 Sonstige Sondergebiete. (1) Als sonstige Sondergebiete sind solche Gebiete darzustellen und festzusetzen, die sich von den Baugebieten nach den §§ 2 bis 10 wesentlich unterscheiden.

(2) [1] Für sonstige Sondergebiete sind die Zweckbestimmung und die Art der Nutzung darzustellen und festzusetzen. [2] Als sonstige Sondergebiete kommen insbesondere in Betracht

Gebiete für den Fremdenverkehr, wie Kurgebiete und Gebiete für die Fremdenbeherbergung, auch mit einer Mischung von Fremdenbeherbergung oder Ferienwohnen einerseits sowie Dauerwohnen andererseits,
Ladengebiete,
Gebiete für Einkaufszentren und großflächige Handelsbetriebe,
Gebiete für Messen, Ausstellungen und Kongresse,
Hochschulgebiete,
Klinikgebiete,
Hafengebiete,
Gebiete für Anlagen, die der Erforschung, Entwicklung oder Nutzung erneuerbarer Energien, wie Wind- und Sonnenenergie, dienen.

(3) [1]

1. Einkaufszentren,
2. großflächige Einzelhandelsbetriebe, die sich nach Art, Lage oder Umfang auf die Verwirklichung der Ziele der Raumordnung und Landesplanung oder auf die städtebauliche Entwicklung und Ordnung nicht nur unwesentlich auswirken können,
3. sonstige großflächige Handelsbetriebe, die im Hinblick auf den Verkauf an letzte Verbraucher und auf die Auswirkungen den in Nummer 2 bezeichneten Einzelhandelsbetrieben vergleichbar sind,

sind außer in Kerngebieten nur in für sie festgesetzten Sondergebieten zulässig. [2] Auswirkungen im Sinne des Satzes 1 Nummer 2 und 3 sind insbesondere schädliche Umwelteinwirkungen im Sinne des § 3 des Bundes-Immissionsschutzgesetzes[1)] sowie Auswirkungen auf die infrastrukturelle Ausstattung, auf den Verkehr, auf die Versorgung der Bevölkerung im Einzugsbereich der in Satz 1 bezeichneten Betriebe, auf die Entwicklung zentraler Versorgungsbereiche in der Gemeinde

---

[1)] Nr. **296**.

oder in anderen Gemeinden, auf das Orts- und Landschaftsbild und auf den Naturhaushalt. [3]Auswirkungen im Sinne des Satzes 2 sind bei Betrieben nach Satz 1 Nummer 2 und 3 in der Regel anzunehmen, wenn die Geschossfläche 1 200 m² überschreitet. [4]Die Regel des Satzes 3 gilt nicht, wenn Anhaltspunkte dafür bestehen, dass Auswirkungen bereits bei weniger als 1 200 m² Geschossfläche vorliegen oder bei mehr als 1 200 m² Geschossfläche nicht vorliegen; dabei sind in Bezug auf die in Satz 2 bezeichneten Auswirkungen insbesondere die Gliederung und Größe der Gemeinde und ihrer Ortsteile, die Sicherung der verbrauchernahen Versorgung der Bevölkerung und das Warenangebot des Betriebs zu berücksichtigen.

§ 12 Stellplätze und Garagen. (1) Stellplätze und Garagen sind in allen Baugebieten zulässig, soweit sich aus den Absätzen 2 bis 6 nichts anderes ergibt.

(2) In Kleinsiedlungsgebieten, reinen Wohngebieten und allgemeinen Wohngebieten sowie Sondergebieten, die der Erholung dienen, sind Stellplätze und Garagen nur für den durch die zugelassene Nutzung verursachten Bedarf zulässig.

(3) Unzulässig sind

1. Stellplätze und Garagen für Lastkraftwagen und Kraftomnibusse sowie für Anhänger dieser Kraftfahrzeuge in reinen Wohngebieten,
2. Stellplätze und Garagen für Kraftfahrzeuge mit einem Eigengewicht über 3,5 Tonnen sowie für Anhänger dieser Kraftfahrzeuge in Kleinsiedlungsgebieten und allgemeinen Wohngebieten.

(4) [1]Im Bebauungsplan kann, wenn besondere städtebauliche Gründe dies rechtfertigen (§ 9 Absatz 3 des Baugesetzbuchs[1)]), festgesetzt werden, dass in bestimmten Geschossen nur Stellplätze oder Garagen und zugehörige Nebeneinrichtungen (Garagengeschosse) zulässig sind. [2]Eine Festsetzung nach Satz 1 kann auch für Geschosse unterhalb der Geländeoberfläche getroffen werden. [3]Bei Festsetzungen nach den Sätzen 1 und 2 sind Stellplätze und Garagen auf dem Grundstück nur in den festgesetzten Geschossen zulässig, soweit der Bebauungsplan nichts anderes bestimmt.

(5) [1]Im Bebauungsplan kann, wenn besondere städtebauliche Gründe dies rechtfertigen (§ 9 Absatz 3 des Baugesetzbuchs), festgesetzt werden, dass in Teilen von Geschossen nur Stellplätze und Garagen zulässig sind. [2]Absatz 4 Satz 2 und 3 gilt entsprechend.

(6) Im Bebauungsplan kann festgesetzt werden, dass in Baugebieten oder bestimmten Teilen von Baugebieten Stellplätze und Garagen unzulässig oder nur in beschränktem Umfang zulässig sind, soweit landesrechtliche Vorschriften nicht entgegenstehen.

(7) Die landesrechtlichen Vorschriften über die Ablösung der Verpflichtung zur Herstellung von Stellplätzen und Garagen sowie die Verpflichtung zur Herstellung von Stellplätzen und Garagen außerhalb der im Bebauungsplan festgesetzten Bereiche bleiben bei Festsetzungen nach den Absätzen 4 bis 6 unberührt.

§ 13 Gebäude und Räume für freie Berufe. Für die Berufsausübung freiberuflich Tätiger und solcher Gewerbetreibender, die ihren Beruf in ähnlicher Art ausüben, sind in den Baugebieten nach den §§ 2 bis 4 Räume, in den Baugebieten nach den §§ 4a bis 9 auch Gebäude zulässig.

[1)] Nr. **300**.

§ 13a[1)] Ferienwohnungen. [1]Räume oder Gebäude, die einem ständig wechselnden Kreis von Gästen gegen Entgelt vorübergehend zur Unterkunft zur Verfügung gestellt werden und die zur Begründung einer eigenen Häuslichkeit geeignet und bestimmt sind (Ferienwohnungen), gehören unbeschadet des § 10 in der Regel zu den nicht störenden Gewerbebetrieben nach § 2 Absatz 3 Nummer 4 und § 4 Absatz 3 Nummer 2 oder zu den Gewerbebetrieben nach § 4a Absatz 2 Nummer 3, § 5 Absatz 2 Nummer 6, § 5a Absatz 2 Nummer 7, § 6 Absatz 2 Nummer 4, § 6a Absatz 2 Nummer 4 und § 7 Absatz 2 Nummer 3. [2]Abweichend von Satz 1 können Räume nach Satz 1 in den übrigen Fällen insbesondere bei einer baulich untergeordneten Bedeutung gegenüber der in dem Gebäude vorherrschenden Hauptnutzung zu den Betrieben des Beherbergungsgewerbes nach § 4 Absatz 3 Nummer 1, § 4a Absatz 2 Nummer 2, § 5 Absatz 2 Nummer 5, § 5a Absatz 2 Nummer 6, § 6 Absatz 2 Nummer 3, § 6a Absatz 2 Nummer 3 und § 7 Absatz 2 Nummer 2 oder zu den kleinen Betrieben des Beherbergungsgewerbes nach § 3 Absatz 3 Nummer 1 gehören.

§ 14[2)] Nebenanlagen; Anlagen zur Nutzung solarer Strahlungsenergie und Kraft-Wärme-Kopplungsanlagen. (1) [1]Außer den in den §§ 2 bis 13 genannten Anlagen sind auch untergeordnete Nebenanlagen und Einrichtungen zulässig, die dem Nutzungszweck der in dem Baugebiet gelegenen Grundstücke oder des Baugebiets selbst dienen und die seiner Eigenart nicht widersprechen. [2]Soweit nicht bereits in den Baugebieten nach dieser Verordnung Einrichtungen und Anlagen für die Tierhaltung, einschließlich der Kleintiererhaltungszucht, zulässig sind, gehören zu den untergeordneten Nebenanlagen und Einrichtungen im Sinne des Satzes 1 auch solche für die Kleintierhaltung. [3]Im Bebauungsplan kann die Zulässigkeit der Nebenanlagen und Einrichtungen eingeschränkt oder ausgeschlossen werden.

(1a) In den Baugebieten nach den §§ 2 bis 11 sind Nebenanlagen, die der öffentlichen Versorgung mit Telekommunikationsdienstleistungen dienen, zulässig; Absatz 1 Satz 3 gilt entsprechend.

(2) [1]Die der Versorgung der Baugebiete mit Elektrizität, Gas, Wärme und Wasser sowie zur Ableitung von Abwasser dienenden Nebenanlagen können in den Baugebieten als Ausnahme zugelassen werden, auch soweit für sie im Bebauungsplan keine besonderen Flächen festgesetzt sind. [2]Dies gilt auch für fernmeldetechnische Nebenanlagen sowie für Anlagen für erneuerbare Energien, soweit nicht Absatz 1 Satz 1 oder Absatz 1a Anwendung findet.

(3) Soweit baulich untergeordnete Anlagen zur Nutzung solarer Strahlungsenergie in, an oder auf Dach- und Außenwandflächen oder Kraft-Wärme-Kopplungsanlagen innerhalb von Gebäuden nicht bereits nach den §§ 2 bis 13 zulässig sind, gelten sie auch dann als Anlagen im Sinne des Absatzes 1 Satz 1, wenn die erzeugte Energie vollständig oder überwiegend in das öffentliche Netz eingespeist wird.

§ 15 Allgemeine Voraussetzungen für die Zulässigkeit baulicher und sonstiger Anlagen. (1) [1]Die in den §§ 2 bis 14 aufgeführten baulichen und sonstigen Anlagen sind im Einzelfall unzulässig, wenn sie nach Anzahl, Lage, Umfang oder Zweckbestimmung der Eigenart des Baugebiets widersprechen. [2]Sie sind auch unzulässig, wenn von ihnen Belästigungen oder Störungen ausgehen können, die nach der Eigenart des Baugebiets im Baugebiet selbst oder in

---

[1)] § 13a Sätze 1 und 2 geänd. mWv 23.6.2021 durch G v. 14.6.2021 (BGBl. I S. 1802).
[2)] § 14 Abs. 1a eingef., Abs. 2 Satz 2 geänd. mWv 23.6.2021 durch G v. 14.6.2021 (BGBl. I S. 1802).

dessen Umgebung unzumutbar sind, oder wenn sie solchen Belästigungen oder Störungen ausgesetzt werden.

(2) Die Anwendung des Absatzes 1 hat nach den städtebaulichen Zielen und Grundsätzen des § 1 Absatz 5 des Baugesetzbuchs[1)] zu erfolgen.

(3) Die Zulässigkeit der Anlagen in den Baugebieten ist nicht allein nach den verfahrensrechtlichen Einordnungen des Bundes-Immissionsschutzgesetzes[2)] und der auf seiner Grundlage erlassenen Verordnungen zu beurteilen.

Zweiter Abschnitt. Maß der baulichen Nutzung

§ 16 Bestimmung des Maßes der baulichen Nutzung. (1) Wird im Flächennutzungsplan das allgemeine Maß der baulichen Nutzung dargestellt, genügt die Angabe der Geschossflächenzahl, der Baumassenzahl oder der Höhe baulicher Anlagen.

(2) Im Bebauungsplan kann das Maß der baulichen Nutzung bestimmt werden durch Festsetzung

1. der Grundflächenzahl oder der Größe der Grundflächen der baulichen Anlagen,
2. der Geschossflächenzahl oder der Größe der Geschossfläche, der Baumassenzahl oder der Baumasse,
3. der Zahl der Vollgeschosse,
4. der Höhe baulicher Anlagen.

(3) Bei Festsetzung des Maßes der baulichen Nutzung im Bebauungsplan ist festzusetzen

1. stets die Grundflächenzahl oder die Größe der Grundflächen der baulichen Anlagen,
2. die Zahl der Vollgeschosse oder die Höhe baulicher Anlagen, wenn ohne ihre Festsetzung öffentliche Belange, insbesondere das Orts- und Landschaftsbild, beeinträchtigt werden können.

(4) [1]Bei Festsetzung des Höchstmaßes für die Geschossflächenzahl oder die Größe der Geschossfläche, für die Zahl der Vollgeschosse und die Höhe baulicher Anlagen im Bebauungsplan kann zugleich ein Mindestmaß festgesetzt werden. [2]Die Zahl der Vollgeschosse und die Höhe baulicher Anlagen können auch als zwingend festgesetzt werden.

(5) Im Bebauungsplan kann das Maß der baulichen Nutzung für Teile des Baugebiets, für einzelne Grundstücke oder Grundstücksteile und für Teile baulicher Anlagen unterschiedlich festgesetzt werden; die Festsetzungen können oberhalb und unterhalb der Geländeoberfläche getroffen werden.

(6) Im Bebauungsplan können nach Art und Umfang bestimmte Ausnahmen von dem festgesetzten Maß der baulichen Nutzung vorgesehen werden.

§ 17[3)] Orientierungswerte für die Bestimmung des Maßes der baulichen Nutzung. [1]Bei der Bestimmung des Maßes der baulichen Nutzung nach § 16 bestehen, auch wenn eine Geschossflächenzahl oder eine Baumassenzahl nicht dargestellt oder festgesetzt wird, folgende Orientierungswerte für Obergrenzen:

[1)] Nr. **300**.
[2)] Nr. **296**.
[3)] § 17 neu gef. mWv 23.6.2021 durch G v. 14.6.2021 (BGBl. I S. 1802).

1	2	3	4
Baugebiet	Grund-flächenzahl (GRZ)	Geschoss-flächenzahl (GFZ)	Bau-massenzahl (BMZ)
in Kleinsiedlungsgebieten (WS)	0,2	0,4	–
in reinen Wohngebieten (WR) allgemeinen Wohngebieten (WA) Ferienhausgebieten	0,4	1,2	–
in besonderen Wohngebieten (WB)	0,6	1,6	–
in Dorfgebieten (MD) Mischgebieten (MI) dörflichen Wohngebieten (MDW)	0,6	1,2	–
in urbanen Gebieten (MU)	0,8	3,0	–
in Kerngebieten (MK)	1,0	3,0	–
in Gewerbegebieten (GE) Industriegebieten (GI) sonstigen Sondergebieten	0,8	2,4	10,0
in Wochenendhausgebieten	0,2	0,2	–

[2] In Wochenendhausgebieten und Ferienhausgebieten dürfen die Orientierungswerte für Obergrenzen nach Satz 1 nicht überschritten werden.

§ 18 Höhe baulicher Anlagen. (1) Bei Festsetzung der Höhe baulicher Anlagen sind die erforderlichen Bezugspunkte zu bestimmen.

(2) Ist die Höhe baulicher Anlagen als zwingend festgesetzt (§ 16 Abs. 4 Satz 2), können geringfügige Abweichungen zugelassen werden.

§ 19 Grundflächenzahl, zulässige Grundfläche. (1) Die Grundflächenzahl gibt an, wieviel Quadratmeter Grundfläche je Quadratmeter Grundstücksfläche im Sinne des Absatzes 3 zulässig sind.

(2) Zulässige Grundfläche ist der nach Absatz 1 errechnete Anteil des Baugrundstücks, der von baulichen Anlagen überdeckt werden darf.

(3) [1] Für die Ermittlung der zulässigen Grundfläche ist die Fläche des Baugrundstücks maßgebend, die im Bauland und hinter der im Bebauungsplan festgesetzten Straßenbegrenzungslinie liegt. [2] Ist eine Straßenbegrenzungslinie nicht festgesetzt, so ist die Fläche des Baugrundstücks maßgebend, die hinter der tatsächlichen Straßengrenze liegt oder die im Bebauungsplan als maßgebend für die Ermittlung der zulässigen Grundfläche festgesetzt ist.

(4) [1] Bei der Ermittlung der Grundfläche sind die Grundflächen von

1. Garagen und Stellplätzen mit ihren Zufahrten,
2. Nebenanlagen im Sinne des § 14,
3. baulichen Anlagen unterhalb der Geländeoberfläche, durch die das Baugrundstück lediglich unterbaut wird,

mitzurechnen. [2] Die zulässige Grundfläche darf durch die Grundflächen der in Satz 1 bezeichneten Anlagen bis zu 50 vom Hundert überschritten werden, höchstens jedoch bis zu einer Grundflächenzahl von 0,8; weitere Überschreitungen in geringfügigem Ausmaß können zugelassen werden. [3] Im Bebauungsplan können von Satz 2 abweichende Bestimmungen getroffen werden. [4] Soweit der Bebauungsplan nichts anderes festsetzt, kann im Einzelfall von der Einhaltung der sich aus Satz 2 ergebenden Grenzen abgesehen werden

1. bei Überschreitungen mit geringfügigen Auswirkungen auf die natürlichen Funktionen des Bodens oder
2. wenn die Einhaltung der Grenzen zu einer wesentlichen Erschwerung der zweckentsprechenden Grundstücksnutzung führen würde.

§ 20 Vollgeschosse, Geschoßflächenzahl, Geschoßfläche. (1) Als Vollgeschosse gelten Geschosse, die nach landesrechtlichen Vorschriften Vollgeschosse sind oder auf ihre Zahl angerechnet werden.

(2) Die Geschoßflächenzahl gibt an, wieviel Quadratmeter Geschoßfläche je Quadratmeter Grundstücksfläche im Sinne des § 19 Abs. 3 zulässig sind.

(3) [1] Die Geschoßfläche ist nach den Außenmaßen der Gebäude in allen Vollgeschossen zu ermitteln. [2] Im Bebauungsplan kann festgesetzt werden, dass die Flächen von Aufenthaltsräumen in anderen Geschossen einschließlich der zu ihnen gehörenden Treppenräume und einschließlich ihrer Umfassungswände ganz oder teilweise mitzurechnen oder ausnahmsweise nicht mitzurechnen sind.

(4) Bei der Ermittlung der Geschoßfläche bleiben Nebenanlagen im Sinne des § 14, Balkone, Loggien, Terrassen sowie bauliche Anlagen, soweit sie nach Landesrecht in den Abstandsflächen (seitlicher Grenzabstand und sonstige Abstandsflächen) zulässig sind oder zugelassen werden können, unberücksichtigt.

§ 21 Baumassenzahl, Baumasse. (1) Die Baumassenzahl gibt an, wieviel Kubikmeter Baumasse je Quadratmeter Grundstücksfläche im Sinne des § 19 Abs. 3 zulässig sind.

(2) [1] Die Baumasse ist nach den Außenmaßen der Gebäude vom Fußboden des untersten Vollgeschosses bis zur Decke des obersten Vollgeschosses zu ermitteln. [2] Die Baumassen von Aufenthaltsräumen in anderen Geschossen einschließlich der zu ihnen gehörenden Treppenräume und einschließlich ihrer Umfassungswände und Decken sind mitzurechnen. [3] Bei baulichen Anlagen, bei denen eine Berechnung der Baumasse nach Satz 1 nicht möglich ist, ist die tatsächliche Baumasse zu ermitteln.

(3) Bauliche Anlagen und Gebäudeteile im Sinne des § 20 Abs. 4 bleiben bei der Ermittlung der Baumasse unberücksichtigt.

(4) Ist im Bebauungsplan die Höhe baulicher Anlagen oder die Baumassenzahl nicht festgesetzt, darf bei Gebäuden, die Geschosse von mehr als 3,50 m Höhe haben, eine Baumassenzahl, die das Dreieinhalbfache der zulässigen Geschoßflächenzahl beträgt, nicht überschritten werden.

§ 21a Stellplätze, Garagen und Gemeinschaftsanlagen. (1) Garagengeschosse oder ihre Baumasse sind in sonst anders genutzten Gebäuden auf die Zahl der zulässigen Vollgeschosse oder auf die zulässige Baumasse nicht anzurechnen, wenn der Bebauungsplan dies festsetzt oder als Ausnahme vorsieht.

(2) Der Grundstücksfläche im Sinne des § 19 Abs. 3 sind Flächenanteile an außerhalb des Baugrundstücks festgesetzten Gemeinschaftsanlagen im Sinne des § 9 Abs. 1 Nr. 22 des Baugesetzbuchs[1)] hinzuzurechnen, wenn der Bebauungsplan dies festsetzt oder als Ausnahme vorsieht.

[1)] Nr. **300**.

(3) Soweit § 19 Abs. 4 nicht entgegensteht, ist eine Überschreitung der zulässigen Grundfläche durch überdachte Stellplätze und Garagen bis zu 0,1 der Fläche des Baugrundstücks zulässig; eine weitergehende Überschreitung kann ausnahmsweise zugelassen werden

1. in Kerngebieten, Gewerbegebieten und Industriegebieten,
2. in anderen Baugebieten, soweit solche Anlagen nach § 9 Abs. 1 Nr. 4 des Baugesetzbuchs im Bebauungsplan festgesetzt sind.

(4) Bei der Ermittlung der Geschoßfläche oder der Baumasse bleiben unberücksichtigt die Flächen oder Baumassen von

1. Garagengeschossen, die nach Absatz 1 nicht angerechnet werden,
2. Stellplätzen und Garagen, deren Grundflächen die zulässige Grundfläche unter den Voraussetzungen des Absatzes 3 überschreiten,
3. Stellplätzen und Garagen in Vollgeschossen, wenn der Bebauungsplan dies festsetzt oder als Ausnahme vorsieht.

(5) Die zulässige Geschoßfläche oder die zulässige Baumasse ist um die Flächen oder Baumassen notwendiger Garagen, die unter der Geländeoberfläche hergestellt werden, insoweit zu erhöhen, als der Bebauungsplan dies festsetzt oder als Ausnahme vorsieht.

Dritter Abschnitt. Bauweise, überbaubare Grundstücksfläche

§ 22 Bauweise. (1) Im Bebauungsplan kann die Bauweise als offene oder geschlossene Bauweise festgesetzt werden.

(2) [1] In der offenen Bauweise werden die Gebäude mit seitlichem Grenzabstand als Einzelhäuser, Doppelhäuser oder Hausgruppen errichtet. [2] Die Länge der in Satz 1 bezeichneten Hausformen darf höchstens 50 m betragen. [3] Im Bebauungsplan können Flächen festgesetzt werden, auf denen nur Einzelhäuser, nur Doppelhäuser, nur Hausgruppen oder nur zwei dieser Hausformen zulässig sind.

(3) In der geschlossenen Bauweise werden die Gebäude ohne seitlichen Grenzabstand errichtet, es sei denn, dass die vorhandene Bebauung eine Abweichung erfordert.

(4) [1] Im Bebauungsplan kann eine von Absatz 1 abweichende Bauweise festgesetzt werden. [2] Dabei kann auch festgesetzt werden, inwieweit an die vorderen, rückwärtigen und seitlichen Grundstücksgrenzen herangebaut werden darf oder muss.

§ 23 Überbaubare Grundstücksfläche. (1) [1] Die überbaubaren Grundstücksflächen können durch die Festsetzung von Baulinien, Baugrenzen oder Bebauungstiefen bestimmt werden. [2] § 16 Abs. 5 ist entsprechend anzuwenden.

(2) [1] Ist eine Baulinie festgesetzt, so muss auf dieser Linie gebaut werden. [2] Ein Vor- oder Zurücktreten von Gebäudeteilen in geringfügigem Ausmaß kann zugelassen werden. [3] Im Bebauungsplan können weitere nach Art und Umfang bestimmte Ausnahmen vorgesehen werden.

(3) [1] Ist eine Baugrenze festgesetzt, so dürfen Gebäude und Gebäudeteile diese nicht überschreiten. [2] Ein Vortreten von Gebäudeteilen in geringfügigem Ausmaß kann zugelassen werden. [3] Absatz 2 Satz 3 gilt entsprechend.

(4) [1] Ist eine Bebauungstiefe festgesetzt, so gilt Absatz 3 entsprechend. [2] Die Bebauungstiefe ist von der tatsächlichen Straßengrenze ab zu ermitteln, sofern im Bebauungsplan nichts anderes festgesetzt ist.

(5) [1] Wenn im Bebauungsplan nichts anderes festgesetzt ist, können auf den nicht überbaubaren Grundstücksflächen Nebenanlagen im Sinne des § 14 zugelassen werden. [2] Das gleiche gilt für bauliche Anlagen, soweit sie nach Landesrecht in den Abstandsflächen zulässig sind oder zugelassen werden können.

Vierter Abschnitt

§ 24 (weggefallen)

Fünfter Abschnitt. Überleitungs- und Schlussvorschriften

§ 25 Fortführung eingeleiteter Verfahren[1]. Für Bauleitpläne, deren Aufstellung oder Änderung bereits eingeleitet ist, sind die dieser Verordnung entsprechenden bisherigen Vorschriften weiterhin anzuwenden, wenn die Pläne bei dem Inkrafttreten dieser Verordnung bereits ausgelegt sind.

§ 25a Überleitungsvorschriften aus Anlass der zweiten Änderungsverordnung. (1) Für Bauleitpläne, deren Aufstellung oder Änderung bereits eingeleitet ist, gilt diese Verordnung in ihrer bis zum Inkrafttreten der Zweiten Verordnung zur Änderung dieser Verordnung vom 15. September 1977 (BGBl. I S. 1757) gültigen Fassung, wenn die Pläne bei Inkrafttreten der zweiten Änderungsverordnung nach § 2a Abs. 6 des Bundesbaugesetzes oder § 2 Abs. 6 des Bundesbaugesetzes in der bis zum 1. Januar 1977 geltenden Fassung ausgelegt sind.

(2) [1] Von der Geltung der Vorschriften der zweiten Änderungsverordnung über gesonderte Festsetzungen für übereinanderliegende Geschosse und Ebenen sowie sonstige Teile baulicher Anlagen sind solche Bebauungspläne ausgenommen, auf die § 9 Abs. 3 des Bundesbaugesetzes in der ab 1. Januar 1977 geltenden Fassung nach Maßgabe des Artikels 3 § 1 Abs. 3 des Gesetzes zur Änderung des Bundesbaugesetzes vom 18. August 1976 (BGBl. I S. 2221) keine Anwendung findet. [2] Auf diese Bebauungspläne finden die Vorschriften dieser Verordnung über gesonderte Festsetzungen für übereinanderliegende Geschosse und Ebenen und sonstige Teile baulicher Anlagen in der bis zum Inkrafttreten der zweiten Änderungsverordnung gültigen Fassung weiterhin Anwendung.

§ 25b Überleitungsvorschrift aus Anlass der dritten Änderungsverordnung. (1) [1] Ist der Entwurf eines Bebauungsplans vor dem Inkrafttreten der dritten Änderungsverordnung nach § 2a Abs. 6 des Bundesbaugesetzes öffentlich ausgelegt worden, ist auf ihn § 11 Abs. 3 Satz 3 in der bis zum Inkrafttreten der dritten Änderungsverordnung geltenden Fassung anzuwenden. [2] Das Recht der Gemeinde, das Verfahren zur Aufstellung des Bebauungsplans erneut einzuleiten, bleibt unberührt.

---

[1] **Amtl. Anm.:** Diese Vorschrift betrifft die Fortführung eingeleiteter Verfahren bei Inkrafttreten der Baunutzungsverordnung (1. August 1962) in der ursprünglichen Fassung vom 26. Juni 1962 (BGBl. I S. 429). Für die Fortführung eingeleiteter Verfahren bei Inkrafttreten der Änderungsverordnung (1. Januar 1969) bestimmt Artikel 2 der Verordnung zur Änderung der Baunutzungsverordnung vom 26. November *1968 (BGBl. I S. 1233):*

„Für Bauleitpläne, deren Aufstellung oder Änderung bereits eingeleitet ist, gilt die Verordnung in der bisherigen Fassung, wenn die Pläne bei Inkrafttreten dieser Verordnung bereits nach § 2 Abs. 6 des Bundesbaugesetzes ausgelegt sind."

(2) Auf Bebauungspläne, auf die § 11 Abs. 3 in der Fassung der Bekanntmachung vom 15. September 1977 Anwendung findet, ist § 11 Abs. 3 Satz 4 entsprechend anzuwenden.

§ 25c Überleitungsvorschrift aus Anlass der vierten Änderungsverordnung. [1] Ist der Entwurf eines Bauleitplans vor dem 27. Januar 1990 nach § 3 Abs. 2 des Baugesetzbuchs[1)] öffentlich ausgelegt worden, ist auf ihn diese Verordnung in der bis zum 26. Januar 1990 geltenden Fassung anzuwenden. [2] Das Recht der Gemeinde, das Verfahren zur Aufstellung des Bauleitplans erneut einzuleiten, bleibt unberührt.

§ 25d Überleitungsvorschrift aus Anlass des Gesetzes zur Stärkung der Innenentwicklung in den Städten und Gemeinden und weiteren Fortentwicklung des Städtebaurechts. [1] Ist der Entwurf eines Bauleitplans vor dem 20. September 2013 nach § 3 Absatz 2 des Baugesetzbuchs[1)] öffentlich ausgelegt worden, ist auf ihn diese Verordnung in der bis zum 20. September 2013 geltenden Fassung anzuwenden. [2] Das Recht der Gemeinde, das Verfahren zur Aufstellung des Bauleitplans erneut einzuleiten, bleibt unberührt.

§ 25e[2)] Überleitungsvorschrift aus Anlass des Gesetzes zur Mobilisierung von Bauland. [1] Ist der Entwurf eines Bauleitplans vor dem 23. Juni 2021 nach § 3 Absatz 2 des Baugesetzbuchs[1)] oder nach dem Planungssicherstellungsgesetz[3)] öffentlich ausgelegt worden, ist auf ihn diese Verordnung in der bis zum 23. Juni 2021 geltenden Fassung anzuwenden. [2] Das Recht der Gemeinde, das Verfahren zur Aufstellung des Bauleitplans erneut einzuleiten, bleibt unberührt.

§ 26 (Berlin-Klausel) *(gegenstandslos)*

§ 26a Überleitungsregelungen aus Anlass der Herstellung der Einheit Deutschlands. [1] Soweit in dieser Verordnung auf Vorschriften verwiesen wird, die in dem in Artikel 3 des Einigungsvertrages[4)] genannten Gebiet keine Anwendung finden, sind die entsprechenden Vorschriften der Deutschen Demokratischen Republik anzuwenden. [2] Bestehen solche Vorschriften nicht oder würde ihre Anwendung dem Sinn der Verweisung widersprechen, gelten die Vorschriften, auf die verwiesen wird, entsprechend.

§ 27 (Inkrafttreten)

[1)] Nr. **300**.
[2)] § 25e eingef. mWv 23.6.2021 durch G v. 14.6.2021 (BGBl. I S. 1802).
[3)] **Sartorius III Nr. 160.**
[4)] **Sartorius III Nr. 2.**

386. Wohngeldverordnung (WoGV)[1) 2)]

In der Fassung der Bekanntmachung vom 19. Oktober 2001[3)]
(BGBl. I S. 2722)

FNA 8601-1-1

geänd. durch Art. 5a VO zur Berechnung der Wohnfläche, über die Aufstellung von Betriebskosten und zur Änd. anderer VOen v. 25.11.2003 (BGBl. I S. 2346), Art. 54 Viertes G für moderne Dienstleistungen am Arbeitsmarkt v. 24.12.2003 (BGBl. I S. 2954), Art. 3 G zur Neuregelung des Wohngeldrechts und zur Änd. des SGB v. 24.9.2008 (BGBl. I S. 1856), Art. 1 Zehnte ÄndVO v. 15.12.2008 (BGBl. I S. 2486), Art. 1 Elfte ÄndVO v. 11.12.2012 (BGBl. I S. 2654), Art. 2 WohngeldreformG v. 2.10.2015 (BGBl. I S. 1610), Art. 22 Abs. 10 6. SGB IV-ÄndG v. 11.11.2016 (BGBl. I S. 2500), Art. 2 Wohngeldstärkungsgesetz v. 30.11.2019 (BGBl. I S. 1877), Art. 1 Zwölfte VO zur Änd. der WohngeldVO v. 6.7.2020 (BGBl. I S. 1594) und Art. 1 Erste VO zur Fortschreibung des Wohngeldes nach § 43 des WohngeldG v. 3.6.2021 (BGBl. I S. 1369)

Inhaltsübersicht[4)]

---

1) Die VO wurde erlassen auf Grund von § 36 Abs. 1 WoGG.

2) Die Änderungen durch VO v. 3.6.2021 (BGBl. I S. 1369) treten erst **mWv 1.1.2022** in Kraft und sind im Text noch nicht berücksichtigt.

3) Neubekanntmachung der WoGV idF der Bek. v. 6.2.2001 (BGBl. I S. 192) in der ab 1.1.2002 geltenden Fassung.

4) Inhaltsübers. neu gef. mWv 1.1.2009 durch G v. 24.9.2008 (BGBl. I S. 1856); geänd. mWv 1.1.2009 durch VO v. 15.12.2008 (BGBl. I S. 2486); geänd. mWv 1.1.2013 durch VO v. 11.12.2012 (BGBl. I S. 2654); geänd. mWv 1.1.2016 durch G v. 2.10.2015 (BGBl. I S. 1610); geänd. mWv 1.1.2020 durch G v. 30.11.2019 (BGBl. I S. 1877).

Teil 1.[1] Anwendungsbereich

§ 1[2] Anwendungsbereich. (1) Die Miete und der Mietwert im Sinne des Wohngeldgesetzes[3] sind nach den Vorschriften des Teils 2 dieser Verordnung zu ermitteln.

(2) Die Belastung im Sinne des Wohngeldgesetzes ist nach Teil 3 dieser Verordnung zu berechnen, soweit nicht nach § 10 Abs. 2 Satz 2 des Wohngeldgesetzes von einer vollständigen Wohngeld-Lastenberechnung abgesehen werden kann.

(3) Die Mietenstufen für Gemeinden ergeben sich aus der dieser Verordnung beigefügten Anlage.

§ 1a[4] *(aufgehoben)*

Teil 2.[5] Ermittlung der Miete

§ 2[6] Miete. (1) Zur Miete im Sinne des § 9 Abs. 1 des Wohngeldgesetzes[3] gehören auch Beträge, die im Zusammenhang mit dem Miet- oder mietähnlichen Nutzungsverhältnis auf Grund eines Vertrages mit dem Vermieter oder einem Dritten an einen Dritten zu zahlen sind.

(2) [1] Von der Miete sind keine anderen Beträge als die in § 9 Absatz 2 des Wohngeldgesetzes genannten Kosten und Vergütungen abzusetzen. [2] § 5 bleibt unberührt.

§ 3[7] Mietvorauszahlungen und Mieterdarlehen. (1) Ist die Miete ganz oder teilweise im Voraus bezahlt worden (Mietvorauszahlung), sind die im Voraus bezahlten Beträge so zu behandeln, als ob sie jeweils in dem Zeitraum bezahlt worden wären, für den sie bestimmt sind.

(2) Hat der Mieter dem Vermieter ein Mieterdarlehen gegeben und wird die Forderung des Mieters aus dem Mieterdarlehen ganz oder teilweise mit der Miete verrechnet, gehören zur Miete auch die Beträge, um die sich die Miete hierdurch tatsächlich vermindert.

§ 4[8] Sach- und Dienstleistungen des Mieters. (1) Erbringt der Mieter Sach- oder Dienstleistungen für den Vermieter und wird deshalb die Miete ermäßigt, ist die ermäßigte Miete zu Grunde zu legen.

---

[1] Überschr. Teil 1 neu gef. mWv 1.1.2009 durch G v. 24.9.2008 (BGBl. I S. 1856).

[2] § 1 Abs. 2 aufgeh. mWv 1.1.2005 durch G v. 24.12.2003 (BGBl. I S. 2954); Abs. 1 geänd., bish. Abs. 3 wird Abs. 2 und neu gef., bish. Abs. 4 wird Abs. 3 und geänd. mWv 1.1.2009 durch G v. 24.9.2008 (BGBl. I S. 1856).

[3] Nr. **385**.

[4] § 1a aufgeh. mWv 1.1.2009 durch G v. 24.9.2008 (BGBl. I S. 1856).

[5] Überschr. Teil 2 neu gef. mWv 1.1.2009 durch G v. 24.9.2008 (BGBl. I S. 1856).

[6] § 2 Abs. 1 geänd. mWv 1.1.2009 durch G v. 24.9.2008 (BGBl. I S. 1856); Abs. 2 neu gef. mWv 1.1.2016 durch G v. 2.10.2015 (BGBl. I S. 1610).

[7] § 3 Abs. 2 geänd. mWv 1.1.2009 durch G v. 24.9.2008 (BGBl. I S. 1856).

[8] § 4 Abs. 1 und 2 geänd. mWv 1.1.2009 durch G v. 24.9.2008 (BGBl. I S. 1856).

(3) [1] Die übrigen Länder haben für das erste Kalenderjahr der Teilnahme eines Landes am automatisierten Datenabgleich pauschal einmalige Kosten in Höhe von 2 700 Euro zuzüglich 950 Euro je Kalendervierteljahr der Teilnahme zu erstatten. [2] Die Erstattung ist am 31. Januar des folgenden Kalenderjahres fällig. [3] Für jedes weitere Kalenderjahr der Teilnahme am automatisierten Datenabgleich sind die Kosten nach Absatz 2 Satz 1 in Verbindung mit Absatz 2 Satz 2 zu erstatten; Absatz 2 Satz 3 gilt entsprechend.

Anlage[1)]
(zu § 1 Absatz 3)

Mietenstufen der Gemeinden nach Ländern ab 1. Januar 2020

(hier nicht abgedruckt)

[1)] Anlage neu gef. mWv 1.1.2020 durch G v. 30.11.2019 (BGBl. I S. 1877); geänd. mWv 1.8.2020 durch VO v. 6.7.2020 (BGBl. I S. 1594).

420. Bundesgesetz über individuelle Förderung der Ausbildung (Bundesausbildungsförderungsgesetz – BAföG)[1) 2) 3)]

In der Fassung der Bekanntmachung vom 7. Dezember 2010[4)]

(BGBl. I S. 1952, ber. BGBl. 2012 I S. 197)

FNA 2212-2

geänd. durch Art. 11 Abs. 3 G zur Umsetzung aufenthaltsrechtlicher Richtlinien der EU und zur Anpassung nationaler Rechtsvorschriften an den EU-Visakodex v. 22.11.2011 (BGBl. I S. 2258), Art. 1 24. ÄndG v. 6.12.2011 (BGBl. I S. 2569), Art. 19 BeitreibungsRL-UmsetzungsG v. 7.12.2011 (BGBl. I S. 2592), Art. 31 G zur Verbesserung der Eingliederungschancen am Arbeitsmarkt v. 20.12.2011 (BGBl. I S. 2854), Art. 5 G zur Verbesserung der Rechte von international Schutzberechtigten und ausländischen Arbeitnehmern v. 29.8.2013 (BGBl. I S. 3484, ber. S. 3899), Art. 1 25. ÄndG v. 23.12.2014 (BGBl. I S. 2475, geänd durch G v. 21.12.2015, BGBl. I S. 2557), Art. 6 G zur Neubestimmung des Bleiberechts und der Aufenthaltsbeendigung v. 27.7.2015 (BGBl. I S. 1386), Art. 71 G zum Abbau verzichtbarer Anordnungen der Schriftform im Verwaltungsrecht des Bundes v. 29.3.2017 (BGBl. I S. 626), Art. 2 FamiliennachzugsneuregelungsG v. 12.7.2018 (BGBl. I S. 1147), Art. 2 G zu Übergangsregelungen in

---

[1)] Die Änderungen durch G v. 8.4.2019 (BGBl. I S. 418) treten gem. Art. 4 dieses G an dem Tag in Kraft, an dem der Austritt des Vereinigten Königreichs Großbritannien und Nordirland aus der Europäischen Union wirksam wird, sofern bis zu diesem Zeitpunkt kein Austrittsabkommen im Sinne von Artikel 50 Absatz 2 Satz 2 des Vertrags über die Europäische Union in Kraft getreten ist. Der Tag des Inkrafttretens wird vom Bundesministerium für Arbeit und Soziales im Bundesgesetzblatt bekannt gegeben; sie sind im Text noch nicht berücksichtigt.

[2)] Die Änderungen durch G v. 12.12.2019 (BGBl. I S. 2652) treten erst **mWv 1.1.2024** in Kraft und sind im Text noch nicht berücksichtigt.

[3)] Zum BAföG haben die Länder ua folgende Vorschriften erlassen:
- **Baden-Württemberg:** AGBAföG idF der Bek. v. 15.5.1985 (GBl. S. 177), zuletzt geänd. durch VO v. 23.2.2017 (GBl. S. 99),
- **Bayern:** BayAGBAföG v. 27.6.1980 (BayRS IV S. 242), zuletzt geänd. durch V v. 26.3.2019 (GVBl. S. 98),
- **Berlin:** DVO-BAföG v. 28.9.1971 (GVBl. S. 1818), zuletzt geänd. durch G v. 25.2.2016 (GVBl. S. 58),
- **Brandenburg:** BAföGZV v. 30.1.1996 (GVBl. II S. 79), zuletzt geänd. durch VO v. 16.3.2004 (GVBl II S. 147),
- **Bremen:** Regelung der Zuständigkeiten nach dem BAföG v. 19.6.1973 (Brem.ABl. S. 347), zuletzt geänd. durch Bek. v. 2.8.2016 (Brem.GBl. S. 434),
- **Hessen:** BAföG-HAG v. 23.5.1973 (GVBl. I S. 173), zuletzt geänd. durch G v. 13.12.2012 (GVBl. S. 622),
- **Mecklenburg-Vorpommern:** AGBAföG v. 15.12.1993 (GVOBl. M-V 1994 S. 15), zuletzt geänd. durch G v. 13.12.2013 (GVOBl. M-V S. 699),
- **Niedersachsen:** VO über die Ämter für Ausbildungsförderung bei den Hochschulen v. 9.8.2011 (Nds. GVBl. S. 277), zuletzt geänd. durch VO v. 23.1.2020 (Nds. GVBl. S. 25),
- **Nordrhein-Westfalen:** AG BAföG NRW v. 30.1.1973 (GV. NRW. S. 57), zuletzt geänd. durch G v. 23.1.2018 (GV. NRW. S. 90),
- **Rheinland-Pfalz:** AGBAföG v. 21.12.1978 (GVBl. S. 759), zuletzt geänd. durch G v. 15.10.2020 (GVBl. S. 573),
- ***Saarland:*** BAföG-AusführungsG v. 31.3.2004 (Amtsbl. S. 786), geänd. durch G v. 16.6.2021 (Amtsbl. I S. 1762),
- **Sachsen:** SächsAG-BAföG v. 7.1.1993 (SächsGVBl. S. 16), zuletzt geänd. durch G v. 27.1.2012 (SächsGVBl. S. 130),
- **Sachsen-Anhalt:** AGBAföG idF der Bek. v. 24.4.2007 (GVBl. LSA S. 150), zuletzt geänd. durch G v. 17.2.2017 (GVBl. LSA S. 14),
- **Schleswig-Holstein:** BAföGZustVO v. 22.12.1975 (GVOBl. Schl.-H. S. 340), zuletzt geänd. durch VO v. 16.1.2019 (GVOBl. Schl.-H. S. 30),
- **Thüringen:** ThürAGBAföG idF der Bek. v. 29.5.2002 (GVBl. S. 201), zuletzt geänd. durch G v. 2.7. 2016 (GVBl. S. 226).

[4)] Neubekanntmachung des BAföG idF der Bek. v. 6.6.1983 (BGBl. I S. 645, ber. S. 1680) in der ab 28.10.2010 geltenden Fassung.

den Bereichen Arbeit, Bildung, Gesundheit, Soziales und Staatsangehörigkeit nach dem Austritt des Vereinigten Königreichs Großbritannien und Nordirland aus der EU v. 8.4.2019 (BGBl. I S. 418), Art. 1, 2 und 3 26. G zur Änd. des BundesausbildungsförderungsG v. 8.7.2019 (BGBl. I S. 1048), Art. 51 G zur Regelung des Sozialen Entschädigungsrechts v. 12.12.2019 (BGBl. I S. 2652), Art. 13 MDK-Reformgesetz v. 14.12.2019 (BGBl. I S. 2789), Art. 5 COVID-19-KrankenhausentlastungsG v. 27.3.2020 (BGBl. I S. 580), Art. 2 Wissenschafts- und StudierendenunterstützungsG v. 25.5.2020 (BGBl. I S. 1073) und Art. 4 G zur aktuellen Anpassung des FreizügigkeitsG/EU und weiterer Vorschriften an das Unionsrecht v. 12.11.2020 (BGBl. I S. 2416)

§ 1 Grundsatz. Auf individuelle Ausbildungsförderung besteht für eine der Neigung, Eignung und Leistung entsprechende Ausbildung ein Rechtsanspruch nach Maßgabe dieses Gesetzes, wenn dem Auszubildenden die für seinen Lebensunterhalt und seine Ausbildung erforderlichen Mittel anderweitig nicht zur Verfügung stehen.

Abschnitt I. Förderungsfähige Ausbildung

§ 2[1] Ausbildungsstätten. (1) [1] Ausbildungsförderung wird geleistet für den Besuch von

1. weiterführenden allgemeinbildenden Schulen und Berufsfachschulen, einschließlich der Klassen aller Formen der beruflichen Grundbildung, ab Klasse 10 sowie von Fach- und Fachoberschulklassen, deren Besuch eine abgeschlossene Berufsausbildung nicht voraussetzt, wenn der Auszubildende die Voraussetzungen des Absatzes 1a erfüllt,
2. Berufsfachschulklassen und Fachschulklassen, deren Besuch eine abgeschlossene Berufsausbildung nicht voraussetzt, sofern sie in einem zumindest zweijährigen Bildungsgang einen berufsqualifizierenden Abschluss vermitteln,
3. Fach- und Fachoberschulklassen, deren Besuch eine abgeschlossene Berufsausbildung voraussetzt,
4. Abendhauptschulen, Berufsaufbauschulen, Abendrealschulen, Abendgymnasien und Kollegs,
5. Höheren Fachschulen sowie von Akademien, die Abschlüsse verleihen, die nicht nach Landesrecht Hochschulabschlüssen gleichgestellt sind,

(Fortsetzung nächstes Blatt)

[1] § 2 Abs. 1a Satz 2 und Abs. 3 einl. Satzteil geänd. mWv 1.1.2015 durch G v. 23.12.2014 (BGBl. I S. 2475); Abs. 1 Satz 1 Nr. 5 neu gef., Nr. 6 und Abs. 2 Satz 1 geänd. mWv 16.7.2019 durch G v. 8.7. 2019 (BGBl. I S. 1048).

deten Höhe erbracht haben, die noch verbleibende Darlehensschuld zu erlassen. [2] Für Zeiträume, in denen eine Freistellung nach § 18a Absatz 1 mit verminderter Ratenzahlung gewährt wurde, genügen für einen Erlass nach Satz 1 Tilgungsleistungen jeweils in Höhe der vom Bundesverwaltungsamt zugleich festgesetzten verminderten Rückzahlungsraten; Absatz 10 bleibt unberührt.

(14) Das Bundesministerium für Bildung und Forschung kann durch Rechtsverordnung ohne Zustimmung des Bundesrates für die Aufgaben gemäß § 39 Absatz 2 das Nähere bestimmen über

1. den Beginn und das Ende der Verzinsung sowie den Verzicht auf Zinsen aus besonderen Gründen,
2. das Verfahren zur Verwaltung und Einziehung der Darlehen – einschließlich der erforderlichen Nachweise oder der Zulässigkeit des Glaubhaftmachens mittels der Versicherung an Eides statt sowie der Maßnahmen zur Sicherung der Rückzahlungsansprüche – sowie zur Rückleitung der eingezogenen Beträge an Bund und Länder und
3. die Erhebung von Kostenpauschalen für die Ermittlung der jeweiligen Anschrift der Darlehensnehmenden und für das Mahnverfahren.

§ 18a[1] Einkommensabhängige Rückzahlung. (1) [1] Auf Antrag sind Darlehensnehmende während der Rückzahlungsfrist des § 18 Absatz 3 Satz 1 bis spätestens zu deren Ablauf von der Verpflichtung zur Rückzahlung freizustellen, soweit ihr Einkommen monatlich jeweils den Betrag von 1 330 Euro nicht um mindestens 42 Euro übersteigt. [2] Der in Satz 1 bezeichnete Betrag erhöht sich für

1. Ehegattinnen, Ehegatten, Lebenspartnerinnen oder Lebenspartner um 665 Euro,
2. jedes Kind der Darlehensnehmenden um 605 Euro,

wenn sie nicht in einer Ausbildung stehen, die nach diesem Gesetz oder nach § 56 des Dritten Buches Sozialgesetzbuch[2] gefördert werden kann. [3] Die Beträge nach Satz 2 mindern sich um das Einkommen der Ehegattinnen, Ehegatten, Lebenspartnerinnen oder Lebenspartner und Kinder. [4] Als Kinder gelten insoweit außer eigenen Kindern der Darlehensnehmenden die in § 25 Absatz 5 Nummer 1 bis 3 bezeichneten Personen. [5] § 47 Absatz 4 und 5 gilt entsprechend.

(2) Auf besonderen Antrag erhöht sich der in Absatz 1 Satz 1 bezeichnete Betrag

1. bei behinderten Menschen um den Betrag der behinderungsbedingten Aufwendungen entsprechend § 33b des Einkommensteuergesetzes,
2. bei Alleinstehenden um den Betrag der notwendigen Aufwendungen für die Dienstleistungen zur Betreuung eines zum Haushalt gehörenden Kindes, das das 16. Lebensjahr noch nicht vollendet hat, bis zur Höhe von monatlich 175 Euro für das erste und je 85 Euro für jedes weitere Kind.

(3) [1] Auf den Antrag nach Absatz 1 Satz 1 erfolgt die Freistellung vom Beginn des Antragsmonats an in der Regel für ein Jahr, rückwirkend erfolgt sie für längstens vier Monate vor dem Antragsmonat (Freistellungszeitraum). [2] Das im Antrags-

---

[1] § 18a Abs. 1 Satz 2 geänd. mWv 1.4.2012 durch G v. 20.12.2011 (BGBl. I S. 2854); Abs. 1 Satz 1, Satz 2 Nr. 1 und 2 sowie Satz 6 Nr. 1 geänd. mWv 1.8.2016 durch G v. 23.12.2014 (BGBl. I S. 2475); Abs. 1 neu gef., Abs. 2 eingef., bish. Abs. 2 wird Abs. 3 und Satz 2 geänd., Satz 3 neu gef., Satz 4 angef., bish. Abs. 3 wird Abs. 4, Abs. 5 aufgeh. mWv 16.7.2019, Abs. 1 Satz 1, Satz 2 Nr. 1 und 2 geänd. mWv 1.8.2020 und Abs. 1 Sätze 1 und 2 geänd. mWv 1.8.2021 durch G v. 8.7.2019 (BGBl. I S. 1048).

[2] **Gewerberecht Nr. 790.**

monat erzielte Einkommen gilt vorbehaltlich des Absatzes 4 als monatliches Einkommen für alle Monate des Freistellungszeitraums. [3] Die Darlehensnehmenden haben das Vorliegen der Freistellungsvoraussetzungen nachzuweisen, soweit nicht durch Rechtsverordnung auf Grund des § 18 Absatz 14 Nummer 2 etwas Abweichendes geregelt ist. [4] Soweit eine Glaubhaftmachung mittels der Versicherung an Eides statt zugelassen ist, ist das Bundesverwaltungsamt für die Abnahme derselben zuständig.

(4) [1] Ändert sich ein für die Freistellung maßgeblicher Umstand nach der Antragstellung, so wird der Bescheid vom Beginn des Monats an geändert, in dem die Änderung eingetreten ist. [2] Nicht als Änderung im Sinne des Satzes 1 gelten Regelanpassungen gesetzlicher Renten und Versorgungsbezüge.

§ 18b[1)] Teilerlass des Darlehens. (1) (weggefallen)

(2) [1] Auszubildenden, die die Abschlussprüfung bis zum 31. Dezember 2012 bestanden haben und nach ihrem Ergebnis zu den ersten 30 vom Hundert aller Prüfungsabsolventen gehören, die diese Prüfung in demselben Kalenderjahr abgeschlossen haben, wird auf Antrag der für diesen Ausbildungsabschnitt geleistete Darlehensbetrag teilweise erlassen. [2] Der Erlass beträgt von dem nach dem 31. Dezember 1983 für diesen Ausbildungsabschnitt geleisteten Darlehensbetrag

1. 25 vom Hundert, wenn innerhalb der Förderungshöchstdauer,
2. 20 vom Hundert, wenn innerhalb von sechs Monaten nach dem Ende der Förderungshöchstdauer,
3. 15 vom Hundert, wenn innerhalb von zwölf Monaten nach dem Ende der Förderungshöchstdauer

die Abschlussprüfung bestanden wurde. [3] Der Antrag ist innerhalb eines Monats nach Bekanntgabe des Bescheids nach § 18 Absatz 9 zu stellen. [4] Abweichend von Satz 1 erhalten Auszubildende, die zu den ersten 30 vom Hundert der Geförderten gehören, unter den dort genannten Voraussetzungen den Erlass

a) in Ausbildungs- und Studiengängen, in denen als Gesamtergebnis der Abschlussprüfung nur das Bestehen festgestellt wird, nach den in dieser Prüfung erbrachten Leistungen,

b) in Ausbildungs- und Studiengängen ohne Abschlussprüfung nach den am Ende der planmäßig abgeschlossenen Ausbildung ausgewiesenen Leistungen; dabei ist eine differenzierte Bewertung über die Zuordnung zu den ersten 30 vom Hundert der Geförderten hinaus nicht erforderlich.

[5] Auszubildende, die ihre Ausbildung an einer im Ausland gelegenen Ausbildungsstätte bestanden haben, erhalten den Teilerlass nicht. [6] Abweichend von Satz 5 wird den Auszubildenden, die eine nach § 5 Absatz 1 oder 3 in der bis

(Fortsetzung nächstes Blatt)

[1)] § 18b Abs. 4 und 5 neu gef, Abs. 5a eingef. mWv 14.12.2011 durch G v. 6.12.2011 (BGBl. I S. 2569); Abs. 6 Satz 1 geänd. mWv 1.1.2015 durch G v. 23.12.2014 (BGBl. I S. 2475); Abs. 2 Satz 3, Abs. 3 Satz 3 und Abs. 4 Satz 3 geänd. mWv 16.7.2019 durch G v. 8.7.2019 (BGBl. I S. 1048).

zur Höhe des Betrages, der in der Kriegsopferversorgung bei gleicher Minderung der Erwerbsfähigkeit als Grundrente und Schwerstbeschädigtenzulage geleistet würde,

4. Einnahmen, deren Zweckbestimmung einer Anrechnung auf den Bedarf entgegensteht; dies gilt insbesondere für Einnahmen, die für einen anderen Zweck als für die Deckung des Bedarfs im Sinne dieses Gesetzes bestimmt sind,
5. zusätzliche Einnahmen aus einer Tätigkeit der Antragstellenden in systemrelevanten Branchen und Berufen, soweit die Tätigkeit zur Bekämpfung der COVID-19-Pandemie und deren sozialen Folgen seit dem 1. März 2020 aufgenommen oder in ihrem arbeitszeitlichen Umfang aufgestockt wurde, für die Dauer dieser Tätigkeit oder Arbeitszeitaufstockung.

§ 22 Berechnungszeitraum für das Einkommen des Auszubildenden.

(1) [1] Für die Anrechnung des Einkommens des Auszubildenden sind die Einkommensverhältnisse im Bewilligungszeitraum maßgebend. [2] Sind bei ihrer Ermittlung Pauschbeträge für Werbungskosten nach § 9a des Einkommensteuergesetzes zu berücksichtigen, so ist der Betrag abzuziehen, der sich ergibt, wenn ein Zwölftel des Jahrespauschbetrages mit der Zahl der Kalendermonate des Bewilligungszeitraumes vervielfacht wird.

(2) Auf den Bedarf jedes Kalendermonats des Bewilligungszeitraums wird der Betrag angerechnet, der sich ergibt, wenn das Gesamteinkommen durch die Zahl der Kalendermonate des Bewilligungszeitraums geteilt wird.

(3) Die Absätze 1 und 2 gelten entsprechend für die Berücksichtigung des Einkommens

1. der Kinder nach § 23 Absatz 2,
2. der Kinder, der in § 25 Absatz 5 Nummer 1 bis 3 bezeichneten Personen und der sonstigen Unterhaltsberechtigten nach § 25 Absatz 3.

§ 23[1] Freibeträge vom Einkommen des Auszubildenden. (1) [1] Vom Einkommen des Auszubildenden bleiben monatlich anrechnungsfrei

1.	für den Auszubildenden selbst	290 Euro,
2.	für den Ehegatten oder Lebenspartner des Auszubildenden	665 Euro,
3.	für jedes Kind des Auszubildenden	605 Euro.

[2] Satz 1 Nummer 2 und 3 findet keine Anwendung auf Ehegatten oder Lebenspartner und Kinder, die in einer Ausbildung stehen, die nach diesem Gesetz oder nach § 56 des Dritten Buches Sozialgesetzbuch[2] gefördert werden kann.

(2) Die Freibeträge nach Absatz 1 Nummer 2 und 3 mindern sich um Einnahmen des Auszubildenden sowie Einkommen des Ehegatten oder Lebenspartners und des Kindes, die dazu bestimmt sind oder üblicher- oder zumutbarerweise *dazu verwendet* werden, den Unterhaltsbedarf des Ehegatten oder Lebenspartners und der Kinder des Auszubildenden zu decken.

(3) Die Vergütung aus einem Ausbildungsverhältnis wird abweichend von den Absätzen 1 und 2 voll angerechnet.

---

[1] § 23 Abs. 1 Satz 2 geänd. mWv 1.4.2012 durch G v. 20.12.2011 (BGBl. I S. 2854); Abs. 1 Satz 1 Nr. 1–3, Abs. 4 Nr. 1 und Abs. 5 geänd. mWv 1.8.2016 durch G v. 23.12.2014 (BGBl. I S. 2475); Abs. 1 Satz 1 Nr. 2 und 3, Abs. 4 Nr. 1 und Abs. 5 geänd. mWv 16.7.2019, mWv 1.8.2020 und mWv 1.8.2021 durch G v. 8.7.2019 (BGBl. I S. 1048).

[2] **Gewerberecht Nr. 790.**

(4) Abweichend von Absatz 1 werden

1. von der Waisenrente und dem Waisengeld der Auszubildenden, deren Bedarf sich nach § 12 Absatz 1 Nummer 1 bemisst, monatlich 210 Euro, anderer Auszubildender 150 Euro monatlich nicht angerechnet,
2. Ausbildungsbeihilfen und gleichartige Leistungen aus öffentlichen Mitteln oder von Förderungseinrichtungen, die hierfür öffentliche Mittel erhalten, sowie Förderungsleistungen ausländischer Staaten voll auf den Bedarf angerechnet; zu diesem Zweck werden Ausbildungsbeihilfen und gleichartige Leistungen, die zugleich aus öffentlichen und privaten Mitteln finanziert und dem Empfänger insgesamt als eine Leistung zugewendet werden, als einheitlich aus öffentlichen Mitteln erbracht behandelt. Voll angerechnet wird auch Einkommen, das aus öffentlichen Mitteln zum Zweck der Ausbildung bezogen wird,
3. (weggefallen)
4. Unterhaltsleistungen des geschiedenen oder dauernd getrennt lebenden Ehegatten voll auf den Bedarf angerechnet; dasselbe gilt für Unterhaltsleistungen des Lebenspartners nach Aufhebung der Lebenspartnerschaft oder des dauernd getrennt lebenden Lebenspartners.

(5) Zur Vermeidung unbilliger Härten kann auf besonderen Antrag, der vor dem Ende des Bewilligungszeitraums zu stellen ist, abweichend von den Absätzen 1 und 4 ein weiterer Teil des Einkommens des Auszubildenden anrechnungsfrei gestellt werden, soweit er zur Deckung besonderer Kosten der Ausbildung erforderlich ist, die nicht durch den Bedarfssatz gedeckt sind, höchstens jedoch bis zu einem Betrag von 305 Euro monatlich.

§ 24[1)] Berechnungszeitraum für das Einkommen der Eltern und des Ehegatten oder Lebenspartners. (1) Für die Anrechnung des Einkommens der Eltern und des Ehegatten oder Lebenspartners des Auszubildenden sind die Einkommensverhältnisse im vorletzten Kalenderjahr vor Beginn des Bewilligungszeitraums maßgebend.

(2) [1] Ist der Einkommensbezieher für diesen Zeitraum zur Einkommensteuer zu veranlagen, liegt jedoch der Steuerbescheid dem Amt für Ausbildungsförderung noch nicht vor, so wird unter Berücksichtigung der glaubhaft gemachten Einkommensverhältnisse über den Antrag entschieden. [2] Ausbildungsförderung wird insoweit – außer in den Fällen des § 18c – unter dem Vorbehalt der Rückforderung geleistet. [3] Sobald der Steuerbescheid dem Amt für Ausbildungsförderung vorliegt, wird über den Antrag abschließend entschieden.

(3) [1] Ist das Einkommen im Bewilligungszeitraum voraussichtlich wesentlich niedriger als in dem nach Absatz 1 maßgeblichen Zeitraum, so ist auf besonderen Antrag des Auszubildenden bei der Anrechnung von den Einkommensverhältnissen im Bewilligungszeitraum auszugehen; nach dessen Ende gestellte Anträge werden nicht berücksichtigt. [2] Der Auszubildende hat das Vorliegen der Voraussetzungen des Satzes 1 glaubhaft zu machen. [3] Ausbildungsförderung wird insoweit – außer in den Fällen des § 18c – unter dem Vorbehalt der Rückforderung geleistet. [4] Sobald sich das Einkommen in dem Bewilligungszeitraum endgültig feststellen lässt, wird über den Antrag abschließend entschieden.

(4) [1] Auf den Bedarf für jeden Kalendermonat des Bewilligungszeitraums ist ein Zwölftel des im Berechnungszeitraum erzielten Jahreseinkommens anzurechnen. [2] Abweichend von Satz 1 ist in den Fällen des Absatzes 3 der Betrag anzurechnen,

---

[1)] § 24 Abs. 2 Satz 2 ber. BGBl. 2012 I S. 197.

der sich ergibt, wenn die Summe der Monatseinkommen des Bewilligungszeitraums durch die Zahl der Kalendermonate des Bewilligungszeitraums geteilt wird; als Monatseinkommen gilt ein Zwölftel des jeweiligen Kalenderjahreseinkommens.

§ 25[1)] Freibeträge vom Einkommen der Eltern und des Ehegatten oder Lebenspartners. (1) Es bleiben monatlich anrechnungsfrei

1. vom Einkommen der miteinander verheirateten oder in einer Lebenspartnerschaft verbundenen Eltern, wenn sie nicht dauernd getrennt leben, 2 000 Euro,
2. vom Einkommen jedes Elternteils in sonstigen Fällen sowie vom Einkommen des Ehegatten oder Lebenspartners des Auszubildenden je 1 330 Euro.

(2) (weggefallen)

(3) [1] Die Freibeträge des Absatzes 1 erhöhen sich

1. für den nicht in Eltern-Kind-Beziehung zum Auszubildenden stehenden Ehegatten oder Lebenspartner des Einkommensbeziehers um 665 Euro,
2. für Kinder des Einkommensbeziehers sowie für weitere dem Einkommensbezieher gegenüber nach dem bürgerlichen Recht Unterhaltsberechtigte um je 605 Euro,

wenn sie nicht in einer Ausbildung stehen, die nach diesem Gesetz oder nach § 56 des Dritten Buches Sozialgesetzbuch[2)] gefördert werden kann. [2] Die Freibeträge nach Satz 1 mindern sich um das Einkommen des Ehegatten oder Lebenspartners, des Kindes oder des sonstigen Unterhaltsberechtigten.

(4) Das die Freibeträge nach den Absätzen 1, 3 und 6 übersteigende Einkommen der Eltern und des Ehegatten oder Lebenspartners bleibt anrechnungsfrei

1. zu 50 vom Hundert und
2. zu 5 vom Hundert für jedes Kind, für das ein Freibetrag nach Absatz 3 gewährt wird.

(5) Als Kinder des Einkommensbeziehers gelten außer seinen eigenen Kindern

1. Pflegekinder (Personen, mit denen er durch ein familienähnliches, auf längere Dauer berechnetes Band verbunden ist, sofern er sie in seinen Haushalt aufgenommen hat und das Obhuts- und Pflegeverhältnis zu den Eltern nicht mehr besteht),
2. in seinen Haushalt aufgenommene Kinder seines Ehegatten oder Lebenspartners,
3. in seinen Haushalt aufgenommene Enkel.

(6) [1] Zur Vermeidung unbilliger Härten kann auf besonderen Antrag, der vor dem Ende des Bewilligungszeitraums zu stellen ist, abweichend von den vorstehenden Vorschriften ein weiterer Teil des Einkommens anrechnungsfrei bleiben. [2] Hierunter fallen insbesondere außergewöhnliche Belastungen nach den

---

[1)] § 25 Abs. 3 Satz 1 geänd. mWv 1.4.2012 durch G v. 20.12.2011 (BGBl. I S. 2854); Abs. 1 Nr. 1 und 2 sowie Abs. 3 Satz 1 Nr. 1 und 2 geänd. mWv 1.8.2016 durch G v. 23.12.2014 (BGBl. I S. 2475); Abs. 1 Nr. 1 und 2, Abs. 3 Satz 1 Nr. 1 und 2 geänd. mWv 16.7.2019, mWv 1.8.2020 und mWv 1.8.2021 durch G v. 8.7.2019 (BGBl. I S. 1048).

[2)] **Gewerberecht Nr. 790.**

§§ 33 bis 33b des Einkommensteuergesetzes sowie Aufwendungen für behinderte Personen, denen der Einkommensbezieher nach dem bürgerlichen Recht unterhaltspflichtig ist.

Abschnitt V. Vermögensanrechnung

§ 26 Umfang der Vermögensanrechnung. Vermögen des Auszubildenden wird nach Maßgabe der §§ 27 bis 30 angerechnet.

§ 27[1] Vermögensbegriff. (1) [1] Als Vermögen gelten alle

1. beweglichen und unbeweglichen Sachen,
2. Forderungen und sonstige Rechte.

[2] Ausgenommen sind Gegenstände, soweit der Auszubildende sie aus rechtlichen Gründen nicht verwerten kann.

(2) Nicht als Vermögen gelten

1. Rechte auf Versorgungsbezüge, auf Renten und andere wiederkehrende Leistungen,
2. Übergangsbeihilfen nach den §§ 12 und 13 des Soldatenversorgungsgesetzes[2] in der Fassung der Bekanntmachung vom 21. April 1983 (BGBl. I S. 457) sowie die Wiedereingliederungsbeihilfe nach § 4 Absatz 1 Nummer 2 des Entwicklungshelfer-Gesetzes[3],
3. Nießbrauchsrechte,
4. Haushaltsgegenstände.

§ 28 Wertbestimmung des Vermögens. (1) Der Wert eines Gegenstandes ist zu bestimmen

1. bei Wertpapieren auf die Höhe des Kurswertes,
2. bei sonstigen Gegenständen auf die Höhe des Zeitwertes.

(2) Maßgebend ist der Wert im Zeitpunkt der Antragstellung.

(3) [1] Von dem nach den Absätzen 1 und 2 ermittelten Betrag sind die im Zeitpunkt der Antragstellung bestehenden Schulden und Lasten abzuziehen. [2] Dies gilt nicht für das nach diesem Gesetz erhaltene Darlehen.

(4) Veränderungen zwischen Antragstellung und Ende des Bewilligungszeitraums bleiben unberücksichtigt.

(Fortsetzung nächstes Blatt)

[1] § 27 Abs. 2 Nr. 2 geänd. mWv 1.8.2016 durch G v. 23.12.2014 (BGBl. I S. 2475).
[2] **Sartorius III Nr. 865.**
[3] **Aichberger, SGB Nr. 40/10.**

(5) In den Fällen des § 7 Absatz 2 Satz 2 und Absatz 3 kann das Amt für Ausbildungsförderung eine gutachtliche Stellungnahme der Ausbildungsstätte einholen.

(6) Das Amt für Ausbildungsförderung kann von der gutachtlichen Stellungnahme nur aus wichtigem Grund abweichen, der dem Auszubildenden schriftlich oder elektronisch mitzuteilen ist.

§ 49 Feststellung der Voraussetzungen der Förderung im Ausland.

(1) Der Auszubildende hat auf Verlangen des Amtes für Ausbildungsförderung eine gutachtliche Stellungnahme der Ausbildungsstätte, die er bisher besucht hat, darüber beizubringen, dass

1. die fachlichen Voraussetzungen für eine Ausbildung im Ausland vorliegen (§ 5 Absatz 2 Nummer 1),
2. (weggefallen)
3. der Besuch einer im Ausland gelegenen Hochschule während drei weiterer Semester für die Ausbildung von besonderer Bedeutung ist (§ 16 Absatz 2).

(1a) Der Auszubildende hat eine Bescheinigung der Ausbildungsstätte, die er besuchen will oder besucht hat, oder der zuständigen Prüfungsstelle darüber beizubringen, dass das von ihm beabsichtigte Auslandspraktikum den Erfordernissen des § 5 Absatz 5 entspricht.

(2) § 48 Absatz 6 ist anzuwenden.

§ 50[1)] Bescheid. (1) [1] Die Entscheidung ist dem Antragsteller schriftlich oder elektronisch mitzuteilen (Bescheid). [2] Unter dem Vorbehalt der Rückforderung kann ein Bescheid nur ergehen, soweit dies in diesem Gesetz vorgesehen ist. [3] Ist in einem Bescheid dem Grunde nach über

1. eine Ausbildung nach § 7 Absatz 1a,
2. eine weitere Ausbildung nach § 7 Absatz 2,
3. eine andere Ausbildung nach § 7 Absatz 3 oder
4. eine Ausbildung nach Überschreiten der Altersgrenze nach § 10 Absatz 3

entschieden worden, so gilt diese Entscheidung für den ganzen Ausbildungsabschnitt.

(2) [1] In dem Bescheid sind anzugeben

1. die Höhe und Zusammensetzung des Bedarfs,
2. die Höhe des Einkommens des Auszubildenden, seines Ehegatten oder Lebenspartners und seiner Eltern sowie des Vermögens des Auszubildenden,
3. die Höhe der bei der Ermittlung des Einkommens berücksichtigten Steuern und Abzüge zur Abgeltung der Aufwendungen für die soziale Sicherung,
4. die Höhe der gewährten Freibeträge und des nach § 11 Absatz 4 auf den Bedarf anderer Auszubildender angerechneten Einkommens des Ehegatten oder Lebenspartners und der Eltern,
5. die Höhe der auf den Bedarf angerechneten Beträge vom Einkommen und Vermögen des Auszubildenden sowie vom Einkommen seines Ehegatten oder Lebenspartners und seiner Eltern.

---

1) § 50 Abs. 1 Satz 4 Nr. 1 eingef., bish. Nr. 1–3 werden Nr. 2–4 mWv 1.8.2015 durch G v. 23.12.2014 (BGBl. I S. 2475); Abs. 1 Satz 1 geänd. mWv 5.4.2017 durch G v. 29.3.2017 (BGBl. I S. 626); Abs. 1 Satz 1, Abs. 2 Satz 4 geänd. mWv 16.7.2019 durch G v. 8.7.2019 (BGBl. I S. 1048); Abs. 1 Satz 2 aufgeh., bish. Sätze 3 und 4 werden Sätze 2 und 3 mWv 1.8.2020 durch G v. 8.7.2019 (BGBl. I S. 1048).

[2] Satz 1 gilt nicht, wenn der Antrag auf Ausbildungsförderung dem Grunde nach abgelehnt wird. [3] Auf Verlangen eines Elternteils oder des Ehegatten oder Lebenspartners, für das Gründe anzugeben sind, entfallen die Angaben über das Einkommen dieser Personen mit Ausnahme des Betrages des angerechneten Einkommens; dies gilt nicht, soweit der Auszubildende im Zusammenhang mit der Geltendmachung seines Anspruchs auf Leistungen nach diesem Gesetz ein besonderes berechtigtes Interesse an der Kenntnis hat. [4] Besucht der Auszubildende eine Hochschule oder eine Akademie im Sinne des § 2 Absatz 1 Satz 1 Nummer 6, so ist in jedem Bescheid das Ende der Förderungshöchstdauer anzugeben.

(3) Über die Ausbildungsförderung wird in der Regel für ein Jahr (Bewilligungszeitraum) entschieden.

(4) [1] Endet ein Bewilligungszeitraum und ist ein neuer Bescheid nicht ergangen, so wird innerhalb desselben Ausbildungsabschnitts Ausbildungsförderung nach Maßgabe des früheren Bewilligungsbescheids unter dem Vorbehalt der Rückforderung geleistet. [2] Dies gilt nur, wenn der neue Antrag im Wesentlichen vollständig zwei Kalendermonate vor Ablauf des Bewilligungszeitraums gestellt war und ihm die erforderlichen Nachweise beigefügt wurden.

§ 51[1)] Zahlweise. (1) Der Förderungsbetrag ist unbar monatlich im Voraus zu zahlen.

(2) Können bei der erstmaligen Antragstellung in einem Ausbildungsabschnitt oder nach einer Unterbrechung der Ausbildung die zur Entscheidung über den Antrag erforderlichen Feststellungen nicht binnen sechs Kalenderwochen getroffen oder Zahlungen nicht binnen zehn Kalenderwochen geleistet werden, so wird für vier Monate Ausbildungsförderung bis zur Höhe von monatlich vier Fünfteln des für die zu fördernde Ausbildung nach § 12 Absatz 1 und 2, § 13 Absatz 1 und 2 sowie nach den §§ 13a und 14b voraussichtlich zustehenden Bedarfs unter dem Vorbehalt der Rückforderung geleistet.

(3) Monatliche Förderungsbeträge, die nicht volle Euro ergeben, sind bei Restbeiträgen bis zu 0,49 Euro abzurunden und von 0,50 Euro an aufzurunden.

(4) Nicht geleistet werden monatliche Förderungsbeträge unter 10 Euro.

§ 52 (weggefallen)

§ 53[2)] Änderung des Bescheides. [1] Ändert sich ein für die Leistung der Ausbildungsförderung maßgeblicher Umstand, so wird der Bescheid geändert

1. zugunsten des Auszubildenden vom Beginn des Monats, in dem die Änderung eingetreten ist, rückwirkend jedoch höchstens für die drei Monate vor dem Monat, in dem sie dem Amt mitgeteilt wurde,
2. zuungunsten des Auszubildenden vom Beginn des Monats an, der auf den Eintritt der Änderung folgt.

[2] Nicht als Änderung im Sinne des Satzes 1 gelten Regelanpassungen gesetzlicher Renten und Versorgungsbezüge. [3] § 48 des Zehnten Buches Sozialgesetzbuch[3)] findet keine Anwendung; Erstattungen richten sich nach § 50 des Zehnten Buches Sozialgesetzbuch. [4] Abweichend von Satz 1 wird der Bescheid vom Beginn des

---

[1)] § 51 Abs. 2 geänd. mWv 1.8.2015 durch G v. 23.12.2014 (BGBl. I S. 2475); Abs. 1 Satz 2 aufgeh. mWv 1.8.2021 durch G v. 8.7.2019 (BGBl. I S. 1048).

[2)] § 53 Abs. 2 angef. mWv 1.3.2020 durch G v. 27.3.2020 (BGBl. I S. 580); Abs. 2 aufgeh. mWv 1.3.2020 durch G v. 25.5.2020 (BGBl. I S. 1073).

[3)] **Sartorius ErgBd. Nr. 410.**

Bewilligungszeitraums an geändert, wenn in den Fällen des § 22 Absatz 1 und des § 24 Absatz 3 eine Änderung des Einkommens oder in den Fällen des § 25 Absatz 6 eine Änderung des Freibetrages eingetreten ist. [5] In den Fällen des § 22 Absatz 3 gilt Satz 1 mit der Maßgabe, dass das Einkommen ab dem Zeitpunkt, ab dem der Bescheid zu ändern ist, durch die Zahl der verbleibenden Kalendermonate des Bewilligungszeitraums geteilt und auf diese angerechnet wird.

§ 54 Rechtsweg. Für öffentlich-rechtliche Streitigkeiten aus diesem Gesetz ist der Verwaltungsrechtsweg gegeben.

§ 55[1)] Statistik. (1) Über die Ausbildungsförderung nach diesem Gesetz wird eine Bundesstatistik durchgeführt.

(2) Die Statistik erfasst jährlich für das vorausgegangene Kalenderjahr für jeden geförderten Auszubildenden folgende Erhebungsmerkmale:

1. von dem Auszubildenden: Geschlecht, Geburtsjahr, Staatsangehörigkeit, Familienstand, Unterhaltsberechtigtenverhältnis der Kinder, Wohnung während der Ausbildung, Art eines berufsqualifizierenden Ausbildungsabschlusses, Ausbildungsstätte nach Art und rechtlicher Stellung, Klasse bzw. (Fach-)Semester, Monat und Jahr des Endes der Förderungshöchstdauer, Höhe und Zusammensetzung des Einkommens nach § 21 und den Freibetrag nach § 23 Absatz 1 Satz 2 sowie, wenn eine Vermögensanrechnung erfolgt, die Höhe des Vermögens nach § 27 und des Härtefreibetrags nach § 29 Absatz 3,
2. von dem Ehegatten oder Lebenspartner des Auszubildenden: Berufstätigkeit oder Art der Ausbildung, Höhe und Zusammensetzung des Einkommens nach § 21 und des Härtefreibetrags nach § 25 Absatz 6, Unterhaltsberechtigtenverhältnis der Kinder und der weiteren nach dem bürgerlichen Recht Unterhaltsberechtigten, für die ein Freibetrag nach diesem Gesetz gewährt wird,
3. von den Eltern des Auszubildenden: Familienstand, Bestehen einer Ehe oder Lebenspartnerschaft zwischen den Eltern, Berufstätigkeit, Höhe und Zusammensetzung des Einkommens nach § 21 und des Härtefreibetrags nach § 25 Absatz 6, Unterhaltsberechtigtenverhältnis und Art der Ausbildung der weiteren unterhaltsberechtigten Kinder sowie der nach dem bürgerlichen Recht Unterhaltsberechtigten, für die ein Freibetrag nach diesem Gesetz gewährt wird,
4. Höhe und Zusammensetzung des monatlichen Gesamtbedarfs des Auszubildenden, Kennzeichnung, ob das Einkommen der Eltern bei der Berechnung des Bedarfs außer Betracht zu bleiben hatte, auf den Bedarf anzurechnende Beträge von Einkommen und Vermögen des Auszubildenden sowie vom Einkommen seines Ehegatten oder Lebenspartners und seiner Eltern, von den Eltern tatsächlich geleistete Unterhaltsbeträge, Monat und Jahr des Beginns und Endes des Bewilligungszeitraums, Monat des Zuständigkeitswechsels im Berichtszeitraum sowie Art und Höhe des Förderungsbetrags, gegliedert nach Monaten.

(3) Hilfsmerkmale sind Name und Anschrift der Ämter für Ausbildungsförderung.

(4) [1] Für die Durchführung der Statistik besteht Auskunftspflicht. [2] Auskunfspflichtig sind die Ämter für Ausbildungsförderung.

[1)] § 55 Abs. 2 Nr. 4 geänd. mWv 1.8.2016 durch G v. 23.12.2014 (BGBl. I S. 2475).

Abschnitt X. [Aufbringung der Mittel]

§ 56[1)] Aufbringung der Mittel. (1) [1]Die für die Ausführung dieses Gesetzes erforderlichen Mittel, einschließlich der Erstattungsbeträge an die Kreditanstalt für Wiederaufbau nach § 18d Absatz 2, trägt der Bund. [2]Die Mittel für die Darlehen nach § 17 Absatz 2 und 3 Satz 1 können von der Kreditanstalt für Wiederaufbau bereitgestellt werden. [3]In diesen Fällen trägt der Bund die der Kreditanstalt für Wiederaufbau entstehenden Aufwendungen für die Bereitstellung der Mittel und das Ausfallrisiko.

(2) [1]Das Bundesverwaltungsamt hat von den ab dem Jahr 2015 eingezogenen Beträgen und Zinsen aus Darlehen nach § 17 Absatz 2 Satz 1 insgesamt 2,058 Milliarden Euro an die Länder abzuführen. [2]Dies hat in jährlichen Raten in Höhe des Betrages zu erfolgen, der für die Kalenderjahre 2012 bis 2014 nach der vor dem 1. Januar 2015 gültigen Fassung dieses Absatzes im Jahresdurchschnitt an die Länder weitergeleitet worden ist, höchstens jedoch in Höhe von jeweils 35 vom Hundert der in einem Kalenderjahr vom Bundesverwaltungsamt insgesamt eingezogenen Beträge und Zinsen. [3]Bleibt in einem Kalenderjahr wegen der vorgesehenen Begrenzung nach Satz 2 ein Differenzbetrag bis zum maßgeblichen Durchschnittsbetrag der Kalenderjahre 2012 bis 2014 offen, ist die Differenz im jeweils nächsten Kalenderjahr zusätzlich an die Länder abzuführen; für den Betrag, der daneben für dieses jeweils nächste Kalenderjahr abzuführen ist, bleibt Satz 2 unberührt. [4]Das Bundesverwaltungsamt hat den so ermittelten jährlich abzuführenden Gesamtbetrag jeweils in dem Verhältnis an die Länder abzuführen, in dem die in den Jahren 2012 bis 2014 an das Bundesverwaltungsamt gemeldeten Darlehensleistungen der einzelnen Länder zueinander stehen.

(2a) Die Kreditanstalt für Wiederaufbau hat 35 vom Hundert der von ihr nach § 18d Absatz 1 für den Bund eingezogenen Beträge und Zinsen aus Darlehen, die ihr bis zum 31. Dezember 2014 erstattet wurden, in dem Verhältnis an die Länder abzuführen, in dem die auf Bewilligungsbescheide der Ämter aus den Jahren 2012 bis 2014 gezahlten Darlehensbeträge zueinander stehen.

(3) Das Land führt die auf Grund des § 50 des Zehnten Buches Sozialgesetzbuch[2)] sowie der §§ 20, 37, 38 und 47a eingezogenen Beträge an den Bund ab.

(4) Im Falle einer vor dem Jahr 2015 geleisteten Förderung nach § 5 Absatz 2 bis 5 erstattet das Land, in dem der Auszubildende seinen ständigen Wohnsitz hat, dem nach der Rechtsverordnung auf Grund des § 45 Absatz 4 Satz 2 zuständigen Land 35 vom Hundert der Ausgaben.

Abschnitt XI. Bußgeldvorschriften, Übergangs- und Schlussvorschriften

§ 57 (weggefallen)

§ 58[3)] Ordnungswidrigkeiten. (1) Ordnungswidrig handelt, wer vorsätzlich oder fahrlässig

---

[1)] § 56 Abs. 1 Sätze 1 und 2 geänd., Abs. 2 und 2a neu gef., Abs. 4 Satz 1 aufgeh., bish. Satz 2 geänd. mWv 1.1.2015, Abs. 3 geänd. mWv 1.1.2016 durch G v. 23.12.2014 (BGBl. I S. 2475); Abs. 1 Satz 2 geänd. mWv 16.7.2019 durch G v. 8.7.2019 (BGBl. I S. 1048).

[2)] **Sartorius ErgBd. Nr. 410.**

[3)] § 58 Abs. 1 Nr. 3 geänd. mWv 16.7.2019 durch G v. 8.7.2019 (BGBl. I S. 1048).

1. entgegen § 60 Absatz 1 des Ersten Buches Sozialgesetzbuch[1)], jeweils auch in Verbindung mit § 47 Absatz 4, eine Angabe oder eine Änderungsmitteilung nicht, nicht richtig, nicht vollständig oder nicht rechtzeitig macht oder eine Beweisurkunde nicht, nicht richtig, nicht vollständig oder nicht rechtzeitig vorlegt;
2. entgegen § 47 Absatz 2 oder 5 Nummer 1 eine Auskunft nicht, nicht richtig, nicht vollständig oder nicht rechtzeitig erteilt oder eine Urkunde nicht oder nicht rechtzeitig vorlegt oder nicht oder nicht rechtzeitig ausstellt;

2a. entgegen § 47 Absatz 3 das Amt für Ausbildungsförderung nicht oder nicht rechtzeitig unterrichtet oder

3. einer Rechtsverordnung nach § 18 Absatz 14 Nummer 2 zuwiderhandelt, soweit sie für einen bestimmten Tatbestand auf diese Bußgeldvorschrift verweist.

(2) Die Ordnungswidrigkeit kann mit einer Geldbuße bis zu 2 500 Euro geahndet werden.

(3) Verwaltungsbehörde im Sinne des § 36 Absatz 1 Nummer 1 des Gesetzes über Ordnungswidrigkeiten[2)] ist in den Fällen des Absatzes 1 Nummer 1, 2 und 2a das Amt für Ausbildungsförderung, in den Fällen des Absatzes 1 Nummer 3 das Bundesverwaltungsamt.

§ 59 (weggefallen)

§ 60[3)] **Opfer politischer Verfolgung durch SED-Unrecht.** Verfolgten nach § 1 des Beruflichen Rehabilitierungsgesetzes[4)] oder verfolgten Schülern nach § 3 des Beruflichen Rehabilitierungsgesetzes wird für Ausbildungsabschnitte, die vor dem 1. Januar 2003 beginnen,

1. Ausbildungsförderung ohne Anwendung der Altersgrenze des § 10 Absatz 3 Satz 1 geleistet, sofern sie eine Bescheinigung nach § 17 oder § 18 des Beruflichen Rehabilitierungsgesetzes erhalten haben; § 10 Absatz 3 Satz 2 Nummer 3 bleibt unberührt,
2. auf Antrag der nach dem 31. Dezember 1990 nach § 17 Absatz 2 geleistete Darlehensbetrag erlassen, sofern in der Bescheinigung nach § 17 des Beruflichen Rehabilitierungsgesetzes eine Verfolgungszeit oder verfolgungsbedingte Unterbrechung der Ausbildung vor dem 3. Oktober 1990 von insgesamt mehr als drei Jahren festgestellt wird; der Antrag ist innerhalb eines Monats nach Bekanntgabe des Bescheides nach § 18 Absatz 9 zu stellen,
3. auf Antrag der nach dem 31. Juli 1996 nach § 17 Absatz 3 in der am 31. Juli 2019 geltenden Fassung geleistete Darlehensbetrag unter den Voraussetzungen der Nummer 2 erlassen; der Antrag ist innerhalb eines Monats nach Erhalt der Mitteilung nach § 18c Absatz 8 an die Kreditanstalt für Wiederaufbau zu richten.

§§ 61 bis 64 (weggefallen)

§ 65 Weitergeltende Vorschriften. (1) Die Vorschriften über die Leistung individueller Förderung der Ausbildung nach

---

1) **Sartorius ErgBd. Nr. 401.**
2) **Schönfelder Nr. 94.**
3) § 60 einl. Satzteil, Nr. 2 und 3 geänd. mWv 16.7.2019 durch G v. 8.7.2019 (BGBl. I S. 1048).
4) **Aichberger, SGB Nr. 6/23.**

1. dem Bundesversorgungsgesetz[1)],
2. den Gesetzen, die das Bundesversorgungsgesetz für anwendbar erklären,
3. (weggefallen)
4. dem Bundesentschädigungsgesetz[2)] sowie
5. dem Häftlingshilfegesetz[3)] in der Fassung der Bekanntmachung vom 2. Juni 1993 (BGBl. I S. 838), zuletzt geändert durch Artikel 4 des Gesetzes vom 17. Dezember 1999 (BGBl. I S. 2662)

werden durch dieses Gesetz nicht berührt.

(2) Die in Absatz 1 bezeichneten Vorschriften haben Vorrang vor diesem Gesetz.

§ 66 (weggefallen)

§ 66a[4)] **Übergangs- und Anwendungsvorschrift.** (1) [1]Für Auszubildende, denen bis zum 31. Juli 2016 nach zuvor bereits erworbenem Hochschulabschluss die Leistung von Ausbildungsförderung nach § 7 Absatz 1 bewilligt wurde, ist diese Vorschrift bis zum Ende des Ausbildungsabschnitts in der bis zum 31. Juli 2016 geltenden Fassung weiter anzuwenden. [2]Für Auszubildende, deren Bewilligungszeitraum vor dem 1. August 2016 begonnen hat, ist § 45 Absatz 1 Satz 2 Nummer 6 bis zum Ende des Ausbildungsabschnitts in der bis zum 31. Juli 2016 geltenden Fassung weiter anzuwenden.

(2) Die §§ 2, 7, 10, 11, 12, 13, 13a, 14b, 15, 17 Absatz 3, die §§ 18c, 21, 23, 25, 41, 47a, 50, 56 und 60 Nummer 3 in der durch Artikel 1 des Gesetzes vom 8. Juli 2019 (BGBl. I S. 1048) geänderten Fassung sind erst ab dem 1. August 2019 anzuwenden, soweit nachstehend nichts anderes bestimmt ist.

(3) § 17 Absatz 2, die §§ 18, 18a, 18b, 18d, 58 und 60 Nummer 2 in der durch Artikel 1 des Gesetzes vom 8. Juli 2019 (BGBl. I S. 1048) geänderten Fassung sind erst ab dem 1. September 2019 anzuwenden, soweit nachstehend nichts anderes bestimmt ist.

(4) [1]Für Bewilligungszeiträume, die vor dem 1. August 2019 begonnen haben, sind die §§ 11, 12, 13, 13a, 14b, 17 Absatz 3, die §§ 18c, 21, 23, 25, 41, 47a, 50, 56 und 60 Nummer 3 in der bis zum 31. Juli 2019 anzuwendenden Fassung vorbehaltlich des Satzes 2 weiter anzuwenden. [2]Ab dem 1. Oktober 2019 sind die §§ 12, 13, 13a, 14b, 21, 23 und 25 in der ab dem 1. August 2019 anzuwendenden Fassung auch für Bewilligungszeiträume anzuwenden, die vor dem 1. August 2019 begonnen haben. [3]Bei der Rückzahlung der Darlehen ist für die Einkommensfreistellung nach § 18a die Regelung des § 21 in der ab dem 1. August 2019 geltenden Fassung abweichend von Satz 1 bereits ab dem 1. September 2019 anzuwenden.

(5) [1]Für Auszubildende, denen für einen vor dem 1. August 2019 begonnenen Ausbildungsabschnitt Förderung geleistet wurde für den Besuch einer staatlichen Akademie, welche Abschlüsse verleiht, die nach Landesrecht Hochschulabschlüssen gleichgestellt sind, sind bis zum Ende dieses Ausbildungsabschnitts § 15 Absatz 2 Satz 1 und § 50 Absatz 2 Satz 4 in der am 31. Juli 2019 geltenden Fassung weiter anzuwenden. [2]§ 18 Absatz 4 Satz 1 in der ab dem 1. September 2019

[1)] **Aichberger, SGB Nr. 20/10.**

[2)] **Sartorius III Nr. 981.**

[3)] ***Sartorius III Nr. 965.***

[4)] § 66a neu gef. mWv 16.7.2019, Abs. 9 angef. mWv 1.8.2020 und Abs. 10 angef. mWv 1.8.2021 durch G v. 8.7.2019 (BGBl. I S. 1048); Abs. 8a angef. mWv 1.3.2020 durch G v. 25.5.2020 (BGBl. I S. 1073).

geltenden Fassung gilt für sie mit der Maßgabe, dass ausschließlich die Nummer 2 anzuwenden ist.

(6) Für Darlehensnehmende, denen vor dem 1. September 2019 Förderung nach § 17 Absatz 2 Satz 1 in der am 31. August 2019 anzuwendenden Fassung geleistet wurde, sind diese Regelung, § 18 mit Ausnahme des Absatzes 3 Satz 1 und des Absatzes 5c sowie § 18a Absatz 5, die §§ 18b, 58 Absatz 1 Nummer 3 und § 60 Nummer 2 in der am 31. August 2019 geltenden Fassung weiter anzuwenden; dies gilt auch, soweit die Förderungsleistungen jeweils auch noch über den 31. August 2019 hinaus erbracht werden.

(7) [1] Darlehensnehmende, denen Förderung mit Darlehen nach § 17 in einer vor dem 1. September 2019 geltenden Fassung geleistet wurde, mit Ausnahme von Bankdarlehen nach § 18c, können binnen einer Frist von sechs Monaten nach diesem Datum jeweils durch schriftliche oder elektronische Erklärung gegenüber dem Bundesverwaltungsamt verlangen, dass für die Rückzahlung des gesamten Darlehens § 18 Absatz 12 und § 18a in der am 1. September 2019 anzuwendenden Fassung anzuwenden sind. [2] Für Darlehensnehmende, die den dort genannten Rückzahlungszeitraum von 20 Jahren überschritten haben, gilt Satz 1 mit der Maßgabe, dass für den Erlass nach § 18 Absatz 12 Satz 1 in der ab dem 1. September 2019 anzuwendenden Fassung die Voraussetzungen für den gesamten Zeitraum vor Äußerung des Verlangens vorgelegen haben müssen.

(8) Abweichend von § 18 Absatz 3 Satz 1 und § 18c Absatz 6 und 7 beträgt die Rate bis zum 31. März 2020 105 Euro.

(8a) [1] § 21 Absatz 4 Nummer 5 ist ab dem ersten Tag des Monats nicht mehr anzuwenden, der auf den Monat folgt, in dem die Aufhebung der vom Deutschen Bundestag festgestellten epidemischen Lage von nationaler Tragweite infolge der COVID-19-Pandemie nach § 5 Absatz 1 Satz 3 des Infektionsschutzgesetzes[1)] bekannt gemacht wird. [2] Der nach Satz 1 maßgebliche Tag ist vom Bundesministerium für Bildung und Forschung im Bundesgesetzblatt bekannt zu machen.

(9) [1] Für Bewilligungszeiträume, die vor dem 1. August 2020 begonnen haben, sind die §§ 12, 13, 14b Absatz 1 Satz 1, die §§ 23, 25 und 29 in der bis zum 31. Juli 2020 anzuwendenden Fassung vorbehaltlich des Satzes 2 weiter anzuwenden. [2] Ab dem 1. Oktober 2020 sind die in Satz 1 genannten Regelungen in der ab dem 1. August 2020 anzuwendenden Fassung auch für Bewilligungszeiträume anzuwenden, die vor dem 1. August 2020 begonnen haben.

(10) [1] Für Bewilligungszeiträume, die vor dem 1. August 2021 begonnen haben, sind die §§ 23 und 25 in der bis zum 31. Juli 2021 anzuwendenden Fassung weiter anzuwenden. [2] Ab dem 1. Oktober 2021 sind die in Satz 1 genannten Regelungen in der ab dem 1. August 2021 anzuwendenden Fassung auch für Bewilligungszeiträume anzuwenden, die vor dem 1. August 2021 begonnen haben.

§ 66b[2)] Übergangsvorschrift aus Anlass des Endes des Übergangszeitraums nach dem Abkommen über den Austritt des Vereinigten Königreichs Großbritannien und Nordirland aus der Europäischen Union und der Europäischen Atomgemeinschaft. Auszubildenden, die bis zum Ende des Übergangszeitraums nach Teil Vier des Abkommens über den Austritt des Vereinigten Königreichs Großbritannien und Nordirland aus der Europäischen Union und der Europäischen Atomgemeinschaft vom 24. Januar 2020 (ABl. L 29 vom 31.1.2020, S. 7) einen Ausbildungsabschnitt an einer Ausbildungsstätte im Ver-

[1)] **Sartorius ErgBd. Nr. 285.**

[2)] § 66b eingef. mWv 24.11.2020 durch G v. 12.11.2020 (BGBl. I S. 2416).

einigten Königreich Großbritannien und Nordirland beginnen oder fortsetzen, wird Ausbildungsförderung nach § 5 Absatz 2 Satz 1 Nummer 3 noch bis zum Abschluss oder Abbruch dieses Ausbildungsabschnitts an einer dortigen Ausbildungsstätte nach Maßgabe der im Übrigen unverändert geltenden sonstigen Förderungsvoraussetzungen dieses Gesetzes gewährt.

§ 67 (weggefallen)

§ 68 (Inkrafttreten)

450. Gesetz über das Bundeskriminalamt und die Zusammenarbeit des Bundes und der Länder in kriminalpolizeilichen Angelegenheiten (Bundeskriminalamtgesetz BKAG)[1) 2) 3)]

Vom 1. Juni 2017

(BGBl. I S. 1354, ber. 2019 S. 400)

FNA 2190-3

geänd. durch Art. 152 Elfte ZuständigkeitsanpassungsVO v. 19.6.2020 (BGBl. I S. 1328), Nr. 1 Buchst. g Beschl. des BVerfG – 1 BvR 1873/13, 1 BvR 2618/13 – v. 27.5.2020 (BGBl. I S. 1931), Art. 5 G zur Stärkung der Sicherheit im Pass-, Ausweis- und ausländerrechtlichen Dokumentenwesen v. 3.12.2020 (BGBl. I S. 2744), Art. 5 Rechtsextremismus-BekämpfungsG v. 30.3.2021 (BGBl. I S. 441, aufgeh. durch Art. 15 Nr. 2 G v. 30.3.2021, BGBl. I S. 448), Art. 7 G zur Anpassung der Regelungen über die Bestandsdatenauskunft an die Vorgaben aus der Entscheidung des BVerfG v. 27.5.2020 v. 30.3.2021 (BGBl. I S. 448, ber. S. 1380), Art. 14 TelekommunikationsmodernisierungsG v. 23.6.2021 (BGBl. I S. 1858), Art. 9 G zur Regelung des Datenschutzes und des Schutzes der Privatsphäre in der Telekommunikation und bei Telemedien v. 23.6.2021 (BGBl. I S. 1982), Art. 6 Transparenzregister- und Finanzinformationsgesetz v. 25.6.2021 (BGBl. I S. 2083) und Art. 2 G zur Fortentwicklung der StrafprozessO und zur Änd. weiterer Vorschriften v. 25.6.2021 (BGBl. I S. 2099)

Inhaltsübersicht[4)]

---

1) Verkündet als Art. 1 G v. 1.6.2017 (BGBl. I S. 1354, ber. 2019 S. 400); Inkrafttreten gem. Art. 13 Abs. 1 dieses G am 25.5.2018, mit Ausnahme des § 20, der am 9.6.2017 in Kraft tritt, vgl. Art. 13 Abs. 2 dieses G.

2) **Amtl. Anm. an der Überschrift des MantelG:** Dieses Gesetz dient der Umsetzung der Richtlinie (EU) 2016/680 des Europäischen Parlaments und des Rates vom 27. April 2016 zum Schutz natürlicher Personen bei der Verarbeitung personenbezogener Daten durch die zuständigen Behörden zum Zwecke der Verhütung, Ermittlung, Aufdeckung oder Verfolgung von Straftaten oder der Strafvollstreckung sowie zum freien Datenverkehr und zur Aufhebung des Rahmenbeschlusses 2008/977/JI des Rates (ABl. L 119 vom 4.5.2016, S. 89).

3) Die Änderungen durch G v. 23.6.2021 (BGBl. I S. 1858) und durch G v. 23.6.2021 (BGBl. I S. 1982) treten erst **mWv 1.12.2021** in Kraft und sind im Text noch nicht berücksichtigt.

4) Inhaltsübersicht geänd. mWv 2.4.2021 durch G v. 30.3.2021 (BGBl. I S. 448); geänd. mWv 1.7.2021 durch G v. 25.6.2021 (BGBl. I S. 2099).

Abschnitt 1. Zentrale Einrichtungen zur Zusammenarbeit in kriminalpolizeilichen Angelegenheiten, Aufgaben des Bundeskriminalamtes

§ 1 Zentrale Einrichtungen zur Zusammenarbeit in kriminalpolizeilichen Angelegenheiten. (1) Der Bund unterhält ein Bundeskriminalamt zur Zusammenarbeit des Bundes und der Länder in kriminalpolizeilichen Angelegenheiten.

(2) [1] Die Länder unterhalten für ihr Gebiet zentrale Dienststellen der Kriminalpolizei (Landeskriminalämter) zur Sicherung der Zusammenarbeit des Bundes und der Länder. [2] Mehrere Länder können ein gemeinsames Landeskriminalamt unterhalten.

(3) Die Verfolgung sowie die Verhütung von Straftaten und die Aufgaben der sonstigen Gefahrenabwehr bleiben Sache der Länder, soweit gesetzlich nichts anderes bestimmt ist.

§ 2 Zentralstelle. (1) Das Bundeskriminalamt unterstützt als Zentralstelle für das polizeiliche Auskunfts- und Nachrichtenwesen und für die Kriminalpolizei die Polizeien des Bundes und der Länder bei der Verhütung und Verfolgung von Straftaten mit länderübergreifender, internationaler oder erheblicher Bedeutung.

(2) Das Bundeskriminalamt hat zur Wahrnehmung dieser Aufgabe

1. alle hierfür erforderlichen Informationen zu sammeln und auszuwerten,
2. die Strafverfolgungsbehörden des Bundes und der Länder unverzüglich über die sie betreffenden Informationen und die in Erfahrung gebrachten Zusammenhänge von Straftaten zu unterrichten.

(3) Das Bundeskriminalamt unterhält als Zentralstelle einen einheitlichen polizeilichen Informationsverbund nach Maßgabe dieses Gesetzes.

(4) [1] Das Bundeskriminalamt unterhält als Zentralstelle zur Unterstützung und Koordinierung der Polizeien des Bundes und der Länder bei der Verhütung und Verfolgung von Straftaten und der Gefahrenabwehr zentrale Einrichtungen und Sammlungen, insbesondere

1. zentrale erkennungsdienstliche und kriminaltechnische Einrichtungen und Sammlungen sowie
2. zentrale Einrichtungen für die Fahndung nach Personen und Sachen.

[2] Die zentralen Einrichtungen und Sammlungen können auch elektronisch geführt werden.

(5) [1] Das Bundeskriminalamt kann als Zentralstelle zur Unterstützung der Polizeien des Bundes und der Länder

1. Aus- und Fortbildungsveranstaltungen auf kriminalpolizeilichen Spezialgebieten durchführen,
2. Kompetenzzentren für informationstechnische Systeme und Infrastrukturen sowie Einsatztechnik, technische Einsatzmittel und kriminaltechnische Untersuchungsmethoden im kriminalpolizeilichen Bereich aufbauen, unterhalten und deren Entwicklungen und Ergebnisse den Polizeien des Bundes und der Länder zur Verfügung stellen,
3. auf Ersuchen bei der Durchführung von kriminaltechnischen Untersuchungen unterstützen sowie
4. auf Ersuchen bei der Datenverarbeitung unterstützen.

[2] Die Verarbeitung von personenbezogenen Daten in den Fällen von Satz 1 Nummer 3 und 4 erfolgt nach den Weisungen der Polizeien des Bundes und der Länder und nach deren Vorschriften über die Auftragsverarbeitung. [3] Die Behörden der Länder *haben dem Bundeskriminalamt* die durch die Inanspruchnahme der Leistungen nach Satz 1 Nummer 2, 3 und 4 entstehenden Kosten zu erstatten. [4] Im Einzelfall kann das Bundeskriminalamt aus Gründen des öffentlichen Interesses von der Erhebung der Kosten absehen.

(6) Das Bundeskriminalamt hat als Zentralstelle ferner zur Unterstützung der Polizeien des Bundes und der Länder bei der Verhütung und Verfolgung von Straftaten

1. strategische und operative kriminalpolizeiliche Analysen, Statistiken, einschließlich der Kriminalstatistik, und Lageberichte zu erstellen und hierfür die Entwicklung der Kriminalität zu beobachten und auszuwerten,
2. die erforderlichen Einrichtungen für alle Bereiche kriminaltechnischer Untersuchungen und für kriminaltechnische Forschung zu unterhalten und die Zusammenarbeit der Polizei auf diesen Gebieten zu koordinieren,
3. polizeiliche Methoden und Arbeitsweisen der Kriminalitätsbekämpfung zu erforschen und zu entwickeln sowie
4. angemessene organisatorische und technische Vorkehrungen sowie Verfahren zur Umsetzung von Datenschutzgrundsätzen, insbesondere der Grundsätze der Datenvermeidung und Datensparsamkeit, einschließlich der Pseudonymisierung, zu entwickeln.

(7) Das Bundeskriminalamt erstattet erkennungsdienstliche und kriminaltechnische Gutachten für Strafverfahren auf Anforderungen von Polizeidienststellen, Staatsanwaltschaften und Gerichten.

§ 3[1)] Internationale Zusammenarbeit. (1) Das Bundeskriminalamt ist Nationales Zentralbüro der Bundesrepublik Deutschland für die Internationale Kriminalpolizeiliche Organisation und nationale Stelle für Europol nach § 1 des Europol-Gesetzes[2)].

(2) Das Bundeskriminalamt ist die zentrale nationale Stelle für den Informationsaustausch nach Artikel 39 Absatz 3 und Artikel 46 Absatz 2 des Schengener Durchführungsübereinkommens, für den Betrieb des nationalen Teils des Schengener Informationssystems und das SIRENE-Büro für den Austausch von Zusatzinformationen.

(2a) [1] Das Bundeskriminalamt ist Vermögensabschöpfungsstelle nach Artikel 1 des Beschlusses 2007/845/JI des Rates vom 6. Dezember 2007 über die Zusammenarbeit zwischen den Vermögensabschöpfungsstellen der Mitgliedstaaten auf dem Gebiet des Aufspürens und der Ermittlung von Erträgen aus Straftaten oder anderen Vermögensgegenständen im Zusammenhang mit Straftaten (ABl. L 332 vom 18.12.2007, S. 103). [2] Das Bundeskriminalamt nimmt im Rahmen der bestehenden Zuständigkeiten seine Aufgaben auch als benannte Behörde nach Artikel 3 Absatz 1 und 2 der Richtlinie (EU) 2019/1153 des Europäischen Parlaments und des Rates vom 20. Juni 2019 zur Festlegung von Vorschriften zur Erleichterung der Nutzung von Finanz- und sonstigen Informationen für die Verhütung, Aufdeckung, Untersuchung oder Verfolgung bestimmter Straftaten und zur Aufhebung des Beschlusses 2000/642/JI des Rates (ABl. L 186 vom 11.7.2019, S. 122) wahr.

(3) [1] Der zur Verhütung oder Verfolgung von Straftaten erforderliche Dienstverkehr der Polizeien des Bundes und der Länder mit den Polizei- und Justizbehörden sowie sonstigen insoweit zuständigen öffentlichen Stellen anderer Staaten und mit für die Verhütung oder Verfolgung von Straftaten zuständigen zwischen- und überstaatlichen Stellen obliegt dem Bundeskriminalamt. [2] Unberührt hiervon bleiben

---

1) § 3 Abs. 2a eingef. mWv 1.8.2021 durch G v. 25.6.2021 (BGBl. I S. 2083).

2) **Sartorius III Nr. 807.**

1. besondere bundesgesetzliche Vorschriften, insbesondere die Vorschriften über die internationale Rechtshilfe in Strafsachen,
2. die internationale Zusammenarbeit der Zollbehörden,
3. Vereinbarungen der zuständigen obersten Landesbehörden mit den zuständigen ausländischen Stellen im Rahmen der vom Bund abgeschlossenen völkerrechtlichen Abkommen sowie
4. abweichende Regelungen durch Vereinbarungen des Bundeskriminalamtes mit den zuständigen Bundes- oder Landesbehörden, welche der Zustimmung der jeweils zuständigen obersten Bundes- oder Landesbehörden bedürfen.

[3] Die abweichenden Vereinbarungen nach Satz 2 Nummer 4 sollen vorsehen, dass das Bundeskriminalamt von dem Dienstverkehr automatisiert unterrichtet wird.

(4) [1] Absatz 3 Satz 1 gilt nicht für den Dienstverkehr mit den zuständigen Behörden der Nachbarstaaten und der Mitgliedstaaten der Europäischen Union, soweit dieser sich auf Kriminalität von regionaler Bedeutung im Grenzgebiet bezieht oder soweit Gefahr im Verzug ist. [2] Die übermittelnden Polizeien unterrichten das Bundeskriminalamt unverzüglich über den Dienstverkehr nach Satz 1.

(5) Bei regional abgrenzbaren Fallgestaltungen können die Polizeien des Bundes und der Länder zur Wahrnehmung ihrer Aufgaben abweichend von Absatz 3 Satz 1 im Einvernehmen mit dem Bundeskriminalamt den erforderlichen Dienstverkehr mit den zuständigen Behörden anderer Staaten und für die Verhütung oder Verfolgung von Straftaten zuständigen zwischen- und überstaatlichen Stellen führen.

§ 4[1)] Strafverfolgung. (1) [1] Das Bundeskriminalamt nimmt die polizeilichen Aufgaben auf dem Gebiet der Strafverfolgung wahr

1. in Fällen des international organisierten ungesetzlichen Handels mit Waffen, Munition, Sprengstoffen, Betäubungsmitteln, neuen psychoaktiven Stoffen oder Arzneimitteln und der international organisierten Herstellung oder Verbreitung von Falschgeld, die eine Sachaufklärung im Ausland erfordern, sowie damit im Zusammenhang begangener Straftaten einschließlich der international organisierten Geldwäsche,
2. in Fällen von Straftaten, die sich gegen das Leben (§§ 211, 212 des Strafgesetzbuchs[2)]) oder die Freiheit (§§ 234, 234a, 239, 239b des Strafgesetzbuchs) des Bundespräsidenten, von Mitgliedern der Bundesregierung, des Deutschen Bundestages und des Bundesverfassungsgerichts oder der Gäste der Verfassungsorgane des Bundes aus anderen Staaten oder der Leitungen und Mitglieder der bei der Bundesrepublik Deutschland beglaubigten diplomatischen Vertretungen richten, wenn anzunehmen ist, dass der Täter aus politischen Motiven gehandelt hat und die Tat bundes- oder außenpolitische Belange berührt,
3. in den Fällen international organisierter Straftaten
   a) nach § 129a, auch in Verbindung mit § 129b Absatz 1, des Strafgesetzbuchs,
   b) nach den §§ 105 und 106 des Strafgesetzbuchs zum Nachteil des Bundespräsidenten, eines Verfassungsorgans des Bundes oder des Mitgliedes eines Verfassungsorgans des Bundes und damit im Zusammenhang stehender Straftaten,

---

[1)] § 4 Abs. 1 Satz 3, Abs. 2 Satz 1 Nr. 2 geänd. mWv 27.6.2020 durch VO v. 19.6.2020 (BGBl. I S. 1328).

[2)] **Schönfelder Nr. 85.**

4. in den Fällen der in § 129a Absatz 1 Nummer 1 und 2 des Strafgesetzbuchs genannten Straftaten und damit im Zusammenhang stehender Straftaten, soweit es sich um eine Auslandstat handelt und ein Gerichtsstand noch nicht feststeht,
5. in den Fällen von Straftaten nach den §§ 202a, 202b, 202c, 263a, 303a und 303b des Strafgesetzbuchs, soweit tatsächliche Anhaltspunkte dafür vorliegen, dass die Tat sich richtet gegen
   a) die innere oder äußere Sicherheit der Bundesrepublik Deutschland oder
   b) Behörden oder Einrichtungen des Bundes oder sicherheitsempfindliche Stellen von lebenswichtigen Einrichtungen, bei deren Ausfall oder Zerstörung eine erhebliche Bedrohung für die Gesundheit oder das Leben von Menschen zu befürchten ist oder die für das Funktionieren des Gemeinwesens unverzichtbar sind,
6. in den Fällen von
   a) Straftaten nach den §§ 81, 83 Absatz 1, §§ 87, 88 und 94 bis 100a des Strafgesetzbuchs und nach § 13 des Völkerstrafgesetzbuchs[1] sowie
   b) Straftaten nach den §§ 211, 212, 234, 234a, 239, 239a, 239b des Strafgesetzbuchs, wenn anzunehmen ist, dass die Tat durch Angehörige des Geheimdienstes einer fremden Macht oder im Auftrag einer fremden Macht oder den Geheimdienst einer fremden Macht begangen worden ist.

[2] Die Staatsanwaltschaft kann im Benehmen mit dem Bundeskriminalamt die Ermittlungen einer anderen sonst zuständigen Polizeibehörde übertragen. [3] Die Wahrnehmung der Aufgaben nach Satz 1 Nummer 2 und 3 Buchstabe b bedarf der Zustimmung des Bundesministeriums des Innern, für Bau und Heimat; bei Gefahr im Verzug kann das Bundeskriminalamt vor Erteilung der Zustimmung tätig werden.

(2) [1] Das Bundeskriminalamt nimmt darüber hinaus die polizeilichen Aufgaben auf dem Gebiet der Strafverfolgung wahr, wenn

1. eine zuständige Landesbehörde darum ersucht,
2. das Bundesministerium des Innern, für Bau und Heimat es nach Unterrichtung der obersten Landesbehörde aus schwerwiegenden Gründen anordnet oder
3. der Generalbundesanwalt darum ersucht oder einen Auftrag erteilt.

[2] Satz 1 Nummer 1 und 3 gilt entsprechend für die Fahndung nach Verurteilten zum Zwecke der Vollstreckung.

(3) [1] Die für die Strafrechtspflege und die Polizei zuständigen obersten Landesbehörden sind unverzüglich zu benachrichtigen, wenn das Bundeskriminalamt polizeiliche Aufgaben auf dem Gebiet der Strafverfolgung wahrnimmt; außerdem sind unverzüglich zu benachrichtigen die zuständigen Landeskriminalämter, der Generalbundesanwalt in den Fällen, in denen er für die Führung der Ermittlungen zuständig ist, und in den übrigen Fällen die Generalstaatsanwaltschaften, in deren Bezirken ein Gerichtsstand begründet ist. [2] Die Verpflichtung anderer Polizeibehörden zur Durchführung der notwendigen unaufschiebbaren Maßnahmen sowie die Befugnisse der Staatsanwaltschaft nach § 161 der Strafprozessordnung[2] bleiben unberührt.

(4) [1] In den Fällen der Absätze 1 und 2 kann das Bundeskriminalamt den zuständigen Landeskriminalämtern Weisungen für die Zusammenarbeit geben. [2] Die oberste Landesbehörde ist unverzüglich zu benachrichtigen.

---

[1] **Schönfelder ErgBd. Nr. 85g.**
[2] **Schönfelder Nr. 90.**

§ 5 Abwehr von Gefahren des internationalen Terrorismus. (1) [1]Das Bundeskriminalamt kann die Aufgabe der Abwehr von Gefahren des internationalen Terrorismus in Fällen wahrnehmen, in denen

1. eine länderübergreifende Gefahr vorliegt,
2. die Zuständigkeit einer Landespolizeibehörde nicht erkennbar ist oder
3. die oberste Landesbehörde um eine Übernahme ersucht.

[2]Gefahren des internationalen Terrorismus sind Gefahren der Verwirklichung von Straftaten, die in § 129a Absatz 1 und 2 des Strafgesetzbuchs[1)] bezeichnet und dazu bestimmt sind,

1. die Bevölkerung auf erhebliche Weise einzuschüchtern,
2. eine Behörde oder eine internationale Organisation rechtswidrig mit Gewalt oder durch Drohung mit Gewalt zu nötigen oder
3. die politischen, verfassungsrechtlichen, wirtschaftlichen oder sozialen Grundstrukturen eines Staates oder einer internationalen Organisation zu beseitigen oder erheblich zu beeinträchtigen,

und durch die Art ihrer Begehung oder ihre Auswirkungen einen Staat oder eine internationale Organisation erheblich schädigen können. [3]Das Bundeskriminalamt kann in den in Satz 1 bezeichneten Fällen auch zur Verhütung von Straftaten nach Satz 2 tätig werden.

(2) [1]Die Befugnisse der Länder und anderer Polizeibehörden des Bundes bleiben unberührt. [2]Die zuständigen obersten Landesbehörden und, soweit zuständig, anderen Polizeibehörden des Bundes sind unverzüglich zu benachrichtigen, wenn das Bundeskriminalamt die Aufgabe nach Absatz 1 wahrnimmt. [3]Die Aufgabenwahrnehmung erfolgt in gegenseitigem Benehmen. [4]Stellt das Bundeskriminalamt bei der Aufgabenwahrnehmung nach Absatz 1 Satz 1 Nummer 2 die Zuständigkeit einer Landespolizeibehörde fest, so gibt es diese Aufgabe an diese Polizeibehörde ab, wenn nicht ein Fall des Absatzes 1 Satz 1 Nummer 1 oder Nummer 3 vorliegt.

§ 6[2)] Schutz von Mitgliedern der Verfassungsorgane und der Leitung des Bundeskriminalamtes. (1) [1]Unbeschadet der Rechte des Präsidenten des Deutschen Bundestages und der Zuständigkeit der Bundespolizei und der Polizeien der Länder obliegt dem Bundeskriminalamt

1. der erforderliche Personenschutz
   a) für die Mitglieder der Verfassungsorgane des Bundes,
   b) in besonders festzulegenden Fällen der Gäste dieser Verfassungsorgane aus anderen Staaten,
   c) auf Ersuchen des Präsidenten des Deutschen Bundestages für Hilfsorgane des Deutschen Bundestages und
   d) für die Leitung des Bundeskriminalamtes;
2. der innere Schutz der Dienst- und der Wohnsitze sowie der jeweiligen Aufenthaltsräume des Bundespräsidenten, der Mitglieder der Bundesregierung und in besonders festzulegenden Fällen ihrer Gäste aus anderen Staaten.

[2]In den Fällen des Satzes 1 Nummer 1 Buchstabe a, c und d kann der erforderliche Schutz insbesondere auch über die Amtsdauer hinaus erstreckt werden und Familienangehörige einbeziehen.

[1)] **Schönfelder Nr. 85.**
[2)] § 6 Abs. 2 geänd. mWv 27.6.2020 durch VO v. 19.6.2020 (BGBl. I S. 1328).

(2) Sollen Beamtinnen und Beamte des Bundeskriminalamtes und der Polizei eines Landes in den Fällen des Absatzes 1 zugleich eingesetzt werden, so entscheidet darüber das Bundesministerium des Innern, für Bau und Heimat im Einvernehmen mit der obersten Landesbehörde.

§ 7 Zeugenschutz. (1) [1]In den Fällen des § 4 Absatz 1 und 2 Satz 1 obliegt dem Bundeskriminalamt der Schutz von Personen, deren Aussage zur Erforschung der Wahrheit von Bedeutung ist oder war. [2]Entsprechendes gilt für deren Angehörige und sonstige ihnen nahestehende Personen. [3]Das Bundeskriminalamt unterrichtet die zuständigen Landeskriminalämter unverzüglich von der Übernahme des Zeugenschutzes.

(2) [1]Das Bundeskriminalamt kann Zeugenschutzmaßnahmen aufgrund eines Ersuchens eines anderen Staates oder einer für die Verfolgung von Straftaten zuständigen zwischen- und überstaatlichen Stelle durchführen, soweit es sich um einen Fall von besonderer Bedeutung handelt. [2]Absatz 1 Satz 2 und 3 gilt entsprechend.

(3) [1]In Einzelfällen können Zeugenschutzmaßnahmen im Einvernehmen zwischen dem Bundeskriminalamt und einem Landeskriminalamt durch Polizeibeamtinnen und Polizeibeamte dieses Landes durchgeführt werden. [2]Die Verpflichtung anderer Polizeibehörden, die zur Abwehr von Gefahren erforderlichen unaufschiebbaren Maßnahmen zu treffen, bleibt unberührt.

§ 8 Sicherung des Bundeskriminalamtes, behördlicher Eigenschutz.

(1) [1]Dem Bundeskriminalamt obliegt die Sicherung seiner behördlichen Liegenschaften, sonstigen Einrichtungen und eigenen Veranstaltungen gegen Gefahren, welche die Erfüllung seiner Aufgaben beeinträchtigen. [2]Die Sicherung beschränkt sich auf die in Satz 1 bezeichneten Liegenschaften und Einrichtungen sowie auf die Grundstücke, auf denen diese Liegenschaften und Einrichtungen untergebracht sind oder Veranstaltungen stattfinden.

(2) Dem Bundeskriminalamt obliegt die Sicherung seines Dienstbetriebs gegen Gefahren, die von Personen ausgehen, die für das Bundeskriminalamt tätig werden sollen.

Abschnitt 2. Allgemeine Befugnisse zur Datenverarbeitung

Unterabschnitt 1. Datenerhebung

§ 9[1)] Allgemeine Datenerhebung durch und Datenübermittlung an das Bundeskriminalamt. (1) [1]Das Bundeskriminalamt kann, soweit dies zur Erfüllung seiner Aufgabe als Zentralstelle nach § 2 Absatz 2 Nummer 1 und Absatz 6 erforderlich ist, personenbezogene Daten zur Ergänzung vorhandener Sachverhalte oder sonst zu Zwecken der Auswertung mittels Auskünften oder Anfragen bei öffentlichen oder nichtöffentlichen Stellen erheben. [2]Das Bundeskriminalamt kann unter den Voraussetzungen des Satzes 1 auch Daten erheben

1. bei den in den §§ 26 und 27 genannten Behörden und Stellen anderer Staaten,
2. bei zwischen- und überstaatlichen Stellen, die mit der Verfolgung und Verhütung von Straftaten befasst sind, sowie

[1)] § 9 Abs. 6 angef. mWv 1.8.2021 durch G v. 25.6.2021 (BGBl. I S. 2083).

3. unter den Voraussetzungen des § 81 des Bundesdatenschutzgesetzes[1)] auch bei sonstigen öffentlichen und nichtöffentlichen Stellen im Ausland.

[3] In anhängigen Strafverfahren steht dem Bundeskriminalamt diese Befugnis nur im Einvernehmen mit der zuständigen Strafverfolgungsbehörde zu.

(2) [1] Das Bundeskriminalamt kann, soweit dies zur Erfüllung seiner Aufgaben nach den §§ 6 bis 8 erforderlich ist, personenbezogene Daten erheben. [2] Die personenbezogenen Daten sind offen und bei der betroffenen Person zu erheben. [3] Sie können bei anderen öffentlichen oder bei nichtöffentlichen Stellen erhoben werden, wenn die Erhebung bei der betroffenen Person nicht möglich ist oder durch sie die Erfüllung der dem Bundeskriminalamt obliegenden Aufgaben nach Satz 1 gefährdet oder erheblich erschwert würde. [4] Eine Datenerhebung, die nicht als Maßnahme des Bundeskriminalamtes erkennbar sein soll, ist nur zulässig, wenn auf andere Weise die Erfüllung der dem Bundeskriminalamt obliegenden Aufgaben nach Satz 1 erheblich gefährdet wird oder wenn anzunehmen ist, dass dies dem überwiegenden Interesse der betroffenen Person entspricht.

(3) [1] Soweit das Bundeskriminalamt für seine Aufgaben nach den §§ 6 bis 8 personenbezogene Daten bei der betroffenen Person oder bei nichtöffentlichen Stellen erhebt, sind diese auf Verlangen auf den Umfang ihrer Auskunftspflicht und auf die Rechtsgrundlage der Datenerhebung hinzuweisen. [2] Der Hinweis kann unterbleiben, wenn durch ihn die Erfüllung der jeweiligen Aufgabe des Bundeskriminalamtes nach Absatz 2 gefährdet oder erheblich erschwert würde. [3] Sofern eine Auskunftspflicht nicht besteht, ist auf die Freiwilligkeit der Auskunft hinzuweisen.

(4) [1] Öffentliche Stellen können von sich aus dem Bundeskriminalamt Informationen einschließlich personenbezogener Daten übermitteln, wenn tatsächliche Anhaltspunkte dafür bestehen, dass die Übermittlung für die Erfüllung der Aufgaben des Bundeskriminalamtes erforderlich ist. [2] Die Vorschriften der Strafprozessordnung[2)], des Artikel 10-Gesetzes[3)], des Bundesverfassungsschutzgesetzes[4)], des BND-Gesetzes[5)] und des MAD-Gesetzes[6)] bleiben unberührt. [3] Die Verantwortung für die Zulässigkeit der Übermittlung trägt die übermittelnde Stelle. [4] Erfolgt die Übermittlung auf Ersuchen des Bundeskriminalamtes, trägt dieses die Verantwortung.

(5) Eine Übermittlungspflicht besteht, wenn die Informationen zur Abwehr einer Gefahr für den Bestand oder die Sicherheit des Bundes oder eines Landes oder Leib, Leben oder Freiheit einer Person oder einer Sache von bedeutendem Wert, deren Erhaltung im öffentlichen Interesse liegt, erforderlich sind.

(6) [1] Das Bundeskriminalamt als Vermögensabschöpfungsstelle kann die in § 24c Absatz 1 des Kreditwesengesetzes[7)] bezeichneten Kontoinformationen automatisiert abrufen, soweit dies im Einzelfall für die Wahrnehmung seiner Aufgaben nach § 3 Absatz 2a zur Verhütung und Verfolgung einer schweren Straftat oder zur Unterstützung einer strafrechtlichen Ermittlung im Zusammenhang mit einer schweren Straftat im Rahmen seiner Zuständigkeiten erforderlich ist, einschließlich der Ermittlung, Rückverfolgung und Sicherstellung der mit dieser Ermittlung

---

[1)] Nr. **245**.
[2)] **Schönfelder Nr. 90.**
[3)] Nr. **7**.
[4)] *Nr. **80**.*
[5)] **Sartorius III Nr. 805.**
[6)] **Sartorius III Nr. 806.**
[7)] **Sartorius ErgBd. Nr. 856.**

zusammenhängenden Vermögenswerte. [2] Als schwere Straftat im Sinne von Satz 1 gelten die in Anhang I der Verordnung (EU) 2016/794 des Europäischen Parlaments und des Rates vom 11. Mai 2016 über die Agentur der Europäischen Union für die Zusammenarbeit auf dem Gebiet der Strafverfolgung (Europol) und zur Ersetzung und Aufhebung der Beschlüsse 2009/371/JI, 2009/934/JI, 2009/935/JI, 2009/936/JI und 2009/968/JI des Rates genannten Straftaten. [3] Das Bundeskriminalamt trägt die Verantwortung dafür, dass die Voraussetzungen des Satzes 1 vorliegen. [4] Automatisierte Abrufe von Kontoinformationen dürfen nur durch Personen vorgenommen werden, die dazu besonders ermächtigt und entweder Amtsträger im Sinne des § 11 Absatz 1 Nummer 2 des Strafgesetzbuchs[1)] oder nach dem Verpflichtungsgesetz förmlich verpflichtet sind.

§ 10[2)] Bestandsdatenauskunft. (1) [1] Zur Erfüllung der Aufgabe als Zentralstelle nach § 2 Absatz 2 Nummer 1 und Absatz 6 darf nach Maßgabe der nachfolgenden Vorschriften Auskunft verlangt werden von demjenigen, der geschäftsmäßig

1. Telekommunikationsdienste erbringt oder daran mitwirkt, über die nach den §§ 95 und 111 des Telekommunikationsgesetzes[3)] erhobenen Daten (§ 113 Absatz 1 Satz 1 des Telekommunikationsgesetzes), oder
2. eigene oder fremde Telemedien zur Nutzung bereithält oder den Zugang zur Nutzung vermittelt, über die nach § 14 des Telemediengesetzes[4)] erhobenen Daten (§ 15a Absatz 1 Satz 1 des Telemediengesetzes).

[2] Die Auskunft nach Satz 1 darf nur verlangt werden, sofern im Einzelfall

(Fortsetzung nächstes Blatt)

[1)] **Schönfelder Nr. 85.**

[2)] § 10 Abs. 1, 2 neu gef., Abs. 3 eingef., bish. Abs. 3, 4 werden Abs. 4, 5 und jeweils Satz 1 geänd., bish. Abs. 5 wird Abs. 6 und neu gef., Abs. 7 angef. mWv 2.4.2021 durch G v. 30.3.2021 (BGBl. I S. 448).

[3)] **Sartorius ErgBd. Nr. 920.**

[4)] **Sartorius ErgBd. Nr. 922.**

Stelle ist darauf hinzuweisen, dass sie die Daten für Ausschreibungen zur Fahndung nur nach Vorliegen eines Rechtshilfeersuchens nutzen darf.

(4) [1] Die regelmäßige, im Rahmen einer systematischen Zusammenarbeit erfolgende Übermittlung personenbezogener Daten an internationale Datenbestände ist zulässig nach Maßgabe von Rechtsakten der Europäischen Union und völkerrechtlicher Verträge, die der Mitwirkung der gesetzgebenden Körperschaften nach Artikel 59 Absatz 2 des Grundgesetzes bedürfen. [2] Entsprechendes gilt, wenn durch das Bundesministerium des Innern, für Bau und Heimat im Einzelfall im Benehmen mit der oder dem Bundesbeauftragten für den Datenschutz und die Informationsfreiheit festgestellt wird, dass durch die Nutzung datenschutzfreundlicher und datenminimierender Vorkehrungen die schutzwürdigen Belange der betroffenen Personen nicht überwiegen.

(5) Das Bundeskriminalamt kann als Nationales Zentralbüro der Bundesrepublik Deutschland für die Internationale Kriminalpolizeiliche Organisation personenbezogene Daten an das Generalsekretariat der Organisation unter den Voraussetzungen des Absatzes 1 übermitteln, soweit dies zur weiteren Übermittlung der Daten an andere Nationale Zentralbüros oder an die in Absatz 1 genannten Stellen geboten oder zu Zwecken der Informationssammlung und Auswertung durch das Generalsekretariat erforderlich ist.

(6) [1] Das Bundeskriminalamt kann unter Beachtung des § 12 Absatz 2 bis 4 personenbezogene Daten an Dienststellen der Stationierungsstreitkräfte im Rahmen des Artikels 3 des Zusatzabkommens zu dem Abkommen zwischen den Parteien des Nordatlantikvertrages über die Rechtsstellung ihrer Truppen hinsichtlich der in der Bundesrepublik Deutschland stationierten ausländischen Streitkräfte vom 3. August 1959 (BGBl. 1961 II S. 1183) übermitteln, wenn dies zur rechtmäßigen Erfüllung der in deren Zuständigkeit liegenden Aufgaben erforderlich ist. [2] § 78 Absatz 2 des Bundesdatenschutzgesetzes gilt entsprechend.

(7) [1] Die Verantwortung für die Zulässigkeit der Übermittlung trägt das Bundeskriminalamt. [2] § 25 Absatz 4 Satz 2 gilt entsprechend. [3] Das Bundeskriminalamt hat die Übermittlung und ihren Anlass aufzuzeichnen. [4] Die empfangende Stelle personenbezogener Daten ist darauf hinzuweisen, dass sie nur zu dem Zweck genutzt werden dürfen, zu dem sie übermittelt worden sind. [5] Ferner ist ihr der beim Bundeskriminalamt vorgesehene Löschungszeitpunkt mitzuteilen.

(8) [1] Das Bundeskriminalamt kann unter den Voraussetzungen des § 81 des Bundesdatenschutzgesetzes und unter Beachtung des § 12 Absatz 2 bis 4 Daten an die in § 81 des Bundesdatenschutzgesetzes genannten Stellen übermitteln. [2] Zusätzlich kann es unter den Voraussetzungen des Satzes 1 an andere als die in Absatz 1 genannten zwischen- und überstaatlichen Stellen personenbezogene Daten übermitteln, soweit dies erforderlich ist

1. zur Erfüllung einer ihm obliegenden Aufgabe oder
2. zur Abwehr einer im Einzelfall bestehenden erheblichen Gefahr für die öffentliche Sicherheit.

[3] Entsprechendes gilt, wenn tatsächliche Anhaltspunkte dafür vorliegen, dass Straftaten von erheblicher Bedeutung begangen werden sollen.

§ 28 Übermittlungsverbote und Verweigerungsgründe. (1) [1] Die Übermittlung nach den Vorschriften dieses Gesetzes unterbleibt, wenn

1. für die übermittelnde Stelle erkennbar ist, dass unter Berücksichtigung der Art der Daten und ihrer Erhebung die schutzwürdigen Interessen der betroffenen Person das Allgemeininteresse an der Übermittlung überwiegen, oder

2. besondere bundesgesetzliche Verwendungsregelungen entgegenstehen; die Verpflichtung zur Wahrung gesetzlicher Geheimhaltungspflichten oder von Berufs- oder besonderen Amtsgeheimnissen, die nicht auf gesetzlichen Vorschriften beruhen, bleibt unberührt.

[2] Satz 1 Nummer 1 gilt nicht für Übermittlungen an die Staatsanwaltschaften.

(2) Die Datenübermittlung nach den §§ 26 und 27 unterbleibt darüber hinaus,

1. wenn hierdurch wesentliche Sicherheitsinteressen des Bundes oder der Länder beeinträchtigt würden,
2. wenn hierdurch der Erfolg laufender Ermittlungen oder Leib, Leben oder Freiheit einer Person gefährdet würde,
3. soweit Grund zu der Annahme besteht, dass durch sie gegen den Zweck eines deutschen Gesetzes verstoßen würde, oder
4. wenn tatsächliche Anhaltspunkte dafür vorliegen, dass die Übermittlung der Daten zu den in der Charta der Grundrechte der Europäischen Union enthaltenen Grundsätzen, insbesondere dadurch, dass durch die Nutzung der übermittelten Daten im Empfängerstaat Verletzungen von elementaren rechtsstaatlichen Grundsätzen oder Menschenrechtsverletzungen drohen, in Widerspruch stünde.

(3) [1] Das Bundeskriminalamt führt für den polizeilichen Informationsaustausch und Rechtshilfeverkehr eine fortlaufend aktualisierte Aufstellung über die Einhaltung der elementaren rechtsstaatlichen Grundsätze und Menschenrechtsstandards sowie das Datenschutzniveau in den jeweiligen Drittstaaten, die die speziellen Erfordernisse des polizeilichen Informationsaustauschs berücksichtigt. [2] Hierbei berücksichtigt es insbesondere die jeweils aktuellen Erkenntnisse der Bundesregierung und maßgeblich, ob ein Angemessenheitsbeschluss der Europäischen Kommission nach Artikel 36 der Richtlinie (EU) 2016/680 des Europäischen Parlaments und des Rates vom 27. April 2016 zum Schutz natürlicher Personen bei der Verarbeitung personenbezogener Daten durch die zuständigen Behörden zum Zwecke der Verhütung, Ermittlung, Aufdeckung oder Verfolgung von Straftaten oder der Strafvollstreckung sowie zum freien Datenverkehr und zur Aufhebung des Rahmenbeschlusses 2008/977/JI des Rates (ABl. L 119 vom 4.5.2016, S. 89) vorliegt.

Abschnitt 3. Zentralstelle

§ 29[1)] Polizeilicher Informationsverbund, Verordnungsermächtigung.

(1) [1] Das Bundeskriminalamt ist im Rahmen seiner Aufgabe nach § 2 Absatz 3 Zentralstelle für den polizeilichen Informationsverbund zwischen Bund und Ländern. [2] Es stellt zu diesem Zweck ein einheitliches Verbundsystem zur Verfügung.

(2) [1] Das Verbundsystem erfüllt die Grundfunktionen nach § 13 Absatz 2. [2] Innerhalb des Verbundsystems stellen die daran teilnehmenden Behörden einander Daten zum Abruf und zur Verarbeitung zur Verfügung. [3] Ausschreibungen im Schengener Informationssystem erfolgen im polizeilichen Informationsverbund. [4] Das Bundesministerium des Innern, für Bau und Heimat bestimmt im Einvernehmen mit den Innenministerien und Senatsinnenverwaltungen der Länder sowie im Benehmen mit der oder dem Bundesbeauftragten für den Datenschutz und die

[1)] § 29 Abs. 2 Satz 4, Abs. 7, 8 geänd. mWv 27.6.2020 durch VO v. 19.6.2020 (BGBl. I S. 1328); Abs. 3 Satz 1 Nr. 5, 6 geänd., Nr. 7 angef. mWv 1.8.2021 durch G v. 25.6.2021 (BGBl. I S. 2083).

Informationsfreiheit die in den polizeilichen Informationsverbund einzubeziehenden Daten.

(3) [1] Außer dem Bundeskriminalamt und den Landeskriminalämtern sind zur Teilnahme am polizeilichen Informationsverbund berechtigt:

1. sonstige Polizeibehörden der Länder,
2. die Bundespolizei,
3. die Polizei beim Deutschen Bundestag,
4. mit der Wahrnehmung grenzpolizeilicher Aufgaben betraute Behörden der Zollverwaltung,
5. die Zollfahndungsämter,
6. das Zollkriminalamt und
7. die mit der Steuerfahndung betrauten Dienststellen der Landesfinanzbehörden[1)]

[2] Die am polizeilichen Informationsverbund teilnehmenden Stellen haben das Recht, Daten zur Erfüllung der Verpflichtung nach § 32 im automatisierten Verfahren einzugeben und, soweit dies zur jeweiligen Aufgabenerfüllung erforderlich ist, abzurufen.

(4) [1] Durch organisatorische und technische Maßnahmen hat das Bundeskriminalamt sicherzustellen, dass Eingaben von und Zugriffe auf Daten im polizeilichen Informationsverbund nur möglich sind, soweit die jeweiligen Behörden hierzu berechtigt sind. [2] § 12 Absatz 2 bis 5, die §§ 14, 15 und 16 Absatz 1, 2, 5 und 6, § 18 Absatz 1, 2, 4 und 5, § 19 Absatz 1 und 2 sowie die §§ 20 und 91 gelten entsprechend.

(5) [1] Nur die Behörde, die Daten zu einer Person eingegeben hat, ist befugt, diese zu ändern, zu berichtigen oder zu löschen. [2] Hat eine teilnehmende Stelle des polizeilichen Informationsverbundes Anhaltspunkte dafür, dass Daten unrichtig oder zu löschen sind, teilt sie dies umgehend der eingebenden Behörde mit, die verpflichtet ist, diese Mitteilung unverzüglich zu prüfen und erforderlichenfalls die Daten unverzüglich zu berichtigen oder zu löschen oder in ihrer Verarbeitung einzuschränken. [3] Sind Daten zu einer Person gespeichert, kann jede teilnehmende Stelle des polizeilichen Informationsverbundes weitere Daten ergänzend eingeben.

(6) [1] Das Auswärtige Amt ist zum Abruf im automatisierten Verfahren der Fahndungsausschreibungen zur Festnahme und Aufenthaltsermittlung berechtigt, soweit dies für die Auslandsvertretungen in ihrer Eigenschaft als Pass- und Personalausweisbehörden erforderlich ist. [2] Die Staatsanwaltschaften sind befugt, für Zwecke der Strafrechtspflege im automatisierten Verfahren abzurufen:

1. Fahndungsausschreibungen zur Festnahme und Aufenthaltsermittlung und, nach Maßgabe des Beschlusses 2007/533/JI des Rates vom 12. Juni 2007 über die Einrichtung, den Betrieb und die Nutzung des Schengener Informationssystems der zweiten Generation (SIS II) (ABl. L 205 vom 7.8.2007, S. 63) sowie der Verordnung (EG) Nr. 1987/2006 des Europäischen Parlaments und des Rates vom 20. Dezember 2006 über die Einrichtung, den Betrieb und die Nutzung des Schengener Informationssystems der zweiten Generation (SIS II) (ABl. L 381 vom 28.12.2006, S. 4), auch die Ausschreibungen, die im Schengener Informationssystem gespeichert sind,
2. Daten über Freiheitsentziehungen und
3. Daten aus dem DNA-Analyse-System.

[1)] **Amtl. Anm.:** Zeichensetzung amtlich.

(7) Das Bundesministerium des Innern, für Bau und Heimat wird ermächtigt, im Einvernehmen mit dem Bundesministerium der Justiz und für Verbraucherschutz durch Rechtsverordnung, die der Zustimmung des Bundesrates bedarf, weitere im polizeilichen Informationsverbund gespeicherte Daten, die von den Staatsanwaltschaften zur Erfüllung ihrer Aufgaben benötigt werden, zum automatisierten Abruf freizugeben, soweit diese Form der Datenübermittlung unter Berücksichtigung der schutzwürdigen Interessen der betroffenen Personen wegen der Vielzahl der Übermittlungen oder wegen ihrer besonderen Eilbedürftigkeit angemessen ist.

(8) Die Einrichtung eines automatisierten Abrufverfahrens ist für andere Behörden zur Erfüllung vollzugspolizeilicher Aufgaben mit Zustimmung des Bundesministeriums des Innern, für Bau und Heimat und der Innenministerien und Senatsinnenverwaltungen der Länder zulässig, soweit diese Form der Datenübermittlung unter Berücksichtigung der schutzwürdigen Interessen der betroffenen Personen wegen der Vielzahl der Übermittlungen oder wegen ihrer besonderen Eilbedürftigkeit angemessen ist.

§ 30 Verbundrelevanz. (1) Die am polizeilichen Informationsverbund teilnehmenden Stellen verarbeiten im polizeilichen Informationsverbund ausschließlich

1. personenbezogene Daten, deren Verarbeitung für die Verhütung und Verfolgung von Straftaten mit länderübergreifender, internationaler oder erheblicher Bedeutung erforderlich ist;
2. personenbezogene Daten, deren Verarbeitung im Informationsverbund erforderlich ist
   a) zu erkennungsdienstlichen Zwecken, soweit das Bundeskriminalamt diese Daten nach § 16 Absatz 5 auch im Informationssystem weiterverarbeiten dürfte oder
   b) zu Zwecken der Fahndung nach Personen und Sachen, soweit das Bundeskriminalamt diese Daten nach § 16 Absatz 2 auch im Informationssystem weiterverarbeiten dürfte

(Verbundrelevanz).

(2) [1] Die am polizeilichen Informationsverbund teilnehmenden Stellen legen unter Beteiligung der jeweils zuständigen obersten Bundes- oder Landesbehörden Kriterien fest, die bestimmen, welche Straftaten nach allgemeiner kriminalistischer Erfahrung die Voraussetzungen nach Absatz 1 Nummer 1 erfüllen. [2] Die Kriterien können sich an den unterschiedlichen kriminalistischen Phänomenbereichen orientieren. [3] Die Kriterien sind in angemessenen Abständen und, soweit erforderlich, zu aktualisieren. [4] Die Festlegung und Aktualisierung dieser Kriterien erfolgen im Benehmen mit der oder dem Bundesbeauftragten für den Datenschutz und die Informationsfreiheit.

§ 31 Datenschutzrechtliche Verantwortung im polizeilichen Informationsverbund. (1) Das Bundeskriminalamt hat als Zentralstelle für den polizei-

(Fortsetzung nächstes Blatt)

Aufgaben auf dem Gebiet der Strafverfolgung einheitlich wahrgenommen werden, so unterrichtet das Bundeskriminalamt die obersten Landesbehörden und die Generalstaatsanwaltschaften, in deren Bezirken ein Gerichtsstand begründet ist. [2]Das Bundeskriminalamt weist im Einvernehmen mit einer Generalstaatsanwaltschaft und einer obersten Landesbehörde eines Landes diesem Land die polizeilichen Aufgaben auf dem Gebiet der Strafverfolgung mit der Maßgabe zu, diese Aufgaben insgesamt wahrzunehmen.

(2) [1]Zuständig für die Durchführung der einem Land nach Absatz 1 übertragenen Aufgaben ist das Landeskriminalamt. [2]Die oberste Landesbehörde kann an Stelle des Landeskriminalamtes eine andere Polizeibehörde im Land für zuständig erklären.

§ 37 Amtshandlungen, Unterstützungspflichten der Länder. (1) [1]Vollzugsbeamtinnen und Vollzugsbeamte des Bundes und der Länder können in den Fällen des § 4 Absatz 1 und 2 und des § 36 Absatz 1 im Geltungsbereich dieses Gesetzes Amtshandlungen vornehmen. [2]Sie sind insoweit Ermittlungspersonen der zuständigen Staatsanwaltschaft, wenn sie mindestens vier Jahre dem Polizeivollzugsdienst angehören. [3]Sie unterrichten die örtlichen Polizeidienststellen rechtzeitig über Ermittlungen in deren Zuständigkeitsbereich, sofern nicht schwerwiegende Gründe entgegenstehen. [4]Zu den Ermittlungshandlungen sollen, soweit es zweckmäßig ist, Beamtinnen und Beamte der örtlich zuständigen Polizeidienststellen hinzugezogen werden.

(2) [1]Die polizeilichen Dienststellen des Bundes und der Länder geben dem Bundeskriminalamt in Fällen, in denen es im Rahmen seiner Zuständigkeit ermittelt, sowie den von ihm nach § 35 Absatz 1 entsandten Beamtinnen und Beamten Auskunft und gewähren Akteneinsicht. [2]Das Gleiche gilt für die nach § 36 Absatz 1 tätig werdenden Polizeibeamtinnen und Polizeibeamten der Länder.

(3) Die örtlich zuständigen Polizeidienststellen gewähren Beamtinnen und Beamten des Bundeskriminalamtes oder, im Falle einer Zuweisung nach § 36 Absatz 1, eines anderen Landes, die Ermittlungen durchführen, personelle und sachliche Unterstützung.

(4) Polizeivollzugsbeamtinnen und Polizeivollzugsbeamte des Bundeskriminalamtes können im Zuständigkeitsbereich eines Landes tätig werden, wenn das jeweilige Landesrecht es vorsieht.

Abschnitt 5. Befugnisse zur Abwehr von Gefahren des internationalen Terrorismus

§ 38 Allgemeine Befugnisse. (1) [1]Das Bundeskriminalamt kann zur Erfüllung seiner Aufgabe nach § 5 Absatz 1 Satz 1 die notwendigen Maßnahmen treffen, um eine Gefahr abzuwehren, soweit nicht dieses Gesetz die Befugnisse des Bundeskriminalamtes besonders regelt. [2]Die §§ 15 bis 20 des Bundespolizeigesetzes[1)] gelten entsprechend.

(2) Gefahr im Sinne dieses Abschnitts ist eine im Einzelfall bestehende Gefahr für die öffentliche Sicherheit im Zusammenhang mit Straftaten nach § 5 Absatz 1 Satz 2.

§ 39 Erhebung personenbezogener Daten. (1) Das Bundeskriminalamt kann, sofern in diesem Abschnitt nichts anderes bestimmt ist, personenbezogene

[1)] Nr. **90**.

Daten erheben, soweit dies zur Erfüllung der ihm nach § 5 Absatz 1 obliegenden Aufgabe erforderlich ist.

(2) Zur Verhütung von Straftaten nach § 5 Absatz 1 Satz 2 ist eine Erhebung personenbezogener Daten nur zulässig, soweit Tatsachen die Annahme rechtfertigen, dass

1. die Person eine Straftat nach § 5 Absatz 1 Satz 2 begehen will und die erhobenen Daten zur Verhütung dieser Straftat erforderlich sind oder
2. die Person mit einer Person nach Nummer 1 nicht nur flüchtig oder in zufälligem Kontakt in Verbindung steht und
   a) von der Vorbereitung einer Straftat nach § 5 Absatz 1 Satz 2 Kenntnis hat,
   b) aus der Verwertung der Tat Vorteile ziehen könnte oder
   c) die Person nach Nummer 1 sich ihrer zur Begehung der Straftat bedienen könnte

und die Verhütung dieser Straftaten auf andere Weise aussichtslos oder wesentlich erschwert wäre.

(3) § 9 Absatz 2 und 3 gilt entsprechend.

§ 40[1)] Bestandsdatenauskunft. (1) Das Bundeskriminalamt darf von demjenigen, der geschäftsmäßig Telekommunikationsdienste erbringt oder daran mitwirkt, Auskunft über die nach den §§ 95 und 111 des Telekommunikationsgesetzes[2)] erhobenen Daten verlangen (§ 113 Absatz 1 Satz 1 des Telekommunikationsgesetzes), sofern

1. dies im Einzelfall zur Abwehr einer Gefahr erforderlich ist oder
2. im Einzelfall
   a) Tatsachen die Annahme rechtfertigen, dass eine Person innerhalb eines übersehbaren Zeitraums auf eine zumindest ihrer Art nach konkretisierte Weise eine Straftat nach § 5 Absatz 1 Satz 2 begehen wird, oder
   b) das individuelle Verhalten einer Person die konkrete Wahrscheinlichkeit begründet, dass sie innerhalb eines übersehbaren Zeitraums eine Straftat nach § 5 Absatz 1 Satz 2 begehen wird,

und die zu erhebenden Daten zur Verhütung dieser Straftat erforderlich sind.

(2) Unter den Voraussetzungen des Absatzes 1 darf von demjenigen, der geschäftsmäßig eigene oder fremde Telemedien zur Nutzung bereithält oder den Zugang zur Nutzung vermittelt, Auskunft über die nach § 14 des Telemediengesetzes[3)] erhobenen Daten verlangt werden (§ 15a Absatz 1 Satz 1 und § 15b Absatz 1 Satz 1 des Telemediengesetzes).

(3) [1]Bezieht sich das Auskunftsverlangen nach Absatz 1 auf Daten, mittels derer der Zugriff auf Endgeräte oder auf Speichereinrichtungen, die in diesen Endgeräten oder hiervon räumlich getrennt eingesetzt werden, geschützt wird (§ 113 Absatz 1 Satz 2 des Telekommunikationsgesetzes), darf die Auskunft nur verlangt werden, wenn die gesetzlichen Voraussetzungen für die Nutzung der Daten vorliegen. [2]Bezieht sich das Auskunftsverlangen nach Absatz 2 auf nach § 14 Absatz 1 des Telemediengesetzes erhobene Passwörter oder auf andere Daten, mittels derer

---

[1)] § 40 Abs. 1 neu gef., Abs. 2, 3 eingef., bish. Abs. 2 wird Abs. 4 und neu gef., bish. Abs. 3 wird Abs. 5 und Satz 1 geänd., Sätze 6, 7 angef., bish. Abs. 4 wird Abs. 6 und Satz 1 geänd., bish. Abs. 5 wird Abs. 7 und neu gef., Abs. 8 angef. mWv 2.4.2021 durch G v. 30.3.2021 (BGBl. I S. 448, ber. S. 1380).

[2)] **Sartorius ErgBd. Nr. 920.**

[3)] **Sartorius ErgBd. Nr. 922.**

der Zugriff auf Endgeräte oder auf Speichereinrichtungen, die in diesen Endgeräten oder hiervon räumlich getrennt eingesetzt werden, geschützt wird (§ 15b Absatz 1 Satz 1 des Telemediengesetzes), darf die Auskunft nur verlangt werden zur Abwehr einer konkreten Gefahr für Leib, Leben, Freiheit oder die sexuelle Selbstbestimmung einer Person oder für den Bestand des Bundes oder eines Landes sowie Güter der Allgemeinheit, deren Bedrohung die Grundlagen der Existenz der Menschen berührt, und wenn die gesetzlichen Voraussetzungen für die Nutzung der Daten vorliegen.

(4) [1] Die Auskunft nach den Absätzen 1 bis 3 darf auch anhand einer zu einem bestimmten Zeitpunkt zugewiesenen Internetprotokoll-Adresse verlangt werden (§ 113 Absatz 1 Satz 3 des Telekommunikationsgesetzes und § 15a Absatz 1 Satz 3 und 4 des Telemediengesetzes). [2] Die Auskunft nach den Absätzen 1 bis 3 anhand einer zu einem bestimmten Zeitpunkt zugewiesenen Internetprotokoll-Adresse nach § 15a Absatz 1 Satz 3 und 4 des Telemediengesetzes darf nur verlangt werden, wenn tatsächliche Anhaltspunkte dafür vorliegen, dass die betroffene Person Nutzer des Telemediendienstes ist, bei dem die Daten erhoben werden sollen. [3] Die rechtlichen und tatsächlichen Grundlagen des Auskunftsverlangens sind aktenkundig zu machen.

(5) [1] Auskunftsverlangen nach Absatz 3 dürfen nur auf Antrag der Präsidentin oder des Präsidenten des Bundeskriminalamtes oder ihrer oder seiner Vertretung durch das Gericht angeordnet werden. [2] Bei Gefahr im Verzug kann die Anordnung durch die Präsidentin oder den Präsidenten des Bundeskriminalamtes oder ihre oder seine Vertretung getroffen werden. [3] In diesem Fall ist die gerichtliche Entscheidung unverzüglich nachzuholen. [4] Die Sätze 1 bis 3 finden keine Anwendung, wenn die betroffene Person vom Auskunftsverlangen bereits Kenntnis hat oder haben muss oder wenn die Nutzung der Daten bereits durch eine gerichtliche Entscheidung gestattet wird. [5] Das Vorliegen der Voraussetzungen nach Satz 4 ist aktenkundig zu machen. [6] Die Sätze 2 bis 5 gelten nicht in den Fällen des Absatzes 3 Satz 2. [7] Werden dem Bundeskriminalamt aufgrund eines Auskunftsersuchens nach Absatz 3 Satz 2 Passwörter oder andere Daten unverschlüsselt beauskunftet, so informiert das Bundeskriminalamt hierüber die jeweils zuständige Datenschutzaufsichtsbehörde.

(6) [1] Die betroffene Person ist in den Fällen der Absätze 3 und 4 über die Beauskunftung zu benachrichtigen. [2] Die Benachrichtigung erfolgt, soweit und sobald hierdurch der Zweck der Auskunft nicht vereitelt wird. [3] Sie unterbleibt, wenn ihr überwiegende schutzwürdige Belange Dritter oder der betroffenen Person selbst entgegenstehen. [4] Wird die Benachrichtigung nach Satz 2 zurückgestellt oder nach Satz 3 von ihr abgesehen, sind die Gründe aktenkundig zu machen.

(7) Der aufgrund eines Auskunftsverlangens Verpflichtete hat die zur Auskunftserteilung erforderlichen Daten unverzüglich und vollständig zu übermitteln.

(8) [1] Das Bundeskriminalamt hat den Verpflichteten für ihm erteilte Auskünfte eine Entschädigung zu gewähren. [2] Der Umfang der Entschädigung bemisst sich nach § 23 und Anlage 3 des Justizvergütungs- und -entschädigungsgesetzes; die Vorschriften über die Verjährung in § 2 Absatz 1 und 4 des Justizvergütungs- und -entschädigungsgesetzes finden entsprechend Anwendung.

§ 41 Befragung und Auskunftspflicht. (1) [1] Das Bundeskriminalamt kann eine Person befragen, wenn Tatsachen die Annahme rechtfertigen, dass die Person sachdienliche Angaben für die Erfüllung der dem Bundeskriminalamt nach § 5 Absatz 1 Satz 1 obliegenden Aufgabe machen kann. [2] Zum Zwecke der Befragung kann die Person angehalten werden. [3]Auf Verlangen hat die Person mitgeführte Ausweispapiere zur Prüfung auszuhändigen.

(2) [1]Die befragte Person ist verpflichtet, Namen, Vornamen, Tag und Ort der Geburt, Wohnanschrift und Staatsangehörigkeit anzugeben, soweit dies zur Erfüllung der dem Bundeskriminalamt nach § 5 Absatz 1 Satz 1 obliegenden Aufgabe erforderlich ist. [2]Eine weitergehende Auskunftspflicht besteht nur für die entsprechend den §§ 17 und 18 des Bundespolizeigesetzes[1)] Verantwortlichen und entsprechend den Voraussetzungen des § 20 Absatz 1 des Bundespolizeigesetzes für die dort bezeichneten Personen sowie für die Personen, für die gesetzliche Handlungspflichten bestehen, soweit die Auskunft zur Abwehr einer Gefahr erforderlich ist.

(3) [1]Unter den in den §§ 52 bis 55 der Strafprozessordnung[2)] bezeichneten Voraussetzungen ist die betroffene Person zur Verweigerung der Auskunft berechtigt. [2]Dies gilt nicht, soweit die Auskunft zur Abwehr einer Gefahr für den Bestand oder die Sicherheit des Bundes oder eines Landes oder Leib, Leben oder Freiheit einer Person erforderlich ist. [3]Eine in § 53 Absatz 1 Satz 1 Nummer 1, 2, 3 oder Nummer 4 der Strafprozessordnung genannte Person ist auch in den Fällen des Satzes 2 zur Verweigerung der Auskunft berechtigt. [4]Die betroffene Person ist über ihr Recht zur Verweigerung der Auskunft zu belehren. [5]Auskünfte, die nach Satz 2 erlangt wurden, dürfen nur für den dort bezeichneten Zweck verwendet werden. [6]Für Personen nach § 53 Absatz 1 Satz 1 Nummer 3 der Strafprozessordnung gilt Satz 3 nur, soweit es sich um Rechtsanwälte und Kammerrechtsbeistände handelt.

(4) [1]§ 136a der Strafprozessordnung gilt entsprechend. [2]§ 12 des Verwaltungsvollstreckungsgesetzes[3)] findet keine Anwendung.

(Fortsetzung nächstes Blatt)

[1)] Nr. **90**.
[2)] **Schönfelder Nr. 90.**
[3)] Nr. **112**.

(4) Die Maßnahme nach Absatz 1 darf nur auf Antrag der Präsidentin oder des Präsidenten des Bundeskriminalamtes oder ihrer oder seiner Vertretung durch das Gericht angeordnet werden.

(5) Im Antrag sind anzugeben:

1. die Person, gegen die sich die Maßnahme richtet, soweit möglich, mit Name und Anschrift,
2. eine möglichst genaue Bezeichnung des informationstechnischen Systems, in das zur Datenerhebung eingegriffen werden soll,
3. Art, Umfang und Dauer der Maßnahme,
4. der Sachverhalt sowie
5. eine Begründung.

(6) [1] Die Anordnung ergeht schriftlich. [2] In ihr sind anzugeben:

1. die Person, gegen die sich die Maßnahme richtet, soweit möglich, mit Name und Anschrift,
2. eine möglichst genaue Bezeichnung des informationstechnischen Systems, in das zur Datenerhebung eingegriffen werden soll,
3. Art, Umfang und Dauer der Maßnahme unter Benennung des Endzeitpunktes sowie
4. die wesentlichen Gründe.

[3] Die Anordnung ist auf höchstens drei Monate zu befristen. [4] Eine Verlängerung um jeweils nicht mehr als drei weitere Monate ist zulässig, soweit die Anordnungsvoraussetzungen unter Berücksichtigung der gewonnenen Erkenntnisse fortbestehen. [5] Liegen die Voraussetzungen der Anordnung nicht mehr vor, sind die aufgrund der Anordnung ergriffenen Maßnahmen unverzüglich zu beenden.

(7) [1] Liegen tatsächliche Anhaltspunkte für die Annahme vor, dass durch die Maßnahme allein Erkenntnisse aus dem Kernbereich privater Lebensgestaltung erlangt würden, ist die Maßnahme unzulässig. [2] Soweit möglich, ist technisch sicherzustellen, dass Daten, die den Kernbereich privater Lebensgestaltung betreffen, nicht erhoben werden. [3] Erkenntnisse, die durch Maßnahmen nach Absatz 1 erlangt worden sind, sind dem anordnenden Gericht unverzüglich vorzulegen. [4] Das Gericht entscheidet unverzüglich über die Verwertbarkeit oder Löschung. [5] Daten, die den Kernbereich privater Lebensgestaltung betreffen, dürfen nicht verwertet werden und sind unverzüglich zu löschen. [6] Die Tatsachen der Erfassung der Daten und der Löschung sind zu dokumentieren. [7] Die Dokumentation darf ausschließlich für Zwecke der Datenschutzkontrolle verwendet werden. [8] Sie ist sechs Monate nach der Benachrichtigung nach § 74 oder sechs Monate nach Erteilung der gerichtlichen Zustimmung über das endgültige Absehen von der Benachrichtigung zu löschen. [9] Ist die Datenschutzkontrolle nach § 69 Absatz 1 noch nicht beendet, ist die Dokumentation bis zu ihrem Abschluss aufzubewahren.

(8) [1] Bei Gefahr im Verzug kann die Präsidentin oder der Präsident des Bundeskriminalamtes oder ihre oder seine Vertretung im Benehmen mit der oder dem Datenschutzbeauftragten des Bundeskriminalamtes über die Verwertung der Erkenntnisse entscheiden. [2] Bei der Sichtung der erhobenen Daten kann sie oder er sich der technischen Unterstützung von zwei weiteren Bediensteten des Bundeskriminalamtes bedienen, von denen einer die Befähigung zum Richteramt haben muss. [3] Die Bediensteten des Bundeskriminalamtes sind zur Verschwiegenheit über die ihnen bekannt werdenden Erkenntnisse, die nicht verwertet werden dürfen,

verpflichtet. [4]Die gerichtliche Entscheidung nach Absatz 7 ist unverzüglich nachzuholen.

§ 50[1)] Postbeschlagnahme und Auskunftsverlangen. (1) Das Bundeskriminalamt kann ohne Wissen der betroffenen Person Postsendungen und Telegramme beschlagnahmen, die sich im Gewahrsam von Personen oder Unternehmen befinden, die geschäftsmäßig Post- oder Telekommunikationsdienste erbringen oder daran mitwirken und die an eine Person gerichtet sind,

1. die entsprechend § 17 oder § 18 des Bundespolizeigesetzes[2)] verantwortlich ist und dies zur Abwehr einer dringenden Gefahr für den Bestand oder die Sicherheit des Bundes oder eines Landes oder für Leib, Leben oder Freiheit einer Person oder Sachen von bedeutendem Wert, deren Erhaltung im öffentlichen Interesse liegt, geboten ist,
2. bei der bestimmte Tatsachen die Annahme rechtfertigen, dass sie innerhalb eines übersehbaren Zeitraums auf eine zumindest ihrer Art nach konkretisierte Weise eine Straftat nach § 5 Absatz 1 Satz 2 begehen wird,
3. deren individuelles Verhalten die konkrete Wahrscheinlichkeit begründet, dass sie innerhalb eines übersehbaren Zeitraums eine Straftat nach § 5 Absatz 1 Satz 2 begehen wird oder
4. bei der bestimmte Tatsachen die Annahme rechtfertigen, dass sie für eine Person nach Nummer 1 bestimmte oder von dieser herrührende Postsendungen oder Telegramme entgegennimmt oder weitergibt

und die Abwehr der Gefahr oder Verhütung der Straftaten auf andere Weise aussichtslos oder wesentlich erschwert wäre.

(2) [1]Unter den Voraussetzungen des Absatzes 1 ist es auch zulässig, von Personen oder Unternehmen, die geschäftsmäßig Postdienste erbringen oder daran mitwirken, Auskunft über Postsendungen zu verlangen, die an eine Person nach Absatz 1 Nummer 1 bis 4 gerichtet sind. [2]Die Auskunft umfasst ausschließlich die aufgrund von Rechtsvorschriften außerhalb dieses Gesetzes erhobenen Daten, sofern sie Folgendes betreffen:

1. Namen und Anschriften von Absendern, Empfängern und, soweit abweichend, von denjenigen Personen, welche die jeweilige Postsendung eingeliefert oder entgegengenommen haben,
2. Art des in Anspruch genommenen Postdienstes,
3. Maße und Gewicht der jeweiligen Postsendung,
4. die vom Postdienstleister zugeteilte Sendungsnummer der jeweiligen Postsendung sowie, sofern der Empfänger eine Abholstation mit Selbstbedienungs-Schließfächern nutzt, dessen persönliche Postnummer,
5. Zeit- und Ortsangaben zum jeweiligen Postsendungsverlauf sowie
6. zu Zwecken der Erbringung der Postdienstleistung erstellte Bildaufnahmen von der Postsendung.

[3]Auskunft über den Inhalt der Postsendung darf darüber hinaus nur verlangt werden, wenn die Personen oder Unternehmen, die geschäftsmäßig Postdienste erbringen oder daran mitwirken, davon auf rechtmäßige Weise Kenntnis erlangt

---

[1)] § 50 Überschrift neu gef., Abs. 2 eingef., bish. Abs. 2 wird Abs. 3 und Satz 1 geänd., Satz 4 neu gef., bish. Abs. *3 wird Abs. 4 und Nr. 2, 3* geänd., bish. Abs. 4 wird Abs. 5 und Satz 2 Nr. 3 neu gef., Nr. 4 eingef., bish. Nr. 4 wird Nr. 5, bish. Abs. 5 wird Abs. 6, bish. Abs. 6 wird Abs. 7 und Satz 1 geänd., bish. Abs. 7 und 8 werden Abs. 8 und 9 mWv 1.7.2021 durch G v. 25.6.2021 (BGBl. I S. 2099).

[2)] Nr. **90**.

haben. [4] Auskunft nach den Sätzen 2 und 3 müssen sie auch über solche Postsendungen erteilen, die sich noch nicht oder nicht mehr in ihrem Gewahrsam befinden.

(3) [1] Maßnahmen nach den Absätzen 1 und 2 dürfen nur auf Antrag der Präsidentin oder des Präsidenten des Bundeskriminalamtes oder ihrer oder seiner Vertretung durch das Gericht angeordnet werden. [2] Bei Gefahr im Verzug kann die Anordnung durch die Präsidentin oder den Präsidenten des Bundeskriminalamtes oder ihre oder seine Vertretung getroffen werden. [3] In diesem Fall ist die gerichtliche Entscheidung unverzüglich nachzuholen. [4] Soweit diese Anordnung nicht binnen drei Tagen durch das Gericht bestätigt wird, tritt sie außer Kraft, auch wenn sie eine Auslieferung nach Absatz 1 oder eine Auskunftserteilung nach Absatz 2 noch nicht zur Folge gehabt hat.

(4) Im Antrag sind anzugeben:

1. die Person, gegen die sich die Maßnahme richtet, soweit möglich, mit Name und Anschrift,
2. eine möglichst genaue Bezeichnung der Postsendungen, die der Beschlagnahme unterliegen sollen,[1] oder zu der die Auskunft erteilt werden soll,
3. Art, Umfang und Dauer der Maßnahme und im Fall eines Auskunftsverlangens die Daten nach Absatz 2 Satz 2, zu denen Auskunft erteilt werden soll,
4. der Sachverhalt sowie
5. eine Begründung.

(5) [1] Die Anordnung ergeht schriftlich. [2] In ihr sind anzugeben:

1. die Person, gegen die sich die Maßnahme richtet, soweit möglich, mit Name und Anschrift,
2. Dauer der Maßnahme unter Benennung des Endzeitpunktes,
3. eine möglichst genaue Bezeichnung der Postsendung, die der Beschlagnahme unterliegt, oder zu der Auskunft erteilt werden soll,
4. im Fall des Auskunftsverlangens nach Absatz 2 die Daten nach Absatz 2 Satz 2, zu der die Auskunft zu erteilen ist, sowie
5. die wesentlichen Gründe.

[3] Die Anordnung ist auf höchstens drei Monate zu befristen. [4] Eine Verlängerung um jeweils nicht mehr als drei weitere Monate ist zulässig, soweit die Voraussetzungen der Anordnung unter Berücksichtigung der gewonnenen Erkenntnisse fortbestehen. [5] Liegen die Voraussetzungen der Anordnung nicht mehr vor, ist die Maßnahme unverzüglich zu beenden.

(6) [1] Die Öffnung der ausgelieferten Postsendung und die Entscheidung über die Verwertbarkeit der erlangten Erkenntnisse stehen dem Gericht zu. [2] Es kann die Befugnis zur Öffnung sowie die Entscheidung über die Verwertbarkeit auf die Präsidentin oder den Präsidenten des Bundeskriminalamtes oder auf ihre oder seine Vertretung übertragen, soweit dies erforderlich ist, um die Abwehr der Gefahr nicht durch Verzögerung zu gefährden. [3] In diesen Fällen hat die Entscheidung über die Verwertbarkeit im Benehmen mit der oder dem Datenschutzbeauftragten des Bundeskriminalamtes zu erfolgen. [4] Die gerichtliche Entscheidung nach Satz 1 ist unverzüglich nachzuholen. [5] Die Übertragung kann jederzeit widerrufen werden.

---

[1] Zeichensetzung amtlich.

(7) [1] Ist eine Übertragung nach Absatz 6 nicht erfolgt, legt das Bundeskriminalamt die ausgelieferten Postsendungen unverzüglich und, soweit sie verschlossen sind, ungeöffnet dem Gericht vor. [2] Das Gericht entscheidet unverzüglich über die Öffnung.

(8) § 100 Absatz 5 und 6 der Strafprozessordnung[1)] gilt entsprechend.

(9) [1] Liegen tatsächliche Anhaltspunkte für die Annahme vor, dass durch die Maßnahme allein Erkenntnisse aus dem Kernbereich privater Lebensgestaltung erlangt würden, ist die Maßnahme unzulässig. [2] Erkenntnisse aus dem Kernbereich privater Lebensgestaltung dürfen nicht verwertet werden.

§ 51 Überwachung der Telekommunikation. (1) [1] Das Bundeskriminalamt kann ohne Wissen der betroffenen Person die Telekommunikation einer Person überwachen und aufzeichnen,

1. die entsprechend § 17 oder § 18 des Bundespolizeigesetzes[2)] verantwortlich ist und dies zur Abwehr einer dringenden Gefahr für den Bestand oder die Sicherheit des Bundes oder eines Landes oder für Leib, Leben oder Freiheit einer Person oder Sachen von bedeutendem Wert, deren Erhaltung im öffentlichen Interesse liegt, geboten ist,
2. bei der bestimmte Tatsachen die Annahme rechtfertigen, dass sie innerhalb eines übersehbaren Zeitraums auf eine zumindest ihrer Art nach konkretisierte Weise eine Straftat nach § 5 Absatz 1 Satz 2 begehen wird,
3. deren individuelles Verhalten die konkrete Wahrscheinlichkeit begründet, dass sie innerhalb eines übersehbaren Zeitraums eine Straftat nach § 5 Absatz 1 Satz 2 begehen wird,
4. bei der bestimmte Tatsachen die Annahme rechtfertigen, dass sie für eine Person nach Nummer 1 bestimmte oder von dieser herrührende Mitteilungen entgegennimmt oder weitergibt oder
5. bei der bestimmte Tatsachen die Annahme rechtfertigen, dass eine Person nach Nummer 1 deren Telekommunikationsanschluss oder Endgerät benutzen wird

und die Abwehr der Gefahr oder Verhütung der Straftaten auf andere Weise aussichtslos oder wesentlich erschwert wäre. [2] Die Maßnahme darf auch durchgeführt werden, wenn andere Personen unvermeidbar betroffen werden.

(2) [1] Die Überwachung und Aufzeichnung der Telekommunikation darf ohne Wissen der betroffenen Person in der Weise erfolgen, dass mit technischen Mitteln in von der betroffenen Person genutzte informationstechnische Systeme eingegriffen wird, wenn

1. durch technische Maßnahmen sichergestellt ist, dass ausschließlich laufende Telekommunikation überwacht und aufgezeichnet wird und
2. der Eingriff in das informationstechnische System notwendig ist, um die Überwachung und Aufzeichnung der Telekommunikation insbesondere auch in unverschlüsselter Form zu ermöglichen.

[2] § 49 Absatz 2 gilt entsprechend. [3] § 49 bleibt im Übrigen unberührt.

(3) [1] Maßnahmen nach den Absätzen 1 und 2 dürfen nur auf Antrag der Präsidentin oder des Präsidenten des Bundeskriminalamtes oder ihrer oder seiner Vertretung durch das Gericht angeordnet werden. [2] Bei Gefahr im Verzug kann die Anordnung durch die Präsidentin oder den Präsidenten des Bundeskriminal-

---

[1)] **Schönfelder Nr. 90.**

[2)] Nr. **90**.

amtes oder ihre oder seine Vertretung getroffen werden. [3] In diesem Fall ist die gerichtliche Entscheidung unverzüglich nachzuholen. [4] Soweit diese Anordnung nicht binnen drei Tagen durch das Gericht bestätigt wird, tritt sie außer Kraft.

(4) Im Antrag sind anzugeben:

1. die Person, gegen die sich die Maßnahme richtet, soweit möglich, mit Name und Anschrift,
2. die Rufnummer oder eine andere Kennung des zu überwachenden Anschlusses oder des Endgeräts, sofern sich nicht aus bestimmten Tatsachen ergibt, dass diese zugleich einem anderen Endgerät zugeordnet ist,
3. Art, Umfang und Dauer der Maßnahme,
4. im Falle des Absatzes 2 auch eine möglichst genaue Bezeichnung des informationstechnischen Systems, in das zur Datenerhebung eingegriffen werden soll,
5. der Sachverhalt sowie
6. eine Begründung.

(5) [1] Die Anordnung ergeht schriftlich. [2] In ihr sind anzugeben:

1. die Person, gegen die sich die Maßnahme richtet, soweit möglich, mit Name und Anschrift,

(Fortsetzung nächstes Blatt)

(2) Besondere Mittel der Datenerhebung sind:

1. die längerfristige Observation,
2. der Einsatz technischer Mittel außerhalb der Wohnung in einer für die betroffene Person nicht erkennbaren Weise
   a) zur Anfertigung von Bildaufnahmen oder -aufzeichnungen,
   b) zum Abhören oder Aufzeichnen des nicht öffentlich gesprochenen Wortes und
3. der Einsatz von Vertrauenspersonen.

(3) [1] Maßnahmen nach

1. Absatz 2 Nummer 1,
2. Absatz 2 Nummer 2 Buchstabe a, bei denen durchgehend länger als 24 Stunden oder an mehr als zwei Tagen Bildaufzeichnungen bestimmter Personen angefertigt werden sollen,
3. Absatz 2 Nummer 2 Buchstabe b,
4. Absatz 2 Nummer 3, die sich gegen eine bestimmte Person richten oder bei denen die Vertrauensperson eine Wohnung betritt, die nicht allgemein zugänglich ist,

dürfen nur auf Antrag der Leitung der für den Personenschutz zuständigen Abteilung des Bundeskriminalamtes oder deren Vertretung durch das Gericht angeordnet werden. [2] Bei Gefahr im Verzug kann die Anordnung einer Maßnahme nach Satz 1 durch die Leitung der für den Personenschutz zuständigen Abteilung des Bundeskriminalamtes oder deren Vertretung getroffen werden. [3] In diesem Fall ist die gerichtliche Entscheidung unverzüglich nachzuholen. [4] Soweit die Anordnung nicht binnen drei Tagen durch das Gericht bestätigt wird, tritt sie außer Kraft. [5] Die übrigen Maßnahmen nach Absatz 2 Nummer 1 bis 3 dürfen, außer bei Gefahr im Verzug, nur durch die Leitung der für den Personenschutz zuständigen Abteilung des Bundeskriminalamtes oder deren Vertretung angeordnet werden.

(4) § 45 Absatz 4, 5, 7 und 8 gilt entsprechend.

(5) Personenbezogene Daten, die durch Maßnahmen nach Absatz 2 erlangt worden sind, sind unverzüglich zu löschen, soweit sie für den der Anordnung zugrunde liegenden Zweck oder nach Maßgabe der Strafprozessordnung[1)] zur Verfolgung einer Straftat nicht oder nicht mehr erforderlich sind.

§ 65 Ausschreibung zur polizeilichen Beobachtung oder gezielten Kontrolle. (1) Das Bundeskriminalamt kann eine Ausschreibung zur polizeilichen Beobachtung oder eine Ausschreibung zur gezielten Kontrolle vornehmen, wenn

1. die Gesamtwürdigung der Person und ihre bisher begangenen Straftaten erwarten lassen, dass sie künftig Straftaten, durch die die zu schützenden Personen unmittelbar gefährdet sind, begehen wird,
2. Tatsachen die Annahme rechtfertigen, dass die Person Straftaten, durch die die zu schützenden Personen unmittelbar gefährdet sind, begehen wird oder
3. die Person mit einer Person nach den Nummern 1 und 2 nicht nur flüchtig oder in zufälligem Kontakt in Verbindung steht und tatsächliche Anhaltspunkte die Annahme rechtfertigen, dass sie von der Vorbereitung einer Straftat, durch die die zu schützenden Personen unmittelbar gefährdet sind, Kenntnis hat

und dies zur Verhütung der Straftaten erforderlich ist.

[1)] **Schönfelder Nr. 90.**

(2) § 47 Absatz 3 bis 5 gilt entsprechend.

Abschnitt 7. Zeugenschutz

§ 66 Befugnisse. (1) [1] Zur Erfüllung seiner Aufgabe nach § 7 kann das Bundeskriminalamt, soweit nicht dieses Gesetz oder das Zeugenschutz-Harmonisierungsgesetz[1)] die Befugnisse besonders regelt, die erforderlichen Maßnahmen treffen, um eine im Einzelfall bestehende Gefahr für Leib, Leben, Gesundheit, Freiheit der Willensentschließung und -betätigung oder wesentliche Vermögenswerte der in § 7 genannten Personen abzuwehren. [2] Die Maßnahmen können auch nach rechtskräftigem Abschluss des Strafverfahrens, in dem die Aussage erfolgt ist, fortgeführt werden; für den Fall, dass noch die Strafvollstreckung betrieben wird, sind die Maßnahmen im Einvernehmen mit der Strafvollstreckungsbehörde und im Falle fortdauernder Inhaftierung auch im Einvernehmen mit der Justizvollzugsbehörde durchzuführen. [3] § 63 Absatz 2 und 4 bis 8 und § 64 sowie die §§ 15 bis 20 des Bundespolizeigesetzes[2)] gelten entsprechend.

(2) [1] Von Maßnahmen des Bundeskriminalamtes, die nach Absatz 1 getroffen werden, sind die zuständigen Landeskriminalämter und die für die Strafverfolgung zuständige Staatsanwaltschaft unverzüglich zu unterrichten. [2] Nach Erhebung der öffentlichen Klage ist das Gericht unverzüglich zu unterrichten, ob das Bundeskriminalamt Maßnahmen nach Absatz 1 durchführt. [3] Sollen die Maßnahmen eingestellt werden, ist die Staatsanwaltschaft zu unterrichten.

§ 66a[3)] Bestandsdatenauskunft. (1) Das Bundeskriminalamt darf von demjenigen, der geschäftsmäßig Telekommunikationsdienste erbringt oder daran mitwirkt, Auskunft über die nach den §§ 95 und 111 des Telekommunikationsgesetzes[4)] erhobenen Daten verlangen (§ 113 Absatz 1 Satz 1 des Telekommunikationsgesetzes), soweit die zu erhebenden Daten im Einzelfall erforderlich sind

1. zur Abwehr einer Gefahr für eine der in § 7 genannten Personen oder
2. zum Schutz von Leib, Leben, sexueller Selbstbestimmung, Freiheit oder bedeutenden Sachwerten einer der in § 7 genannten Personen, wenn Tatsachen den Schluss auf ein wenigstens seiner Art nach konkretisiertes und zeitlich absehbares Geschehen zulassen, an dem bestimmte Personen beteiligt sein werden, oder
3. zum Schutz von Leib, Leben, Freiheit oder sexueller Selbstbestimmung einer der in § 7 genannten Personen, wenn das individuelle Verhalten einer Person die konkrete Wahrscheinlichkeit begründet, dass sie in einem übersehbaren Zeitraum eine Straftat gegen eines dieser Rechtsgüter der zu schützenden Person begehen wird.

(2) Unter den Voraussetzungen des Absatzes 1 darf von demjenigen, der geschäftsmäßig eigene oder fremde Telemedien zur Nutzung bereithält oder den Zugang zur Nutzung vermittelt, Auskunft über die nach § 14 des Telemediengesetzes[5)] erhobenen Daten verlangt werden (§ 15a Absatz 1 Satz 1 und § 15b Absatz 1 Satz 1 des Telemediengesetzes).

(3) [1] Bezieht sich das Auskunftsverlangen nach Absatz 1 auf Daten, mittels derer der Zugriff auf Endgeräte oder auf Speichereinrichtungen, die in diesen Endgerä-

---

1) **Schönfelder ErgBd. Nr. 90b.**
2) *Nr.* ***90.***
3) § 66a eingef. mWv 2.4.2021 durch G v. 30.3.2021 (BGBl. I S. 448, ber. S. 1380).
4) **Sartorius ErgBd. Nr. 920.**
5) **Sartorius ErgBd. Nr. 922.**

ten oder hiervon räumlich getrennt eingesetzt werden, geschützt wird (§ 113 Absatz 1 Satz 2 des Telekommunikationsgesetzes), darf die Auskunft nur verlangt werden, wenn die gesetzlichen Voraussetzungen für die Nutzung der Daten vorliegen. [2] Bezieht sich das Auskunftsverlangen nach Absatz 2 auf nach § 14 Absatz 1 des Telemediengesetzes erhobene Passwörter oder andere Daten, mittels derer der Zugriff auf Endgeräte oder auf Speichereinrichtungen, die in diesen Endgeräten oder hiervon räumlich getrennt eingesetzt werden, geschützt wird (§ 15b Absatz 1 Satz 1 des Telemediengesetzes), darf die Auskunft nur verlangt werden zur Abwehr einer konkreten Gefahr für Leib, Leben, Freiheit oder die sexuelle Selbstbestimmung einer der in § 7 genannten Personen und wenn die gesetzlichen Voraussetzungen für die Nutzung der Daten vorliegen. [3] Auskunftsverlangen nach den Sätzen 1 und 2 dürfen nur auf Antrag der Präsidentin oder des Präsidenten des Bundeskriminalamts oder ihrer oder seiner Vertretung durch das Gericht angeordnet werden. [4] In den Fällen des Satzes 1 ist Satz 3 nicht anzuwenden, wenn

1. die betroffene Person vom Auskunftsverlangen bereits Kenntnis hat oder haben muss, oder
2. die Verarbeitung der Daten bereits durch eine gerichtliche Entscheidung gestattet wird.

[5] Das Vorliegen der Voraussetzungen nach Satz 4 ist aktenkundig zu machen. [6] Zuständig ist das Amtsgericht, in dessen Bezirk das Bundeskriminalamt seinen Sitz hat. [7] Für das Verfahren gelten die Vorschriften des Gesetzes über das Verfahren in Familiensachen und in den Angelegenheiten der freiwilligen Gerichtsbarkeit entsprechend. [8] Werden dem Bundeskriminalamt aufgrund eines Auskunftsersuchens nach Satz 2 Passwörter oder andere Daten unverschlüsselt beauskunftet, so informiert das Bundeskriminalamt hierüber die jeweils zuständige Datenschutzaufsichtsbehörde.

(4) [1] Die Auskunft nach den Absätzen 1 und 2 darf auch anhand einer zu einem bestimmten Zeitpunkt zugewiesenen Internetprotokoll-Adresse verlangt werden (§ 113 Absatz 1 Satz 3 des Telekommunikationsgesetzes und § 15a Absatz 1 Satz 3 und 4 des Telemediengesetzes) in den Fällen von

1. Absatz 1 Nummer 1 bei Gefahr der Begehung einer Straftat oder
2. Absatz 1 Nummer 2 oder 3 zum Schutz eines in Absatz 1 Nummer 3 genannten Rechtsguts.

[2] Absatz 3 Satz 2 bleibt unberührt. [3] Die Auskunft nach den Absätzen 1 und 2 anhand einer zu einem bestimmten Zeitpunkt zugewiesenen Internetprotokoll-Adresse nach § 15a Absatz 1 Satz 3 und 4 des Telemediengesetzes darf darüber hinaus nur verlangt werden, wenn tatsächliche Anhaltspunkte dafür vorliegen, dass die betroffene Person Nutzer des Telemediendienstes ist, bei dem die Daten erhoben werden sollen. [4] Die rechtlichen und tatsächlichen Grundlagen des Auskunftsverlangens sind aktenkundig zu machen.

(5) § 10 Absatz 5 bis 7 gilt entsprechend.

Abschnitt 8. Befugnisse zur Sicherung des Bundeskriminalamtes und zum behördlichen Eigenschutz

§ 67 Befugnisse zur Sicherung des Bundeskriminalamtes. [1] Das Bundeskriminalamt kann zur Erfüllung seiner Aufgabe nach § 8 Absatz 1 die erforderlichen Maßnahmen treffen, um Gefahren für seine behördlichen Liegenschaften, sonstigen Einrichtungen und Veranstaltungen abzuwehren. [2] § 63 Absatz 2, 4 bis 6 und 8 sowie die §§ 15 bis 20 des Bundespolizeigesetzes[1)] gelten entsprechend.

§ 68 Sicherheitsüberprüfung. [1] Für Personen, die für das Bundeskriminalamt tätig werden sollen, ist eine einfache Sicherheitsüberprüfung nach dem Sicherheitsüberprüfungsgesetz[2)] durchzuführen. [2] § 8 Absatz 2 Nummer 2 des Sicherheitsüberprüfungsgesetzes gilt entsprechend.

Abschnitt 9. Datenschutz und Datensicherheit, Rechte der betroffenen Person

Unterabschnitt 1. Datenschutzaufsicht

§ 69 Aufgaben und Befugnisse der oder des Bundesbeauftragten für den Datenschutz und die Informationsfreiheit. (1) [1] Die oder der Bundesbeauftragte für den Datenschutz und die Informationsfreiheit führt, unbeschadet ihrer oder seiner in § 14 des Bundesdatenschutzgesetzes[3)] genannten Aufgaben, auch im Hinblick auf die Datenverarbeitung im Informationssystem nach § 13 und im Informationsverbund nach § 29 Kontrollen bezüglich der Datenverarbeitung bei Maßnahmen nach Abschnitt 5, nach § 34 oder nach § 64 und von Übermittlungen nach § 27 mindestens alle zwei Jahre durch. [2] Sie oder er kontrolliert darüber hinaus mindestens alle zwei Jahre, dass Zugriffe auf personenbezogene Daten im Informationssystem und, im Rahmen ihrer oder seiner Zuständigkeit, im Informationsverbund nur innerhalb der Zugriffsberechtigungen nach § 15 Absatz 1 erfolgen.

(2) Sofern die oder der Bundesbeauftragte für den Datenschutz und die Informationsfreiheit Verstöße nach § 16 Absatz 2 des Bundesdatenschutzgesetzes beanstandet hat, kann sie oder er geeignete Maßnahmen anordnen, wenn dies zur Beseitigung eines erheblichen Verstoßes gegen datenschutzrechtliche Vorschriften erforderlich ist.

Unterabschnitt 2. Datenschutzbeauftragte oder Datenschutzbeauftragter

§ 70[4)] Benennung der oder des Datenschutzbeauftragten des Bundeskriminalamtes. [1] Unbeschadet des § 5 Absatz 1 des Bundesdatenschutzgesetzes[3)] benennt das Bundeskriminalamt im Einvernehmen mit dem Bundesministerium des Innern, für Bau und Heimat schriftlich eine oder einen Beauftragten für den Datenschutz (Datenschutzbeauftragte oder Datenschutzbeauftragter des Bundeskriminalamtes). [2] Die Abberufung kann nur in entsprechender Anwendung des § 626 des Bürgerlichen Gesetzbuchs[5)] erfolgen. [3] Über die Abberufung ist ferner das Einvernehmen mit dem Bundesministerium des Innern, für Bau und Heimat herzustellen.

§ 71 Aufgaben der oder des Datenschutzbeauftragten des Bundeskriminalamtes. (1) [1] Unbeschadet seiner in § 7 des Bundesdatenschutzgesetzes[3)] genannten Aufgaben arbeitet die oder der Datenschutzbeauftragte des Bundeskriminalamtes mit den Datenschutzbeauftragten der Landeskriminalämter, der Bundes-

[1)] Nr. **90**.
[2)] ***Sartorius III Nr. 810.***
[3)] Nr. **245**.
[4)] § 70 Sätze 1, 3 geänd. mWv 27.6.2020 durch VO v. 19.6.2020 (BGBl. I S. 1328).
[5)] **Schönfelder Nr. 20.**

§ 81[1] **Protokollierung.** (1) Die Protokollierung nach § 76 des Bundesdatenschutzgesetzes[2] erfolgt zu Verarbeitungsvorgängen im Informationssystem ergänzend zu den dort genannten Anforderungen in einer Weise, dass die Protokolle

1. der oder dem Datenschutzbeauftragten des Bundeskriminalamtes und der oder dem Bundesbeauftragten für den Datenschutz und die Informationsfreiheit in elektronisch auswertbarer Form für die Überprüfung der Rechtmäßigkeit der Datenverarbeitung zur Verfügung stehen und
2. eine Überprüfung ermöglichen, dass Zugriffe auf personenbezogene Daten im Informationssystem innerhalb der Zugriffsberechtigungen nach § 15 Absatz 1 und 2 erfolgen.

(2) [1] Absatz 1 gilt für Zugriffe der Teilnehmer am polizeilichen Informationsverbund entsprechend. [2] Das Bundeskriminalamt hat insbesondere den Zeitpunkt, die Angaben, die die Feststellung der aufgerufenen Datensätze ermöglichen, sowie die für den Zugriff verantwortliche Dienststelle zu protokollieren.

(3) Die nach § 76 des Bundesdatenschutzgesetzes und unter Beachtung der Absätze 1 und 2 generierten Protokolldaten sind nach zwölf Monaten zu löschen.

(4) [1] Bei eingehenden Ersuchen um Finanzinformationen oder Finanzanalysen nach Artikel 2 Nummer 5 und 11 der Richtlinie (EU) 2019/1153 werden protokolliert:

1. Der Name und die Kontaktdaten der Organisation und des Mitarbeiters, der die Informationen anfordert, sowie nach Möglichkeit des Empfängers der Ergebnisse der Abfrage oder Suche,
2. die Bezugnahme auf den nationalen Fall der ersuchenden zentralen Meldestelle, hinsichtlich dessen die Informationen angefordert werden
3. der Gegenstand der Ersuchen und
4. alle Maßnahmen, die getroffen wurden, um diesen Ersuchen nachzukommen.

[2] Abweichend von Absatz 3 sind die Protokolldaten nach fünf Jahren zu löschen. [3] Sie dürfen ausschließlich zur Überprüfung der Rechtmäßigkeit der Verarbeitung personenbezogener Daten verwendet werden und sind der oder dem Bundesbeauftragten für den Datenschutz und die Informationsfreiheit auf Anforderung zur Verfügung zu stellen. [4] Außerdem erhebt das Bundeskriminalamt die Dauer der Bearbeitung von Ersuchen im Sinne des Satzes 1 und übermittelt sie auf Anforderung an das Bundesministerium des Innern, für Bau und Heimat.

§ 82 Protokollierung bei verdeckten und eingriffsintensiven Maßnahmen. (1) Bei der Erhebung von Daten nach den §§ 34, 45 bis 53 und 64 sind zu protokollieren:

1. das zur Datenerhebung eingesetzte Mittel,
2. der Zeitpunkt des Einsatzes,
3. Angaben, die die Feststellung der erhobenen Daten ermöglichen, sowie
4. die Organisationseinheit, die die Maßnahme durchführt.

(2) Zu protokollieren sind auch

1. bei Maßnahmen nach § 34, bei denen Vorgänge außerhalb von Wohnungen erfasst wurden, nach § 45 Absatz 2 Nummer 1 bis 3 (längerfristige Observation, Bildaufnahmen, Tonaufnahmen, technische Observationsmittel) und

---

[1] § 81 Abs. 4 angef. mWv 1.8.2021 durch G v. 25.6.2021 (BGBl. I S. 2083).
[2] Nr. **245**.

nach § 64 Absatz 2 Nummer 1 und 2 (längerfristige Observation, Bildaufnahmen, Tonaufnahmen) die Zielperson sowie die erheblich mitbetroffenen Personen,

2. bei Maßnahmen nach § 34, bei denen Vorgänge innerhalb von Wohnungen erfasst wurden, nach § 45 Absatz 2 Nummer 4 und 5 (Einsatz einer Vertrauensperson und eines Verdeckten Ermittlers) und nach § 64 Absatz 2 Nummer 3 (Einsatz einer Vertrauensperson)
   a) die Zielperson,
   b) die erheblich mitbetroffenen Personen sowie
   c) die Personen, deren nicht allgemein zugängliche Wohnung die beauftragte Person, die Vertrauensperson oder der Verdeckte Ermittler betreten hat,
3. bei Maßnahmen nach § 46 (Wohnraumüberwachung)
   a) die Person, gegen die sich die Maßnahme richtete,
   b) sonstige überwachte Personen sowie
   c) Personen, die die überwachte Wohnung zur Zeit der Durchführung der Maßnahme innehatten oder bewohnten,
4. bei Maßnahmen nach § 47 (Ausschreibung) die Zielperson und die Personen, deren personenbezogene Daten gemeldet worden sind,
5. bei Maßnahmen nach § 48 (Rasterfahndung)
   a) die im Übermittlungsersuchen nach § 48 Absatz 2 enthaltenen Merkmale sowie
   b) die betroffenen Personen, gegen die nach Auswertung der Daten weitere Maßnahmen getroffen wurden,
6. bei Maßnahmen nach § 49 (Verdeckter Eingriff in informationstechnische Systeme)
   a) die Zielperson sowie die mitbetroffenen Personen sowie
   b) die Angaben zur Identifizierung des informationstechnischen Systems und die daran vorgenommenen nicht nur flüchtigen Veränderungen,
7. bei Maßnahmen nach § 50 (Postbeschlagnahme) der Absender und der Adressat der Postsendung sowie die Art und die Anzahl der beschlagnahmten Postsendungen,
8. bei Maßnahmen nach § 51 (Telekommunikationsüberwachung)
   a) die Beteiligten der überwachten Telekommunikation sowie
   b) im Falle, dass Überwachung mit einem Eingriff in von der betroffenen Person genutzte informationstechnische Systeme verbunden ist, die Angaben zur Identifizierung des informationstechnischen Systems und die daran vorgenommenen nicht nur flüchtigen Veränderungen,
9. bei Maßnahmen nach § 52 Absatz 1 (Erhebung von Verkehrsdaten) die Beteiligten der betroffenen Telekommunikation,
10. bei Maßnahmen nach § 52 Absatz 2 (Erhebung von Nutzungsdaten) der Nutzer,
11. bei Maßnahmen nach § 53 (IMSI-Catcher) die Zielperson.

(3) [1] Nachforschungen zur Feststellung der Identität einer in Absatz 2 bezeichneten Person sind nur vorzunehmen, wenn dies unter Berücksichtigung der Eingriffsintensität der Maßnahme gegenüber dieser Person, des Aufwands für die Feststellung ihrer Identität sowie der daraus für diese oder andere Personen folgenden Beeinträchtigungen geboten ist. [2] Die Zahl der Personen, deren Protokollierung unterblieben ist, ist im Protokoll anzugeben.

(4) [1] Die Protokolldaten dürfen nur verwendet werden für Zwecke der Benachrichtigung nach § 74 und um der betroffenen Person oder einer dazu befugten öffentlichen Stelle die Prüfung zu ermöglichen, ob die Maßnahmen rechtmäßig durchgeführt worden sind. [2] Sie sind bis zum Abschluss der Kontrolle nach § 69 Absatz 1 aufzubewahren und sodann automatisiert zu löschen, es sei denn, dass sie für den in Satz 1 genannten Zweck noch erforderlich sind.

(Fortsetzung nächstes Blatt)

565. Gesetz über den Aufenthalt, die Erwerbstätigkeit und die Integration von Ausländern im Bundesgebiet (Aufenthaltsgesetz – AufenthG)[1) 2) 3)]

In der Fassung der Bekanntmachung vom 25. Februar 2008[4)]

(BGBl. I S. 162)

FNA 26-12

geänd. durch Art. 6 G zur Änd. des PassG und weiterer Vorschriften v. 20.7.2007 (BGBl. I S. 1566), Art. 1 G zur Umsetzung aufenthalts- und asylrechtlicher RL der EU v. 19.8.2007 (BGBl. I S. 1970), Art. 3 G zur Änd. des BundespolizeiG und anderer Gesetze v. 26.2.2008 (BGBl. I S. 215), Art. 2 Abs. 3 G zur Ergänzung des Rechts zur Anfechtung der Vaterschaft v. 13.3.2008 (BGBl. I S. 313), Art. 19 FGG-ReformG v. 17.12. 2008 (BGBl. I S. 2586), Art. 1 ArbeitsmigrationssteuerungsG v. 20.12.2008 (BGBl. I S. 2846), Art. 1a Viertes G zur Änd. des StraßenverkehrsG v. 22.12.2008 (BGBl. I S. 2965), Art. 4 Abs. 22 G zur Reform der Sachaufklärung in der Zwangsvollstreckung v. 29.7.2009 (BGBl. I S. 2258), Art. 4 Abs. 5 G zur Verfolgung der Vorbereitung von schweren staatsgefährdenden Gewalttaten v. 30.7.2009 (BGBl. I S. 2437), Art. 1 G zur Anpassung des deutschen Rechts an die VO (EG) Nr. 380/2008 v. 12.4.2011 (BGBl. I S. 610), Art. 1 G zur Bekämpfung der Zwangsheirat und zum besseren Schutz der Opfer von Zwangsheirat sowie zur Änd.

[1)] **Amtl. Anm.:** Dieses Gesetz dient der Umsetzung folgender Richtlinien:

1. Richtlinie 2001/40/EG des Rates vom 28. Mai 2001 über die gegenseitige Anerkennung von Entscheidungen über die Rückführung von Drittstaatsangehörigen (ABl. EG Nr. L 149 S. 34),
2. Richtlinie 2001/51/EG des Rates vom 28. Juni 2001 zur Ergänzung der Regelungen nach Artikel 26 des Übereinkommens zur Durchführung des Übereinkommens von Schengen vom 14. Juni 1985 (ABl. EG Nr. L 187 S. 45),
3. Richtlinie 2001/55/EG des Rates vom 20. Juli 2001 über Mindestnormen für die Gewährung vorübergehenden Schutzes im Falle eines Massenzustroms von Vertriebenen und Maßnahmen zur Förderung einer ausgewogenen Verteilung der Belastungen, die mit der Aufnahme dieser Personen und den Folgen dieser Aufnahme verbunden sind, auf die Mitgliedstaaten (ABl. EG Nr. L 212 S. 12),
4. Richtlinie 2002/90/EG des Rates vom 28. November 2002 zur Definition der Beihilfe zur unerlaubten Ein- und Durchreise und zum unerlaubten Aufenthalt (ABl. EG Nr. L 328 S. 17),
5. Richtlinie 2003/86/EG des Rates vom 22. September 2003 betreffend das Recht auf Familienzusammenführung (ABl. EU Nr. L 251 S. 12),
6. Richtlinie 2003/110/EG des Rates vom 25. November 2003 über die Unterstützung bei der Durchbeförderung im Rahmen von Rückführungsmaßnahmen auf dem Luftweg (ABl. EU Nr. L 321 S. 26),
7. Richtlinie 2003/109/EG des Rates vom 25. November 2003 betreffend die Rechtsstellung der langfristig aufenthaltsberechtigten Drittstaatsangehörigen (ABl. EU 2004 Nr. L 16 S. 44),
8. Richtlinie 2004/81/EG vom 29. April 2004 über die Erteilung von Aufenthaltstiteln für Drittstaatsangehörige, die Opfer des Menschenhandels sind oder denen Beihilfe zur illegalen Einwanderung geleistet wurde und die mit den zuständigen Behörden kooperieren (ABl. EU Nr. L 261 S. 19),
9. Richtlinie 2004/83/EG des Rates vom 29. April 2004 über Mindestnormen für die Anerkennung und den Status von Drittstaatsangehörigen oder Staatenlosen als Flüchtlinge oder als Personen, die anderweitig internationalen Schutz benötigen, und über den Inhalt des zu gewährenden Schutzes (ABl. EU Nr. L 304 S. 12),
10. Richtlinie 2004/114/EG des Rates vom 13. Dezember 2004 über die Bedingungen für die Zulassung von Drittstaatsangehörigen zwecks Absolvierung eines Studiums oder Teilnahme an einem Schüleraustausch, einer unbezahlten Ausbildungsmaßnahme oder einem Freiwilligendienst (ABl. EU Nr. L 375 S. 12),
11. Richtlinie 2005/71/EG des Rates vom 12. Oktober 2005 über ein besonderes Zulassungsverfahren für Drittstaatsangehörige zum Zwecke der wissenschaftlichen Forschung (ABl. EU Nr. L 289 S. 15).

[2)] Die Änderungen durch G v. 8.7.2019 (BGBl. I S. 1021) treten teilweise erst **mWv 1.1.2024**, die Änderungen durch G v. 15.8.2019 (BGBl. I S. 1294) treten teilweise erst **mWv 1.7.2022**, die Änderungen durch G v. 15.8.2019 (BGBl. I S. 1307) treten teilweise erst **mWv 2.3.2025** und die Änderung durch G v. 23.6.2021 (BGBl. I S. 1858) tritt erst **mWv 1.12.2021** in Kraft und sind im Text noch nicht berücksichtigt.

[3)] Siehe hierzu die AufenthaltsVO (Nr. **566**), das AusländerzentralregisterG **(Sartorius ErgBd. Nr. 569)** und die AZRG-DurchführungsVO v. 17.5.1995 (BGBl. I S. 695), zuletzt geänd. durch G v. 9.7.2021 (BGBl. I S. 2467).

[4)] Neubekanntmachung des AufenthaltsG v. 30.7.2004 (BGBl. I S. 1950) in der ab 28.8.2007 geltenden Fassung.

weiterer aufenthalts- und asylrechtlicher Vorschriften v. 23.6.2011 (BGBl. I S. 1266), Art. 1 G zur Umsetzung aufenthaltsrechtlicher RL der EU und zur Anpassung nationaler Rechtsvorschriften an den EU-Visakodex v. 22.11.2011 (BGBl. I S. 2258), Art. 13 G zur Verbesserung der Eingliederungschancen am Arbeitsmarkt v. 20.12.2011 (BGBl. I S. 2854), Art. 2 G zur Errichtung einer Visa-Warndatei und zur Änd. des AufenthaltsG v. 22.12.2011 (BGBl. I S. 3037), Art. 2 Abs. 25 G zur Änd. von Vorschriften über Verkündung und Bekanntmachungen sowie der ZPO, des EGZPO und der AO v. 22.12.2011 (BGBl. I S. 3044), Art. 1 G zur Umsetzung der HochqualifiziertenRL der EU v. 1.6.2012 (BGBl. I S. 1224, geänd. durch G v. 27.7.2015, BGBl. I S. 1386), Art. 2 G zur Änd. des FreizügigkeitsG/EU und weiterer aufenthaltsrechtlicher Vorschriften v. 21.1.2013 (BGBl. I S. 86), Art. 2 Abs. 5 BetreuungsgeldG v. 15.2.2013 (BGBl. I S. 254), Art. 1, 7 G zur Anpassung von Rechtsvorschriften des Bundes infolge des Beitritts der Republik Kroatien zur EU v. 17.6.2013 (BGBl. I S. 1555 iVm Bek. v. 21.6.2013, BGBl. II S. 680), Art. 12 G zur Förderung der elektronischen Verwaltung sowie zur Änd. weiterer Vorschriften v. 25.7.2013 (BGBl. I S. 2749), Art. 2 Abs. 59 G zur Strukturreform des Gebührenrechts des Bundes v. 7.8.2013 (BGBl. I S. 3154), Art. 2 G zur Umsetzung der RL 2011/95/EU v. 28.8.2013 (BGBl. I S. 3474), Art. 1 G zur Verbesserung der Rechte von international Schutzberechtigten und ausländischen Arbeitnehmern v. 29.8.2013 (BGBl. I S. 3484, ber. S. 3899), Art. 3 G zur Änd. des BundeszentralregisterG und anderer registerrechtlicher Vorschriften v. 6.9.2013 (BGBl. I S. 3556), Art. 3 G zur Änd. des AntiterrordateiG und anderer Gesetze v. 18.12.2014 (BGBl. I S. 2318), Art. 1 G zur Verbesserung der Rechtsstellung von asylsuchenden und geduldeten Ausländern v. 23.12.2014 (BGBl. I S. 2439), Art. 1 G zur Neubestimmung des Bleiberechts und der Aufenthaltsbeendigung v. 27.7.2015 (BGBl. I S. 1386), Art. 128 Zehnte ZuständigkeitsanpassungsVO v. 31.8.2015 (BGBl. I S. 1474), Art. 3, 13 AsylverfahrensbeschleunigungsG v. 20.10.2015 (BGBl. I S. 1722), Art. 2 G zur Verbesserung der Unterbringung, Versorgung und Betreuung ausländischer Kinder und Jugendlicher v. 28.10.2015 (BGBl. I S. 1802), Art. 5 G zur Änd. des Zwölften Buches Sozialgesetzbuch und weiterer Vorschriften v. 21.12.2015 (BGBl. I S. 2557), Art. 6 DatenaustauschverbesserungsG v. 2.2.2016 (BGBl. I S. 130), Art. 2 Abs. 1 VergaberechtsmodernisierungsG v. 17.2.2016 (BGBl. I S. 203), Art. 2 G zur Einführung beschleunigter Asylverfahren v. 11.3.2016 (BGBl. I S. 390), Art. 1 G zur erleichterten Ausweisung von straffälligen Ausländern und zum erweiterten Ausschluss der Flüchtlingsanerkennung bei straffälligen Asylbewerbern v. 11.3.2016 (BGBl. I S. 394), Art. 50 Zweites G über die weitere Bereinigung von Bundesrecht v. 8.7.2016 (BGBl. I S. 1594), Art. 5, 8 Abs. 5, 6 IntegrationsG v. 31.7.2016 (BGBl. I S. 1939, Art. 8 Abs. 5, 6 dieses G aufgeh. durch Art. 2 G v. 4.7.2019, BGBl. I S. 914), Art. 4 Abs. 2 G zur Verbesserung der Bekämpfung des Menschenhandels und zur Änd. des BundeszentralregisterG sowie des Achten Buches Sozialgesetzbuch v. 11.10.2016 (BGBl. I S. 2226), Art. 2 Abs. 3 50. G zur Änd des StGB v. 4.11.2016 (BGBl. I S. 2460), Art. 4 G zur Regelung von Ansprüchen ausländischer Personen in der Grundsicherung für Arbeitsuchende nach dem SGB II und in der Sozialhilfe nach dem SGB XII v. 22.12.2016 (BGBl. I S. 3155), Art. 6 Abs. 15 G zur Reform der strafrechtlichen Vermögensabschöpfung v. 13.4.2017 (BGBl. I S. 872), Art. 1 G zur Umsetzung aufenthaltsrechtlicher Richtlinien der EU zur Arbeitsmigration v. 12.5.2017 (BGBl. I S. 1106), Art. 7 G zu bereichsspezifischen Regelungen der Gesichtsverhüllung und zur Änd. weiterer dienstrechtlicher Vorschriften v. 8.6.2017 (BGBl. I S. 1570), Art. 2 G zur Verbesserung der Sachaufklärung in der Verwaltungsvollstreckung v. 30.6.2017 (BGBl. I S. 2094), Art. 4 G zur Förderung des elektronischen Identitätsnachweises v. 7.7.2017 (BGBl. I S. 2310), Art. 1 G zur Änd. gebührenrechtlicher Regelungen im Aufenthaltsrecht v. 13.7.2017 (BGBl. I S. 2350), Art. 5 G zur Bekämpfung von Kinderehen v. 17.7.2017 (BGBl. I S. 2429), Art. 11 Abs. 13 eIDAS-DurchführungsG v. 18.7.2017 (BGBl. I S. 2745), Art. 1 G zur besseren Durchsetzung der Ausreisepflicht v. 20.7.2017 (BGBl. I S. 2780), Art. 10 Abs. 4 G zur Neuregelung des Schutzes von Geheimnissen bei der Mitwirkung Dritter an der Berufsausübung schweigepflichtiger Personen v. 30.10.2017 (BGBl.I S.3618), Art. 1 G zur Verlängerung der Aussetzung des Familiennachzugs zu subsidiär Schutzberechtigten v. 8.3.2018 (BGBl. I S. 342), Art. 1 FamiliennachzugsneuregelungsG v. 12.7.2018 (BGBl. I S. 1147), Art. 1 G zur Entfristung des IntegrationsG v. 4.7.2019 (BGBl. I S. 914), Art. 1, 3 G über Duldung bei Ausbildung und Beschäftigung v. 8.7.2019 (BGBl. I S. 1021), Art. 3 AusländerbeschäftigungsförderungsG v. 8.7.2019 (BGBl. I S. 1029), Art. 4 G gegen illegale Beschäftigung und Sozialleistungsmissbrauch v. 11.7.2019 (BGBl. I S. 1066), Art. 3 Zweites DatenaustauschverbesserungsG v. 4.8.2019 (BGBl. I S. 1131), Art. 1, 6 Zweites G zur besseren Durchsetzung der Ausreisepflicht v. 15.8.2019 (BGBl. I S. 1294), Art. 1, 54 Abs. 2 FachkräfteeinwanderungsG v. 15.8.2019 (BGBl. I S. 1307), Art. 49 Zweites Datenschutz-Anpassungs- und UmsetzungsG EU v. 20.11.2019 (BGBl. I S. 1626), Art. 4b Drittes WaffenrechtsänderungsG v. 17.2.2020 (BGBl. I S. 166), Art. 16 Covid-19-G zur Förderung der beruflichen Weiterbildung im Strukturwandel und zur Weiterentwicklung der Ausbildungsförderung v. 20.5.2020 (BGBl. I S. 1044), Art. 3 G über die Errichtung eines Bundesamts für Auswärtige Angelegenheiten und zur Änd. des G über den Auswärtigen Dienst, des AufenthaltsG und zur Anpassung anderer Gesetze an die Errichtung des Bundesamts v. 12.6.2020 (BGBl. I S. 1241), Art. 26a Abs. 1 Siebtes G zur Änd. des SGB IV und anderer Gesetze v. 12.6.2020 (BGBl. I S. 1248), Art. 169 Elfte ZuständigkeitsanpassungsVO v. 19.6.2020 (BGBl. I S. 1328), Art. 3 G zur Verschiebung des Zensus in das Jahr 2022 und zur Änd. des AufenthaltsG v. 3.12.2020 (BGBl. I S. 2675), Art. 7 G zur Stärkung der Sicherheit im Pass-, Ausweis- und ausländerrechtlichen Dokumentenwesen v. 3.12.2020 (BGBl. I S. 2744), Art. 10 G zur Ermittlung der Regelbedarfe und zur Änd. des Zwölften Buches Sozialgesetzbuch sowie weiterer Gesetze

v. 9.12.2020 (BGBl. I S. 2855), Art. 16 TelekommunikationsmodernisierungsG v. 23.6.2021 (BGBl. I S. 1858) und Art. 4 G zur Einführung eines elektronischen Identitätsnachweises mit einem mobilen Endgerät v. 5.7.2021 (BGBl. I S. 2281)

Inhaltsübersicht[1)]

[1)] Inhaltsübersicht geänd. mWv 1.1.2009 durch G v. 20.12.2008 (BGBl. I S. 2846); geänd. mWv 1.9.2011 durch G v. 12.4.2011 (BGBl. I S. 610); geänd. mWv 1.7.2011 durch G v. 23.6.2011 (BGBl. I S. 1266); geänd. mWv 26.11.2011 durch G v. 22.11.2011 (BGBl. I S. 2258); geänd. mWv 1.6.2013 durch G v. 22.12. 2011 (BGBl. I S. 3037); geänd. mWv 1.8.2012 durch G v. 1.6.2012 (BGBl. I S. 1224); geänd. mWv 6.9. 2013 und mWv 2.12.2013 durch G v. 29.8.2013 (BGBl. I S. 3484); geänd. mWv 1.1.2015 durch G v. 23.12. 2014 (BGBl. I S. 2439); geänd. mWv 1.8.2015 und mWv 1.1.2016 durch G v. 27.7.2015 (BGBl. I S. 1386); geänd. mWv 24.10.2015 durch G v. 20.10.2015 (BGBl. I S. 1722); geänd. mWv 1.11.2015 durch G v. 28.10.2015 (BGBl. I S. 1802); geänd. mWv 5.2.2016 durch G v. 2.2.2016 (BGBl. I S. 130); geänd. mWv 6.8.2016 und mWv 6.8.2019 durch G v. 31.7.2016 (BGBl. I S. 1939); geänd. mWv 1.8.2017 durch G v. 12.5.2017 (BGBl. I S. 1106); geänd. mWv 15.6.2017 durch G v. 8.6.2017 (BGBl. I S. 1570); geänd. mWv 29.7.2017 durch G v. 20.7.2017 (BGBl. I S. 2780); geänd. mWv 1.8.2018 durch G v. 12.7.2018 (BGBl. I S. 1147); geänd. mWv 1.1.2020 durch G v. 8.7.2019 (BGBl. I S. 1021); geänd. mWv 9.8.2019 durch G v. 4.8.2019 (BGBl. I S. 1131); geänd. mWv 21.8.2019 durch G v. 15.8.2019 (BGBl. I S. 1294); geänd. mWv 1.3.2020 durch G v. 15.8.2019 (BGBl. I S. 1307); geänd. mWv 26.11.2019 durch G v. 20.11.2019 (BGBl. I S. 1626); geänd. mWv 10.12.2020 durch G v. 3.12.2020 (BGBl. I S. 2675); sie wurde nichtamtlich an die nachträgliche Änderung mWv 15.7.2016 durch G v. 8.7.2016 (BGBl. I S. 1594) angepasst.

a) durch den ein Passersatz, ein Ausweisersatz oder ein Aufenthaltstitel versagt, räumlich oder zeitlich beschränkt oder mit Bedingungen und Auflagen versehen wird oder

b) mit dem die Änderung oder Aufhebung einer Nebenbestimmung zum Aufenthaltstitel versagt wird, sowie

2. die Ausweisung,
3. die Abschiebungsanordnung nach § 58a Absatz 1 Satz 1,
4. die Androhung der Abschiebung,
5. die Aussetzung der Abschiebung,
6. Beschränkungen des Aufenthalts nach § 12 Absatz 4,
7. die Anordnungen nach den §§ 47 und 56,
8. die Rücknahme und der Widerruf von Verwaltungsakten nach diesem Gesetz sowie
9. die Entscheidung über die Anordnung eines Einreise- und Aufenthaltsverbots nach § 11.

[2] Einem Verwaltungsakt, mit dem ein Aufenthaltstitel versagt oder mit dem ein Aufenthaltstitel zum Erlöschen gebracht wird, sowie der Entscheidung über einen Antrag auf Befristung nach § 11 Absatz 1 Satz 3 ist eine Erklärung beizufügen. [3] Mit dieser Erklärung wird der Ausländer über den Rechtsbehelf, der gegen den Verwaltungsakt gegeben ist, und über die Stelle, bei der dieser Rechtsbehelf einzulegen ist, sowie über die einzuhaltende Frist belehrt; in anderen Fällen ist die vorgenannte Erklärung der Androhung der Abschiebung beizufügen.

(1a) [1] Im Zusammenhang mit der Erteilung einer ICT-Karte oder einer Mobiler-ICT-Karte sind zusätzlich der aufnehmenden Niederlassung oder dem aufnehmenden Unternehmen schriftlich mitzuteilen

1. die Versagung der Verlängerung einer ICT-Karte oder einer Mobiler-ICT-Karte,
2. die Rücknahme oder der Widerruf einer ICT-Karte oder einer Mobiler-ICT-Karte,
3. die Versagung der Verlängerung eines Aufenthaltstitels zum Zweck des Familiennachzugs zu einem Inhaber einer ICT-Karte oder einer Mobiler-ICT-Karte oder
4. die Rücknahme oder der Widerruf eines Aufenthaltstitels zum Zweck des Familiennachzugs zu einem Inhaber einer ICT-Karte oder einer Mobiler-ICT-Karte.

[2] In der Mitteilung nach Satz 1 Nummer 1 und 2 sind auch die Gründe für die Entscheidung anzugeben.

(2) [1] Die Versagung und die Beschränkung eines Visums und eines Passersatzes vor der Einreise bedürfen keiner Begründung und Rechtsbehelfsbelehrung; die Versagung an der Grenze bedarf auch nicht der Schriftform. [2] Formerfordernisse für die Versagung von Schengen-Visa richten sich nach der Verordnung (EG) Nr. 810/2009.

(3) [1] Dem Ausländer ist auf Antrag eine Übersetzung der Entscheidungsformel des Verwaltungsaktes, mit dem der Aufenthaltstitel versagt oder mit dem der Aufenthaltstitel zum Erlöschen gebracht oder mit dem eine Befristungsentscheidung nach § 11 getroffen wird, und der Rechtsbehelfsbelehrung kostenfrei in einer Sprache zur Verfügung zu stellen, die der Ausländer versteht oder bei der ver-

nünftigerweise davon ausgegangen werden kann, dass er sie versteht. [2]Besteht die Ausreisepflicht aus einem anderen Grund, ist Satz 1 auf die Androhung der Abschiebung sowie auf die Rechtsbehelfsbelehrung, die dieser nach Absatz 1 Satz 3 beizufügen ist, entsprechend anzuwenden. [3]Die Übersetzung kann in mündlicher oder in schriftlicher Form zur Verfügung gestellt werden. [4]Eine Übersetzung muss dem Ausländer dann nicht vorgelegt werden, wenn er unerlaubt in das Bundesgebiet eingereist ist oder auf Grund einer strafrechtlichen Verurteilung ausgewiesen worden ist. [5]In den Fällen des Satzes 4 erhält der Ausländer ein Standardformular mit Erläuterungen, die in mindestens fünf der am häufigsten verwendeten oder verstandenen Sprachen bereitgehalten werden. [6]Die Sätze 1 bis 3 sind nicht anzuwenden, wenn der Ausländer noch nicht eingereist oder bereits ausgereist ist.

§ 78[1)] Dokumente mit elektronischem Speicher- und Verarbeitungsmedium. (1) [1]Aufenthaltstitel nach § 4 Absatz 1 Satz 2 Nummer 2 bis 4 werden als eigenständige Dokumente mit elektronischem Speicher- und Verarbeitungsmedium ausgestellt. [2]Aufenthaltserlaubnisse, die nach Maßgabe des Abkommens zwischen der Europäischen Gemeinschaft und ihren Mitgliedstaaten einerseits und der Schweizerischen Eidgenossenschaft andererseits über die Freizügigkeit vom 21. Juni 1999 (ABl. L 114 vom 30.4.2002, S. 6) auszustellen sind, werden auf Antrag als Dokumente mit elektronischem Speicher- und Verarbeitungsmedium ausgestellt. [3]Dokumente nach den Sätzen 1 und 2 enthalten folgende sichtbar aufgebrachte Angaben:

1. Name und Vornamen,
2. Doktorgrad,
3. Lichtbild,
4. Geburtsdatum und Geburtsort,
5. Anschrift,
6. Gültigkeitsbeginn und Gültigkeitsdauer,
7. Ausstellungsort,
8. Art des Aufenthaltstitels oder Aufenthaltsrechts und dessen Rechtsgrundlage,
9. Ausstellungsbehörde,
10. Seriennummer des zugehörigen Passes oder Passersatzpapiers,
11. Gültigkeitsdauer des zugehörigen Passes oder Passersatzpapiers,
12. Anmerkungen,
13. Unterschrift,
14. Seriennummer,
15. Staatsangehörigkeit,
16. Geschlecht mit der Abkürzung „F“ für Personen weiblichen Geschlechts, „M“ für Personen männlichen Geschlechts und „X“ in allen anderen Fällen,
17. Größe und Augenfarbe,
18. Zugangsnummer.

[1)] § 78 neu gef. mWv 1.9.2011 durch G v. 12.4.2011 (BGBl. I S. 610); Abs. 3 Satz 1 Nr. 3 und 4 geänd., Nr. 5 angef. mWv 1.12.2014 durch G v. 6.9.2013 (BGBl. I S. 3556); Abs. 5 Satz 2 neu gef. mWv 15.7.2017 durch G v. 7.7.2017 (BGBl. I S. 2310); Abs. 4 Satz 1 neu gef., Satz 2 eingef., bish. Satz 2 wird Satz 3 und geänd. mWv 29.7.2017 durch G v. 18.7.2017 *(BGBl. I S. 2745)*; Abs. 3 Satz 2, Abs. 6, 7 Satz 1, *Abs. 8 Sätze 1, 2 geänd. mWv 26.11.2019* durch G v. 20.11.2019 (BGBl. I S. 1626); Abs. 1 Satz 3 Nr. 16 geänd., Sätze 6, 7 angef., Abs. 2 Satz 2 Nr. 5 geänd., Nr. 9a eingef. mWv 12.12.2020 durch G v. 3.12.2020 (BGBl. I S. 2744); Abs. 3 Satz 4 angef., Abs. 5 Satz 1 geänd., Satz 2 neu gef. mWv 1.9.2021 durch G v. 5.7.2021 (BGBl. I S. 2281).

[4] Dokumente nach Satz 1 können unter den Voraussetzungen des § 48 Absatz 2 oder 4 als Ausweisersatz bezeichnet und mit dem Hinweis versehen werden, dass die Personalien auf den Angaben des Inhabers beruhen. [5] Die Unterschrift durch den Antragsteller nach Satz 3 Nummer 13 ist zu leisten, wenn er zum Zeitpunkt der Beantragung des Dokuments zehn Jahre oder älter ist. [6] Auf Antrag können Dokumente nach den Sätzen 1 und 2 bei einer Änderung des Geschlechts nach § 45b des Personenstandsgesetzes[1)] mit der Angabe des vorherigen Geschlechts ausgestellt werden, wenn die vorherige Angabe männlich oder weiblich war. [7] Dieser abweichenden Angabe kommt keine weitere Rechtswirkung zu.

(2) [1] Dokumente mit elektronischem Speicher- und Verarbeitungsmedium nach Absatz 1 enthalten eine Zone für das automatische Lesen. [2] Diese darf lediglich die folgenden sichtbar aufgedruckten Angaben enthalten:

1. die Abkürzungen
   a) „AR“ für den Aufenthaltstiteltyp nach § 4 Absatz 1 Nummer 2 bis 4,
   b) „AS“ für den Aufenthaltstiteltyp nach § 28 Satz 2 der Aufenthaltsverordnung[2)],
2. die Abkürzung „D“ für Bundesrepublik Deutschland,
3. die Seriennummer des Aufenthaltstitels, die sich aus der Behördenkennzahl der Ausländerbehörde und einer zufällig zu vergebenden Aufenthaltstitelnummer zusammensetzt und die neben Ziffern auch Buchstaben enthalten kann,
4. das Geburtsdatum,
5. die Abkürzung „F“ für Personen weiblichen Geschlechts, „M“ für Personen männlichen Geschlechts und das Zeichen „<“ in allen anderen Fällen,
6. die Gültigkeitsdauer des Aufenthaltstitels oder im Falle eines unbefristeten Aufenthaltsrechts die technische Kartennutzungsdauer,
7. die Abkürzung der Staatsangehörigkeit,
8. den Namen,
9. den oder die Vornamen,

9a. die Versionsnummer des Dokumentenmusters,

10. die Prüfziffern und
11. Leerstellen.

[3] Die Seriennummer und die Prüfziffern dürfen keine Daten über den Inhaber oder Hinweise auf solche Daten enthalten. [4] Jedes Dokument erhält eine neue Seriennummer.

(3) [1] Das in dem Dokument nach Absatz 1 enthaltene elektronische Speicher- und Verarbeitungsmedium enthält folgende Daten:

1. die Daten nach Absatz 1 Satz 3 Nummer 1 bis 5 sowie den im amtlichen Gemeindeverzeichnis verwendeten eindeutigen Gemeindeschlüssel,
2. die Daten der Zone für das automatische Lesen nach Absatz 2 Satz 2,
3. Nebenbestimmungen,
4. zwei Fingerabdrücke, die Bezeichnung der erfassten Finger sowie die Angaben zur Qualität der Abdrücke sowie
5. den Geburtsnamen.

[1)] Nr. **260**.
[2)] Nr. **566**.

[2]Die gespeicherten Daten sind durch geeignete technische und organisatorische Maßnahmen nach den Artikeln 24, 25 und 32 der Verordnung (EU) 2016/679[1)] gegen unbefugtes Verändern, Löschen und Auslesen zu sichern. [3]Die Erfassung von Fingerabdrücken erfolgt ab Vollendung des sechsten Lebensjahres. [4]In entsprechender Anwendung von § 10a Absatz 1 Satz 1 des Personalausweisgesetzes[2)] sind die folgenden Daten auf Veranlassung des Ausländers auf ein elektronisches Speicher- und Verarbeitungsmedium in einem mobilen Endgerät zu übermitteln und auch dort zu speichern:

1. die Daten nach Absatz 1 Satz 3 Nummer 1, 2, 4, 5, 15 sowie nach Absatz 3 Satz 1 Nummer 5,
2. die Dokumentenart,
3. der letzte Tag der Gültigkeitsdauer des elektronischen Identitätsnachweises,
4. die Abkürzung „D" für die Bundesrepublik Deutschland und
5. der im amtlichen Gemeindeverzeichnis verwendete eindeutige Gemeindeschlüssel.

(4) [1]Das elektronische Speicher- und Verarbeitungsmedium eines Dokuments nach Absatz 1 kann ausgestaltet werden als qualifizierte elektronische Signaturerstellungseinheit nach Artikel 3 Nummer 23 der Verordnung (EU) Nr. 910/2014[3)] des Europäischen Parlaments und des Rates vom 23. Juli 2014 über elektronische Identifizierung und Vertrauensdienste für elektronische Transaktionen im Binnenmarkt und zur Aufhebung der Richtlinie 1999/93/EG (ABl. L 257 vom 28.8. 2014, S. 73). [2]Die Zertifizierung nach Artikel 30 der Verordnung (EU) Nr. 910/ 2014 erfolgt durch das Bundesamt für Sicherheit in der Informationstechnik. [3]Die Vorschriften des Vertrauensdienstegesetzes[4)] bleiben unberührt.

(5) [1]Das elektronische Speicher- und Verarbeitungsmedium eines Dokuments nach Absatz 1 oder eines mobilen Endgeräts kann auch für die Zusatzfunktion eines elektronischen Identitätsnachweises genutzt werden. [2]Insoweit sind § 2 Absatz 3 bis 7, 10, 12 und 13, § 4 Absatz 3, § 7 Absatz 3b, 4 und 5, § 10 Absatz 1 bis 5, 6 Satz 1, Absatz 7, 8 Satz 1 und Absatz 9, die §§ 10a, 11 Absatz 1 bis 5 und 7, § 12 Absatz 2 Satz 2, die §§ 13, 16, 18, 18a, 19 Absatz 1, 2 Satz 1 und 2 und Absatz 3 bis 6, die §§ 19a, 20 Absatz 2 und 3, die §§ 20a, 21, 21a, 21b, 27 Absatz 2 und 3, § 32 Absatz 1 Nummer 5 und 6 mit Ausnahme des dort angeführten § 19 Absatz 2 Nummer 6a bis 8, Absatz 2 und 3 sowie § 33 Nummer 1, 2 und 4 des Personalausweisgesetzes mit der Maßgabe entsprechend anzuwenden, dass die Ausländerbehörde an die Stelle der Personalausweisbehörde und der Hersteller der Dokumente an die Stelle des Ausweisherstellers tritt. [3]Neben den in § 18 Absatz 3 Satz 2 des Personalausweisgesetzes aufgeführten Daten können im Rahmen des elektronischen Identitätsnachweises unter den Voraussetzungen des § 18 Absatz 4 des Personalausweisgesetzes auch die nach Absatz 3 Nummer 3 gespeicherten Nebenbestimmungen sowie die Abkürzung der Staatsangehörigkeit übermittelt werden. [4]Für das Sperrkennwort und die Sperrmerkmale gilt Absatz 2 Satz 3 entsprechend.

(6) Die mit der Ausführung dieses Gesetzes betrauten oder zur hoheitlichen Identitätsfeststellung befugten Behörden dürfen die in der Zone für das auto-

---

[1)] *Nr. **246**.*
[2)] *Nr. **255**.*
[3)] **Sartorius III Nr. 741.**
[4)] **Sartorius ErgBd. Nr. 924.**

matische Lesen enthaltenen Daten zur Erfüllung ihrer gesetzlichen Aufgaben verarbeiten.

(7) [1] Öffentliche Stellen dürfen die im elektronischen Speicher- und Verarbeitungsmedium eines Dokuments nach Absatz 1 gespeicherten Daten mit Ausnahme der biometrischen Daten verarbeiten, soweit dies zur Erfüllung ihrer jeweiligen gesetzlichen Aufgaben erforderlich ist. [2] Die im elektronischen Speicher- und Verarbeitungsmedium gespeicherte Anschrift und die nach Absatz 1 Satz 3 Nummer 5 aufzubringende Anschrift dürfen durch die Ausländerbehörden sowie durch andere durch Landesrecht bestimmte Behörden geändert werden.

(8) [1] Die durch technische Mittel vorgenommene Verarbeitung personenbezogener Daten aus Dokumenten nach Absatz 1 darf nur im Wege des elektronischen Identitätsnachweises nach Absatz 5 erfolgen, soweit nicht durch Gesetz etwas anderes bestimmt ist. [2] Gleiches gilt für die Verarbeitung personenbezogener Daten mit Hilfe eines Dokuments nach Absatz 1.

(Fortsetzung nächstes Blatt)

f) den Zeitpunkt des Beginns der Bearbeitung von Anträgen auf Anerkennung von Forschungseinrichtungen,

3b. selbständige Tätigkeiten zu bestimmen, für deren Ausübung stets oder unter bestimmten Voraussetzungen kein Aufenthaltstitel nach § 4a Absatz 1 Satz 1 erforderlich ist,

4. Ausländer, die im Zusammenhang mit der Hilfeleistung in Rettungs- und Katastrophenfällen einreisen, von der Passpflicht zu befreien,

5. andere amtliche deutsche Ausweise als Passersatz einzuführen oder zuzulassen,

6. amtliche Ausweise, die nicht von deutschen Behörden ausgestellt worden sind, allgemein als Passersatz zuzulassen,

7. zu bestimmen, dass zur Wahrung von Interessen der Bundesrepublik Deutschland Ausländer, die vom Erfordernis des Aufenthaltstitels befreit sind und Ausländer, die mit einem Visum einreisen, bei oder nach der Einreise der Ausländerbehörde oder einer sonstigen Behörde den Aufenthalt anzuzeigen haben,

8. zur Ermöglichung oder Erleichterung des Reiseverkehrs zu bestimmen, dass Ausländern die bereits bestehende Berechtigung zur Rückkehr in das Bundesgebiet in einem Passersatz bescheinigt werden kann,

9. zu bestimmen, unter welchen Voraussetzungen ein Ausweisersatz ausgestellt werden kann und wie lange er gültig ist,

10. die ausweisrechtlichen Pflichten von Ausländern, die sich im Bundesgebiet aufhalten, zu regeln hinsichtlich der Ausstellung und Verlängerung, des Verlustes und des Wiederauffindens sowie der Vorlage und der Abgabe eines Passes, Passersatzes und Ausweisersatzes sowie der Eintragungen über die Einreise, die Ausreise, das Antreffen im Bundesgebiet und über Entscheidungen der zuständigen Behörden in solchen Papieren,

11. Näheres zum Register nach § 91a sowie zu den Voraussetzungen und dem Verfahren der Datenübermittlung zu bestimmen,

12. zu bestimmen, wie der Wohnsitz von Ausländern, denen vorübergehend Schutz gemäß § 24 Abs. 1 gewährt worden ist, in einen anderen Mitgliedstaat der Europäischen Union verlegt werden kann,

13. für die bei der Ausführung dieses Gesetzes zu verwendenden Vordrucke festzulegen:
   a) Näheres über die Anforderungen an Lichtbilder und Fingerabdrücke,
   b) Näheres über das Verfahren und die technischen Anforderungen für die Aufnahme, elektronische Erfassung, Echtheitsbewertung und Qualitätssicherung des Lichtbilds,
   c) Regelungen für die sichere Übermittlung des Lichtbilds an die zuständige Behörde sowie einer Registrierung und Zertifizierung von Dienstleistern zur Erstellung des Lichtbilds,
   d) Näheres über Form und Inhalt der Muster und über die Ausstellungsmodalitäten,
   e) Näheres über die Aufnahme und die Einbringung von Merkmalen in verschlüsselter Form nach § 78a Absatz 4 und 5,

13a. Regelungen für Reiseausweise für Ausländer, Reiseausweise für Flüchtlinge und Reiseausweise für Staatenlose mit elektronischem Speicher- und Verarbeitungsmedium nach Maßgabe der Verordnung (EG) Nr. 2252/2004 des Rates vom 13. Dezember 2004 über Normen für Sicherheitsmerkmale und biometrische Daten in von den Mitgliedstaaten ausgestellten Pässen und Reisedokumenten (ABl. L 385 vom 29.12.2004, S. 1) und der Verordnung (EG) Nr. 444/2009 des

Kapitel 10. Verordnungsermächtigungen; Übergangs- und Schlussvorschriften

§ 99[1)] Verordnungsermächtigung. (1) Das Bundesministerium des Innern, für Bau und Heimat wird ermächtigt, durch Rechtsverordnung mit Zustimmung des Bundesrates

1. zur Erleichterung des Aufenthalts von Ausländern Befreiungen vom Erfordernis des Aufenthaltstitels vorzusehen, das Verfahren für die Erteilung von Befreiungen und die Fortgeltung und weitere Erteilung von Aufenthaltstiteln nach diesem Gesetz bei Eintritt eines Befreiungsgrundes zu regeln sowie zur Steuerung der Erwerbstätigkeit von Ausländern im Bundesgebiet Befreiungen einzuschränken,
2. zu bestimmen, dass der Aufenthaltstitel vor der Einreise bei der Ausländerbehörde oder nach der Einreise eingeholt werden kann,
3. zu bestimmen, in welchen Fällen die Erteilung eines Visums der Zustimmung der Ausländerbehörde bedarf, um die Mitwirkung anderer beteiligter Behörden zu sichern,

3a. Näheres zum Verfahren zur Erteilung von Aufenthaltstiteln an Forscher nach § 18d zu bestimmen, insbesondere
   a) die Voraussetzungen und das Verfahren sowie die Dauer der Anerkennung von Forschungseinrichtungen, die Aufhebung der Anerkennung einer Forschungseinrichtung und die Voraussetzungen und den Inhalt des Abschlusses von Aufnahmevereinbarungen nach § 18d Absatz 1 Satz 1 Nummer 1 zu regeln,
   b) vorzusehen, dass die für die Anerkennung zuständige Behörde die Anschriften der anerkannten Forschungseinrichtungen veröffentlicht und in den Veröffentlichungen auf Erklärungen nach § 18d Absatz 3 hinweist,
   c) Ausländerbehörden und Auslandsvertretungen zu verpflichten, der für die Anerkennung zuständigen Behörde Erkenntnisse über anerkannte Forschungseinrichtungen mitzuteilen, die die Aufhebung der Anerkennung begründen können,
   d) anerkannte Forschungseinrichtungen zu verpflichten, den Wegfall von Voraussetzungen für die Anerkennung, den Wegfall von Voraussetzungen für Aufnahmevereinbarungen, die abgeschlossen worden sind, oder die Änderung sonstiger bedeutsamer Umstände mitzuteilen,
   e) beim Bundesamt für Migration und Flüchtlinge einen Beirat für Forschungsmigration einzurichten, der es bei der Anerkennung von Forschungseinrichtungen unterstützt und die Anwendung des § 18d beobachtet und bewertet,

---

[1)] § 99 Abs. 1 Nr. 13a eingef. mWv 25.12.2008 durch G v. 20.12.2008 (BGBl. I S. 2846); Abs. 1 Nr. 13 geänd., Nr. 13a neu gef., Nr. 15 angef., Abs. 2 Satz 3 eingef., bish. Satz 3 wird Satz 4 mWv 16.4.2011 durch G v. 12.4.2011 (BGBl. I S. 610); Abs. 2 Satz 1 Nr. 2 neu gef., Abs. 3 geänd., Abs. 3a eingef. mWv 26.11.2011 durch G v. 22.11.2011 (BGBl. I S. 2258); Abs. 1 Nr. 15 Buchst. c geänd., Nr. 16 angef. mWv 9.8.2019 durch G v. 4.8.2019 (BGBl. I S. 1131); Abs. 5, 6 angef. mWv 1.3.2020 durch G v. 15.8.2019 (BGBl. I S. 1307); Abs. 2 Satz 1 Nr. 1, 2, 3, Satz 4 geänd. mWv 26.11.2019 durch G v. 20.11.2019 (BGBl. I S. 1626); Abs. 1 Nr. 13a einl. Satzteil geänd. mWv 20.2.2020, Abs. 1 Nr. 3a einl. Satzteil, Buchst a, b, e, Nr. 3b geänd. mWv 1.3.2020 durch G v. 17.2.2020 (BGBl. I S. 166); Abs. 2 Satz 1 Nr. 2 geänd. mWv 24.6.2020 durch G v. 12.6.2020 (BGBl. I S. 1241); Abs. 1 einl. Satzteil, Nr. 13a, Abs. 2 Satz 1 einl. Satzteil, Abs. 3, 3a, 4 Satz 1 geänd. mWv 27.6.2020 durch VO v. 19.6.2020 (BGBl. I S. 1328); Abs. 1 Nr. 13, Nr. 13a Buchst. a neu gef., Abs. 2 Satz 3 geänd. mWv 12.12.2020 durch G v. 3.12.2020 (BGBl. I S. 2744); Abs. 1 Nr. 13a Satz 2 geänd. mWv 9.7.2021 durch G v. 5.7.2021 (BGBl. I S. 2281).

Europäischen Parlaments und des Rates vom 28. Mai 2009 zur Änderung der Verordnung (EG) Nr. 2252/2004 des Rates über Normen für Sicherheitsmerkmale und biometrische Daten in von den Mitgliedstaaten ausgestellten Pässen und Reisedokumenten (ABl. L 142 vom 6.6.2009, S. 1) zu treffen sowie Näheres über die Ausfertigung von Dokumenten mit elektronischem Speicher- und Verarbeitungsmedium nach § 78 nach Maßgabe der Verordnung (EG) Nr. 1030/2002 des Rates vom 13. Juni 2002 zur einheitlichen Gestaltung des Aufenthaltstitels für Drittstaatenangehörige (ABl. L 157 vom 15.6.2002, S. 1) in der jeweils geltenden Fassung zu bestimmen und insoweit für Reiseausweise und Dokumente nach § 78 Folgendes festzulegen:

a) das Verfahren und die technischen Anforderungen für die Aufnahme, elektronische Erfassung, Echtheitsbewertung und Qualitätssicherung des Lichtbilds und der Fingerabdrücke sowie Regelungen für die sichere Übermittlung des Lichtbilds an die zuständige Behörde sowie für die Registrierung und Zertifizierung von Dienstleistern zur Erstellung des Lichtbilds sowie den Zugriffsschutz auf die im elektronischen Speicher- und Verarbeitungsmedium abgelegten Daten,

b) Altersgrenzen für die Erhebung von Fingerabdrücken und Befreiungen von der Pflicht zur Abgabe von Fingerabdrücken und Lichtbildern,

c) die Reihenfolge der zu speichernden Fingerabdrücke bei Fehlen eines Zeigefingers, ungenügender Qualität des Fingerabdrucks oder Verletzungen der Fingerkuppe,

d) die Form des Verfahrens und die Einzelheiten über das Verfahren der Übermittlung sämtlicher Antragsdaten von den Ausländerbehörden an den Hersteller der Dokumente sowie zur vorübergehenden Speicherung der Antragsdaten bei der Ausländerbehörde und beim Hersteller,

e) die Speicherung der Fingerabdrücke und des Lichtbildes in der Ausländerbehörde bis zur Aushändigung des Dokuments,

f) das Einsichtsrecht des Dokumenteninhabers in die im elektronischen Speichermedium gespeicherten Daten,

g) die Anforderungen an die zur elektronischen Erfassung des Lichtbildes und der Fingerabdrücke, deren Qualitätssicherung sowie zur Übermittlung der Antragsdaten von der Ausländerbehörde an den Hersteller der Dokumente einzusetzenden technischen Systeme und Bestandteile sowie das Verfahren zur Überprüfung der Einhaltung dieser Anforderungen,

h) Näheres zur Verarbeitung der Fingerabdruckdaten und des digitalen Lichtbildes,

i) Näheres zur Seriennummer und zur maschinenlesbaren Personaldatenseite,

j) die Pflichten von Ausländern, die sich im Bundesgebiet aufhalten, hinsichtlich der Ausstellung, Neubeantragung und Verlängerung, des Verlustes und Wie*derauffindens* sowie der Vorlage und Abgabe von Dokumenten nach § 78.

Das Bundesministerium des Innern, für Bau und Heimat wird ferner ermächtigt, durch Rechtsverordnung mit Zustimmung des Bundesrates Einzelheiten des Prüfverfahrens entsprechend § 34 Satz 1 Nummer 4 des Personalausweisgesetzes[1] und Einzelheiten zum elektronischen Identitätsnachweis entsprechend § 34 Satz 1 Nummer 5 bis 8a und Satz 3 des Personalausweisgesetzes festzulegen,

14. zu bestimmen, dass die

---

[1] Nr. **255**.

a) Meldebehörden,

b) Staatsangehörigkeits- und Bescheinigungsbehörden nach § 15 des Bundesvertriebenengesetzes[1)],

c) Pass- und Personalausweisbehörden,

d) Sozial- und Jugendämter,

e) Justiz-, Polizei- und Ordnungsbehörden,

f) Bundesagentur für Arbeit,

g) Finanz- und Hauptzollämter,

h) Gewerbebehörden,

i) Auslandsvertretungen und

j) Träger der Grundsicherung für Arbeitssuchende

ohne Ersuchen den Ausländerbehörden personenbezogene Daten von Ausländern, Amtshandlungen und sonstige Maßnahmen gegenüber Ausländern sowie sonstige Erkenntnisse über Ausländer mitzuteilen haben, soweit diese Angaben zur Erfüllung der Aufgaben der Ausländerbehörden nach diesem Gesetz und nach ausländerrechtlichen Bestimmungen in anderen Gesetzen erforderlich sind; die Rechtsverordnung bestimmt Art und Umfang der Daten, die Maßnahmen und die sonstigen Erkenntnisse, die mitzuteilen sind; Datenübermittlungen dürfen nur insoweit vorgesehen werden, als die Daten zur Erfüllung der Aufgaben der Ausländerbehörden nach diesem Gesetz oder nach ausländerrechtlichen Bestimmungen in anderen Gesetzen erforderlich sind,

15. Regelungen über die fachbezogene elektronische Datenübermittlung zwischen den mit der Ausführung dieses Gesetzes beauftragten Behörden zu treffen, die sich auf Folgendes beziehen:

a) die technischen Grundsätze des Aufbaus der verwendeten Standards,

b) das Verfahren der Datenübermittlung und

c) die an der elektronischen Datenübermittlung im Ausländerwesen beteiligten Behörden,

16. Regelungen für die Qualitätssicherung der nach § 49 Absatz 6, 8 und 9 erhobenen Lichtbilder und Fingerabdruckdaten festzulegen.

(2) [1] Das Bundesministerium des Innern, für Bau und Heimat wird ferner ermächtigt, durch Rechtsverordnung mit Zustimmung des Bundesrates zu bestimmen, dass

1. jede Ausländerbehörde ein Dateisystem über Ausländer führt, die sich in ihrem Bezirk aufhalten oder aufgehalten haben, die bei ihr einen Antrag gestellt oder Einreise und Aufenthalt angezeigt haben und für und gegen die sie eine ausländerrechtliche Maßnahme oder Entscheidung getroffen hat,

2. jede Auslandsvertretung ein Dateisystem über beantragte, erteilte, versagte, zurückgenommene, annullierte, widerrufene und aufgehobene Visa sowie zurückgenommene Visumanträge führen darf und die Auslandsvertretungen die jeweils dort gespeicherten Daten untereinander sowie mit dem Auswärtigen Amt und mit dem Bundesamt für Auswärtige Angelegenheiten austauschen dürfen sowie

3. die mit der Ausführung dieses Gesetzes betrauten Behörden ein sonstiges zur Erfüllung ihrer Aufgaben erforderliches Dateisystem führen.

[1)] **Aichberger, SGB Nr. 6/51.**

567. Asylgesetz (AsylG)[1) 2)]

In der Fassung der Bekanntmachung vom 2. September 2008[3)]
(BGBl. I S. 1798)

FNA 26-7

geänd. durch Art. 18 FGG-ReformG v. 17.12.2008 (BGBl. I S. 2586), Art. 3 G zur Anpassung des deutschen Rechts an die VO (EG) Nr. 380/2008 v. 12.4.2011 (BGBl. I S. 610), Art. 3 G zur Bekämpfung der Zwangsheirat und zum besseren Schutz der Opfer von Zwangsheirat sowie zur Änd. weiterer aufenthalts- und asylrechtlicher Vorschriften v. 23.6.2011 (BGBl. I S. 1266), Art. 4 G zur Umsetzung aufenthaltsrechtlicher RL der EU und zur Anpassung nationaler Rechtsvorschriften an den EU-Visakodex v. 22.11.2011 (BGBl. I S. 2258), Art. 1 G zur Umsetzung der RL 2011/95/EU v. 28.8.2013 (BGBl. I S. 3474), Art. 1 G zur Einstufung weiterer Staaten als sichere Herkunftsstaaten und zur Erleichterung des Arbeitsmarktzugangs für Asylbewerber und geduldete Ausländer v. 31.10.2014 (BGBl. I S. 1649), Art. 2 G zur Verbesserung der Rechtsstellung von asylsuchenden und geduldeten Ausländern v. 23.12.2014 (BGBl. I S. 2439), Art. 1 AsylverfahrensbeschleunigungsG v. 20.10.2015 (BGBl. I S. 1722), Art. 12 G zur Bereinigung des Rechts der Lebenspartner v. 20.11.2015 (BGBl. I S. 2010), Art. 1 DatenaustauschverbesserungsG v. 2.2.2016 (BGBl. I S. 130), Art. 1 G zur Einführung beschleunigter Asylverfahren v. 11.3. 2016 (BGBl. I S. 390), Art. 2 G zur erleichterten Ausweisung von straffälligen Ausländern und zum erweiterten Ausschluss der Flüchtlingsanerkennung bei straffälligen Asylbewerbern v. 11.3.2016 (BGBl. I S. 394), Art. 6 IntegrationsG v. 31.7.2016 (BGBl. I S. 1939), Art. 2 Abs. 2 50. G zur Änd des StGB v. 4.11.2016 (BGBl. I S. 2460), Art. 6 Abs. 14 G zur Reform der strafrechtlichen Vermögensabschöpfung v. 13.4.2017 (BGBl. I S. 872), Art. 4 G zur Bekämpfung von Kinderehen v. 17.7.2017 (BGBl. I S. 2429), Art. 2 G zur besseren Durchsetzung der Ausreisepflicht v. 20.7.2017 (BGBl. I S. 2780), Art. 1 Drittes ÄndG v. 4.12.2018 (BGBl. I S. 2250), Art. 5 Zweites DatenaustauschverbesserungsG v. 4.8.2019 (BGBl. I S. 1131), Art. 3 Zweites G zur besseren Durchsetzung der Ausreisepflicht v. 15.8.2019 (BGBl. I S. 1294), Art. 45 FachkräfteeinwanderungsG v. 15.8.2019 (BGBl. I S. 1307), Art. 48 Zweites Datenschutz-Anpassungs- und UmsetzungsG EU v. 20.11.2019 (BGBl. I S. 1626), Art. 165 Elfte Zuständigkeitsanpassungs-VO v. 19.6.2020 (BGBl. I S. 1328), Art. 3 Abs. 1 59. G zur Änd. des StGB v. 9.10.2020 (BGBl. I S. 2075) und Art. 8 Abs. 1 G zur Bekämpfung sexualisierter Gewalt gegen Kinder v. 16.6.2021 (BGBl. I S. 1810)

[1)] **Amtl. Anm.:** Dieses Gesetz dient der Umsetzung folgender Richtlinien:

1. Richtlinie 2003/9/EG des Rates vom 27. Januar 2003 zur Festlegung von Mindestnormen für die Aufnahme von Asylbewerbern in den Mitgliedstaaten der Europäischen Union (ABl. EU Nr. L 31 S. 18),
2. Richtlinie 2004/83/EG des Rates vom 29. April 2004 über Mindestnormen für die Anerkennung und den Status von Drittstaatsangehörigen oder Staatenlosen als Flüchtlinge oder als Personen, die anderweitig internationalen Schutz benötigen, und über den Inhalt des zu gewährenden Schutzes (ABl. EU Nr. L 304 S. 12),
3. Richtlinie 2005/85/EG des Rates vom 1. Dezember 2005 über Mindestnormen für Verfahren in den Mitgliedstaaten zur Zuerkennung und Aberkennung der Flüchtlingseigenschaft (ABl. EU Nr. L 326 S. 13).

[2)] Überschrift neu gef. mWv 24.10.2015 durch G v. 20.10.2015 (BGBl. I S. 1722); bis 23.10.2015: „Asylverfahrensgesetz (AsylVfG)".

[3)] Neubekanntmachung des AsylVfG (ab 24.10.2015: AsylG) idF der Bek. v. 27.7.1993 (BGBl. I S. 1361) in der ab 1.11.2007 geltenden Fassung.

Inhaltsübersicht[1)]

---

1) Inhaltsübersicht geänd. mWv 1.12.2013 durch G v. 28.8.2013 (BGBl. I S. 3474); geänd. mWv 1.1. *2015 durch G v. 23.12.2014* (BGBl. I S. 2439); geänd. mWv 24.10.2015 durch G v. 20.10.2015 (BGBl. I S. 1722); geänd. mWv 17.3.2016 durch G v. 11.3.2016 (BGBl. I S. 390); geänd. mWv 6.8.2016 durch G v. 31.7.2016 (BGBl. I S. 1939); geänd. mWv 29.7.2017 durch G v. 20.7.2017 (BGBl. I S. 2780); geänd. mWv 21.8.2019 durch G v. 15.8.2019 (BGBl. I S. 1294).

Abschnitt 5.[1] Unterbringung und Verteilung

§ 44[2] Schaffung und Unterhaltung von Aufnahmeeinrichtungen.

(1) Die Länder sind verpflichtet, für die Unterbringung Asylbegehrender die dazu erforderlichen Aufnahmeeinrichtungen zu schaffen und zu unterhalten sowie entsprechend ihrer Aufnahmequote die im Hinblick auf den monatlichen Zugang Asylbegehrender in den Aufnahmeeinrichtungen notwendige Zahl von Unterbringungsplätzen bereitzustellen.

(2) Das Bundesministerium des Innern, für Bau und Heimat oder die von ihm bestimmte Stelle teilt den Ländern monatlich die Zahl der Zugänge von Asylbegehrenden, die voraussichtliche Entwicklung und den voraussichtlichen Bedarf an Unterbringungsplätzen mit.

(2a) Die Länder sollen geeignete Maßnahmen treffen, um bei der Unterbringung Asylbegehrender nach Absatz 1 den Schutz von Frauen und schutzbedürftigen Personen zu gewährleisten.

(3) [1] § 45 des Achten Buches Sozialgesetzbuch[3] (Artikel 1 des Gesetzes vom 26. Juni 1990, BGBl. I S. 1163) gilt nicht für Aufnahmeeinrichtungen. [2] Träger von Aufnahmeeinrichtungen sollen sich von Personen, die in diesen Einrichtungen mit der Beaufsichtigung, Betreuung, Erziehung oder Ausbildung Minderjähriger oder mit Tätigkeiten, die in vergleichbarer Weise geeignet sind, Kontakt zu Minderjährigen aufzunehmen, betraut sind, zur Prüfung, ob sie für die aufgeführten Tätigkeiten geeignet sind, vor deren Einstellung oder Aufnahme einer dauerhaften ehrenamtlichen Tätigkeit und in regelmäßigen Abständen ein Führungszeugnis nach § 30 Absatz 5 und § 30a Absatz 1 des Bundeszentralregistergesetzes[4] vorlegen lassen. [3] Träger von Aufnahmeeinrichtungen dürfen für die Tätigkeiten nach Satz 2 keine Personen beschäftigen oder mit diesen Tätigkeiten ehrenamtlich betrauen, die rechtskräftig wegen einer Straftat nach den §§ 171, 174 bis 174c, 176 bis 180a, 181a, 182 bis 184g, 184i bis 184l, 225, 232 bis 233a, 234, 235 oder 236 des Strafgesetzbuchs[5] verurteilt worden sind. [4] Nimmt der Träger einer Aufnahmeeinrichtung Einsicht in ein Führungszeugnis nach § 30 Absatz 5 und § 30a Absatz 1 des Bundeszentralregistergesetzes, so speichert er nur den Umstand der Einsichtnahme, das Datum des Führungszeugnisses und die Information, ob die das Führungszeugnis betreffende Person wegen einer in Satz 3 genannten Straftat rechtskräftig verurteilt worden ist. [5] Der Träger einer Aufnahmeeinrichtung darf diese Daten nur verarbeiten, soweit dies zur Prüfung der Eignung einer Person für die in Satz 2 genannten Tätigkeiten erforderlich ist. [6] Die Daten sind vor dem Zugriff Unbefugter zu schützen. [7] Sie sind unverzüglich zu löschen, wenn im Anschluss an die Einsichtnahme keine Tätigkeit nach Satz 2 wahrgenommen wird. [8] Sie sind spätestens sechs Monate nach der letztmaligen Ausübung einer in Satz 2 genannten Tätigkeit zu löschen.

---

[1] Bish. 3. Abschnitt wird Abschnitt 5 mWv 1.12.2013 durch G v. 28.8.2013 (BGBl. I S. 3474).

[2] § 44 Abs. 3 Sätze 2–8 angef. mWv 17.3.2016 durch G v. 11.3.2016 (BGBl. I S. 390); Abs. 3 Satz 3 geänd. mWv 10.11.2016 durch G v. 4.11.2016 (BGBl. I S. 2460); Abs. 2a eingef. mWv 21.8.2019 durch G v. 15.8.2019 (BGBl. I S. 1294); Abs. 3 Satz 5 geänd. mWv 26.11.2019 durch G v. 20.11.2019 (BGBl. I S. 1626); Abs. 2 geänd. mWv 27.6.2020 durch VO v. 19.6.2020 (BGBl. I S. 1328); Abs. 3 Satz 3 geänd. mWv 1.1.2021 durch G v. 9.10.2020 (BGBl. I S. 2075); Abs. 3 Satz 3 geänd. mWv 1.7.2021 durch G v. 16.6.2021 (BGBl. I S. 1810).

[3] **Schönfelder ErgBd. Nr. 46.**

[4] **Schönfelder Nr. 92.**

[5] **Schönfelder Nr. 85.**

§ 45[1)] Aufnahmequoten. (1) [1]Die Länder können durch Vereinbarung einen Schlüssel für die Aufnahme von Asylbegehrenden durch die einzelnen Länder (Aufnahmequote) festlegen. [2]Bis zum Zustandekommen dieser Vereinbarung oder bei deren Wegfall richtet sich die Aufnahmequote für das jeweilige Kalenderjahr nach dem von dem Büro der Gemeinsamen Wissenschaftskonferenz im Bundesanzeiger veröffentlichten Schlüssel[2)], der für das vorangegangene Kalenderjahr entsprechend Steuereinnahmen und Bevölkerungszahl der Länder errechnet worden ist (Königsteiner Schlüssel).

(2) [1]Zwei oder mehr Länder können vereinbaren, dass Asylbegehrende, die von einem Land entsprechend seiner Aufnahmequote aufzunehmen sind, von einem anderen Land aufgenommen werden. [2]Eine Vereinbarung nach Satz 1 sieht mindestens Angaben zum Umfang der von der Vereinbarung betroffenen Personengruppe sowie einen angemessenen Kostenausgleich vor. [3]Die Aufnahmequote nach Absatz 1 wird durch eine solche Vereinbarung nicht berührt.

§ 46[3)] Bestimmung der zuständigen Aufnahmeeinrichtung. (1) [1]Für die Aufnahme eines Ausländers, bei dem die Voraussetzungen des § 30a Absatz 1 vorliegen, ist die besondere Aufnahmeeinrichtung (§ 5 Absatz 5) zuständig, die über einen freien Unterbringungsplatz im Rahmen der Quote nach § 45 verfügt und bei der die ihr zugeordnete Außenstelle des Bundesamtes Asylanträge aus dem Herkunftsland dieses Ausländers bearbeitet. [2]Im Übrigen ist die Aufnahmeeinrichtung zuständig, bei der der Ausländer sich gemeldet hat, wenn sie über einen freien Unterbringungsplatz im Rahmen der Quote nach § 45 verfügt und die ihr zugeordnete Außenstelle des Bundesamtes Asylanträge aus dem Herkunftsland des Ausländers bearbeitet. [3]Liegen die Voraussetzungen der Sätze 1 und 2 nicht vor, ist die nach Absatz 2 bestimmte Aufnahmeeinrichtung für die Aufnahme des Ausländers zuständig. [4]Bei mehreren nach Satz 1 in Betracht kommenden besonderen Aufnahmeeinrichtungen (§ 5 Absatz 5) gilt Absatz 2 für die Bestimmung der zuständigen besonderen Aufnahmeeinrichtung entsprechend.

(2) [1]Eine vom Bundesministerium des Innern, für Bau und Heimat bestimmte zentrale Verteilungsstelle benennt auf Veranlassung einer Aufnahmeeinrichtung dieser die für die Aufnahme des Ausländers zuständige Aufnahmeeinrichtung. [2]Maßgebend dafür sind die Aufnahmequoten nach § 45, in diesem Rahmen die vorhandenen freien Unterbringungsplätze und sodann die Bearbeitungsmöglichkeiten der jeweiligen Außenstelle des Bundesamtes in Bezug auf die Herkunftsländer der Ausländer. [3]Von mehreren danach in Betracht kommenden Aufnahmeeinrichtungen wird die nächstgelegene als zuständig benannt.

(2a) [1]Ergibt sich aus einer Vereinbarung nach § 45 Absatz 2 Satz 1 eine von den Absätzen 1 und 2 abweichende Zuständigkeit, so wird die nach der Vereinbarung zur Aufnahme verpflichtete Aufnahmeeinrichtung mit der tatsächlichen Aufnahme des Ausländers zuständig. [2]Soweit nach den Umständen

(Fortsetzung nächstes Blatt)

[1)] § 45 Satz 2 geänd. mWv 1.12.2013 durch G v. 28.8.2013 (BGBl. I S. 3474); Abs. 2 angef. mWv 24.10.2015 durch G v. 20.10.2015 (BGBl. I S. 1722).

[2)] Siehe hierzu die Anlage zur Bek. des Königsteiner Schlüssels für das Jahr 2019 v. 21.4.2021 (BAnz AT 06.05.2021 B8).

[3)] § 46 Abs. 3 Satz 2 neu gef. mWv 1.12.2013 durch G v. 28.8.2013 (BGBl. I S. 3474); Abs. 2a eingef. mWv 24.10.2015 durch G v. 20.10.2015 (BGBl. I S. 1722); Abs. 1 neu gef. mWv 17.3.2016 durch G v. 11.3.2016 (BGBl. I S. 390); Abs. 2 Satz 1 geänd. mWv 27.6.2020 durch VO v. 19.6.2020 (BGBl. I S. 1328).

600. Verwaltungsgerichtsordnung (VwGO)[1)]

In der Fassung der Bekanntmachung vom 19. März 1991[2)]
(BGBl. I S. 686)

FNA 340-1

geänd. durch Art. 3 G zur Neuregelung des Asylverfahrens v. 26.6.1992 (BGBl. I S. 1126), Art. 9 G zur Entlastung der Rechtspflege v. 11.1.1993 (BGBl. I S. 50), Art. 5 Fünftes G zur Änd. des G über das Bundesverfassungsgericht v. 2.8.1993 (BGBl. I S. 1442), Art. 7 PlanungsvereinfachungsG v. 17.12.1993 (BGBl. I S. 2123), Art. 7 G zur Änd. des RechtspflegerG und anderer Gesetze v. 24.6.1994 (BGBl. I S. 1374), Art. 9 G zu dem Übereinkommen vom 15. April 1994 zur Errichtung der Welthandelsorganisation und zur Änd. anderer Gesetze v. 30.8.1994 (BGBl. II S. 1438), Art. 7 G zur Vermeidung, Verwertung und Beseitigung von Abfällen v. 27.9.1994 (BGBl. I S. 2705), Art. 27 Einführungs zur Insolvenzordnung v. 5.10.1994 (BGBl. I S. 2911), Art. 2 Abs. 6 MagnetschwebebahnplanungsG v. 23.11.1994 (BGBl. I S. 3486), Art. 1 Sechstes G zur Änd. der Verwaltungsgerichtsordnung und anderer Gesetze v. 1.11.1996 (BGBl. I S. 1626), Art. 6 Abs. 3 ZivilschutzneuordnungsG v. 25.3.1997 (BGBl. I S. 726), Art. 33 Abs. 2 JustizmitteilungsG v. 18.6.1997 (BGBl. I S. 1430), Art. 8 Bau- und RaumordnungsG 1998 v. 18.8.1997 (BGBl. I S. 2081), Art. 1 G zur Verlagerung des Sitzes des Bundesverwaltungsgerichts von Berlin nach Leipzig v. 21.11.1997 (BGBl. I S. 2742), Art. 2 § 13 Schiedsverfahrens-NeuregelungsG v. 22.12.1997 (BGBl. I S. 3224), Art. 14 G zur Änd. der Bundesrechtsanwaltsordnung, der Patentanwaltsordnung und anderer Gesetze v. 31.8.1998 (BGBl. I S. 2600), BVerfGE v. 27.10.1999 (BGBl.2000 I S. 54), Art. 15 Zweites ZuständigkeitslockerungsG v. 3.5.2000 (BGBl. I S. 632), Art. 2 Abs. 18 ZustellungsreformG v. 25.6.2001 (BGBl. I S. 1206), Art. 14 G zur Neuordnung des Bundesdisziplinarrechts v. 9.7.2001 (BGBl. I S. 1510), Art. 8 G zur Anpassung der Formvorschriften des Privatrechts und anderer Vorschriften an den modernen Rechtsgeschäftsverkehr v. 13.7.2001 (BGBl. I S. 1542), Art. 1 und 6 G zur Bereinigung des Rechtsmittelrechts im Verwaltungsprozess v. 20.12.2001 (BGBl. I S. 3987), Art. 4 Abs. 26 KostenrechtsmodernisierungsG v. 5.5.2004 (BGBl. I S. 718), Art. 4 EuroparechtsanpassungsG Bau v. 24.6.2004 (BGBl. I S. 1359), Art. 11 Nr. 23 ZuwanderungsG v. 30.7.2004 (BGBl. I S. 1950), Art. 6 Erstes JustizmodernisierungsG v. 24.8.2004 (BGBl. I S. 2198), Art. 8 AnhörungsrügenG v. 9.12.2004 (BGBl. I S. 3220), Art. 2 Siebentes G zur Änderung des SozialgerichtsG v. 9.12.2004 (BGBl. I S. 3302), Art. 6 G zur Vereinfachung und Vereinheitlichung der Verfahrensvorschriften zur Wahl und Berufung ehrenamtlicher Richter v. 21.12.2004 (BGBl. I S. 3599), Art. 2 JustizkommunikationsG v. 22.3.2005 (BGBl. I S. 837), Art. 2 26. G zur Änd. des AbgeordnetenG v. 22.8.2005 (BGBl. I S. 2482 iVm Bek. v. 18.10.2005, BGBl. I S. 3007), Art. 13 G zur Vereinfachung der abfallrechtlichen Überwachung v. 15.7.2006 (BGBl. I S. 1619), Art. 9 G zur Beschleunigung von Planungsverfahren für Infrastrukturvorhaben v. 9.12.2006 (BGBl. I S. 2833), Art. 3 G zur Erleichterung von Planungsvorhaben für die Innenentwicklung der Städte v. 21.12.2006 (BGBl. I S. 3316), Art. 13 G zur Neuregelung des Rechtsberatungsrechts v. 12.12.2007 (BGBl. I S. 2840, geänd. durch G v. 12.6.2008, BGBl. I S. 1000), § 62 Abs. 11 BeamtenstatusG v. 17.6.2008 (BGBl. I S. 1010), Art. 5 G zur Modernisierung von Verfahren im anwaltlichen und notariellen Berufsrecht, zur Errichtung einer Schlichtungsstelle der Rechtsanwaltschaft sowie zur Änd. sonstiger Vorschriften v. 30.7.2009 (BGBl. I S. 2449), Art. 3 G zur Beschleunigung des Ausbaus der Höchstspannungsnetze v. 21.8.2009 (BGBl. I S. 2870), Art. 9 G zur Umsetzung der DienstleistungsRL in der Justiz und zur Änd. weiterer Vorschriften v. 22.12.2010 (BGBl. I S. 2248), Art. 8 G über den Rechtsschutz bei überlangen Gerichtsverfahren und strafrechtlichen Ermittlungsverfahren v. 24.11.2011 (BGBl. I S. 2302), Art. 2 Abs. 34 G zur Änd. von Vorschriften über Verkündung und Bekanntmachungen sowie der ZPO, des EGZPO und der AO v. 22.12.2011 (BGBl. I S. 3044), Art. 5 Abs. 2 G zur Neuordnung des Kreislaufwirtschafts- und Abfallrechts v. 24.2.2012 (BGBl. I S. 212), Art. 6 G zur Förderung der Mediation und anderer Verfahren der außergerichtlichen Konfliktbeilegung v. 21.7.2012 (BGBl. I S. 1577), Art. 4 G zur Intensivierung des Einsatzes von Videokonferenztechnik in gerichtlichen *und staatsanwaltschaftlichen* Verfahren v. 25.4.2013 (BGBl. I S. 935), Art. 2 Planfeststellungsverfahren-VereinheitlichungsG v. 31.5.2013 (BGBl. I S. 1388), Art. 4 Zweites G über Maßnahmen zur Beschleunigung des Netzausbaus Elektrizitätsnetze v. 23.7.2013 (BGBl. I S. 2543), Art. 12 G zur Änd. des Prozesskostenhilfe- und Beratungshilferechts v. 31.8.2013 (BGBl. I S. 3533), Art. 5 G zur Förderung des

---

[1)] Die Änderungen durch G v. 10.10.2013 (BGBl. I S. 3786) treten teilweise erst **mWv 1.1.2022**, die Änderungen durch G v. 5.7.2017 (BGBl. I S. 2208) treten teilweise erst **mWv 1.1.2026**, die Änderungen durch G v. 12.12.2019 (BGBl. I S. 2652) treten erst **mWv 1.1.2024**, die Änderungen durch G v. 4.5.2021 (BGBl. I S. 882) treten erst **mWv 1.1.2023** und die Änderungen durch G v. 7.7.2021 (BGBl. I S. 2363) treten erst **mWv 1.8.2022** in Kraft und sind im Text noch nicht berücksichtigt.

[2)] Neubekanntmachung der VwGO v. 21.1.1960 (BGBl. I S. 17) in der ab 1.1.1991 geltenden Fassung.

elektronischen Rechtsverkehrs mit den Gerichten v. 10.10.2013 (BGBl. I S. 3786), Art. 13 G zur Durchführung der Verordnung (EU) Nr. 1215/2012 sowie zur Änd. sonstiger Vorschriften v. 8.7.2014 (BGBl. I S. 890), Art. 3 G zur Änd. des BundesministerG und des G über die Rechtsverhältnisse der Parlamentarischen Staatssekretäre v. 17.7.2015 (BGBl. I S. 1322), Art. 171 Zehnte ZuständigkeitsanpassungsVO v. 31.8.2015 (BGBl. I S. 1474), Art. 7 AsylverfahrensbeschleunigungsG v. 20.10.2015 (BGBl. I S. 1722), Art. 3 G zur Änd. von Bestimmungen des Rechts des Energieleitungsbaus v. 21.12.2015 (BGBl. I S. 2490), Art. 7 G zur Änd. des Sachverständigenrechts und zur weiteren Änd. des G über das Verfahren in Familiensachen und in den Angelegenheiten der freiwilligen Gerichtsbarkeit sowie zur Änd. weiterer G v. 11.10.2016 (BGBl. I S. 2222), Art. 3 G zur Einführung von Ausschreibungen für Strom aus erneuerbaren Energien und zu weiteren Änd. des Rechts der erneuerbaren Energien v. 13.10.2016 (BGBl. I S. 2258), Art. 17 G zur Änd. der Bestimmungen zur Stromerzeugung aus Kraft-Wärme-Kopplung und zur Eigenversorgung v. 22.12.2016 (BGBl. I S. 3106), Art. 5 G zur Anpassung des Umwelt-RechtsbehelfsG und anderer Vorschriften an europa- und völkerrechtliche Vorgaben v. 29.5.2017 (BGBl. I S. 1298), Art. 4 Hochwasserschutzgesetz II v. 30.6.2017 (BGBl. I S. 2193), Art. 20 und 21 G zur Einführung der elektronischen Akte in der Justiz und zur weiteren Förderung des elektronischen Rechtsverkehrs v. 5.7.2017 (BGBl. I S. 2208), Art. 11 Abs. 24 eIDAS-DurchführungsG v. 18.7.2017 (BGBl. I S. 2745), Art. 5 Abs. 2 G über die Erweiterung der Medienöffentlichkeit in Gerichtsverfahren v. 8.10. 2017 (BGBl. I S. 3546), Art. 2 16. G zur Änd. des AtomG v. 10.7.2018 (BGBl. I S. 1122 iVm Bek. v. 11.7.2018, BGBl. I S. 1124), Art. 7 G zur Einführung einer zivilprozessualen Musterfeststellungsklage v. 12.7.2018 (BGBl. I S. 1151), Art. 5 Abs. 24 G zur Einführung einer Karte für Unionsbürger und Angehörige des Europäischen Wirtschaftsraums mit Funktion zum elektronischen Identitätsnachweis sowie zur Änd. des PersonalausweisG und weiterer Vorschriften[1] v. 21.6.2019 (BGBl. I S. 846), Art. 4 Zweites G zur besseren Durchsetzung der Ausreisepflicht v. 15.8.2019 (BGBl. I S. 1294), Art. 5 G zur Regelung der Wertgrenze für die Nichtzulassungsbeschwerde in Zivilsachen, zum Ausbau der Spezialisierung bei den Gerichten sowie zur Änd. weiterer prozessrechtl. Vorschriften v. 12.12.2019 (BGBl. I S. 2633), Art. 56 G zur Regelung des Sozialen Entschädigungsrechts v. 12.12.2019 (BGBl. I S. 2652), Art. 5 Abs. 1 G über die Errichtung eines Bundesamts für Auswärtige Angelegenheiten und zur Änd. des G über den Auswärtigen Dienst, des AufenthaltsG und zur Anpassung anderer G an die Errichtung des Bundesamts v. 12.6.2020 (BGBl. I S. 1241), Art. 181 Elfte ZuständigkeitsanpassungsVO v. 19.6.2020 (BGBl. I S. 1328), Art. 1a G zur Änd. des Windenergie-auf-See-G und anderer Vorschriften v. 3.12.2020 (BGBl. I S. 2682), Art. 1 Investitionen-Beschleunigungsgesetz v. 3.12.2020 (BGBl. I S. 2694), Art. 15 Abs. 9 Vormundschafts- und Betreuungsrechts-ReformG v. 4.5.2021 (BGBl. I S. 882), Art. 2 G zur Änd. des BundesbergG und zur Änd. der VwGO v. 14.6.2021 (BGBl. I S. 1760), Art. 14 G zur Fortentwicklung der StrafprozessO und zur Änd. weiterer Vorschriften v. 25.6.2021 (BGBl. I S. 2099), Art. 16 G zur Modernisierung des notariellen Berufsrechts und zur Änd. weiterer Vorschriften v. 25.6.2021 (BGBl. I S. 2154) und Art. 20 G zur Neuregelung des Berufsrechts der anwaltlichen und steuerberatenden Berufsausübungsgesellschaften sowie zur Änd. weiterer Vorschriften im Bereich der rechtsberatenden Berufe v. 7.7.2021 (BGBl. I S. 2363)

Zur VwGO haben die Länder folgende Vorschriften erlassen:
- **Baden-Württemberg:** G zur Ausführung der VwGO v. 14.10.2008 (GBl. S. 343, 356), zuletzt geänd. durch G v. 3.2.2021 (GBl. S. 53)
- **Bayern:** G zur Ausführung der VwGO idF der Bek. v. 20.6.1992 (GVBl. S. 162), zuletzt geänd. durch G v. 23.12.2020 (GVBl. S. 663)
- **Berlin:** G zur Ausführung der VwGO v. 22.2.1977 (GVBl. S. 557), aufgeh. mit Ablauf des 31.7.2021 durch G v. 22.1.2021 (GVBl. S. 88); gem. § 2 dieses G bleibt die Vorschrift auf Rechtsverhältnisse und Sachverhalte anwendbar, die während ihrer Geltung ganz oder zum Teil bestanden haben oder entstanden sind; besondere Rechtsvorschriften zu Übergangsregelungen bleiben unberührt.
- **Brandenburg:** Brandenburgisches VerwaltungsgerichtsG idF der Bek. v. 22.11.1996 (GVBl. I S. 317), zuletzt geänd. durch G v. 10.7.2014 (GVBl. I Nr. 37)
- **Bremen:** G zur Ausführung der VwGO v. 15.3.1960 (Brem.GBl. S. 25), zuletzt geänd. durch Bek. v. 20.10.2020 (Brem.GBl. S. 1172)
- **Hamburg:** G zur Ausführung der VwGO v. 29.3.1960 (HmbGVBl. S. 291), zuletzt geänd. durch G v. 8.7.2014 (HmbGVBl. S. 299)
- **Hessen:** Hessisches G zur Ausführung der VwGO idF der Bek. v. 27.10.1997 (GVBl. I S. 381), zuletzt geänd. durch G v. 28.5.2018 (GVBl. S. 184)
- **Mecklenburg-Vorpommern:** G zur Ausführung des GerichtsstrukturG v. 10.6.1992 (GVOBl. M-V S. 314, ber. S. 363), zuletzt geänd. durch G v. 11.11.2013 (GVOBl. M-V S. 609)
- **Niedersachsen:** Niedersächsisches Justizgesetz v. 16.12.2014 (Nds. GVBl. S. 436), zuletzt geänd. durch *G v. 11.11.2020 (Nds. GVBl. S. 391)*

---

[1] Die Änd. des Inkrafttretens dieses G durch Art. 154a G v. 20.11.2019 (BGBl. I S. 1626) ist unbeachtlich, da das G bei Erlass des ÄndG bereits in Kraft getreten war.

– **Nordrhein-Westfalen:** Justizgesetz Nordrhein-Westfalen v. 26.1.2010 (GV. NRW. S. 30), zuletzt geänd. durch G v. 1.9.2020 (GV. NRW. S. 818)
– **Rheinland-Pfalz:** Landesgesetz zur Ausführung der VwGO idF der Bek. v. 5.12.1977 (GVBl. S. 451), zuletzt geänd. durch G v. 19.8.2014 (GVBl. S. 187)
– **Saarland:** Saarländisches AusführungsG zur VwGO v. 5.7.1960 (Amtsbl. S. 558), zuletzt geänd. durch G v. 20.4.2016 (Amtsbl. I S. 402)
– **Sachsen:** Sächsisches JustizG v. 24.11.2000 (SächsGVBl. S. 482, ber. 2001 S. 704), zuletzt geänd. durch G v. 11.5.2019 (SächsGVBl. S. 358)
– **Sachsen-Anhalt:** G zur Ausführung der VwGO und des BDG v. 28.1.1992 (GVBl. LSA S. 36), zuletzt geänd. durch G v. 8.3.2021 (GVBl. LSA S. 88)
– **Schleswig-Holstein:** Landesjustizgesetz (LJG) v. 17.4.2018 (GVOBl. Schl.-H. S. 231, ber. S. 441)
– **Thüringen:** Thüringer G zur Ausführung der VwGO idF der Bek. v. 15.12.1992 (GVBl. S. 576), zuletzt geänd. durch G v. 16.10.2019 (GVBl. S. 429).

Inhaltsübersicht[1]

Teil I. Gerichtsverfassung

1. Abschnitt. Gerichte

§ 1 [Unabhängigkeit der Verwaltungsgerichte] Die Verwaltungsgerichtsbarkeit wird durch unabhängige, von den Verwaltungsbehörden getrennte Gerichte ausgeübt.

§ 2[2] **[Gerichte und Instanzen der Verwaltungsgerichtsbarkeit]** Gerichte der Verwaltungsgerichtsbarkeit sind in den Ländern die Verwaltungsgerichte und je ein Oberverwaltungsgericht, im Bund das Bundesverwaltungsgericht mit Sitz in Leipzig.

[1] Inhaltsübersicht geänd. mWv 1.1.2005 durch G v. 9.12.2004 (BGBl. I S. 3220).
[2] § 2 neu gef. durch G v. 21.11.1997 (BGBl. I S. 2742).

§ 3[1] [Gerichtsorganisation] (1) Durch Gesetz werden angeordnet

1. die Errichtung und Aufhebung eines Verwaltungsgerichts oder eines Oberverwaltungsgerichts,
2. die Verlegung eines Gerichtssitzes,
3. Änderungen in der Abgrenzung der Gerichtsbezirke,
4. die Zuweisung einzelner Sachgebiete an ein Verwaltungsgericht für die Bezirke mehrerer Verwaltungsgerichte,

4a. die Zuweisung von Verfahren, bei denen sich die örtliche Zuständigkeit nach § 52 Nr. 2 Satz 1, 2 oder 5 bestimmt, an ein anderes Verwaltungsgericht oder an mehrere Verwaltungsgerichte des Landes,

5. die Errichtung einzelner Kammern des Verwaltungsgerichts oder einzelner Senate des Oberverwaltungsgerichts an anderen Orten,
6. der Übergang anhängiger Verfahren auf ein anderes Gericht bei Maßnahmen nach den Nummern 1, 3, 4 und 4a, wenn sich die Zuständigkeit nicht nach den bisher geltenden Vorschriften richten soll.

(2) Mehrere Länder können die Errichtung eines gemeinsamen Gerichts oder gemeinsamer Spruchkörper eines Gerichts oder die Ausdehnung von Gerichtsbezirken über die Landesgrenzen hinaus, auch für einzelne Sachgebiete, vereinbaren.

§ 4[2] [Präsidium und Geschäftsverteilung] [1]Für die Gerichte der Verwaltungsgerichtsbarkeit gelten die Vorschriften des Zweiten Titels des Gerichtsverfassungsgesetzes[3] entsprechend. [2]Die Mitglieder und drei Vertreter des für Entscheidungen nach § 99 Abs. 2 zuständigen Spruchkörpers bestimmt das Präsidium jeweils für die Dauer von vier Jahren. [3]Die Mitglieder und ihre Vertreter müssen Richter auf Lebenszeit sein.

§ 5[4] [Besetzung und Gliederung der Verwaltungsgerichte] (1) Das Verwaltungsgericht besteht aus dem Präsidenten und aus den Vorsitzenden Richtern und weiteren Richtern in erforderlicher Anzahl.

(2) Bei dem Verwaltungsgericht werden Kammern gebildet.

(3) [1]Die Kammer des Verwaltungsgerichts entscheidet in der Besetzung von drei Richtern und zwei ehrenamtlichen Richtern, soweit nicht ein Einzelrichter entscheidet. [2]Bei Beschlüssen außerhalb der mündlichen Verhandlung und bei Gerichtsbescheiden (§ 84) wirken die ehrenamtlichen Richter nicht mit.

§ 6[5] [Übertragung auf Einzelrichter, Rückübertragung auf die Kammer] (1) [1]Die Kammer soll in der Regel den Rechtsstreit einem ihrer Mitglieder als Einzelrichter zur Entscheidung übertragen, wenn

1. die Sache keine besonderen Schwierigkeiten tatsächlicher oder rechtlicher Art aufweist und
2. die Rechtssache keine grundsätzliche Bedeutung hat.

---

[1] § 3 Abs. 1 Nr. 4a eingef. und Nr. 6 geänd. mWv 1.1.2002 durch G v. 20.12.2001 (BGBl. I S. 3987); Abs. 1 Nr. 4a geänd. mWv 24.10.2015 durch G v. 20.10.2015 (BGBl. I S. 1722).

[2] § 4 Sätze 2 und 3 angef., bish. Wortlaut wird Satz 1 mWv 1.1.2002 durch G v. 20.12.2001 (BGBl. I S. 3987).

[3] Siehe §§ 21a bis 21i GVG **(Schönfelder Nr. 95)**.

[4] § 5 Abs. 3 Satz 1 geänd. durch G v. 11.1.1993 (BGBl. I S. 50).

[5] § 6 eingef. durch G v. 11.1.1993 (BGBl. I S. 50).

[2] Ein Richter auf Probe darf im ersten Jahr nach seiner Ernennung nicht Einzelrichter sein.

(2) Der Rechtsstreit darf dem Einzelrichter nicht übertragen werden, wenn bereits vor der Kammer mündlich verhandelt worden ist, es sei denn, daß inzwischen ein Vorbehalts-, Teil- oder Zwischenurteil ergangen ist.

(3) [1] Der Einzelrichter kann nach Anhörung der Beteiligten den Rechtsstreit auf die Kammer zurückübertragen, wenn sich aus einer wesentlichen

(Fortsetzung nächstes Blatt)

4. Abschnitt. Vertreter des öffentlichen Interesses

§ 35[1)] [Vertreter des Bundesinteresses beim Bundesverwaltungsgericht]

(1) [1]Die Bundesregierung bestellt einen Vertreter des Bundesinteresses beim Bundesverwaltungsgericht[2)] und richtet ihn im Bundesministerium des Innern, für Bau und Heimat ein. [2]Der Vertreter des Bundesinteresses beim Bundesverwaltungsgericht kann sich an jedem Verfahren vor dem Bundesverwaltungsgericht beteiligen; dies gilt nicht für Verfahren vor den Wehrdienstsenaten. [3]Er ist an die Weisungen[3)] der Bundesregierung gebunden.

(2) Das Bundesverwaltungsgericht gibt dem Vertreter des Bundesinteresses beim Bundesverwaltungsgericht Gelegenheit zur Äußerung.

§ 36 [Vertreter des öffentlichen Interesses] (1) [1]Bei dem Oberverwaltungsgericht und bei dem Verwaltungsgericht kann nach Maßgabe einer Rechtsverordnung der Landesregierung ein Vertreter des öffentlichen Interesses bestimmt werden. [2]Dabei kann ihm allgemein oder für bestimmte Fälle die Vertretung des Landes oder von Landesbehörden übertragen werden.

(2) § 35 Abs. 2 gilt entsprechend.

§ 37[4)] [Befähigung zum Richteramt] (1) Der Vertreter des Bundesinteresses beim Bundesverwaltungsgericht und seine hauptamtlichen Mitarbeiter des höheren Dienstes müssen die Befähigung zum Richteramt haben.

(2) Der Vertreter des öffentlichen Interesses bei dem Oberverwaltungsgericht und bei dem Verwaltungsgericht muß die Befähigung zum Richteramt nach dem Deutschen Richtergesetz[5)] haben; § 174 bleibt unberührt.

5. Abschnitt. Gerichtsverwaltung

§ 38 [Dienstaufsicht] (1) Der Präsident des Gerichts übt die Dienstaufsicht über die Richter, Beamten, Angestellten und Arbeiter aus.

(2) Übergeordnete Dienstaufsichtsbehörde für das Verwaltungsgericht ist der Präsident des Oberverwaltungsgerichts.

§ 39 [Verwaltungsgeschäfte] Dem Gericht dürfen keine Verwaltungsgeschäfte außerhalb der Gerichtsverwaltung übertragen werden.

6. Abschnitt. Verwaltungsrechtsweg und Zuständigkeit

§ 40[6) 7)] [Zulässigkeit des Verwaltungsrechtsweges] (1) [1]Der Verwaltungsrechtsweg ist in allen öffentlich-rechtlichen Streitigkeiten nichtverfassungsrechtlicher Art gegeben, soweit die Streitigkeiten nicht durch Bundesgesetz einem

---

[1)] § 35 Abs. 1 neu gef. und Abs. 2 geänd. mWv 1.1.2002 durch G v. 9.7.2001 (BGBl. I S. 1510); Abs. 1 Satz 1 geänd. mWv 27.6.2020 durch VO v. 19.6.2020 (BGBl. I S. 1328).

[2)] Beachte hierzu Art. 14 Nr. 8 G v. 9.7.2001 (BGBl. I S. 1510), der am 1.1.2002 in Kraft getreten ist:

„8. Beteiligungserklärungen des Oberbundesanwalts beim Bundesverwaltungsgericht, die bis zum Inkrafttreten dieses Gesetzes abgegeben worden sind, werden von dem Vertreter des Bundesinteresses beim Bundesverwaltungsgericht weiterverfolgt."

[3)] Siehe die AVwV zu § 35 VwGO – Dienstanweisung für den Vertreter des Bundesinteresses beim Bundesverwaltungsgericht – idF der Bek. v. 31.1.2002 (BAnz. Nr. 26 S. 2253).

[4)] § 37 Abs. 1 geänd. mWv 1.1.2002 durch G v. 9.7.2001 (BGBl. I S. 1510); Abs. 1 geänd. mWv 1.8.2021 durch G v. 25.6.2021 (BGBl. I S. 2154).

[5)] **Schönfelder ErgBd. Nr. 97.**

[6)] Siehe hierzu auch §§ 17, 17a und 17b GVG **(Schönfelder Nr. 95)**.

[7)] § 40 Abs. 2 Satz 1 zweiter Halbs. angef. mWv 1.1.2002 durch G v. 20.12.2001 (BGBl. I S. 3987).

anderen Gericht ausdrücklich zugewiesen sind. [2] Öffentlich-rechtliche Streitigkeiten auf dem Gebiet des Landesrechts können einem anderen Gericht auch durch Landesgesetz zugewiesen werden.

(2) [1] Für vermögensrechtliche Ansprüche aus Aufopferung für das gemeine Wohl und aus öffentlich-rechtlicher Verwahrung sowie für Schadensersatzansprüche aus der Verletzung öffentlich-rechtlicher Pflichten, die nicht auf einem öffentlich-rechtlichen Vertrag beruhen, ist der ordentliche Rechtsweg gegeben; dies gilt nicht für Streitigkeiten über das Bestehen und die Höhe eines Ausgleichsanspruchs im Rahmen des Artikels 14 Abs. 1 Satz 2 des Grundgesetzes[1]. [2] Die besonderen Vorschriften des Beamtenrechts sowie über den Rechtsweg bei Ausgleich von Vermögensnachteilen wegen Rücknahme rechtswidriger Verwaltungsakte bleiben unberührt.

§ 41 (weggefallen)

§ 42 [Anfechtungs- und Verpflichtungsklage] (1) Durch Klage kann die Aufhebung eines Verwaltungsakts (Anfechtungsklage) sowie die Verurteilung zum Erlaß eines abgelehnten oder unterlassenen Verwaltungsakts (Verpflichtungsklage) begehrt werden.

(2) Soweit gesetzlich nichts anderes bestimmt ist, ist die Klage nur zulässig, wenn der Kläger geltend macht, durch den Verwaltungsakt oder seine Ablehnung oder Unterlassung in seinen Rechten verletzt zu sein.

§ 43 [Feststellungsklage] (1) Durch Klage kann die Feststellung des Bestehens oder Nichtbestehens eines Rechtsverhältnisses oder der Nichtigkeit eines Verwaltungsakts begehrt werden, wenn der Kläger ein berechtigtes Interesse an der baldigen Feststellung hat (Feststellungsklage).

(2) [1] Die Feststellung kann nicht begehrt werden, soweit der Kläger seine Rechte durch Gestaltungs- oder Leistungsklage verfolgen kann oder hätte verfolgen können. [2] Dies gilt nicht, wenn die Feststellung der Nichtigkeit eines Verwaltungsakts begehrt wird.

§ 44 [Objektive Klagehäufung] Mehrere Klagebegehren können vom Kläger in einer Klage zusammen verfolgt werden, wenn sie sich gegen denselben Beklagten richten, im Zusammenhang stehen und dasselbe Gericht zuständig ist.

§ 44a [Rechtsbehelfe gegen behördliche Verfahrenshandlungen] [1] Rechtsbehelfe gegen behördliche Verfahrenshandlungen können nur gleichzeitig mit den gegen die Sachentscheidung zulässigen Rechtsbehelfen geltend gemacht werden. [2] Dies gilt nicht, wenn behördliche Verfahrenshandlungen vollstreckt werden können oder gegen einen Nichtbeteiligten ergehen.

§ 45 [Sachliche Zuständigkeit] Das Verwaltungsgericht entscheidet im ersten Rechtszug über alle Streitigkeiten, für die der Verwaltungsrechtsweg offensteht.

§ 46[2] [Instanzielle Zuständigkeit des Oberverwaltungsgerichts] Das Oberverwaltungsgericht entscheidet über das Rechtsmittel

1. der Berufung gegen Urteile des Verwaltungsgerichts und

---

[1] Nr. **1**.

[2] § 46 Nr. 3 aufgeh. mWv 1.1.2002 durch G v. 20.12.2001 (BGBl. I S. 3987); Nr. 1 und 2 geänd. mWv 15.10.2016 durch G v. 11.10.2016 (BGBl. I S. 2222).

2. der Beschwerde gegen andere Entscheidungen des Verwaltungsgerichts.

§ 47[1)] [Sachliche Zuständigkeit des Oberverwaltungsgerichts bei der Normenkontrolle] (1) Das Oberverwaltungsgericht entscheidet im Rahmen seiner Gerichtsbarkeit auf Antrag über die Gültigkeit

1. von Satzungen, die nach den Vorschriften des Baugesetzbuchs[2)] erlassen worden sind, sowie von Rechtsverordnungen auf Grund des § 246 Abs. 2 des Baugesetzbuchs,
2. von anderen im Rang unter dem Landesgesetz stehenden Rechtsvorschriften, sofern das Landesrecht dies bestimmt.

(2) [1]Den Antrag kann jede natürliche oder juristische Person, die geltend macht, durch die Rechtsvorschrift oder deren Anwendung in ihren Rechten verletzt zu sein oder in absehbarer Zeit verletzt zu werden, sowie jede Behörde innerhalb eines Jahres nach Bekanntmachung der Rechtsvorschrift stellen. [2]Er ist gegen die Körperschaft, Anstalt oder Stiftung zu richten, welche die Rechtsvorschrift erlassen hat. [3]Das Oberverwaltungsgericht kann dem Land und anderen juristischen Personen des öffentlichen Rechts, deren Zuständigkeit durch die Rechtsvorschrift berührt wird, Gelegenheit zur Äußerung binnen einer zu bestimmenden Frist geben. [4]§ 65 Abs. 1 und 4 und § 66 sind entsprechend anzuwenden.

(3) Das Oberverwaltungsgericht prüft die Vereinbarkeit der Rechtsvorschrift mit Landesrecht nicht, soweit gesetzlich vorgesehen ist, daß die Rechtsvorschrift ausschließlich durch das Verfassungsgericht eines Landes nachprüfbar ist.

(4) Ist ein Verfahren zur Überprüfung der Gültigkeit der Rechtsvorschrift bei einem Verfassungsgericht anhängig, so kann das Oberverwaltungsgericht anordnen, daß die Verhandlung bis zur Erledigung des Verfahrens vor dem Verfassungsgericht auszusetzen sei.

(5) [1]Das Oberverwaltungsgericht entscheidet durch Urteil oder, wenn es eine mündliche Verhandlung nicht für erforderlich hält, durch Beschluß. [2]Kommt das Oberverwaltungsgericht zu der Überzeugung, daß die Rechtsvorschrift ungültig ist, so erklärt es sie für unwirksam; in diesem Fall ist die Entscheidung allgemein verbindlich und die Entscheidungsformel vom Antragsgegner ebenso zu veröffentlichen wie die Rechtsvorschrift bekanntzumachen wäre. [3]Für die Wirkung der Entscheidung gilt § 183 entsprechend.

(6) Das Gericht kann auf Antrag eine einstweilige Anordnung erlassen, wenn dies zur Abwehr schwerer Nachteile oder aus anderen wichtigen Gründen dringend geboten ist.

§ 48[3)] [Weitere sachliche Zuständigkeit des Oberverwaltungsgerichts]

(1) [1]Das Oberverwaltungsgericht entscheidet im ersten Rechtszug über sämtliche Streitigkeiten, die betreffen

---

1) § 47 Abs. 2 Satz 1 neu gef. sowie Abs. 5 und 7 aufgeh., bish. Abs. 6 und 8 werden Abs. 5 und 6 durch G v. 1.11.1996 (BGBl. I S. 1626); Abs. 5 Satz 4 angef. durch G v. 18.8.1997 (BGBl. I S. 2081); Abs. 2 Satz 4 angef. mWv 1.1.2002 durch G v. 20.12.2001 (BGBl. I S. 3987); Abs. 5 Satz 2 erster Halbs. geänd. und Satz 4 aufgeh. mWv 20.7.2004 durch G v. 24.6.2004 (BGBl. I S. 1359); Abs. 2 Satz 1 geänd. und Abs. 2a eingef. mWv 1.1.2007 durch G v. 21.12.2006 (BGBl. I S. 3316); Abs. 2a aufgeh. mWv 2.6.2017 durch G v. 29.5.2017 (BGBl. I S. 1298).

2) Nr. **300**.

3) § 48 Abs. 1 Satz 1 Nr. 6 und 9 neu gef. sowie Nr. 7 geänd. durch G v. 17.12.1993 (BGBl. I S. 2123); Abs. 1 Satz 1 Nr. 5 geänd. durch G v. 30.8.1994 (BGBl. II S. 1438); Abs. 1 Satz 1 Nr. 5 geänd. durch G v. 27.9.1994 (BGBl. I S. 2705); Abs. 1 Satz 1 Nr. 7 geänd. durch G v. 23.11.1994 (BGBl. I S. 3486); Abs. 1 Satz 2 geänd. und Abs. 3 aufgeh. durch G v. 1.11.1996 (BGBl. I S. 1626); Abs. 1 Satz 1 Nr. 5 geänd. mWv →

1. die Errichtung, den Betrieb, die sonstige Innehabung, die Veränderung, die Stillegung, den sicheren Einschluß und den Abbau von Anlagen im Sinne der §§ 7 und 9a Abs. 3 des Atomgesetzes[1)],
1a. das Bestehen und die Höhe von Ausgleichsansprüchen auf Grund der §§ 7e und 7f des Atomgesetzes,
2. die Bearbeitung, Verarbeitung und sonstige Verwendung von Kernbrennstoffen außerhalb von Anlagen der in § 7 des Atomgesetzes bezeichneten Art (§ 9 des Atomgesetzes) und die wesentliche Abweichung oder die wesentliche Veränderung im Sinne des § 9 Abs. 1 Satz 2 des Atomgesetzes sowie die Aufbewahrung von Kernbrennstoffen außerhalb der staatlichen Verwahrung (§ 6 des Atomgesetzes),
3. die Errichtung, den Betrieb und die Änderung von Kraftwerken mit Feuerungsanlagen für feste, flüssige und gasförmige Brennstoffe mit einer Feuerungswärmeleistung von mehr als dreihundert Megawatt,
3a. die Errichtung, den Betrieb und die Änderung von Anlagen zur Nutzung von Windenergie an Land mit einer Gesamthöhe von mehr als 50 Metern,
3b. die Errichtung, den Betrieb und die Änderung von Kraft-Wärme-Kopplungsanlagen im Sinne des Kraft-Wärme-Kopplungsgesetzes[2)] ab einer Feuerungswärmeleistung von 50 Megawatt,
4. Planfeststellungsverfahren gemäß § 43 des Energiewirtschaftsgesetzes[3)], soweit nicht die Zuständigkeit des Bundesverwaltungsgerichts nach § 50 Absatz 1 Nummer 6 begründet ist,
4a. Planfeststellungsverfahren für die Errichtung, den Betrieb und die Änderung von Einrichtungen nach § 45 Absatz 1 des Windenergie-auf-See-Gesetzes, soweit nicht die Zuständigkeit des Bundesverwaltungsgerichts nach § 50 Absatz 1 Nummer 6 begründet ist,
5. Verfahren für die Errichtung, den Betrieb und die wesentliche Änderung von ortsfesten Anlagen zur Verbrennung oder thermischen Zersetzung von Abfällen mit einer jährlichen Durchsatzleistung (effektive Leistung) von mehr als einhunderttausend Tonnen und von ortsfesten Anlagen, in denen ganz oder teilweise Abfälle im Sinne des § 48 des Kreislaufwirtschaftsgesetzes[4)] gelagert oder abgelagert werden,
6. das Anlegen, die Erweiterung oder Änderung und den Betrieb von Verkehrsflughäfen und von Verkehrslandeplätzen mit beschränktem Bauschutzbereich,

---

(Fortsetzung der Anm. von voriger Seite)
1.2.2007 durch G v. 15.7.2006 (BGBl. I S. 1619); Abs. 1 Satz 1 Nr. 4 neu gef. mWv 17.12.2006 durch G v. 9.12.2006 (BGBl. I S. 2833); Abs. 1 Satz 1 Nr. 7 geänd. mWv 5.8.2009 durch G v. 30.7.2009 (BGBl. I S. 2449); Abs. 1 Satz 1 Nr. 4 geänd. mWv 26.8.2009 durch G v. 21.8.2009 (BGBl. I S. 2870); Abs. 1 Satz 1 Nr. 5 geänd. mWv 1.6.2012 durch G v. 24.2.2012 (BGBl. I S. 212); Abs. 1 Satz 1 Nr. 4 neu gef. mWv 31.12.2015 durch G v. 21.12.2015 (BGBl. I S. 2490); Abs. 1 Satz 1 Nr. 4a eingef. mWv 1.1.2017 durch G v. 13.10.2016 (BGBl. I S. 2258); Abs. 1 Satz 1 Nr. 4 geänd. mWv 1.1.2017 durch G v. 22.12.2016 (BGBl. I S. 3106); Abs. 1 Satz 1 Nr. 9 geänd., Nr. 10 angef. mWv 6.7.2017 durch G v. 30.6.2017 (BGBl. I S. 2193); Abs. 1 Satz 1 Nr. 1a eingef. mWv 4.7.2018 durch G v. 10.7.2018 (BGBl. I S. 1122); Abs. 1 Satz 1 Nr. 4a geänd. mWv 10.12.2020 durch G v. 3.12.2020 (BGBl. I S. 2682); Abs. 1 Satz 1 Nr. 3a und 3b eingef., Nr. 8-10 geänd., Nr. 11-13 und Abs. 3 angef. mWv 10.12.2020 durch G v. 3.12.2020 (BGBl. I S. 2694); Abs. 1 Satz 1 Nr. 12 geänd., Nr. 12a und 12b eingef., Nr. 13 geänd., Nr. 14 angef., Abs. 3 geänd. mWv 18.6.2021 durch G v. 14.6.2021 (BGBl. I S. 1760).

[1)] Nr. **835**.
[2)] **Sartorius ErgBd. Nr. 834.**
[3)] Nr. **830**.
[4)] Nr. **298**.

7. Planfeststellungsverfahren für den Bau oder die Änderung der Strecken von Straßenbahnen, Magnetschwebebahnen und von öffentlichen Eisenbahnen sowie für den Bau oder die Änderung von Rangier- und Containerbahnhöfen,
8. Planfeststellungsverfahren für den Bau oder die Änderung von Bundesfernstraßen und Landesstraßen,
9. Planfeststellungsverfahren für den Neubau oder den Ausbau von Bundeswasserstraßen,
10. Planfeststellungsverfahren für Maßnahmen des öffentlichen Küsten- oder Hochwasserschutzes,
11. Planfeststellungsverfahren nach § 68 Absatz 1 des Wasserhaushaltsgesetzes[1] oder nach landesrechtlichen Vorschriften für die Errichtung, die Erweiterung oder die Änderung von Häfen, die für Wasserfahrzeuge mit mehr als 1350 Tonnen Tragfähigkeit zugänglich sind, unbeschadet der Nummer 9,
12. Planfeststellungsverfahren nach § 68 Absatz 1 des Wasserhaushaltsgesetzes für die Errichtung, die Erweiterung oder die Änderung von Wasserkraftanlagen mit einer elektrischen Nettoleistung von mehr als 100 Megawatt,

12a. Gewässerbenutzungen im Zusammenhang mit der aufgrund des Kohleverstromungsbeendigungsgesetzes vorgesehenen Einstellung von Braunkohletagebauen,

12b. Planfeststellungsverfahren für Gewässerausbauten im Zusammenhang mit der aufgrund des Kohleverstromungsbeendigungsgesetzes vorgesehenen Einstellung von Braunkohletagebauen,

13. Planfeststellungsverfahren nach dem Bundesberggesetz[2] und
14. Zulassungen von
    a) Rahmenbetriebsplänen,
    b) Hauptbetriebsplänen,
    c) Sonderbetriebsplänen und
    d) Abschlussbetriebsplänen

    sowie Grundabtretungsbeschlüsse, jeweils im Zusammenhang mit der aufgrund des Kohleverstromungsbeendigungsgesetzes vorgesehenen Einstellung von Braunkohletagebauen.

²Satz 1 gilt auch für Streitigkeiten über Genehmigungen, die anstelle einer Planfeststellung erteilt werden, sowie für Streitigkeiten über sämtliche für das Vorhaben erforderlichen Genehmigungen und Erlaubnisse, auch soweit sie Nebeneinrichtungen betreffen, die mit ihm in einem räumlichen und betrieblichen Zusammenhang stehen. ³Die Länder können durch Gesetz vorschreiben, daß über Streitigkeiten, die Besitzeinweisungen in den Fällen des Satzes 1 betreffen, das Oberverwaltungsgericht im ersten Rechtszug entscheidet.

(2) Das Oberverwaltungsgericht entscheidet im ersten Rechtszug ferner über Klagen gegen die von einer obersten Landesbehörde nach § 3 Abs. 2 Nr. 1 des Vereinsgesetzes[3] ausgesprochenen Vereinsverbote und nach § 8 Abs. 2 Satz 1 des Vereinsgesetzes erlassenen Verfügungen.

---

[1] Nr. **845**.
[2] **Sartorius III Nr. 460.**
[3] Nr. **425**.

(3) Abweichend von § 21e Absatz 4 des Gerichtsverfassungsgesetzes[1)] soll das Präsidium des Oberverwaltungsgerichts anordnen, dass ein Spruchkörper, der in einem Verfahren nach Absatz 1 Satz 1 Nummer 3 bis 14 tätig geworden ist, für dieses nach einer Änderung der Geschäftsverteilung zuständig bleibt.

§ 49[2)] [Instanzielle Zuständigkeit des Bundesverwaltungsgerichts] Das Bundesverwaltungsgericht entscheidet über das Rechtsmittel

1. der Revision gegen Urteile des Oberverwaltungsgerichts nach § 132,
2. der Revision gegen Urteile des Verwaltungsgerichts nach §§ 134 und 135,
3. der Beschwerde nach § 99 Abs. 2 und § 133 Abs. 1 dieses Gesetzes sowie nach § 17a Abs. 4 Satz 4 des Gerichtsverfassungsgesetzes[1)].

§ 50[3)] [Sachliche Zuständigkeit des Bundesverwaltungsgerichts] (1) Das Bundesverwaltungsgericht entscheidet im ersten und letzten Rechtszug

1. über öffentlich-rechtliche Streitigkeiten nichtverfassungsrechtlicher Art zwischen dem Bund und den Ländern und zwischen verschiedenen Ländern,
2. über Klagen gegen die vom Bundesminister des Innern, für Bau und Heimat nach § 3 Abs. 2 Nr. 2 des Vereinsgesetzes[4)] ausgesprochenen Vereinsverbote und nach § 8 Abs. 2 Satz 1 des Vereinsgesetzes erlassenen Verfügungen,
3. über Streitigkeiten gegen Abschiebungsanordnungen nach § 58a des Aufenthaltsgesetzes[5)] und ihre Vollziehung, sowie den Erlass eines Einreise- und Aufenthaltsverbots auf dieser Grundlage,
4. über Klagen, denen Vorgänge im Geschäftsbereich des Bundesnachrichtendienstes zugrunde liegen,
5. über Klagen gegen Maßnahmen und Entscheidungen nach § 44a des Abgeordnetengesetzes[6)], nach den Verhaltensregeln für Mitglieder des Deutschen Bundestages[7)], nach § 6b des Bundesministergesetzes[8)] und nach § 7 des Gesetzes über die Rechtsverhältnisse der Parlamentarischen Staatssekretäre in Verbindung mit § 6b des Bundesministergesetzes,
6. über sämtliche Streitigkeiten, die Planfeststellungsverfahren und Plangenehmigungsverfahren für Vorhaben betreffen, die in dem Allgemeinen Eisenbahngesetz[9)], dem Bundesfernstraßengesetz[10)], dem Bundeswasserstraßengesetz[11)], dem

---

[1)] **Schönfelder Nr. 95.**

[2)] § 49 Nr. 3 geänd. durch G v. 1.11.1996 (BGBl. I S. 1626).

[3)] § 50 Abs. 1 Nr. 4 geänd. mWv 1.1.2002 durch G v. 9.7.2001 (BGBl. I S. 1510) und mWv 1.1.2002 durch G v. 20.12.2001 (BGBl. I S. 3987); Abs. 1 Nr. 3 neu gef. mWv 1.1.2005 durch G v. 30.7.2004 (BGBl. I S. 1950); Abs. 1 Nr. 4 geänd. und Nr. 5 angef. mWv 18.10.2005 durch G v. 22.8.2005 (BGBl. I S. 2482 iVm Bek. v. 18.10.2005, BGBl. I S. 3007); Abs. 1 Nr. 5 geänd. und Nr. 6 angef. mWv 17.12.2006 durch G v. 9.12.2006 (BGBl. I S. 2833); Abs. 1 Nr. 6 geänd. mWv 26.8.2009 durch G v. 21.8.2009 (BGBl. I S. 2870); Abs. 1 Nr. 6 geänd. mWv 27.7.2013 durch G v. 23.7.2013 (BGBl. I S. 2543); Abs. 1 Nr. 5 neu gef. mWv 25.7.2015 durch G v. 17.7.2015 (BGBl. I S. 1322); Abs. 1 Nr. 3 geänd. mWv 21.8.2019 durch G v. 15.8.2019 (BGBl. I S. 1294); Abs. 1 Nr. 2 geänd. mWv 27.6.2020 durch VO v. 19.6.2020 (BGBl. I S. 1328); Abs. 1 Nr. 6 geänd. mWv 10.12.2020 durch G v. 3.12.2020 (BGBl. I S. 2682); Abs. 2 neu gef. mWv 10.12.2020 durch G v. 3.12.2020 (BGBl. I S. 2694).

[4)] Nr. **425**.

[5)] Nr. **565**.

[6)] Nr. **48**.

[7)] Siehe Anl. 1 der Geschäftsordnung des Deutschen Bundestages (Nr. **35**).

[8)] Nr. **45**.

[9)] **Sartorius III Nr. 200.**

[10)] Nr. **932**.

[11)] Nr. **971**.

Energieleitungsausbaugesetz[1], dem Bundesbedarfsplangesetz[2], dem § 43e Absatz 4 des Energiewirtschaftsgesetzes[3], dem § 54a Absatz 1 des Windenergie-auf-See-Gesetzes oder dem Magnetschwebebahnplanungsgesetz bezeichnet sind.

(2) In Verfahren nach Absatz 1 Nummer 6 ist § 48 Absatz 3 entsprechend anzuwenden.

(3) Hält das Bundesverwaltungsgericht nach Absatz 1 Nr. 1 eine Streitigkeit für verfassungsrechtlich, so legt es die Sache dem Bundesverfassungsgericht zur Entscheidung vor.

§ 51[4] [Aussetzung bei Verfahren über Vereinsverbote] (1) Ist gemäß § 5 Abs. 2 des Vereinsgesetzes[5] das Verbot des Gesamtvereins anstelle des Verbots eines Teilvereins zu vollziehen, so ist ein Verfahren über eine Klage dieses Teilvereins gegen das ihm gegenüber erlassene Verbot bis zum Erlaß der Entscheidung über eine Klage gegen das Verbot des Gesamtvereins auszusetzen.

(2) Eine Entscheidung des Bundesverwaltungsgerichts bindet im Falle des Absatzes 1 die Oberverwaltungsgerichte.

(3) Das Bundesverwaltungsgericht unterrichtet die Oberverwaltungsgerichte über die Klage eines Vereins nach § 50 Abs. 1 Nr. 2.

§ 52[6] [Örtliche Zuständigkeit] Für die örtliche Zuständigkeit gilt folgendes:

1. In Streitigkeiten, die sich auf unbewegliches Vermögen oder ein ortsgebundenes Recht oder Rechtsverhältnis beziehen, ist nur das Verwaltungsgericht örtlich zuständig, in dessen Bezirk das Vermögen oder der Ort liegt.
2. [1] Bei Anfechtungsklagen gegen den Verwaltungsakt einer Bundesbehörde oder einer bundesunmittelbaren Körperschaft, Anstalt oder Stiftung des öffentlichen Rechts ist das Verwaltungsgericht örtlich zuständig, in dessen Bezirk die Bundesbehörde, die Körperschaft, Anstalt oder Stiftung ihren Sitz hat, vorbehaltlich der Nummern 1 und 4. [2] Dies gilt auch bei Verpflichtungsklagen in den Fällen des Satzes 1. [3] In Streitigkeiten nach dem Asylgesetz[7] ist jedoch das Verwaltungsgericht örtlich zuständig, in dessen Bezirk der Ausländer nach dem Asylgesetz seinen Aufenthalt zu nehmen hat; ist eine örtliche Zuständigkeit danach nicht gegeben, bestimmt sie sich nach Nummer 3. [4] Soweit ein Land, in dem der Ausländer seinen Aufenthalt zu nehmen hat, von der Möglichkeit nach § 83 Absatz 3 des Asylgesetzes Gebrauch gemacht hat, ist das Verwaltungsgericht örtlich zuständig, das nach dem Landesrecht für Streitigkeiten nach dem Asylgesetz betreffend den Herkunftsstaat des Ausländers zuständig ist. [5] Für Klagen gegen den Bund auf Gebieten, die in die Zuständigkeit der diplomatischen und konsularischen Auslandsvertretungen der Bundesrepublik Deutschland fallen,

---

[1] **Sartorius III Nr. 510.**

[2] **Sartorius III Nr. 512.**

[3] Nr. **830**.

[4] § 51 Abs. 1 geänd. und Abs. 2 aufgeh., bish. Abs. 3 wird Abs. 2 und geänd. durch G v. 1.11.1996 (BGBl. I S. 1626); Abs. 3 aufgeh., bish. Abs. 4 wird Abs. 3 durch G v. 18.6.1997 (BGBl. I S. 1430).

[5] Nr. **425**.

[6] § 52 Nr. 2 Satz 3 neu gef. durch G v. 26.6.1992 (BGBl. I S. 1126); Nr. 4 Satz 1 geänd. durch G v. 25.3.1997 (BGBl. I S. 726); Nr. 4 Sätze 1 und 2 geänd. mWv 1.1.2002 durch G v. 9.7.2001 (BGBl. I S. 1510); Nr. 3 Satz 4 geänd. mWv 5.8.2009 durch G v. 30.7.2009 (BGBl. I S. 2449); Nr. 2 Satz 3 geänd., Satz 4 eingef., bish. Satz 4 wird Satz 5 mWv 24.10.2015 durch G v. 20.10.2015 (BGBl. I S. 1722); Nr. 2 Satz 5 geänd. mWv 24.6.2020 durch G v. 12.6.2020 (BGBl. I S. 1241).

[7] Nr. **567**.

auf dem Gebiet der Visumangelegenheiten auch, wenn diese in die Zuständigkeit des Bundesamts für Auswärtige Angelegenheiten fallen, ist das Verwaltungsgericht örtlich zuständig, in dessen Bezirk die Bundesregierung ihren Sitz hat.

3. [1] Bei allen anderen Anfechtungsklagen vorbehaltlich der Nummern 1 und 4 ist das Verwaltungsgericht örtlich zuständig, in dessen Bezirk der Verwaltungsakt erlassen wurde. [2] Ist er von einer Behörde, deren Zuständigkeit sich auf mehrere Verwaltungsgerichtsbezirke erstreckt, oder von einer gemeinsamen Behörde mehrerer oder aller Länder erlassen, so ist das Verwaltungsgericht zuständig, in dessen Bezirk der Beschwerte seinen Sitz oder Wohnsitz hat. [3] Fehlt ein solcher innerhalb des Zuständigkeitsbereichs der Behörde, so bestimmt sich die Zuständigkeit nach Nummer 5. [4] Bei Anfechtungsklagen gegen Verwaltungsakte einer von den Ländern mit der Vergabe von Studienplätzen beauftragten Behörde ist jedoch das Verwaltungsgericht örtlich zuständig, in dessen Bezirk die Behörde ihren Sitz hat. [5] Dies gilt auch bei Verpflichtungsklagen in den Fällen der Sätze 1, 2 und 4.

4. [1] Für alle Klagen aus einem gegenwärtigen oder früheren Beamten-, Richter-, Wehrpflicht-, Wehrdienst- oder Zivildienstverhältnis und für Streitigkeiten, die sich auf die Entstehung eines solchen Verhältnisses beziehen, ist das Verwaltungsgericht örtlich zuständig, in dessen Bezirk der Kläger oder Beklagte seinen dienstlichen Wohnsitz oder in Ermangelung dessen seinen Wohnsitz hat. [2] Hat der Kläger oder Beklagte keinen dienstlichen Wohnsitz oder keinen Wohnsitz innerhalb des Zuständigkeitsbereichs der Behörde, die den ursprünglichen Verwaltungsakt erlassen hat, so ist das Gericht örtlich zuständig, in dessen Bezirk diese Behörde ihren Sitz hat. [3] Die Sätze 1 und 2 gelten für Klagen nach § 79 des *Gesetzes zur Regelung der Rechtsverhältnisse der unter Artikel 131 des Grundgesetzes fallenden Personen*[1)] entsprechend.

5. In allen anderen Fällen ist das Verwaltungsgericht örtlich zuständig, in dessen Bezirk der Beklagte seinen Sitz, Wohnsitz oder in Ermangelung dessen seinen Aufenthalt hat oder seinen letzten Wohnsitz oder Aufenthalt hatte.

§ 53 [Bestimmung des zuständigen Gerichts] (1) Das zuständige Gericht innerhalb der Verwaltungsgerichtsbarkeit wird durch das nächsthöhere Gericht bestimmt,

1. wenn das an sich zuständige Gericht in einem einzelnen Fall an der Ausübung der Gerichtsbarkeit rechtlich oder tatsächlich verhindert ist,
2. wenn es wegen der Grenzen verschiedener Gerichtsbezirke ungewiß ist, welches Gericht für den Rechtsstreit zuständig ist,
3. wenn der Gerichtsstand sich nach § 52 richtet und verschiedene Gerichte in Betracht kommen,
4. wenn verschiedene Gerichte sich rechtskräftig für zuständig erklärt haben,
5. wenn verschiedene Gerichte, von denen eines für den Rechtsstreit zuständig ist, sich rechtskräftig für unzuständig erklärt haben.

(2) Wenn eine örtliche Zuständigkeit nach § 52 nicht gegeben ist, bestimmt das Bundesverwaltungsgericht das zuständige Gericht.

(3) [1] Jeder am Rechtsstreit Beteiligte und jedes mit dem Rechtsstreit befaßte Gericht kann das im Rechtszug höhere Gericht oder das Bundesverwaltungs-

[1)] **Aufgehoben mWv 1.10.1994** durch G v. 20.9.1994 (BGBl. I S. 2442).

gericht anrufen. [2]Das angerufene Gericht kann ohne mündliche Verhandlung entscheiden.

Teil II. Verfahren

7. Abschnitt. Allgemeine Verfahrensvorschriften

§ 54 [Ausschließung und Ablehnung von Gerichtspersonen] (1) Für die Ausschließung und Ablehnung der Gerichtspersonen gelten §§ 41 bis 49 der Zivilprozeßordnung[1)] entsprechend.

(2) Von der Ausübung des Amtes als Richter oder ehrenamtlicher Richter ist auch ausgeschlossen, wer bei dem vorausgegangenen Verwaltungsverfahren mitgewirkt hat.

(3) Besorgnis der Befangenheit nach § 42 der Zivilprozeßordnung ist stets dann begründet, wenn der Richter oder ehrenamtliche Richter der Vertretung einer Körperschaft angehört, deren Interessen durch das Verfahren berührt werden.

§ 55 [Ordnungsvorschriften des GVG] §§ 169, 171a bis 198 des Gerichtsverfassungsgesetzes[2)] über die Öffentlichkeit, Sitzungspolizei, Gerichtssprache, Beratung und Abstimmung finden entsprechende Anwendung.

§ 55a[3) 4)] [Elektronische Dokumentenübermittlung] (1) Vorbereitende Schriftsätze und deren Anlagen, schriftlich einzureichende Anträge und Erklärungen der Beteiligten sowie schriftlich einzureichende Auskünfte, Aussagen, Gutachten, Übersetzungen und Erklärungen Dritter können nach Maßgabe der Absätze 2 bis 6 als elektronische Dokumente bei Gericht eingereicht werden.

(2) [1]Das elektronische Dokument muss für die Bearbeitung durch das Gericht geeignet sein. [2]Die Bundesregierung bestimmt durch Rechtsverordnung mit Zustimmung des Bundesrates die für die Übermittlung und Bearbeitung geeigneten technischen Rahmenbedingungen.

(3) [1]Das elektronische Dokument muss mit einer qualifizierten elektronischen Signatur der verantwortenden Person versehen sein oder von der verantwortenden Person signiert und auf einem sicheren Übermittlungsweg eingereicht werden. [2]Satz 1 gilt nicht für Anlagen, die vorbereitenden Schriftsätzen beigefügt sind.

(4) Sichere Übermittlungswege sind

1. der Postfach- und Versanddienst eines De-Mail-Kontos, wenn der Absender bei Versand der Nachricht sicher im Sinne des § 4 Absatz 1 Satz 2 des De-Mail-Gesetzes[5)] angemeldet ist und er sich die sichere Anmeldung gemäß § 5 Absatz 5 des De-Mail-Gesetzes bestätigen lässt,
2. der Übermittlungsweg zwischen dem besonderen elektronischen Anwaltspostfach nach § 31a der Bundesrechtsanwaltsordnung[6)] oder einem entsprechenden,

---

[1)] **Schönfelder Nr. 100.**

[2)] **Schönfelder Nr. 95.**

[3)] § 55a eingef. mWv 1.4.2005 durch G v. 22.3.2005 (BGBl. I S. 837); Abs. 1 und 2 neu gef., Abs. 3–6 eingef., bish. Abs. 3 wird Abs. 7 mWv 1.1.2018 durch G v. 10.10.2013 (BGBl. I S. 3786); Abs. 7 Satz 2 angef. mWv 1.1.2018 durch G v. 5.7.2017 (BGBl. I S. 2208); Abs. 1 Satz 3 und Abs. 3 geänd. mWv 29.7. 2017 durch G v. 18.7.2017 (BGBl. I S. 2745); Abs. 1 geänd., Abs. 3 Satz 2 angef. mWv 1.1.2020 durch G v. 12.12.2019 (BGBl. I S. 2633).

[4)] Siehe auch die Elektronischer-Rechtsverkehr-VO v. 24.11.2017 (BGBl. I S. 3803), geänd. durch VO v. 9.2.2018 (BGBl. I S. 200).

[5)] **Sartorius III Nr. 730.**

[6)] **Schönfelder ErgBd. Nr. 98.**

auf gesetzlicher Grundlage errichteten elektronischen Postfach und der elektronischen Poststelle des Gerichts,

3. der Übermittlungsweg zwischen einem nach Durchführung eines Identifizierungsverfahrens eingerichteten Postfach einer Behörde oder einer juristischen Person des öffentlichen Rechts und der elektronischen Poststelle des Gerichts; das Nähere regelt die Verordnung nach Absatz 2 Satz 2,
4. sonstige bundeseinheitliche Übermittlungswege, die durch Rechtsverordnung der Bundesregierung mit Zustimmung des Bundesrates festgelegt werden, bei denen die Authentizität und Integrität der Daten sowie die Barrierefreiheit gewährleistet sind.

(5) [1] Ein elektronisches Dokument ist eingegangen, sobald es auf der für den Empfang bestimmten Einrichtung des Gerichts gespeichert ist. [2] Dem Absender ist eine automatisierte Bestätigung über den Zeitpunkt des Eingangs zu erteilen. [3] Die Vorschriften dieses Gesetzes über die Beifügung von Abschriften für die übrigen Beteiligten finden keine Anwendung.

(6) [1] Ist ein elektronisches Dokument für das Gericht zur Bearbeitung nicht geeignet, ist dies dem Absender unter Hinweis auf die Unwirksamkeit des Eingangs und die geltenden technischen Rahmenbedingungen unverzüglich mitzuteilen. [2] Das Dokument gilt als zum Zeitpunkt der früheren Einreichung eingegangen, sofern der Absender es unverzüglich in einer für das Gericht zur Bearbeitung geeigneten Form nachreicht und glaubhaft macht, dass es mit dem zuerst eingereichten Dokument inhaltlich übereinstimmt.

(7) [1] Soweit eine handschriftliche Unterzeichnung durch den Richter oder den Urkundsbeamten der Geschäftsstelle vorgeschrieben ist, genügt dieser Form die Aufzeichnung als elektronisches Dokument, wenn die verantwortenden Personen am Ende des Dokuments ihren Namen hinzufügen und das Dokument mit einer qualifizierten elektronischen Signatur versehen. [2] Der in Satz 1 genannten Form genügt auch ein elektronisches Dokument, in welches das handschriftlich unterzeichnete Schriftstück gemäß § 55b Absatz 6 Satz 4 übertragen worden ist.

§ 55b[1)] [Elektronische Aktenführung] (1) [1] Die Prozessakten können elektronisch geführt werden. [2] Die Bundesregierung und die Landesregierungen bestimmen jeweils für ihren Bereich durch Rechtsverordnung den Zeitpunkt, von dem an die Prozessakten elektronisch geführt werden. [3] In der Rechtsverordnung sind die organisatorisch-technischen Rahmenbedingungen für die Bildung, Führung und Verwahrung der elektronischen Akten festzulegen. [4] Die Landesregierungen können die Ermächtigung auf die für die Verwaltungsgerichtsbarkeit zuständigen obersten Landesbehörden übertragen. [5] Die Zulassung der elektronischen Akte kann auf einzelne Gerichte oder Verfahren beschränkt werden; wird von dieser Möglichkeit Gebrauch gemacht, kann in der Rechtsverordnung bestimmt werden, dass durch Verwaltungsvorschrift, die öffentlich bekanntzumachen ist, geregelt wird, in welchen Verfahren die Prozessakten elektronisch zu führen sind. [6] Die Rechtsverordnung der Bundesregierung bedarf nicht der Zustimmung des Bundesrates.

(1a) [1] Die Prozessakten werden ab dem 1. Januar 2026 elektronisch geführt. [2] Die Bundesregierung und die Landesregierungen bestimmen jeweils für ihren

---

[1)] § 55b eingef. mWv 1.4.2005 durch G v. 22.3.2005 (BGBl. I S. 837); Abs. 2–5 neu gef., Abs. 6 angef. mWv 1.1.2018 durch G v. 10.10.2013 (BGBl. I S. 3786; *Änd. hinsichtlich Abs. 6 nicht ausführbar wegen Änd. durch BGBl. I 2017 S. 2208*); Abs. 1 Satz 5 geänd. mWv 13.7.2017, Abs. 1a eingef., Abs. 6 angef. mWv 1.1.2018 durch G v. 5.7.2017 (BGBl. I S. 2208).

Bereich durch Rechtsverordnung die organisatorischen und dem Stand der Technik entsprechenden technischen Rahmenbedingungen für die Bildung, Führung und Verwahrung der elektronischen Akten einschließlich der einzuhaltenden Anforderungen der Barrierefreiheit. [3] Die Bundesregierung und die Landesregierungen können jeweils für ihren Bereich durch Rechtsverordnung bestimmen, dass Akten, die in Papierform angelegt wurden, in Papierform weitergeführt werden. [4] Die Landesregierungen können die Ermächtigungen nach den Sätzen 2 und 3 auf die für die Verwaltungsgerichtsbarkeit zuständigen obersten Landesbehörden übertragen. [5] Die Rechtsverordnungen der Bundesregierung bedürfen nicht der Zustimmung des Bundesrates.

(2) [1] Werden die Akten in Papierform geführt, ist von einem elektronischen Dokument ein Ausdruck für die Akten zu fertigen. [2] Kann dies bei Anlagen zu vorbereitenden Schriftsätzen nicht oder nur mit unverhältnismäßigem Aufwand erfolgen, so kann ein Ausdruck unterbleiben. [3] Die Daten sind in diesem Fall dauerhaft zu speichern; der Speicherort ist aktenkundig zu machen.

(3) Wird das elektronische Dokument auf einem sicheren Übermittlungsweg eingereicht, so ist dies aktenkundig zu machen.

(Fortsetzung nächstes Blatt)

§ 66 [Prozessuale Rechte des Beigeladenen] [1] Der Beigeladene kann innerhalb der Anträge eines Beteiligten selbständig Angriffs- und Verteidigungsmittel geltend machen und alle Verfahrenshandlungen wirksam vornehmen. [2] Abweichende Sachanträge kann er nur stellen, wenn eine notwendige Beiladung vorliegt.

§ 67[1)] [Prozessbevollmächtigte und Beistände] (1) Die Beteiligten können vor dem Verwaltungsgericht den Rechtsstreit selbst führen.

(2) [1] Die Beteiligten können sich durch einen Rechtsanwalt oder einen Rechtslehrer an einer staatlichen oder staatlich anerkannten Hochschule eines Mitgliedstaates der Europäischen Union, eines anderen Vertragsstaates des Abkommens über den Europäischen Wirtschaftsraum oder der Schweiz, der die Befähigung zum Richteramt besitzt, als Bevollmächtigten vertreten lassen. [2] Darüber hinaus sind als Bevollmächtigte vor dem Verwaltungsgericht vertretungsbefugt nur

1. Beschäftigte des Beteiligten oder eines mit ihm verbundenen Unternehmens (§ 15 des Aktiengesetzes[2)]); Behörden und juristische Personen des öffentlichen Rechts einschließlich der von ihnen zur Erfüllung ihrer öffentlichen Aufgaben gebildeten Zusammenschlüsse können sich auch durch Beschäftigte anderer Behörden oder juristischer Personen des öffentlichen Rechts einschließlich der von ihnen zur Erfüllung ihrer öffentlichen Aufgaben gebildeten Zusammenschlüsse vertreten lassen,
2. volljährige Familienangehörige (§ 15 der Abgabenordnung, § 11 des Lebenspartnerschaftsgesetzes[3)]), Personen mit Befähigung zum Richteramt und Streitgenossen, wenn die Vertretung nicht im Zusammenhang mit einer entgeltlichen Tätigkeit steht,
3. Steuerberater, Steuerbevollmächtigte, Wirtschaftsprüfer und vereidigte Buchprüfer, Personen und Vereinigungen im Sinn des § 3a des Steuerberatungsgesetzes sowie Gesellschaften im Sinn des § 3 Nr. 2 und 3 des Steuerberatungsgesetzes, die durch Personen im Sinn des § 3 Nr. 1 des Steuerberatungsgesetzes handeln, in Abgabenangelegenheiten,

3a. Steuerberater, Steuerbevollmächtigte, Wirtschaftsprüfer und vereidigte Buchprüfer, Personen und Vereinigungen im Sinn des § 3a des Steuerberatungsgesetzes sowie Gesellschaften im Sinn des § 3 Nummer 2 und 3 des Steuerberatungsgesetzes, die durch Personen im Sinn des § 3 Nummer 1 des Steuerberatungsgesetzes handeln, in Angelegenheiten finanzieller Hilfeleistungen im Rahmen staatlicher Hilfsprogramme zur Abmilderung der Folgen der COVID-19-Pandemie, wenn und soweit diese Hilfsprogramme eine Einbeziehung der Genannten als prüfende Dritte vorsehen,

4. berufsständische Vereinigungen der Landwirtschaft für ihre Mitglieder,
5. Gewerkschaften und Vereinigungen von Arbeitgebern sowie Zusammenschlüsse solcher Verbände für ihre Mitglieder oder für andere Verbände oder Zusammenschlüsse mit vergleichbarer Ausrichtung und deren Mitglieder,

---

1) § 67 neu gef. mWv 1.7.2008 durch G v. 12.12.2007 (BGBl. I S. 2840); Abs. 2 Satz 2 Nr. 3 geänd., Abs. 4 Sätze 5 und 6 eingef., bish. Sätze 5 und 6 werden Sätze 7 und 8, neuer Satz 8 geänd. mWv 5.8.2009 durch G v. 30.7.2009 (BGBl. I S. 2449); Abs. 2 Satz 1 neu gef. mWv 28.12.2010 durch G v. 22.12.2010 (BGBl. I S. 2248); Abs. 2 Satz 2 Nr. 3a eingef. mWv 3.7.2021 durch G v. 25.6.2021 (BGBl. I S. 2154).

2) **Schönfelder Nr. 51.**

3) **Schönfelder ErgBd. Nr. 43.**

6. Vereinigungen, deren satzungsgemäße Aufgaben die gemeinschaftliche Interessenvertretung, die Beratung und Vertretung der Leistungsempfänger nach dem sozialen Entschädigungsrecht oder der behinderten Menschen wesentlich umfassen und die unter Berücksichtigung von Art und Umfang ihrer Tätigkeit sowie ihres Mitgliederkreises die Gewähr für eine sachkundige Prozessvertretung bieten, für ihre Mitglieder in Angelegenheiten der Kriegsopferfürsorge und des Schwerbehindertenrechts sowie der damit im Zusammenhang stehenden Angelegenheiten,
7. juristische Personen, deren Anteile sämtlich im wirtschaftlichen Eigentum einer der in den Nummern 5 und 6 bezeichneten Organisationen stehen, wenn die juristische Person ausschließlich die Rechtsberatung und Prozessvertretung dieser Organisation und ihrer Mitglieder oder anderer Verbände oder Zusammenschlüsse mit vergleichbarer Ausrichtung und deren Mitglieder entsprechend deren Satzung durchführt, und wenn die Organisation für die Tätigkeit der Bevollmächtigten haftet.

[3] Bevollmächtigte, die keine natürlichen Personen sind, handeln durch ihre Organe und mit der Prozessvertretung beauftragten Vertreter.

(3) [1] Das Gericht weist Bevollmächtigte, die nicht nach Maßgabe des Absatzes 2 vertretungsbefugt sind, durch unanfechtbaren Beschluss zurück. [2] Prozesshandlungen eines nicht vertretungsbefugten Bevollmächtigten und Zustellungen oder Mitteilungen an diesen Bevollmächtigten sind bis zu seiner Zurückweisung wirksam. [3] Das Gericht kann den in Absatz 2 Satz 2 Nr. 1 und 2 bezeichneten Bevollmächtigten durch unanfechtbaren Beschluss die weitere Vertretung untersagen, wenn sie nicht in der Lage sind, das Sach- und Streitverhältnis sachgerecht darzustellen.

(4) [1] Vor dem Bundesverwaltungsgericht und dem Oberverwaltungsgericht müssen sich die Beteiligten, außer im Prozesskostenhilfeverfahren, durch Prozessbevollmächtigte vertreten lassen. [2] Dies gilt auch für Prozesshandlungen, durch die ein Verfahren vor dem Bundesverwaltungsgericht oder einem Oberverwaltungsgericht eingeleitet wird. [3] Als Bevollmächtigte sind nur die in Absatz 2 Satz 1 bezeichneten Personen zugelassen. [4] Behörden und juristische Personen des öffentlichen Rechts einschließlich der von ihnen zur Erfüllung ihrer öffentlichen Aufgaben gebildeten Zusammenschlüsse können sich durch eigene Beschäftigte mit Befähigung zum Richteramt oder durch Beschäftigte mit Befähigung zum Richteramt anderer Behörden oder juristischer Personen des öffentlichen Rechts einschließlich der von ihnen zur Erfüllung ihrer öffentlichen Aufgaben gebildeten Zusammenschlüsse vertreten lassen. [5] Vor dem Bundesverwaltungsgericht sind auch die in Absatz 2 Satz 2 Nr. 5 bezeichneten Organisationen einschließlich der von ihnen gebildeten juristischen Personen gemäß Absatz 2 Satz 2 Nr. 7 als Bevollmächtigte zugelassen, jedoch nur in Angelegenheiten, die Rechtsverhältnisse im Sinne des § 52 Nr. 4 betreffen, in Personalvertretungsangelegenheiten und in Angelegenheiten, die in einem Zusammenhang mit einem gegenwärtigen oder früheren Arbeitsverhältnis von Arbeitnehmern im Sinne des § 5 des Arbeitsgerichtsgesetzes[1)] stehen, einschließlich Prüfungsangelegenheiten. [6] Die in Satz 5 genannten Bevollmächtigten müssen durch Personen mit der Befähigung zum Richteramt handeln. [7] Vor dem Oberverwaltungsgericht sind auch die in Absatz 2 Satz 2 Nr. 3 bis 7 bezeichneten Personen und Organisationen als Bevollmächtigte

[1)] **Schönfelder Nr. 83.**

zugelassen. [8] Ein Beteiligter, der nach Maßgabe der Sätze 3, 5 und 7 zur Vertretung berechtigt ist, kann sich selbst vertreten.

(5) [1] Richter dürfen nicht als Bevollmächtigte vor dem Gericht auftreten, dem sie angehören. [2] Ehrenamtliche Richter dürfen, außer in den Fällen des Absatzes 2 Satz 2 Nr. 1, nicht vor einem Spruchkörper auftreten, dem sie angehören. [3] Absatz 3 Satz 1 und 2 gilt entsprechend.

(Fortsetzung nächstes Blatt)

(5) [1]Auf Antrag kann das Gericht der Hauptsache die aufschiebende Wirkung in den Fällen des Absatzes 2 Satz 1 Nummer 1 bis 3a ganz oder teilweise anordnen, im Falle des Absatzes 2 Satz 1 Nummer 4 ganz oder teilweise wiederherstellen. [2]Der Antrag ist schon vor Erhebung der Anfechtungsklage zulässig. [3]Ist der Verwaltungsakt im Zeitpunkt der Entscheidung schon vollzogen, so kann das Gericht die Aufhebung der Vollziehung anordnen. [4]Die Wiederherstellung der aufschiebenden Wirkung kann von der Leistung einer Sicherheit oder von anderen Auflagen abhängig gemacht werden. [5]Sie kann auch befristet werden.

(6) [1]In den Fällen des Absatzes 2 Satz 1 Nummer 1 ist der Antrag nach Absatz 5 nur zulässig, wenn die Behörde einen Antrag auf Aussetzung der Vollziehung ganz oder zum Teil abgelehnt hat. [2]Das gilt nicht, wenn

1. die Behörde über den Antrag ohne Mitteilung eines zureichenden Grundes in angemessener Frist sachlich nicht entschieden hat oder
2. eine Vollstreckung droht.

(7) [1]Das Gericht der Hauptsache kann Beschlüsse über Anträge nach Absatz 5 jederzeit ändern oder aufheben. [2]Jeder Beteiligte kann die Änderung oder Aufhebung wegen veränderter oder im ursprünglichen Verfahren ohne Verschulden nicht geltend gemachter Umstände beantragen.

(8) In dringenden Fällen kann der Vorsitzende entscheiden.

§ 80a[1)] [Verwaltungsakte mit Doppelwirkung] (1) Legt ein Dritter einen Rechtsbehelf gegen den an einen anderen gerichteten, diesen begünstigenden Verwaltungsakt ein, kann die Behörde

1. auf Antrag des Begünstigten nach § 80 Absatz 2 Satz 1 Nummer 4 die sofortige Vollziehung anordnen,
2. auf Antrag des Dritten nach § 80 Abs. 4 die Vollziehung aussetzen und einstweilige Maßnahmen zur Sicherung der Rechte des Dritten treffen.

(2) Legt ein Betroffener gegen einen an ihn gerichteten belastenden Verwaltungsakt, der einen Dritten begünstigt, einen Rechtsbehelf ein, kann die Behörde auf Antrag des Dritten nach § 80 Absatz 2 Satz 1 Nummer 4 die sofortige Vollziehung anordnen.

(3) [1]Das Gericht kann auf Antrag Maßnahmen nach den Absätzen 1 und 2 ändern oder aufheben oder solche Maßnahmen treffen. [2]§ 80 Abs. 5 bis 8 gilt entsprechend.

§ 80b[2)] [Ende der aufschiebenden Wirkung] (1) [1]Die aufschiebende Wirkung des Widerspruchs und der Anfechtungsklage endet mit der Unanfechtbarkeit oder, wenn die Anfechtungsklage im ersten Rechtszug abgewiesen worden ist, drei Monate nach Ablauf der gesetzlichen Begründungsfrist des gegen die abweisende Entscheidung gegebenen Rechtsmittels. [2]Dies gilt auch, wenn die Vollziehung durch die Behörde ausgesetzt oder die aufschiebende Wirkung durch das Gericht wiederhergestellt oder angeordnet worden ist, es sei denn, die Behörde hat die Vollziehung bis zur Unanfechtbarkeit ausgesetzt.

(2) Das Rechtsmittelgericht kann auf Antrag anordnen, daß die aufschiebende Wirkung fortdauert.

(3) § 80 Abs. 5 bis 8 und § 80a gelten entsprechend.

[1)] § 80a Abs. 1 Nr. 1 und Abs. 2 geänd. mWv 10.12.2020 durch G v. 3.12.2020 (BGBl. I S. 2694).

[2)] § 80b eingef. durch G v. 1.11.1996 (BGBl. I S. 1626); Abs. 2 geänd. mWv 1.7.2021 durch G v. 25.6. 2021 (BGBl. I S. 2099).

9. Abschnitt. Verfahren im ersten Rechtszug

§ 81[1)] [Klageerhebung] (1) [1]Die Klage ist bei dem Gericht schriftlich zu erheben. [2]Bei dem Verwaltungsgericht kann sie auch zu Protokoll des Urkundsbeamten der Geschäftsstelle erhoben werden.

(2) Der Klage und allen Schriftsätzen sollen vorbehaltlich des § 55a Absatz 5 Satz 3 Abschriften für die übrigen Beteiligten beigefügt werden.

§ 82[2)] [Inhalt der Klageschrift] (1) [1]Die Klage muß den Kläger, den Beklagten und den Gegenstand des Klagebegehrens bezeichnen. [2]Sie soll einen bestimmten Antrag enthalten. [3]Die zur Begründung dienenden Tatsachen und Beweismittel sollen angegeben, die angefochtene Verfügung und der Widerspruchsbescheid sollen in Abschrift beigefügt werden.

(2) [1]Entspricht die Klage diesen Anforderungen nicht, hat der Vorsitzende oder der nach § 21g des Gerichtsverfassungsgesetzes[3)] zuständige Berufsrichter (Berichterstatter) den Kläger zu der erforderlichen Ergänzung innerhalb einer bestimmten Frist aufzufordern. [2]Er kann dem Kläger für die Ergänzung eine Frist mit ausschließender Wirkung setzen, wenn es an einem der in Absatz 1 Satz 1 genannten Erfordernisse fehlt. [3]Für die Wiedereinsetzung in den vorigen Stand gilt § 60 entsprechend.

§ 83 [Sachliche und örtliche Zuständigkeit] [1]Für die sachliche und örtliche Zuständigkeit gelten die §§ 17 bis 17b des Gerichtsverfassungsgesetzes[3)] entsprechend. [2]Beschlüsse entsprechend § 17a Abs. 2 und 3 des Gerichtsverfassungsgesetzes sind unanfechtbar.

§ 84[4)] [Gerichtsbescheid] (1) [1]Das Gericht kann ohne mündliche Verhandlung durch Gerichtsbescheid entscheiden, wenn die Sache keine besonderen Schwierigkeiten tatsächlicher oder rechtlicher Art aufweist und der Sachverhalt geklärt ist. [2]Die Beteiligten sind vorher zu hören. [3]Die Vorschriften über Urteile gelten entsprechend.

(2) Die Beteiligten können innerhalb eines Monats nach Zustellung des Gerichtsbescheids

1. Berufung einlegen, wenn sie zugelassen worden ist (§ 124a),

(Fortsetzung nächstes Blatt)

[1)] § 81 Abs. 2 geänd. mWv 1.4.2005 durch G v. 22.3.2005 (BGBl. I S. 837); Abs. 2 geänd. mWv 1.1. 2018 durch G v. 10.10.2013 (BGBl. I S. 3786); Abs. 1 Satz 2 geänd. mWv 1.1.2018 durch G v. 5.7.2017 (BGBl. I S. 2208).

[2)] § 82 Abs. 2 Satz 1 geänd. mWv 1.4.2005 durch G v. 22.3.2005 (BGBl. I S. 837); Abs. 1 Satz 3 geänd. *mWv 1.7.2014 durch G v. 10.10.2013* (BGBl. I S. 3786).

[3)] **Schönfelder Nr. 95.**

[4)] § 84 Abs. 2 neu gef. durch G v. 1.11.1996 (BGBl. I S. 1626); Abs. 2 Nr. 1 eingef., bish. Nr. 1–4 werden Nr. 2–5 mWv 1.1.2002 durch G v. 20.12.2001 (BGBl. I S. 3987).

verwaltungsgericht. [14] Für das Beschwerdeverfahren gelten die Sätze 4 bis 11 sinngemäß.

§ 100[1)] **[Akteneinsicht; Abschriften]** (1) [1] Die Beteiligten können die Gerichtsakten und die dem Gericht vorgelegten Akten einsehen. [2] Beteiligte können sich auf ihre Kosten durch die Geschäftsstelle Ausfertigungen, Auszüge, Ausdrucke und Abschriften erteilen lassen.

(2) [1] Werden die Prozessakten elektronisch geführt, wird Akteneinsicht durch Bereitstellung des Inhalts der Akten zum Abruf oder durch Übermittlung des Inhalts der Akten auf einem sicheren Übermittlungsweg gewährt. [2] Auf besonderen Antrag wird Akteneinsicht durch Einsichtnahme in die Akten in Diensträumen gewährt. [3] Ein Aktenausdruck oder ein Datenträger mit dem Inhalt der Akten wird auf besonders zu begründenden Antrag nur übermittelt, wenn der Antragsteller hieran ein berechtigtes Interesse darlegt. [4] Stehen der Akteneinsicht in der nach Satz 1 vorgesehenen Form wichtige Gründe entgegen, kann die Akteneinsicht in der nach den Sätzen 2 und 3 vorgesehenen Form auch ohne Antrag gewährt werden. [5] Über einen Antrag nach Satz 3 entscheidet der Vorsitzende; die Entscheidung ist unanfechtbar. [6] § 87a Absatz 3 gilt entsprechend.

(3) [1] Werden die Prozessakten in Papierform geführt, wird Akteneinsicht durch Einsichtnahme in die Akten in Diensträumen gewährt. [2] Die Akteneinsicht kann, soweit nicht wichtige Gründe entgegenstehen, auch durch Bereitstellung des Inhalts der Akten zum Abruf oder durch Übermittlung des Inhalts der Akten auf einem sicheren Übermittlungsweg gewährt werden. [3] Nach dem Ermessen des Vorsitzenden kann der nach § 67 Absatz 2 Satz 1 und 2 Nummer 3 bis 6 bevollmächtigten Person die Mitnahme der Akten in die Wohnung oder Geschäftsräume gestattet werden. [4] § 87a Absatz 3 gilt entsprechend.

(4) In die Entwürfe zu Urteilen, Beschlüssen und Verfügungen, die Arbeiten zu ihrer Vorbereitung und die Dokumente, die Abstimmungen betreffen, wird Akteneinsicht nach den Absätzen 1 bis 3 nicht gewährt.

§ 101[2)] **[Grundsatz der mündlichen Verhandlung]** (1) [1] Das Gericht entscheidet, soweit nichts anderes bestimmt ist, auf Grund mündlicher Verhandlung. [2] Die mündliche Verhandlung soll so früh wie möglich stattfinden.

(2) Mit Einverständnis der Beteiligten kann das Gericht ohne mündliche Verhandlung entscheiden.

(3) Entscheidungen des Gerichts, die nicht Urteile sind, können ohne mündliche Verhandlung ergehen, soweit nichts anderes bestimmt ist.

§ 102[3)] **[Ladung; Sitzungen außerhalb des Gerichtssitzes]** (1) [1] Sobald der Termin zur mündlichen Verhandlung bestimmt ist, sind die Beteiligten mit einer Ladungsfrist von mindestens zwei Wochen, bei dem Bundesverwaltungsgericht von mindestens vier Wochen, zu laden. [2] In dringenden Fällen kann der Vorsitzende die Frist abkürzen.

---

1) § 100 Abs. 2 Satz 2 geänd. mWv 1.8.2001 durch G v. 13.7.2001 (BGBl. I S. 1542); Abs. 2 und 3 neu gef. mWv 1.4.2005 durch G v. 22.3.2005 (BGBl. I S. 837); Abs. 2 Sätze 2 und 4 geänd. mWv 1.7.2008 durch G v. 12.12.2007 (BGBl. I S. 2840, geänd. durch G v. 12.6.2008, BGBl. I S. 1000); Abs. 1 Satz 2 angef., Abs. 2 neu gef., Abs. 3 eingef., bish. Abs. 3 wird Abs. 4 und geänd. mWv 1.1.2018 durch G v. 5.7.2017 (BGBl. I S. 2208); Abs. 2 Satz 5 geänd. mWv 29.7.2017 durch G v. 18.7.2017 (BGBl. I S. 2745); Abs. 2 Satz 1 und Abs. 3 Satz 2 geänd. mWv 1.7.2021 durch G v. 25.6.2021 (BGBl. I S. 2099).

2) § 101 Abs. 1 Satz 2 angef. mWv 10.12.2020 durch G v. 3.12.2020 (BGBl. I S. 2694).

3) § 102 Abs. 4 angef. durch G v. 18.6.1997 (BGBl. I S. 1430).

(2) Bei der Ladung ist darauf hinzuweisen, daß beim Ausbleiben eines Beteiligten auch ohne ihn verhandelt und entschieden werden kann.

(3) Die Gerichte der Verwaltungsgerichtsbarkeit können Sitzungen auch außerhalb des Gerichtssitzes abhalten, wenn dies zur sachdienlichen Erledigung notwendig ist.

(4) § 227 Abs. 3 Satz 1 der Zivilprozeßordnung[1] ist nicht anzuwenden.

§ 102a[2] [Verhandlung im Wege der Bild- und Tonübertragung]

(1) [1] Das Gericht kann den Beteiligten, ihren Bevollmächtigten und Beiständen auf Antrag oder von Amts wegen gestatten, sich während einer mündlichen Verhandlung an einem anderen Ort aufzuhalten und dort Verfahrenshandlungen vorzunehmen. [2] Die Verhandlung wird zeitgleich in Bild und Ton an diesen Ort und in das Sitzungszimmer übertragen.

(2) [1] Das Gericht kann auf Antrag gestatten, dass sich ein Zeuge, ein Sachverständiger oder ein Beteiligter während einer Vernehmung an einem anderen Ort aufhält. [2] Die Vernehmung wird zeitgleich in Bild und Ton an diesen Ort und in das Sitzungszimmer übertragen. [3] Ist Beteiligten, Bevollmächtigten und Beiständen nach Absatz 1 Satz 1 gestattet worden, sich an einem anderen Ort aufzuhalten, so wird die Vernehmung auch an diesen Ort übertragen.

(3) [1] Die Übertragung wird nicht aufgezeichnet. [2] Entscheidungen nach Absatz 1 Satz 1 und Absatz 2 Satz 1 sind unanfechtbar.

(4) Die Absätze 1 und 3 gelten entsprechend für Erörterungstermine (§ 87 Absatz 1 Satz 2 Nummer 1).

§ 103 [Gang der mündlichen Verhandlung] (1) Der Vorsitzende eröffnet und leitet die mündliche Verhandlung.

(2) Nach Aufruf der Sache trägt der Vorsitzende oder der Berichterstatter den wesentlichen Inhalt der Akten vor.

(3) Hierauf erhalten die Beteiligten das Wort, um ihre Anträge zu stellen und zu begründen.

§ 104 [Richterliche Frage- und Erörterungspflicht] (1) Der Vorsitzende hat die Streitsache mit den Beteiligten tatsächlich und rechtlich zu erörtern.

(2) [1] Der Vorsitzende hat jedem Mitglied des Gerichts auf Verlangen zu gestatten, Fragen zu stellen. [2] Wird eine Frage beanstandet, so entscheidet das Gericht.

(3) [1] Nach Erörterung der Streitsache erklärt der Vorsitzende die mündliche Verhandlung für geschlossen. [2] Das Gericht kann die Wiedereröffnung beschließen.

§ 105[3] [Protokoll über die mündliche Verhandlung] Für das Protokoll gelten die §§ 159 bis 165 der Zivilprozeßordnung[1] entsprechend.

---

[1] **Schönfelder Nr. 100.**
[2] § 102a eingef. mWv 1.11.2013 durch G v. 25.4.2013 (BGBl. I S. 935).
[3] § 105 geänd. mWv 1.1.2018 durch G v. 5.7.2017 (BGBl. I S. 2208).

§ 158 [Anfechtung der Kostenentscheidung] (1) Die Anfechtung der Entscheidung über die Kosten ist unzulässig, wenn nicht gegen die Entscheidung in der Hauptsache ein Rechtsmittel eingelegt wird.

(2) Ist eine Entscheidung in der Hauptsache nicht ergangen, so ist die Entscheidung über die Kosten unanfechtbar.

§ 159 [Mehrere Kostenpflichtige] [1] Besteht der kostenpflichtige Teil aus mehreren Personen, so gilt § 100 der Zivilprozeßordnung[1)] entsprechend. [2] Kann das streitige Rechtsverhältnis dem kostenpflichtigen Teil gegenüber nur einheitlich entschieden werden, so können die Kosten den mehreren Personen als Gesamtschuldnern auferlegt werden.

§ 160 [Kostenpflicht bei Vergleich] [1] Wird der Rechtsstreit durch Vergleich erledigt und haben die Beteiligten keine Bestimmung über die Kosten getroffen, so fallen die Gerichtskosten jedem Teil zur Hälfte zur Last. [2] Die außergerichtlichen Kosten trägt jeder Beteiligte selbst.

§ 161[2)] [Kostenentscheidung; Erledigung der Hauptsache] (1) Das Gericht hat im Urteil oder, wenn das Verfahren in anderer Weise beendet worden ist, durch Beschluß über die Kosten zu entscheiden.

(2) [1] Ist der Rechtsstreit in der Hauptsache erledigt, so entscheidet das Gericht außer in den Fällen des § 113 Abs. 1 Satz 4 nach billigem Ermessen über die Kosten des Verfahrens durch Beschluß; der bisherige Sach- und Streitstand ist zu berücksichtigen. [2] Der Rechtsstreit ist auch in der Hauptsache erledigt, wenn der Beklagte der Erledigungserklärung des Klägers nicht innerhalb von zwei Wochen seit Zustellung des die Erledigungserklärung enthaltenden Schriftsatzes widerspricht und er vom Gericht auf diese Folge hingewiesen worden ist.

(3) In den Fällen des § 75 fallen die Kosten stets dem Beklagten zur Last, wenn der Kläger mit seiner Bescheidung vor Klageerhebung rechnen durfte.

§ 162[3)] [Erstattungsfähige Kosten] (1) Kosten sind die Gerichtskosten (Gebühren und Auslagen) und die zur zweckentsprechenden Rechtsverfolgung oder Rechtsverteidigung notwendigen Aufwendungen der Beteiligten einschließlich der Kosten des Vorverfahrens.

(2) [1] Die Gebühren und Auslagen eines Rechtsanwalts oder eines Rechtsbeistands, in den in § 67 Absatz 2 Satz 2 Nummer 3 und 3a genannten Angelegenheiten auch einer der dort genannten Personen, sind stets erstattungsfähig. [2] Soweit ein Vorverfahren geschwebt hat, sind Gebühren und Auslagen erstattungsfähig, wenn das Gericht die Zuziehung eines Bevollmächtigten für das Vorverfahren für notwendig erklärt. [3] Juristische Personen des öffentlichen Rechts und Behörden können an Stelle ihrer tatsächlichen notwendigen Aufwendungen für Post- und Telekommunikationsdienstleistungen den in Nummer 7002 der Anlage 1 zum Rechtsanwaltsvergütungsgesetz[4)] bestimmten Höchstsatz der Pauschale fordern.

[1)] **Schönfelder Nr. 100.**

[2)] § 161 Abs. 2 Satz 2 angef., bish. Wortlaut wird Satz 1 mWv 1.9.2004 durch G v. 24.8.2004 (BGBl. I S. 2198).

[3)] § 162 Abs. 2 Satz 3 angef. mWv 1.1.2002 durch G v. 20.12.2001 (BGBl. I S. 3987); Abs. 2 Satz 3 geänd. mWv 1.7.2004 durch G v. 5.5.2004 (BGBl. I S. 718); Abs. 2 Satz 1 geänd. mWv 1.9.2004 durch G v. 24.8.2004 (BGBl. I S. 2198); Abs. 2 Satz 1 geänd. mWv 1.7.2008 durch G v. 12.12.2007 (BGBl. I S. 2840); Abs. 2 Satz 1 geänd. mWv 3.7.2021 durch G v. 25.6.2021 (BGBl. I S. 2154).

[4)] **Schönfelder Nr. 117.**

(3) Die außergerichtlichen Kosten des Beigeladenen sind nur erstattungsfähig, wenn sie das Gericht aus Billigkeit der unterliegenden Partei oder der Staatskasse auferlegt.

§ 163 (weggefallen)

§ 164[1] **[Kostenfestsetzung]** Der Urkundsbeamte des Gerichts des ersten Rechtszugs setzt auf Antrag den Betrag der zu erstattenden Kosten fest.

§ 165 [Anfechtung der Kostenfestsetzung] [1]Die Beteiligten können die Festsetzung der zu erstattenden Kosten anfechten. [2]§ 151 gilt entsprechend.

§ 165a[2] **[Prozesskostensicherheit]** § 110 der Zivilprozessordnung[3] gilt entsprechend.

§ 166[4] **[Prozesskostenhilfe]** (1) [1]Die Vorschriften der Zivilprozeßordnung[3] über die Prozeßkostenhilfe[5] sowie § 569 Abs. 3 Nr. 2 der Zivilprozessordnung gelten entsprechend. [2]Einem Beteiligten, dem Prozesskostenhilfe bewilligt worden ist, kann auch ein Steuerberater, Steuerbevollmächtigter, Wirtschaftsprüfer oder vereidigter Buchprüfer beigeordnet werden. [3]Die Vergütung richtet sich nach den für den beigeordneten Rechtsanwalt geltenden Vorschriften des Rechtsanwaltsvergütungsgesetzes[6].

(2) [1]Die Prüfung der persönlichen und wirtschaftlichen Verhältnisse nach den §§ 114 bis 116 der Zivilprozessordnung einschließlich der in § 118 Absatz 2 der Zivilprozessordnung bezeichneten Maßnahmen, der Beurkundung von Vergleichen nach § 118 Absatz 1 Satz 3 der Zivilprozessordnung und der Entscheidungen nach § 118 Absatz 2 Satz 4 der Zivilprozessordnung obliegt dem Urkundsbeamten der Geschäftsstelle des jeweiligen Rechtszugs, wenn der Vorsitzende ihm das Verfahren insoweit überträgt. [2]Liegen die Voraussetzungen für die Bewilligung der Prozesskostenhilfe hiernach nicht vor, erlässt der Urkundsbeamte die den Antrag ablehnende Entscheidung; anderenfalls vermerkt der Urkundsbeamte in den Prozessakten, dass dem Antragsteller nach seinen persönlichen und wirtschaftlichen Verhältnissen Prozesskostenhilfe gewährt werden kann und in welcher Höhe gegebenenfalls Monatsraten oder Beträge aus dem Vermögen zu zahlen sind.

(3) Dem Urkundsbeamten obliegen im Verfahren über die Prozesskostenhilfe ferner die Bestimmung des Zeitpunkts für die Einstellung und eine Wiederaufnahme der Zahlungen nach § 120 Absatz 3 der Zivilprozessordnung sowie die Änderung und die Aufhebung der Bewilligung der Prozesskostenhilfe nach den §§ 120a und 124 Absatz 1 Nummer 2 bis 5 der Zivilprozessordnung.

(4) [1]Der Vorsitzende kann Aufgaben nach den Absätzen 2 und 3 zu jedem Zeitpunkt an sich ziehen. [2]§ 5 Absatz 1 Nummer 1, die §§ 6, 7, 8 Absatz 1 bis 4 und § 9 des Rechtspflegergesetzes[7] gelten entsprechend mit der Maßgabe, dass an die Stelle des Rechtspflegers der Urkundsbeamte der Geschäftsstelle tritt.

---

[1] Siehe hierzu auch den Streitwertkatalog VwGO v. 15.11.2013.

[2] § 165a eingef. mWv 1.1.2002 durch G v. 20.12.2001 (BGBl. I S. 3987).

[3] **Schönfelder Nr. 100.**

[4] § 166 geänd. mWv 1.1.2002 durch G v. 20.12.2001 (BGBl. I S. 3987); Abs. 1 Sätze 2 und 3 sowie Abs. 2–7 angef. mWv 1.1.2014 durch G v. 31.8.2013 (BGBl. I S. 3533); Abs. 2 neu gef. mWv 16.7.2014 durch G v. 8.7.2014 (BGBl. I S. 890).

[5] Siehe §§ 114 bis 127 ZPO **(Schönfelder Nr. 100)**.

[6] **Schönfelder Nr. 117.**

[7] **Schönfelder Nr. 96.**

(5) § 87a Absatz 3 gilt entsprechend.

(6) Gegen Entscheidungen des Urkundsbeamten nach den Absätzen 2 und 3 kann innerhalb von zwei Wochen nach Bekanntgabe die Entscheidung des Gerichts beantragt werden.

(7) Durch Landesgesetz kann bestimmt werden, dass die Absätze 2 bis 6 für die Gerichte des jeweiligen Landes nicht anzuwenden sind.

17. Abschnitt. Vollstreckung

§ 167 [Anwendung der ZPO; vorläufige Vollstreckbarkeit] (1) [1] Soweit sich aus diesem Gesetz nichts anderes ergibt, gilt für die Vollstreckung das Achte Buch der Zivilprozeßordnung[1)] entsprechend. [2] Vollstreckungsgericht ist das Gericht des ersten Rechtszugs.

(2) Urteile auf Anfechtungs- und Verpflichtungsklagen können nur wegen der Kosten für vorläufig vollstreckbar erklärt werden.

§ 168[2)] [Vollstreckungstitel] (1) Vollstreckt wird

1. aus rechtskräftigen und aus vorläufig vollstreckbaren gerichtlichen Entscheidungen,
2. aus einstweiligen Anordnungen,
3. aus gerichtlichen Vergleichen,
4. aus Kostenfestsetzungsbeschlüssen,
5. aus den für vollstreckbar erklärten Schiedssprüchen öffentlich-rechtlicher Schiedsgerichte, sofern die Entscheidung über die Vollstreckbarkeit rechtskräftig oder für vorläufig vollstreckbar erklärt ist.

(2) Für die Vollstreckung können den Beteiligten auf ihren Antrag Ausfertigungen des Urteils ohne Tatbestand und ohne Entscheidungsgründe erteilt werden, deren Zustellung in den Wirkungen der Zustellung eines vollständigen Urteils gleichsteht.

§ 169 [Vollstreckung zugunsten der öffentlichen Hand] (1) [1] Soll zugunsten des Bundes, eines Landes, eines Gemeindeverbands, einer Gemeinde oder einer Körperschaft, Anstalt oder Stiftung des öffentlichen Rechts vollstreckt werden, so richtet sich die Vollstreckung nach dem Verwaltungsvollstreckungsgesetz[3)]. [2] Vollstreckungsbehörde im Sinne des Verwaltungsvollstreckungsgesetzes ist der Vorsitzende des Gerichts des ersten Rechtszugs; er kann für die Ausführung der Vollstreckung eine andere Vollstreckungsbehörde oder einen Gerichtsvollzieher in Anspruch nehmen.

(2) Wird die Vollstreckung zur Erzwingung von Handlungen, Duldungen und Unterlassungen im Wege der Amtshilfe von Organen der Länder vorgenommen, so ist sie nach landesrechtlichen Bestimmungen durchzuführen.

§ 170 [Vollstreckung gegen die öffentliche Hand] (1) [1] Soll gegen den Bund, ein Land, einen Gemeindeverband, eine Gemeinde, eine Körperschaft, eine Anstalt oder Stiftung des öffentlichen Rechts wegen einer Geldforderung vollstreckt werden, so verfügt auf Antrag des Gläubigers das Gericht des ersten Rechtszugs die Vollstreckung. [2] Es bestimmt die vorzunehmenden Vollstreckungsmaßnah-

---

1) Siehe §§ 704 bis 945 ZPO **(Schönfelder Nr. 100)**.
2) § 168 Abs. 1 Nr. 5 geänd. durch G v. 22.12.1997 (BGBl. I S. 3224).
3) Nr. **112**.

men und ersucht die zuständige Stelle um deren Vornahme. [3]Die ersuchte Stelle ist verpflichtet, dem Ersuchen nach den für sie geltenden Vollstreckungsvorschriften nachzukommen.

(2) [1]Das Gericht hat vor Erlaß der Vollstreckungsverfügung die Behörde oder bei Körperschaften, Anstalten und Stiftungen des öffentlichen Rechts, gegen die vollstreckt werden soll, die gesetzlichen Vertreter von der beabsichtigten Vollstreckung zu benachrichtigen mit der Aufforderung, die Vollstreckung innerhalb einer vom Gericht zu bemessenden Frist abzuwenden. [2]Die Frist darf einen Monat nicht übersteigen.

(3) [1]Die Vollstreckung ist unzulässig in Sachen, die für die Erfüllung öffentlicher Aufgaben unentbehrlich sind oder deren Veräußerung ein öffentliches Interesse entgegensteht. [2]Über Einwendungen entscheidet das Gericht nach Anhörung der zuständigen Aufsichtsbehörde oder bei obersten Bundes- oder Landesbehörden des zuständigen Ministers.

(4) Für öffentlich-rechtliche Kreditinstitute gelten die Absätze 1 bis 3 nicht.

(5) Der Ankündigung der Vollstreckung und der Einhaltung einer Wartefrist bedarf es nicht, wenn es sich um den Vollzug einer einstweiligen Anordnung handelt.

§ 171 [Vollstreckungsklausel] In den Fällen der §§ 169, 170 Abs. 1 bis 3 bedarf es einer Vollstreckungsklausel nicht.

§ 172[1)] [Zwangsgeld gegen die Behörde] [1]Kommt die Behörde in den Fällen des § 113 Abs. 1 Satz 2 und Abs. 5 und des § 123 der ihr im Urteil oder in der einstweiligen Anordnung auferlegten Verpflichtung nicht nach, so kann das Gericht des ersten Rechtszugs auf Antrag unter Fristsetzung gegen sie ein Zwangsgeld bis zehntausend Euro durch Beschluß androhen, nach fruchtlosem Fristablauf festsetzen und von Amts wegen vollstrecken. [2]Das Zwangsgeld kann wiederholt angedroht, festgesetzt und vollstreckt werden.

Teil V. Schluß- und Übergangsbestimmungen

§ 173[2)] [Entsprechende Anwendung des GVG und der ZPO] [1]Soweit dieses Gesetz keine Bestimmungen über das Verfahren enthält, sind das Gerichtsverfassungsgesetz[3)] und die Zivilprozeßordnung[4)] einschließlich § 278 Absatz 5 und § 278a entsprechend anzuwenden, wenn die grundsätzlichen Unterschiede der beiden Verfahrensarten dies nicht ausschließen; Buch 6 der Zivilprozessordnung ist nicht anzuwenden. [2]Die Vorschriften des Siebzehnten Titels des Gerichtsverfassungsgesetzes sind mit der Maßgabe entsprechend anzuwenden, dass an die Stelle des Oberlandesgerichts das Oberverwaltungsgericht, an die Stelle des Bundesgerichtshofs das Bundesverwaltungsgericht und an die Stelle der Zivilprozessordnung die Verwaltungsgerichtsordnung tritt. [3]Gericht im Sinne des § 1062 der Zivilprozeßordnung ist das zuständige Verwaltungsgericht, Gericht im Sinne des § 1065 der Zivilprozeßordnung das zuständige Oberverwaltungsgericht.

---

1) § 172 Satz 1 geänd. mWv 1.1.2002 durch G v. 20.12.2001 (BGBl. I S. 3987).

2) § 173 Satz 2 angef., bish. Wortlaut wird Satz 1 durch G v. 22.12.1997 (BGBl. I S. 3224); Satz 2 eingef., bish. Satz 2 wird Satz 3 mWv 3.12.2011 durch G v. 24.11.2011 (BGBl. I S. 2302); Satz 1 geänd. mWv 26.7.2012 durch G v. 21.7.2012 (BGBl. I S. 1577); Satz 1 geänd. mWv 1.11.2018 durch G v. 12.7. 2018 (BGBl. I S. 1151).

3) **Schönfelder Nr. 95.**

4) **Schönfelder Nr. 100.**

§ 174 [Befähigung zum Richteramt] (1) Für den Vertreter des öffentlichen Interesses bei dem Oberverwaltungsgericht und bei dem Verwaltungsgericht steht der Befähigung zum Richteramt nach dem Deutschen Richtergesetz[1] die Befähigung zum höheren Verwaltungsdienst gleich, wenn sie nach mindestens dreijährigem Studium der Rechtswissenschaft an einer Universität und dreijähriger Ausbildung im öffentlichen Dienst durch Ablegen der gesetzlich vorgeschriebenen Prüfungen erlangt worden ist.

(2) Bei Kriegsteilnehmern gilt die Voraussetzung des Absatzes 1 als erfüllt, wenn sie den für sie geltenden besonderen Vorschriften genügt haben.

§ 175[2] [§ 43 EGGVG] § 43 des Einführungsgesetzes zum Gerichtsverfassungsgesetz[3] gilt entsprechend.

§ 176[4] [Möglichkeit der Mitwirkung bis Ende 2025] Bei den Verwaltungsgerichten dürfen bis zum Ablauf des 31. Dezember 2025 abweichend von § 29 Absatz 1 des Deutschen Richtergesetzes[1] bei einer gerichtlichen Entscheidung auch mitwirken:

1. zwei abgeordnete Richter auf Lebenszeit oder
2. ein abgeordneter Richter auf Lebenszeit und entweder ein Richter auf Probe oder ein Richter kraft Auftrags.

§ 177 (weggefallen)

§§ 178 und 179 (Änderungsvorschriften)

§ 180 [Zeugen- und Sachverständigenvernehmung nach dem VwVfG oder dem SGB X] [1] Erfolgt die Vernehmung oder die Vereidigung von Zeugen und Sachverständigen nach dem Verwaltungsverfahrensgesetz[5] oder nach dem Zehnten Buch Sozialgesetzbuch[6] durch das Verwaltungsgericht, so findet sie vor dem dafür im Geschäftsverteilungsplan bestimmten Richter statt. [2] Über die Rechtmäßigkeit einer Verweigerung des Zeugnisses, des Gutachtens oder der Eidesleistung nach dem Verwaltungsverfahrensgesetz oder nach dem Zehnten Buch Sozialgesetzbuch entscheidet das Verwaltungsgericht durch Beschluß.

§§ 181 und 182 (Änderungsvorschriften)

§ 183 [Nichtigkeit von Landesrecht] [1] Hat das Verfassungsgericht eines Landes die Nichtigkeit von Landesrecht festgestellt oder Vorschriften des Landesrechts für nichtig erklärt, so bleiben vorbehaltlich einer besonderen gesetzlichen Regelung durch das Land die nicht mehr anfechtbaren Entscheidungen der Gerichte der Verwaltungsgerichtsbarkeit, die auf der für nichtig erklärten Norm beruhen, unberührt. [2] Die Vollstreckung aus einer solchen Entscheidung ist unzulässig. [3] § 767 der Zivilprozeßordnung[7] gilt entsprechend.

---

[1] **Schönfelder ErgBd. Nr. 97.**
[2] § 175 eingef. mWv 19.10.2017 durch G v. 8.10.2017 (BGBl. I S. 3546).
[3] **Schönfelder Nr. 95a.**
[4] § 176 neu gef. mWv 10.12.2020 durch G v. 3.12.2020 (BGBl. I S. 2694); einl. Satzteil geänd. mWv 1.7.2021 durch G v. 25.6.2021 (BGBl. I S. 2099).
[5] Nr. **100.**
[6] **Sartorius ErgBd. Nr. 410.**
[7] **Schönfelder Nr. 100.**

§ 184 [Sonderregelungen der Länder] Das Land kann bestimmen, daß das Oberverwaltungsgericht die bisherige Bezeichnung „Verwaltungsgerichtshof" weiterführt.

§ 185[1] [Sonderregelungen für Berlin, Brandenburg, Bremen, Hamburg, Mecklenburg-Vorpommern, Saarland und Schleswig-Holstein] (1) In den Ländern Berlin und Hamburg treten an die Stelle der Kreise im Sinne des § 28 die Bezirke.

(2) Die Länder Berlin, Brandenburg, Bremen, Hamburg, Mecklenburg-Vorpommern, Saarland und Schleswig-Holstein können Abweichungen von den Vorschriften des § 73 Abs. 1 Satz 2 zulassen.

(3) In den Ländern Berlin und Bremen treten an die Stelle der Landesstraßen im Sinne des § 48 Absatz 1 Satz 1 Nummer 8 die Straßen I. Ordnung nach § 20 Nummer 1 des Berliner Straßengesetzes und die Straßen der Gruppe A nach § 3 Absatz 1 Nummer 1 des Bremischen Landesstraßengesetzes.

§ 186[2] [Sonderregelungen für Berlin, Bremen und Hamburg] [1] § 22 Nr. 3 findet in den Ländern Berlin, Bremen und Hamburg auch mit der Maßgabe Anwendung, daß in der öffentlichen Verwaltung ehrenamtlich tätige Personen nicht zu ehrenamtlichen Richtern berufen werden können. [2] § 6 des Einführungsgesetzes zum Gerichtsverfassungsgesetz[3] gilt entsprechend.

§ 187[4] [Disziplinar-, Schieds- und Berufsgerichtsbarkeit; Personalvertretungsrecht] (1) Die Länder können den Gerichten der Verwaltungsgerichtsbarkeit Aufgaben der Disziplinargerichtsbarkeit und der Schiedsgerichtsbarkeit bei Vermögensauseinandersetzungen öffentlich-rechtlicher Verbände übertragen, die-

(Fortsetzung nächstes Blatt)

---

[1] § 185 Abs. 2 geänd. durch G v. 24.6.1994 (BGBl. I S. 1374); Abs. 3 angef. mWv 10.12.2020 durch G v. 3.12.2020 (BGBl. I S. 2694).

[2] § 186 Satz 2 angef., bish. Wortlaut wird Satz 1 mWv 1.1.2005 durch G v. 21.12.2004 (BGBl. I S. 3599).

[3] **Schönfelder Nr. 95a.**

[4] § 187 Abs. 3 aufgeh. durch G v. 1.11.1996 (BGBl. I S. 1626).

620. Wehrpflichtgesetz (WPflG)

In der Fassung der Bekanntmachung vom 15. August 2011[1)]
(BGBl. I S. 1730)

FNA 50-1

geänd. durch Art. 8 Bundeswehrreform-Begleitgesetz v. 21.7.2012 (BGBl. I S. 1583), Art. 2 Abs. 3 15. G zur Änd. des SoldatenG v. 8.4.2013 (BGBl. I S. 730), Art. 2 Abs. 8 G zur Fortentwicklung des Meldewesens v. 3.5.2013 (BGBl. I S. 1084, geänd. durch G v. 20.11.2014, BGBl. I S. 1738), Art. 4 Bundeswehr-Einsatzbereitschaftsstärkungsgesetz v. 4.8.2019 (BGBl. I S. 1147), Art. 187 Elfte ZuständigkeitsanpassungsVO v. 19.6.2020 (BGBl. I S. 1328) und Art. 12 G zur Regelung des Erscheinungsbilds von Beamtinnen und Beamten sowie zur Änd. weiterer dienstrechtlicher Vorschriften v. 28.6.2021 (BGBl. I S. 2250)

Inhaltsübersicht[2)]

[1)] Neubekanntmachung des WehrpflichtG idF der Bek. v. 16.9.2008 (BGBl. I S. 1886) in der ab 1.7. 2011 geltenden Fassung.

[2)] Inhaltsübersicht geänd. mWv 13.4.2013 durch G v. 8.4.2013 (BGBl. I S. 730); geänd. mWv 9.8.2019 durch G v. 4.8.2019 (BGBl. I S. 1147).

Abschnitt 1. Wehrpflicht

Unterabschnitt 1. Umfang der Wehrpflicht

§ 1 Allgemeine Wehrpflicht. (1) Wehrpflichtig sind alle Männer vom vollendeten 18. Lebensjahr an, die Deutsche im Sinne des Grundgesetzes[1] sind und

1. ihren ständigen Aufenthalt in der Bundesrepublik Deutschland haben oder
2. ihren ständigen Aufenthalt außerhalb der Bundesrepublik Deutschland haben und entweder
   a) ihren früheren ständigen Aufenthalt in der Bundesrepublik Deutschland hatten oder
   b) einen Pass oder eine Staatsangehörigkeitsurkunde der Bundesrepublik Deutschland besitzen oder sich auf andere Weise ihrem Schutz unterstellt haben.

---

[1] Nr. 1.

des Wehrdienstes geleisteten anderen Dienstes eine Versicherung des Wehrpflichtigen an Eides statt verlangen.

§ 8a Tauglichkeitsgrade; Verwendungsgrade. (1) Folgende Tauglichkeitsgrade werden festgesetzt:
– wehrdienstfähig,
– vorübergehend nicht wehrdienstfähig,
– nicht wehrdienstfähig.

(2) [1] Wehrdienstfähige Wehrpflichtige sind nach Maßgabe des ärztlichen Urteils voll verwendungsfähig oder verwendungsfähig mit Einschränkung für bestimmte Tätigkeiten. [2] Im Rahmen ihrer Verwendungsfähigkeit stehen sie für den Wehrdienst zur Verfügung, soweit dieses Gesetz nichts anderes bestimmt.

Unterabschnitt 3. Wehrdienstausnahmen

§ 9 Wehrdienstunfähigkeit. Zum Wehrdienst wird nicht herangezogen, wer nicht wehrdienstfähig ist.

§ 10[1)] Ausschluss vom Wehrdienst. Vom Wehrdienst ist ausgeschlossen,
1. wer durch ein deutsches Gericht wegen eines Verbrechens zu Freiheitsstrafe von mindestens einem Jahr oder wegen einer vorsätzlichen Tat, die nach den Vorschriften über Friedensverrat, Hochverrat, Gefährdung des demokratischen Rechtsstaates oder Landesverrat und Gefährdung der äußeren Sicherheit strafbar ist, zu Freiheitsstrafe von sechs Monaten oder mehr verurteilt worden ist, es sei denn, dass die Eintragung über die Verurteilung im Zentralregister getilgt ist,
2. wer infolge Richterspruchs die Fähigkeit zur Bekleidung öffentlicher Ämter nicht besitzt,
3. wer einer Maßregel der Besserung und Sicherung nach den §§ 64, 66, 66a oder 66b des Strafgesetzbuches[2)] unterworfen ist, solange die Maßregel nicht erledigt ist,
4. wer unveränderliche Merkmale des Erscheinungsbilds aufweist, die mit den Vorgaben der Rechtsverordnung nach § 4 Absatz 4 des Soldatengesetzes[3)] nicht vereinbar sind.

§ 11[4)] Befreiung vom Wehrdienst. (1) Vom Wehrdienst sind befreit
1. ordinierte Geistliche evangelischen Bekenntnisses,
2. Geistliche römisch-katholischen Bekenntnisses, die die Diakonatsweihe empfangen haben,
3. hauptamtlich tätige Geistliche anderer Bekenntnisse, deren Amt dem eines ordinierten Geistlichen evangelischen oder eines Geistlichen römisch-katholischen Bekenntnisses, der die Diakonatsweihe empfangen hat, entspricht,
4. schwerbehinderte Menschen,
5. Wehrpflichtige, die auf Grund eines völkerrechtlichen Vertrages für die Dauer einer Tätigkeit in einer internationalen Behörde eine entsprechende Befreiung genießen.

---

1) § 10 Nr. 3 geänd., Nr. 4 angef. mWv 7.7.2021 durch G v. 28.6.2021 (BGBl. I S. 2250).
2) **Schönfelder Nr. 85.**
3) **Sartorius III Nr. 850.**
4) § 11 Abs. 2 Satz 2 geänd. mWv 9.8.2019 durch G v. 4.8.2019 (BGBl. I S. 1147).

(2) [1] Vom Wehrdienst sind Wehrpflichtige auf Antrag zu befreien,

1. deren Vater, Mutter, Bruder oder Schwester an den Folgen einer Wehr- oder Zivildienstbeschädigung verstorben ist,
2. deren zwei Geschwister
   a) Grundwehrdienst von der in § 5 Absatz 1a bestimmten Dauer,
   b) Zivildienst von der in § 24 Absatz 2 des Zivildienstgesetzes[1)] bestimmten Dauer,
   c) Dienst im Zivilschutz oder Katastrophenschutz nach § 13a Absatz 1 Satz 1 dieses Gesetzes oder nach § 14 Absatz 1 des Zivildienstgesetzes,
   d) Entwicklungsdienst nach § 13b Absatz 1 dieses Gesetzes oder nach § 14a Absatz 1 des Zivildienstgesetzes,
   e) einen anderen Dienst im Ausland nach § 14b Absatz 1 des Zivildienstgesetzes,
   f) einen freiwilligen Dienst nach dem Jugendfreiwilligendienstegesetz[2)] von mindestens sechs Monaten,
   g) ein freies Arbeitsverhältnis nach § 15a Absatz 1 des Zivildienstgesetzes oder
   h) Wehrdienst von höchstens zwei Jahren Dauer als Soldatin auf Zeit oder Soldat auf Zeit

   geleistet haben oder
3. die
   a) verheiratet sind,
   b) eingetragene Lebenspartner sind oder
   c) die elterliche Sorge gemeinsam oder als Alleinerziehende ausüben.

[2] Der Antrag ist frühestens nach Mitteilung der Erfassung durch die Erfassungsbehörde (§ 15 Absatz 1 Satz 2) und spätestens bis zum Abschluss der Musterung schriftlich, elektronisch oder zur Niederschrift beim Karrierecenter der Bundeswehr zu stellen, es sei denn, der Befreiungsgrund tritt erst später ein oder wird später bekannt. [3] Er ist zu begründen.

§ 12 Zurückstellung vom Wehrdienst. (1) Vom Wehrdienst wird zurückgestellt,

1. wer vorübergehend nicht wehrdienstfähig ist,
2. wer, abgesehen von den Fällen des § 10, Freiheitsstrafe, Strafarrest, Jugendstrafe oder Jugendarrest verbüßt, sich in Untersuchungshaft befindet oder nach § 63 des Strafgesetzbuches[3)] in einem psychiatrischen Krankenhaus untergebracht ist.

(1a) Vom Wehrdienst wird ferner zurückgestellt, wer auf Grund eines völkerrechtlichen Vertrages für die Dauer einer Tätigkeit in einer internationalen Behörde nicht zum Wehrdienst herangezogen werden kann.

(2) [1] Vom Wehrdienst werden Wehrpflichtige, die sich auf das geistliche Amt (§ 11) vorbereiten, auf Antrag zurückgestellt. [2] Hierzu sind beizubringen:

[1)] Nr. **625**.
[2)] Nr. **390**.
[3)] **Schönfelder Nr. 85.**

800. Gewerbeordnung[1)]

In der Fassung der Bekanntmachung vom 22. Februar 1999[2)]

(BGBl. I S. 202)

FNA 7100-1

geänd. durch Art. 2 Zweites Euro-EinführungsG v. 24.3.1999 (BGBl. I S. 385), Art. 26 Viertes Euro-EinführungsG v. 21.12.2000 (BGBl. I S. 1983), Art. 4 Zweites G zur Änd. reiserechtl. Vorschriften v. 23.7.2001 (BGBl. I S. 1658), Art. 131 Siebente ZuständigkeitsanpassungsVO v. 29.10.2001 (BGBl. I S. 2785), Art. 8 Neuntes Euro-EinführungsG v. 10.11.2001 (BGBl. I S. 2992), Art. 2 GaststättenG-GewerbeO-ÄndG v. 13.12.2001 (BGBl. I S. 3584), Art. 3 Viertes G zur Änd. des BundeszentralregisterG v. 23.4.2002 (BGBl. I S. 1406), Art. 3 WirtschaftsnummervorbereitungsG v. 22.5.2002 (BGBl. I S. 1644), Art. 11 Nr. 17 ZuwanderungsG v. 20.6.2002 (BGBl. I S. 1946, nichtig gem. Urt. des BVerfG v. 18.12.2002 - 2 BvF 1/02 -), Art. 1 Bewachungsgewerberechts-ÄndG v. 23.7.2002 (BGBl. I S. 2724), Art. 11 Schwarzarbeit-Bekämpfungs-ErleichterungsG v. 23.7.2002 (BGBl. I S. 2787), Art. 1 Drittes Gewerberechts-ÄndG v. 24.8.2002 (BGBl. I S. 3412), Art. 9 Waffenrechts-NeuregelungsG v. 11.10.2002 (BGBl. I S. 3970), Art. 108 Achte ZuständigkeitsanpassungsVO v. 25.11.2003 (BGBl. I S. 2304), Art. 67 Drittes G für moderne Dienstleistungen am Arbeitsmarkt v. 23.12.2003 (BGBl. I S. 2848), Art. 4 Drittes G zur Änd. der Handwerksordnung und and. handwerksrechtlicher Vorschriften v. 24.12.2003 (BGBl. I S. 2934), Art. 35a Viertes G für moderne Dienstleistungen am Arbeitsmarkt v. 24.12.2003 (BGBl. I S. 2954), Art. 10 G zur Intensivierung der Bekämpfung der Schwarzarbeit und damit zusammenhängender Steuerhinterziehung v. 23.7.2004 (BGBl. I S. 1842), Art. 11 Nr. 18 ZuwanderungsG v. 30.7.2004 (BGBl. I S. 1950), Art. 12 Kommunales OptionsG v. 30.7.2004 (BGBl. I S. 2014), Art. 9 Bürokratieabbau- und DeregulierungsG v. 21.6.2005 (BGBl. I S. 1666), Art. 2 Abs. 2 Siebtes ÄndG v. 7.7.2005 (BGBl. I S. 1954), Art. 3a G zur Änd. des GemeindefinanzreformG und and. G v. 6.9.2005 (BGBl. I S. 2725), Art. 11 Erstes G zum Abbau bürokratischer Hemmnisse insbesondere in der mittelständischen Wirtschaft v. 22.8.2006 (BGBl. I S. 1970), Art. 144 Neunte ZuständigkeitsanpassungsVO v. 31.10.2006 (BGBl. I S. 2407), Art. 3 G zur Errichtung und zur Regelung der Aufgaben des BfJ v. 17.12.2006 (BGBl. I S. 3171), Art. 1 G zur Neuregelung des Versicherungsvermittlerrechts v. 19.12.2006 (BGBl. I S. 3232), Art. 3 G zur Ausführung des UNESCO-Übk über Maßnahmen zum Verbot und zur Verhütung der rechtswidrigen Einfuhr, Ausfuhr und Übereignung von Kulturgut v. 18.5.2007 (BGBl. I S. 757, ber. S. 2547, iVm Bek. v. 28.3.2008, BGBl. II S. 235), Art. 5 Finanzmarktrichtlinie-UmsetzungsG v. 16.7.2007 (BGBl. I S. 1330), Art. 9 Zweites BürokratieabbauG v. 7.9.2007 (BGBl. I S. 2246), Art. 14 G zur Änd. des SGB IV und and. Gesetze v. 19.12.2007 (BGBl. I S. 3024), Art. 9 InvestmentänderungsG v. 21.12.2007 (BGBl. 2007 I S. 3089), Art. 9 G zur Vereinfachung und Anpassung statistischer Rechtsvorschriften v. 17.3.2008 (BGBl. I S. 399), Art. 11 Abs. 5 UnfallversicherungsmodernisierungsG v. 30.10.2008 (BGBl. I S. 2130), Art. 1 G zur Umsetzung der RL 2005/36/EG über die Anerkennung von Berufsqualifikationen in der GewerbeO v. 12.12.2008 (BGBl. I S. 2423), Art. 92 FGG-ReformG v. 17.12.2008 (BGBl. I S. 2586), Art. 9 Drittes MittelstandsentlastungsG v. 17.3.2009 (BGBl. I S. 550), Art. 7 ELENA-VerfahrensG v. 28.3.2009 (BGBl. I S. 634), Art. 3 Erstes G zur Änd. des G über die Festsetzung von Mindestarbeitsbedingungen v. 22.4.2009 (BGBl. I S. 818), Art. 1 G zur Umsetzung der DienstleistungsRL im Gewerberecht und in weiteren Rechtsvorschriften v. 17.7.2009 (BGBl. I S. 2091), Art. 4 Abs. 14 G zur Reform der Sachaufklärung in der Zwangsvollstreckung v. 29.7.2009 (BGBl. I S. 2258), Art. 1 G zur Änd. gewerberechtl. Vorschriften v. 11.7.2011 (BGBl. I S. 1341), Art. 8 G zur Änd. des BeherbergungsstatistikG und des HandelsstatistikG sowie zur Aufhebung von Vorschriften zum Verfahren des elektronischen Entgeltnachweises v. 23.11.2011 (BGBl. I S. 2298), Art. 7 G zur Umsetzung der RL 2010/78/EU im Hinblick auf die Errichtung des Europäischen Finanzaufsichtssystems v. 4.12.2011 (BGBl. I S. 2427), Art. 5 G zur Novellierung des Finanzanlagenvermittler- und Vermögensanlagenrechts v. 6.12. *2011 (BGBl. I S. 2481),* Art. 4 G zur Verbesserung der Feststellung und Anerkennung im Ausland erworbener Berufsqualifikationen v. 6.12.2011 (BGBl. I S. 2515), Art. 3 G zur Verbesserung des Aus-

---

[1)] Die Änderungen durch G v. 18.7.2016 (BGBl. I S. 1666) treten teilweise erst **mWv 1.10.2021**, die Änderungen durch G v. 18.7.2017 (BGBl. I S. 2739, geänd. durch Art. 11 G v. 18.1.2021, BGBl. I S. 2) treten erst **mit noch unbestimmtem Datum**, die Änderungen durch VO v. 19.6.2020 (BGBl. I S. 1328) treten teilweise erst **mWv 1.10.2021**, die Änderung durch G v. 3.6.2021 (BGBl. I S. 1568) tritt erst **mWv 1.7.2022** und die Änderung durch G v. 7.7.2021 (BGBl. I S. 2363) tritt erst **mWv 1.8.2022** in Kraft und ist im Text noch nicht berücksichtigt.

[2)] Neubekanntmachung der GewO idF der Bek. v. 1.1.1987 (BGBl. I S. 425) in der ab 1.1.1999 geltenden Fassung.

tauschs von strafregisterrechtl. Daten zwischen den Mitgliedstaaten der Europäischen Union und zur Änd. registerrechtl. Vorschriften v. 15.12.2011 (BGBl. I S. 2714), Art. 1 G zur Änd. der Gewerbeordnung und anderer G v. 5.12.2012 (BGBl. I S. 2415), Art. 1 G zur Einführung eines Zulassungsverfahrens für Bewachungsunternehmen auf Seeschiffen v. 4.3.2013 (BGBl. I S. 362, geänd. durch Art. 2 G v. 24.4.2013, BGBl. I S. 930), Art. 3 G über konjunkturstatistische Erhebungen in bestimmten Dienstleistungsbereichen und zur Änd. von Vorschriften des Zulassungsverfahrens für Bewachungsunternehmen auf Seeschiffen v. 24.4.2013 (BGBl. I S. 930), Art. 5 Abs. 6 Achtes G zur Änd. des GWB v. 26.6.2013 (BGBl. I S. 1738), Art. 17 AIFM-UmsetzungsG v. 4.7.2013 (BGBl. I S. 1981), Art. 3 HonoraranlageberatungsG v. 15.7.2013 (BGBl. I S. 2390), Art. 9 G zur Neuregelung des gesetzlichen Messwesens v. 25.7.2013 (BGBl. I S. 2722), Art. 18 G zur Förderung der elektronischen Verwaltung sowie zur Änd. weiterer Vorschriften v. 25.7.2013 (BGBl. I S. 2749), Art. 2 Abs. 79, Art. 3 Abs. 11 und Art. 4 Abs. 61 G zur Strukturreform des Gebührenrechts des Bundes v. 7.8.2013 (BGBl. I S. 3154, geänd. durch G v. 18.7.2016, BGBl. I S. 1666), Art. 6 Fünftes G zur Änd. des StraßenverkehrsG und anderer Gesetze v. 28.8.2013 (BGBl. I S. 3313), Art. 2 G zur Änd. des BundeszentralregisterG und anderer registerrechtlicher Vorschriften v. 6.9.2013 (BGBl. I S. 3556), Art. 11 G zur Anpassung von Gesetzen auf dem Gebiet des Finanzmarktes v. 15.7.2014 (BGBl. I S. 934), Art. 11 TarifautonomiestärkungsG v. 11.8.2014 (BGBl. I S. 1348), Art. 2 G zur Änd. des StraßenverkehrsG, der GewerbeO und des BundeszentralregisterG v. 28.11.2014 (BGBl. I S. 1802), Art. 2 Abs. 33 G zur Modernisierung der Finanzaufsicht über Versicherungen v. 1.4.2015 (BGBl. I S. 434), Art. 10 Fünftes G zur Änd. des Vierten Buches Sozialgesetzbuch und anderer G v. 15.4.2015 (BGBl. I S. 583), Art. 11 KleinanlegerschutzG v. 3.7.2015 (BGBl. I S. 1114), Art. 275, Art. 625 und Art. 626 Abs. 3 Zehnte ZuständigkeitsanpassungsVO v. 31.8.2015 (BGBl. I S. 1474, geänd. durch G v. 18.7.2016, BGBl. I S. 1666), Art. 2 G zur Änd. des BerufsqualifikationsfeststellungsG und anderer Gesetze v. 22.12.2015 (BGBl. I S. 2572), Art. 2 Abs. 7 VergaberechtsmodernisierungsG v. 17.2.2016 (BGBl. I S. 203), Art. 10 G zur Umsetzung der WohnimmobilienkreditRL und zur Änd. handelsrechtlicher Vorschriften v. 11.3.2016 (BGBl. I S. 396), Art. 13 Erstes FinanzmarktnovellierungsG v. 30.6.2016 (BGBl. I S. 1514), Art. 2, Art. 3 Abs. 10, Art. 4 Abs. 58, Art. 5 Abs. 9 G zur Aktualisierung der Strukturreform des Gebührenrechts des Bundes v. 18.7.2016 (BGBl. I S. 1666), Art. 9 G zur Neuregelung des Kulturgutschutzrechts v. 31.7.2016 (BGBl. I S. 1914), Art. 5 G zur Regulierung des Prostitutionsgewerbes v. 21.10.2016 (BGBl. I S. 2372), Art. 1 G zur Änd. bewachungsrechtlicher Vorschriften v. 4.11.2016 (BGBl. I S. 2456, geänd. durch G v. 29.11.2018, BGBl. I S. 2666), Art. 16 6. SGB IV-ÄnderungsG v. 11.11.2016 (BGBl. I S. 2500), Art. 97 G zum Abbau verzichtbarer Anordnungen der Schriftform im Verwaltungsrecht des Bundes v. 29.3. 2017 (BGBl. I S. 626), Art. 2 Abs. 3 52. G zur Änd. des StGB – Stärkung des Schutzes von Vollstreckungsbeamten und Rettungskräften v. 23.5.2017 (BGBl. I S. 1226), Art. 20 Zweites FinanzmarktnovellierungsG v. 23.6.2017 (BGBl. I S. 1693), Art. 16 G zur Umsetzung der Vierten EU-GeldwäscheRL, zur Ausführung der EU-GeldtransferVO und zur Neuorganisation der Zentralstelle für Finanztransaktionsuntersuchungen v. 23.6.2017 (BGBl. I S. 1822), Art. 4 Drittes G zur Änd. reiserechtlicher Vorschriften v. 17.7.2017 (BGBl. I S. 2394), Art. 3 Siebtes G zur Änd. des BundeszentralregisterG v. 18.7.2017 (BGBl. I S. 2732, ber. S. 3431, geänd. durch Art. 53 G v. 20.11.2019, BGBl. I S. 1626), Art. 2 Abs. 3 G zur Einführung eines Wettbewerbsregisters und zur Änd. des G gegen Wettbewerbsbeschränkungen v. 18.7.2017 (BGBl. I S. 2739, geänd. durch G v. 18.1.2021, BGBl. I S. 2)), Art. 1 G zur Umsetzung der Richtlinie (EU) 2016/97 über Versicherungsvertrieb und zur Änd. weiterer Gesetze v. 20.7.2017 (BGBl. I S. 2789), Art. 1 G zur Einführung einer Berufszulassungsregelung für gewerbliche Immobilienmakler und Wohnimmobilienverwalter v. 17.10.2017 (BGBl. I S. 3562), Art. 2 G zur Änd. des AkkreditierungsstellenG und der GewerbeO v. 11.12.2018 (BGBl. I S. 2354), Art. 1, 2 Zweites G zur Änd. bewachungsrechtlicher Vorschriften v. 29.11.2018 (BGBl. I S. 2666), Art. 5 Abs. 11 G zur Einführung einer Karte für Unionsbürger und Angehörige des Europäischen Wirtschaftsraums mit Funktion zum elektronischen Identitätsnachweis sowie zur Änd. des PersonalausweisG und weiterer Vorschriften[1] v. 21.6.2019 (BGBl. I S. 846), Art. 81 Zweites Datenschutz-Anpassungs- und UmsetzungsG EU v. 20.11.2019 (BGBl. I S. 1626), Art. 15 Drittes BürokratieentlastungsG v. 22.11.2019 (BGBl. I S. 1746), Art. 19 Siebtes G zur Änd. des Vierten Buches SGB und anderer Gesetze v. 12.6. 2020 (BGBl. I S. 1248), Art. 222, 360 Abs. 3 Elfte ZuständigkeitsanpassungsVO v. 19.6.2020 (BGBl. I S. 1328), Art. 5 G zur Umsetzung der VerhältnismäßigkeitsRL (RL (EU) 2018/958) im Bereich öffentlich-rechtlicher Körperschaften v. 19.6.2020 (BGBl. I S. 1403), Art. 20 Sanierungs- und InsolvenzrechtsfortentwicklungsG v. 22.12.2020 (BGBl. I S. 3256), Art. 9 G zur Verbesserung des Verbraucherschutzes im Inkassorecht und zur Änd. weiterer Vorschriften v. 22.12.2020 (BGBl. I S. 3320), Art. 13 G zur weiteren Verkürzung des Restschuldbefreiungsverfahrens und zur Anpassung pandemiebedingter Vorschriften im Gesellschafts-, Genossenschafts-, Vereins- und Stiftungsrecht sowie im Miet- und Pachtrecht v. 22.12.2020 (BGBl. I S. 3328), Art. 9b ArbeitsschutzkontrollG v. 22.12.2020 (BGBl. I

---

[1] Die Änd. des Inkrafttretens dieses G durch Art. 154a G v. 20.11.2019 (BGBl. I S. 1626) ist unbeachtlich, da das G bei Erlass des ÄndG bereits in Kraft getreten war.

S. 3334), Art. 3 GWB-DigitalisierungsG v. 18.1.2021 (BGBl. I S. 2), Art. 5 Abs. 4 G zur Verbesserung der strafrechtlichen Bekämpfung der Geldwäsche v. 9.3.2021 (BGBl. I S. 327), Art. 7 Abs. 25 G zur Umsetzung der RL (EU) 2019/2034 über die Beaufsichtigung von Wertpapierinstituten v. 12.5.2021 (BGBl. I S. 990), Art. 26 Abs. 4 FinanzmarktintegritätsstärkungsG v. 3.6.2021 (BGBl. I S. 1534), Art. 22 G zur begleitenden Ausführung der VO (EU) 2020/1503 und der Umsetzung der RL EU 2020/1504 v. 3.6.2021 (BGBl. I S. 1568), Art. 4 G über die Insolvenzsicherung durch Reisesicherungsfonds und zur Änd. reiserechtlicher Vorschriften v. 25.6.2021 (BGBl. I S. 2114) und Art. 34 G zur Neuregelung des Berufsrechts der anwaltlichen und steuerberatenden Berufsausübungsgesellschaften sowie zur Änd. weiterer Vorschriften im Bereich der rechtsberatenden Berufe v. 7.7.2021 (BGBl. I S. 2363)

(Fortsetzung nächstes Blatt)

Rechtsverordnung nicht mit ihr befasst, so wird die unveränderte Rechtsverordnung dem Bundesrat zugeleitet.

(2) [1] In der Rechtsverordnung nach Absatz 1 Satz 1 kann die Befugnis des Versicherungsvermittlers zur Entgegennahme und zur Verwendung von Vermögenswerten des Versicherungsnehmers oder für diesen bestimmten Vermögenswerten beschränkt werden, soweit dies zum Schutz des Versicherungsnehmers erforderlich ist. [2] In der Rechtsverordnung nach Absatz 1 Satz 1 kann ferner bestimmt werden, dass über die Erfüllung der Verpflichtungen im Sinne des Absatzes 1 Satz 1 Nummer 2 Buchstabe b Aufzeichnungen zu führen sind und die Einhaltung der Verpflichtungen im Sinne des Absatzes 1 Satz 1 Nummer 2 Buchstabe b auf Kosten des Versicherungsvermittlers regelmäßig oder aus besonderem Anlass zu überprüfen und der zuständigen Behörde der Prüfungsbericht vorzulegen ist, soweit es zur wirksamen Überwachung erforderlich ist; hierbei können die Einzelheiten der Prüfung, insbesondere deren Anlass, Zeitpunkt und Häufigkeit, die Auswahl, Bestellung und Abberufung der Prüfer, deren Rechte, Pflichten und Verantwortlichkeit, der Inhalt des Prüfberichts, die Verpflichtungen des Versicherungsvermittlers gegenüber dem Prüfer sowie das Verfahren bei Meinungsverschiedenheiten zwischen dem Prüfer und dem Versicherungsvermittler, geregelt werden.

(3) [1] In der Rechtsverordnung nach Absatz 1 Satz 1 kann ferner bestimmt werden, dass die Einhaltung der Vorschriften über die wirtschaftliche Unabhängigkeit des Versicherungsberaters auf seine Kosten regelmäßig oder aus besonderem Anlass zu überprüfen und der zuständigen Behörde der Prüfungsbericht vorzulegen ist, soweit es zur wirksamen Überwachung erforderlich ist; hierbei können die Einzelheiten der Prüfung, insbesondere deren Anlass, Zeitpunkt und Häufigkeit, die Auswahl, Bestellung und Abberufung der Prüfer, deren Rechte, Pflichten und Verantwortlichkeit, der Inhalt des Prüfberichts, die Verpflichtungen des Versicherungsberaters gegenüber dem Prüfer sowie das Verfahren bei Meinungsverschiedenheiten zwischen dem Prüfer und dem Versicherungsberater, geregelt werden. [2] Zur Überwachung der wirtschaftlichen Unabhängigkeit kann in der Rechtsverordnung bestimmt werden, dass der Versicherungsberater über die Einnahmen aus seiner Tätigkeit Aufzeichnungen zu führen hat.

§ 34f[1)] Finanzanlagenvermittler. (1) [1] Wer im Umfang der Bereichsausnahme des § 2 Absatz 6 Satz 1 Nummer 8 des Kreditwesengesetzes[2)] gewerbsmäßig zu

1. Anteilen oder Aktien an inländischen offenen Investmentvermögen, offenen EU-Investmentvermögen oder ausländischen offenen Investmentvermögen, die nach dem Kapitalanlagegesetzbuch vertrieben werden dürfen,
2. Anteilen oder Aktien an inländischen geschlossenen Investmentvermögen, geschlossenen EU-Investmentvermögen oder ausländischen geschlossenen Investmentvermögen, die nach dem Kapitalanlagegesetzbuch vertrieben werden dürfen,
3. Vermögensanlagen im Sinne des § 1 Absatz 2 des Vermögensanlagengesetzes

---

[1)] § 34f eingef. mWv 1.1.2013 durch G v. 6.12.2011 (BGBl. I S. 2481); Abs. 1 Satz 1 Nr. 2 und Abs. 2 Nr. 2 geänd. mWv 1.1.2013 durch G v. 5.12.2012 (BGBl. I S. 2415); Abs. 1 Satz 1 Nr. 1 und 3 geänd., Nr. 2 und Abs. 3 Nr. 2 neu gef mWv 22.7.2013 durch G v. 4.7.2013 (BGBl. I S. 1981); Abs. 1 Satz 1 neu gef. mWv 19.7.2014 durch G v. 15.7.2014 (BGBl. I S. 934); Abs. 3 Nr. 3 geänd. mWv 2.7.2016 durch G v. 30.6.2016 (BGBl. I S. 1514); Abs. 3 Nr. 4 geänd., Nr. 5 angef. mWv 26.6.2021 durch G v. 12.5.2021 (BGBl. I S. 990).

[2)] **Sartorius ErgBd. Nr. 856.**

Anlagevermittlung im Sinne des § 1 Absatz 1a Nummer 1 des Kreditwesengesetzes oder Anlageberatung im Sinne des § 1 Absatz 1a Nummer 1a des Kreditwesengesetzes erbringen will (Finanzanlagenvermittler), bedarf der Erlaubnis der zuständigen Behörde. [2] Die Erlaubnis kann inhaltlich beschränkt oder mit Auflagen verbunden werden, soweit dies zum Schutz der Allgemeinheit oder der Anleger erforderlich ist; unter denselben Voraussetzungen sind auch die nachträgliche Aufnahme, Änderung und Ergänzung von Auflagen zulässig. [3] Die Erlaubnis nach Satz 1 kann auf die Anlageberatung zu und die Vermittlung von Verträgen über den Erwerb von einzelnen Kategorien von Finanzanlagen nach Nummer 1, 2 oder 3 beschränkt werden.

(2) Die Erlaubnis ist zu versagen, wenn

1. Tatsachen die Annahme rechtfertigen, dass der Antragsteller oder eine der mit der Leitung des Betriebs oder einer Zweigniederlassung beauftragten Personen die für den Gewerbebetrieb erforderliche Zuverlässigkeit nicht besitzt; die erforderliche Zuverlässigkeit besitzt in der Regel nicht, wer in den letzten fünf Jahren vor Stellung des Antrags wegen eines Verbrechens oder wegen Diebstahls, Unterschlagung, Erpressung, Betrugs, Untreue, Geldwäsche, Urkundenfälschung, Hehlerei, Wuchers oder einer Insolvenzstraftat rechtskräftig verurteilt worden ist,
2. der Antragsteller in ungeordneten Vermögensverhältnissen lebt; dies ist in der Regel der Fall, wenn über das Vermögen des Antragstellers das Insolvenzverfahren eröffnet worden oder er in das vom Insolvenzgericht oder vom Vollstreckungsgericht zu führende Verzeichnis (§ 26 Absatz 2 der Insolvenzordnung[1]), § 882b der Zivilprozessordnung[2]) eingetragen ist,
3. der Antragsteller den Nachweis einer Berufshaftpflichtversicherung nicht erbringen kann oder
4. der Antragsteller nicht durch eine vor der Industrie- und Handelskammer erfolgreich abgelegte Prüfung nachweist, dass er die für die Vermittlung von und Beratung über Finanzanlagen im Sinne des Absatzes 1 Satz 1 notwendige Sachkunde über die fachlichen und rechtlichen Grundlagen sowie über die Kundenberatung besitzt; die Sachkunde ist dabei im Umfang der beantragten Erlaubnis nachzuweisen.

(3) Keiner Erlaubnis nach Absatz 1 bedürfen

1. Kreditinstitute, für die eine Erlaubnis nach § 32 Absatz 1 des Kreditwesengesetzes erteilt wurde, und Zweigstellen von Unternehmen im Sinne des § 53b Absatz 1 Satz 1 des Kreditwesengesetzes,
2. Kapitalverwaltungsgesellschaften, für die eine Erlaubnis nach § 7 Absatz 1 des Investmentgesetzes in der bis zum 21. Juli 2013 geltenden Fassung erteilt wurde, die für den in § 345 Absatz 2 Satz 1, Absatz 3 Satz 2 in Verbindung mit Absatz 2 Satz 1, oder Absatz 4 Satz 1 des Kapitalanlagegesetzbuchs vorgesehenen Zeitraum noch fortbesteht oder Kapitalverwaltungsgesellschaften, für die eine Erlaubnis nach den §§ 20, 21 oder §§ 20, 22 des Kapitalanlagegesetzbuchs erteilt wurde, ausländische AIF-Verwaltungsgesellschaften, für die eine Erlaubnis nach § 58 des Kapitalanlagegesetzbuchs erteilt wurde und Zweigniederlassungen von Unternehmen im Sinne von § 51 Absatz 1 Satz 1, § 54 Absatz 1 oder § 66 Absatz 1 des Kapitalanlagegesetzbuchs,

---

[1]) **Schönfelder Nr. 110.**
[2]) **Schönfelder Nr. 100.**

3. Finanzdienstleistungsinstitute in Bezug auf Vermittlungstätigkeiten oder Anlageberatung, für die ihnen eine Erlaubnis nach § 32 Absatz 1 des Kreditwesengesetzes erteilt wurde oder für die eine Erlaubnis nach § 64e Absatz 2, § 64i Absatz 1 oder § 64n des Kreditwesengesetzes als erteilt gilt,
4. Gewerbetreibende in Bezug auf Vermittlungs- und Beratungstätigkeiten nach Maßgabe des § 2 Absatz 10 Satz 1 des Kreditwesengesetzes,
5. Wertpapierinstitute in Bezug auf Vermittlungstätigkeiten oder Anlageberatung, soweit ihnen eine Erlaubnis nach § 15 Absatz 1 des Wertpapierinstitutsgesetzes erteilt wurde oder eine Erlaubnis nach § 86 Absatz 1 des Wertpapierinstitutsgesetzes als erteilt gilt.

(4) [1] Gewerbetreibende nach Absatz 1 dürfen direkt bei der Beratung und Vermittlung mitwirkende Personen nur beschäftigen, wenn sie sicherstellen, dass diese Personen über einen Sachkundenachweis nach Absatz 2 Nummer 4 verfügen und geprüft haben, ob sie zuverlässig sind. [2] Die Beschäftigung einer direkt bei der Beratung und Vermittlung mitwirkenden Person kann dem Gewerbetreibenden untersagt werden, wenn Tatsachen die Annahme rechtfertigen, dass die Person die für ihre Tätigkeit erforderliche Sachkunde oder Zuverlässigkeit nicht besitzt.

(5) Gewerbetreibende nach Absatz 1 sind verpflichtet, sich unverzüglich nach Aufnahme ihrer Tätigkeit über die für die Erlaubniserteilung zuständige Behörde entsprechend dem Umfang der Erlaubnis in das Register nach § 11a Absatz 1 eintragen zu lassen; ebenso sind Änderungen der im Register gespeicherten Angaben der Registerbehörde unverzüglich mitzuteilen.

(6) [1] Gewerbetreibende nach Absatz 1 haben die unmittelbar bei der Beratung und Vermittlung mitwirkenden Personen im Sinne des Absatzes 4 unverzüglich nach Aufnahme ihrer Tätigkeit bei der Registerbehörde zu melden und eintragen zu lassen. [2] Änderungen der im Register gespeicherten Angaben sind der Registerbehörde unverzüglich mitzuteilen.

§ 34g[1) 2)] Verordnungsermächtigung. (1) [1] Das Bundesministerium für Wirtschaft und Energie hat im Einvernehmen mit dem Bundesministerium der Finanzen und dem Bundesministerium der Justiz und für Verbraucherschutz durch Rechtsverordnung mit Zustimmung des Bundesrates zum Schutze der Allgemeinheit und der Anleger Vorschriften zu erlassen über den Umfang der Verpflichtungen des Gewerbetreibenden bei der Ausübung des Gewerbes eines Finanzanlagenvermittlers und Honorar-Finanzanlagenberaters und zur Umsetzung der Verordnung (EU) Nr. 1286/2014. [2] Die Rechtsverordnung hat Vorschriften zu enthalten über

1. die Informationspflichten gegenüber dem Anleger, einschließlich einer Pflicht, Provisionen und andere Zuwendungen offenzulegen und dem Anleger ein Informationsblatt über die jeweilige Finanzanlage zur Verfügung zu stellen,

---

1) § 34g eingef. mWv 13.12.2011 durch G v. 6.12.2011 (BGBl. I S. 2481); Abs. 1 Satz 1, Satz 2 Nr. 3 geänd., Nr. 4 angef., Abs. 2 Satz 1 Nr. 5 geänd., Nr. 6 angef. mWv 19.7.2013 durch G v. 15.7.2013 (BGBl. I S. 2390); Abs. 1 Satz 1 geänd., Abs. 2 Satz 1 Nr. 6 geänd., Nr. 7 angef. mWv 10.7.2015 durch G v. 3.7.2015 (BGBl. I S. 1114); Abs. 1 Satz 1 und Satz 2 Nr. 4 geänd., Nr. 5 angef. mWv 2.7.2016 durch G v. 30.6.2016 (BGBl. I S. 1514); Abs. 1 Satz 2 Nr. 3 und Satz 3 geänd. mWv 3.1.2018 durch G v. 23.6. 2017 (BGBl. I S. 1693); Abs. 1 Satz 2 Nr. 3 geänd. mWv 29.7.2017 durch G v. 20.7.2017 (BGBl. I S. 2789); Abs. 1 Satz 2 Nr. 3 und 5 geänd., Nr. 6 und 7 angef. mWv 15.12.2018 durch G v. 11.12.2018 (BGBl. I S. 2354).

2) Siehe die FinanzanlagenvermittlungsVO v. 2.5.2012 (BGBl. I S. 1006), zuletzt geänd. durch VO v. 9.10.2019 (BGBl. I S. 1434).

2. die bei dem Anleger einzuholenden Informationen, die erforderlich sind, um diesen anlage- und anlegergerecht zu beraten,
3. die Dokumentationspflichten des Gewerbetreibenden einschließlich einer Pflicht, Geeignetheitserklärungen zu erstellen und dem Anleger zur Verfügung zu stellen, sowie die Pflicht des Gewerbetreibenden, telefonische Beratungsgespräche und die elektronische Kommunikation mit Kunden in deren Kenntnis aufzuzeichnen und zu speichern,
4. die Auskehr der Zuwendungen durch den Honorar-Finanzanlagenberater an den Anleger,
5. Sanktionen und Maßnahmen nach Artikel 24 Absatz 2 der Verordnung (EU) Nr. 1286/2014, einschließlich des Verfahrens,
6. die Struktur der Vergütung der in dem Gewerbebetrieb beschäftigten Personen sowie die Verpflichtung, Interessenkonflikte zu vermeiden und bestehende offenzulegen,
7. die Pflicht, sich die erforderlichen Informationen über die jeweilige Finanzanlage einschließlich des für diese bestimmten Zielmarktes im Sinne des § 63 Absatz 4 in Verbindung mit § 80 Absatz 12 des Wertpapierhandelsgesetzes[1] zu beschaffen und diese bei der Anlageberatung und Anlagevermittlung zu berücksichtigen.

[3] Hinsichtlich der Informations-, Beratungs- und Dokumentationspflichten ist hierbei ein dem Abschnitt 11 des Wertpapierhandelsgesetzes vergleichbares Anlegerschutzniveau herzustellen.

(2) [1] Die Rechtsverordnung kann auch Vorschriften enthalten

1. zur Pflicht, Bücher zu führen und die notwendigen Daten über einzelne Geschäftsvorgänge sowie über die Anleger aufzuzeichnen,
2. zur Pflicht, der zuständigen Behörde Anzeige beim Wechsel der mit der Leitung des Betriebes oder einer Zweigniederlassung beauftragten Personen zu erstatten und hierbei bestimmte Angaben zu machen,
3. zu den Inhalten und dem Verfahren für die Sachkundeprüfung nach § 34f Absatz 2 Nummer 4, den Ausnahmen von der Erforderlichkeit der Sachkundeprüfung sowie der Gleichstellung anderer Berufsqualifikationen mit der Sachkundeprüfung, der Zuständigkeit der Industrie- und Handelskammern sowie der Berufung eines Aufgabenauswahlausschusses,
4. zum Umfang der und zu inhaltlichen Anforderungen an die nach § 34f Absatz 2 Nummer 3 erforderliche Haftpflichtversicherung, insbesondere über die Höhe der Mindestversicherungssumme, die Bestimmung der zuständigen Behörde im Sinne des § 117 Absatz 2 des Versicherungsvertragsgesetzes[2], über den Nachweis über das Bestehen der Haftpflichtversicherung und Anzeigepflichten des Versicherungsunternehmens gegenüber den Behörden und den Anlegern,

(Fortsetzung nächstes Blatt)

[1] **Schönfelder ErgBd. Nr. 58.**
[2] **Schönfelder Nr. 62.**

(3) [1] Soweit an den Antragsteller nach Absatz 1 Satz 2 in seinem Herkunftsstaat außerhalb der Sachkunde liegende Anforderungen gestellt wurden, die den nach § 36 Absatz 1 geltenden vergleichbar sind, sind diese nicht nochmals nachzuprüfen. [2] § 13b gilt entsprechend.

(4) [1] Die zuständige Behörde bestätigt binnen eines Monats den Empfang der von dem Antragsteller eingereichten Unterlagen und teilt gegebenenfalls mit, welche Unterlagen noch nachzureichen sind. [2] Das Verfahren für die Prüfung des Antrags auf Anerkennung muss innerhalb von drei Monaten nach Einreichen der vollständigen Unterlagen abgeschlossen sein. [3] Diese Frist kann in begründeten Fällen um einen Monat verlängert werden. [4] Bestehen Zweifel an der Echtheit von vorgelegten Bescheinigungen und Nachweisen oder benötigt die zuständige Behörde weitere Informationen, kann sie durch Nachfrage bei der zuständigen Stelle des Herkunftsstaats die Echtheit überprüfen und entsprechende Auskünfte einholen. [5] Der Fristablauf ist solange gehemmt.

§ 37 (weggefallen)

§ 38[1)] Überwachungsbedürftige Gewerbe. (1) [1] Bei den Gewerbezweigen

1. An- und Verkauf von
   a) hochwertigen Konsumgütern, insbesondere Unterhaltungselektronik, Computern, optischen Erzeugnissen, Fotoapparaten, Videokameras, Teppichen, Pelz- und Lederbekleidung,
   b) Kraftfahrzeugen und Fahrrädern,
   c) Edelmetallen und edelmetallhaltigen Legierungen sowie Waren aus Edelmetall oder edelmetallhaltigen Legierungen,
   d) Edelsteinen, Perlen und Schmuck,
   e) Altmetallen, soweit sie nicht unter Buchstabe c fallen,

   durch auf den Handel mit Gebrauchtwaren spezialisierte Betriebe,
2. Auskunftserteilung über Vermögensverhältnisse und persönliche Angelegenheiten (Auskunfteien, Detekteien),
3. Vermittlung von Eheschließungen, Partnerschaften und Bekanntschaften,
4. Betrieb von Reisebüros und Vermittlung von Unterkünften,
5. Vertrieb und Einbau von Gebäudesicherungseinrichtungen einschließlich der Schlüsseldienste,
6. Herstellen und Vertreiben spezieller diebstahlsbezogener Öffnungswerkzeuge

hat die zuständige Behörde unverzüglich nach Erstattung der Gewerbeanmeldung oder der Gewerbeummeldung nach § 14 die Zuverlässigkeit des Gewerbetreibenden zu überprüfen. [2] Zu diesem Zweck hat der Gewerbetreibende unverzüglich ein Führungszeugnis nach § 30 Abs. 5 Bundeszentralregistergesetz[2)] und eine Auskunft aus dem Gewerbezentralregister nach § 150 Abs. 5 zur Vorlage bei der Behörde zu beantragen. [3] Kommt er dieser Verpflichtung nicht nach, hat die Behörde diese Auskünfte von Amts wegen einzuholen.

(2) Bei begründeter Besorgnis der Gefahr der Verletzung wichtiger Gemeinschaftsgüter kann ein Führungszeugnis oder eine Auskunft aus dem Gewerbezentralregister auch bei anderen als den in Absatz 1 genannten gewerblichen Tätigkeiten angefordert oder eingeholt werden.

[1)] § 38 Abs. 4 geänd. mWv 28.12.2009 durch G v. 17.7.2009 (BGBl. I S. 2091); Abs. 4 geänd. mWv 26.6.2021 durch G v. 12.5.2021 (BGBl. I S. 990).

[2)] **Schönfelder Nr. 92.**

(3) Die Landesregierungen können durch Rechtsverordnung für die in Absatz 1 genannten Gewerbezweige bestimmen, in welcher Weise die Gewerbetreibenden ihre Bücher zu führen und dabei Daten über einzelne Geschäftsvorgänge, Geschäftspartner, Kunden und betroffene Dritte aufzuzeichnen haben.

(4) Absatz 1 Satz 1 Nr. 2 gilt nicht für Kreditinstitute und Finanzdienstleistungsinstitute, für die eine Erlaubnis nach § 32 Abs. 1 des Kreditwesengesetzes[1] erteilt wurde, für Wertpapierinstitute, für die eine Erlaubnis nach § 15 Absatz 1 des Wertpapierinstitutsgesetzes erteilt wurde, sowie für Zweigniederlassungen von Unternehmen mit Sitz in einem anderen Mitgliedstaat der Europäischen Union, die nach § 53b Abs. 1 Satz 1 oder Abs. 7 des Kreditwesengesetzes im Inland tätig sind, wenn die Erbringung von Handelsauskünften durch die Zulassung der zuständigen Behörden des Herkunftsmitgliedstaats abgedeckt ist.

§ 39 (weggefallen)

§ 39a[2] *(aufgehoben)*

§ 40 (weggefallen)

III. Umfang, Ausübung und Verlust der Gewerbebefugnisse

§ 41 Beschäftigung von Arbeitnehmern. (1) [1] Die Befugnis zum selbständigen Betrieb eines stehenden Gewerbes begreift das Recht in sich, in beliebiger Zahl Gesellen, Gehilfen, Arbeiter jeder Art und, soweit die Vorschriften des gegenwärtigen Gesetzes nicht entgegenstehen, Lehrlinge anzunehmen. [2] In der Wahl des Arbeits- und Hilfspersonals finden keine anderen Beschränkungen statt, als die durch das gegenwärtige Gesetz festgestellten.

(2) In betreff der Berechtigung der Apotheker, Gehilfen und Lehrlinge anzunehmen, bewendet es bei den Bestimmungen der Landesgesetze.

§§ 41a, 41b (weggefallen)

§ 42[3] *(aufgehoben)*

§§ 42a bis 44a (weggefallen)

§ 45 Stellvertreter. Die Befugnisse zum stehenden Gewerbebetrieb können durch Stellvertreter ausgeübt werden; diese müssen jedoch den für das in Rede stehende Gewerbe insbesondere vorgeschriebenen Erfordernissen genügen.

§ 46[4] **Fortführung des Gewerbes.** (1) Nach dem Tode eines Gewerbetreibenden darf das Gewerbe für Rechnung des überlebenden Ehegatten oder Lebenspartners durch einen nach § 45 befähigten Stellvertreter betrieben werden, wenn die für den Betrieb einzelner Gewerbe bestehenden besonderen Vorschriften nicht etwas anderes bestimmen.

---

[1] ***Sartorius ErgBd. Nr. 856.***
[2] § 39a aufgeh. mWv 1.1.2003 durch G v. 24.8.2002 (BGBl. I S. 3412).
[3] § 42 aufgeh. mWv 28.12.2009 durch G v. 17.7.2009 (BGBl. I S. 2091).
[4] § 46 Abs. 1 geänd. mWv 1.1.2003 durch G v. 24.8.2002 (BGBl. I S. 3412).

§ 147a[1] **Verbotener Erwerb von Edelmetallen und Edelsteinen.** (1) Es ist verboten, von Minderjährigen gewerbsmäßig

1. Edelmetalle (Gold, Silber, Platin und Platinbeimetalle), edelmetallhaltige Legierungen sowie Waren aus Edelmetall oder edelmetallhaltigen Legierungen oder
2. Edelsteine, Schmucksteine, synthetische Steine oder Perlen

zu erwerben.

(2) [1] Ordnungswidrig handelt, wer vorsätzlich oder fahrlässig Gegenstände der in Absatz 1 bezeichneten Art von Minderjährigen gewerbsmäßig erwirbt. [2] Die Ordnungswidrigkeit kann mit einer Geldbuße bis zu fünftausend Euro geahndet werden.

§ 147b[2] **Verletzung von Vorschriften über die Insolvenzsicherung bei Pauschalreisen und verbundenen Reiseleistungen.** (1) Ordnungswidrig handelt, wer

1. entgegen § 651t Nummer 1, auch in Verbindung mit § 651u Absatz 1 Satz 1 oder § 651w Absatz 3 Satz 4, oder
2. entgegen § 651t Nummer 2, auch in Verbindung mit § 651u Absatz 1 Satz 1, § 651v Absatz 2 Satz 1 oder § 651w Absatz 3 Satz 4,

des Bürgerlichen Gesetzbuchs[3] eine Rückbeförderung vereinbart oder eine Zahlung fordert oder annimmt.

(2) Die Ordnungswidrigkeit kann in den Fällen des Absatzes 1 Nummer 1 mit einer Geldbuße bis zu dreißigtausend Euro, in den Fällen des Absatzes 1 Nummer 2 mit einer Geldbuße bis zu fünftausend Euro geahndet werden.

§ 147c[4] **Verstoß gegen Wohlverhaltenspflichten bei der Vermittlung von Versicherungsanlageprodukten.** (1) Ordnungswidrig handelt, wer bei der Vermittlung eines Versicherungsanlageproduktes im Sinne des Artikels 2 Absatz 1 Nummer 17 der Richtlinie (EU) 2016/97 des Europäischen Parlaments und des Rates vom 20. Januar 2016 über Versicherungsvertrieb (Neufassung) (ABl. L 26 vom 2.2.2016, S. 19)

1. entgegen § 59 Absatz 1 Satz 2 in Verbindung mit § 7c Absatz 1 Satz 1 des Versicherungsvertragsgesetzes[5] eine Information nicht, nicht richtig, nicht vollständig oder nicht rechtzeitig erfragt oder
2. entgegen § 59 Absatz 1 Satz 2 in Verbindung mit § 7c Absatz 1 Satz 2 des Versicherungsvertragsgesetzes ein Versicherungsanlageprodukt empfiehlt.

(2) [1] Die Ordnungswidrigkeit kann mit einer Geldbuße bis zu fünfhunderttausend Euro geahndet werden. [2] § 30 Absatz 2 Satz 3 des Gesetzes über Ordnungswidrigkeiten[6] ist anzuwenden.

§ 148[7] **Strafbare Verletzung gewerberechtlicher Vorschriften.** Mit Freiheitsstrafe bis zu *einem Jahr oder mit Geldstrafe wird* bestraft, wer

---

[1] § 147a Abs. 2 Satz 2 geänd. mWv 1.1.2002 durch G v. 10.11.2001 (BGBl. I S. 2992).

[2] § 147b neu gef. mWv 1.7.2018 durch G v. 17.7.2017 (BGBl. I S. 2394); Überschrift neu gef., Abs. 1 abschl. Satzteil geänd. mWv 1.7.2021 durch G v. 25.6.2021 (BGBl. I S. 2114).

[3] **Schönfelder Nr. 20.**

[4] § 147c eingef. mWv 23.2.2018 durch G v. 20.7.2017 (BGBl. I S. 2789).

[5] **Schönfelder Nr. 62.**

[6] **Schönfelder Nr. 94.**

[7] § 148 Nr. 2 geänd. mWv 1.1.2003 durch G v. 24.8.2002 (BGBl. I S. 3412); Nr. 1 geänd. mWv 1.1.2004 durch G v. 24.12.2003 (BGBl. I S. 2934); Nr. 2 geänd. mWv 13.3.2013 durch G v. 4.3.2013 (BGBl. I S. 362).

1. eine in § 144 Abs. 1, § 145 Abs. 1, 2 Nr. 2 oder 6 oder § 146 Abs. 1 bezeichnete Zuwiderhandlung beharrlich wiederholt oder
2. durch eine in § 144 Abs. 1 Nr. 1 Buchstabe b, Absatz 2 Nummer 1a oder Nummer 1b, § 145 Abs. 1, 2 Nr. 1 oder 2, oder § 146 Abs. 1 bezeichnete Zuwiderhandlung Leben oder Gesundheit eines anderen oder fremde Sachen von bedeutendem Wert gefährdet.

§ 148a Strafbare Verletzung von Prüferpflichten. (1) Mit Freiheitsstrafe bis zu drei Jahren oder mit Geldstrafe wird bestraft, wer als Prüfer oder als Gehilfe eines Prüfers über das Ergebnis einer Prüfung nach § 16 Abs. 1 oder 2 der Makler- und Bauträgerverordnung[1)] falsch berichtet oder erhebliche Umstände im Bericht verschweigt.

(2) Handelt der Täter gegen Entgelt oder in der Absicht, sich oder einen anderen zu bereichern oder einen anderen zu schädigen, so ist die Strafe Freiheitsstrafe bis zu fünf Jahren oder Geldstrafe.

§ 148b Fahrlässige Hehlerei von Edelmetallen und Edelsteinen. Wer gewerbsmäßig mit den in § 147a Abs. 1 bezeichneten Gegenständen Handel treibt oder gewerbsmäßig Edelmetalle und edelmetallhaltige Legierungen und Rückstände hiervon schmilzt, probiert oder scheidet oder aus den Gemengen und Verbindungen von Edelmetallabfällen mit Stoffen anderer Art Edelmetalle wiedergewinnt und beim Betrieb eines derartigen Gewerbes einen der in § 147a Abs. 1 bezeichneten Gegenstände, von dem er fahrlässig nicht erkannt hat, daß ihn ein anderer gestohlen oder sonst durch eine gegen ein fremdes Vermögen gerichtete rechtswidrige Tat erlangt hat, ankauft oder sich oder einem Dritten verschafft, ihn absetzt oder absetzen hilft, um sich oder einen anderen zu bereichern, wird mit Freiheitsstrafe bis zu einem Jahr oder mit Geldstrafe bestraft.

Titel XI. Gewerbezentralregister

§ 149[2)] Einrichtung eines Gewerbezentralregisters. (1) Das Bundesamt für Justiz (Registerbehörde) führt ein Gewerbezentralregister.

(2) [1] In das Register sind einzutragen

1. die vollziehbaren und die nicht mehr anfechtbaren Entscheidungen einer Verwaltungsbehörde, durch die wegen Unzuverlässigkeit oder Ungeeignetheit
   a) ein Antrag auf Zulassung (Erlaubnis, Genehmigung, Konzession, Bewilligung) zu einem Gewerbe oder einer sonstigen wirtschaftlichen Unternehmung abgelehnt oder eine erteilte Zulassung zurückgenommen oder widerrufen,

---

[1)] **Schönfelder ErgBd. Nr. 32a.**

[2)] § 149 Abs. 2 Satz 1 Nr. 3 geänd. mWv 1.1.2002 durch G v. 13.12.2001 (BGBl. I S. 3584); Abs. 2 Satz 1 Nr. 3 geänd. mWv 1.1.2003 durch G v. 24.8.2002 (BGBl. I S. 3412); Abs. 2 Satz 1 Nr. 3 geänd., Nr. 4 angef. mWv 1.4.2004 durch G v. 23.12.2003 (BGBl. I S. 2848); Abs. 2 Satz 1 Nr. 4 geänd. mWv 1.8.2004 durch G v. 23.7.2004 (BGBl. I S. 1842); Abs. 1 neu gef. mWv 1.1.2007 durch G v. 17.12.2006 (BGBl. I S. 3171); Abs. 2 Satz 2 geänd. mWv 1.5.2014 durch G v. 28.8.2013 (BGBl. I S. 3313); Abs. 2 Satz 1 Nr. 1 Buchst. c und d geänd., Buchst. e angef. mWv 5.12.2014 durch G v. 28.11.2014 (BGBl. I S. 1802); Abs. 2 Satz 1 Nr. 2 und Nr. 3 einl. und abschl. Satzteil geänd. mWv 29.7.2017; Abs. 3 und 4 angef. mWv 31.8.2020 durch G v. 18.7.2017 (BGBl. I S. 2732).

§ 153a[1)] Mitteilungen zum Gewerbezentralregister. (1) [1]Die Behörden und die Gerichte teilen dem Gewerbezentralregister die einzutragenden Entscheidungen, Feststellungen und Tatsachen mit. [2]§ 30 der Abgabenordnung steht den Mitteilungen von Entscheidungen im Sinne des § 149 Absatz 2 Satz 1 Nr. 3 nicht entgegen.

(2) Erhält die Registerbehörde eine Mitteilung über die Änderung des Namens einer Person, über die das Register eine Eintragung enthält, so ist der neue Name bei der Eintragung zu vermerken.

§ 153b[2)] Verwaltungsvorschriften. [1]Die näheren Bestimmungen über den Aufbau des Registers trifft das Bundesministerium der Justiz und für Verbraucherschutz im Einvernehmen mit dem Bundesministerium für Wirtschaft und Energie. [2]Soweit die Bestimmungen die Erfassung und Aufbereitung der Daten sowie die Auskunftserteilung betreffen, werden sie von der Bundesregierung mit Zustimmung des Bundesrates getroffen.

Schlußbestimmungen

§§ 154, 154a[3)] *(aufgehoben)*

§ 155[4)] Landesrecht, Zuständigkeiten. (1) Wo in diesem Gesetz auf die Landesgesetze verwiesen ist, sind unter den letzteren auch die verfassungs- oder gesetzmäßig erlassenen Rechtsverordnungen zu verstehen.

(2) Die Landesregierungen oder die von ihnen bestimmten Stellen bestimmen die für die Ausführung dieses Gesetzes und der nach diesem Gesetz ergangenen Rechtsverordnungen zuständigen Behörden, soweit in diesem Gesetz nichts anderes bestimmt ist.

(3) Die Landesregierungen werden ermächtigt, ihre Befugnis zum Erlaß von Rechtsverordnungen auf oberste Landesbehörden und auf andere Behörden zu übertragen und dabei zu bestimmen, daß diese ihre Befugnis durch Rechtsverordnung auf nachgeordnete oder ihrer Aufsicht unterstehende Behörden weiter übertragen können.

(4) (weggefallen)

(5) Die Senate der Länder Berlin, Bremen und Hamburg werden ermächtigt, zuständige öffentliche Stellen oder zuständige Behörden von mehreren Verwaltungseinheiten für Zwecke der Datenverarbeitung als einheitliche Stelle oder Behörde zu bestimmen.

§ 155a[5)] Versagung der Auskunft zu Zwecken des Zeugenschutzes. Für die Versagung der Auskunft zu Zwecken des Zeugenschutzes gilt § 44a des Bundeszentralregistergesetzes[6)] entsprechend.

[1)] § 153a Abs. 1 Satz 2 geänd. mWv 29.7.2017 durch G v. 18.7.2017 (BGBl. I S. 2732).

[2)] § 153b neu gef. mWv 30.4.2002 durch G v. 23.4.2002 (BGBl. I S. 1406); Satz 1 geänd. mWv 28.11. 2003 durch VO v. 25.11.2003 (BGBl. I S. 2304); Satz 1 geänd. mWv 8.11.2006 durch VO v. 31.10.2006 (BGBl. I S. 2407); Satz 1 geänd. mWv 8.9.2015 durch VO v. 31.8.2015 (BGBl. I S. 1474).

[3)] §§ 154 und 154a aufgeh. mWv 1.1.2003 durch G v. 24.8.2002 (BGBl. I S. 3412).

[4)] § 155 Abs. 3 geänd., Abs. 5 neu gef. mWv 1.1.2003 durch G v. 24.8.2002 (BGBl. I S. 3412).

[5)] § 155a eingef. mWv 30.4.2002 durch G v. 23.4.2002 (BGBl. I S. 1406).

[6)] **Schönfelder Nr. 92.**

§ 156[1)] Übergangsregelungen zu den §§ 34d und 34e. (1) [1] Eine vor dem 23. Februar 2018 erteilte Erlaubnis als Versicherungsberater nach § 34e Absatz 1 Satz 1 in der bis zum Ablauf des 22. Februar 2018 geltenden Fassung gilt als Erlaubnis als Versicherungsberater nach § 34d Absatz 2 Satz 1. [2] Die Bezeichnung der Erlaubnis im Register nach § 34d Absatz 10 Satz 1 in Verbindung mit § 11a Absatz 1 Satz 1 wird von der Registerbehörde aktualisiert.

(2) [1] Wird die Erlaubnis nach § 34d Absatz 2 Satz 1 unter Vorlage der Erlaubnisurkunde nach § 34d Absatz 1 Satz 1 in der bis zum Ablauf des 22. Februar 2018 geltenden Fassung beantragt, so erfolgt keine Prüfung der Zuverlässigkeit, der Vermögensverhältnisse und der Sachkunde. [2] Die Erlaubnis nach § 34d Absatz 1 Satz 1 in der bis zum Ablauf des 22. Februar 2018 geltenden Fassung erlischt mit Erteilung der Erlaubnis nach Satz 1.

(3) Versicherungsberater nach § 34d Absatz 2 Satz 1 dürfen abweichend von § 34d Absatz 2 Satz 4 Zuwendungen eines Versicherungsunternehmens auf Grund einer Vermittlung annehmen, die bis zur Erteilung der Erlaubnis nach § 34d Absatz 2 Satz 1 erfolgt ist.

§ 157[2)] Übergangsregelungen zu den §§ 34c und 34f. (1) Für einen Gewerbetreibenden, der am 1. November 2007 eine Erlaubnis für die Vermittlung des Abschlusses von Verträgen im Sinne des § 34c Absatz 1 Satz 1 Nummer 1 Buchstabe b in der bis zum 31. Oktober 2007 geltenden Fassung hat, gilt die Erlaubnis für die Anlageberatung im Sinne des § 34c Abs. 1 Satz 1 Nr. 3 in der ab dem 1. November 2007 geltenden Fassung als zu diesem Zeitpunkt erteilt.

(2) [1] Gewerbetreibende, die am 1. Januar 2013 eine Erlaubnis für die Vermittlung des Abschlusses von Verträgen im Sinne des § 34c Absatz 1 Satz 1 Nummer 2 oder für die Anlageberatung nach § 34c Absatz 1 Satz 1 Nummer 3 haben und diese Tätigkeit nach dem 1. Januar 2013 weiterhin ausüben wollen, sind verpflichtet, bis zum 1. Juli 2013 eine Erlaubnis als Finanzanlagenvermittler nach § 34f Absatz 1 zu beantragen und sich selbst sowie die nach § 34f Absatz 6 einzutragenden Personen nach Erteilung der Erlaubnis gemäß § 34f Absatz 5 registrieren zu lassen. [2] Die für die Erlaubniserteilung zuständige Stelle übermittelt dazu die erforderlichen Informationen an die Registerbehörde. [3] Wird die Erlaubnis unter Vorlage der bisherigen Erlaubnisurkunde gemäß § 34c Absatz 1 Satz 1 Nummer 2 oder Nummer 3 beantragt, so erfolgt keine Prüfung der Zuverlässigkeit und der Vermögensverhältnisse nach § 34f Absatz 2 Nummer 1 und 2. [4] Für den Nachweis der nach § 34f Absatz 2 Nummer 4 erforderlichen Sachkunde gilt Absatz 3. [5] Die Erlaubnis nach § 34c Absatz 1 Satz 1 Nummer 2 oder Nummer 3 erlischt mit der bestandskräftigen Entscheidung über den Erlaubnisantrag nach § 34f Absatz 1 Satz 1, spätestens aber mit Ablauf der in Satz 1 genannten Frist. [6] Bis zu diesem Zeitpunkt gilt die Erlaubnis nach § 34c Absatz 1 Satz 1 Nummer 2 oder Nummer 3 als Erlaubnis nach § 34f Absatz 1 Satz 1.

(3) [1] Gewerbetreibende im Sinne des Absatzes 2 sind verpflichtet, bis zum 1. Januar 2015 einen Sachkundenachweis nach § 34f Absatz 2 Nummer 4 gegenüber der zuständigen Behörde zu erbringen. [2] Die Erlaubnis nach § 34f Absatz 1 Satz 1 erlischt, wenn der erforderliche Sachkundenachweis nach § 34f Absatz 2

[1)] § 156 neu gef. mWv 23.2.2018 durch G v. 20.7.2017 (BGBl. I S. 2789).

[2)] § 157 angef. mWv 25.3.2009 durch G v. 17.3.2009 (BGBl. I S. 550); Überschr. geänd., Abs. 2 und 3 angef., bish. Wortlaut wird Abs. 1 mWv 1.1.2013 durch G v. 6.12.2011 (BGBl. I S. 2481); Abs. 4 angef. mWv 19.7.2014 durch G v. 15.7.2014 (BGBl. I S. 934); Abs. 5–7 angef. mWv 10.7.2015 durch G v. 3.7. 2015 (BGBl. I S. 1114); Abs. 3 Satz 4 geänd. mWv 21.3.2016 durch G v. 11.3.2016 (BGBl. I S. 396); Abs. 8 angef. mWv 1.7.2021 durch G v. 3.6.2021 (BGBl. I S. 1534).

Nummer 4 nicht bis zum Ablauf dieser Frist erbracht wird. [3]Beschäftigte im Sinne des § 34f Absatz 4 sind verpflichtet, bis zum 1. Januar 2015 einen Sachkundenachweis nach § 34f Absatz 2 Nummer 4 zu erwerben. [4]Personen, die seit dem 1. Januar 2006 ununterbrochen unselbstständig oder selbstständig als Anlagevermittler oder Anlageberater gemäß § 34c Absatz 1 Satz 1 Nummer 2 oder Nummer 3 in der bis zum 31. Dezember 2012 geltenden Fassung tätig waren, bedürfen keiner Sachkundeprüfung für die Produktkategorien der Erlaubnis nach § 34f Absatz 1, die bis zum 1. Januar 2015 beantragt wurde. [5]Selbstständig tätige Anlagevermittler oder Anlageberater haben die ununterbrochene Tätigkeit durch Vorlage der erteilten Erlaubnis und die lückenlose Vorlage der Prüfungsberichte nach § 16 Absatz 1 Satz 1 der Makler- und Bauträgerverordnung[1)] in der am 31. Dezember 2012 geltenden Fassung nachzuweisen.

(4) [1]Für einen Gewerbetreibenden, der am 21. Juli 2013 eine Erlaubnis für die Anlageberatung oder die Vermittlung des Abschlusses von Verträgen gemäß § 34f Absatz 1 Satz 1 Nummer 1, 2 oder Nummer 3 in der bis zum 21. Juli 2013 geltenden Fassung hat, gilt die Erlaubnis für die Anlageberatung oder die Vermittlung des Abschlusses von Verträgen gemäß § 34f Absatz 1 Satz 1 in der ab dem 22. Juli 2013 geltenden Fassung als zu diesem Zeitpunkt erteilt. [2]Für einen Gewerbetreibenden, der am 18. Juli 2014 eine Erlaubnis für die Anlageberatung oder die Vermittlung des Abschlusses von Verträgen gemäß § 34f Absatz 1 Satz 1 in der bis zum 19. Juli 2014 geltenden Fassung hat, gilt die Erlaubnis als für die Anlageberatung oder Anlagevermittlung gemäß § 34f Absatz 1 Satz 1 als zu diesem Zeitpunkt erteilt. [3]Die Absätze 2 und 3 bleiben unberührt. [4]Die Bezeichnungen der Erlaubnisse im Register nach § 34f Absatz 5 in Verbindung mit § 11a Absatz 1 werden von Amts wegen aktualisiert.

(5) [1]Gewerbetreibende, die am 10. Juli 2015 eine Erlaubnis nach § 34c Absatz 1 Satz 1 Nummer 2 für die Vermittlung von Darlehensverträgen oder die Gelegenheit zum Nachweis solcher Verträge haben und damit partiarische Darlehen oder Nachrangdarlehen vermitteln und die diese Tätigkeit nach dem 10. Juli 2015 weiterhin ausüben wollen, sind verpflichtet, bis zum 1. Januar 2016 eine Erlaubnis als Finanzanlagenvermittler nach § 34f Absatz 1 Satz 1 Nummer 3 zu beantragen und sich selbst sowie die nach § 34f Absatz 6 Satz 1 einzutragenden Personen nach Erteilung der Erlaubnis nach § 34f Absatz 5 und 6 registrieren zu lassen. [2]Die für die Erlaubniserteilung zuständige Stelle übermittelt dazu die erforderlichen Informationen an die Registerbehörde. [3]Wird die Erlaubnis unter Vorlage der bisherigen Erlaubnisurkunde nach § 34c Absatz 1 Satz 1 Nummer 2 beantragt, erfolgt keine Prüfung der Zuverlässigkeit und der Vermögensverhältnisse nach § 34f Absatz 2 Nummer 1 und 2. [4]Die Erlaubnis ist auf die Vermittlung von partiarischen Darlehen und Nachrangdarlehen beschränkt. [5]Für den Nachweis der nach § 34f Absatz 2 Nummer 4 erforderlichen Sachkunde ist Absatz 6 anzuwenden. [6]Die Erlaubnis nach § 34c Absatz 1 Satz 1 Nummer 2 erlischt hinsichtlich der Vermittlung von partiarischen Darlehen oder Nachrangdarlehen mit der bestandskräftigen Entscheidung über den Erlaubnisantrag nach § 34f Absatz 1 Satz 1 Nummer 3, spätestens aber mit Ablauf der in Satz 1 genannten Frist. [7]Bis zu diesem Zeitpunkt gilt die Erlaubnis nach § 34c Absatz 1 Satz 1 Nummer 2 als Erlaubnis nach § 34f Absatz 1 Satz 1 Nummer 3 für die Vermittlung partiarischer Darlehen und Nachrangdarlehen.

(6) [1]Gewerbetreibende im Sinne des Absatzes 5 sind verpflichtet, bis zum 1. Juli 2016 einen Sachkundenachweis nach § 34f Absatz 2 Nummer 4 gegenüber der

[1)] **Schönfelder ErgBd. Nr. 32a.**

zuständigen Behörde zu erbringen. [2] Die nach Absatz 5 erteilte Erlaubnis erlischt, wenn der erforderliche Sachkundenachweis nicht bis zum Ablauf dieser Frist erbracht wird. [3] Nach Erbringung des Sachkundenachweises ist dem Erlaubnisinhaber eine unbeschränkte Erlaubnis nach § 34f Absatz 1 Satz 1 Nummer 3 zu erteilen. [4] Beschäftigte dieses Erlaubnisinhabers im Sinne des § 34f Absatz 4 Satz 1 sind verpflichtet, bis zum 1. Juli 2016 einen Sachkundenachweis nach § 34f Absatz 2 Nummer 4 zu erwerben.

(7) Gewerbetreibende, die zu Vermögensanlagen im Sinne des § 1 Absatz 2 Nummer 7 des Vermögensanlagengesetzes Anlagevermittlung im Sinne des § 1 Absatz 1a Nummer 1 des Kreditwesengesetzes[1] oder Anlageberatung im Sinne des § 1 Absatz 1a Nummer 1a des Kreditwesengesetzes erbringen wollen, bedürfen bis zum 15. Oktober 2015 keiner Erlaubnis nach § 34f Absatz 1 Satz 1 Nummer 3.

(8) Gewerbetreibende, die zu Vermögensanlagen im Sinne des § 1 Absatz 2 Nummer 8 des Vermögensanlagengesetzes Anlagevermittlung im Sinne des § 1 Absatz 1a Nummer 1 des Kreditwesengesetzes oder Anlageberatung im Sinne des § 1 Absatz 1a Nummer 1a des Kreditwesengesetzes erbringen wollen, bedürfen bis zum 31. Dezember 2021 keiner Erlaubnis nach § 34f Absatz 1 Satz 1 Nummer 3.

§ 158[2] Übergangsregelung zu § 14. Bis zum Inkrafttreten der in § 14 Absatz 14 genannten Rechtsverordnung[3] sind die §§ 14, 55c Satz 2, § 146 Absatz 2 Nummer 2 sowie die Anlagen 1 bis 3 (zu § 14 Absatz 4) in der bis zum 14. Juli 2011 gültigen Fassung anzuwenden.

§ 159[4] Übergangsregelung zu § 34a. (1) Bis zum Ablauf des 31. Mai 2019 ist § 34a Absatz 1 bis 5 in der am 31. Dezember 2018 geltenden Fassung anzuwenden.

(2) Gewerbetreibende sind verpflichtet, bis zum Ablauf des 30. Juni 2019 die in § 11b Absatz 2 Nummer 1, 10 und 11 aufgeführten Daten zu den mit der Leitung des Betriebes oder einer Zweigniederlassung beauftragten Personen und zu den in § 11b Absatz 2 Nummer 3, 10 und 11 aufgeführten Daten zu Wachpersonen der für den Vollzug des § 34a zuständigen Behörde über das Bewacherregister mitzuteilen.

(3) Zur Überprüfung der Zuverlässigkeit von Wachpersonen, die ab dem 1. Juni 2019 mit Aufgaben nach § 34a Absatz 1a Satz 5 beauftragt sind oder werden sollen, fragt die zuständige Behörde bis zum Ablauf des 30. September 2019 eine Stellungnahme nach § 34a Absatz 1a Satz 5 in Verbindung mit Absatz 1 Satz 5 Nummer 4 ab.

§ 160[5] Übergangsregelungen zu den §§ 34c und 34i. (1) Gewerbetreibende, die am 21. März 2016 eine Erlaubnis nach § 34c Absatz 1 Satz 1 haben, welche zur Vermittlung des Abschlusses von Darlehensverträgen berechtigt, und die Verträge über Immobiliardarlehen im Sinne des § 34i Absatz 1 weiterhin vermitteln wollen, müssen bis zum 21. März 2017 eine Erlaubnis als Immobiliardarlehensvermittler nach § 34i Absatz 1 erworben haben und sich selbst sowie die nach § 34i Absatz 8 Nummer 2 einzutragenden Personen registrieren lassen.

---

[1] **Sartorius ErgBd. Nr. 856.**

[2] § 158 angef. mWv 15.7.2011 durch G v. 11.7.2011 (BGBl. I S. 1341).

[3] Siehe die GewerbeanzeigeVO v. 22.7.2014 (BGBl. I S. 1208), zuletzt geänd. durch VO v. 3.7.2019 (BGBl. I S. 916).

[4] § 159 neu gef. mWv 1.1.2019 durch G v. 29.11.2018 (BGBl. I S. 2666).

[5] § 160 angef. mWv 21.3.2016 durch G v. 11.3.2016 (BGBl. I S. 396).

(2) Wird die Erlaubnis unter Vorlage der bisherigen Erlaubnisurkunde beantragt, so erfolgt keine Prüfung der Zuverlässigkeit und der Vermögensverhältnisse nach § 34i Absatz 2 Nummer 1 und 2.

(3) Personen, die seit dem 21. März 2011 ununterbrochen unselbständig oder selbständig eine Tätigkeit im Sinne des § 34i Absatz 1 Satz 1 ausüben, bedürfen keiner Sachkundeprüfung nach § 34i Absatz 2 Nummer 4, wenn sie bei Beantragung der Erlaubnis nach § 34i Absatz 1 die ununterbrochene Tätigkeit nachweisen können.

(4) [1] Die Erlaubnisse nach § 34c Absatz 1 Satz 1, die zur Vermittlung des Abschlusses von Darlehensverträgen berechtigen, erlöschen für die Vermittlung von Verträgen im Sinne des § 34i Absatz 1 Satz 1 mit der Erteilung der Erlaubnis nach § 34i Absatz 1 Satz 1, spätestens aber zum 21. März 2017. [2] Bis zu diesem Zeitpunkt gelten diese Erlaubnisse als Erlaubnis nach § 34i Absatz 1 Satz 1.

(5) [1] Beschäftigte im Sinne des § 34i Absatz 6 sind verpflichtet, bis zum 21. März 2017 einen Sachkundenachweis nach § 34i Absatz 2 Nummer 4 zu erwerben. [2] Absatz 3 ist entsprechend anzuwenden.

(6) Bis zur Erteilung der Erlaubnis nach § 34i Absatz 1 findet das Verfahren des § 11a Absatz 4 auf Gewerbetreibende im Sinne des Absatzes 1 keine Anwendung.

§ 161[1)] Übergangsregelung zu § 34c Absatz 1 Satz 1 Nummer 4. Gewerbetreibende, die vor dem 1. August 2018 Wohnimmobilien verwaltet haben und diese Tätigkeit nach dem 1. August 2018 weiterhin ausüben wollen, sind verpflichtet, bis zum 1. März 2019 eine Erlaubnis nach § 34c Absatz 1 Satz 1 Nummer 4 zu beantragen.

Anlagen 1–3[2)]
(aufgehoben)

---

1) § 161 angef. mWv 1.8.2018 durch G v. 17.10.2017 (BGBl. I S. 3562).
2) Anl. 1–3 aufgeh. mWv 15.7.2011 durch G v. 11.7.2011 (BGBl. I S. 1341).

815. Gesetz zur Ordnung des Handwerks (Handwerksordnung)[1)]

In der Fassung der Bekanntmachung vom 24. September 1998[2)]

(BGBl. I S. 3074, ber. 2006 I S. 2095)

FNA 7110-1

geänd. durch Art. 33 SGB IX – Rehabilitation und Teilhabe behinderter Menschen – v. 19.6.2001 (BGBl. I S. 1046), Art. 135 Siebente ZuständigkeitsanpassungsVO v. 29.10.2001 (BGBl. I S. 2785), Art. 13 Neuntes Euro-EinführungsG v. 10.11.2001 (BGBl. I S. 2992), Art. 69 Drittes G für moderne Dienstleistungen am Arbeitsmarkt v. 23.12.2003 (BGBl. I S. 2848), Art. 1 ÄndG v. 24.12.2003 (BGBl. I S. 2933), Art. 1 Drittes ÄndG v. 24.12.2003 (BGBl. I S. 2934), Art. 35b Viertes G für moderne Dienstleistungen am Arbeitsmarkt v. 24.12.2003 (BGBl. I S. 2954), Art. 2, Art. 2a Nr. 2, Art. 8 Abs. 2 BerufsbildungsreformG v. 23.3.2005 (BGBl. I S. 931), Art. 5 G zur Änd. des StatistikregisterG und sonstiger StatistikG v. 9.6.2005 (BGBl. I S. 1534), Art. 3b G zur Änd. des GemeindefinanzreformG und and. G v. 6.9.2005 (BGBl. I S. 2725), Art. 146 Neunte ZuständigkeitsanpassungsVO v. 31.10.2006 (BGBl. I S. 2407), Art. 9a Zweites BürokratieabbauG v. 7.9.2007 (BGBl. I S. 2246), Art. 8 Viertes G zur Änd. verwaltungsverfahrensrechtl. Vorschriften v. 11.12.2008 (BGBl. I S. 2418), Art. 6 G zur Neuausrichtung der arbeitsmarktpolitischen Instrumente v. 21.12.2008 (BGBl. I S. 2917), Art. 2 G zur Umsetzung der DienstleistungsRL im Gewerberecht und in weiteren Rechtsvorschriften v. 17.7.2009 (BGBl. I S. 2091), Art. 2 VO zur Änd. der Kehr- und ÜberprüfungsO und der HandwerksO v. 14.6.2011 (BGBl. I S. 1077), Art. 3 G zur Änd. gewerberechtl. Vorschriften v. 11.7.2011 (BGBl. I S. 1341), Art. 3 G zur Verbesserung der Feststellung und Anerkennung im Ausland erworbener Berufsqualifikationen v. 6.12.2011 (BGBl. I S. 2515), Art. 33 G zur Verbesserung der Eingliederungschancen am Arbeitsmarkt v. 20.12.2011 (BGBl. I S. 2854), Art. 2 G zur Änd. der Gewerbeordnung und anderer G v. 5.12.2012 (BGBl. I S. 2415), Art. 19 G zur Förderung der elektronischen Verwaltung sowie zur Änd. weiterer Vorschriften v. 25.7.2013 (BGBl. I S. 2749), Art. 283 Zehnte ZuständigkeitsanpassungsVO v. 31.8.2015 (BGBl. I S. 1474), Art. 104 G zum Abbau verzichtbarer Anordnungen der Schriftform im Verwaltungsrecht des Bundes v. 29.3.2017 (BGBl. I S. 626), Art. 6 Zweites BürokratieentlastungsG v. 30.6.2017 (BGBl. I S. 2143), Art. 84 Zweites Datenschutz-Anpassungs- und Umsetzungsgesetz EU v. 20.11.2019 (BGBl. I S. 1626), Art. 2 Gesetz zur Modernisierung und Stärkung der beruflichen Bildung v. 12.12.2019 (BGBl. I S. 2522), Art. 1 Viertes G zur Änd. der HandwerksO und anderer handwerksrechtl. Vorschriften v. 6.2.2020 (BGBl. I S. 142), Art. 3 G zur Abmilderung der Folgen der COVID-19-Pandemie im Wettbewerbsrecht und für den Bereich der Selbstverwaltungsorganisationen der gewerbl. Wirtschaft v. 25.5.2020 (BGBl. I S. 1067), Art. 6 G zur Umsetzung der VerhältnismäßigkeitsRL (RL (EU) 2018/958) im Bereich öffentlich-rechtl. Körperschaften v. 19.6.2020 (BGBl. I S. 1403), Art. 21 Sanierungs- und InsolvenzrechtsfortentwicklungsG v. 22.12.2020 (BGBl. I S. 3256), Art. 18 RegistermodernisierungsG v. 28.3.2021 (BGBl. I S. 591) und Art. 1 Fünftes G zur Änd. der HandwerksO und anderer handwerksrechtlicher Vorschriften v. 9.6.2021 (BGBl. I S. 1654)

1) Die Änderungen durch G v. 28.3.2021 (BGBl. I S. 591) treten erst **mit noch unbestimmtem Datum** in Kraft und sind im Text noch nicht berücksichtigt.

2) Neubekanntmachung der HandwerksO idF der Bek. v. 28.12.1965 (BGBl. 1966 I S. 1) in der ab 1.4. 1998 geltenden Fassung.

Inhaltsübersicht[1)]

[1)] Inhaltsübersicht neu gef. mWv 1.7.2021 durch G v. 9.6.2021 (BGBl. I S. 1654).

Erster Teil.[1] Ausübung eines Handwerks und eines handwerksähnlichen Gewerbes

Erster Abschnitt.[2] Berechtigung zum selbständigen Betrieb eines zulassungspflichtigen Handwerks

§ 1[3] [Handwerksbetrieb; Eintragung in die Handwerksrolle] (1) [1]Der selbständige Betrieb eines zulassungspflichtigen Handwerks als stehendes Gewerbe ist nur den in der Handwerksrolle eingetragenen natürlichen und juristischen Personen und Personengesellschaften gestattet. [2]Personengesellschaften im Sinne dieses Gesetzes sind Personenhandelsgesellschaften und Gesellschaften des bürgerlichen Rechts.

(2) [1]Ein Gewerbebetrieb ist ein Betrieb eines zulassungspflichtigen Handwerks, wenn er handwerksmäßig betrieben wird und ein Gewerbe vollständig umfaßt, das in der Anlage A aufgeführt ist, oder Tätigkeiten ausgeübt werden, die für dieses Gewerbe wesentlich sind (wesentliche Tätigkeiten). [2]Keine wesentlichen Tätigkeiten sind insbesondere solche, die

1. in einem Zeitraum von bis zu drei Monaten erlernt werden können,
2. zwar eine längere Anlernzeit verlangen, aber für das Gesamtbild des betreffenden zulassungspflichtigen Handwerks nebensächlich sind und deswegen nicht die Fertigkeiten und Kenntnisse erfordern, auf die die Ausbildung in diesem Handwerk hauptsächlich ausgerichtet ist, oder
3. nicht aus einem zulassungspflichtigen Handwerk entstanden sind.

[3]Die Ausübung mehrerer Tätigkeiten im Sinne des Satzes 2 Nr. 1 und 2 ist zulässig, es sei denn, die Gesamtbetrachtung ergibt, dass sie für ein bestimmtes zulassungspflichtiges Handwerk wesentlich sind.

(3) Das Bundesministerium für Wirtschaft und Energie wird ermächtigt, durch Rechtsverordnung mit Zustimmung des Bundesrates die Anlage A zu diesem Gesetz dadurch zu ändern, daß es darin aufgeführte Gewerbe streicht, ganz oder teilweise zusammenfaßt oder trennt oder Bezeichnungen für sie festsetzt, soweit es die technische und wirtschaftliche Entwicklung erfordert.

§ 2[4] [Anwendung des Gesetzes auf öffentlich-rechtliche Unternehmen und Nebenbetriebe] Die Vorschriften dieses Gesetzes für den selbständigen Betrieb eines zulassungspflichtigen Handwerks gelten auch

1. für gewerbliche Betriebe des Bundes, der Länder, der Gemeinden und der sonstigen juristischen Personen des öffentlichen Rechts, in denen Waren zum Absatz an Dritte handwerksmäßig hergestellt oder Leistungen für Dritte handwerksmäßig bewirkt werden,

---

[1] Erster Teil Überschr. neu gef. mWv 1.1.2004 durch G v. 24.12.2003 (BGBl. I S. 2934).

[2] Erster Teil, Erster Abschn. Überschr. neu gef. mWv 1.1.2004 durch G v. 24.12.2003 (BGBl. I S. 2934).

[3] § 1 Abs. 3 geänd. mWv 7.11.2001 durch VO v. 29.10.2001 (BGBl. I S. 2785); Abs. 2 Sätze 2 und 3 angef., bish. Wortlaut wird Satz 1 mWv 30.12.2003 durch G v. 24.12.2003 (BGBl. I S. 2933); Abs. 1 neu gef., Abs. 2 Satz 1 und Abs. 3 geänd. mWv 1.1.2004 durch G v. 24.12.2003 (BGBl. I S. 2934); Abs. 3 geänd. mWv 8.11.2006 durch VO v. 31.10.2006 (BGBl. I S. 2407); Abs. 3 geänd. mWv 8.9.2015 durch VO v. 31.8.2015 (BGBl. I S. 1474).

[4] § 2 einl. Satzteil und Nr. 3 geänd. mWv 1.1.2004 durch G v. 24.12.2003 (BGBl. I S. 2934).

2. für handwerkliche Nebenbetriebe, die mit einem Versorgungs- oder sonstigen Betrieb der in Nummer 1 bezeichneten öffentlich-rechtlichen Stellen verbunden sind,
3. für handwerkliche Nebenbetriebe, die mit einem Unternehmen eines zulassungspflichtigen Handwerks, der Industrie, des Handels, der Landwirtschaft oder sonstiger Wirtschafts- und Berufszweige verbunden sind.

§ 3[1)] [Nebenbetrieb; Hilfsbetrieb] (1) Ein handwerklicher Nebenbetrieb im Sinne des § 2 Nr. 2 und 3 liegt vor, wenn in ihm Waren zum Absatz an Dritte handwerksmäßig hergestellt oder Leistungen für Dritte handwerksmäßig bewirkt werden, es sei denn, daß eine solche Tätigkeit nur in unerheblichem Umfang ausgeübt wird, oder daß es sich um einen Hilfsbetrieb handelt.

(2) Eine Tätigkeit im Sinne des Absatzes 1 ist unerheblich, wenn sie während eines Jahres die durchschnittliche Arbeitszeit eines ohne Hilfskräfte Vollzeit arbeitenden Betriebs des betreffenden Handwerkszweigs nicht übersteigt.

(3) Hilfsbetriebe im Sinne des Absatzes 1 sind unselbständige, der wirtschaftlichen Zweckbestimmung des Hauptbetriebs dienende Betriebe eines zulassungspflichtigen Handwerks, wenn sie

1. Arbeiten für den Hauptbetrieb oder für andere dem Inhaber des Hauptbetriebs ganz oder überwiegend gehörende Betriebe ausführen oder
2. Leistungen an Dritte bewirken, die
   a) als handwerkliche Arbeiten untergeordneter Art zur gebrauchsfertigen Überlassung üblich sind oder
   b) in unentgeltlichen Pflege-, Installations-, Instandhaltungs- oder Instandsetzungsarbeiten bestehen oder
   c) in entgeltlichen Pflege-, Installations-, Instandhaltungs- oder Instandsetzungsarbeiten an solchen Gegenständen bestehen, die in einem Hauptbetrieb selbst hergestellt worden sind oder für die der Hauptbetrieb als Hersteller im Sinne des Produkthaftungsgesetzes[2)] gilt.

§ 4[3)] [Fortführung des Betriebes nach dem Tode des Inhabers oder dem Ausscheiden des Betriebsleiters] (1) [1] Nach dem Tod des Inhabers eines Betriebs dürfen der Ehegatte, der Lebenspartner, der Erbe, der Testamentsvollstrecker, Nachlassverwalter, Nachlassinsolvenzverwalter oder Nachlasspfleger den Betrieb fortführen, ohne die Voraussetzungen für die Eintragung in die Handwerksrolle zu erfüllen. [2] Sie haben dafür Sorge zu tragen, dass unverzüglich ein Betriebsleiter (§ 7 Abs. 1) bestellt wird. [3] Die Handwerkskammer kann in Härtefällen eine angemessene Frist setzen, wenn eine ordnungsgemäße Führung des Betriebs gewährleistet ist.

(2) Nach dem Ausscheiden des Betriebsleiters haben der in die Handwerksrolle eingetragene Inhaber eines Betriebs eines zulassungspflichtigen Handwerks oder sein Rechtsnachfolger oder sonstige verfügungsberechtigte Nachfolger unverzüglich für die Einsetzung eines anderen Betriebsleiters zu sorgen.

[1)] § 3 Abs. 2 und Abs. 3 einl. Satzteil geänd., Abs. 3 Nr. 2 Buchst. b und c neu gef., Buchst. d aufgeh. mWv 1.1.2004 durch G v. 24.12.2003 (BGBl. I S. 2934).

[2)] **Schönfelder Nr. 27.**

[3)] § 4 neu gef. mWv 1.1.2004 durch G v. 24.12.2003 (BGBl. I S. 2934).

§ 5[1)] [Arbeiten in anderen Handwerken] Wer ein Handwerk nach § 1 Abs. 1 betreibt, kann hierbei auch Arbeiten in anderen Handwerken nach § 1 Abs. 1 ausführen, wenn sie mit dem Leistungsangebot seines Gewerbes technisch oder fachlich zusammenhängen oder es wirtschaftlich ergänzen.

§ 5a[2)] [Datenübermittlung] (1) [1] Öffentliche Stellen, die in Verfahren auf Grund dieses Gesetzes zu beteiligen sind, werden über das Ergebnis unterrichtet, soweit dies zur Erfüllung ihrer Aufgaben erforderlich ist. [2] Der Empfänger darf die übermittelten Daten nur für den Zweck verarbeiten, für dessen Erfüllung sie ihm übermittelt worden sind.

(2) [1] Handwerkskammern unterrichten sich, soweit dieses Gesetz keine besonderen Vorschriften enthält, gegenseitig, auch durch Übermittlung personenbezogener Daten, und durch Abruf im automatisierten Verfahren, soweit dies zur Feststellung erforderlich ist, ob der Betriebsleiter die Voraussetzungen für die Eintragung in die Handwerksrolle erfüllt und ob er seine Aufgaben ordnungsgemäß wahrnimmt. [2] Das Bundesministerium für Wirtschaft und Energie wird ermächtigt, durch Rechtsverordnung[3)] mit Zustimmung des Bundesrates Einzelheiten eines Abrufs im automatisierten Verfahren zu regeln.

§ 5b[4)] Verfahren über eine einheitliche Stelle. Verwaltungsverfahren nach diesem Gesetz oder nach einer auf Grund dieses Gesetzes erlassenen Rechtsverordnung können über eine einheitliche Stelle abgewickelt werden.

Zweiter Abschnitt. Handwerksrolle

§ 6[5)] [Handwerksrolle; Einsichtsrecht] (1) Die Handwerkskammer hat ein Verzeichnis zu führen, in welches die Inhaber von Betrieben zulassungspflichtiger Handwerke ihres Bezirks nach Maßgabe der Anlage D Abschnitt I zu diesem Gesetz mit dem von ihnen zu betreibenden Handwerk oder bei Ausübung mehrerer Handwerke mit diesen Handwerken einzutragen sind (Handwerksrolle).

(2) [1] Eine Einzelauskunft aus der Handwerksrolle ist jedem zu erteilen, der ein berechtigtes Interesse glaubhaft darlegt. [2] Eine listenmäßige Übermittlung von Daten aus der Handwerksrolle an nicht-öffentliche Stellen ist unbeschadet des Absatzes 4 zulässig, wenn sie zur Erfüllung der Aufgaben der Handwerkskammer erforderlich ist oder wenn der Auskunftbegehrende ein berechtigtes Interesse an der Kenntnis der zu übermittelnden Daten glaubhaft darlegt und kein Grund zu der Annahme besteht, daß die betroffene Person ein schutzwürdiges Interesse an dem Ausschluß der Übermittlung hat. [3] Ein solcher Grund besteht nicht, wenn Vor- und Familienname des Betriebsinhabers oder des gesetzlichen Vertreters oder des Betriebsleiters oder des für die technische Leitung des Betriebs verantwortlichen persönlich haftenden Gesellschafters, die Firma, das ausgeübte Handwerk

[1)] § 5 neu gef. mWv 1.1.2004 durch G v. 24.12.2003 (BGBl. I S. 2934).

[2)] § 5a Abs. 2 neu gef. mWv 1.1.2004 durch G v. 24.12.2003 (BGBl. I S. 2934); Abs. 2 Satz 2 geänd. mWv 8.11.2006 durch VO v. 31.10.2006 (BGBl. I S. 2407); Abs. 2 Satz 2 geänd. mWv 8.9.2015 durch VO v. 31.8.2015 (BGBl. I S. 1474); Abs. 1 Satz 1 neu gef., Satz 2, Abs. 2 Satz 1 geänd. mWv 26.11.2019 durch G v. 20.11.2019 (BGBl. I S. 1626).

[3)] Siehe die DatenabrufVO der Handwerkskammern v. 22.6.2004 (BGBl. I S. 1315).

[4)] § 5b eingef. mWv 18.12.2008 durch G v. 11.12.2008 (BGBl. I S. 2418).

[5)] § 6 Abs. 1 geänd. und Abs. 2 aufgeh., bish. Abs. 3 wird Abs. 2, bish. Abs. 4 wird Abs. 3 und geänd., bish. Abs. 5 und 6 werden Abs. 4 und 5 mWv 1.1.2004 durch G v. 24.12.2003 (BGBl. I S. 2934); Abs. 2 Satz 5 geänd. mWv 5.4.2017 durch G v. 29.3.2017 (BGBl. I S. 626); zur Anwendung siehe § 125; Abs. 2 Satz 6 angef. mWv 6.7.2017 durch G v. 30.6.2017 (BGBl. I S. 2143); Abs. 2 Sätze 2, 4 und 5 geänd., Abs. 4 und 5 neu gef. mWv 26.11.2019 durch G v. 20.11.2019 (BGBl. I S. 1626).

oder die Anschrift der gewerblichen Niederlassung übermittelt werden. [4] Die Übermittlung von Daten nach den Sätzen 2 und 3 ist nicht zulässig, wenn die betroffene Person widersprochen hat. [5] Auf die Widerspruchsmöglichkeit sind die betroffenen Personen unbeschadet der Verordnung (EU) 2016/679[1)] des Europäischen Parlaments und des Rates vom 27. April 2016 zum Schutz natürlicher Personen bei der Verarbeitung personenbezogener Daten, zum freien Datenverkehr und zur Aufhebung der Richtlinie 95/46/EG (Datenschutz-Grundverordnung) (ABl. L 119 vom 4.5.2016, S. 1; L 314 vom 22.11.2016, S. 72; L 127 vom 23.5.2018, S. 2) in der jeweils geltenden Fassung vor der ersten Übermittlung schriftlich oder elektronisch hinzuweisen. [6] Von der Datenübermittlung ausgeschlossen sind die Wohnanschriften der Betriebsinhaber und der Betriebsleiter sowie deren elektronische Kontaktdaten, beispielsweise E-Mail-Adresse, Webseite, Telefaxnummer, Telefonnummer.

(3) Öffentlichen Stellen sind auf Ersuchen Daten aus der Handwerksrolle zu übermitteln, soweit die Kenntnis tatsächlicher oder rechtlicher Verhältnisse des Inhabers eines Betriebs eines zulassungspflichtigen Handwerks (§ 1 Abs. 1) zur Erfüllung ihrer Aufgaben erforderlich ist.

(4) [1] Die Übermittlung von Daten durch öffentliche Stellen an nicht-öffentliche Stellen ist zulässig, wenn der Empfänger sich gegenüber der übermittelnden öffentlichen Stelle verpflichtet hat, die Daten nur für den Zweck zu verarbeiten, zu dessen Erfüllung sie ihm übermittelt werden. [2] Öffentliche Stellen dürfen die ihnen übermittelten Daten nur zu dem Zweck verarbeiten, zu dessen Erfüllung sie ihnen übermittelt wurden.

(5) Für das Verändern und das Einschränken der Verarbeitung der Daten in der Handwerksrolle gelten unbeschadet der Verordnung (EU) 2016/679 die Datenschutzgesetze der Länder.

§ 7[2)] [Eintragungen] (1) [1] Als Inhaber eines Betriebs eines zulassungspflichtigen Handwerks wird eine natürliche oder juristische Person oder eine Personengesellschaft in die Handwerksrolle eingetragen, wenn der Betriebsleiter die Voraussetzungen für die Eintragung in die Handwerksrolle mit dem zu betreibenden Handwerk oder einem mit diesem verwandten Handwerk erfüllt. [2] Das Bundesministerium für Wirtschaft und Energie bestimmt durch Rechtsverordnung[3)] mit Zustimmung des Bundesrates, welche zulassungspflichtige Handwerke sich so nahestehen, daß die Beherrschung des einen zulassungspflichtigen Handwerks die fachgerechte Ausübung wesentlicher Tätigkeiten des anderen zulassungspflichtigen Handwerks ermöglicht (verwandte zulassungspflichtige Handwerke).

(1a) In die Handwerksrolle wird eingetragen, wer in dem von ihm zu betreibenden oder in einem mit diesem verwandten zulassungspflichtigen Handwerk die Meisterprüfung bestanden hat.

[1)] Nr. **246**.

[2)] § 7 Abs. 1 Satz 2, Abs. 2 Satz 4, Abs. 2a geänd. mWv 7.11.2001 durch VO v. 29.10.2001 (BGBl. I S. 2785); Abs. 1 Satz 1 und Abs. 2 neu gef., Abs. 1 Satz 2, Abs. 2a, 3 und 7 geänd., Abs. 1a eingef., Abs. 4–6 und 8 aufgeh. mWv 1.1.2004 durch G v. 24.12.2003 (BGBl. I S. 2934); Abs. 2 Satz 3 geänd. mWv 1.4.2005 durch G v. 23.3.2005 (BGBl. I S. 931); Abs. 1 Satz 2, Abs. 2 Satz 6 und Abs. 2a geänd. mWv 8.11.2006 durch VO v. 31.10.2006 (BGBl. I S. 2407); Abs. 2 Satz 4 neu gef., Abs 3 geänd. mWv *1.10.2007 durch* G v. 7.9.2007 (BGBl. I S. 2246); Abs. 3 geänd. mWv 1.4.2012 durch G v. 6.12.2011 (BGBl. I S. 2515); Abs. 1 Satz 2, Abs. 2 Satz 6 und Abs. 2a geänd. mWv 8.9.2015 durch VO v. 31.8.2015 (BGBl. I S. 1474); Abs. 3 geänd. mWv 1.7.2021 durch G v. 9.6.2021 (BGBl. I S. 1654).

[3)] Siehe die VO über verwandte Handwerke **(Gewerberecht Nr. 74)**.

(2) [1] In die Handwerksrolle werden ferner Ingenieure, Absolventen von technischen Hochschulen und von staatlichen oder staatlich anerkannten Fachschulen für Technik und für Gestaltung mit dem zulassungspflichtigen Handwerk eingetragen, dem der Studien- oder der Schulschwerpunkt ihrer Prüfung entspricht. [2] Dies gilt auch für Personen, die eine andere, der Meisterprüfung für die Ausübung des betreffenden zulassungspflichtigen Handwerks mindestens gleichwertige deutsche staatliche oder staatlich anerkannte Prüfung erfolgreich abgelegt haben. [3] Dazu gehören auch Prüfungen auf Grund einer nach § 42 dieses Gesetzes oder nach § 53 des Berufsbildungsgesetzes[1)] erlassenen Rechtsverordnung, soweit sie gleichwertig sind. [4] Der Abschlussprüfung an einer deutschen Hochschule gleichgestellt sind Diplome, die nach Abschluss einer Ausbildung von mindestens drei Jahren oder einer Teilzeitausbildung von entsprechender Dauer an einer Universität, einer Hochschule oder einer anderen Ausbildungseinrichtung mit gleichwertigem Ausbildungsniveau in einem anderen Mitgliedstaat der Europäischen Union, einem anderen Vertragsstaat des Abkommens über den Europäischen Wirtschaftsraum oder in der Schweiz erteilt wurden; falls neben dem Studium eine Berufsausbildung gefordert wird, ist zusätzlich der Nachweis zu erbringen, dass diese abgeschlossen ist. [5] Die Entscheidung, ob die Voraussetzungen für die Eintragung erfüllt sind, trifft die Handwerkskammer. [6] Das Bundesministerium für Wirtschaft und Energie kann zum Zwecke der Eintragung in die Handwerksrolle nach Satz 1 im Einvernehmen mit dem Bundesministerium für Bildung und Forschung durch Rechtsverordnung[2)] mit Zustimmung des Bundesrates die Voraussetzungen bestimmen, unter denen die in Studien- oder Schulschwerpunkten abgelegten Prüfungen nach Satz 1 Meisterprüfungen in zulassungspflichtigen Handwerken entsprechen.

(2a) Das Bundesministerium für Wirtschaft und Energie kann durch Rechtsverordnung mit Zustimmung des Bundesrates bestimmen, daß in die Handwerksrolle einzutragen ist, wer in einem anderen Mitgliedstaat der Europäischen Gemeinschaft oder in einem anderen Vertragsstaat des Abkommens über den Europäischen Wirtschaftsraum eine der Meisterprüfung für die Ausübung des zu betreibenden Gewerbes oder wesentlicher Tätigkeiten dieses Gewerbes gleichwertige Berechtigung zur Ausübung eines Gewerbes erworben hat.

(3) In die Handwerksrolle wird ferner eingetragen, wer eine Ausnahmebewilligung nach § 8 oder § 9 Abs. 1 oder eine Gleichwertigkeitsfeststellung nach § 50c für das zu betreibende zulassungspflichtige Handwerk oder für ein diesem verwandtes zulassungspflichtiges Handwerk besitzt.

(4)–(6) *(aufgehoben)*

(7) In die Handwerksrolle wird eingetragen, wer für das zu betreibende Gewerbe oder für ein mit diesem verwandtes Gewerbe eine Ausübungsberechtigung nach § 7a oder § 7b besitzt.

(8) *(aufgehoben)*

(9) [1] Vertriebene und Spätaussiedler, die vor dem erstmaligen Verlassen ihrer Herkunftsgebiete eine der Meisterprüfung gleichwertige Prüfung im Ausland bestanden haben, sind in die Handwerksrolle einzutragen. [2] Satz 1 ist auf Vertriebene, die am 2. Oktober 1990 ihren ständigen Aufenthalt in dem in Artikel 3 des Einigungsvertrages genannten Gebiet hatten, anzuwenden.

[1)] **Sartorius ErgBd. Nr. 422.**

[2)] Siehe die VO über die Anerkennung von Prüfungen für die Eintragung in die Handwerksrolle v. 29.6.2005 (BGBl. I S. 1935), geänd. durch G v. 29.3.2017 (BGBl. I S. 626).

§ 7a [Ausübungsberechtigung für anderes Gewerbe] (1) Wer ein Handwerk nach § 1 betreibt, erhält eine Ausübungsberechtigung für ein anderes Gewerbe der Anlage A oder für wesentliche Tätigkeiten dieses Gewerbes, wenn die hierfür erforderlichen Kenntnisse und Fertigkeiten nachgewiesen sind; dabei sind auch seine bisherigen beruflichen Erfahrungen und Tätigkeiten zu berücksichtigen.

(2) § 8 Abs. 2 bis 4 gilt entsprechend.

§ 7b[1] **[Ausübungsberechtigung für zulassungspflichtige Handwerke]**

(1) Eine Ausübungsberechtigung für zulassungspflichtige Handwerke, ausgenommen in den Fällen der Nummern 12 und 33 bis 37 der Anlage A, erhält, wer

1. eine Gesellenprüfung in dem zu betreibenden zulassungspflichtigen Handwerk oder in einem mit diesem verwandten zulassungspflichtigen Handwerk oder eine Abschlussprüfung in einem dem zu betreibenden zulassungspflichtigen Handwerk entsprechenden anerkannten Ausbildungsberuf bestanden hat und
2. in dem zu betreibenden zulassungspflichtigen Handwerk oder in einem mit diesem verwandten zulassungspflichtigen Handwerk oder in einem dem zu betreibenden zulassungspflichtigen Handwerk entsprechenden Beruf eine Tätigkeit von insgesamt sechs Jahren ausgeübt hat, davon insgesamt vier Jahre in leitender Stellung. Eine leitende Stellung ist dann anzunehmen, wenn dem Gesellen eigenverantwortliche Entscheidungsbefugnisse in einem Betrieb oder in einem wesentlichen Betriebsteil übertragen worden sind. Der Nachweis hierüber kann durch Arbeitszeugnisse, Stellenbeschreibungen oder in anderer Weise erbracht werden. Im Falle einer Gleichwertigkeitsfeststellung nach § 40a wird nur die Berufserfahrung nach Erteilung derselben berücksichtigt.
3. Die ausgeübte Tätigkeit muss zumindest eine wesentliche Tätigkeit des zulassungspflichtigen Handwerks umfasst haben, für das die Ausübungsberechtigung beantragt wurde.

(1a) [1] Die für die selbständige Handwerksausübung erforderlichen betriebswirtschaftlichen, kaufmännischen und rechtlichen Kenntnisse gelten in der Regel durch die Berufserfahrung nach Absatz 1 Nr. 2 als nachgewiesen. [2] Soweit dies nicht der Fall ist, sind die erforderlichen Kenntnisse durch Teilnahme an Lehrgängen oder auf sonstige Weise nachzuweisen.

(2) [1] Die Ausübungsberechtigung wird auf Antrag des Gewerbetreibenden von der höheren Verwaltungsbehörde nach Anhörung der Handwerkskammer zu den Voraussetzungen des Absatzes 1 erteilt. [2] Im Übrigen gilt § 8 Abs. 3 Satz 2 bis 5 und Abs. 4 entsprechend.

§ 8[2] **[Ausnahmebewilligung]** (1) [1] In Ausnahmefällen ist eine Bewilligung zur Eintragung in die Handwerksrolle (Ausnahmebewilligung) zu erteilen, wenn die zur selbständigen Ausübung des von dem Antragsteller zu betreibenden zulassungspflichtigen Handwerks notwendigen Kenntnisse und Fertigkeiten nachgewiesen sind; dabei sind auch seine bisherigen beruflichen Erfahrungen und Tätigkeiten zu berücksichtigen. [2] Ein Ausnahmefall liegt vor, wenn die Ablegung einer Meisterprüfung zum Zeitpunkt der Antragstellung oder danach für ihn eine unzumutbare Belastung bedeuten würde. [3] Ein Ausnahmefall liegt auch dann vor, wenn der

---

[1] § 7b eingef. mWv 1.1.2004 durch G v. 24.12.2003 (BGBl. I S. 2934); Abs. 1 Nr. 2 letzter Satz angef. mWv 1.4.2012 durch G v. 6.12.2011 (BGBl. I S. 2515).

[2] § 8 Abs. 1 Sätze 1–3 geänd. mWv 1.1.2004 durch G v. 24.12.2003 (BGBl. I S. 2934); Abs. 1 Satz 3 geänd. mWv 1.4.2005 durch G v. 23.3.2005 (BGBl. I S. 931).

Antragsteller eine Prüfung auf Grund einer nach § 42 dieses Gesetzes oder § 53 des Berufsbildungsgesetzes[1] erlassenen Rechtsverordnung bestanden hat.

(2) Die Ausnahmebewilligung kann unter Auflagen oder Bedingungen oder befristet erteilt und auf einen wesentlichen Teil der Tätigkeiten beschränkt werden, die zu einem in der Anlage A zu diesem Gesetz aufgeführten Gewerbe gehören; in diesem Fall genügt der Nachweis der hierfür erforderlichen Kenntnisse und Fertigkeiten.

(3) [1]Die Ausnahmebewilligung wird auf Antrag des Gewerbetreibenden von der höheren Verwaltungsbehörde nach Anhörung der Handwerkskammer zu den Voraussetzungen der Absätze 1 und 2 und des § 1 Abs. 2 erteilt. [2]Die Handwerkskammer kann eine Stellungnahme der fachlich zuständigen Innung oder Berufsvereinigung einholen, wenn der Antragsteller ausdrücklich zustimmt. [3]Sie hat ihre Stellungnahme einzuholen, wenn der Antragsteller es verlangt. [4]Die Landesregierungen werden ermächtigt, durch Rechtsverordnung zu bestimmen, daß abweichend von Satz 1 an Stelle der höheren Verwaltungsbehörde eine andere Behörde zuständig ist. [5]Sie können diese Ermächtigung auf oberste Landesbehörden übertragen.

(4) Gegen die Entscheidung steht neben dem Antragsteller auch der Handwerkskammer der Verwaltungsrechtsweg offen; die Handwerkskammer ist beizuladen.

§ 9[2] [Ausnahmebewilligung für Angehörige der EWG-Mitgliedstaaten]

(1) [1]Das Bundesministerium für Wirtschaft und Energie wird ermächtigt, durch Rechtsverordnung[3] mit Zustimmung des Bundesrates zur Durchführung von Richtlinien der Europäischen Union über die Anerkennung von Berufsqualifikationen im Rahmen der Niederlassungsfreiheit, des freien Dienstleistungsverkehrs und der Arbeitnehmerfreizügigkeit und zur Durchführung des Abkommens vom 2. Mai 1992 über den Europäischen Wirtschaftsraum (BGBl. 1993 II S. 267) sowie des Abkommens zwischen der Europäischen Gemeinschaft und ihren Mitgliedstaaten einerseits und der Schweizerischen Eidgenossenschaft andererseits über die Freizügigkeit vom 21. Juni 1999 (ABl. EG 2002 Nr. L 114 S. 6) zu bestimmen,

1. unter welchen Voraussetzungen einem Staatsangehörigen eines Mitgliedstaates der Europäischen Union, eines Vertragsstaates des Abkommens über den Europäischen Wirtschaftsraum oder der Schweiz, der im Inland zur Ausübung eines zulassungspflichtigen Handwerks eine gewerbliche Niederlassung unterhalten oder als Betriebsleiter tätig werden will, eine Ausnahmebewilligung zur Eintragung in die Handwerksrolle zu erteilen ist,
2. unter welchen Voraussetzungen einem Staatsangehörigen eines der vorgenannten Staaten, der im Inland keine gewerbliche Niederlassung unterhält, die grenzüberschreitende Dienstleistungserbringung in einem zulassungspflichtigen Handwerk gestattet ist und

---

[1] **Sartorius ErgBd. Nr. 422.**

[2] § 9 Satz 1 geänd. mWv 7.11.2001 durch VO v. 29.10.2001 (BGBl. I S. 2785); Abs. 2 und 3 angef., bish. Wortlaut wird Abs. 1 und geänd. mWv 1.1.2004 durch G v. 24.12.2003 (BGBl. I S. 2934); Abs. 1 Satz 1 geänd. mWv 8.11.2006 durch VO v. 31.10.2006 (BGBl. I S. 2407); Abs. 1 neu gef., Abs. 2 aufgeh., bish. Abs. 3 wird Abs. 2 mWv 1.10.2007 durch G v. 7.9.2007 (BGBl. I S. 2246); Abs. 1 Satz 1 einl. Satzteil geänd. mWv 8.9.2015 durch VO v. 31.8.2015 (BGBl. I S. 1474); Abs. 1 Satz 1 Nr. 1 und 2 geänd., Nr. 3 angef. mWv 6.7.2017 durch G v. 30.6.2017 (BGBl. I S. 2143); Abs. 2 geänd. mWv 1.7.2021 durch G v. 9.6.2021 (BGBl. I S. 1654).

[3] Siehe die EU/EWR-Handwerk-Verordnung **(Nipperdey I, Arbeitsrecht Nr. 108)**.

3. wie die Verfahren zur Ausstellung des Europäischen Berufsausweises und zur Anerkennung von Berufsqualifikationen in den in den Nummern 1 und 2 genannten Fällen unter Verwendung von Europäischen Berufsausweisen sowie die Anwendung des Vorwarnmechanismus gemäß der Richtlinie 2005/36/EG des Europäischen Parlaments und des Rates vom 7. September 2005 über die Anerkennung von Berufsqualifikationen (ABl. L 255 vom 30.9.2005, S. 22), die zuletzt durch den Delegierten Beschluss (EU) 2016/790 (ABl. L 134 vom 24.5. 2016, S. 135) geändert worden ist, ausgestaltet sind.

[2] In den in Satz 1 Nr. 1 genannten Fällen bleibt § 8 Abs. 1 unberührt; § 8 Abs. 2 bis 4 gilt entsprechend. [3] In den in Satz 1 Nr. 2 genannten Fällen ist § 1 Abs. 1 nicht anzuwenden.

(2) In den Fällen des § 7 Abs. 2a und des § 50b findet § 1 Abs. 1 keine Anwendung, wenn der selbständige Betrieb im Inland keine Niederlassung unterhält.

§ 10[1)] **[Handwerkskarte]** (1) [1] Die Eintragung in die Handwerksrolle erfolgt auf Antrag oder von Amts wegen. [2] Wenn die Voraussetzungen zur Eintragung in die Handwerksrolle vorliegen, ist die Eintragung innerhalb von drei Monaten nach Eingang des Antrags einschließlich der vollständigen Unterlagen vorzunehmen. [3] Hat die Handwerkskammer nicht innerhalb der Frist des Satzes 2 eingetragen, gilt die Eintragung als erfolgt. [4] Die Vorschriften des Verwaltungsverfahrensgesetzes[2)] über die Genehmigungsfiktion gelten entsprechend.

(2) [1] Über die Eintragung in die Handwerksrolle hat die Handwerkskammer eine Bescheinigung auszustellen (Handwerkskarte). [2] In die Handwerkskarte sind einzutragen der Name und die Anschrift des Inhabers eines Betriebs eines zulassungspflichtigen Handwerks, der Betriebssitz, das zu betreibende zulassungspflichtige Handwerk und bei Ausübung mehrerer zulassungspflichtiger Handwerke diese Handwerke sowie der Zeitpunkt der Eintragung in die Handwerksrolle. [3] In den Fällen des § 7 Abs. 1 ist zusätzlich der Name des Betriebsleiters, des für die technische Leitung verantwortlichen persönlich haftenden Gesellschafters oder des Leiters eines Nebenbetriebs einzutragen. [4] Die Höhe der für die Ausstellung der Handwerkskarte zu entrichtenden Gebühr wird durch die Handwerkskammer mit Genehmigung der obersten Landesbehörde bestimmt.

§ 11 [Mitteilungspflicht der Handwerkskammer] Die Handwerkskammer hat dem Gewerbetreibenden die beabsichtigte Eintragung in die Handwerksrolle gegen Empfangsbescheinigung mitzuteilen; gleichzeitig und in gleicher Weise hat sie dies der Industrie- und Handelskammer mitzuteilen, wenn der Gewerbetreibende dieser angehört.

§ 12 [Verwaltungsrechtsweg] Gegen die Entscheidung über die Eintragung eines der Industrie- und Handelskammer angehörigen Gewerbetreibenden in die Handwerksrolle steht neben dem Gewerbetreibenden auch der Industrie- und Handelskammer der Verwaltungsrechtsweg offen.

[1)] § 10 Abs. 2 Sätze 2 und 3 geänd. mWv 1.1.2004 durch G v. 24.12.2003 (BGBl. I S. 2934); Abs. 1 Sätze 2 bis 4 angef. mWv 28.12.2009 durch G v. 17.7.2009 (BGBl. I S. 2091).

[2)] Nr. **100**.

§ 13[1)] **[Löschung in der Handwerksrolle]** (1) Die Eintragung in die Handwerksrolle wird auf Antrag oder von Amts wegen gelöscht, wenn die Voraussetzungen für die Eintragung nicht vorliegen.

(2) Wird der Gewerbebetrieb nicht handwerksmäßig betrieben, so kann auch die Industrie- und Handelskammer die Löschung der Eintragung beantragen.

(3) Die Handwerkskammer hat dem Gewerbetreibenden die beabsichtigte Löschung der Eintragung in die Handwerksrolle gegen Empfangsbescheinigung mitzuteilen.

(4) Wird die Eintragung in die Handwerksrolle gelöscht, so ist die Handwerkskarte an die Handwerkskammer zurückzugeben.

(5) [1] Die nach Absatz 1 in der Handwerksrolle gelöschten Daten sind für weitere dreißig Jahre ab dem Zeitpunkt der Löschung in einem gesonderten Dateisystem zu speichern. [2] Eine Einzelauskunft aus diesem Dateisystem ist jedem zu erteilen, der ein berechtigtes Interesse glaubhaft darlegt, soweit die betroffene Person kein schutzwürdiges Interesse an dem Ausschluss der Übermittlung hat. [3] § 6 Absatz 3 bis 5 gilt entsprechend.

§ 14[2)] **[Beschränkung des Antrags auf Löschung]** [1] Ein in die Handwerksrolle eingetragener Gewerbetreibender kann die Löschung mit der Begründung, dass der Gewerbebetrieb kein Betrieb eines zulassungspflichtigen Handwerks im Sinne des § 1 Abs. 2 ist, erst nach Ablauf eines Jahres seit Eintritt der Unanfechtbarkeit der Eintragung und nur dann beantragen, wenn sich die Voraussetzungen für die Eintragung wesentlich geändert haben. [2] Satz 1 gilt für den Antrag der Industrie- und Handelskammer nach § 13 Abs. 2 entsprechend.

§ 15 [Erneuter Eintragungsantrag nach Ablehnung] Ist einem Gewerbetreibenden die Eintragung in die Handwerksrolle abgelehnt worden, so kann er die Eintragung mit der Begründung, daß der Gewerbebetrieb nunmehr Handwerksbetrieb ist, erst nach Ablauf eines Jahres seit Eintritt der Unanfechtbarkeit der Ablehnung und nur dann beantragen, wenn sich die Voraussetzungen für die Ablehnung wesentlich geändert haben.

§ 16[3)] **[Anzeigepflicht bei Betriebsbeginn; Untersagung der Fortsetzung]**

(1) [1] Wer den Betrieb eines zulassungspflichtigen Handwerks nach § 1 anfängt, hat gleichzeitig mit der nach § 14 der Gewerbeordnung[4)] zu erstattenden Anzeige der hiernach zuständigen Behörde die über die Eintragung in die Handwerksrolle ausgestellte Handwerkskarte (§ 10 Abs. 2) vorzulegen. [2] Der Inhaber eines Hauptbetriebs im Sinne des § 3 Abs. 3 hat der für die Entgegennahme der Anzeige nach § 14 der Gewerbeordnung zuständigen Behörde die Ausübung eines handwerklichen Neben- oder Hilfsbetriebs anzuzeigen.

(2) Der Gewerbetreibende hat ferner der Handwerkskammer, in deren Bezirk *seine gewerbliche* Niederlassung liegt, unverzüglich den Beginn und die Beendi-

---

1) § 13 Abs. 5 Sätze 1 und 3 geänd., Satz 2 neu gef. mWv 26.11.2019 durch G v. 20.11.2019 (BGBl. I S. 1626).

2) § 14 Satz 1 geänd. mWv 1.1.2004 durch G v. 24.12.2003 (BGBl. I S. 2934).

3) § 16 Abs. 1 und 3 neu gef., Abs. 2 geänd., Abs. 4–8 eingef., bish. Abs. 4 wird Abs. 9, Abs. 10 angef. mWv 1.1.2004 durch G v. 24.12.2003 (BGBl. I S. 2934); Abs. 5 Sätze 3 und 4, Abs. 6 geänd. mWv 8.11. 2006 durch VO v. 31.10.2006 (BGBl. I S. 2407); Abs. 5 Satz 3 und 4 und Abs. 6 geänd. mWv 8.9.2015 durch VO v. 31.8.2015 (BGBl. I S. 1474); Abs. 2 geänd. mWv 1.7.2021 durch G v. 9.6.2021 (BGBl. I S. 1654).

4) Nr. **800**.

gung seines Betriebs und in den Fällen des § 7 Abs. 1 die Bestellung und Abberufung des Betriebsleiters anzuzeigen; bei juristischen Personen sind auch die Namen der gesetzlichen Vertreter, bei Personengesellschaften die Namen der für die technische Leitung verantwortlichen und der vertretungsberechtigten Gesellschafter anzuzeigen.

(3) [1] Wird der selbständige Betrieb eines zulassungspflichtigen Handwerks als stehendes Gewerbe entgegen den Vorschriften dieses Gesetzes ausgeübt, so kann die nach Landesrecht zuständige Behörde die Fortsetzung des Betriebs untersagen. [2] Die Untersagung ist nur zulässig, wenn die Handwerkskammer und die Industrie- und Handelskammer zuvor angehört worden sind und in einer gemeinsamen Erklärung mitgeteilt haben, dass sie die Voraussetzungen einer Untersagung als gegeben ansehen.

(4) [1] Können sich die Handwerkskammer und die Industrie- und Handelskammer nicht über eine gemeinsame Erklärung nach Absatz 3 Satz 2 verständigen, entscheidet eine von dem Deutschen Industrie- und Handelskammertag und dem Deutschen Handwerkskammertag (Trägerorganisationen) gemeinsam für die Dauer von jeweils vier Jahren gebildete Schlichtungskommission. [2] Die Schlichtungskommission ist erstmals zum 1. Juli 2004 zu bilden.

(5) [1] Der Schlichtungskommission gehören drei Mitglieder an, von denen je ein Mitglied von jeder Trägerorganisation und ein Mitglied von beiden Trägerorganisationen gemeinsam zu benennen sind. [2] Das gemeinsam benannte Mitglied führt den Vorsitz. [3] Hat eine Trägerorganisation ein Mitglied nicht innerhalb von einem Monat nach Benennung des Mitglieds der anderen Trägerorganisation benannt, so erfolgt die Benennung durch das Bundesministerium für Wirtschaft und Energie. [4] Das Bundesministerium für Wirtschaft und Energie benennt auch das vorsitzende Mitglied, wenn sich die Trägerorganisationen nicht innerhalb eines Monats einigen können, nachdem beide ihre Vorschläge für das gemeinsam zu benennende Mitglied unterbreitet haben. [5] Die Schlichtungskommission gibt sich eine Geschäftsordnung.

(6) Das Bundesministerium für Wirtschaft und Energie wird ermächtigt, durch Rechtsverordnung[1)] mit Zustimmung des Bundesrates das Schlichtungsverfahren zu regeln.

(7) Hält die zuständige Behörde die Erklärung nach Absatz 3 Satz 2 oder die Entscheidung der Schlichtungskommission für rechtswidrig, kann sie unmittelbar die Entscheidung der obersten Landesbehörde herbeiführen.

(8) Bei Gefahr im Verzug kann die zuständige Behörde die Fortsetzung des Gewerbes auch ohne Einhaltung des Verfahrens nach Absatz 3 Satz 2 und Absatz 4 vorläufig untersagen.

(9) Die Ausübung des untersagten Gewerbes durch den Gewerbetreibenden kann durch Schließung der Betriebs- und Geschäftsräume oder durch andere geeignete Maßnahmen verhindert werden.

(10) [1] Die Schlichtungskommission kann auch angerufen werden, wenn sich in den Fällen des § 90 Abs. 3 die Handwerkskammer und die Industrie- und Handelskammer nicht über die Zugehörigkeit eines Gewerbetreibenden zur Handwerkskammer oder zur Industrie- und Handelskammer einigen können. [2] Die Absätze 4 *bis 6 gelten entsprechend.* [3] Hält der Gewerbetreibende die Ent-

---

[1)] Siehe die HandwerksO-SchlichtungsverfahrenVO v. 22.6.2004 (BGBl. I S. 1314), zuletzt geänd. durch G v. 6.12.2011 (BGBl. I S. 2481).

scheidung der Schlichtungskommission für rechtswidrig, so entscheidet die oberste Landesbehörde. [4] § 12 gilt entsprechend.

§ 17[1)] [Auskunftspflicht und -verweigerungsrecht; Betriebsüberwachung] (1) [1] Die in der Handwerksrolle eingetragenen oder in diese einzutragenden Gewerbetreibenden sind verpflichtet, der Handwerkskammer die für die Prüfung der Eintragungsvoraussetzungen erforderliche Auskunft über Art und Umfang ihres Betriebs, über die Betriebsstätte, über die Zahl der im Betrieb beschäftigten gelernten und ungelernten Personen und über handwerkliche Prüfungen des Betriebsinhabers und des Betriebsleiters sowie über die vertragliche und praktische Ausgestaltung des Betriebsleiterverhältnisses zu erteilen sowie auf Verlangen sämtliche Dokumente vorzulegen, die zur Prüfung der Eintragung in die Handwerksrolle und zur Aufrechterhaltung der Eintragung in der Handwerksrolle erforderlich sind. [2] Auskünfte, Nachweise und Informationen, die für die Prüfung der Eintragungsvoraussetzungen nach Satz 1 nicht erforderlich sind, dürfen von der Handwerkskammer nicht, auch nicht für Zwecke der Verfolgung von Straftaten oder Ordnungswidrigkeiten, verwertet werden. [3] Die Handwerkskammer kann für die Erteilung der Auskunft eine Frist setzen.

(2) [1] Die Beauftragten der Handwerkskammer sind nach Maßgabe des § 29 Abs. 2 der Gewerbeordnung[2)] befugt, zu dem in Absatz 1 bezeichneten Zweck Grundstücke und Geschäftsräume des Auskunftspflichtigen zu betreten und dort Prüfungen und Besichtigungen vorzunehmen. [2] Der Auskunftspflichtige hat diese Maßnahmen zu dulden. [3] Das Grundrecht der Unverletzlichkeit der Wohnung (Artikel 13 des Grundgesetzes[3)]) wird insoweit eingeschränkt.

(3) Der Auskunftspflichtige kann die Auskunft auf solche Fragen verweigern, deren Beantwortung ihn selbst oder einen der in § 383 Abs. 1 Nr. 1 bis 3 der Zivilprozeßordnung bezeichneten Angehörigen der Gefahr strafgerichtlicher Verfolgung oder eines Verfahrens nach dem Gesetz über Ordnungswidrigkeiten[4)] aussetzen würde.

(4) Sofern ein Gewerbetreibender ohne Angabe von Name und Anschrift unter einem Telekommunikationsanschluß Handwerksleistungen anbietet und Anhaltspunkte dafür bestehen, daß er den selbständigen Betrieb eines Handwerks als stehendes Gewerbe entgegen den Vorschriften dieses Gesetzes ausübt, ist der Anbieter der Telekommunikationsdienstleistung verpflichtet den Handwerkskammern auf Verlangen Namen und Anschrift des Anschlußinhabers unentgeltlich mitzuteilen.

[1)] § 17 Abs. 1 Satz 2 eingef., bish. Satz 2 wird Satz 3, Abs. 2 Satz 1 geänd. mWv 1.1.2004 durch G v. 24.12.2003 (BGBl. I S. 2934); Abs. 1 Satz 1 neu gef., Satz 2 geänd. mWv 14.9.2005 durch G v. 6.9.2005 (BGBl. I S. 2725); Abs. 1 Satz 1 geänd. mWv 6.7.2017 durch G v. 30.6.2017 (BGBl. I S. 2143).

[2)] Nr. **800**.

[3)] Nr. **1**.

[4)] **Schönfelder Nr. 94.**

Dritter Abschnitt.[1)] Zulassungsfreie Handwerke und handwerksähnliche Gewerbe

§ 18[2)] **[Handwerksähnliche Gewerbe; Anzeigepflicht]** (1) [1] Wer den selbständigen Betrieb eines zulassungsfreien Handwerks oder eines handwerksähnlichen Gewerbes als stehendes Gewerbe beginnt oder beendet, hat dies unverzüglich der Handwerkskammer, in deren Bezirk seine gewerbliche Niederlassung liegt, anzuzeigen. [2] Bei juristischen Personen sind auch die Namen der gesetzlichen Vertreter, bei Personengesellschaften die Namen der vertretungsberechtigten Gesellschafter anzuzeigen.

(2) [1] Ein Gewerbe ist ein zulassungsfreies Handwerk im Sinne dieses Gesetzes, wenn es handwerksmäßig betrieben wird und in Anlage B Abschnitt 1 zu diesem Gesetz aufgeführt ist. [2] Ein Gewerbe ist ein handwerksähnliches Gewerbe im Sinne dieses Gesetzes, wenn es handwerksähnlich betrieben wird und in Anlage B Abschnitt 2 zu diesem Gesetz aufgeführt ist.

(3) Das Bundesministerium für Wirtschaft und Energie wird ermächtigt, durch Rechtsverordnung mit Zustimmung des Bundesrates die Anlage B zu diesem Gesetz dadurch zu ändern, daß es darin aufgeführte Gewerbe streicht, ganz oder teilweise zusammenfaßt oder trennt, Bezeichnungen für sie festsetzt oder die Gewerbegruppen aufteilt, soweit es die technische und wirtschaftliche Entwicklung erfordert.

§ 19[3)] **[Inhaberverzeichnis]** [1] Die Handwerkskammer hat ein Verzeichnis zu führen, in welches die Inhaber eines Betriebs eines zulassungsfreien Handwerks oder eines handwerksähnlichen Gewerbes nach Maßgabe der Anlage D Abschnitt II zu diesem Gesetz mit dem von ihnen betriebenen Gewerbe oder bei Ausübung mehrerer Gewerbe mit diesen Gewerben einzutragen sind. [2] § 6 Abs. 2 bis 5 gilt entsprechend.

§ 20[4)] **[Anwendbarkeit von Vorschriften]** [1] Auf zulassungsfreie Handwerke und handwerksähnliche Gewerbe finden § 10 Abs. 1, die §§ 11, 12, 13 Abs. 1 bis 3, 5, die §§ 14, 15 und 17 entsprechend Anwendung. [2] § 5a Abs. 2 Satz 1 findet entsprechende Anwendung, soweit dies zur Feststellung erforderlich ist, ob die Voraussetzungen für die Eintragung in das Verzeichnis der Inhaber eines Betriebs eines zulassungsfreien oder eines handwerksähnlichen Gewerbes vorliegen.

---

1) Erster Teil, Dritter Abschn. Überschr. neu gef. mWv 1.1.2004 durch G v. 24.12.2003 (BGBl. I S. 2934).

2) § 18 Abs. 3 geänd. mWv 7.11.2001 durch VO v. 29.10.2001 (BGBl. I S. 2785); Abs. 1 Satz 1 und Abs. 3 geänd., Abs. 2 neu gef. mWv 1.1.2004 durch G v. 24.12.2003 (BGBl. I S. 2934); Abs. 3 geänd. mWv 8.11.2006 durch VO v. 31.10.2006 (BGBl. I S. 2407); Abs. 3 geänd. mWv 8.9.2015 durch VO v. 31.8.2015 (BGBl. I S. 1474).

3) § 19 neu gef. mWv 1.1.2004 durch G v. 24.12.2003 (BGBl. I S. 2934).

4) § 20 geänd. mWv 1.1.2004 durch G v. 24.12.2003 (BGBl. I S. 2934); Satz 2 angef., bish. Wortlaut wird Satz 1 mWv 14.9.2005 durch G v. 6.9.2005 (BGBl. I S. 2725).

Zweiter Teil. Berufsbildung im Handwerk

Erster Abschnitt. Berechtigung zum Einstellen und Ausbilden

§ 21[1)] [Eignung der Ausbildungsstätte] (1) Lehrlinge (Auszubildende) dürfen nur eingestellt und ausgebildet werden, wenn

1. die Ausbildungsstätte nach Art und Einrichtung für die Berufsausbildung geeignet ist, und
2. die Zahl der Lehrlinge (Auszubildenden) in einem angemessenen Verhältnis zur Zahl der Ausbildungsplätze oder zur Zahl der beschäftigten Fachkräfte steht, es sei denn, dass anderenfalls die Berufsausbildung nicht gefährdet wird.

(2) Eine Ausbildungsstätte, in der die erforderlichen beruflichen Fertigkeiten, Kenntnisse und Fähigkeiten nicht in vollem Umfang vermittelt werden können, gilt als geeignet, wenn diese durch Ausbildungsmaßnahmen außerhalb der Ausbildungsstätte vermittelt werden.

§ 22[2)] [Persönliche und fachliche Eignung] (1) [1] Lehrlinge (Auszubildende) darf nur einstellen, wer persönlich geeignet ist. [2] Lehrlinge (Auszubildende) darf nur ausbilden, wer persönlich und fachlich geeignet ist.

(2) Wer fachlich nicht geeignet ist oder wer nicht selbst ausbildet, darf Lehrlinge (Auszubildende) nur dann einstellen, wenn er persönlich und fachlich geeignete Ausbilder bestellt, die die Ausbildungsinhalte unmittelbar, verantwortlich und in wesentlichem Umfang vermitteln.

(3) Unter der Verantwortung des Ausbilders kann bei der Berufsausbildung mitwirken, wer selbst nicht Ausbilder ist, aber abweichend von den besonderen Voraussetzungen des § 22b die für die Vermittlung von Ausbildungsinhalten erforderlichen beruflichen Fertigkeiten, Kenntnisse und Fähigkeiten besitzt und persönlich geeignet ist.

§ 22a[2)] [Persönliche Eignung] Persönlich nicht geeignet ist insbesondere, wer

1. Kinder und Jugendliche nicht beschäftigen darf oder
2. wiederholt oder schwer gegen dieses Gesetz oder die auf Grund dieses Gesetzes erlassenen Vorschriften und Bestimmungen verstoßen hat.

§ 22b[3)] [Fachliche Eignung] (1) Fachlich geeignet ist, wer die beruflichen sowie die berufs- und arbeitspädagogischen Fertigkeiten, Kenntnisse und Fähigkeiten besitzt, die für die Vermittlung der Ausbildungsinhalte erforderlich sind.

(2) In einem zulassungspflichtigen Handwerk besitzt die fachliche Eignung, wer

1. die Meisterprüfung in dem zulassungspflichtigen Handwerk, in dem ausgebildet werden soll, oder in einem mit diesem verwandten Handwerk bestanden hat oder

---

[1)] § 21 neu gef. mWv 1.4.2005 durch G v. 23.3.2005 (BGBl. I S. 931).

[2)] §§ 22 und 22a neu gef. mWv 1.4.2005 durch G v. 23.3.2005 (BGBl. I S. 931).

[3)] § 22b eingef. mWv 1.4.2005 durch G v. 23.3.2005 (BGBl. I S. 931); Abs. 4 Satz 1 geänd. mWv 8.11.2006 durch VO v. 31.10.2006 (BGBl. I S. 2407); Abs. 2 Nr. 2 Buchst. c geänd., Abs. 3 Satz 2 eingef., bish. Satz 2 wird Satz 3 mWv 1.10.2007 durch G v. 7.9.2007 (BGBl. I S. 2246); Abs. 3 Satz 1 Nr. 3 und 4 sowie letzter Halbs. geänd., Nr. 5 angef. mWv 1.4.2012 durch G v. 6.12.2011 (BGBl. I S. 2515); Abs. 4 Satz 1 geänd. mWv 8.9.2015 durch VO v. 31.8.2015 (BGBl. I S. 1474); Abs. 3 Satz 1 Nr. 5 geänd. mWv 1.7.2021 durch G v. 9.6.2021 (BGBl. I S. 1654).

2. in dem zulassungspflichtigen Handwerk, in dem ausgebildet werden soll, oder in einem mit diesem verwandten Handwerk
   a) die Voraussetzungen zur Eintragung in die Handwerksrolle nach § 7 erfüllt oder
   b) eine Ausübungsberechtigung nach § 7a oder § 7b erhalten hat oder
   c) eine Ausnahmebewilligung nach § 8 oder nach § 9 Abs. 1 Satz 1 Nr. 1 erhalten hat

und den Teil IV der Meisterprüfung oder eine gleichwertige andere Prüfung, insbesondere eine Ausbildereignungsprüfung auf der Grundlage einer nach § 30 Abs. 5 des Berufsbildungsgesetzes[1] erlassenen Rechtsverordnung, bestanden hat.

(3) [1] In einem zulassungsfreien Handwerk oder einem handwerksähnlichen Gewerbe besitzt die für die fachliche Eignung erforderlichen beruflichen Fertigkeiten, Kenntnisse und Fähigkeiten, wer

1. die Meisterprüfung in dem zulassungsfreien Handwerk oder in dem handwerksähnlichen Gewerbe, in dem ausgebildet werden soll, bestanden hat,
2. die Gesellen- oder Abschlussprüfung in einer dem Ausbildungsberuf entsprechenden Fachrichtung bestanden hat,
3. eine anerkannte Prüfung an einer Ausbildungsstätte oder vor einer Prüfungsbehörde oder eine Abschlussprüfung an einer staatlichen oder staatlich anerkannten Schule in einer dem Ausbildungsberuf entsprechenden Fachrichtung bestanden hat,
4. eine Abschlussprüfung an einer deutschen Hochschule in einer dem Ausbildungsberuf entsprechenden Fachrichtung bestanden hat oder
5. eine Gleichwertigkeitsfeststellung nach § 51g oder einen Bildungsabschluss besitzt, dessen Gleichwertigkeit nach anderen rechtlichen Regelungen festgestellt worden ist

und im Falle der Nummern 2 bis 5 eine angemessene Zeit in seinem Beruf praktisch tätig gewesen ist. [2] Der Abschlussprüfung an einer deutschen Hochschule gemäß Satz 1 Nr. 4 gleichgestellt sind Diplome nach § 7 Abs. 2 Satz 4. [3] Für den Nachweis der berufs- und arbeitspädagogischen Fertigkeiten, Kenntnisse und Fähigkeiten finden die auf der Grundlage des § 30 Abs. 5 des Berufsbildungsgesetzes erlassenen Rechtsverordnungen Anwendung.

(4) [1] Das Bundesministerium für Wirtschaft und Energie kann nach Anhörung des Hauptausschusses des Bundesinstituts für Berufsbildung durch Rechtsverordnung, die nicht der Zustimmung des Bundesrates bedarf, bestimmen, dass der Erwerb berufs- und arbeitspädagogischer Fertigkeiten, Kenntnisse und Fähigkeiten gesondert nachzuweisen ist. [2] Dabei können Inhalt, Umfang und Abschluss der Maßnahmen für den Nachweis geregelt werden. [3] Das Bestehen des Teils IV der Meisterprüfung gilt als Nachweis.

(5) Die nach Landesrecht zuständige Behörde kann Personen, die die Voraussetzungen der Absätze 2, 3 und 4 nicht erfüllen, die fachliche Eignung nach Anhören der Handwerkskammer widerruflich zuerkennen.

§ 22c[2] [Anerkennung der Berufsqualifikation] (1) In den Fällen des § 22b Abs. 3 besitzt die für die fachliche Eignung erforderlichen beruflichen Fertigkeiten, Kenntnisse und Fähigkeiten auch, wer die Voraussetzungen für die Anerken-

---

[1] **Sartorius ErgBd. Nr. 422.**

[2] § 22c eingef. mWv 1.10.2007 durch G v. 7.9.2007 (BGBl. I S. 2246); Abs. 1 geänd. mWv 30.7.2020 durch G v. 19.6.2020 (BGBl. I S. 1403).

nung seiner Berufsqualifikation nach der Richtlinie 2005/36/EG erfüllt, sofern er eine angemessene Zeit in seinem Beruf praktisch tätig gewesen ist.

(2) Die Anerkennung kann unter den in Artikel 14 der in Absatz 1 genannten Richtlinie aufgeführten Voraussetzungen davon abhängig gemacht werden, dass der Antragsteller oder die Antragstellerin zunächst einen höchstens dreijährigen Anpassungslehrgang ableistet oder eine Eignungsprüfung ablegt.

(3) [1] Die Entscheidung über die Anerkennung trifft die Handwerkskammer. [2] Sie kann die Durchführung von Anpassungslehrgängen und Eignungsprüfungen regeln.

§ 23[1)] [Eignungsfeststellung] (1) Die Handwerkskammer hat darüber zu wachen, dass die Eignung der Ausbildungsstätte sowie die persönliche und fachliche Eignung vorliegen.

(2) [1] Werden Mängel der Eignung festgestellt, so hat die Handwerkskammer, falls der Mangel zu beheben und eine Gefährdung des Lehrlings (Auszubildenden) nicht zu erwarten ist, den Ausbildenden aufzufordern, innerhalb einer von ihr gesetzten Frist den Mangel zu beseitigen. [2] Ist der Mangel der Eignung nicht

(Fortsetzung nächstes Blatt)

1) § 23 neu gef. mWv 1.4.2005 durch G v. 23.3.2005 (BGBl. I S. 931).

2. die Bestellung von Ausbildern.

Vierter Abschnitt. Prüfungswesen

§ 31[1)] **[Gesellenprüfung]** (1) [1] In den anerkannten Ausbildungsberufen (Gewerbe der Anlage A oder der Anlage B) sind Gesellenprüfungen durchzuführen. [2] Die Prüfung kann im Falle des Nichtbestehens zweimal wiederholt werden. [3] Sofern die Gesellenprüfung in zwei zeitlich auseinander fallenden Teilen durchgeführt wird, ist der erste Teil der Gesellenprüfung nicht eigenständig wiederholbar.

(2) [1] Dem Prüfling ist ein Zeugnis auszustellen. [2] Dem Ausbildenden werden auf dessen Verlangen die Ergebnisse der Gesellenprüfung des Lehrlings (Auszubildenden) übermittelt. [3] Sofern die Gesellenprüfung in zwei zeitlich auseinander fallenden Teilen durchgeführt wird, ist das Ergebnis der Prüfungsleistung im ersten Teil der Gesellenprüfung dem Prüfling schriftlich mitzuteilen.

(3) [1] Dem Zeugnis ist auf Antrag des Lehrlings (Auszubildenden) eine englischsprachige und eine französischsprachige Übersetzung beizufügen. [2] Auf Antrag des Lehrlings (Auszubildenden) ist das Ergebnis berufsschulischer Leistungsfeststellungen auf dem Zeugnis auszuweisen. [3] Der Lehrling (Auszubildende) hat den Nachweis der berufsschulischen Leistungsfeststellungen dem Antrag beizufügen.

(4) Die Prüfung ist für den Lehrling (Auszubildenden) gebührenfrei.

§ 32[2)] **[Prüfungsgegenstand]** [1] Durch die Gesellenprüfung ist festzustellen, ob der Prüfling die berufliche Handlungsfähigkeit im Sinne des § 1 Abs. 3 des Berufsbildungsgesetzes[3)] erworben hat. [2] In ihr soll der Prüfling nachweisen, dass er die erforderlichen beruflichen Fertigkeiten beherrscht, die notwendigen beruflichen Kenntnisse und Fähigkeiten besitzt und mit dem im Berufsschulunterricht zu vermittelnden, für die Berufsausbildung wesentlichen Lehrstoff vertraut ist. [3] Die Ausbildungsordnung ist zugrunde zu legen.

§ 33[4)] **[Gesellenprüfungsausschüsse]** (1) [1] Für die Durchführung der Gesellenprüfung errichtet die Handwerkskammer Prüfungsausschüsse. [2] Mehrere Handwerkskammern können bei einer von ihnen gemeinsame Prüfungsausschüsse errichten. [3] Die Handwerkskammer kann Handwerksinnungen ermächtigen, Prüfungsausschüsse zu errichten, wenn die Leistungsfähigkeit der Handwerksinnung die ordnungsgemäße Durchführung der Prüfung sicherstellt.

(2) Werden von einer Handwerksinnung Prüfungsausschüsse errichtet, so sind sie für die Abnahme der Gesellenprüfung aller Lehrlinge (Auszubildenden) der in der Handwerksinnung vertretenen Handwerke ihres Bezirks zuständig, soweit nicht die Handwerkskammer etwas anderes bestimmt.

(3) Prüfungsausschüsse oder Prüferdelegationen nach § 35a Absatz 2 nehmen *die Prüfungs*leistungen ab.

(4) [1] Prüfungsausschüsse oder Prüferdelegationen nach § 35a Absatz 2 können zur Bewertung einzelner, nicht mündlich zu erbringender Prüfungsleistungen gutachterliche Stellungnahmen Dritter, insbesondere berufsbildender Schulen, ein-

---

[1)] § 31 neu gef. mWv 1.4.2005 durch G v. 23.3.2005 (BGBl. I S. 931); Abs. 3 neu gef. mWv 1.1.2020 durch G v. 12.12.2019 (BGBl. I S. 2522).

[2)] § 32 neu gef. mWv 1.4.2005 durch G v. 23.3.2005 (BGBl. I S. 931).

[3)] **Sartorius ErgBd. Nr. 422.**

[4)] § 33 neu gef. mWv 1.1.2020 durch G v. 12.12.2019 (BGBl. I S. 2522).

holen. 2 Im Rahmen der Begutachtung nach Satz 1 sind die wesentlichen Abläufe zu dokumentieren und die für die Bewertung erheblichen Tatsachen festzuhalten.

§ 34[1)] **[Zusammensetzung, Berufung]** (1) 1 Der Prüfungsausschuß besteht aus mindestens drei Mitgliedern. 2 Die Mitglieder müssen für die Prüfungsgebiete sachkundig und für die Mitwirkung im Prüfungswesen geeignet sein.

(2) 1 Dem Prüfungsausschuss müssen als Mitglieder für zulassungspflichtige Handwerke Arbeitgeber oder Betriebsleiter und Arbeitnehmer in gleicher Zahl, für zulassungsfreie Handwerke oder handwerksähnliche Gewerbe Beauftragte der Arbeitgeber und Arbeitnehmer in gleicher Zahl sowie mindestens eine Lehrkraft einer berufsbildenden Schule angehören. 2 Mindestens zwei Drittel der Gesamtzahl der Mitglieder müssen in zulassungspflichtigen Handwerken Arbeitgeber und Arbeitnehmer, in zulassungsfreien Handwerken oder handwerksähnlichen Gewerben Beauftragte der Arbeitgeber und der Arbeitnehmer sein. 3 Die Mitglieder haben Stellvertreter. 4 Die Mitglieder und die Stellvertreter werden längstens für fünf Jahre berufen oder gewählt.

(3) 1 Die Arbeitgeber müssen in dem zulassungspflichtigen Handwerk, für das der Prüfungsausschuß errichtet ist, die Meisterprüfung abgelegt haben oder zum Ausbilden berechtigt sein. 2 In dem zulassungsfreien Handwerk oder in dem handwerksähnlichen Gewerbe, für das der Prüfungsausschuss errichtet ist, müssen die Arbeitgeber oder die Beauftragten der Arbeitgeber die Gesellenprüfung oder eine entsprechende Abschlussprüfung in einem anerkannten Ausbildungsberuf nach § 4 des Berufsbildungsgesetzes[2)] bestanden haben und in diesem Handwerk oder in diesem Gewerbe tätig sein. 3 Die Arbeitnehmer und die Beauftragten der Arbeitnehmer müssen die Gesellenprüfung in dem zulassungspflichtigen oder zulassungsfreien Handwerk oder in dem handwerksähnlichen Gewerbe, für das der Prüfungsausschuss errichtet ist, oder eine entsprechende Abschlussprüfung in einem anerkannten Ausbildungsberuf nach § 4 des Berufsbildungsgesetzes bestanden haben und in diesem Handwerk oder in diesem Gewerbe tätig sein. 4 Arbeitnehmer, die eine entsprechende ausländische Befähigung erworben haben und handwerklich tätig sind, können in den Prüfungsausschuß berufen werden.

(4) 1 Die Mitglieder werden von der Handwerkskammer berufen. 2 Die Arbeitnehmer und die Beauftragten der Arbeitnehmer der von der Handwerkskammer errichteten Prüfungsausschüsse werden auf Vorschlag der Mehrheit der Gesellenvertreter in der Vollversammlung der Handwerkskammer berufen. 3 Vorschläge der im Bezirk der Handwerkskammer bestehenden Gewerkschaften und selbständigen Vereinigungen von Arbeitnehmern mit sozial- oder berufspolitischer Zwecksetzung sollen berücksichtigt werden. 4 Die Lehrkraft einer berufsbildenden Schule wird im Einvernehmen mit der Schulaufsichtsbehörde oder der von ihr bestimmten Stelle berufen.

(5) 1 Für die mit Ermächtigung der Handwerkskammer von der Handwerksinnung errichteten Prüfungsausschüsse werden die Arbeitgeber und die Beauftragten der Arbeitgeber von der Innungsversammlung, die Arbeitnehmer und die

---

1) § 34 Abs. 2 Sätze 1 und 2, Abs. 3 Satz 2 neu gef., Abs. 3 Satz 1 und Abs. 5 Satz 1 geänd. mWv 1.1. 2004 durch G v. 24.12.2003 (BGBl. I S. 2934); Abs. 3 Satz 2 eingef., bish. Sätze 2 und 3 werden Sätze 3 und 4, neuer Satz 3, Abs. 4 Satz 2 und Abs. 5 Satz 1 geänd. mWv 1.4.2005 durch G v. 23.3.2005 (BGBl. I S. 931); Abs. 2 Satz 1, Abs. 4 Satz 3 und Abs. 5 Satz 2 geänd., Abs. 7 neu gef., Abs. 8–9a eingef., bish. *Abs. 8 wird Abs. 10* mWv 1.1.2020 durch G v. 12.12.2019 (BGBl. I S. 2522); Abs. 4 Satz 3 eingef., bish. Satz 3 wird Satz 4, Abs. 5 Satz 2 eingef., bish. Satz 2 wird Satz 3, Abs. 6 Satz 2, Abs. 8 Satz 2 geänd. mWv 1.7.2021 durch G v. 9.6.2021 (BGBl. I S. 1654).

2) **Sartorius ErgBd. Nr. 422.**

Beauftragten der Arbeitnehmer von dem Gesellenausschuß gewählt. [2] Vorschläge der im Bezirk der Handwerksinnung bestehenden Gewerkschaften und selbständigen Vereinigungen von Arbeitnehmern mit sozial- oder berufspolitischer Zwecksetzung sollen berücksichtigt werden. [3] Die Lehrkraft einer berufsbildenden Schule wird im Einvernehmen mit der Schulaufsichtsbehörde oder der von ihr bestimmten Stelle nach Anhörung der Handwerksinnung von der Handwerkskammer berufen.

(6) [1] Die Mitglieder der Prüfungsausschüsse können nach Anhörung der an ihrer Berufung Beteiligten aus wichtigem Grund abberufen werden. [2] Satz 1 und die Absätze 4 und 5 gelten für die Stellvertreter entsprechend.

(7) [1] Die Handwerkskammer oder die nach § 33 Absatz 1 Satz 3 von der Handwerkskammer zur Errichtung von Prüfungsausschüssen ermächtigte Handwerksinnung kann weitere Prüfende für den Einsatz in Prüferdelegationen nach § 35a Absatz 2 berufen. [2] Die Berufung weiterer Prüfender kann auf bestimmte Prüf- oder Fachgebiete beschränkt werden. [3] Die Absätze 4 bis 6 sind entsprechend anzuwenden.

(8) [1] Die für die Berufung von Prüfungsausschussmitgliedern Vorschlagsberechtigten sind über die Anzahl und die Größe der einzurichtenden Prüfungsausschüsse sowie über die Zahl der von ihnen vorzuschlagenden weiteren Prüfenden zu unterrichten. [2] Die Vorschlagsberechtigten werden von der Handwerkskammer oder im Fall des § 33 Absatz 1 Satz 3 von der Innung darüber unterrichtet, welche der von ihnen vorgeschlagenen Mitglieder sowie Stellvertreter und Stellvertreterinnen und weiteren Prüfenden berufen wurden.

(9) [1] Die Tätigkeit im Prüfungsausschuss oder in einer Prüferdelegation ist ehrenamtlich. [2] Für bare Auslagen und für Zeitversäumnis ist, soweit eine Entschädigung nicht von anderer Seite gewährt wird, eine angemessene Entschädigung zu zahlen, deren Höhe von der Handwerkskammer mit Genehmigung der obersten Landesbehörde festgesetzt wird. [3] Die Entschädigung für Zeitversäumnis hat mindestens im Umfang von § 16 des Justizvergütungs- und -entschädigungsgesetzes[1)] in der jeweils geltenden Fassung zu erfolgen.

(9a) Prüfende sind von ihrem Arbeitgeber von der Erbringung der Arbeitsleistung freizustellen, wenn

1. es zur ordnungsgemäßen Durchführung der ihnen durch das Gesetz zugewiesenen Aufgaben erforderlich ist und
2. wichtige betriebliche Gründe nicht entgegenstehen.

(10) Von Absatz 2 darf nur abgewichen werden, wenn anderenfalls die erforderliche Zahl von Mitgliedern des Prüfungsausschusses nicht berufen werden kann.

§ 35 [Vorsitzender; Stellvertreter] [1] Der Prüfungsausschuß wählt aus seiner *Mitte einen* Vorsitzenden und dessen Stellvertreter. [2] Der Vorsitzende und sein Stellvertreter sollen nicht derselben Mitgliedergruppe angehören. [3] Der Prüfungsausschuß ist beschlußfähig, wenn zwei Drittel der Mitglieder, mindestens drei, mitwirken. [4] Er beschließt mit der Mehrheit der abgegebenen Stimmen. [5] Bei Stimmengleichheit gibt die Stimme des Vorsitzenden den Ausschlag.

[1)] **Schönfelder Nr. 116.**

§ 35a[1)] [Bewertung von Prüfungsleistungen] (1) Der Prüfungsausschuss fasst die Beschlüsse über

1. die Noten zur Bewertung einzelner Prüfungsleistungen, die er selbst abgenommen hat,
2. die Noten zur Bewertung der Prüfung insgesamt sowie
3. das Bestehen oder Nichtbestehen der Gesellenprüfung.

(2) [1] Die Handwerkskammer oder im Fall des § 33 Absatz 1 Satz 3 die Handwerksinnung kann im Einvernehmen mit den Mitgliedern des Prüfungsausschusses die Abnahme und abschließende Bewertung von Prüfungsleistungen auf Prüferdelegationen übertragen. [2] Für die Zusammensetzung von Prüferdelegationen und für die Abstimmungen in der Prüferdelegation sind § 34 Absatz 1 bis 3 und § 35 Satz 3 und 4 entsprechend anzuwenden. [3] Mitglieder von Prüferdelegationen können die Mitglieder des Prüfungsausschusses, deren Stellvertreter und Stellvertreterinnen sowie weitere Prüfende sein, die durch die Handwerkskammer oder durch die nach § 33 Absatz 1 Satz 3 zur Errichtung von Prüfungsausschüssen ermächtigte Handwerksinnung nach § 34 Absatz 7 berufen worden sind.

(3) [1] Die Handwerkskammer oder im Fall des § 33 Absatz 1 Satz 3 die Handwerksinnung hat vor Beginn der Prüfung über die Bildung von Prüferdelegationen, über deren Mitglieder sowie über deren Stellvertreter und Stellvertreterinnen zu entscheiden. [2] Prüfende können Mitglieder mehrerer Prüferdelegationen sein. [3] Sind verschiedene Prüfungsleistungen derart aufeinander bezogen, dass deren Beurteilung nur einheitlich erfolgen kann, so müssen diese Prüfungsleistungen von denselben Prüfenden abgenommen werden.

(4) [1] Nach § 38 Absatz 2 Satz 2 erstellte oder ausgewählte Antwort-Wahl-Aufgaben können automatisiert ausgewertet werden, wenn das Aufgabenerstellungs- oder Aufgabenauswahlgremium festgelegt hat, welche Antworten als zutreffend anerkannt werden. [2] Die Ergebnisse sind vom Prüfungsausschuss zu übernehmen.

(5) [1] Der Prüfungsausschuss oder die Prüferdelegation kann einvernehmlich die Abnahme und Bewertung einzelner schriftlicher oder sonstiger Prüfungsleistungen, deren Bewertung unabhängig von der Anwesenheit bei der Erbringung erfolgen kann, so vornehmen, dass zwei seiner oder ihrer Mitglieder die Prüfungsleistungen selbständig und unabhängig bewerten. [2] Weichen die auf der Grundlage des in der Prüfungsordnung vorgesehenen Bewertungsschlüssels erfolgten Bewertungen der beiden Prüfenden um nicht mehr als 10 Prozent der erreichbaren Punkte voneinander ab, so errechnet sich die endgültige Bewertung aus dem Durchschnitt der beiden Bewertungen. [3] Bei einer größeren Abweichung erfolgt die endgültige Bewertung durch ein vorab bestimmtes weiteres Mitglied des Prüfungsausschusses oder der Prüferdelegation.

(6) Sieht die Ausbildungsordnung vor, dass Auszubildende bei erfolgreichem Abschluss eines zweijährigen Ausbildungsberufs vom ersten Teil der Gesellenprüfung eines darauf aufbauenden drei- oder dreieinhalbjährigen Ausbildungsberufs befreit sind, so ist das Ergebnis der Gesellenprüfung des zweijährigen Ausbildungsberufs vom Prüfungsausschuss als das Ergebnis des ersten Teils der Gesellenprüfung des auf dem zweijährigen Ausbildungsberuf aufbauenden drei- oder dreieinhalbjährigen Ausbildungsberufs zu übernehmen.

---

1) § 35a neu gef. mWv 1.1.2020 durch G v. 12.12.2019 (BGBl. I S. 2522); Abs. 2 Sätze 1–3, Abs. 3 Satz 1 geänd. mWv 1.7.2021 durch G v. 9.6.2021 (BGBl. I S. 1654).

§ 36[1)] **[Zulassung zur Gesellenprüfung]** (1) Zur Gesellenprüfung ist zuzulassen,

1. wer die Ausbildungsdauer zurückgelegt hat oder wessen Ausbildungsdauer nicht später als zwei Monate nach dem Prüfungstermin endet,
2. wer an vorgeschriebenen Zwischenprüfungen teilgenommen sowie einen vom Ausbilder und Auszubildenden unterzeichneten Ausbildungsnachweis nach § 13 Satz 2 Nummer 7 des Berufsbildungsgesetzes[2)] vorgelegt hat und
3. wessen Berufsausbildungsverhältnis in die Lehrlingsrolle eingetragen oder aus einem Grund nicht eingetragen ist, den weder der Lehrling (Auszubildende) noch dessen gesetzlicher Vertreter zu vertreten hat.

(2) [1] Zur Gesellenprüfung ist ferner zuzulassen, wer in einer berufsbildenden Schule oder einer sonstigen Berufsbildungseinrichtung ausgebildet worden ist, wenn dieser Bildungsgang der Berufsausbildung in einem anerkannten Ausbildungsberuf (Gewerbe der Anlage A oder der Anlage B) entspricht. [2] Ein Bildungsgang entspricht der Berufsausbildung in einem anerkannten Ausbildungsberuf, wenn er

1. nach Inhalt, Anforderung und zeitlichem Umfang der jeweiligen Ausbildungsordnung gleichwertig ist,
2. systematisch, insbesondere im Rahmen einer sachlichen und zeitlichen Gliederung durchgeführt wird, und
3. durch Lernortkooperation einen angemessenen Anteil an fachpraktischer Ausbildung gewährleistet.

§ 36a[3)] **[Zulassung zu einzelnen Teilen der Gesellenprüfung]** (1) Sofern die Gesellenprüfung in zwei zeitlich auseinander fallenden Teilen durchgeführt wird, ist über die Zulassung jeweils gesondert zu entscheiden.

(2) Zum ersten Teil der Gesellenprüfung ist zuzulassen, wer die in der Ausbildungsordnung vorgeschriebene, erforderliche Ausbildungsdauer zurückgelegt hat und die Voraussetzungen des § 36 Abs. 1 Nr. 2 und 3 erfüllt.

(3) [1] Zum zweiten Teil der Gesellenprüfung ist zuzulassen, wer

1. über die Voraussetzungen des § 36 Absatz 1 hinaus am ersten Teil der Gesellenprüfung teilgenommen hat,
2. auf Grund einer Rechtsverordnung nach § 26 Absatz 2 Satz 1 Nummer 2b von der Ablegung des ersten Teils der Gesellenprüfung befreit ist oder
3. aus Gründen, die er nicht zu vertreten hat, am ersten Teil der Gesellenprüfung nicht teilgenommen hat.

[2] Im Fall des Satzes 1 Nummer 3 ist der erste Teil der Gesellenprüfung zusammen mit dem zweiten Teil abzulegen.

---

1) § 36 neu gef. mWv 1.4.2005 durch G v. 23.3.2005 (BGBl. I S. 931); Abs. 2 Sätze 3 und 4 aufgeh. mWv 1.8.2011 durch G v. 23.3.2005 (BGBl. I S. 931); Abs. 1 Nr. 2 geänd. mWv 5.4.2017 durch G v. 29.3.2017 (BGBl. I S. 626); zur Anwendung siehe § 125; Abs. 1 Nr. 1 und 2 geänd. mWv 1.1.2020 durch G v. 12.12.2019 (BGBl. I S. 2522).

2) **Sartorius ErgBd. Nr. 422.**

3) § 36a eingef. mWv 1.4.2005 durch G v. 23.3.2005 (BGBl. I S. 931); Abs. 2 geänd., Abs. 3 neu gef. mWv 1.1.2020 durch G v. 12.12.2019 (BGBl. I S. 2522).

§ 37[1)] [Zulassung in besonderen Fällen] (1) Der Lehrling (Auszubildende) kann nach Anhörung des Ausbildenden und der Berufsschule vor Ablauf seiner Ausbildungszeit zur Gesellenprüfung zugelassen werden, wenn seine Leistungen dies rechtfertigen.

(2) [1] Zur Gesellenprüfung ist auch zuzulassen, wer nachweist, dass er mindestens das Eineinhalbfache der Zeit, die als Ausbildungsdauer vorgeschrieben ist, in dem Beruf tätig gewesen ist, in dem er die Prüfung ablegen will. [2] Als Zeiten der Berufstätigkeit gelten auch Ausbildungszeiten in einem anderen, einschlägigen Ausbildungsberuf. [3] Vom Nachweis der Mindestzeit nach Satz 1 kann ganz oder teilweise abgesehen werden, wenn durch Vorlage von Zeugnissen oder auf andere Weise glaubhaft gemacht wird, dass der Bewerber die berufliche Handlungsfähigkeit erworben hat, die die Zulassung zur Prüfung rechtfertigt. [4] Ausländische Bildungsabschlüsse und Zeiten der Berufstätigkeit im Ausland sind dabei zu berücksichtigen.

(3) Soldaten auf Zeit und ehemalige Soldaten sind nach Absatz 2 Satz 3 zur Gesellenprüfung zuzulassen, wenn das Bundesministerium der Verteidigung oder die von ihm bestimmte Stelle bescheinigt, dass der Bewerber berufliche Fertigkeiten, Kenntnisse und Fähigkeiten erworben hat, welche die Zulassung zur Prüfung rechtfertigen.

§ 37a[2)] [Entscheidung über die Zulassung] (1) [1] Über die Zulassung zur Gesellenprüfung entscheidet der Vorsitzende des Prüfungsausschusses. [2] Hält er die Zulassungsvoraussetzungen nicht für gegeben, so entscheidet der Prüfungsausschuss.

(2) Auszubildenden, die Elternzeit in Anspruch genommen haben, darf bei der Entscheidung über die Zulassung hieraus kein Nachteil erwachsen.

§ 38[2)] [Prüfungsordnung] (1) [1] Die Handwerkskammer hat eine Prüfungsordnung für die Gesellenprüfung zu erlassen. [2] Die Prüfungsordnung bedarf der Genehmigung der zuständigen obersten Landesbehörde.

(2) [1] Die Prüfungsordnung muss die Zulassung, die Gliederung der Prüfung, die Bewertungsmaßstäbe, die Erteilung der Prüfungszeugnisse, die Folgen von Verstößen gegen die Prüfungsordnung und die Wiederholungsprüfung regeln. [2] Sie kann vorsehen, dass Prüfungsaufgaben, die überregional oder von einem Aufgabenerstellungsausschuss bei der Handwerkskammer erstellt oder ausgewählt werden, zu übernehmen sind, sofern diese Aufgaben von Gremien erstellt oder ausgewählt werden, die entsprechend § 34 Abs. 2 zusammengesetzt sind.

(3) Der Hauptausschuss des Bundesinstituts für Berufsbildung erlässt für die Prüfungsordnung Richtlinien.

§ 39[3)] [Zwischenprüfung] (1) [1] Während der Berufsausbildung ist zur Ermittlung des Ausbildungsstands eine Zwischenprüfung entsprechend der Ausbildungsordnung durchzuführen. [2] Die §§ 31 bis 33 gelten entsprechend.

(2) Die Zwischenprüfung entfällt, sofern

[1)] § 37 neu gef. mWv 1.4.2005 durch G v. 23.3.2005 (BGBl. I S. 931); Abs. 2 Satz 1 geänd. mWv 1.1. *2020 durch G* v. *12.12.2019* (BGBl. I S. 2522).

[2)] §§ 37a und 38 eingef. mWv 1.4.2005 durch G v. 23.3.2005 (BGBl. I S. 931).

[3)] § 39 neu gef. mWv 1.4.2005 durch G v. 23.3.2005 (BGBl. I S. 931); Abs. 2 neu gef., Abs. 3 angef. mWv 1.1.2020 durch G v. 12.12.2019 (BGBl. I S. 2522).

1. die Ausbildungsordnung vorsieht, dass die Gesellenprüfung in zwei zeitlich auseinanderfallenden Teilen durchgeführt wird, oder
2. die Ausbildungsordnung vorsieht, dass auf die Dauer der durch die Ausbildungsordnung geregelten Berufsausbildung die Dauer einer anderen abgeschlossenen Berufsausbildung im Umfang von mindestens zwei Jahren anzurechnen ist, und die Vertragsparteien die Anrechnung mit mindestens dieser Dauer vereinbart haben.

(3) Umzuschulende sind auf ihren Antrag zur Zwischenprüfung zuzulassen.

§ 39a[1)] **[Gesonderte Prüfung]** (1) [1] Zusätzliche berufliche Fertigkeiten, Kenntnisse und Fähigkeiten nach § 26 Abs. 2 Nr. 5 werden gesondert geprüft und bescheinigt. [2] Das Ergebnis der Prüfung nach § 31 bleibt unberührt.

(2) § 31 Abs. 3 und 4 sowie die §§ 33 bis 35a und 38 gelten entsprechend.

§ 40[2)] **[Gleichstellung von Prüfungszeugnissen]** (1) Das Bundesministerium für Wirtschaft und Energie kann im Einvernehmen mit dem Bundesministerium für Bildung und Forschung nach Anhörung des Hauptausschusses des Bundesinstituts für Berufsbildung durch Rechtsverordnung[3)] außerhalb des Anwendungsbereichs dieses Gesetzes erworbene Prüfungszeugnisse den entsprechenden Zeugnissen über das Bestehen der Gesellenprüfung gleichstellen, wenn die Berufsausbildung und die in der Prüfung nachzuweisenden beruflichen Fertigkeiten, Kenntnisse und Fähigkeiten gleichwertig sind.

(2) Das Bundesministerium für Wirtschaft und Energie kann im Einvernehmen mit dem Bundesministerium für Bildung und Forschung nach Anhörung des Hauptausschusses des Bundesinstituts für Berufsbildung durch Rechtsverordnung im Ausland erworbene Prüfungszeugnisse den entsprechenden Zeugnissen über das Bestehen der Gesellenprüfung gleichstellen, wenn die in der Prüfung nachzuweisenden beruflichen Fertigkeiten, Kenntnisse und Fähigkeiten gleichwertig sind.

§ 40a[4)] **[Ausländische Ausbildungsnachweise]** [1] Ausländische Ausbildungsnachweise stehen der Gesellenprüfung im Sinne dieses Gesetzes und der auf ihm beruhenden Rechtsverordnungen gleich, wenn ihre Gleichwertigkeit festgestellt wurde. [2] § 50c Absatz 4 gilt entsprechend. [3] Die Vorschriften des Berufsqualifikationsfeststellungsgesetzes für nicht reglementierte Berufe sowie § 17 sind anzuwenden.

Fünfter Abschnitt. Regelung und Überwachung der Berufsausbildung

§ 41 [Regelung der Berufsausbildung] Soweit Vorschriften nicht bestehen, regelt die Handwerkskammer die Durchführung der Berufsausbildung im Rahmen der gesetzlichen Vorschriften.

[1)] § 39a eingef. mWv 1.4.2005 durch G v. 23.3.2005 (BGBl. I S. 931).

[2)] § 40 neu gef. mWv 1.4.2005 durch G v. 23.3.2005 (BGBl. I S. 931); Abs. 1 und 2 geänd. mWv 8.11.2006 durch VO v. 31.10.2006 (BGBl. I S. 2407); Abs. 1 und 2 geänd. mWv 8.9.2015 durch VO v. 31.8.2015 (BGBl. I S. 1474).

[3)] Siehe u.a. die GleichstellungsVO österreichische Prüfungszeugnisse v. 12.4.1990 (BGBl. I S. 771), zuletzt geänd. durch VO v. 17.11.2005 (BGBl. I S. 3188) und die GleichstellungsVO französische Prüfungszeugnisse v. 16.6.1977 (BGBl. I S. 857), zuletzt geänd. durch VO v. 25.9.1991 (BGBl. I S. 1956).

[4)] § 40a eingef. mWv 1.4.2012 durch G v. 6.12.2011 (BGBl. I S. 2515); Satz 2 geänd. mWv 1.7.2021 durch G v. 9.6.2021 (BGBl. I S. 1654).

§ 41a[1] [Überwachung der Berufsausbildung] (1) [1] Die Handwerkskammer überwacht die Durchführung

1. der Berufsausbildungsvorbereitung,
2. der Berufsausbildung und
3. der beruflichen Umschulung

und fördert diese durch Beratung der an der Berufsbildung beteiligten Personen. [2] Sie hat zu diesem Zweck Berater zu bestellen. [3] § 111 ist anzuwenden.

(2) Ausbildende, Umschulende und Anbieter von Maßnahmen der Berufsausbildungsvorbereitung sind auf Verlangen verpflichtet, die für die Überwachung notwendigen Auskünfte zu erteilen und Unterlagen vorzulegen sowie die Besichtigung der Ausbildungsstätten zu gestatten.

(3) [1] Die Durchführung von Auslandsaufenthalten nach § 2 Abs. 3 des Berufsbildungsgesetzes[2] überwacht und fördert die Handwerkskammer in geeigneter Weise. [2] Beträgt die Dauer eines Ausbildungsabschnitts im Ausland mehr als acht Wochen, ist hierfür ein mit der Handwerkskammer abgestimmter Plan erforderlich.

(4) Die Handwerkskammer teilt der Aufsichtsbehörde nach dem Jugendarbeitsschutzgesetz[3] Wahrnehmungen mit, die für die Durchführung des Jugendarbeitsschutzgesetzes von Bedeutung sein können.

Sechster Abschnitt. Berufliche Fortbildung, berufliche Umschulung

§ 42[4] [Fortbildungsordnung] (1) Als Grundlage für eine einheitliche höherqualifizierende Berufsbildung kann das Bundesministerium für Bildung und Forschung im Einvernehmen mit dem Bundesministerium für Wirtschaft und Energie nach Anhörung des Hauptausschusses des Bundesinstituts für Berufsbildung durch Rechtsverordnung, die nicht der Zustimmung des Bundesrates bedarf, Abschlüsse der höherqualifizierenden Berufsbildung anerkennen und hierfür Prüfungsregelungen erlassen (Fortbildungsordnungen).

(2) Die Fortbildungsordnungen haben festzulegen:

1. die Bezeichnung des Fortbildungsabschlusses,

(Fortsetzung nächstes Blatt)

---

[1] § 41a neu gef. mWv 1.4.2005 durch G v. 23.3.2005 (BGBl. I S. 931); Abs. 3 Satz 2 geänd. mWv 1.1. 2020 durch G v. 12.12.2019 (BGBl. I S. 2522).

[2] **Sartorius ErgBd. Nr. 422.**

[3] **Gewerberecht Nr. 745.**

[4] §§ 42–42d neu gef., §§ 42e–42i eingef. mWv 1.1.2020 durch G v. 12.12.2019 (BGBl. I S. 2522).

(3) Der Prüfling hat in vier selbständigen Prüfungsteilen nachzuweisen, dass er wesentliche Tätigkeiten seines Handwerks meisterhaft verrichten kann (Teil I), die erforderlichen fachtheoretischen Kenntnisse (Teil II), die erforderlichen betriebswirtschaftlichen, kaufmännischen und rechtlichen Kenntnisse (Teil III) sowie die erforderlichen berufs- und arbeitspädagogischen Kenntnisse (Teil IV) besitzt.

(4) [1] Bei der Prüfung in Teil I können in der Rechtsverordnung Schwerpunkte gebildet werden. [2] In dem schwerpunktspezifischen Bereich hat der Prüfling nachzuweisen, dass er wesentliche Tätigkeiten in dem von ihm gewählten Schwerpunkt meisterhaft verrichten kann. [3] Für den schwerpunktübergreifenden Bereich sind die Grundfertigkeiten und Grundkenntnisse nachzuweisen, die die fachgerechte Ausübung auch dieser Tätigkeiten ermöglichen.

§ 46[1)] [Befreiung von der Ablegung einzelner Teile der Meisterprüfung]

(1) Der Prüfling ist nach Maßgabe der folgenden Vorschriften von einzelnen Teilen der Meisterprüfung befreit, wenn er eine dem jeweiligen Teil der Meisterprüfung vergleichbare Prüfung auf Grund einer nach § 42 oder § 51a Abs. 1 in Verbindung mit Abs. 2 dieses Gesetzes oder § 53 des Berufsbildungsgesetzes[2)] erlassenen Rechtsverordnung[3)] oder eine andere vergleichbare Prüfung vor einer öffentlichen oder staatlich anerkannten Bildungseinrichtung oder vor einem staatlichen Prüfungsausschuss erfolgreich abgelegt hat.

(1a) Eine Befreiung nach Absatz 1 ist nur zulässig, wenn

1. die befreiende Prüfung bezogen auf den jeweiligen Teil der Meisterprüfung die Befähigung zu vergleichbaren beruflichen Tätigkeiten in dem jeweiligen Handwerk belegt, und
2. zwischen ihr und dem jeweiligen Teil der Meisterprüfung keine wesentlichen Unterschiede in Inhalt und zeitlichem Umfang bestehen.

(1b) Einzelne Prüfungsleistungen einer befreienden Prüfung dürfen zur Feststellung der Vergleichbarkeit nicht für mehrere Teile der Meisterprüfung zugleich zu Grunde gelegt werden.

(1c) [1] Der Prüfling ist von den Teilen III und IV der Meisterprüfung auch befreit, wenn er die Meisterprüfung in einem anderen zulassungspflichtigen oder zulassungsfreien Handwerk oder in einem handwerksähnlichen Gewerbe bestanden hat. [2] Der Prüfling ist vom Teil IV der Meisterprüfung ferner befreit, wenn er den auf Grund einer Rechtsverordnung nach § 22b Absatz 4 dieses Gesetzes oder nach § 30 Absatz 5 des Berufsbildungsgesetzes vorgeschriebenen Nachweis erbringt.

(2) [1] Prüflinge, die andere deutsche staatliche oder staatlich anerkannte Prüfungen mit Erfolg abgelegt haben, sind auf Antrag durch den Meisterprüfungsausschuss von einzelnen Teilen der Meisterprüfung zu befreien, wenn bei diesen Prüfungen mindestens die gleichen Anforderungen gestellt werden wie in der Meisterprüfung. [2] Der Abschlussprüfung an einer deutschen Hochschule gleichgestellt sind Diplome nach § 7 Abs. 2 Satz 4.

---

1) § 46 neu gef. mWv 1.1.2004 durch G v. 24.12.2003 (BGBl. I S. 2934); Abs. 1 Satz 1 geänd. mWv 1.4.2005 durch G v. 23.3.2005 (BGBl. I S. 931); Abs. 2 Satz 2 neu gef. mWv 1.10.2007 durch G v. 7.9. 2007 (BGBl. I S. 2246); Abs. 1 Satz 1 geänd., Satz 2 aufgeh., Abs. 1a–1c eingef., Abs. 3 geänd., Abs. 5 angef. mWv 1.7.2021 durch G v. 9.6.2021 (BGBl. I S. 1654).

2) **Sartorius ErgBd. Nr. 422.**

3) Siehe die VO über die Anerkennung von Prüfungen für die Eintragung in die Handwerksrolle v. 29.6.2005 (BGBl. I S. 1935), geänd. durch G v. 29.3.2017 (BGBl. I S. 626).

(3) Der Prüfling ist auf Antrag von den Prüfungsleistungen in gleichartigen Prüfungsbereichen, Prüfungsfächern oder Handlungsfeldern durch den Meisterprüfungsausschuss zu befreien, wenn er die Meisterprüfung in einem anderen zulassungspflichtigen oder zulassungsfreien Handwerk oder handwerksähnlichen Gewerbe bestanden hat oder eine andere vergleichbare Prüfung vor einer öffentlichen oder staatlich anerkannten Bildungseinrichtung oder vor einem staatlichen Prüfungsausschuss erfolgreich abgelegt hat.

(4) Der Meisterprüfungsausschuss entscheidet auf Antrag des Prüflings auch über Befreiungen auf Grund ausländischer Bildungsabschlüsse.

(5) Nähere Einzelheiten können in Rechtsverordnungen nach § 50a Absatz 1 Satz 1 in Verbindung mit Satz 2 Nummer 7 geregelt werden.

§ 47[1)] [Meisterprüfungsausschüsse] (1) [1] Für die Handwerke werden zur Durchführung der Meisterprüfungen Meisterprüfungsausschüsse als staatliche Prüfungsbehörden am Sitz der Handwerkskammer für ihren Bezirk errichtet. [2] Die oberste Landesbehörde kann in besonderen Fällen die Errichtung eines Meisterprüfungsausschusses für mehrere Handwerkskammerbezirke anordnen und mit der Errichtung die für den Sitz des Meisterprüfungsausschusses zuständige höhere Verwaltungsbehörde beauftragen. [3] Soll der Meisterprüfungsausschuß für Handwerkskammerbezirke mehrerer Länder zuständig sein, so bedarf es hierfür des Einvernehmens der beteiligten obersten Landesbehörden. [4] Die Landesregierungen werden ermächtigt, durch Rechtsverordnung zu bestimmen, daß abweichend von Satz 2 an Stelle der obersten Landesbehörde die höhere Verwaltungsbehörde zuständig ist. [5] Die Landesregierungen können diese Ermächtigung auf oberste Landesbehörden übertragen.

(2) [1] Die höhere Verwaltungsbehörde errichtet die Meisterprüfungsausschüsse nach Anhörung der Handwerkskammer und ernennt auf Grund ihrer Vorschläge die Mitglieder und die Stellvertreter für längstens fünf Jahre. [2] Über Vorschläge für Mitglieder nach § 48 Absatz 4 und deren Stellvertreter befindet in der Handwerkskammer die Mehrheit der Gesellenvertreter der Vollversammlung; die Gesellenvertreter sollen Vorschläge der im Bezirk der Handwerkskammer bestehenden Gewerkschaften und selbständigen Vereinigungen von Arbeitnehmern mit sozial- oder berufspolitischer Zwecksetzung berücksichtigen. [3] Die Handwerkskammer hat die in Satz 2 genannten Gesellenvertreter und Organisationen zu unterrichten

1. über die Errichtung von Meisterprüfungsausschüssen am Sitz der Handwerkskammer,
2. über die Zahl der von den Gesellenvertretern vorzuschlagenden Mitglieder und Stellvertreter für die Meisterprüfungsausschüsse und
3. über Personen, die auf Vorschlag der Gesellenvertreter zu Mitgliedern und Stellvertretern der Meisterprüfungsausschüsse berufen sind.

(3) Die Handwerkskammer unterstützt die Meisterprüfungsausschüsse durch das Führen der laufenden Geschäfte.

---

1) § 47 Abs. 1 Satz 1 aufgeh., bish. Sätze 2–6 werden Sätze 1–5 und neue Sätze 1, 2, 4 und 5 geänd., Abs. 2 Satz 2 neu gef., Satz 3 und Abs. 3 angef. mWv 1.7.2021 durch G v. 9.6.2021 (BGBl. I S. 1654).

§ 48[1] [Zusammensetzung des Meisterprüfungsausschusses] (1) [1]Der Meisterprüfungsausschuss besteht aus vier Mitgliedern. [2]Die Mitglieder sollen das vierundzwanzigste Lebensjahr vollendet haben.

(2) Der Vorsitzende braucht nicht in einem zulassungspflichtigen Handwerk tätig zu sein; er soll dem zulassungspflichtigen Handwerk, für welches der Meisterprüfungsausschuss errichtet ist, nicht angehören.

(3) Ein Beisitzer muss

1. das Handwerk, für das der Meisterprüfungsausschuss errichtet ist, mindestens seit einem Jahr selbständig als stehendes Gewerbe betreiben und in diesem Handwerk
   a) die Meisterprüfung erfolgreich abgelegt haben oder
   b) das Recht zum Ausbilden von Lehrlingen besitzen oder
2. in dem zulassungspflichtigen Handwerk mindestens seit einem Jahr als Betriebsleiter tätig sein und in seiner Person die Voraussetzungen für die Eintragung in die Handwerksrolle erfüllen

(4) Ein Beisitzer soll ein Geselle sein, der in dem zulassungspflichtigen Handwerk, für das der Meisterprüfungsausschuß errichtet ist, die Meisterprüfung erfolgreich abgelegt hat oder das Recht zum Ausbilden von Lehrlingen besitzt und in dem betreffenden zulassungspflichtigen Handwerk tätig ist.

(5) Ein Beisitzer soll besonders sachkundig in der wirtschaftlichen Betriebsführung sowie in den kaufmännischen, rechtlichen und berufserzieherischen Kenntnissen sein; er braucht dem Handwerk nicht anzugehören.

(6) § 34 Absatz 6 Satz 1, Absatz 9 und 9a ist entsprechend anzuwenden.

(7) [1]Für jedes Mitglied des Meisterprüfungsausschusses können bis zu zwei Stellvertreter für den Fall der Verhinderung des Mitgliedes berufen werden. [2]Für Stellvertreter gelten die Anforderungen für die Berufung des Mitgliedes, als dessen Stellvertreter sie berufen werden. [3]Für die Stellvertreter gilt Absatz 6 entsprechend.

§ 48a[2] [Bildung von Prüfungskommissionen] (1) [1]Die Abnahme und die abschließende Bewertung der einzelnen Prüfungsleistungen einer Meisterprüfung obliegen Prüfungskommissionen. [2]Die Prüfungskommissionen werden von dem Meisterprüfungsausschuss gebildet.

(2) [1]Für den Einsatz in den Prüfungskommissionen beruft der Meisterprüfungsausschuss für die Dauer von jeweils längstens fünf Jahren prüfende Personen. [2]Die Handwerkskammer hat hierfür eine Liste mit nicht bindenden Vorschlägen zu erstellen; § 47 Absatz 2 Satz 2 und 3 gilt entsprechend.

(3) [1]Jede prüfende Person muss die Voraussetzungen für eine Ernennung zum Mitglied des Meisterprüfungsausschusses erfüllen. [2]§ 34 Absatz 6 Satz 1, Absatz 9 und 9a gilt für sie entsprechend. [3]Die Mitglieder des Meisterprüfungsausschusses und ihre Stellvertreter können zu prüfenden Personen berufen werden.

---

[1] § 48 Abs. 2 neu gef., Abs. 3 und 4 geänd. mWv 1.1.2004 durch G v. 24.12.2003 (BGBl. I S. 2934); Abs. 6 neu gef. mWv 1.1.2020 durch G v. 12.12.2019 (BGBl. I S. 2522); Abs. 1, 3 neu gef., Abs. 4 geänd., Abs. 5 und 6 neu gef., Abs. 7 angef. mWv 1.7.2021 durch G v. 9.6.2021 (BGBl. I S. 1654).

[2] § 48a eingef. mWv 1.7.2021 durch G v. 9.6.2021 (BGBl. I S. 1654).

§ 49[1)] [Zulassung zur Prüfung] (1) [1] Zur Meisterprüfung ist zuzulassen, wer eine Gesellenprüfung in dem zulassungspflichtigen Handwerk, in dem er die Meisterprüfung ablegen will, oder in einem damit verwandten zulassungspflichtigen Handwerk oder eine entsprechende Abschlussprüfung in einem anerkannten Ausbildungsberuf oder eine Prüfung auf Grund einer nach § 45 oder § 51a Abs. 1 in Verbindung mit Abs. 2 erlassenen Rechtsverordnung bestanden hat oder eine Gleichwertigkeitsfeststellung nach § 40a für das entsprechende zulassungspflichtige Handwerk oder für ein verwandtes zulassungspflichtiges Handwerk besitzt. [2] Wer die Gesellenprüfung oder die Abschlussprüfung nach Satz 1 in einem Ausbildungsberuf bestanden hat, für den in der Ausbildungsordnung eine Ausbildungsdauer von weniger als drei Jahren festgelegt ist, muss in dem zulassungspflichtigen Handwerk, in dem er die Meisterprüfung ablegen will, eine mindestens einjährige Berufstätigkeit nachweisen.

(2) [1] Zur Meisterprüfung ist auch zuzulassen, wer eine andere Gesellenprüfung oder eine andere Abschlussprüfung in einem anerkannten Ausbildungsberuf bestanden hat und in dem zulassungspflichtigen Handwerk, in dem er die Meisterprüfung ablegen will, eine mehrjährige Berufstätigkeit ausgeübt hat. [2] Für die Zeit der Berufstätigkeit dürfen nicht mehr als drei Jahre gefordert werden. [3] Ferner ist der erfolgreiche Abschluss einer Fachschule bei einjährigen Fachschulen mit einem Jahr, bei mehrjährigen Fachschulen mit zwei Jahren auf die Berufstätigkeit anzurechnen.

(3) Ist der Prüfling in dem zulassungspflichtigen Handwerk, in dem er die Meisterprüfung ablegen will, selbständig, als Werkmeister oder in ähnlicher Stellung tätig gewesen, oder weist er eine der Gesellentätigkeit gleichwertige praktische Tätigkeit nach, so ist die Zeit dieser Tätigkeit anzurechnen.

(4) [1] Die Handwerkskammer kann auf Antrag

1. eine auf drei Jahre festgesetzte Dauer der Berufstätigkeit unter besonderer Berücksichtigung der in der Gesellen- oder Abschlussprüfung und während der Zeit der Berufstätigkeit nachgewiesenen beruflichen Befähigung abkürzen,
2. in Ausnahmefällen von den Voraussetzungen der Absätze 1 bis 4 ganz oder teilweise befreien,
3. unter Berücksichtigung ausländischer Bildungsabschlüsse und Zeiten der Berufstätigkeit im Ausland von den Voraussetzungen der Absätze 1 bis 4 ganz oder teilweise befreien.

[2] Die Handwerkskammer kann eine Stellungnahme des Meisterprüfungsausschusses einholen.

(5) [1] Die Zulassung wird vom Vorsitzenden des Meisterprüfungsausschusses ausgesprochen. [2] Hält der Vorsitzende die Zulassungsvoraussetzungen nicht für gegeben, so entscheidet der Prüfungsausschuß.

§ 50[2)] [Prüfungskosten] Die durch die Durchführung der Meisterprüfung entstehenden Kosten trägt die Handwerkskammer.

[1)] § 49 Abs. 1–3 und Abs. 4 Satz 1 Nr. 1 neu gef. mWv 1.1.2004 durch G v. 24.12.2003 (BGBl. I S. 2934); Abs. 1 geänd. mWv 1.4.2005 durch G v. 23.3.2005 (BGBl. I S. 931); Abs. 1 geänd. mWv 1.4. 2012 durch G v. 6.12.2011 (BGBl. I S. 2515); Abs. 1 Satz 2 angef. mWv 1.7.2021 durch G v. 9.6.2021 (BGBl. I S. 1654).

[2)] § 50 neu gef. mWv 1.7.2021 durch G v. 9.6.2021 (BGBl. I S. 1654).

§ 50a[1)] [Verordnungsermächtigung] (1) [1] Das Bundesministerium für Wirtschaft und Energie wird ermächtigt, im Einvernehmen mit dem Bundesministerium für Bildung und Forschung durch Rechtsverordnung mit Zustimmung des Bundesrates das Zulassungsverfahren und das allgemeine Prüfungsverfahren zu regeln. [2] In der Rechtsverordnung nach Satz 1 sind insbesondere zu regeln

1. die förmlichen Anforderungen an die Zulassung zur Meisterprüfung,
2. die Durchführung der Prüfung,
3. die Geschäftsverteilung und die Beschlussfassung innerhalb des Meisterprüfungsausschusses,
4. die Bildung und die Zusammensetzung der Prüfungskommissionen, insbesondere hinsichtlich der Anzahl, der Qualifikation und der Gruppenzugehörigkeit ihrer Mitglieder,
5. die Zuweisung der Abnahme und Bewertung der Prüfungsleistungen an die Prüfungskommissionen,
6. die Bewertung von Prüfungsleistungen, einschließlich der Anwendung eines einheitlichen Bewertungsmaßstabes auf der Grundlage eines Punktesystems sowie eines Verfahrens zur Bestimmung der abschließenden Bewertung von Prüfungsleistungen bei voneinander abweichenden Einzelbewertungen durch die Mitglieder einer Prüfungskommission,
7. die Anrechnung von einzelnen Prüfungsleistungen und die Befreiung von Prüfungsteilen oder Prüfungsleistungen,
8. die Ermittlung und Bekanntgabe der Prüfungsergebnisse binnen einer bestimmten Frist, längstens eines Monats, sowie die Erteilung der Prüfungszeugnisse,
9. der Nachteilsausgleich für Menschen mit Behinderungen,
10. die Folgen von Verstößen gegen die Prüfungsvorschriften,
11. die Zulässigkeit, der Umfang und die Häufigkeit von Wiederholungsprüfungen und
12. die Niederschrift über die Meisterprüfung.

(2) Die Rechtsverordnung nach Absatz 1 Satz 1 kann darüber hinaus Vorschriften enthalten

1. zur Berufung der prüfenden Personen nach § 48a Absatz 2 und 3 sowie
2. zum Nachteilsausgleich für Teilleistungsstörungen.

(3) Soweit das Bundesministerium für Wirtschaft und Energie von seiner Befugnis nach Absatz 1 Satz 1, auch in Verbindung mit Absatz 2 Nummer 2, keinen Gebrauch macht, kann eine von der Handwerkskammer mit Genehmigung der obersten Landesbehörde zu erlassende Satzung das Zulassungsverfahren und das Prüfungsverfahren regeln.

§ 50b[2)] [Im Ausland erworbene Prüfungszeugnisse] [1] Das Bundesministerium für Wirtschaft und Energie kann im Einvernehmen mit dem Bundesministerium für Bildung und Forschung durch Rechtsverordnung mit Zustimmung des

---

[1)] § 50a eingef. mWv 1.7.2021 durch G v. 9.6.2021 (BGBl. I S. 1654).

[2)] Früherer § 50a Satz 1 geänd. mWv 7.11.2001 durch VO v. 29.10.2001 (BGBl. I S. 2785); Satz 1 geänd. mWv 1.1.2004 durch G v. 24.12.2003 (BGBl. I S. 2934); Satz 1 geänd. mWv 1.4.2005 durch G v. 23.3.2005 (BGBl. I S. 931); Satz 1 geänd. mWv 8.11.2006 durch VO v. 31.10.2006 (BGBl. I S. 2407); Satz 1 geänd. mWv 8.9.2015 durch VO v. 31.8.2015 (BGBl. I S. 1474); bish. § 50a wird § 50b mWv 1.7. 2021 durch G v. 9.6.2021 (BGBl. I S. 1654).

Bundesrates im Ausland erworbene Prüfungszeugnisse den entsprechenden Zeugnissen über das Bestehen einer deutschen Meisterprüfung in zulassungspflichtigen Handwerken gleichstellen, wenn an den Bildungsgang und in den Prüfungen gleichwertige Anforderungen gestellt werden. [2] Die Vorschriften des Bundesvertriebenengesetzes[1)] bleiben unberührt.

§ 50c[2)] [Feststellung der Gleichwertigkeit] (1) [1] Die Gleichwertigkeit ist festzustellen,

1. wenn die Antragstellerin oder der Antragsteller einen Ausbildungsnachweis besitzt, der im Ausland erworben wurde, und
2. dieser Ausbildungsnachweis – soweit erforderlich – unter Berücksichtigung sonstiger Befähigungsnachweise der Meisterprüfung in dem zu betreibenden zulassungspflichtigen Handwerk gleichwertig ist.

[2] Ausbildungsnachweise sind Prüfungszeugnisse und sonstige Befähigungsnachweise, die von verantwortlichen Stellen für den Abschluss einer erfolgreich absolvierten Berufsbildung ausgestellt werden.

(2) Ein Ausbildungsnachweis – soweit erforderlich – unter Berücksichtigung sonstiger Befähigungsnachweise ist als gleichwertig anzusehen, sofern

1. der im Ausland erworbene Ausbildungsnachweis, bezogen auf die Meisterprüfung, in dem zu betreibenden zulassungspflichtigen Handwerk die Befähigung zu vergleichbaren beruflichen Tätigkeiten belegt,
2. die Antragstellerin oder der Antragsteller im Ausbildungsstaat zur Ausübung des zu betreibenden zulassungspflichtigen Handwerks berechtigt ist oder die Berechtigung zur Ausübung des zu betreibenden Handwerks aus Gründen verwehrt wurde, die der Ausübung im Inland nicht entgegenstehen, und
3. zwischen der nachgewiesenen Befähigung und der Meisterprüfung in dem zu betreibenden zulassungspflichtigen Handwerk keine wesentlichen Unterschiede bestehen.

(3) Wesentliche Unterschiede zwischen der nachgewiesenen Befähigung und der entsprechenden Meisterprüfung liegen vor, sofern

1. sich der im Ausland erworbene Ausbildungsnachweis auf Fertigkeiten und Kenntnisse bezieht, die sich wesentlich von den Fertigkeiten und Kenntnissen der entsprechenden Meisterprüfung unterscheiden; dabei sind Inhalt und Dauer der Ausbildung zu berücksichtigen,
2. die entsprechenden Fertigkeiten und Kenntnisse maßgeblich für die Ausübung zumindest einer wesentlichen Tätigkeit des zulassungspflichtigen Handwerks sind und
3. die Antragstellerin oder der Antragsteller diese Unterschiede nicht durch sonstige Befähigungsnachweise oder nachgewiesene einschlägige Berufserfahrung ausgeglichen hat.

(4) [1] Kann die Antragstellerin oder der Antragsteller die für die Feststellung der Gleichwertigkeit erforderlichen Nachweise nicht oder nur teilweise vorlegen, bestehen Zweifel an der Echtheit oder Richtigkeit der Nachweise oder sind diese inhaltlich nicht ausreichend, kann die Handwerkskammer, insbesondere in Fällen,

---

[1)] **Aichberger, SGB Nr. 6/51.**

[2)] Früherer § 50b eingef. mWv 1.4.2012 durch G v. 6.12.2011 (BGBl. I S. 2515); Abs. 5 Satz 2 angef. mWv 6.7.2017 durch G v. 30.6.2017 (BGBl. I S. 2143); bish. § 50b wird § 50c mWv 1.7.2021 durch G v. 9.6.2021 (BGBl. I S. 1654).

in denen bei der Gleichwertigkeitsfeststellung Berufserfahrung herangezogen wird, die für einen Vergleich mit der Meisterprüfung in dem zu betreibenden zulassungspflichtigen Handwerk relevanten beruflichen Fertigkeiten, Kenntnisse und Fähigkeiten der Antragstellerin oder des Antragstellers im Rahmen geeigneter Verfahren feststellen. 2 Geeignete Verfahren sind insbesondere Arbeitsproben, Fachgespräche sowie praktische und theoretische Prüfungen.

(5) 1 Sofern die Gleichwertigkeit wegen wesentlicher Unterschiede zu der entsprechenden Meisterprüfung nicht festgestellt werden kann, kann die Handwerkskammer zur Feststellung der Gleichwertigkeit die Teilnahme an einem Anpassungslehrgang, der Gegenstand einer Bewertung ist, oder das Ablegen einer Eignungsprüfung verlangen. 2 Verlangt die Handwerkskammer eine Eignungsprüfung, soll sie ermöglichen, dass diese innerhalb von sechs Monaten abgelegt werden kann.

(6) 1 § 8 Absatz 2 und 3 Satz 2 und 3 gilt entsprechend. 2 Im Übrigen sind die Vorschriften des Berufsqualifikationsfeststellungsgesetzes über reglementierte Berufe sowie § 17 anzuwenden.

§ 51[1] [Meistertitel in Verbindung mit einem zulassungspflichtigen Handwerk] (1) Die Ausbildungsbezeichnung Meister/Meisterin in Verbindung mit einem zulassungspflichtigen Handwerk oder in Verbindung mit einer anderen Ausbildungsbezeichnung, die auf eine Tätigkeit in einem oder mehreren zulassungspflichtigen Handwerken hinweist, darf nur führen, wer für dieses zulassungspflichtige Handwerk oder für diese zulassungspflichtigen Handwerke die Meisterprüfung bestanden hat.

(2) Wer eine Ausbildungsbezeichnung nach Absatz 1 führen darf, darf zusätzlich die Bezeichnung „Bachelor Professional in" unter Angabe des Handwerks führen, für das er eine Ausbildungsbezeichnung nach Absatz 1 zu führen berechtigt ist.

Zweiter Abschnitt.[2] Meisterprüfung in einem zulassungsfreien Handwerk oder in einem handwerksähnlichen Gewerbe

§ 51a[3] [Meisterprüfung in einem zulassungsfreien Handwerk] (1) Für zulassungsfreie Handwerke oder handwerksähnliche Gewerbe, für die eine Ausbildungsordnung nach § 25 dieses Gesetzes oder nach § 4 des Berufsbildungsgesetzes[4] erlassen worden ist, kann eine Meisterprüfung abgelegt werden.

(2) Als Grundlage für ein geordnetes und einheitliches Meisterprüfungswesen für Handwerke oder Gewerbe im Sinne des Absatzes 1 kann das Bundesministerium für Wirtschaft und Energie im Einvernehmen mit dem Bundesministerium für

[1] § 51 neu gef. mWv 1.1.2004 durch G v. 24.12.2003 (BGBl. I S. 2934); Abs. 2 angef. mWv 1.1.2020 durch G v. 12.12.2019 (BGBl. I S. 2522).

[2] Zweiter Abschn. (§§ 51a und 51b) eingef. mWv 1.1.2004 durch G v. 24.12.2003 (BGBl. I S. 2934).

[3] § 51a Abs. 1 geänd. mWv 1.4.2005 durch G v. 23.3.2005 (BGBl. I S. 931); Abs. 2 und 7 geänd. mWv 8.11.2006 durch VO v. 31.10.2006 (BGBl. I S. 2407); Abs. 7 geänd. mWv 1.10.2007 durch G v. 7.9.2007 (BGBl. I S. 2246); Abs. 2 Nr. 2 geänd., Nr. 3 angef., Abs. 7 Satz 1 geänd., Satz 2 angef. mWv 15.7.2011 durch G v. 11.7.2011 (BGBl. I S. 1341); Abs. 5 Satz 1 geänd. mWv 1.4.2012 durch G v. 6.12. 2011 (BGBl. I S. 2515); Abs. 5 Satz 1 geänd. mWv 12.12.2012 durch G v. 5.12.2012 (BGBl. I S. 2415); Abs. 2 und Abs. 7 Satz 1 geänd. mWv 8.9.2015 durch VO v. 31.8.2015 (BGBl. I S. 1474); Abs. 3 Satz 3 angef. mWv 1.1.2020 durch G v. 12.12.2019 (BGBl. I S. 2522); Abs. 4 Sätze 1 und 2 geänd., Abs. 6 neu gef., Abs. 7 aufgeh. mWv 1.7.2021 durch G v. 9.6.2021 (BGBl. I S. 1654).

[4] **Sartorius ErgBd. Nr. 422.**

Bildung und Forschung durch Rechtsverordnung[1)], die nicht der Zustimmung des Bundesrates bedarf, bestimmen,

1. welche Fertigkeiten und Kenntnisse in den einzelnen zulassungsfreien Handwerken oder handwerksähnlichen Gewerben zum Zwecke der Meisterprüfung zu berücksichtigen sind (Meisterprüfungsberufsbild B),
2. welche Anforderungen in der Meisterprüfung zu stellen sind und
3. welche handwerks- und gewerbespezifischen Verfahrensregelungen in der Meisterprüfung gelten.

(3) [1] Durch die Meisterprüfung ist festzustellen, ob der Prüfling eine besondere Befähigung in einem zulassungsfreien Handwerk oder in einem handwerksähnlichen Gewerbe erworben hat und Lehrlinge ordnungsgemäß ausbilden kann. [2] Zu diesem Zweck hat der Prüfling in vier selbständigen Prüfungsteilen nachzuweisen, dass er Tätigkeiten seines zulassungsfreien Handwerks oder seines handwerksähnlichen Gewerbes meisterhaft verrichten kann (Teil I), besondere fachtheoretische Kenntnisse (Teil II), besondere betriebswirtschaftliche, kaufmännische und rechtliche Kenntnisse (Teil III) sowie die erforderlichen berufs- und arbeitspädagogischen Kenntnisse (Teil IV) besitzt. [3] § 45 Absatz 2 Satz 2 ist entsprechend anzuwenden.

(4) [1] Zum Nachweis der Fertigkeiten und Kenntnisse führt die Handwerkskammer Prüfungen nach Maßgabe der folgenden Vorschriften durch. [2] Die durch die Durchführung der Meisterprüfung entstehenden Kosten trägt die Handwerkskammer.

(5) [1] Zur Prüfung ist zuzulassen, wer eine Gesellenprüfung oder eine Abschlussprüfung in einem anerkannten Ausbildungsberuf bestanden hat oder eine Gleichwertigkeitsfeststellung nach § 40a besitzt. [2] Die Handwerkskammer kann auf Antrag in Ausnahmefällen von der Zulassungsvoraussetzung befreien. [3] Für die Ablegung des Teils III der Meisterprüfung entfällt die Zulassungsvoraussetzung.

(6) Für Befreiungen gilt § 46 mit der Maßgabe entsprechend, dass im Fall des § 46 Absatz 5 an die Stelle des § 50a Absatz 1 Satz 1 in Verbindung mit Satz 2 Nummer 7 der § 51d Absatz 1 Satz 1 in Verbindung mit Satz 2 Nummer 7 tritt.

§ 51b[2)] [Meisterprüfungsausschüsse] (1) [1] Die Handwerkskammer errichtet an ihrem Sitz für ihren Bezirk Meisterprüfungsausschüsse. [2] Mehrere Handwerkskammern können bei einer von ihnen gemeinsame Meisterprüfungsausschüsse errichten.

(2) [1] Der Meisterprüfungsausschuss besteht aus vier Mitgliedern; für jedes Mitglied können bis zu zwei Stellvertreter für den Fall der Verhinderung des Mitgliedes berufen werden. [2] Mitglieder und Stellvertreter werden für längstens fünf Jahre ernannt. [3] Mitglieder nach Absatz 5 und deren Stellvertreter werden auf Vorschlag der Mehrheit der Gesellenvertreter der Vollversammlung ernannt, die ihrerseits Vorschläge der im Bezirk der Handwerkskammer bestehenden Gewerkschaften und selbständigen Vereinigungen von Arbeitnehmern mit sozial- oder berufspolitischer Zwecksetzung berücksichtigen sollen; § 47 Absatz 2 Satz 3 gilt entsprechend.

[1)] Siehe hierzu die Zusammenstellung der auf Grund des § 51a erlassenen VOen über das Berufsbild und über die Anforderungen in der Meisterprüfung (wiedergegeben am Ende des Gesetzes nach Anl. D).

[2)] § 51b eingef. mWv 1.4.2005 durch G v. 23.3.2005 (BGBl. I S. 931); Abs. 7 neu gef. mWv 1.1.2020 durch G v. 12.12.2019 (BGBl. I S. 2522); Abs. 2 und 4 neu gef., Abs. 5 geänd., Abs. 6 und 7 neu gef., Abs. 8 angef. mWv 1.7.2021 durch G v. 9.6.2021 (BGBl. I S. 1654).

(3) Der Vorsitzende braucht nicht in einem zulassungsfreien Handwerk oder einem handwerksähnlichen Gewerbe tätig zu sein; er soll dem zulassungsfreien Handwerk oder dem handwerksähnlichen Gewerbe, für welches der Meisterprüfungsausschuss errichtet ist, nicht angehören.

(4) Ein Beisitzer muss das zulassungsfreie Handwerk oder das handwerksähnliche Gewerbe, für das der Meisterprüfungsausschuss errichtet ist, mindestens seit einem Jahr selbständig als stehendes Gewerbe betreiben und in diesem zulassungsfreien Handwerk oder in diesem handwerksähnlichen Gewerbe

1. die Meisterprüfung erfolgreich abgelegt haben oder
2. das Recht zum Ausbilden von Lehrlingen besitzen.

(5) Ein Beisitzer soll ein Geselle sein, der in dem zulassungsfreien Handwerk oder in dem handwerksähnlichen Gewerbe, für das der Meisterprüfungsausschuss errichtet ist, die Meisterprüfung erfolgreich abgelegt hat oder das Recht zum Ausbilden von Lehrlingen besitzt und in dem betreffenden zulassungsfreien Handwerk oder handwerksähnlichen Gewerbe tätig ist.

(6) Ein Beisitzer soll besonders sachkundig in der wirtschaftlichen Betriebsführung sowie in den kaufmännischen, rechtlichen und berufserzieherischen Kenntnissen sein; er braucht dem Handwerk nicht anzugehören.

(7) § 34 Absatz 6 Satz 1, Absatz 9 und 9a ist entsprechend anzuwenden.

(8) [1] Für Stellvertreter gelten die Anforderungen für die Berufung des Mitglieds, als dessen Stellvertreter sie berufen werden. [2] Für die Stellvertreter gilt Absatz 7 entsprechend.

§ 51c[1)] [Abnahme und Bewertung der Meisterprüfung] (1) [1] Die Abnahme und die abschließende Bewertung der einzelnen Prüfungsleistungen einer Meisterprüfung obliegen Prüfungskommissionen. [2] Die Prüfungskommissionen werden von dem Meisterprüfungsausschuss gebildet.

(2) [1] Für den Einsatz in den Prüfungskommissionen beruft der Meisterprüfungsausschuss für die Dauer von jeweils längstens fünf Jahren prüfende Personen. [2] Die Handwerkskammer hat hierfür eine Liste mit nicht bindenden Vorschlägen zu erstellen; § 47 Absatz 2 Satz 2 und 3 gilt entsprechend.

(3) [1] Jede prüfende Person muss die Voraussetzungen für eine Ernennung zum Mitglied des Meisterprüfungsausschusses erfüllen. [2] § 34 Absatz 6 Satz 1, Absatz 9 und 9a gilt für sie entsprechend. [3] Die Mitglieder des Meisterprüfungsausschusses und ihre Stellvertreter können zu prüfenden Personen berufen werden.

§ 51d[1)] [Verordnungsermächtigung] (1) [1] Das Bundesministerium für Wirtschaft und Energie wird ermächtigt, im Einvernehmen mit dem Bundesministerium für Bildung und Forschung durch Rechtsverordnung mit Zustimmung des *Bundesrates* das Zulassungsverfahren und das allgemeine Prüfungsverfahren zu regeln. [2] In der Rechtsverordnung nach Satz 1 sind insbesondere zu regeln

1. die förmlichen Anforderungen an die Zulassung zur Meisterprüfung,
2. die Durchführung der Prüfung,
3. die Geschäftsverteilung und die Beschlussfassung innerhalb des Meisterprüfungsausschusses,

---

[1)] §§ 51c und 51d eingef. mWv 1.7.2021 durch G v. 9.6.2021 (BGBl. I S. 1654).

4. die Bildung und die Zusammensetzung der Prüfungskommissionen, insbesondere hinsichtlich der Anzahl, der Qualifikation und der Gruppenzugehörigkeit ihrer Mitglieder,
5. die Zuweisung der Abnahme und Bewertung der Prüfungsleistungen an die Prüfungskommissionen,
6. die Bewertung von Prüfungsleistungen, einschließlich der Anwendung eines einheitlichen Bewertungsmaßstabes auf der Grundlage eines Punktesystems sowie eines Verfahrens zur Bestimmung der abschließenden Bewertung von Prüfungsleistungen bei voneinander abweichenden Einzelbewertungen durch die Mitglieder einer Prüfungskommission,
7. die Anrechnung von einzelnen Prüfungsleistungen und die Befreiung von Prüfungsteilen oder Prüfungsleistungen,
8. die Ermittlung und Bekanntgabe der Prüfungsergebnisse binnen einer bestimmten Frist, längstens eines Monats, sowie die Erteilung der Prüfungszeugnisse,
9. der Nachteilsausgleich für Menschen mit Behinderungen,
10. die Folgen von Verstößen gegen die Prüfungsvorschriften,
11. die Zulässigkeit, der Umfang und die Häufigkeit von Wiederholungsprüfungen und
12. die Niederschrift über die Meisterprüfung.

(2) Die Rechtsverordnung nach Absatz 1 Satz 1 kann darüber hinaus Vorschriften enthalten

1. zur Berufung der prüfenden Personen nach § 51c Absatz 2 und 3 sowie
2. zum Nachteilsausgleich für Teilleistungsstörungen.

(3) Soweit das Bundesministerium für Wirtschaft und Energie von seiner Befugnis nach Absatz 1 Satz 1, auch in Verbindung mit Absatz 2 Nummer 2, keinen Gebrauch macht, kann eine von der Handwerkskammer mit Genehmigung der obersten Landesbehörde zu erlassende Satzung das Zulassungsverfahren und das Prüfungsverfahren regeln.

§ 51e[1)] [Gleichstellung von Prüfungszeugnissen] [1] Das Bundesministerium für Wirtschaft und Energie kann im Einvernehmen mit dem Bundesministerium für Bildung und Forschung durch Rechtsverordnung mit Zustimmung des Bundesrates im Ausland erworbene Prüfungszeugnisse den entsprechenden Zeugnissen über das Bestehen einer deutschen Meisterprüfung in einem zulassungsfreien Handwerk oder handwerksähnlichen Gewerbe gleichstellen, wenn an den Bildungsgang und in den Prüfungen gleichwertige Anforderungen gestellt werden. [2] Die Vorschriften des Bundesvertriebenengesetzes[2)] bleiben unberührt.

§ 51f[3)] [Meistertitel in Verbindung mit einem zulassungfreien Handwerk] [1] Die Ausbildungsbezeichnung Meister/Meisterin in Verbindung mit einem zulassungsfreien Handwerk oder handwerksähnlichen Gewerbe darf nur führen,

---

1) Früherer § 51c eingef. mWv 1.4.2005 durch G v. 23.3.2005 (BGBl. I S. 931); Satz 1 geänd. mWv 8.11.2006 durch VO v. 31.10.2006 (BGBl. I S. 2407); Satz 1 geänd. mWv 8.9.2015 durch VO v. 31.8. 2015 (BGBl. I S. 1474); bish. § 51c wird § 51e mWv 1.7.2021 durch G v. 9.6.2021 (BGBl. I S. 1654).

2) **Aichberger, SGB Nr. 6/51.**

3) Früherer § 51b wird § 51d mWv 1.4.2005 durch G v. 23.3.2005 (BGBl. I S. 931); Satz 2 angef. mWv 1.1.2020 durch G v. 12.12.2019 (BGBl. I S. 2522); bish. § 51d wird § 51f mWv 1.7.2021 durch G v. 9.6. 2021 (BGBl. I S. 1654).

wer die Prüfung nach § 51a Abs. 3 in diesem Handwerk oder Gewerbe bestanden hat. [2] § 51 Absatz 2 ist entsprechend anzuwenden.

§ 51g[1)] [Gleichwertigkeit ausländischer Ausbildungsnachweise] [1] Im Fall der Gleichwertigkeit eines im Ausland erworbenen Ausbildungsnachweises mit der Meisterprüfung ist die Gleichwertigkeit festzustellen. [2] § 50c gilt entsprechend.

Vierter Teil. Organisation des Handwerks

Erster Abschnitt. Handwerksinnungen

§ 52[2)] [Bildung von Handwerksinnungen, Innungsbezirke] (1) [1] Inhaber von Betrieben des gleichen zulassungspflichtigen Handwerks oder des gleichen zulassungsfreien Handwerks oder des gleichen handwerksähnlichen Gewerbes oder solcher Handwerke oder handwerksähnlicher Gewerbe, die sich fachlich oder wirtschaftlich nahe stehen, können zur Förderung ihrer gemeinsamen gewerblichen Interessen, wozu in besonderem Maße der Abschluss von Tarifverträgen gehört, innerhalb eines bestimmten Bezirks zu einer Handwerksinnung zusammentreten. [2] Voraussetzung ist, dass für das jeweilige Gewerbe eine Ausbildungsordnung erlassen worden ist. [3] Für jedes Gewerbe kann in dem gleichen Bezirk nur eine Handwerksinnung gebildet werden; sie ist allein berechtigt, die Bezeichnung Innung in Verbindung mit dem Gewerbe zu führen, für das sie errichtet ist.

(2) [1] Der Innungsbezirk soll unter Berücksichtigung einheitlicher Wirtschaftsgebiete so abgegrenzt sein, daß die Zahl der Innungsmitglieder ausreicht, um die Handwerksinnung leistungsfähig zu gestalten, und daß die Mitglieder an dem Leben und den Einrichtungen der Handwerksinnung teilnehmen können. [2] Der Innungsbezirk hat sich mindestens mit dem Gebiet einer kreisfreien Stadt oder eines Landkreises zu decken. [3] Die Handwerkskammer kann unter den Voraussetzungen des Satzes 1 eine andere Abgrenzung zulassen.

(3) [1] Der Innungsbezirk soll sich nicht über den Bezirk einer Handwerkskammer hinaus erstrecken. [2] Soll der Innungsbezirk über den Bezirk einer Handwerkskammer hinaus erstreckt werden, so bedarf die Bezirksabgrenzung der Genehmigung durch die oberste Landesbehörde. [3] Soll sich der Innungsbezirk auch auf ein anderes Land erstrecken, so kann die Genehmigung nur im Einvernehmen mit den beteiligten obersten Landesbehörden erteilt werden.

§ 53 [Rechtsform der Handwerksinnung] [1] Die Handwerksinnung ist eine Körperschaft des öffentlichen Rechts. [2] Sie wird mit Genehmigung der Satzung rechtsfähig.

§ 54 [Aufgabe der Innung] (1) [1] Aufgabe der Handwerksinnung ist, die *gemeinsamen gewerblichen* Interessen ihrer Mitglieder zu fördern. [2] Insbesondere hat sie

1. den Gemeingeist und die Berufsehre zu pflegen,
2. ein gutes Verhältnis zwischen Meistern, Gesellen und Lehrlingen anzustreben,

---

[1)] Früherer § 51e eingef. mWv 1.4.2012 durch G v. 6.12.2011 (BGBl. I S. 2515); bish. § 51e wird § 51g und Satz 2 geänd. mWv 1.7.2021 durch G v. 9.6.2021 (BGBl. I S. 1654).

[2)] § 52 Abs. 1 neu gef. mWv 1.1.2004 durch G v. 24.12.2003 (BGBl. I S. 2934); Abs. 1 Satz 1 geänd. mWv 1.7.2021 durch G v. 9.6.2021 (BGBl. I S. 1654).

3. entsprechend den Vorschriften der Handwerkskammer die Lehrlingsausbildung zu regeln und zu überwachen sowie für die berufliche Ausbildung der Lehrlinge zu sorgen und ihre charakterliche Entwicklung zu fördern,
4. die Gesellenprüfungen abzunehmen und hierfür Gesellenprüfungsausschüsse zu errichten, sofern sie von der Handwerkskammer dazu ermächtigt ist,
5. das handwerkliche Können der Meister und Gesellen zu fördern; zu diesem Zweck kann sie insbesondere Fachschulen errichten oder unterstützen und Lehrgänge veranstalten,
6. bei der Verwaltung der Berufsschulen gemäß den bundes- und landesrechtlichen Bestimmungen mitzuwirken,
7. das Genossenschaftswesen im Handwerk zu fördern,
8. über Angelegenheiten der in ihr vertretenen Handwerke den Behörden Gutachten und Auskünfte zu erstatten,
9. die sonstigen handwerklichen Organisationen und Einrichtungen in der Erfüllung ihrer Aufgaben zu unterstützen,
10. die von der Handwerkskammer innerhalb ihrer Zuständigkeit erlassenen Vorschriften und Anordnungen durchzuführen.

(2) Die Handwerksinnung soll

1. zwecks Erhöhung der Wirtschaftlichkeit der Betriebe ihrer Mitglieder Einrichtungen zur Verbesserung der Arbeitsweise und der Betriebsführung schaffen und fördern,
2. bei der Vergebung öffentlicher Lieferungen und Leistungen die Vergebungsstellen beraten,
3. das handwerkliche Pressewesen unterstützen.

(3) Die Handwerksinnung kann

1. Tarifverträge abschließen, soweit und solange solche Verträge nicht durch den Innungsverband für den Bereich der Handwerksinnung geschlossen sind,
2. für ihre Mitglieder und deren Angehörige Unterstützungskassen für Fälle der Krankheit, des Todes, der Arbeitsunfähigkeit oder sonstiger Bedürftigkeit errichten,
3. bei Streitigkeiten zwischen den Innungsmitgliedern und ihren Auftraggebern auf Antrag vermitteln.

(4) Die Handwerksinnung kann auch sonstige Maßnahmen zur Förderung der gemeinsamen gewerblichen Interessen der Innungsmitglieder durchführen.

(5) Die Errichtung und die Rechtsverhältnisse der Innungskrankenkassen richten sich nach den hierfür geltenden bundesrechtlichen Bestimmungen.

§ 55 [Satzung] (1) Die Aufgaben der Handwerksinnung, ihre Verwaltung und die Rechtsverhältnisse ihrer Mitglieder sind, soweit gesetzlich nichts darüber bestimmt ist, durch die Satzung zu regeln.

(2) Die Satzung muß Bestimmungen enthalten über

1. den Namen, den Sitz und den Bezirk der Handwerksinnung sowie die Handwerke, für welche die Handwerksinnung errichtet ist,
2. die Aufgaben der Handwerksinnung,
3. den Eintritt, den Austritt und den Ausschluß der Mitglieder,
4. die Rechte und Pflichten der Mitglieder sowie die Bemessungsgrundlage für die Erhebung der Mitgliedsbeiträge,

5. die Einberufung der Innungsversammlung, das Stimmrecht in ihr und die Art der Beschlußfassung,
6. die Bildung des Vorstands,
7. die Bildung des Gesellenausschusses,
8. die Beurkundung der Beschlüsse der Innungsversammlung und des Vorstands,
9. die Aufstellung des Haushaltsplans sowie die Aufstellung und Prüfung der Jahresrechnung,
10. die Voraussetzungen für die Änderung der Satzung und für die Auflösung der Handwerksinnung sowie den Erlaß und die Änderung der Nebensatzungen,
11. die Verwendung des bei der Auflösung der Handwerksinnung verbleibenden Vermögens.

§ 56 [Genehmigung der Satzung] (1) Die Satzung der Handwerksinnung bedarf der Genehmigung durch die Handwerkskammer des Bezirks, in dem die Handwerksinnung ihren Sitz nimmt.

(2) Die Genehmigung ist zu versagen, wenn

1. die Satzung den gesetzlichen Vorschriften nicht entspricht,

(Fortsetzung nächstes Blatt)

(2) Er ist befugt, Fachschulen und Fachkurse einzurichten oder zu fördern.

§ 82 [Förderung wirtschaftlicher und sozialer Interessen] [1]Der Landesinnungsverband kann ferner die wirtschaftlichen und sozialen Interessen der den Handwerksinnungen angehörenden Mitglieder fördern. [2]Zu diesem Zweck kann er inbesondere

1. Einrichtungen zur Erhöhung der Leistungsfähigkeit der Betriebe, vor allem in technischer und betriebswirtschaftlicher Hinsicht schaffen oder unterstützen,
2. den gemeinschaftlichen Einkauf und die gemeinschaftliche Übernahme von Lieferungen und Leistungen durch die Bildung von Genossenschaften, Arbeitsgemeinschaften oder auf sonstige Weise im Rahmen der allgemeinen Gesetze fördern,
3. Tarifverträge abschließen.

§ 83 [Anwendbarkeit von Vorschriften] (1) Auf den Landesinnungsverband finden entsprechende Anwendung:

1. § 55 Abs. 1 und Abs. 2 Nr. 1 bis 6, 8 bis 9 und hinsichtlich der Voraussetzungen für die Änderung der Satzung und für die Auflösung des Landesinnungsverbandes Nummer 10 sowie Nummer 11,
2. §§ 60, 61 Abs. 1 und Abs. 2 Nr. 1 und hinsichtlich der Beschlußfassung über die Höhe der Beiträge zum Landesinnungsverband Nummer 2 sowie Nummern 3 bis 5 und 7 bis 8,
3. §§ 59, 62, 64, 66 und 74,
4. § 39 und §§ 41 bis 53 des Bürgerlichen Gesetzbuchs[1)].

(2) [1]Die Mitgliederversammlung besteht aus den Vertretern der angeschlossenen Handwerksinnungen und im Fall des § 79 Abs. 3 auch aus den von den Einzelmitgliedern nach näherer Bestimmung der Satzung gewählten Vertretern. [2]Die Satzung kann bestimmen, daß die Handwerksinnungen und die Gruppe der Einzelmitglieder entsprechend der Zahl der Mitglieder der Handwerksinnungen und der Einzelmitglieder mehrere Stimmen haben und die Stimmen einer Handwerksinnung oder der Gruppe der Einzelmitglieder uneinheitlich abgegeben werden können.

(3) Nach näherer Bestimmung der Satzung können bis zur Hälfte der Mitglieder des Vorstands Personen sein, die nicht von der Mitgliederversammlung gewählt sind.

§ 84 [Anschluss von handwerksähnlichen Betrieben] [1]Durch die Satzung kann bestimmt werden, daß sich Vereinigungen von Inhabern handwerksähnlicher Betriebe oder Inhaber handwerksähnlicher Betriebe einem Landesinnungsverband anschließen können. [2]In diesem Fall obliegt dem Landesinnungsverband nach Maßgabe der §§ 81 und 82 auch die Wahrnehmung der Interessen des handwerksähnlichen Gewerbes. [3]§ 83 Abs. 2 gilt entsprechend für die Vertretung des handwerksähnlichen Gewerbes in der Mitgliederversammlung.

§ 85[2)] [Bundesinnungsverband] (1) Der Bundesinnungsverband ist der Zusammenschluß von Landesinnungsverbänden des gleichen Handwerks oder sich fachlich oder wirtschaftlich nahestehender Handwerke im Bundesgebiet.

[1)] **Schönfelder Nr. 20.**

[2)] § 85 Abs. 2 Satz 2 geänd. mWv 7.11.2001 durch VO v. 29.10.2001 (BGBl. I S. 2785); Abs. 2 Satz 2 geänd. mWv 8.9.2015 durch VO v. 31.8.2015 (BGBl. I S. 1474).

(2) [1]Auf den Bundesinnungsverband finden die Vorschriften dieses Abschnitts sinngemäß Anwendung. [2]Die nach § 80 erforderliche Genehmigung der Satzung und ihrer Änderung erfolgt durch das Bundesministerium für Wirtschaft und Energie.

Dritter Abschnitt. Kreishandwerkerschaften

§ 86 [Kreishandwerkerschaft] [1]Die Handwerksinnungen, die in einem Stadt- oder Landkreis ihren Sitz haben, bilden die Kreishandwerkerschaft. [2]Die Handwerkskammer kann eine andere Abgrenzung zulassen.

§ 87 [Aufgaben] Die Kreishandwerkerschaft hat die Aufgabe,

1. die Gesamtinteressen des selbständigen Handwerks und des handwerksähnlichen Gewerbes sowie die gemeinsamen Interessen der Handwerksinnungen ihres Bezirks wahrzunehmen,
2. die Handwerksinnungen bei der Erfüllung ihrer Aufgaben zu unterstützen,
3. Einrichtungen zur Förderung und Vertretung der gewerblichen, wirtschaftlichen und sozialen Interessen der Mitglieder der Handwerksinnungen zu schaffen oder zu unterstützen,
4. die Behörden bei den das selbständige Handwerk und das handwerksähnliche Gewerbe ihres Bezirks berührenden Maßnahmen zu unterstützen und ihnen Anregungen, Auskünfte und Gutachten zu erteilen,
5. die Geschäfte der Handwerksinnungen auf deren Ansuchen zu führen,
6. die von der Handwerkskammer innerhalb ihrer Zuständigkeit erlassenen Vorschriften und Anordnungen durchzuführen; die Handwerkskammer hat sich an den hierdurch entstehenden Kosten angemessen zu beteiligen.

§ 88 [Mitgliederversammlung] [1]Die Mitgliederversammlung der Kreishandwerkerschaft besteht aus Vertretern der Handwerksinnungen. [2]Die Vertreter oder ihre Stellvertreter üben das Stimmrecht für die von ihnen vertretenen Handwerksinnungen aus. [3]Jede Handwerksinnung hat eine Stimme. [4]Die Satzung kann bestimmen, daß den Handwerksinnungen entsprechend der Zahl ihrer Mitglieder bis höchstens zwei Zusatzstimmen zuerkannt und die Stimmen einer Handwerksinnung uneinheitlich abgegeben werden können.

§ 89 [Anwendbarkeit von Vorschriften] (1) Auf die Kreishandwerkerschaft finden entsprechende Anwendung:

1. § 53 und § 55 mit Ausnahme des Absatzes 2 Nummern 3 und 7 sowie hinsichtlich der Voraussetzungen für die Änderung der Satzung § 55 Abs. 2 Nr. 10,
2. § 56 Abs. 1 und Abs. 2 Nr. 1,
3. § 60 und § 61 Abs. 1, Abs. 2 Nr. 1 bis 5, 7 und hinsichtlich der Beschlußfassung über die Änderung der Satzung Nummer 8; die nach § 61 Abs. 2 Nr. 1 bis 3, 7 und 8 gefaßten Beschlüsse bedürfen der Genehmigung der Handwerkskammer,
4. § 62 Abs. 1, Abs. 2 Sätze 1 und 2 sowie Abs. 3,
5. §§ 64, 66, 67 Abs. 1 und §§ 73 bis 77

(2) [1]Wird die Kreishandwerkerschaft durch die Handwerkskammer aufgelöst, so wird das Vermögen der Kreishandwerkerschaft in entsprechender Anwendung

der §§ 47 bis 53 des Bürgerlichen Gesetzbuchs[1] liquidiert. [2] § 78 Abs. 2 gilt entsprechend.

Vierter Abschnitt. Handwerkskammern

§ 90[2] [Handwerkskammern] (1) Zur Vertretung der Interessen des Handwerks werden Handwerkskammern errichtet; sie sind Körperschaften des öffentlichen Rechts.

(2) Zur Handwerkskammer gehören die Inhaber eines Betriebs eines Handwerks und eines handwerkähnlichen Gewerbes des Handwerkskammerbezirks sowie die Gesellen, andere Arbeitnehmer mit einer abgeschlossenen Berufsausbildung und die Lehrlinge dieser Gewerbetreibenden.

(3) [1] Zur Handwerkskammer gehören auch Personen, die im Kammerbezirk selbständig eine gewerbliche Tätigkeit nach § 1 Abs. 2 Satz 2 Nr. 1 ausüben, wenn

1. sie die Gesellenprüfung in einem zulassungspflichtigen Handwerk erfolgreich abgelegt haben,
2. die betreffende Tätigkeit Bestandteil der Erstausbildung in diesem zulassungspflichtigen Handwerk war und
3. die Tätigkeit den überwiegenden Teil der gewerblichen Tätigkeit ausmacht.

[2] Satz 1 gilt entsprechend auch für Personen, die ausbildungsvorbereitende Maßnahmen erfolgreich absolviert haben, wenn diese Maßnahmen überwiegend Ausbildungsinhalte in Ausbildungsordnungen vermitteln, die nach § 25 erlassen worden sind und insgesamt einer abgeschlossenen Gesellenausbildung im Wesentlichen entsprechen.

(4) [1] Absatz 3 findet nur unter der Voraussetzung Anwendung, dass die Tätigkeit in einer dem Handwerk entsprechenden Betriebsform erbracht wird. [2] Satz 1 und Absatz 3 gelten nur für Gewerbetreibende, die erstmalig nach dem 30. Dezember 2003 eine gewerbliche Tätigkeit anmelden. [3] Die Handwerkskammer hat ein Verzeichnis zu führen, in welches die Personen nach § 90 Abs. 3 und 4 ihres Bezirks nach Maßgabe der Anlage D Abschnitt IV zu diesem Gesetz mit dem von ihnen betriebenen Gewerbe einzutragen sind (Verzeichnis der Personen nach § 90 Abs. 3 und 4 der Handwerksordnung).

(5) [1] Die Landesregierungen werden ermächtigt, durch Rechtsverordnung Handwerkskammern zu errichten und die Bezirke der Handwerkskammern zu bestimmen; die Bezirke sollen sich in der Regel mit denen der höheren Verwaltungsbehörde decken. [2] Wird der Bezirk einer Handwerkskammer nach Satz 1 geändert, muss eine Vermögensauseinandersetzung erfolgen, welche der Genehmigung durch die oberste Landesbehörde bedarf. [3] Können sich die beteiligten Handwerkskammern hierüber nicht einigen, so entscheidet die oberste Landes*behörde.*

---

[1] **Schönfelder Nr. 20.**

[2] § 90 Abs. 3 und 4 eingef., bish. Abs. 3 wird Abs. 5 mWv 30.12.2003 durch G v. 24.12.2003 (BGBl. I S. 2933); Abs. 2 geänd. mWv 1.1.2004 durch G v. 24.12.2003 (BGBl. I S. 2934); Abs. 4 Satz 3 angef. mWv 1.4.2005 durch G v. 23.3.2005 (BGBl. I S. 931); Abs. 5 Sätze 1 und 2 neu gef. mWv 12.12.2012 durch G v. 5.12.2012 (BGBl. I S. 2415).

§ 91[1] **[Aufgaben]** (1) Aufgabe der Handwerkskammer ist insbesondere,

1. die Interessen des Handwerks zu fördern und für einen gerechten Ausgleich der Interessen der einzelnen Handwerke und ihrer Organisationen zu sorgen,
2. die Behörden in der Förderung des Handwerks durch Anregungen, Vorschläge und durch Erstattung von Gutachten zu unterstützen und regelmäßig Berichte über die Verhältnisse des Handwerks zu erstatten,
3. die Handwerksrolle (§ 6) zu führen,
4. die Berufsausbildung zu regeln (§ 41), Vorschriften hierfür zu erlassen, ihre Durchführung zu überwachen (§ 41a) sowie eine Lehrlingsrolle (§ 28 Absatz 1) zu führen,

4a. Vorschriften für Prüfungen im Rahmen einer beruflichen Fortbildung oder Umschulung zu erlassen und Prüfungsausschüsse hierfür zu errichten,

5. Gesellenprüfungsordnungen für die einzelnen Handwerke zu erlassen (§ 38), Prüfungsausschüsse für die Abnahme der Gesellenprüfungen zu errichten oder Handwerksinnungen zu der Errichtung von Gesellenprüfungsausschüssen zu ermächtigen (§ 37) und die ordnungsmäßige Durchführung der Gesellenprüfungen zu überwachen,
6. die Geschäfte des Meisterprüfungsausschusses (§ 47 Abs. 2) zu führen,

6a. die Gleichwertigkeit festzustellen (§§ 40a, 50c, 51g),[2]

7. die technische und betriebswirtschaftliche Fortbildung der Meister und Gesellen zur Erhaltung und Steigerung der Leistungsfähigkeit des Handwerks in Zusammenarbeit mit den Innungsverbänden zu fördern, die erforderlichen Einrichtungen hierfür zu schaffen oder zu unterstützen und zu diesem Zweck eine Gewerbeförderungsstelle zu unterhalten,

7a. Maßnahmen zur Förderung und Durchführung der Berufsbildung, insbesondere der Berufsausbildungsvorbereitung, Berufsausbildung, beruflichen Fortbildung und beruflichen Umschulung, sowie der technischen und betriebswirtschaftlichen Weiterbildung, insbesondere Sachkundenachweise und Sachkundeprüfungen nach gesetzlichen Vorschriften, nach Vorschriften der Unfallversicherungsträger oder nach technischen Normvorschriften in Zusammenarbeit mit den Innungsverbänden anzubieten,

8. Sachverständige zur Erstattung von Gutachten zu Leistungen und Tätigkeiten des Handwerks und deren Wert nach den §§ 36 und 36a der Gewerbeordnung[3] öffentlich zu bestellen und zu vereidigen,
9. die wirtschaftlichen Interessen des Handwerks und die ihnen dienenden Einrichtungen, insbesondere das Genossenschaftswesen zu fördern,
10. die Formgestaltung im Handwerk zu fördern,
11. Vermittlungsstellen zur Beilegung von Streitigkeiten zwischen Inhabern eines Betriebs eines Handwerks und ihren Auftraggebern einzurichten,

---

[1] § 91 Abs. 1 Nr. 11 und Abs. 2 Satz 1 geänd. mWv 1.1.2004 durch G v. 24.12.2003 (BGBl. I S. 2934); Abs 2 Satz 1 aufgeh., bish. Satz 2 wird alleiniger Wortlaut mWv 1.4.2005 durch G v. 23.3.2005 (BGBl. I S. 931); Abs. 1a, 2a eingef. mWv 18.12.2008 durch G v. 11.12.2008 (BGBl. I S. 2418); Abs. 1 Nr. 6a eingef. mWv 1.4.2012 durch G v. 6.12.2011 (BGBl. I S. 2515); Abs. 1 Nr. 4 geänd., Nr. 7a eingef. mWv 6.7.2017 durch G v. 30.6.2017 (BGBl. I S. 2143); Abs. 3a eingef., Abs. 4 geänd. mWv 1.1.2021 durch G v. 22.12.2020 (BGBl. I S. 3256); Abs. 1 Nr. 6, 6a geänd., Nr. 8 neu gef., Nr. 13 geänd., Nr. 14 angef., Abs. 2b eingef. mWv 1.7.2021 durch G v. 9.6.2021 (BGBl. I S. 1654).

[2] Komma fehlt im BGBl. I.

[3] Nr. **800**.

12. Ursprungszeugnisse über in Handwerksbetrieben gefertigte Erzeugnisse und andere dem Wirtschaftsverkehr dienende Bescheinigungen auszustellen, soweit nicht Rechtsvorschriften diese Aufgaben anderen Stellen zuweisen,
13. die Maßnahmen zur Unterstützung notleidender Handwerker sowie Gesellen und anderer Arbeitnehmer mit einer abgeschlossenen Berufsausbildung zu treffen oder zu unterstützen,
14. die Zuständigkeit als Stelle nach § 340 Absatz 1 Satz 1 des Fünften Buches Sozialgesetzbuch[1] für die Betriebe der Handwerke nach den Nummern 33 bis 37 der Anlage A.

(1a) [1]Die Länder können durch Gesetz der Handwerkskammer die Aufgaben einer einheitlichen Stelle im Sinne des Verwaltungsverfahrensgesetzes[2] übertragen. [2]Das Gesetz regelt, welche Aufgabenbereiche von der Zuweisung erfasst sind. [3]Dabei kann das Gesetz vorsehen, dass die Handwerkskammer auch für nicht Kammerzugehörige tätig wird. [4]Das Gesetz regelt auch die Aufsicht.

(2) Die Handwerkskammer kann gemeinsam mit der Industrie- und Handelskammer Prüfungsausschüsse errichten.

(2a) Die Länder können durch Gesetz der Handwerkskammer ermöglichen, sich an einer Einrichtung zu beteiligen, die Aufgaben einer einheitlichen Stelle im Sinne des Verwaltungsverfahrensgesetzes erfüllt.

(2b) Zur Förderung der beruflichen Bildung kann die Handwerkskammer sich an nationalen und internationalen Projekten, insbesondere an Maßnahmen der internationalen Entwicklungszusammenarbeit, beteiligen.

(3) Die Handwerkskammer soll in allen wichtigen das Handwerk und das handwerksähnliche Gewerbe berührenden Angelegenheiten gehört werden.

(3a) Die Handwerkskammer kann Betriebe des Handwerks oder eines handwerksähnlichen Gewerbes des Handwerkskammerbezirks zu Fragen der Früherkennung von Unternehmenskrisen und deren Bewältigung beraten.

(4) Absatz 1 Nr. 1, 2 und 7 bis 13 sowie Absatz 3a finden auf handwerksähnliche Gewerbe entsprechende Anwendung.

§ 92 [Organe der Handwerkskammer] Die Organe der Handwerkskammer sind

1. die Mitgliederversammlung (Vollversammlung),
2. der Vorstand,
3. die Ausschüsse.

§ 93[3] [Zusammensetzung der Vollversammlung] (1) [1]Die Vollversammlung besteht aus gewählten Mitgliedern. [2]Ein Drittel der Mitglieder müssen Gesellen oder andere Arbeitnehmer mit einer abgeschlossenen Berufsausbildung sein, die in dem Betrieb eines Gewerbes der Anlage A oder Betrieb eines Gewer*bes der Anlage B beschäftigt sind.*

(2) [1]Durch die Satzung ist die Zahl der Mitglieder der Vollversammlung und ihre Aufteilung auf die einzelnen in den Anlagen A und B zu diesem Gesetz aufgeführten Gewerbe zu bestimmen. [2]Die Satzung kann bestimmen, dass die

---

[1] **Aichberger, SGB Nr. 5.**

[2] Nr. **100**.

[3] § 93 Abs. 2 und 3 neu gef., Abs. 1 Satz 2 geänd. mWv 1.1.2004 durch G v. 24.12.2003 (BGBl. I S. 2934); Abs. 2 Satz 2 eingef., bish. Satz 2 wird Satz 3 mWv 1.4.2005 durch G v. 23.3.2005 (BGBl. I S. 931).

Aufteilung der Zahl der Mitglieder der Vollversammlung auch die Personen nach § 90 Abs. 3 und 4 zu berücksichtigen hat. [3]Bei der Aufteilung sollen die wirtschaftlichen Besonderheiten und die wirtschaftliche Bedeutung der einzelnen Gewerbe berücksichtigt werden.

(3) Für jedes Mitglied sind mindestens ein, aber höchstens zwei Stellvertreter zu wählen, die im Verhinderungsfall oder im Falle des Ausscheidens der Mitglieder einzutreten haben.

(4) [1]Die Vollversammlung kann sich nach näherer Bestimmung der Satzung bis zu einem Fünftel der Mitgliederzahl durch Zuwahl von sachverständigen Personen unter Wahrung der in Absatz 1 festgelegten Verhältniszahl ergänzen; diese haben gleiche Rechte und Pflichten wie die gewählten Mitglieder der Vollversammlung. [2]Die Zuwahl der sachverständigen Personen, die auf das Drittel der Gesellen und anderer Arbeitnehmer mit einer abgeschlossenen Berufsausbildung anzurechnen sind, erfolgt auf Vorschlag der Mehrheit dieser Gruppe.

§ 94 [Rechtsstellung der Mitglieder] [1]Die Mitglieder der Vollversammlung sind Vertreter des gesamten Handwerks und des handwerksähnlichen Gewerbes und als solche an Aufträge und Weisungen nicht gebunden. [2]§ 66 Abs. 4, § 69 Abs. 4 und § 73 Abs. 1 gelten entsprechend.

§ 95[1)] [Wahl der Mitglieder] (1) [1]Die Mitglieder der Vollversammlung und ihre Stellvertreter werden durch Listen in allgemeiner, freier, gleicher und geheimer Wahl gewählt. [2]Die Wahlen zur Vollversammlung werden im Briefwahlverfahren durchgeführt.

(2) Das Wahlverfahren regelt sich nach der diesem Gesetz als Anlage C beigefügten Wahlordnung.

§ 96[2)] [Wahlrecht] (1) [1]Berechtigt zur Wahl der Vertreter des Handwerks und des handwerksähnlichen Gewerbes sind die in der Handwerksrolle (§ 6) oder im Verzeichnis nach § 19 eingetragenen natürlichen und juristischen Personen und Personengesellschaften sowie die in das Verzeichnis nach § 90 Abs. 4 Satz 2 eingetragenen natürlichen Personen. [2]Die nach § 90 Abs. 4 Satz 2 eingetragenen Personen sind zur Wahl der Vertreter der Personen nach § 90 Abs. 3 und 4 berechtigt, sofern die Satzung dies nach § 93 bestimmt. [3]Das Wahlrecht kann nur von volljährigen Personen ausgeübt werden. [4]Juristische Personen und Personengesellschaften haben jeweils nur eine Stimme.

(2) Nicht wahlberechtigt sind Personen, die infolge strafgerichtlicher Verurteilung das Recht, in öffentlichen Angelegenheiten zu wählen oder zu stimmen, nicht besitzen.

(3) An der Ausübung des Wahlrechts ist behindert,

1. wer wegen Geisteskrankheit oder Geistesschwäche in einem psychiatrischen Krankenhaus untergebracht ist,
2. wer sich in Straf- oder Untersuchungshaft befindet,
3. wer infolge gerichtlicher oder polizeilicher Anordnung in Verwahrung gehalten wird.

[1)] § 95 Abs. 1 neu gef. mWv *1.1.2004 durch G v. 24.12.2003 (BGBl. I S. 2934).*

[2)] § 96 Abs. 2 neu gef. mWv 1.1.1999 durch EGInsO v. 5.10.1994 (BGBl. I S. 2911); Abs. 1 Satz 1 geänd. mWv 1.1.2004 durch G v. 24.12.2003 (BGBl. I S. 2934); Abs. 1 Satz 1 geänd. und Satz 2 eingef., bish. Sätze 2 und 3 werden Sätze 3 und 4 mWv 1.4.2005 durch G v. 23.3.2005 (BGBl. I S. 931).

§ 97[1)] **[Wählbarkeit]** (1) [1] Wählbar als Vertreter der zulassungspflichtigen Handwerke sind

1. die wahlberechtigten natürlichen Personen, sofern sie
   a) im Bezirk der Handwerkskammer seit mindestens einem Jahr ohne Unterbrechung ein Handwerk selbständig betreiben,
   b) die Befugnis zum Ausbilden von Lehrlingen besitzen,
   c) am Wahltag volljährig sind;
2. die gesetzlichen Vertreter der wahlberechtigten juristischen Personen und die vertretungsberechtigten Gesellschafter der wahlberechtigten Personengesellschaften, sofern
   a) die von ihnen vertretene juristische Person oder Personengesellschaft im Bezirk der Handwerkskammer seit mindestens einem Jahr ein Handwerk selbständig betreibt und
   b) sie im Bezirk der Handwerkskammer seit mindestens einem Jahr ohne Unterbrechung gesetzliche Vertreter oder vertretungsberechtigte Gesellschafter einer in der Handwerksrolle eingetragenen juristischen Person oder Personengesellschaft sind, am Wahltag volljährig sind.

[2] Nicht wählbar ist, wer infolge Richterspruchs die Fähigkeit zur Bekleidung öffentlicher Ämter oder infolge strafgerichtlicher Verurteilung die Fähigkeit, Rechte aus öffentlichen Wahlen zu erlangen, nicht besitzt.

(2) Bei der Berechnung der Fristen in Absatz 1 Nr. 1 Buchstabe a und Nr. 2 Buchstabe b sind die Tätigkeiten als selbständiger Handwerker in einem zulassungspflichtigen Handwerk und als gesetzlicher Vertreter oder vertretungsberechtigter Gesellschafter einer in der Handwerksrolle eingetragenen juristischen Person oder Personengesellschaft gegenseitig anzurechnen.

(3) Für die Wahl der Vertreter der zulassungsfreien Handwerke, der handwerksähnlichen Gewerbe und der Personen nach § 90 Abs. 3 und 4 gelten die Absätze 1 und 2 entsprechend.

§ 98[2)] **[Wahl der Vertreter der Arbeitnehmer]** (1) [1] Berechtigt zur Wahl der Vertreter der Arbeitnehmer in der Handwerkskammer sind die Gesellen und die weiteren Arbeitnehmer mit abgeschlossener Berufsausbildung, sofern sie am Tag der Wahl volljährig sind und in einem Betrieb eines Handwerks oder eines handwerksähnlichen Gewerbes beschäftigt sind. [2] § 96 Abs. 2 und 3 findet Anwendung.

(2) Kurzzeitig bestehende Arbeitslosigkeit läßt das Wahlrecht unberührt, wenn diese zum Zeitpunkt der Wahl nicht länger als drei Monate besteht.

§ 99[3)] **[Wählbarkeit zum Vertreter der Arbeitnehmer]** Wählbar zum Vertreter der Arbeitnehmer in der Vollversammlung sind die wahlberechtigten Arbeitnehmer in Sinne des § 90 Abs. 2, sofern sie

1. am Wahltag volljährig sind,
2. eine Gesellenprüfung oder eine andere Abschlußprüfung abgelegt haben oder, wenn sie in einem Betrieb eines handwerksähnlichen Gewerbes beschäftigt sind, nicht nur vorübergehend mit Arbeiten betraut sind, die gewöhnlich nur von

---

[1)] § 97 Abs. 1 Satz 1, Abs. 2 und 3 geänd. mWv 1.1.2004 durch G v. 24.12.2003 (BGBl. I S. 2934); Abs. 3 neu gef. mWv 1.4.2005 durch G v. 23.3.2005 (BGBl. I S. 931).

[2)] § 98 Abs. 1 Satz 1 geänd. mWv 1.1.2004 durch G v. 24.12.2003 (BGBl. I S. 2934).

[3)] § 99 Nr. 2 geänd. mWv 1.1.2004 durch G v. 24.12.2003 (BGBl. I S. 2934).

einem Gesellen oder einem Arbeitnehmer ausgeführt werden, der einen Berufsabschluß hat.

§ 100 [Wahlprüfung; Bekanntmachung des Ergebnisses] (1) Die Handwerkskammer prüft die Gültigkeit der Wahl ihrer Mitglieder von Amts wegen.

(2) Das Ergebnis der Wahl ist öffentlich bekanntzumachen.

§ 101[1)] [Einspruch gegen die Wahl] (1) Gegen die Rechtsgültigkeit der Wahl kann jeder Wahlberechtigte innerhalb von einem Monat nach der Bekanntgabe des Wahlergebnisses Einspruch erheben; der Einspruch eines Inhabers eines Betriebs eines Handwerks oder handwerksähnlichen Gewerbes kann sich nur gegen die Wahl der Vertreter der Handwerke und handwerksähnlichen Gewerbe, der Einspruch eines Gesellen oder anderen Arbeitnehmers mit einer abgeschlossenen Berufsausbildung nur gegen die Wahl der Vertreter der Arbeitnehmer richten.

(2) Der Einspruch gegen die Wahl eines Gewählten kann nur auf eine Verletzung der Vorschriften der §§ 96 bis 99 gestützt werden.

(3) [1]Richtet sich der Einspruch gegen die Wahl insgesamt, so ist er binnen einem Monat nach der Bekanntgabe des Wahlergebnisses bei der Handwerkskammer einzulegen. [2]Er kann nur darauf gestützt werden, daß

1. gegen das Gesetz oder gegen die auf Grund des Gesetzes erlassenen Wahlvorschriften verstoßen worden ist und
2. der Verstoß geeignet war, das Ergebnis der Wahl zu beeinflussen.

§ 102 [Ablehnung der Wahl; Amtsniederlegung] (1) Der Gewählte kann die Annahme der Wahl nur ablehnen, wenn er

1. das sechzigste Lebensjahr vollendet hat oder
2. durch Krankheit oder Gebrechen verhindert ist, das Amt ordnungsmäßig zu führen.

(2) Ablehnungsgründe sind nur zu berücksichtigen, wenn sie binnen zwei Wochen nach der Bekanntgabe des Wahlergebnisses bei der Handwerkskammer geltend gemacht worden sind.

(3) Mitglieder der Handwerkskammer können nach Vollendung des sechzigsten Lebensjahrs ihr Amt niederlegen.

§ 103[2)] [Amtsdauer] (1) [1]Die Wahl zur Handwerkskammer erfolgt auf fünf Jahre. [2]Eine Wiederwahl ist zulässig.

(2) Nach Ablauf der Wahlzeit bleiben die Gewählten solange im Amt, bis ihre Nachfolger eintreten.

(3) [1]Die Vertreter der Arbeitnehmer behalten, auch wenn sie nicht mehr im Betrieb eines Handwerks oder eines handwerksähnlichen Gewerbes beschäftigt sind, solange sie im Bezirk der Handwerkskammer verbleiben, das Amt noch bis zum Ende der Wahlzeit, jedoch höchstens für ein Jahr. [2]Im Falle der Arbeitslosigkeit behalten sie das Amt bis zum Ende der Wahlzeit.

§ 104[3)] [Ausscheiden aus dem Amt] (1) Mitglieder der Vollversammlung haben aus dem Amt auszuscheiden, wenn sie durch Krankheit oder Gebrechen

---

1) § 101 Abs. 1 geänd. mWv 1.1.2004 durch G v. 24.12.2003 (BGBl. I S. 2934).
2) § 103 Abs. 3 Satz 1 geänd. mWv 1.1.2004 durch G v. 24.12.2003 (BGBl. I S. 2934).
3) § 104 Abs. 2 Nr. 2 geänd. mWv 1.1.2004 durch G v. 24.12.2003 (BGBl. I S. 2934).

verhindert sind, das Amt ordnungsmäßig zu führen oder wenn Tatsachen eintreten, die ihre Wählbarkeit ausschließen.

(2) Gesetzliche Vertreter juristischer Personen und vertretungsberechtigte Gesellschafter der Personengesellschaften haben ferner aus dem Amt auszuscheiden, wenn

1. sie die Vertretungsbefugnis verloren haben,
2. die juristische Person oder die Personengesellschaft in der Handwerksrolle oder in dem Verzeichnis nach § 19 gelöscht worden ist.

(3) Weigert sich das Mitglied auszuscheiden, so ist es von der obersten Landesbehörde nach Anhörung der Handwerkskammer seines Amtes zu entheben.

§ 105[1)] [Satzung der Handwerkskammer] (1) [1] Für die Handwerkskammer ist von der obersten Landesbehörde eine Satzung zu erlassen. [2] Über eine Änderung der Satzung beschließt die Vollversammlung; der Beschluß bedarf der Genehmigung durch die oberste Landesbehörde.

(2) Die Satzung muß Bestimmungen enthalten über

1. den Namen, den Sitz und den Bezirk der Handwerkskammer,
2. die Zahl der Mitglieder der Handwerkskammer und der Stellvertreter sowie die Reihenfolge ihres Eintritts im Falle der Behinderung oder des Ausscheidens der Mitglieder,
3. die Verteilung der Mitglieder und der Stellvertreter auf die im Bezirk der Handwerkskammer vertretenen Handwerke,
4. die Zuwahl zur Handwerkskammer,
5. die Wahl des Vorstands und seine Befugnisse,
6. die Einberufung der Handwerkskammer und ihrer Organe,
7. die Form der Beschlußfassung und die Beurkundung der Beschlüsse der Handwerkskammer und des Vorstands,
8. die Erstellung einer mittelfristigen Finanzplanung und deren Übermittlung an die Vollversammlung,
9. die Festlegung der Haushaltsführung nach dem Verfahren der Kameralistik oder der Doppik sowie die Aufstellung und Genehmigung des Haushaltsplans oder des Wirtschaftsplans,
10. die Aufstellung, Prüfung und Abnahme der Jahresrechnung oder des Jahresabschlusses mit Lagebericht einschließlich der Verwendung des Jahresergebnisses sowie über die Übertragung der Prüfung auf eine unabhängige Stelle außerhalb der Handwerkskammer,
11. die Voraussetzungen und die Form einer Änderung der Satzung,
12. die Organe einschließlich elektronischer Medien, in denen die Bekanntmachungen der Handwerkskammer zu veröffentlichen sind.

(3) *Die* Satzung darf keine Bestimmung enthalten, die mit den in diesem Gesetz bezeichneten Aufgaben der Handwerkskammer nicht in Verbindung steht oder gesetzlichen Vorschriften zuwiderläuft.

(4) Die Satzung nach Absatz 1 Satz 1 ist in dem amtlichen Organ der für den Sitz der Handwerkskammer zuständigen höheren Verwaltungsbehörde bekanntzumachen.

[1)] § 105 Abs. 2 Nr. 12 geänd. mWv 6.7.2017 durch G v. 30.6.2017 (BGBl. I S. 2143); Abs. 2 Nr. 9 neu gef., Nr. 10 geänd. mWv 1.7.2021 durch G v. 9.6.2021 (BGBl. I S. 1654).

§ 106[1)] [Beschlussfassung der Vollversammlung] (1) Der Beschlußfassung der Vollversammlung bleibt vorbehalten

1. die Wahl des Vorstands und der Ausschüsse,
2. die Zuwahl von sachverständigen Personen (§ 93 Abs. 4),
3. die Wahl des Geschäftsführers, bei mehreren Geschäftsführern des Hauptgeschäftsführers und der Geschäftsführer,
4. die Feststellung des Haushaltsplans oder Wirtschaftsplans einschließlich des Stellenplans, die Bewilligung von Ausgaben und Aufwendungen, die nicht im Haushaltsplan oder Wirtschaftsplan vorgesehen sind, die Ermächtigung zur Aufnahme von Krediten und die dingliche Belastung von Grundeigentum,
5. die Festsetzung der Beiträge zur Handwerkskammer und die Erhebung von Gebühren,
6. der Erlaß einer Haushalts-, Kassen- und Rechnungslegungsordnung, Finanzordnung oder eines Finanzstatuts,
7. die Prüfung und Abnahme der Jahresrechnung oder des Jahresabschlusses und die Entscheidung darüber, durch welche unabhängige Stelle die Jahresrechnung oder der Jahresabschluss geprüft werden soll,
8. die Beteiligung an Gesellschaften des privaten und öffentlichen Rechts und die Aufrechterhaltung der Beteiligung,

8a. die Beteiligung an einer Einrichtung nach § 91 Abs. 2a,

9. der Erwerb und die Veräußerung von Grundeigentum,
10. der Erlaß von Vorschriften über die Berufsausbildung, berufliche Fortbildung und berufliche Umschulung (§ 91 Abs. 1 Nr. 4 und 4a),
11. der Erlass der Gesellenprüfungsordnungen nach § 91 Absatz 1 Nummer 5 und Satzungen nach § 50a Absatz 3 oder § 51d Absatz 3,
12. der Erlaß der Vorschriften über die öffentliche Bestellung und Vereidigung von Sachverständigen (§ 91 Abs. 1 Nr. 8),
13. die Festsetzung der den Mitgliedern zu gewährenden Entschädigung (§ 94),
14. die Änderung der Satzung.

(2) [1]Die nach Absatz 1 Nr. 3 bis 7, 10 bis 12 und 14 gefaßten Beschlüsse bedürfen der Genehmigung durch die oberste Landesbehörde. [2]Die Beschlüsse nach Absatz 1 Nr. 5, 6, 10 bis 12 und 14 sind in den für die Bekanntmachungen der Handwerkskammern bestimmten Organen einschließlich der elektronischen Medien (§ 105 Abs. 2 Nr. 12) zu veröffentlichen.

(3) [1]Die Satzung nach Absatz 1 Nummer 12 und deren Änderungen müssen im Einklang mit den Vorgaben des auf sie anzuwendenden europäischen Rechts stehen. [2]Insbesondere sind bei neuen oder zu ändernden Vorschriften, die dem Anwendungsbereich der Richtlinie 2005/36/EG in der jeweils geltenden Fassung unterfallen, die Vorgaben der Richtlinie (EU) 2018/958 des Europäischen Parlaments und des Rates vom 28. Juni 2018 über eine Verhältnismäßigkeitsprüfung vor Erlass neuer Berufsreglementierungen (ABl. L 173 vom 9.7.2018, S. 25) in der jeweils geltenden Fassung einzuhalten.

[1)] § 106 Abs. 1 Nr. 8 neu gef. mWv 1.1.2004 durch G v. 24.12.2003 (BGBl. I S. 2934); Abs. 1 Nr. 8a eingef. mWv 18.12.2008 durch G v. 11.12.2008 (BGBl. I S. 2418); Abs. 2 Satz 2 geänd. mWv 6.7.2017 durch G v. 30.6.2017 (BGBl. I S. 2143); Abs. 3–5 angef. mWv 30.7.2020 durch G v. 19.6.2020 (BGBl. I S. 1403); Abs. 1 Nr. 4, 6, 7 geänd., Nr. 11 neu gef., Abs. 2 Satz 2 geänd. mWv 1.7.2021 durch G v. 9.6. 2021 (BGBl. I S. 1654).

(4) [1]Die Vorschriften sind anhand der in den Artikeln 5 bis 7 der Richtlinie (EU) 2018/958 festgelegten Kriterien auf ihre Verhältnismäßigkeit zu prüfen. [2]Der Umfang der Prüfung muss im Verhältnis zu der Art, dem Inhalt und den Auswirkungen der Vorschrift stehen. [3]Die Vorschrift ist so ausführlich zu erläutern, dass ihre Übereinstimmung mit dem Verhältnismäßigkeitsgrundsatz bewertet werden kann. [4]Die Gründe, aus denen sich ergibt, dass sie gerechtfertigt und verhältnismäßig ist, sind durch qualitative und, soweit möglich und relevant, quantitative Elemente zu substantiieren. [5]Mindestens zwei Wochen vor der Beschlussfassung der Vollversammlung über die Vorschrift ist auf der Internetseite der jeweiligen Handwerkskammer ein Entwurf mit der Gelegenheit zur Stellungnahme zu veröffentlichen. [6]Nach dem Erlass der Vorschrift ist ihre Übereinstimmung mit dem Verhältnismäßigkeitsgrundsatz zu überwachen und bei einer Änderung der Umstände zu prüfen, ob die Vorschrift anzupassen ist.

(5) [1]Die oberste Landesbehörde hat bei der nach Absatz 2 Satz 1 erforderlichen Genehmigung zu prüfen, ob die Vorgaben der Richtlinie (EU) 2018/958 in der jeweils geltenden Fassung eingehalten wurden. [2]Zu diesem Zweck hat ihr die Handwerkskammer die Unterlagen zuzuleiten, aus denen sich die Einhaltung der Vorgaben ergibt. [3]Insbesondere sind die Gründe zu übermitteln, auf Grund derer die Vollversammlung der Handwerkskammer die Vorschriften und Satzungen oder deren Änderungen als gerechtfertigt, notwendig und verhältnismäßig beurteilt hat.

§ 107 [Zuziehung von Sachverständigen] Die Handwerkskammer kann zu ihren Verhandlungen Sachverständige mit beratender Stimme zuziehen.

§ 108 [Vorstands- und Präsidentenwahl] (1) [1]Die Vollversammlung wählt aus ihrer Mitte den Vorstand. [2]Ein Drittel der Mitglieder müssen Gesellen oder andere Arbeitnehmer mit abgeschlossener Berufsausbildung sein.

(2) Der Vorstand besteht nach näherer Bestimmung der Satzung aus dem Vorsitzenden (Präsidenten), zwei Stellvertretern (Vizepräsidenten), von denen einer Geselle oder ein anderer Arbeitnehmer mit abgeschlossener Berufsausbildung sein muß, und einer weiteren Zahl von Mitgliedern.

(3) [1]Der Präsident wird von der Vollversammlung mit absoluter Stimmenmehrheit der anwesenden Mitglieder gewählt. [2]Fällt die Mehrzahl der Stimmen nicht auf eine Person, so findet eine engere Wahl zwischen den beiden Personen statt, welche die meisten Stimmen erhalten haben.

(4) [1]Die Wahl der Vizepräsidenten darf nicht gegen die Mehrheit der Stimmen der Gruppe, der sie angehören, erfolgen. [2]Erfolgt in zwei Wahlgängen keine Entscheidung, so entscheidet ab dem dritten Wahlgang die Stimmenmehrheit der jeweils betroffenen Gruppe. [3]Gleiches gilt für die Wahl der weiteren Mitglieder des Vorstands.

(5) Die Wahl des Präsidenten und seiner Stellvertreter ist der obersten Landesbehörde binnen einer Woche anzuzeigen.

(6) Als Ausweis des Vorstands genügt eine Bescheinigung der obersten Landesbehörde, daß die darin bezeichneten Personen zur Zeit den Vorstand bilden.

§ 109 [Befugnisse des Vorstands; Vertretungsrecht] [1]Dem Vorstand obliegt die Verwaltung der Handwerkskammer; Präsident und Hauptgeschäftsführer vertreten die Handwerkskammer gerichtlich und außergerichtlich. [2]Das Nähere regelt die Satzung, die auch bestimmen kann, daß die Handwerkskammer durch zwei Vorstandsmitglieder vertreten wird.

§ 110 [Ausschüsse der Vollversammlung] [1] Die Vollversammlung kann unter Wahrung der im § 93 Abs. 1 bestimmten Verhältniszahl aus ihrer Mitte Ausschüsse bilden und sie mit besonderen regelmäßigen oder vorübergehenden Aufgaben betrauen. [2] § 107 findet entsprechende Anwendung.

§ 111[1)] [Überwachung der Lehrlingsausbildung; Auskunftspflicht der Gewerbetreibenden] (1) [1] Die in die Handwerksrolle und in das Verzeichnis nach § 19 eingetragenen Gewerbetreibenden haben der Handwerkskammer die zur Durchführung von Rechtsvorschriften über die Berufsbildung und der von der Handwerkskammer erlassenen Vorschriften, Anordnungen und der sonstigen von ihr getroffenen Maßnahmen erforderlichen Auskünfte zu erteilen und Unterlagen vorzulegen. [2] Die Handwerkskammer kann für die Erteilung der Auskunft eine Frist setzen.

(2) [1] Die von der Handwerkskammer mit der Einholung von Auskünften beauftragten Personen sind befugt, zu dem in Absatz 1 bezeichneten Zweck die Betriebsräume, Betriebseinrichtungen und Ausbildungsplätze sowie die für den Aufenthalt und die Unterkunft der Lehrlinge und Gesellen bestimmten Räume oder Einrichtungen zu betreten und dort Prüfungen und Besichtigungen vorzunehmen. [2] Der Auskunftspflichtige hat die Maßnahme von Satz 1 zu dulden. [3] Das Grundrecht der Unverletzlichkeit der Wohnung (Artikel 13 des Grundgesetzes[2)]) wird insoweit eingeschränkt.

(3) Der Auskunftspflichtige kann die Auskunft auf solche Fragen verweigern, deren Beantwortung ihn selbst oder einen der in § 383 Abs. 1 Nr. 1 bis 3 der Zivilprozeßordnung bezeichneten Angehörigen der Gefahr strafgerichtlicher Verfolgung oder eines Verfahrens nach dem Gesetz über Ordnungswidrigkeiten[3)] aussetzen würde.

§ 112[4)] [Ordnungsgeld] (1) Die Handwerkskammer kann bei Zuwiderhandlungen gegen die von ihr innerhalb ihrer Zuständigkeit erlassenen Vorschriften oder Anordnungen Ordnungsgeld bis zu fünfhundert Euro festsetzen.

(2) [1] Das Ordnungsgeld muß vorher schriftlich angedroht werden. [2] Die Androhung und die Festsetzung des Ordnungsgelds sind dem Betroffenen zuzustellen.

(3) Gegen die Androhung und die Festsetzung des Ordnungsgelds steht dem Betroffenen der Verwaltungsrechtsweg offen.

(4) [1] Das Ordnungsgeld fließt der Handwerkskammer zu. [2] Es wird auf Antrag des Vorstands der Handwerkskammer nach Maßgabe des § 113 Abs. 2 Satz 1 beigetrieben.

§ 113[5)] [Beiträge und Gebühren] (1) Die durch die Errichtung und Tätigkeit der Handwerkskammer entstehenden Kosten werden, soweit sie nicht anderweitig gedeckt sind, von den Inhabern eines Betriebs eines Handwerks und eines handwerksähnlichen Gewerbes sowie den Mitgliedern der Handwerkskammer nach

---

1) § 111 Abs. 1 Satz 1 geänd. mWv 1.1.2004 durch G v. 24.12.2003 (BGBl. I S. 2934).

2) Nr. **1**.

3) **Schönfelder Nr. 94.**

4) § 112 Abs. 1 geänd. mWv 1.1.2002 durch G v. 10.11.2001 (BGBl. I S. 2992).

5) § 113 Abs. 1 und Abs. 3 Satz 1 geänd., Abs. 2 Sätze 4–7 eingef., bish. Sätze 4–9 werden Sätze 8–13 mWv 1.1.2004 durch G v. 24.12.2003 (BGBl. I S. 2934); Abs. 1 und Abs. 3 Satz 1 geänd. mWv 1.4.2005 durch G v. 23.3.2005 (BGBl. I S. 931); Abs. 2 Satz 8 neu gef., Satz 12 geänd. mWv 26.11.2019 durch G v. 20.11.2019 (BGBl. I S. 1626).

§ 90 Abs. 3 nach einem von der Handwerkskammer mit Genehmigung der obersten Landesbehörde festgesetzten Beitragsmaßstab getragen.

(2) [1] Die Handwerkskammer kann als Beiträge auch Grundbeiträge, Zusatzbeiträge und außerdem Sonderbeiträge erheben. [2] Die Beiträge können nach der Leistungskraft der beitragspflichtigen Kammerzugehörigen gestaffelt werden. [3] Soweit die Handwerkskammer Beiträge nach dem Gewerbesteuermeßbetrag, Gewerbeertrag oder Gewinn aus Gewerbebetrieb bemißt, richtet sich die Zulässigkeit der Mitteilung der hierfür erforderlichen Besteuerungsgrundlagen durch die Finanzbehörden für die Beitragsbemessung nach § 31 der Abgabenordnung. [4] Personen, die nach § 90 Abs. 3 Mitglied der Handwerkskammer sind und deren Gewerbeertrag nach dem Gewerbesteuergesetz oder, soweit für das Bemessungsjahr ein Gewerbesteuermessbetrag nicht festgesetzt wird, deren nach dem Einkommen- oder Körperschaftsteuergesetz ermittelter Gewinn aus Gewerbetrieb 5 200 Euro nicht übersteigt, sind vom Beitrag befreit. [5] Natürliche Personen, die erstmalig ein Gewerbe angemeldet haben, sind für das Jahr der Anmeldung von der Entrichtung des Grundbeitrages und des Zusatzbeitrages, für das zweite und dritte Jahr von der Entrichtung der Hälfte des Grundbeitrages und vom Zusatzbeitrag und für das vierte Jahr von der Entrichtung des Zusatzbeitrages befreit, soweit deren Gewerbeertrag nach dem Gewerbesteuergesetz oder, soweit für das Bemessungsjahr ein Gewerbesteuermessbetrag nicht festgesetzt wird, deren nach dem Einkommensteuergesetz ermittelter Gewinn aus Gewerbebetrieb 25 000 Euro nicht übersteigt. [6] Die Beitragsbefreiung nach Satz 5 ist nur auf Kammerzugehörige anzuwenden, deren Gewerbeanzeige nach dem 31. Dezember 2003 erfolgt. [7] Wenn zum Zeitpunkt der Verabschiedung der Haushaltssatzung zu besorgen ist, dass bei einer Kammer auf Grund der Besonderheiten der Wirtschaftsstruktur ihres Bezirks die Zahl der Beitragspflichtigen, die einen Beitrag zahlen, durch die in den Sätzen 4 und 5 geregelten Beitragsbefreiungen auf weniger als 55 vom Hundert aller ihr zugehörigen Gewerbetreibenden sinkt, kann die Vollversammlung für das betreffende Haushaltsjahr eine entsprechende Herabsetzung der dort genannten Grenzen für den Gewerbeertrag oder den Gewinn aus Gewerbebetrieb beschließen. [8] Die Handwerkskammern und ihre Gemeinschaftseinrichtungen, die öffentliche Stellen im Sinne des § 2 Absatz 2 des Bundesdatenschutzgesetzes[1)] sind, erheben zur Festsetzung der Beiträge die genannten Bemessungsgrundlagen bei den Finanzbehörden. [9] Bis zum 31. Dezember 1997 können die Beiträge in dem in Artikel 3 des Einigungsvertrages[2)] genannten Gebiet auch nach dem Umsatz, der Beschäftigtenzahl oder nach der Lohnsumme bemessen werden. [10] Soweit die Beiträge nach der Lohnsumme bemessen werden, sind die beitragspflichtigen Kammerzugehörigen verpflichtet, der Handwerkskammer Auskunft durch Übermittlung eines Doppels des Lohnnachweises nach § 165 des Siebten Buches Sozialgesetzbuch[3)] zu geben. [11] Soweit die Handwerkskammer Beiträge nach der Zahl der Beschäftigten bemißt, ist sie berechtigt, bei den beitragspflichtigen Kammerzugehörigen die Zahl der Beschäftigten zu erheben. [12] Die übermittelten *Daten dürfen nur für Zwecke* der Beitragsfestsetzung verarbeitet sowie gemäß § 5 Nr. 7 des Statistikregistergesetzes zum Aufbau und zur Führung des Statistikregisters den statistischen Ämtern der Länder und dem Statistischen Bundesamt übermittelt werden. [13] Die beitragspflichtigen Kammerzugehörigen sind verpflichtet, der Handwerkskammer Auskunft über die zur Festsetzung der Beiträge er-

---

[1)] Nr. **245**.
[2)] **Sartorius III Nr. 2.**
[3)] **Aichberger, SGB Nr. 7.**

forderlichen Grundlagen zu erteilen; die Handwerkskammer ist berechtigt, die sich hierauf beziehenden Geschäftsunterlagen einzusehen und für die Erteilung der Auskunft eine Frist zu setzen.

(3) [1]Die Beiträge der Inhaber von Betrieben eines Handwerks oder handwerksähnlichen Gewerbes oder der Mitglieder der Handwerkskammer nach § 90 Abs. 3 werden von den Gemeinden auf Grund einer von der Handwerkskammer aufzustellenden Aufbringungsliste nach den für Gemeindeabgaben geltenden landesrechtlichen Vorschriften eingezogen und beigetrieben. [2]Die Gemeinden können für ihre Tätigkeit eine angemessene Vergütung von der Handwerkskammer beanspruchen, deren Höhe im Streitfall die höhere Verwaltungsbehörde festsetzt. [3]Die Landesregierung kann durch Rechtsverordnung auf Antrag der Handwerkskammer eine andere Form der Beitragseinziehung und Beitragsbeitreibung zulassen. [4]Die Landesregierung kann die Ermächtigung auf die zuständige oberste Landesbehörde übertragen.

(4) [1]Die Handwerkskammer kann für Amtshandlungen und für die Inanspruchnahme besonderer Einrichtungen oder Tätigkeiten mit Genehmigung der obersten Landesbehörde Gebühren erheben. [2]Für ihre Beitreibung gilt Absatz 3.

§ 114 (aufgehoben)

§ 115 [Aufsicht über Handwerkskammer; Auflösung der Vollversammlung] (1) [1]Die oberste Landesbehörde führt die Staatsaufsicht über die Handwerkskammer. [2]Die Staatsaufsicht beschränkt sich darauf, soweit nicht anderes bestimmt ist, daß Gesetz und Satzung beachtet, insbesondere die den Handwerkskammern übertragenen Aufgaben erfüllt werden.

(2) [1]Die Aufsichtsbehörde kann, falls andere Aufsichtsmittel nicht ausreichen, die Vollversammlung auflösen, wenn sich die Kammer trotz wiederholter Aufforderung nicht im Rahmen der für sie geltenden Rechtsvorschriften hält. [2]Innerhalb von drei Monaten nach Eintritt der Unanfechtbarkeit der Anordnung über die Auflösung ist eine Neuwahl vorzunehmen. [3]Der bisherige Vorstand führt seine Geschäfte bis zum Amtsantritt des neuen Vorstands weiter und bereitet die Neuwahl der Vollversammlung vor.

§ 116 [Ermächtigung] [1]Die Landesregierungen werden ermächtigt, durch Rechtsverordnung die zuständigen Behörden abweichend von § 104 Abs. 3 und § 108 Abs. 6 zu bestimmen. [2]Sie können diese Ermächtigung auf oberste Landesbehörden übertragen.

Fünfter Teil. Bußgeld-, Übergangs- und Schlußvorschriften

Erster Abschnitt. Bußgeldvorschriften

§ 117[1)] [Ordnungswidrigkeiten] (1) Ordnungswidrig handelt, wer

1. entgegen § 1 Abs. 1 Satz 1 ein dort genanntes Gewerbe als stehendes Gewerbe selbständig betreibt oder

---

[1)] § 117 Abs. 2 geänd. mWv 1.1.2002 durch G v. 10.11.2001 (BGBl. I S. 2992); Abs. 1 Nr. 1 und 2 neu gef. mWv 1.1.2004 durch G v. 24.12.2003 (BGBl. I S. 2934); Abs 1 Nr. 2 geänd. mWv 1.4.2005 durch G v. 23.3.2005 (BGBl. I S. 931); Abs. 1 Nr. 1 geänd. mWv 1.10.2007 durch G v. 7.9.2007 (BGBl. I S. 2246); Abs. 1 Nr. 2 neu gef. mWv 1.1.2020 durch G v. 12.12.2019 (BGBl. I S. 2522); Abs. 1 Nr. 2 geänd. mWv 1.7.2021 durch G v. 9.6.2021 (BGBl. I S. 1654).

2. entgegen § 42b Absatz 4 Satz 3, § 42c Absatz 4 Satz 3, § 42d Absatz 4 Satz 3, § 42f Absatz 4 Satz 1, § 51 Absatz 1 oder § 51f Satz 1 eine dort genannte Abschluss- oder Ausbildungsbezeichnung führt.

(2) Die Ordnungswidrigkeit nach Absatz 1 Nr. 1 kann mit einer Geldbuße bis zu zehntausend Euro, die Ordnungswidrigkeit nach Absatz 1 Nr. 2 kann mit einer Geldbuße bis zu fünftausend Euro geahndet werden.

§ 118[1)] [Weitere Ordnungswidrigkeiten] (1) Ordnungswidrig handelt, wer
1. eine Anzeige nach § 16 Abs. 2 oder § 18 Abs. 1 nicht, nicht richtig, nicht vollständig oder nicht rechtzeitig erstattet,
2. entgegen § 17 Abs. 1 oder Abs. 2 Satz 2, § 111 Abs. 1 oder Abs. 2 Satz 2 oder § 113 Abs. 2 Satz 11, auch in Verbindung mit § 73 Abs. 3, eine Auskunft nicht, nicht richtig, nicht vollständig oder nicht rechtzeitig erteilt, Unterlagen nicht vorlegt oder das Betreten von Grundstücken oder Geschäftsräumen oder die Vornahme von Prüfungen oder Besichtigungen nicht duldet,
3. Lehrlinge (Auszubildende) einstellt oder ausbildet, obwohl er nach § 22a Nr. 1 persönlich oder nach § 22b Abs. 1 fachlich nicht geeignet ist,
4. entgegen § 22 Abs. 2 einen Lehrling (Auszubildenden) einstellt,
5. Lehrlinge (Auszubildende) einstellt oder ausbildet, obwohl ihm das Einstellen oder Ausbilden nach § 24 untersagt worden ist,
6. entgegen § 30 die Eintragung in die Lehrlingsrolle nicht oder nicht rechtzeitig beantragt oder eine Ausfertigung der Vertragsniederschrift nicht beifügt,
7. einer Rechtsverordnung nach § 9 Abs. 1 Satz 1 Nr. 2 zuwiderhandelt, soweit sie für einen bestimmten Tatbestand auf diese Bußgeldvorschrift verweist.

(2) Die Ordnungswidrigkeiten nach Absatz 1 Nr. 1, 2, 6 und 7 können mit einer Geldbuße bis zu eintausend Euro, die Ordnungswidrigkeiten nach Absatz 1 Nr. 3 bis 5 können mit einer Geldbuße bis zu fünftausend Euro geahndet werden.

§ 118a [Unterrichtung der Handwerkskammer] [1]Die zuständige Behörde unterrichtet die zuständige Handwerkskammer über die Einleitung von und die abschließende Entscheidung in Verfahren wegen Ordnungswidrigkeiten nach den §§ 117 und 118. [2]Gleiches gilt für Verfahren wegen Ordnungswidrigkeiten nach dem Gesetz zur Bekämpfung der Schwarzarbeit in der Fassung der Bekanntmachung vom 29. Januar 1982, zuletzt geändert durch Anlage I Kapitel VIII Sachgebiet E Nr. 3 des Einigungsvertrages vom 31. August 1990 in Verbindung mit Artikel 1 des Gesetzes vom 23. September 1990 (BGBl. 1990 II S. 885, 1038), in seiner jeweils geltenden Fassung, soweit Gegenstand des Verfahrens eine handwerkliche Tätigkeit ist.

[1)] § 118 Abs. 2 geänd. mWv 1.1.2002 durch G v. 10.11.2001 (BGBl. I S. 2992); Abs. 1 Nr. 2 geänd. mWv 1.1.2004 durch G v. 24.12.2003 (BGBl. I S. 2934); Abs. 1 Nr. 3 geänd. und Nr. 4 neu gef. mWv 1.4.2005 durch G v. 23.3.2005 (BGBl. I S. 931); Abs. 1 Nr. 6, Abs. 2 erster Halbs. geänd., Abs. 1 Nr. 7 angef. mWv 1.10.2007 durch G v. 7.9.2007 (BGBl. I S. 2246).

Zweiter Abschnitt. Übergangsvorschriften

§ 119[1)] [Erhaltung der Berechtigung, ein Handwerk zu betreiben]

(1) [1]Die bei Inkrafttreten dieses Gesetzes vorhandene Berechtigung eines Gewerbetreibenden, ein Handwerk als stehendes Gewerbe selbständig zu betreiben, bleibt bestehen. [2]Für juristische Personen, Personengesellschaften und Betriebe im Sinne des § 7 Abs. 5 oder 6 gilt dies nur, wenn und solange der Betrieb von einer Person geleitet wird, die am 1. April 1998 Betriebsleiter oder für die technische Leitung verantwortlicher persönlich haftender Gesellschafter oder Leiter eines Betriebs im Sinne des § 7 Abs. 5 und 6 ist; das gleiche gilt für Personen, die eine dem Betriebsleiter vergleichbare Stellung haben. [3]Soweit die Berechtigung zur Ausübung eines selbständigen Handwerks anderen bundesrechtlichen Beschränkungen als den in diesem Gesetz bestimmten unterworfen ist, bleiben diese Vorschriften unberührt.

(2) Ist ein nach Absatz 1 Satz 1 berechtigter Gewerbetreibender bei Inkrafttreten dieses Gesetzes nicht in der Handwerksrolle eingetragen, so ist er auf Antrag oder von Amts wegen binnen drei Monaten in die Handwerksrolle einzutragen.

(3) [1]Die Absätze 1 und 2 gelten für Gewerbe, die in die Anlage A zu diesem Gesetz aufgenommen werden, entsprechend. [2]In diesen Fällen darf nach dem Wechsel des Betriebsleiters einer juristischen Person oder eines für die technische Leitung verantwortlichen persönlich haftenden Gesellschafters einer Personengesellschaft oder des Leiters eines Betriebs im Sinne des § 7 Abs. 5 oder 6 der Betrieb für die Dauer von drei Jahren fortgeführt werden, ohne daß die Voraussetzungen für die Eintragung in die Handwerksrolle erfüllt sind. [3]Zur Verhütung von Gefahren für die öffentliche Sicherheit kann die höhere Verwaltungsbehörde die Fortführung des Betriebs davon abhängig machen, daß er von einem Handwerker geleitet wird, der die Voraussetzungen für die Eintragungen in die Handwerksrolle erfüllt.

(4) Werden in der Anlage A zu diesem Gesetz aufgeführte Gewerbe durch Gesetz oder durch eine nach § 1 Abs. 3 erlassene Rechtsverordnung zusammengefaßt, so ist der selbständige Handwerker, der eines der zusammengefaßten Handwerke betreibt, mit dem durch die Zusammenfassung entstandenen Handwerk in die Handwerksrolle einzutragen.

(5) [1]Soweit durch Gesetz oder durch Rechtsverordnung nach § 1 Abs. 3 Handwerke oder handwerksähnliche Gewerbe zusammengefasst werden, gelten die vor dem Inkrafttreten der jeweiligen Änderungsvorschrift nach § 25 dieses Gesetzes oder nach § 4 des Berufsbildungsgesetzes[2)] erlassenen Ausbildungsordnungen und die nach § 45 Abs. 1 oder § 51a Abs. 1 in Verbindung mit Abs. 2 sowie die nach § 50a oder § 51d dieses Gesetzes erlassenen Rechtsvorschriften bis zum Erlass neuer Rechtsverordnungen nach diesem Gesetz fort. [2]Satz 1 gilt entsprechend für noch bestehende Vorschriften gemäß § 122 Abs. 2 und 4.

(6) [1]Soweit durch Gesetz zulassungspflichtige Handwerke in die Anlage B überführt werden, gilt für die Ausbildungsordnungen Absatz 5 entsprechend. [2]Die bis zum 31. Dezember 2003 begonnenen Meisterprüfungsverfahren sind auf Antrag des Prüflings nach den bis dahin geltenden Vorschriften von den vor dem 31. De-

---

[1)] § 119 Abs. 5 Satz 1 und Abs. 6 neu gef. mWv 1.1.2004 durch G v. 24.12.2003 (BGBl. I S. 2934); Abs. 5 Satz 1 und Abs. 6 Satz 2 geänd. mWv 1.4.2005 durch G v. 23.3.2005 (BGBl. I S. 931); Abs. 5 Satz 1 geänd. mWv 1.7.2021 durch G v. 9.6.2021 (BGBl. I S. 1654).

[2)] **Sartorius ErgBd. Nr. 422.**

(4) Die für die einzelnen Handwerke oder handwerksähnlichen Gewerbe geltenden fachlichen Vorschriften sind bis zum Inkrafttreten von Rechtsverordnungen nach § 25 Abs. 1, § 45 Abs. 1 und § 51a Abs. 1 in Verbindung mit Abs. 2 anzuwenden.

(5) [1]Das Bundesministerium für Wirtschaft und Energie wird ermächtigt, im Einvernehmen mit dem Bundesministerium für Bildung und Forschung durch Rechtsverordnung, die nicht der Zustimmung des Bundesrates bedarf, für die Fälle der Absätze 2 bis 4 ergänzende Übergangsvorschriften zu erlassen, soweit dies für eine ordnungsgemäße Überleitung bestehender Lehrlingsverhältnisse oder sonstiger Ausbildungsverhältnisse oder begonnener Prüfungen oder Prüfungsteile sachdienlich ist. [2]Dabei kann auch von den Absätzen 2 bis 4 abgewichen werden.

§ 122a[1)] [Übergangsvorschriften] (1) [1]Vorbehaltlich der Absätze 2 und 3 sind im Bereich des Dritten Teils dieses Gesetzes bis zum Ablauf des 30. Juni 2022 die am 30. Juni 2021 geltenden Vorschriften weiter anzuwenden. [2]Endet die vorgesehene Dauer der Berufung eines Mitglieds oder eines stellvertretenden Mitglieds eines Meisterprüfungsausschusses binnen des sich aus Satz 1 ergebenden Zeitraums, so verlängert sich seine Berufung bis zum Ablauf des 30. Juni 2022.

(2) Ein Meisterprüfungsausschuss, der am 30. Juni 2021 errichtet ist, bleibt zur Abnahme und Bewertung der bei ihm bis zum Ablauf des 30. Juni 2022 begonnenen Teile einer Meisterprüfung weiter bestehen; insoweit sind für die Durchführung der Prüfungen die in Absatz 1 bezeichneten Vorschriften auch über den dort genannten Zeitpunkt hinaus weiter anzuwenden.

(3) [1]Ein Meisterprüfungsausschuss, der am 30. Juni 2021 errichtet ist, nimmt unbeschadet des Absatzes 2 für die Dauer der Berufung seiner Mitglieder und stellvertretenden Mitglieder ab dem 1. Juli 2022 die Aufgaben eines nach den am 1. Juli 2021 geltenden Vorschriften zu errichtenden Meisterprüfungsausschusses wahr. [2]Unbeschadet des Absatzes 1 ist ein Meisterprüfungsausschuss nach Satz 1 befugt, bereits vor dem 1. Juli 2022 alle erforderlichen Handlungen zur Vorbereitung der Aufgabenwahrnehmung im Sinne des Satzes 1 vorzunehmen, insbesondere solche nach §§ 48a, 51c, auch in Verbindung mit einer Rechtsverordnung nach § 50a oder § 51d.

§ 123[2)] [Zulassung zur Meisterprüfung] (1) Beantragt ein Gewerbetreibender, der bis zum 31. Dezember 2003 berechtigt ist, ein zulassungspflichtiges Handwerk als stehendes Gewerbe selbständig zu betreiben, in diesem Handwerk zur Meisterprüfung zugelassen zu werden, so gelten für die Zulassung zur Prüfung die Bestimmungen der §§ 49 und 50 entsprechend.

(2) Absatz 1 gilt entsprechend für ein Gewerbe, das in die Anlage A aufgenommen wird.

(3) § 49 Absatz 1 Satz 2 ist nicht anzuwenden auf Personen, die bis zum Ablauf des 30. Juni 2021 eine Gesellen- oder Abschlussprüfung bestanden und vor dem 14. Juni 2023 einen Antrag auf Zulassung zur Meisterprüfung gestellt haben.

§ 124 [Bestehende Handwerksorganisation] (1) [1]Die bei Inkrafttreten dieses Gesetzes bestehenden Handwerksinnungen oder Handwerkerinnungen, Kreishandwerkerschaften oder Kreisinnungsverbände, Innungsverbände und Hand-

---

[1)] § 122a eingef. mWv 1.7.2021 durch G v. 9.6.2021 (BGBl. I S. 1654).

[2)] § 123 Abs. 1 neu gef. mWv 1.1.2004 durch G v. 24.12.2003 (BGBl. I S. 2934); Abs. 3 angef. mWv 1.7.2021 durch G v. 9.6.2021 (BGBl. I S. 1654).

zember 2003 von der höheren Verwaltungsbehörde errichteten Meisterprüfungsausschüssen abzuschließen.

(7) In den Fällen des Absatzes 3 Satz 1 liegt ein Ausnahmefall nach § 8 Abs. 1 Satz 2 auch dann vor, wenn zum Zeitpunkt der Antragstellung für das zu betreibende Handwerk eine Rechtsverordnung nach § 45 noch nicht in Kraft getreten ist.

§ 120[1)] [Erhaltung der Befugnis zur Lehrlingsausbildung] (1) Die am 31. Dezember 2003 vorhandene Befugnis zur Einstellung oder zur Ausbildung von Lehrlingen (Auszubildenden) in Handwerksbetrieben bleibt erhalten.

(2) Wer bis zum 31. März 1998 die Befugnis zur Ausbildung von Lehrlingen (Auszubildenden) in einem Gewerbe erworben hat, das in die Anlage A zu diesem Gesetz aufgenommen wird, gilt im Sinne des § 22b Abs. 1 als fachlich geeignet.

(3) Personen, die am 13. Februar 2020 nach § 22b Absatz 1 und 3 fachlich zur Ausbildung von Lehrlingen (Auszubildenden) eines Handwerks geeignet waren, das in Anlage A Nummer 42 bis 53 aufgeführt ist, gelten im Sinne des § 22b Absatz 1 und 2 weiterhin als fachlich geeignet.

§ 121[2)] [Der Meisterprüfung gleichgestellte Prüfungen] Der Meisterprüfung im Sinne des § 45 bleiben die in § 133 Abs. 10 der Gewerbeordnung bezeichneten Prüfungen gleichgestellt, sofern sie vor Inkrafttreten dieses Gesetzes abgelegt worden sind.

§ 122[3)] [Gesellen- und Meisterprüfungsvorschriften bei Trennung oder Zusammenfassung von Handwerken] (1) Werden zulassungspflichtige Handwerke durch Gesetz oder durch eine nach § 1 Abs. 3 erlassene Rechtsverordnung getrennt oder zusammengefasst, so können auch solche Personen als Beisitzer der Gesellen- oder Meisterprüfungsausschüsse der durch die Trennung oder Zusammenfassung entstandenen Handwerke oder handwerksähnlichen Gewerbe berufen werden, die in dem getrennten oder in einem der zusammengefassten Handwerke oder handwerksähnlichen Gewerbe die Gesellen- oder Meisterprüfung abgelegt haben oder das Recht zum Ausbilden von Lehrlingen besitzen und im Falle des § 48 Abs. 3 seit mindestens einem Jahr in dem Handwerk, für das der Meisterprüfungsausschuss errichtet ist, selbständig tätig sind.

(2) Die für die einzelnen Handwerke oder handwerksähnlichen Gewerbe geltenden Gesellen-, Abschluss- und Meisterprüfungsvorschriften sind bis zum Inkrafttreten der nach § 25 Abs. 1 und 38 sowie § 45 Abs. 1 Nr. 2 dieses Gesetzes oder nach § 4 des Berufsbildungsgesetzes[4)] vorgesehenen Prüfungsverordnungen anzuwenden, soweit sie nicht mit diesem Gesetz im Widerspruch stehen.

(3) Die für die einzelnen Handwerke oder handwerksähnlichen Gewerbe geltenden Berufsbilder oder Meisterprüfungsverordnungen sind bis zum Inkrafttreten von Rechtsverordnungen nach § 45 Abs. 1 und § 51a Abs. 1 in Verbindung mit Abs. 2 anzuwenden.

---

1) § 120 Abs. 1 und 2 geänd. mWv 1.4.2005 durch G v. 23.3.2005 (BGBl. I S. 931); Abs. 3 angef. mWv 1.7.2021 durch G v. 9.6.2021 (BGBl. I S. 1654).

2) § 121 geänd. mWv 1.1.2004 durch G v. 24.12.2003 (BGBl. I S. 2934).

3) § 122 Abs. 1–4 neu gef. mWv 1.1.2004 durch G v. 24.12.2003 (BGBl. I S. 2934); Abs. 2 neu gef. mWv 1.4.2005 durch G v. 23.3.2005 (BGBl. I S. 931); Abs. 2 Satz 2 aufgeh., Abs. 5 angef. mWv 1.7.2021 durch G v. 9.6.2021 (BGBl. I S. 1654).

4) **Sartorius ErgBd. Nr. 422.**

werkskammern sind nach den Bestimmungen dieses Gesetzes bis zum 30. September 1954 umzubilden; bis zu ihrer Umbildung gelten sie als Handwerksinnungen, Kreishandwerkerschaften, Innungsverbände und Handwerkskammern im Sinne dieses Gesetzes. [2] Wenn sie sich nicht bis zum 30. September 1954 umgebildet haben, sind sie aufgelöst. [3] Endet die Wahlzeit der Mitglieder einer Handwerkskammer vor dem 30. September 1954, so wird sie bis zu der Umbildung der Handwerkskammer nach Satz 1, längstens jedoch bis zum 30. September 1954 verlängert.

(2) Die nach diesem Gesetz umgebildeten Handwerksinnungen, Kreishandwerkerschaften, Innungsverbände und Handwerkskammern gelten als Rechtsnachfolger der entsprechenden bisher bestehenden Handwerksorganisationen.

(3) [1] Soweit für die bisher bestehenden Handwerksorganisationen eine Rechtsnachfolge nicht eintritt, findet eine Vermögensauseinandersetzung nach den für sie bisher geltenden gesetzlichen Bestimmungen statt. [2] Bei Meinungsverschiedenheiten entscheidet die nach dem geltenden Recht zuständige Aufsichtsbehörde.

§ 124a[1)] [Bis zum 31.12.2004 begonnene Wahlverfahren] (1) [1] Verfahren zur Wahl der Vollversammlung von Handwerkskammern, die nach den Satzungsbestimmungen bis zum 31. Dezember 2004 zu beginnen sind, können nach den bisherigen Vorschriften zu Ende geführt werden. [2] Durch Beschluss der Vollversammlung kann die Wahlzeit nach Wahlen, die entsprechend Satz 1 nach den bisherigen Vorschriften zu Ende geführt werden, in Abweichung von § 103 Abs. 1 Satz 1 verkürzt werden. [3] Wahlzeiten, die nach den Satzungsbestimmungen bis zum 31. Dezember 2004 enden, können durch Beschluss der Vollversammlung bis zu einem Jahr verlängert werden, um die Wahl zur Handwerkskammer nach den neuen Vorschriften durchzuführen. [4] Die Verlängerung oder Verkürzung der Wahlzeiten sind der obersten Landesbehörde anzuzeigen.

(2) Für das Verfahren der Wahl zu einer Vollversammlung einer Handwerkskammer, deren laufende Wahlperiode nach dem 14. Februar 2020 und spätestens zum Ablauf des 31. Dezember 2020 endet, gilt Absatz 1 entsprechend.

§ 124b[2)] [Ermächtigung zur Übertragung von Zuständigkeiten] [1] Die Landesregierungen werden ermächtigt, durch Rechtsverordnung die nach diesem Gesetz den höheren Verwaltungsbehörden oder den sonstigen nach Landesrecht zuständigen Behörden übertragenen Zuständigkeiten nach den §§ 7a, 7b, 8, 9, 22b, 23, 24 und 42v auf andere Behörden oder auf Handwerkskammern zu übertragen. [2] Satz 1 gilt auch für die Zuständigkeiten nach § 16 Absatz 3; eine Übertragung auf Handwerkskammern ist jedoch ausgeschlossen. [3] Die Staatsaufsicht nach § 115 Abs. 1 umfasst im Falle einer Übertragung von Zuständigkeiten nach den §§ 7a, 7b, 8 und 9 auch die Fachaufsicht.

§ 124c[3)] [Teilnahme an Sitzungen] (1) [1] Die Mitglieder der Vollversammlung, der Innungsversammlung, der Mitgliederversammlung, der Delegiertenversammlung, der Vorstände und der Ausschüsse (Organe) der Handwerksorganisationen nach dem Vierten Teil sowie der Hauptgeschäftsführer einer Handwerks-

---

[1)] § 124a neu gef. mWv 1.1.2004 durch G v. 24.12.2003 (BGBl. I S. 2934); Abs. 2 angef. mWv 14.2. 2020 durch G v. 6.2.2020 (BGBl. I S. 142).

[2)] § 124b neu gef. mWv 1.4.2005 durch G v. 23.3.2005 (BGBl. I S. 931); Satz 2 eingef., bish. Satz 2 wird Satz 3 mWv 15.7.2011 durch G v. 11.7.2011 (BGBl. I S. 1341); Satz 1 geänd. mWv 1.1.2020 durch G v. 12.12.2019 (BGBl. I S. 2522).

[3)] § 124c eingef. mWv 29.5.2020 durch G v. 25.5.2020 (BGBl. I S. 1067); Abs. 6 geänd. mWv 1.7.2021 durch G v. 9.6.2021 (BGBl. I S. 1654).

kammer bleiben auch nach Ablauf ihrer Amtszeit bis zur Abberufung oder bis zur Bestellung ihrer Nachfolger im Amt. [2]Regelungen in Gesetz oder Satzung über das Ausscheiden, insbesondere den Widerruf, der Bestellung oder des Ausscheidens eines Mitglieds, bleiben unberührt.

(2) [1]Der Vorstand einer Handwerksorganisation im Sinne des Absatzes 1 kann auch ohne Ermächtigung in der Satzung durch Beschluss den Mitgliedern der Organe seiner Handwerksorganisation ermöglichen,

1. an einer Sitzung ohne Anwesenheit am Versammlungsort teilzunehmen und Mitgliederrechte im Wege der elektronischen Kommunikation auszuüben oder
2. ohne Teilnahme an einer Sitzung ihre Stimmen vor der Durchführung oder ohne Durchführung der Sitzung in Textform gegenüber dem Vorstand abzugeben.

[2]Zu einer Sitzung oder Beschlussfassung eines Organs darf abweichend von anderslautenden gesetzlichen oder satzungsrechtlichen Bestimmungen in Textform eingeladen werden. [3]In der Einladung ist der Beschluss nach Satz 1 bekannt zu geben.

(3) [1]Der Präsident einer Handwerkskammer kann auch ohne Ermächtigung in der Satzung durch Beschluss den Mitgliedern des Vorstandes ermöglichen,

1. an einer Sitzung ohne Anwesenheit am Versammlungsort teilzunehmen und Mitgliederrechte im Wege der elektronischen Kommunikation auszuüben oder
2. ohne Teilnahme an einer Sitzung ihre Stimmen vor der Durchführung oder ohne Durchführung der Sitzung in Textform gegenüber dem Präsidenten abzugeben.

[2]In der Einladung zur Sitzung oder zur Beschlussfassung ist der Beschluss nach Satz 1 bekannt zu geben. [3]Die Sätze 1 und 2 gelten für die übrigen Handwerksorganisationen nach dem Vierten Teil entsprechend.

(4) In den Fällen des Absatzes 2 Satz 1 Nummer 2 oder des Absatzes 3 Satz 1 Nummer 2

1. ist ein Beschluss gültig, wenn
   a) alle Mitglieder beteiligt wurden,
   b) mindestens die Hälfte der Mitglieder ihre Stimmen bis zu dem gesetzten Termin in Textform oder ihre Stimme in der Sitzung abgegeben haben und
   c) der Beschluss mit der nach Gesetz oder der jeweiligen Satzung erforderlichen Mehrheit gefasst wurde,
2. sind die Vorschriften über die Öffentlichkeit von Sitzungen nicht anzuwenden.

(5) Die Absätze 1, 3 und 4 gelten für Meisterprüfungsausschüsse nach § 47 entsprechend.

(6) Die Absätze 1 bis 5 sind ab dem 1. Januar 2023 nicht mehr anzuwenden.

Dritter Abschnitt. Schlußvorschriften

§ 125[1)] [Inkrafttreten] (1) Auf Ausbildungsverträge, die vor dem 30. September 2017 abgeschlossen wurden oder bis zu diesem Zeitpunkt abgeschlossen werden, sind § 6 Absatz 2 Satz 5, § 26 Absatz 2 Satz 1, § 36 Absatz 1 Nummer 2 und § 44

[1)] § 125 neu gef. mWv 5.4.2017 durch G v. 29.3.2017 (BGBl. I S. 626); Abs. 2 und 3 angef. mWv 1.1. 2020 durch G v. 12.12.2019 (BGBl. I S. 2522).

Absatz 2 Nummer 1 in ihrer bis zum 5. April 2017 geltenden Fassung weiter anzuwenden.

(2) [1]Sofern für einen anerkannten Fortbildungsabschluss eine Fortbildungsordnung auf Grund des § 42 in der bis zum Ablauf des 31. Dezember 2019 geltenden Fassung erlassen worden ist, ist diese Fortbildungsordnung bis zum erstmaligen Erlass einer Fortbildungsordnung nach § 42 in der ab dem 1. Januar 2020 geltenden Fassung weiterhin anzuwenden. [2]Sofern eine Fortbildungsprüfungsregelung nach § 42a in der bis zum Ablauf des 31. Dezember 2019 geltenden Fassung erlassen worden ist, ist diese Fortbildungsprüfungsregelung bis zum erstmaligen Erlass einer Fortbildungsprüfungsregelung nach § 42f in der ab dem 1. Januar 2020 geltenden Fassung weiterhin anzuwenden.

(3) [1]Für Berufsausbildungsverträge mit Ausbildungsbeginn ab dem 1. Januar 2020 ist das Datum „bei Vertragsabschluss vereinbarte Vergütung für jedes Ausbildungsjahr" in der Lehrlingsrolle nach § 28 Absatz 1 und der Anlage D Abschnitt III Nummer 4 in der ab dem 1. Januar 2020 geltenden Fassung zu speichern. [2]Im Übrigen sind für Berufsausbildungsverträge mit Ausbildungsbeginn bis zum Ablauf des 31. Dezember 2020 § 28 und die Anlage D in der am 31. Dezember 2019 geltenden Fassung weiterhin anzuwenden.

§ 126[1)] [Eintragung bzw. Umtragung in die Handwerksrolle] (1) [1]Wer am 13. Februar 2020 einen Betrieb eines zulassungsfreien Handwerks innehat, das in Anlage B Abschnitt 1 Nummer 1, 2, 3, 4, 12, 13, 15, 17, 27, 34, 44 oder 53 in der am 13. Februar 2020 geltenden Fassung aufgeführt ist, ist abweichend von § 7 Absatz 1a auch ohne eine bestandene Meisterprüfung des Betriebsleiters mit dem ausgeübten Handwerk von Amts wegen in die Handwerksrolle umzutragen. [2]Bis zum Vollzug der Umtragung nach Satz 1 ist abweichend von § 1 Absatz 1 Satz 1 der Betrieb des Handwerks ab dem 14. Februar 2020 gestattet.

(2) [1]Wer am 13. Februar 2020 einen handwerklichen Nebenbetrieb eines zulassungsfreien Handwerks innehat, das in Anlage B Abschnitt 1 Nummer 1, 2, 3, 4, 12, 13, 15, 17, 27, 34, 44 oder 53 in der am 13. Februar 2020 geltenden Fassung aufgeführt ist, und nicht in das Verzeichnis nach § 19 Satz 1 eingetragen ist, ist abweichend von § 7 Absatz 1a auch ohne eine bestandene Meisterprüfung des Betriebsleiters mit dem ausgeübten Handwerk auf Antrag in die Handwerksrolle einzutragen. [2]Der Antrag ist innerhalb eines Jahres nach dem 14. Februar 2020 bei der zuständigen Handwerkskammer unter Beifügen oder Vorlegen geeigneter Nachweise für das Innehaben eines handwerklichen Nebenbetriebs zu stellen. [3]Bis zum Vollzug der Eintragung in die Handwerksrolle aufgrund eines Antrags nach Satz 1 oder bis zur rechtskräftigen Entscheidung über eine ablehnende Entscheidung ist abweichend von § 1 Absatz 1 Satz 1 der Betrieb des Handwerks als handwerklicher Nebenbetrieb ab dem 14. Februar 2020 gestattet.

(3) Der Inhaber eines Betriebs, der nach Absatz 1 von Amts wegen in die Handwerksrolle umzutragen ist oder umgetragen wurde, bleibt in der Handwerksrolle eingetragen, auch wenn einzelne Eigentümer oder Gesellschafter nach dem 13. Februar 2020 ausscheiden.

(4) [1]Wird ab dem 14. Februar 2020 der Inhaber eines Betriebs, der nach Absatz 1 Satz 1 von Amts wegen in die Handwerksrolle umzutragen ist oder umgetragen wurde, um einen weiteren Eigentümer oder Gesellschafter erweitert, so muss das Erfüllen der Anforderung für die Eintragung in die Handwerksrolle nach § 7 Absatz 1a, 2, 3, 7 oder 9 innerhalb von sechs Monaten nach der

[1)] § 126 angef. mWv 14.2.2020 durch G v. 6.2.2020 (BGBl. I S. 142).

Erweiterung durch Vorlage geeigneter Unterlagen gegenüber der zuständigen Handwerkskammer nachgewiesen werden. [2] Liegt der Nachweis gegenüber der zuständigen Handwerkskammer innerhalb der vorgenannten Frist nicht vor, so ist die Eintragung des Betriebs in der Handwerksrolle zu löschen. [3] Im Übrigen bleibt § 4 unberührt.

Anlage A[1) 2)]

Verzeichnis der Gewerbe, die als zulassungspflichtige Handwerke betrieben werden können (§ 1 Absatz 2)

Nummer	
1	Maurer und Betonbauer
2	Ofen- und Luftheizungsbauer
3	Zimmerer
4	Dachdecker

[1)] Anl. A neu gef. mWv 14.2.2020 durch G v. 6.2.2020 (BGBl. I S. 142).

[2)] Gemäß dem Übergangsgesetz aus Anlaß des Zweiten Gesetzes zur Änderung der Handwerksordnung und anderer handwerksrechtlicher Vorschriften v. 25.3.1998 (BGBl. I S. 596), zuletzt geänd. durch G v. 6.2.2020 (BGBl. I S. 142) gilt für die Zuordnung wesentlicher Tätigkeiten zu den Gewerben der Anlage A folgendes:

„**§ 1 [Zuordnung der wesentlichen Tätigkeiten]** (1) Die wesentliche Tätigkeit Herstellung und Reparatur von Ziegeldächern des Gewerbes Nummer 4 Dachdecker der Anlage A zur Handwerksordnung wird auch dem Gewerbe Nummer 3 Zimmerer der Anlage A zur Handwerksordnung als wesentliche Tätigkeit zugeordnet.

(2) Die wesentliche Tätigkeit Herstellung und Reparatur von Dachstühlen des Gewerbes Nummer 3 Zimmerer der Anlage A zur Handwerksordnung wird auch dem Gewerbe Nummer 4 Dachdecker der Anlage A zur Handwerksordnung als wesentliche Tätigkeit zugeordnet.

(3) [1] Die wesentliche Tätigkeit Lackierung von Karosserien und Fahrzeugen des Gewerbes Nummer 10 Maler und Lackierer der Anlage A zur Handwerksordnung wird auch den Gewerben Nummer 15 Karosserie- und Fahrzeugbauer und Nummer 20 Kraftfahrzeugtechniker der Anlage A zur Handwerksordnung als wesentliche Tätigkeit zugeordnet. [2] Die wesentliche Tätigkeit Reparatur von Karosserien und Fahrzeugen der Gewerbe Nummer 15 Karosserie und Fahrzeugbauer und Nummer 20 Kraftfahrzeugtechniker der Anlage A zur Handwerksordnung wird auch dem Gewerbe Nummer 10 Maler und Lackierer der Anlage A zur Handwerksordnung als wesentliche Tätigkeit zugeordnet, soweit dies zur Vorbereitung der Lackierung von Fahrzeugen und Karosserien erforderlich ist.

(4) [1] Die wesentliche Tätigkeit Aufstellen von Arbeits- und Schutzgerüsten des Gewerbes Nummer 11 Gerüstbauer der Anlage A zur Handwerksordnung wird auch den Gewerben Nummer 1 Maurer und Betonbauer, Nummer 3 Zimmerer, Nummer 4 Dachdecker, Nummer 5 Straßenbauer, Nummer 6 Wärme-, Kälte- und Schallschutzisolierer, Nummer 7 Brunnenbauer, Nummer 8 Steinmetzen und Steinbildhauer, Nummer 9 Stukkateure, Nummer 10 Maler und Lackierer, Nummer 12 Schornsteinfeger, Nummer 13 Metallbauer, Nummer 18 Kälteanlagenbauer, Nummer 23 Klempner, Nummer 24 Installateur und Heizungsbauer, Nummer 25 Elektrotechniker, Nummer 27 Tischler, Nummer 39 Glaser, Nummer 42 Fliesen-, Platten- und Mosaikleger, Nummer 43 Betonstein- und Terrazzohersteller, Nummer 44 Estrichleger und Nummer 51 Schilder- und Lichtreklamehersteller der Anlage A zur Handwerksordnung als wesentliche Tätigkeit zugeordnet. [2] Die wesentliche Tätigkeit Aufstellen von Arbeits- und Schutzgerüsten des Gewerbes Nummer 11 Gerüstbauer der Anlage A zur Handwerksordnung darf auch das Gewerbe Nummer 33 Gebäudereiniger der Anlage B Abschnitt 1 zur Handwerksordnung ausüben, mit der Maßgabe, dass § 1 Absatz 1 Satz 1 der Handwerksordnung insoweit nicht anzuwenden ist.

(5) Das Gewerbe Nummer 19 Informationstechniker der Anlage A zur Handwerksordnung umfasst nicht die strukturierte Verkabelung als wesentliche Tätigkeit.

(6) Die wesentliche Tätigkeit Herstellung und Reparatur von Energieversorgungsanschlüssen des Gewerbes Nummer 24 Installateur und Heizungsbauer der Anlage A zur Handwerksordnung wird auch dem Gewerbe Nummer 2 Ofen- und Luftheizungsbauer der Anlage A zur Handwerksordnung als wesentliche Tätigkeit zugeordnet.

(7) Der Akustik- und Trockenbau ist keine wesentliche Tätigkeit eines der in der Anlage A zur Handwerksordnung aufgeführten Gewerbe."

Nummer	
5	Straßenbauer
6	Wärme-, Kälte- und Schallschutzisolierer
7	Brunnenbauer
8	Steinmetzen und Steinbildhauer
9	Stuckateure
10	Maler und Lackierer
11	Gerüstbauer
12	Schornsteinfeger
13	Metallbauer
14	Chirurgiemechaniker
15	Karosserie- und Fahrzeugbauer
16	Feinwerkmechaniker
17	Zweiradmechaniker
18	Kälteanlagenbauer
19	Informationstechniker
20	Kraftfahrzeugtechniker
21	Land- und Baumaschinenmechatroniker
22	Büchsenmacher
23	Klempner
24	Installateur und Heizungsbauer
25	Elektrotechniker
26	Elektromaschinenbauer
27	Tischler
28	Boots- und Schiffbauer
29	Seiler
30	Bäcker
31	Konditoren
32	Fleischer
33	Augenoptiker
34	Hörakustiker
35	Orthopädietechniker
36	Orthopädieschuhmacher
37	Zahntechniker
38	Friseure
39	Glaser
40	Glasbläser und Glasapparatebauer
41	Mechaniker für Reifen- und Vulkanisationstechnik
42	Fliesen-, Platten- und Mosaikleger
43	Werkstein- und Terrazzohersteller
44	Estrichleger
45	Behälter- und Apparatebauer
46	Parkettleger
47	Rollladen- und Sonnenschutztechniker
48	Drechsler (Elfenbeinschnitzer) und Holzspielzeugmacher
49	Böttcher
50	Glasveredler
51	Schilder- und Lichtreklamehersteller
52	Raumausstatter
53	Orgel- und Harmoniumbauer

Anlage B[1)]

Verzeichnis der Gewerbe, die als zulassungsfreie Handwerke oder handwerksähnliche Gewerbe betrieben werden können (§ 18 Absatz 2)

Abschnitt 1. Zulassungsfreie Handwerke

Nummer	
1	entfällt
2	entfällt
3	entfällt
4	entfällt
5	Uhrmacher
6	Graveure
7	Metallbildner
8	Galvaniseure
9	Metall- und Glockengießer
10	Präzisionswerkzeugmechaniker
11	Gold- und Silberschmiede
12	entfällt
13	entfällt
14	Modellbauer
15	entfällt
16	Holzbildhauer
17	entfällt
18	Korb- und Flechtwerkgestalter
19	Maßschneider
20	Textilgestalter (Sticker, Weber, Klöppler, Posamentierer, Stricker)
21	Modisten
22	(weggefallen)
23	Segelmacher
24	Kürschner
25	Schuhmacher
26	Sattler und Feintäschner
27	entfällt
28	Müller
29	Brauer und Mälzer
30	Weinküfer
31	Textilreiniger
32	Wachszieher
33	Gebäudereiniger
34	entfällt
35	Feinoptiker
36	Glas- und Porzellanmaler
37	Edelsteinschleifer und -graveure
38	Fotografen
39	Buchbinder
40	Print- und Medientechnologen (Drucker, Siebdrucker, Flexografen)
41	entfällt
42	entfällt
43	Keramiker

[1)] Anl. B neu gef. mWv 14.2.2020 durch G v. 6.2.2020 (BGBl. I S. 142); geänd. mWv 1.7.2021 durch G v. 9.6.2021 (BGBl. I S. 1654).

Nummer	
44	entfällt
45	Klavier- und Cembalobauer
46	Handzuginstrumentenmacher
47	Geigenbauer
48	Bogenmacher
49	Metallblasinstrumentenmacher
50	Holzblasinstrumentenmacher
51	Zupfinstrumentenmacher
52	Vergolder
53	entfällt
54	Holz- und Bautenschützer (Mauerschutz und Holzimprägnierung in Gebäuden)
55	Bestatter
56	Kosmetiker

Abschnitt 2. Handwerksähnliche Gewerbe

Nummer	
1	Eisenflechter
2	Bautentrocknungsgewerbe
3	Bodenleger
4	Asphaltierer (ohne Straßenbau)
5	Fuger (im Hochbau)
6	entfällt
7	Rammgewerbe (Einrammen von Pfählen im Wasserbau)
8	Betonbohrer und -schneider
9	Theater- und Ausstattungsmaler
10	Herstellung von Drahtgestellen für Dekorationszwecke in Sonderanfertigung
11	Metallschleifer und Metallpolierer
12	Metallsägen-Schärfer
13	Tankschutzbetriebe (Korrosionsschutz von Öltanks für Feuerungsanlagen ohne chemische Verfahren)
14	Fahrzeugverwerter
15	Rohr- und Kanalreiniger
16	Kabelverleger im Hochbau (ohne Anschlussarbeiten)
17	Holzschuhmacher
18	Holzblockmacher
19	Daubenhauer
20	Holz-Leitermacher (Sonderanfertigung)
21	Muldenhauer
22	Holzreifenmacher
23	Holzschindelmacher
24	Einbau von genormten Baufertigteilen (zum Beispiel Fenster, Türen, Zargen, Regale)
25	Bürsten- und Pinselmacher
26	Bügelanstalten für Herren-Oberbekleidung
27	Dekorationsnäher (ohne Schaufensterdekoration)
28	Fleckteppichhersteller
29	(weggefallen)
30	Theaterkostümnäher
31	Plisseebrenner
32	(weggefallen)
33	Stoffmaler
34	(weggefallen)
35	Textil-Handdrucker
36	Kunststopfer

Nummer	
37	Änderungsschneider
38	Handschuhmacher
39	Ausführung einfacher Schuhreparaturen
40	Gerber
41	Innerei-Fleischer (Kuttler)
42	Speiseeishersteller (mit Vertrieb von Speiseeis mit üblichem Zubehör)
43	Fleischzerleger, Ausbeiner
44	Appreteure, Dekateure
45	Schnellreiniger
46	Teppichreiniger
47	Getränkeleitungsreiniger
48	entfällt
49	Maskenbildner
50	entfällt
51	Lampenschirmhersteller (Sonderanfertigung)
52	Klavierstimmer
53	Theaterplastiker
54	Requisiteure
55	Schirmmacher
56	Steindrucker
57	Schlagzeugmacher

Anlage C
zu dem Gesetz zur Ordnung des Handwerks (Handwerksordnung)

Wahlordnung für die Wahlen der Mitglieder der Vollversammlung der Handwerkskammern

Inhaltsübersicht

Erster Abschnitt. Zeitpunkt der Wahl, Wahlleiter und Wahlausschuß

§ 1[1)] [Zeitpunkt der Wahl; Wahlleiter] [1] Der Vorstand der Handwerkskammer bestimmt den Tag der Wahl. [2] Er bestellt einen Wahlleiter sowie einen Stellvertreter, die nicht zu den Wahlberechtigten gemäß § 96 Abs. 1 und § 98 der Handwerksordnung gehören und nicht Mitarbeiter der Handwerkskammer sein dürfen.

§ 2[2)] [Wahlausschuss] (1) [1] Der Wahlleiter beruft aus der Zahl der Wahlberechtigten vier Beisitzer und die erforderliche Zahl von Stellvertretern, die je zur Hälfte Wahlberechtigte nach § 96 Abs. 1 und nach § 98 der Handwerksordnung sein müssen. [2] Der Wahlleiter und die Beisitzer bilden den Wahlausschuß; den Vorsitz führt der Wahlleiter.

(2) [1] Der Wahlausschuß ist beschlußfähig, wenn außer dem Wahlleiter oder seinem Stellvertreter mindestens je ein Wahlberechtigter nach § 96 Abs. 1 und nach § 98 der Handwerksordnung als Beisitzer anwesend sind. [2] Er beschließt mit Stimmenmehrheit; bei Stimmengleichheit entscheidet die Stimme des Wahlleiters.

(3) Die in den Wahlausschuß berufenen Beisitzer und Stellvertreter werden von dem Vorsitzenden auf unparteiische und gewissenhafte Erfüllung ihres Amtes sowie zur Verschwiegenheit über die ihnen bei ihrer amtlichen Tätigkeit bekanntgewordenen Tatsachen, insbesondere über alle dem Wahlgeheimnis unterliegenden Angelegenheiten verpflichtet.

(4) Die Stellvertreter werden für abwesende oder ausgeschiedene Beisitzer herangezogen.

(5) Zu den Verhandlungen des Wahlausschusses bestellt der Vorsitzende einen Schriftführer, den er auf unparteiische und gewissenhafte Erfüllung seines Amtes verpflichtet; der Schriftführer ist nicht stimmberechtigt und soll nicht zu den Wahlberechtigten gemäß § 96 Abs. 1 und § 98 der Handwerksordnung gehören.

(6) [1] Ort und Zeit der Sitzungen bestimmt der Vorsitzende. [2] Die Beisitzer und der Schriftführer werden zu den Sitzungen eingeladen.

(7) Der Wahlausschuß entscheidet in öffentlicher Sitzung.

(8) Öffentlich sind diese Sitzungen auch dann, wenn Zeit, Ort und Gegenstand der Sitzung vorher durch Aushang am Eingang des Sitzungshauses mit dem Hinweis bekanntgegeben worden sind, daß der Zutritt zur Sitzung den Stimmberechtigten offen steht.

(9) [1] Die Beisitzer des Wahlausschusses erhalten keine Vergütung; es wird ihnen für bare Auslagen und Zeitversäumnis eine Entschädigung nach den für die Mitglieder der Handwerkskammer fest-

(Fortsetzung nächstes Blatt)

[1)] § 1 neu gef. mWv 1.1.2004 durch G v. 24.12.2003 (BGBl. I S. 2934).
[2)] § 2 Abs. 10 aufgeh. mWv 1.1.2004 durch G v. 24.12.2003 (BGBl. I S. 2934).

Anlage C

[illegible]

Wahlordnung für die Wahlen der Mitglieder der Vollversammlung der Handwerkskammern

Inhaltsübersicht

[illegible]

Erster Abschnitt. Zeitpunkt der Wahl, Wahlleiter und Wahlausschuß

§ 1 [illegible]

§ 2 [illegible]

[illegible]

(Fortsetzung nächstes Blatt)

[illegible]

Anlage D[1)]
zu dem Gesetz zur Ordnung des Handwerks (Handwerksordnung)

Art der personenbezogenen Daten in der Handwerksrolle, in dem Verzeichnis der Inhaber eines zulassungsfreien Handwerks oder handwerksähnlichen Gewerbes, in der Lehrlingsrolle sowie im Sachverständigenwesen

I. In der Handwerksrolle sind folgende Daten zu speichern:

1. bei natürlichen Personen

a) Name, Geburtsname, Vorname, Geschlecht, Geburtsdatum, Staatsangehörigkeit, Wohnanschrift, Identifikationsnummer nach Identifikationsnummerngesetz und elektronische Kontaktdaten, beispielsweise E-Mail-Adresse, Internetpräsenz, Telefaxnummer oder Festnetz- oder Mobilfunktelefonnummer, des Betriebsinhabers, bei nicht voll geschäftsfähigen Personen auch der Name, Geburtsname, Vorname, Geschlecht des gesetzlichen Vertreters; im Falle des § 4 Absatz 2 oder im Falle des § 7 Absatz 1 Satz 1 der Handwerksordnung sind auch der Name, Geburtsname, Vorname, Geschlecht, Geburtsdatum, Staatsangehörigkeit, Wohnanschrift und elektronische Kontaktdaten, beispielsweise E-Mail-Adresse, Internetpräsenz, Telefaxnummer,[2)] oder Festnetz- oder Mobilfunktelefonnummer, des Betriebsleiters sowie die für ihn in Betracht kommenden Angaben nach Buchstabe e einzutragen;

b) die Firma, wenn der selbständige Handwerker eine Firma führt, die sich auf den Handwerksbetrieb bezieht, die Internetpräsenz des Handwerksbetriebes sowie dessen Etablissementbezeichnung;

c) Ort und Straße der gewerblichen Niederlassung;

d) das zu betreibende Handwerk oder bei Ausübung mehrerer Handwerke diese Handwerke;

e) die Bezeichnung der Rechtsvorschriften, nach denen der selbständige Handwerker die Voraussetzungen für die Eintragung in die Handwerksrolle erfüllt und in dem zu betreibenden Handwerk zur Ausbildung von Lehrlingen befugt ist; hat der selbständige Handwerker die zur Ausübung des zu betreibenden Handwerks notwendigen Kenntnisse und Fertigkeiten durch eine Prüfung nachgewiesen, so sind auch Art, Ort und Zeitpunkt dieser Prüfung sowie die Stelle, vor der die Prüfung abgelegt wurde, einzutragen;

f) der Zeitpunkt der Eintragung in die Handwerksrolle;

2. bei juristischen Personen

a) die Firma oder der Name der juristischen Person, deren Internetseite und Firmierung sowie Ort und Straße der gewerblichen Niederlassung;

b) Name, Geburtsname, Vorname, Geschlecht, Geburtsdatum, Staatsangehörigkeit, Wohnanschrift, Identifikationsnummer nach Identifikationsnummerngesetz und elektronische Kontaktdaten, beispielsweise E-Mail-Adresse, Internetpräsenz, Telefaxnummer oder Festnetz- oder Mobilfunktelefonnummer, der gesetzlichen Vertreter;

c) das zu betreibende Handwerk oder bei Ausübung mehrerer Handwerke diese Handwerke;

d) Name, Geburtsname, Vorname, Geschlecht, Geburtsdatum, Staatsangehörigkeit, Wohnanschrift, Identifikationsnummer nach Identifikationsnummerngesetz und elektronische Kontaktdaten, beispielsweise E-Mail-Adresse, Internetpräsenz, Telefaxnummer oder Festnetz- oder Mobilfunktelefonnummer, des Betriebsleiters sowie die für ihn in Betracht kommenden Angaben nach Nummer 1 Buchstabe e;

e) der Zeitpunkt der Eintragung in die Handwerksrolle;

f) Name, Geburtsname, Vorname, Geschlecht, Geburtsdatum, Staatsangehörigkeit, Wohnanschrift, Identifikationsnummer nach Identifikationsnummerngesetz und elektronische Kontaktdaten, beispielsweise E-Mail-Adresse, Internetpräsenz, Telefaxnummer oder Festnetz- oder Mobilfunktelefonnummer, der Gesellschafter, Angaben über eine Vertretungsbefugnis und die für sie in Betracht kommenden Angaben nach Nummer 1 Buchstabe e;

3. bei Personengesellschaften

[1)] Anl. D geänd. mWv 1.1.2004 durch G v. 24.12.2003 (BGBl. I S. 2934); geänd. mWv 1.4.2005 durch G v. 23.3.2005 (BGBl. I S. 931); geänd. mWv 1.4.2007 durch G v. 23.3.2005 (BGBl. I S. 931); geänd. mWv 14.6.2005 durch G v. 9.6.2005 (BGBl. I S. 1534); geänd. mWv 6.7.2017 durch G v. 30.6.2017 (BGBl. I S. 2143); geänd. mWv 1.1.2020 durch G v. 12.12.2019 (BGBl. I S. 2522); geänd. mWv 1.7.2021 durch G v. 9.6.2021 (BGBl. I S. 1654).

[2)] Zeichensetzung amtlich.

a) bei Personenhandelsgesellschaften die Firma, bei Gesellschaften des Bürgerlichen Rechts die Bezeichnung, unter der sie das Handwerk betreiben, deren Internetpräsenz und Firmierung sowie der Ort und die Straße der gewerblichen Niederlassung;

b) Name, Geburtsname, Vorname, Geschlecht, Geburtsdatum, Staatsangehörigkeit, Wohnanschrift und elektronische Kontaktdaten, beispielsweise E-Mail-Adresse, Internetpräsenz, Telefaxnummer oder Festnetz- oder Mobilfunktelefonnummer, des für die technische Leitung des Betriebes verantwortlichen persönlich haftenden Gesellschafters oder im Falle des § 7 Absatz 1 Satz 1 des Betriebsleiters Angaben über eine Vertretungsbefugnis und die für ihn in Betracht kommenden Angaben nach Nummer 1 Buchstabe e;

c) Name, Geburtsname, Vorname, Geschlecht, Geburtsdatum, Staatsangehörigkeit, Wohnanschrift und elektronische Kontaktdaten, beispielsweise E-Mail-Adresse, Internetpräsenz, Telefaxnummer oder Festnetz- oder Mobilfunktelefonnummer, der übrigen Gesellschafter, Angaben über eine Vertretungsbefugnis und die für ihn in Betracht kommenden Angaben nach Nummer 1 Buchstabe e;

d) das zu betreibende Handwerk oder bei Ausübung mehrerer Handwerke diese Handwerke;

e) der Zeitpunkt der Eintragung in die Handwerksrolle;

4. bei handwerklichen Nebenbetrieben

a) Angaben über den Inhaber des Nebenbetriebs in entsprechender Anwendung der Nummer 1 Buchstabe a bis c, Nummer 2 Buchstabe a und b und Nummer 3 Buchstabe a und c;

b) das zu betreibende Handwerk oder bei Ausübung mehrerer Handwerke diese Handwerke;

c) Bezeichnung oder Firma und Gegenstand sowie Ort und Straße der gewerblichen Niederlassung des Unternehmens, mit dem der Nebenbetrieb verbunden ist;

d) Bezeichnung oder Firma, deren Internetseite und Firmierung sowie Ort und Straße der gewerblichen Niederlassung des Nebenbetriebs;

e) Name, Geburtsname, Vorname, Geschlecht, Geburtsdatum, Staatsangehörigkeit, Wohnanschrift, Identifikationsnummer nach Identifikationsnummerngesetz und elektronische Kontaktdaten, beispielsweise E-Mail-Adresse, Internetpräsenz, Telefaxnummer oder Festnetz- oder Mobilfunktelefonnummer, des Leiters des Nebenbetriebes und die für ihn in Betracht kommenden Angaben nach Nummer 1 Buchstabe e;

f) der Zeitpunkt der Eintragung in die Handwerksrolle.

II. Abschnitt I gilt entsprechend für das Verzeichnis der Inhaber von Betrieben in zulassungsfreien Handwerken oder handwerksähnlichen Gewerben.

III. In der Lehrlingsrolle sind folgende personenbezogene Daten zu speichern:

1. bei den Ausbildenden,

a) die in der Handwerksrolle eingetragen sind:
die Eintragungen in der Handwerksrolle, soweit sie für die Zwecke der Führung der Lehrlingsrolle erforderlich sind;

b) die nicht in der Handwerksrolle eingetragen sind:
die der Eintragung nach Abschnitt I Nummer 1 Buchstabe a entsprechenden Daten mit Ausnahme der Daten zum Betriebsleiter zum Zeitpunkt der Eintragung in die Handwerksrolle und die Angaben zu Abschnitt I Nummer 1 Buchstabe e, soweit sie für die Zwecke der Lehrlingsrolle erforderlich sind;

2. bei den Ausbildern:
Name, Geburtsname, Vorname, Geschlecht, Geburtsdatum, Anschrift, elektronische Kontaktdaten, beispielsweise E-Mail-Adresse, Internetpräsenz, Telefaxnummer oder Festnetz- oder Mobilfunktelefonnummer, Art der fachlichen Eignung;

3. bei den Auszubildenden

a) beim Lehrling:
Name, Geburtsname, Vorname, Geschlecht, Geburtsdatum, Staatsangehörigkeit, allgemeinbildender Schulabschluss, vorausgegangene Teilnahme an berufsvorbereitender Qualifizierung oder beruflicher Grundbildung, vorherige Berufsausbildung sowie vorheriges Studium, Anschlussvertrag bei Anrechnung einer zuvor absolvierten dualen Berufsausbildung nach dem Berufsbildungsgesetz oder der Handwerksordnung einschließlich Ausbildungsberuf, Anschrift des Lehrlings und *dessen elektronische Kontaktdaten,* beispielsweise E-Mail-Adresse, Internetpräsenz, Telefaxnummer oder Festnetz- oder Mobilfunktelefonnummer;

b) bei gesetzlichen Vertretern:
Name, Vorname und Anschrift der gesetzlichen Vertreter;

4. beim Ausbildungsverhältnis:
Ausbildungsberuf einschließlich Fachrichtung, ausbildungsintegrierendes duales Studium, Tag, Monat und Jahr des Abschlusses des Ausbildungsvertrages, Ausbildungsdauer, Tag, Monat und Jahr des vertraglich vereinbarten Beginns und Endes der Berufsausbildung, Tag, Monat und Jahr einer vorzeitigen Auflösung des Ausbildungsverhältnisses, Dauer der Probezeit, Verkürzung der Ausbildungsdauer, Teilzeitberufsausbildung, die bei Vertragsabschluss vereinbarte Vergütung für jedes Ausbildungsjahr, Art der Förderung bei überwiegend öffentlich, insbesondere auf Grund des Dritten Buches Sozialgesetzbuch geförderten Berufsausbildungsverhältnissen, Anschrift und Amtlicher Gemeindeschlüssel der Ausbildungsstätte, Wirtschaftszweig, Betriebsnummer der Ausbildungsstätte nach § 18i Absatz 1 oder § 18k Absatz 1 des Vierten Buches Sozialgesetzbuch, Zugehörigkeit zum öffentlichen Dienst.

IV. In das Verzeichnis der Unternehmer nach § 90 Abs. 3 und 4 der Handwerksordnung werden die Personen nach § 90 Abs. 3 und 4 der Handwerksordnung mit den nach Abschnitt I Nr. 1 Buchstabe a und c geforderten Angaben für natürliche Personen sowie der Zeitpunkt der Gewerbeanmeldung eingetragen.

V. Über Personen, die von der Handwerkskammer als Sachverständige nach § 91 Absatz 1 Nummer 8 der Handwerksordnung öffentlich bestellt und vereidigt sind, sind folgende Daten zu verarbeiten, um sie insbesondere zum Zweck der Bekanntmachung und Vermittlung an Dritte zu nutzen:

a) Name, Geburtsname, Vorname, Geschlecht, Geburtsdatum, Wohnanschrift und elektronische Kontaktdaten – beispielsweise E-Mail-Adresse, Internetpräsenz, Telefaxnummer oder Festnetz- oder Mobilfunktelefonnummer;

b) das Handwerk oder die Handwerke sowie das handwerksähnliche Gewerbe oder die handwerksähnlichen Gewerbe, für die eine öffentliche Bestellung und Vereidigung zum Sachverständigen besteht;

c) die Stelle, die den Sachverständigen hinsichtlich seiner besonderen Sachkunde überprüft hat, sowie Art, Ort und Zeitpunkt der Sachkundeprüfung;

d) der Zeitpunkt der Bestellung.

[Nichtamtliche Zusammenstellung der zu den §§ 25, 45 und 51a erlassenen Ausbildungs- bzw. Meisterprüfungsverordnungen]

A. Auf Grund von § 25 erlassene Ausbildungsordnungen
(alphabetisch nach Berufen geordnet)

– Augenoptiker v. 26.4.2011 (BGBl. I S. 698)
– Bäcker v. 21.4.2004 (BGBl. I S. 632), geänd. durch VO v. 8.2.2016 (BGBl. I S. 179)
– Bauwirtschaft v. 2.6.1999 (BGBl. I S. 1102), zuletzt geänd. durch VO v. 20.2.2009 (BGBl. I S. 399)
– Behälter- und Apparatebauer v. 2.1.2018 (BGBl. I S. 73)
– Böttcher v. 5.5.2010 (BGBl. I S. 601)
– Bogenmacher v. 16.7.2015 (BGBl. I S. 1280)
– Bootsbauer v. 8.6.2011 (BGBl. I S. 1058)
– Büchsenmacher v. 26.5.2010 (BGBl. I S. 677)
– Buchbinder v. 20.5.2011 (BGBl. I S. 966)
– Bürsten- und Pinselmacher v. 8.6.2017 (BGBl. I S. 1559)
– Chirurgiemechaniker v. 23.3.1989 (BGBl. I S. 572)
– Dachdecker v. 28.4.2016 (BGBl. I S. 994)
– Drechsler (Elfenbeinschnitzer) v. 7.12.1987 (BGBl. I S. 2521)
– Drucker v. 7.4.2011 (BGBl. I S. 570)
– Edelsteinschleifer v. 17.5.2018 (BGBl. I S. 636)
– Elektroniker v. 30.3.2021 (BGBl. I S. 662, 699)
– Elektromaschinenbauer v. 30.3.2021 (BGBl. I S. 662)
– Fahrzeugbaumechaniker v. 10.6.2014 (BGBl. I S. 714)
– Feinwerkmechaniker v. 7.7.2010 (BGBl. I S. 888)
– Flechtwerkgestalter v. 31.3.2006 (BGBl. I S. 595)
– Fleischer v. 23.3.2005 (BGBl. I S. 898), geänd. durch VO v. 30.12.2016 (BGBl. 2017 I S. 37)

– Fotograf v. 12.5.2009 (BGBl. I S. 1051)
– Friseur v. 21.5.2008 (BGBl. I S. 856), geänd. durch VO v. 30.4.2021 (BGBl. I S. 861)
– Gebäudereiniger v. 28.6.2019 (BGBl. I S. 892)
– Gebäudesystemintegrator v. 30.3.2021 (BGBl. I S. 662, 687)
– Geigenbauer v. 16.7.2015 (BGBl. I S. 1289)
– Gerüstbauer v. 26.5.2000 (BGBl. I S. 778)
– Glasapparatebauer v. 21.12.1983 (BGBl. I S. 1645)
– Glaser v. 5.7.2001 (BGBl. I S. 1551)
– Glasveredler v. 27.4.2004 (BGBl. I S. 661)
– Goldschmied v. 2.4.1992 (BGBl. I S. 756)
– Graveur v. 3.6.2016 (BGBl. I S. 1298)
– Handzuginstrumentenmacher v. 27.1.1997 (BGBl. I S. 100)
– Hörgeräteakustiker v. 28.4.2016 (BGBl. I S. 1012), geänd. durch VO v. 5.9.2016 (BGBl. I S. 2139)
– Holzbildhauer v. 27.1.1997 (BGBl. I S. 93)
– Holzblasinstrumentenmacher v. 27.1.1997 (BGBl. I S. 109)
– Keramiker v. 27.5.2009 (BGBl. I S. 1177), geänd. durch VO v. 15.11.2010 (BGBl. I S. 1540, ber. S. 363)
– Kerzenhersteller- und Wachsbildner v. 16.7.2015 (BGBl. I S. 1308)
– Klavier- und Cembalobauer idF der Bek. v. 29.12.2017 (BGBl. 2018 I S. 58)
– Klempner v. 21.6.2013 (BGBl. I S. 1614)
– Konditor v. 3.6.2003 (BGBl. I S. 790)
– Kürschner v. 13.2.1997 (BGBl. I S. 239)
– Land- und Baumaschinenmechatroniker v. 25.7.2008 (BGBl. I S. 1545), geänd. durch VO v. 19.6. 2014 (BGBl. I S. 811)
– Lederherstellung und Gerbereitechnik v. 2.7.2015 (BGBl. I S. 1148)
– Maler und Lackierer v. 29.6.2021 (BGBl. I S. 2300)
– Maßschneider v. 15.4.2004 (BGBl. I S. 571), geänd. durch VO v. 9.5.2005 (BGBl. I S. 1292)
– Maßschuhmacher v. 17.5.2018 (BGBl. I S. 622)
– Mechaniker für Reifen- und Vulkanisationstechnik v. 12.5.2004 (BGBl. I S. 908)
– Mediengestalter Digital und Print v. 26.4.2013 (BGBl. I S. 1173), geänd. durch VO v. 5.2.2016 (BGBl. I S. 175)
– Metallbauer v. 25.7.2008 (BGBl. I S. 1468)
– Metallbildner v. 6.6.2016 (BGBl. I S. 1335)
– Metall- und Glockengießer v. 15.5.1998 (BGBl. I S. 996)
– Modellbauer v. 27.5.2009 (BGBl. I S. 1187, ber. S. 2888)
– Modist v. 15.4.2004 (BGBl. I S. 580)
– Ofen- und Luftheizungsbauer v. 6.4.2006 (BGBl. I S. 818)
– Orgel- und Harmoniumbauer v. 11.2.2019 (BGBl. I S. 92)
– Orthopädietechnik-Mechaniker v. 15.5.2013 (BGBl. I S. 1358)
– Orthopädieschumacher v. 16.7.2015 (BGBl. I S. 1298)
– Parkettleger v. 17.6.2002 (BGBl. I S. 1852)
– Präzisionswerkzeugmechaniker idF der Bek. v. 18.7.2018 (BGBl. I S. 1189)
– Raumausstatter v. 18.5.2004 (BGBl. I S. 980), zuletzt geänd. durch VO v. 9.5.2005 (BGBl. I S. 1285)
– Rollladen- und Sonnenschutzmechatroniker v. 3.5.2016 (BGBl. I S. 1123)
– Sanitär-, Heizungs- und Klimatechnikanlagenmechaniker v. 28.4.2016 (BGBl. I S. 1025)
– Sattler v. 23.3.2005 (BGBl. I S. 913), geänd. durch VO v. 14.2.2011 (BGBl. I S. 263)
– Schilder- und Lichtreklamehersteller v. 26.3.2012 (BGBl. I S. 494)
– Schornsteinfeger v. 20.6.2012 (BGBl. I S. 1430)
– Segelmacher v. 5.5.2010 (BGBl. I S. 564)
– Seiler v. 22.5.2008 (BGBl. I S. 947)

- Siebdrucker v. 7.4.2011 (BGBl. I S. 590)
- Silberschmied v. 2.4.1992 (BGBl. I S. 770)
- Speiseeisfachkraft v. 5.6.2014 (BGBl. I S. 702), geänd. durch VO v. 26.2.2015 (BGBl. I S. 180)
- Steinmetz- und Steinbildhauer v. 13.4.2018 (BGBl. I S. 447)
- Textilgestalter v. 17.6.2011 (BGBl. I S. 1178), geänd. durch VO v. 25.7.2011 (BGBl. I S. 1527)
- Textilreiniger v. 17.6.2002 (BGBl. I S. 1923)
- Thermometermacher v. 27.5.1986 (BGBl. I S. 834)
- Tischler v. 25.1.2006 (BGBl. I S. 245)
- Uhrmacher v. 2.7.2001 (BGBl. I S. 1476, ber. S. 3230)
- Vergolder v. 26.5.1997 (BGBl. I S. 1241)
- Weintechnologe v. 15.5.2013 (BGBl. I S. 1369), geänd. durch VO v. 27.1.2014 (BGBl. I S. 90)
- Werksteinhersteller v. 13.7.2015 (BGBl. I S. 1168), zuletzt geänd. durch VO v. 30.3.2017 (BGBl. I S. 682)
- Zahntechniker v. 11.12.1997 (BGBl. I S. 3182)
- Zupfinstrumentenmacher v. 30.6.2014 (BGBl. I S. 875), geänd. durch VO v. 1.7.2015 (BGBl. I S. 1087)
- Zweiradmechatroniker v. 13.6.2014 (BGBl. I S. 731)

B. Auf Grund von § 45 erlassene Verordnungen über das Berufsbild und die Anforderungen in der Meisterprüfung
(alphabetisch nach Berufen geordnet)

- Augenoptiker v. 29.8.2005 (BGBl. I S. 2610), geänd. durch VO v. 17.11.2011 (BGBl. I S. 2234)
- Bäcker v. 28.2.1997 (BGBl. I S. 393)
- Betonstein- und Terrazzohersteller v. 16.2.2021 (BGBl. I S. 250)
- Bogenmacher v. 26.1.1998 (BGBl. I S. 221)
- Bootsbauer v. 26.4.2016 (BGBl. I S. 974)
- Brauer und Mälzer v. 15.8.1996 (BGBl. I S. 1329)
- Brunnenbauer v. 14.10.2005 (BGBl. I S. 3024), geänd. durch VO v. 17.11.2011 (BGBl. I S. 2234)
- Büchsenmacher v. 1.10.1981 (BGBl. I S. 1117)
- Bürsten- und Pinselmacher v. 17.11.2020 (BGBl. I S. 2443)
- Chirurgiemechaniker v. 27.7.2006 (BGBl. I S. 1731), geänd. durch VO v. 17.11.2011 (BGBl. I S. 2234)
- Dachdecker v. 23.5.2006 (BGBl. I S. 1263), geänd. durch VO v. 17.11.2011 (BGBl. I S. 2234)
- Drechsler (Elfenbeinschnitzer und Holzspielzeugmacher) v. 5.11.2001 (BGBl. I S. 2985), zuletzt geänd. durch VO v. 28.2.2020 (BGBl. I S. 246)
- Drucker (Buchdrucker) v. 16.8.1984 (BGBl. I S. 1148)
- Edelsteinschleiferausbildungsverordnung v. 17.5.2018 (BGBl. I S. 636)
- Elektromaschinenbauer v. 17.6.2002 (BGBl. I S. 2325), geänd. durch VO v. 17.11.2011 (BGBl. I S. 2234)
- Elektrotechniker v. 17.6.2002 (BGBl. I S. 2331), geänd. durch VO v. 17.11.2011 (BGBl. I S. 2234)
- Estrichleger v. 16.2.1995 (BGBl. I S. 214), geänd. durch VO v. 28.2.2020 (BGBl. I S. 246)
- Feinwerkmechaniker v. 5.4.2001 (BGBl. I S. 487), geänd. durch VO v. 17.11.2011 (BGBl. I S. 2234)
- Fleischer v. 4.10.2012 (BGBl. I S. 2109)
- *Flexograf v. 1.8.1994 (BGBl. I S. 2014)*
- Fotograf v. 30.9.2019 (BGBl. I S. 1404)
- Friseur v. 19.4.2001 (BGBl. I S. 638), geänd. durch VO v. 17.11.2011 (BGBl. I S. 2234)
- Gebäudereiniger v. 17.11.2020 (BGBl. I S. 2437)
- Geigenbauer v. 26.1.1998 (BGBl. I S. 219)
- Gerüstbauer v. 12.12.2000 (BGBl. I S. 1694), geänd. durch VO v. 17.11.2011 (BGBl. I S. 2234)
- Glasapparatebauer v. 11.1.1990 (BGBl. I S. 104)
- Glaser v. 19.12.2014 (BGBl. I S. 2331)
- Glasveredler v. 2.5.1994 (BGBl. I S. 994), geänd. durch VO v. 28.2.2020 (BGBl. I S. 246)

- Gold- und Silberschmied v. 8.5.2003 (BGBl. I S. 672), geänd. durch VO v. 17.11.2011 (BGBl. I S. 2234)
- Handzuginstrumentenmacher v. 6.3.1998 (BGBl. I S. 431)
- Holzbildhauer v. 10.4.1987 (BGBl. I S. 1192)
- Holzblasinstrumentenmacher v. 7.10.1997 (BGBl. I S. 2455)
- Hörgeräteakustiker v. 26.4.1994 (BGBl. I S. 895), geänd. durch G v. 27.12.2003 (BGBl. I S. 3022)
- Informationstechniker v. 17.6.2002 (BGBl. I S. 2328), geänd. durch VO v. 17.11.2011 (BGBl. I S. 2234)
- Installateur- und Heizungsbauer v. 17.7.2002 (BGBl. I S. 2693), geänd. durch VO v. 17.11.2011 (BGBl. I S. 2234)
- Kälteanlagenbauer v. 16.7.2015 (BGBl. I S. 1276)
- Karosserie- und Fahrzeugbauer v. 17.12.2019 (BGBl. I S. 2836)
- Klavier- und Cembalobauer v. 17.12.2019 (BGBl. I S. 2842)
- Klempner v. 23.5.2006 (BGBl. I S. 1267), zuletzt geänd. durch VO v. 17.11.2011 (BGBl. I S. 2234)
- Konditor v. 12.10.2006 (BGBl. I S. 2278), geänd. durch VO v. 17.11.2011 (BGBl. I S. 2234)
- Korbmacher v. 7.11.1993 (BGBl. I S. 1868)
- Kürschner v. 17.11.1994 (BGBl. I S. 3463), geänd. durch VO v. 5.3.2019 (BGBl. I S. 191)
- Landmaschinenmechaniker v. 5.4.2001 (BGBl. I S. 490), geänd. durch VO v. 17.11.2011 (BGBl. I S. 2234)
- Maler und Lackierer v. 13.6.2005 (BGBl. I S. 1659), geänd. durch VO v. 17.11.2011 (BGBl. I S. 2234)
- Maurer u. Betonbauer v. 30.8.2004 (BGBl. I S. 2307), geänd. durch VO v. 17.11.2011 (BGBl. I S. 2234)
- Schneidwerkzeugmechanikermeisterverordnung v. 22.11.2011 (BGBl. I S. 2315)
- Metallbauer v. 22.3.2002 (BGBl. I S. 1224), geänd. durch VO v. 17.11.2011 (BGBl. I S. 2234)
- Metallbildner v. 17.9.2001 (BGBl. I S. 2432), geänd. durch VO v. 17.11.2011 (BGBl. I S. 2234)
- Modist v. 9.9.1994 (BGBl. I S. 2312)
- Ofen- und Luftheizungsbauer v. 5.3.2009 (BGBl. I S. 456), geänd. durch VO v. 17.11.2011 (BGBl. I S. 2234)
- Orgel- und Harmoniumbauer v. 23.7.1997 (BGBl. I S. 1915), geänd. durch VO v. 28.2.2020 (BGBl. I S. 246)
- Orthopädiemechaniker und Bandagist v. 26.4.1994 (BGBl. I S. 904)
- Orthopädieschuhmacher v. 24.6.2008 (BGBl. I S. 1096), geänd. durch VO v. 17.11.2011 (BGBl. I S. 2234)
- Parkettleger v. 25.5.2020 (BGBl. I S. 1078, ber. S. 1542)
- Schneidwerkzeugmechanikermeisterverordnung v. 22.11.2011 (BGBl. I S. 2315)
- Schornsteinfeger v. 11.11.2015 (BGBl. I S. 1987)
- Schriftsetzer (Buchdrucker) v. 13.6.1995 (BGBl. I S. 799)
- Segelmacher v. 5.7.1993 (BGBl. I S. 1138)
- Seiler v. 28.5.1997 (BGBl. I S. 1257)
- Steinmetz und Steinbildhauer v. 11.7.2008 (BGBl. I S. 1281), geänd. durch VO v. 17.11.2011 (BGBl. I S. 2234)
- Straßenbauer v. 17.2.2009 (BGBl. I S. 390), geänd. durch VO v. 17.11.2011 (BGBl. I S. 2234)
- Stuckateur v. 30.8.2004 (BGBl. I S. 2311), geänd. durch VO v. 17.11.2011 (BGBl. I S. 2234)
- Textilreiniger v. 16.9.1983 (BGBl. I S. 1179)
- Tischler v. 13.5.2008 (BGBl. I S. 826), geänd. durch VO v. 17.11.2011 (BGBl. I S. 2234)
- Thermometermacher v. 20.6.1989 (BGBl. I S. 1131)
- Vergolder v. 12.2.1990 (BGBl. I S. 283)
- *Vulkaniseur* v. 5.5.2006 (BGBl. I S. 1156), geänd. durch VO v. 17.11.2011 (BGBl. I S. 2234)
- Wachszieher v. 23.6.1987 (BGBl. I S. 1553)
- Wärme-, Kälte- und Schallschutzisolierer v. 3.6.1982 (BGBl. I S. 663)
- Weinküfer v. 16.10.1995 (BGBl. I S. 1418)

– Zahntechniker v. 8.5.2007 (BGBl. I S. 687), geänd. durch VO v. 17.11.2011 (BGBl. I S. 2234)

– Zimmerer v. 16.4.2008 (BGBl. I S. 743), geänd. durch VO v. 17.11.2011 (BGBl. I S. 2234)

– Zinngießer v. 8.1.1969 (BGBl. I S. 37)

– Zupfinstrumentenmacher v. 7.10.1997 (BGBl. I S. 2458)

– Zweiradmechanikermeisterverordnung v. 29.8.2005 (BGBl. I S. 2562), **aufgeh. mWv 1.1.2022.** durch VO v. 28.1.2021 (BGBl. I S. 117)

C. Auf Grund von § 51a erlassene Verordnungen über das Berufsbild und die Anforderungen in der Meisterprüfung
(alphabetisch nach Berufen geordnet)

– Behälter- und Apparatebauer v. 30.4.2013 (BGBl. I S. 1203), geänd. durch VO v. 28.2.2020 (BGBl. I S. 246)

– Buchbinder v. 5.5.2006 (BGBl. I S. 1152), geänd. durch VO v. 17.11.2011 (BGBl. I S. 2234)

– Fliesen-, Platten- u. Mosaikleger v. 10.3.2008 (BGBl. I S. 378), zuletzt geänd. durch VO v. 28.2.2020 (BGBl. I S. 246)

– Galvaniseur v. 12.9.2014 (BGBl. I S. 1522)

– Graveur v. 16.11.2005 (BGBl. I S. 3182), geänd. durch VO v. 17.11.2011 (BGBl. I S. 2234)

– Keramiker v. 13.1.2006 (BGBl. I S. 148), geänd. durch VO v. 17.11.2011 (BGBl. I S. 2234)

– Kosmetiker v. 16.1.2015 (BGBl. I S. 17)

– Müller v. 11.10.2012 (BGBl. I S. 2138)

– Modellbauer v. 27.12.2012 (BGBl. 2013 I S. 27)

– Raumausstatter v. 18.6.2008 (BGBl. I S. 1087), zuletzt geänd. durch VO v. 28.2.2020 (BGBl. I S. 246)

– Rolladen- u. Sonnenschutzmeister v. 22.1.2007 (BGBl. I S. 51), zuletzt geänd. durch VO v. 28.2.2020 (BGBl. I S. 246)

– Sattler und Feintäschner v. 15.8.2008 (BGBl. I S. 1733), geänd. durch VO v. 17.11.2011 (BGBl. I S. 2234)

– Schilder- und Lichtreklamehersteller v. 18.6.2007 (BGBl. I S. 1173), zuletzt geänd. durch VO v. 28.2.2020 (BGBl. I S. 246)

– Schneider v. 5.9.2006 (BGBl. I S. 2122), geänd. durch VO v. 17.11.2011 (BGBl. I S. 2234)

– Schuhmacher v. 3.3.2014 (BGBl. I S. 220)

– Siebdrucker v. 5.9.2006 (BGBl. I S. 2126), geänd. durch VO v. 17.11.2011 (BGBl. I S. 2234)

– Textilgestalter v. 26.4.2013 (BGBl. I S. 1169)

– Uhrmacher v. 1.11.2005 (BGBl. I S. 3122), geänd. durch VO v. 17.11.2011 (BGBl. I S. 2234)

823. Ausführungsgesetz zu Artikel 26 Abs. 2 des Grundgesetzes (Gesetz über die Kontrolle von Kriegswaffen)[1]

In der Fassung der Bekanntmachung vom 22. November 1990[2]
(BGBl. I S. 2506)

FNA 190-1

geänd. durch Art. 1 Siebte Kriegswaffenlisten-ÄndVO v. 19.4.1991 (BGBl. I S. 913), Art. 4 Nr. 1 G über die Errichtung eines Bundesausfuhramtes v. 28.2.1992 (BGBl. I S. 376), Art. 17 Verbrauchsteuer-BinnenmarktG v. 21.12.1992 (BGBl. I S. 2150), Art. 2 Achtes AußenwirtschaftsG-ÄndG v. 9.8.1994 (BGBl. I S. 2068), Art. 12 Abs. 3 PostneuordnungsG v. 14.9.1994 (BGBl. I S. 2325), Art. 3 InsolvenzO-EinführungsG v. 5.10.1994 (BGBl. I S. 2911), Art. 10 VerbrechensbekämpfungsG v. 28.10.1994 (BGBl. I S. 3186), Art. 1 Achte Kriegswaffenlisten-ÄndVO v. 14.5.1997 (BGBl. I S. 1059), Art. 1 Neunte Kriegswaffenlisten-ÄndVO v. 26.2.1998 (BGBl. I S. 385), Art. 2 AusführungsG zum Übereinkommen über das Verbot des Einsatzes, der Lagerung, der Herstellung und der Weitergabe von Antipersonenminen und über deren Vernichtung vom 3. Dezember 1997 v. 6.7.1998 (BGBl. I S. 1778), Art. 6 EingliederungsG für das Bundesamt für Wirtschaft v. 21.12.2000 (BGBl. I S. 1956), Art. 20 Siebente ZuständigkeitsanpassungsVO v. 29.10.2001 (BGBl. I S. 2785, ber. 2002 I S. 2972), Art. 1 Neuntes Euro-EinführungsG v. 10.11.2001 (BGBl. I S. 2992), Art. 3 Waffenrechts-NeuregelungsG v. 11.10.2002 (BGBl. I S. 3970), Art. 10 Achte ZuständigkeitsanpassungsVO v. 25.11.2003 (BGBl. I S. 2304), Art. 24 Neunte ZuständigkeitsanpassungsVO v. 31.10.2006 (BGBl. I S. 2407), Art. 2 G zu dem Übereinkommen vom 30. Mai 2008 über Streumunition v. 6.6.2009 (BGBl. II S. 502), Art. 4 G zur Umsetzung der Richtlinie 2009/43/EG v. 27.7.2011 (BGBl. I S. 1595), Art. 2 Abs. 2 G zur Modernisierung des Außenwirtschaftsrechts v. 6.6.2013 (BGBl. I S. 1482), Art. 30 Zehnte ZuständigkeitsanpassungsVO v. 31.8.2015 (BGBl. I S. 1474), Art. 6 Abs. 2 G zur Reform der strafrechtlichen Vermögensabschöpfung v. 13.4.2017 (BGBl. I S. 872), Art. 36 Elfte ZuständigkeitsanpassungsVO v. 19.6.2020 (BGBl. I S. 1328) und Art. 2 G zur Änd. des AußenwirtschaftsG und des G über die Kontrolle von Kriegswaffen v. 2.6.2021 (BGBl. I S. 1275)

Inhaltsübersicht[3]

---

[1] Zum G über die Kontrolle von Kriegswaffen wurden folgende Durchführungsvorschriften erlassen:
- Erste KriegswaffenkontrollVO v. 1.6.1961 (BGBl. I S. 649), zuletzt geänd. durch VO v. 19.6.2020 (BGBl. I S. 1328)
- Zweite KriegswaffenkontrollVO v. 1.6.1961 (BGBl. I S. 649), zuletzt geänd. durch VO v. 13.3.2020 (BGBl. I S. 521)
- Dritte KriegswaffenkontrollVO v. 11.7.1969 (BGBl. I S. 841), zuletzt geänd. durch VO v. 31.8.2015 (BGBl. I S. 1474)
- KriegswaffenkontrollG-GenehmigungsVO v. 30.7.1961 (BAnz. Nr. 150 S. 1), zuletzt geänd. durch G v. 6.6.2013 (BGBl. I S. 1482)
- Zweite Kriegswaffenkontrollgesetz-GenehmigungsVO v. 29.1.1975 (BGBl. I S. 421)
- KriegswaffenmeldeVO v. 24.1.1995 (BGBl. I S. 92), zuletzt geänd. durch G v. 21.12.2000 (BGBl. I S. 1956)

[2] Neubekanntmachung des G über die Kontrolle von Kriegswaffen v. 20.4.1961 (BGBl. I S. 444) in der ab 11.11.1990 geltenden Fassung.

[3] Inhaltsübersicht geänd. durch G v. 6.7.1998 (BGBl. I S. 1778); geänd. mWv 11.6.2009 durch G v. 6.6.2009 (BGBl. II S. 502); geänd. mWv 1.7.2017 durch G v. 13.4.2017 (BGBl. I S. 872); sie wurde nichtamtlich an die Änderungen durch G v. 9.8.1994 (BGBl. I S. 2068), G v. 28.10.1994 (BGBl. I S. 3186), G v. 11.10.2002 (BGBl. I S. 3970) und G v. 2.6.2021 (BGBl. I S. 1275) angepasst.

Erster Abschnitt. Genehmigungsvorschriften

§ 1[1)] Begriffsbestimmung. (1) Zur Kriegsführung bestimmte Waffen im Sinne dieses Gesetzes (Kriegswaffen) sind die in der Anlage zu diesem Gesetz (Kriegswaffenliste) aufgeführten Gegenstände, Stoffe und Organismen.

(2) Die Bundesregierung wird ermächtigt, durch Rechtsverordnung mit Zustimmung des Bundesrates die Kriegswaffenliste entsprechend dem Stand der wissenschaftlichen, technischen und militärischen Erkenntnisse derart zu

(Fortsetzung nächstes Blatt)

[1)] § 1 Abs. 3 geänd. durch G v. 6.7.1998 (BGBl. I S. 1778); Abs. 3 geänd. mWv 11.6.2009 durch G v. 6.6.2009 (BGBl. II S. 502).

Ablauf dieser Frist darf die tatsächliche Gewalt über anmeldepflichtige, jedoch nicht angemeldete Kriegswaffen nicht mehr ausgeübt werden.

§ 26b[1)] Übergangsregelungen für das in Artikel 3 des Einigungsvertrages genannte Gebiet. (1) [1] Eine vor dem Tage des Wirksamwerdens des Beitritts in dem in Artikel 3 des Einigungsvertrages[2)] genannten Gebiet begonnene oder in Aussicht genommene und nicht aufschiebbare Handlung, die nach diesem Gesetz der Genehmigung bedarf, kann vorläufig genehmigt werden. [2] In diesen Fällen ist die erforderliche Genehmigung binnen eines Monats nach Erteilung der vorläufigen Genehmigung zu beantragen. [3] Wird die Genehmigung versagt, so kann dem Antragsteller in entsprechender Anwendung des § 9 eine angemessene Entschädigung gewährt werden, wenn es auch im Hinblick auf ein schutzwürdiges Vertrauen auf die bisherige Rechtslage eine unbillige Härte wäre, die Entschädigung zu versagen.

(2) Für völkerrechtliche Vereinbarungen der Deutschen Demokratischen Republik, soweit sie die Lieferung oder die Instandhaltung von Kriegswaffen zum Gegenstand haben, gilt abweichend von § 27 folgendes:

1. Soweit vor dem Tage des Wirksamwerdens des Beitritts staatliche Aufträge zur Herstellung oder zur Ausfuhr in oder zur Einfuhr aus Mitgliedstaaten des Warschauer Vertrages für das Jahr 1990 angewiesen sind, gelten die zur Durchführung dieser Anweisungen erforderlichen, nach § 2 oder § 3 genehmigungsbedürftigen Handlungen als genehmigt.
2. Bei Anweisungen im Sinne der Nummer 1 in bezug auf Staaten, die nicht Mitgliedstaaten des Warschauer Vertrages sind, können genehmigungsbedürftige, aber unaufschiebbare Handlungen vorläufig genehmigt werden; Absatz 1 Satz 2 und 3 gilt entsprechend.

(3) Für den Fall, daß die Deutsche Demokratische Republik ein Gesetz zur Inkraftsetzung dieses Gesetzes erläßt, wird das Bundesministerium für Wirtschaft und Energie ermächtigt, durch Rechtsverordnung ohne Zustimmung des Bundesrates die Maßgaben der Absätze 1 und 2 und des § 26a so zu ändern, daß deren Ziele unter Berücksichtigung der neuen Rechtslage erreicht werden.

§ 27 Zwischenstaatliche Verträge. [1] Verpflichtungen der Bundesrepublik auf Grund zwischenstaatlicher Verträge bleiben unberührt. [2] Insoweit gelten die nach Artikel 26 Abs. 2 des Grundgesetzes[3)] und die nach diesem Gesetz erforderlichen Genehmigungen als erteilt.

§ 28[4)] Gebühren. In einer Besonderen Gebührenverordnung des Bundesministeriums für Wirtschaft und Energie nach § 22 Absatz 4 des Bundesgebührengesetzes[5)] sind für individuell zurechenbare öffentliche Leistungen des Bundesministeriums für Wirtschaft und Energie und des Bundesamts für Wirtschaft und Ausfuhrkontrolle nach diesem Gesetz oder den auf Grund dieses Gesetzes erlassenen Rechtsverordnungen Gebühren ab dem 1. Januar 2023 zu regeln.

[1)] § 26b Abs. 3 geänd. mWv 7.11.2001 durch VO v. 29.10.2001 (BGBl. I S. 2785); Abs. 3 geänd. mWv 28.11.2003 durch VO v. 25.11.2003 (BGBl. I S. 2304); Abs. 3 geänd. mWv 8.11.2006 durch VO v. 31.10.2006 (BGBl. I S. 2407); Abs. 3 geänd. mWv 8.9.2015 durch VO v. 31.8.2015 (BGBl. I S. 1474).

[2)] **Sartorius III Nr. 2.**

[3)] Nr. **1**.

[4)] § 28 neu gef. mWv 9.6.2021 durch G v. 2.6.2021 (BGBl. I S. 1275).

[5)] Nr. **120**.

§ 29 (Inkrafttreten)

Anlage[1)]
(zu § 1 Abs. 1)
(hier nicht abgedruckt)

[1)] Anl. geänd. durch VO v. 19.4.1991 (BGBl. I S. 913); geänd. durch VO v. 14.5.1997 (BGBl. I S. 1059); geänd. durch VO v. 26.2.1998 (BGBl. I S. 385); geänd. mWv 1.4.2003 durch G v. 11.10.2002 (BGBl. I S. 3970).

830. Gesetz über die Elektrizitäts- und Gasversorgung (Energiewirtschaftsgesetz – EnWG)[1) 2) 3)]

Vom 7. Juli 2005

(BGBl. I S. 1970, ber. S. 3621)

FNA 752-6

geänd. durch Art. 7 G zur Beschleunigung von Planungsverfahren für Infrastrukturvorhaben v. 9.12.2006 (BGBl. I S. 2833), Art. 7 Abs. 14 G zur Stärkung der Selbstverwaltung der Rechtsanwaltschaft v. 26.3. 2007 (BGBl. I S. 358), Art. 2 G zur Bekämpfung von Preismissbrauch im Bereich der Energieversorgung und des Lebensmittelhandels v. 18.12.2007 (BGBl. I S. 2966), Art. 1 G zur Öffnung des Messwesens bei Strom und Gas für Wettbewerb v. 29.8.2008 (BGBl. I S. 1790), Art. 3 G zur Neuregelung des Rechts der Erneuerbaren Energien im Strombereich und zur Änd. damit zusammenhängender Vorschriften v. 25.10. 2008 (BGBl. I S. 2074), Art. 2 G zur Förderung der Kraft-Wärme-Kopplung v. 25.10.2008 (BGBl. I S. 2101), Art. 10 G zur Neuregelung des Rechts des Naturschutzes und der Landschaftspflege v. 29.7.2009 (BGBl. I S. 2542), Art. 2 G zur Beschleunigung des Ausbaus der Höchstspannungsnetze v. 21.8.2009 (BGBl. I S. 2870), Art. 2 G zur Umsetzung der RL des Europäischen Parlaments und des Rates über Endenergieeffizienz und Energiedienstleistungen v. 4.11.2010 (BGBl. I S. 1483), Art. 4 G zur Umsetzung der DienstleistungsRL im EichG sowie im Geräte- und ProduktsicherheitsG und zur Änd. des VerwaltungskostenG, des EnergiewirtschaftsG und des EnergieleitungsausbauG v. 7.3.2011 (BGBl. I S. 338), Art. 1 G zur Neuregelung energiewirtschaftsrechtlicher Vorschriften v. 26.7.2011 (BGBl. I S. 1554), Art. 8 G zur Neuregelung des Rechtsrahmens für die Förderung der Stromerzeugung aus erneuerbaren Energien v. 28.7.2011 (BGBl. I S. 1634), Art. 2 G über Maßnahmen zur Beschleunigung des Netzausbaus Elektrizitätsnetze v. 28.7.2011 (BGBl. I S. 1690), Art. 22 G über den Rechtsschutz bei überlangen Gerichtsverfahren und strafrechtlichen Ermittlungsverfahren v. 24.11.2011 (BGBl. I S. 2302), Art. 1 Zweites G zur Neuregelung energiewirtschaftsrechtlicher Vorschriften v. 22.12.2011 (BGBl. I S. 3034), Art. 2 Abs. 66 G zur Änd. von Vorschriften über Verkündung und Bekanntmachungen sowie der ZPO, des EGZPO und der AO v. 22.12.2011 (BGBl. I S. 3044), Art. 3 G zur Neufassung des ErdölbevorratungsG, zur Änderung des MineralöldatenG und zur Änderung des EnergiewirtschaftsG v. 16.1.2012 (BGBl. I S. 74), Art. 2 G zur Einrichtung einer Markttransparenzstelle für den Großhandel mit Strom und Gas v. 5.12.2012 (BGBl. I S. 2403), Art. 1, 2 Drittes G zur Neuregelung energiewirtschaftsrechtlicher Vorschriften v. 20.12.2012 (BGBl. I S. 2730, geänd. durch G v. 26.7.2016, BGBl. I S. 1786), Art. 1 ÄndG v. 21.2.2013 (BGBl. I S. 346), Art. 4 Planfeststellungsverfahren-VereinheitlichungsG v. 31.5.2013 (BGBl. I S. 1388, geänd. durch G v. 24.5.2014, BGBl. I S. 538), Art. 5 Abs. 1 Achtes G zur Änd. des GWB v. 26.6.2013 (BGBl. I S. 1738), Art. 2 Zweites G über Maßnahmen zur Beschleunigung des Netzausbaus Elektrizitätsnetze v. 23.7.2013 (BGBl. I S. 2543), Art. 2 Abs. 97 G zur Strukturreform des Gebührenrechts des Bundes v. 7.8.2013 (BGBl. I S. 3154), Art. 3 Abs. 4 G zur Änd. des HGB v. 4.10.2013 (BGBl. I S. 3746), Art. 6 G zur grundlegenden Reform des EEG und zur Änd. weiterer Bestimmungen des Energiewirtschaftsrechts v. 21.7.2014 (BGBl. I S. 1066), Art. 3 IT-SicherheitsG v. 17.7.2015 (BGBl. I S. 1324), Art. 15 BürokratieentlastungsG v. 28.7.2015 (BGBl. I S. 1400), Art. 311 Zehnte ZuständigkeitsanpassungsVO v. 31.8.2015 (BGBl. I S. 1474), Art. 2 Erstes G zur Änd. des EnergieverbrauchskennzeichnungsG und zur Änd. weiterer Bestimmungen des Energiewirtschaftsrechts v. 10.12.2015 (BGBl. I S. 2194), Art. 1 G zur Änd. von Bestimmungen des Rechts des Energieleitungsbaus v. 21.12.2015 (BGBl. I S. 2490), Art. 2 Abs. 3 G zur Neuregelung des Kraft-Wärme-KopplungsG v. 21.12.2015 (BGBl. I S. 2498), Art. 9 G zur

---

[1)] **Amtl. Anm.:** Dieses Gesetz dient der Umsetzung der Richtlinie 2003/54/EG des Europäischen Parlaments und des Rates vom 26. Juni 2003 über gemeinsame Vorschriften für den Elektrizitätsbinnenmarkt und zur Aufhebung der Richtlinie 96/92/EG (ABl. EU Nr. L 176 S. 37), der Richtlinie 2003/55/ *EG des Europäischen* Parlaments und des Rates vom 26. Juni 2003 über gemeinsame Vorschriften für den Erdgasbinnenmarkt und zur Aufhebung der Richtlinie 98/30/EG (ABl. EU Nr. L 176 S. 57), der Richtlinie 2004/67/EG des Rates vom 26. April 2004 über Maßnahmen zur Gewährleistung der sicheren Erdgasversorgung (ABl. EU Nr. L 127 S. 92) und der Richtlinie 2006/32/EG des Europäischen Parlaments und des Rates vom 5. April 2006 über Endenergieeffizienz und Energiedienstleistungen und zur Aufhebung der Richtlinie 93/76/EWG des Rates (ABl. EU Nr. L 114 S. 64).

[2)] Verkündet als Art. 1 Zweites G zur Neuregelung des Energiewirtschaftsrechts v. 7.7.2005 (BGBl. I S. 1970); Inkrafttreten gem. Art. 5 Abs. 1 dieses G am 13.7.2005.

[3)] Die Änderungen durch G v. 13.10.2016 (BGBl. I S. 2258) treten teilweise erst **mWv 1.1.2026**, die Änderungen durch G v. 13.5.2019 (BGBl. I S. 706, geänd. durch G v. 21.12.2020, BGBl. I S. 3138) treten teilweise erst **mWv 1.10.2021** in Kraft und sind insoweit im Text noch nicht berücksichtigt.

Umsetzung der RL über alternative Streitbeilegung in Verbraucherangelegenheiten und zur Durchführung der VO über Online-Streitbeilegung in Verbraucherangelegenheiten v. 19.2.2016 (BGBl. I S. 254), Art. 78 Zweites G über die weitere Bereinigung von Bundesrecht v. 8.7.2016 (BGBl. I S. 1594), Art. 1, 11 StrommarktG v. 26.7.2016 (BGBl. I S. 1786), Art. 3 G zur Digitalisierung der Energiewende v. 29.8.2016 (BGBl. I S. 2034), Art. 6, 25 Abs. 3 G zur Einführung von Ausschreibungen für Strom aus erneuerbaren Energien und zu weiteren Änd. des Rechts der erneuerbaren Energien v. 13.10.2016 (BGBl. I S. 2258), Art. 3 G zur Änd. von Vorschriften zur Bevorratung von Erdöl, zur Erhebung von Mineralöldaten und zur Umstellung auf hochkalorisches Erdgas v. 14.12.2016 (BGBl. I S. 2874), Art. 3 G zur Änd. der Bestimmungen zur Stromerzeugung aus Kraft-Wärme-Kopplung und zur Eigenversorgung v. 22.12.2016 (BGBl. I S. 3106), Art. 1 G zur Änd. der Vorschriften zur Vergabe von Wegenutzungsrechten zur leitungsgebundenen Energieversorgung v. 27.1.2017 (BGBl. I S. 130), Art. 117 G zum Abbau verzichtbarer Anordnungen der Schriftform im Verwaltungsrecht des Bundes v. 29.3.2017 (BGBl. I S. 626), Art. 6 Abs. 36 G zur Reform der strafrechtlichen Vermögensabschöpfung v. 13.4.2017 (BGBl. I S. 872), Art. 13 G zur Anpassung des Umwelt-RechtsbehelfsG und anderer Vorschriften an europa- und völkerrechtliche Vorgaben v. 29.5.2017 (BGBl. I S. 1298), Art. 24 Abs. 28 Zweites FinanzmarktnovellierungsG v. 23.6.2017 (BGBl. I S. 1693), Art. 3 G zur Umsetzung der RL (EU) 2016/1148 des Europäischen Parlaments und des Rates vom 6. Juli 2016 über Maßnahmen zur Gewährleistung eines hohen gemeinsamen Sicherheitsniveaus von Netz- und Informationssystemen in der Union v. 23.6.2017 (BGBl. I S. 1885), Art. 1 NetzentgeltmodernisierungsG v. 17.7.2017 (BGBl. I S. 2503, ber. S. 3343, geänd. durch G v. 17.12.2018, BGBl. I S. 2549), Art. 2 G zur Förderung von Mieterstrom und zur Änd. weiterer Vorschriften des Erneuerbare-Energien-G v. 17.7.2017 (BGBl. I S. 2532), Art. 2 Abs. 6 G zur Modernisierung des Rechts der Umweltverträglichkeitsprüfung v. 20.7.2017 (BGBl. I S. 2808, ber. 2018 S. 472), Art. 3, 14 G zur Änd. des Erneuerbare-Energien-G, des Kraft-Wärme-KopplungsG, des EnergiewirtschaftsG und weiterer energierechtlicher Vorschriften v. 17.12.2018 (BGBl. I S. 2549), Art. 1 G zur Beschleunigung des Energieleitungsausbaus v. 13.5.2019 (BGBl. I S. 706, geänd. durch G v. 21.12.2020, BGBl. I S. 3138), Art. 89 Zweites Datenschutz-Anpassungs- und Umsetzungsgesetz EU v. 20.11.2019 (BGBl. I S. 1626), Art. 2 G zur Änd. des G über Energiedienstleistungen und andere Energieeffizienzmaßnahmen v. 20.11.2019 (BGBl. I S. 1719), Art. 5 G zur Änd. von Vorschriften über die außergerichtliche Streitbeilegung in Verbrauchersachen und zur Änd. weiterer Gesetze v. 30.11.2019 (BGBl. I S. 1942), Art. 1 G zur Änd. des EnergiewirtschaftsG zur Umsetzung der RL (EU) 2019/692 des Europäischen Parlamentes und des Rates über gemeinsame Vorschriften für den Erdgasbinnenmarkt v. 5.12.2019 (BGBl. I S. 2002), Art. 5 G zur Änd. des Erneuerbare-Energien-G 2017 und weiterer energierechtl. Bestimmungen v. 25.5.2020 (BGBl. I S. 1070), Art. 249 Elfte ZuständigkeitsanpassungsVO v. 19.6.2020 (BGBl. I S. 1328), Art. 4 G zur Vereinheitlichung des Energieeinsparrechts für Gebäude und zur Änd. weiterer Gesetze v. 8.8.2020 (BGBl. I S. 1728), Art. 4 KohleausstiegsG v. 8.8.2020 (BGBl. I S. 1818), Art. 1 G zur Änd. des EnergiewirtschaftsG zur marktgestützten Beschaffung von Systemdienstleistungen v. 22.11.2020 (BGBl. I S. 2464), Art. 2 G zur Änd. des Windenergie-auf-See-G und anderer Vorschriften v. 3.12.2020 (BGBl. I S. 2682), Art. 2 G zur Änd. des Erneuerbare-Energien-G und weiterer energierechtlicher Vorschriften v. 21.12.2020 (BGBl. I S. 3138), Art. 2 G zur Änd. des BundesbedarfsplanG und anderer Vorschriften v. 25.2.2021 (BGBl. I S. 298) und Art. 3 Zweites G zur Erhöhung der Sicherheit informationstechnischer Systeme v. 18.5.2021 (BGBl. I S. 1122)

Zum EnWG wurden ua folgende Vorschriften erlassen:

- AnreizregulierungsVO – ARegV v. 29.10.2007 (BGBl. I S. 2529), zuletzt geänd. durch VO v. 23.12.2019 (BGBl. I S. 2935)
- Elektrotechnische-Eigenschaften-Nachweis-Verordnung – NELEV v. 12.6.2017 (BGBl. I S. 1651)
- EnergiewirtschaftskostenVO – EnWGKostV v. 14.3.2006 (BGBl. I S. 540), zuletzt geänd. durch VO v. 6.11.2020 (BGBl. I S. 2345)
- GasnetzentgeltVO – GasNEV v. 25.7.2005 (BGBl. I S. 2197), zuletzt geänd. durch G v. 23.6.2021 (BGBl. I S. 1858)
- GasnetzzugangsVO – GasNZV v. 3.9.2010 (BGBl. I S. 1261), zuletzt geänd. durch VO v. 13.6.2019 (BGBl. I S. 786)
- KonzessionsabgabenVO – KAV v. 9.1.1992 (BGBl. I S. 12), zuletzt geänd. durch VO v. 1.11.2006 (BGBl. I S. 2477)
- Kraftwerks-NetzanschlussVO – KraftNAV v. 26.6.2007 (BGBl. I S. 1187)
- Marktstammdatenregisterverordnung – MaStRV v. 10.4.2017 (BGBl. I S. 842), zuletzt geänd. durch VO v. 14.7.2021 (BGBl. I S. 2860)
- NetzreserveVO – NetzResV v. 27.6.2013 (BGBl. I S. 1947), zuletzt geänd. durch G v. 13.5.2019 (BGBl. I S. 706)
- SINTEG-Verordnung – SINTEG-V v. 14.6.2017 (BGBl. I S. 1653), geänd. durch G v. 13.5.2019 (BGBl. I S. 706)
- StromnetzentgeltVO – StromNEV v. 25.7.2005 (BGBl. I S. 2225), zuletzt geänd. durch G v. 23.6.2021 (BGBl. I S. 1858)

nennung nach Absatz 2 Satz 2 wird erst nach Zustimmung der Regulierungsbehörde wirksam. [3]Die Zustimmung zur Ernennung ist von der Regulierungsbehörde, außer im Falle fehlender Unabhängigkeit oder fehlender fachlicher Eignung der vom Unabhängigen Transportnetzbetreiber zur Ernennung vorgeschlagenen Person, zu erteilen. [4]Die Auftragsbedingungen oder Beschäftigungsbedingungen des Gleichbehandlungsbeauftragten des Unabhängigen Transportnetzbetreibers, einschließlich der Dauer seiner Bestellung, sind von der Regulierungsbehörde zu genehmigen.

(4) [1]Der Gleichbehandlungsbeauftragte des Unabhängigen Transportnetzbetreibers hat der Regulierungsbehörde regelmäßig Bericht zu erstatten. [2]Er erstellt einmal jährlich einen Bericht, in dem die Maßnahmen zur Durchführung des Gleichbehandlungsprogramms dargelegt werden, und legt ihn der Regulierungsbehörde spätestens zum 30. September eines Jahres vor. [3]Er unterrichtet die Regulierungsbehörde fortlaufend über erhebliche Verstöße bei der Durchführung des Gleichbehandlungsprogramms sowie über die finanziellen und kommerziellen Beziehungen, insbesondere deren Änderungen, zwischen dem vertikal integrierten Energieversorgungsunternehmen und dem Unabhängigen Transportnetzbetreiber. [4]Er berichtet dem Aufsichtsrat des Unabhängigen Transportnetzbetreibers und gibt der obersten Unternehmensleitung Empfehlungen zum Gleichbehandlungsprogramm und seiner Durchführung.

(5) [1]Der Gleichbehandlungsbeauftragte des Unabhängigen Transportnetzbetreibers hat der Regulierungsbehörde alle Entscheidungen zum Investitionsplan oder zu Einzelinvestitionen im Transportnetz spätestens dann zu übermitteln, wenn die Unternehmensleitung des Transportnetzbetreibers diese Entscheidungen dem Aufsichtsrat zuleitet. [2]Der Gleichbehandlungsbeauftragte des Unabhängigen Transportnetzbetreibers hat die Regulierungsbehörde unverzüglich zu informieren, wenn das vertikal integrierte Unternehmen in der Gesellschafter- oder Hauptversammlung des Transportnetzbetreibers durch das Abstimmungsverhalten der von ihm ernannten Mitglieder einen Beschluss herbeigeführt oder die Annahme eines Beschlusses verhindert und auf Grund dessen Netzinvestitionen, die nach dem zehnjährigen Netzentwicklungsplan in den folgenden drei Jahren durchgeführt werden sollten, verhindert oder hinausgezögert werden.

(6) [1]Der Gleichbehandlungsbeauftragte des Unabhängigen Transportnetzbetreibers ist berechtigt, an allen Sitzungen der Unternehmensleitung, des Aufsichtsrats oder der Gesellschafter- oder Hauptversammlung teilzunehmen. [2]In den Sitzungen des Aufsichtsrats ist dem Gleichbehandlungsbeauftragten des Unabhängigen Transportnetzbetreibers ein eigenes Rederecht einzuräumen. [3]Der Gleichbehandlungsbeauftragte des Unabhängigen Transportnetzbetreibers hat an allen Sitzungen des Aufsichtsrates teilzunehmen, die folgende Fragen behandeln:

1. Netzzugangsbedingungen nach Maßgabe der Verordnung (EG) Nr. 714/2009 (ABl. L 211 vom 14.8.2009, S. 15) und der Verordnung (EG) Nr. 715/2009 *(ABl. L 211 vom 14.8.2009, S. 36)*, insbesondere soweit die Beratungen Fragen zu Netzentgelten, Leistungen im Zusammenhang mit dem Zugang Dritter, der Kapazitätsvergabe und dem Engpassmanagement, Transparenz, Ausgleich von Energieverlusten und Sekundärmärkte betreffen,
2. Vorhaben für den Betrieb, die Wartung und den Ausbau des Transportnetzes, insbesondere hinsichtlich der notwendigen Investitionen für den Netzanschluss und Netzverbund, in neue Transportverbindungen, für die Kapazitätsausweitung und die Verstärkung vorhandener Kapazitäten oder

3. den Verkauf oder Erwerb von Energie, die für den Betrieb des Transportnetzes erforderlich ist.

(7) [1]Nach vorheriger Zustimmung der Regulierungsbehörde kann der Aufsichtsrat den Gleichbehandlungsbeauftragten des Unabhängigen Transportnetzbetreibers abberufen. [2]Die Abberufung hat aus Gründen mangelnder Unabhängigkeit oder mangelnder fachlicher Eignung auf Verlangen der Regulierungsbehörde zu erfolgen.

Teil 3. Regulierung des Netzbetriebs

Abschnitt 1. Aufgaben der Netzbetreiber

§ 11[1)] Betrieb von Energieversorgungsnetzen. (1) [1]Betreiber von Energieversorgungsnetzen sind verpflichtet, ein sicheres, zuverlässiges und leistungsfähiges Energieversorgungsnetz diskriminierungsfrei zu betreiben, zu warten und bedarfsgerecht zu optimieren, zu verstärken und auszubauen, soweit es wirtschaftlich zumutbar ist. [2]Sie haben insbesondere die Aufgaben nach den §§ 12 bis 16a zu erfüllen. [3]Die Verpflichtung gilt auch im Rahmen der Wahrnehmung der wirtschaftlichen Befugnisse der Leitung des vertikal integrierten Energieversorgungsunternehmens und seiner Aufsichtsrechte nach § 7a Absatz 4 Satz 3. [4]Der Ausbau eines L-Gasversorgungsnetzes ist nicht bedarfsgerecht im Sinne von Satz 1, wenn er auf Grund von Netzanschlüssen erfolgen muss, zu deren Einräumung der Betreiber des L-Gasversorgungsnetzes nicht nach den §§ 17 und 18 verpflichtet war.

(1a) [1]Der Betrieb eines sicheren Energieversorgungsnetzes umfasst insbesondere auch einen angemessenen Schutz gegen Bedrohungen für Telekommunikations- und elektronische Datenverarbeitungssysteme, die für einen sicheren Netzbetrieb notwendig sind. [2]Die Regulierungsbehörde erstellt hierzu im Benehmen mit dem Bundesamt für Sicherheit in der Informationstechnik einen Katalog von Sicherheitsanforderungen und veröffentlicht diesen. [3]Der Katalog der Sicherheitsanforderungen enthält auch Regelungen zur regelmäßigen Überprüfung der Erfüllung der Sicherheitsanforderungen. [4]Ein angemessener Schutz des Betriebs eines Energieversorgungsnetzes liegt vor, wenn dieser Katalog der Sicherheitsanforderungen eingehalten und dies vom Betreiber dokumentiert worden ist. [5]Die Einhaltung kann von der Regulierungsbehörde überprüft werden. [6]Zu diesem Zwecke kann die Regulierungsbehörde nähere Bestimmungen zu Format, Inhalt und Gestaltung der Dokumentation nach Satz 4 treffen.

(1b) [1]Betreiber von Energieanlagen, die durch Inkrafttreten der Rechtsverordnung gemäß § 10 Absatz 1 des BSI-Gesetzes[2)] vom 14. August 2009 (BGBl. I S. 2821), das zuletzt durch Artikel 8 des Gesetzes vom 17. Juli 2015 (BGBl. I

[1)] § 11 Abs. 1 Satz 2, Abs. 2 Satz 3 geänd. mWv 1.11.2008 durch G v. 25.10.2008 (BGBl. I S. 2101); Abs. 1 Satz 1 geänd. mWv 26.8.2009 durch G v. 21.8.2009 (BGBl. I S. 2870); Abs. 1a eingef. mWv 4.8. 2011 durch G v. 26.7.2011 (BGBl. I S. 1554); Abs. 1 Satz 3 geänd., Abs. 2 Satz 3 neu gef. mWv 28.12. 2012 durch G v. 20.12.2012 (BGBl. I S. 2730); Abs. 1a Satz 1 geänd., Satz 3 eingef., bish. Sätze 3–5 werden Sätze 4–6, neuer Satz 4 geänd., neuer Satz 6 neu gef., Abs. 1b und 1c eingef. mWv 25.7.2015 durch G v. 17.7.2015 (BGBl. I S. 1324); Abs. 1b Satz 1 geänd., Satz 2 neu gef., Abs. 2 eingef., bish. Abs. 2 wird Abs. 3 und Satz 3 geänd. mWv 30.7.2016 durch G v. 26.7.2016 (BGBl. I S. 1786); Abs. 1c neu gef. mWv 30.6.2017 durch G v. 23.6.2017 (BGBl. I S. 1885); Abs. 3 eingef., bish. Abs. 3 wird Abs. 4 mWv *22.7.2017* durch G v. 17.7.2017 (BGBl. I S. 2503); Abs. 1 Satz 4 angef., Abs. 2 Satz 5 geänd. mWv 21.12. 2018 durch G v. 17.12.2018 (BGBl. I S. 2549); Abs. 1d und 1e eingef. mWv 28.5.2021 durch G v. 18.5. 2021 (BGBl. I S. 1122).

[2)] **Sartorius III Nr. 710.**

S. 1324) geändert worden ist, in der jeweils geltenden Fassung als Kritische Infrastruktur bestimmt wurden und an ein Energieversorgungsnetz angeschlossen sind, haben innerhalb einer von der Regulierungsbehörde festzulegenden Frist einen angemessenen Schutz gegen Bedrohungen für Telekommunikations- und elektronische Datenverarbeitungssysteme zu gewährleisten, die für einen sicheren Anlagenbetrieb notwendig sind. [2]Die Regulierungsbehörde erstellt hierzu im Benehmen mit dem Bundesamt für Sicherheit in der Informationstechnik einen Katalog von Sicherheitsanforderungen, in den auch die Bestimmung der Frist nach Satz 1 aufzunehmen ist, und veröffentlicht diesen. [3]Für Telekommunikations- und elektronische Datenverarbeitungssysteme von Anlagen nach § 7 Absatz 1 des Atomgesetzes[1)] haben Vorgaben auf Grund des Atomgesetzes Vorrang. [4]Die für die nukleare Sicherheit zuständigen Genehmigungs- und Aufsichtsbehörden des Bundes und der Länder sind bei der Erarbeitung des Katalogs von Sicherheitsanforderungen zu beteiligen. [5]Der Katalog von Sicherheitsanforderungen enthält auch Regelungen zur regelmäßigen Überprüfung der Erfüllung der Sicherheitsanforderungen. [6]Ein angemessener Schutz des Betriebs von Energieanlagen im Sinne von Satz 1 liegt vor, wenn dieser Katalog eingehalten und dies vom Betreiber dokumentiert worden ist. [7]Die Einhaltung kann von der Bundesnetzagentur überprüft werden. [8]Zu diesem Zwecke kann die Regulierungsbehörde nähere Bestimmungen zu Format, Inhalt und Gestaltung der Dokumentation nach Satz 6 treffen.

(1c) [1]Betreiber von Energieversorgungsnetzen und von solchen Energieanlagen, die durch Inkrafttreten der Rechtsverordnung gemäß § 10 Absatz 1 des BSI-Gesetzes als Kritische Infrastruktur bestimmt wurden, haben

1. Störungen der Verfügbarkeit, Integrität, Authentizität und Vertraulichkeit ihrer informationstechnischen Systeme, Komponenten oder Prozesse, die zu einem Ausfall oder einer erheblichen Beeinträchtigung der Funktionsfähigkeit des Energieversorgungsnetzes oder der betreffenden Energieanlage geführt haben,
2. erhebliche Störungen der Verfügbarkeit, Integrität, Authentizität und Vertraulichkeit ihrer informationstechnischen Systeme, Komponenten oder Prozesse, die zu einem Ausfall oder einer erheblichen Beeinträchtigung der Funktionsfähigkeit des Energieversorgungsnetzes oder der betreffenden Energieanlage führen können,

über die Kontaktstelle unverzüglich an das Bundesamt für Sicherheit in der Informationstechnik zu melden.
[2]Die Meldung muss Angaben zu der Störung, zu möglichen grenzübergreifenden Auswirkungen sowie zu den technischen Rahmenbedingungen, insbesondere der vermuteten oder tatsächlichen Ursache und der betroffenen Informationstechnik, enthalten. [3]Die Nennung des Betreibers ist nur dann erforderlich, wenn die Störung tatsächlich zu einem Ausfall oder einer Beeinträchtigung der Funktionsfähigkeit der Kritischen Infrastruktur geführt hat. [4]Das Bundesamt für Sicherheit *in der Informationstechnik* hat die Meldungen unverzüglich an die Bundesnetzagentur weiterzuleiten. [5]Das Bundesamt für Sicherheit in der Informationstechnik und die Bundesnetzagentur haben sicherzustellen, dass die unbefugte Offenbarung der ihnen nach Satz 1 zur Kenntnis gelangten Angaben ausgeschlossen wird. [6]Zugang zu den Akten des Bundesamtes für Sicherheit in der Informationstechnik sowie zu den Akten der Bundesnetzagentur in Angelegenheiten nach § 11 Ab-

[1)] Nr. **835**.

satz 1a bis Absatz 1c wird nicht gewährt. [7] § 29 des Verwaltungsverfahrensgesetzes[1)] bleibt unberührt. [8] § 8e Absatz 1 des BSI-Gesetzes ist entsprechend anzuwenden.

(1d) [1] Betreiber von Energieversorgungsnetzen und von solchen Energieanlagen, die durch Inkrafttreten der Rechtsverordnung gemäß § 10 Absatz 1 des BSI-Gesetzes als Kritische Infrastruktur bestimmt wurden, haben spätestens ab dem 1. Mai 2023 in ihren informationstechnischen Systemen, Komponenten oder Prozessen, die für die Funktionsfähigkeit der von ihnen betriebenen Energieversorgungsnetze oder Energieanlagen maßgeblich sind, in angemessener Weise Systeme zur Angriffserkennung einzusetzen. [2] Die eingesetzten Systeme zur Angriffserkennung müssen geeignete Parameter und Merkmale aus dem laufenden Betrieb kontinuierlich und automatisch erfassen und auswerten. [3] Sie sollten dazu in der Lage sein, fortwährend Bedrohungen zu identifizieren und zu vermeiden sowie für eingetretene Störungen geeignete Beseitigungsmaßnahmen vorsehen. [4] Dabei soll der Stand der Technik eingehalten werden. [5] Der Einsatz von Systemen zur Angriffserkennung ist angemessen, wenn der dafür erforderliche Aufwand nicht außer Verhältnis zu den möglichen Folgen eines Ausfalls oder einer Beeinträchtigung des betroffenen Energieversorgungsnetzes oder der betroffenen Energieanlage steht.

(1e) [1] Betreiber von Energieversorgungsnetzen und Energieanlagen, die nach der Rechtsverordnung gemäß § 10 Absatz 1 des BSI-Gesetzes als Kritische Infrastruktur gelten, haben dem Bundesamt für Sicherheit in der Informationstechnik erstmalig am 1. Mai 2023 und danach alle zwei Jahre die Erfüllung der Anforderungen nach Absatz 1d nachzuweisen. [2] Das Bundesamt für Sicherheit in der Informationstechnik hat die hierfür eingereichten Nachweisdokumente unverzüglich an die Bundesnetzagentur weiterzuleiten. [3] Das Bundesamt für Sicherheit in der Informationstechnik und die Bundesnetzagentur haben sicherzustellen, dass die unbefugte Offenbarung der ihnen nach Satz 1 zur Kenntnis gelangten Angaben ausgeschlossen wird. [4] Das Bundesamt für Sicherheit in der Informationstechnik kann bei Mängeln in der Umsetzung der Anforderungen nach Absatz 1d oder in den Nachweisdokumenten nach Satz 1 im Einvernehmen mit der Bundesnetzagentur die Beseitigung der Mängel verlangen.

(2) [1] Für einen bedarfsgerechten, wirtschaftlich zumutbaren Ausbau der Elektrizitätsversorgungsnetze nach Absatz 1 Satz 1 können Betreiber von Elektrizitätsversorgungsnetzen den Berechnungen für ihre Netzplanung die Annahme zugrunde legen, dass die prognostizierte jährliche Stromerzeugung je unmittelbar an ihr Netz angeschlossener Anlage zur Erzeugung von elektrischer Energie aus Windenergie an Land oder solarer Strahlungsenergie um bis zu 3 Prozent reduziert werden darf (Spitzenkappung). [2] Betreiber von Elektrizitätsversorgungsnetzen, die für ihre Netzplanung eine Spitzenkappung zugrunde gelegt haben, müssen dies

1. auf ihrer Internetseite veröffentlichen,
2. dem Betreiber des vorgelagerten Elektrizitätsversorgungsnetzes, dem Betreiber des Übertragungsnetzes, der Bundesnetzagentur sowie der zuständigen Landesregulierungsbehörde unverzüglich mitteilen und
3. im Rahmen der Netzplanung für einen sachkundigen Dritten nachvollziehbar dokumentieren.

[3] Die Dokumentation nach Satz 2 Nummer 3 muss der Bundesnetzagentur, der zuständigen Landesregulierungsbehörde, dem Betreiber des vorgelagerten Elektrizitätsversorgungsnetzes, dem Betreiber des Übertragungsnetzes, einem Einspeise-

[1)] Nr. **100**.

willigen sowie einem an das Netz angeschlossenen Anlagenbetreiber auf Verlangen unverzüglich vorgelegt werden. [4] Die §§ 13 und 14 und die §§ 11, 14 und 15 des Erneuerbare-Energien-Gesetzes[1)] bleiben unberührt. [5] Ein Betreiber des Elektrizitätsversorgungsnetzes, der nach § 15 Absatz 2 Satz 1 des Erneuerbare-Energien-Gesetzes Kosten für die Reduzierung der Einspeisung von mehr als 3 Prozent der jährlichen Stromerzeugung einer Anlage zur Erzeugung von Strom aus erneuerbaren Energien, Grubengas oder Kraft-Wärme-Kopplung bei der Ermittlung seiner Netzentgelte in Ansatz bringt, muss der Bundesnetzagentur sowie der zuständigen Landesregulierungsbehörde den Umfang der und die Ursachen für die Reduzierung der Einspeisung mitteilen und im Fall einer Spitzenkappung die Dokumentation nach Satz 2 Nummer 3 vorlegen.

(3) [1] Betreiber von Übertragungsnetzen können besondere netztechnische Betriebsmittel vorhalten, um die Sicherheit und Zuverlässigkeit des Elektrizitätsversorgungssystems bei einem tatsächlichen örtlichen Ausfall eines oder mehrerer Betriebsmittel im Übertragungsnetz wieder herzustellen. [2] Mit dem Betrieb besonderer netztechnischer Betriebsmittel sind Dritte zu beauftragen. [3] Entsprechendes gilt bei der Errichtung von Anlagen zur Erzeugung elektrischer Energie und der Bereitstellung abschaltbarer Lasten. [4] Aufträge nach den Sätzen 2 und 3 werden im Wettbewerb und im Wege transparenter Verfahren vergeben. [5] Dabei sind

(Fortsetzung nächstes Blatt)

[1)] **Sartorius ErgBd. Nr. 833.**

835. Gesetz über die friedliche Verwendung der Kernenergie und den Schutz gegen ihre Gefahren (Atomgesetz)[1) 2)]

In der Fassung der Bekanntmachung vom 15. Juli 1985[3)]
(BGBl. I S. 1565)

FNA 751-1

geänd. durch Art. 9 Erstes G zur Bereinigung des Verwaltungsverfahrensrechts v. 18.2.1986 (BGBl. I S. 265), Art. 2 Bundesamt für Strahlenschutz-G v. 9.10.1989 (BGBl. I S. 1830), Art. 3 G zur Umsetzung der Richtlinie über die Umweltverträglichkeitsprüfung bei bestimmten öffentlichen und privaten Projekten (85/337/EWG) v. 12.2.1990 (BGBl. I S. 205), Art. 4 BGB-ÄndG v. 14.3.1990 (BGBl. I S. 478), Anl. I Kap. XII Sachgeb. B Abschn. II Nr. 1 Einigungsvertrag v. 31.8.1990 (BGBl. II S. 889), Art. 1 G zur Verbesserung der Überwachung des Außenwirtschaftsverkehrs und zum Verbot von Atomwaffen, biologischen und chemischen Waffen v. 5.11.1990 (BGBl. I S. 2428), Art. 5 G Bundesamt für Wirtschaft und AusfuhrkontrolleG v. 28.2.1992 (BGBl. I S. 376), Art. 5 Zweites GerätesicherheitsG-ÄndG v. 26.8.1992 (BGBl. I S. 1564), Art. 22 Verbrauchsteuer-BinnenmarktG v. 21.12.1992 (BGBl. I S. 2150), Art. 6 Abs. 77 EisenbahnneuordnungsG v. 27.12.1993 (BGBl. I S. 2378), Art. 4 Steinkohleeinsatz-SicherungsG v. 19.7. 1994 (BGBl. I S. 1618), § 14 Abs. 8 Allgemeines MagnetschwebebahnG v. 19.7.1996 (BGBl. I S. 1019), Art. 7 GenehmigungsverfahrensbeschleunigungsG v. 12.9.1996 (BGBl. I S. 1354), Art. 13 3. WahlrechtsverbesserungsG v. 29.4.1997 (BGBl. I S. 968), Art. 1 ÄndG v. 6.4.1998 (BGBl. I S. 694), Art. 1 G zur Änd. atomrechtlicher Vorschriften für die Umsetzung von EURATOM-Richtlinien zum Strahlenschutz v. 3.5.2000 (BGBl. I S. 636, ber. S. 1350), Art. 19 EingliederungsG für das Bundesamt für Wirtschaft v. 21.12.2000 (BGBl. I S. 1956), Art. 3 G zur Änd. des GerätesicherheitsG und des ChemikalienG v. 27.12.2000 (BGBl. I S. 2048), Art. 1 Neuntes ÄndG v. 5.3.2001 (BGBl. I S. 326), Art. 9 UVP-ÄnderungsrichtlinienumsetzungsG v. 27.7.2001 (BGBl. I S. 1950), Art. 27 Siebtes Euro-EinführungsG v. 9.9.2001 (BGBl. I S. 2331), Art. 151 Siebente ZuständigkeitsanpassungsVO v. 29.10.2001 (BGBl. I S. 2785, ber. 2002 I S. 2972), Art. 5 Zweites Medizinprodukte-ÄndG v. 13.12.2001 (BGBl. I S. 3586), Art. 1 Kernenergienutzung-BeendigungsG v. 22.4.2002 (BGBl. I S. 1351), Art. 10 Abs. 4 Zweites Schadensersatzrechts-ÄndG v. 19.7.2002 (BGBl. I S. 2674), Art. 70 Drittes Verwaltungsverfahrensrechts-ÄndG v. 21.8.2002 (BGBl. I S. 3322), Art. 125 Achte ZuständigkeitsanpassungsVO v. 25.11.2003 (BGBl. I S. 2304), Art. 8 Geräte- und Produktsicherheits-NeuordnungsG v. 6.1.2004 (BGBl. I S. 2), Art. 1 G zur Kontrolle hochradioaktiver Strahlenquellen v. 12.8.2005 (BGBl. I S. 2365), Art. 161 Neunte ZuständigkeitsanpassungsVO v. 31.10.2006 (BGBl. I S. 2407), Art. 9 Abs. 11 Versicherungsvertrags-

---

[1)] Siehe auch das G zur Errichtung eines Sondervermögens „Energie- und Klimafonds" v. 8.12.2010 (BGBl. I S. 1807), zuletzt geänd. durch G v. 14.7.2020 (BGBl. I S. 1683), das Pariser Atomhaftungs-Übereinkommen idF der Bek. v. 15.7.1985 (BGBl. II S. 964), geänd. durch Prot. v. 12.2.2004 (BGBl. 2008 II S. 902, 904), das Brüsseler Zusatzübereinkommen idF der Bek. v. 15.7.1985 (BGBl. II S. 963, 970), geänd. durch Prot. v. 12.2.2004 (BGBl. 2008 II S. 902, 920), und das G zu dem IAEO-Benachrichtigungsübereinkommen und zu dem IAEO-Hilfeleistungsübereinkommen v. 16.5.1989 (BGBl. II S. 434) sowie das StandortauswahlG **(Sartorius III Nr. 480)** und das BfE-ErrichtungsG v. 23.7. 2013 (BGBl. I S. 2553, 2563), zuletzt geänd. durch VO v. 19.6.2020 (BGBl. I S. 1328). Siehe auch das StrahlenschutzG v. 27.6.2017 (BGBl. I S. 1966), zuletzt geänd. durch G v. 20.5.2021 (BGBl. I S. 1194), und die IMIS-ZuständigkeitsVO v. 5.10.2017 (BGBl. I S. 3536) sowie das gem. Bek. v. 16.6.2017 (BGBl. I S. 1676) am 16.6.2017 in Kraft getretene MantelG zur Neuordnung der Verantwortung in der kerntechnischen Entsorgung v. 27.1.2017 (BGBl. I S. 114) mit dem EntsorgungsfondsG v. 27.1.2017 (BGBl. I S. 114), zuletzt geänd. durch G v. 25.6.2021 (BGBl. I S. 2137), und der VO über die Vereinnahmung von Zahlungen nach dem EntsorgungsfondsG v. 16.6.2017 (BGBl. I S. 1674), dem EntsorgungsübergangsG v. 27.1.2017 (BGBl. I S. 114, 120), zuletzt geänd. durch G v. 25.6.2021 (BGBl. I S. 2137), dem TransparenzG v. 27.1.2017 (BGBl. I S. 114, 125), zuletzt geänd. durch VO v. 19.6.2020 (BGBl. I S. 1328) und dem NachhaftungsG v. 27.1.2017 (BGBl. I S. 114, 127), geänd. durch G v. 5.5.2017 (BGBl. I S. 1074).

[2)] Die Änd. durch Art. 1 G v. 29.8.2008 (BGBl. I S. 1793) treten gem. Art. 5 Abs. 1 Satz 1 dieses G an dem Tag in Kraft, an dem das Protokoll v. 12.2.2004 zur Änd. des Pariser Übereinkommens vom 29.7. 1960 idF des Zusatzprotokolls v. 28.1.1964 und des Protokolls vom 16.11.1982 nach seinem Art. 20 in Kraft tritt. Der Tag des Inkrafttretens wurde bisher nicht im BGBl. bekannt gegeben; die Änderungen sind im Text noch nicht berücksichtigt.

[3)] Neubekanntmachung des AtG idF der Bek. v. 31.10.1976 (BGBl. I S. 3053) in der ab 1.8.1985 geltenden Fassung.

ReformG v. 23.11.2007 (BGBl. I S. 2631), Art. 4 G zur Änd. des BundespolizeiG und anderer Gesetze v. 26.2.2008 (BGBl. I S. 215), Art. 1 G zur Änd. haftungsrechtlicher Vorschriften des AtomG und zur Änd. sonstiger Rechtsvorschriften[1)] v. 29.8.2008 (BGBl. I S. 1793), Art. 1 Zehntes ÄndG v. 17.3.2009 (BGBl. I S. 556), Art. 1 Elftes ÄndG v. 8.12.2010 (BGBl. I S. 1814), Art. 1 Zwölftes ÄndG v. 8.12.2010 (BGBl. I S. 1817), Art. 1 Dreizehntes ÄndG v. 31.7.2011 (BGBl. I S. 1704), Art. 4 G über die Neuordnung des Geräte- und Produktsicherheitsrechts v. 8.11.2011 (BGBl. I S. 2178), Art. 5 Abs. 6 G zur Neuordnung des Kreislaufwirtschafts- und Abfallrechts v. 24.2.2012 (BGBl. I S. 212), Art. 1 G zur Beschleunigung der Rückholung radioaktiver Abfälle und der Stilllegung der Schachtanlage Asse II v. 20.4.2013 (BGBl. I S. 921), Art. 2 StandortauswahlG v. 23.7.2013 (BGBl. I S. 2553), Art. 10 G zur Neuregelung des gesetzlichen Messwesens v. 25.7.2013 (BGBl. I S. 2722), Art. 2 Abs. 95 G zur Strukturreform des Gebührenrechts des Bundes v. 7.8.2013 (BGBl. I S. 3154), Art. 5 Fünftes G zur Änd. des StraßenverkehrsG und anderer Gesetze v. 28.8.2013 (BGBl. I S. 3313), Art. 2 Abs. 14 G zur Modernisierung der Finanzaufsicht über Versicherungen v. 1.4.2015 (BGBl. I S. 434), Art. 2 IT-SicherheitsG v. 17.7. 2015 (BGBl. I S. 1324), Art. 307 Zehnte ZuständigkeitsanpassungsVO v. 31.8.2015 (BGBl. I S. 1474), Art. 1 14. ÄndG v. 20.11.2015 (BGBl. I S. 2053), Art. 73 Zweites G über die weitere Bereinigung von Bundesrecht v. 8.7.2016 (BGBl. I S. 1594), Art. 1 G zur Neuordnung der Organisationsstruktur im Bereich der Endlagerung v. 26.7.2016 (BGBl. I S. 1843, ber. S. 2930), Urt. des BVerfG – 1 BvR 2821/ 11, 1 BvR 321/12 und 1 BvR 1456/12 – v. 6.12.2016 (BGBl. I S. 3451), Art. 3 G zur Neuordnung der Verantwortung in der kerntechnischen Entsorgung v. 27.1.2017 (BGBl. I S. 114 iVm Bek. v. 16.6.2017, BGBl. I S. 1676), Art. 2 G zur Fortentwicklung des G zur Suche und Auswahl eines Standortes für ein Endlager für Wärme entwickelnde radioaktive Abfälle und anderer G v. 5.5.2017 (BGBl. I S. 1074), Art. 1 15. ÄndG v. 1.6.2017 (BGBl. I S. 1434), Art. 2 G zur Umsetzung der RL (EU) 2016/1148 des Europäischen Parlaments und des Rates vom 6. Juli 2016 über Maßnahmen zur Gewährleistung eines hohen gemeinsamen Sicherheitsniveaus von Netz- und Informationssystemen in der Union v. 23.6.2017 (BGBl. I S. 1885), Art. 3 G zur Neuordnung des Rechts zum Schutz vor der schädlichen Wirkung ionisierender Strahlung v. 27.6.2017 (BGBl. I S. 1966), Art. 7 G zur Einführung eines Anspruchs auf Hinterbliebenengeld v. 17.7.2017 (BGBl. I S. 2421), Art. 2 Abs. 2 G zur Modernisierung des Rechts der Umweltverträglichkeitsprüfung v. 20.7.2017 (BGBl. I S. 2808), *Art. 1 16. ÄndG* v. 10.7.2018 (BGBl. I S. 1122 iVm Bek. v. 11.7.2018, BGBl. I S. 1124), Art. 2 G zur Änd. des UmweltauditG, des AtomG, des StandortauswahlG, der EndlagervorausleistungsVO und anderer G und VO v. 12.12.2019 (BGBl. I S. 2510), Art. 3a Medizinprodukte-EU-AnpassungsG v. 28.4.2020 (BGBl. I S. 960, geänd. durch G v. 19.5.2020, BGBl. I S. 1018), Art. 239 Elfte ZuständigkeitsanpassungsVO v. 19.6.2020 (BGBl. I S. 1328), Art. 3 G zur Anpassung der Kostenvorschriften im Bereich der Entsorgung radioaktiver Abfälle sowie zur Änd. weiterer Vorschriften v. 7.12.2020 (BGBl. I S. 2760), Art. 3 G zur Änd. des Medizinprodukterecht-DurchführungsG und weiterer Gesetze v. 12.5.2021 (BGBl. I S. 1087) und Art. 3 Erstes G zur Änd. des StrahlenschutzG v. 20.5.2021 (BGBl. I S. 1194)

Zum Atomgesetz wurden ua folgende Vorschriften erlassen:

- Atomrechtliche AbfallverbringungsVO – AtAV v. 30.4.2009 (BGBl. I S. 1000), zuletzt geänd. durch VO v. 19.6.2020 (BGBl. I S. 1328)
- Atomrechtliche DeckungsvorsorgeVO – AtDeckV v. 25.1.1977 (BGBl. I S. 220), zuletzt geänd. durch VO v. 29.11.2018 (BGBl. I S. 2034)
- Atomrechtliche Sicherheitsbeauftragten- und MeldeVO – AtSMV v. 14.10.1992 (BGBl. I S. 1766), zuletzt geänd. durch VO v. 29.11.2018 (BGBl. I S. 2034)
- Atomrechtliche VerfahrensVO – AtVfV idF der Bek. v. 3.2.1995 (BGBl. I S. 180), zuletzt geänd. durch VO v. 11.11.2020 (BGBl. I S. 2428)
- Atomrechtliche ZuverlässigkeitsüberprüfungsVO – AtZüV v. 1.7.1999 (BGBl. I S. 1525), zuletzt geänd. durch VO v. 29.11.2018 (BGBl. I S. 2034)
- EndlagervorausleistungsVO – EndlagerVlV v. 28.4.1982 (BGBl. I S. 562), zuletzt geänd. durch G v. 7.12.2020 (BGBl. I S. 2760)
- KostenVO zum Atomgesetz – AtKostV v. 17.12.1981 (BGBl. I S. 1457), zuletzt geänd. durch G v. 20.5. 2021 (BGBl. I S. 1194)
- VO über radioaktive oder mit ionisierenden Strahlen behandelte Arzneimittel – AMRadV idF der Bek. v. 19.1.2007 (BGBl. I S. 48), zuletzt geänd. durch VO v. 29.11.2018 (BGBl. I S. 2034)
- StrahlenschutzVO – StrlSchV v. 29.11.2018 (BGBl. I S. 2034, 2036), zuletzt geänd. durch G v. 20.5. 2021 (BGBl. I S. 1194)

[1)] Die Änd. tritt gem. Art. 5 Abs. 1 Satz 1 des ÄndG an dem Tag in Kraft, an dem das Protokoll v. 12.2. 2004 zur Änd. des Pariser Übereinkommens vom 29.7.1960 idF des Zusatzprotokolls v. 28.1.1964 und des Protokolls vom 16.11.1982 nach seinem Art. 20 in Kraft tritt.

2. eine Schätzung der zukünftig anfallenden oder zu lagernden Mengen abgebrannter Brennelemente und radioaktiver Abfälle, klassifiziert nach Arten und Eigenschaften sowie unter Berücksichtigung von Stilllegungsmaßnahmen.

(2) [1] Zur Vorbereitung der Erstellung der Bestandsaufnahme nach Absatz 1 sind die nach § 9a Absatz 1 Satz 1 Entsorgungspflichtigen und die Besitzer abgebrannter Brennelemente oder radioaktiver Abfälle, sofern beide ihre radioaktiven Abfälle nicht nach einer aufgrund dieses Gesetzes erlassenen Rechtsverordnung an eine Landessammelstelle abzuliefern haben, verpflichtet, die erforderlichen und nicht bereits nach § 2c Absatz 4 vorzulegenden Auskünfte auf Verlangen des zuständigen Bundesministeriums zu erteilen. [2] Die Übermittlung des Auskunftsverlangens nach diesem Absatz an die Auskunftsverpflichteten und der erteilten Auskünfte an das für die kerntechnische Sicherheit und den Strahlenschutz zuständige Bundesministerium erfolgt über die zuständigen Behörden der Länder.

§ 10[1)] [Ermächtigung zur Zulassung von Ausnahmen] [1] Durch Rechtsverordnung können Ausnahmen von den Vorschriften der §§ 3 bis 7 und 9 zugelassen werden, soweit wegen der Menge oder Beschaffenheit der Kernbrennstoffe oder wegen bestimmter Schutzmaßnahmen oder Schutzeinrichtungen nicht mit Schäden infolge einer sich selbst tragenden Kettenreaktion oder infolge der Wirkung ionisierender Strahlen zu rechnen ist und soweit die in § 1 Nr. 3 und 4 bezeichneten Zwecke nicht entgegenstehen. [2] Für radioaktive Abfälle können durch Rechtsverordnung nach § 11 Abs. 1 Nr. 6 Ausnahmen von den Vorschriften des § 3 getroffen werden.

§ 10a[2)] Erstreckung auf strahlenschutzrechtliche Genehmigungen; Ausnahmen vom Erfordernis der Genehmigung. (1) Eine Genehmigung nach § 3 Absatz 1 kann sich auch auf eine genehmigungsbedürftige Verbringung nach der auf Grund des § 30 des Strahlenschutzgesetzes erlassenen Rechtsverordnung beziehen.

(2) Eine Genehmigung nach den §§ 6, 7, 9 oder 9b oder ein Planfeststellungsbeschluss nach § 9b kann sich auch auf einen genehmigungsbedürftigen Umgang nach § 12 Absatz 1 Nummer 3 des Strahlenschutzgesetzes beziehen.

(3) Eine Genehmigung nach § 4 Absatz 1 kann sich auf eine genehmigungsbedürftige Beförderung nach § 27 des Strahlenschutzgesetzes beziehen, soweit es sich um denselben Beförderungsvorgang handelt.

(4) Wer als Arbeitnehmer oder Arbeitnehmerin oder anderweitig unter der Aufsicht stehend im Rahmen einer nach diesem Gesetz genehmigungsbedürftigen Tätigkeit beschäftigt wird, bedarf keiner Genehmigung nach diesem Gesetz.

§ 11[3)] Ermächtigungsvorschriften (Genehmigung, Anzeige, allgemeine Zulassung) (1) Soweit nicht durch dieses Gesetz für Kernbrennstoffe und für Anlagen im Sinne des § 7 eine besondere Regelung getroffen ist, kann durch

---

1) § 10 Satz 2 angef. durch G v. 6.4.1998 (BGBl. I S. 694).

2) § 10a eingef. mWv 31.12.2018 durch G v. 27.6.2017 (BGBl. I S. 1966).

3) § 11 Abs. 1 Nr. 6 angef. und Abs. 2 geänd. durch G v. 6.4.1998 (BGBl. I S. 694); Abs. 1 Nr. 1 und 5 geänd., Nr. 7 und 8 sowie Abs. 3 angef. mWv 11.5.2000 durch G v. 3.5.2000 (BGBl. I S. 636, ber. S. 1350); Abs. 1 Nr. 8 geänd. mWv 1.1.2002 durch G v. 13.12.2001 (BGBl. I S. 3586); Abs. 1 Nr. 4 geänd. mWv 27.4.2002 durch G v. 22.4.2002 (BGBl. I S. 1351); Abs. 3 geänd. mWv 1.6.2012 durch G v. 24.2.2012 (BGBl. I S. 212); Abs. 1 Nr. 8 geänd. mWv 26.11.2015 durch G v. 20.11.2015 (BGBl. I S. 2053); Abs. 1 Nr. 1 geänd. mWv 1.10.2017, Nr. 2, 3, 7 und 8 aufgeh., bish. Nr. 4–6 werden Nr. 2–4 mWv 31.12.2018 durch G v. 27.6.2017 (BGBl. I S. 1966); Abs. 2 geänd. mWv 5.6.2021 durch G v. 20.5. 2021 (BGBl. I S. 1194).

Rechtsverordnung[1)] zur Erreichung der in § 1 bezeichneten Zwecke bestimmt werden,

1. daß die Aufsuchung von radioaktiven Stoffen, der Umgang mit radioaktiven Stoffen, der Verkehr mit radioaktiven Stoffen (Erwerb und Abgabe an andere), die Beförderung und die Ein- und Ausfuhr dieser Stoffe einer Genehmigung oder Anzeige bedürfen sowie unter welchen Voraussetzungen und mit welchen Nebenbestimmungen sowie in welchem Verfahren eine Freigabe radioaktiver Stoffe zum Zweck der Entlassung aus der Überwachung nach diesem Gesetz oder einer auf Grund dieses Gesetzes erlassenen Rechtsverordnung oder eine Entlassung radioaktiver Stoffe natürlichen Ursprungs aus der Überwachung nach diesen Vorschriften erfolgt, wer die Freigabe beantragen kann und welche Pflichten im Zusammenhang mit der Freigabe zu beachten sind, insbesondere, dass und auf welche Weise über diese Stoffe Buch zu führen und der zuständigen Behörde Mitteilung zu erstatten ist und welches Verfahren anzuwenden ist sowie welche Mitteilungspflichten bestehen, wenn die Voraussetzungen für die Freigabe nicht mehr bestehen,
2. daß sicherheitstechnisch bedeutsame Anlagenteile, mit deren Fertigung bereits vor Antragstellung oder vor Erteilung einer Genehmigung begonnen werden soll, in Anlagen nach § 7 Abs. 1 Satz 1 nur dann eingebaut werden dürfen, wenn für die Vorfertigung ein berechtigtes Interesse besteht und in einem Prüfverfahren nachgewiesen wird, daß Werkstoffe, Auslegung, Konstruktion und Fertigung die Voraussetzungen nach § 7 Abs. 2 Nr. 3 erfüllen, welche Behörde für das Verfahren zuständig ist, welche Unterlagen beizubringen sind und welche Rechtswirkungen der Zulassung der Vorfertigung zukommen sollen,
3. daß radioaktive Stoffe in bestimmter Art und Weise oder für bestimmte Zwecke nicht verwendet oder nur in bestimmter Art und Weise beseitigt oder nicht in Verkehr gebracht oder grenzüberschreitend verbracht werden dürfen, soweit das Verbot zum Schutz von Leben und Gesundheit der Bevölkerung vor den Gefahren radioaktiver Stoffe oder zur Durchsetzung von Beschlüssen internationaler Organisationen, deren Mitglied die Bundesrepublik Deutschland ist, erforderlich ist,
4. daß zur Umsetzung von Rechtsakten der Europäischen Gemeinschaften die Ein-, Aus- und Durchfuhr (grenzüberschreitende Verbringung) radioaktiver Stoffe einer Genehmigung oder Zustimmung bedarf, Anzeigen und Meldungen zu erstatten und Unterlagen mitzuführen sind. Es kann weiterhin bestimmt werden, daß Zustimmungen mit Nebenbestimmungen versehen werden können,

(2) Die Rechtsverordnung kann Genehmigungen, Zustimmungen nach Absatz 1 Nummer 4 und allgemeine Zulassungen im Rahmen der Zweckbestimmung dieses Gesetzes von persönlichen und sachlichen Voraussetzungen abhängig machen sowie das Verfahren bei Genehmigungen, Zustimmungen nach Absatz 1 Nummer 4 und allgemeinen Zulassungen regeln.

(3) Sofern eine Freigabe radioaktiver Stoffe oder eine Entlassung radioaktiver Stoffe natürlichen Ursprungs nach einer auf Grund von Absatz 1 Nr. 1 erlassenen Rechtsverordnung die Beseitigung nach den Vorschriften des Kreislaufwirtschafts-

---

[1)] *Siehe die Atomrechtliche* Sicherheitsbeauftragten- und MeldeVO v. 14.10.1992 (BGBl. I S. 1766), zuletzt geänd. durch VO v. 29.11.2018 (BGBl. I S. 2034) und die Atomrechtliche AbfallverbringungsVO v. 30.4.2009 (BGBl. I S. 1000), zuletzt geänd. durch VO v. 19.6.2020 (BGBl. I S. 1328); siehe auch die Fußnote zu § 10.

gesetzes[1] oder den auf dessen Grundlage oder auf der Grundlage des bis zum 1. Juni 2012 geltenden Kreislaufwirtschafts- und Abfallgesetzes[2] erlassenen Rechtsverordnungen vorsieht, dürfen diese Stoffe nach den genannten Vorschriften nicht wieder verwendet oder verwertet werden.

§ 12[3] Ermächtigungsvorschriften (Schutzmaßnahmen) [1]Durch Rechtsverordnung[4] kann zur Erreichung der in § 1 bezeichneten Zwecke bestimmt werden,

(Fortsetzung nächstes Blatt)

---

[1] Nr. **298**.

[2] **Gewerberecht Nr. 850.**

[3] § 12 Abs. 1 Satz 1 Nr. 9 und 10 neu gef. durch G v. 9.10.1989 (BGBl. I S. 1830); Abs. 1 Satz 1 Nr. 8, 9, 10 geänd. durch G v. 6.4.1998 (BGBl. I S. 694); Abs. 1 Satz 1 Nr. 1, 4 und 11 geänd., Nr. 12 neu gef., Nr. 3a–3c, 4a, 7a, 9a und 10a eingef. mWv 11.5.2000 durch G v. 3.5.2000 (BGBl. I S. 636, ber. S. 1350); Abs. 1 Satz 1 Nr. 8 und 10 geänd., Nr. 9 neu gef. mWv 27.4.2002 durch G v. 22.4.2002 (BGBl. I S. 1351); Abs. 1 Nr. 12 geänd. mWv 30.7.2016 durch G v. 26.7.2016 (BGBl. I S. 1843); bish. Abs. 1 Satz 1 Nr. 1 neu gef., Nr. 3–4a, 7a und 9a und 10a aufgeh., bish. Nr. 7, 10, 11 und 12 geänd., bish. Nr. 5–13 werden Nr. 3–11, Abs. 2 aufgeh. mWv 31.12.2018 durch G v. 27.6.2017 (BGBl. I S. 1966).

[4] Siehe die Atomrechtliche Sicherheitsbeauftragten- und MeldeVO – AtSMV v. 14.10.1992 (BGBl. I S. 1766), zuletzt geänd. durch VO v. 29.11.2018 (BGBl. I S. 2034), und die Atomrechtliche ZuverlässigkeitsüberprüfungsVO v. 1.7.1999 (BGBl. I S. 1525), zuletzt geänd. durch VO v. 29.11.2018 (BGBl. I S. 2034).

(3) 1 Wer eine sonstige kerntechnische Anlage nach § 2 Absatz 3a Nummer 1 betreibt, hat alle zehn Jahre eine Überprüfung und Bewertung der nuklearen Sicherheit der jeweiligen Anlage durchzuführen und die nukleare Sicherheit der Anlage kontinuierlich zu verbessern. 2 Die Ergebnisse der Überprüfung und Bewertung sind der Aufsichtbehörde vorzulegen.

(4) 1 Die Bewertungen nach Absatz 1 oder Absatz 3 umfassen auch die Überprüfung, dass Maßnahmen zur Verhütung von Unfällen und zur Abmilderung von Unfallfolgen getroffen sind, einschließlich der Überprüfung der physischen Barrieren sowie der administrativen Schutzvorkehrungen des Genehmigungsinhabers, die versagen müssen, bevor Leben, Gesundheit und Sachgüter durch die Wirkung ionisierender Strahlen geschädigt würden. 2 Die zuständige Aufsichtsbehörde kann nähere Anordnungen zu dem Umfang der Überprüfung und Bewertung durch den Genehmigungsinhaber treffen.

§ 20[1)] **Sachverständige.** 1 Im Genehmigungs- und Aufsichtsverfahren nach diesem Gesetz und den auf Grund dieses Gesetzes ergangenen Rechtsverordnungen können von den zuständigen Behörden Sachverständige zugezogen werden. 2 § 36 des Produktsicherheitsgesetzes[2)] findet entsprechende Anwendung.

§ 21[3)] **Kosten.** (1) Kosten (Gebühren und Auslagen) werden erhoben

1. für Entscheidungen über Anträge nach den §§ 4, 6, 7, 7a, 9, 9a und 9b;
2. für Festsetzungen nach § 4b Abs. 1 Satz 2 und § 13 Abs. 1 Satz 2, für Entscheidungen nach § 9b Abs. 3 Satz 2, für Entscheidungen nach § 17 Abs. 1 Satz 3, Abs. 2, 3, 4 und 5, soweit nach § 18 Abs. 2 eine Entschädigungspflicht nicht gegeben ist, und für Entscheidungen nach § 19 Abs. 3;
3. für die staatliche Verwahrung von Kernbrennstoffen nach § 5 Abs. 1;
4. für sonstige Amtshandlungen einschließlich Prüfungen und Untersuchungen des Bundesamtes für die Sicherheit der nuklearen Entsorgung, soweit es nach § 23d zuständig ist;

4a. für Entscheidungen nach §§ 9d bis 9g;

5. für die in der Rechtsverordnung nach Absatz 3 näher zu bestimmenden sonstigen Aufsichtsmaßnahmen nach § 19;
6. für die Prüfung der Ergebnisse der Sicherheitsüberprüfung und Bewertung nach § 19a Absatz 1 sowie für die Prüfung der Ergebnisse der Überprüfung und Bewertung nach § 19a Absatz 3.

---

1) § 20 Satz 2 geänd. durch G v. 26.8.1992 (BGBl. I S. 1564); Satz 2 geänd. mWv 1.5.2004 durch G v. 6.1.2004 (BGBl. I S. 2); Satz 2 geänd. mWv 1.12.2011 durch G v. 8.11.2011 (BGBl. I S. 2178).

2) **Sartorius ErgBd. Nr. 803.**

3) § 21 Abs. 1 Nr. 4 und Abs. 3 Satz 4 geänd. durch G v. 9.10.1989 (BGBl. I S. 1830); Abs. 1 Nr. 2 geänd. durch G v. 12.2.1990 (BGBl. I S. 205); Abs. 1 Nr. 4a eingef. durch G v. 6.4.1998 (BGBl. I S. 694); Abs. 1 Nr. 4 geänd. mWv 1.8.2001, Abs. 1a eingef. mWv 11.5.2000 durch G v. 3.5.2000 (BGBl. I S. 636, ber. S. 1350); Abs. 1 Nr. 1 und 5 geänd., Nr. 4a neu gef. und Nr. 6 angef. mWv 27.4.2002 durch G v. 22.4.2002 (BGBl. I S. 1351); Abs. 1 Nr. 4a geänd., Nr. 6 neu gef. mWv 27.12.2010 durch G v. 8.12.2010 (BGBl. I S. 1817); Abs. 1a Satz 3 angef. mWv 1.1.2014 durch G v. 23.7.2013 (BGBl. I S. 2553); Abs. 3 Sätze 1, 4 und 5 geänd. mWv 15.8.2013 durch G v. 7.8.2013 (BGBl. I S. 3154); Abs. 1 Nr. 4 neu gef. mWv 30.7.2016 durch G v. 26.7.2016 (BGBl. I S. 1843); Abs. 1 Nr. 4 geänd. mWv 1.1.2020 durch G v. 12.12.2019 (BGBl. I S. 2510); Abs. 1b eingef. mWv 1.1.2021 durch G v. 7.12.2020 (BGBl. I S. 2760); Abs. 1 Nr. 4 geänd. mWv 5.6.2021 durch G v. 20.5.2021 (BGBl. I S. 1194).

(1a) [1] In den Fällen

1. des Widerrufs oder der Rücknahme einer in Absatz 1 bezeichneten Amtshandlung, sofern der Betroffene dies zu vertreten hat und nicht bereits nach Absatz 1 Kosten erhoben werden,
2. der Ablehnung eines Antrages auf Vornahme einer in Absatz 1 bezeichneten Amtshandlung aus anderen Gründen als wegen Unzuständigkeit der Behörde,
3. der Zurücknahme eines Antrages auf Vornahme einer in Absatz 1 bezeichneten Amtshandlung nach Beginn der sachlichen Bearbeitung, jedoch vor deren Beendigung,
4. der vollständigen oder teilweisen Zurückweisung oder der Zurücknahme eines Widerspruchs gegen
   a) eine in Absatz 1 bezeichnete Amtshandlung oder
   b) eine nach Absatz 1 in Verbindung mit der nach Absatz 3 erlassenen Rechtsverordnung festgesetzte Kostenentscheidung

werden Kosten erhoben. [2] Die Gebühr darf in den Fällen des Satzes 1 Nr. 1, 2 und 4 Buchstabe a bis zur Höhe der für eine Amtshandlung festzusetzenden Gebühr, in den Fällen des Satzes 1 Nr. 3 bis zur Höhe von drei Vierteln der für die Amtshandlung festzusetzenden Gebühr und in den Fällen des Satzes 1 Nr. 4 Buchstabe b bis zur Höhe von 10 vom Hundert des streitigen Beitrages festgesetzt werden. [3] Für Entscheidungen über Anträge nach § 6, die auf Grund der Verpflichtung nach § 9a Absatz 2a gestellt werden, werden keine Gebühren erhoben.

(1b) [1] Die Absätze 1 und 1a gelten nicht für Entscheidungen von Landesbehörden über Anträge auf Genehmigung von Maßnahmen im Zusammenhang mit dem Weiterbetrieb der Schachtanlage Asse II nach § 57b Absatz 2 Satz 2, einschließlich einer Rückholung radioaktiver Abfälle und hiermit im Zusammenhang stehender Maßnahmen, bis zur Stilllegung. [2] Auf Entscheidungen nach Satz 1 findet Absatz 5 Anwendung.

(2) Vergütungen für Sachverständige sind als Auslagen zu erstatten, soweit sie sich auf Beträge beschränken, die unter Berücksichtigung der erforderlichen fachlichen Kenntnisse und besonderer Schwierigkeiten der Begutachtung, Prüfung und Untersuchung als Gegenleistung für die Tätigkeit des Sachverständigen angemessen sind.

(3) [1] Das Nähere wird durch Rechtsverordnung[1)] nach den Grundsätzen des Verwaltungskostengesetzes[2)] in der bis zum 14. August 2013 geltenden Fassung geregelt. [2] Dabei sind die gebührenpflichtigen Tatbestände näher zu bestimmen und die Gebühren durch feste Sätze, Rahmensätze oder nach dem Wert des Gegenstandes zu bestimmen. [3] Die Gebührensätze sind so zu bemessen, daß der mit den Amtshandlungen, Prüfungen oder Untersuchungen verbundene Personal- und Sachaufwand gedeckt wird; bei begünstigenden Amtshandlungen kann daneben die Bedeutung, der wirtschaftliche Wert oder der sonstige Nutzen für den Gebührenschuldner angemessen berücksichtigt werden. [4] In der Verordnung können die Kostenbefreiung des Bundesamtes für Strahlenschutz und die Verpflichtung zur Zahlung von Gebühren für die Amtshandlungen bestimmter Behörden abweichend von § 8 des Verwaltungskostengesetzes in der bis zum 14. August 2013 geltenden Fassung geregelt werden. [5] Die Verjährungsfrist der Kostenschuld kann abweichend von § 20 des Verwaltungskostengesetzes in der bis zum 14. Au-

---

[1)] Siehe die KostenVO zum Atomgesetz v. 17.12.1981 (BGBl. I S. 1457), zuletzt geänd. durch G v. 20.5.2021 (BGBl. I S. 1194).

[2)] **Gewerberecht Nr. 940.**

gust 2013 geltenden Fassung verlängert werden. [6] Es kann bestimmt werden, daß die Verordnung auch auf die bei ihrem Inkrafttreten anhängigen Verwaltungsverfahren anzuwenden ist, soweit in diesem Zeitpunkt die Kosten nicht bereits festgesetzt sind.

(4) Die Aufwendungen für Schutzmaßnahmen und für ärztliche Untersuchungen, die auf Grund dieses Gesetzes oder einer nach diesem Gesetz erlassenen Rechtsverordnung durchgeführt werden, trägt, wer nach diesem Gesetz oder einer nach diesem Gesetz zu erlassenden Rechtsverordnung einer Genehmigung bedarf oder verpflichtet ist, die Tätigkeit anzuzeigen, zu der die Schutzmaßnahme oder die ärztliche Untersuchung erforderlich wird.

(5) Im übrigen gelten bei der Ausführung dieses Gesetzes und von Rechtsverordnungen, die auf Grund des § 7 Abs. 4 Satz 3 und Abs. 5, des § 7a Abs. 2 und der §§ 10 bis 12 erlassen sind, durch Landesbehörden vorbehaltlich des Absatzes 2 die landesrechtlichen Kostenvorschriften.

§ 21a[1)] Kosten (Gebühren und Auslagen) oder Entgelte für die Benutzung von Anlagen nach § 9a Abs. 3. (1) [1] Für die Benutzung von Anlagen nach § 9a Abs. 3 werden von den Ablieferungspflichtigen Kosten (Gebühren und Auslagen) erhoben. [2] Als Auslagen können auch Vergütungen nach § 21 Abs. 2 und Aufwendungen nach § 21 Abs. 4 erhoben werden. [3] Die allgemeinen gebührenrechtlichen Grundsätze über Entstehung der Gebühr, Gebührengläubiger, Gebührenschuldner, Gebührenentscheidung, Vorschußzahlung, Sicherheitsleistung, Fälligkeit, Säumniszuschlag, Stundung, Niederschlagung, Erlaß, Verjährung, Erstattung und Rechtsbehelfe finden nach Maßgabe der §§ 11, 12, 13 Abs. 2, §§ 14 und 16 bis 22 des Verwaltungskostengesetzes[2)] in der bis zum 14. August 2013 geltenden Fassung Anwendung, soweit nicht in der Rechtsverordnung nach Absatz 2 Abweichendes bestimmt wird. [4] Im Übrigen gelten bei der Erhebung von Kosten in Ausführung dieses Gesetzes durch Landesbehörden die landesrechtlichen Kostenvorschriften.

(2) [1] Durch Rechtsverordnung können die kostenpflichtigen Tatbestände nach Absatz 1 näher bestimmt und dabei feste Sätze oder Rahmensätze vorgesehen werden. [2] Die Gebührensätze sind so zu bemessen, daß sie die nach betriebswirtschaftlichen Grundsätzen ansatzfähigen Kosten der laufenden Verwaltung und Unterhaltung der Anlagen nach § 9a Abs. 3 decken. [3] Dazu gehören auch die Verzinsung und die Abschreibung des aufgewandten Kapitals. [4] Die Abschreibung ist nach der mutmaßlichen Nutzungsdauer und der Art der Nutzung gleichmäßig zu bemessen. [5] Der aus Beiträgen nach § 21b sowie aus Leistungen und Zuschüssen Dritter aufgebrachte Kapitalanteil bleibt bei der Verzinsung unberücksichtigt. [6] Bei der Gebührenbemessung sind ferner Umfang und Art der jeweiligen Benutzung zu berücksichtigen. [7] Zur Deckung des Investitionsaufwandes für Landessammelstellen kann bei der Benutzung eine Grundgebühr erhoben werden. [8] Bei der Bemessung der Kosten oder Entgelte, die bei der Ablieferung an eine Landessammelstelle erhoben werden, können die Aufwendungen, die bei der anschließenden Abführung an Anlagen des Bundes anfallen, sowie Vorausleistungen nach § 21b Abs. 2 einbezogen werden. [9] Sie sind an den Bund abzuführen.

(3) [1] Die Landessammelstellen können für die Benutzung an Stelle von Kosten ein Entgelt nach Maßgabe einer Benutzungsordnung erheben. [2] Bei der Berech-

[1)] § 21a Abs. 1 Satz 4 angef. mWv 27.7.2013 durch G v. 23.7.2013 (BGBl. I S. 2553); Abs. 1 Satz 3 geänd. mWv 15.8.2013 durch G v. 7.8.2013 (BGBl. I S. 3154).

[2)] **Gewerberecht Nr. 940.**

nung des Entgeltes sind die in Absatz 2 enthaltenen Bemessungsgrundsätze zu berücksichtigen.

§ 21b[1] **Beiträge.** (1) [1]Zur Deckung des notwendigen Aufwandes für die Planung, den Erwerb von Grundstücken und Rechten, die anlagenbezogene Forschung und Entwicklung, die Erkundung, die Unterhaltung von Grundstücken und Einrichtungen sowie die Errichtung, die Erweiterung und die Erneuerung von Anlagen des Bundes nach § 9a Abs. 3 werden von demjenigen, dem sich ein Vorteil durch die Möglichkeit der Inanspruchnahme dieser Anlagen zur geordneten Beseitigung radioaktiver Abfälle nach § 9a Abs. 1 Satz 1 bietet, Beiträge erhoben. [2]Der notwendige Aufwand umfaßt auch den Wert der aus dem Vermögen des Trägers der Anlage bereitgestellten Sachen und Rechte im Zeitpunkt der Bereitstellung.

(2) Von demjenigen, der einen Antrag auf Erteilung einer Genehmigung nach den §§ 6, 7 oder 9 oder nach § 12 Absatz 1 Nummer 1 oder 3 des Strahlenschutzgesetzes zum Umgang mit radioaktiven Stoffen oder zur Erzeugung ionisierender Strahlung gestellt hat oder dem eine entsprechende Genehmigung erteilt worden ist, können Vorausleistungen auf den Betrag verlangt werden, wenn mit der Durchführung einer Maßnahme nach Absatz 1 Satz 1 begonnen worden ist.

(3) [1]Das Nähere über Erhebung, Befreiung, Stundung, Erlaß und Erstattung von Beiträgen und von Vorausleistungen kann durch Rechtsverordnung[2] geregelt werden. [2]Dabei können die Beitragsberechtigten, die Beitragspflichtigen und der Zeitpunkt der Entstehung der Beitragspflicht bestimmt werden. [3]Die Beiträge sind so zu bemessen, daß sie den nach betriebswirtschaftlichen Grundsätzen ansatzfähigen Aufwand nach Absatz 1 decken. [4]Die Beiträge müssen in einem angemessenen Verhältnis zu den Vorteilen stehen, die der Beitragspflichtige durch die Anlage erlangt. [5]Vorausleistungen auf Beiträge sind mit angemessener Verzinsung zu erstatten, soweit sie die nach dem tatsächlichen Aufwand ermittelten Beiträge übersteigen.

(4) Bereits erhobene Beiträge oder Vorausleistungen, soweit sie zur Deckung entstandener Aufwendungen erhoben worden sind, werden nicht erstattet, wenn eine Anlage des Bundes nach § 9a Abs. 3 endgültig nicht errichtet oder betrieben wird oder wenn der Beitrags- oder Vorausleistungspflichtige den Vorteil nach Absatz 1 Satz 1 nicht wahrnimmt.

§ 21c[3] **Öffentlich-rechtlicher Vertrag.** Zur Ablösung der nach den §§ 21a und 21b zu erhebenden Kosten, Entgelte und Beiträge können im Einzelfall unter Berücksichtigung der in § 21a Absatz 2 Satz 2 bis 6 und § 21b Absatz 3 Satz 3 bis 5 geregelten Grundsätze öffentlich-rechtliche Verträge geschlossen werden.

---

[1] § 21b Abs. 3 Satz 3 neu gef. durch G v. 9.10.1989 (BGBl. I S. 1830); Abs. 1, Abs. 2 geänd. und Abs. 4 angef. durch G v. 6.4.1998 (BGBl. I S. 694); Abs. 1 Satz 1 und Abs. 4 geänd. mWv 27.4.2002 durch G v. 22.4.2002 (BGBl. I S. 1351); Abs. 2 Satz 2 angef. mWv 16.6.2017 durch G v. 27.1.2017 (BGBl. I S. 114) iVm Bek. v. 16.6.2017 (BGBl. I S. 1676); Abs. 2 neu gef. mWv 31.12.2018 durch G v. 27.6.2017 (BGBl. I S. 1966).

[2] Siehe die EndlagervorausleistungsVO v. 28.4.1982 (BGBl. I S. 562), zuletzt geänd. durch G v. 7.12.2020 (BGBl. I S. 2760).

[3] § 21c eingef. mWv 1.1.2020 durch G v. 12.12.2019 (BGBl. I S. 2510).

Dritter Abschnitt. Verwaltungsbehörden

§ 22[1] Zuständigkeit für grenzüberschreitende Verbringungen und deren Überwachung. (1) [1]Über Anträge auf Erteilung einer Genehmigung nach § 3 sowie über die Rücknahme oder den Widerruf einer erteilten Genehmigung entscheidet das Bundesamt für Wirtschaft und Ausfuhrkontrolle (BAFA). [2]Das Gleiche gilt, soweit die auf Grund des § 11 ergehenden Rechtsverordnungen das Erfordernis von Genehmigungen und Zustimmungen sowie die Prüfung von Anzeigen für grenzüberschreitende Verbringungen vorsehen.

(2) [1]Die Zollbehörden wirken bei der Überwachung von grenzüberschreitenden Verbringungen mit. [2]Die Zollbehörden können

1. grenzüberschreitend verbrachte Sendungen mit radioaktiven Stoffen sowie deren Beförderungsmittel, Behälter, Lademittel und Verpackungsmittel zur Überwachung anhalten,
2. einen auf Grund tatsächlicher Anhaltspunkte bestehenden Verdacht von Verstößen gegen Verbote und Beschränkungen nach diesem Gesetz oder einer auf Grund des § 11 ergehenden Rechtsverordnung, der sich bei der Wahrnehmung ihrer Aufgaben ergibt, den zuständigen Behörden mitteilen und
3. in den Fällen der Nummer 2 anordnen, dass Sendungen nach Nummer 1 auf Kosten und Gefahr des Verfügungsberechtigten den zuständigen Behörden vorgeführt werden.

[3]Das Brief- und Postgeheimnis nach Artikel 10 des Grundgesetzes[2] wird nach Maßgabe der Sätze 1 und 2 eingeschränkt.

(3) Soweit das Bundesamt für Wirtschaft und Ausfuhrkontrolle (BAFA) auf Grund des Absatzes 1 entscheidet, ist es unbeschadet seiner Unterstellung unter das Bundesministerium für Wirtschaft und Energie und dessen auf anderen Rechtsvorschriften beruhender Weisungsbefugnisse an die fachlichen Weisungen des für die kerntechnische Sicherheit und den Strahlenschutz zuständigen Bundesministeriums gebunden.

§ 23[3] Ausstattung der zuständigen Behörden. Die für die Ausführung dieses Gesetzes zuständigen Behörden verfügen über eine zur Erfüllung ihrer gesetzlichen Aufgaben angemessene Ausstattung an Finanzmitteln und eine angemessene Personalausstattung.

§ 23a[4] Zuständigkeit des Bundesverwaltungsamtes. Das Bundesverwaltungsamt ist für Entscheidungen nach den §§ 9d bis 9g zuständig.

---

[1] § 22 Abs. 1 Satz 1 und Abs. 3 geänd. durch G v. 18.2.1992 (BGBl. I S. 376); Abs. 2 geänd. durch G v. 21.12.1992 (BGBl. I S. 2150); Überschrift, Abs. 1 Satz 2 und Abs. 2 geänd. durch G v. 6.4.1998 (BGBl. I S. 694); Abs. 1 Satz 1 und Abs. 3 geänd. mWv. 1.1.2001 durch G v. 21.12.2000 (BGBl. I S. 1956); Abs. 2 und 3 geänd. mWv 7.11.2001 durch VO v. 29.10.2001 (BGBl. I S. 2785); Abs. 3 geänd. mWv 28.11.2003 durch VO v. 25.11.2003 (BGBl. I S. 2304); Abs. 3 geänd. mWv 8.11.2006 durch VO v. 31.10.2006 (BGBl. I S. 2407); Abs. 1 Satz 2 geänd. mWv 27.12.2010 durch G v. 8.12.2010 (BGBl. I S. 1817); Abs. 3 geänd. mWv 8.9.2015 durch VO v. 31.8.2015 (BGBl. I S. 1474); Abs. 2 Sätze 2 und 3 angef. mWv 31.12.2018 durch G v. 27.6.2017 (BGBl. I S. 1966); Abs. 2 Satz 1 neu gef., Satz 2 einl. Satzteil geänd. mWv 5.6.2021 durch G v. 20.5.2021 (BGBl. I S. 1194).

[2] Nr. **1**.

[3] § 23 neu gef. mWv 1.1.2021 durch G v. 7.12.2020 (BGBl. I S. 2760).

[4] § 23a eingef. durch G v. 6.4.1998 (BGBl I S. 694); geänd. mWv 27.4.2002 durch G v. 22.4.2002 (BGBl. I S. 1351); geänd. mWv 27.12.2010 durch G v. 8.12.2010 (BGBl. I S. 1817).

§§ 23b, 23c[1] *(aufgehoben)*

§ 23d[2) 3)] **Zuständigkeit des Bundesamtes für die Sicherheit der nuklearen Entsorgung.** [1]Das Bundesamt für die Sicherheit der nuklearen Entsorgung ist zuständig für

1. die Planfeststellung und Genehmigung nach § 9b und deren Aufhebung,
2. die Aufsicht über Anlagen des Bundes nach § 9a Absatz 3 Satz 1 und die Schachtanlage Asse II nach § 19 Absatz 5,
3. die Erteilung der bergrechtlichen Zulassungen und sonstiger erforderlicher bergrechtlicher Erlaubnisse und Genehmigungen bei Zulassungsverfahren nach § 9b für die Errichtung, den Betrieb und die Stilllegung von Anlagen des Bundes zur Sicherstellung und Endlagerung nach § 9a Absatz 3 im Benehmen mit der zuständigen Bergbehörde des jeweiligen Landes,
4. die Bergaufsicht nach den §§ 69 bis 74 des Bundesberggesetzes[4] über Anlagen des Bundes zur Sicherstellung und Endlagerung nach § 9a Absatz 3,
5. die Erteilung von wasserrechtlichen Erlaubnissen oder Bewilligungen bei Zulassungsverfahren nach § 9b für Anlagen des Bundes zur Sicherstellung und Endlagerung nach § 9a Absatz 3 im Benehmen mit der zuständigen Wasserbehörde,
6. die Genehmigung der Beförderung von Kernbrennstoffen sowie deren Rücknahme oder Widerruf,
7. die Genehmigung der Aufbewahrung von Kernbrennstoffen außerhalb der staatlichen Verwahrung, soweit diese nicht Vorbereitung oder Teil einer nach § 7 oder § 9 genehmigungsbedürftigen Tätigkeit ist, sowie deren Rücknahme oder Widerruf,
8. die staatliche Verwahrung von Kernbrennstoffen einschließlich des Erlasses von Entscheidungen nach § 5 Absatz 7 Satz 1 und
9. die Entgegennahme und Bekanntmachung von Informationen nach § 7 Absatz 1c.

[2]In den Fällen, in denen der Standort nach dem Standortauswahlgesetz[5] durch Bundesgesetz festgelegt wird, gelten die Zuständigkeitsregelungen des Satzes 1 erst nach dieser abschließenden Entscheidung über den Standort.

---

[1] § 23b aufgeh. mWv 31.12.2018 durch G v. 27.6.2017 (BGBl. I S. 1966), § 23c aufgeh. mWv 15.7.2016 durch G v. 8.7.2016 (BGBl. I S. 1594).

[2] § 23d eingef. mWv 1.1.2014 durch G v. 23.7.2013 (BGBl. I S. 2553); Überschrift, Satz 1 einl. Satzteil geänd., Nr. 2 eingef., bish. Nr. 2–4 werden Nr. 3–5, neue Nr. 4 und 5 geänd., Nr. 6–9 und Satz 3 angef. mWv 30.7.2016 durch G v. 26.7.2016 (BGBl. I S. 1843); Satz 1 Nr. 6 geänd., Satz 3 aufgeh. mWv 31.12.2018 durch G v. 27.6.2017 (BGBl. I S. 1966); Überschrift und Satz 1 einl. Satzteil geänd. mWv 1.1.2020 durch G v. 12.12.2019 (BGBl. I S. 2510).

[3] Das Bundesamt für die Sicherheit der nuklearen Entsorgung (BASE) hat zum 1.9.2014 seine Tätigkeit aufgenommen; siehe das BASE-ErrichtungsG v. 23.7.2013 (BGBl. I S. 2553, 2563), zuletzt geänd. durch VO v. 19.6.2020 (BGBl. I S. 1328) und den Organisationserlass zur Errichtung des Bundesamtes für kerntechnische Entsorgung v. 5.8.2014 (BAnz AT 27.08.2014 B4).

[4] **Sartorius III Nr. 460.**

[5] **Sartorius III Nr. 480.**

§ 24[1]) Zuständigkeit der Landesbehörden. (1) [1] Die übrigen Verwaltungsaufgaben nach dem Zweiten Abschnitt und den hierzu ergehenden Rechtsverordnungen werden im Auftrage des Bundes durch die Länder ausgeführt. [2] Die Beaufsichtigung der Beförderung radioaktiver Stoffe im Schienen- und Schiffsverkehr der Eisenbahnen sowie im Magnetschwebebahnverkehr obliegt dem Eisenbahn-Bundesamt; dies gilt nicht für die Beförderung radioaktiver Stoffe durch nicht bundeseigene Eisenbahnen, wenn die Verkehre ausschließlich über Schienenwege dieser Eisenbahnen führen. [3] Satz 2 gilt auch für die Genehmigung solcher Beförderungen, soweit eine Zuständigkeit nach § 23d nicht gegeben ist.

(2) [1] Für Genehmigungen nach den §§ 7, 7a und 9 sowie deren Rücknahme und Widerruf sind die durch die Landesregierungen bestimmten obersten Landesbehörden zuständig. [2] Diese Behörden üben die Aufsicht über Anlagen nach § 7 und die Verwendung von Kernbrennstoffen außerhalb dieser Anlagen aus. [3] Sie können im Einzelfall nachgeordnete Behörden damit beauftragen. [4] Über Beschwerden gegen deren Verfügungen entscheidet die oberste Landesbehörde. [5] Soweit Vorschriften außerhalb dieses Gesetzes anderen Behörden Aufsichtsbefugnisse verleihen, bleiben diese Zuständigkeiten unberührt.

(3) [1] Für den Geschäftsbereich des Bundesministeriums der Verteidigung werden die in den Absätzen 1 und 2 bezeichneten Zuständigkeiten durch dieses Bundesministerium oder die von ihm bezeichneten Dienststellen im Benehmen mit dem für die kerntechnische Sicherheit und den Strahlenschutz zuständigen Bundesministerium wahrgenommen. [2] Dies gilt auch für zivile Arbeitskräfte bei sich auf Grund völkerrechtlicher Verträge in der Bundesrepublik Deutschland aufhaltenden Truppen und zivilen Gefolgen.

§ 24a[2]) Information der Öffentlichkeit; Informationsübermittlung.

(1) [1] Die zuständigen Behörden unterrichten die Öffentlichkeit für den Bereich der nuklearen Sicherheit mindestens über Folgendes:

1. Informationen über den bestimmungsgemäßen Betrieb der kerntechnischen Anlagen sowie
2. Informationen bei meldepflichtigen Ereignissen und bei Unfällen.

[2] Das Umweltinformationsgesetz und die Bestimmungen der Länder über die Verbreitung von Umweltinformationen bleiben unberührt.

(2) [1] Das für die kerntechnische Sicherheit und den Strahlenschutz zuständige Bundesministerium kann Informationen, die in atomrechtlichen Genehmigungen der nach den §§ 22 bis 24 zuständigen Behörden enthalten sind (Inhaber, Rechtsgrundlagen, wesentlicher Inhalt), an die für den Außenwirtschaftsverkehr zuständigen obersten Bundesbehörden zur Erfüllung ihrer Aufgaben bei Genehmigungen oder der Überwachung des Außenwirtschaftsverkehrs übermitteln. [2] Reichen diese Informationen im Einzelfall nicht aus, können weitere Informationen aus der atomrechtlichen Genehmigung übermittelt werden. [3] Die Empfänger dürfen die übermittelten Informationen, soweit gesetzlich nichts anderes bestimmt ist, nur zu dem Zweck verwenden, zu dem sie übermittelt worden sind.

---

[1]) § 24 Abs. 1 Satz 2 neu gef. und Satz 3 angef. durch G v. 27.12.1993 (BGBl. I S. 2378), Abs. 1 Satz 2 geänd. durch G v. 19.7.1996 (BGBl. I S. 1019); Abs. 3 neu gef. mWv 11.5.2000 durch G v. 3.5.2000 (BGBl. I S. 636, ber. S. 1350); Abs. 2 Satz 1 geänd. mWv 27.7.2013 durch G v. 23.7.2013 (BGBl. I S. 2553); Abs. 1 Satz 3 geänd. mWv 30.7.2016 durch G v. 26.7.2016 (BGBl. I S. 1843).

[2]) § 24a eingef. durch G v. 5.11.1990 (BGBl. I S. 2428); Satz 1 geänd. mWv 7.11.2001 durch VO v. 29.10.2001 (BGBl. I S. 2785, ber. 2002 S. 2972); Überschrift neu gef., Abs. 1 eingef. mWv 9.6.2017 durch G v. 1.6.2017 (BGBl. I S. 1434).

§ 24b[1)] Selbstbewertung und internationale Prüfung. (1) [1] Mit dem Ziel der kontinuierlichen Verbesserung der nuklearen Sicherheit und der Sicherheit der Entsorgung abgebrannter Brennelemente und radioaktiver Abfälle

1. führt das für die kerntechnische Sicherheit und den Strahlenschutz zuständige Bundesministerium eine Selbstbewertung des Gesetzes-, Vollzugs- und Organisationsrahmens für die nukleare Sicherheit kerntechnischer Anlagen und für die sichere Entsorgung abgebrannter Brennelemente und radioaktiver Abfälle sowie des diesbezüglichen Behördenhandelns durch;
2. lädt das für die kerntechnische Sicherheit und den Strahlenschutz zuständige Bundesministerium internationale Experten zu einer Prüfung passender Segmente des Gesetzes-, Vollzugs- und Organisationsrahmens für die nukleare Sicherheit kerntechnischer Anlagen und für die sichere Entsorgung abgebrannter Brennelemente und radioaktiver Abfälle sowie der jeweils teilnehmenden zuständigen Behörden ein; über die Ergebnisse der Prüfung berichtet das für die kerntechnische Sicherheit und den Strahlenschutz zuständige Bundesministerium den Mitgliedstaaten der Europäischen Union und der Europäischen Kommission, sobald diese Ergebnisse verfügbar sind.

[2] Die Maßnahmen nach Satz 1 erfolgen mindestens alle zehn Jahre. [3] Die Maßnahmen nach Satz 1 können getrennt für die nukleare Sicherheit kerntechnischer Anlagen und für die sichere Entsorgung abgebrannter Brennelemente und radioaktiver Abfälle durchgeführt werden. [4] Die Selbstbewertung nach Satz 1 Nummer 1 umfasst für die Entsorgung abgebrannter Brennelemente und radioaktiver Abfälle auch das Nationale Entsorgungsprogramm nach § 2c sowie dessen Umsetzung.

(2) [1] Das für die kerntechnische Sicherheit und den Strahlenschutz zuständige Bundesministerium

1. veranlasst im Hinblick auf ein ausgewähltes technisches Thema im Zusammenhang mit der nuklearen Sicherheit eine Selbstbewertung der in Betracht kommenden und sich im Geltungsbereich dieses Gesetzes befindlichen kerntechnischen Anlagen,
2. lädt zu der gegenseitigen Überprüfung der Bewertung nach Nummer 1 alle Mitgliedstaaten der Europäischen Union sowie, als Beobachter, die Europäische Kommission ein,
3. veranlasst angemessene Folgemaßnahmen zu den Erkenntnissen, die aus dieser gegenseitigen Überprüfung gewonnen wurden und
4. veröffentlicht einen Bericht über das Bewertungsverfahren und dessen wichtigste Ergebnisse, sobald diese vorliegen.

[2] Die erste Selbstbewertung nach Absatz 2 Satz 1 Nummer 1 leitet das für die kerntechnische Sicherheit und den Strahlenschutz zuständige Bundesministerium im Jahr 2017 ein, danach mindestens alle sechs Jahre.

(3) Im Falle eines Unfalls in einer kerntechnischen Anlage, der Maßnahmen des anlagenexternen Notfallschutzes erfordert, lädt das für die kerntechnische Sicherheit und den Strahlenschutz zuständige Bundesministerium unverzüglich zu einer internationalen Überprüfung ein.

[1)] § 24b eingef. mWv 27.12.2010 durch G v. 8.12.2010 (BGBl. I S. 1817); Abs. 1 Satz 1 einl. Satzteil, Nr. 1, 2 geänd., Sätze 3, 4 angef. mWv 26.11.2015 durch G v. 20.11.2015 (BGBl. I S. 2053); Abs. 2, 3 angef. mWv 9.6.2017 durch G v. 1.6.2017 (BGBl. I S. 1434).

Vierter Abschnitt. Haftungsvorschriften

§ 25[1)] Haftung für Kernanlagen. (1) [1] Beruht ein Schaden auf einem von einer Kernanlage ausgehenden nuklearen Ereignis, so gelten für die Haftung des Inhabers der Kernanlage ergänzend zu den Bestimmungen des Pariser Übereinkommens und des Gemeinsamen Protokolls die Vorschriften dieses Gesetzes. [2] Das Pariser Übereinkommen ist unabhängig von seiner völkerrechtlichen Verbindlichkeit für die Bundesrepublik Deutschland innerstaatlich anzuwenden, soweit nicht seine Regeln eine durch das Inkrafttreten des Übereinkommens bewirkte Gegenseitigkeit voraussetzen.

(2) [1] Hat im Falle der Beförderung von Kernmaterialien einschließlich der damit zusammenhängenden Lagerung der Beförderer durch Vertrag die Haftung anstelle des Inhabers einer im Geltungsbereich dieses Gesetzes gelegenen Kernanlage übernommen, gilt er als Inhaber einer Kernanlage vom Zeitpunkt der Haftungsübernahme an. [2] Der Vertrag bedarf der Schriftform. [3] Die Haftungsübernahme ist nur wirksam, wenn sie vor Beginn der Beförderung oder der damit zusammenhängenden Lagerung von Kernmaterialien durch die für die Genehmigung der Beförderung zuständige Behörde auf Antrag des Beförderers genehmigt worden ist. [4] Die Genehmigung darf nur erteilt werden, wenn der Beförderer im Geltungsbereich dieses Gesetzes als Frachtführer zugelassen ist oder als Spediteur im Geltungsbereich dieses Gesetzes seine geschäftliche Hauptniederlassung hat und der Inhaber der Kernanlage gegenüber der Behörde seine Zustimmung erklärt hat.

(3) [1] Die Bestimmungen des Artikels 9 des Pariser Übereinkommens über den Haftungsausschluß bei Schäden, die auf nuklearen Ereignissen beruhen, die unmittelbar auf Handlungen eines bewaffneten Konfliktes, von Feindseligkeiten, eines Bürgerkrieges, eines Aufstandes oder auf eine schwere Naturkatastrophe außergewöhnlicher Art zurückzuführen sind, sind nicht anzuwenden. [2] Tritt der Schaden in einem anderen Staat ein, so gilt Satz 1 nur, soweit der andere Staat zum Zeitpunkt des nuklearen Ereignisses im Verhältnis zur Bundesrepublik Deutschland eine nach Art, Ausmaß und Höhe gleichwertige Regelung sichergestellt hat.

(4) [1] Der Inhaber einer Kernanlage haftet unabhängig vom Ort des Schadenseintritts. [2] Artikel 2 des Pariser Übereinkommens findet keine Anwendung.

(5) Der Inhaber einer Kernanlage haftet nicht nach dem Pariser Übereinkommen, sofern der Schaden durch ein nukleares Ereignis verursacht wurde, das auf Kernmaterialien zurückzuführen ist, die in Anlage 2 zu diesem Gesetz bezeichnet sind.

§ 25a Haftung für Reaktorschiffe. (1) Auf die Haftung des Inhabers eines Reaktorschiffes finden die Vorschriften dieses Abschnitts mit folgender Maßgabe entsprechende Anwendung:

1. An die Stelle der Bestimmungen des Pariser Übereinkommens treten die entsprechenden Bestimmungen des Brüsseler Reaktorschiff-Übereinkommens (BGBl. 1975 II S. 977). Dieses ist unabhängig von seiner völkerrechtlichen Verbindlichkeit für die Bundesrepublik Deutschland innerstaatlich anzuwenden, soweit nicht seine Regeln eine durch das Inkrafttreten des Übereinkommens bewirkte Gegenseitigkeit voraussetzen.

---

1) § 25 Abs. 2 Satz 3 geänd. mWv 11.5.2000 durch G v. 3.5.2000 (BGBl. I S. 636, ber. S. 1350); Abs. 1 Satz 1, Abs. 2 Satz 3 geänd., Abs. 4 neu gef. mWv 1.4.2001 durch G v. 5.3.2001 (BGBl. I S. 326); Abs. 2 Satz 4 geänd. mWv 15.7.2016 durch G v. 8.7.2016 (BGBl. I S. 1594).

2. Tritt der Schaden in einem anderen Staat ein, so gilt § 31 Abs. 1 hinsichtlich des den Höchstbetrag des Brüsseler Reaktorschiff-Übereinkommens überschreitenden Betrags nur, soweit das Recht dieses Staates zum Zeitpunkt des nuklearen Ereignisses eine auch im Verhältnis zur Bundesrepublik Deutschland anwendbare, nach Art, Ausmaß und Höhe gleichwertige Regelung der Haftung der Inhaber von Reaktorschiffen vorsieht. § 31 Abs. 2, §§ 36, 38 Abs. 1 und § 40 sind nicht anzuwenden.
3. § 34 gilt nur für Reaktorschiffe, die berechtigt sind, die Bundesflagge zu führen. Wird ein Reaktorschiff im Geltungsbereich dieses Gesetzes für einen anderen Staat oder Personen eines anderen Staates gebaut oder mit einem Reaktor ausgerüstet, so gilt § 34 bis zu dem Zeitpunkt, in dem das Reaktorschiff in dem anderen Staat registriert wird oder das Recht erwirbt, die Flagge eines anderen Staates zu führen. Die sich aus § 34 ergebende Freistellungsverpflichtung ist zu 75 vom Hundert vom Bund und im übrigen von dem für die Genehmigung des Reaktorschiffs nach § 7 zuständigen Land zu tragen.
4. Bei Reaktorschiffen, die nicht berechtigt sind, die Bundesflagge zu führen, gilt dieser Abschnitt nur, wenn durch das Reaktorschiff verursachte nukleare Schäden im Geltungsbereich dieses Gesetzes eingetreten sind.
5. Für Schadensersatzansprüche sind die Gerichte des Staates zuständig, dessen Flagge das Reaktorschiff zu führen berechtigt ist; in den Fällen der Nummer 4 ist auch das Gericht des Ortes im Geltungsbereich dieses Gesetzes zuständig, an dem der nukleare Schaden eingetreten ist.

(2) Soweit internationale Verträge über die Haftung für Reaktorschiffe zwingend abweichende Bestimmungen enthalten, haben diese Vorrang vor den Bestimmungen dieses Gesetzes.

§ 26[1] Haftung in anderen Fällen. (1) [1] Wird in anderen als den in dem Pariser Übereinkommen in Verbindung mit den in § 25 Abs. 1 bis 4 bezeichneten Fällen durch die Wirkung eines Kernspaltungsvorgangs oder der Strahlen eines radioaktiven Stoffes oder durch die von einer Anlage zur Erzeugung ionisierender Strahlen ausgehende Wirkung ionisierender Strahlen ein Mensch getötet oder der Körper oder die Gesundheit eines anderen verletzt oder eine Sache beschädigt, so ist der Besitzer des von der Kernspaltung betroffenen Stoffes, des radioaktiven Stoffes oder der Anlage zur Erzeugung ionisierender Strahlen verpflichtet, den daraus entstehenden Schaden nach den §§ 27 bis 30, 31 Abs. 3, § 32 Abs. 1, 4 und 5 und § 33 zu ersetzen. [2] Die Ersatzpflicht tritt nicht ein, wenn der Schaden durch ein Ereignis verursacht wird, das der Besitzer und die für ihn im Zusammenhang mit dem Besitz tätigen Personen auch bei Anwendung jeder nach den Umständen gebotenen Sorgfalt nicht vermeiden konnten und das weder auf *einen*[2] Fehler in der Beschaffenheit der Schutzeinrichtung noch auf einem Versagen ihrer Verrichtungen beruht.

(1a) Absatz 1 Satz 2 findet keine Anwendung auf Schäden, die durch radioaktive Stoffe entstehen, die bei Anwendung des Pariser Übereinkommens, des Brüsseler Reaktorschiff-Übereinkommens oder des Wiener Übereinkommens in Verbin-

---

[1] § 26 Abs. 5 Sätze 1 und 2 geänd. mWv 11.5.2000 durch G v. 3.5.2000 (BGBl. I S. 636, ber. S. 1350); Abs. 1 Satz 1, Abs. 4 Nr. 1 und 2, Abs. 5 Satz 1 geänd., Abs. 5 Satz 2 neu gef., Abs. 1a eingef. mWv 1.4. 2001 durch G v. 5.3.2001 (BGBl. I S. 326); Abs. 4 Nr. 1, Abs. 5 Satz 1 neu gef. mWv 1.1.2002 durch G v. 13.12.2001 (BGBl. I S. 3586); Abs. 4 Nr. 1 geänd. mWv 26.5.2021 durch G v. 28.4.2020 (BGBl. I S. 960, geänd. durch G v. 19.5.2020, BGBl. I S. 1018); Abs. 4 Nr. 1 geänd. mWv 26.5.2021 durch G v. 12.5.2021 (BGBl. I S. 1087).

[2] Richtig wohl: „einem".

dung mit dem Gemeinsamen Protokoll unter die Begriffsbestimmungen Kernbrennstoffe sowie radioaktive Erzeugnisse und Abfälle dieser Übereinkommen fallen würden.

(2) Absatz 1 gilt entsprechend in Fällen, in denen ein Schaden der in Absatz 1 bezeichneten Art durch die Wirkung eines Kernvereinigungsvorgangs verursacht wird.

(3) In gleicher Weise wie der Besitzer haftet derjenige, der den Besitz des Stoffes verloren hat, ohne ihn auf eine Person zu übertragen, die nach diesem Gesetz oder nach einer auf Grund dieses Gesetzes erlassenen Rechtsverordnung zum Besitz berechtigt ist.

(4) Die Vorschriften der Absätze 1 bis 3 gelten nicht,

1. wenn die radioaktiven Stoffe oder die Anlagen zur Erzeugung ionisierender Strahlen gegenüber dem Verletzten von einem Arzt oder Zahnarzt oder unter der Aufsicht eines Arztes oder Zahnarztes bei der Ausübung der Heilkunde angewendet worden sind und die verwendeten Stoffe oder Anlagen zur Erzeugung ionisierender Strahlen sowie die notwendigen Messgeräte nach den Regelungen einer Rechtsverordnung den jeweils geltenden Anforderungen der Verordnung (EU) 2017/745 des Europäischen Parlaments und des Rates vom 5. April 2017 über Medizinprodukte, zur Änderung der Richtlinie 2001/83/EG, der Verordnung (EG) Nr. 178/2002 und der Verordnung (EG) Nr. 1223/2009 und zur Aufhebung der Richtlinien 90/385/EWG und 93/42/EWG des Rates (ABl. L 117 vom 5.5.2017, S. 1; L 117 vom 3.5.2019, S. 9; L 334 vom 27.12.2019, S. 165), die durch die Verordnung (EU) 2020/561 (ABl. L 130 vom 24.4.2020, S. 18) geändert worden ist, in der jeweils geltenden Fassung oder, soweit solche fehlen, dem jeweiligen Stand von Wissenschaft und Technik entsprochen haben und der Schaden nicht darauf zurückzuführen ist, dass die Stoffe, Anlagen zur Erzeugung ionisierender Strahlen oder Messgeräte nicht oder nicht ausreichend gewartet worden sind,
2. wenn zwischen dem Besitzer und dem Verletzten ein Rechtsverhältnis besteht, auf Grund dessen dieser die von dem Stoff oder von der Anlage zur Erzeugung ionisierender Strahlen ausgehende Gefahr in Kauf genommen hat.

(5) [1] Absatz 1 Satz 2 und Absatz 4 Nr. 2 gelten nicht für die Anwendung von radioaktiven Stoffen oder ionisierenden Strahlen am Menschen in der medizinischen Forschung. [2] Bestreitet der Besitzer des radioaktiven Stoffes oder der Anlage zur Erzeugung ionisierender Strahlen den ursächlichen Zusammenhang zwischen der Anwendung der radioaktiven Stoffe oder der ionisierenden Strahlen und einem aufgetretenen Schaden, so hat er zu beweisen, dass nach dem Stand der medizinischen Wissenschaft keine hinreichende Wahrscheinlichkeit eines ursächlichen Zusammenhangs besteht.

(6) [1] Nach den Vorschriften der Absätze 1 bis 3 ist nicht ersatzpflichtig, wer die Stoffe für einen anderen befördert. [2] Die Ersatzpflicht nach diesen Vorschriften trifft, solange nicht der Empfänger die Stoffe übernommen hat, den Absender, ohne Rücksicht darauf, ob er Besitzer der Stoffe ist.

(Fortsetzung nächstes Blatt)

845. Gesetz zur Ordnung des Wasserhaushalts (Wasserhaushaltsgesetz – WHG) [1) 2) 3) 4) 5)]

Vom 31. Juli 2009
(BGBl. I S. 2585)

FNA 753-13

geänd. durch Art. 12 G zur Umsetzung der DienstleistungsRL auf dem Gebiet des Umweltrechts sowie zur Änd. umweltrechtlicher Vorschriften v. 11.8.2010 (BGBl. I S. 1163), Art. 1 G zur Umsetzung der Meeresstrategie-RahmenRL sowie zur Änd. des WaStrG und des KrW-/AbfG v. 6.10.2011 (BGBl. I S. 1986), Art. 2 Abs. 67 G zur Änd. von Vorschriften über Verkündung und Bekanntmachungen sowie der ZPO, des EGZPO und der AO v. 22.12.2011 (BGBl. I S. 3044), Art. 5 Abs. 9 G zur Neuordnung des Kreislaufwirtschafts- und Abfallrechts v. 24.2.2012 (BGBl. I S. 212), Art. 3 G zur Anpassung des BauproduktenG und weiterer Rechtsvorschriften an die VO (EU) Nr. 305/2011 zur Festlegung harmonisierter Bedingungen für die Vermarktung von Bauprodukten v. 5.12.2012 (BGBl. I S. 2449), Art. 6 G zur Änd. des Umwelt-RechtsbehelfsG und anderer umweltrechtlicher Vorschriften v. 21.1.2013 (BGBl. I S. 95), Art. 2 G zur Umsetzung der RL über Industrieemissionen v. 8.4.2013 (BGBl. I S. 734), Art. 2 Abs. 100, Art. 4 Abs. 76 G zur Strukturreform des Gebührenrechts des Bundes v. 7.8.2013 (BGBl. I S. 3154, geänd. durch G v. 18.7.2016, BGBl. I S. 1666), Art. 2 G zur Änd. des UmweltstatistikG und des WasserhaushaltsG v. 15.11.2014 (BGBl. I S. 1724), Art. 320 Zehnte ZuständigkeitsanpassungsVO v. 31.8. 2015 (BGBl. I S. 1474), Art. 1 G zur Änd. des WasserhaushaltsG zur Einführung von Grundsätzen für die Kosten von Wasserdienstleistungen und Wassernutzungen sowie zur Änd. des AbwasserabgabenG v. 11.4.

[1)] **Amtl. Anm.:** Dieses Gesetz dient der Umsetzung der
- Richtlinie 80/68/EWG des Rates vom 17. Dezember 1979 über den Schutz des Grundwassers gegen Verschmutzung durch bestimmte gefährliche Stoffe (ABl. L 20 vom 26.1.1980, S. 43), die durch die Richtlinie 2000/60/EG (ABl. L 327 vom 22.12.2000, S. 1) geändert worden ist,
- Richtlinie 91/271/EWG des Rates vom 21. Mai 1991 über die Behandlung von kommunalem Abwasser (ABl. L 135 vom 30.5.1991, S. 40), die zuletzt durch die Verordnung (EG) Nr. 1137/2008 (ABl. L 311 vom 21.11.2008, S. 1) geändert worden ist,
- Richtlinie 2000/60/EG des Europäischen Parlaments und des Rates vom 23. Oktober 2000 zur Schaffung eines Ordnungsrahmens für Maßnahmen der Gemeinschaft im Bereich der Wasserpolitik (ABl. L 327 vom 22.12.2000, S. 1), die zuletzt durch die Richtlinie 2008/105/EG (ABl. L 348 vom 24.12.2008, S. 84) geändert worden ist,
- Richtlinie 2004/35/EG des Europäischen Parlaments und des Rates vom 21. April 2004 über Umwelthaftung zur Vermeidung und Sanierung von Umweltschäden (ABl. L 143 vom 30.4.2004, S. 56), die durch die Richtlinie 2006/21/EG (ABl. L 102 vom 11.4.2006, S. 15) geändert worden ist,
- Richtlinie 2006/11/EG des Europäischen Parlaments und des Rates vom 15. Februar 2006 betreffend die Verschmutzung infolge der Ableitung bestimmter gefährlicher Stoffe in die Gewässer der Gemeinschaft (ABl. L 64 vom 4.3.2006, S. 52),
- Richtlinie 2006/118/EG des Europäischen Parlaments und des Rates vom 12. Dezember 2006 zum Schutz des Grundwassers vor Verschmutzung und Verschlechterung (ABl. L 372 vom 27.12.2006, S. 19, L 53 vom 22.2.2007, S. 30, L 139 vom 31.5.2007, S. 39),
- Richtlinie 2007/60/EG des Europäischen Parlaments und des Rates vom 23. Oktober 2007 über die Bewertung und das Management von Hochwasserrisiken (ABl. L 288 vom 6.11.2007, S. 27).

[2)] **Amtl. Anm.:** Die Verpflichtungen aus der Richtlinie 98/34/EG des Europäischen Parlaments und des Rates vom 22. Juni 1998 über ein Informationsverfahren auf dem Gebiet der Normen und technischen Vorschriften und der Vorschriften für die Dienste der Informationsgesellschaft (ABl. L 204 vom 21.7.1998, S. 37), die zuletzt durch die Richtlinie 2006/96/EG (ABl. L 363 vom 20.12.2006, S. 81) geändert worden ist, sind beachtet worden.

[3)] Verkündet als Art. 1 des G zur Neuregelung des Wasserrechts v. 31.7.2009 (BGBl. I S. 2585); Inkrafttreten gem. Art. 24 Abs. 2 Satz 1 dieses G am 1.3.2010 mit Ausnahme der §§ 23, 48 Abs. 1 Satz 2 und Abs. 2 Satz 3, § 57 Abs. 2, § 58 Abs. 1 Satz 2, § 61 Abs. 3, § 62 Abs. 4 und 7 Satz 2 und § 63 Abs. 2 Satz 2, die gem. Art. 24 Abs. 1 bereits am 7.8.2009 in Kraft getreten sind.

[4)] Die Änderung durch G v. 18.7.2016 (BGBl. I S. 1666) tritt erst **mWv 1.10.2021**, die Änderungen durch G v. 9.6.2021 (BGBl. I S. 1699) treten erst **mWv 14.12.2021** in Kraft und sind im Text noch nicht berücksichtigt.

[5)] Zur Sicherstellung ordnungsgemäßer Planungs-und Genehmigungsverfahren während der COVID-19-Pandemie siehe das PlanungssicherstellungsG v. 20.5.2020 (BGBl. I S. 1041), zuletzt geänd. durch G v. 18.3.2021 (BGBl. I S. 353).

2016 (BGBl. I S. 745), Art. 12 WSV-ZuständigkeitsanpassungsG v. 24.5.2016 (BGBl. I S. 1217), Art. 4 Abs. 73 G zur Aktualisierung der Strukturreform des Gebührenrechts des Bundes v. 18.7.2016 (BGBl. I S. 1666), Art. 3 G zur Änd. berg-, umweltschadens- und wasserrechtlicher Vorschriften zur Umsetzung der RL 2013/30/EU über die Sicherheit von Offshore-Erdöl- und -Erdgasaktivitäten v. 21.7.2016 (BGBl. I S. 1764), Art. 4 G zur Änd. des UmweltstatistikG, des HochbaustatistikG sowie bestimmter immissionsschutz- und wasserrechtlicher Vorschriften v. 26.7.2016 (BGBl. I S. 1839), Art. 1 G zur Änd. wasser- und naturschutzrechtlicher Vorschriften zur Untersagung und zur Risikominimierung bei den Verfahren der Fracking-Technologie v. 4.8.2016 (BGBl. I S. 1972), Art. 122 G zum Abbau verzichtbarer Anordnungen der Schriftform im Verwaltungsrecht des Bundes v. 29.3.2017 (BGBl. I S. 626), Art. 1 HochwasserschutzG II v. 30.6.2017 (BGBl. I S. 2193), Art. 1 G zur Einführung einer wasserrechtlichen Genehmigung für Behandlungsanlagen für Deponiesickerwasser, zur Änd. der Vorschriften zur Eignungsfeststellung für Anlagen zum Lagern, Abfüllen oder Umschlagen wassergefährdender Stoffe und zur Änd. des Bundes-ImmissionsschutzG v. 18.7.2017 (BGBl. I S. 2771), Art. 2 G zur Beschränkung des marinen Geo-Engineerings v. 4.12.2018 (BGBl. I S. 2254), Art. 253 Elfte ZuständigkeitsanpassungsVO v. 19.6. 2020 (BGBl. I S. 1328), Art. 1 Erstes G zur Änd. des WasserhaushaltsG v. 19.6.2020 (BGBl. I S. 1408), Art. 2 G über den wasserwirtschaftlichen Ausbau an Bundeswasserstraßen zur Erreichung der Bewirtschaftungsziele der WasserrahmenRL v. 2.6.2021 (BGBl. I S. 1295) und Art. 3 G zur Umsetzung von Vorgaben der EinwegkunststoffRL und der AbfallrahmenRL im VerpackungsG und in anderen Gesetzen v. 9.6.2021 (BGBl. I S. 1699)

Zum WHG haben die Länder folgende Vorschriften erlassen:
- **Baden-Württemberg:** WasserG v. 3.12.2013 (GBl. S. 389), zuletzt geänd. durch G v. 17.12.2020 (GBl. S. 1233)
- **Bayern:** WasserG v. 25.2.2010 (GVBl. S. 66, 130), zuletzt geänd. durch G v. 23.12.2019 (GVBl. S. 737)
- **Berlin:** WasserG idF der Bek. v. 17.6.2005 (GVBl. S. 357, ber. 2006 S. 248, 2007 S. 48), zuletzt geänd. durch G v. 25.9.2019 (GVBl. S. 612)
- **Brandenburg:** WasserG idF der Bek. v. 2.3.2012 (GVBl. I Nr. 20), zuletzt geänd. durch G v. 4.12.2017 (GVBl. I Nr. 28)
- **Bremen:** WasserG v. 12.4.2011 (Brem.GBl. S. 262), zuletzt geänd. durch G v. 24.11.2020 (Brem.GBl. S. 1486)
- **Hamburg:** WasserG idF der Bek. v. 29.3.2005 (HmbGVBl. S. 97), zuletzt geänd. durch G v. 4.12.2012 (HmbGVBl. S. 510)
- **Hessen:** WasserG v. 14.12.2010 (GVBl. I S. 548), zuletzt geänd. durch G v. 4.9.2020 (GVBl. S. 573)
- **Mecklenburg-Vorpommern:** WasserG v. 30.11.1992 (GVOBl. M-V S. 669), zuletzt geänd. durch G v. 8.6.2021 (GVOBl. M-V S. 866)
- **Niedersachsen:** WasserG v. 19.2.2010 (Nds. GVBl. S. 64), zuletzt geänd. durch G v. 10.12.2020 (Nds. GVBl. S. 477)
- **Nordrhein-Westfalen:** LandeswasserG idF der Bek. v. 25.6.1995 (GV. NRW. S. 926), zuletzt geänd. durch G v. 4.5.2021 (GV. NRW. S. 560)
- **Rheinland-Pfalz:** LandeswasserG v. 14.7.2015 (GVBl. S. 127), zuletzt geänd. durch G v. 26.6.2020 (GVBl. S. 287)
- **Saarland:** WasserG idF der Bek. v. 30.7.2004 (Amtsbl. S. 1994), zuletzt geänd. durch G v. 13.2.2019 (Amtsbl. I S. 324)
- **Sachsen:** WasserG v. 12.7.2013 (SächsGVBl. S. 503), zuletzt geänd. durch G v. 8.7.2016 (SächsGVBl. S. 287)
- **Sachsen-Anhalt:** WasserG v. 16.3.2011 (GVBl. LSA S. 492), zuletzt geänd. durch G v. 7.7.2020 (GVBl. LSA S. 372)
- **Schleswig-Holstein:** LandeswasserG v. 13.11.2019 (GVOBl. Schl.-H. S. 425, 426), geänd. durch G v. 22.6.2020 (GVOBl. Schl.-H. S. 352)
- **Thüringen:** WasserG v. 28.5.2019 (GVBl. S. 74), geänd. durch G v. 11.6.2020 (GVBl. S. 277)

Zu abweichendem Landesrecht siehe:
- **Bayern:** Abweichungen im WasserG v. 25.2.2010 (GVBl. S. 66, 130), zuletzt geänd. durch G v. 23.12. 2019 (GVBl. S. 737) mWv 1.3.2010, vgl. Hinweis v. 17.3.2010 (BGBl. I S. 275) v. 17.3.2010 (BGBl. I S. 275), mWv 29.2.2012, vgl. Hinweis v. 24.10.2012 (BGBl. I S. 2176) v. 24.10.2012 (BGBl. I S. 2176) und Hinweis v. 19.2.2015 (BGBl. I S. 153) v. 19.2.2015 (BGBl. I S. 153); mWv 1.8.2019, vgl. Hinweis v. 5.3.2020 (BGBl. I S. 319) v. 5.3.2020 (BGBl. I S. 319, 320);
- **Bremen:** Abweichungen im WasserG v. 12.4.2011 (Brem.GBl. S. 262), zuletzt geänd. durch G v. 24.11. 2020 (Brem.GBl. S. 1486) mWv 29.4.2011; vgl. Hinweis v. 16.6.2011 (BGBl. I S. 1047) v. 16.6.2011 *(BGBl. I S. 1047)*;
- **Hessen:** Abweichungen im WasserG v. 14.12.2010 (GVBl. I S. 548), zuletzt geänd. durch G v. 4.9.2020 (GVBl. S. 573) mWv 24.12.2010; vgl. Hinweis v. 13.4.2011 (BGBl. I S. 607a) v. 13.4.2011 (BGBl. I S. 607);

– **Niedersachsen:** Abweichungen im WasserG v. 19.2.2010 (Nds. GVBl. S. 64), zuletzt geänd. durch G v. 10.12.2020 (Nds. GVBl. S. 477) mWv 1.3.2010; vgl. Hinweis v. 26.7.2010 (BGBl. I S. 970) v. 26.7.2010 (BGBl. I S. 970);
– **Rheinland-Pfalz:** Abweichungen im WasserG v. 14.7.2015 (GVBl. S. 127), zuletzt geänd. durch G v. 26.6.2020 (GVBl. S. 287) mWv 30.7.2015; vgl. Hinweis v. 14.4.2016 (BGBl. I S. 715) v. 14.4.2016 (BGBl. I S. 715);
– **Sachsen:** Abweichungen im WasserG v. 12.7.2013 (SächsGVBl. S. 503), zuletzt geänd. durch G v. 8.7. 2016 (SächsGVBl. S. 287) mWv 15.5.2010 und mWv 8.8.2013; vgl. Hinweis v. 17.5.2011 (BGBl. I S. 842) v. 17.5.2011 (BGBl. I S. 842) und Hinweis v. 19.2.2014 (BGBl. I S. 112) v. 19.2.2014 (BGBl. I S. 112);
– **Sachsen-Anhalt:** Abweichungen im WasserG v. 16.3.2011 (GVBl. LSA S. 492), zuletzt geänd. durch G v. 7.7.2020 (GVBl. LSA S. 372) mWv 1.4.2011; vgl. Hinweis v. 11.4.2011 (BGBl. I S. 567) 11.4.2011 (BGBl. I S. 567);
– **Schleswig-Holstein:** Abweichungen im LandeswasserG v. 13.11.2019 (GVOBl. Schl.-H. S. 425, 426), geänd. durch G v. 22.6.2020 (GVOBl. Schl.-H. S. 352) mWv 26.3.2010; vgl. Hinweis v. 11.11.2010 (BGBl. I S. 1501) v. 11.11.2010 (BGBl. I S. 1501) und Hinweis v. 18.12.2019 (BGBl. I S. 2595) v. 18.12.2019 (BGBl. I S. 2595);
– **Thüringen:** Abweichungen im Thüringer WasserG v. 28.5.2019 (GVBl. S. 74), geänd. durch G v. 11.6. 2020 (GVBl. S. 277) mWv 1.3.2020, vgl. Hinweis v. 6.3.2020 (BGBl. I S. 422) v. 6.3.2020 (BGBl. I S. 422).

Inhaltsübersicht[1]

[1] Inhaltsübersicht geänd. mWv 14.10.2011 durch G v. 6.10.2011 (BGBl. I S. 1986); geänd. mWv 1.8. 2013 durch G v. 21.1.2013 (BGBl. I S. 95); geänd. mWv 2.5.2013 durch G v. 8.4.2013 (BGBl. I S. 734); geänd. mWv 18.10.2016 durch G v. 11.4.2016 (BGBl. I S. 745); geänd. mWv 5.1.2018 durch G v. 30.6. 2017 (BGBl. I S. 2193); geänd. mWv 30.6.2020 durch G v. 19.6.2020 (BGBl. I S. 1408).

forderungen erfüllt werden. [3] Bei Anlagenteilen nach Satz 1 Nummer 4 und 5 bleiben die wasserrechtlichen Anforderungen an die Rückhaltung wassergefährdender Stoffe unberührt. [4] Druckgeräte und Baugruppen nach Satz 1 Nummer 4, für die eine Betreiberprüfstelle eine EU-Konformitätserklärung nach § 2 Satz 1 Nummer 10 der Druckgeräteverordnung erteilt hat, bedürfen keiner CE-Kennzeichnung.

(5) [1] Bei serienmäßig hergestellten Bauprodukten, die nicht unter Absatz 4 Satz 1 Nummer 1 fallen, sowie bei Anlagenteilen, die aus Bauprodukten zusammengefügt werden, stehen den Verwendbarkeitsnachweisen nach Absatz 4 Satz 1 Nummer 2 sowie den Bauartgenehmigungen oder allgemeinen bauaufsichtlichen Zulassungen nach Absatz 4 Satz 1 Nummer 3 Zulassungen aus einem anderen Mitgliedstaat der Europäischen Union, einem anderen Vertragsstaat des Abkommens über den Europäischen Wirtschaftsraum oder der Türkei gleich, wenn mit den Zulassungen dauerhaft das gleiche Schutzniveau erreicht wird. [2] Das Ergebnis von Prüfungen von Anlagenteilen nach Satz 1, die bereits in einem anderen Mitgliedstaat der Europäischen Union, einem anderen Vertragsstaat des Abkommens über den Europäischen Wirtschaftsraum oder der Türkei vorgenommen worden sind, ist bei der Eignungsfeststellung zu berücksichtigen.

Abschnitt 4. Gewässerschutzbeauftragte

§ 64[1) 2)] Bestellung von Gewässerschutzbeauftragten. (1) Gewässerbenutzer, die an einem Tag mehr als 750 Kubikmeter Abwasser einleiten dürfen, haben unverzüglich einen oder mehrere Betriebsbeauftragte für Gewässerschutz (Gewässerschutzbeauftragte) zu bestellen.

(2) Die zuständige Behörde kann anordnen, dass

1. die Einleiter von Abwasser in Gewässer, für die eine Pflicht zur Bestellung von Gewässerschutzbeauftragten nach Absatz 1 nicht besteht,
2. die Einleiter von Abwasser in Abwasseranlagen,
3. die Betreiber von Anlagen nach § 62 Absatz 1,
4. die Betreiber von Rohrleitungsanlagen nach Nummer 19.3 der Anlage 1 des Gesetzes über die Umweltverträglichkeitsprüfung[3)]

einen oder mehrere Gewässerschutzbeauftragte zu bestellen haben.

(3) Ist nach § 53 des Bundes-Immissionsschutzgesetzes[4)] ein Immissionsschutzbeauftragter oder nach § 59 des Kreislaufwirtschaftsgesetzes[5)] ein Abfallbeauftragter zu bestellen, so kann dieser auch die Aufgaben und Pflichten eines Gewässerschutzbeauftragten nach diesem Gesetz wahrnehmen.

§ 65[6)] Aufgaben von Gewässerschutzbeauftragten. (1) [1] Gewässerschutzbeauftragte beraten den Gewässerbenutzer und die Betriebsangehörigen in Angelegenheiten, die für den Gewässerschutz bedeutsam sein können. [2] Sie sind berechtigt und verpflichtet,

1. die Einhaltung von Vorschriften, Nebenbestimmungen und Anordnungen im Interesse des Gewässerschutzes zu überwachen, insbesondere durch regelmäßige

---

1) § 64 Abs. 3 geänd. mWv 1.6.2012 durch G v. 24.2.2012 (BGBl. I S. 212).
2) Abweichendes Landesrecht in Bayern siehe Hinweis in BGBl. 2010 I S. 275.
3) Nr. **295**.
4) Nr. **296**.
5) Nr. **298**.
6) § 65 Abs. 2 Satz 1 geänd. mWv 5.4.2017 durch G v. 29.3.2017 (BGBl. I S. 626).

Kontrolle der Abwasseranlagen im Hinblick auf die Funktionsfähigkeit, den ordnungsgemäßen Betrieb sowie die Wartung, durch Messungen des Abwassers nach Menge und Eigenschaften, durch Aufzeichnungen der Kontroll- und Messergebnisse; sie haben dem Gewässerbenutzer festgestellte Mängel mitzuteilen und Maßnahmen zu ihrer Beseitigung vorzuschlagen;

2. auf die Anwendung geeigneter Abwasserbehandlungsverfahren einschließlich der Verfahren zur ordnungsgemäßen Verwertung oder Beseitigung der bei der Abwasserbehandlung entstehenden Reststoffe hinzuwirken;
3. auf die Entwicklung und Einführung von
   a) innerbetrieblichen Verfahren zur Vermeidung oder Verminderung des Abwasseranfalls nach Art und Menge,
   b) umweltfreundlichen Produktionen

   hinzuwirken;
4. die Betriebsangehörigen über die in dem Betrieb verursachten Gewässerbelastungen sowie über die Einrichtungen und Maßnahmen zu ihrer Verhinderung unter Berücksichtigung der wasserrechtlichen Vorschriften aufzuklären.

(2) [1] Gewässerschutzbeauftragte erstatten dem Gewässerbenutzer jährlich einen schriftlichen oder elektronischen Bericht über die nach Absatz 1 Satz 2 Nummer 1 bis 4 getroffenen und beabsichtigten Maßnahmen. [2] Bei EMAS-Standorten ist ein jährlicher Bericht nicht erforderlich, soweit sich gleichwertige Angaben aus dem Bericht über die Umweltbetriebsprüfung ergeben und die Gewässerschutzbeauftragten den Bericht mitgezeichnet haben und mit dem Verzicht auf die Erstellung eines gesonderten jährlichen Berichts einverstanden sind.

(3) Die zuständige Behörde kann im Einzelfall die in den Absätzen 1 und 2 aufgeführten Aufgaben der Gewässerschutzbeauftragten

1. näher regeln,
2. erweitern, soweit es die Belange des Gewässerschutzes erfordern,
3. einschränken, wenn dadurch die ordnungsgemäße Selbstüberwachung nicht beeinträchtigt wird.

§ 66 Weitere anwendbare Vorschriften. Auf das Verhältnis zwischen dem Gewässerbenutzer und den Gewässerschutzbeauftragten finden die §§ 55 bis 58 des Bundes-Immissionsschutzgesetzes[1)] entsprechende Anwendung.

Abschnitt 5. Gewässerausbau, Deich-, Damm- und Küstenschutzbauten

§ 67 Grundsatz, Begriffsbestimmung. (1) Gewässer sind so auszubauen, dass natürliche Rückhalteflächen erhalten bleiben, das natürliche Abflussverhalten nicht wesentlich verändert wird, naturraumtypische Lebensgemeinschaften bewahrt und sonstige nachteilige Veränderungen des Zustands des Gewässers vermieden oder, soweit dies nicht möglich ist, ausgeglichen werden.

(2) [1] Gewässerausbau ist die Herstellung, die Beseitigung und die wesentliche Umgestaltung eines Gewässers oder seiner Ufer. [2] Ein Gewässerausbau liegt nicht vor, wenn ein Gewässer nur für einen begrenzten Zeitraum entsteht und der Wasserhaushalt dadurch nicht erheblich beeinträchtigt wird. [3] Deich- und Dammbauten, die den Hochwasserabfluss beeinflussen, sowie Bauten des Küstenschutzes stehen dem Gewässerausbau gleich.

[1)] Nr. **296**.

§ 68[1] Planfeststellung, Plangenehmigung. (1) Der Gewässerausbau bedarf der Planfeststellung durch die zuständige Behörde.

(2) [1] Für einen Gewässerausbau, für den nach dem Gesetz über die Umweltverträglichkeitsprüfung[2] keine Verpflichtung zur Durchführung einer Umweltverträglichkeitsprüfung besteht, kann anstelle eines Planfeststellungsbeschlusses eine Plangenehmigung erteilt werden. [2] Die Länder können bestimmen, dass Bauten des Küstenschutzes, für die nach dem Gesetz über die Umweltverträglichkeitsprüfung keine Verpflichtung zur Durchführung einer Umweltverträglichkeitsprüfung besteht, anstelle einer Zulassung nach Satz 1 einer anderen oder keiner Zulassung oder einer Anzeige bedürfen.

(3) Der Plan darf nur festgestellt oder genehmigt werden, wenn

1. eine Beeinträchtigung des Wohls der Allgemeinheit, insbesondere eine erhebliche und dauerhafte, nicht ausgleichbare Erhöhung der Hochwasserrisiken oder eine Zerstörung natürlicher Rückhalteflächen, vor allem in Auwäldern, nicht zu erwarten ist und
2. andere Anforderungen nach diesem Gesetz oder sonstigen öffentlich-rechtlichen Vorschriften erfüllt werden.

(4) Maßnahmen zur wesentlichen Umgestaltung einer Binnenwasserstraße des Bundes oder ihrer Ufer nach § 67 Absatz 2 Satz 1 und 2 führt, soweit sie erforderlich sind, um die Bewirtschaftungsziele nach Maßgabe der §§ 27 bis 31 zu erreichen, die Wasserstraßen- und Schifffahrtsverwaltung des Bundes im Rahmen ihrer Aufgaben nach dem Bundeswasserstraßengesetz[3] hoheitlich durch.

§ 69 Abschnittsweise Zulassung, vorzeitiger Beginn. (1) Gewässerausbauten einschließlich notwendiger Folgemaßnahmen, die wegen ihres räumlichen oder zeitlichen Umfangs in selbständigen Abschnitten oder Stufen durchgeführt werden, können in entsprechenden Teilen zugelassen werden, wenn dadurch die erforderliche Einbeziehung der erheblichen Auswirkungen des gesamten Vorhabens auf die Umwelt nicht ganz oder teilweise unmöglich wird.

(2) § 17 gilt entsprechend für die Zulassung des vorzeitigen Beginns in einem Planfeststellungsverfahren und einem Plangenehmigungsverfahren nach § 68.

§ 70 Anwendbare Vorschriften, Verfahren. (1) Für die Planfeststellung und die Plangenehmigung gelten § 13 Absatz 1 und § 14 Absatz 3 bis 6 entsprechend; im Übrigen gelten die §§ 72 bis 78 des Verwaltungsverfahrensgesetzes[4].

(2) Das Planfeststellungsverfahren für einen Gewässerausbau, für den nach dem Gesetz über die Umweltverträglichkeitsprüfung[2] eine Verpflichtung zur Durchführung einer Umweltverträglichkeitsprüfung besteht, muss den Anforderungen des Gesetz über die Umweltverträglichkeitsprüfung entsprechen.

(3) Erstreckt sich ein beabsichtigter Ausbau auf ein Gewässer, das der Verwaltung mehrerer Länder untersteht, und ist ein Einvernehmen über den Ausbauplan nicht zu erreichen, so soll die Bundesregierung auf Antrag eines beteiligten Landes zwischen den Ländern vermitteln.

(Fortsetzung nächstes Blatt)

---

[1] § 68 Abs. 4 angef. mWv 9.6.2021 durch G v. 2.6.2021 (BGBl. I S. 1295).
[2] Nr. **295**.
[3] Nr. **971**.
[4] Nr. **100**.

873. Tierschutzgesetz[1)]

In der Fassung der Bekanntmachung vom 18. Mai 2006[2)]
(BGBl. I S. 1206, ber. S. 1313)

FNA 7833-3

geänd. durch Art. 4 Tierzuchtrecht-NeuordnungsG v. 21.12.2006 (BGBl. I S. 3294), Art. 2 G zur Änd. der gesetzlichen Berichtspflichten im Zuständigkeitsbereich des BMELV v. 13.12.2007 (BGBl. I S. 2936), Art. 1 Erstes ÄndG v. 18.12.2007 (BGBl. I S. 3001, ber. 2008 I S. 47), Art. 1 Zweites ÄndG v. 15.7.2009 (BGBl. I S. 1950), Art. 20 Bundesrecht-AnpassungsG im Zuständigkeitsbereich des BMELV v. 9.12.2010 (BGBl. I S. 1934), Art. 1 Drittes G zur Änd. des TierschutzG v. 4.7.2013 (BGBl. I S. 2182, ber. S. 3911), Art. 2 Abs. 114, Art. 4 Abs. 90 G zur Strukturreform des Gebührenrechts des Bundes v. 7.8.2013 (BGBl. I S. 3154, geänd. durch G v. 18.7.2016, BGBl. I S. 1666), Art. 3 G zur Änd. des RindfleischetikettierungsG, des LegehennenbetriebsregisterG und des TierschutzG v. 28.7.2014 (BGBl. I S. 1308), Art. 8 Abs. 13 G zur Neuorganisation der Zollverwaltung v. 3.12.2015 (BGBl. I S. 2178), Art. 2 G zur Aktualisierung der Strukturreform des Gebührenrechts des Bundes v. 18.7.2016 (BGBl. I S. 1666)(BGBl. I S. 3154), Art. 141 G zum Abbau verzichtbarer Anordnungen der Schriftform im Verwaltungsrecht des Bundes v. 29.3.2017 (BGBl. I S. 626), Art. 1 Viertes ÄndG v. 17.12.2018 (BGBl. I S. 2586), Art. 101 Zweites Datenschutz-Anpassungs- und UmsetzungsG EU v. 20.11.2019 (BGBl. I S. 1626), Art. 280 Elfte Zuständigkeitsanpassungs VO v. 19.6.2020 (BGBl. I S. 1328), Art. 1, Art 2 G zur Änd. des TierschutzG – Verbot des Kükentötens v. 18.6.2021 (BGBl. I S. 1826) und Art. 1 G zur Änd. des TierschutzG – Schutz von Versuchstieren v. 18.6.2021 (BGBl. I S. 1828)

Zum TierSchG wurden ua folgende Durchführungsvorschriften erlassen:
- FerkelbetäubungssachkundeVO v. 8.1.2020 (BGBl. I S. 96)
- LegehennenbetriebsregisterG v. 12.9.2003 (BGBl. I S. 1894), zuletzt geänd. durch G v. 28.7.2014 (BGBl. I S. 1308)
- LegehennenbetriebsregisterVO v. 6.10.2003 (BGBl. I S. 1969)
- ReferenzlaboratoriumzuweisungsVO v. 7.8.2007 (BGBl. I S. 1939), zuletzt geänd. durch VO v. 7.12. 2019 (BGBl. I S. 2044)
- Tiererzeugnisse-Handels-VerbotsG v. 8.12.2008 (BGBl. I S. 2394), zuletzt geänd. durch G v. 30.6.2017 (BGBl. I S. 2147)
- Tierschutz-HundeVO v. 2.5.2001 (BGBl. I S. 838), zuletzt geänd. durch VO v. 12.12.2013 (BGBl. I S. 4145)
- TierschutzkommissionsVO v. 23.6.1987 (BGBl. I S. 1557), zuletzt geänd. durch VO v. 31.8.2015 (BGBl. I S. 1474)
- Tierschutz-NutztierhaltungsVO idF der Bek. v. 22.8.2006 (BGBl. I S. 2043), zuletzt geänd. durch VO v. 29.1.2021 (BGBl. I S. 146)
- Tierschutz-SchlachtVO v. 20.12.2012 (BGBl. I S. 2982)
- TierschutztransportVO v. 11.2.2009 (BGBl. I S. 375), zuletzt geänd. durch G v. 3.12.2015 (BGBl. I S. 2178)
- Tierschutz-VersuchstierVO v. 1.8.2013 (BGBl. I S. 3125, 3126), zuletzt geänd. durch VO v. 31.8.2015 (BGBl. I S. 1474)
- VersuchstiermeldeVO v. 12.12.2013 (BGBl. I S. 4145), zuletzt geänd. durch G v. 29.3.2017 (BGBl. I S. 626)
- ZirkusregisterVO v. 6.3.2008 (BGBl. I S. 376), geänd. durch VO v. 12.12.2013 (BGBl. I S. 4145)

Erster Abschnitt. Grundsatz

***§ 1** [Zweck und Grundsatz des Gesetzes]* [1] Zweck dieses Gesetzes ist es, aus der Verantwortung des Menschen für das Tier als Mitgeschöpf dessen Leben und Wohlbefinden zu schützen. [2] Niemand darf einem Tier ohne vernünftigen Grund Schmerzen, Leiden oder Schäden zufügen.

[1)] Die Änderung durch Art. 4 Abs. 87 G v. 18.7.2016 (BGBl. I S. 1666) tritt erst **mWv 1.10.2021**, die Änderungen durch G v. 18.6.2021 (BGBl. I S. 1826) treten teilweise erst **mWv 1.1.2022** bzw. **mWv 1.1. 2024** in Kraft und sind insoweit im Text noch nicht berücksichtigt.

[2)] Neubekanntmachung des TierschutzG idF der Bek. v. 25.5.1998 (BGBl. I S. 1105, ber. S. 1818) in der ab 25.4.2006 geltenden Fassung.

Zweiter Abschnitt. Tierhaltung

§ 2 [Allgemeine Bestimmungen] Wer ein Tier hält, betreut oder zu betreuen hat,

1. muss das Tier seiner Art und seinen Bedürfnissen entsprechend angemessen ernähren, pflegen und verhaltensgerecht unterbringen,
2. darf die Möglichkeit des Tieres zu artgemäßer Bewegung nicht so einschränken, dass ihm Schmerzen oder vermeidbare Leiden oder Schäden zugefügt werden,
3. muss über die für eine angemessene Ernährung, Pflege und verhaltensgerechte Unterbringung des Tieres erforderlichen Kenntnisse und Fähigkeiten verfügen.

§ 2a[1] [Ermächtigungen] (1) Das Bundesministerium für Ernährung und Landwirtschaft (Bundesministerium) wird ermächtigt, durch Rechtsverordnung[2] mit Zustimmung des Bundesrates, soweit es zum Schutz der Tiere erforderlich ist, die Anforderungen an die Haltung von Tieren nach § 2 näher zu bestimmen und dabei insbesondere Vorschriften zu erlassen über Anforderungen

1. hinsichtlich der Bewegungsmöglichkeit oder der Gemeinschaftsbedürfnisse der Tiere,
2. an Räume, Käfige, andere Behältnisse und sonstige Einrichtungen zur Unterbringung von Tieren sowie an die Beschaffenheit von Anbinde-, Fütterungs- und Tränkvorrichtungen,
3. hinsichtlich der Lichtverhältnisse und des Raumklimas bei der Unterbringung der Tiere,
4. an die Pflege einschließlich der Überwachung der Tiere; hierbei kann das Bundesministerium auch vorschreiben, dass Aufzeichnungen über die Ergebnisse der Überwachung zu machen, aufzubewahren und der zuständigen Behörde auf Verlangen vorzulegen sind,
5. an Kenntnisse und Fähigkeiten von Personen, die Tiere halten, betreuen oder zu betreuen haben und an den Nachweis dieser Kenntnisse und Fähigkeiten,
6. an Sicherheitsvorkehrungen im Falle technischer Störungen oder im Brandfall.

(1a) Das Bundesministerium wird ermächtigt, durch Rechtsverordnung mit Zustimmung des Bundesrates, soweit es zum Schutz der Tiere erforderlich ist, Anforderungen an Ziele, Mittel und Methoden bei der Ausbildung, bei der Erziehung oder beim Training von Tieren festzulegen.

(1b) Das Bundesministerium wird ermächtigt, durch Rechtsverordnung mit Zustimmung des Bundesrates, soweit es zum Schutz der Tiere erforderlich ist und sich eine Pflicht zur Kennzeichnung nicht aus § 11a Absatz 3 ergibt, Vorschriften zur Kennzeichnung von Tieren, insbesondere von Hunden und Katzen, sowie zur Art und Durchführung der Kennzeichnung zu erlassen.

(2) [1] Das Bundesministerium wird ermächtigt, im Einvernehmen mit dem Bundesministerium für Verkehr und digitale Infrastruktur durch Rechtsverordnung[2] mit Zustimmung des Bundesrates, soweit es zum Schutz der Tiere erforderlich ist, ihre Beförderung zu regeln. [2] Es kann hierbei insbesondere

---

[1] § 2a Abs. 2 Satz 2 Nr. 7 geänd. mWv 15.12.2010 durch G v. 9.12.2010 (BGBl. I S. 1934); Abs. 1 Nr. 5 geänd., Nr. 6 angef., Abs. 1b geänd., Abs. 3 angef. mWv 13.7.2013 durch G v. 4.7.2013 (BGBl. I S. 2182); Abs. 1 einl. Satzteil und Abs. 2 Satz 1 geänd. mWv 5.8.2014 durch G v. 28.7.2014 (BGBl. I S. 1308).

[2] Siehe die Anm. am Titel.

1. Anforderungen
   a) hinsichtlich der Transportfähigkeit von Tieren,
   b) an Transportmittel für Tiere
   festlegen,

1a. bestimmte Transportmittel und Versendungsarten für die Beförderung bestimmter Tiere, insbesondere die Versendung als Nachnahme, verbieten oder beschränken,

2. bestimmte Transportmittel und Versendungsarten für die Beförderung bestimmter Tiere vorschreiben,

3. vorschreiben, dass bestimmte Tiere bei der Beförderung von einem Betreuer begleitet werden müssen,

3a. vorschreiben, dass Personen, die Tiertransporte durchführen oder hierbei mitwirken, bestimmte Kenntnisse und Fähigkeiten haben und diese nachweisen müssen,

4. Vorschriften über das Verladen, Entladen, Unterbringen, Ernähren und Pflegen der Tiere erlassen,

5. als Voraussetzung für die Durchführung von Tiertransporten bestimmte Bescheinigungen, Erklärungen oder Meldungen vorschreiben sowie deren Ausstellung und Aufbewahrung regeln,

6. vorschreiben, dass, wer gewerbsmäßig Tiertransporte durchführt, einer Erlaubnis der zuständigen Behörde bedarf oder bei der zuständigen Behörde registriert sein muss, sowie die Voraussetzungen und das Verfahren bei der Erteilung der Erlaubnis und bei der Registrierung regeln,

7. vorschreiben, dass, wer Tiere während des Transports in einer Einrichtung oder einem Betrieb ernähren, pflegen oder unterbringen will, einer Erlaubnis der zuständigen Behörde bedarf, und die Voraussetzungen und das Verfahren der Erteilung der Erlaubnis regeln, soweit dies zur Durchführung von Rechtsakten der Europäischen Gemeinschaft oder der Europäischen Union erforderlich ist.

(3) Des Einvernehmens des Bundesministeriums für Bildung und Forschung bedürfen Rechtsverordnungen

1. nach Absatz 1, soweit sie Anforderungen an die Haltung von Tieren festlegen, die zur Verwendung in Tierversuchen bestimmt sind oder deren Gewebe oder Organe dazu bestimmt sind, zu wissenschaftlichen Zwecken verwendet zu werden,

2. nach Absatz 2 Satz 1, soweit sie die Beförderung von Tieren regeln, die zur Verwendung in Tierversuchen bestimmt sind oder deren Gewebe oder Organe dazu bestimmt sind, zu wissenschaftlichen Zwecken verwendet zu werden.

§ 3[1)] [Besondere Bestimmungen] [1] Es ist verboten,

1. einem Tier außer in Notfällen Leistungen abzuverlangen, denen es wegen seines Zustandes offensichtlich nicht gewachsen ist oder die offensichtlich seine Kräfte übersteigen,

1a. einem Tier, an dem Eingriffe und Behandlungen vorgenommen worden sind, die einen leistungsmindernden körperlichen Zustand verdecken, Leistungen abzuverlangen, denen es wegen seines körperlichen Zustandes nicht gewachsen ist,

---

[1)] § 3 Nr. 2 und 11 geänd., Nr. 12, 13 und Satz 2 angef. mWv 13.7.2013 durch G v. 4.7.2013 (BGBl. I S. 2182).

1b. an einem Tier im Training oder bei sportlichen Wettkämpfen oder ähnlichen Veranstaltungen Maßnahmen, die mit erheblichen Schmerzen, Leiden oder Schäden verbunden sind und die die Leistungsfähigkeit von Tieren beeinflussen können, sowie an einem Tier bei sportlichen Wettkämpfen oder ähnlichen Veranstaltungen Dopingmittel anzuwenden,

2. ein gebrechliches, krankes, abgetriebenes oder altes, im Haus, Betrieb oder sonst in Obhut des Menschen gehaltenes Tier, für das ein Weiterleben mit nicht behebbaren Schmerzen oder Leiden verbunden ist, zu einem anderen Zweck als zur unverzüglichen schmerzlosen Tötung zu veräußern oder zu erwerben; dies gilt nicht für die unmittelbare Abgabe eines kranken Tieres an eine Person oder Einrichtung, der eine Genehmigung nach § 8 Absatz 1 Satz 1 und, wenn es sich um ein Wirbeltier handelt, erforderlichenfalls eine Genehmigung nach Vorschriften, die auf Grund des § 9 Absatz 3 Nummer 1 und 2 erlassen worden sind, für Versuche an solchen Tieren erteilt worden ist,

3. ein im Haus, Betrieb oder sonst in Obhut des Menschen gehaltenes Tier auszusetzen oder es zurückzulassen, um sich seiner zu entledigen oder sich der Halter- oder Betreuerpflicht zu entziehen,

4. ein gezüchtetes oder aufgezogenes Tier einer wildlebenden Art in der freien Natur auszusetzen oder anzusiedeln, das nicht auf die zum Überleben in dem vorgesehenen Lebensraum erforderliche artgemäße Nahrungsaufnahme vorbereitet und an das Klima angepasst ist; die Vorschriften des Jagdrechts und des Naturschutzrechts bleiben unberührt,

5. ein Tier auszubilden oder zu trainieren, sofern damit erhebliche Schmerzen, Leiden oder Schäden für das Tier verbunden sind,

6. ein Tier zu einer Filmaufnahme, Schaustellung, Werbung oder ähnlichen Veranstaltung heranzuziehen, sofern damit Schmerzen, Leiden oder Schäden für das Tier verbunden sind,

7. ein Tier an einem anderen lebenden Tier auf Schärfe abzurichten oder zu prüfen,

8. ein Tier auf ein anderes Tier zu hetzen, soweit dies nicht die Grundsätze weidgerechter Jagdausübung erfordern,

8a. ein Tier zu einem derartig aggressiven Verhalten auszubilden oder abzurichten, dass dieses Verhalten

   a) bei ihm selbst zu Schmerzen, Leiden oder Schäden führt oder

   b) im Rahmen jeglichen artgemäßen Kontaktes mit Artgenossen bei ihm selbst oder einem Artgenossen zu Schmerzen oder vermeidbaren Leiden oder Schäden führt oder

   c) seine Haltung nur unter Bedingungen zulässt, die bei ihm zu Schmerzen oder vermeidbaren Leiden oder Schäden führen,

9. einem Tier durch Anwendung von Zwang Futter einzuverleiben, sofern dies nicht aus gesundheitlichen Gründen erforderlich ist,

10. einem Tier Futter darzureichen, das dem Tier erhebliche Schmerzen, Leiden oder Schäden bereitet,

11. ein Gerät zu verwenden, das durch direkte Stromeinwirkung das artgemäße Verhalten eines Tieres, insbesondere seine Bewegung, erheblich einschränkt oder es zur Bewegung zwingt und dem Tier dadurch nicht unerhebliche Schmerzen, Leiden oder Schäden zufügt, soweit dies nicht nach bundes- oder landesrechtlichen Vorschriften zulässig ist,

12. ein Tier als Preis oder Belohnung bei einem Wettbewerb, einer Verlosung, einem Preisausschreiben oder einer ähnlichen Veranstaltung auszuloben,
13. ein Tier für eigene sexuelle Handlungen zu nutzen oder für sexuelle Handlungen Dritter abzurichten oder zur Verfügung zu stellen und dadurch zu artwidrigem Verhalten zu zwingen.

2 Satz 1 Nummer 12 gilt nicht, wenn das Tier auf einer in Satz 1 Nummer 12 bezeichneten Veranstaltung ausgelobt wird, bei der erwartet werden kann, dass die Teilnehmer der Veranstaltung im Falle des Gewinns als künftige Tierhalter die Einhaltung der Anforderungen des § 2 sicherstellen können.

Dritter Abschnitt. Töten von Tieren

§ 4[1)] [Tötung] (1) 1 Ein Wirbeltier darf nur unter wirksamer Schmerzausschaltung (Betäubung) in einem Zustand der Wahrnehmungs- und Empfindungslosigkeit oder sonst, soweit nach den gegebenen Umständen zumutbar, nur unter Vermeidung von Schmerzen getötet werden. 2 Ist die Tötung eines Wirbeltieres ohne Betäubung im Rahmen weidgerechter Ausübung der Jagd oder auf Grund anderer Rechtsvorschriften zulässig oder erfolgt sie im Rahmen zulässiger Schädlingsbekämpfungsmaßnahmen, so darf die Tötung nur vorgenommen werden, wenn hierbei nicht mehr als unvermeidbare Schmerzen entstehen. 3 Ein Wirbeltier töten darf nur, wer die dazu notwendigen Kenntnisse und Fähigkeiten hat.

(1a) 1 Personen, die berufs- oder gewerbsmäßig regelmäßig Wirbeltiere zum Zweck des Tötens betäuben oder töten, haben gegenüber der zuständigen Behörde einen Sachkundenachweis zu erbringen. 2 Wird im Rahmen einer Tätigkeit nach Satz 1 Geflügel in Anwesenheit einer Aufsichtsperson zum Zweck des Tötens betäubt oder getötet, so hat außer der Person, die die Tiere zum Zweck des Tötens betäubt oder tötet, auch die Aufsichtsperson den Sachkundenachweis zu erbringen. 3 Werden im Rahmen einer Tätigkeit nach Satz 1 Fische in Anwesenheit einer Aufsichtsperson zum Zweck des Tötens betäubt oder getötet, so genügt es, wenn diese den Sachkundenachweis erbringt. 4 Die Sätze 1 bis 3 gelten nicht für das Betäuben zum Zweck des Tötens und das Töten von Wirbeltieren, die zur Verwendung in Tierversuchen bestimmt sind oder deren Organe oder Gewebe dazu bestimmt sind, zu wissenschaftlichen Zwecken verwendet zu werden.

(2) Für das Schlachten eines warmblütigen Tieres gilt § 4a.

(3) 1 Für das Töten von Wirbeltieren, ausschließlich um ihre Organe oder Gewebe zu wissenschaftlichen Zwecken zu verwenden, gilt § 7a Absatz 2 Nummer 1 entsprechend. 2 Hunde, Katzen und Primaten dürfen zu wissenschaftlichen Zwecken nur getötet werden, soweit sie entweder für einen solchen Zweck oder für eine Verwendung in Tierversuchen gezüchtet worden sind. 3 Abweichend von Satz 2 kann die zuständige Behörde, soweit es mit dem Schutz der Tiere vereinbar ist, das Töten von Tieren, die nicht nach Satz 2 gezüchtet worden sind, genehmigen, soweit

1. nach Satz 2 gezüchtete Tiere mit den Eigenschaften, die für den jeweiligen Zweck erforderlich sind, nicht zur Verfügung stehen oder
2. die jeweiligen wissenschaftlichen Zwecke die Verwendung von Tieren erforderlich machen, die nicht nach Satz 2 gezüchtet worden sind.

---

1) § 4 Abs. 1 Satz 1, Abs. 1a Sätze 1–3 geänd., Satz 4 angef., Abs. 3 neu gef. mWv 13.7.2013 durch G v. 4.7.2013 (BGBl. I S. 2182).

§ 4a[1)] [Schlachten] (1) Ein warmblütiges Tier darf nur geschlachtet werden, wenn es vor Beginn des Blutentzugs zum Zweck des Schlachtens betäubt worden ist.

(2) Abweichend von Absatz 1 bedarf es keiner Betäubung, wenn

1. sie bei Notschlachtungen nach den gegebenen Umständen nicht möglich ist,
2. die zuständige Behörde eine Ausnahmegenehmigung für ein Schlachten ohne Betäubung (Schächten) erteilt hat; sie darf die Ausnahmegenehmigung nur insoweit erteilen, als es erforderlich ist, den Bedürfnissen von Angehörigen bestimmter Religionsgemeinschaften im Geltungsbereich dieses Gesetzes zu entsprechen, denen zwingende Vorschriften ihrer Religionsgemeinschaft das Schächten vorschreiben oder den Genuss von Fleisch nicht geschächteter Tiere untersagen oder
3. dies als Ausnahme durch Rechtsverordnung nach § 4b Nr. 3 bestimmt ist.

§ 4b[2)] [Ermächtigungen] [1] Das Bundesministerium wird ermächtigt, für die Zwecke der §§ 4 und 4a durch Rechtsverordnung[3)] mit Zustimmung des Bundesrates

1. a) das Schlachten von Fischen und anderen kaltblütigen Tieren zu regeln,
   b) bestimmte Tötungsarten und Betäubungsverfahren näher zu regeln, vorzuschreiben, zuzulassen oder zu verbieten,
   c) die Voraussetzungen näher zu regeln, unter denen Schlachtungen im Sinne des § 4a Abs. 2 Nr. 2 vorgenommen werden dürfen,
   d) nähere Vorschriften über Art und Umfang der zum Betäuben oder Töten von Wirbeltieren erforderlichen Kenntnisse und Fähigkeiten sowie über das Verfahren zu deren Nachweis zu erlassen,
   e) nicht gewerbliche Tätigkeiten zu bestimmen, die den Erwerb des Sachkundenachweises zum Töten von Wirbeltieren erfordern,

   um sicherzustellen, dass den Tieren nicht mehr als unvermeidbare Schmerzen zugefügt werden,
2. das Schlachten von Tieren im Rahmen der Bestimmungen des Europäischen Übereinkommens vom 10. Mai 1979 über den Schutz von Schlachttieren (BGBl. 1983 II S. 770) näher zu regeln,
3. für das Schlachten von Geflügel Ausnahmen von der Betäubungspflicht zu bestimmen.

[2] Rechtsverordnungen nach Satz 1 Nummer 1 Buchstabe b und d bedürfen,

1. soweit sie das Betäuben oder Töten mittels gefährlicher Stoffe oder Gemische im Sinne des Chemikaliengesetzes[4)] oder darauf bezogene Voraussetzungen für den Erwerb eines Sachkundenachweises betreffen, des Einvernehmens der Bundesministerien für Wirtschaft und Energie sowie für Umwelt, Naturschutz und nukleare Sicherheit,
2. soweit sie das Betäuben oder Töten von Tieren, die zur Verwendung in Tierversuchen bestimmt sind oder deren Gewebe oder Organe dazu bestimmt sind,

---

[1)] § 4a Abs. 1 geänd. mWv 13.7.2013 durch G v. 4.7.2013 (BGBl. I S. 2182).

[2)] § 4b Satz 1 einl. Satzteil geänd., Satz 2 neu gef. mWv 13.7.2013 durch G v. 4.7.2013 (BGBl. I S. 2182); Satz 2 Nr. 1 geänd. mWv 5.8.2014 durch G v. 28.7.2014 (BGBl. I S. 1308); Satz 2 Nr. 1 geänd. mWv 27.6.2020 durch VO v. 19.6.2020 (BGBl. I S. 1328).

[3)] Siehe die Anm. am Titel.

[4)] **Gewerberecht Nr. 600.**

zu wissenschaftlichen Zwecken verwendet zu werden, oder darauf bezogene Voraussetzungen für den Erwerb eines Sachkundenachweises betreffen, des Einvernehmens des Bundesministeriums für Bildung und Forschung.

Vierter Abschnitt. Eingriffe an Tieren

§ 5[1)] [Betäubung] (1) [1]An einem Wirbeltier darf ohne Betäubung ein mit Schmerzen verbundener Eingriff nicht vorgenommen werden. [2]Die Betäubung warmblütiger Wirbeltiere sowie von Amphibien und Reptilien ist von einem Tierarzt vorzunehmen. [3]Dies gilt nicht, soweit die Betäubung ausschließlich durch äußerliche Anwendung eines Tierarzneimittels erfolgt, das nach arzneimittelrechtlichen Vorschriften zugelassen ist, um eine örtliche Schmerzausschaltung zu erreichen, und nach dem Stand von Wissenschaft und Technik zum Zweck der Durchführung des jeweiligen Eingriffs geeignet ist. [4]Dies gilt ferner nicht für einen Eingriff im Sinne des § 6 Absatz 1 Satz 2 Nummer 2a, soweit die Betäubung ohne Beeinträchtigung des Zustandes der Wahrnehmungs- und Empfindungsfähigkeit, ausgenommen die Schmerzempfindung, durch ein Tierarzneimittel erfolgt, das nach arzneimittelrechtlichen Vorschriften für die Schmerzausschaltung bei diesem Eingriff zugelassen ist. [5]Für die Betäubung mit Betäubungspatronen kann die zuständige Behörde Ausnahmen von Satz 2 zulassen, sofern ein berechtigter Grund nachgewiesen wird. [6]Ist nach den Absätzen 2, 3 und 4 Nr. 1 eine Betäubung nicht erforderlich, sind alle Möglichkeiten auszuschöpfen, um die Schmerzen oder Leiden der Tiere zu vermindern.

(2) Eine Betäubung ist nicht erforderlich,

1. wenn bei vergleichbaren Eingriffen am Menschen eine Betäubung in der Regel unterbleibt oder der mit dem Eingriff verbundene Schmerz geringfügiger ist als die mit einer Betäubung verbundene Beeinträchtigung des Befindens des Tieres,
2. wenn die Betäubung im Einzelfall nach tierärztlichem Urteil nicht durchführbar erscheint.

(3) Eine Betäubung ist ferner nicht erforderlich

1. für das Kastrieren von unter vier Wochen alten männlichen Rindern, Schafen und Ziegen, sofern kein von der normalen anatomischen Beschaffenheit abweichender Befund vorliegt,
2. für das Enthornen oder das Verhindern des Hornwachstums bei unter sechs Wochen alten Rindern,
3. für das Kürzen des Schwanzes von unter vier Tage alten Ferkeln sowie von unter acht Tage alten Lämmern,
4. für das Kürzen des Schwanzes von unter acht Tage alten Lämmern mittels elastischer Ringe,
5. für das Abschleifen der Eckzähne von unter acht Tage alten Ferkeln, sofern dies zum Schutz des Muttertieres oder der Wurfgeschwister unerlässlich ist,
6. für das Absetzen des krallentragenden letzten Zehengliedes bei Masthahnenküken, die als Zuchthähne Verwendung finden sollen, während des ersten Lebenstages,
7. für die Kennzeichnung

[1)] § 5 Abs. 1 Sätze 3 und 4 eingef., bish. Sätze 3 und 4 werden Sätze 5 und 6, Abs. 3 Nr. 1a aufgeh., Nr. 7 neu gef. mWv 13.7.2013 durch G v. 4.7.2013 (BGBl. I S. 2182); Abs. 3 Nr. 7 Buchst. d und e geänd., Buchst. f angef. mWv 26.6.2021 durch G v. 18.6.2021 (BGBl. I S. 1828).

a) durch implantierten elektronischen Transponder,

b) von Säugetieren außer Schweinen, Schafen, Ziegen und Kaninchen durch Ohr- oder Schenkeltätowierung innerhalb der ersten zwei Lebenswochen,

c) von Schweinen, Schafen, Ziegen und Kaninchen durch Ohrtätowierung,

d) von Schweinen durch Schlagstempel,

e) von landwirtschaftlichen Nutztieren durch Ohrmarke oder Flügelmarke und

f) von Nagetieren, die zur Verwendung in Tierversuchen bestimmt sind, durch Ohrtätowierung, Ohrmarke, Ohrlochung oder Ohrkerbung.

(4) Das Bundesministerium wird ermächtigt, durch Rechtsverordnung mit Zustimmung des Bundesrates

1. über Absatz 3 hinaus weitere Maßnahmen von der Betäubungspflicht auszunehmen, soweit dies mit § 1 vereinbar ist,
2. Verfahren und Methoden zur Durchführung von Maßnahmen nach Absatz 3 sowie auf Grund einer Rechtsverordnung nach Nummer 1 bestimmter Maßnahmen vorzuschreiben, zuzulassen oder zu verbieten, soweit dies zum Schutz der Tiere erforderlich ist.

§ 6[1)] [Amputation] (1) [1] Verboten ist das vollständige oder teilweise Amputieren von Körperteilen oder das vollständige oder teilweise Entnehmen oder Zerstören von Organen oder Geweben eines Wirbeltieres. [2] Das Verbot gilt nicht, wenn

1. der Eingriff im Einzelfall

   a) nach tierärztlicher Indikation geboten ist oder

   b) bei jagdlich zu führenden Hunden für die vorgesehene Nutzung des Tieres unerlässlich ist und tierärztliche Bedenken nicht entgegenstehen,

1a. eine nach artenschutzrechtlichen Vorschriften vorgeschriebene Kennzeichnung vorgenommen wird,

1b. eine Kennzeichnung von Pferden durch Schenkelbrand vorgenommen wird,

2. ein Fall des § 5 Abs. 3 Nr. 1 oder 7 vorliegt,

2a. unter acht Tage alte männliche Schweine kastriert werden,

3. ein Fall des § 5 Abs. 3 Nr. 2 bis 6 vorliegt und der Eingriff im Einzelfall für die vorgesehene Nutzung des Tieres zu dessen Schutz oder zum Schutz anderer Tiere unerlässlich ist,

4. das vollständige oder teilweise Entnehmen von Organen oder Geweben erforderlich ist, um zu anderen als zu wissenschaftlichen Zwecken die Organe oder Gewebe zu transplantieren, Kulturen anzulegen oder isolierte Organe, Gewebe oder Zellen zu untersuchen,

5. zur Verhinderung der unkontrollierten Fortpflanzung oder – soweit tierärztliche Bedenken nicht entgegenstehen – zur weiteren Nutzung oder Haltung des Tieres eine Unfruchtbarmachung vorgenommen wird.

[3] Eingriffe nach Satz 2 Nummer 1 und 5 sind durch einen Tierarzt vorzunehmen; im Falle eines Eingriffs nach Satz 2 Nummer 2a gilt dies auch, sofern ein von der

---

1) § 6 Abs. 2 geänd. mWv 28.12.2006 durch G v. 21.12.2006 (BGBl. I S. 3294); Abs. 1 Satz 2 Nr. 1a, 1b, 2a eingef., Nr. 2 geänd., Nr. 4 und Satz 3 neu gef., Satz 4 eingef., bish. Satz 4 wird Satz 5, bish. Sätze 5–9 werden Abs. 1a Sätze 1–5 und Satz 1 neu gef., Satz 4 geänd., Abs. 6 angef. mWv 13.7.2013 durch G v. 4.7.2013 (BGBl. I S. 2182); Abs. 1a Satz 2 neu gef. mWv 5.8.2014 durch G v. 28.7.2014 (BGBl. I S. 1308); Abs. 1a Satz 1 Nr. 1 geänd. mWv 26.6.2021 durch G v. 18.6.2021 (BGBl. I S. 1828).

normalen anatomischen Beschaffenheit abweichender Befund vorliegt. [4] Eingriffe nach

1. Satz 2 Nummer 1a, 1b, 2 und 3,
2. Nummer 2a, die nicht durch einen Tierarzt vorzunehmen sind, sowie
3. Absatz 3

dürfen auch durch eine andere Person vorgenommen werden, die die dazu notwendigen Kenntnisse und Fähigkeiten hat. [5] Im Anschluss an die Kastration eines über sieben Tage alten Schweines sind schmerzstillende Arzneimittel einschließlich Betäubungsmittel bei dem Tier anzuwenden.

(1a) [1] Für die Eingriffe nach Absatz 1 Satz 2 Nummer 4 gelten

1. § 7 Absatz 1 Satz 2 Nummer 1, Satz 3 und 4, § 7a Absatz 2 Nummer 1, 4 und 5 und § 9 Absatz 5 Satz 1, jeweils auch in Verbindung mit § 9 Absatz 6 Satz 1, sowie
2. Vorschriften in Rechtsverordnungen, die auf Grund des
   a) § 7 Absatz 3 oder
   b) § 9 Absatz 1, 2 und 3 Nummer 2, Absatz 4 Satz 1 Nummer 3 und Satz 2 und Absatz 5 Satz 2, jeweils auch in Verbindung mit Absatz 6 Satz 2,

   erlassen worden sind, soweit dies in einer Rechtsverordnung, die das Bundesministerium mit Zustimmung des Bundesrates erlassen hat, vorgesehen ist,

entsprechend. [2] Derjenige, der einen Eingriff nach Absatz 1 Satz 2 Nummer 4 durchführen will, hat den Eingriff spätestens zwei Wochen vor Beginn der zuständigen Behörde anzuzeigen. [3] Die Frist braucht nicht eingehalten zu werden, wenn in Notfällen eine sofortige Durchführung des Eingriffes erforderlich ist; die Anzeige ist unverzüglich nachzuholen. [4] Die in Satz 2 genannte Frist kann von der zuständigen Behörde bei Bedarf auf bis zu vier Wochen verlängert werden. [5] In der Anzeige sind anzugeben:

1. der Zweck des Eingriffs,
2. die Art und die Zahl der für den Eingriff vorgesehenen Tiere,
3. die Art und die Durchführung des Eingriffs einschließlich der Betäubung,
4. Ort, Beginn und voraussichtliche Dauer des Vorhabens,
5. Name, Anschrift und Fachkenntnisse des verantwortlichen Leiters des Vorhabens und seines Stellvertreters sowie der durchführenden Person und die für die Nachbehandlung in Frage kommenden Personen,
6. die Begründung für den Eingriff.

(2) Verboten ist, beim Amputieren oder Kastrieren elastische Ringe zu verwenden; dies gilt nicht im Falle des Absatzes 3 Nr. 3 oder des § 5 Abs. 3 Nr. 4.

(3) [1] Abweichend von Absatz 1 Satz 1 kann die zuständige Behörde

1. *das Kürzen der* Schnabelspitzen von Legehennen bei unter zehn Tage alten Küken,
2. das Kürzen der Schnabelspitzen bei Nutzgeflügel, das nicht unter Nummer 1 fällt,
3. das Kürzen des bindegewebigen Endstückes des Schwanzes von unter drei Monate alten männlichen Kälbern mittels elastischer Ringe

erlauben. [2] Die Erlaubnis darf nur erteilt werden, wenn glaubhaft dargelegt wird, dass der Eingriff im Hinblick auf die vorgesehene Nutzung zum Schutz der Tiere unerlässlich ist. [3] Die Erlaubnis ist zu befristen und hat im Falle der Nummer 1

Bestimmungen über Art, Umfang und Zeitpunkt des Eingriffs und die durchführende Person zu enthalten.

(4) Das Bundesministerium wird ermächtigt, durch Rechtsverordnung mit Zustimmung des Bundesrates die dauerhafte Kennzeichnung von Tieren, an denen nicht offensichtlich erkennbare Eingriffe vorgenommen worden sind, vorzuschreiben, wenn dies zum Schutz der Tiere erforderlich ist.

(5) Der zuständigen Behörde ist im Falle des Absatzes 1 Satz 2 Nr. 3 auf Verlangen glaubhaft darzulegen, dass der Eingriff für die vorgesehene Nutzung unerlässlich ist.

(6) [1]Das Bundesministerium wird ermächtigt, durch Rechtsverordnung[1)] mit Zustimmung des Bundesrates für Eingriffe im Sinne des Absatzes 1 Satz 2 Nummer 2a abweichend von § 5 Absatz 1 Satz 2 zuzulassen, dass die Betäubung von bestimmten anderen Personen vorgenommen werden darf, soweit es mit dem Schutz der Tiere vereinbar ist. [2]In der Rechtsverordnung nach Satz 1 sind die Anforderungen zu regeln, unter denen diese Personen die Betäubung vornehmen dürfen; dabei können insbesondere

1. Verfahren und Methoden einschließlich der Arzneimittel und der Geräte zur Durchführung der Betäubung sowie des Eingriffes nach Satz 1 vorgeschrieben oder verboten werden,
2. vorgesehen werden, dass die Person, die die Betäubung durchführt, die für diese Tätigkeit erforderliche Zuverlässigkeit und die erforderlichen Kenntnisse und Fähigkeiten zu besitzen und diese nachzuweisen hat, und
3. nähere Vorschriften über die Art und den Umfang der nach Nummer 2 erforderlichen Kenntnisse und Fähigkeiten erlassen sowie Anforderungen an den Nachweis und die Aufrechterhaltung der erforderlichen Kenntnisse und Fähigkeiten festgelegt und das Verfahren des Nachweises geregelt werden.

§ 6a[2)] [Geltungsbereich] Die Vorschriften dieses Abschnittes gelten nicht für Tierversuche, nach § 7 Absatz 2 Satz 1, auch in Verbindung mit Satz 2.

Fünfter Abschnitt. Tierversuche

§ 7[3)] [Schutz von Versuchstieren; Begriffsbestimmung Tierversuch]

(1) [1]Die Vorschriften dieses Abschnitts dienen dem Schutz von Tieren, die zur Verwendung in Tierversuchen bestimmt sind oder deren Gewebe oder Organe dazu bestimmt sind, zu wissenschaftlichen Zwecken verwendet zu werden. [2]Dazu sind

1. Tierversuche im Hinblick auf
   a) die den Tieren zuzufügenden Schmerzen, Leiden und Schäden,
   b) die Zahl der verwendeten Tiere,
   c) die artspezifische Fähigkeit der verwendeten Tiere, unter den Versuchseinwirkungen zu leiden,

   auf das unerlässliche Maß zu beschränken und

[1)] Siehe die Anm. am Titel.

[2)] § 6a geänd. mWv 13.7.2013 durch G v. 4.7.2013 (BGBl. I S. 2182).

[3)] § 7 eingef. mWv 13.7.2013 durch G v. 4.7.2013 (BGBl. I S. 2182); Abs. 1 Satz 2 Nr. 2 geänd., Satz 3 eingef., bish. Sätze 3 und 4 werden Sätze 4 und 5. Abs. 2 Satz 3 neu gef., Abs. 2a eingef. mWv 26.6.2021 durch G v. 18.6.2021 (BGBl. I S. 1828).

2. die Haltung, die Zucht und die Pflege derjenigen Tiere zu verbessern, die zur Verwendung in Tierversuchen bestimmt sind oder deren Gewebe oder Organe dazu bestimmt sind, zu wissenschaftlichen Zwecken verwendet zu werden, damit diese Tiere nur in dem Umfang belastet werden, der für die Verwendung zu wissenschaftlichen Zwecken unerlässlich ist.

[3] Die Pflicht zur Beschränkung von Tierversuchen auf das unerlässliche Maß nach Satz 2 Nummer 1 Buchstabe a und c beinhaltet auch die Pflicht zur Verbesserung der Methoden, die in Tierversuchen angewendet werden. [4] Tierversuche dürfen nur von Personen geplant und durchgeführt werden, die die dafür erforderlichen Kenntnisse und Fähigkeiten haben. [5] § 1 bleibt unberührt.

(2) [1] Tierversuche im Sinne dieses Gesetzes sind Eingriffe oder Behandlungen zu Versuchszwecken

1. an Tieren, wenn sie mit Schmerzen, Leiden oder Schäden für diese Tiere verbunden sein können,
2. an Tieren, die dazu führen können, dass Tiere geboren werden oder schlüpfen, die Schmerzen, Leiden oder Schäden erleiden, oder
3. am Erbgut von Tieren, wenn sie mit Schmerzen, Leiden oder Schäden für die erbgutveränderten Tiere oder deren Trägertiere verbunden sein können.

[2] Als Tierversuche gelten auch Eingriffe oder Behandlungen, die nicht Versuchszwecken dienen, und

1. die zur Herstellung, Gewinnung, Aufbewahrung oder Vermehrung von Stoffen, Produkten oder Organismen vorgenommen werden,
2. durch die Organe oder Gewebe ganz oder teilweise entnommen werden, um zu wissenschaftlichen Zwecken
   a) die Organe oder Gewebe zu transplantieren,
   b) Kulturen anzulegen oder
   c) isolierte Organe, Gewebe oder Zellen zu untersuchen,

   oder
3. die zu Aus-, Fort- oder Weiterbildungszwecken vorgenommen werden,

soweit eine der in Satz 1 Nummer 1 bis 3 genannten Voraussetzungen vorliegt. [3] Nicht als Tierversuch gilt

1. das Töten eines Tieres, soweit das Töten ausschließlich dazu erfolgt, die Organe oder Gewebe des Tieres zu wissenschaftlichen Zwecken zu verwenden,
2. ein Eingriff oder eine Behandlung an einem Nutztier, der oder die
   a) in einem Haltungsbetrieb im Rahmen der landwirtschaftlichen Tätigkeit vorgenommen wird und
   b) nicht zu wissenschaftlichen Zwecken erfolgt, oder
3. eine veterinärmedizinische klinische Prüfung, die für die Zulassung eines Tierarzneimittels verlangt wird.

(2a) [1] Zur Vermeidung von Doppel- oder Wiederholungsversuchen sind Daten aus Tierversuchen, die in nach Unionsrecht anerkannten Verfahren in anderen Mitgliedstaaten der Europäischen Union (Mitgliedstaaten) gewonnen wurden, anzuerkennen. [2] Dies gilt nicht, wenn zum Schutz der öffentlichen Gesundheit, Sicherheit oder der Umwelt in Bezug auf die in Satz 1 genannten Daten weitere Tierversuche durchgeführt werden müssen.

(3) Das Bundesministerium wird ermächtigt, im Einvernehmen mit dem Bundesministerium für Bildung und Forschung durch Rechtsverordnung[1)] mit Zustimmung des Bundesrates die näheren Einzelheiten zu den Anforderungen nach Absatz 1 Satz 2 Nummer 2 zu regeln.

§ 7a[2)] [Voraussetzungen] (1) [1] Tierversuche dürfen nur durchgeführt werden, soweit sie zu einem der folgenden Zwecke unerlässlich sind:
1. Grundlagenforschung,
2. sonstige Forschung mit einem der folgenden Ziele:
   a) Vorbeugung, Erkennung oder Behandlung von Krankheiten, Leiden, Körperschäden oder körperlichen Beschwerden bei Menschen oder Tieren,
   b) Erkennung oder Beeinflussung physiologischer Zustände oder Funktionen bei Menschen oder Tieren,
   c) Förderung des Wohlergehens von Tieren oder Verbesserung der Haltungsbedingungen von landwirtschaftlichen Nutztieren,
3. Schutz der Umwelt im Interesse der Gesundheit oder des Wohlbefindens von Menschen oder Tieren,
4. Entwicklung und Herstellung sowie Prüfung der Qualität, Wirksamkeit oder Unbedenklichkeit von Arzneimitteln, Lebensmitteln, Futtermitteln oder anderen Stoffen oder Produkten mit einem der in Nummer 2 Buchstabe a bis c oder Nummer 3 genannten Ziele,
5. Prüfung von Stoffen oder Produkten auf ihre Wirksamkeit gegen tierische Schädlinge,
6. Forschung im Hinblick auf die Erhaltung der Arten,
7. Aus-, Fort- oder Weiterbildung,
8. gerichtsmedizinische Untersuchungen.

[2] Tierversuche zur Aus-, Fort- oder Weiterbildung nach Satz 1 Nummer 7 dürfen nur durchgeführt werden
1. an einer Hochschule, einer anderen wissenschaftlichen Einrichtung oder einem Krankenhaus oder
2. im Rahmen einer Aus-, Fort- oder Weiterbildung für Heil- oder Heilhilfsberufe oder naturwissenschaftliche Hilfsberufe.

(2) Bei der Entscheidung, ob ein Tierversuch unerlässlich ist, sowie bei der Durchführung von Tierversuchen sind folgende Grundsätze zu beachten:
1. Der jeweilige Stand der wissenschaftlichen Erkenntnisse ist zugrunde zu legen.
2. [1]Es ist zu prüfen, ob der verfolgte Zweck nicht durch andere Methoden oder Verfahren erreicht werden kann. [2]Dabei ist insbesondere zu prüfen, ob zur Erreichung des mit dem Tierversuch angestrebten Ergebnisses eine andere Methode oder Versuchsstrategie, die ohne Verwendung eines lebenden Tieres auskommt und die nach dem Unionsrecht anerkannt ist, zur Verfügung steht.
3. Versuche an Wirbeltieren oder Kopffüßern dürfen nur durchgeführt werden, wenn die zu erwartenden Schmerzen, Leiden oder Schäden der Tiere im Hinblick auf den Versuchszweck ethisch vertretbar sind.

[1)] Siehe die Anm. am Titel.

[2)] *Früherer § 7 Abs. 5 Satz 2 Nr. 2* geänd. mWv 15.12.2010 durch G v. 9.12.2010 (BGBl. I S. 1934); bish. § 7 wird § 7a und Abs. 1, 2 neu gef., Abs. 3 aufgeh., bish. Abs. 4 und 5 werden Abs. 3 und 4, Abs. 5 und 6 angef. mWv 13.7.2013 durch G v. 4.7.2013 (BGBl. I S. 2182); Abs. 2 Nr. 2 Satz 2 angef. mWv 26.6.2021 durch G v. 18.6.2021 (BGBl. I S. 1828).

4. Schmerzen, Leiden oder Schäden dürfen den Tieren nur in dem Maße zugefügt werden, als es für den verfolgten Zweck unerlässlich ist; insbesondere dürfen sie nicht aus Gründen der Arbeits-, Zeit- oder Kostenersparnis zugefügt werden.
5. Versuche an Tieren, deren artspezifische Fähigkeit, unter den Versuchseinwirkungen zu leiden, stärker entwickelt ist, dürfen nur durchgeführt werden, soweit Tiere, deren derartige Fähigkeit weniger stark entwickelt ist, für den verfolgten Zweck nicht ausreichen.

(3) Tierversuche zur Entwicklung oder Erprobung von Waffen, Munition und dazugehörigem Gerät sind verboten.

(4) [1] Tierversuche zur Entwicklung von Tabakerzeugnissen, Waschmitteln und Kosmetika sind grundsätzlich verboten. [2] Das Bundesministerium wird ermächtigt, durch Rechtsverordnung mit Zustimmung des Bundesrates Ausnahmen zu bestimmen, soweit es erforderlich ist, um

1. konkrete Gesundheitsgefährdungen abzuwehren, und die notwendigen neuen Erkenntnisse nicht auf andere Weise erlangt werden können, oder
2. Rechtsakte der Europäischen Gemeinschaft oder der Europäischen Union durchzuführen.

(5) Ein Tierversuch gilt als abgeschlossen, wenn

1. keine weiteren Beobachtungen mehr für den Tierversuch anzustellen sind oder,
2. soweit genetisch veränderte, neue Tierlinien verwendet werden,
   a) an der Nachkommenschaft keine weiteren Beobachtungen mehr anzustellen sind und
   b) nicht mehr erwartet wird, dass die Nachkommenschaft auf Grund der biotechnischen oder gentechnischen Veränderungen Schmerzen oder Leiden empfindet oder dauerhaft Schäden erleidet.

(6) Das Bundesministerium wird ermächtigt, im Einvernehmen mit dem Bundesministerium für Bildung und Forschung durch Rechtsverordnung[1)] mit Zustimmung des Bundesrates

1. Vorschriften dieses Gesetzes oder
2. auf Grund dieses Gesetzes erlassene Rechtsverordnungen zur Durchführung, Genehmigung und Anzeige von Tierversuchen

auf Versuche an Tieren in einem Entwicklungsstadium vor der Geburt oder dem Schlupf zu erstrecken, soweit dies zum Schutz dieser Tiere auf Grund ihrer Fähigkeit, Schmerzen oder Leiden zu empfinden oder Schäden zu erleiden, und zur Durchführung von Rechtsakten der Europäischen Union erforderlich ist.

§ 8[2)] [Genehmigung] (1) [1] Wer Versuche an Wirbeltieren oder Kopffüßern durchführen will, bedarf der Genehmigung des Versuchsvorhabens durch die *zuständige Behörde*. [2] *Die Genehmigung* eines Versuchsvorhabens ist nach Prüfung durch die zuständige Behörde zu erteilen, wenn

1. aus wissenschaftlicher oder pädagogischer Sicht gerechtfertigt ist, dass
   a) die Voraussetzungen des § 7a Absatz 1 und 2 Nummer 1 bis 3 vorliegen,

---

[1)] Siehe die Anm. am Titel.

[2)] § 8 neu gef. mWv 13.7.2013 durch G v. 4.7.2013 (BGBl. I S. 2182); Abs. 1 Satz 2 einl. Satzteil, Nr. 1, 6 und 7 geänd., Nr. 7a eingef., Satz 3 angef., Abs. 6 Satz 1 Nr. 3 geänd., Satz 2 neu gef. mWv 26.6. 2021 durch G v. 18.6.2021 (BGBl. I S. 1828).

b) das angestrebte Ergebnis trotz Ausschöpfens der zugänglichen Informationsmöglichkeiten nicht hinreichend bekannt ist oder die Überprüfung eines hinreichend bekannten Ergebnisses durch einen Doppel- oder Wiederholungsversuch unerlässlich ist,

2. der verantwortliche Leiter des Versuchsvorhabens und sein Stellvertreter die erforderliche fachliche Eignung insbesondere hinsichtlich der Überwachung der Tierversuche haben und keine Tatsachen vorliegen, aus denen sich Bedenken gegen ihre Zuverlässigkeit ergeben,
3. die erforderlichen Räumlichkeiten, Anlagen und anderen sachlichen Mittel den Anforderungen entsprechen, die in einer auf Grund des § 9 Absatz 4 Satz 1 Nummer 1 erlassenen Rechtsverordnung festgelegt sind,
4. die personellen und organisatorischen Voraussetzungen für die Durchführung der Tierversuche einschließlich der Tätigkeit des Tierschutzbeauftragten gegeben sind,
5. die Haltung der Tiere den Anforderungen des § 2 und den in einer auf Grund des § 2a Absatz 1 Nummer 1 bis 4, auch in Verbindung mit § 11 Absatz 3, oder des § 2a Absatz 2 Satz 1 erlassenen Rechtsverordnung festgelegten Anforderungen entspricht und ihre medizinische Versorgung sichergestellt ist,
6. die Einhaltung der Vorschriften des § 7 Absatz 1 Satz 2 Nummer 1 und Satz 3 und des § 7a Absatz 2 Nummer 4 und 5 erwartet werden kann,
7. die Einhaltung von
   a) Sachkundeanforderungen,
   b) Vorschriften zur Schmerzlinderung und Betäubung von Tieren,
   c) Vorschriften zur erneuten Verwendung von Tieren,
   d) Verwendungsverboten und -beschränkungen,
   e) Vorschriften zur Vermeidung von Schmerzen, Leiden und Schäden nach Erreichen des Zwecks des Tierversuches,
   f) Vorschriften zur Verhinderung des Todes eines Tieres unter der Versuchseinwirkung oder zur Vermeidung von Schmerzen und Leiden beim Tod eines Tieres und
   g) Vorschriften zu der Vorgehensweise nach Abschluss des Tierversuchs,

   die in einer auf Grund des § 2a Absatz 1 Nummer 5 oder des § 4b Satz 1 Nummer 1 Buchstabe b, jeweils auch in Verbindung mit § 11 Absatz 3, oder des § 9 Absatz 1 bis 3 und 4 Satz 1 Nummer 2 oder 3 oder Satz 2 erlassenen Rechtsverordnung festgelegt sind, erwartet werden kann,

7a. eine möglichst umweltverträgliche Durchführung des Tierversuches erwartet werden kann und

8. das Führen von Aufzeichnungen nach § 9 Absatz 5 Satz 1 in Verbindung mit den in einer auf Grund des § 9 Absatz 5 Satz 2 erlassenen Rechtsverordnung festgelegten Anforderungen erwartet werden kann.

[3] Die Prüfung durch die zuständige Behörde erfolgt mit der Detailliertheit, die der Art des Versuchsvorhabens angemessen ist.

(2) Wird die Genehmigung einer Hochschule oder anderen Einrichtung erteilt, so müssen die Personen, die die Tierversuche durchführen, bei der Einrichtung beschäftigt oder mit Zustimmung des verantwortlichen Leiters zur Benutzung der Einrichtung befugt sein.

(3) Das Bundesministerium wird ermächtigt, im Einvernehmen mit dem Bundesministerium für Bildung und Forschung durch Rechtsverordnung[1)] mit Zustimmung des Bundesrates Vorschriften zu erlassen über

1. die Form und den Inhalt des Antrags auf Erteilung einer Genehmigung nach Absatz 1 Satz 1 sowie die antragsberechtigten Personen,
2. das Genehmigungsverfahren einschließlich dessen Dauer,
3. den Inhalt des Genehmigungsbescheids,
4. das Verfahren im Falle nachträglicher Änderungen der der Genehmigung zugrunde liegenden wesentlichen Sachverhalte, einschließlich der Pflicht zur Anzeige oder Genehmigung solcher Änderungen,
5. die Befristung von Genehmigungen oder die Verlängerung der Geltungsdauer von Genehmigungen und
6. den Vorbehalt des Widerrufs von Genehmigungen.

(4) Das Bundesministerium wird ermächtigt, im Einvernehmen mit dem Bundesministerium für Bildung und Forschung durch Rechtsverordnung[1)] mit Zustimmung des Bundesrates vorzusehen, dass Tierversuche einer Einstufung hinsichtlich ihres Schweregrads nach Artikel 15 Absatz 1 der Richtlinie 2010/63/EU des Europäischen Parlaments und des Rates vom 22. September 2010 zum Schutz der für wissenschaftliche Zwecke verwendeten Tiere (ABl. L 276 vom 20.10.2010, S. 33) unterzogen werden, und dabei das Verfahren und den Inhalt der Einstufung sowie die diesbezüglichen Mitwirkungspflichten des Antragstellers zu regeln, soweit dies zur Durchführung von Rechtsakten der Europäischen Union erforderlich ist.

(5) Das Bundesministerium wird ermächtigt, im Einvernehmen mit dem Bundesministerium für Bildung und Forschung durch Rechtsverordnung[1)] mit Zustimmung des Bundesrates vorzusehen, dass Versuchsvorhaben einer rückblickenden Bewertung durch die zuständige Behörde unterzogen werden, und dabei das Verfahren und den Inhalt der Bewertung sowie die diesbezüglichen Mitwirkungspflichten des Antragstellers zu regeln, soweit dies zur Verbesserung des Schutzes der Tiere in Tierversuchen und zur Durchführung von Rechtsakten der Europäischen Union erforderlich ist.

(6) [1] Das Bundesministerium wird ermächtigt, im Einvernehmen mit dem Bundesministerium für Bildung und Forschung durch Rechtsverordnung[1)] mit Zustimmung des Bundesrates vorzusehen, dass die zuständigen Behörden Zusammenfassungen zu genehmigten Versuchsvorhaben zum Zwecke der Veröffentlichung übermitteln, die Angaben über

1. die Ziele des Versuchsvorhabens einschließlich des zu erwartenden Nutzens,
2. die Anzahl, die Art und die zu erwartenden Schmerzen, Leiden und Schäden der zu verwendenden Tiere und
3. die Erfüllung der Anforderungen des § 7 Absatz 1 Satz 2 Nummer 1 und Satz 3 und des § 7a Absatz 2 Nummer 2, 4 und 5

enthalten, und die Form der Zusammenfassungen sowie das Verfahren ihrer Veröffentlichung zu regeln, soweit dies zur Verbesserung des Schutzes der Tiere in Tierversuchen und zur Durchführung von Rechtsakten der Europäischen Union erforderlich ist. [2] In der Rechtsverordnung kann auch vorgesehen werden, dass

---

[1)] Siehe die Anm. am Titel.

1. die Veröffentlichung der Zusammenfassungen durch das Bundesinstitut für Risikobewertung erfolgt und
2. das Bundesinstitut für Risikobewertung die Zusammenfassungen an die Europäische Kommission zum Zweck der Veröffentlichung weiterleitet.

§ 8a[1] **[Anzeige]** (1) [1] Die Erteilung der Genehmigung erfolgt in einem vereinfachten Genehmigungsverfahren, wenn es sich bei dem Versuchsvorhaben nach § 8 Absatz 1 Satz 1 um ein Vorhaben handelt,

1. das ausschließlich Tierversuche zum Gegenstand hat, deren Durchführung ausdrücklich
   a) durch Gesetz oder Rechtsverordnung, durch das Arzneibuch oder durch unmittelbar geltenden Rechtsakt der Europäischen Gemeinschaft oder der Europäischen Union vorgeschrieben ist,
   b) in einer von der Bundesregierung oder einem Bundesministerium erlassenen allgemeinen Verwaltungsvorschrift vorgesehen ist oder
   c) auf Grund eines Gesetzes oder einer Rechtsverordnung oder eines unmittelbar anwendbaren Rechtsaktes der Europäischen Gemeinschaft oder der Europäischen Union behördlich oder gerichtlich angeordnet oder im Einzelfall als Voraussetzung für eine behördliche Entscheidung gefordert wird,
2. das ausschließlich Tierversuche zum Gegenstand hat, die als Impfungen, Blutentnahmen oder sonstige diagnostische Maßnahmen nach bereits erprobten Verfahren an Tieren vorgenommen werden und
   a) der Erkennung von Krankheiten, Leiden, Körperschäden oder körperlichen Beschwerden bei Menschen oder Tieren oder
   b) der Prüfung von Seren, Blutzubereitungen, Impfstoffen, Antigenen oder Testallergenen im Rahmen von Zulassungsverfahren oder Chargenprüfungen

   dienen, oder
3. das ausschließlich Tierversuche nach § 7 Absatz 2 Satz 2 Nummer 1 oder 2 zum Gegenstand hat, die nach bereits erprobten Verfahren
   a) zur Herstellung, Gewinnung, Aufbewahrung oder Vermehrung von Stoffen, Produkten oder Organismen oder
   b) zu diagnostischen Zwecken

   vorgenommen werden.

[2] Die Genehmigung in den Fällen des Satzes 1 gilt als erteilt, wenn

1. die durch die zuständige Behörde durchgeführte Prüfung ergeben hat, dass die Voraussetzungen des § 8 Absatz 1 Satz 2 Nummer 1, 3, 5, 6 und 7 Buchstabe b bis g sowie Nummer 7a vorliegen,
2. die zuständige Behörde eine Festlegung über die Durchführung der rückblickenden Bewertung nach einer auf Grund des § 8 Absatz 5 erlassenen Rechtsverordnung getroffen hat,
3. die zuständige Behörde nicht innerhalb der in einer auf Grund des § 8 Absatz 3 erlassenen Rechtsverordnung festgelegten Frist abschließend über den Genehmigungsantrag entschieden hat und
4. die zuständige Behörde dem Antragsteller das Vorliegen der Voraussetzungen nach Nummer 1 und die Festlegung nach Nummer 2 mitgeteilt hat.

---

[1] § 8a neu gef. mWv 13.7.2013 durch G v. 4.7.2013 (BGBl. I S. 2182); Abs. 1 einl. Satzteil neu gef., Nr. 2 und 3 geänd., Nr. 4 und abschl. Satzteil aufgeh., Sätze 2 und 3 angef., Abs. 5 Nr. 1–4 geänd. mWv 26.6.2021 durch G v. 18.6.2021 (BGBl. I S. 1828).

[3] Führt der Antragsteller auf der Grundlage der Genehmigung nach Satz 2 ein Versuchsvorhaben durch, hat er hinsichtlich der weiteren über Satz 2 Nummer 1 hinausgehenden Anforderungen des § 8 Absatz 1 Satz 2 die Einhaltung dieser Anforderungen sicherzustellen.

(2) Absatz 1 gilt nicht für Versuchsvorhaben,

1. in denen Primaten verwendet werden oder
2. die Tierversuche zum Gegenstand haben, die nach Maßgabe des Artikels 15 Absatz 1 in Verbindung mit Anhang VIII der Richtlinie 2010/63/EU als „schwer" einzustufen sind.

(3) Wer ein Versuchsvorhaben, in dem Zehnfußkrebse verwendet werden, durchführen will, hat das Versuchsvorhaben der zuständigen Behörde anzuzeigen.

(4) Das Bundesministerium wird ermächtigt, im Einvernehmen mit dem Bundesministerium für Bildung und Forschung durch Rechtsverordnung[1)] mit Zustimmung des Bundesrates vorzusehen, dass Versuche an anderen wirbellosen Tieren als Kopffüßern und Zehnfußkrebsen der zuständigen Behörde anzuzeigen sind, soweit diese Tiere über eine den Wirbeltieren entsprechende artspezifische Fähigkeit verfügen, unter den Versuchseinwirkungen zu leiden, und es zu ihrem Schutz erforderlich ist.

(5) Das Bundesministerium wird ermächtigt, im Einvernehmen mit dem Bundesministerium für Bildung und Forschung durch Rechtsverordnung[1)] mit Zustimmung des Bundesrates Vorschriften zu erlassen über

1. die Form und den Inhalt der Anzeige nach Absatz 3,
2. das Verfahren der Anzeige nach Absatz 3 einschließlich der für die Anzeige geltenden Fristen,
3. den Zeitpunkt, ab dem oder bis zu dem die Durchführung angezeigter Versuchsvorhaben nach Absatz 3 zulässig ist, und
4. das Verfahren im Falle nachträglicher Änderungen der im Rahmen der Anzeige nach Absatz 3 mitgeteilten Sachverhalte.

§ 8b[2)] *(aufgehoben)*

§ 9[3)] **[Durchführung]** (1) Das Bundesministerium wird ermächtigt, im Einvernehmen mit dem Bundesministerium für Bildung und Forschung durch Rechtsverordnung[1)] mit Zustimmung des Bundesrates nähere Vorschriften über die Art und den Umfang der nach § 7 Absatz 1 Satz 4 erforderlichen Kenntnisse und Fähigkeiten der Personen, die Tierversuche planen oder durchführen, insbesondere der biologischen, tiermedizinischen, rechtlichen und ethischen Kenntnisse und der Fähigkeiten im Hinblick auf die Durchführung von Tierversuchen, zu erlassen sowie Anforderungen an den Nachweis und die Aufrechterhaltung der erforderlichen Kenntnisse und Fähigkeiten festzulegen; in der Rechtsverordnung kann auch vorgeschrieben werden, dass Aufzeichnungen über die Maßnahmen, die zum Zwecke der Aufrechterhaltung der Kenntnisse und Fähigkeiten ergriffen werden,

---

[1)] Siehe die Anm. am Titel.

[2)] § 8b aufgeh. mWv 13.7.2013 durch G v. 4.7.2013 (BGBl. I S. 2182).

[3)] § 9 neu gef. mWv 13.7.2013 durch G v. 4.7.2013 (BGBl. I S. 2182); Abs. 3 einl. Satzteil und Abs. 4 Satz 1 einl. Satzteil und 2 einl. Satzteil geänd. mWv 5.8.2014 durch G v. 28.7.2014 (BGBl. I S. 1308); Abs. 3 einl. Satzteil, Abs. 4 Satz 1 einl. Satzteil und Satz 2 einl. Satzteil geänd. mWv 27.6.2020 durch VO v. 19.6.2020 (BGBl. I S. 1328); Abs. 1, Abs. 6 Satz 1 Nr. 1 Buchst. a und b geänd. mWv 26.6.2021 durch G v. 18.6.2021 (BGBl. I S. 1828).

zu machen, aufzubewahren und der zuständigen Behörde auf Verlangen vorzulegen sind.

(2) Das Bundesministerium wird ermächtigt, im Einvernehmen mit dem Bundesministerium für Bildung und Forschung durch Rechtsverordnung[1)] mit Zustimmung des Bundesrates

1. das Betäuben von Tieren, die in Tierversuchen verwendet werden, einschließlich der hierfür erforderlichen Kenntnisse und Fähigkeiten, oder die Anwendung schmerzlindernder Mittel oder Verfahren bei diesen Tieren vorzuschreiben und
2. die Gabe von Mitteln, die das Äußern von Schmerzen verhindern oder beeinträchtigen, zu verbieten oder zu beschränken.

(3) Das Bundesministerium wird ermächtigt, im Einvernehmen mit dem Bundesministerium für Bildung und Forschung und, soweit artenschutzrechtliche Belange berührt sind, dem Bundesministerium für Umwelt, Naturschutz und nukleare Sicherheit durch Rechtsverordnung[1)] mit Zustimmung des Bundesrates zur Durchführung von Rechtsakten der Europäischen Union Versuche

1. an Primaten,
2. an Tieren bestimmter Herkunft,
3. die besonders belastend sind,

zu verbieten oder zu beschränken, insbesondere von einer Genehmigung oder der Erfüllung weiterer, über § 8 Absatz 1 Satz 2 Nummer 2 bis 8 hinausgehender Anforderungen abhängig zu machen.

(4) [1]Das Bundesministerium wird ermächtigt, im Einvernehmen mit dem Bundesministerium für Bildung und Forschung und, soweit artenschutzrechtliche Belange berührt sind, dem Bundesministerium für Umwelt, Naturschutz und nukleare Sicherheit durch Rechtsverordnung[1)] mit Zustimmung des Bundesrates Anforderungen an

1. für die Durchführung von Tierversuchen bestimmte Räumlichkeiten, Anlagen und Gegenstände,
2. den Fang wildlebender Tiere zum Zwecke ihrer Verwendung in Tierversuchen einschließlich der anschließenden Behandlung der Tiere und der hierfür erforderlichen Kenntnisse und Fähigkeiten und
3. die erneute Verwendung von Tieren in Tierversuchen

festzulegen. [2]Das Bundesministerium wird ferner ermächtigt, im Einvernehmen mit dem Bundesministerium für Bildung und Forschung und, soweit artenschutzrechtliche Belange berührt sind, dem Bundesministerium für Umwelt, Naturschutz und nukleare Sicherheit durch Rechtsverordnung mit Zustimmung des Bundesrates die Behandlung eines in einem Tierversuch verwendeten Tieres nach Abschluss des Tierversuchs zu regeln und dabei

1. vorzusehen, dass das Tier einem Tierarzt vorzustellen ist,
2. vorzusehen, dass das Tier unter bestimmten Voraussetzungen zu töten ist, und
3. Anforderungen an die weitere Haltung und medizinische Versorgung des Tieres festzulegen.

(5) [1]Über die Tierversuche sind Aufzeichnungen zu machen. [2]Das Bundesministerium wird ermächtigt, im Einvernehmen mit dem Bundesministerium für Bildung und Forschung durch Rechtsverordnung[1)] mit Zustimmung des Bundes-

[1)] Siehe die Anm. am Titel.

rates das Nähere über die Art und den Umfang der Aufzeichnungen nach Satz 1 zu regeln; es kann dabei vorschreiben, dass die Aufzeichnungen aufzubewahren und der zuständigen Behörde auf Verlangen vorzulegen sind.

(6) [1] Der Leiter des Versuchsvorhabens oder im Falle seiner Verhinderung sein Stellvertreter haben die Einhaltung

1. der Vorschriften
   a) des § 7 Absatz 1 Satz 2 Nummer 1 und Satz 3, des § 7a Absatz 2 Nummer 1, 4 und 5 und des § 9 Absatz 5 Satz 1 sowie
   b) des § 7 Absatz 1 Satz 4 und
2. der Vorschriften der auf Grund der Absätze 1 bis 5 erlassenen Rechtsverordnungen

sicherzustellen. [2] Das Bundesministerium wird ermächtigt, im Einvernehmen mit dem Bundesministerium für Bildung und Forschung durch Rechtsverordnung[1)] mit Zustimmung des Bundesrates das Nähere zu der Verpflichtung nach Satz 1 zu regeln.

§ 9a[2)] *(aufgehoben)*

Sechster Abschnitt.[3)] Tierschutzbeauftragte

§ 10[4)] **[Tierschutzbeauftragte]** (1) [1] Einrichtungen und Betriebe, in denen Wirbeltiere oder Kopffüßer,

1. die dazu bestimmt sind, in Tierversuchen verwendet zu werden, oder
2. deren Organe oder Gewebe dazu bestimmt sind, zu wissenschaftlichen Zwecken verwendet zu werden,

gehalten oder verwendet werden, müssen über Tierschutzbeauftragte sowie, soweit dies in einer Rechtsverordnung, die das Bundesministerium im Einvernehmen mit dem Bundesministerium für Bildung und Forschung mit Zustimmung des Bundesrates erlassen hat, bestimmt ist, weitere Personen verfügen, die verpflichtet sind, in besonderem Maße auf den Schutz der Tiere zu achten. [2] Satz 1 gilt auch für Einrichtungen und Betriebe, in denen die dort genannten Tiere gezüchtet oder zum Zwecke der Abgabe an Dritte gehalten werden. [3] Einrichtungen und Betriebe,

1. in denen Wirbeltiere nach § 4 Absatz 3 zu wissenschaftlichen Zwecken getötet werden oder
2. in denen Eingriffe nach § 6 Absatz 1 Satz 2 Nummer 4 vorgenommen werden,

müssen ebenfalls über Tierschutzbeauftragte nach Satz 1 verfügen.

(2) [1] Die Tierschutzbeauftragten und die weiteren Personen nehmen ihre Aufgaben insbesondere durch Beratung der Einrichtung oder des Betriebes, für die oder für den sie tätig sind, und der dort beschäftigten Personen sowie durch die *Abgabe von Stellungnahmen* wahr. [2] Das Bundesministerium wird ermächtigt, im Einvernehmen mit dem Bundesministerium für Bildung und Forschung durch Rechtsverordnung[1)] mit Zustimmung des Bundesrates das Nähere über die Tierschutzbeauftragten und weiteren Personen zu regeln und dabei Vorschriften über

---

[1)] Siehe die Anm. am Titel.
[2)] § 9a aufgeh. mWv 13.7.2013 durch G v. 4.7.2013 (BGBl. I S. 2182).
[3)] 6. Abschnitt Überschrift neu gef. mWv 13.7.2013 durch G v. 4.7.2013 (BGBl. I S. 2182).
[4)] § 10 neu gef. mWv 13.7.2013 durch G v. 4.7.2013 (BGBl. I S. 2182); Abs. 2 Satz 3 Nr. 1–3 geänd. mWv 26.6.2021 durch G v. 18.6.2021 (BGBl. I S. 1828).

1. das Verfahren ihrer Bestellung,
2. ihre Sachkunde,
3. ihre Aufgaben und Verpflichtungen, insbesondere im Hinblick auf die Sicherstellung einer sachkundigen und tiergerechten Haltung, Tötung und Verwendung der Tiere, und
4. innerbetriebliche Maßnahmen und Vorkehrungen zur Sicherstellung einer wirksamen Wahrnehmung der in Nummer 3 genannten Aufgaben und Verpflichtungen

zu erlassen. [3] Dabei kann das Bundesministerium

1. bestimmen, dass die Tierschutzbeauftragten und weiteren Personen im Rahmen von Ausschüssen zusammenwirken,
2. das Nähere über die Aufgaben und die Zusammensetzung, einschließlich der Leitung, der Ausschüsse nach Nummer 1 regeln und
3. vorschreiben, dass über die Tätigkeit der Ausschüsse nach Nummer 1 Aufzeichnungen zu machen, aufzubewahren und der zuständigen Behörde auf Verlangen vorzulegen sind.

Siebenter Abschnitt.[1)] Zucht, Halten von Tieren, Handel mit Tieren

§ 11[2)] [Erlaubnis] (1) [1] Wer

1. Wirbeltiere oder Kopffüßer,
   a) die dazu bestimmt sind, in Tierversuchen verwendet zu werden, oder
   b) deren Organe oder Gewebe dazu bestimmt sind, zu wissenschaftlichen Zwecken verwendet zu werden,

   züchten oder halten, jeweils auch zum Zwecke der Abgabe dieser Tiere an Dritte, oder verwenden,
2. Wirbeltiere zu den in § 6 Absatz 1 Satz 2 Nummer 4 genannten Zwecken züchten oder halten,
3. Tiere in einem Tierheim oder in einer ähnlichen Einrichtung halten,
4. Tiere in einem Zoologischen Garten oder einer anderen Einrichtung, in der Tiere gehalten und zur Schau gestellt werden, halten,
5. Wirbeltiere, die nicht Nutztiere sind, zum Zwecke der Abgabe gegen Entgelt oder eine sonstige Gegenleistung in das Inland verbringen oder einführen oder die Abgabe solcher Tiere, die in das Inland verbracht oder eingeführt werden sollen oder worden sind, gegen Entgelt oder eine sonstige Gegenleistung vermitteln,
6. für Dritte Hunde zu Schutzzwecken ausbilden oder hierfür Einrichtungen unterhalten,
7. Tierbörsen zum Zwecke des Tausches oder Verkaufes von Tieren durch Dritte durchführen oder
8. gewerbsmäßig, außer in den Fällen der Nummer 1,
   a) Wirbeltiere, außer landwirtschaftliche Nutztiere und Gehegewild, züchten oder halten,

---

[1)] Bish. 7. Abschnitt (§ 10a) aufgeh., bish. 8. Abschnitt (§§ 11–11c) wird 7. Abschnitt (§§ 11–11c) mWv 13.7.2013 durch G v. 4.7.2013 (BGBl. I S. 2182).

[2)] § 11 neu gef. mWv 13.7.2013 durch G v. 4.7.2013 (BGBl. I S. 2182); Abs. 5 Sätze 2 und 5 geänd. mWv 5.4.2017 durch G v. 29.3.2017 (BGBl. I S. 626); Abs. 1 Satz 1 Nr. 1 neu gef. mWv 26.6.2021 durch G v. 18.6.2021 (BGBl. I S. 1828).

b) mit Wirbeltieren handeln,

c) einen Reit- oder Fahrbetrieb unterhalten,

d) Tiere zur Schau stellen oder für solche Zwecke zur Verfügung stellen,

e) Wirbeltiere als Schädlinge bekämpfen oder

f) für Dritte Hunde ausbilden oder die Ausbildung der Hunde durch den Tierhalter anleiten

will, bedarf der Erlaubnis der zuständigen Behörde. [2] Für das Zurschaustellen von Tieren an wechselnden Orten darf die Erlaubnis nach Satz 1 Nummer 4 oder nach Satz 1 Nummer 8 Buchstabe d nur insoweit erteilt werden, als die Tiere nicht einer Art angehören, deren Zurschaustellen an wechselnden Orten auf Grund einer Rechtsverordnung nach Absatz 4 verboten ist.

(2) [1] Das Bundesministerium wird ermächtigt, durch Rechtsverordnung[1)] mit Zustimmung des Bundesrates in den Fällen des Absatzes 1 Satz 1

1. das Nähere zu der Form und dem Inhalt des Antrags auf Erteilung einer Erlaubnis nach Absatz 1 Satz 1,
2. die Voraussetzungen und das Verfahren für die Erteilung der Erlaubnis,
3. den Inhalt der Erlaubnis, im Falle des Absatzes 1 Satz 1 Nummer 1 nur, soweit dies zur Durchführung von Rechtsakten der Europäischen Union erforderlich ist, sowie
4. das Verfahren im Falle nachträglicher Änderungen der für die Erlaubniserteilung wesentlichen Sachverhalte, einschließlich der Pflicht zur Anzeige solcher Änderungen,

(Fortsetzung nächstes Blatt)

[1)] Siehe die Anm. am Titel.

insbesondere Pflichten zu Anzeigen, Anmeldungen, Auskünften und zur Leistung von Hilfsdiensten sowie zur Duldung der Einsichtnahme in Geschäftspapiere und sonstige Unterlagen und zur Duldung von Besichtigungen vorsehen.

§ 15[1] [Zuständige Behörden; Kommissionen] (1) [1] Die Durchführung dieses Gesetzes, der auf Grund dieses Gesetzes erlassenen Rechtsverordnungen und der unmittelbar geltenden Rechtsakte der Europäischen Gemeinschaft oder der Europäischen Union im Anwendungsbereich dieses Gesetzes obliegt, vorbehaltlich des § 13a Abs. 3, auch in Verbindung mit einer Rechtsverordnung nach dessen Absatz 4, den nach Landesrecht zuständigen Behörden. [2] Die nach Landesrecht zuständigen Behörden berufen jeweils eine oder mehrere Kommissionen zur Unterstützung der zuständigen Behörden bei

1. der Entscheidung über die Genehmigung von Versuchsvorhaben und
2. der Bewertung angezeigter Änderungen genehmigter Versuchsvorhaben, soweit dies in einer Rechtsverordnung nach Absatz 4 vorgesehen ist.

[3] Die nach Satz 2 berufenen Kommissionen unterstützen die zuständigen Behörden in den in Artikel 38 Absatz 3 der Richtlinie 2010/63/EU genannten Bereichen.

(2) Die zuständigen Behörden sollen im Rahmen der Durchführung dieses Gesetzes oder der auf Grund dieses Gesetzes erlassenen Rechtsverordnungen den beamteten Tierarzt als Sachverständigen beteiligen.

(3) [1] Im Geschäftsbereich des Bundesministeriums der Verteidigung obliegt die Durchführung dieses Gesetzes, der auf Grund dieses Gesetzes erlassenen Rechtsvorschriften und der unmittelbar geltenden Rechtsakte der Europäischen Gemeinschaft oder der Europäischen Union im Anwendungsbereich dieses Gesetzes den zuständigen Dienststellen der Bundeswehr. [2] Das Bundesministerium der Verteidigung beruft eine Kommission zur Unterstützung der zuständigen Dienststellen bei

1. der Entscheidung über die Genehmigung von Versuchsvorhaben und
2. der Bewertung angezeigter Änderungen genehmigter Versuchsvorhaben, soweit dies in einer Rechtsverordnung nach Absatz 4 vorgesehen ist.

[3] Die nach Satz 2 berufene Kommission unterstützt die zuständigen Dienststellen in den in Artikel 38 Absatz 3 der Richtlinie 2010/63/EU genannten Bereichen.

(4) [1] Das Bundesministerium wird ermächtigt, im Einvernehmen mit dem Bundesministerium für Bildung und Forschung durch Rechtsverordnung[2] mit Zustimmung des Bundesrates das Nähere zu den Kommissionen nach Absatz 1 Satz 2 und Absatz 3 Satz 2 im Hinblick auf

1. deren Zusammensetzung, einschließlich der Sachkunde der Mitglieder,
2. das Verfahren der Berufung der Mitglieder und
3. die Abgabe von Stellungnahmen durch die Kommissionen zu Anträgen auf Genehmigung von Versuchsvorhaben und angezeigten Änderungen genehmigter Versuchsvorhaben sowie das diesbezügliche Verfahren

zu regeln. [2] Rechtsverordnungen, die das Nähere zu der Kommission nach Absatz 3 Satz 2 regeln, bedürfen ferner des Einvernehmens des Bundesministeriums der Verteidigung.

---

[1] § 15 Abs. 1 Satz 1 geänd. mWv 22.7.2009 durch G v. 15.7.2009 (BGBl. I S. 1950); Abs. 1 Satz 1 geänd., Satz 2 neu gef., Sätze 3–5 aufgeh., Abs. 3 Satz 2 neu gef., Sätze 3–9 aufgeh., Abs. 4 und 5 angef. mWv 13.7.2013 durch G v. 4.7.2013 (BGBl. I S. 2182); Abs. 1 Satz 1 geänd., Satz 3 angef., Abs. 3 Satz 1 geänd., Satz 3 angef. mWv 26.6.2021 durch G v. 18.6.2021 (BGBl. I S. 1828).

[2] Siehe die Anm. am Titel.

(5) [1]Das Bundesministerium wird ermächtigt, im Einvernehmen mit dem Bundesministerium für Bildung und Forschung durch Rechtsverordnung[1)] mit Zustimmung des Bundesrates vorzusehen, dass die zuständigen Behörden dem Bundesministerium, dem Bundesamt für Verbraucherschutz und Lebensmittelsicherheit oder dem Bundesinstitut für Risikobewertung

1. in Fällen von grundsätzlicher Bedeutung oder
2. in Fällen, in denen dies zur Durchführung des Artikels 43 oder 55 der Richtlinie 2010/63/EU erforderlich ist,

Angaben zu Entscheidungen der zuständigen Behörden über die Genehmigung von Versuchsvorhaben oder zu von den zuständigen Behörden genehmigten Versuchsvorhaben übermitteln, und dabei das Nähere über die Form und den Inhalt sowie das Verfahren der Übermittlung zu regeln. [2]Personenbezogene Daten dürfen nicht übermittelt werden. [3]Die Vorschriften zum Schutz des geistigen Eigentums und zum Schutz von Betriebs- und Geschäftsgeheimnissen bleiben unberührt.

§ 15a[2)] [Aufgaben nach Artikel 49 der Richtlinie 2010/63/EU] [1]Das Bundesinstitut für Risikobewertung nimmt die Aufgaben nach Artikel 49 der Richtlinie 2010/63/EU wahr. [2]Das Bundesministerium wird ermächtigt, im Einvernehmen mit dem Bundesministerium für Bildung und Forschung durch Rechtsverordnung[1)] mit Zustimmung des Bundesrates das Nähere über die Aufgaben nach Artikel 49 der Richtlinie 2010/63/EU, einschließlich der Befugnisse des Bundesinstitutes für Risikobewertung zum Verkehr mit den zuständigen Behörden anderer Mitgliedstaaten und der Europäischen Kommission, soweit dies zur Durchführung von Rechtsakten der Europäischen Union erforderlich ist, zu regeln.

§ 16[3)] [Überwachung] (1) [1]Der Aufsicht durch die zuständige Behörde unterliegen

1. Nutztierhaltungen einschließlich Pferdehaltungen,
2. Einrichtungen, in denen Tiere geschlachtet werden,
3. Einrichtungen, in denen
   a) Wirbeltiere zu den in § 6 Abs. 1 Satz 2 Nr. 4 genannten Zwecken verwendet werden oder
   b) Wirbeltiere zu wissenschaftlichen Zwecken getötet werden,
4. Einrichtungen und Betriebe nach § 11 Abs. 1 Satz 1,
5. Einrichtungen und Betriebe,

[1)] Siehe die Anm. am Titel.

[2)] § 15a neu gef. mWv 13.7.2013 durch G v. 4.7.2013 (BGBl. I S. 2182).

[3)] § 16 Abs. 5 Satz 2 Nr. 3 und 4 geänd., Nr. 5 aufgeh. und Abs. 6 neu gef. mWv 22.12.2007 durch G v. 18.12.2007 (BGBl. I S. 3001, ber. 2008 I S. 47); Abs. 1 Nr. 7 geänd., Nr. 8 angef., Abs. 7 Satz 2 neu gef. mWv 22.7.2009 durch G v. 15.7.2009 (BGBl. I S. 1950); Abs. 3 Satz 1 geänd. mWv 15.12.2010 durch G v. 9.12.2010 (BGBl. I S. 1934); Abs. 1 Nr. 3 Buchst. b und c aufgeh., bish. Buchst. d und e werden Buchst. b und c, neuer Buchst. c und Nr. 4 geänd., Sätze 2–5 angef., Abs. 1a neu gef., Abs. 3 Satz 1 einl. Satzteil, Nr. 1 und 2 Buchst. b Halbs. 1 geänd., Satz 3 eingef., bish. Satz 3 wird Satz 4, Abs. 5 Satz 3 angef., Abs. 6 Sätze 3 und 4 Nr. 1, 2, 3 und 6 geänd., Abs. 6a eingef. mWv 13.7.2013 durch G v. 4.7.2013 (BGBl. I S. 2182, ber. S. 3911); Abs. 1a Satz 1 und Abs. 6 Satz 4 Nr. 2 geänd. mWv 5.8.2014 *durch G v. 28.7.2014* (BGBl. I S. 1308); Abs. 6 Satz 5 neu gef. mWv 26.11.2019 durch G v. 20.11.2019 (BGBl. I S. 1626); Abs. 1 Satz 1 Nr. 3 Buchst. a aufgeh., bish. Buchst. b und c werden Buchst. a und b, Sätze 2–4 neu gef., Sätze 5–7 eingef., bish. Satz 5 wird Satz 8 und geänd., Abs. 3 Satz 1 einl. Satzteil geänd. mWv 26.6.2021 durch G v. 18.6.2021 (BGBl. I S. 1828).

a) die gewerbsmäßig Tiere transportieren,
b) in denen Tiere während des Transports ernährt, gepflegt oder untergebracht werden,

6. Zirkusbetriebe, die nicht gewerbsmäßig betrieben werden,
7. Tierhaltungen, die auf Grund einer nach § 13 Abs. 3 erlassenen Rechtsverordnung einer Genehmigung bedürfen,
8. Hersteller, Einführer und Inverkehrbringer von Stalleinrichtungen oder beim Schlachten verwendeter Betäubungsgeräte oder Betäubungsanlagen, soweit diese Personen eine Zulassung oder Bauartzulassung beantragt haben.

[2] Die Einrichtungen nach Satz 1 Nummer 3 und die Einrichtungen und Betriebe nach § 11 Absatz 1 Satz 1 Nummer 1 und 2 werden regelmäßig und in angemessenem Umfang kontrolliert. [3] Die Häufigkeit der Kontrollen wird auf der Grundlage einer Risikoanalyse bestimmt. [4] Bei der Risikoanalyse sind die in Artikel 34 Absatz 2 der Richtlinie 2010/63/EU genannten Aspekte zu beachten. [5] Bei Einrichtungen nach § 11 Absatz 1 Satz 1 Nummer 1, in denen Tiere in Tierversuchen verwendet werden, müssen jährlich mindestens bei einem Drittel dieser Einrichtungen Kontrollen durchgeführt werden. [6] Werden in den Einrichtungen nach Satz 1 Nummer 3 und in den Einrichtungen und Betrieben nach § 11 Absatz 1 Satz 1 Nummer 1 und 2 Primaten gezüchtet, gehalten oder verwendet, so muss die Kontrolle mindestens jährlich erfolgen. [7] Ein angemessener Teil der Kontrollen erfolgt unangekündigt. [8] Die Aufzeichnungen über die Kontrollen und deren Ergebnisse sind ab dem Zeitpunkt der jeweiligen Aufzeichnung mindestens fünf Jahre aufzubewahren.

(1a) [1] Wer nach § 11 Absatz 1 Satz 1 Nummer 4 und 8 Buchstabe d und nach Absatz 1 Nummer 6 Tiere an wechselnden Orten zur Schau stellt, hat jeden Ortswechsel spätestens beim Verlassen des bisherigen Aufenthaltsortes der zuständigen Behörde des beabsichtigten Aufenthaltsortes nach Maßgabe des Satzes 2 anzuzeigen. [2] In der Anzeige sind anzugeben:

1. die Art der betroffenen Tiere,
2. der Name der für die Tätigkeit verantwortlichen Person,
3. die Räume und Einrichtungen, die für die Tätigkeit bestimmt sind.

(2) Natürliche und juristische Personen und nicht rechtsfähige Personenvereinigungen haben der zuständigen Behörde auf Verlangen die Auskünfte zu erteilen, die zur Durchführung der der Behörde durch dieses Gesetz übertragenen Aufgaben erforderlich sind.

(3) [1] Personen, die von der zuständigen Behörde beauftragt sind, sowie in ihrer Begleitung befindliche Sachverständige der Europäischen Kommission und anderer Mitgliedstaaten dürfen zum Zwecke der Aufsicht über die in Absatz 1 bezeichneten Personen und Einrichtungen und im Rahmen des Absatzes 2

1. *Grundstücke*, Geschäftsräume, Wirtschaftsgebäude und Transportmittel des Auskunftspflichtigen während der Geschäfts- oder Betriebszeit betreten, besichtigen und dort zur Dokumentation Bildaufzeichnungen, mit Ausnahme von Bildaufzeichnungen von Personen, anfertigen,
2. zur Verhütung dringender Gefahren für die öffentliche Sicherheit und Ordnung
   a) die in Nummer 1 bezeichneten Grundstücke, Räume, Gebäude und Transportmittel außerhalb der dort genannten Zeiten,
   b) Wohnräume des Auskunftspflichtigen betreten, besichtigen sowie zur Dokumentation Bildaufzeichnungen, mit Ausnahme von Bildaufzeichnungen von

Personen, anfertigen; das Grundrecht der Unverletzlichkeit der Wohnung (Artikel 13 des Grundgesetzes[1]) wird insoweit eingeschränkt,

3. geschäftliche Unterlagen einsehen,
4. Tiere untersuchen und Proben, insbesondere Blut-, Harn-, Kot- und Futterproben, entnehmen,
5. Verhaltensbeobachtungen an Tieren auch mittels Bild- oder Tonaufzeichnungen durchführen.

²Der Auskunftspflichtige hat die mit der Überwachung beauftragten Personen zu unterstützen, ihnen auf Verlangen insbesondere die Grundstücke, Räume, Einrichtungen und Transportmittel zu bezeichnen, Räume, Behältnisse und Transportmittel zu öffnen, bei der Besichtigung und Untersuchung der einzelnen Tiere Hilfestellung zu leisten, die Tiere aus den Transportmitteln zu entladen und die geschäftlichen Unterlagen vorzulegen. ³Die mit der Überwachung beauftragten Personen sind befugt, Abschriften oder Ablichtungen von Unterlagen nach Satz 1 Nummer 3 oder Ausdrucke oder Kopien von Datenträgern, auf denen Unterlagen nach Satz 1 Nummer 3 gespeichert sind, anzufertigen oder zu verlangen. ⁴Der Auskunftspflichtige hat auf Verlangen der zuständigen Behörde in Wohnräumen gehaltene Tiere vorzuführen, wenn der dringende Verdacht besteht, dass die Tiere nicht artgemäß oder verhaltensgerecht gehalten werden und ihnen dadurch erhebliche Schmerzen, Leiden oder Schäden zugefügt werden und eine Besichtigung der Tierhaltung in Wohnräumen nicht gestattet wird.

(4) Der zur Auskunft Verpflichtete kann die Auskunft auf solche Fragen verweigern, deren Beantwortung ihn selbst oder einen der in § 383 Abs. 1 Nr. 1 bis 3 der Zivilprozessordnung[2] bezeichneten Angehörigen der Gefahr strafgerichtlicher Verfolgung oder eines Verfahrens nach dem Gesetz über Ordnungswidrigkeiten aussetzen würde.

(4a) ¹Wer

1. als Betreiber einer Schlachteinrichtung oder als Gewerbetreibender im Durchschnitt wöchentlich mindestens 50 Großvieheinheiten schlachtet oder
2. Arbeitskräfte bereitstellt, die Schlachttiere zuführen, betäuben oder entbluten,

hat der zuständigen Behörde einen weisungsbefugten Verantwortlichen für die Einhaltung der Anforderungen dieses Gesetzes und der auf Grund dieses Gesetzes erlassenen Rechtsverordnungen zu benennen. ²Wer eine Tierhaltung, eine Einrichtung oder einen Betrieb nach Absatz 1 Nr. 1, 3, 5 oder 6 betreibt oder führt, kann durch die zuständige Behörde im Einzelfall verpflichtet werden, einen weisungsbefugten sachkundigen Verantwortlichen für die Einhaltung der Anforderungen dieses Gesetzes und der darauf beruhenden Verordnungen zu benennen. ³Dies gilt nicht für Betriebe, die der Erlaubnispflicht nach § 11 Abs. 1 unterliegen.

(5) ¹Das Bundesministerium wird ermächtigt, durch Rechtsverordnung[3] mit Zustimmung des Bundesrates, soweit es zum Schutz der Tiere erforderlich ist, die Überwachung näher zu regeln. ²Es kann dabei insbesondere

1. die Durchführung von Untersuchungen einschließlich der Probenahme,
2. die Maßnahmen, die zu ergreifen sind, wenn Tiertransporte diesem Gesetz oder den auf Grund dieses Gesetzes erlassenen Rechtsverordnungen nicht entsprechen,

---

[1] Nr. 1.
[2] **Schönfelder Nr. 100.**
[3] Siehe die Anm. am Titel.

3. Einzelheiten der Duldungs-, Unterstützungs- und Vorlagepflichten und
4. Pflichten zur Aufzeichnung und zur Aufbewahrung von Unterlagen

regeln. [3] Rechtsverordnungen nach Satz 2 Nummer 4 bedürfen, soweit sich die Regelungen auf Tiere beziehen, die zur Verwendung in Tierversuchen bestimmt sind oder deren Gewebe oder Organe dazu bestimmt sind, zu wissenschaftlichen Zwecken verwendet zu werden, des Einvernehmens des Bundesministeriums für Bildung und Forschung.

(6) [1] Personenbezogene Daten dürfen nur erhoben oder verwendet werden, soweit die Erhebung oder Verwendung zur Erfüllung von Aufgaben erforderlich ist, die der verantwortlichen Stelle nach diesem Gesetz oder nach einer auf Grund dieses Gesetzes erlassenen Rechtsverordnung obliegen. [2] Das Bundesministerium wird ermächtigt, durch Rechtsverordnung[1)] mit Zustimmung des Bundesrates die Einzelheiten der Datenerhebung und -verwendung zu regeln. [3] Das Bundesministerium wird ferner ermächtigt, durch Rechtsverordnung mit Zustimmung des Bundesrates die Einrichtung und Führung von Registern zu regeln, aus denen die zuständigen Behörden die für die Überwachung von Betrieben nach § 11 Absatz 1 Satz 1 Nummer 8 Buchstabe d mit wechselnden Standorten erforderlichen personenbezogenen Daten automatisiert abrufen können. [4] In den Registern dürfen nur folgende personenbezogene Daten gespeichert werden:

1. Daten zur Identifizierung und Erreichbarkeit des Inhabers der Erlaubnis nach § 11 Absatz 1 Satz 1 Nummer 8 Buchstabe d und der für die Tätigkeit verantwortlichen Person nach Absatz 1a Satz 2 Nummer 2,
2. Daten zur Identifizierung und Erreichbarkeit des Betriebes nach Absatz 1 Satz 1 Nummer 4 in Verbindung mit § 11 Absatz 1 Satz 1 Nummer 8 Buchstabe d und des Inhabers des Betriebes,
3. der Inhalt der Erlaubnis nach § 11 Absatz 1 Satz 1 Nummer 8 Buchstabe d und etwaiger Nebenbestimmungen sowie die Anschrift der erteilenden Behörde,
4. Ergebnisse durchgeführter Kontrollen und Namen der kontrollierenden Personen,
5. auf Grund der Kontrolle erlassene vollziehbare Anordnungen und Maßnahmen des Verwaltungszwangs sowie die Angabe, inwieweit diesen nachgekommen worden ist und
6. die unanfechtbare Ablehnung eines Antrags auf Erteilung, die Rücknahme und der Widerruf einer Erlaubnis nach § 11 Absatz 1 Satz 1 Nummer 8 Buchstabe d.

[5] Im Übrigen bleiben die Verordnung (EU) 2016/679[2)] des Europäischen Parlaments und des Rates vom 27. April 2016 zum Schutz natürlicher Personen bei der Verarbeitung personenbezogener Daten, zum freien Datenverkehr und zur Aufhebung der Richtlinie 95/46/EG (Datenschutz-Grundverordnung) (ABl. L 119 vom 4.5.2016, S. 1; L 314 vom 22.11.2016, S. 72; L 127 vom 23.5.2018, S. 2), das Bundesdatenschutzgesetz[3)] und die Datenschutzgesetze der Länder in der jeweils geltenden Fassung unberührt.

(6a) [1] Die nach Landesrecht für die Lebensmittelüberwachung, die Tierarzneimittelüberwachung und die für die Erhebung der Daten nach tierseuchenrechtlichen Vorschriften über den Verkehr mit Vieh für die Anzeige und die Regis-

---

[1)] Siehe die Anm. am Titel.
[2)] Nr. **246**.
[3)] Nr. **245**.

trierung Vieh haltender Betriebe zuständigen Behörden übermitteln der für die Überwachung nach § 15 Absatz 1 Satz 1 zuständigen Behörde auf Ersuchen die zu deren Aufgabenerfüllung erforderlichen Daten. [2]Die Daten dürfen für die Dauer von drei Jahren aufbewahrt werden. [3]Die Frist beginnt mit Ablauf desjenigen Jahres, in dem die Daten übermittelt worden sind. [4]Nach Ablauf der Frist sind die Daten zu löschen. [5]Fristen zur Aufbewahrung, die sich aus anderen Rechtsvorschriften ergeben, bleiben unberührt.

(7) [1]Bestehen bei der zuständigen Behörde erhebliche Zweifel, ob bei bestimmungsgemäßem Gebrauch serienmäßig hergestellte Aufstallungssysteme und Stalleinrichtungen zum Halten landwirtschaftlicher Nutztiere und beim Schlachten verwendete Betäubungsgeräte und -anlagen den Anforderungen dieses Gesetzes sowie der auf Grund dieses Gesetzes erlassenen Rechtsverordnungen entsprechen, kann dem Hersteller oder Anbieter aufgegeben werden, auf seine Kosten eine gutachterliche Stellungnahme einer einvernehmlich zu benennenden unabhängigen Sachverständigenstelle oder Person beizubringen, soweit er nicht auf den erfolgreichen Abschluss einer freiwilligen Prüfung nach Maßgabe einer nach § 13a Abs. 1 erlassenen Rechtsverordnung verweisen kann. [2]Satz 1 gilt nicht, soweit Stalleinrichtungen auf Grund einer Rechtsverordnung nach § 13a Abs. 2 oder Betäubungsgeräte oder Betäubungsanlagen auf Grund einer Rechtsverordnung nach § 13a Abs. 5 zugelassen oder bauartzugelassen sind.

§ 16a[1)] [Behördliche Anordnungen] (1) [1]Die zuständige Behörde trifft die zur Beseitigung festgestellter Verstöße und die zur Verhütung künftiger Verstöße notwendigen Anordnungen. [2]Sie kann insbesondere

1. im Einzelfall die zur Erfüllung der Anforderungen des § 2 erforderlichen Maßnahmen anordnen,
2. ein Tier, das nach dem Gutachten des beamteten Tierarztes mangels Erfüllung der Anforderungen des § 2 erheblich vernachlässigt ist oder schwerwiegende Verhaltensstörungen aufzeigt, dem Halter fortnehmen und so lange auf dessen Kosten anderweitig pfleglich unterbringen, bis eine den Anforderungen des § 2 entsprechende Haltung des Tieres durch den Halter sichergestellt ist; ist eine anderweitige Unterbringung des Tieres nicht möglich oder ist nach Fristsetzung durch die zuständige Behörde eine den Anforderungen des § 2 entsprechende Haltung durch den Halter nicht sicherzustellen, kann die Behörde das Tier veräußern; die Behörde kann das Tier auf Kosten des Halters unter Vermeidung von Schmerzen töten lassen, wenn die Veräußerung des Tieres aus rechtlichen oder tatsächlichen Gründen nicht möglich ist oder das Tier nach dem Urteil des beamteten Tierarztes nur unter nicht behebbaren erheblichen Schmerzen, Leiden oder Schäden weiterleben kann,
3. demjenigen, der den Vorschriften des § 2, einer Anordnung nach Nummer 1 oder einer Rechtsverordnung nach § 2a wiederholt oder grob zuwidergehandelt und dadurch den von ihm gehaltenen oder betreuten Tieren erhebliche oder länger anhaltende Schmerzen oder Leiden oder erhebliche Schäden zugefügt hat, das Halten oder Betreuen von Tieren einer bestimmten oder jeder Art untersagen oder es von der Erlangung eines entsprechenden Sachkundenachweises abhängig machen, wenn Tatsachen die Annahme rechtfertigen, dass er weiterhin derartige Zuwiderhandlungen begehen wird; auf Antrag ist ihm das

---

[1)] § 16a Abs. 2 und 3 angef. mWv 13.7.2013 durch G v. 4.7.2013 (BGBl. I S. 2182); Abs. 2 geänd. mWv 26.6.2021 durch G v. 18.6.2021 (BGBl. I S. 1828).

Halten oder Betreuen von Tieren wieder zu gestatten, wenn der Grund für die Annahme weiterer Zuwiderhandlungen entfallen ist,

4. die Einstellung von Tierversuchen anordnen, die ohne die erforderliche Genehmigung oder entgegen einem tierschutzrechtlichen Verbot durchgeführt werden.

(2) Die zuständige Behörde untersagt die Durchführung eines nach § 8a Absatz 3 oder eines auf Grund einer Rechtsverordnung nach § 8a Absatz 4 anzuzeigenden Versuchsvorhabens oder die Vornahme einer auf Grund einer Rechtsverordnung nach § 8 Absatz 3 Nummer 4 oder § 8a Absatz 5 Nummer 4 anzuzeigenden Änderung eines Versuchsvorhabens, soweit die Einhaltung der für die Durchführung von Tierversuchen geltenden Vorschriften dieses Gesetzes und der auf Grund dieses Gesetzes erlassenen Rechtsverordnungen nicht sichergestellt ist und diesem Mangel nicht innerhalb einer von der zuständigen Behörde gesetzten Frist abgeholfen worden ist.

(3) Die zuständige Behörde trifft die erforderlichen Anordnungen um sicherzustellen, dass

1. die Anordnung der Einstellung von Tierversuchen, die Untersagung der Durchführung von Versuchsvorhaben oder der Widerruf oder die Rücknahme der Genehmigung eines Versuchsvorhabens keine nachteiligen Auswirkungen auf das Wohlergehen der Tiere hat, die in den Tierversuchen oder Versuchsvorhaben verwendet werden oder verwendet werden sollen, und
2. die Untersagung der Ausübung einer Tätigkeit nach § 11 Absatz 1 Satz 1 Nummer 1 oder die Rücknahme oder der Widerruf einer Erlaubnis nach § 11 Absatz 1 Satz 1 Nummer 1 keine negativen Auswirkungen auf das Wohlergehen der Tiere hat, die in den der jeweiligen Tätigkeit dienenden Betrieben oder Einrichtungen gehalten werden.

§ 16b [Tierschutzkommission] (1) [1]Das Bundeministerium beruft eine Tierschutzkommission zu seiner Unterstützung in Fragen des Tierschutzes. [2]Vor dem Erlass von Rechtsverordnungen und allgemeinen Verwaltungsvorschriften nach diesem Gesetz hat das Bundesministerium die Tierschutzkommission anzuhören.

(2) Das Bundesministerium wird ermächtigt, durch Rechtsverordnung[1)] ohne Zustimmung des Bundesrates das Nähere über Zusammensetzung, Berufung der Mitglieder, Aufgaben und Geschäftsführung der Tierschutzkommission zu regeln.

§ 16c[2)] Das Bundesministerium wird ermächtigt, durch Rechtsverordnung mit Zustimmung des Bundesrates.

1. Personen, Einrichtungen und Betriebe, die Tierversuche an Wirbeltieren oder Kopffüßern durchführen oder die Wirbeltiere zu den in § 4 Absatz 3 genannten Zwecken töten, sowie Einrichtungen und Betriebe, in denen Wirbeltiere oder Kopffüßer für die genannten Zwecke gezüchtet oder zur Abgabe an Dritte gehalten werden, *zu verpflichten*, der zuständigen Behörde in bestimmten, regelmäßigen Zeitabständen zu melden:
   a) die Art, Herkunft und Zahl der in den Tierversuchen verwendeten Tiere,
   b) den Zweck und die Art der Tierversuche oder der sonstigen Verwendungen einschließlich des Schweregrades nach Artikel 15 Absatz 1 der Richtlinie 2010/63/EU und

---

[1)] Siehe die Anm. am Titel.

[2)] § 16c neu gef. mWv 26.6.2021 durch G v. 18.6.2021 (BGBl. I S. 1828).

c) die Art, Herkunft und Zahl der Tiere, einschließlich genetisch veränderter Tiere, die
   aa) zur Verwendung in Tierversuchen nach § 7 Absatz 2 oder für wissenschaftliche Untersuchungen nach § 4 Absatz 3 gezüchtet und getötet worden sind und
   bb) nicht in solchen Tierversuchen oder für solche wissenschaftlichen Untersuchungen verwendet worden sind, und
2. das Verfahren für die Meldungen nach Nummer 1 sowie deren Übermittlung von den zuständigen Behörden an das Bundesministerium oder das Bundesinstitut für Risikobewertung zu regeln.

§ 16d [Verwaltungsvorschriften] Das Bundesministerium erlässt mit Zustimmung des Bundesrates die allgemeinen Verwaltungsvorschriften, die zur Durchführung dieses Gesetzes und der auf Grund dieses Gesetzes erlassenen Rechtsverordnungen erforderlich sind.

§ 16e[1)] [Bericht der Bundesregierung] Die Bundesregierung erstattet dem Deutschen Bundestag alle vier Jahre einen Bericht über den Stand der Entwicklung des Tierschutzes.

§ 16f[2)] [Informationsaustausch innerhalb der EU] (1) Die zuständigen Behörden
1. erteilen der zuständigen Behörde eines anderen Mitgliedstaates auf begründetes Ersuchen Auskünfte und übermitteln die erforderlichen Schriftstücke, um ihr die Überwachung der Einhaltung tierschutzrechtlicher Vorschriften zu ermöglichen,
2. überprüfen die von der ersuchenden Behörde mitgeteilten Sachverhalte und teilen ihr das Ergebnis der Prüfung mit.

(2) Die zuständigen Behörden erteilen der zuständigen Behörde eines anderen Mitgliedstaates unter Beifügung der erforderlichen Schriftstücke Auskünfte, die für die Überwachung in diesem Mitgliedstaat erforderlich sind, insbesondere bei Verstößen oder Verdacht auf Verstöße gegen tierschutzrechtliche Vorschriften.

(3) Die zuständigen Behörden können, soweit dies zum Schutz der Tiere erforderlich oder durch Rechtsakte der Europäischen Gemeinschaft oder der Europäischen Union vorgeschrieben ist, Daten, die sie im Rahmen der Überwachung gewonnen haben, den zuständigen Behörden anderer Länder und anderer Mitgliedstaaten, dem Bundesministerium, dem Bundesamt für Verbraucherschutz und Lebensmittelsicherheit und der Kommission der Europäischen Gemeinschaft mitteilen.

§ 16g[3)] [Übertragung von Zuständigkeiten] (1) [1]Der Verkehr mit den zuständigen Behörden anderer Mitgliedstaaten und der Europäischen Kommission obliegt dem Bundesministerium. [2]Es kann diese Befugnis durch Rechtsverordnung[4)] ohne Zustimmung des Bundesrates auf das Bundesamt für Verbraucherschutz und Lebensmittelsicherheit und durch Rechtsverordnung mit Zustimmung

---

1) § 16e geänd. mWv 21.12.2007 durch G v. 13.12.2007 (BGBl. I S. 2936).

2) *§ 16f Abs. 3* geänd. mWv 15.12.2010 durch G v. 9.12.2010 (BGBl. I S. 1934).

3) § 16g Satz 1 geänd. mWv 15.12.2010 durch G v. 9.12.2010 (BGBl. I S. 1934); Abs. 2 angef. mWv 13.7.2013 durch G v. 4.7.2013 (BGBl. I S. 2182).

4) Siehe die Anm. am Titel.

des Bundesrates auf die zuständigen obersten Landesbehörden übertragen. [3] Ferner kann es im Einzelfall im Benehmen mit der zuständigen obersten Landesbehörde dieser die Befugnis übertragen. [4] Die obersten Landesbehörden können die Befugnis nach den Sätzen 2 und 3 auf andere Behörden übertragen.

(2) Abweichend von Absatz 1 Satz 1 obliegt im Falle des Artikels 47 Absatz 5 der Richtlinie 2010/63/EU der Verkehr mit den zuständigen Behörden anderer Mitgliedstaaten und der Europäischen Kommission dem Bundesinstitut für Risikobewertung, soweit sich das Bundesministerium im Einzelfall nicht etwas anderes vorbehält.

§ 16h [Geltung für EWR-Staaten] Die §§ 16f und 16g gelten entsprechend für Staaten, die – ohne Mitgliedstaaten zu sein – Vertragsstaaten des Abkommens über den Europäischen Wirtschaftsraum sind.

§ 16i[1)] [Schiedsverfahren] (1) [1] Ist eine von der zuständigen Behörde getroffene Maßnahme, die sich auf die Durchführung von Tiertransporten aus anderen Mitgliedstaaten bezieht, zwischen ihr und dem Verfügungsberechtigten streitig, so können beide Parteien einvernehmlich den Streit durch den Schiedsspruch eines Sachverständigen schlichten lassen. [2] Die Streitigkeit ist binnen eines Monats nach Bekanntgabe der Maßnahme einem Sachverständigen zu unterbreiten, der in einem von der Europäischen Kommission aufgestellten Verzeichnis aufgeführt ist. [3] Der Sachverständige hat das Gutachten binnen 72 Stunden zu erstatten.

(2) [1] Auf den Schiedsvertrag und das schiedsgerichtliche Verfahren finden die Vorschriften der §§ 1025 bis 1065 der Zivilprozessordnung[2)] entsprechende Anwendung. [2] Gericht im Sinne des § 1062 der Zivilprozessordnung ist das zuständige Verwaltungsgericht, Gericht im Sinne des § 1065 der Zivilprozessordnung das zuständige Oberverwaltungsgericht. [3] Abweichend von § 1059 Abs. 3 Satz 1 der Zivilprozessordnung muss der Aufhebungsantrag innerhalb eines Monats bei Gericht eingereicht werden.

§ 16j[3)] [Einheitliche Abwicklungsstelle] Verwaltungsverfahren nach diesem Gesetz können in den Ländern über eine einheitliche Stelle abgewickelt werden.

Elfter Abschnitt.[4)] Straf- und Bußgeldvorschriften

§ 17 [Straftaten] Mit Freiheitsstrafe bis zu drei Jahren oder mit Geldstrafe wird bestraft, wer

1. ein Wirbeltier ohne vernünftigen Grund tötet oder
2. einem Wirbeltier
   a) aus Roheit erhebliche Schmerzen oder Leiden oder
   b) länger anhaltende oder sich wiederholende erhebliche Schmerzen oder Leiden

   zufügt.

[1)] § 16i Abs. 1 Satz 2 geänd. mWv 15.12.2010 durch G v. 9.12.2010 (BGBl. I S. 1934).
[2)] **Schönfelder Nr. 100.**
[3)] § 16j angef. mWv 13.7.2013 durch G v. 4.7.2013 (BGBl. I S. 2182).
[4)] Bish. 12. Abschnitt (§§ 17–20a) wird 11. Abschnitt (§§ 17–20a) mWv 13.7.2013 durch G v. 4.7.2013 (BGBl. I S. 2182).

§ 18[1) 2)] **[Ordnungswidrigkeiten]** (1) Ordnungswidrig handelt, wer vorsätzlich oder fahrlässig

1. einem Wirbeltier, das er hält, betreut oder zu betreuen hat, ohne vernünftigen Grund erhebliche Schmerzen, Leiden oder Schäden zufügt,
2. *(aufgehoben)*
3. einer
   a) nach § 2a oder § 9 Absatz 2, 3, 4 oder 6 Satz 2, jeweils auch in Verbindung mit § 6 Absatz 1a Satz 1 Nummer 2, oder
   b) nach den §§ 4b, 5 Abs. 4, § 6 Abs. 4, § 8a Absatz 4 oder 5 Nummer 1, 2, 3 oder Nummer 4, § 9 Absatz 1 und 5 Satz 2, auch in Verbindung mit § 6 Absatz 1a Satz 1 Nummer 2 oder § 9 Absatz 6 Satz 2, § 10 Absatz 2 Satz 2, § 11 Absatz 3, § 11a Absatz 2, 3 Satz 3 oder Absatz 5, § 11b Absatz 4 Nummer 2, § 12 Abs. 2, § 13 Abs. 2 oder 3, §§ 13a, 14 Abs. 2, § 16 Abs. 5 Satz 1 oder § 16c

   erlassenen Rechtsverordnung zuwiderhandelt, soweit sie für einen bestimmten Tatbestand auf diese Bußgeldvorschrift verweist,
4. einem Verbot nach § 3 Satz 1 zuwiderhandelt,
5. entgegen § 4 Abs. 1 ein Wirbeltier tötet,

5a. entgegen § 4 Absatz 3 Satz 2 einen Hund, eine Katze oder einen Primaten tötet,

6. entgegen § 4a Abs. 1 ein warmblütiges Tier schlachtet,
7. entgegen § 5 Abs. 1 Satz 1 einen Eingriff ohne Betäubung vornimmt oder, ohne Tierarzt zu sein, entgegen § 5 Abs. 1 Satz 2 eine Betäubung vornimmt,
8. einem Verbot nach § 6 Abs. 1 Satz 1 zuwiderhandelt oder entgegen § 6 Abs. 1 Satz 3 einen Eingriff vornimmt,
9. *(aufgehoben)*

9a. entgegen § 6 Absatz 1a Satz 2 oder Satz 3 zweiter Halbsatz eine Anzeige nicht, nicht richtig, nicht vollständig oder nicht rechtzeitig erstattet,

10. entgegen § 6 Abs. 2 elastische Ringe verwendet,
11. entgegen § 7a Absatz 3 oder 4 Satz 1 Tierversuche durchführt,
12. Versuche an Wirbeltieren ohne die nach § 8 Absatz 1 Satz 1 erforderliche Genehmigung durchführt,

13.–16. *(aufgehoben)*

17. entgegen § 9 Absatz 6 Satz 1 Nummer 1 Buchstabe b, auch in Verbindung mit § 6 Absatz 1a Satz 1 Nummer 1, nicht sicherstellt, dass die Vorschrift des § 7 Absatz 1 Satz 4 eingehalten wird,

18., 19. *(aufgehoben)*

[1)] § 18 Abs. 3 Nr. 1 und 2 geänd. mWv 15.12.2010 durch G v. 9.12.2010 (BGBl. I S. 1934); Abs. 1 Nr. 2 aufgeh., Nr. 3 Buchst. a neu gef., Buchst. b und Nr. 4 geänd., Nr. 5a eingef., Nr. 11 und 12 geänd., Nr. 13–16 aufgeh., Nr. 17 neu gef., Nr. 18 und 19 aufgeh., Nr. 20a und 20b neu gef., Nr. 21 aufgeh., Nr. 21a neu gef., Nr. 22 und Abs. 3 Nr. 1 Buchst. b geänd. mWv 13.7.2013 durch G v. 4.7.2013 (BGBl. I S. 2182, ber. S. 3911); Abs. 1 Nr. 3 Buchst. b, Nr. 17 und 22 geänd., Nr. 9 aufgeh., Nr. 9a neu gef., Abs. 3 Nr. 1 Buchst. a und b geänd. und Abs. 4 neu gef. mWv 5.8.2014 durch G v. 28.7.2014 (BGBl. I S. 1308); Abs. 1 Nr. 17 geänd. mWv 26.6.2021 durch G v. 18.6.2021 (BGBl. I S. 1828).

[2)] *Zuständige* Verwaltungsbehörde für die Verfolgung und Ahndung von Ordnungswidrigkeiten nach § 18 TierSchG ist, soweit nach § 15 Abs. 3 Satz 1 TierSchG die Durchführung des TierSchG den zuständigen Dienststellen der Bundeswehr obliegt, gem. VO v. 24.6.2013 (BGBl. I S. 1685) ab 1.7.2013 das Bundesamt für Infrastruktur, Umweltschutz und Dienstleistungen der Bundeswehr.

20. eine Tätigkeit ohne die nach § 11 Abs. 1 Satz 1 erforderliche Erlaubnis ausübt oder einer mit einer solchen Erlaubnis verbundenen vollziehbaren Auflage zuwiderhandelt,
20a. einer vollziehbaren Anordnung nach § 11 Absatz 5 Satz 6 oder § 16a Absatz 1 Satz 2 Nummer 1, 3 oder Nummer 4 oder Absatz 2 oder 3 zuwiderhandelt,
20b. entgegen § 11 Absatz 6 Satz 1 in Verbindung mit einer Rechtsverordnung nach § 11 Absatz 6 Satz 2 Nummer 1 eine Anzeige nicht, nicht richtig, nicht vollständig oder nicht rechtzeitig erstattet,
21. *(aufgehoben)*
21a. entgegen § 11a Absatz 4 Satz 1 ein Wirbeltier einführt,
22. Wirbeltiere entgegen § 11b Abs. 1 züchtet oder durch biotechnische Maßnahmen verändert,
23. entgegen § 11c ein Wirbeltier an Kinder oder Jugendliche bis zum vollendeten 16. Lebensjahr abgibt,
24. (weggefallen),
25. entgegen § 13 Abs. 1 Satz 1 eine Vorrichtung oder einen Stoff anwendet,
25a. entgegen § 16 Abs. 1a Satz 1 eine Anzeige nicht, nicht richtig, nicht vollständig oder nicht rechtzeitig erstattet,
26. entgegen § 16 Abs. 2 eine Auskunft nicht, nicht richtig oder nicht vollständig erteilt oder einer Duldungs- oder Mitwirkungspflicht nach § 16 Abs. 3 Satz 2, auch in Verbindung mit einer Rechtsverordnung nach § 16 Abs. 5 Satz 2 Nr. 3, zuwiderhandelt oder
27. (weggefallen).

(2) Ordnungswidrig handelt auch, wer, abgesehen von den Fällen des Absatzes 1 Nr. 1, einem Tier ohne vernünftigen Grund erhebliche Schmerzen, Leiden oder Schäden zufügt.

(3) Ordnungswidrig handelt auch, wer vorsätzlich oder fahrlässig

1. einer unmittelbar geltenden Vorschrift in Rechtsakten der Europäischen Gemeinschaft oder der Europäischen Union zuwiderhandelt, die inhaltlich einem in
   a) Absatz 1 Nummer 4 bis 8, 11, 12, 17, 22 und 25 bezeichneten Gebot oder Verbot entspricht, soweit eine Rechtsverordnung nach § 18a Nr. 1 für einen bestimmten Tatbestand auf diese Bußgeldvorschrift verweist,
   b) Absatz 1 Nummer 9a, 10, 21a, 23 und 25a bezeichneten Gebot oder Verbot entspricht, soweit eine Rechtsverordnung nach § 18a Nr. 2 für einen bestimmten Tatbestand auf diese Bußgeldvorschrift verweist, oder
2. einer unmittelbar geltenden Vorschrift in Rechtsakten der Europäischen Gemeinschaft oder der Europäischen Union zuwiderhandelt, die inhaltlich einer Regelung entspricht, zu der die in Absatz 1
   a) Nr. 3 Buchstabe a genannte Vorschrift ermächtigt, soweit eine Rechtsverordnung nach § 18a Nr. 1 für einen bestimmten Tatbestand auf diese Bußgeldvorschrift verweist,
   b) Nr. 3 Buchstabe b genannten Vorschriften ermächtigen, soweit eine Rechtsverordnung nach § 18a Nr. 2 für einen bestimmten Tatbestand auf diese Bußgeldvorschrift verweist.

(4) Die Ordnungswidrigkeit kann in den Fällen des Absatzes 1 Nummer 1 und 3 Buchstabe a, Nummer 4 bis 8, 11, 12, 17, 20, 20a, 22 und 25, des Absatzes 2 sowie

des Absatzes 3 Nummer 1 Buchstabe a und Nummer 2 Buchstabe a mit einer Geldbuße bis zu fünfundzwanzigtausend Euro, in den übrigen Fällen mit einer Geldbuße bis zu fünftausend Euro geahndet werden.

§ 18a[1] [Ermächtigung] Das Bundesministerium wird ermächtigt, soweit dies zur Durchsetzung der Rechtsakte der Europäischen Gemeinschaft oder der Europäischen Union erforderlich ist, durch Rechtsverordnung[2] ohne Zustimmung des Bundesrates die Tatbestände zu bezeichnen, die als Ordnungswidrigkeit nach

1. § 18 Abs. 3 Nr. 1 Buchstabe a oder Nr. 2 Buchstabe a oder
2. § 18 Abs. 3 Nr. 1 Buchstabe b oder Nr. 2 Buchstabe b

geahndet werden können.

§ 19[3] [Einziehung] (1) Tiere, auf die sich

1. eine Straftat nach den §§ 17, 20 Absatz 3 oder § 20a Absatz 3 oder
2. eine Ordnungswidrigkeit nach § 18 Absatz 1 Nummer 1 oder 3, soweit die Ordnungswidrigkeit eine Rechtsverordnung nach den §§ 2a, 5 Absatz 4, § 9 Absatz 1 bis 3, 4 Satz 2 oder Absatz 6 Satz 2, § 11b Absatz 4 Nummer 2 oder § 12 Absatz 2 Nummer 4 oder 5 betrifft, Nummer 4, 8, 12, 17, 20a, 21a, 22 oder Nummer 23

bezieht, können eingezogen werden.

(2) Ferner können Tiere eingezogen werden, auf die sich eine Ordnungswidrigkeit

1. nach § 18 Abs. 3 Nr. 1 bezieht, soweit die Ordnungswidrigkeit eine unmittelbar geltende Vorschrift in Rechtsakten der Europäischen Gemeinschaft oder der Europäischen Union betrifft, die inhaltlich einem in § 18 Absatz 1 Nummer 4, 8, 12, 17, 21a, 22 oder Nummer 23 bezeichneten Gebot oder Verbot entspricht,
2. nach § 18 Abs. 3 Nr. 2 bezieht, soweit die Ordnungswidrigkeit eine unmittelbar geltende Vorschrift in Rechtsakten der Europäischen Gemeinschaft oder der Europäischen Union betrifft, die inhaltlich einer Rechtsverordnung nach den §§ 2a, 5 Abs. 4, § 9 Absatz 1 bis 4 oder Absatz 6 Satz 2, § 11b Absatz 4 Nummer 2 oder § 12 Abs. 2 Nr. 4 oder 5 entspricht.

§ 20[4] [Verbot der Tierhaltung] (1) Wird jemand wegen einer nach § 17 rechtswidrigen Tat verurteilt oder nur deshalb nicht verurteilt, weil seine Schuldunfähigkeit erwiesen oder nicht auszuschließen ist, so kann ihm das Gericht das Halten oder Betreuen von sowie den Handel oder den sonstigen berufsmäßigen Umgang mit Tieren jeder oder einer bestimmten Art für die Dauer von einem Jahr bis zu fünf Jahren oder für immer verbieten, wenn die Gefahr besteht, dass er weiterhin eine nach § 17 rechtswidrige Tat begehen wird.

(2) [1]Das Verbot wird mit Rechtskraft des Urteils oder des Strafbefehls wirksam. [2]In die Verbotsfrist wird die Zeit, in welcher der Täter in einer Anstalt verwahrt wird, nicht eingerechnet. [3]Ergibt sich nach der Anordnung des Verbots Grund zu der Annahme, dass die Gefahr, der Täter werde nach § 17 rechtswidrige Taten

---

[1] § 18a geänd. mWv 15.12.2010 durch G v. 9.12.2010 (BGBl. I S. 1934).

[2] Siehe die Anm. am Titel.

[3] *§ 19* Abs. 2 Nr. 1 und 2 geänd. mWv 15.12.2010 durch G v. 9.12.2010 (BGBl. I S. 1934); Abs. 1 neu gef., Abs. 2 Nr. 1 und 2 geänd. mWv 13.7.2013 durch G v. 4.7.2013 (BGBl. I S. 2182, ber. S. 3911); Abs. 1 Nr. 2 und Abs. 2 Nr. 1 geänd. mWv 5.8.2014 durch G v. 28.7.2014 (BGBl. I S. 1308).

[4] § 20 Abs. 1 und Abs. 2 Satz 1 geänd. mWv 13.7.2013 durch G v. 4.7.2013 (BGBl. I S. 2182).

begehen, nicht mehr besteht, so kann das Gericht das Verbot aufheben, wenn es mindestens sechs Monate gedauert hat.

(3) Wer einem Verbot nach Absatz 1 zuwiderhandelt, wird mit Freiheitsstrafe bis zu einem Jahr oder mit Geldstrafe bestraft.

§ 20a[1)] [Vorläufiges Verbot der Tierhaltung] (1) Sind dringende Gründe für die Annahme vorhanden, dass ein Verbot nach § 20 angeordnet werden wird, so kann der Richter dem Beschuldigten durch Beschluss das Halten oder Betreuen von sowie den Handel oder den sonstigen berufsmäßigen Umgang mit Tieren jeder oder einer bestimmten Art vorläufig verbieten.

(2) Das vorläufige Verbot nach Absatz 1 ist aufzuheben, wenn sein Grund weggefallen ist oder wenn das Gericht im Urteil oder im Strafbefehl ein Verbot nach § 20 nicht anordnet.

(3) Wer einem Verbot nach Absatz 1 zuwiderhandelt, wird mit Freiheitsstrafe bis zu einem Jahr oder mit Geldstrafe bestraft.

Zwölfter Abschnitt.[2)] Übergangs- und Schlussvorschriften

§ 21[3)] [Übergangsvorschriften] (1) [1] Längstens bis zum Ablauf des 31. Dezember 2020 ist abweichend von § 5 Absatz 1 Satz 1 eine Betäubung nicht erforderlich für das Kastrieren von unter acht Tage alten männlichen Schweinen, sofern kein von der normalen anatomischen Beschaffenheit abweichender Befund vorliegt. [2] Ist eine Betäubung nach Satz 1 nicht erforderlich, gilt § 5 Absatz 1 Satz 6 mit der Maßgabe entsprechend, dass insbesondere schmerzstillende Tierarzneimittel anzuwenden sind.

(1a) [1] Bis zum 31. Mai 2019 wird dem Deutschen Bundestag eine Rechtsverordnung des Bundesministeriums nach § 6 Absatz 6 zugeleitet. [2] Die Zuleitung an den Deutschen Bundestag erfolgt vor der Zuleitung an den Bundesrat. [3] Die Rechtsverordnung kann durch Beschluss des Deutschen Bundestages geändert oder abgelehnt werden. [4] Der Beschluss des Deutschen Bundestages wird dem Bundesministerium zugeleitet. [5] Hat sich der Deutsche Bundestag nach Ablauf von drei Sitzungswochen seit Eingang der Rechtsverordnung nicht mit ihr befasst, so wird die unveränderte Rechtsverordnung dem Bundesrat zugeleitet. [6] Soweit die Rechtsverordnung auf Grund des Beschlusses des Bundesrates geändert wird, bedarf es keiner erneuten Zuleitung an den Bundestag.

(1b) [1] Das Bundesministerium berichtet bis zum 30. Juni 2019 und dann mindestens alle sechs Monate dem zuständigen Fachausschuss des Deutschen Bundestages über die Umsetzungsfortschritte bei der Einführung alternativer Verfahren und Methoden zur betäubungslosen Ferkelkastration. [2] Dabei soll das Bundesministerium unter anderem den Stand der arzneimittelrechtlichen Zulassung von Tierarzneimitteln für die Durchführung einer Betäubung bei der Ferkelkastration, den Stand der Technik bei Narkosegeräten, das entwickelte Schulungsmaterial und den Schulungserfolg darstellen.

[1)] § 20a Abs. 1 und 2 geänd. mWv 13.7.2013 durch G v. 4.7.2013 (BGBl. I S. 2182).

[2)] Bish. 13. Abschnitt (§§ 21–22) wird 12. Abschnitt (§§ 21–22) mWv 13.7.2013 durch G v. 4.7.2013 (BGBl. I S. 2182).

[3)] § 21 neu gef. mWv 13.7.2013 durch G v. 4.7.2013 (BGBl. I S. 2182); Abs. 2 aufgeh. mWv 5.8.2014 durch G v. 28.7.2014 (BGBl. I S. 1308); Abs. 1 neu gef., Abs. 1a und 1b eingef., bish. Abs. 1a wird Abs. 2 mWv 1.1.2019 durch G v. 17.12.2018 (BGBl. I S. 2586); Abs. 3 aufgeh, Abs. 7 und 8 angef. mWv 26.6. 2021 durch G v. 18.6.2021 (BGBl. I S. 1828).

(2) Bis zum Ablauf des 31. Dezember 2018 ist abweichend von § 5 Absatz 1 Satz 1 eine Betäubung nicht erforderlich für die Kennzeichnung von Pferden durch Schenkelbrand.

(3) *(aufgehoben)*

(4) [1] Die Erlaubnis nach § 11 Absatz 1 Satz 1 Nummer 1 und 2 gilt demjenigen,

1. der am 12. Juli 2013 eine im Sinne der vorgenannten Vorschriften erlaubnispflichtige Tätigkeit ausübt und
2. dem, soweit es sich dabei um eine nach diesem Gesetz in der bis zum 13. Juli 2013 geltenden Fassung erlaubnispflichtige Tätigkeit handelt, vor dem 13. Juli 2013 eine entsprechende Erlaubnis erteilt worden ist,

als vorläufig erteilt. [2] Die vorläufige Erlaubnis erlischt,

1. wenn nicht bis zum 1. Januar 2014 die Erteilung einer endgültigen Erlaubnis beantragt wird oder
2. im Falle rechtzeitiger Antragstellung mit Eintritt der Unanfechtbarkeit der Entscheidung über den Antrag.

(4a) § 11 Absatz 1 Satz 1 Nummer 5 ist ab dem 1. August 2014 anzuwenden.

(4b) § 11 Absatz 1 Nummer 8 Buchstabe f ist ab dem 1. August 2014 anzuwenden.

(5) [1] Bis zum Erlass einer Rechtsverordnung nach § 11 Absatz 2 oder 6 Satz 2 ist § 11 Absatz 1 Satz 2 und 3, Absatz 2, 2a, 5 und 6 in der bis zum 13. Juli 2013 geltenden Fassung weiter anzuwenden mit der Maßgabe, dass

1. auch derjenige, der Tierbörsen durchführt, ab dem 1. August 2014 die Anforderungen des § 11 Absatz 2 Nummer 1 in der vorstehend bezeichneten Fassung erfüllen muss und
2. derjenige, der gewerbsmäßig mit Wirbeltieren, außer landwirtschaftlichen Nutztieren, handelt, ab dem 1. August 2014 sicherzustellen hat, dass bei der erstmaligen Abgabe eines Wirbeltieres einer bestimmten Art an den jeweiligen künftigen Tierhalter mit dem Tier schriftliche Informationen über die wesentlichen Bedürfnisse des Tieres, insbesondere im Hinblick auf seine angemessene Ernährung und Pflege sowie verhaltensgerechte Unterbringung und artgemäße Bewegung, übergeben werden; dies gilt nicht bei der Abgabe an den Inhaber einer Erlaubnis nach § 11 Absatz 1 Satz 1 Nummer 3 Buchstabe b in der vorstehend bezeichneten Fassung.

[2] Bis zum Erlass einer Rechtsverordnung nach § 11 Absatz 2 Satz 1 Nummer 1 ist im Rahmen des § 11 Absatz 5 Satz 5 darauf abzustellen, ob der Antragsteller den Anforderungen des § 11 Absatz 1 Satz 2 und 3 in der bis zum 13. Juli 2013 geltenden Fassung nachgekommen ist.

(6) § 11 Absatz 8 ist ab dem 1. Februar 2014 anzuwenden.

(7) [1] Vorbehaltlich des Satzes 3 und des Absatzes 8 sind die §§ 5, 6, 7, 7a, 8, 8a, 9, 10, 11, 15, 16, 16a und 18 in der sich jeweils aus Artikel 1 des Gesetzes zur Änderung des Tierschutzgesetzes – Schutz von Versuchstieren – vom 18. Juni 2021 (BGBl. I S. 1828) ergebenden Fassung erst ab dem 1. Dezember 2021 anzuwenden. [2] Bis zu dem in Satz 1 genannten Zeitpunkt sind die dort genannten am 25. Juni 2021 geltenden Vorschriften weiter anzuwenden. [3] Soweit Vorschriften dieses Gesetzes zum Erlass von Rechtsverordnungen ermächtigen, sind abweichend von Satz 1 die dort genannten Vorschriften in der dort genannten Fassung zum Zweck des Erlasses von Rechtsverordnungen ab dem 26. Juni 2021 anzuwenden.

(8) Im Falle von Tierversuchen nach § 7 Absatz 2 Satz 1, auch in Verbindung mit Satz 2,

1. deren Genehmigung vor dem 1. Dezember 2021 erteilt worden ist oder
2. deren Durchführung vor dem 1. Dezember 2021 nach den bis zu diesem Tag anzuwendenden Vorschriften dieses Gesetzes angezeigt und von der zuständigen Behörde nicht beanstandet worden ist,

sind abweichend von den §§ 7 bis 10 bis zum 1. Dezember 2023 die bis zum 1. Dezember 2021 anzuwendenden Vorschriften dieses Gesetzes weiter anzuwenden.

§ 21a[1)] [Rechtsverordnungen zur Durchführung von Rechtsakten der EG] Rechtsverordnungen nach diesem Gesetz können auch zur Durchführung von Rechtsakten der Europäischen Gemeinschaft oder der Europäischen Union auf dem Gebiet des Tierschutzes erlassen werden.

§ 21b[2)] [Rechtsverordnungen mit Zustimmung des Bundesrates] Das Bundesministerium wird ermächtigt, durch Rechtsverordnung mit Zustimmung des Bundesrates Verweisungen auf Vorschriften in Rechtsakten der Europäischen Gemeinschaft oder der Europäischen Union in diesem Gesetz oder in auf Grund dieses Gesetzes erlassenen Rechtsverordnungen zu ändern, soweit es zur Anpassung an Änderungen dieser Vorschriften erforderlich ist.

§ 21c[3)] [Gebühren und Auslagen] (1) Die nach § 13a Abs. 3, auch in Verbindung mit einer Rechtsverordnung nach Abs. 4, zuständige Behörde erhebt für individuell zurechenbare öffentliche Leistungen nach diesem Gesetz oder auf Grund dieses Gesetzes erlassener Rechtsverordnungen Gebühren und Auslagen.

(2) [1] Das Bundesministerium wird ermächtigt, durch Rechtsverordnung, die nicht der Zustimmung des Bundesrates bedarf, die gebührenpflichtigen Tatbestände zu bestimmen und dabei feste Sätze oder Rahmensätze vorzusehen. [2] Die Gebührensätze sind so zu bemessen, dass der mit den individuell zurechenbaren öffentlichen Leistungen verbundene Personal- und Sachaufwand gedeckt wird. [3] Bei der Bemessung der Höhe der Gebühr ist auch der mit den Mitwirkungshandlungen beteiligter Prüfeinrichtungen verbundene Aufwand zu berücksichtigen. [4] Die zu erstattenden Auslagen können abweichend vom Bundesgebührengesetz[4)] geregelt werden.

§ 21d[5)] [Verkündung im Bundesanzeiger] Rechtsverordnungen nach diesem Gesetz können abweichend von § 2 Absatz 1 des Verkündungs- und Bekanntmachungsgesetzes[6)] im Bundesanzeiger verkündet werden.

§ 22 (Inkrafttreten)

[1)] § 21a geänd. mWv 15.12.2010 durch G v. 9.12.2010 (BGBl. I S. 1934).

[2)] § 21b neu gef. mWv 13.7.2013 durch G v. 4.7.2013 (BGBl. I S. 2182).

[3)] § 21c eingef. mWv 22.7.2009 durch G v. 15.7.2009 (BGBl. I S. 1950); Abs. 1 und Abs. 2 Satz 2 geänd., Satz 4 aufgeh., neuer Satz 4 geänd. mWv 15.8.2013 durch G v. 7.8.2013 (BGBl. I S. 3154).

[4)] Nr. **120**.

[5)] § 21d eingef. mWv 13.7.2013 durch G v. 4.7.2013 (BGBl. I S. 2182).

[6)] Nr. **70**.

875. Gesetz zur Erhaltung des Waldes und zur Förderung der Forstwirtschaft (Bundeswaldgesetz)[1]

Vom 2. Mai 1975
(BGBl. I S. 1037)

FNA 790-18

geänd. durch Art. 1 Erstes ÄndG v. 27.7.1984 (BGBl. I S. 1034), Art. 2 Sechstes G zur Änd. des G gegen Wettbewerbsbeschränkungen v. 26.8.1998 (BGBl. I S. 2521), Art. 40 Fünftes Euro-EinführungsG v. 25.6.2001 (BGBl. I S. 1215), Art. 204 Siebente ZuständigkeitsanpassungsVO v. 29.10.2001 (BGBl. I S. 2785), Art. 2a G zur Einführung einer Strategischen Umweltprüfung und zur Umsetzung der RL 2001/42/EG v. 25.6.2005 (BGBl. I S. 1746), Art. 39 G zur Umbenennung des Bundesgrenzschutzes in Bundespolizei v. 21.6.2005 (BGBl. I S. 1818), Art. 2 Abs. 5 Siebtes ÄndG v. 7.7.2005 (BGBl. I S. 1954), Art. 213 Neunte ZuständigkeitsanpassungsVO v. 31.10.2006 (BGBl. I S. 2407), Art. 10 G zur Neuregelung des Wasserrechts v. 31.7.2009 (BGBl. I S. 2585), Art. 1 Zweites ÄndG v. 31.7.2010 (BGBl. I S. 1050), Art. 413 Zehnte ZuständigkeitsanpassungsVO v. 31.8.2015 (BGBl. I S. 1474), Art. 1 Drittes ÄndG v. 17.1.2017 (BGBl. I S. 75) und Art. 4 G zur Änd. von Vorschriften im Eisenbahnbereich v. 9.6.2021 (BGBl. I S. 1730)

Erstes Kapitel. Allgemeine Vorschriften

§ 1 Gesetzeszweck. Zweck dieses Gesetzes ist insbesondere,

1. den Wald wegen seines wirtschaftlichen Nutzens (Nutzfunktion) und wegen seiner Bedeutung für die Umwelt, insbesondere für die dauernde Leistungs-

---

[1] Zum BundeswaldG haben die Länder folgende Vorschriften erlassen:
- **Baden-Württemberg:** LandeswaldG idF der Bek. v. 31.8.1995 (GBl. S. 685), zuletzt geänd. durch G v. 21.5.2019 (GBl. S. 161)
- **Bayern:** WaldG für Bayern idF der Bek. v. 22.7.2005 (GVBl. S. 313), zuletzt geänd. durch G v. 23.11.2020 (GVBl. S. 598)
- **Berlin:** LandeswaldG v. 16.9.2004 (GVBl. S. 391), zuletzt geänd. durch G v. 4.2.2016 (GVBl. S. 26)
- **Brandenburg:** WaldG des Landes Brandenburg v. 20.4.2004 (GVBl. I S. 137), zuletzt geänd. durch G v. 30.4.2019 (GVBl. I Nr. 15)
- **Bremen:** Bremisches Waldgesetz v. 31.5.2005 (Brem.GBl. S. 207, ber. S. 314, 399), zuletzt geänd. durch G v. 25.5.2010 (Brem.GBl. S. 349)
- **Hamburg:** LandeswaldG v. 13.3.1978 (HmbGVBl. S. 74), zuletzt geänd. durch G v. 2.12.2013 (HmbGVBl. S. 484)
- **Hessen:** Hessisches WaldG v. 27.6.2013 (GVBl. S. 458), zuletzt geänd. durch G v. 19.6.2019 (GVBl. S. 160)
- **Mecklenburg-Vorpommern:** LandeswaldG idF der Bek. v. 27.7.2011 (GVOBl. M-V S. 870), zuletzt geänd. durch G v. 22.5.2021 (GVOBl. M-V S. 790)
- **Niedersachsen:** Niedersächsisches G über den Wald und die Landschaftsordnung v. 21.3.2002 (Nds. GVBl. S. 112), zuletzt geänd. durch G v. 11.11.2020 (Nds. GVBl. S. 451)
- **Nordrhein-Westfalen:** LandesforstG idF der Bek. v. 24.4.1980 (GV. NRW. S. 546), zuletzt geänd. durch G v. 8.7.2021 (GV. NRW. S. 904)
- **Rheinland-Pfalz:** LandeswaldG v. 30.11.2000 (GVBl. S. 504), zuletzt geänd. durch G v. 27.3.2020 (GVBl. S. 98)
- **Saarland:** LandeswaldG v. 26.10.1977 (Amtsbl. S. 1009), zuletzt geänd. durch G v. 13.2.2019 (Amtsbl. I S. 324)
- **Sachsen:** WaldG für den Freistaat Sachsen v. 10.4.1992 (SächsGVBl. S. 137), zuletzt geänd. durch G v. 11.5.2019 (SächsGVBl. S. 358)
- **Sachsen-Anhalt:** LandeswaldG Sachsen-Anhalt v. 25.2.2016 (GVBl. LSA S. 77), geänd. durch G v. 5.12.2019 (GVBl. LSA S. 946)
- **Schleswig-Holstein:** LandeswaldG v. 5.12.2004 (GVOBl. Schl.-H. S. 461), zuletzt geänd. durch VO v. 16.1.2019 (GVOBl. Schl.-H. S. 30)
- **Thüringen:** Thüringer WaldG idF der Bek. v. 18.9.2008 (GVBl. S. 327), zuletzt geänd. durch G v. 21.12.2020 (GVBl. S. 665).

fähigkeit des Naturhaushaltes, das Klima, den Wasserhaushalt, die Reinhaltung der Luft, die Bodenfruchtbarkeit, das Landschaftsbild, die Agrar- und Infrastruktur und die Erholung der Bevölkerung (Schutz- und Erholungsfunktion) zu erhalten, erforderlichenfalls zu mehren und seine ordnungsgemäße Bewirtschaftung nachhaltig zu sichern,[1)]
2. die Forstwirtschaft zu fördern und
3. einen Ausgleich zwischen dem Interesse der Allgemeinheit und den Belangen der Waldbesitzer herbeizuführen.

§ 2[2)] Wald. (1) [1] Wald im Sinne dieses Gesetzes ist jede mit Forstpflanzen bestockte Grundfläche. [2] Als Wald gelten auch kahlgeschlagene oder verlichtete Grundflächen, Waldwege, Waldeinteilungs- und Sicherungsstreifen, Waldblößen und Lichtungen, Waldwiesen, Wildäsungsplätze, Holzlagerplätze sowie weitere mit dem Wald verbundene und ihm dienende Flächen.

(2) Kein Wald im Sinne dieses Gesetzes sind
1. Grundflächen auf denen Baumarten mit dem Ziel baldiger Holzentnahme angepflanzt werden und deren Bestände eine Umtriebszeit von nicht länger als 20 Jahren haben (Kurzumtriebsplantagen),
2. Flächen mit Baumbestand, die gleichzeitig dem Anbau landwirtschaftlicher Produkte dienen (agroforstliche Nutzung),
3. mit Forstpflanzen bestockte Flächen, die am 6. August 2010 in dem in § 3 Satz 1 der InVeKoS-Verordnung vom 3. Dezember 2004 (BGBl. I S. 3194), die zuletzt durch Artikel 2 der Verordnung vom 7. Mai 2010 (eBAnz AT51 2010 V1) geändert worden ist, bezeichneten Flächenidentifizierungssystem als landwirtschaftliche Flächen erfasst sind, solange deren landwirtschaftliche Nutzung andauert,
4. in der Flur oder im bebauten Gebiet gelegene kleinere Flächen, die mit einzelnen Baumgruppen, Baumreihen oder mit Hecken bestockt sind oder als Baumschulen verwendet werden, und
5. mit Forstpflanzen bestockte Grundflächen
   a) auf Schienenwegen, auch auf solchen in Serviceeinrichtungen, sowie
   b) beidseits der Schienenwege in einer Breite von 6,80 Meter, gemessen von der Gleismitte des außen liegenden Gleises, oder, wenn die Schienenwege im Bereich von Böschungen oder Einschnitten liegen, bei denen die Böschungsschulter oder der Böschungsfuß weiter als 6,80 Meter von der Gleismitte aus liegt, in einer Breite von der Gleismitte bis zum Böschungsfuß oder zur Böschungsschulter.

(3) Die Länder können andere Grundflächen dem Wald zurechnen und Weihnachtsbaum- und Schmuckreisigkulturen sowie zum Wohnbereich gehörende Parkanlagen vom Waldbegriff ausnehmen.

§ 3[3)] Waldeigentumsarten. (1) Staatswald im Sinne dieses Gesetzes ist Wald, der im Alleineigentum des Bundes, eines Landes oder einer Anstalt oder Stiftung

---

[1)] Siehe das G über die Durchführung von Maßnahmen aus dem Corona-Konjunkturpaket zum Erhalt und zur nachhaltigen Bewirtschaftung der Wälder v. 11.12.2020 (BGBl. I S. 2880, 2881).

[2)] § 2 Abs. 2 neu gef. mWv 6.8.2010 durch G v. 31.7.2010 (BGBl. I S. 1050); Abs. 2 Nr. 3 und Nr. 4 geänd., Nr. 5 angef. mWv 1.7.2021 durch G v. 9.6.2021 (BGBl. I S. 1730).

[3)] § 3 Abs. 1 neu gef., Abs. 2 geänd. mWv 6.8.2010 durch G v. 31.7.2010 (BGBl. I S. 1050).

des öffentlichen Rechts steht, sowie Wald im Miteigentum eines Landes, soweit er nach landesrechtlichen Vorschriften als Staatswald angesehen wird.

(2) Körperschaftswald im Sinne dieses Gesetzes ist Wald, der im Alleineigentum der Gemeinden, der Gemeindeverbände, der Zweckverbände sowie sonstiger Körperschaften des öffentlichen Rechts steht; ausgenommen ist der Wald von Religionsgemeinschaften und deren Einrichtungen, sowie von Realverbänden, Hauberggenossenschaften, Markgenossenschaften, Gehöferschaften und ähnlichen Gemeinschaften (Gemeinschaftsforsten), soweit er

(Fortsetzung nächstes Blatt)

880. Gesetz über Naturschutz und Landschaftspflege (Bundesnaturschutzgesetz – BNatSchG)[1) 2) 3)]

Vom 29. Juli 2009
(BGBl. I S. 2542)

FNA 791-9

geänd. durch Art. 3 G über Maßnahmen zur Beschleunigung des Netzausbaus Elektrizitätsnetze v. 28.7. 2011 (BGBl. I S. 1690), Art. 2 G zur Umsetzung der Meeresstrategie-RahmenRL sowie zur Änd. des WaStrG und des KrW-/AbfG v. 6.10.2011 (BGBl. I S. 1986), Art. 2 45. StrafrechtsänderungsG zur Umsetzung der RL des Europäischen Parlaments und des Rates über den strafrechtlichen Schutz der Umwelt v. 6.12.2011 (BGBl. I S. 2557), Art. 5 Pflanzenschutz-NeuordnungsG v. 6.2.2012 (BGBl. I S. 148), Art. 7 G zur Änd. des Umwelt-RechtsbehelfsG und anderer umweltrechtlicher Vorschriften v. 21.1.2013 (BGBl. I S. 95), Art. 2 Abs. 24 G zur Modernisierung des Außenwirtschaftsrechts v. 6.6.2013 (BGBl. I S. 1482), Art. 2 Abs. 124, Art. 4 Abs. 100 G zur Strukturreform des Gebührenrechts des Bundes v. 7.8.2013 (BGBl. I S. 3154, geänd. durch G v. 18.7.2016, BGBl. I S. 1666), Art. 421 Zehnte ZuständigkeitsanpassungsVO v. 31.8.2015 (BGBl. I S. 1474), Art. 4 Abs. 96 G zur Aktualisierung der Strukturreform des Gebührenrechts des Bundes v. 18.7.2016 (BGBl. I S. 1666), Art. 2 G zur Änd. wasser- und naturschutzrechtlicher Vorschriften zur Untersagung und zur Risikominimierung bei den Verfahren der Fracking-Technologie v. 4.8.2016 (BGBl. I S. 1972), Art. 19 G zur Einführung von Ausschreibungen für Strom aus erneuerbaren Energien und zu weiteren Änd. des Rechts der erneuerbaren Energien v. 13.10. 2016 (BGBl. I S. 2258), Art. 4 G zur Anpassung des Umwelt-RechtsbehelfsG und anderer Vorschriften an europa- und völkerrechtliche Vorgaben v. 29.5.2017 (BGBl. I S. 1298), Art. 3 HochwasserschutzG II v. 30.6.2017 (BGBl. I S. 2193), Art. 7 G zur effektiveren und praxistauglicheren Ausgestaltung des Strafverfahrens v. 17.8.2017 (BGBl. I S. 3202), Art. 1 G zur Durchführung der VO (EU) Nr. 1143/2014 über invasive gebietsfremde Arten v. 8.9.2017 (BGBl. I S. 3370), Art. 1 ÄndG v. 15.9.2017 (BGBl. I S. 3434), Art. 8 G zur Beschleunigung des Energieleitungsausbaus v. 13.5.2019 (BGBl. I S. 706), Art. 1 Zweites ÄndG v. 4.3.2020 (BGBl. I S. 440), Art. 290 Elfte ZuständigkeitsanpassungsVO v. 19.6.2020 (BGBl. I S. 1328), Art. 5 G zur Änd. des UmweltschadensG, des UmweltinformationsG und weiterer umweltrechtlicher Vorschriften v. 25.2.2021 (BGBl. I S. 306) und Art. 10 KitafinanzhilfenänderungsG v. 25.6.2021 (BGBl. I S. 2020)

Zur Ausführung und Durchführung des BNatSchG haben die **Länder** ua folgende Vorschriften erlassen:

- **Baden-Württemberg:** NaturschutzG v. 23.6.2015 (GBl. S. 585), zuletzt geänd. durch G v. 17.12.2020 (GBl. S. 1233)
- **Bayern:** Bayerisches NaturschutzG v. 23.2.2011 (GVBl. S. 82), zuletzt geänd. durch G v. 23.6.2021 (GVBl. S. 352)
- **Berlin:** Berliner NaturschutzG v. 29.5.2013 (GVBl. S. 140), geänd. durch G v. 25.9.2019 (GVBl. S. 612)
- **Brandenburg:** Brandenburgisches NaturschutzausführungsG v. 21.1.2013 (GVBl. I Nr. 3, ber. Nr. 21), zuletzt geänd. durch G v. 25.9.2020 (GVBl. I Nr. 28)

[1)] Verkündet als Art. 1 G zur Neuregelung des Rechts des Naturschutzes und der Landschaftspflege v. 29.7.2009 (BGBl. I S. 2542); Inkrafttreten gem. Art. 27 dieses G am 1.3.2010.

[2)] **Amtl. Anm.** zum Art. 1 G zur Neuregelung des Rechts des Naturschutzes und der Landschaftspflege v. 29.7.2009 (BGBl. I S. 2542): Dieses Gesetz dient der Umsetzung der

- Richtlinie 79/409/EWG des Rates vom 2. April 1979 über die Erhaltung der wildlebenden Vogelarten (ABl. L 103 vom 25.4.1979, S. 1), die zuletzt durch die Richtlinie 2008/102/EG (ABl. L 323 vom 3.12. 2008, S. 31) geändert worden ist,
- Richtlinie 83/129/EWG des Rates vom 28. März 1983 betreffend die Einfuhr in die Mitgliedstaaten von Fellen bestimmter Jungrobben und Waren daraus (ABl. L 91 vom 9. 4.1983, S. 30), die zuletzt durch die Richtlinie 89/370/EWG (ABl. L 163 vom 14.6.1989, S. 37) geändert worden ist,
- Richtlinie 92/43/EWG des Rates vom 21. Mai 1992 zur Erhaltung der natürlichen Lebensräume sowie der wildlebenden Tiere und Pflanzen (ABl. L 206 vom 22.7.1992, S. 7), die zuletzt durch die Richtlinie 2006/105/EG (ABl. L 363 vom 20.12.2006, S. 368) geändert worden ist,
- Richtlinie 1999/22/EG des Rates vom 29. März 1999 über die Haltung von Wildtieren in Zoos (ABl. L 94 vom 9.4.1999, S. 24).

[3)] Die Änderungen durch G v. 18.7.2016 (BGBl. I S. 1666) treten erst **mWv 1.10.2021** in Kraft und sind im Text noch nicht berücksichtigt.

- **Bremen:** Bremisches G über Naturschutz und Landschaftspflege v. 27.4.2010 (Brem.GBl. S. 315), zuletzt geänd. durch G v. 30.3.2021 (Brem.GBl. S. 300)
- **Hamburg:** Hamburgisches AusführungsG des BundesnaturschutzG v. 11.5.2010 (HmbGVBl. S. 350), zuletzt geänd. durch G v. 24.1.2020 (HmbGVBl. S. 92)
- **Hessen:** Hessisches NaturschutzG v. 20.12.2010 (GVBl. I S. 629), zuletzt geänd. durch G v. 7.5.2020 (GVBl. S. 318)
- **Mecklenburg-Vorpommern:** NaturschutzausführungsG v. 23.2.2010 (GVOBl. M-V S. 66), zuletzt geänd. durch G v. 5.7.2018 (GVOBl. M-V S. 221)
- **Niedersachsen:** Nds. AusführungsG zum Bundesnaturschutzgesetz v. 19.2.2010 (Nds. GVBl. S. 104), zuletzt geänd. durch G v. 11.11.2020 (Nds. GVBl. S. 451)
- **Nordrhein-Westfalen:** LandschaftsG idF der Bek. v. 21.7.2000 (GV. NRW. S. 568), zuletzt geänd. durch G v. 4.5.2021 (GV. NRW. S. 560)
- **Rheinland-Pfalz:** LandesnaturschutzG v. 6.10.2015 (GVBl. S. 283), zuletzt geänd. durch G v. 26.6.2020 (GVBl. S. 287)
- **Saarland:** Saarländisches NaturschutzG v. 5.4.2006 (Amtsbl. S. 726), zuletzt geänd. durch Bek. v. 12.5.2021 (Amtsbl. I S. 1491)
- **Sachsen:** Sächsisches NaturschutzG v. 6.6.2013 (SächsGVBl. S. 451), zuletzt geänd. durch G v. 9.2.2021 (SächsGVBl. S. 243)
- **Sachsen-Anhalt:** NaturschutzG des Landes Sachsen-Anhalt v. 10.12.2010 (GVBl. LSA S. 569), zuletzt geänd. durch G v. 28.10.2019 (GVBl. LSA S. 346)
- **Schleswig-Holstein:** LandesnaturschutzG v. 24.2.2010 (GVOBl. Schl.-H. S. 301, ber. S. 486), zuletzt geänd. durch G v. 13.11.2019 (GVOBl. Schl.-H. S. 425)
- **Thüringen:** Thüringer NaturschutzG v. 30.7.2019 (GVBl. S. 323), geänd. durch G v. 30.7.2019 (GVBl. S. 323).

Inhaltsübersicht[1]

(Fortsetzung nächstes Blatt)

[1] Inhaltsübersicht geänd. mWv 5.2.2012 durch G v. 28.7.2011 (BGBl. I S. 1690); geänd. mWv 13.6.2012 durch G v. 6.12.2011 (BGBl. I S. 2557); geänd. mWv 16.9.2017 durch G v. 8.9.2017 (BGBl. I S. 3370); geänd. mWv 29.9.2017 durch G v. 15.9.2017 (BGBl. I S. 3434); geänd. mWv 13.3.2020 durch G v. 4.3.2020 (BGBl. I S. 440).

§ 19[1)] Schäden an bestimmten Arten und natürlichen Lebensräumen.

(1) [1] Eine Schädigung von Arten und natürlichen Lebensräumen im Sinne des Umweltschadensgesetzes[2)] ist jeder Schaden, der erhebliche nachteilige Auswirkungen auf die Erreichung oder Beibehaltung des günstigen Erhaltungszustands dieser Lebensräume oder Arten hat. [2] Abweichend von Satz 1 liegt keine Schädigung vor bei zuvor ermittelten nachteiligen Auswirkungen von Tätigkeiten einer verantwortlichen Person, die von der zuständigen Behörde nach den §§ 34, 35, 45 Absatz 7 oder § 67 Absatz 2 oder, wenn eine solche Prüfung nicht erforderlich ist, nach § 15 oder auf Grund der Aufstellung eines Bebauungsplans nach § 30 oder § 33 des Baugesetzbuches[3)] genehmigt wurden oder zulässig sind.

(2) Arten im Sinne des Absatzes 1 sind die Arten, die in

1. Artikel 4 Absatz 2 oder Anhang I der Richtlinie 2009/147/EG oder
2. den Anhängen II und IV der Richtlinie 92/43/EWG

aufgeführt sind.

(3) Natürliche Lebensräume im Sinne des Absatzes 1 sind die

1. Lebensräume der Arten, die in Artikel 4 Absatz 2 oder Anhang I der Richtlinie 2009/147/EG oder in Anhang II der Richtlinie 92/43/EWG aufgeführt sind,
2. natürlichen Lebensraumtypen von gemeinschaftlichem Interesse sowie
3. Fortpflanzungs- und Ruhestätten der in Anhang IV der Richtlinie 92/43/EWG aufgeführten Arten.

(4) Hat eine verantwortliche Person nach dem Umweltschadensgesetz eine Schädigung geschützter Arten oder natürlicher Lebensräume verursacht, so trifft sie die erforderlichen Sanierungsmaßnahmen gemäß Anhang II Nummer 1 der Richtlinie 2004/35/EG.

(5) [1] Ob Auswirkungen nach Absatz 1 erheblich sind, ist mit Bezug auf den Ausgangszustand unter Berücksichtigung der Kriterien des Anhangs I der Richtlinie 2004/35/EG zu ermitteln. [2] Eine erhebliche Schädigung liegt dabei in der Regel nicht vor bei

1. nachteiligen Abweichungen, die geringer sind als die natürlichen Fluktuationen, die für den betreffenden Lebensraum oder die betreffende Art als normal gelten,
2. nachteiligen Abweichungen, die auf natürliche Ursachen zurückzuführen sind oder aber auf eine äußere Einwirkung im Zusammenhang mit der normalen Bewirtschaftung der betreffenden Gebiete, die den Aufzeichnungen über den Lebensraum oder den Dokumenten über die Erhaltungsziele oder der früheren Bewirtschaftungsweise der jeweiligen Eigentümer oder Betreiber entspricht,
3. einer Schädigung von Arten oder Lebensräumen, die sich nachweislich ohne äußere Einwirkung in kurzer Zeit so weit regenerieren werden, dass entweder *der Ausgangszustand* erreicht wird oder aber allein auf Grund der Dynamik der betreffenden Art oder des Lebensraums ein Zustand erreicht wird, der im Vergleich zum Ausgangszustand als gleichwertig oder besser zu bewerten ist.

[1)] § 19 Abs. 2 Nr. 1, Abs. 3 Nr. 1 und Abs. 4 geänd. mWv 1.8.2013 durch G v. 21.1.2013 (BGBl. I S. 95); Abs. 5 Satz 2 Nr. 2 geänd. mWv 1.9.2021 durch G v. 25.2.2021 (BGBl. I S. 306).

[2)] **Sartorius III Nr. 310.**

[3)] Nr. **300**.

Kapitel 4. Schutz bestimmter Teile von Natur und Landschaft

Abschnitt 1. Biotopverbund und Biotopvernetzung; geschützte Teile von Natur und Landschaft

§ 20 Allgemeine Grundsätze. (1) Es wird ein Netz verbundener Biotope (Biotopverbund) geschaffen, das mindestens 10 Prozent der Fläche eines jeden Landes umfassen soll.

(2) Teile von Natur und Landschaft können geschützt werden

1. nach Maßgabe des § 23 als Naturschutzgebiet,
2. nach Maßgabe des § 24 als Nationalpark oder als Nationales Naturmonument,
3. als Biosphärenreservat,
4. nach Maßgabe des § 26 als Landschaftsschutzgebiet,
5. als Naturpark,
6. als Naturdenkmal oder
7. als geschützter Landschaftsbestandteil.

(3) Die in Absatz 2 genannten Teile von Natur und Landschaft sind, soweit sie geeignet sind, Bestandteile des Biotopverbunds.

§ 21 Biotopverbund, Biotopvernetzung. (1) [1] Der Biotopverbund dient der dauerhaften Sicherung der Populationen wild lebender Tiere und Pflanzen einschließlich ihrer Lebensstätten, Biotope und Lebensgemeinschaften sowie der Bewahrung, Wiederherstellung und Entwicklung funktionsfähiger ökologischer Wechselbeziehungen. [2] Er soll auch zur Verbesserung des Zusammenhangs des Netzes „Natura 2000" beitragen.

(2) [1] Der Biotopverbund soll länderübergreifend erfolgen. [2] Die Länder stimmen sich hierzu untereinander ab.

(3) [1] Der Biotopverbund besteht aus Kernflächen, Verbindungsflächen und Verbindungselementen. [2] Bestandteile des Biotopverbunds sind

1. Nationalparke und Nationale Naturmonumente,
2. Naturschutzgebiete, Natura 2000-Gebiete und Biosphärenreservate oder Teile dieser Gebiete,
3. gesetzlich geschützte Biotope im Sinne des § 30,
4. weitere Flächen und Elemente, einschließlich solcher des Nationalen Naturerbes, des Grünen Bandes sowie Teilen von Landschaftsschutzgebieten und Naturparken,

wenn sie zur Erreichung des in Absatz 1 genannten Zieles geeignet sind.

(4) Die erforderlichen Kernflächen, Verbindungsflächen und Verbindungselemente sind durch Erklärung zu geschützten Teilen von Natur und Landschaft im Sinne des § 20 Absatz 2, durch planungsrechtliche Festlegungen, durch langfristige vertragliche Vereinbarungen oder andere geeignete Maßnahmen rechtlich zu sichern, um den Biotopverbund dauerhaft zu gewährleisten.

(5) [1] Unbeschadet des § 30 sind die oberirdischen Gewässer einschließlich ihrer Randstreifen, Uferzonen und Auen als Lebensstätten und Biotope für natürlich vorkommende Tier- und Pflanzenarten zu erhalten. [2] Sie sind so weiterzuentwickeln, dass sie ihre großräumige Vernetzungsfunktion auf Dauer erfüllen können.

(6) Auf regionaler Ebene sind insbesondere in von der Landwirtschaft geprägten Landschaften zur Vernetzung von Biotopen erforderliche lineare und punktförmige Elemente, insbesondere Hecken und Feldraine sowie Trittsteinbiotope, zu erhalten und dort, wo sie nicht in ausreichendem Maße vorhanden sind, zu schaffen (Biotopvernetzung).

§ 22[1)] [2)] Erklärung zum geschützten Teil von Natur und Landschaft.

(1) [1]Die Unterschutzstellung von Teilen von Natur und Landschaft erfolgt durch Erklärung. [2]Die Erklärung bestimmt den Schutzgegenstand, den Schutzzweck, die zur Erreichung des Schutzzwecks notwendigen Gebote und Verbote, und, soweit erforderlich, die Pflege-, Entwicklungs- und Wiederherstellungsmaßnahmen oder enthält die erforderlichen Ermächtigungen hierzu. [3]Schutzgebiete können in Zonen mit einem entsprechend dem jeweiligen Schutzzweck abgestuften Schutz gegliedert werden; hierbei kann auch die für den Schutz notwendige Umgebung einbezogen werden.

(2) [1]Soweit in den Absätzen 2a und 2b nichts Näheres bestimmt ist, richten sich Form und Verfahren der Unterschutzstellung, die Beachtlichkeit von Form- und Verfahrensfehlern und die Möglichkeit ihrer Behebung sowie die Fortgeltung bestehender Erklärungen zum geschützten Teil von Natur und Landschaft nach Landesrecht. [2]Die Unterschutzstellung kann auch länderübergreifend erfolgen.

(2a) [1]Erklärungen zur Unterschutzstellung nach Absatz 1, die

1. durch Gesetz, Rechtsverordnung oder Satzung erfolgt sind und
2. mit Vorgaben der Richtlinie 2001/42/EG des Europäischen Parlaments und des Rates vom 27. Juni 2001 über die Prüfung der Umweltauswirkungen bestimmter Pläne und Programme (ABl. L 197 vom 21.7.2001, S. 30) unvereinbar sind, weil eine danach erforderliche Strategische Umweltprüfung nicht durchgeführt wurde,

gelten fort, wenn sich die Unvereinbarkeit mit diesen Vorgaben aus einer Entscheidung des Gerichtshofes der Europäischen Union ergibt und soweit und solange nach der Entscheidung eine Fortgeltung zulässig ist. [2]Die zur Beseitigung der Unvereinbarkeit mit den Vorgaben der Richtlinie 2001/42/EG erforderlichen Handlungen müssen im Rahmen eines ergänzenden Verfahrens unverzüglich nachgeholt werden. [3]Die Erklärung zur Unterschutzstellung muss, sofern sich infolge der nachgeholten Handlungen eine Erforderlichkeit dafür ergibt, angepasst werden. [4]Für die Nachholung der erforderlichen Handlungen nach Satz 2 und Anpassungen nach Satz 3 gelten die Bestimmungen dieses Gesetzes sowie des Gesetzes über die Umweltverträglichkeitsprüfung[3)] oder entsprechender landesrechtlicher Vorschriften entsprechend. [5]Der Zeitraum, innerhalb dessen die erforderlichen Handlungen nach Satz 2 und Anpassungen nach Satz 3 nachgeholt werden müssen, richtet sich nach der Entscheidung des Gerichtshofes der Europäi-

---

[1)] § 22 Abs. 3 Satz 4 geänd. mWv 14.10.2011 durch G v. 6.10.2011 (BGBl. I S. 1986); Abs. 5 geänd. mWv 8.9.2015 durch VO v. 31.8.2015 (BGBl. I S. 1474); Abs. 5 geänd. mWv 27.6.2020 durch VO v. 19.6.2020 (BGBl. I S. 1328); Abs. 2 Satz 1 geänd., Abs. 2a und 2b eingef. mWv 30.6.2021 durch G v. 25.6.2021 (BGBl. I S. 2020).

[2)] Zur Änd. durch Art. 10 KitafinanzhilfenÄndG v. 25.6.2021 (BGBl. I S. 2020) siehe Art. 11 Abs. 4 dieses G: „Artikel 10 tritt am 31. Dezember 2026 außer Kraft. Eine bis zu diesem Zeitpunkt erfolgte Heilung nach oder entsprechend § 22 Absatz 2a Satz 6 bleibt wirksam."

Die Aufhebung der *Änderungsvorschrift* des Art. 10 KitafinanzhilfenÄndG hat allerdings keine Auswirkungen auf die im BNatSchG als *Stammvorschrift* vorgenommenen Änderungen (vgl. Rdnr. 680 des Handbuchs der Rechtsförmlichkeit des BMJ).

[3)] Nr. **295**.

schen Union und hat nur den Zeitraum zu umfassen, der zwingend notwendig ist, um Maßnahmen zu treffen, die die Beseitigung der Unvereinbarkeit mit den Vorgaben der Richtlinie 2001/42/EG ermöglichen. [6] Sind die erforderlichen Handlungen nach Satz 2 und Anpassungen nach Satz 3 innerhalb der Frist nach Satz 5 nachgeholt, ist die Unvereinbarkeit mit den Vorgaben der Richtlinie 2001/42/EG geheilt. [7] Sind die erforderlichen Handlungen nach Satz 2 und Anpassungen nach Satz 3 bei Ablauf der Frist nach Satz 5 nicht nachgeholt worden, tritt die Erklärung zur Unterschutzstellung außer Kraft.

(2b) [1] Absatz 2a findet auch Anwendung auf Erklärungen zur Unterschutzstellung nach der rahmenrechtlichen Vorschrift des § 22 Absatz 1 und 2 des Bundesnaturschutzgesetzes in der bis zum 28. Februar 2010 geltenden Fassung sowie nach ausfüllendem Landesrecht. [2] Pläne zur Durchführung von Pflege-, Entwicklungs- und Wiederherstellungsmaßnahmen im Sinne des Absatzes 1 Satz 2 bleiben gültig.

(3) [1] Teile von Natur und Landschaft, deren Schutz beabsichtigt ist, können für einen Zeitraum von bis zu zwei Jahren einstweilig sichergestellt werden, wenn zu befürchten ist, dass durch Veränderungen oder Störungen der beabsichtigte Schutzzweck gefährdet wird. [2] Die einstweilige Sicherstellung kann unter den Voraussetzungen des Satzes 1 einmalig bis zu weiteren zwei Jahren verlängert werden. [3] In dem einstweilig sichergestellten Teil von Natur und Landschaft sind Handlungen und Maßnahmen nach Maßgabe der Sicherstellungserklärung verboten, die geeignet sind, den Schutzgegenstand nachteilig zu verändern. [4] Die einstweilige Sicherstellung ist ganz oder teilweise aufzuheben, wenn ihre Voraussetzungen nicht mehr oder nicht mehr in vollem Umfang gegeben sind. [5] Absatz 2 gilt entsprechend.

(4) [1] Geschützte Teile von Natur und Landschaft sind zu registrieren und zu kennzeichnen. [2] Das Nähere richtet sich nach Landesrecht.

(5) Die Erklärung zum Nationalpark oder Nationalen Naturmonument einschließlich ihrer Änderung ergeht im Benehmen mit dem Bundesministerium für Umwelt, Naturschutz und nukleare Sicherheit und dem Bundesministerium für Verkehr und digitale Infrastruktur.

§ 23[1] Naturschutzgebiete. (1) Naturschutzgebiete sind rechtsverbindlich festgesetzte Gebiete, in denen ein besonderer Schutz von Natur und Landschaft in ihrer Ganzheit oder in einzelnen Teilen erforderlich ist

1. zur Erhaltung, Entwicklung oder Wiederherstellung von Lebensstätten, Biotopen oder Lebensgemeinschaften bestimmter wild lebender Tier- und Pflanzenarten,
2. aus wissenschaftlichen, naturgeschichtlichen oder landeskundlichen Gründen oder
3. wegen ihrer Seltenheit, besonderen Eigenart oder hervorragenden Schönheit.

(2) [1] Alle Handlungen, die zu einer Zerstörung, Beschädigung oder Veränderung des Naturschutzgebiets oder seiner Bestandteile oder zu einer nachhaltigen Störung führen können, sind nach Maßgabe näherer Bestimmungen verboten. [2] Soweit es der Schutzzweck erlaubt, können Naturschutzgebiete der Allgemeinheit zugänglich gemacht werden.

---

[1] § 23 Abs. 3 angef. mWv 11.2.2017 durch G v. 4.8.2016 (BGBl. I S. 1972).

(3) In Naturschutzgebieten ist die Errichtung von Anlagen zur Durchführung von Gewässerbenutzungen im Sinne des § 9 Absatz 2 Nummer 3 und 4 des Wasserhaushaltsgesetzes[1)] verboten.

§ 24[2)] Nationalparke, Nationale Naturmonumente. (1) Nationalparke sind rechtsverbindlich festgesetzte einheitlich zu schützende Gebiete, die

1. großräumig, weitgehend unzerschnitten und von besonderer Eigenart sind,
2. in einem überwiegenden Teil ihres Gebiets die Voraussetzungen eines Naturschutzgebiets erfüllen und
3. sich in einem überwiegenden Teil ihres Gebiets in einem vom Menschen nicht oder wenig beeinflussten Zustand befinden oder geeignet sind, sich in einen Zustand zu entwickeln oder in einen Zustand entwickelt zu werden, der einen möglichst ungestörten Ablauf der Naturvorgänge in ihrer natürlichen Dynamik gewährleistet.

(2) [1] Nationalparke haben zum Ziel, in einem überwiegenden Teil ihres Gebiets den möglichst ungestörten Ablauf der Naturvorgänge in ihrer natürlichen Dynamik zu gewährleisten. [2] Soweit es der Schutzzweck erlaubt, sollen Nationalparke auch der wissenschaftlichen Umweltbeobachtung, der naturkundlichen Bildung und dem Naturerlebnis der Bevölkerung dienen.

(3) [1] Nationalparke sind unter Berücksichtigung ihres besonderen Schutzzwecks sowie der durch die Großräumigkeit und Besiedlung gebotenen Ausnahmen wie Naturschutzgebiete zu schützen. [2] In Nationalparken ist die Errichtung von Anlagen zur Durchführung von Gewässerbenutzungen im Sinne des § 9 Absatz 2 Nummer 3 und 4 des Wasserhaushaltsgesetzes[1)] verboten.

(4) [1] Nationale Naturmonumente sind rechtsverbindlich festgesetzte Gebiete, die

1. aus wissenschaftlichen, naturgeschichtlichen, kulturhistorischen oder landeskundlichen Gründen und
2. wegen ihrer Seltenheit, Eigenart oder Schönheit

von herausragender Bedeutung sind. [2] Nationale Naturmonumente sind wie Naturschutzgebiete zu schützen.

§ 25 Biosphärenreservate. (1) Biosphärenreservate sind einheitlich zu schützende und zu entwickelnde Gebiete, die

1. großräumig und für bestimmte Landschaftstypen charakteristisch sind,
2. in wesentlichen Teilen ihres Gebiets die Voraussetzungen eines Naturschutzgebiets, im Übrigen überwiegend eines Landschaftsschutzgebiets erfüllen,
3. vornehmlich der Erhaltung, Entwicklung oder Wiederherstellung einer durch *hergebrachte vielfältige* Nutzung geprägten Landschaft und der darin historisch gewachsenen Arten- und Biotopvielfalt, einschließlich Wild- und früherer Kulturformen wirtschaftlich genutzter oder nutzbarer Tier- und Pflanzenarten, dienen und
4. beispielhaft der Entwicklung und Erprobung von die Naturgüter besonders schonenden Wirtschaftsweisen dienen.

---

1) Nr. **845**.
2) § 24 Abs. 3 Satz 2 angef. mWv 11.2.2017 durch G v. 4.8.2016 (BGBl. I S. 1972).

(2) Biosphärenreservate dienen, soweit es der Schutzzweck erlaubt, auch der Forschung und der Beobachtung von Natur und Landschaft sowie der Bildung für nachhaltige Entwicklung.

(3) Biosphärenreservate sind unter Berücksichtigung der durch die Großräumigkeit und Besiedlung gebotenen Ausnahmen über Kernzonen, Pflegezonen und Entwicklungszonen zu entwickeln und wie Naturschutzgebiete oder Landschaftsschutzgebiete zu schützen.

(4) Biosphärenreservate können auch als Biosphärengebiete oder Biosphärenregionen bezeichnet werden.

§ 26 Landschaftsschutzgebiete. (1) Landschaftsschutzgebiete sind rechtsverbindlich festgesetzte Gebiete, in denen ein besonderer Schutz von Natur und Landschaft erforderlich ist

1. zur Erhaltung, Entwicklung oder Wiederherstellung der Leistungs- und Funktionsfähigkeit des Naturhaushalts oder der Regenerationsfähigkeit und nachhaltigen Nutzungsfähigkeit der Naturgüter, einschließlich des Schutzes von Lebensstätten und Lebensräumen bestimmter wild lebender Tier- und Pflanzenarten,
2. wegen der Vielfalt, Eigenart und Schönheit oder der besonderen kulturhistorischen Bedeutung der Landschaft oder
3. wegen ihrer besonderen Bedeutung für die Erholung.

(2) In einem Landschaftsschutzgebiet sind unter besonderer Beachtung des § 5 Absatz 1 und nach Maßgabe näherer Bestimmungen alle Handlungen verboten, die den Charakter des Gebiets verändern oder dem besonderen Schutzzweck zuwiderlaufen.

§ 27[1] Naturparke. (1) Naturparke sind einheitlich zu entwickelnde und zu pflegende Gebiete, die

1. großräumig sind,
2. überwiegend Landschaftsschutzgebiete oder Naturschutzgebiete sind,
3. sich wegen ihrer landschaftlichen Voraussetzungen für die Erholung besonders eignen und in denen ein nachhaltiger Tourismus angestrebt wird,
4. nach den Erfordernissen der Raumordnung für Erholung vorgesehen sind,
5. der Erhaltung, Entwicklung oder Wiederherstellung einer durch vielfältige Nutzung geprägten Landschaft und ihrer Arten- und Biotopvielfalt dienen und in denen zu diesem Zweck eine dauerhaft umweltgerechte Landnutzung angestrebt wird und
6. besonders dazu geeignet sind, eine nachhaltige Regionalentwicklung zu fördern.

(2) Naturparke sollen auch der Bildung für nachhaltige Entwicklung dienen.

(3) Naturparke sollen entsprechend ihren in Absatz 1 beschriebenen Zwecken unter Beachtung der Ziele des Naturschutzes und der Landschaftspflege geplant, gegliedert, erschlossen und weiterentwickelt werden.

§ 28 Naturdenkmäler. (1) Naturdenkmäler sind rechtsverbindlich festgesetzte Einzelschöpfungen der Natur oder entsprechende Flächen bis zu fünf Hektar, deren besonderer Schutz erforderlich ist

---

[1] § 27 Abs. 2 eingef., bish. Abs. 2 wird Abs. 3 mWv 1.4.2018 durch G v. 15.9.2017 (BGBl. I S. 3434).

1. aus wissenschaftlichen, naturgeschichtlichen oder landeskundlichen Gründen oder
2. wegen ihrer Seltenheit, Eigenart oder Schönheit.

(2) Die Beseitigung des Naturdenkmals sowie alle Handlungen, die zu einer Zerstörung, Beschädigung oder Veränderung des Naturdenkmals führen können, sind nach Maßgabe näherer Bestimmungen verboten.

§ 29 Geschützte Landschaftsbestandteile. (1) [1] Geschützte Landschaftsbestandteile sind rechtsverbindlich festgesetzte Teile von Natur und Landschaft, deren besonderer Schutz erforderlich ist

1. zur Erhaltung, Entwicklung oder Wiederherstellung der Leistungs- und Funktionsfähigkeit des Naturhaushalts,
2. zur Belebung, Gliederung oder Pflege des Orts- oder Landschaftsbildes,
3. zur Abwehr schädlicher Einwirkungen oder
4. wegen ihrer Bedeutung als Lebensstätten bestimmter wild lebender Tier- und Pflanzenarten.

[2] Der Schutz kann sich für den Bereich eines Landes oder für Teile des Landes auf den gesamten Bestand an Alleen, einseitigen Baumreihen, Bäumen, Hecken oder anderen Landschaftsbestandteilen erstrecken.

(2) [1] Die Beseitigung des geschützten Landschaftsbestandteils sowie alle Handlungen, die zu einer Zerstörung, Beschädigung oder Veränderung des geschützten Landschaftsbestandteils führen können, sind nach Maßgabe näherer Bestimmungen verboten. [2] Für den Fall der Bestandsminderung kann die Verpflichtung zu einer angemessenen und zumutbaren Ersatzpflanzung oder zur Leistung von Ersatz in Geld vorgesehen werden.

(3) Vorschriften des Landesrechts über den gesetzlichen Schutz von Alleen bleiben unberührt.

§ 30[1)] Gesetzlich geschützte Biotope. (1) Bestimmte Teile von Natur und Landschaft, die eine besondere Bedeutung als Biotope haben, werden gesetzlich geschützt (allgemeiner Grundsatz).

(2) [1] Handlungen, die zu einer Zerstörung oder einer sonstigen erheblichen Beeinträchtigung folgender Biotope führen können, sind verboten:

1. natürliche oder naturnahe Bereiche fließender und stehender Binnengewässer einschließlich ihrer Ufer und der dazugehörigen uferbegleitenden natürlichen oder naturnahen Vegetation sowie ihrer natürlichen oder naturnahen Verlandungsbereiche, Altarme und regelmäßig überschwemmten Bereiche,
2. Moore, Sümpfe, Röhrichte, Großseggenrieder, seggen- und binsenreiche Nasswiesen, Quellbereiche, Binnenlandsalzstellen,
3. offene Binnendünen, offene natürliche Block-, Schutt- und Geröllhalden, *Lehm- und* Lösswände, Zwergstrauch-, Ginster- und Wacholderheiden, Borstgrasrasen, Trockenrasen, Schwermetallrasen, Wälder und Gebüsche trockenwarmer Standorte,
4. Bruch-, Sumpf- und Auenwälder, Schlucht-, Blockhalden- und Hangschuttwälder, subalpine Lärchen- und Lärchen-Arvenwälder,
5. offene Felsbildungen, Höhlen sowie naturnahe Stollen, alpine Rasen sowie Schneetälchen und Krummholzgebüsche,

---

1) § 30 Abs. 2 Satz 1 Nr. 5 geänd., Satz 3 angef. mWv 1.4.2018 durch G v. 15.9.2017 (BGBl. I S. 3434).

6. Fels- und Steilküsten, Küstendünen und Strandwälle, Strandseen, Boddengewässer mit Verlandungsbereichen, Salzwiesen und Wattflächen im Küstenbereich, Seegraswiesen und sonstige marine Makrophytenbestände, Riffe, sublitorale Sandbänke, Schlickgründe mit bohrender Bodenmegafauna sowie artenreiche Kies-, Grobsand- und Schillgründe im Meeres- und Küstenbereich.

[2] Die Verbote des Satzes 1 gelten auch für weitere von den Ländern gesetzlich geschützte Biotope. [3] Satz 1 Nummer 5 gilt nicht für genutzte Höhlen- und Stollenbereiche sowie für Maßnahmen zur Verkehrssicherung von Höhlen und naturnahen Stollen.

(3) Von den Verboten des Absatzes 2 kann auf Antrag eine Ausnahme zugelassen werden, wenn die Beeinträchtigungen ausgeglichen werden können.

(4) [1] Sind auf Grund der Aufstellung, Änderung oder Ergänzung von Bebauungsplänen Handlungen im Sinne des Absatzes 2 zu erwarten, kann auf Antrag der Gemeinde über eine erforderliche Ausnahme oder Befreiung von den Verboten des Absatzes 2 vor der Aufstellung des Bebauungsplans entschieden werden. [2] Ist eine Ausnahme zugelassen oder eine Befreiung gewährt worden, bedarf es für die Durchführung eines im Übrigen zulässigen Vorhabens keiner weiteren Ausnahme oder Befreiung, wenn mit der Durchführung des Vorhabens innerhalb von sieben Jahren nach Inkrafttreten des Bebauungsplans begonnen wird.

(5) Bei gesetzlich geschützten Biotopen, die während der Laufzeit einer vertraglichen Vereinbarung oder der Teilnahme an öffentlichen Programmen zur Bewirtschaftungsbeschränkung entstanden sind, gilt Absatz 2 nicht für die Wiederaufnahme einer zulässigen land-, forst-, oder fischereiwirtschaftlichen Nutzung innerhalb von zehn Jahren nach Beendigung der betreffenden vertraglichen Vereinbarung oder der Teilnahme an den betreffenden öffentlichen Programmen.

(6) Bei gesetzlich geschützten Biotopen, die auf Flächen entstanden sind, bei denen eine zulässige Gewinnung von Bodenschätzen eingeschränkt oder unterbrochen wurde, gilt Absatz 2 nicht für die Wiederaufnahme der Gewinnung innerhalb von fünf Jahren nach der Einschränkung oder Unterbrechung.

(7) [1] Die gesetzlich geschützten Biotope werden registriert und die Registrierung wird in geeigneter Weise öffentlich zugänglich gemacht. [2] Die Registrierung und deren Zugänglichkeit richten sich nach Landesrecht.

(8) Weiter gehende Schutzvorschriften einschließlich der Bestimmungen über Ausnahmen und Befreiungen bleiben unberührt.

Abschnitt 2. Netz „Natura 2000“

§ 31[1)] Aufbau und Schutz des Netzes „Natura 2000“. Der Bund und die Länder erfüllen die sich aus den Richtlinien 92/43/EWG und 2009/147/EG ergebenden Verpflichtungen zum Aufbau und Schutz des zusammenhängenden europäischen ökologischen Netzes „Natura 2000“ im Sinne des Artikels 3 der Richtlinie 92/43/EWG.

1) § 31 geänd. mWv 1.8.2013 durch G v. 21.1.2013 (BGBl. I S. 95).

§ 32[1) 2)] **Schutzgebiete.** (1) [1]Die Länder wählen die Gebiete, die der Kommission nach Artikel 4 Absatz 1 der Richtlinie 92/43/EWG und Artikel 4 Absatz 1 und 2 der Richtlinie 2009/147/EG zu benennen sind, nach den in diesen Vorschriften genannten Maßgaben aus. [2]Sie stellen das Benehmen mit dem Bundesministerium für Umwelt, Naturschutz und nukleare Sicherheit her. [3]Dieses beteiligt die anderen fachlich betroffenen Bundesministerien und benennt die ausgewählten Gebiete der Kommission. [4]Es übermittelt der Kommission gleichzeitig Schätzungen über eine finanzielle Beteiligung der Gemeinschaft, die zur Erfüllung der Verpflichtungen nach Artikel 6 Absatz 1 der Richtlinie 92/43/EWG einschließlich der Zahlung eines finanziellen Ausgleichs insbesondere für die Land- und Forstwirtschaft erforderlich ist.

(2) Die in die Liste nach Artikel 4 Absatz 2 Unterabsatz 3 der Richtlinie 92/43/EWG aufgenommenen Gebiete sind nach Maßgabe des Artikels 4 Absatz 4 dieser Richtlinie und die nach Artikel 4 Absatz 1 und 2 der Richtlinie 2009/147/EG benannten Gebiete entsprechend den jeweiligen Erhaltungszielen zu geschützten Teilen von Natur und Landschaft im Sinne des § 20 Absatz 2 zu erklären.

(3) [1]Die Schutzerklärung bestimmt den Schutzzweck entsprechend den jeweiligen Erhaltungszielen und die erforderlichen Gebietsbegrenzungen. [2]Es soll dargestellt werden, ob prioritäre natürliche Lebensraumtypen oder prioritäre Arten zu schützen sind. [3]Durch geeignete Gebote und Verbote sowie Pflege- und Entwicklungsmaßnahmen ist sicherzustellen, dass den Anforderungen des Artikels 6 der Richtlinie 92/43/EWG entsprochen wird. [4]Weiter gehende Schutzvorschriften bleiben unberührt.

(4) Die Unterschutzstellung nach den Absätzen 2 und 3 kann unterbleiben, soweit nach anderen Rechtsvorschriften einschließlich dieses Gesetzes und gebietsbezogener Bestimmungen des Landesrechts, nach Verwaltungsvorschriften, durch die Verfügungsbefugnis eines öffentlichen oder gemeinnützigen Trägers oder durch vertragliche Vereinbarungen ein gleichwertiger Schutz gewährleistet ist.

(5) Für Natura 2000-Gebiete können Bewirtschaftungspläne selbständig oder als Bestandteil anderer Pläne aufgestellt werden.

(6) Die Auswahl und die Erklärung von Gebieten im Sinne des Absatzes 1 Satz 1 und des Absatzes 2 im Bereich der deutschen ausschließlichen Wirtschaftszone und des Festlandsockels zu geschützten Teilen von Natur und Landschaft im Sinne des § 20 Absatz 2 richten sich nach § 57.

(7) [1]Für Schutzerklärungen im Sinne der Absätze 2 und 3, für den Schutz nach anderen Rechtsvorschriften im Sinne von Absatz 4 sowie für Pläne im Sinne von Absatz 5 gilt § 22 Absatz 2a und 2b entsprechend. [2]Dies gilt auch für Schutzerklärungen nach § 33 Absatz 2 bis 4 des Bundesnaturschutzgesetzes in der bis zum 28. Februar 2010 geltenden Fassung.

§ 33[3)] **Allgemeine Schutzvorschriften.** (1) [1]Alle Veränderungen und Störungen, die zu einer erheblichen Beeinträchtigung eines Natura 2000-Gebiets in seinen für die Erhaltungsziele oder den Schutzzweck maßgeblichen Bestandteilen

---

[1)] § 32 Abs. 1 Satz 1, Abs. 2 geänd. mWv 1.8.2013 durch G v. 21.1.2013 (BGBl. I S. 95); Abs. 1 Satz 2 geänd. mWv 8.9.2015 durch VO v. 31.8.2015 (BGBl. I S. 1474); Abs. 1 Satz 2 geänd. mWv 27.6.2020 durch VO v. 19.6.2020 (BGBl. I S. 1328); Abs. 7 angef. mWv 30.6.2021 durch G v. 25.6.2021 (BGBl. I S. 2020).

[2)] Zur Änd. durch Art. 10 KitafinanzhilfenÄndG v. 25.6.2021 (BGBl. I S. 2020) siehe die Anm. zu § 22.

[3)] § 33 Abs. 1a eingef. mWv 11.2.2017 durch G v. 4.8.2016 (BGBl. I S. 1972).

führen können, sind unzulässig. [2]Die für Naturschutz und Landschaftspflege zuständige Behörde kann unter den Voraussetzungen des § 34 Absatz 3 bis 5 Ausnahmen von dem Verbot des Satzes 1 sowie von Verboten im Sinne des § 32 Absatz 3 zulassen.

(1a) [1]In Natura 2000-Gebieten ist die Errichtung von Anlagen zu folgenden Zwecken verboten:

1. zum Aufbrechen von Schiefer-, Ton- oder Mergelgestein oder von Kohleflözgestein unter hydraulischem Druck zur Aufsuchung oder Gewinnung von Erdgas,
2. zur untertägigen Ablagerung von Lagerstättenwasser, das bei Maßnahmen nach Nummer 1 anfällt.

[2]§ 34 findet insoweit keine Anwendung.

(2) [1]Bei einem Gebiet im Sinne des Artikels 5 Absatz 1 der Richtlinie 92/43/EWG gilt während der Konzertierungsphase bis zur Beschlussfassung des Rates Absatz 1 Satz 1 im Hinblick auf die in ihm vorkommenden prioritären natürlichen Lebensraumtypen und prioritären Arten entsprechend. [2]Die §§ 34 und 36 finden keine Anwendung.

§ 34[1)] Verträglichkeit und Unzulässigkeit von Projekten; Ausnahmen.

(1) [1]Projekte sind vor ihrer Zulassung oder Durchführung auf ihre Verträglichkeit mit den Erhaltungszielen eines Natura 2000-Gebiets zu überprüfen, wenn sie einzeln oder im Zusammenwirken mit anderen Projekten oder Plänen geeignet sind, das Gebiet erheblich zu beeinträchtigen, und nicht unmittelbar der Verwaltung des Gebiets dienen. [2]Soweit ein Natura 2000-Gebiet ein geschützter Teil von Natur und Landschaft im Sinne des § 20 Absatz 2 ist, ergeben sich die Maßstäbe für die Verträglichkeit aus dem Schutzzweck und den dazu erlassenen Vorschriften, wenn hierbei die jeweiligen Erhaltungsziele bereits berücksichtigt wurden. [3]Der Projektträger hat die zur Prüfung der Verträglichkeit sowie der Voraussetzungen nach den Absätzen 3 bis 5 erforderlichen Unterlagen vorzulegen.

(2) Ergibt die Prüfung der Verträglichkeit, dass das Projekt zu erheblichen Beeinträchtigungen des Gebiets in seinen für die Erhaltungsziele oder den Schutzzweck maßgeblichen Bestandteilen führen kann, ist es unzulässig.

(3) Abweichend von Absatz 2 darf ein Projekt nur zugelassen oder durchgeführt werden, soweit es

1. aus zwingenden Gründen des überwiegenden öffentlichen Interesses, einschließlich solcher sozialer oder wirtschaftlicher Art, notwendig ist und
2. zumutbare Alternativen, den mit dem Projekt verfolgten Zweck an anderer Stelle ohne oder mit geringeren Beeinträchtigungen zu erreichen, nicht gegeben sind.

(4) [1]Können von dem Projekt im Gebiet vorkommende prioritäre natürliche Lebensraumtypen oder prioritäre Arten betroffen werden, können als zwingende Gründe des überwiegenden öffentlichen Interesses nur solche im Zusammenhang mit der Gesundheit des Menschen, der öffentlichen Sicherheit, einschließlich der Verteidigung und des Schutzes der Zivilbevölkerung, oder den maßgeblich günstigen Auswirkungen des Projekts auf die Umwelt geltend gemacht werden. [2]Sonstige Gründe im Sinne des Absatzes 3 Nummer 1 können nur berücksichtigt

[1)] § 34 Abs. 4 Satz 2 und Abs. 5 Satz 2 geänd. mWv 8.9.2015 durch VO v. 31.8.2015 (BGBl. I S. 1474); Abs. 4 Satz 2 und Abs. 5 Satz 2 geänd. mWv 27.6.2020 durch VO v. 19.6.2020 (BGBl. I S. 1328).

werden, wenn die zuständige Behörde zuvor über das Bundesministerium für Umwelt, Naturschutz und nukleare Sicherheit eine Stellungnahme der Kommission eingeholt hat.

(5) [1] Soll ein Projekt nach Absatz 3, auch in Verbindung mit Absatz 4, zugelassen oder durchgeführt werden, sind die zur Sicherung des Zusammenhangs des Netzes „Natura 2000“ notwendigen Maßnahmen vorzusehen. [2] Die zuständige Behörde unterrichtet die Kommission über das Bundesministerium für Umwelt, Naturschutz und nukleare Sicherheit über die getroffenen Maßnahmen.

(6) [1] Bedarf ein Projekt im Sinne des Absatzes 1 Satz 1, das nicht von einer Behörde durchgeführt wird, nach anderen Rechtsvorschriften keiner behördlichen Entscheidung oder Anzeige an eine Behörde, so ist es der für Naturschutz und Landschaftspflege zuständigen Behörde anzuzeigen. [2] Diese kann die Durchführung des Projekts zeitlich befristen oder anderweitig beschränken, um die Einhaltung der Voraussetzungen der Absätze 1 bis 5 sicherzustellen. [3] Trifft die Behörde innerhalb eines Monats nach Eingang der Anzeige keine Entscheidung, kann mit der Durchführung des Projekts begonnen werden. [4] Wird mit der Durchführung eines Projekts ohne die erforderliche Anzeige begonnen, kann die Behörde die vorläufige Einstellung anordnen. [5] Liegen im Fall des Absatzes 2 die Voraussetzungen der Absätze 3 bis 5 nicht vor, hat die Behörde die Durchführung des Projekts zu untersagen. [6] Die Sätze 1 bis 5 sind nur insoweit anzuwenden, als Schutzvorschriften der Länder, einschließlich der Vorschriften über Ausnahmen und Befreiungen, keine strengeren Regelungen für die Zulässigkeit von Projekten enthalten.

(7) [1] Für geschützte Teile von Natur und Landschaft im Sinne des § 20 Absatz 2 und gesetzlich geschützte Biotope im Sinne des § 30 sind die Absätze 1 bis 6 nur insoweit anzuwenden, als die Schutzvorschriften, einschließlich der Vorschriften über Ausnahmen und Befreiungen, keine strengeren Regelungen für die Zulässigkeit von Projekten enthalten. [2] Die Verpflichtungen nach Absatz 4 Satz 2 zur Beteiligung der Kommission und nach Absatz 5 Satz 2 zur Unterrichtung der Kommission bleiben unberührt.

(8) Die Absätze 1 bis 7 gelten mit Ausnahme von Bebauungsplänen, die eine Planfeststellung ersetzen, nicht für Vorhaben im Sinne des § 29 des Baugesetz-

(Fortsetzung nächstes Blatt)

[3]Die Übernahme der Verantwortung erfolgt durch unbedingte schriftliche Vereinbarung, die nicht widerrufen werden kann. [4]Der Verursacher oder sein Rechtsnachfolger übermittelt die Vereinbarung der für die Zulassungsentscheidung zuständigen Behörde.

§ 57[1)] [2)] Geschützte Meeresgebiete im Bereich der deutschen ausschließlichen Wirtschaftszone und des Festlandsockels; Ermächtigung zum Erlass von Rechtsverordnungen. (1) [1]Die Auswahl von geschützten Meeresgebieten im Bereich der deutschen ausschließlichen Wirtschaftszone und des Festlandsockels erfolgt durch das Bundesamt für Naturschutz unter Beteiligung der Behörden, deren Aufgabenbereich berührt ist, und unter Einbeziehung der Öffentlichkeit und mit Zustimmung des Bundesministeriums für Umwelt, Naturschutz und nukleare Sicherheit. [2]Das Bundesministerium für Umwelt, Naturschutz und nukleare Sicherheit beteiligt die fachlich betroffenen Bundesministerien und stellt das Benehmen mit den angrenzenden Ländern her.

(2) [1]Die Erklärung der Meeresgebiete zu geschützten Teilen von Natur und Landschaft im Sinne des § 20 Absatz 2 erfolgt durch das Bundesministerium für Umwelt, Naturschutz und nukleare Sicherheit unter Beteiligung der fachlich betroffenen Bundesministerien durch Rechtsverordnung[3)], die nicht der Zustimmung des Bundesrates bedarf. [2]Für die Herstellung der Vereinbarkeit mit Vorgaben aus der Richtlinie 2001/42/EG sowie für die Fortgeltung bestehender Schutzerklärungen gilt § 22 Absatz 2a und 2b Satz 2.

(3) Für die Erklärung der Meeresgebiete zu geschützten Teilen von Natur und Landschaft im Sinne des § 20 Absatz 2, einschließlich ihrer Auswahl, sind die folgenden Maßgaben zu beachten:

1. Beschränkungen des Flugverkehrs, der Schifffahrt, der nach internationalem Recht erlaubten militärischen Nutzung sowie von Vorhaben der wissenschaftlichen Meeresforschung im Sinne des Artikels 246 Absatz 3 des Seerechtsübereinkommens der Vereinten Nationen sind nicht zulässig; Artikel 211 Absatz 6 des Seerechtsübereinkommens der Vereinten Nationen sowie die weiteren die Schifffahrt betreffenden völkerrechtlichen Regelungen bleiben unberührt.
2. Die Versagungsgründe für Vorhaben der wissenschaftlichen Meeresforschung im Sinne des Artikels 246 Absatz 5 des Seerechtsübereinkommens der Vereinten Nationen bleiben unter Beachtung des Gesetzes über die Durchführung wissenschaftlicher Meeresforschung vom 6. Juni 1995 (BGBl. I S. 778, 785), das zuletzt durch Artikel 321 der Verordnung vom 31. Oktober 2006 (BGBl. I S. 2407) geändert worden ist, unberührt.
3. Beschränkungen der Fischerei sind nur in Übereinstimmung mit dem Recht der Europäischen Gemeinschaft und nach Maßgabe des Seefischereigesetzes in der Fassung der Bekanntmachung vom 6. Juli 1998 (BGBl. I S. 1791), das zuletzt

---

[1)] § 57 Abs. 1 Sätze 1 und 2, Abs. 2 geänd. mWv 8.9.2015 durch VO v. 31.8.2015 (BGBl. I S. 1474); Abs. 1 Satz 1 geänd., Abs. 3 einl. Satzteil, Nr. 4 und 5 neu gef. mWv 29.9.2017 durch G v. 15.9.2017 (BGBl. I S. 3434); Abs. 1 Sätze 1 und 2, Abs. 2 geänd. mWv 27.6.2020 durch VO v. 19.6.2020 (BGBl. I S. 1328); Abs. 2 Satz 2 angef. mWv 30.6.2021 durch G v. 25.6.2021 (BGBl. I S. 2020).

[2)] Zur Änd. durch Art. 10 KitafinanzhilfenÄndG v. 25.6.2021 (BGBl. I S. 2020) siehe die Anm. zu § 22.

[3)] Siehe die Verordnungen über die Festsetzung der Naturschutzgebiete „Borkum Riffgrund" v. 22.9. 2017 (BGBl. I S. 3395), „Doggerbank" v. 22.9.2017 (BGBl. I S. 3400), „Fehmarnbelt" v. 22.9.2017 (BGBl. I S. 3405), „Kadetrinne" v. 22.9.2017 (BGBl. I S. 3410), „Pommersche Bucht – Rönnebank" v. 22.9.2017 (BGBl. I S. 3415) und „Sylter Außenriff – Östliche Deutsche Bucht" v. 22.9.2017 (BGBl. I S. 3423).

durch Artikel 217 der Verordnung vom 31. Oktober 2006 (BGBl. I S. 2407) geändert worden ist, zulässig.

4. Beschränkungen der Verlegung von unterseeischen Kabeln und Rohrleitungen sind nur in Übereinstimmung mit Artikel 56 Absatz 3 in Verbindung mit Artikel 79 des Seerechtsübereinkommens der Vereinten Nationen zulässig und
   a) im Hinblick auf Erhaltungsziele nach § 7 Absatz 1 Nummer 9 nur nach § 34 sowie
   b) im Hinblick auf weitere der Erfüllung bestehender völkerrechtlicher Verpflichtungen oder der Umsetzung der Richtlinie 2008/56/EG dienenden Schutzzwecke nur, wenn die Verlegung diese erheblich beeinträchtigen kann.
5. Beschränkungen der Energieerzeugung aus Wasser, Strömung und Wind sowie der Aufsuchung und Gewinnung von Bodenschätzen sind zulässig
   a) im Hinblick auf Erhaltungsziele nach § 7 Absatz 1 Nummer 9 nur nach § 34 sowie
   b) im Hinblick auf weitere der Erfüllung bestehender völkerrechtlicher Verpflichtungen oder der Umsetzung der Richtlinie 2008/56/EG dienenden Schutzzwecke nur, wenn das Vorhaben diese erheblich beeinträchtigen kann.

§ 58[1] Zuständige Behörden; Gebühren und Auslagen; Ermächtigung zum Erlass von Rechtsverordnungen. (1) [1] Die Durchführung der Vorschriften dieses Gesetzes, der auf Grund dieses Gesetzes erlassenen Vorschriften sowie der Vorschriften des Umweltschadensgesetzes im Hinblick auf die Schädigung von Arten und natürlichen Lebensräumen und die unmittelbare Gefahr solcher Schäden obliegt im Bereich der deutschen ausschließlichen Wirtschaftszone und des Festlandsockels dem Bundesamt für Naturschutz, soweit nichts anderes bestimmt ist. [2] Bedarf ein Eingriff in Natur und Landschaft, der im Bereich der deutschen ausschließlichen Wirtschaftszone oder im Bereich des Festlandsockels durchgeführt werden soll, einer behördlichen Zulassung oder einer Anzeige an eine Behörde oder wird er von einer Behörde durchgeführt, ergeht die Entscheidung der Behörde im Benehmen mit dem Bundesamt für Naturschutz.

(2) Das Bundesministerium für Umwelt, Naturschutz und nukleare Sicherheit kann durch Rechtsverordnung, die nicht der Zustimmung des Bundesrates bedarf, Aufgaben, die dem Bundesamt für Naturschutz nach Absatz 1 obliegen, im Einvernehmen mit dem Bundesministerium des Innern, für Bau und Heimat auf das Bundespolizeipräsidium und im Einvernehmen mit dem Bundesministerium für Ernährung und Landwirtschaft auf die Bundesanstalt für Landwirtschaft und Ernährung zur Ausübung übertragen.

(3) [1] Für seine individuell zurechenbaren öffentlichen Leistungen nach den in Absatz 1 Satz 1 genannten Vorschriften im Bereich der deutschen ausschließlichen Wirtschaftszone und des Festlandsockels erhebt das Bundesamt für Naturschutz Gebühren und Auslagen. [2] Das Bundesministerium für Umwelt, Naturschutz und nukleare Sicherheit wird ermächtigt, im Einvernehmen mit dem Bundesministerium der Finanzen durch Rechtsverordnung[2] ohne Zustimmung des Bundesrates die gebührenpflichtigen Tatbestände, die Gebührensätze und die Auslagenerstat-

---

[1] § 58 Abs. 3 Sätze 1 und 3 geänd. mWv 15.8.2013 durch G v. 7.8.2013 (BGBl. I S. 3154); Abs. 2 und 3 Satz 2 geänd. mWv 8.9.2015 durch VO v. 31.8.2015 (BGBl. I S. 1474); Abs. 2 und 3 Satz 2 geänd. mWv *27.6.2020 durch VO v. 19.6.2020* (BGBl. I S. 1328).

[2] Siehe die KostenVO für Amtshandlungen des Bundesamtes für Naturschutz v. 25.3.1998 (BGBl. I S. 629), zuletzt geänd. durch VO v. 18.7.2019 (BGBl. I S. 1107), und die Besondere-Nagoya-Protokoll-GebührenVO v. 18.7.2019 (BGBl. I S. 1107, 1108).

tung zu bestimmen und dabei feste Sätze und Rahmensätze vorzusehen. [3]Die zu erstattenden Auslagen können abweichend vom Bundesgebührengesetz[1)] geregelt werden. [4]§ 53 bleibt unberührt.

Kapitel 7. Erholung in Natur und Landschaft

§ 59 Betreten der freien Landschaft. (1) Das Betreten der freien Landschaft auf Straßen und Wegen sowie auf ungenutzten Grundflächen zum Zweck der Erholung ist allen gestattet (allgemeiner Grundsatz).

(2) [1]Das Betreten des Waldes richtet sich nach dem Bundeswaldgesetz[2)] und den Waldgesetzen der Länder sowie im Übrigen nach dem sonstigen Landesrecht. [2]Es kann insbesondere andere Benutzungsarten ganz oder teilweise dem Betreten gleichstellen sowie das Betreten aus wichtigen Gründen, insbesondere aus solchen des Naturschutzes und der Landschaftspflege, des

(Fortsetzung nächstes Blatt)

[1)] Nr. **120**.
[2)] Nr. **875**.

932. Bundesfernstraßengesetz (FStrG)

In der Fassung der Bekanntmachung vom 28. Juni 2007[1)] [2)]
(BGBl. I S. 1206)

FNA 911-1

geänd. durch Art. 6 G zur Neuregelung des Rechts des Naturschutzes und der Landschaftspflege v. 29.7. 2009 (BGBl. I S. 2542), Art. 6 G zur Neuregelung des Wasserrechts v. 31.7.2009 (BGBl. I S. 2585), Art. 7 PlanfeststellungsverfahrenVereinheitlichungsG v. 31.5.2013 (BGBl. I S. 1388, geänd. durch Art. 1b G v. 24.5.2014, BGBl. I S. 538), Art. 1 Sechstes ÄndG v. 24.8.2015 (BGBl. I S. 1442), Art. 466 Zehnte ZuständigkeitsanpassungsVO v. 31.8.2015 (BGBl. I S. 1474), Art. 9 G zur Anpassung des Umwelt-RechtsbehelfsG und anderer Vorschriften an europa- und völkerrechtliche Vorgaben v. 29.5.2017 (BGBl. I S. 1298), Art. 1 Siebtes ÄndG v. 27.6.2017 (BGBl. I S. 2082), Art. 2 Abs. 7 G zur Modernisierung des Rechts der Umweltverträglichkeitsprüfung v. 20.7.2017 (BGBl. I S. 2808, ber. 2018 S. 472), Art. 17 G zur Neuregelung des bundesstaatlichen Finanzausgleichssystems ab dem Jahr 2020 und zur Änd. haushaltsrechtlicher Vorschriften v. 14.8.2017 (BGBl. I S. 3122), Art. 1 G zur Beschleunigung von Planungs- und Genehmigungsverfahren im Verkehrsbereich v. 29.11.2018 (BGBl. I S. 2237), Art. 2 G zur weiteren Beschleunigung von Planungs- und Genehmigungsverfahren im Verkehrsbereich v. 3.3.2020 (BGBl. I S. 433), Art. 1 Achtes G zur Änd. des BundesfernstraßenG und zur Änd. weiterer Vorschriften v. 29.6.2020 (BGBl. I S. 1528), Art. 2 Strukturstärkungsgesetz Kohleregionen v. 8.8.2020 (BGBl. I S. 1795), Art. 2a Investitionen-Beschleunigungsgesetz v. 3.12.2020 (BGBl. I S. 2694) und Art. 1 Neuntes G zur Änd. des BundesfernstraßenG und zur Änd. weiterer Vorschriften v. 31.5.2021 (BGBl. I S. 1221)

§ 1[3)] Einteilung der Bundesstraßen des Fernverkehrs. (1) [1]Bundesstraßen des Fernverkehrs (Bundesfernstraßen) sind öffentliche Straßen, die ein zusammenhängendes Verkehrsnetz bilden und einem weiträumigen Verkehr dienen oder zu dienen bestimmt sind. [2]In der geschlossenen Ortslage (§ 5 Abs. 4) gehören zum zusammenhängenden Verkehrsnetz die zur Aufnahme des weiträumigen Verkehrs notwendigen Straßen.

(2) Sie gliedern sich in

1. Bundesautobahnen,
2. Bundesstraßen mit den Ortsdurchfahrten (§ 5 Abs. 4).

(3) [1]Bundesautobahnen sind Bundesfernstraßen, die nur für den Schnellverkehr mit Kraftfahrzeugen bestimmt und so angelegt sind, dass sie frei von höhengleichen Kreuzungen und für Zu- und Abfahrt mit besonderen Anschlussstellen ausgestattet sind. [2]Sie sollen getrennte Fahrbahnen für den Richtungsverkehr haben.

(4) Zu den Bundesfernstraßen gehören

1. der Straßenkörper; das sind besonders der Straßengrund, der Straßenunterbau, die Straßendecke, die Brücken, Tunnel, Durchlässe, Dämme, Gräben, Entwässerungsanlagen, Böschungen, Stützmauern, Lärmschutzanlagen, Trenn-, Seiten-, Rand- und Sicherheitsstreifen;
2. der Luftraum über dem Straßenkörper;
3. das *Zubehör; das sind* die Verkehrszeichen, die Verkehrseinrichtungen und -anlagen aller Art, die der Sicherheit oder Leichtigkeit des Straßenverkehrs oder dem Schutz der Anlieger dienen, und die Bepflanzung;

[1)] Neubekanntmachung des FStrG idF der Bek. v. 20.2.2003 (BGBl. I S. 286) in der ab 17.12.2006 geltenden Fassung.

[2)] Zur Sicherstellung ordnungsgemäßer Planungs-und Genehmigungsverfahren während der COVID-19-Pandemie siehe das PlanungssicherstellungsG v. 20.5.2020 (BGBl. I S. 1041).

[3)] § 1 Abs. 5 Satz 2 geänd. mWv 8.9.2015 durch VO v. 31.8.2015 (BGBl. I S. 1474); Abs. 5 Satz 2 geänd. mWv 1.1.2021 durch G v. 14.8.2017 (BGBl. I S. 3122).

3a. Einrichtungen zur Erhebung von Maut und zur Kontrolle der Einhaltung der Mautpflicht;
4. die Nebenanlagen; das sind solche Anlagen, die überwiegend den Aufgaben der Straßenbauverwaltung der Bundesfernstraßen dienen, z.B. Straßenmeistereien, Gerätehöfe, Lager, Lagerplätze, Entnahmestellen, Hilfsbetriebe und -einrichtungen;
5. die Nebenbetriebe an den Bundesautobahnen (§ 15 Abs. 1).

(5) [1] Für die Bundesfernstraßen werden Straßenverzeichnisse geführt. [2] Das Fernstraßen-Bundesamt bestimmt die Nummerung und Bezeichnung der Bundesfernstraßen.

§ 2[1)] Widmung, Umstufung, Einziehung. (1) Eine Straße erhält die Eigenschaft einer Bundesfernstraße durch Widmung.

(2) Voraussetzung für die Widmung ist, dass der Träger der Straßenbaulast Eigentümer des der Straße dienenden Grundstücks ist, oder der Eigentümer und ein sonst zur Nutzung dinglich Berechtigter der Widmung zugestimmt hat, oder der Träger der Straßenbaulast den Besitz durch Vertrag, durch Einweisung nach § 18f Abs. 1 oder in einem sonstigen gesetzlichen Verfahren erlangt hat.

(3) Durch privatrechtliche Verfügungen oder durch Verfügungen im Wege der Zwangsvollstreckung über die der Straße dienenden Grundstücke oder Rechte an ihnen wird die Widmung nicht berührt.

(3a) Eine öffentliche Straße, die die Voraussetzungen des § 1 Abs. 1 oder 3 erfüllt, ist zur Bundesautobahn oder Bundesstraße, eine Bundesstraße, die die Voraussetzungen des § 1 Abs. 3 erfüllt, zur Bundesautobahn aufzustufen.

(4) Eine Bundesfernstraße, bei der sich die Verkehrsbedeutung geändert hat und bei der die Voraussetzungen des § 1 Abs. 1 weggefallen sind, ist entweder unverzüglich einzuziehen, wenn sie jede Verkehrsbedeutung verloren hat oder überwiegende Gründe des öffentlichen Wohls vorliegen (Einziehung), oder unverzüglich dem Träger der Straßenbaulast zu überlassen, der sich nach Landesrecht bestimmt (Abstufung).

(5) [1] Die Absicht der Einziehung ist drei Monate vorher in den Gemeinden, die die Straße berührt, öffentlich bekannt zu machen, um Gelegenheit zu Einwendungen zu geben. [2] Von der Bekanntmachung kann abgesehen werden, wenn die zur Einziehung vorgesehenen Teilstrecken in den in einem Planfeststellungsverfahren ausgelegten Plänen als solche kenntlich gemacht worden sind oder Teilstrecken im Zusammenhang mit Änderungen von unwesentlicher Bedeutung (§ 74 Abs. 7 des Verwaltungsverfahrensgesetzes[2)]) eingezogen werden sollen. [3] Die Abstufung soll nur zum Ende eines Rechnungsjahres ausgesprochen und drei Monate vorher angekündigt werden.

(6) [1] Über Widmung, Umstufung und Einziehung einer Bundesfernstraße entscheidet das Fernstraßen-Bundesamt, soweit dem Bund die Verwaltung einer Bundesfernstraße zusteht. [2] Im Übrigen entscheidet die oberste Landesstraßenbaubehörde. [3] Abstufungen in eine Straße nach Landesrecht können nur nach vorheriger Zustimmung der betroffenen obersten Landesstraßenbaube-

(Fortsetzung nächstes Blatt)

[1)] *§ 2 Abs. 5 Satz 2 geänd.* mWv 1.6.2015 durch G v. 31.5.2013 (BGBl. I S. 1388, geänd. durch G v. 24.5.2014, BGBl. I S. 538); Abs. 6 Satz 3 geänd. mWv 8.9.2015 durch VO v. 31.8.2015 (BGBl. I S. 1474); Abs. 6 neu gef. mWv 1.1.2021 durch G v. 14.8.2017 (BGBl. I S. 3122).

[2)] Nr. **100**.

(3) [1] Um die Planung der Bundesfernstraßen zu sichern, können die Landesregierungen und kann an Stelle der Landesregierungen zur Sicherung der Planung von Bundesautobahnen das Bundesministerium für Verkehr und digitale Infrastruktur, sofern das Fernstraßen-Bundesamt nach § 2 Absatz 1 Satz 1 Nummer 4 und Absatz 2 des Fernstraßen-Bundesamt-Errichtungsgesetzes[1)] zuständige Planfeststellungsbehörde ist, durch Rechtsverordnung für die Dauer von höchstens zwei Jahren Planungsgebiete festlegen. [2] Die Gemeinden und Kreise, deren Bereich durch die festzulegenden Planungsgebiete betroffen wird, sind vorher zu hören. [3] Die Ermächtigung kann durch Rechtsverordnung weiter übertragen werden. [4] Die Rechtsverordnung des Bundesministeriums für Verkehr und digitale Infrastruktur auf Grund von Satz 1 bedarf nicht der Zustimmung des Bundesrates. [5] Das Bundesministerium für Verkehr und digitale Infrastruktur kann die Ermächtigung nach Satz 1 durch Rechtsverordnung auf das Fernstraßen-Bundesamt übertragen. [6] Auf die Planungsgebiete ist Absatz 1 sinngemäß anzuwenden. [7] Die Frist kann, wenn besondere Umstände es erfordern, durch Rechtsverordnung auf höchstens vier Jahre verlängert werden. [8] Die Festlegung tritt mit Beginn der Auslegung der Pläne im Planfeststellungsverfahren außer Kraft. [9] Ihre Dauer ist auf die Vierjahresfrist nach Absatz 2 anzurechnen.

(4) [1] Auf die Festlegung eines Planungsgebietes ist in Gemeinden, deren Bereich betroffen wird, hinzuweisen. [2] Planungsgebiete sind außerdem in Karten kenntlich zu machen, die in den Gemeinden während der Geltungsdauer der Festlegung zur Einsicht auszulegen sind.

(5) Die oberste Landesstraßenbaubehörde oder bei der Planfeststellung für den Bau oder die Änderung von Bundesfernstraßen, soweit dem Bund die Verwaltung einer Bundesfernstraße zusteht, das Fernstraßen-Bundesamt im Rahmen seiner Zuständigkeit gemäß § 2 Absatz 1 Satz 1 Nummer 4 und Absatz 2 und 3 und § 3 Absatz 3 Sätze 7 bis 11 des Fernstraßen-Bundesamt-Errichtungsgesetzes kann Ausnahmen von der Veränderungssperre zulassen, wenn überwiegende öffentliche Belange nicht entgegenstehen.

(6) In den Fällen des Absatzes 1 Satz 1 steht dem Träger der Straßenbaulast an den betroffenen Flächen ein Vorkaufsrecht zu.

§ 10[2)] Schutzwaldungen. (1) [1] Waldungen und Gehölze längs der Bundesstraße können von der nach Landesrecht zuständigen Straßenbaubehörde im Einvernehmen mit der nach Landesrecht für Schutzwaldungen zuständigen Behörde in einer Breite von 40 Metern, gemessen vom äußeren Rand der befestigten Fahrbahn, zu Schutzwaldungen erklärt werden. [2] Im Fall einer Bundesautobahn oder einer Bundesfernstraße, soweit dem Bund die Verwaltung der Bundesfernstraße zusteht, kann die Gesellschaft privaten Rechts im Sinne des Infrastrukturgesellschaftserrichtungsgesetzes[3)] Waldungen und Gehölze längs solcher Straßen im Benehmen mit der nach Landesrecht für Schutzwaldungen zuständigen Behörde in einer Breite von 40 Metern, gemessen vom äußeren Rand der befestigten Fahrbahn, zu Schutzwaldungen erklären.

(2) [1] Die Schutzwaldungen sind vom Eigentümer oder Nutznießer zu erhalten und ordnungsgemäß zu unterhalten. [2] Die Aufsicht hierüber obliegt der nach Landesrecht für Schutzwaldungen zuständigen Behörde.

---

1) **Sartorius III Nr. 155.**

2) § 10 neu gef. mWv 1.1.2021 durch G v. 14.8.2017 (BGBl. I S. 3122); Abs. 2 Satz 2 neu gef. mWv 1.1.2021 durch G v. 29.11.2018 (BGBl. I S. 2237).

3) **Sartorius III Nr. 152.**

§ 11[1)] Schutzmaßnahmen. (1) Zum Schutze der Bundesfernstraßen vor nachteiligen Einwirkungen der Natur (z.B. Schneeverwehungen, Steinschlag, Vermurungen) haben die Eigentümer von Grundstücken an den Bundesfernstraßen die Anlage vorübergehender Einrichtungen zu dulden.

(2) [1] Anpflanzungen, Zäune, Stapel, Haufen und andere mit dem Grundstück nicht fest verbundene Einrichtungen dürfen nicht angelegt werden, wenn sie die Verkehrssicherheit beeinträchtigen. [2] Soweit sie bereits vorhanden sind, haben die Eigentümer ihre Beseitigung zu dulden.

(3) [1] Die Straßenbaubehörde oder an den Bundesfernstraßen, soweit dem Bund die Verwaltung einer Bundesfernstraße zusteht, die Gesellschaft privaten Rechts im Sinne des Infrastrukturgesellschaftserrichtungsgesetzes[2)] hat den Eigentümern die Durchführung dieser Maßnahme 14 Tage vorher schriftlich anzuzeigen, es sei denn, dass Gefahr im Verzuge ist. [2] Die Eigentümer können die Maßnahmen im Benehmen mit der Straßenbaubehörde oder an den Bundesfernstraßen, soweit dem Bund die Verwaltung einer Bundesfernstraße zusteht, im Benehmen mit der Gesellschaft privaten Rechts im Sinne des Infrastrukturgesellschaftserrichtungsgesetzes selbst durchführen.

(4) Diese Verpflichtungen liegen auch den Besitzern ob.

(5) Der Träger der Straßenbaulast hat den Eigentümern oder Besitzern die hierdurch verursachten Aufwendungen und Schäden in Geld zu ersetzen.

§ 12[3)] Kreuzungen und Einmündungen öffentlicher Straßen. (1) [1] Beim Bau einer neuen Kreuzung mehrerer öffentlicher Straßen hat der Träger der Straßenbaulast der neu hinzugekommenen Straße die Kosten der Kreuzung zu tragen. [2] Zu ihnen gehören auch die Kosten der Änderungen, die durch die neue Kreuzung an den anderen öffentlichen Straßen unter Berücksichtigung der übersehbaren Verkehrsentwicklung notwendig sind. [3] Die Änderung einer bestehenden Kreuzung ist als neue Kreuzung zu behandeln, wenn ein öffentlicher Weg, der nach der Beschaffenheit seiner Fahrbahn nicht geeignet und nicht dazu bestimmt war, einen allgemeinen Kraftfahrzeugverkehr aufzunehmen, zu einer diesem Verkehr dienenden Straße ausgebaut wird.

(2) [1] Werden mehrere Straßen gleichzeitig neu angelegt oder an bestehenden Kreuzungen Anschlussstellen neu geschaffen, so haben die Träger der Straßenbaulast die Kosten der Kreuzungsanlage im Verhältnis der Fahrbahnbreiten der an der Kreuzung beteiligten Straßenäste zu tragen. [2] Bei der Bemessung der Fahrbahnbreiten sind die Rad- und Gehwege, die Trennstreifen und befestigten Seitenstreifen einzubeziehen.

(3) [1] Wird eine höhenungleiche Kreuzung geändert, so fallen die dadurch entstehenden Kosten

1. demjenigen Träger der Straßenbaulast zur Last, der die Änderung verlangt oder hätte verlangen müssen,
2. den beteiligten Trägern der Straßenbaulast zur Last, die die Änderung verlangen oder hätten verlangen müssen, und zwar im Verhältnis der Fahrbahnbreiten der an der Kreuzung beteiligten Straßenäste nach der Änderung.

[1)] § 11 Abs. 3 Sätze 1 und 2 geänd. mWv 1.1.2021 durch G v. 14.8.2017 (BGBl. I S. 3122).
[2)] **Sartorius III Nr. 152.**
[3)] § 12 Abs. 3 Satz 2 angef. mWv 1.7.2021 durch G v. 31.5.2021 (BGBl. I S. 1221).

[2] Bei Kreuzungen mit einer kommunalen Straße sind die Vorteile, die dem Träger der Straßenbaulast der Bundesfernstraße durch die Änderung nach Satz 1 entstehen, auszugleichen.

(3a) [1] Wird eine höhengleiche Kreuzung geändert, so gilt für die dadurch entstehenden Kosten der Änderung Absatz 2. [2] Beträgt der durchschnittliche tägliche Verkehr mit Kraftfahrzeugen auf einem der an der Kreuzung beteiligten Straßenäste nicht mehr als 20 vom Hundert des Verkehrs auf anderen beteiligten Straßenästen, so haben die Träger der Straßenbaulast der verkehrsstärkeren Straßenäste im Verhältnis der Fahrbahnbreiten den Anteil der Änderungskosten mitzutragen, der auf den Träger der Straßenbaulast des verkehrsschwächeren Straßenastes entfallen würde.

(4) [1] Über die Errichtung neuer sowie die wesentliche Änderung bestehender Kreuzungen zwischen Bundesfernstraßen und anderen öffentlichen Straßen wird durch die Planfeststellung entschieden. [2] Diese soll zugleich die Aufteilung der Kosten regeln.

(5) Ergänzungen an Kreuzungsanlagen sind wie Änderungen zu behandeln.

(6) [1] Diese Vorschriften gelten auch für Einmündungen. [2] Münden mehrere Straßen an einer Stelle in eine andere Straße ein, so gelten diese Einmündungen als Kreuzung aller beteiligten Straßen.

§ 12a[1)] Kreuzungen mit Gewässern. (1) [1] Werden Bundesfernstraßen neu angelegt oder ausgebaut und müssen dazu Kreuzungen mit Gewässern (Brücken oder Unterführungen) hergestellt oder bestehende Kreuzungen geändert werden, so hat der Träger der Straßenbaulast die dadurch entstehenden Kosten zu tragen. [2] Die Kreuzungsanlagen sind so auszuführen, dass unter Berücksichtigung der übersehbaren Entwicklung der wasserwirtschaftlichen Verhältnisse der Wasserabfluss nicht nachteilig beeinflusst wird.

(2) [1] Werden Gewässer ausgebaut (§ 67 Absatz 2 des Wasserhaushaltsgesetzes[2)]) und werden dazu Kreuzungen mit Bundesfernstraßen hergestellt oder bestehende Kreuzungen geändert, so hat der Träger des Ausbauvorhabens die dadurch entstehenden Kosten zu tragen. [2] Wird eine neue Kreuzung erforderlich, weil ein Gewässer hergestellt wird, so ist die übersehbare Verkehrsentwicklung auf der Bundesfernstraße zu berücksichtigen. [3] Wird die Herstellung oder Änderung einer Kreuzung erforderlich, weil das Gewässer wesentlich umgestaltet wird, so sind die gegenwärtigen Verkehrsbedürfnisse zu berücksichtigen. [4] Verlangt der Träger der Straßenbaulast weitergehende Änderungen, so hat er die Mehrkosten hierfür zu tragen.

(3) Wird eine Bundesfernstraße neu angelegt und wird gleichzeitig ein Gewässer hergestellt oder aus anderen als straßenbaulichen Gründen wesentlich umgestaltet, so dass eine neue Kreuzung entsteht, so haben der Träger der Straßenbaulast und der Unternehmer des Gewässerausbaus die Kosten der Kreuzung je zur Hälfte zu tragen.

(4) Kommt über die Kreuzungsmaßnahme oder ihre Kosten keine Einigung zustande, so ist darüber durch Planfeststellung zu entscheiden.

(5) § 41 des Bundeswasserstraßengesetzes[3)] bleibt unberührt.

[1)] § 12a Abs. 2 Satz 1 geänd. mWv 1.3.2010 durch G v. 31.7.2009 (BGBl. I S. 2585).
[2)] Nr. **845**.
[3)] Nr. **971**.

§ 13 Unterhaltung der Straßenkreuzungen. (1) Bei höhengleichen Kreuzungen hat der Träger der Straßenbaulast der Bundesfernstraße die Kreuzungsanlage zu unterhalten.

(2) Bei Über- oder Unterführungen hat das Kreuzungsbauwerk der Träger der Straßenbaulast der Bundesfernstraße, die übrigen Teile der Kreuzungsanlage der Träger der Straßenbaulast der Straße, zu der sie gehören, zu unterhalten.

(3) [1] In den Fällen des § 12 Abs. 1 hat der Träger der Straßenbaulast der neu hinzugekommenen Straße dem Träger der Straßenbaulast der vorhandenen Straße die Mehrkosten für die Unterhaltung zu erstatten, die ihm durch die Regelung nach den Absätzen 1 und 2 entstehen. [2] Die Mehrkosten sind auf Verlangen eines Beteiligten abzulösen.

(4) Nach einer wesentlichen Änderung einer bestehenden Kreuzung haben die Träger der Straßenbaulast ihre veränderten Kosten für Unterhaltung und Erneuerung sowie für Wiederherstellung im Fall der Zerstörung durch höhere Gewalt ohne Ausgleich zu tragen.

(5) Abweichende Regelungen werden in dem Zeitpunkt hinfällig, in dem nach Inkrafttreten dieses Gesetzes eine wesentliche Änderung an der Kreuzung durchgeführt ist.

(6) Die Vorschriften der Absätze 1 bis 4 gelten nicht, soweit etwas anderes vereinbart wird.

(7) Wesentliche Ergänzungen an Kreuzungsanlagen sind wie wesentliche Änderungen zu behandeln.

(8) § 12 Abs. 6 gilt entsprechend.

§ 13a Unterhaltung der Kreuzungen mit Gewässern. (1) [1] Der Träger der Straßenbaulast hat die Kreuzungsanlagen von Bundesfernstraßen und Gewässern auf seine Kosten zu unterhalten, soweit nichts anderes vereinbart oder durch Planfeststellung bestimmt wird. [2] Die Unterhaltungspflicht des Trägers der Straßenbaulast erstreckt sich nicht auf Leitwerke, Leitpfähle, Dalben, Absetzpfähle oder ähnliche Einrichtungen zur Sicherung der Durchfahrt unter Brücken im Zuge von Bundesfernstraßen für die Schifffahrt sowie auf Schifffahrtszeichen. [3] Soweit diese Einrichtungen auf Kosten des Trägers der Straßenbaulast herzustellen waren, hat dieser dem Unterhaltungspflichtigen die Unterhaltungskosten und die Kosten des Betriebs dieser Einrichtungen zu ersetzen oder abzulösen.

(2) [1] Wird im Fall des § 12a Abs. 2 eine neue Kreuzung hergestellt, hat der Träger des Ausbauvorhabens die Mehrkosten für die Unterhaltung und den Betrieb der Kreuzungsanlage zu erstatten oder abzulösen. [2] Ersparte Unterhaltungskosten für den Fortfall vorhandener Kreuzungsanlagen sind anzurechnen.

(3) Die Absätze 1 und 2 gelten nicht, wenn bei dem Inkrafttreten dieses Gesetzes die Tragung der Kosten auf Grund eines bestehenden Rechts anders geregelt ist.

(4) Die §§ 42 und 43 des Bundeswasserstraßengesetzes[1)] bleiben unberührt.

[1)] Nr. **971**.

Plangenehmigung für den Bau oder die Änderung einer Bundesfernstraße, für die ein unvorhergesehener Verkehrsbedarf im Sinne des § 6 des Fernstraßenausbaugesetzes besteht oder die der Aufnahme in den Bedarfsplan nicht bedarf, kann nur innerhalb eines Monats nach Zustellung der Entscheidung über die Anordnung der sofortigen Vollziehung gestellt und begründet werden. [2] Darauf ist in der Anordnung der sofortigen Vollziehung hinzuweisen. [3] § 58 der Verwaltungsgerichtsordnung gilt entsprechend.

(4) [1] Treten in den Fällen des Absatzes 2 oder 3 später Tatsachen ein, die die Anordnung oder Wiederherstellung der aufschiebenden Wirkung rechtfertigen, so kann der durch den Planfeststellungsbeschluss oder die Plangenehmigung Beschwerte einen hierauf gestützten Antrag nach § 80 Abs. 5 Satz 1 der Verwaltungsgerichtsordnung innerhalb einer Frist von einem Monat stellen. [2] Die Frist beginnt mit dem Zeitpunkt, in dem der Beschwerte von den Tatsachen Kenntnis erlangt.

(5) [1] Der Kläger hat innerhalb einer Frist von zehn Wochen ab Klageerhebung die zur Begründung seiner Klage dienenden Tatsachen und Beweismittel anzugeben. [2] Erklärungen und Beweismittel, die erst nach Ablauf dieser Frist vorgebracht werden, sind nur zuzulassen, wenn der Kläger die Verspätung genügend entschuldigt. [3] Der Entschuldigungsgrund ist auf Verlangen des Gerichts glaubhaft zu machen. [4] Satz 2 gilt nicht, wenn es mit geringem Aufwand möglich ist, den Sachverhalt auch ohne Mitwirkung des Klägers zu ermitteln. [5] Die Frist nach Satz 1 kann durch den Vorsitzenden oder den Berichterstatter auf Antrag verlängert werden, wenn der Kläger in dem Verfahren, in dem die angefochtene Entscheidung ergangen ist, keine Möglichkeit der Beteiligung hatte. [6] § 6 des Umwelt-Rechtsbehelfsgesetzes[1)] ist nicht anzuwenden.

§ 17f Anlagen der Verkehrsüberwachung, der Unfallhilfe und des Zolls. [1] Die der Sicherheit und Ordnung dienenden Anlagen an Bundesfernstraßen, wie Polizeistationen, Einrichtungen der Unfallhilfe, Hubschrauberlandeplätze, können, wenn sie eine unmittelbare Zufahrt zu den Bundesfernstraßen haben, zur Festsetzung der Flächen in die Planfeststellung einbezogen werden. [2] Das Gleiche gilt für Zollanlagen an Bundesfernstraßen.

§ 17g[2)] Veröffentlichung im Internet. [1] Wird der Plan nicht nach § 27a Absatz 1 des Verwaltungsverfahrensgesetze[3)]s oder § 20 des Gesetzes über die Umweltverträglichkeitsprüfung[4)] zugänglich gemacht, ist dieser vom Träger des Vorhabens zur Bürgerinformation über das Internet zugänglich zu machen. [2] § 23 des Gesetzes über die Umweltverträglichkeitsprüfung gilt entsprechend. [3] Maßgeblich ist der Inhalt des im Rahmen des Genehmigungsverfahrens zur Einsicht ausgelegten Plans. [4] Hierauf ist bei der Zugänglichmachung hinzuweisen.

§ 17h[2)] Projektmanager. [1] Die Anhörungsbehörde kann einen Dritten mit der Vorbereitung und Durchführung von Verfahrensschritten, insbesondere

1. der Erstellung von Verfahrensleitplänen unter Bestimmung von Verfahrensabschnitten und Zwischenterminen,
2. der Fristenkontrolle,
3. der Koordinierung von erforderlichen Sachverständigengutachten,

---

[1)] Nr. **293**.
[2)] §§ 17g und 17h eingef. mWv 7.12.2018 durch G v. 29.11.2018 (BGBl. I S. 2237).
[3)] Nr. **100**.
[4)] Nr. **295**.

4. dem Entwurf eines Anhörungsberichts,
5. der ersten Auswertung der eingereichten Stellungnahmen,
6. der organisatorischen Vorbereitung eines Erörterungstermins und
7. der Leitung eines Erörterungstermins

auf Vorschlag oder mit Zustimmung des Vorhabenträgers beauftragen. [2] § 73 Absatz 9 des Verwaltungsverfahrensgesetzes[1)] bleibt unberührt. [3] Die Entscheidung über den Planfeststellungsantrag verbleibt bei der zuständigen Behörde.

§ 18f[2)] Vorzeitige Besitzeinweisung. (1) [1] Ist der sofortige Beginn von Bauarbeiten geboten und weigert sich der Eigentümer oder Besitzer, den Besitz eines für die Straßenbaumaßnahme benötigten Grundstücks durch Vereinbarung unter Vorbehalt aller Entschädigungsansprüche zu überlassen, so hat die Enteignungsbehörde den Träger der Straßenbaulast auf Antrag nach Feststellung des Plans oder Erteilung der Plangenehmigung in den Besitz einzuweisen. [2] Der Planfeststellungsbeschluss oder die Plangenehmigung müssen vollziehbar sein. [3] Weiterer Voraussetzungen bedarf es nicht.

(2) [1] Die Enteignungsbehörde hat spätestens sechs Wochen nach Eingang des Antrages auf Besitzeinweisung mit den Beteiligten mündlich zu verhandeln. [2] Hierzu sind die Straßenbaubehörde, sofern eine Bundesfernstraße, soweit dem Bund die Verwaltung einer Bundesfernstraße zusteht, betroffen ist, die Gesellschaft privaten Rechts im Sinne des Infrastrukturgesellschaftserrichtungsgesetzes[3)] und die Betroffenen zu laden. [3] Dabei ist den Betroffenen der Antrag auf Besitzeinweisung mitzuteilen. [4] Die Ladungsfrist beträgt drei Wochen. [5] Mit der Ladung sind die Betroffenen aufzufordern, etwaige Einwendungen gegen den Antrag möglichst vor der mündlichen Verhandlung bei der Enteignungsbehörde einzureichen. [6] Sie sind außerdem darauf hinzuweisen, dass auch bei Nichterscheinen über den Antrag auf Besitzeinweisung und andere im Verfahren zu erledigende Anträge entschieden werden kann.

(3) [1] Soweit der Zustand des Grundstücks von Bedeutung ist, hat ihn die Enteignungsbehörde vor der Besitzeinweisung in einer Niederschrift festzustellen oder durch einen Sachverständigen ermitteln zu lassen. [2] Den Beteiligten ist eine Abschrift der Niederschrift oder des Ermittlungsergebnisses zu übersenden.

(4) [1] Der Beschluss über die Besitzeinweisung ist dem Antragsteller und den Betroffenen spätestens zwei Wochen nach der mündlichen Verhandlung zuzustellen. [2] Die Besitzeinweisung wird in dem von der Enteignungsbehörde bezeichneten Zeitpunkt wirksam. [3] Dieser Zeitpunkt soll auf höchstens zwei Wochen nach Zustellung der Anordnung über die vorzeitige Besitzeinweisung an den unmittelbaren Besitzer festgesetzt werden. [4] Durch die Besitzeinweisung wird dem Besitzer der Besitz entzogen und der Träger der Straßenbaulast Besitzer. [5] Der Träger der Straßenbaulast darf auf dem Grundstück das im Antrag auf Besitzeinweisung bezeichnete Bauvorhaben ausführen und die dafür erforderlichen Maßnahmen treffen.

(5) [1] Der Träger der Straßenbaulast hat für die durch die vorzeitige Besitzeinweisung entstehenden Vermögensnachteile Entschädigung zu leisten, soweit die Nachteile nicht durch die Verzinsung der Geldentschädigung für die Entziehung

---

[1)] Nr. **100**.

[2)] *§ 18f Abs. 7 Satz 1 geänd., Satz 2 angef.* mWv 13.3.2020 durch G v. 3.3.2020 (BGBl. I S. 433); Abs. 2 Satz 2 geänd. mWv 1.1.2021 durch G v. 14.8.2017 (BGBl. I S. 3122); Abs. 8 angef. mWv 1.7.2021 durch G v. 31.5.2021 (BGBl. I S. 1221).

[3)] **Sartorius III Nr. 152.**

oder Beschränkung des Eigentums oder eines anderen Rechts ausgeglichen werden. [2]Art und Höhe der Entschädigung sind von der Enteignungsbehörde in einem Beschluss festzusetzen.

(6) [1]Wird der festgestellte Plan oder die Plangenehmigung aufgehoben, so ist auch die vorzeitige Besitzeinweisung aufzuheben und der vorherige Besitzer wieder in den Besitz einzuweisen. [2]Der Träger der Straßenbaulast hat für alle durch die vorzeitige Besitzeinweisung entstandenen besonderen Nachteile Entschädigung zu leisten.

(6a) [1]Ein Rechtsbehelf gegen eine vorzeitige Besitzeinweisung hat keine aufschiebende Wirkung. [2]Der Antrag auf Anordnung der aufschiebenden Wirkung nach § 80 Abs. 5 Satz 1 der Verwaltungsgerichtsordnung[1)] kann nur innerhalb eines Monats nach der Zustellung des Besitzeinweisungsbeschlusses gestellt und begründet werden.

(7) [1]Die Absätze 1 bis 6a gelten entsprechend für Grundstücke, die für die in § 17f genannten Anlagen oder für Unterhaltungsmaßnahmen benötigt werden. [2]Bei Unterhaltungsmaßnahmen bedarf es nicht der vorherigen Planfeststellung oder Plangenehmigung.

(8) Im Übrigen gelten die Enteignungsgesetze der Länder.

§ 19[2)] **Enteignung.** (1) [1]Die Träger der Straßenbaulast der Bundesfernstraßen haben zur Erfüllung ihrer Aufgaben das Enteignungsrecht. [2]Die Enteignung ist zulässig, soweit sie zur Unterhaltung oder Ausführung eines nach § 17 Absatz 1 festgestellten oder genehmigten Bauvorhabens notwendig ist. [3]Einer weiteren Feststellung der Zulässigkeit der Enteignung bedarf es nicht.

(2) Der festgestellte oder genehmigte Plan ist dem Enteignungsverfahren zugrunde zu legen und für die Enteignungsbehörde bindend.

(2a) Hat sich ein Beteiligter mit der Übertragung oder Beschränkung des Eigentums oder eines anderen Rechts schriftlich einverstanden erklärt, kann das Entschädigungsverfahren unmittelbar durchgeführt werden.

(2b) Die Absätze 1, 2 und 2a gelten für die in § 17f genannten Anlagen entsprechend.

(3) (weggefallen)

(4) (weggefallen)

(5) Im Übrigen gelten die für öffentliche Straßen geltenden Enteignungsgesetze der Länder.

§ 19a[3)] **Entschädigungsverfahren.** Soweit der Träger der Straßenbaulast nach §§ 8a, 9, 17 Absatz 2 oder auf Grund eines Planfeststellungsbeschlusses oder einer Plangenehmigung verpflichtet ist, eine Entschädigung in Geld zu leisten, und über *die Höhe der* Entschädigung keine Einigung zwischen dem Betroffenen und dem Träger der Straßenbaulast zustande kommt, entscheidet auf Antrag eines der Beteiligten die nach Landesrecht zuständige Behörde; für das Verfahren und den Rechtsweg gelten die Enteignungsgesetze der Länder entsprechend.

[1)] Nr. **600**.

[2)] § 19 Abs. 1 Satz 2 geänd. mWv 7.12.2018 durch G v. 29.11.2018 (BGBl. I S. 2237); Abs. 1 Satz 2 geänd. mWv 13.3.2020 durch G v. 3.3.2020 (BGBl. I S. 433).

[3)] § 19a geänd. mWv 1.6.2015 durch G v. 31.5.2013 (BGBl. I S. 1388, geänd. durch G v. 24.5.2014, BGBl. I S. 538); geänd. mWv 7.12.2018 durch G v. 29.11.2018 (BGBl. I S. 2237).

§ 20[1] **Straßenaufsicht.** (1) [1]Die Erfüllung der Aufgaben, die den Trägern der Straßenbaulast für die Bundesfernstraßen obliegen, wird durch die Straßenaufsicht sichergestellt. [2]Die Länder üben die Straßenaufsicht für die Bundesstraßen im Auftrag des Bundes aus, im Bereich der Bundesfernstraßen, soweit dem Bund die Verwaltung einer Bundesfernstraße zusteht, übt sie das Fernstraßen-Bundesamt aus.

(2) [1]Die Straßenaufsichtsbehörde kann die Durchführung der notwendigen Maßnahmen unter Setzung einer angemessenen Frist anordnen. [2]Sie soll Maßnahmen, die mehrere Träger der Straßenbaulast durchzuführen haben, diesen rechtzeitig bekannt geben, damit sie möglichst zusammenhängend ausgeführt werden. [3]Kommt ein Träger der Straßenbaulast der Anordnung nicht nach, kann die Straßenaufsichtsbehörde die notwendigen Maßnahmen an seiner Stelle und auf seine Kosten verfügen und vollziehen.

§ 21 Verwaltung der Bundesstraßen in den Ortsdurchfahrten. [1]Soweit die Gemeinden nach § 5 Abs. 2 und 3 Träger der Straßenbaulast sind, richtet sich die Zuständigkeit zur Verwaltung der Ortsdurchfahrten nach Landesrecht. [2]Dieses regelt auch, wer insoweit zuständige Straßenbaubehörde im Sinne dieses Gesetzes ist.

§ 22[2] **Zuständigkeit; Verordnungsermächtigung.** (1) Das Bundesministerium für Verkehr und digitale Infrastruktur wird ermächtigt, durch Rechtsverordnung ohne Zustimmung des Bundesrates die dem Fernstraßen-Bundesamt und der Gesellschaft privaten Rechts im Sinne des Infrastrukturgesellschaftserrichtungsgesetzes[3] nach dem Bundesfernstraßengesetz zugewiesenen Befugnisse und Aufgaben auf andere Bundesbehörden oder andere vom Bund gegründete Gesellschaften, die im ausschließlichen Eigentum des Bundes stehen müssen, zu übertragen.

(2) [1]Im Fall des Artikels 90 Absatz 4 oder des Artikels 143e Absatz 2 des Grundgesetzes[4] treten an die Stelle der im Gesetz genannten Straßenbaubehörden der Länder die vom Bundesministerium für Verkehr und digitale Infrastruktur bestimmten Bundesbehörden oder die Gesellschaft privaten Rechts im Sinne des Infrastrukturgesellschaftserrichtungsgesetzes. [2]Dies gilt auch für die nach § 36 des Gesetzes über Ordnungswidrigkeiten[5] zu bestimmende Behörde.

(3) [1]Im Rahmen der Auftragsverwaltung richtet sich das Verfahren für die Beitreibung von Ersatzleistungen (§ 7), Sondernutzungsgebühren sowie Vorschüssen und Sicherheiten (§ 8) und das Verfahren in den Fällen, in denen die

(Fortsetzung nächstes Blatt)

[1] § 20 Abs. 1 Satz 2 neu gef. mWv 1.1.2021 durch G v. 14.8.2017 (BGBl. I S. 3122).

[2] § 22 Abs. 1 und 2 Satz 1, Abs. 4 Satz 3 geänd. mWv 8.9.2015 durch VO v. 31.8.2015 (BGBl. I S. 1474); Abs. 1 neu gef. mWv 1.1.2020, Überschrift neu gef., Abs. 2 Satz 1 geänd., Abs. 3 Satz 2 angef. mWv 1.1.2021 durch G v. 14.8.2017 (BGBl. I S. 3122); Abs. 2 Satz 1 neu gef., Abs. 5 geänd. mWv 7.12. *2018 durch G v. 29.11.2018 (BGBl. I S. 2237)*.

[3] **Sartorius III Nr. 152.**

[4] Nr. 1.

[5] **Schönfelder Nr. 94.**

936. Gesetz über Kreuzungen von Eisenbahnen und Straßen (Eisenbahnkreuzungsgesetz)

In der Fassung der Bekanntmachung vom 21. März 1971[1]
(BGBl. I S. 337)

FNA 910-1

geänd. durch Art. 6 PlanungsvereinfachungsG v. 17.12.1993 (BGBl. I S. 2123), Art. 6 Abs. 106 EisenbahnneuordnungsG v. 27.12.1993 (BGBl. I S. 2378), Art. 1 ÄndG v. 9.9.1998 (BGBl. I S. 2858), Art. 236 Siebente Zuständigkeitsanpassungs-VO v. 29.10.2001 (BGBl. I S. 2785), Art. 2 G zur Änd. von wegerechtlichen Vorschriften v. 22.4.2005 (BGBl. I S. 1128), Art. 281 Neunte ZuständigkeitsanpassungsVO v. 31.10.2006 (BGBl. I S. 2407), Art. 462 Zehnte ZuständigkeitsanpassungsVO v. 31.8.2015 (BGBl. I S. 1474), Art. 3 G zur weiteren Beschleunigung von Planungs- und Genehmigungsverfahren im Verkehrsbereich v. 3.3.2020 (BGBl. I S. 433) und Art. 2 Neuntes G zur Änd. des BundesfernstraßenG und zur Änd. weiterer Vorschriften v. 31.5.2021 (BGBl. I S. 1221)

§ 1 [Geltungsbereich] (1) Dieses Gesetz gilt für Kreuzungen von Eisenbahnen und Straßen.

(2) Kreuzungen sind entweder höhengleich (Bahnübergänge) oder nicht höhengleich (Überführungen).

(3) Eisenbahnen im Sinne dieses Gesetzes sind die Eisenbahnen, die dem öffentlichen Verkehr dienen, sowie die Eisenbahnen, die nicht dem öffentlichen Verkehr dienen, wenn die Betriebsmittel auf Eisenbahnen des öffentlichen Verkehrs übergehen können (Anschlußbahnen), und ferner die den Anschlußbahnen gleichgestellten Eisenbahnen.

(4) Straßen im Sinne dieses Gesetzes sind die öffentlichen Straßen, Wege und Plätze.

(5) Straßenbahnen, die nicht im Verkehrsraum einer öffentlichen Straße liegen, werden, wenn sie Eisenbahnen kreuzen, wie Straßen, wenn sie Straßen kreuzen, wie Eisenbahnen behandelt.

(6) Beteiligte an einer Kreuzung sind das Unternehmen, das die Baulast des Schienenweges der kreuzenden Eisenbahn trägt, und der Träger der Baulast der kreuzenden Straße.

§ 2 [Neue Kreuzungen] (1) Neue Kreuzungen von Eisenbahnen und Straßen, die nach der Beschaffenheit ihrer Fahrbahn geeignet und dazu bestimmt sind, einen allgemeinen Kraftfahrzeugverkehr aufzunehmen, sind als Überführungen herzustellen.

(2) [1]In Einzelfällen, insbesondere bei schwachem Verkehr, kann die Anordnungsbehörde Ausnahmen zulassen. [2]Dabei kann angeordnet werden, welche Sicherungsmaßnahmen an der Kreuzung mindestens zu treffen sind.

(3) Eine Kreuzung im Sinne des Absatzes 1 ist neu, wenn einer der beiden Verkehrswege oder beide Verkehrswege neu angelegt werden.

§ 3 [Kreuzungsänderungen] Wenn und soweit es die Sicherheit oder die Abwicklung des Verkehrs unter Berücksichtigung der übersehbaren Verkehrsent-

[1] Neubekanntmachung des EisenbahnkreuzungsG v. 14.8.1963 (BGBl. I S. 681) in der ab 13.3.1971 geltenden Fassung.

wicklung erfordert, sind nach Maßgabe der Vereinbarung der Beteiligten (§ 5) oder der Anordnung im Kreuzungsrechtsverfahren (§§ 6 und 7) Kreuzungen

1. zu beseitigen oder
2. durch Baumaßnahmen, die den Verkehr an der Kreuzung vermindern, zu entlasten oder
3. durch den Bau von Überführungen, durch die Einrichtung technischer Sicherungen, insbesondere von Schranken oder Lichtsignalen, durch die Herstellung von Sichtflächen an Bahnübergängen, die nicht technisch gesichert sind, oder in sonstiger Weise zu ändern.

§ 4 [Duldung] (1) [1] Erfordert die Linienführung einer neu zu bauenden Straße oder Eisenbahn eine Kreuzung, so hat der andere Beteiligte die neue Kreuzungsanlage zu dulden. [2] Seine verkehrlichen und betrieblichen Belange sind angemessen zu berücksichtigen.

(2) [1] Ist eine Kreuzungsanlage durch eine Maßnahme nach § 3 zu ändern, so haben die Beteiligten die Änderung zu dulden. [2] Ihre verkehrlichen und betrieblichen Belange sind angemessen zu berücksichtigen.

§ 5[1)] [Vereinbarung] (1) [1] Über Art, Umfang und Durchführung einer nach § 2 oder § 3 durchzuführenden Maßnahme sowie über die Verteilung der Kosten sollen die Beteiligten eine Vereinbarung treffen. [2] Sehen die Beteiligten vor, daß Bund oder Land nach Maßgabe des § 13 Absatz 1 Satz 2 oder Absatz 2 zu den Kosten beitragen, ohne an der Kreuzung als Straßenbaulastträger beteiligt zu sein, so bedarf die Vereinbarung insoweit der Genehmigung. [3] Die Genehmigung erteilt für den Bund das Bundesministerium für Verkehr und digitale Infrastruktur, für das Land die nach Landesrecht zuständige Behörde. [4] In Fällen geringer finanzieller Bedeutung kann auf die Genehmigung verzichtet werden.

(2) Einer Vereinbarung nach Absatz 1 bedarf es nicht, wenn sich ein Beteiligter oder ein Dritter bereit erklärt, die Kosten für die Änderung oder Beseitigung eines Bahnübergangs nach § 3 abweichend von den Vorschriften dieses Gesetzes allein zu tragen, und für die Maßnahme ein Planfeststellungsverfahren durchgeführt wird.

§ 6 [Kreuzungsrechtsverfahren] Kommt eine Vereinbarung nicht zustande, so kann jeder Beteiligte eine Anordnung im Kreuzungsrechtsverfahren beantragen.

§ 7 [Verfahrenseinleitung] [1] Die Anordnungsbehörde kann das Kreuzungsrechtsverfahren auch ohne Antrag einleiten, wenn die Sicherheit oder die Abwicklung des Verkehrs eine Maßnahme erfordert. [2] Sie kann verlangen, daß die Beteiligten Pläne für Maßnahmen nach § 3 vorlegen.

§ 8[2)] [Zuständigkeiten] (1) Wenn an der Kreuzung ein Schienenweg einer Eisenbahn des Bundes beteiligt ist, entscheidet als Anordnungsbehörde das Bun-

---

[1)] § 5 Abs. 1 Satz 3 geänd. mWv 7.11.2001 durch VO v. 29.10.2001 (BGBl. I S. 2785); Abs. 1 Satz 3 geänd. mWv 8.11.2006 durch VO v. 31.10.2006 (BGBl. I S. 2407); Abs. 1 Satz 3 geänd. mWv 8.9.2015 durch VO v. 31.8.2015 (BGBl. I S. 1474); Abs. 1 Satz 2 geänd. mWv 13.3.2020 durch G v. 3.3.2020 (BGBl. I S. 433); Abs. 1 Sätze 2 und 3 geänd. mWv 1.7.2021 durch G v. 31.5.2021 (BGBl. I S. 1221).

[2)] *§ 8 Abs. 1 geänd. durch G v. 27.12.1993* (BGBl. I S. 2378); Abs. 1 geänd. mWv 7.11.2001 durch VO v. 29.10.2001 (BGBl. I S. 2785); Abs. 1 geänd. mWv 8.11.2006 durch VO v. 31.10.2006 (BGBl. I S. 2407); Abs. 1 geänd. mWv 8.9.2015 durch VO v. 31.8.2015 (BGBl. I S. 1474); Abs. 1 und 2 geänd. mWv 1.7.2021 durch G v. 31.5.2021 (BGBl. I S. 1221).

desministerium für Verkehr und digitale Infrastruktur im Benehmen mit der nach Landesrecht zuständigen Behörde.

(2) In sonstigen Fällen entscheidet als Anordnungsbehörde die nach Landesrecht zuständige Behörde.

§ 9[1] *(aufgehoben)*

§ 10 [Beteiligte] (1) Wird eine Maßnahme nach § 2 oder § 3 angeordnet, so ist über Art und Umfang der Maßgabe, über die Duldungspflicht sowie über die Rechtsbeziehungen der Beteiligten und die Kostentragung zu entscheiden.

(2) Die Beteiligten sind verpflichtet, der Anordnungsbehörde jede für die Entscheidung erforderliche Auskunft zu erteilen.

(3) Ist eine Maßnahme, die die Sicherheit des Verkehrs erfordert, unaufschiebbar, so kann über Art, Umfang und Durchführung sowie über die Duldungspflicht vorab entschieden werden.

(4) Sind sich die Beteiligten über die durchzuführende Maßnahme einig oder ist die Maßnahme bereits durchgeführt, so kann auf Antrag über die Kostentragung entschieden werden.

(5) Bestehen zwischen den Beteiligten Meinungsverschiedenheiten darüber, ob eine öffentliche Straße nach der Beschaffenheit ihrer Fahrbahn geeignet und dazu bestimmt ist, einen allgemeinen Kraftfahrzeugverkehr aufzunehmen, so kann die Anordnungsbehörde zur Vorbereitung einer Vereinbarung oder einer Anordnung auf Antrag eines Beteiligten darüber entscheiden.

(6) Die Entscheidung ist mit Gründen zu versehen und den Beteiligten zuzustellen.

§ 11 [Kostentragung] (1) [1] Wird eine neue Kreuzung hergestellt, so hat der Beteiligte, dessen Verkehrsweg neu hinzukommt, die Kosten der Kreuzungsanlage zu tragen. [2] Zu ihnen gehören auch die Kosten der durch die neue Kreuzung notwendigen Änderungen des anderen Verkehrsweges.

(2) Werden eine Eisenbahn und eine Straße gleichzeitig neu angelegt, so haben die Beteiligten die Kosten der Kreuzungsanlage je zur Hälfte zu tragen.

§ 12[2] **[Vorteilsausgleich]** (1) Wird an einer Überführung eine Maßnahme nach § 3 durchgeführt, so fallen die dadurch entstehenden Kosten

1. demjenigen Beteiligten zur Last, der die Änderung verlangt oder sie im Falle einer Anordnung hätte verlangen müssen; Vorteile, die dem anderen Beteiligten durch die Änderung entstehen, sind auszugleichen (Vorteilsausgleich);
2. beiden Beteiligten zur Last, wenn beide die Änderung verlangen oder sie im Falle einer Anordnung hätten verlangen müssen, und zwar in dem Verhältnis, in dem die Kosten bei getrennter Durchführung der Änderung zueinander stehen *würden.* Nummer 1 Satz 2 ist entsprechend anzuwenden.

(2) Im Fall des Absatzes 1 Nummer 2 werden die Kosten ohne Vorteilsausgleich hälftig geteilt, wenn die Überführung der Kreuzung einer Eisenbahn des Bundes mit einer Bundesfernstraße in der Baulast des Bundes dient und beide Beteiligten eine Änderung verlangen, die die Erneuerung der Überführung zur Folge hat, oder sie im Fall einer Anordnung eine solche Änderung hätten verlangen müssen.

---

[1] § 9 aufgeh. durch G v. 27.12.1993 (BGBl. I S. 2378).
[2] § 12 Abs. 1 Nr. 1 geänd, Abs. 2 angef. mWv 1.7.2021 durch G v. 31.5.2021 (BGBl. I S. 1221).

§ 13[1] [Weitere Kosten] (1) [1]Wird an einem Bahnübergang eine Maßnahme nach § 3 durchgeführt, so tragen die Beteiligten je ein Drittel der Kosten. [2]Das letzte Drittel der Kosten trägt bei Kreuzungen mit einem Schienenweg einer Eisenbahn des Bundes der Bund, bei Kreuzungen mit einem Schienenweg einer nichtbundeseigenen Eisenbahn das Land.

(2) [1]Bei Kreuzungen einer Eisenbahn des Bundes mit einer Straße in kommunaler Baulast trägt der Bund die Hälfte, die Eisenbahn des Bundes ein Drittel und das Land, in dem die Kreuzung liegt, ein Sechstel der Kosten. [2]Bei Kreuzungen einer nichtbundeseigenen Eisenbahn mit einer Straße in kommunaler Baulast trägt das Land, in dem die Kreuzung liegt, zwei Drittel und die nichtbundeseigene Eisenbahn ein Drittel der Kosten. [3]In Berlin und in der Freien und Hansestadt Hamburg gelten alle öffentlichen Straßen, die nicht in der Baulast des Bundes stehen, als Straßen in kommunaler Baulast.

(3) [1]Wird zur verkehrlichen Entlastung eines Bahnübergangs ohne dessen Änderung eine Baumaßnahme nach § 3 Nr. 2 durchgeführt, durch die sich eine sonst notwendige Änderung des Bahnübergangs erübrigt, so gehören zu den Kosten nach Absatz 1 nur die Kosten, die sich bei Vornahme der ersparten Änderung ergeben würden. [2]Die übrigen Kosten trägt derjenige Beteiligte allein, an dessen Verkehrsweg die Baumaßnahme durchgeführt wird.

§ 14[2] [Betriebskosten] (1) [1]Die Anlagen an Kreuzungen, soweit sie Eisenbahnanlagen sind, hat der Eisenbahnunternehmer, soweit sie Straßenanlagen sind, der Träger der Straßenbaulast auf seine Kosten zu erhalten und bei Bahnübergängen auch in Betrieb zu halten. [2]Die Erhaltung umfaßt die laufende Unterhaltung und die Erneuerung. [3]Betriebskosten sind die örtlich entstehenden persönlichen und sächlichen Aufwendungen.

(2) An Bahnübergängen gehören

1. zu den Eisenbahnanlagen das sowohl dem Eisenbahnverkehr als auch dem Straßenverkehr dienende Kreuzungsstück, begrenzt durch einen Abstand von 2,25 m, bei Straßenbahnen von 1,00 m jeweils von der äußeren Schiene und parallel zu ihr verlaufend, ferner die Schranken, Warnkreuze (Andreaskreuze) und Blinklichter sowie andere der Sicherung des sich kreuzenden Verkehrs dienende Eisenbahnzeichen und -einrichtungen,
2. zu den Straßenanlagen die Sichtflächen, die Warnzeichen und Merktafeln (Baken) sowie andere der Sicherung des sich kreuzenden Verkehrs dienende Straßenverkehrszeichen und -einrichtungen.

(3) Eisenbahnüberführungen und Schutzerdungsanlagen gehören zu den Eisenbahnanlagen, Straßenüberführungen zu den Straßenanlagen.

(4) Die Beteiligten haben Maßnahmen nach Absatz 1 zu dulden.

§ 14a[3] [Erhaltung] (1) [1]Wird die Straße eingezogen oder der Betrieb der Eisenbahn dauernd eingestellt, so bleiben die Beteiligten verpflichtet, die Kreu-

[1] § 13 Abs. 1 Satz 2 geänd. durch G v. 27.12.1993 (BGBl. I S. 2378); Abs. 1 Satz 2 geänd., Abs. 2 eingef., bish. Abs. 2 wird Abs. 3 mWv 13.3.2020 durch G v. 3.3.2020 (BGBl. I S. 433); Abs. 2 Satz 1 geänd., Satz 2 eingef., bish. Satz 2 wird Satz 3 und geänd. mWv 1.7.2021 durch G v. 31.5.2021 (BGBl. I S. 1221).

[2] *§ 14 Abs. 4* angef. mWv 1.7.2021 durch G v. 31.5.2021 (BGBl. I S. 1221).

[3] § 14a Abs. 1 Satz 4 aufgeh. mWv 30.4.2005 durch G v. 22.4.2005 (BGBl. I S. 1128); Abs. 1 Satz 1, Abs. 2 Satz 1 geänd., Sätze 2-4 aufgeh., Abs. 3 neu gef., Abs. 4 und 5 eingef., bish. Abs. 4 wird Abs. 6 mWv 1.7.2021 durch G v. 31.5.2021 (BGBl. I S. 1221).

zungsanlagen in dem Umfang zu erhalten und in Betrieb zu halten, wie es die Sicherheit oder Abwicklung des Verkehrs auf dem bleibenden Verkehrsweg erfordert. [2] Eine nach den Vorschriften des Eisenbahnrechts genehmigte Betriebseinstellung gilt nicht als dauernd im Sinne dieser Vorschrift, wenn sie mit der Verpflichtung zur weiteren Vorhaltung der Anlagen verbunden ist. [3] Die Einziehung der Straße oder die dauernde Einstellung des Betriebes der Eisenbahn ist dem anderen Beteiligten unverzüglich mitzuteilen.

(2) Der im Zeitpunkt der Einziehung oder dauernden Betriebseinstellung erhaltungspflichtige Beteiligte oder sein Rechtsnachfolger hat Kreuzungsanlagen auf seine Kosten zu beseitigen, soweit und sobald es die Sicherheit oder Abwicklung des Verkehrs auf dem bleibenden Verkehrsweg erfordert.

(3) Die Verpflichtungen gemäß den Absätzen 1 und 2 kann der weichende Beteiligte vertraglich auf den bleibenden Beteiligten gegen Erstattung der Rückbaukosten übertragen.

(4) Die Beteiligten haben Maßnahmen nach den Absätzen 1 und 2 zu dulden.

(5) Die Verpflichtungen des weichenden Beteiligten aus den Absätzen 1 und 2 erlöschen, wenn die Kreuzungsanlage beseitigt worden ist oder der weichende Beteiligte die Verpflichtungen in einer Vereinbarung gemäß Absatz 3 auf den bleibenden Beteiligten übertragen hat.

(6) [1] Der weichende Beteiligte hat dem bleibenden Beteiligten auf dessen Antrag sein Eigentum an solchen Grundstücken, die schon bisher von dem bleibenden Beteiligten benutzt worden sind oder die für die Verbesserung des bleibenden Verkehrsweges benötigt werden, mit allen Rechten und Pflichten zu übertragen. [2] Für die Übertragung des Eigentums ist eine angemessene Entschädigung in Geld zu gewähren, wobei der Verkehrswert des Grundstücks zugrunde zu legen ist.

§ 15[1)] [Erhaltungs- und Betriebskosten] (1) [1] Wird eine neue Kreuzung hergestellt, so hat im Falle des § 11 Abs. 1 der Beteiligte, dessen Verkehrsweg neu hinzukommt, die hierdurch verursachten Erhaltungs- und Betriebskosten dem anderen Beteiligten zu erstatten. [2] Im Falle des § 11 Abs. 2 hat jeder Beteiligte seine Erhaltungs- und Betriebskosten ohne Ausgleich zu tragen.

(2) [1] Wird an einer Überführung eine Maßnahme nach § 3 durchgeführt, so hat der Beteiligte, der nach § 12 Absatz 1 Nr. 1 oder 2 die Maßnahme verlangt oder sie im Falle einer Anordnung hätte verlangen müssen, dem anderen Beteiligten die hierdurch verursachten Erhaltungskosten zu erstatten. [2] Im Fall des § 12 Absatz 2 hat jeder Beteiligte seine Erhaltungs- und Betriebskosten ohne Ausgleich zu tragen.

(3) Wird an einem Bahnübergang eine Maßnahme nach § 3 durchgeführt, so hat jeder Beteiligte seine veränderten Erhaltungs- und Betriebskosten ohne Ausgleich zu tragen.

(4) In den Fällen des Absatzes 1 Satz 1 sowie des Absatzes 2 Satz 1 ist auf *Verlangen eines* Beteiligten die Erhaltungs- und Betriebslast abzulösen.

§ 16[2)] [Ermächtigung] (1) Das Bundesministerium für Verkehr und digitale Infrastruktur kann mit Zustimmung des Bundesrates Rechtsverordnungen erlassen, durch die

---

[1)] § 15 Abs. 2 Satz 2 angef., Satz 1 und Abs. 4 geänd. mWv 1.7.2021 durch G v. 31.5.2021 (BGBl. I S. 1221).

[2)] § 16 Abs. 1 u. 2 geänd. mWv 7.11.2001 durch VO v. 29.10.2001 (BGBl. I S. 2785); Abs. 1 Nr. 3 neu gef. mWv 30.4.2005 durch G v. 22.4.2005 (BGBl. I S. 1128); Abs. 1 u. 2 geänd. mWv 8.11.2006 durch →

1. [1]der Umfang der Kosten nach den §§ 11, 12 und 13 näher bestimmt wird und für die Verwaltungskosten Pauschalbeträge festgesetzt werden;
2. bestimmt wird, wie die bei getrennter Durchführung der Maßnahmen nach § 12 Nr. 2 entstehenden Kosten unter Anwendung von Erfahrungswerten für die Baukosten in vereinfachter Form ermittelt werden;
3. die Berechnung und die Zahlung von Ablösungsbeträgen nach § 15 Abs. 4 näher bestimmt sowie dazu ein Verfahren zur gütlichen Beilegung von Streitigkeiten festgelegt werden,
4. bei neuartigen Anlagen, die nicht von § 14 Abs. 2 erfaßt werden, bestimmt wird, ob sie zu den Eisenbahn- oder zu den Straßenanlagen gehören.

(2) Allgemeine Verwaltungsvorschriften erläßt das Bundesministerium für Verkehr und digitale Infrastruktur mit Zustimmung des Bundesrates.

§ 17[2] **[Zuschüsse]** Zur Förderung des Baus und des Ausbaus kommunaler Radwege sowie von Maßnahmen nach den §§ 2 und 3 soll die Anordnungsbehörde den Beteiligten Zuschüsse gewähren.

§ 18 [Aufsichtsbehörden] Die Aufsichtsbehörden haben die Durchführung der Anordnung nach diesem Gesetz sicherzustellen.

§ 19[3] **[Bisherige Vereinbarungen]** (1) Bisherige Vereinbarungen, die sich auf Kreuzungen zwischen Straßen und Straßenbahnen, Anschlußbahnen sowie den Anschlußbahnen gleichgestellte Eisenbahnen beziehen, gelten fort.

(2) Die bisherige Kostenregelung für Erhaltungsmaßnahmen, die bei Inkrafttreten des Eisenbahnneuordnungsgesetzes[4] vom 27. Dezember 1993 (BGBl. I S. 2378) bereits in der Ausführung begriffen sind, bleibt bestehen.

(3) [1]Soweit aufgrund von Artikel 6 Abs. 106 Nr. 4 des Eisenbahnneuordnungsgesetzes die Erhaltungslast für eine Straßenüberführung auf den Straßenbaulastträger übergegangen ist, hat der Eisenbahnunternehmer dafür einzustehen, daß er die Straßenüberführung in dem durch die Verkehrsbedeutung gebotenen Umfang ordnungsgemäß erhalten und den erforderlichen Grunderwerb durchgeführt hat. [2]Als ordnungsgemäßer Erhaltungszustand gilt eine entsprechend seinen Vorschriften durchgeführte Unterhaltung der Straßenüberführung bis zum Zeitpunkt des gesetzlichen Übergangs der Baulast.

§ 20[5] **[Anwendbarkeit]** § 13 Absatz 2 Satz 2 kommt nicht zur Anwendung für Maßnahmen, über die die Beteiligten nach § 1 Absatz 6 des Eisenbahnkreuzungsgesetzes vor dem 1. Januar 2022 eine Vereinbarung getroffen haben.

§ 21 [Inkrafttreten] Dieses Gesetz tritt am 1. Januar 1964 in Kraft[6].

(Fortsetzung der Anm. von voriger Seite)
VO v. 31.10.2006 (BGBl. I S. 2407); Abs. 1 einl. Satzteil und Abs. 2 geänd. mWv 8.9.2015 durch VO v. 31.8.2015 (BGBl. I S. 1474).

[1] Siehe hierzu die 1. EisenbahnkreuzungsVO v. 2.9.1964 (BGBl. I S. 711), zuletzt geänd. durch VO v. 18.5.2021 (BGBl. I S. 1181).

[2] § 17 geänd. mWv 1.7.2021 durch G v. 31.5.2021 (BGBl. I S. 1221).

[3] § 19 neu gef. durch G v. 27.12.1993 (BGBl. I S. 2378), Abs. 3 angef. durch G v. 9.9.1998 (BGBl. I S. 2858).

[4] ***Nipperdey I, Arbeitsrecht Nr. 635c.***

[5] § 20 neu gef. mWv 1.7.2021 durch G v. 31.5.2021 (BGBl. I S. 1221).

[6] **Amtl. Anm.:** Die Vorschrift betrifft das Inkrafttreten des Gesetzes in der ursprünglichen Fassung v. 14.8.1963 (Bundesgesetzbl. I S. 681).

950. Personenbeförderungsgesetz (PBefG)[1)]

In der Fassung der Bekanntmachung vom 8. August 1990[2)]

(BGBl. I S. 1690)

FNA 9240-1

geänd. durch Art. 4 HaushaltsbegleitG 1991 v. 24.6.1991 (BGBl. I S. 1314), Art. 1 G zur Festlegung des Anwendungsbereiches und zur Durchführung der VO (EWG) Nr. 1191/69 idF der VO (EWG) Nr. 1893/91 v. 23.7.1992 (BGBl. I S. 1379), Art. 5 PlanungsvereinfachungsG v. 17.12.1993 (BGBl. I S. 2123), Art. 6 Abs. 116 EisenbahnneuordnungsG v. 27.12.1993 (BGBl. I S. 2378), Art. 7 G zur Änd. des StraßenverkehrsG und anderer Gesetze v. 24.4.1998 (BGBl. I S. 747), Art. 8 GüterkraftverkehrsreformG v. 22.6.1998 (BGBl. I S. 1485), Art. 2 Abs. 4 Sechstes G zur Änd. des G gegen Wettbewerbsbeschränkungen v. 26.8.1998 (BGBl. I S. 2521), Art. 1 ÄndG v. 16.1.2001 (BGBl. I S. 122), Art. 4 ÄndG v. 19.3.2001 (BGBl. I S. 386), Art. 15 G UVP-ÄnderungsrichtlinienumsetzungsG v. 27.7.2001 (BGBl. I S. 1950), Art. 248 Siebente ZuständigkeitsanpassungsVO v. 29.10.2001 (BGBl. I S. 2785), Art. 14 Zehntes Euro-EinführungsG v. 15.12.2001 (BGBl. I S. 3762), Art. 51 Behindertengleichstellungs-EinführungsG v. 27.4.2002 (BGBl. I S. 1467), Art. 1 ÄndG v. 19.7.2002 (BGBl. I S. 2691), Art. 49 Drittes Verwaltungsverfahrensrechts-ÄndG v. 21.8.2002 (BGBl. I S. 3322), Art. 24 HaushaltsbegleitG 2004 v. 29.12.2003 (BGBl. I S. 3076), Art. 7 Bürokratieabbau- und DeregulierungsG v. 21.6.2005 (BGBl. I S. 1666), Art. 2 Abs. 7 Siebtes G zur Änd. des G gegen Wettbewerbsbeschränkungen v. 7.7.2005 (BGBl. I S. 1954), Art. 1 und 2 G zur Änd. personenbeförderungsrechtlicher Vorschriften v. 14.8.2006 (BGBl. I S. 1962), Art. 14 Erstes G zum Abbau bürokratischer Hemmnisse insbesondere in der mittelständischen Wirtschaft v. 22.8. 2006 (BGBl. I S. 1970), Art. 292 Neunte ZuständigkeitsanpassungsVO v. 31.10.2006 (BGBl. I S. 2407), Art. 27 Zweites G zum Abbau bürokratischer Hemmnisse insbesondere in der mittelständischen Wirtschaft v. 7.9.2007 (BGBl. I S. 2246), Art. 4 Abs. 21 G zur Reform der Sachaufklärung in der Zwangsvollstreckung v. 29.7.2009 (BGBl. I S. 2258), Art. 100 Bundesrecht-BereinigungsG v. 8.12.2010 (BGBl. I S. 1864), Art. 4 G zur bestätigenden Regelung verschiedener steuerlicher und verkehrsrechtlicher Vorschriften des HaushaltsbegleitG 2004 v. 5.4.2011 (BGBl. I S. 554), Art. 2 G zur Änd. des GüterkraftverkehrsG und des PersonenbeförderungsG v. 22.11.2011 (BGBl. I S. 2272), Art. 1 G zur Änd. personenbeförderungsrechtlicher Vorschriften v. 14.12.2012 (BGBl. I S. 2598), Art. 5 Abs. 5 Achtes G zur Änd. des GWB v. 26.6.2013 (BGBl. I S. 1738), Art. 2 Abs. 147 G zur Strukturreform des Gebührenrechts des Bundes v. 7.8.2013 (BGBl. I S. 3154), Art. 482 Zehnte ZuständigkeitsanpassungsVO v. 31.8.2015 (BGBl. I S. 1474), Art. 2 Abs. 14 VergaberechtsmodernisierungsG v. 17.2.2016 (BGBl. I S. 203), Art. 5 G zur Stärkung des Wettbewerbs im Eisenbahnbereich v. 29.8.2016 (BGBl. I S. 2082), Art. 2 Abs. 14 G zur Modernisierung des Rechts der Umweltverträglichkeitsprüfung v. 20.7.2017 (BGBl. I S. 2808), Art. 5 G zur Umsetzung des Klimaschutzprogramms 2030 im Steuerrecht v. 21.12.2019 (BGBl. I S. 2886), Art. 4 G zur weiteren Beschleunigung von Planungs- und Genehmigungsverfahren im Verkehrsbereich v. 3.3. 2020 (BGBl. I S. 433), Art. 329 Elfte ZuständigkeitsanpassungsVO v. 19.6.2020 (BGBl. I S. 1328), Art. 10 Investitionen-Beschleunigungsgesetz v. 3.12.2020 (BGBl. I S. 2694) und Art. 1 G zur Modernisierung des Personenbeförderungsrechts v. 16.4.2021 (BGBl. I S. 822)

I. Allgemeine Vorschriften

§ 1[3)] Sachlicher Geltungsbereich. (1) [1]Den Vorschriften dieses Gesetzes unterliegt die entgeltliche oder geschäftsmäßige Beförderung von Personen mit Straßenbahnen, mit Oberleitungsomnibussen (Obussen) und mit Kraftfahrzeugen. [2]*Als Entgelt sind auch wirtschaftliche* Vorteile anzusehen, die mittelbar für die Wirtschaftlichkeit einer auf diese Weise geförderten Erwerbstätigkeit erstrebt werden.

[1)] Die Änderungen durch G v. 16.4.2021 (BGBl. I S. 822) treten teilweise erst mWv **1.1.2022** bzw. **1.7.2022** in Kraft und sind insoweit im Text noch nicht berücksichtigt.

[2)] Neubekanntmachung des PBefG v. 21.3.1961 (BGBl. I S. 241) in der ab 1.7.1990 geltenden Fassung.

[3)] § 1 Abs. 2 neu gef. mWv 1.1.2013 durch G v. 14.12.2012 (BGBl. I S. 2598); Abs. 1a eingef., Abs. 2 Satz 1 Nr. 1 neu gef., Abs. 3 angef. mWv 1.8.2021 durch G v. 16.4.2021 (BGBl. I S. 822).

(1a) Eine Beförderung von Personen im Sinne von Absatz 1 Satz 1 liegt auch vor, wenn die Vermittlung und Durchführung der Beförderung organisatorisch und vertraglich verantwortlich kontrolliert wird.

(2) [1] Diesem Gesetz unterliegen nicht Beförderungen

1. mit Personenkraftwagen, wenn
   a) die Beförderung unentgeltlich erfolgt oder
   b) das Gesamtentgelt je Kilometer zurückgelegter Strecke den in § 5 Absatz 2 Satz 1 des Bundesreisekostengesetzes[1)] genannten Betrag nicht übersteigt;
2. mit Krankenkraftwagen, wenn damit kranke, verletzte oder sonstige hilfsbedürftige Personen befördert werden, die während der Fahrt einer medizinisch fachlichen Betreuung oder der besonderen Einrichtung des Krankenkraftwagens bedürfen oder bei denen solches auf Grund ihres Zustandes zu erwarten ist.

[2] Satz 1 Nummer 1 gilt auch, wenn die Beförderungen geschäftsmäßig sind.

(3) [1] Den Vorschriften dieses Gesetzes unterliegt außerdem die Vermittlung von Beförderungen gemäß Absatz 1. [2] Vermittlung im Sinne von Satz 1 ist die Tätigkeit von Betreibern von Mobilitätsplattformen, deren Hauptgeschäftszweck auf den Abschluss eines Vertrages über eine gemäß § 2 genehmigungspflichtige Beförderung ausgerichtet ist, und die nicht selbst Beförderer nach Absatz 1 Satz 1 sind.

§ 1a[2)] Klimaschutz und Nachhaltigkeit. Bei Anwendung dieses Gesetzes sind die Ziele des Klimaschutzes und der Nachhaltigkeit zu berücksichtigen.

§ 2[3)] Genehmigungspflicht. (1) [1] Wer im Sinne des § 1 Abs. 1

1. mit Straßenbahnen,
2. mit Obussen,
3. mit Kraftfahrzeugen im Linienverkehr (§§ 42, 42a, 43 und 44) oder
4. mit Kraftfahrzeugen im Gelegenheitsverkehr (§ 46)

Personen befördert, muß im Besitz einer Genehmigung sein. [2] Er ist Unternehmer im Sinne dieses Gesetzes.

(1a) [1] Wer als Nachunternehmer im Auftrag des Unternehmers eine entgeltliche Beförderung von Personen mit Kraftomnibussen durchführt, muss eine Genehmigung nach diesem Gesetz besitzen, die die eingesetzten Fahrzeuge umfasst. [2] Dies gilt nicht, wenn die Voraussetzungen nach Artikel 1 Absatz 4 Buchstabe b oder c der Verordnung (EG) Nr. 1071/2009 des Europäischen Parlaments und des Rates vom 21. Oktober 2009 zur Festlegung gemeinsamer Regeln für die Zulassung zum Beruf des Kraftverkehrsunternehmers und zur Aufhebung der Richtlinie 96/26/EG des Rates (ABl. L 300 vom 14.11.2009, S. 51), die zuletzt durch die Verordnung (EU) Nr. 517/2013 (ABl. L 158 vom 10.6.2013, S. 1) geändert worden ist, erfüllt sind oder der Nachunternehmer ausschließlich innerstaatliche Beförderungen im Sinne des Artikels 1 Absatz 5 der Verordnung (EG) Nr. 1071/2009 durchführt.

(1b) [1] Wer im Sinne des § 1 Absatz 3 eine Beförderung vermittelt, muss nicht im Besitz einer Genehmigung sein. [2] Er ist Vermittler im Sinne dieses Gesetzes.

[1)] Nr. **235**.

[2)] *§ 1a eingef. mWv 1.8.2021 durch G v. 16.4.2021 (BGBl. I S. 822).*

[3)] § 2 Abs. 3 geänd. und Abs. 5a eingef. mWv 26.7.2002 durch G v. 19.7.2002 (BGBl. I S. 2691); Abs. 6 neu gef. mWv 1.1.2013 durch G v. 14.12.2012 (BGBl. I S. 2598); Abs. 1 Satz 1 Nr. 3 und Abs. 7 geänd., Abs. 1a und 1b eingef., mWv 1.8.2021 durch G v. 16.4.2021 (BGBl. I S. 822).

(2) Der Genehmigung bedarf auch

1. jede Erweiterung oder wesentliche Änderung des Unternehmens,
2. die Übertragung der aus der Genehmigung erwachsenden Rechte und Pflichten (Genehmigungsübertragung) sowie
3. die Übertragung der Betriebsführung auf einen anderen.

(3) Abweichend von Absatz 2 Nr. 2 dürfen im Verkehr mit Taxen die aus der Genehmigung erwachsenden Rechte und Pflichten nur übertragen werden, wenn gleichzeitig das ganze Unternehmen oder wesentliche selbständige und abgrenzbare Teile des Unternehmens übertragen werden.

(4) Die Genehmigungsbehörde kann bei einem Linienverkehr nach § 43 dieses Gesetzes und bei Beförderungen nach § 1 Nr. 4 Buchstaben d und i der Freistellungs-Verordnung[1)] Befreiung vom Verbot der Mitnahme anderer Fahrgäste erteilen, wenn dies im öffentlichen Verkehrsinteresse geboten und mit Rücksicht auf bestehende öffentliche Verkehrseinrichtungen wirtschaftlich vertretbar ist.

(5) [1] Einer Genehmigung bedarf es nicht zum vorübergehenden Einsatz von Kraftfahrzeugen bei Notständen und Betriebsstörungen im Verkehr, insbesondere im Schienen-, Bergbahn- oder Obusverkehr. [2] Wenn die Störungen länger als 72 Stunden dauern, haben die Unternehmer der von der Störung betroffenen Betriebe der Genehmigungsbehörde (§ 11) Art, Umfang und voraussichtliche Dauer eines solchen vorübergehenden Einsatzes von Kraftfahrzeugen unverzüglich mitzuteilen.

(5a) Wer Gelegenheitsverkehre in der Form der Ausflugsfahrt (§ 48 Abs. 1) oder der Ferienziel-Reise (§ 48 Abs. 2) plant, organisiert und anbietet, dabei gegenüber den Teilnehmern jedoch eindeutig zum Ausdruck bringt, dass die Beförderungen nicht von ihm selbst, sondern von einem bestimmten Unternehmer, der Inhaber einer Genehmigung nach diesem Gesetz ist, durchgeführt werden, muss selbst nicht im Besitz einer Genehmigung sein.

(6) Anstelle der Ablehnung einer Genehmigung kann im Fall einer Beförderung, die nicht alle Merkmale einer Verkehrsart oder Verkehrsform erfüllt, eine Genehmigung nach denjenigen Vorschriften dieses Gesetzes erteilt werden, denen diese Beförderung am meisten entspricht, soweit öffentliche Verkehrsinteressen nicht entgegenstehen.

(7) Zur praktischen Erprobung neuer Verkehrsarten oder Verkehrsmittel kann die Genehmigungsbehörde auf Antrag im Einzelfall Abweichungen von Vorschriften dieses Gesetzes oder von auf Grund dieses Gesetzes erlassenen Vorschriften für die Dauer von höchstens fünf Jahren genehmigen, soweit öffentliche Verkehrsinteressen nicht entgegenstehen.

§ 3 Unternehmer. (1) Die Genehmigung wird dem Unternehmer für einen bestimmten Verkehr (§ 9) und für seine Person (natürliche oder juristische Person) *erteilt.*

(2) [1] Der Unternehmer oder derjenige, auf den die Betriebsführung übertragen worden ist, muß den Verkehr im eigenen Namen, unter eigener Verantwortung und für eigene Rechnung betreiben. [2] Die von der Landesregierung bestimmte Behörde kann in Einzelfällen Ausnahmen zulassen.

(3) Sollen Straßenbahnbetriebsanlagen von einem anderen als dem Unternehmer gebaut werden, kann die Genehmigung für ihren Bau und für die Linienfüh-

---

[1)] Nr. **951**.

rung (§ 9 Abs. 1 Nr. 1) dem andern erteilt werden; die für den Unternehmer geltenden Vorschriften des Gesetzes und der auf Grund des Gesetzes erlassenen Rechtsverordnungen sind entsprechend anzuwenden.

§ 3a[1) 2)] Bereitstellung von Mobilitätsdaten. (1) Der Unternehmer und der Vermittler sind verpflichtet, die folgenden statischen und dynamischen Daten sowie die entsprechenden Metadaten, die im Zusammenhang mit der Beförderung von Personen im Linienverkehr nach den §§ 42, 42a und 44 sowie im Gelegenheitsverkehr nach den §§ 47, 49 und 50 entstehen, nach Maßgabe der nach § 57 Absatz 1 Nummer 12 zu erlassenden Rechtsverordnung über den Nationalen Zugangspunkt nach § 2 Nummer 11 des Intelligente Verkehrssysteme Gesetzes vom 11. Juni 2013 (BGBl. I S. 1553), das zuletzt durch Artikel 1 des Gesetzes vom 17. Juni 2017 (BGBl. I S. 2690) geändert worden ist, bereitzustellen:

1. Daten im Zusammenhang mit der Beförderung von Personen im Linienverkehr:
   a) Name und Kontaktdaten des Anbieters, Fahrpläne, Routen, Preise oder Tarifstruktur, Buchungs- und Bezahlmöglichkeiten sowie Daten zur Barrierefreiheit und zum Umweltstandard der eingesetzten Fahrzeuge;
   b) *(noch nicht in Kraft)*
   c) *(noch nicht in Kraft)*
   d) *(noch nicht in Kraft)*
2. Daten im Zusammenhang mit der Beförderung von Personen im Gelegenheitsverkehr:
   a) *(noch nicht in Kraft)*
   b) *(noch nicht in Kraft)*

(2) [1]Die Bereitstellung der in Absatz 1 Nummer 1 Buchstabe a und c sowie in Nummer 2 Buchstabe a genannten Daten hat einmalig, die Bereitstellung der in Absatz 1 Nummer 1 Buchstabe b und d und Nummer 2 Buchstabe b genannten Daten hat fortlaufend in Echtzeit zu erfolgen. [2]Die Daten sind in einem maschinenlesbaren Format bereitzustellen. [3]Näheres bestimmt die nach § 57 Absatz 1 Nummer 12 zu erlassende Rechtsverordnung. [4]Unternehmer und Vermittler müssen die in Absatz 1 Nummer 1 Buchstabe a und c und Nummer 2 Buchstabe a genannten Daten aktualisieren, soweit sich in ihrem Geschäftsbetrieb Änderungen ergeben.

(3) [1]Natürliche oder juristische Personen, die als Einzelunternehmer firmieren, sind von der Bereitstellungspflicht nach Absatz 1 ausgenommen. [2]Die freiwillige Bereitstellung von Daten nach Absatz 1 bleibt hiervon unberührt.

(4) Unternehmer und Vermittler können sich bei der Erfüllung ihrer Bereitstellungspflicht eines Erfüllungsgehilfen bedienen.

(5) [1]Stehen für die nach Absatz 1 Nummer 1 bereitzustellenden Daten auf Länderebene Systeme zur Verfügung, die dem Zweck der landeseinheitlichen Zusammenführung von Daten dienen, so sind die Daten vorrangig an diese Systeme zu liefern. [2]Die Landessysteme garantieren, dass die bereitgestellten Daten und Metadaten umgehend an den Nationalen Zugangspunkt weitergeleitet werden. [3]Dynamische Daten sind in Echtzeit weiterzuleiten. [4]Hierzu müssen die Landessysteme mit dem Nationalen Zugangspunkt über eine funktionsfähige

---

[1)] *§ 3a eingef. mWv 1.8.2021* durch G v. 16.4.2021 (BGBl. I S. 822).

[2)] § 3a Absatz 1 Nummer 1 Buchstabe a tritt am 1.9.2021, Nummer 1 Buchstabe c und Nummer 2 Buchstabe a tritt am 1.1.2022; Nummer 1 Buchstabe b und Buchstabe d sowie Nummer 2 Buchstabe b tritt am 1.7.2022 in Kraft; siehe hierzu Art. 7 Abs. 2 G v. 16.4.2021 (BGBl. I S. 822).

Schnittstelle verbunden sein. [5] Die technischen Vorgaben des Nationalen Zugangspunktes sind einzuhalten.

§ 3b[1)] Datenverarbeitung. (1) Der Nationale Zugangspunkt ist befugt, die Daten nach § 3a Absatz 1 zu erheben, zu speichern, zu verwenden und auf Anfrage nach Maßgabe der nach § 57 Absatz 1 Nummer 12 zu erlassenden Rechtsverordnung an die folgenden Empfänger zu übermitteln:

1. Daten im Sinne von § 3a Absatz 1 Nummer 1 Buchstabe a und c und Nummer 2 Buchstabe a an Behörden nach dem § 8 Absatz 3 sowie den §§ 11 und 29 zur Überprüfung von Maßgaben nach den §§ 40, 41, 49 Absatz 4, § 50 Absatz 3 und 4 sowie den §§ 51 und 51a und Daten nach § 3a Absatz 1 Nummer 2 Buchstabe b an Behörden nach § 8 Absatz 3 und § 11 zur Überwachung von Maßgaben nach § 49 Absatz 4, § 50 Absatz 3 und 4 sowie zur Überwachung von Maßgaben nach § 51a Absatz 1, 2 und 4;
2. Daten im Sinne von § 3a Absatz 1 Nummer 1 Buchstabe a und c und Nummer 2 Buchstabe a sowie Daten im Sinne von § 3a Absatz 1 Nummer 2 Buchstabe b in anonymisierter Form an Länder, Behörden nach § 8 Absatz 3 und Kommunen zur Durchführung von Verkehrsuntersuchungen, zur Ausgestaltung von Maßnahmen zur effizienten Verkehrsplanung und Verkehrslenkung oder zur Durchführung von Maßnahmen im Bereich des Klimaschutzes oder zur Fortentwicklung der Barrierefreiheit nach § 50 Absatz 3 und §§ 64b und 64c;
3. Daten im Sinne von § 3a Absatz 1 Nummer 1 und 2 an Dritte zur Erbringung bedarfsgesteuerter Mobilitätsdienstleistungen oder multimodaler Reiseinformationsdienste für Endnutzer nach Artikel 2 Nummer 12 der Delegierten Verordnung (EU) 2017/1926 der Kommission vom 31. Mai 2017 zur Ergänzung der Richtlinie 2010/40/EU des Europäischen Parlaments und des Rates hinsichtlich der Bereitstellung EU-weiter multimodaler Reiseinformationsdienste (ABl. L 272 vom 21.10.2017, S. 1; L 125 vom 14.5.2019, S. 24); Daten nach § 3a Absatz 1 Nummer 2 Buchstabe b dürfen vom Nationalen Zugangspunkt nicht übermittelt werden, wenn er Kenntnis davon erlangt, dass auf Grund der besonderen Umstände des Einzelfalls die Gefahr besteht, dass mit diesen Daten Bewegungen oder Standorte individualisierbarer Personen nachvollzogen werden können und diese Personen nicht in die Übermittlung eingewilligt haben;
4. Daten im Sinne von § 3a Absatz 1 Nummer 1 und 2 Buchstabe a an das Bundesministerium für Verkehr und digitale Infrastruktur zur Erfüllung seiner Aufgaben, insbesondere seiner Berichtspflichten nach § 66, sowie zur Fortentwicklung von Maßnahmen im Zusammenhang mit der Entwicklung intelligenter Verkehrssysteme nach § 4 des Intelligente Verkehrssysteme Gesetzes sowie zur Erfüllung der Berichtspflicht aus Artikel 10 Absatz 2 der Delegierten Verordnung (EU) 2017/1926;
5. Daten im Sinne von § 3a Absatz 1 Nummer 1 Buchstabe a, b und c an das Statistische *Bundesamt* und die jeweiligen Landesämter für Statistik zur Erfüllung von Aufgaben nach § 1 Nummer 7 des Verkehrsstatistikgesetzes.

(2) [1] Der Nationale Zugangspunkt darf Daten nach § 3a Absatz 1 in anonymisierter Form ferner zur Verfügung stellen

1. den Bundesministerien für eigene oder in deren Auftrag durchzuführende wissenschaftliche Studien sowie

---

[1)] § 3b eingef. mWv 1.8.2021 durch G v. 16.4.2021 (BGBl. I S. 822).

2. den Ländern und Kommunen für hoheitliche Zwecke, wie etwa die Verkehrslenkung oder den Klimaschutz,

wenn die Daten zur Erreichung dieser Zwecke erforderlich sind. [2]Die Bundesministerien dürfen die nach Satz 1 erhaltenen Daten auch Dritten zur Durchführung wissenschaftlicher Studien zur Verfügung stellen, wenn die Dritten ihnen gegenüber die Fachkunde nachgewiesen und die vertrauliche Behandlung der Daten zugesichert haben.

(3) Behörden nach § 8 Absatz 3 sowie §§ 11 und 29 sind befugt,

1. Daten nach § 3a Absatz 1 Nummer 1 Buchstabe a und c sowie Nummer 2 Buchstabe a zu erheben, zu speichern und zu verwenden, soweit dies zur Überprüfung von Maßgaben nach den §§ 40, 41, 49 Absatz 4, § 50 Absatz 3 und 4 sowie §§ 51 und 51a erforderlich ist, und
2. Daten nach § 3a Absatz 1 Nummer 2 Buchstabe b zu erheben, zu speichern und zu verwenden, soweit dies zur Überwachung von Maßgaben nach § 49 Absatz 4, § 50 Absatz 3 und 4 sowie § 51a Absatz 4 erforderlich ist.

(4) Erbringer bedarfsgesteuerter Mobilitätsdienstleistungen oder multimodaler Reiseinformationsdienste für Endnutzer nach Artikel 2 Nummer 12 der Delegierten Verordnung (EU) 2017/1926 sind befugt, Daten nach § 3a Absatz 1 zu erheben, zu speichern und zu verwenden, soweit dies zur Erbringung ihrer Dienste gegenüber Endnutzern erforderlich ist.

(5) Das Bundesministerium für Verkehr und digitale Infrastruktur ist befugt, Daten nach § 3a Absatz 1 Nummer 1 und 2 Buchstabe a zu erheben, zu speichern und zu verwenden, soweit dies jeweils erforderlich ist

1. zur Erfüllung der Berichtspflichten nach § 66,
2. zur Fortentwicklung von Maßnahmen im Zusammenhang mit der Entwicklung intelligenter Verkehrssysteme nach § 4 des Intelligente Verkehrssysteme Gesetzes oder
3. zur Erfüllung der Berichtspflicht aus Artikel 10 Absatz 2 der Delegierten Verordnung (EU) 2017/1926.

(6) Das Statistische Bundesamt und die Landesämter für Statistik sind befugt, Daten nach § 3a Absatz 1 Nummer 1 Buchstabe a, b und c zu erheben, zu speichern und zu verwenden, soweit dies zur Erstellung der Personenverkehrsstatistik nach § 1 Nummer 7 des Verkehrsstatistikgesetzes erforderlich ist.

§ 3c[1)] Datenlöschung. (1) [1]Der Nationale Zugangspunkt und Behörden nach § 8 Absatz 3 sowie §§ 11 und 29 haben personenbezogene Daten unverzüglich zu löschen, wenn sie für die in § 3b Absatz 1 oder 3 genannten Zwecke nicht mehr erforderlich sind, spätestens jedoch

1. sobald der jeweilige Empfänger
   a) im Fall von Adressdaten des Unternehmers Kenntnis über den Widerruf, die Rücknahme oder das Erlöschen der Genehmigung oder über den Ablauf der Geltungsdauer erlangt hat,
   b) im Fall von Adressdaten des Vermittlers Kenntnis über die Geschäftsaufgabe *erlangt hat und*

[1)] § 3c eingef. mWv 1.8.2021 durch G v. 16.4.2021 (BGBl. I S. 822).

2. im Fall von Daten nach § 3a Absatz 1 Nummer 2 Buchstabe b, soweit die Daten nicht durch Überschreiben gelöscht wurden, drei Monate nach deren Übermittlung.

[2] Der Nationale Zugangspunkt hat dynamische Daten nach § 3a Absatz 1 Nummer 2 Buchstabe b, bei denen er davon Kenntnis erlangt, dass auf Grund der besonderen Umstände des Einzelfalls die Gefahr besteht, dass mit diesen Daten Bewegungen und Standorte individualisierbarer Personen nachvollzogen werden können und diese Personen nicht in die Übermittlung eingewilligt haben, unverzüglich zu löschen.

(2) Erbringer bedarfsgesteuerter Mobilitätsdienstleistungen oder multimodaler Reiseinformationsdienste für Endnutzer nach Artikel 2 Nummer 12 der Delegierten Verordnung (EU) 2017/1926 haben personenbezogene Daten unverzüglich zu löschen, wenn sie für die in § 3b Absatz 4 genannten Zwecke nicht mehr erforderlich sind, spätestens jedoch wenn

1. im Fall von Adressdaten des Unternehmers Kenntnis über den Widerruf, die Rücknahme oder das Erlöschen der Genehmigung oder über den Ablauf der Geltungsdauer erlangt wurde,
2. im Fall von Adressdaten des Vermittlers Kenntnis über die Geschäftsaufgabe erlangt wurde,
3. im Fall von Daten nach § 3a Absatz 1 Nummer 2 Buchstabe b eine Reiseinformation an Endnutzer übermittelt wurde oder
4. ihnen durch den Nationalen Zugangspunkt die Zulassung zur Datenverarbeitung entzogen wurde.

(3) Das Bundesministerium für Verkehr und digitale Infrastruktur hat personenbezogene Daten zu löschen, wenn diese nicht mehr für die in § 3b Absatz 5 genannten Zwecke erforderlich sind, spätestens jedoch

1. ein Jahr nach Erfüllung der jeweiligen Berichtspflicht oder
2. ein Jahr nach Inkrafttreten einer Maßnahme nach § 4 des Intelligente Verkehrssysteme Gesetzes.

(4) Das Statistische Bundesamt und die Landesämter für Statistik haben personenbezogene Daten zu löschen, wenn diese nicht mehr für die in § 3b Absatz 6 genannten Zwecke erforderlich sind, spätestens jedoch ein Jahr nach Erstellung der jeweiligen Statistik.

§ 4[1] Straßenbahnen, Obusse, Kraftfahrzeuge. (1) Straßenbahnen sind Schienenbahnen, die

1. den Verkehrsraum öffentlicher Straßen benutzen und sich mit ihren baulichen und betrieblichen Einrichtungen sowie in ihrer Betriebsweise der Eigenart des Straßenverkehrs anpassen oder
2. einen besonderen Bahnkörper haben und in der Betriebsweise den unter Nummer 1 bezeichneten Bahnen gleichen oder ähneln

und ausschließlich oder überwiegend der Beförderung von Personen im Orts- oder Nachbarschaftsbereich dienen.

(2) Als Straßenbahnen gelten auch Bahnen, die als Hoch- und Untergrundbahnen, Schwebebahnen oder ähnliche Bahnen besonderer Bauart angelegt sind

[1] Siehe hierzu auch die Straßenbahn-Bau- und BetriebsO v. 11.12.1987 (BGBl. I S. 2648), zuletzt geänd. durch VO v. 1.10.2019 (BGBl. I S. 1410).

oder angelegt werden, ausschließlich oder überwiegend der Beförderung von Personen im Orts- oder Nachbarschaftsbereich dienen und nicht Bergbahnen oder Seilbahnen sind.

(3) Obusse im Sinne dieses Gesetzes sind elektrisch angetriebene, nicht an Schienen gebundene Straßenfahrzeuge, die ihre Antriebsenergie einer Fahrleitung entnehmen.

(4) Kraftfahrzeuge im Sinne dieses Gesetzes sind Straßenfahrzeuge, die durch eigene Maschinenkraft bewegt werden, ohne an Schienen oder eine Fahrleitung gebunden zu sein, und zwar sind

1. Personenkraftwagen: Kraftfahrzeuge, die nach ihrer Bauart und Ausstattung zur Beförderung von nicht mehr als neun Personen (einschließlich Führer) geeignet und bestimmt sind,
2. Kraftomnibusse: Kraftfahrzeuge, die nach ihrer Bauart und Ausstattung zur Beförderung von mehr als neun Personen (einschließlich Führer) geeignet und bestimmt sind,
3. Lastkraftwagen: Kraftfahrzeuge, die nach ihrer Bauart und Einrichtung zur Beförderung von Gütern bestimmt sind.

(5) Anhänger, die von den in Absatz 1 bis 4 genannten Fahrzeugen zur Personenbeförderung mitgeführt werden, sind den sie bewegenden Fahrzeugen gleichgestellt.

(6) Krankenkraftwagen im Sinne dieses Gesetzes sind Fahrzeuge, die für Krankentransport oder Notfallrettung besonders eingerichtet und nach dem Fahrzeugschein als Krankenkraftwagen anerkannt sind.

§ 5[1] Dokumente. Genehmigungen, einstweilige Erlaubnisse und Bescheinigungen oder deren Widerruf nach diesem Gesetz oder nach einer auf Grund dieses Gesetzes erlassenen Rechtsverordnung oder Allgemeinen Verwaltungsvorschrift sind schriftlich oder in elektronischer Form mit einer dauerhaft überprüfbaren Signatur nach § 37 Absatz 4 des Verwaltungsverfahrensgesetzes[2] zu erteilen.

§ 6 Umgehungsverbot. Die Verpflichtungen des Unternehmers nach diesem Gesetz werden durch rechtsgeschäftliche oder firmenrechtliche Gestaltungen oder Scheintatbestände, die zur Umgehung der Bestimmungen des Gesetzes geeignet sind, nicht berührt.

§ 7 Beförderung von Personen auf Lastkraftwagen und auf Anhängern hinter Lastkraftwagen und Zugmaschinen. (1) Zu einer Personenbeförderung, die nach diesem Gesetz genehmigungspflichtig ist, dürfen Lastkraftwagen sowie Anhänger jeder Art hinter Lastkraftwagen oder hinter Zugmaschinen nicht verwendet werden.

(2) Die Genehmigungsbehörde kann in Einzelfällen Ausnahmen zulassen.

[1] § 5 neu gef. mWv 1.8.2021 durch G v. 16.4.2021 (BGBl. I S. 822).
[2] Nr. **100**.

§ 8[1)] Förderung der Verkehrsbedienung und Ausgleich der Verkehrsinteressen im öffentlichen Personennahverkehr. (1) [1] Öffentlicher Personennahverkehr im Sinne dieses Gesetzes ist die allgemein zugängliche Beförderung von Personen mit Straßenbahnen, Obussen und Kraftfahrzeugen im Linienverkehr, die überwiegend dazu bestimmt sind, die Verkehrsnachfrage im Stadt-, Vorort- oder Regionalverkehr zu befriedigen. [2] Das ist im Zweifel der Fall, wenn in der Mehrzahl der Beförderungsfälle eines Verkehrsmittels die gesamte Reiseweite 50 Kilometer oder die gesamte Reisezeit eine Stunde nicht übersteigt.

(2) Öffentlicher Personennahverkehr ist auch der Verkehr mit Taxen oder Mietwagen, der eine der in Absatz 1 genannten Verkehrsarten ersetzt, ergänzt oder verdichtet.

(3) [1] Für die Sicherstellung einer ausreichenden den Grundsätzen des Klimaschutzes und der Nachhaltigkeit entsprechenden Bedienung der Bevölkerung mit Verkehrsleistungen im öffentlichen Personennahverkehr sind die von den Ländern benannten Behörden (Aufgabenträger) zuständig. [2] Der Aufgabenträger definiert dazu die Anforderungen an Umfang und Qualität des Verkehrsangebotes, dessen Umweltqualität sowie die Vorgaben für die verkehrsmittelübergreifende Integration der Verkehrsleistungen in der Regel in einem Nahverkehrsplan. [3] Der Nahverkehrsplan hat die Belange der in ihrer Mobilität oder sensorisch eingeschränkten Menschen mit dem Ziel zu berücksichtigen, für die Nutzung des öffentlichen Personennahverkehrs bis zum 1. Januar 2022 eine vollständige Barrierefreiheit zu erreichen. [4] Die in Satz 3 genannte Frist gilt nicht, sofern in dem Nahverkehrsplan Ausnahmen konkret benannt und begründet werden. [5] Im Nahverkehrsplan werden Aussagen über zeitliche Vorgaben und erforderliche Maßnahmen getroffen. [6] Bei der Aufstellung des Nahverkehrsplans sind die vorhandenen Unternehmer frühzeitig zu beteiligen; soweit vorhanden sind Behindertenbeauftragte oder Behindertenbeiräte, Verbände der in ihrer Mobilität oder sensorisch eingeschränkten Fahrgäste und Fahrgastverbände anzuhören. [7] Ihre Interessen sind angemessen und diskriminierungsfrei zu berücksichtigen. [8] Der Nahverkehrsplan bildet den Rahmen für die Entwicklung des öffentlichen Personennahverkehrs. [9] Die Länder können weitere Einzelheiten über die Aufstellung und den Inhalt der Nahverkehrspläne regeln.

(3a) [1] Die Genehmigungsbehörde wirkt im Rahmen ihrer Befugnisse nach diesem Gesetz und unter Beachtung des Interesses an einer wirtschaftlichen, den Klimaschutz und die Nachhaltigkeit sowie die Gleichwertigkeit der Lebensverhältnisse berücksichtigenden Verkehrsgestaltung an der Erfüllung der dem Aufgabenträger nach Absatz 3 Satz 1 obliegenden Aufgabe mit. [2] Sie hat hierbei einen Nahverkehrsplan zu berücksichtigen, der unter den Voraussetzungen des Absatzes 3 Satz 6 zustande gekommen ist und vorhandene Verkehrsstrukturen beachtet.

(3b) [1] Für Vereinbarungen von Verkehrsunternehmen und für Beschlüsse und Empfehlungen von Vereinigungen dieser Unternehmen gilt § 1 des Gesetzes gegen Wettbewerbsbeschränkungen[2)] nicht, soweit sie dem Ziel dienen, für eine Integration der Nahverkehrsbedienung, insbesondere für Verkehrskooperationen, für die

---

[1)] § 8 neu gef. mWv 1.1.1996 durch G v. 27.12.1993 (BGBl. I S. 2378); Abs. 3 Sätze 5–8 angef. durch G v. 26.8.1998 (BGBl. I S. 2521); Abs. 3 Sätze 3 und 4 eingef., bish. Sätze 3–8 werden Sätze 5–10 mWv 1.5.2002 durch G v. 27.4.2002 (BGBl. I S. 1467); Abs. 3 Satz 7 geänd. und Sätze 8–10 neu gef. mWv 1.7. 2005 durch G v. 7.7.2005 (BGBl. I S. 1954); Abs. 3 und 4 neu gef., Abs. 3a und 3b eingef. mWv 1.1.2013 durch G v. 14.12.2012 (BGBl. I S. 2598); Abs. 3b Satz 3 geänd. mWv 30.6.2013 durch G v. 26.6.2013 (BGBl. I S. 1738); Abs. 3 Satz 1 und Abs. 3a Satz 1 geänd. mWv 1.8.2021 durch G v. 16.4.2021 (BGBl. I S. 822).

[2)] **Schönfelder Nr. 74.**

Abstimmung oder den Verbund der Beförderungsentgelte und für die Abstimmung der Fahrpläne, zu sorgen. [2] Sie bedürfen zu ihrer Wirksamkeit der Anmeldung bei der Genehmigungsbehörde. [3] Für Vereinigungen von Unternehmen, die Vereinbarungen, Beschlüsse und Empfehlungen im Sinne von Satz 1 treffen, gilt § 19 Absatz 1 in Verbindung mit Absatz 2 Nummer 1 des Gesetzes gegen Wettbewerbsbeschränkungen entsprechend. [4] Verfügungen der Kartellbehörde, die solche Vereinbarungen, Beschlüsse oder Empfehlungen betreffen, ergehen im Benehmen mit der zuständigen Genehmigungsbehörde.

(4) [1] Verkehrsleistungen im öffentlichen Personennahverkehr sind eigenwirtschaftlich zu erbringen. [2] Eigenwirtschaftlich sind Verkehrsleistungen, deren Aufwand gedeckt wird durch Beförderungserlöse, Ausgleichsleistungen auf der Grundlage von allgemeinen Vorschriften nach Artikel 3 Absatz 2 und 3 der Verordnung (EG) Nr. 1370/2007[1)] des Europäischen Parlaments und des Rates vom 23. Oktober 2007 über öffentliche Personenverkehrsdienste auf Schiene und Straße und zur Aufhebung der Verordnungen (EWG) Nr. 1191/69 und (EWG) Nr. 1107/70 des Rates (ABl. L 315 vom 3.12.2007, S. 1) und sonstige Unternehmenserträge im handelsrechtlichen Sinne, soweit diese keine Ausgleichsleistungen für die Erfüllung gemeinwirtschaftlicher Verpflichtungen nach Artikel 3 Absatz 1 der Verordnung (EG) Nr. 1370/2007 darstellen und keine ausschließlichen Rechte gewährt werden. [3] Ausgleichszahlungen für die Beförderung von Personen mit Zeitfahrausweisen des Ausbildungsverkehrs nach § 45a sind aus dem Anwendungsbereich der Verordnung (EG) Nr. 1370/2007 ausgenommen.

§ 8a[2)] Vergabe öffentlicher Dienstleistungsaufträge. (1) [1] Soweit eine ausreichende Verkehrsbedienung für eine Gesamtleistung nach § 8a Absatz 2 Satz 4 oder für eine Teilleistung nicht entsprechend § 8 Absatz 4 Satz 1 möglich ist, ist die Verordnung (EG) Nr. 1370/2007[1)] maßgebend. [2] Die zuständige Behörde im Sinne der Verordnung (EG) Nr. 1370/2007 (zuständige Behörde) kann zur Sicherstellung einer ausreichenden Verkehrsbedienung allgemeine Vorschriften im Sinne des Artikels 3 Absatz 2 und 3 der Verordnung (EG) Nr. 1370/2007 erlassen oder öffentliche Dienstleistungsaufträge nach Maßgabe des Artikels 3 Absatz 1 der Verordnung (EG) Nr. 1370/2007 erteilen. [3] Wer zuständige Behörde ist, richtet sich nach dem Landesrecht; sie soll grundsätzlich mit dem Aufgabenträger nach § 8 Absatz 3 identisch sein.

(2) [1] Sind öffentliche Dienstleistungsaufträge im Sinne der Verordnung (EG) Nr. 1370/2007 für den Verkehr mit Straßenbahnen, Obussen oder mit Kraftfahrzeugen zugleich öffentliche Aufträge im Sinne des § 103 des Gesetzes gegen Wettbewerbsbeschränkungen[3)], gilt Teil 4 des Gesetzes gegen Wettbewerbsbeschränkungen. [2] Die zuständige Behörde ist auch in diesem Fall zur Veröffentlichung nach Artikel 7 Absatz 2 der Verordnung (EG) Nr. 1370/2007 (Vorabbekanntmachung) verpflichtet; die Veröffentlichung soll nicht früher als 27 Monate vor Betriebsbeginn erfolgen und hat den Hinweis auf die Antragsfrist in § 12 Absatz 6 zu enthalten. [3] In der Vorabbekanntmachung sollen die mit dem beabsichtigten Dienstleistungsauftrag verbundenen Anforderungen für Fahrplan, Beförderungsentgelt und Standards angegeben werden. [4] Es kann angegeben werden, inwieweit eine Vergabe als Gesamtleistung beabsichtigt ist (Netz, Teilnetz, Linienbündel, Linie). [5] Die Angaben können auch durch Verweis auf bestimmte Inhalte

---

[1)] ***Nipperdey I, Arbeitsrecht Nr. 883.***

[2)] § 8a eingef. mWv 1.1.2013 durch G v. 14.12.2012 (BGBl. I S. 2598); Abs. 2 Satz 1 und Abs. 7 Satz 1 geänd. mWv 18.4.2016 durch G v. 17.2.2016 (BGBl. I S. 203).

[3)] **Schönfelder Nr. 74.**

des Nahverkehrsplans im Sinne des § 8 Absatz 3 oder durch Verweis auf andere öffentlich zugängliche Dokumente geleistet werden.

(3) Die zuständige Behörde ist unter den in der Verordnung (EG) Nr. 1370/2007 genannten Voraussetzungen befugt, Verkehrsleistungen im Nahverkehr nach Artikel 5 Absatz 2 der Verordnung (EG) Nr. 1370/2007 selbst zu erbringen oder nach Artikel 5 Absatz 2 und 4 der Verordnung (EG) Nr. 1370/2007 direkt zu vergeben.

(4) [1]Bei der Vergabe eines öffentlichen Dienstleistungsauftrages nach Artikel 5 Absatz 3 und 4 der Verordnung (EG) Nr. 1370/2007 für den Verkehr mit Straßenbahnen, Obussen oder mit Kraftfahrzeugen sind die Interessen des Mittelstandes angemessen zu berücksichtigen. [2]Bei der Vergabe eines öffentlichen Dienstleistungsauftrages nach Artikel 5 Absatz 3 der Verordnung (EG) Nr. 1370/2007 sind Leistungen in Lose aufgeteilt zu vergeben.

(5) [1]Beabsichtigt die zuständige Behörde, Verkehrsleistungen im Nahverkehr selbst zu erbringen oder nach Artikel 5 Absatz 2 oder 4 der Verordnung (EG) Nr. 1370/2007 direkt zu vergeben, so hat sie interessierte Unternehmer auf Antrag über die Gründe für die beabsichtigte Entscheidung zu informieren. [2]Der Antrag ist innerhalb einer Frist von sechs Monaten nach der Vorabbekanntmachung zu stellen.

(6) Die Unternehmen können verlangen, dass die zuständige Behörde die Bestimmungen über die Vergabe öffentlicher Dienstleistungsaufträge einhält.

(7) [1]Die Vergabe eines öffentlichen Dienstleistungsauftrages nach Artikel 5 Absatz 2 bis 5 der Verordnung (EG) Nr. 1370/2007 für den Verkehr mit Straßenbahnen, Obussen oder Kraftfahrzeugen unterliegt der Nachprüfung nach Teil 4 Kapitel 2 des Gesetzes gegen Wettbewerbsbeschränkungen. [2]Die Prüfungsmöglichkeiten der Aufsichtsbehörde der zuständigen Behörde bleiben unberührt.

(8) [1]Die zuständige Behörde im Sinne der Verordnung (EG) Nr. 1370/2007 kann in dem öffentlichen Dienstleistungsauftrag ein ausschließliches Recht im Sinne von Artikel 2 Buchstabe f der Verordnung (EG) Nr. 1370/2007 gewähren. [2]Das ausschließliche Recht darf sich nur auf den Schutz der Verkehrsleistungen beziehen, die Gegenstand des öffentlichen Dienstleistungsauftrages sind. [3]Die zuständige Behörde bestimmt hierbei den räumlichen und zeitlichen Geltungsbereich sowie die Art der Personenverkehrsdienstleistungen, die unter Ausschluss anderer Betreiber zu erbringen sind. [4]Dabei dürfen solche Verkehre, die das Fahrgastpotenzial der geschützten Verkehre nur unerheblich beeinträchtigen, nicht ausgeschlossen werden.

§ 8b[1)] Wettbewerbliches Vergabeverfahren. (1) Ein wettbewerbliches Vergabeverfahren nach Artikel 5 Absatz 3 der Verordnung (EG) Nr. 1370/2007[2)] muss die Anforderungen nach den Absätzen 2 bis 7 erfüllen.

(2) [1]Die Bekanntmachung über das vorgesehene wettbewerbliche Vergabeverfahren muss allen in Betracht kommenden Bietern zugänglich sein. [2]Sie kann auf der Internetseite www.bund.de veröffentlicht werden. [3]Die Bekanntmachung muss alle für die Teilnahme an dem Vergabeverfahren erforderlichen Informationen enthalten, insbesondere Informationen über

[1)] § 8b eingef. mWv 1.1.2013 durch G v. 14.12.2012 (BGBl. I S. 2598); Abs. 7 Satz 2 geänd. mWv 18.4.2016 durch G v. 17.2.2016 (BGBl. I S. 203); Abs. 6 Satz 1 geänd. mWv 1.8.2021 durch G v. 16.4.2021 (BGBl. I S. 822).

[2)] **Nipperdey I, Arbeitsrecht Nr. 883.**

1. den vorgesehenen Ablauf des wettbewerblichen Vergabeverfahrens,
2. vorzulegende Nachweise der Fachkunde, Zuverlässigkeit und Leistungsfähigkeit (Eignungsnachweis),
3. Anforderungen an die Übermittlung von Unterlagen sowie
4. Zuschlagskriterien einschließlich deren vorgesehener Gewichtung.

(3) [1] Die Dienstleistungen sind eindeutig und umfassend zu beschreiben, sodass alle in Betracht kommenden Bieter die Beschreibung im gleichen Sinne verstehen müssen und miteinander vergleichbare Angebote zu erwarten sind. [2] Fristen sind unter Berücksichtigung der Komplexität der Dienstleistungen angemessen zu setzen.

(4) [1] Die Teilnehmer an dem wettbewerblichen Vergabeverfahren sind gleich zu behandeln. [2] Der Zuschlag ist auf das unter Berücksichtigung aller Umstände wirtschaftlichste Angebot zu erteilen.

(5) Werden Unteraufträge zugelassen, kann vorgegeben werden, dass die Übertragung von Unteraufträgen nach wettbewerblichen Grundsätzen vorzunehmen ist.

(6) [1] Das Vergabeverfahren ist von Beginn an fortlaufend zu dokumentieren. [2] Alle wesentlichen Entscheidungen sind zu begründen.

(7) [1] Der Aufgabenträger hat die nicht berücksichtigten Bieter über den Namen des ausgewählten Unternehmens, über die Gründe für ihre Nichtberücksichtigung und über den frühesten Zeitpunkt der Beauftragung unverzüglich zu informieren. [2] Die §§ 134 und 135 des Gesetzes gegen Wettbewerbsbeschränkungen[1)] gelten entsprechend.

II. Genehmigung

§ 9[2)] Umfang der Genehmigung. (1) Die Genehmigung wird erteilt

1. bei einem Verkehr mit Straßenbahnen für den Bau, den Betrieb und die Linienführung,
2. bei einem Verkehr mit Obussen für den Bau, den Betrieb und die Linienführung,
3. bei einem Linienverkehr mit Kraftfahrzeugen für die Einrichtung, die Linienführung und den Betrieb,

3a. bei einem Linienbedarfsverkehr mit Kraftfahrzeugen abweichend von Nummer 3 für die Einrichtung, das Gebiet, in dem der Verkehr durchgeführt wird, und den Betrieb,

4. bei einem Gelegenheitsverkehr mit Kraftomnibussen für den Betrieb,
5. bei einem Gelegenheitsverkehr mit Personenkraftwagen für die Form des Gelegenheitsverkehrs und den Betrieb mit bestimmten Kraftfahrzeugen unter Angabe ihrer amtlichen Kennzeichen und ergänzend bei einem gebündelten Bedarfsverkehr für das Gebiet, in dem der Verkehr durchgeführt wird.

(2) Soweit es die Zielsetzung des § 8 erfordert, kann in den Fällen des Absatzes 1 Nr. 1 bis 3 die Genehmigung für eine Linie oder für mehrere Linien gebündelt erteilt werden.

[1)] **Schönfelder Nr. 74.**

[2)] § 9 Abs. 2 eingef. mWv 1.1.1996 durch G v. 27.12.1993 (BGBl. I S. 2378); Abs. 1 Nr. 4 neu gef., Nr. 5 angef. und Abs. 4 aufgeh. mWv 1.9.2007 durch G v. 14.8.2006 (BGBl. I S. 1962); Abs. 1 Nr. 3a eingef., Nr. 5 geänd. mWv 1.8.2021 durch G v. 16.4.2021 (BGBl. I S. 822).

(3) (weggefallen)

§ 10 Entscheidung in Zweifelsfällen. Entstehen Zweifel darüber, ob eine Personenbeförderung den Vorschriften dieses Gesetzes unterliegt oder welcher Verkehrsart oder Verkehrsform ein Verkehr zugehört oder wer Unternehmer im Sinne des § 3 Abs. 1 und 2 ist, so entscheidet die für den Sitz des Unternehmers zuständige, von der Landesregierung bestimmte Behörde.

§ 11[1] Genehmigungsbehörden. (1) Die Genehmigung erteilt die von der Landesregierung bestimmte Behörde.

(2) Zuständig ist

1. bei einem Straßenbahn-, Obusverkehr oder einem Linienverkehr mit Kraftfahrzeugen die Genehmigungsbehörde, in deren Bezirk der Verkehr ausschließlich betrieben werden soll,
2. bei einem Gelegenheitsverkehr mit Kraftfahrzeugen die Genehmigungsbehörde, in deren Bezirk der Unternehmer seinen Sitz oder seine Niederlassung im Sinne des Handelsrechts hat.

(3) [1] Soll ein Straßenbahn-, Obusverkehr oder ein Linienverkehr mit Kraftfahrzeugen in den Bezirken mehrerer Genehmigungsbehörden desselben Landes betrieben werden, so ist die Genehmigungsbehörde zuständig, in deren Bezirk die Linie ihren Ausgangspunkt hat. [2] Wird eine Genehmigung gemäß § 9 Absatz 2 für mehrere Linien gebündelt erteilt, ist die Genehmigungsbehörde zuständig, in deren Bezirk die Mehrzahl der Linien betrieben werden soll. [3] Bestehen Zweifel über die Zuständigkeit, so wird die zuständige Genehmigungsbehörde von der von der Landesregierung bestimmten Behörde benannt. [4] Die zuständige Genehmigungsbehörde trifft ihre Entscheidung im Einvernehmen mit den an der Linienführung beteiligten Genehmigungsbehörden; Genehmigungsbehörden, deren Bezirke im Transit durchfahren werden, sind nicht zu beteiligen. [5] Kommt ein Einvernehmen nicht zustande, so entscheidet die von der Landesregierung bestimmte Behörde.

(4) [1] Soll ein Straßenbahn-, Obus- oder Linienverkehr mit Kraftfahrzeugen in mehreren Ländern betrieben werden, so ist Absatz 3 Satz 1, 2 und 4 entsprechend anzuwenden. [2] Bestehen zwischen den beteiligten Ländern Zweifel über die Zuständigkeit und kommt eine Einigung der obersten Landesverkehrsbehörden darüber nicht zustande, so entscheidet auf Antrag einer beteiligten obersten Landesverkehrsbehörde das Bundesministerium für Verkehr und digitale Infrastruktur. [3] Das gleiche gilt, wenn über die Entscheidung eines Genehmigungsantrages zwischen den Genehmigungsbehörden der beteiligten Länder ein Einvernehmen nicht hergestellt und auch ein Einvernehmen zwischen den obersten Landesverkehrsbehörden darüber nicht erzielt werden kann.

§ 12[2] Antragstellung. (1) [1] Der Antrag auf Erteilung der Genehmigung soll enthalten

---

[1] § 11 Abs. 3 Satz 3 geänd. durch G v. 27.12.1993 (BGBl. I S. 2378); Abs. 4 Satz 2 geänd. mWv 7.11. 2001 durch VO v. 29.10.2001 (BGBl. I S. 2785); Abs. 4 Satz 2 geänd. mWv 8.11.2006 durch VO v. 31.10.2006 (BGBl. I S. 2407); Abs. 4 Satz 2 geänd. mWv 8.9.2015 durch VO v. 31.8.2015 (BGBl. I S. 1474); Abs. 3 Satz 2 eingef., bish. Sätze 2–4 werden Sätze 3–5, Abs. 4 Satz 1 neu gef. mWv 1.8.2021 durch G v. 16.4.2021 (BGBl. I S. 822).

[2] § 12 Abs. 1 Nr. 1 Buchst. b geänd. und Buchst. c angef. mWv 1.5.2002 durch G v. 27.4.2002 (BGBl. I S. 1467); Abs. 1 Nr. 1 Buchst. c geänd. Nr. 1 Buchst. d und 1 Buchst. e und Satz 2 und Abs. 5–8 angef., Abs. 1a eingef. mWv 1.1.2013 durch G v. 14.12.2012 (BGBl. I S. 2598); Abs. 1 Satz 1 Nr. 1 →

1. in allen Fällen
   a) Namen sowie Wohn- und Betriebssitz des Antragstellers, bei natürlichen Personen außerdem Geburtstag und Geburtsort,
   b) Angaben darüber, ob der Antragsteller bereits eine Genehmigung für eine Verkehrsart besitzt oder besessen hat,
   c) eine Darstellung der Maßnahmen zur Erreichung des Ziels der vollständigen Barrierefreiheit des beantragten Verkehrs entsprechend den Aussagen im Nahverkehrsplan (§ 8 Absatz 3 Satz 3),
   d) Beginn und Ende der beantragten Geltungsdauer,
   e) gegebenenfalls den Nachweis über einen öffentlichen Dienstleistungsauftrag im Sinne von Artikel 3 Absatz 1 der Verordnung (EG) Nr. 1370/2007[1];
2. bei einem Straßenbahn- oder Obusverkehr
   a) eine Übersichtskarte, in der die beantragte Strecke mit Haltestellen und alle in dem Verkehrsgebiet bereits vorhandenen Schienenbahnen, Obuslinien, Kraftfahrzeuglinien und Schiffahrtslinien, letztere soweit sie dem Berufsverkehr dienen, eingezeichnet sind,
   b) Beförderungsentgelte und Fahrplan,
   c) auf Verlangen der Genehmigungsbehörde einen Bauplan mit Kostenanschlag sowie Beschreibung der Anlage, Angaben über die höchste und tiefste Lage des Fahrdrahts, Längs- und Querschnitte sowie Pläne für notwendige Änderungen an öffentlichen Straßen, Beschreibung der Fahrzeuge einschließlich der Schaltpläne und der Betriebsweise;
3. bei einem Linienverkehr mit Kraftfahrzeugen
   a) eine Übersichtskarte in der unter Nummer 2 Buchstabe a beschriebenen Form,
   b) die Länge der Linie, bei Unterwegsbedienung auch der Teilstrecken, in Kilometern,
   c) Angaben über die Zahl, die Art und das Fassungsvermögen (Sitz- und Stehplätze) der zu verwendenden Fahrzeuge,
   d) Beförderungsentgelte und Fahrplan;

3a. bei einem Linienbedarfsverkehr mit Kraftfahrzeugen abweichend von Nummer 3
   a) eine Übersichtskarte, in der das beantragte Gebiet und alle in dem Gebiet bereits vorhandenen Verkehre entsprechend den Vorgaben in Nummer 2 Buchstabe a eingezeichnet sind,
   b) Angaben über die Anzahl, die Art und das Fassungsvermögen der zu verwendenden Fahrzeuge und
   c) Beförderungsentgelte und Bedienzeiten;

4. bei einem Gelegenheitsverkehr mit Kraftfahrzeugen
   a) Verkehrsform des Gelegenheitsverkehrs (§ 46),
   b) Angaben über die Zahl, die Art und das Fassungsvermögen (Sitzplätze) der zu verwendenden Fahrzeuge,

---

(Fortsetzung der Anm. von voriger Seite)
Buchst. c neu gef., Nr. 3a eingef., Nr. 4 Buchst. b geänd., Buchst. c sowie Satz 3 und Abs. 3 Satz 3 angef. mWv 1.8.2021 durch G v. 16.4.2021 (BGBl. I S. 822).

[1] **Nipperdey I, Arbeitsrecht Nr. 883.**

c) und ergänzend bei einem gebündelten Bedarfsverkehr eine Übersichtskarte, in der das Gebiet, in dem der Verkehr durchgeführt werden soll, eingezeichnet ist.

[2] Bei einem Personenfernverkehr (§ 42a Satz 1) genügt abweichend von Satz 1 Nummer 3 Buchstabe a eine Übersichtskarte, in der die beantragte Strecke mit Haltestellen eingezeichnet ist und abweichend von Satz 1 Nummer 3 Buchstabe d der Fahrplan. [3] Der Antrag auf Erteilung der Genehmigung sowie die dafür notwendigen Dokumente können in elektronischer Form eingereicht werden.

(1a) Um bestimmte Standards des beantragten Verkehrs verbindlich zuzusichern, kann der Antragsteller dem Genehmigungsantrag weitere Bestandteile hinzufügen, die als verbindliche Zusicherungen zu bezeichnen sind.

(2) Dem Antrag sind Unterlagen beizufügen, die ein Urteil über die Zuverlässigkeit des Antragstellers und die Sicherheit und Leistungsfähigkeit des Betriebs ermöglichen.

(3) [1] Die Genehmigungsbehörde kann weitere Angaben und Unterlagen, insbesondere Vorlage eines polizeilichen Führungszeugnisses, verlangen. [2] Sie hat bei einem Antrag auf Erteilung der Genehmigung von Linien- oder Gelegenheitsverkehr mit Kraftfahrzeugen das Kraftfahrt-Bundesamt um Auskunft über den Antragsteller zu ersuchen. [3] Bei einem Personenfernverkehr kann sie geeignete Unterlagen verlangen, aus denen sich ergibt, dass die zuständigen Stellen vor Ort den beantragten Haltestellen zugestimmt haben.

(4) [1] Das Genehmigungsverfahren soll im Falle des § 3 Abs. 3 erst dann eingeleitet werden, wenn auch der Antrag auf Erteilung der Genehmigung für den Betrieb vorliegt. [2] Die Verfahren sind nach Möglichkeit miteinander zu verbinden.

(5) [1] Der Antrag auf Erteilung einer Genehmigung für einen eigenwirtschaftlichen Verkehr mit Straßenbahnen, Obussen oder Kraftfahrzeugen im Linienverkehr ist spätestens zwölf Monate vor dem Beginn des beantragten Geltungszeitraums zu stellen. [2] Die Genehmigungsbehörde kann verspätete Anträge zulassen, wenn kein genehmigungsfähiger Antrag gestellt worden ist. [3] Die Genehmigungsbehörde kann andere Termine setzen. [4] Sie muss hierauf in der Bekanntmachung nach § 18 hinweisen. [5] Danach sind Ergänzungen und Änderungen von Anträgen nur dann zulässig, wenn sie von der Genehmigungsbehörde im öffentlichen Verkehrsinteresse angeregt worden sind.

(6) [1] Beabsichtigt die zuständige Behörde die Vergabe eines öffentlichen Dienstleistungsauftrages nach Artikel 5 Absatz 2 bis 4 der Verordnung (EG) Nr. 1370/2007 oder nach dem Vierten Teil des Gesetzes gegen Wettbewerbsbeschränkungen, ist der Antrag auf Erteilung einer Genehmigung für einen eigenwirtschaftlichen Verkehr mit Straßenbahnen, Obussen oder Kraftfahrzeugen im Linienverkehr spätestens drei Monate nach der Vorabbekanntmachung zu stellen. [2] Die Genehmigungsbehörde kann im Einvernehmen mit dem Aufgabenträger verspätete Anträge *zulassen.* [3] *Das Einvernehmen* des Aufgabenträgers nach Satz 2 gilt als erteilt, wenn der von dem Aufgabenträger beauftragte Verkehr den im Rahmen der Vorabbekanntmachung gesetzten Anforderungen nach § 8a Absatz 2 Satz 3 bis 5 nicht entspricht.

(7) [1] Der Antrag auf Erteilung einer Genehmigung für Verkehr mit Straßenbahnen, Obussen oder Kraftfahrzeugen im Linienverkehr im Sinne von § 8a Absatz 1 Satz 1 in Verbindung mit Artikel 3 Absatz 1 der Verordnung (EG) Nr. 1370/2007 soll spätestens sechs Monate vor dem Beginn der beantragten Geltungsdauer gestellt werden. [2] Die Genehmigungsbehörde kann auf Antrag die Frist verkürzen.

(8) Die Absätze 5 und 6 gelten nicht für den Personenfernverkehr (§ 42a Satz 1).

§ 13[1] **Voraussetzung der Genehmigung.** (1) [1]Die Genehmigung darf nur erteilt werden, wenn

1. die Sicherheit und die Leistungsfähigkeit des Betriebs gewährleistet sind,
2. keine Tatsachen vorliegen, die die Unzuverlässigkeit des Antragstellers als Unternehmer oder der für die Führung der Geschäfte bestellten Personen dartun,
3. der Antragsteller als Unternehmer oder die für die Führung der Geschäfte bestellte Person fachlich geeignet ist und
4. der Antragsteller und die von ihm mit der Durchführung von Verkehrsleistungen beauftragten Unternehmer ihren Betriebssitz oder ihre Niederlassung im Sinne des Handelsrechts im Inland haben.

[2]Die fachliche Eignung nach Satz 1 Nr. 3 wird durch eine angemessene Tätigkeit in einem Unternehmen des Straßenpersonenverkehrs oder durch Ablegung einer Prüfung nachgewiesen.

(1a) Abweichend von Absatz 1 darf beim Verkehr mit Kraftomnibussen die Genehmigung nur erteilt werden, wenn die Anforderungen nach Artikel 3 Absatz 1 der Verordnung (EG) Nr. 1071/2009 des Europäischen Parlaments und des Rates vom 21. Oktober 2009 zur Festlegung gemeinsamer Regeln für die Zulassung zum Beruf des Kraftverkehrsunternehmers und zur Aufhebung der Richtlinie 96/26/EG des Rates (ABl. L 300 vom 14.11.2009, S. 51) erfüllt sind.

(2) [1]Beim Straßenbahn-, Obusverkehr und Linienverkehr mit Kraftfahrzeugen ist die Genehmigung zu versagen, wenn

1. der Verkehr auf Straßen durchgeführt werden soll, die sich aus Gründen der Verkehrssicherheit oder wegen ihres Bauzustandes hierfür nicht eignen,
2. der beantragte Verkehr ein ausschließliches Recht im Sinne von Artikel 2 Buchstabe f der Verordnung (EG) Nr. 1370/2007[2] verletzt, das von der zuständigen Behörde nach § 8a Absatz 1 in einem öffentlichen Dienstleistungsauftrag nach Artikel 3 Absatz 1 der Verordnung (EG) Nr. 1370/2007 unter Beachtung der in § 8a Absatz 8 genannten Voraussetzungen gewährt wurde,
3. durch den beantragten Verkehr die öffentlichen Verkehrsinteressen beeinträchtigt werden, insbesondere
   a) der Verkehr mit den vorhandenen Verkehrsmitteln befriedigend bedient werden kann,
   b) der beantragte Verkehr ohne eine wesentliche Verbesserung der Verkehrsbedienung Verkehrsaufgaben wahrnehmen soll, die vorhandene Unternehmen oder Eisenbahnen bereits wahrnehmen,
   c) die für die Bedienung dieses Verkehrs vorhandenen Unternehmen oder Eisenbahnen bereit sind, die notwendige Ausgestaltung des Verkehrs innerhalb einer von der Genehmigungsbehörde festzusetzenden Frist und, soweit

[1] § 13 Abs. 2 Nr. 2 Buchst. c und Abs. 3 geänd., Abs. 2a eingef. mWv 1.1.1996 durch G v. 27.12.1993 (BGBl. I S. 2378); Abs. 2a geänd. mWv 1.5.2002 durch G v. 27.4.2002 (BGBl. I S. 1467); Abs. 1 neu gef. mWv 18.8.2006 durch G v. 14.8.2006 (BGBl. I S. 1962); Abs. 1a eingef. mWv 26.11.2011 durch G v. *22.11.2011 (BGBl. I S. 2272)*; Abs. 2 neu gef., Abs. 2a Satz 1 und Abs. 3 2. Halbs.geänd., Abs. 2a Sätze 2–6 angef., Abs. 2b und 2c eingef.,mWv 1.1.2013 durch G v. 14.12.2012 (BGBl. I S. 2598); Abs. 5a und 5b eingef. mWv 1.8.2021 durch G v. 16.4.2021 (BGBl. I S. 822).

[2] **Nipperdey I, Arbeitsrecht Nr. 883.**

es sich um öffentlichen Personennahverkehr handelt, unter den Voraussetzungen des § 8 Absatz 3 selbst durchzuführen oder

d) der beantragte Verkehr einzelne ertragreiche Linien oder ein Teilnetz aus einem vorhandenen Verkehrsnetz oder aus einem im Nahverkehrsplan im Sinne des § 8 Absatz 3 festgelegten Linienbündel herauslösen würde.

[2] Satz 1 Nummer 2 und 3 gilt nicht für den Personenfernverkehr (§ 42a Satz 1).

(2a) [1] Im öffentlichen Personennahverkehr kann die Genehmigung versagt werden, wenn der beantragte Verkehr mit einem Nahverkehrsplan im Sinne des § 8 Abs. 3 nicht in Einklang steht. [2] Die Genehmigung ist zu versagen, wenn ein in der Frist nach § 12 Absatz 6 gestellter Antrag die in der Vorabbekanntmachung beschriebenen Anforderungen nicht erfüllt oder sich nur auf Teilleistungen bezieht, es sei denn, die zuständige Behörde erteilt gegenüber der Genehmigungsbehörde ihr Einvernehmen zu den beantragten Abweichungen. [3] Die Genehmigung ist zu erteilen, wenn der beantragte und in seinen Bestandteilen verbindlich zugesicherte Verkehr mindestens dem bisherigen Verkehrsangebot entspricht und darüber hinaus von den in der Vorabbekanntmachung beschriebenen weitergehenden Anforderungen zur Sicherstellung der ausreichenden Verkehrsbedienung nur unwesentlich abweicht. [4] Als wesentlich gelten grundsätzlich Abweichungen von Anforderungen zu Linienweg und Haltestellen, zu Bedienungshäufigkeit und Bedienungszeitraum, zur Abstimmung der Fahrpläne und zur Barrierefreiheit. [5] Das Gleiche gilt für Anforderungen zur Anwendung verbundener Beförderungstarife und Beförderungsbedingungen, für die ein Ausgleich nach der Verordnung (EG) Nr. 1370/2007 gezahlt werden soll. [6] Sofern diese Abweichungen Anforderungen betreffen, die über das bisherige Verkehrsangebot hinausgehen, sind sie nur dann wesentlich, wenn der Unternehmer, der diesen Verkehr bisher betrieben hat, hierzu angehört wurde und diese Anforderungen für die ausreichende Verkehrsbedienung erforderlich sind.

(2b) [1] Werden im öffentlichen Personennahverkehr mehrere Anträge gestellt, die sich ganz oder zum Teil auf die gleiche oder im Wesentlichen gleiche Verkehrsleistung beziehen, so ist die Auswahl des Unternehmers danach vorzunehmen, wer die beste Verkehrsbedienung anbietet. [2] Hierbei sind insbesondere die Festlegungen eines Nahverkehrsplans im Sinne des § 8 Absatz 3 zu berücksichtigen.

(2c) Auf Antrag des Aufgabenträgers ist die Genehmigungsbehörde verpflichtet, die Erfüllung der in den Absätzen 1, 1a und 2 Satz 1 Nummer 1 genannten Voraussetzungen bereits im Verfahren der Vergabe eines öffentlichen Dienstleistungsauftrages zu prüfen.

(3) Ist ein Verkehr von einem Unternehmer jahrelang in einer dem öffentlichen Verkehrsinteresse entsprechenden Weise betrieben worden, so ist dieser Umstand, im öffentlichen Personennahverkehr unter den Voraussetzungen des § 8 Abs. 3, angemessen zu berücksichtigen; das gilt auch im Falle des Absatzes 2 Nummer 3.

(4) [1] Beim Verkehr mit Taxen ist die Genehmigung zu versagen, wenn die öffentlichen Verkehrsinteressen dadurch beeinträchtigt werden, daß durch die Ausübung des beantragten Verkehrs das örtliche Taxengewerbe in seiner Funktionsfähigkeit bedroht wird. [2] Hierbei sind für den Bezirk der Genehmigungsbehörde insbesondere zu berücksichtigen

1. die Nachfrage nach Beförderungsaufträgen im Taxenverkehr,
2. die Taxendichte,
3. die Entwicklung der Ertrags- und Kostenlage unter Einbeziehung der Einsatzzeit,

4. die Anzahl und Ursachen der Geschäftsaufgaben.

[3] Zur Feststellung der Auswirkungen früher erteilter Genehmigungen auf die öffentlichen Verkehrsinteressen soll die Genehmigungsbehörde vor der Entscheidung über neue Anträge einen Beobachtungszeitraum einschalten. [4] Der Beobachtungszeitraum soll höchstens ein Jahr seit der letzten Erteilung einer Genehmigung betragen.

(5) [1] Bei der Erteilung der Genehmigung für den Taxenverkehr sind Neubewerber und vorhandene Unternehmer angemessen zu berücksichtigen. [2] Innerhalb der Gruppen sollen die Antragsteller nach der zeitlichen Reihenfolge des Eingangs der Anträge berücksichtigt werden. [3] Ein Antragsteller wird unabhängig vom Zeitpunkt der Antragstellung nachrangig behandelt, wenn er

1. das Taxengewerbe nicht als Hauptbeschäftigung zu betreiben beabsichtigt,
2. sein Unternehmen nicht als Hauptbeschäftigung betrieben hat oder innerhalb der letzten acht Jahre ganz oder teilweise veräußert oder verpachtet hat oder
3. seiner Betriebspflicht nicht ordnungsgemäß nachgekommen ist.

[4] Einem Antragsteller darf jeweils nur eine Genehmigung erteilt werden, sofern nicht mehr Genehmigungen erteilt werden können, als Antragsteller vorhanden sind. [5] Die Genehmigung ist Neubewerbern für die Dauer von zwei Jahren zu erteilen; die aus der Genehmigung erwachsenden Rechte und Pflichten dürfen während dieses Zeitraumes nicht übertragen werden.

(5a) [1] Bei einem gebündelten Bedarfsverkehr kann die Genehmigung versagt werden, wenn die öffentlichen Verkehrsinteressen dadurch beeinträchtigt werden, dass durch die Ausübung des beantragten Verkehrs die Verkehrseffizienz im beantragten Bediengebiet nicht mehr sichergestellt ist. [2] Hierbei sind für den Bezirk der Genehmigungsbehörde von dieser zu berücksichtigen:

1. die Festsetzung der zulässigen Höchstzahl der genehmigungsfähigen Fahrzeuge der zuständigen Behörde und
2. die Anzahl der bereits genehmigten Fahrzeuge im gebündelten Bedarfsverkehr.

(5b) [1] Beim Verkehr mit Taxen, Mietwagen sowie beim gebündelten Bedarfsverkehr kann die Genehmigung versagt werden, wenn die mit dem Verkehr beantragten Fahrzeuge nicht die Anforderungen der Emissionsvorgaben im Sinne von § 64b erfüllen. [2] Beim Verkehr mit Taxen und im gebündelten Bedarfsverkehr kann die Genehmigung darüber hinaus versagt werden, wenn die mit dem Verkehr beantragten Fahrzeuge nicht die Vorgaben zur Barrierefreiheit im Sinne von § 64c erfüllen.

(6) Bei juristischen Personen des öffentlichen Rechts gelten die Genehmigungsvoraussetzungen nach Absatz 1 als gegeben.

(7) Bei der Genehmigung in den Fällen des § 2 Abs. 2 Nr. 2 und 3 sind die Absätze 2, 4 und 5 Satz 1, 2, 4 und 5 nicht anzuwenden.

§ 13a[1] *(aufgehoben)*

§ 14[2] Anhörungsverfahren. (1) [1] Vor der Entscheidung über den Antrag auf Erteilung der Genehmigung für die Beförderung von Personen mit Straßenbah-

---

[1] *§ 13a aufgeh. mWv 1.1.2013* durch G v. 14.12.2012 (BGBl. I S. 2598).

[2] § 14 Abs. 1 Nr. 2, Abs. 2 Satz 1 und Abs. 5 geänd., Abs. 4 neu gef. durch G v. 27.12.1993 (BGBl. I S. 2378); Abs. 3 Satz 1 neu gef. mWv 26.8.2006 durch G v. 22.8.2006 (BGBl. I S. 1970); Überschr. neu gef., Abs. 1 Nr. 2 neu gef., Abs. 1 Satz 2 und Abs. 5 Satz 2 angef., Abs. 3 Satz 1 geänd. mWv 1.1.2013 →

nen, Obussen oder mit Kraftfahrzeugen im Linienverkehr hat die Genehmigungsbehörde

1. die Unternehmer, die im Einzugsbereich des beantragten Verkehrs Eisenbahn-, Straßenbahn-, Obusverkehr oder Linienverkehr mit Kraftfahrzeugen betreiben, zu hören;
2. die Stellungnahmen der im Einzugsbereich des beantragten Verkehrs liegenden Gemeinden, bei kreisangehörigen Gemeinden auch der Landkreise, der Aufgabenträger und der Verbundorganisationen, soweit diese Aufgaben für die Aufgabenträger oder Unternehmer wahrnehmen, der örtlich zuständigen Träger der Straßenbaulast, der nach Landesrecht zuständigen Planungsbehörden und der für Gewerbeaufsicht zuständigen Behörden sowie anderer Behörden, deren Aufgaben durch den Antrag berührt werden, einzuholen;
3. die Industrie- und Handelskammern, die betroffenen Fachgewerkschaften und die Fachverbände der Verkehrtreibenden gutachtlich zu hören; sie kann auch weitere Stellen hören.

[2] Bei einem Antrag auf Erteilung einer Genehmigung für einen eigenwirtschaftlichen Verkehr mit Straßenbahnen, Obussen oder Kraftfahrzeugen im Linienverkehr ist das Anhörungsverfahren erst nach dem Ablauf der Antragsfrist in § 12 Absatz 5 oder 6 durchzuführen.

(2) [1] Vor der Entscheidung über den Antrag auf Erteilung einer Genehmigung für die Beförderung von Personen mit Kraftfahrzeugen im Gelegenheitsverkehr hat die Genehmigungsbehörde die Gemeinde, in deren Gebiet der Betriebssitz des Unternehmers liegt, die nach Landesrecht für die Gewerbeaufsicht zuständige Behörde, die Industrie- und Handelskammer, die Fachgewerkschaften und Verkehrsverbände gutachtlich zu hören. [2] Sie kann auch weitere Stellen hören.

(3) [1] Die Genehmigungsbehörde kann von der Durchführung des Anhörungsverfahrens absehen, wenn sie aus eigener Kenntnis der Sachlage dem Antrag nicht entsprechen will oder in den Fällen des § 2 Abs. 2 die Durchführung des Anhörungsverfahrens nicht zur Sachverhaltsaufklärung erforderlich ist. [2] Wird bei einem Gelegenheitsverkehr mit Kraftfahrzeugen ein Kraftfahrzeugaustausch beantragt, ist davon abzusehen.

(4) [1] Die in den Absätzen 1 und 2 genannten Personen und Stellen können sich zu dem Antrag schriftlich gegenüber der Genehmigungsbehörde äußern. [2] Stellungnahmen sind zu berücksichtigen, wenn diese binnen zwei Wochen, nachdem die Behörde die Vorgenannten über den Antrag in Kenntnis gesetzt hat, bei der Behörde eingehen.

(5) [1] Bei Anträgen auf Erteilung einer Genehmigung für grenzüberschreitende Gelegenheitsverkehre oder für Transitverkehre sind die Absätze 1 bis 4 nicht anzuwenden. [2] Bei Anträgen auf Erteilung einer Genehmigung für einen Personenfernverkehr (§ 42a Satz 1) sind nach Absatz 1 Satz 1 Nummer 1 nur die Unternehmer zu hören, deren Rechte nach § 42a Satz 3 berührt sein können; Absatz 1 Satz 1 Nummer 3 ist nicht anzuwenden.

(Fortsetzung der Anm. von voriger Seite)
durch G v. 14.12.2012 (BGBl. I S. 2598); Abs. 5 Satz 2 geänd. mWv 1.8.2021 durch G v. 16.4.2021 (BGBl. I S. 822).

§ 15[1] **Erteilung und Versagung der Genehmigung.** (1) [1]Die Entscheidung über den Antrag erfolgt schriftlich; sie ist den Antragstellern und, soweit diese Einwendungen erhoben haben, auch den in § 14 Abs. 1 Nr. 1 und 2 genannten Personen und Stellen zuzustellen. [2]Über den Antrag ist innerhalb von 3 Monaten nach Eingang bei der Genehmigungsbehörde zu entscheiden. [3]Kann die Prüfung des Antrags in dieser Zeit nicht abgeschlossen werden, ist die Frist vor ihrem Ablauf in einem den Antragstellern mitzuteilenden Zwischenbescheid um den Zeitraum zu verlängern, der notwendig ist, um die Prüfung abschließen zu können. [4]Die Verlängerung der in Satz 2 bezeichneten Frist darf höchstens 3 Monate betragen. [5]Die Genehmigung gilt als erteilt, wenn sie nicht innerhalb der Frist versagt wird. [6]Die Frist für eine Entscheidung über einen Antrag auf Erteilung einer Genehmigung für einen Verkehr mit Straßenbahnen, Obussen oder Kraftfahrzeugen im Linienverkehr beginnt frühestens mit dem ersten Kalendertag nach dem Ablauf der Antragsfrist in § 12 Absatz 5 oder 6.

(2) [1]Ist die Entscheidung über den Antrag unanfechtbar geworden, wird dem Antragsteller eine Genehmigungsurkunde erteilt. [2]Einer juristischen Person darf die Genehmigungsurkunde erst ausgehändigt werden, wenn die Eintragung in das Register nachgewiesen ist.

(3) [1]Die Genehmigung kann unter Bedingungen und Auflagen erteilt werden, sofern sich diese Nebenbestimmungen im Rahmen des Gesetzes und der auf Grund dieses Gesetzes erlassenen Rechtsverordnungen halten. [2]Wurden dem Genehmigungsantrag weitere Bestandteile im Sinne des § 12 Absatz 1a hinzugefügt, so ist deren Einhaltung durch eine Auflage zur Genehmigung abzusichern, in deren Kontrolle die zuständige Behörde auf ihren Wunsch eingebunden werden kann.

(4) Die Genehmigung darf nicht vorläufig oder mit einem Vorbehalt des Widerrufs erteilt werden.

(5) Die Genehmigungsbehörde hat die zuständige Berufsgenossenschaft von der Erteilung der Genehmigung zu unterrichten.

§ 16[2] **Geltungsdauer der Genehmigung.** (1) [1]Die Geltungsdauer der Genehmigung für Straßenbahn- und Obusverkehr beträgt höchstens 15 Jahre. [2]Sie kann unter den Voraussetzungen des Artikels 4 Absatz 3 Satz 2 und Absatz 4 der Verordnung (EG) Nr. 1370/2007[3] für einen längeren Zeitraum festgelegt werden. [3]Bei Wiedererteilung der Genehmigung ist die Geltungsdauer so zu bemessen, dass die Genehmigung mit Vereinbarungen und Entscheidungen über die Benutzung öffentlicher Straßen nach § 31 Absatz 2 und 5 in Einklang steht. [4]Ist die beantragte Verkehrsleistung Gegenstand eines öffentlichen Dienstleistungsauftrages im Sinne von Artikel 3 Absatz 1 der Verordnung (EG) Nr. 1370/2007, darf die Geltungsdauer der Genehmigung die Laufzeit des öffentlichen Dienstleistungsauftrages nicht überschreiten.

---

[1] § 15 Abs. 1 Sätze 2–5 angef. durch G v. 27.12.1993 (BGBl. I S. 2378). Nach Art. 11 Abs. 1 Satz 2 dieses G sind die Vorschriften auf Genehmigungsverfahren, die bis zum 31.12.1993 eingeleitet worden sind, ab 1.1.1995 anzuwenden; Abs. 5 Satz 2 aufgeh. mWv 15.12.2010 durch G v. 8.12.2010 (BGBl. I S. 1864); Abs. 1 Satz 6 und Abs. 3 Satz 2 angef. mWv 1.1.2013 durch G v. 14.12.2012 (BGBl. I S. 2598).

[2] § 16 Abs. 2 Satz 3 angef. mWv 1.1.1996 durch G v. 27.12.1993 (BGBl. I S. 2378); Abs. 3 geänd. *mWv 18.8.2006 durch G v. 14.8.2006* (BGBl. I S. 1962); Abs. 3 neu gef. mWv 26.11.2011 durch G v. 22.11.2011 (BGBl. I S. 2272); Abs. 1 und 2 neu gef., neuer Abs. 3 eingef., bish. Abs. 3 wird Abs. 4 mWv 1.1.2013 durch G v. 14.12.2012 (BGBl. I S. 2598).

[3] **Nipperdey I, Arbeitsrecht Nr. 883.**

(2) [1]Die Geltungsdauer der Genehmigung für Linienverkehr mit Kraftfahrzeugen ist unter Berücksichtigung der öffentlichen Verkehrsinteressen zu bemessen. [2]Sie beträgt höchstens zehn Jahre. [3]Die Genehmigung kann unter den Voraussetzungen des Artikels 4 Absatz 3 Satz 2 der Verordnung (EG) Nr. 1370/2007 für einen längeren Zeitraum festgelegt werden. [4]Ist die beantragte Verkehrsleistung Gegenstand eines öffentlichen Dienstleistungsauftrages im Sinne von Artikel 3 Absatz 1 der Verordnung (EG) Nr. 1370/2007, darf die Geltungsdauer der Genehmigung die Laufzeit des öffentlichen Dienstleistungsauftrages nicht überschreiten. [5]Im öffentlichen Personennahverkehr ist § 8 Absatz 3 zu beachten.

(3) [1]Weicht im öffentlichen Personennahverkehr ein Genehmigungsantrag für einen eigenwirtschaftlichen Verkehr wesentlich vom bisherigen Verkehrsangebot ab und sichert die zuständige Behörde der Genehmigungsbehörde die Vergabe eines dem bisherigen Verkehrsangebot entsprechenden öffentlichen Dienstleistungsauftrages zu, so ist die Geltungsdauer der Genehmigung so zu bemessen, dass sie zu dem Zeitpunkt endet, den die zuständige Behörde als Zeitpunkt der geplanten Betriebsaufnahme des zugesicherten Verkehrs angibt. [2]Setzt die zuständige Behörde ihre Zusicherung nicht um, so ist die Geltungsdauer der Genehmigung unter Beachtung der Absätze 1 und 2 neu festzusetzen.

(4) Die Geltungsdauer der Genehmigungen für Gelegenheitsverkehr mit Kraftomnibussen beträgt höchstens zehn Jahre und für sonstigen Gelegenheitsverkehr mit Kraftfahrzeugen höchstens fünf Jahre.

§ 17[1)] Genehmigungsurkunde. (1) Die Genehmigungsurkunde muß enthalten:

1. Name, Wohn- und Betriebssitz des Unternehmers,
2. Bezeichnung der Verkehrsart, für die die Genehmigung erteilt wird, im Gelegenheitsverkehr mit Personenkraftwagen auch der Verkehrsform,
3. Geltungsdauer der Genehmigung,
4. etwaige Bedingungen und Auflagen,
5. Bezeichnung der Aufsichtsbehörde,
6. bei Straßenbahn- oder Obusverkehr die Linienführung und im Falle des § 28 Abs. 4 einen Hinweis auf den Vorbehalt,
7. bei Linienverkehr mit Kraftfahrzeugen die Linienführung oder bei Linienbedarfsverkehr das Gebiet, in dem der Verkehr betrieben wird,
8. bei Gelegenheitsverkehr mit Personenkraftwagen die amtlichen Kennzeichen der einzusetzenden Kraftfahrzeuge und ergänzend bei einem gebündelten Bedarfsverkehr das Gebiet, in dem der Verkehr durchgeführt wird.

(2) [1]Im Falle eines Austausches von Kraftfahrzeugen im Gelegenheitsverkehr mit Personenkraftwagen hat der Unternehmer die Genehmigungsurkunde der Genehmigungsbehörde zur Ergänzung vorzulegen. [2]Das gleiche gilt, wenn der *Unternehmer* ein Kraftfahrzeug nicht mehr im Gelegenheitsverkehr mit Personenkraftwagen einsetzt.

(3) Die Erteilung der Genehmigung kann nur durch die Genehmigungsurkunde oder eine amtliche Ausfertigung oder im Falle des Gelegenheitsverkehrs mit Kraft-

---

[1)] § 17 Abs. 3 neu gef. und Abs. 4 Satz 1 geänd. mWv 18.8.2006 durch G v. 14.8.2006 (BGBl. I S. 1962); Abs. 1 Nr. 2 und 8, Abs. 2 Sätze 1 und 2 geänd. mWv 1.9.2007 durch G v. 14.8.2006 (BGBl. I S. 1962); Abs. 3 neu gef. mWv 14.9.2007 durch G v. 7.9.2007 (BGBl. I S. 2246); Abs. 3 geänd. mWv 26.11.2011 durch G v. 22.11.2011 (BGBl. I S. 2272); Abs. 1 Nr. 7 und 8 sowie Abs. 4 Satz 1 geänd. mWv 1.8.2021 durch G v. 16.4.2021 (BGBl. I S. 822).

omnibussen durch eine beglaubigte Kopie der Gemeinschaftslizenz nach Artikel 4 der Verordnung (EG) Nr. 1073/2009 des Europäischen Parlaments und des Rates vom 21. Oktober 2009 über gemeinsame Regeln für den Zugang zum grenzüberschreitenden Personenkraftverkehrsmarkt und zur Änderung der Verordnung (EG) Nr. 561/2006 (ABl. L 300 vom 14.11.2009, S. 88) und die den Zusatz „Gilt auch als Genehmigung für die Beförderung im innerdeutschen Gelegenheitsverkehr" enthält, nachgewiesen werden.

(4) [1] Im Gelegenheitsverkehr mit Kraftfahrzeugen ist die Genehmigungsurkunde oder eine gekürzte amtliche Ausfertigung oder eine beglaubigte Kopie der Gemeinschaftslizenz schriftlich oder in elektronischer Form während der Fahrt mitzuführen und auf Verlangen den zuständigen Personen zur Prüfung auszuhändigen. [2] Im Linienverkehr mit Kraftfahrzeugen gilt Satz 1 nur, wenn die Genehmigungsurkunde eine entsprechende Auflage enthält.

(5) [1] Ist eine Genehmigung anders als durch Fristablauf ungültig geworden, ist die Genehmigungsurkunde unverzüglich einzuziehen. [2] Ist dies nicht möglich, ist sie auf Kosten des Unternehmers für kraftlos zu erklären.

§ 18[1)] Informationspflicht der Genehmigungsbehörde. (1) [1] Die Genehmigungsbehörde hat ein Verzeichnis aller Genehmigungen, die im öffentlichen Personennahverkehr für den Verkehr mit Straßenbahnen, Obussen oder Kraftfahrzeugen im Linienverkehr bestehen, am Ende jedes Kalenderjahres auf der Internetseite der zuständigen Genehmigungsbehörde bekannt zu machen. [2] Die Bekanntmachung muss folgende Angaben enthalten:

1. die Linienführung,
2. die Geltungsdauer,
3. einen Hinweis darauf, dass der Antrag auf Genehmigung für den weiteren Betrieb des Verkehrs in den Fristen des § 12 Absatz 5 Satz 1 oder Absatz 6 Satz 1 gestellt werden kann.

(2) [1] In die Bekanntmachung nach Absatz 1 können die nach Artikel 7 Absatz 2 der Verordnung (EG) Nr. 1370/2007[2)] und die nach § 8a Absatz 2 Satz 2 dieses Gesetzes vorgeschriebenen Informationen der zuständigen Behörde aufgenommen werden. [2] In diesem Fall ist die dreimonatige Frist für den Antrag auf Genehmigung eines Verkehrs abweichend von § 12 Absatz 6 Satz 1 besonders festzulegen.

§ 19 Tod des Unternehmers. (1) Nach dem Tode des Unternehmers kann der Erbe den Betrieb vorläufig weiterführen oder diese Befugnis auf einen Dritten übertragen; das gleiche gilt für den Testamentsvollstrecker, Nachlaßpfleger oder Nachlaßverwalter während einer Testamentsvollstreckung, Nachlaßpflegschaft oder Nachlaßverwaltung.

(2) [1] Die Befugnis erlischt, wenn nicht der Erbe oder der Dritte binnen drei Monaten nach Ablauf der für die Ausschlagung der Erbschaft vorgesehenen Frist oder die in Absatz 1 zweiter Halbsatz genannten Personen binnen drei Monaten nach der Annahme ihres Amtes oder ihrer Bestellung die Genehmigung beantragt haben; ein in der Person des Erben wirksam gewordener Fristablauf wirkt auch gegen den Nachlaßverwalter. [2] Bei der Prüfung des Genehmigungsantrages ist § 13 Abs. 2 und 4 nicht anzuwenden. [3] Wird dem Antrag stattgegeben, so ist als Zeit-

[1)] § 18 neu gef. mWv 1.1.2013 durch G v. 14.12.2012 (BGBl. I S. 2598); Abs. 1 Satz 1 geänd. mWv 1.8.2021 durch G v. 16.4.2021 (BGBl. I S. 822).

[2)] **Nipperdey I, Arbeitsrecht Nr. 883.**

punkt des Ablaufs der Genehmigung der Tag zu bestimmen, an dem die Genehmigung des Rechtsvorgängers abgelaufen sein würde.

(3) [1] Bei Unternehmern mit Betriebspflicht nach § 21 hat die Genehmigungsbehörde dafür zu sorgen, daß der Betrieb keine Unterbrechung erfährt. [2] Wird der Betrieb von den in Absatz 1 genannten Personen nicht vorläufig weitergeführt, so kann die Genehmigungsbehörde für die Übergangszeit zur Aufrechterhaltung des Betriebs eine einstweilige Erlaubnis nach § 20 an einen anderen erteilen.

(4) [1] Im Falle der Erwerbs- oder Geschäftsunfähigkeit des Unternehmers oder der für die Führung der Geschäfte bestellten Person darf ein Dritter das Unternehmen bis zu einem Jahr weiterführen. [2] In ausreichend begründeten Sonderfällen kann diese Frist um sechs Monate verlängert werden.

§ 20[1)] Einstweilige Erlaubnis. (1) [1] Wenn eine sofortige Einrichtung, Erweiterung oder wesentliche Änderung eines Straßenbahn-, Obusverkehrs oder Linienverkehrs mit Kraftfahrzeugen im öffentlichen Verkehrsinteresse liegt, kann die Genehmigungsbehörde, in deren Bezirk der Verkehr betrieben werden soll, dem Antragsteller eine widerrufliche einstweilige Erlaubnis erteilen; die Voraussetzungen des § 13 Abs. 1 oder Absatz 1a müssen vorliegen. [2] Die Erteilung ist auch den in § 14 Abs. 1 Nr. 1 genannten Unternehmern bekanntzugeben.

(2) [1] Die einstweilige Erlaubnis wird schriftlich erteilt. [2] Sie muß enthalten

1. den Hinweis auf diese Vorschrift mit einem Zusatz, daß die einstweilige Erlaubnis einen Anspruch auf Erteilung einer Genehmigung nicht begründet,
2. Name, Wohn- und Betriebssitz des Unternehmers,
3. Geltungsdauer,
4. etwaige Bedingungen und Auflagen,
5. Linienführung oder beim Linienbedarfsverkehr das Gebiet, in dem der Verkehr betrieben wird.

(3) [1] Die einstweilige Erlaubnis erlischt nach sechs Monaten, soweit sie nicht vorher widerrufen wird. [2] In den Fällen des Artikels 5 Absatz 5 der Verordnung (EG) Nr. 1370/2007[2)] kann die einstweilige Erlaubnis auf bis zu zwei Jahre befristet werden. [3] Sie begründet keinen Anspruch auf Erteilung einer Genehmigung. [4] § 15 Abs. 3 und 5 gilt entsprechend.

(4) § 17 Abs. 3, 4 und 5 gilt entsprechend.

§ 20a (weggefallen)

§ 21[3)] Betriebspflicht. (1) [1] Der Unternehmer ist verpflichtet, den ihm genehmigten Betrieb aufzunehmen und während der Geltungsdauer der Genehmigung den öffentlichen Verkehrsinteressen und dem Stand der Technik entsprechend aufrechtzuerhalten. [2] Gegenstand der Betriebspflicht sind alle Bestandteile der *Genehmigung und die* nach § 12 Absatz 1a zugesicherten Bestandteile des Genehmigungsantrages.

[1)] § 20 Abs. 1 Satz 1 2. Halbs. geänd., Abs. 3 Satz 2 eingef., bish. Sätze 2 und 3 werden Sätze 3 und 4 mWv 1.1.2013 durch G v. 14.12.2012 (BGBl. I S. 2598); Abs. 1 Satz 1 und Abs. 2 Satz 2 Nr. 5 geänd. mWv 1.8.2021 durch G v. 16.4.2021 (BGBl. I S. 822).

[2)] **Nipperdey I, Arbeitsrecht Nr. 883.**

[3)] § 21 Abs. 4 Satz 1 geänd. und Satz 2 eingef., bish. Satz 2 wird Satz 3 mWv 1.1.1996 durch G v. 27.12.1993 (BGBl. I S. 2378); Abs. 1 Satz 2 und Abs. 5 angef., Abs. 3 Satz 1 und Abs. 4 neu gef. mWv 1.1.2013 durch G v. 14.12.2012 (BGBl. I S. 2598).

(2) Die Genehmigungsbehörde kann dem Unternehmer für die Aufnahme des Betriebs eine Frist setzen.

(3) [1] Im öffentlichen Personennahverkehr kann die Genehmigungsbehörde dem Unternehmer auferlegen, den von ihm betriebenen Verkehr zu erweitern oder zu ändern, wenn die öffentlichen Verkehrsinteressen es erfordern und es dem Unternehmer unter Berücksichtigung seiner wirtschaftlichen Lage, einer ausreichenden Verzinsung und Tilgung des Anlagekapitals und der notwendigen technischen Entwicklung zugemutet werden kann. [2] Für das Verfahren gelten die §§ 14, 15 und 17 entsprechend.

(4) [1] Die Genehmigungsbehörde kann den Unternehmer auf seinen Antrag von der Verpflichtung nach Absatz 1 für den gesamten oder einen Teil des von ihm betriebenen Verkehrs vorübergehend oder auf Dauer entbinden, wenn ihm die Erfüllung der Betriebspflicht nicht mehr möglich ist oder ihm dies unter Berücksichtigung seiner wirtschaftlichen Lage, einer ausreichenden Verzinsung und Tilgung des Anlagekapitals und der notwendigen technischen Entwicklung nicht mehr zugemutet werden kann. [2] Eine Entbindung von der Verpflichtung nach Absatz 1 für einen Teil des vom Unternehmer betriebenen Verkehrs darf darüber hinaus in der Regel nur vorgenommen werden, wenn das öffentliche Verkehrsinteresse nicht entgegensteht. [3] Für Bestandteile des Genehmigungsantrages, die vom Unternehmer nach § 12 Absatz 1a verbindlich zugesichert wurden, bleibt die Erfüllung der Betriebspflicht in der Regel zumutbar. [4] Bis zur Entscheidung über den Antrag hat der Unternehmer den Verkehr aufrechtzuerhalten. [5] Die Genehmigungsbehörde informiert die zuständige Behörde über eine beabsichtigte Entbindung so rechtzeitig, dass diese eine Notmaßnahme nach Artikel 5 Absatz 5 der Verordnung (EG) Nr. 1370/2007[1)] ergreifen kann.

(5) [1] Im Personenfernverkehr (§ 42a Satz 1) kann der Unternehmer unbeschadet des Absatzes 4 der Genehmigungsbehörde anzeigen, dass er den Verkehr einstellen will. [2] In diesem Fall endet die Betriebspflicht drei Monate nach Eingang der Anzeige bei der Genehmigungsbehörde.

§ 22 Beförderungspflicht. Der Unternehmer ist zur Beförderung verpflichtet, wenn

1. die Beförderungsbedingungen eingehalten werden,
2. die Beförderung mit den regelmäßig eingesetzten Beförderungsmitteln möglich ist und
3. die Beförderung nicht durch Umstände verhindert wird, die der Unternehmer nicht abwenden und denen er auch nicht abhelfen kann.

§ 23[2)] Haftung für Sachschäden. (1) Der Unternehmer kann die Haftung für Sachschäden gegenüber jeder beförderten Person nur insoweit ausschließen, als der Schaden 1 000 Euro übersteigt und nicht auf Vorsatz oder grober Fahrlässigkeit beruht.

(2) Abweichend von Absatz 1 kann der Unternehmer im Falle eines Unfalls mit einem Kraftomnibus, den er im Linienverkehr mit einer Wegstrecke von mindestens 250 Kilometern oder im Gelegenheitsverkehr einsetzt, die Haftung auf höchstens 1 200 Euro je Gepäckstück beschränken, soweit der Schaden nicht auf Vorsatz oder grober Fahrlässigkeit beruht.

[1)] **Nipperdey I, Arbeitsrecht Nr. 883.**

[2)] § 23 geänd. mWv 1.1.2002 durch G v. 15.12.2001 (BGBl. I S. 3762); Abs. 2 und 3 angef. mWv 1.8. 2021 durch G v. 16.4.2021 (BGBl. I S. 822).

(3) Im Linien- und Gelegenheitsverkehr mit Kraftomnibussen ist ein Haftungsausschluss für beschädigte oder abhandengekommene Mobilitätshilfen nicht zulässig.

§ 24 (weggefallen)

§ 25[1] **Widerruf der Genehmigung.** (1) [1]Die Genehmigungsbehörde hat die Genehmigung zu widerrufen, wenn

1. nicht mehr alle Voraussetzungen des § 13 Absatz 1 Satz 1 Nummer 1 bis 3 vorliegen,
2. bei eigenwirtschaftlichen Verkehren die Betriebspflichten nachhaltig nicht erfüllt werden oder
3. bei Verkehren nach § 8a Absatz 1 Satz 2 in Verbindung mit Artikel 3 Absatz 1 der Verordnung (EG) Nr. 1370/2007[2] nach Feststellung der zuständigen Behörde kein wirksamer öffentlicher Dienstleistungsauftrag mehr besteht.

[2]Die erforderliche Zuverlässigkeit des Unternehmers ist insbesondere nicht mehr gegeben, wenn in seinem Verkehrsunternehmen trotz schriftlicher Mahnung die der Verkehrssicherheit dienenden Vorschriften nicht befolgt werden oder den Verpflichtungen zuwidergehandelt wird, die dem Unternehmer nach diesem Gesetz oder nach den auf Grund dieses Gesetzes erlassenen Rechtsvorschriften obliegen.

(2) Die Genehmigungsbehörde kann die Genehmigung widerrufen, wenn die Voraussetzungen des § 13 Absatz 1 Satz 1 Nummer 4 nicht mehr vorliegen oder der Unternehmer die ihm gesetzlich obliegenden arbeitsrechtlichen, sozialrechtlichen oder die sich aus seinem Unternehmen ergebenden steuerrechtlichen Verpflichtungen wiederholt nicht erfüllt oder in schwerwiegender Weise dagegen verstoßen hat.

(3) [1]Auf Verlangen der Genehmigungsbehörde hat der Unternehmer den Nachweis zu führen, dass die Voraussetzungen des § 13 Absatz 1 Satz 1 Nummer 4 vorliegen und die sonst in Absatz 2 bezeichneten Verpflichtungen erfüllt werden. [2]Die Finanzbehörden dürfen den Genehmigungsbehörden Mitteilung über die wiederholte Nichterfüllung der sich aus dem Unternehmen ergebenden steuerrechtlichen Verpflichtungen oder die Abgabe der Vermögensauskunft nach § 284 der Abgabenordnung machen.

(3a) [1]Soweit beim Verkehr mit Kraftomnibussen eine Genehmigung nicht nach Artikel 13 Absatz 3 der Verordnung (EG) Nr. 1071/2009 zu entziehen ist, hat die zuständige Behörde die Genehmigung zu widerrufen, wenn nachträglich Tatsachen eintreten, die zur Versagung der Berufszulassung hätten führen müssen. [2]Artikel 13 Absatz 1 der Verordnung (EG) Nr. 1071/2009 ist entsprechend anzuwenden. [3]Absatz 3 Satz 2 gilt entsprechend.

(4) Die Absätze 1 bis 3a sind auf den Widerruf der Genehmigung für die Übertragung der Betriebsführung entsprechend anzuwenden.

§ 25a[3] **Untersagung von Personenkraftverkehrsgeschäften.** [1]Rechtfertigen Tatsachen die Annahme, dass beim Verkehr mit Kraftomnibussen der Unter-

---

[1] § 25 Abs. 1 Satz 1 und Abs. 2 geänd., Abs. 3 neu gef. mWv 18.8.2006 durch G v. 14.8.2006 (BGBl. I S. 1962); Abs. 3 Satz 2 geänd. mWv 1.1.2013 durch G v. 29.7.2009 (BGBl. I S. 2258); Abs. 3a eingef., Abs. 4 geänd. mWv 26.11.2011 durch G v. 22.11.2011 (BGBl. I S. 2272); Abs. 1 Satz 1 neu gef., Abs. 2 und 3 Satz 1 geänd. mWv 1.1.2013 durch G v. 14.12.2012 (BGBl. I S. 2598).

[2] **Nipperdey I, Arbeitsrecht Nr. 883.**

[3] § 25a eingef. mWv 26.11.2011 durch G v. 22.11.2011 (BGBl. I S. 2272).

nehmer oder der Verkehrsleiter die Voraussetzungen hinsichtlich der Zuverlässigkeit nach Artikel 6 der Verordnung (EG) Nr. 1071/2009 nicht erfüllt, kann dem Unternehmer oder dem Verkehrsleiter die Führung von Personenkraftverkehrsgeschäften untersagt werden. [2] Das Untersagungsverfahren kann unabhängig von einem Verfahren auf Widerruf der Genehmigung durchgeführt werden. [3] Auf Antrag ist dem Unternehmer oder dem Verkehrsleiter die Führung von Personenkraftverkehrsgeschäften von der Behörde, die die Führung von Personenkraftverkehrsgeschäften untersagt hat, wieder zu gestatten, wenn Tatsachen die Annahme rechtfertigen, dass eine Unzuverlässigkeit im Sinne des Satzes 1 nicht mehr vorliegt. [4] Vor Ablauf eines Jahres nach Bestandskraft der Untersagungsverfügung kann die Wiederaufnahme der Führung von Personenkraftverkehrsgeschäften nur gestattet werden, wenn hierfür besondere Gründe vorliegen.

§ 26 Erlöschen der Genehmigung. Die Genehmigung erlischt

1. bei einem Straßenbahn-, Obusverkehr oder Linienverkehr mit Kraftfahrzeugen sowie einem Taxenverkehr, wenn der Unternehmer
   a) den Betrieb nicht innerhalb der ihm von der Genehmigungsbehörde gesetzten Frist aufgenommen hat oder
   b) von der Verpflichtung zur Aufrechterhaltung des gesamten ihm genehmigten Verkehrs dauernd entbunden wird,
2. beim Taxenverkehr, wenn der Unternehmer seinen Betriebssitz in eine andere Gemeinde verlegt.

§ 27 Zwangsmaßnahmen. Das Verwaltungszwangsverfahren richtet sich, soweit dieses Gesetz von Behörden der Länder ausgeführt wird, nach den landesrechtlichen Vorschriften.

III. Sonderbestimmungen für die einzelnen Verkehrsarten

A. Straßenbahnen

§ 28[1)] Planfeststellung und vorläufige Anordnung. (1) [1] Betriebsanlagen für Straßenbahnen dürfen nur gebaut oder geändert werden, wenn der Plan vorher festgestellt ist. [2] Bei der Planfeststellung sind die von dem Vorhaben berührten öffentlichen und privaten Belange einschließlich der Umweltverträglichkeit im Rahmen der Abwägung zu berücksichtigen. [3] Für das Planfeststellungsverfahren gelten die §§ 72 bis 78 des Verwaltungsverfahrensgesetzes[2)] nach Maßgabe dieses Gesetzes. [4] Die Maßgaben gelten entsprechend, soweit das Planfeststellungsverfahren landesrechtlich durch ein Verwaltungsverfahrensgesetz geregelt ist. [5] Wird eine bestehende Betriebsanlage einer Straßenbahn erneuert, liegt nur dann eine Änderung im Sinne von Satz 1 vor, wenn der Grundriss oder der Aufriss der Betriebsanlage oder beides wesentlich geändert wird.

[1)] § 28 Abs. 1 Satz 2 neu gef., Abs. 1a eingef., Abs. 3 Satz 1 und Abs. 4 Satz 1 geänd. durch G v. 17.12. 1993 (BGBl. I S. 2123); Abs. 1a Satz 1 und Abs. 2 neu gef. mWv 3.8.2001 durch G v. 27.7.2001 (BGBl. I S. 1950); Überschrift neu gef., Abs. 1 Satz 1 geänd., Sätze 3 und 4 angef., Abs. 1a aufgeh., Abs. 2 neu gef., Abs. 3 Satz 1 geänd., Abs. 3a eingef., Abs. 4 Satz 1 geänd. mWv 13.3.2020 durch G v. 3.3.2020 (BGBl. I S. 433); Abs. 1 Satz 5 und Abs. 5 angef., Abs. 1a eingef., Abs. 3a Satz 1 Nr. 3 sowie Sätze 6 und 8 geänd. mWv 10.12.2020 durch G v. 3.12.2020 (BGBl. I S. 2694); Abs. 1a Satz 4 geänd. mWv 1.8.2021 durch G v. 16.4.2021 (BGBl. I S. 822).

[2)] Nr. **100**.

(1a) [1] Für folgende Einzelmaßnahmen, die den Bau oder die Änderung von Betriebsanlagen für Straßenbahnen vorsehen, bedarf es keiner vorherigen Planfeststellung oder Plangenehmigung, sofern keine Pflicht zur Durchführung einer Umweltverträglichkeitsprüfung besteht:

1. Ausstattung einer Bahnstrecke mit einer Oberleitung,
2. die im Rahmen der Digitalisierung einer Straßenbahnstrecke erforderlichen Baumaßnahmen,
3. der barrierefreie Umbau, die Erhöhung oder Verlängerung von Bahnsteigen und
4. die Errichtung von Schallschutzwänden zur Lärmsanierung.

[2] Für die in Satz 1 genannten Einzelmaßnahmen ist keine weitere baurechtliche Zulassung erforderlich; landesrechtliche Regelungen bleiben unberührt. [3] Werden durch das Vorhaben private oder öffentliche Belange einschließlich der Belange der Umwelt berührt, kann der Unternehmer die Feststellung des Planes nach Absatz 1 Satz 1 beantragen. [4] Ungeachtet dessen hat sich der Unternehmer vor Durchführung einer Einzelmaßnahme im Sinne des Satzes 1 Nummer 1 und 2 durch das Bundesamt für Infrastruktur, Umweltschutz und Dienstleistungen der Bundeswehr vor der Durchführung bestätigen zu lassen, dass keine militärischen Belange entgegenstehen. [5] Kann für das Vorhaben die Pflicht zur Durchführung einer Umweltverträglichkeitsprüfung bestehen, hat der Unternehmer bei der Planfeststellungsbehörde den Antrag nach § 5 Absatz 1 Satz 2 Nummer 1 des Gesetzes über die Umweltverträglichkeitsprüfung[1)] zu stellen. [6] Satz 1 Nummer 1 und 2 ist nur anzuwenden, wenn die zuständige Behörde feststellt, dass Vorgaben über die Errichtung und über wesentliche Änderungen von Anlagen eingehalten sind, die in einer elektrische, magnetische oder elektromagnetische Felder betreffenden und aufgrund von § 23 Absatz 1 Satz 1 Nummer 1, 2 und 4 in Verbindung mit § 48b des Bundes-Immissionsschutzgesetzes[2)] in der Fassung der Bekanntmachung vom 26. September 2002 erlassenen Rechtsverordnung enthalten sind.

(2) [1] Abweichend von § 74 Absatz 6 Satz 1 Nummer 3 des Verwaltungsverfahrensgesetzes kann für ein Vorhaben, für das nach dem Gesetz über die Umweltverträglichkeitsprüfung eine Umweltverträglichkeitsprüfung durchzuführen ist, an Stelle eines Planfeststellungsbeschlusses eine Plangenehmigung erteilt werden. [2] § 29 Absatz 1a Satz 1 gilt entsprechend. [3] Im Übrigen findet das Gesetz über die Umweltverträglichkeitsprüfung mit Ausnahme des § 21 Absatz 3 Anwendung.

(3) [1] Bebauungspläne nach § 9 des Baugesetzbuches[3)] ersetzen die Planfeststellung nach Absatz 1 und die Plangenehmigung nach § 74 Absatz 6 des Verwaltungsverfahrensgesetzes, sofern darin Betriebsanlagen für Straßenbahnen ausgewiesen sind. [2] Ist eine Ergänzung der Betriebsanlagen notwendig, ein Bebauungsplan unvollständig oder soll von Festsetzungen des Bebauungsplanes abgewichen werden, ist insoweit die Planfeststellung durchzuführen. [3] Es gelten die §§ 40 und 43 Abs. 1, 2, 4 und 5 sowie § 44 Abs. 1 bis 4 des Baugesetzbuches. [4] § 29 Abs. 3 ist nicht anzuwenden.

(3a) [1] Ist das Planfeststellungsverfahren eingeleitet, kann die Planfeststellungsbehörde nach Anhörung der betroffenen Gemeinde eine vorläufige Anordnung erlassen, in der vorbereitende Maßnahmen oder Teilmaßnahmen zum Bau oder zur Änderung festgesetzt werden,

---

[1)] Nr. **295**.
[2)] Nr. **296**.
[3)] Nr. **300**.

1. soweit es sich um reversible Maßnahmen handelt,
2. wenn an dem vorzeitigen Beginn ein öffentliches Interesse besteht,
3. wenn mit einer Entscheidung zugunsten des Unternehmers gerechnet werden kann und
4. wenn die nach § 74 Absatz 2 des Verwaltungsverfahrensgesetzes zu berücksichtigenden Interessen gewahrt werden.

[2] In der vorläufigen Anordnung sind die Auflagen zur Sicherung der nach Satz 1 Nummer 4 zu wahrenden Interessen und der Umfang der vorläufig zulässigen Maßnahmen festzulegen. [3] Sie ist den anliegenden Gemeinden sowie den Beteiligten zuzustellen oder öffentlich bekannt zu machen. [4] Sie ersetzt nicht die Planfeststellung. [5] § 32 bleibt unberührt. [6] Soweit die vorbereitenden Maßnahmen oder Teilmaßnahmen zum Bau oder zur Änderung durch die Planfeststellung für unzulässig erklärt sind, ordnet die Planfeststellungsbehörde gegenüber dem Unternehmer an, den früheren Zustand wiederherzustellen. [7] Dies gilt auch, wenn der Antrag auf Planfeststellung zurückgenommen wurde. [8] Der Betroffene ist durch den Unternehmer zu entschädigen, soweit die Wiederherstellung des früheren Zustandes nicht möglich oder mit unverhältnismäßig hohem Aufwand verbunden oder ein Schaden eingetreten ist, der durch die Wiederherstellung des früheren Zustandes nicht ausgeglichen wird. [9] Rechtsbehelfe gegen die vorläufige Anordnung haben keine aufschiebende Wirkung; ein Vorverfahren findet nicht statt.

(4) [1] Eine Genehmigung nach § 9 Abs. 1 Nr. 1 darf nur erteilt werden vorbehaltlich einer nach den Absätzen 1 bis 3 erforderlichen Planfeststellung oder einer Plangenehmigung oder vorbehaltlich einer nach § 74 Absatz 7 Nummer 2 des Verwaltungsverfahrensgesetzes getroffenen Vereinbarung. [2] Das Planfeststellungsverfahren kann gleichzeitig mit dem Genehmigungsverfahren durchgeführt werden.

(5) [1] Unterhaltungsmaßnahmen bedürfen keiner vorherigen Planfeststellung oder Plangenehmigung. [2] Unterhaltungsmaßnahmen sind Arbeiten zur Erhaltung oder Wiederherstellung der Funktionstätigkeit einer bestehenden Betriebsanlage einschließlich der Anpassung an geltendes Recht oder die anerkannten Regeln der Technik.

§ 28a[1)] Veränderungssperre; Vorkaufsrecht. (1) [1] Sobald der Plan ausgelegt oder andere Gelegenheit gegeben ist, den Plan einzusehen, dürfen auf den vom Plan betroffenen Flächen bis zu ihrer Inanspruchnahme wesentlich wertsteigernde oder die geplanten Baumaßnahmen erheblich erschwerende Veränderungen nicht vorgenommen werden (Veränderungssperre). [2] Veränderungen, die in rechtlich zulässiger Weise vorher begonnen worden sind, Unterhaltungsarbeiten und die Fortführung einer bisher ausgeübten Nutzung werden davon nicht berührt. [3] Unzulässige Veränderungen bleiben bei der Anordnung von Vorkehrungen und Anlagen und im Entschädigungsverfahren unberücksichtigt.

(2) Dauert die Veränderungssperre über vier Jahre, können die Eigentümer für die dadurch entstandenen Vermögensnachteile Entschädigung verlangen.

(3) In den Fällen des Absatzes 1 Satz 1 steht dem Unternehmer an den betroffenen Flächen ein Vorkaufsrecht zu.

[1)] § 28a eingef. durch G v. 17.12.1993 (BGBl. I S. 2123).

§ 28b[1)] Projektmanager. [1]Die Anhörungsbehörde kann einen Dritten mit der Vorbereitung und Durchführung von Verfahrensschritten, insbesondere

1. der Erstellung von Verfahrensleitplänen unter Bestimmung von Verfahrensabschnitten und Zwischenterminen,
2. der Fristenkontrolle,
3. der Koordinierung von erforderlichen Sachverständigengutachten,
4. dem Entwurf eines Anhörungsberichts,
5. der ersten Auswertung der eingereichten Stellungnahmen,
6. der organisatorischen Vorbereitung eines Erörterungstermins und
7. der Leitung eines Erörterungstermins

auf Vorschlag oder mit Zustimmung des Unternehmers und auf dessen Kosten beauftragen. [2]§ 73 Absatz 9 des Verwaltungsverfahrensgesetzes[2)] bleibt unberührt. [3]Die Entscheidung über den Planfeststellungsantrag verbleibt bei der zuständigen Behörde.

§ 28c[3)] Veröffentlichung im Internet. [1]Wird der Plan nicht nach § 27a Absatz 1 des Verwaltungsverfahrensgesetzes[2)] oder § 20 des Gesetzes über die Umweltverträglichkeitsprüfung[4)] zugänglich gemacht, ist dieser vom Unternehmer zur Bürgerinformation über das Internet zugänglich zu machen. [2]§ 23 des Gesetzes über die Umweltverträglichkeitsprüfung gilt entsprechend. [3]Maßgeblich ist der Inhalt des im Rahmen des Genehmigungsverfahrens zur Einsicht ausgelegten Plans. [4]Hierauf ist bei der Zugänglichmachung hinzuweisen.

§ 29[5)] Planfeststellungsbehörde. (1) [1]Planfeststellungsbehörde ist die Genehmigungsbehörde nach § 11. [2]Diese stellt den Plan nach § 28 Absatz 1 fest, erteilt die Plangenehmigung nach § 28 Absatz 2 und § 74 Absatz 6 des Verwaltungsverfahrensgesetzes[2)] oder trifft die Entscheidung nach § 74 Absatz 7 des Verwaltungsverfahrensgesetzes.

(1a) Für das Anhörungsverfahren gilt § 73 des Verwaltungsverfahrensgesetzes mit folgenden Maßgaben:

1. Die Anhörungsbehörde kann von einer Erörterung im Sinne des § 73 Absatz 6 des Verwaltungsverfahrensgesetzes und des § 18 Absatz 1 Satz 4 des Gesetzes über die Umweltverträglichkeitsprüfung[4)] absehen. Findet keine Erörterung statt, so hat die Anhörungsbehörde ihre Stellungnahme innerhalb von sechs Wochen nach Ablauf der Einwendungsfrist abzugeben und zusammen mit den sonstigen in § 73 Absatz 9 des Verwaltungsverfahrensgesetzes aufgeführten Unterlagen der Planfeststellungsbehörde zuzuleiten.
2. Soll ein ausgelegter Plan geändert werden, so kann im Regelfall von der Erörterung im Sinne des § 73 Absatz 6 des Verwaltungsverfahrensgesetzes und

---

[1)] § 28b eingef. mWv 13.3.2020 durch G v. 3.3.2020 (BGBl. I S. 433); Satz 1 abschl. Satzteil geänd. mWv 10.12.2020 durch G v. 3.12.2020 (BGBl. I S. 2694).

[2)] Nr. **100**.

[3)] § 28c eingef. mWv 13.3.2020 durch G v. 3.3.2020 (BGBl. I S. 433); Satz 1 geänd. mWv 10.12.2020 durch G v. 3.12.2020 (BGBl. I S. 2694).

[4)] Nr. **295**.

[5)] § 29 Abs. 1 Satz 2 und Abs. 4–8 angef., Abs. 1a eingef. durch G v. 17.12.1993 (BGBl. I S. 2123); Abs. 2 geänd. mWv 7.11.2001 durch VO v. 29.10.2001 (BGBl. I S. 2785); Abs. 2 geänd. mWv 8.11.2006 durch VO v. 31.10.2006 (BGBl. I S. 2407); Abs. 2 geänd. mWv 8.9.2015 durch VO v. 31.8.2015 (BGBl. I S. 1474); Abs. 1a Satz 1 Nr. 5 geänd. mWv 29.7.2017 durch G v. 20.7.2017 (BGBl. I S. 2808); Abs. 1 Satz 2 und Abs. 1a, 4, 5 und 7 neu gef., Abs. 8 aufgeh. mWv 13.3.2020 durch G v. 3.3.2020 (BGBl. I S. 433); Abs. 4 Nr. 1 geänd., Nr. 4 angef. mWv 10.12.2020 durch G v. 3.12.2020 (BGBl. I S. 2694).

des § 18 Absatz 1 Satz 4 des Gesetzes über die Umweltverträglichkeitsprüfung abgesehen werden.

(2) Werden Einwendungen gegen den Plan mit der Begründung erhoben, daß öffentliche Interessen im Bereich von Bundesbehörden oder von Behörden, die im Auftrag des Bundes tätig werden, beeinträchtigt werden und kommt eine Einigung zwischen der Planfeststellungsbehörde und den genannten Behörden nicht zustande, entscheidet die Planfeststellungsbehörde im Benehmen mit dem Bundesministerium für Verkehr und digitale Infrastruktur.

(3) Kommt eine Einigung über Einwendungen nichtbundeseigener Eisenbahnen oder von Bergbahnunternehmen nicht zustande, hat die Planfeststellungsbehörde die Entscheidung der von der Landesregierung bestimmten Behörde einzuholen und der Planfeststellung zugrunde zu legen.

(4) Für die Rechtswirkungen der Planfeststellung und Plangenehmigung gilt § 75 des Verwaltungsverfahrensgesetzes mit folgenden Maßgaben:

1. Wird mit der Durchführung des Plans nicht innerhalb von fünf Jahren nach Eintritt der Unanfechtbarkeit begonnen, so tritt er außer Kraft, es sei denn, er wird vorher auf Antrag des Unternehmer von der Planfeststellungsbehörde um höchstens fünf Jahre verlängert.
2. Vor der Entscheidung nach Nummer 1 ist eine auf den Antrag begrenzte Anhörung nach dem für die Planfeststellung oder für die Plangenehmigung vorgeschriebenen Verfahren durchzuführen.
3. Für die Zustellung und Auslegung sowie die Anfechtung der Entscheidung über die Verlängerung sind die Bestimmungen über den Planfeststellungsbeschluss entsprechend anzuwenden.
4. Wird eine Planergänzung oder ein ergänzendes Verfahren nach § 75 Absatz 1a Satz 2 des Verwaltungsverfahrensgesetzes erforderlich und unverzüglich betrieben, bleibt die Durchführung des Vorhabens insoweit zulässig, als es von der Planergänzung oder dem Ergebnis des ergänzenden Verfahrens offensichtlich nicht berührt ist.

(5) [1] Für die Planergänzung und das ergänzende Verfahren im Sinne des § 75 Absatz 1a Satz 2 des Verwaltungsverfahrensgesetzes und für die Planänderung vor Fertigstellung des Vorhabens gilt § 76 des Verwaltungsverfahrensgesetzes mit der Maßgabe, dass im Falle des § 76 Absatz 1 des Verwaltungsverfahrensgesetzes von einer Erörterung im Sinne des § 73 Absatz 6 des Verwaltungsverfahrensgesetzes und des § 18 Absatz 1 Satz 4 des Gesetzes über die Umweltverträglichkeitsprüfung abgesehen werden kann. [2] Im Übrigen gelten für das neue Verfahren die Vorschriften dieses Gesetzes.

(6) [1] Vor Erhebung einer verwaltungsgerichtlichen Klage gegen einen Planfeststellungsbeschluß oder gegen eine Plangenehmigung für den Bau oder die Änderung von Betriebsanlagen für Straßenbahnen bedarf es keiner Nachprüfung in einem Vorverfahren. [2] Die Anfechtungsklage gegen einen Planfeststellungsbeschluß oder eine Plangenehmigung für den Bau oder die Änderung von Betriebsanlagen für Straßenbahnen hat keine aufschiebende Wirkung. [3] Der Antrag auf Anordnung der aufschiebenden Wirkung der Anfechtungsklage gegen einen Planfeststellungsbeschluß oder eine Plangenehmigung nach § 80 Abs. 5 Satz 1 der Verwaltungsgerichtsordnung[1)] kann nur innerhalb eines Monats nach Zustellung des Planfeststellungsbeschlusses oder der Plangenehmigung gestellt und begründet werden.

[1)] Nr. **600**.

[4]Treten später Tatsachen ein, die die Anordnung der aufschiebenden Wirkung rechtfertigen, so kann der durch den Planfeststellungsbeschluß oder die Plangenehmigung Beschwerte einen hierauf gestützten Antrag nach § 80 Abs. 5 Satz 1 der Verwaltungsgerichtsordnung innerhalb einer Frist von einem Monat stellen. [5]Die Frist beginnt in dem Zeitpunkt, in dem der Beschwerte von den Tatsachen Kenntnis erlangt.

(7) [1]Der Kläger hat innerhalb einer Frist von zehn Wochen ab Klageerhebung die zur Begründung seiner Klage dienenden Tatsachen und Beweismittel anzugeben. [2]Erklärungen und Beweismittel, die erst nach Ablauf dieser Frist vorgebracht werden, sind nur zuzulassen, wenn der Kläger die Verspätung genügend entschuldigt. [3]Der Entschuldigungsgrund ist auf Verlangen des Gerichts glaubhaft zu machen. [4]Satz 2 gilt nicht, wenn es mit geringem Aufwand möglich ist, den Sachverhalt auch ohne Mitwirkung des Klägers zu ermitteln. [5]Die Frist nach Satz 1 kann durch den Vorsitzenden oder den Berichterstatter auf Antrag verlängert werden, wenn der Kläger in dem Verfahren, in dem die angefochtene Entscheidung ergangen ist, keine Möglichkeit der Beteiligung hatte. [6]§ 6 des Umwelt-Rechtsbehelfsgesetzes[1)] ist nicht anzuwenden.

§ 29a[2)] Vorzeitige Besitzeinweisung. (1) [1]Ist der sofortige Beginn von Bauarbeiten geboten und weigert sich der Eigentümer oder Besitzer, den Besitz eines für den Bau oder die Änderung einer Betriebsanlage für Straßenbahnen benötigten Grundstücks durch Vereinbarung unter Vorbehalt aller Entschädigungsansprüche zu überlassen, so hat die Enteignungsbehörde den Unternehmer auf Antrag nach Feststellung des Planes oder Erteilung der Plangenehmigung in den Besitz einzuweisen. [2]Der Planfeststellungsbeschluß oder die Plangenehmigung müssen vollziehbar sein. [3]Weiterer Voraussetzungen bedarf es nicht.

(2) [1]Die Enteignungsbehörde hat spätestens sechs Wochen nach Eingang des Antrags auf Besitzeinweisung mit den Beteiligten mündlich zu verhandeln. [2]Hierzu sind der Unternehmer und die Betroffenen zu laden. [3]Dabei ist den Betroffenen der Antrag auf Besitzeinweisung mitzuteilen. [4]Die Ladungsfrist beträgt drei Wochen. [5]Mit der Ladung sind die Betroffenen aufzufordern, etwaige Einwendungen gegen den Antrag vor der mündlichen Verhandlung bei der Enteignungsbehörde einzureichen. [6]Sie sind außerdem darauf hinzuweisen, daß auch bei Nichterscheinen über den Antrag auf Besitzeinweisung und andere im Verfahren zu erledigende Anträge entschieden werden kann.

(3) [1]Soweit der Zustand des Grundstücks von Bedeutung ist, hat die Enteignungsbehörde diesen bis zum Beginn der mündlichen Verhandlung in einer Niederschrift festzustellen oder durch einen Sachverständigen ermitteln zu lassen. [2]Den Beteiligten ist eine Abschrift der Niederschrift oder des Ermittlungsergebnisses zu übersenden.

(4) [1]Der Beschluß über die Besitzeinweisung ist dem Unternehmer und den Betroffenen spätestens zwei Wochen nach der mündlichen Verhandlung zuzustellen. [2]Die Besitzeinweisung wird in dem von der Enteignungsbehörde bezeichneten Zeitpunkt wirksam. [3]Dieser Zeitpunkt soll auf höchstens zwei Wochen nach Zustellung der Anordnung über die vorzeitige Besitzeinweisung an den unmittelbaren Besitzer festgesetzt werden. [4]Durch die Besitzeinweisung wird dem Besitzer der Besitz entzogen und der Unternehmer Besitzer. [5]Der Unternehmer darf auf

---

[1)] Nr. **293**.

[2)] § 29a eingef. durch G v. 17.12.1993 (BGBl. I S. 2123); Abs. 8 und 9 angef. mWv 10.12.2020 durch G v. 3.12.2020 (BGBl. I S. 2694).

dem Grundstück das im Antrag auf Besitzeinweisung bezeichnete Bauvorhaben durchführen und die dafür erforderlichen Maßnahmen treffen.

(5) [1]Der Unternehmer hat für die durch die vorzeitige Besitzeinweisung entstehenden Vermögensnachteile Entschädigung zu leisten, soweit die Nachteile nicht durch die Verzinsung der Geldentschädigung für die Entziehung oder Beschränkung des Eigentums oder eines anderen Rechts ausgeglichen werden. [2]Art und Höhe der Entschädigung sind von der Enteignungsbehörde in einem Beschluß festzusetzen.

(6) [1]Wird der festgestellte Plan oder die Plangenehmigung aufgehoben, so ist auch die vorzeitige Besitzeinweisung aufzuheben und der vorherige Besitzer wieder in den Besitz einzuweisen. [2]Der Unternehmer hat für alle durch die Besitzeinweisung entstandenen besonderen Nachteile Entschädigung zu leisten.

(7) [1]Ein Rechtsbehelf gegen eine vorzeitige Besitzeinweisung hat keine aufschiebende Wirkung. [2]Der Antrag auf Anordnung der aufschiebenden Wirkung nach § 80 Abs. 5 Satz 1 der Verwaltungsgerichtsordnung[1)] kann nur innerhalb eines Monats nach der Zustellung des Besitzeinweisungsbeschlusses gestellt und begründet werden.

(8) [1]Die Absätze 1 bis 7 gelten entsprechend für Grundstücke, die für Unterhaltungsmaßnahmen benötigt werden. [2]Bei Unterhaltungsmaßnahmen bedarf es nicht der vorherigen Planfeststellung oder Plangenehmigung. [3]Über die vorzeitige Besitzeinweisung nach Absatz 1 entscheidet bei Unterhaltungsmaßnahmen die Enteignungsbehörde.

(9) Im Übrigen gelten die Enteignungsgesetze der Länder.

§ 30[2)] Enteignung. (1) [1]Die Enteignung ist zulässig, soweit sie zur Ausführung eines nach den §§ 28, 29 festgestellten oder genehmigten Bauvorhabens oder für Unterhaltungsmaßnahmen notwendig ist. [2]Der festgestellte Plan oder die Plangenehmigung ist dem Enteignungsverfahren zugrunde zu legen und für die Enteignungsbehörde bindend. [3]Die nach Landesrecht zuständige Behörde stellt die Zulässigkeit der Enteignung fest, soweit im Falle einer Unterhaltungsmaßnahme keine Feststellung in einem genehmigten oder festgestellten Plan getroffen ist.

(2) Im Übrigen gelten die Enteignungsgesetze der Länder.

§ 30a[3)] Entschädigungsverfahren. Soweit der Unternehmer nach § 28 Absatz 3a oder auf Grund eines Planfeststellungsbeschlusses oder einer Plangenehmigung verpflichtet ist, eine Entschädigung in Geld zu leisten, und über die Höhe der Entschädigung keine Einigung zwischen dem Betroffenen und dem Unternehmer zustande kommt, entscheidet auf Antrag eines der Beteiligten die nach Landesrecht zuständige Behörde; für das Verfahren und den Rechtsweg gelten die Enteignungsgesetze der Länder entsprechend.

§ 31[4)] Benutzung öffentlicher Straßen. (1) Der Unternehmer hat die Zustimmung des Trägers Straßenbaulast beizubringen, wenn

1. eine öffentliche Straße von der Straßenbahn benutzt werden soll,

---

[1)] Nr. **600**.

[2)] § 30 neu gef. mWv 10.12.2020 durch G v. 3.12.2020 (BGBl. I S. 2694).

[3)] *§ 30a eingef. mWv 1.1.2013* durch G v. 14.12.2012 (BGBl. I S. 2598); geänd. mWv 13.3.2020 durch G v. 3.3.2020 (BGBl. I S. 433).

[4)] § 31 Abs. 6 geänd. durch G v. 17.12.1993 (BGBl. I S. 2123); Abs. 1 einl. Satzteil geänd. mWv 1.8.2021 durch G v. 16.4.2021 (BGBl. I S. 822).

2. Betriebsanlagen von Straßenbahnen eine öffentliche Straße höhengleich kreuzen.

(2) [1] Vereinbarungen über die Höhe eines Entgelts für die Benutzung einer öffentlichen Straße bedürfen der Zustimmung der Genehmigungsbehörde. [2] Bestehende Verträge zwischen dem Unternehmer und dem Träger der Straßenbaulast bleiben unberührt.

(3) [1] Wird eine öffentliche Straße, die von einer Straßenbahn benutzt wird, erweitert oder verlegt, kann der Träger der Straßenbaulast von dem Unternehmer einen Beitrag zu den Kosten der Erweiterung oder Verlegung der Straße verlangen. [2] Dabei ist zu berücksichtigen, ob und inwieweit die Erweiterung oder Verlegung der Straße durch die Straßenbahn, den sonstigen Straßenverkehr oder andere Gründe veranlaßt ist. [3] Absatz 2 Satz 2 gilt entsprechend.

(4) Auf Verlangen des Trägers der Straßenbaulast hat der Unternehmer bei Ablauf der Genehmigung die Betriebsanlagen der Straßenbahn zu beseitigen und die Straße wiederherzustellen.

(5) Kommt in den Fällen der Absätze 1 und 3 eine Einigung nicht zustande, entscheiden die von der Landesregierung bestimmten Behörden.

(6) Auf Vereinbarungen des Unternehmers mit dem Träger der Straßenbaulast über die Benutzung öffentlicher Straßen ist im Planfeststellungsbeschluß oder in der Plangenehmigung hinzuweisen.

§ 32 Duldungspflichten Dritter. (1) Eigentümer oder sonstige Nutzungsberechtigte haben

1. Vermessungen, Boden- und Grundwasseruntersuchungen einschließlich der vorübergehenden Anbringung von Markierungszeichen und sonstigen Vorarbeiten, die zur Planung von Betriebsanlagen und Straßenbahnen notwendig sind, zu dulden, wenn die Genehmigungsbehörde diesen Arbeiten zustimmt,
2. das Anbringen oder Errichten von Haltevorrichtungen für elektrische Leitungen, von Signalen und Haltestellenzeichen durch den Unternehmer oder von ihm Beauftragte zu dulden. Arbeits-, Betriebs- oder Geschäftsräume dürfen vom Unternehmer oder von ihm Beauftragte nur während der jeweiligen Arbeits- oder Geschäftsstunden, Wohnungen nur mit Zustimmung des Wohnungsinhabers betreten werden. Die Absicht, Vorarbeiten durchzuführen, ist dem Eigentümer oder sonstigen Nutzungsberechtigten mindestens 2 Wochen vorher unmittelbar und in den Gemeinden, in deren Gebiet Vorarbeiten durchgeführt werden sollen, ortsüblich bekanntzugeben.

(2) Die Zustimmung der Genehmigungsbehörde zu den Vorarbeiten begründet keinen Anspruch auf Erteilung der Genehmigung nach § 9 Abs. 1 Nr. 1.

(3) [1] Über eine Verpflichtung zur Duldung der in Absatz 1 Nr. 2 bezeichneten *technischen* Einrichtungen ist beim Bau neuer Betriebsanlagen für Straßenbahnen im Planfeststellungsverfahren zu entscheiden. [2] Im übrigen entscheidet die Genehmigungsbehörde.

(4) [1] Für Schäden, die durch Vorarbeiten, das Anbringen, Errichten oder Entfernen technischer Einrichtungen verursacht worden sind, hat der Unternehmer Entschädigung zu leisten. [2] § 31 Abs. 5 gilt entsprechend. [3] Für die Geltendmachung von Entschädigungsansprüchen ist der ordentliche Rechtsweg gegeben.

§§ 33–35 (weggefallen)

§ 36 Bau- und Unterhaltungspflicht. (1) Der Unternehmer ist verpflichtet, die ihm genehmigten Betriebsanlagen für Straßenbahnen zu bauen und während der Geltungsdauer der Genehmigung den öffentlichen Verkehrsinteressen und dem Stand der Technik entsprechend zu unterhalten.

(2) Die Genehmigungsbehörde kann dem Unternehmer eine Frist setzen, innerhalb derer die Betriebsanlagen zu bauen sind.

§ 36a[1)] Besondere Pflichten im Interesse der Unterhaltung. (1) [1] Soweit es zur Unterhaltung einer Betriebsanlage für Straßenbahnen erforderlich ist, haben Eigentümer und sonstige Nutzungsberechtigte zu dulden, dass Beauftragte des Unternehmers die Grundstücke betreten oder vorübergehend benutzen. [2] Das Grundrecht auf Unverletzlichkeit der Wohnung (Artikel 13 Absatz 1 des Grundgesetzes[2)]) wird insoweit eingeschränkt. [3] Die Arbeiten müssen dem Eigentümer und sonstigen Nutzungsberechtigten angekündigt werden.

(2) Entstehen durch Handlungen nach Absatz 1 Schäden, hat der Geschädigte Anspruch auf Schadensersatz.

(3) [1] Der Inhaber einer Sondernutzungserlaubnis hat, ohne Anspruch auf Entschädigung, zu dulden, dass die Ausübung seines Rechts durch Arbeiten zur Unterhaltung vorübergehend behindert oder unterbrochen wird. [2] Auf die Interessen des Inhabers einer Sondernutzungserlaubnis ist Rücksicht zu nehmen.

§ 37 Aufnahme des Betriebs. Die Genehmigung zur Aufnahme des Betriebs der Straßenbahnen erteilt die Genehmigungsbehörde im Einvernehmen mit der für die technische Aufsicht zuständigen Behörde.

§ 38 (weggefallen)

§ 39[3)] Beförderungsentgelte und -bedingungen. (1) [1] Beförderungsentgelte und deren Änderung bedürfen der Zustimmung der Genehmigungsbehörde. [2] Mit der Zustimmung sind die Beförderungsentgelte allgemein verbindlich. [3] Soweit die Beförderungsentgelte Gegenstand eines öffentlichen Dienstleistungsauftrages sind, hat die zuständige Behörde der Genehmigungsbehörde dies anzuzeigen; in diesem Fall gilt die Zustimmung als erteilt.

(2) [1] Die Genehmigungsbehörde hat die Beförderungsentgelte insbesondere daraufhin zu prüfen, ob sie unter Berücksichtigung der wirtschaftlichen Lage des Unternehmers, einer ausreichenden Verzinsung und Tilgung des Anlagekapitals und der notwendigen technischen Entwicklung angemessen sind. [2] Die Zustimmung zu einer Änderung der Beförderungsentgelte wird in der Regel nicht erteilt, wenn diese einer verbindlichen Zusicherung nach § 12 Absatz 1a widerspricht.

(3) [1] Die nach Absatz 1 festgestellten Beförderungsentgelte dürfen nicht über- oder unterschritten werden; sie sind gleichmäßig anzuwenden. [2] Ermäßigungen, die nicht unter gleichen Bedingungen jedermann zugute kommen, sind verboten und nichtig.

[1)] § 36a eingef. mWv 13.3.2020 durch G v. 3.3.2020 (BGBl. I S. 433); Abs. 1 neu gef. mWv 10.12.2020 durch G v. 3.12.2020 (BGBl. I S. 2694).

[2)] Nr. **1**.

[3)] *§ 39 Abs. 2 Satz 1 geänd., Satz 2 angef.* mWv 1.1.1996 durch G v. 27.12.1993 (BGBl. I S. 2378); Abs. 1 Satz 3 angef., Abs. 2 Satz 2 neu gef., Abs. 6 Satz 3 eingef., bish. Satz 3 wird Satz 4 mWv 1.1.2013 durch G v. 14.12.2012 (BGBl. I S. 2598); Abs. 6 Satz 5 angef. mWv 1.8.2021 durch G v. 16.4.2021 (BGBl. I S. 822).

(4) Die Zustimmung zu den Beförderungsentgelten kann von der Genehmigungsbehörde nach Anhörung des Unternehmers widerrufen werden, wenn die für die Bildung der Beförderungsentgelte maßgebenden Umstände sich wesentlich geändert haben; in diesem Falle kann die Genehmigungsbehörde nach Anhörung des Unternehmers die Beförderungsentgelte anderweitig festsetzen.

(5) Eine Erhöhung der Beförderungsentgelte tritt frühestens am siebenten Tage nach der Veröffentlichung in Kraft.

(6) [1] Die Beförderungsbedingungen sind vor ihrer Einführung der Genehmigungsbehörde zur Zustimmung vorzulegen, soweit die von den Allgemeinen Beförderungsbedingungen (§ 57 Abs. 1 Nr. 5) für das Unternehmen im Einzelfalle abweichen (Besondere Beförderungsbedingungen). [2] Das gleiche gilt für Änderungen der Besonderen Beförderungsbedingungen. [3] Absatz 1 Satz 3 und Absatz 2 Satz 2 gelten entsprechend. [4] Die Genehmigungsbehörde kann eine Änderung der Beförderungsbedingungen verlangen, wenn die für ihre Festsetzung maßgebenden Umstände sich wesentlich geändert haben oder sich für die bessere Ausgestaltung des Verkehrs in einem Gebiet neue Gesichtspunkte ergeben, denen durch eine Änderung der Besonderen Beförderungsbedingungen Rechnung getragen werden kann. [5] Zuständig ist die Genehmigungsbehörde, in deren Bezirk der Unternehmer seinen Betriebssitz hat.

(7) Die Beförderungsentgelte und die Besonderen Beförderungsbedingungen sind vom Unternehmer vor ihrer Einführung ortsüblich bekanntzumachen; die Bekanntmachung ist in den zum Aufenthalt der Fahrgäste bestimmten Räumen auszuhängen.

§ 40[1)] Fahrpläne. (1) Der Fahrplan muß die Führung der Linie, ihren Ausgangs- und Endpunkt sowie die Haltestellen und Fahrzeiten enthalten.

(2) [1] Fahrpläne und deren Änderungen bedürfen der Zustimmung der Genehmigungsbehörde. [2] Ausgenommen sind Fahrplanänderungen, die wegen vorübergehender Störungen des Betriebs oder aus besonderen Anlässen vorgenommen werden und für einen Zeitraum von nicht länger als einen Monat gelten, sowie andere geringfügige Fahrplanänderungen. [3] Als geringfügig sind auch Fahrplanänderungen anzusehen, die durch Baustellen verursacht werden und nicht länger als sechs Monate gelten. [4] Werden durch Fahrplanänderungen die Interessen anderer Verkehrsunternehmen berührt, so sind diese vor der Zustimmung zu hören. [5] Die in Satz 2 genannten Fahrplanänderungen sind der Genehmigungsbehörde anzuzeigen. [6] Die Genehmigungsbehörde kann den angezeigten Fahrplanänderungen innerhalb einer Frist von zwei Wochen widersprechen, wenn die Voraussetzungen des Satzes 2 nicht vorliegen; die Fahrplanänderungen dürfen dann nicht in Kraft treten. [7] Soweit die Fahrpläne Gegenstand eines öffentlichen Dienstleistungsauftrages sind, hat die zuständige Behörde diese der Genehmigungsbehörde anzuzeigen. [8] In diesem Fall gilt die Zustimmung als erteilt.

(2a) Die Zustimmung zu einer Fahrplanänderung wird in der Regel nicht erteilt, wenn diese einer verbindlichen Zusicherung nach § 12 Absatz 1a widerspricht.

---

1) § 40 Abs. 3 Satz 2 angef. mWv 1.1.1996 durch G v. 27.12.1993 (BGBl. I S. 2378); Abs. 2 neu gef. mWv 14.9.2007 durch G v. 7.9.2007 (BGBl. I S. 2246); Abs. 2 Sätze 6 und 7 und Abs. 4 Satz 4 angef., Abs. 2a eingef., Abs. 3 neu gef. mWv 1.1.2013 durch G v. 14.12.2012 (BGBl. I S. 2598); Abs. 2 Satz 3 eingef., bish. Sätze 3–7 werden Sätze 4–8, Abs. 4 Satz 4 aufgeh. mWv 1.8.2021 durch G v. 16.4.2021 (BGBl. I S. 822).

(3) [1]Die Genehmigungsbehörde kann für einen eigenwirtschaftlichen Verkehr Änderungen des Fahrplans verlangen, wenn die maßgebenden Umstände sich wesentlich geändert haben oder sich für die bessere Ausgestaltung des Verkehrs in einem Gebiet neue Gesichtspunkte ergeben, denen durch eine Änderung des Fahrplans Rechnung getragen werden kann. [2]Die Genehmigungsbehörde hat hiervon abzusehen, wenn die Änderungen dem Unternehmer unter Berücksichtigung seiner wirtschaftlichen Lage, einer ausreichenden Verzinsung und Tilgung des Anlagekapitals und der notwendigen technischen Entwicklung nicht zugemutet werden können.

(4) [1]Fahrpläne und Fahrplanänderungen sind vom Unternehmer ortsüblich bekanntzumachen. [2]Ferner sind die gültigen Fahrpläne in den zum Aufenthalt der Fahrgäste bestimmten Räumen anzubringen. [3]An den Haltestellen sind mindestens die Abfahrtszeiten anzuzeigen.

B. Verkehr mit Obussen

§ 41[1)] Entsprechend anwendbare Vorschriften. (1) Die Vorschriften der §§ 28 bis 30a und der §§ 32 bis 37 sind auf die Errichtung von Bau- und Betriebsanlagen für den Obusverkehr entsprechend anzuwenden.

(2) Zur Errichtung von Bau- und Betriebsanlagen auf öffentlichen Straßen bedarf der Unternehmer der Zustimmung des Trägers der Straßenbaulast; § 31 Abs. 1, 2, 4 bis 6 ist entsprechend anzuwenden.

(3) Im übrigen sind auf den Obusverkehr die Vorschriften der §§ 39 und 40 entsprechend anzuwenden.

C. Linienverkehr mit Kraftfahrzeugen

§ 42 Begriffsbestimmung Linienverkehr. [1]Linienverkehr ist eine zwischen bestimmten Ausgangs- und Endpunkten eingerichtete regelmäßige Verkehrsverbindung, auf der Fahrgäste an bestimmten Haltestellen ein- und aussteigen können. [2]Er setzt nicht voraus, daß ein Fahrplan mit bestimmten Abfahrts- und Ankunftszeiten besteht oder Zwischenhaltestellen eingerichtet sind.

§ 42a[2)] Personenfernverkehr. [1]Personenfernverkehr ist der Linienverkehr mit Kraftfahrzeugen, der nicht zum öffentlichen Personennahverkehr im Sinne des § 8 Absatz 1 und nicht zu den Sonderformen des Linienverkehrs nach § 43 oder zum Linienbedarfsverkehr nach § 44 gehört. [2]Die Beförderung von Personen zwischen zwei Haltestellen ist unzulässig, wenn

1. der Abstand zwischen diesen Haltestellen nicht mehr als 50 km beträgt oder
2. zwischen diesen Haltestellen Schienenpersonennahverkehr mit einer Reisezeit bis zu einer Stunde betrieben wird.

[3]In der Genehmigung sind auf Antrag für einzelne Teilstrecken Ausnahmen zu gewähren, wenn

1. kein ausreichendes Nahverkehrsangebot besteht oder
2. das Fahrgastpotenzial der vorhandenen Verkehrsangebote nur unerheblich beeinträchtigt wird.

[1)] § 41 Abs. 1 geänd. mWv 13.3.2020 durch G v. 3.3.2020 (BGBl. I S. 433); Abs. 1 geänd. mWv 1.8.2021 durch G v. 16.4.2021 (BGBl. I S. 822).

[2)] § 42a eingef. mWv 1.1.2013 durch G v. 14.12.2012 (BGBl. I S. 2598); Satz 1 geänd. mWv 1.8.2021 durch G v. 16.4.2021 (BGBl. I S. 822).

§ 42b[1] Technische Anforderungen. Im innerdeutschen Personenfernverkehr dürfen nur Kraftomnibusse eingesetzt werden, die

1. einer der folgenden Vorschriften entsprechen:
   a) Anhang VII zu der Richtlinie 2001/85/EG des Europäischen Parlaments und des Rates vom 20. November 2001 über besondere Vorschriften für Fahrzeuge zur Personenbeförderung mit mehr als acht Sitzplätzen außer dem Fahrersitz und zur Änderung der Richtlinien 70/156/EWG und 97/27/EG (ABl. L 42 vom 13.2.2002, S. 1; L 125 vom 21.5.2003, S. 14) in der jeweils zum Zeitpunkt der Erstzulassung des jeweiligen Kraftomnibusses geltenden Fassung oder
   b) Anhang 8 der Regelung Nr. 107 der Wirtschaftskommission für Europa der Vereinten Nationen (UN/ECE) – Einheitliche Bedingungen für die Genehmigung von Fahrzeugen der Klassen M2 oder M3 hinsichtlich ihrer allgemeinen Konstruktionsmerkmale (ABl. L 255 vom 29.9.2010, S. 1) in der jeweils zum Zeitpunkt der Erstzulassung des jeweiligen Kraftomnibusses geltenden Fassung

   und
2. mit mindestens zwei Stellplätzen für Rollstuhlnutzer ausgerüstet sind.

§ 43 Sonderformen des Linienverkehrs. [1] Als Linienverkehr gilt, unabhängig davon, wer den Ablauf der Fahrten bestimmt, auch der Verkehr, der unter Ausschluß anderer Fahrgäste der regelmäßigen Beförderung von

1. Berufstätigen zwischen Wohnung und Arbeitsstelle (Berufsverkehr),
2. Schülern zwischen Wohnung und Lehranstalt (Schülerfahrten),
3. Personen zum Besuch von Märkten (Marktfahrten),
4. Theaterbesuchern

dient. [2] Die Regelmäßigkeit wird nicht dadurch ausgeschlossen, daß der Ablauf der Fahrten wechselnden Bedürfnissen der Beteiligten angepaßt wird.

§ 44[2] Linienbedarfsverkehr. [1] Als Linienverkehr gemäß § 42, der öffentlicher Personennahverkehr gemäß § 8 Absatz 1 ist, gilt auch der Verkehr, der der Beförderung von Fahrgästen auf vorherige Bestellung ohne festen Linienweg zwischen bestimmten Einstiegs- und Ausstiegspunkten innerhalb eines festgelegten Gebietes und festgelegter Bedienzeiten dient (Linienbedarfsverkehr). [2] Es kommen ausschließlich Beförderungsentgelte und -bedingungen im Rahmen der Vorgaben des Aufgabenträgers im Nahverkehrsplan, im öffentlichen Dienstleistungsauftrag oder der Vorabbekanntmachung zur Anwendung. [3] Für Beförderungen im Linienbedarfsverkehr können Zuschläge nur nach Maßgabe von Satz 2 erhoben werden.

§ 45[3] Sonstige Vorschriften. (1) Auf den Linienverkehr mit Kraftfahrzeugen ist § 32, soweit diese Vorschrift sich auf das Anbringen oder Errichten von Haltestellenzeichen bezieht, entsprechend anzuwenden; über die Verpflichtung zur Duldung entscheidet die Genehmigungsbehörde ohne Planfeststellungsverfahren.

(2) Auf den Linienverkehr mit Kraftfahrzeugen sind die §§ 39 und 40 mit folgenden Maßgaben anzuwenden:

---

[1] § 42b neu gef mWv 1.8.2021 durch G v. 16.4.2021 (BGBl. I S. 822).

[2] § 44 neu gef. mWv 1.8.2021 durch G v. 16.4.2021 (BGBl. I S. 822).

[3] § 45 Abs. 2 neu gef., Abs. 3 Satz 2 geänd. mWv 1.1.2013 durch G v. 14.12.2012 (BGBl. I S. 2598); Abs. 2 Nr. 2 geänd., Nr. 3 angef. mWv 1.8.2021 durch G v. 16.4.2021 (BGBl. I S. 822).

1. § 39 Absatz 1 bis 5 und 7 gilt nicht für den Personenfernverkehr,
2. § 40 Absatz 3 gilt nicht für den Personenfernverkehr; abweichend von § 40 Absatz 2 Satz 1 genügt bei Fahrplanänderungen im Personenfernverkehr eine Anzeige bei der Genehmigungsbehörde; sofern die Genehmigungsbehörde den angezeigten Fahrplanänderungen innerhalb von einem Monat widerspricht, dürfen diese nicht in Kraft treten,
3. § 40 gilt nicht für den Linienbedarfsverkehr.

(3) [1] Die Genehmigungsbehörde kann bei den Verkehrsformen nach § 43 auf die Einhaltung der Vorschriften über die Betriebspflicht (§ 21), die Beförderungspflicht (§ 22), die Beförderungsentgelte und -bedingungen (§ 39) sowie über die Fahrpläne (§ 40) ganz oder teilweise verzichten. [2] Bei den Sonderformen des Linienverkehrs (§ 43) ist § 13 Absatz 2 Satz 1 Nummer 2 und 3 so anzuwenden, daß insbesondere den Belangen von Berufstätigen und Arbeitgebern sowie den Schülern und Lehranstalten Rechnung getragen wird.

D. Ausgleichszahlungen

§ 45a[1)] Ausgleichspflicht. (1) Im Verkehr mit Straßenbahnen und Obussen sowie im Linienverkehr mit Kraftfahrzeugen nach den §§ 42 und 43 Nr. 2 ist dem Unternehmer für die Beförderung von Personen mit Zeitfahrausweisen des Ausbildungsverkehrs auf Antrag ein Ausgleich nach Maßgabe des Absatzes 2 zu gewähren, wenn und soweit

1. der Ertrag aus den für diese Beförderungen genehmigten Beförderungsentgelten zur Deckung der nach Absatz 2 Satz 2 zu errechnenden Kosten nicht ausreicht, und
2. der Unternehmer innerhalb eines angemessenen Zeitraums die Zustimmung zu einer Anpassung der in den genannten Verkehrsformen erhobenen Beförderungsentgelte an die Ertrags- und Kostenlage beantragt hat.

(2) [1] Als Ausgleich werden gewährt 50 vom Hundert des Unterschiedsbetrages zwischen dem Ertrag, der in den in Absatz 1 genannten Verkehrsformen für die Beförderung von Personen mit Zeitfahrausweisen des Ausbildungsverkehrs erzielt worden ist, und dem Produkt aus den in diesem Verkehr geleisteten Personen-Kilometern und den durchschnittlichen verkehrsspezifischen Kosten. [2] Als durchschnittliche verkehrsspezifische Kosten im Sinne dieser Vorschrift gelten die Kostensätze je Personen-Kilometer, die von den Landesregierungen oder den von ihnen durch Rechtsverordnung ermächtigten Behörden durch Rechtsverordnung nach Durchschnittswerten einzelner repräsentativer Unternehmen, die sparsam wirtschaften und leistungsfähig sind, pauschal festgelegt werden; dabei können entsprechend betrieblichen und verkehrlichen Besonderheiten unterschiedliche Kostensätze für den schienengebundenen und den nichtschienengebundenen Verkehr sowie für verschiedene Verkehrsregionen festgelegt werden. [3] Der sich in Anwendung des Satzes 1 ergebende Ausgleichsbetrag wird für das Jahr 2004 um 4 Prozent, für das Jahr 2005 um 8 Prozent und vom Jahr 2006 an jeweils um 12 Prozent verringert.

(3) [1] Den Ausgleich nach den Absätzen 1 und 2 gewährt das Land, in dessen Gebiet der Verkehr betrieben wird. [2] Erstreckt sich der Verkehr auch auf das Gebiet

---

[1)] § 45a Abs. 5 aufgeh. durch G v. 24.6.1991 (BGBl. I S. 1314); Abs. 4 Satz 1 geänd. durch G v. 27.12.1993 (BGBl. I S. 2378); Abs. 2 Satz 3 angef. mWv 1.1.2004 durch G v. 29.12.2003 (BGBl. I S. 3076); Abs. 2 Satz 3 neu gef. mWv 12.4.2011 durch G v. 5.4.2011 (BGBl. I S. 554).

eines anderen Landes, so wird dem Ausgleich der Teil der Leistungen zugrunde gelegt, der in dem jeweiligen Land erbracht wird.

(4) [1]Über den Ausgleich entscheidet die Genehmigungsbehörde oder die von der Landesregierung bestimmte Behörde. [2]Die Entscheidung kann mit Auflagen verbunden werden, die dazu bestimmt sind, die wirtschaftlichen Ergebnisse der in den in Absatz 1 genannten Verkehrsformen erbrachten Leistungen zu verbessern. [3]Kommt der Unternehmer solchen Auflagen nicht oder nicht in vollem Umfange nach, so ist ein Ausgleich nur insoweit zu gewähren, wie er sich im Falle der Befolgung der Auflagen errechnet hätte.

E.[1)] Gelegenheitsverkehr mit Kraftfahrzeugen

§ 46[2)] Formen des Gelegenheitsverkehrs. (1) Gelegenheitsverkehr ist die Beförderung von Personen mit Kraftfahrzeugen, die nicht Linienverkehr nach den §§ 42, 42a, 43 und 44 ist.

(2) Als Formen des Gelegenheitsverkehrs sind nur zulässig

1. Verkehr mit Taxen (§ 47),
2. Ausflugfahrten und Ferienziel-Reisen (§ 48),
3. Verkehr mit Mietomnibussen und mit Mietwagen (§ 49),
4. gebündelter Bedarfsverkehr (§ 50).

(3) In Orten mit mehr als 50 000 Einwohnern oder in den von der höheren Verwaltungsbehörde bestimmten Orten unter 50 000 Einwohnern darf eine Genehmigung für den Taxenverkehr, den Mietwagenverkehr oder den gebündelten Bedarfsverkehr nicht für denselben Personenkraftwagen erteilt werden.

§ 47[3)] Verkehr mit Taxen. (1) [1]Verkehr mit Taxen ist die Beförderung von Personen mit Personenkraftwagen, die der Unternehmer an behördlich zugelassenen Stellen bereithält und mit denen er Fahrten zu einem vom Fahrgast bestimmten Ziel ausführt. [2]Der Unternehmer kann Beförderungsaufträge auch während einer Fahrt oder am Betriebssitz entgegennehmen.

(2) [1]Taxen dürfen nur an behördlich zugelassenen Stellen und in der Gemeinde bereitgehalten werden, in der der Unternehmer seinen Betriebssitz hat. [2]Fahrten auf vorherige Bestellung dürfen auch von anderen Gemeinden aus durchgeführt werden. [3]Die Genehmigungsbehörde kann im Einvernehmen mit anderen Genehmigungsbehörden das Bereithalten an behördlich zugelassenen Stellen außerhalb der Betriebssitzgemeinde gestatten und einen größeren Bezirk festsetzen.

(3) [1]Die Landesregierung wird ermächtigt, durch Rechtsverordnung den Umfang der Betriebspflicht, die Ordnung auf Taxenständen sowie Einzelheiten des Dienstbetriebs zu regeln. [2]Sie kann die Ermächtigung durch Rechtsverordnung übertragen. [3]In der Rechtsverordnung können insbesondere Regelungen getroffen werden über

1. das Bereithalten von Taxen in Sonderfällen einschließlich eines Bereitschaftsdienstes,
2. die Annahme und Ausführung von fernmündlichen Fahraufträgen,

---

[1)] Überschr. Absch. III Unterabsch. E geänd. mWv 26.11.2011 durch G v. 22.11.2011 (BGBl. I S. 2272).

[2)] § 46 Abs. 1 geänd. mWv 1.1.2013 durch G v. 14.12.2012 (BGBl. I S. 2598); Abs. 1 und Abs. 2 Nr. 3 geänd., Nr. 4 angef., Abs. 3 geänd. mWv 1.8.2021 durch G v. 16.4.2021 (BGBl. I S. 822).

[3)] § 47 Abs. 2 Satz 1 mWv 1.8.2021 durch G v. 16.4.2021 (BGBl. I S. 822).

3. den Fahr- und Funkbetrieb,
4. die Behindertenbeförderung und
5. die Krankenbeförderung, soweit es sich nicht um Beförderungen nach § 1 Abs. 2 Nr. 2 handelt.

(4) Die Beförderungspflicht besteht nur für Fahrten innerhalb des Geltungsbereichs der nach § 51 Abs. 1 Satz 1 und 2 und Abs. 2 Satz 1 festgesetzten Beförderungsentgelte (Pflichtfahrbereich).

(5) Die Vermietung von Taxen an Selbstfahrer ist verboten.

§ 48[1] Ausflugsfahrten und Ferienziel-Reisen. (1) [1] Ausflugsfahrten sind Fahrten, die der Unternehmer mit Kraftomnibussen oder Personenkraftwagen nach einem bestimmten, von ihm aufgestellten Plan und zu einem für alle Teilnehmer gleichen und gemeinsam verfolgten Ausflugszweck anbietet und ausführt. [2] Die Fahrt muß wieder an den Ausgangsort zurückführen. [3] Die Fahrgäste müssen im Besitz eines für die gesamte Fahrt gültigen Fahrscheins sein, der die Beförderungsstrecke und das Beförderungsentgelt ausweist. [4] Bei Ausflugsfahrten, die als Pauschalfahrten ausgeführt werden, genügt im Fahrschein die Angabe des Gesamtentgelts an Stelle des Beförderungsentgelts.

(2) [1] Ferienziel-Reisen sind Reisen zu Erholungsaufenthalten, die der Unternehmer mit Kraftomnibussen oder Personenkraftwagen nach einem bestimmten, von ihm aufgestellten Plan zu einem Gesamtentgelt für Beförderung und Unterkunft mit oder ohne Verpflegung anbietet und ausführt. [2] Es dürfen nur Rückfahrscheine und diese nur auf den Namen des Reisenden ausgegeben werden. [3] Die Fahrgäste sind zu einem für alle Teilnehmer gleichen Reiseziel zu bringen und an den Ausgangspunkt der Reise zurückzubefördern. [4] Auf der Rückfahrt dürfen nur Reisende befördert werden, die der Unternehmer zum Reiseziel gebracht hat.

(3) *(aufgehoben)*

(4) Die Vorschriften der §§ 21 und 22 sind nicht anzuwenden.

§ 49[2] Verkehr mit Mietomnibussen und mit Mietwagen. (1) [1] Verkehr mit Mietomnibussen ist für die Beförderung von Personen mit Kraftomnibussen, die nur im ganzen zur Beförderung angemietet werden und mit denen der Unternehmer Fahrten ausführt, deren Zweck, Ziel und Ablauf der Mieter bestimmt. [2] Die Teilnehmer müssen ein zusammengehöriger Personenkreis und über Ziel und Ablauf der Fahrt einig sein.

(2) [1] Die Voraussetzungen des Absatzes 1 Satz 1 sind nicht gegeben, wenn Fahrten unter Angabe des Fahrtziels vermittelt werden. [2] Mietomnibusse dürfen nicht durch Bereitstellen auf öffentlichen Straßen oder Plätzen angeboten werden.

(3) Die Vorschriften der §§ 21 und 22 sind nicht anzuwenden.

(4) [1] Verkehr mit Mietwagen ist die Beförderung von Personen mit Personenkraftwagen, die nur im ganzen zur Beförderung gemietet werden und mit denen der Unternehmer Fahrten ausführt, deren Zweck, Ziel und Ablauf der Mieter bestimmt und die nicht Verkehr mit Taxen nach § 47 und nicht gebündelter Bedarfsverkehr nach § 50 sind. [2] Mit Mietwagen dürfen nur Beförderungsaufträge

---

[1] § 48 Abs. 2 Satz 5 aufgeh. mWv 18.8.2006 durch G v. 14.8.2006 (BGBl. I S. 1962); Abs. 3 aufgeh. mWv 1.1.2013 durch G v. 14.12.2012 (BGBl. I S. 2598).

[2] § 49 Abs. 4 Satz 3 geänd. mWv 1.7.2005 durch G v. 21.6.2005 (BGBl. I S. 1666); Abs. 4 Sätze 1, 3, 4, 5 und 6 geänd., Satz 7 eingef., bish. Satz 7 wird Satz 8, Abs. 5 angef. mWv 1.8.2021 durch G v. 16.4. 2021 (BGBl. I S. 822).

ausgeführt werden, die am Betriebssitz oder in der Wohnung des Unternehmers eingegangen sind. [3] Nach Ausführung des *Beförderungsauftrag*[1)] hat der Mietwagen unverzüglich zum Betriebssitz zurückzukehren, es sei denn, er hat vor der Fahrt von seinem Betriebssitz oder der Wohnung oder während der Fahrt einen neuen Beförderungsauftrag erhalten. [4] Den Eingang des Beförderungsauftrages am Betriebssitz oder in der Wohnung hat der Mietwagenunternehmer buchmäßig oder elektronisch (auch mittels appbasierten Systems) zu erfassen und die Aufzeichnung ein Jahr aufzubewahren. [5] Annahme, Vermittlung und Ausführung von Beförderungsaufträgen, das Bereithalten des Mietwagens sowie Werbung für Mietwagenverkehr dürfen weder allein noch in ihrer Verbindung geeignet sein, zur Verwechslung mit dem Taxenverkehr oder dem gebündelten Bedarfsverkehr zu führen. [6] Den Taxen und dem gebündelten Bedarfsverkehr vorbehaltene Zeichen und Merkmale dürfen für Mietwagen nicht verwendet werden. [7] In Städten mit mehr als 100 000 Einwohnern kann die Genehmigungsbehörde zum Schutz der öffentlichen Verkehrsinteressen die in ihrem Bezirk geltenden Regelungen für den gebündelten Bedarfsverkehr auch auf den in ihrem Bezirk betriebenen Verkehr mit Mietwagen anwenden, wenn per App vermittelter Verkehr mit Mietwagen einen Marktanteil von 25 Prozent am Fahrtaufkommen im Gelegenheitsverkehr mit Taxen, Mietwagen und gebündelten Bedarfsverkehr überschreitet. [8] Die §§ 21 und 22 sind nicht anzuwenden.

(5) [1] Die Genehmigungsbehörde kann für Gemeinden mit großer Flächenausdehnung Einzelheiten für die Genehmigung von Ausnahmen von der Pflicht zur Rückkehr an den Betriebssitz ohne neuen Beförderungsauftrag an einen anderen Abstellort als den Betriebssitz festlegen. [2] Hierbei ist eine Mindestwegstrecke von 15 Kilometern zwischen Hauptsitz und Abstellort oder bei mehreren Abstellorten zwischen diesen zu Grunde zu legen. [3] Die Genehmigungsbehörde kann insbesondere Regelungen treffen über

1. die Anforderungen an den Abstellort und
2. die zulässige Anzahl von Abstellorten.

§ 50[2)] Gebündelter Bedarfsverkehr. (1) [1] Gebündelter Bedarfsverkehr ist die Beförderung von Personen mit Personenkraftwagen, bei der mehrere Beförderungsaufträge entlang ähnlicher Wegstrecken gebündelt ausgeführt werden. [2] Der Unternehmer darf die Aufträge ausschließlich auf vorherige Bestellung ausführen. [3] Die Genehmigungsbehörde kann, soweit öffentliche Verkehrsinteressen dies erfordern, bestimmen, dass Fahrzeuge des gebündelten Bedarfsverkehrs nach Ausführung der Beförderungsaufträge unverzüglich zum Betriebssitz oder zu einem anderen geeigneten Abstellort zurückkehren müssen, es sei denn, die Fahrer haben vor oder während der Fahrt neue Beförderungsaufträge erhalten. [4] Die Annahme, die Vermittlung und die Ausführung von Beförderungsaufträgen, das Bereithalten gebündelter Bedarfsverkehre sowie Werbung für gebündelte Bedarfsverkehre dürfen weder allein noch in ihrer Verbindung geeignet sein, zur Verwechslung mit dem Taxen- oder dem Mietwagenverkehr zu führen. [5] Den Taxen und Mietwagen vorbehaltene Zeichen und Merkmale dürfen für den gebündelten Bedarfsverkehr nicht verwendet werden. [6] Die §§ 21 und 22 sind nicht anzuwenden.

(2) [1] Im gebündelten Bedarfsverkehr dürfen Personen nur innerhalb der Gemeinde befördert werden, in der der Unternehmer seinen Betriebssitz hat. [2] Die

---

[1)] Richtig wohl: „Beförderungsauftrages".

[2)] § 50 neu gef. mWv 1.8.2021 durch G v. 16.4.2021 (BGBl. I S. 822).

Genehmigungsbehörde kann die Beförderung von Personen im gebündelten Bedarfsverkehr zeitlich oder räumlich beschränken, soweit öffentliche Verkehrsinteressen dies erfordern. [3] Sie kann im Einvernehmen mit anderen Genehmigungsbehörden und dem Aufgabenträger die Beförderung außerhalb der Betriebssitzgemeinde gestatten und einen größeren Bezirk festsetzen.

(3) [1] Im Stadt- und im Vorortverkehr ist von der Genehmigungsbehörde im Einvernehmen mit dem Aufgabenträger eine Quote für den Anteil an gebündelten Beförderungsaufträgen festzulegen, der in einem bestimmten Zeitraum innerhalb des Gebietes zu erreichen ist, in dem der Verkehr durchgeführt wird (Bündelungsquote). [2] Grundlage für die Berechnung der Bündelungsquote ist die Beförderungsleistung im Verhältnis der zurückgelegten Personenkilometer zu den zurückgelegten Fahrzeugkilometern. [3] Der Aufgabenträger führt gemeinsam mit der Genehmigungsbehörde zur Feststellung der Auswirkungen der Bündelungsquote auf die öffentlichen Verkehrsinteressen und auf Klimaschutz und Nachhaltigkeit ein Monitoring durch. [4] Der Beobachtungszeitraum beträgt höchstens fünf Jahre nach erteilter Genehmigung.

(4) [1] Die Genehmigungsbehörde kann zum Schutz der öffentlichen Verkehrsinteressen Einzelheiten zur Rückkehrpflicht und weitere Anforderungen an den gebündelten Bedarfsverkehr in Bezug auf die Festsetzung von Bündelungsquoten, Barrierefreiheit und Emissionsvorgaben regeln. [2] Es können Regelungen getroffen werden über

1. die Pflicht zur unverzüglichen Rückkehr zum Betriebssitz oder zu einem anderen Abstellort,
2. die Anforderungen an den Abstellort,
3. eine zu erreichende Bündelungsquote außerhalb des Stadt- und Vorortverkehrs,
4. Vorgaben zur Barrierefreiheit sowie
5. Emissionsstandards von Fahrzeugen und den Einsatz lokal emissionsfreier Fahrzeuge.

[3] Die Genehmigungsbehörde kann unter den Voraussetzungen des Satzes 1 darüber hinaus Vorgaben zu Sozialstandards, wie zum Beispiel Regelungen zu Arbeitszeiten, Entlohnung und Pausen, im gebündelten Bedarfsverkehr festlegen.

§ 51[1)] Beförderungsentgelte und -bedingungen im Taxenverkehr.

(1) [1] Die Landesregierung wird ermächtigt, durch Rechtsverordnung Beförderungsentgelte und -bedingungen für den Taxenverkehr festzusetzen. [2] Die Rechtsverordnung kann insbesondere Regelungen vorsehen über

1. Grundpreise, Kilometerpreise und Zeitpreise sowie Festpreise für bestimmte Wegstrecken,
2. Zuschläge,
3. Vorauszahlungen,
4. die Abrechnung,
5. die Zahlungsweise und
6. die Zulässigkeit von Sondervereinbarungen für den Pflichtfahrbereich.

[3] Die Landesregierung kann die Ermächtigung durch Rechtsverordnung übertragen. [4] *Für Fahrten* auf vorherige Bestellung können Festpreise bestimmt oder

[1)] § 51 Abs. 1 Satz 2 Nr. 1 geänd., Satz 4 angef. mWv 1.8.2021 durch G v. 16.4.2021 (BGBl. I S. 822).

Regelungen über Mindest- und Höchstpreise getroffen werden, innerhalb derer das Beförderungsentgelt vor Fahrtantritt frei zu vereinbaren ist.

(2) Sondervereinbarungen für den Pflichtfahrbereich sind nur zulässig, wenn

1. ein bestimmter Zeitraum, eine Mindestfahrtenzahl oder ein Mindestumsatz im Monat festgelegt wird,
2. eine Ordnung des Verkehrsmarktes nicht gestört wird,
3. die Beförderungsentgelte und -bedingungen schriftlich vereinbart sind und
4. in der Rechtsverordnung eine Pflicht zur Genehmigung oder Anzeige vorgesehen ist.

(3) Bei der Festsetzung der Beförderungsentgelte und -bedingungen sind § 14 Abs. 2 und 3 sowie § 39 Abs. 2 entsprechend anzuwenden.

(4) Die ermächtigten Stellen können für einen Bereich, der über den Zuständigkeitsbereich einer die Beförderungsentgelte und -bedingungen festsetzenden Stelle hinausgeht, in gegenseitigem Einvernehmen einheitliche Beförderungsentgelte und -bedingungen vereinbaren.

(5) Für die Anwendung der Beförderungsentgelte und -bedingungen gilt § 39 Abs. 3 entsprechend.

§ 51a[1] Beförderungsentgelte im Verkehr mit Mietwagen und im gebündelten Bedarfsverkehr. (1) Die Genehmigungsbehörde kann zum Schutz der öffentlichen Verkehrsinteressen für den Verkehr mit Mietwagen, der in ihrem Bezirk betrieben wird, tarifbezogene Regelungen, insbesondere Mindestbeförderungsentgelte festlegen.

(2) [1] Die Genehmigungsbehörde muss für den gebündelten Bedarfsverkehr Regelungen über Mindestbeförderungsentgelte vorsehen, die einen hinreichenden Abstand zu den Beförderungsentgelten des jeweiligen öffentlichen Personennahverkehrs sicherstellen. [2] Sie kann darüber hinaus Folgendes festlegen:

1. Höchstbeförderungsentgelte sowie
2. den Zeitpunkt, zu dem die behördlich festgelegten Entgelte zur Anwendung kommen sollen.

(3) [1] Die Genehmigungsbehörde hat vor der Festsetzung von Mindestbeförderungsentgelten nach Absatz 2 Satz 1 die jeweiligen Aufgabenträger, die im Bezirk der Genehmigungsbehörde tätig werdenden Unternehmen des gebündelten Bedarfsverkehrs und die Industrie- und Handelskammern anzuhören. [2] Bei der Festsetzung von Höchstbeförderungsentgelten nach Absatz 2 Satz 2 Nummer 1 ist § 39 Absatz 2 entsprechend anzuwenden.

(4) Für die Anwendung der Beförderungsentgelte durch den Unternehmer gilt *§ 39 Absatz 3 entsprech*end mit der Maßgabe, dass Mindestbeförderungsentgelte nicht unterschritten und Höchstbeförderungsentgelte nicht überschritten werden dürfen.

[1] § 51a neu gef. mWv 1.8.2021 durch G v. 16.4.2021 (BGBl. I S. 822).

IV. Auslandsverkehr

§ 52[1)] Grenzüberschreitender Verkehr. (1) [1]Für die Beförderung von Personen im grenzüberschreitenden Verkehr mit Kraftfahrzeugen durch Unternehmer, die ihren Betriebssitz im Inland oder Ausland haben, gelten, soweit nichts anderes bestimmt ist, die Vorschriften dieses Gesetzes und die hierzu erlassenen Rechtsverordnungen. [2]Auf Unternehmen, die ihren Betriebssitz im Ausland haben, sind nicht anzuwenden

1. § 13 Absatz 1 Satz 1 Nummer 4 und
2. § 13 Absatz 1a, soweit Artikel 3 Absatz 1 Buchstabe a der Verordnung (EG) Nr. 1071/2009 einzuhalten ist.

(2) [1]Die nach diesem Gesetz erforderliche Genehmigung eines grenzüberschreitenden Linienverkehrs erteilt für die deutsche Teilstrecke die von der Landesregierung bestimmte Behörde im Benehmen mit dem Bundesministerium für Verkehr und digitale Infrastruktur. [2]§ 11 Abs. 2 bis 4 ist entsprechend anzuwenden. [3]Während der Herstellung des Benehmens ruht die Frist für die Entscheidung über den Antrag nach § 15 Absatz 1 Satz 2 bis 5.

(3) [1]Einer Genehmigung für den grenzüberschreitenden Gelegenheitsverkehr von Unternehmern, die ihren Betriebssitz im Ausland haben, bedarf es nicht, soweit entsprechende Übereinkommen mit dem Ausland bestehen. [2]Besteht ein solches Übereinkommen nicht oder soll abweichend von den Bedingungen des Übereinkommens grenzüberschreitender Gelegenheitsverkehr ausgeführt werden, so kann das Bundesministerium für Verkehr und digitale Infrastruktur oder eine von ihm beauftragte Behörde entsprechenden Anträgen stattgeben. [3]Die Genehmigung für grenzüberschreitende Ferienziel-Reisen erteilt für die deutsche Teilstrecke die von der Landesregierung bestimmte Behörde, in deren Gebiet die Ferienziel-Reise endet. [4]Abweichend von § 9 Abs. 1 Nr. 4 wird die Genehmigung für den grenzüberschreitenden Gelegenheitsverkehr mit Kraftomnibussen auch für die Form des Gelegenheitsverkehrs erteilt.

(4) [1]Die Grenzpolizei und die Zollstellen an den Grenzen sind berechtigt, Kraftfahrzeuge zurückzuweisen, wenn nicht die erforderliche Genehmigung vorgelegt wird, deren Mitführung vorgeschrieben ist. [2]Das Bundesministerium für Verkehr und digitale Infrastruktur kann Unternehmen mit Betriebssitz außerhalb des Geltungsbereichs dieses Gesetzes bei wiederholten oder schweren Verstößen gegen Vorschriften dieses Gesetzes und der auf diesem Gesetz beruhenden Verordnungen sowie gegen Vorschriften der Verordnungen der Europäischen Gemeinschaften und internationalen Übereinkommen über den grenzüberschreitenden Verkehr dauernd oder vorübergehend vom Verkehr in oder durch die Bundesrepublik Deutschland ausschließen.

[1)] § 52 Abs. 3 Satz 2 neu gef. durch G v. 24.4.1998 (BGBl. I S. 747); Abs. 2 Satz 1, Abs. 3 Satz 2 und Abs. 4 Satz 2 geänd. mWv 7.11.2001 durch VO v. 29.10.2001 (BGBl. I S. 2785); Abs. 1 Satz 2 angef. mWv 18.8.2006 durch G v. 14.8.2006 (BGBl. I S. 1962); Abs. 3 Satz 3 geänd. und Satz 4 angef. mWv 1.9.2007 durch G v. 14.8.2006 (BGBl. I S. 1962); Abs. 2 Satz 1, Abs. 3 Satz 2 und Abs. 4 Satz 2 geänd. *mWv 8.11.2006 durch VO v. 31.10.2006 (BGBl. I S. 2407)*; Abs. 1 Satz 2 neu gef. mWv 26.11.2011 durch G v. 22.11.2011 (BGBl. I S. 2272); Abs. 1 Satz 2 Nr. 1 geänd., Abs. 2 Satz 3 angef. mWv 1.1.2013 durch G v. 14.12.2012 (BGBl. I S. 2598); Abs. 2 Satz 1, Abs. 3 Satz 2 und Abs. 4 Satz 2 geänd. mWv 8.9. 2015 durch VO v. 31.8.2015 (BGBl. I S. 1474).

§ 53[1)] Transit-(Durchgangs-)Verkehr. (1) [1]Für die Beförderung von Personen im Transit-(Durchgangs-)Verkehr mit Kraftfahrzeugen, der das Gebiet des Geltungsbereichs dieses Gesetzes unter Ausschluß innerdeutschen Zwischenverkehrs berührt, gelten, soweit nichts anderes bestimmt ist, die Vorschriften dieses Gesetzes und die hierzu erlassenen Rechtsverordnungen. [2]Nicht anzuwenden sind

1. § 13 Absatz 1 Satz 1 Nummer 4,
2. § 13 Absatz 1a, soweit Artikel 3 Absatz 1 Buchstabe a der Verordnung (EG) Nr. 1071/2009 einzuhalten ist und
3. § 42b.

(2) [1]Die Genehmigung eines Transitlinienverkehrs erteilt die von der Landesregierung bestimmte Behörde, in deren Gebiet der erste Grenzübergang bei der Einfahrt stattfindet, im Benehmen mit dem Bundesministerium für Verkehr und digitale Infrastruktur. [2]§ 11 Abs. 3 und 4 ist entsprechend anzuwenden.

(3) [1]§ 52 Abs. 3 ist auf den Gelegenheitsverkehr vom Ausland durch das Gebiet des Geltungsbereichs dieses Gesetzes entsprechend anzuwenden, jedoch ist bei Ferienziel-Reisen die von der Landesregierung bestimmte Behörde zuständig, in deren Gebiet der erste Grenzübergang bei der Einfahrt stattfindet. [2]§ 52 Abs. 4 gilt entsprechend.

V. Aufsicht, Prüfungsbefugnisse

§ 54[2)] Aufsicht. (1) [1]Der Unternehmer unterliegt hinsichtlich der Erfüllung der Vorschriften dieses Gesetzes sowie der hierzu erlassenen Rechtsverordnungen und der Einhaltung der durch die Genehmigung auferlegten Verpflichtungen (Bedingungen, Auflagen) der Aufsicht der Genehmigungsbehörde. [2]Die von der Landesregierung bestimmte Behörde kann die Genehmigungsbehörde ermächtigen, die Aufsicht über den Linien- und Gelegenheitsverkehr mit Kraftfahrzeugen auf nachgeordnete Behörden zu übertragen. [3]Die technische Aufsicht über Straßenbahnen und Obusunternehmen wird von der von der Landesregierung bestimmten Behörde ausgeübt. [4]Die technische Aufsicht kann von der Landesregierung anderen Stellen durch Rechtsverordnung übertragen werden. [5]Ausgenommen hiervon sind die Aufgaben nach § 9 Abs. 1 der Straßenbahn-Bau- und -Betriebsordnung vom 11. Dezember 1987 (BGBl. I S. 2648) sowie nach § 8 Abs. 1 und § 9 Abs. 1 der Straßenbahn-Betriebsleiter-Prüfungsverordnung vom 29. Juli 1988 (BGBl. I S. 1554). [6]Soweit die technische Aufsicht auf eine andere Stelle übertragen wird, darf diese nicht sich selbst nach § 5 Abs. 2 der Straßenbahn-Bau- und -Betriebsordnung beauftragen.

(2) [1]Die Aufsichtsbehörde kann sich über alle ihrer Zuständigkeit unterliegenden Einrichtungen und Maßnahmen des Unternehmers unterrichten. [2]Der Unternehmer hat der Aufsichtsbehörde alle wesentlichen Veränderungen ohne Aufforderung unverzüglich anzuzeigen. [3]Beim Verkehr mit Kraftomnibussen hat der Unternehmer abweichend von Satz 2 Änderungen der in Artikel 16 Absatz 2

[1)] § 53 Abs. 2 Satz 1 geänd. mWv 7.11.2001 durch VO v. 29.10.2001 (BGBl. I S. 2785); Abs. 1 Satz 2 angef. mWv 18.8.2006 durch G v. 14.8.2006 (BGBl. I S. 1962); Abs. 2 Satz 1 geänd. mWv 8.11.2006 durch VO v. 31.10.2006 (BGBl. I S. 2407); Abs. 1 Satz 2 neu gef. mWv 26.11.2011 durch G v. 22.11. 2011 (BGBl. I S. 2272); Abs. 1 Satz 2 Nr. 1 geänd. mWv 1.1.2013 durch G v. 14.12.2012 (BGBl. I S. 2598); Abs. 2 Satz 1 geänd. mWv 8.9.2015 durch VO v. 31.8.2015 (BGBl. I S. 1474); Abs. 1 Satz 2 Nr. 1 und 2 geänd., Nr. 3 angef. mWv 1.8.2021 durch G v. 16.4.2021 (BGBl. I S. 822).

[2)] § 54 Abs. 1 Sätze 4–6 angef. mWv 25.1.2001 durch G v. 16.1.2001 (BGBl. I S. 122); Abs. 2 Satz 3 angef. mWv 26.11.2011 durch G v. 22.11.2011 (BGBl. I S. 2272).

Unterabsatz 1 Buchstabe a bis d der Verordnung (EG) Nr. 1071/2009 genannten Daten der Aufsichtsbehörde innerhalb von 28 Tagen mitzuteilen.

(3) Die Aufsichtsbehörde kann Unternehmen, die einen Omnibusbahnhof betreiben, anhalten, die Benutzung durch den Linien- und Gelegenheitsverkehr mit Kraftfahrzeugen und den Betrieb so zu regeln, daß der Verkehr ordnungsgemäß abgewickelt und den Pflichten nach § 39 Abs. 7 und § 40 Abs. 4 genügt werden kann.

§ 54a Prüfungsbefugnisse der Genehmigungsbehörde. (1) [1]Die Genehmigungbehörde kann zur Durchführung der Aufsicht und zur Vorbereitung ihrer Entscheidungen durch Beauftragte die erforderlichen Ermittlungen anstellen, insbesondere

1. Einsicht in die Bücher und Geschäftspapiere nehmen,
2. von dem Unternehmer und den im Geschäftsbetrieb tätigen Personen Auskunft verlangen. Der zur Erteilung der Auskunft Verpflichtete kann die Auskunft auf solche Fragen verweigern, deren Beantwortung ihn selbst oder einer der in § 383 Abs. 1 Nr. 1 bis 3 der Zivilprozeßordnung[1)] bezeichneten Angehörigen der Gefahr strafgerichtlicher Verfolgung oder eines Verfahrens nach dem Gesetz über Ordnungswidrigkeiten[2)] aussetzen würde.

[2]Zu den in Satz 1 genannten Zwecken dürfen die dem Geschäftsbereich dienenden Grundstücke und Räume innerhalb der üblichen Geschäfts- und Arbeitsstunden betreten werden. [3]Der Unternehmer und die im Geschäftsbetrieb tätigen Personen haben den Beauftragten der Genehmigungsbehörde bei den Ermittlungen die erforderlichen Hilfsmittel zu stellen und die nötigen Hilfsdienste zu leisten.

(2) Die Regelungen des Absatzes 1 gelten entsprechend auch für die nach § 45a Abs. 2 zur Festlegung der Kostensätze befugte Behörde.

§ 54b[3)] Risikoeinstufung. [1]Die Aufsichtsbehörden führen ein Risikoeinstufungssystem im Sinne des Artikels 12 Absatz 1 Satz 3 der Verordnung (EG) Nr. 1071/2009 ein. [2]Dabei sind die Häufigkeit und die Intensität der Kontrollen abhängig von der Anzahl und dem Ausmaß der Rechtsverstöße, wie dies in den Durchführungsbestimmungen zu Artikel 6 Absatz 2 Buchstabe b der Verordnung (EG) Nr. 1071/2009 konkretisiert wird.

§ 54c[3)] Verkehrsunternehmensdatei. In der Verkehrsunternehmensdatei nach § 15 des Güterkraftverkehrsgesetzes[4)] werden alle im Inland niedergelassenen Unternehmen des gewerblichen Güterverkehrs und des gewerblichen Personenverkehrs mit Kraftomnibussen geführt.

VI. Rechtsbehelfsverfahren und Gebühren

§ 55[5)] Vorverfahren bei der Anfechtung von Verwaltungsakten. [1]Eines Vorverfahrens bedarf es auch, wenn ein Verwaltungsakt angefochten wird, den

---

[1)] **Schönfelder Nr. 100.**

[2)] **Schönfelder Nr. 94.**

[3)] §§ 54b, 54c eingef. mWv 26.11.2011 durch G v. 22.11.2011 (BGBl. I S. 2272).

[4)] Nr. **952.**

[5)] *§ 55 Satz 2* angef. durch G v. 17.12.1993 (BGBl. I S. 2123); Satz 1 geänd. mWv 7.11.2001 durch VO v. 29.10.2001 (BGBl. I S. 2785); Satz 1 geänd. mWv 8.11.2006 durch VO v. 31.10.2006 (BGBl. I S. 2407); Satz 1 geänd. mWv 8.9.2015 durch VO v. 31.8.2015 (BGBl. I S. 1474); Satz 2 neu gef. mWv 13.3.2020 durch G v. 3.3.2020 (BGBl. I S. 433).

eine oberste Landesverkehrsbehörde oder das Bundesministerium für Verkehr und digitale Infrastruktur erlassen hat. [2] § 28 Absatz 3a Satz 9 und § 29 Absatz 6 Satz 1 bleiben unberührt.

§ 56[1)] Gebühren. [1] Für die Amtshandlungen nach diesem Gesetz und den auf diesem Gesetz beruhenden Rechtsvorschriften sowie nach Verordnungen oder Rechtsvorschriften in Umsetzung von Richtlinien des Rates oder der Kommission der Europäischen Gemeinschaften werden von demjenigen, der die Amtshandlung veranlasst oder zu dessen Gunsten sie vorgenommen wird, Kosten (Gebühren und Auslagen) erhoben. [2] Kostengläubiger ist der Rechtsträger, dessen Behörde die Amtshandlung vornimmt, bei Auslagen auch der Rechtsträger, bei dessen Behörde die Auslagen entstanden sind. [4] Im Übrigen findet das Verwaltungskostengesetz[2)] in der bis zum 14. August 2013 geltenden Fassung Anwendung.

VII. Erlaß von Rechtsverordnungen und Allgemeinen Verwaltungsvorschriften

§ 57[3)] Rechtsverordnungen. (1) Das Bundesministerium für Verkehr und digitale Infrastruktur erläßt mit Zustimmung des Bundesrates durch Rechtsverordnung[4)] die zur Durchführung dieses Gesetzes, internationaler Abkommen sowie der Verordnungen des Rates oder der Kommission der Europäischen Gemeinschaften erforderlichen Vorschriften

1. über Straßenbahnen und Obusse; diese regeln
   a) Anforderungen an den Bau und die Einrichtungen der Betriebsanlagen und Fahrzeuge sowie deren Betriebsweise,
   b) die Sicherheit und Ordnung des Betriebs sowie den Schutz der Betriebsanlagen und Fahrzeuge gegen Schäden und Störungen;
2. über den Betrieb von Kraftfahrunternehmen im Personenverkehr; diese regeln
   a) Anforderungen an den Bau und die Einrichtungen der in diesen Unternehmen verwendeten Fahrzeuge,

---

[1)] § 56 Satz 1 neu gef. mWv 27.3.2001 durch G v. 19.3.2001 (BGBl. I S. 386); Satz 4 angef. mWv 15.8. 2013 durch G v. 7.8.2013 (BGBl. I S. 3154).

[2)] **Gewerberecht Nr. 940.**

[3)] § 57 Abs. 1 Nr. 7 eingef., bish. Nr. 7–9 werden Nr. 8–10 und Abs. 5 angef. durch G v. 23.7.1992 (BGBl. I S. 1379); Abs. 1 einl. Satzteil, Abs. 2 Satz 2 und Abs. 5 geänd. mWv 7.11.2001 durch VO v. 29.10.2001 (BGBl. I S. 2785); Abs. 1 Nr. 10 geänd. mWv 1.1.2002 durch G v. 15.12.2001 (BGBl. I S. 3762); Abs. 1 Nr. 10 geänd. und Nr. 11 angef. mWv 26.7.2002 durch G v. 19.7.2002 (BGBl. I S. 2691); Abs. 1 einl. Satzteil, Abs. 2 Satz 2 und Abs. 5 geänd. mWv 8.11.2006 durch VO v. 31.10.2006 (BGBl. I S. 2407); Abs. 1 Nr. 4 und 6 geänd., Nr. 7 und Abs. 5 aufgeh. mWv 1.1.2013 durch G v. 14.12.2012 (BGBl. I S. 2598); Abs. 6 angef. mWv 15.8.2013 durch G v. 7.8.2013 (BGBl. I S. 3154); Abs. 1 einl. Satzteil, Abs. 2 Satz 2, Abs. 6 Sätze 1 und 3 geänd. mWv 8.9.2015 durch VO v. 31.8.2015 (BGBl. I S. 1474); Abs. 2 Satz 2 geänd. mWv 27.6.2020 durch VO v. 19.6.2020 (BGBl. I S. 1328); Abs. 1 Nr. 11 geänd., Nr. 12 angef. mWv 1.8.2021 durch G v. 16.4.2021 (BGBl. I S. 822).

[4)] Siehe die Straßenbahn-Bau- und BetriebsO v. 11.12.1987 (BGBl. I S. 2648), zuletzt geänd. durch VO v. 1.10.2019 (BGBl. I S. 1410), die DurchführungsVO zum Personenbeförderungsübereinkommen idF der Bek. v. 13.12.1984 (BGBl. I S. 1545), die VO über die Erhebung von Gebühren bei Amtshandlungen auf dem Gebiet des grenzüberschreitenden Personenverkehrs mit Kraftfahrzeugen v. 25.7.1963 (BGBl. I S. 540), die Freistellungs-VO (Nr. **951**), die VO über die Allgemeinen Beförderungsbedingungen für den Straßenbahn- und Obusverkehr sowie den Linienverkehr mit Kraftfahrzeugen **(Gewerberecht Nr. 153)**, die VO über den Ausgleich gemeinwirtschaftl. Leistungen im Straßenpersonenverkehr v. 2.8. 1977 (BGBl. I S. 1460), zuletzt geänd. durch G v. 23.3.2005 (BGBl. I S. 931), die BerufszugangsVO für den Straßenpersonenverkehr **(Gewerberecht Nr. 152)** und die EG-Bus-DurchführungsVO v. 4.5.2012 (BGBl. I S. 1038), geänd. durch VO v. 31.8.2015 (BGBl. I S. 1474).

b) die Sicherheit und Ordnung des Betriebs;

3. über Anforderungen an die Befähigung, Eignung und das Verhalten der Betriebsbediensteten und über die Bestellung, Bestätigung und Prüfung von Betriebsleitern sowie deren Aufgaben und Befugnisse;
4. über den Nachweis der Genehmigungsvoraussetzungen nach § 13 Absatz 1 oder 1a; darin können insbesondere Vorschriften enthalten sein über die Voraussetzungen, unter denen ein Betrieb als leistungsfähig anzusehen ist, über die Zuverlässigkeit des Unternehmers oder der für die Führung der Geschäfte bestellten Personen sowie über die Voraussetzungen, unter denen eine Tätigkeit angemessen ist, über den Prüfungsstoff, den Prüfungsausschuß und das Prüfungsverfahren; außerdem kann bestimmt werden, in welchen Fällen Unternehmer, Inhaber von Abschlußzeugnissen für staatlich anerkannte Ausbildungsberufe und Absolventen von Hoch- und Fachschulen vom Nachweis der angemessenen Tätigkeit oder der Ablegung einer Prüfung befreit werden;
5. über einheitliche Allgemeine Beförderungsbedingungen für den Straßenbahn- und Obusverkehr sowie für den Linienverkehr mit Kraftfahrzeugen und, vorbehaltlich des § 51 Abs. 1 Satz 1, für den Gelegenheitsverkehr mit Kraftfahrzeugen;
6. über die Ordnung des grenzüberschreitenden Verkehrs und des Transitverkehrs, die Organisation einschließlich der Klärung konkurrierender Zuständigkeiten, das Verfahren und die Mittel der Kontrolle sowie die Befreiung von Unternehmen mit Betriebssitz im Ausland von der Genehmigungspflicht für den Gelegenheitsverkehr oder von der Einhaltung anderer Ordnungsvorschriften dieses Gesetzes, soweit Gegenseitigkeit verbürgt ist;
7. *(aufgehoben)*
8. durch die für bestimmte im Rahmen des Gesamtverkehrs nicht besonders ins Gewicht fallende Beförderungsfälle allgemein Befreiung von den Vorschriften dieses Gesetzes erteilt wird;
9. die bestimmen, wer Auszubildender im Sinne des § 45a Abs. 1 ist, welche Kostenbestandteile bei der Berechnung des Ausgleichs zu berücksichtigen sind, welches Verfahren für die Gewährung des Ausgleichs anzuwenden ist, welche Angaben der Antrag auf Gewährung des Ausgleichs enthalten muß und wie die Erträge und die Personen-Kilometer zu ermitteln sind;
10. die die gebührenpflichtigen Tatbestände im Linienverkehr und im Gelegenheitsverkehr näher bestimmen und feste Gebührensätze oder Rahmensätze festlegen. Die Gebühren dürfen im Linienverkehr 2 500 Euro, im Gelegenheitsverkehr 1 500 Euro nicht überschreiten;
11. zur Bezeichnung der Tatbestände, die als Ordnungswidrigkeit nach § 61 Abs. 1 Nr. 5 geahndet werden können;
12. über die in § 3a genannte Verpflichtung zur Bereitstellung dort genannter Daten durch den Unternehmer und den Vermittler sowie zu deren Verwendung hinsichtlich

    a) Art und Inhalt der bereitzustellenden Daten und Datenformate,

    b) Art und Weise der Erfüllung,

    c) technischen Anforderungen und Interoperabilität,

    d) Zulassung von Dritten zur Bereitstellung und Nutzung des Nationalen Zugangspunktes,

    e) Nutzungsbedingungen und

f) Regelungen zur Weiterverwendung der Daten durch Dritte zur Bereitstellung multimodaler Mobilitäts- und Reiseinformationsdienste

näher auszugestalten. Hierbei ist das Bundesamt für Sicherheit in der Informationstechnik anzuhören, soweit die Sicherheit informationstechnischer Systeme betroffen ist.

(2) [1] Rechtsverordnungen nach Absatz 1 Nr. 1 können auch Vorschriften zum Schutz vor schädlichen Umwelteinwirkungen im Sinne des Bundes-Immissionsschutzgesetzes[1)] enthalten; dabei können Immissionsgrenzwerte unter Berücksichtigung der technischen Entwicklung auch für einen Zeitpunkt nach Inkrafttreten der Rechtsverordnung festgesetzt werden. [2] Vorschriften nach Satz 1 werden vom Bundesministerium für Verkehr und digitale Infrastruktur und vom Bundesministerium für Umwelt, Naturschutz und nukleare Sicherheit erlassen. [3] Die Ermächtigung nach Satz 1 gilt nicht, soweit § 43 des Bundes-Immissionsschutzgesetzes Anwendung findet.

(3) Rechtsverordnungen nach Absatz 1 Nr. 1 können auch festlegen, wie der Nachweis für die Erfüllung dieser Vorschriften zu erbringen ist, insbesondere welche Prüfungen, Abnahmen, Erlaubnisse, Zustimmungen oder Bescheinigungen erforderlich sind.

(4) Soweit es die öffentliche Sicherheit erfordert, können einzelne Vorschriften der nach Absatz 1 Nr. 2 erlassenen Rechtsverordnung auf Beförderungen ausgedehnt werden, die nach § 2 von der Genehmigungspflicht befreit sind oder für die durch die nach Absatz 1 Nr. 8 erlassene Rechtsverordnung Befreiung erteilt wird.

(5) *(aufgehoben)*

(6) [1] Im Bereich der Gebühren der Landesbehörden übt das Bundesministerium für Verkehr und digitale Infrastruktur die Ermächtigung nach Absatz 1 Nummer 10 auf der Grundlage eines Antrags oder einer Stellungnahme von mindestens fünf Ländern beim Bundesministerium für Verkehr und digitale Infrastruktur aus. [2] Der Antrag oder die Stellungnahme sind mit einer Schätzung des Personal- und Sachaufwands zu begründen. [3] Das Bundesministerium für Verkehr und digitale Infrastruktur kann die übrigen Länder ebenfalls zur Beibringung einer Schätzung des Personal- und Sachaufwands auffordern.

§ 58[2)] Allgemeine Verwaltungsvorschriften. Die zur Durchführung dieses Gesetzes erforderlichen Allgemeinen Verwaltungsvorschriften erläßt die Bundesregierung mit Zustimmung des Bundesrates.

§§ 59, 59a (weggefallen)

VIII. Bußgeldvorschriften

§§ 60, 60a (weggefallen)

§ 61[3)] Ordnungswidrigkeiten. (1) Ordnungswidrig handelt, wer vorsätzlich oder fahrlässig

---

[1)] Nr. **296**.

[2)] § 58 geänd. mWv 7.11.2001 durch VO v. 29.10.2001 (BGBl. I S. 2785); geänd. mWv 8.11.2006 durch VO v. 31.10.2006 (BGBl. I S. 2407); geänd. mWv 26.11.2011 durch G v. 22.11.2011 (BGBl. I S. 2272).

[3)] § 61 Abs. 4 angef. durch G v. 22.6.1998 (BGBl. I S. 1485); Abs. 3 Satz 3 angef. mWv 27.3.2001 durch G v. 19.3.2001 (BGBl. I S. 386); Abs. 1 Nr. 4 geänd. und Nr. 5 angef. mWv 26.7.2002 durch G v. →

1. Personen mit Straßenbahnen, Obussen oder Kraftfahrzeugen ohne die nach diesem Gesetz erforderliche Genehmigung oder einstweilige Erlaubnis befördert oder den Auflagen der Genehmigung oder einstweiligen Erlaubnis oder Auflagen in einer Entscheidung nach § 45a Abs. 4 Satz 2 zuwiderhandelt;
2. einen Verkehr mit Straßenbahnen, Obussen oder einen Linienverkehr mit Kraftfahrzeugen betreibt, ohne daß die nach diesem Gesetz vorgeschriebene Zustimmung zu den Beförderungsentgelten oder Fahrplänen durch die Genehmigungsbehörde erteilt ist;
3. den Vorschriften dieses Gesetzes über
   a) die Mitteilungspflicht bei Betriebsstörungen im Verkehr, die den vorübergehenden Einsatz von Kraftfahrzeugen zur Folge haben (§ 2 Abs. 5 Satz 2),
   b) das Mitführen und Aushändigen von Urkunden (§ 17 Abs. 4, § 20 Abs. 4),
   c) die Einhaltung der Beförderungspflicht (§ 22) oder der Beförderungsentgelte (§ 39 Abs. 3, § 41 Abs. 3, § 45 Abs. 2, § 51),
   d) die Bekanntmachung der Beförderungsentgelte, der Besonderen Beförderungsbedingungen und der gültigen Fahrpläne (§ 39 Abs. 7, § 40 Abs. 4, § 41 Abs. 3, § 45 Abs. 3),
   e) die technischen Anforderungen für Kraftomnibusse, die im innerdeutschen Personenfernverkehr eingesetzt werden (§ 42b),
   f) den Verkehr mit Taxen (§ 47 Abs. 2 Satz 1 oder Abs. 5),
   g Ausflugsfahrten und Ferienziel-Reisen (§ 48 Abs. 1 bis 3) oder
   h) den Verkehr mit Mietomnibussen und Mietwagen (§ 49 Abs. 2 Satz 2 und Abs. 4)

   zuwiderhandelt;

3a. entgegen § 54 Absatz 2 Satz 3 eine Mitteilung nicht, nicht richtig, nicht vollständig oder nicht rechtzeitig macht,

3b. entgegen § 54a Abs. 1 die Auskunft nicht, unrichtig, nicht vollständig oder nicht fristgerecht erteilt, die Bücher oder Geschäftspapiere nicht, nicht vollständig oder nicht fristgemäß vorlegt oder die Duldung von Prüfungen verweigert;

4. einer Rechtsvorschrift oder vollziehbaren schriftlichen Verfügung zuwiderhandelt, die auf Grund dieses Gesetzes oder auf Grund von Rechtsvorschriften, die auf diesem Gesetz beruhen, erlassen worden ist, soweit die Rechtsvorschrift und die vollziehbare schriftliche Verfügung ausdrücklich auf diese Vorschrift verweisen oder
5. einer unmittelbar geltenden Vorschrift in Rechtsakten der Europäischen Gemeinschaft zuwiderhandelt, die inhaltlich einem in
   a) Nummer 1 oder
   b) Nummer 2, 3 oder 3b

   bezeichneten Gebot oder Verbot entspricht, soweit eine Rechtsverordnung nach § 57 Abs. 1 Nr. 11 für einen bestimmten Tatbestand auf diese Bußgeldvorschrift verweist.

(Fortsetzung der Anm. von voriger Seite)
19.7.2002 (BGBl. I S. 2691); Abs. 1 Nr. 3 Buchst. e und Nr. 5, Abs. 2 neu gef. mWv 18.8.2006 durch G v. 14.8.2006 (BGBl. I S. 1962); Abs. 1 Nr. 3a eingef., bish. Nr. 3a wird Nr. 3b, Nr. 5 geänd. mWv 26.11.2011 durch G v. 22.11.2011 (BGBl. I S. 2272); Abs. 1 Nr. 3 Buchst. e eingef., bish. Buchst. e–g werden Buchst. f–h mWv 1.8.2021 durch G v. 16.4.2021 (BGBl. I S. 822).

(2) Die Ordnungswidrigkeit kann in den Fällen des Absatzes 1 Nr. 1 und 5 Buchstabe a mit einer Geldbuße bis zu zwanzigtausend Euro, in den übrigen Fällen mit einer Geldbuße bis zu zehntausend Euro geahndet werden.

(3) [1] Verwaltungsbehörde im Sinne des § 36 Abs. 1 Nr. 1 des Gesetzes über Ordnungswidrigkeiten[1)] ist die Genehmigungsbehörde oder die von der Landesregierung bestimmte Behörde. [2] Die Landesregierung kann die Ermächtigung auf die zuständige oberste Landesbehörde übertragen. [3] In den Fällen des § 52 Abs. 3 Satz 2 ist Verwaltungsbehörde im Sinne des § 36 Abs. 1 Nr. 1 des Gesetzes über Ordnungswidrigkeiten das Bundesamt für Güterverkehr.

(4) In den Fällen des Absatzes 1 kann die Ordnungswidrigkeit auf der Grundlage und nach Maßgabe internationaler Übereinkünfte auch dann geahndet werden, wenn sie im Bereich gemeinsamer Grenzabfertigungsanlagen außerhalb des räumlichen Geltungsbereiches dieses Gesetzes begangen wird.

IX. Übergangs- und Schlußbestimmungen

§ 62[2)] Übergangsbestimmungen. (1) [1] Öffentliche Dienstleistungsaufträge im Sinne von Artikel 3 Absatz 1 der Verordnung (EG) Nr. 1370/2007[3)] dürfen bis zum 31. Dezember 2013 abweichend von Artikel 5 Absatz 2 bis 4 der Verordnung (EG) Nr. 1370/2007 vergeben werden. [2] Genehmigungen, die vor dem 1. Januar 2013 erteilt wurden, bleiben bis zum Ablauf der in der Genehmigungsurkunde enthaltenen Geltungsdauer wirksam. [3] Die Geltung und Wirksamkeit von sonstigen Rechtsverhältnissen, insbesondere öffentlichen Dienstleistungsaufträgen im Sinne der Verordnung (EG) Nr. 1370/2007, die vor dem 1. Januar 2013 zustande gekommen sind, werden durch die Änderung des Gesetzes nicht berührt.

(2) Soweit dies nachweislich aus technischen oder wirtschaftlichen Gründen unumgänglich ist, können die Länder den in § 8 Absatz 3 Satz 3 genannten Zeitpunkt abweichend festlegen sowie Ausnahmetatbestände bestimmen, die eine Einschränkung der Barrierefreiheit rechtfertigen.

(3) § 42b gilt ab dem 1. Januar 2016 für Kraftomnibusse, die erstmals zum Verkehr zugelassen werden und nach Ablauf des 31. Dezember 2019 für alle Kraftomnibusse.

§ 63[2)] Ausschluss abweichenden Landesrechts. Von folgenden Regelungen des Verwaltungsverfahrens kann durch Landesrecht nicht abgewichen werden:

1. §§ 5, 8a Absatz 2 Satz 2, §§ 9, 12, 15, 16, 17 Absatz 1 und 2, §§ 20, 25 und 29 Absatz 1a;
2. § 52 Absatz 1 Satz 1 und § 53 Absatz 1 Satz 1, jeweils in Verbindung mit den Regelungen in Nummer 1;
3. § 29 Absatz 2, § 52 Absatz 2 Satz 1 und § 53 Absatz 2 Satz 1;
4. § 11 Absatz 4, § 52 Absatz 2 Satz 2 und § 53 Absatz 2 Satz 2, jeweils in Verbindung mit § 11 Absatz 4, § 52 Absatz 3 Satz 3 und § 53 Absatz 3 Satz 1.

§ 64 Andere Gesetze. (1) Durch dieses Gesetz werden die Vorschriften

---

[1)] **Schönfelder Nr. 94.**
[2)] §§ 62, 63 neu gef. mWv 1.1.2013 durch G v. 14.12.2012 (BGBl. I S. 2598).
[3)] **Nipperdey I, Arbeitsrecht Nr. 883.**

1. des Straßenverkehrsgesetzes[1)] vom 19. Dezember 1952 (BGBl. I S. 837) sowie die auf Grund dieses Gesetzes erlassenen Vorschriften,
2. des Haftpflichtgesetzes[2)] in der Fassung der Bekanntmachung vom 4. Januar 1978 (BGBl. I S. 145),
3. (weggefallen)
4. des Gesetzes über die Pflichtversicherung für Kraftfahrzeughalter[3)] vom 5. April 1965 (BGBl. I S. 213) und
5. des Gesetzes über die Haftpflichtversicherung für ausländische Kraftfahrzeuge und Kraftfahrzeuganhänger vom 24. Juli 1956 (BGBl. I S. 667)

nicht berührt, soweit sich nicht aus § 23 etwas anderes ergibt.

(2) Die Vorschriften des Gesetzes über Maßnahmen zur Aufrechterhaltung des Betriebs von Bahnunternehmen des öffentlichen Verkehrs vom 7. März 1934 (RGBl. II S. 91) in der Fassung des § 9 Abs. 4 des Allgemeinen Eisenbahngesetzes vom 29. März 1951 (BGBl. I S. 225) sind auf Straßenbahnen und auf Obusunternehmen mit der Maßgabe entsprechend anzuwenden, daß zuständige Aufsichtsbehörde im Sinne des vorgenannten Gesetzes die von der Landesregierung bestimmte Genehmigungsbehörde ist, und daß, wenn eine Straßenbahn oder ein Obusunternehmen das Gebiet mehrerer Länder berührt, die von der Landesregierung bestimmte Genehmigungsbehörde ihre Entscheidung im Einvernehmen mit der von der Landesregierung des mitbeteiligten Landes bestimmten Genehmigungsbehörde trifft.

§ 64a[4)] Ersetzung bundesrechtlicher Vorschriften durch Landesrecht. Die Länder können mit Wirkung ab dem 1. Januar 2007 § 45a und § 57 Abs. 1 Nr. 9 sowie die Vorschriften, zu deren Erlass § 57 Abs. 1 Nr. 9 ermächtigt, durch Landesrecht ersetzen.

§ 64b[5)] Landesrecht im Bereich des Gelegenheitsverkehrs. Dieses Gesetz oder auf Grundlage dieses Gesetzes erlassene Rechtsverordnungen steht oder stehen Vorschriften der Länder nicht entgegen, die den Betrieb des Verkehrs mit Taxen oder mit Mietwagen oder den Betrieb gebündelten Bedarfsverkehrs in Bezug auf Fahrzeugemissionen regeln.

§ 64c[6)] Barrierefreiheit. (1) [1] Beim Verkehr mit Taxen und beim gebündelten Bedarfsverkehr sollen die Aufgabenträger die Belange der in ihrer Mobilität oder sensorisch eingeschränkten Menschen mit dem Ziel berücksichtigen, eine möglichst weitgehende Barrierefreiheit zu erreichen. [2] Hierfür ist ab einer Anzahl von 20 Fahrzeugen eine Mindestverfügbarkeit von barrierefreien Fahrzeugen je Unternehmer vorzusehen, für die ein bundesweiter Richtwert von 5 Prozent bezogen auf die Anzahl der von dem Unternehmer betriebenen Fahrzeuge gilt. [3] Die Maßgaben des § 35a Absatz 4a der Straßenverkehrs-Zulassungs-Ordnung vom 26. April 2012 (BGBl. I S. 679), die zuletzt durch Artikel 1 der Verordnung vom 26. November 2019 (BGBl. I S. 2015) geändert worden ist, an barrierefreie Fahrzeuge finden Anwendung.

---

1) **Schönfelder Nr. 35.**
2) **Schönfelder Nr. 33.**
3) **Schönfelder Nr. 63.**
4) § 64a neu gef. mWv 18.8.2006 durch G v. 14.8.2006 (BGBl. I S. 1962).
5) § 64b eingef. mWv 1.1.2020 durch G v. 21.12.2019 (BGBl. I S. 2886); geänd. mWv 1.8.2021 durch G v. 16.4.2021 (BGBl. I S. 822).
6) § 64c eingef. mWv 1.8.2021 durch G v. 16.4.2021 (BGBl. I S. 822).

(2) [1]Die Genehmigungsbehörde kann Einzelheiten zur Herstellung einer weitgehenden Barrierefreiheit im Hinblick auf die Mindestanzahl vorzuhaltender barrierefreier Fahrzeuge beim Verkehr mit Taxen und beim gebündelten Bedarfsverkehr festlegen, soweit dies keine unzumutbare wirtschaftliche Härte gegenüber dem Unternehmer darstellt. [2]Sie kann darüber hinaus Ausnahmen im Hinblick auf die Mindestanzahl vorzuhaltender barrierefreier Fahrzeuge bestimmen, die eine Einschränkung der Barrierefreiheit rechtfertigen, soweit dies nachweislich aus technischen oder wirtschaftlichen Gründen unumgänglich ist.

§ 65[1)] Ausnahmen für Straßenbahnen. Vorschriften, mit denen nachfolgende Richtlinien umgesetzt werden, gelten nicht für Straßenbahnen im Sinne von § 4 Absatz 1 und 2:

1. Richtlinie 2012/34/EU des Europäischen Parlaments und des Rates vom 21. November 2012 zur Schaffung eines einheitlichen europäischen Eisenbahnraums (ABl. L 343 vom 14.12.2012, S. 32; L 67 vom 12.3.2015, S. 32), die zuletzt durch den Delegierten Beschluss (EU) 2017/2075 (ABl. L 295 vom 14.11.2017, S. 69) geändert worden ist;
2. Richtlinie (EU) 2016/798 des Europäischen Parlaments und des Rates vom 11. Mai 2016 über Eisenbahnsicherheit (ABl. L 138 vom 26.5.2016, S. 102; L 59 vom 7.3.2017, S. 41; L 110 vom 30.4.2018, S. 141; L 317 vom 9.12.2019, S. 114), die zuletzt durch die Verordnung (EU) 2020/1530 (ABl. L 352 vom 22.10.2020, S. 1) geändert worden ist;
3. Richtlinie 2007/59/EG des Europäischen Parlaments und des Rates vom 23. Oktober 2007 über die Zertifizierung von Triebfahrzeugführern, die Lokomotiven und Züge im Eisenbahnsystem in der Gemeinschaft führen (ABl. L 315 vom 3.12.2007, S. 51), die zuletzt durch die Verordnung (EU) 2019/554 (ABl. L 97 vom 8.4.2019, S. 1) geändert worden ist;
4. Richtlinie (EU) 2016/797 des Europäischen Parlaments und des Rates vom 11. Mai 2016 über die Interoperabilität des Eisenbahnsystems in der Europäischen Union (ABl. L 138 vom 26.5.2016, S. 44), die zuletzt durch die Richtlinie (EU) 2020/700 (ABl. L 165 vom 27.5.2020, S. 27) geändert worden ist

§ 66[1)] Berichtspflichten. (1) [1]Das Bundesministerium für Verkehr und digitale Infrastruktur legt mit Ablauf von fünf Jahren nach Inkrafttreten des Gesetzes zur Modernisierung des Personenbeförderungsrechts vom 16. April 2021 (BGBl. I S. 822) dem Deutschen Bundestag einen Bericht in nichtpersonenbezogener Form vor:

1. zur Umsetzung der nach § 57 Absatz 1 Nummer 12 erlassenen Verordnung, insbesondere
   a) zur Vollständigkeit und Zugänglichkeit der nach § 3a bereitzustellenden Daten, auch im Hinblick auf die regelmäßige Öffnung von Schnittstellen zur Verknüpfung von Informationssystemen;
   b) zur Anzahl der Dienstleistungsangebote, die sich nach der umfassenden Bereitstellung von Mobilitätsdaten entwickelt haben oder sich in der Entwicklung befinden;
   c) zu Marktbarrieren im Hinblick auf die Weiterverwendungsmöglichkeit von Daten nach § 3b und
   d) zu Vorschlägen hinsichtlich der Verbesserung der Nutzung von Daten;

[1)] §§ 65, 66 neu gef. mWv 1.8.2021 durch G v. 16.4.2021 (BGBl. I S. 822).

2. zur Umsetzung der in § 64c Absatz 1 und 2 niedergelegten Vorgaben und deren Wirksamkeit.

[2] Das Bundesministerium für Verkehr und digitale Infrastruktur kann insbesondere Vorschläge zur Verbesserung der Nutzung der Daten unterbreiten. [3] Den Ländern, Kommunen, den Verbraucherschutzverbänden, Verbänden für Menschen mit Behinderungen, dem oder der Beauftragten der Bundesregierung für Menschen mit Behinderungen, dem oder der Bundesbeauftragten für den Datenschutz und die Informationsfreiheit sowie den betroffenen Wirtschaftskreisen wird Gelegenheit zur Stellungnahme gegeben.

(2) [1] Die Bundesregierung legt mit Ablauf von fünf Jahren nach Inkrafttreten des Gesetzes zur Modernisierung des Personenbeförderungsrechts vom 16. April 2021 (BGBl. I S. 822) dem Deutschen Bundestag einen Bericht in nichtpersonenbezogener Form zu den mit der Einführung der neuen Verkehrsformen verfolgten Zielen und deren Auswirkungen auf Klimaschutz und Nachhaltigkeit vor. [2] Absatz 1 Satz 2 gilt entsprechend.

971. Bundeswasserstraßengesetz (WaStrG)[1)]

In der Fassung der Bekanntmachung vom 23. Mai 2007[2)]

(BGBl. I S. 962, ber. BGBl. I 2008, S. 1980)

FNA 940-9

geänd. durch § 2 Bundeswasserstraßen-ÜbergangsVO Trave Lübeck v. 29.6.2007 (BGBl. I S. 1241), § 5 Abs. 2 G zur Umbenennung von Behörden und Übernahme von Beschäftigten im Geschäftsbereich des BMELV v. 13.12.2007 (BGBl. I S. 2930), § 2 Nebenstrecke Obereidersee-ÜbergangsVO v. 18.3.2008 (BGBl. I S. 449), Art. 5 G zur Neuregelung des Rechts des Naturschutzes und der Landschaftspflege v. 29.7.2009 (BGBl. I S. 2542), Art. 5 G zur Neuregelung des Wasserrechts v. 31.7.2009 (BGBl. I S. 2585), § 2 VO zum Übergang einer Teilstrecke der Bundeswasserstraße Oste auf das Land Niedersachsen v. 27.4.2010 (BGBl. I S. 540), Art. 4 G zur Umsetzung der Meeresstrategie-RahmenRL sowie zur Änd. des WaStrG und des KrW-/AbfG v. 6.10.2011 (BGBl. I S. 1986), Art. 13 G zur Reform des Seehandelsrechts v. 20.4.2013 (BGBl. I S. 831), Art. 11 G zur Verbesserung der Öffentlichkeitsbeteiligung und Vereinheitlichung von Planfeststellungsverfahren v. 31.5.2013 (BGBl. I S. 1388), Art. 26 G zur Förderung der elektronischen Verwaltung sowie zur Änd. weiterer Vorschriften v. 25.7.2013 (BGBl. I S. 2749), Art. 2 Abs. 158 und Art. 4 Abs. 125 G zur Strukturreform des Gebührenrechts des Bundes v. 7.8.2013 (BGBl. I S. 3154, geänd. durch G v. 18.7.2016, BGBl. I S. 1666), Art. 522 Zehnte ZuständigkeitsanpassungsVO v. 31.8.2015 (BGBl. I S. 1474), § 2 VO über den Übergang einer Teilstrecke der Bundeswasserstraße Lühe auf den Unterhaltungsverband Nummer 15 Aue, den Deichverband der I. Meile Altenlandes, den Deichverband der II. Meile Alten Landes und den Flecken Horneburg v. 15.1.2016 (BGBl. I S. 156), Art. 17 WSV-ZuständigkeitsanpassungsG v. 24.5.2016 (BGBl. I S. 1217), Art. 6 Zweites G zur Änd. der Haftungsbeschränkung in der Binnenschifffahrt v. 5.7.2016 (BGBl. I S. 1578 iVm Bek. v. 20.2.2019, BGBl. I S. 196), Art. 4 Abs. 118 G zur Aktualisierung der Strukturreform des Gebührenrechts des Bundes v. 18.7.2016 (BGBl. I S. 1666), Art. 2 G über den Ausbau der Bundeswasserstraßen und zur Änd. des BundeswasserstraßenG v. 23.12.2016 (BGBl. I S. 3224), Art. 6 Abs. 42 G zur Reform der strafrechtlichen Vermögensabschöpfung v. 13.4.2017 (BGBl. I S. 872), Art. 10 G zur Anpassung des Umwelt-RechtsbehelfsG und anderer Vorschriften an europa- und völkerrechtliche Vorgaben v. 29.5.2017 (BGBl. I S. 1298), Art. 1 Erste ÄndVO v. 27.6.2017 (BGBl. I S. 2089), Art. 2 Abs. 8 G zur Modernisierung des Rechts der Umweltverträglichkeitsprüfung v. 20.7.2017 (BGBl. I S. 2808, ber. 2018 S. 472), Art. 4 G zur Beschleunigung von Planungs- und Genehmigungsverfahren im Verkehrsbereich v. 29.11.2018 (BGBl. I S. 2237), Art. 335 Elfte ZuständigkeitsanpassungsVO v. 19.6.2020 (BGBl. I S. 1328), Art. 2b Investitionen-Beschleunigungsgesetz v. 3.12.2020 (BGBl. I S. 2694), Art. 1 G über den wasserwirtschaftlichen Ausbau an Bundeswasserstraßen zur Erreichung der Bewirtschaftungsziele der WasserrahmenRL v. 2.6.2021 (BGBl. I S. 1295) und Art. 2 G zur Änd. gebührenrechtlicher und weiterer Vorschriften über das Befahren der Bundeswasserstraßen durch die Schifffahrt v. 3.6.2021 (BGBl. I S. 1465)

Abschnitt 1. Bundeswasserstraßen

§ 1[3)] Binnenwasserstraßen, Seewasserstraßen. (1) Bundeswasserstraßen nach diesem Gesetz sind

1. die Binnenwasserstraßen des Bundes, die dem Verkehr mit Güter- und Fahrgastschiffen oder der Sport- und Freizeitschifffahrt mit Wasserfahrzeugen dienen; als solche gelten die in der Anlage 1 aufgeführten Wasserstraßen, dazu gehören auch alle Gewässerteile,

---

[1)] Die Änderungen durch G v. 18.7.2016 (BGBl. I S. 1666) treten erst **mWv 1.10.2021**, die Änderungen durch G v. 23.6.2021 (BGBl. I S. 1858) treten erst **mWv 1.12.2021** in Kraft und sind im Text noch nicht berücksichtigt.

[2)] Neubekanntmachung des WaStrG idF der Bek. v. 4.11.1998 (BGBl. I S. 3294) in der ab 17.12.2006 geltenden Fassung.

[3)] § 1 Abs. 4 Nr. 2 geänd., Nr. 3 angef. mWv 14.10.2011 durch G v. 6.10.2011 (BGBl. I S. 1986); Abs. 5 geänd. mWv 8.9.2015 durch VO v. 31.8.2015 (BGBl. I S. 1474); Abs. 4 Nr. 3 geänd. mWv 1.6.2016 durch G v. 24.5.2016 (BGBl. I S. 1217); Abs. 1 Nr. 1 neu gef., Abs. 2 und 3 eingef., bish. Abs. 2–5 werden Abs. 4–7 mWv 9.6.2021 durch G v. 2.6.2021 (BGBl. I S. 1295).

a) die mit der Bundeswasserstraße in ihrem Erscheinungsbild als natürliche Einheit anzusehen sind,

b) die mit der Bundeswasserstraße durch einen Wasserzufluss oder Wasserabfluss in Verbindung stehen und

c) die im Eigentum des Bundes stehen,

2. die Seewasserstraßen.

(2) [1]Unbeschadet der Regelung in Absatz 6 wird die seitliche Abgrenzung der Binnenwasserstraßen des Bundes durch die Uferlinie gebildet. [2]Die Uferlinie ist die Linie des Mittelwasserstandes, bei staugeregelten Bundeswasserstraßen die Linie des Stauziels oder bei tidebeeinflussten Binnenwasserstraßen die Linie des mittleren Tidehochwasserstandes.

(3) [1]Ufer einer Binnenwasserstraße des Bundes ist der Bereich zwischen der Uferlinie gemäß Absatz 2 und der Linie des mittleren Hochwasserstandes. [2]Davon ausgenommen sind die tidebeeinflussten Binnenwasserstraßen, in denen das Ufer zwischen der Linie des mittleren Tideniedrigwasserstandes und der Linie des mittleren Tidehochwasserstandes verläuft. [3]Befindet sich unterhalb der Linie des mittleren Hochwasserstandes oder des Tidehochwasserstandes eine Böschungskante als natürliche landseitige Abgrenzung, tritt diese an die Stelle der Linie des mittleren Hochwasserstandes.

(4) [1]Seewasserstraßen sind die Flächen zwischen der Küstenlinie bei mittlerem Hochwasser oder der seewärtigen Begrenzung der Binnenwasserstraßen und der seewärtigen Begrenzung des Küstenmeeres. [2]Zu den Seewasserstraßen gehören nicht die Hafeneinfahrten, die von Leitdämmen oder Molen ein- oder beidseitig begrenzt sind, die Außentiefs, die Küstenschutz-, Entwässerungs-, Landgewinnungsbauwerke, Badeanlagen und der trockenfallende Badestrand.

(5) [1]Soweit die Erfüllung der Verwaltungsaufgaben des Bundes nicht beeinträchtigt wird, kann das jeweilige Land das Eigentum des Bundes an den Seewasserstraßen und an den angrenzenden Mündungstrichtern der Binnenwasserstraßen unentgeltlich nutzen,

1. wenn die Nutzung öffentlichen Interessen dient, insbesondere zur Landgewinnung, Boden- und Wasserentnahme, Errichtung von Hafenanlagen, zu Maßnahmen für den Küstenschutz und für den Wasserabfluss sowie für die Durchführung des Badebetriebes,
2. zur Ausübung des Jagdrechts, der Muschelfischerei, der Schillgewinnung, der Landwirtschaft sowie der aus dem Eigentum sich ergebenden Befugnisse zur Nutzung von Bodenschätzen.

[2]Das Land wird Eigentümer der nach Nummer 1 gewonnenen Land- und Hafenflächen und errichteten Bauwerke. [3]Es kann die Nutzungsbefugnisse nach Nummer 1 und 2 im Einzelfall auf einen Dritten übertragen. [4]Rechte Dritter bleiben unberührt.

(6) Zu den Bundeswasserstraßen gehören auch

1. die bundeseigenen Schifffahrtsanlagen, besonders Schleusen, Schiffshebewerke, Wehre, Schutz-, Liege- und Bauhäfen sowie bundeseigene Talsperren, Speicherbecken und andere Speisungs- und Entlastungsanlagen,
2. die ihrer Unterhaltung dienenden bundeseigenen *Ufergrundstücke*, *Bauhöfe* und Werkstätten,

3. bundeseigene Einrichtungen oder Gewässerteile, die der Erhaltung oder Wiederherstellung der Durchgängigkeit bei Stauanlagen, die von der Wasserstraßen- und Schifffahrtsverwaltung des Bundes errichtet oder betrieben werden, dienen.

(7) Das Bundesministerium für Verkehr und digitale Infrastruktur wird vorbehaltlich des § 2 ermächtigt, die Anlage 1 durch Rechtsverordnung mit Zustimmung des Bundesrates so zu ändern, dass dort aufgeführte Bundeswasserstraßen ganz oder teilweise zusammengefasst oder getrennt, Bezeichnungen für sie festgesetzt oder geändert werden.

§ 2[1)] Bestandsänderung. (1) [1]Soll ein Gewässer Bundeswasserstraße werden oder soll ein Gewässer die Eigenschaft als Bundeswasserstraße verlieren, bedarf es einer Vereinbarung zwischen dem Bund, dem Land und dem bisherigen oder dem künftigen Eigentümer. [2]Den Übergang bewirkt ein Bundesgesetz; das Bundesministerium für Verkehr und digitale Infrastruktur wird ermächtigt, im Einvernehmen mit dem Bundesministerium der Finanzen den Übergang von Gewässern oder Gewässerstrecken mit nur örtlicher Bedeutung durch Rechtsverordnung[2)] zu bewirken.

(2) In Rechtsvorschriften nach Absatz 1 ist die Anlage 1 zu ändern.

§ 3[3)] Erweiterung und Durchstiche. (1) Werden Landflächen an einer Bundeswasserstraße zum Gewässer und wird dadurch das Gewässerbett der Bundeswasserstraße für dauernd erweitert, so ist das Gewässer ein Teil der Bundeswasserstraße.

(2) [1]Das Eigentum an der Erweiterung wächst dem Bund lastenfrei zu. [2]Ist die Erweiterung künstlich herbeigeführt, hat derjenige, der sie veranlasst hat, den bisherigen Eigentümer zu entschädigen.

(3) Die Absätze 1 und 2 gelten auch für Durchstiche an Bundeswasserstraßen.

Abschnitt 2. Wahrung der Bedürfnisse der Landeskultur und der Wasserwirtschaft

§ 4 Einvernehmen mit den Ländern. Bei der Verwaltung, dem Ausbau und dem Neubau von Bundeswasserstraßen sind die Bedürfnisse der Landeskultur und der Wasserwirtschaft im Einvernehmen mit den Ländern zu wahren.

Abschnitt 3. Befahren mit Wasserfahrzeugen und Gemeingebrauch

§ 5[4)] Befahren mit Wasserfahrzeugen. [1]Jedermann darf im Rahmen der Vorschriften des Schifffahrtsrechts sowie der Vorschriften dieses Gesetzes die Bundeswasserstraßen mit Wasserfahrzeugen befahren. [2]Das Befahren der bundeseigenen Talsperren und Speicherbecken ist nur zulässig, soweit es durch Rechtsverordnung nach § 46 Nr. 2 gestattet wird. [3]Das Befahren der Bundeswasserstraßen in Natur-

---

[1)] § 2 Abs. 1 Satz 2 geänd. mWv 8.9.2015 durch VO v. 31.8.2015 (BGBl. I S. 1474).

[2)] Siehe ua VO über das Befahren des Naturschutzgebietes „Helgoländer Felssockel" v. 13.5.1985 (BGBl. I S. 776), zuletzt geänd. durch VO v. 2.6.2016 (BGBl. I S. 1257) und VO über den Übergang des zur Bundeswasserstraße Rhein gehörenden Altarms Ginsheimer Altrhein auf die Gemeinde Ginsheim-Gustavsburg v. 25.5.2005 (BGBl. I S. 1537).

[3)] § 3 Abs. 2 Satz 1 geänd. mWv 7.12.2018 durch G v. 29.11.2018 (BGBl. I S. 2237).

[4)] § 5 Satz 3 geänd. mWv 8.9.2015 durch VO v. 31.8.2015 (BGBl. I S. 1474); Satz 3 geänd. mWv 27.6.2020 durch VO v. 19.6.2020 (BGBl. I S. 1328); Satz 1 geänd. mWv 1.7.2021 durch G v. 3.6.2021 (BGBl. I S. 1465).

schutzgebieten und Nationalparken nach den §§ 23 und 24 des Bundesnaturschutzgesetzes[1] kann durch Rechtsverordnung[2], die das Bundesministerium für Verkehr und digitale Infrastruktur im Einvernehmen mit dem Bundesministerium für Umwelt, Naturschutz und nukleare Sicherheit erlässt, geregelt, eingeschränkt oder untersagt werden, soweit dies zur Erreichung des Schutzzweckes erforderlich ist.

§ 6[3] Gemeingebrauch. [1] Durch Rechtsverordnung nach § 46 Nr. 3 kann der Gemeingebrauch geregelt, beschränkt oder untersagt werden, soweit es zur Erhaltung der Bundeswasserstraßen in einem für die Schifffahrt erforderlichen Zustand notwendig ist. [2] Unter der gleichen Voraussetzung können die Behörden der Wasserstraßen- und Schifffahrtsverwaltung des Bundes durch Verfügung den Gemeingebrauch regeln, beschränken oder untersagen.

Abschnitt 4. Unterhaltung der Bundeswasserstraßen und Betrieb der bundeseigenen Schifffahrtsanlagen

§ 7[4] Allgemeine Vorschriften über Unterhaltung und Betrieb. (1) Die Unterhaltung der Bundeswasserstraßen und der Betrieb der bundeseigenen Schifffahrtsanlagen sind Hoheitsaufgaben des Bundes.

(2) Die Unterhaltung der Bundeswasserstraßen und der Betrieb der bundeseigenen Schifffahrtsanlagen kann im Einzelfall Dritten zur Ausführung übertragen werden; dabei gehen hoheitliche Befugnisse des Bundes nicht über.

(3) [1] Maßnahmen innerhalb der Bundeswasserstraßen, die der Unterhaltung der Bundeswasserstraßen oder der Errichtung oder dem Betrieb der bundeseigenen Schifffahrtsanlagen dienen, bedürfen keiner Erlaubnis, Bewilligung oder Genehmigung. [2] Die in diesem Gesetz und anderen bundesrechtlichen Vorschriften geregelten Beteiligungspflichten bleiben hiervon unberührt.

(4) Bei der Unterhaltung der Bundeswasserstraßen sowie der Errichtung und dem Betrieb der bundeseigenen Schifffahrtsanlagen sind die Erfordernisse des Denkmalschutzes zu berücksichtigen.

§ 8[5] Umfang der Unterhaltung. (1) [1] Die Unterhaltung der Binnenwasserstraßen (§ 1 Abs. 1 Nr. 1) umfasst die Erhaltung eines ordnungsgemäßen Zustands für den Wasserabfluss und die Erhaltung der Schiffbarkeit. [2] Zur Unterhaltung gehört auch die Erhaltung von Einrichtungen und Gewässerteilen im Sinne des § 1 Absatz 6 Nummer 3. [3] Bei der Unterhaltung ist den Belangen des Naturhaushalts Rechnung zu tragen; Bild und Erholungswert der Gewässerlandschaft sind zu

---

[1] Nr. **880**.

[2] Siehe ua die NaturschutzgebietsbefahrensVO v. 8.12.1987 (BGBl. I S. 2538), zuletzt geänd. durch VO v. 31.10.2019 (BGBl. I S. 1518), VO über das Befahren der Bundeswasserstraßen in Nationalparken im Bereich der Nordsee (NPNordSBefV) idF der Bek. v. 15.2.1995 (BGBl. I S. 211), zuletzt geänd. durch VO v. 2.6.2016 (BGBl. I S. 1257), BefahrensregelungsVO Küstenbereich Mecklenburg-Vorpommern (NPBefVMVK) v. 24.6.1997 (BGBl. I S. 1542), geänd. durch VO v. 2.6.2016 (BGBl. I S. 1257) und die Ostsee-Schleswig-Holstein-NaturschutzgebietsbefahrensVO (OstseeSHNSGBefV) v. 27.9.2016 (BGBl. I S. 2180).

[3] § 6 Satz 2 geänd. mWv 1.6.2016 durch G v. 24.5.2016 (BGBl. I S. 1217).

[4] § 7 Abs. 3 Satz 1 geänd., Satz 2 angef. mWv 14.10.2011 durch G v. 6.10.2011 (BGBl. I S. 1986).

[5] § 8 Abs. 1 Satz 4 geänd. mWv 1.3.2010 durch G v. 31.7.2009 (BGBl. I S. 2585); Abs. 1 Satz 2 eingef., bish. Sätze 2–4 werden Sätze 3–5 mWv 14.10.2011 durch G v. 6.10.2011 (BGBl. I S. 1986); Abs. 5 Satz 3 geänd. mWv 7.6.2013 durch G v. 31.5.2013 (BGBl. I S. 1388); Abs. 5 Satz 1 geänd. mWv 1.6.2016 durch G v. 24.5.2016 (BGBl. I S. 1217); Abs. 1 Sätze 2 und 5 geänd. mWv 9.6.2021 durch G v. 2.6.2021 (BGBl. I S. 1295).

berücksichtigen. [4]Die natürlichen Lebensgrundlagen sind zu bewahren. [5]Unterhaltungsmaßnahmen müssen die nach §§ 27 bis 31 des Wasserhaushaltsgesetzes[1)] maßgebenden Bewirtschaftungsziele beachten und werden so durchgeführt, dass mehr als nur geringfügige Auswirkungen auf den Hochwasserschutz vermieden werden.

(2) [1]Wenn es die Erhaltung des ordnungsgemäßen Zustands nach Absatz 1 erfordert, gehören zur Unterhaltung besonders die Räumung, die Freihaltung, der Schutz und die Pflege des Gewässerbettes mit seinen Ufern. [2]Dabei ist auf die Belange der Fischerei Rücksicht zu nehmen.

(3) Die Erhaltung der Schiffbarkeit umfasst nicht die Zufahrten zu den Lösch-, Lade- und Anlegestellen sowie zu den Häfen außer den bundeseigenen Schutz-, Liege- und Bauhäfen.

(4) Zur Unterhaltung gehören auch Arbeiten zur Beseitigung oder Verhütung von Schäden an Ufergrundstücken, die durch die Schifffahrt entstanden sind oder entstehen können, soweit die Schäden den Bestand der Ufergrundstücke gefährden.

(5) [1]Die Unterhaltung der Seewasserstraßen (§ 1 Abs. 1 Nr. 2) umfasst nur die Erhaltung der Schiffbarkeit der von der Wasserstraßen- und Schifffahrtsverwaltung des Bundes gekennzeichneten Schifffahrtswege, soweit es wirtschaftlich zu vertreten ist. [2]Hierzu gehören auch Arbeiten und Maßnahmen zur Sicherung des Bestandes der Inseln Helgoland (ohne Düne), Wangerooge und Borkum. [3]Absatz 1 Satz 3 und 4 ist anzuwenden.

(6) Weitergehende Verpflichtungen zur Unterhaltung nach dem Nachtrag zu dem Gesetz über den Staatsvertrag betreffend den Übergang der Wasserstraßen von den Ländern auf das Reich vom 18. Februar 1922 (RGBl. I S. 222) bleiben unberührt.

§ 9 Maßnahmen in Landflächen an Bundeswasserstraßen. (1) [1]Maßnahmen in Landflächen an Bundeswasserstraßen, die notwendig sind, um für die Schifffahrt nachteilige Veränderungen des Gewässerbettes zu verhindern oder zu beseitigen, bedürfen der vorherigen Planfeststellung. [2]Die §§ 14 bis 21 sind anzuwenden.

(2) (aufgehoben)

§ 10 Anlagen und Einrichtungen Dritter. Anlagen und Einrichtungen in, über oder unter einer Bundeswasserstraße oder an ihrem Ufer sind von ihren Eigentümern und Besitzern so zu unterhalten und zu betreiben, dass die Unterhaltung der Bundeswasserstraße, der Betrieb der bundeseigenen Schifffahrtsanlagen oder der Schifffahrtszeichen sowie die Schifffahrt nicht beeinträchtigt werden.

§ 11[2)] Besondere Pflichten im Interesse der Unterhaltung. (1) Soweit es zur Unterhaltung einer Bundeswasserstraße erforderlich ist, haben die Anlieger *und die Hinterlieger* nach vorheriger Ankündigung zu dulden, dass Beauftragte des Bundes die Grundstücke betreten, vorübergehend benutzen und aus ihnen Bestandteile entnehmen, wenn diese sonst nur mit unverhältnismäßig hohen Kosten beschafft werden können.

(2) [1]Die Anlieger haben das Bepflanzen der Ufer zu dulden, soweit es für die Unterhaltung der Bundeswasserstraße erforderlich ist. [2]Die Anlieger können durch

---

[1)] Nr. **845**.
[2)] § 11 Abs. 2 Satz 2 geänd. mWv 1.6.2016 durch G v. 24.5.2016 (BGBl. I S. 1217).

Verfügung der Behörden der Wasserstraßen- und Schifffahrtsverwaltung des Bundes verpflichtet werden, die Ufergrundstücke in erforderlicher Breite so zu bewirtschaften, dass die Unterhaltung nicht beeinträchtigt wird; sie haben bei der Nutzung die Erfordernisse des Uferschutzes zu beachten.

(3) Entstehen durch Handlungen nach Absatz 1 oder 2 Schäden, hat der Geschädigte Anspruch auf Schadenersatz.

(4) [1] Der Inhaber einer strom- und schifffahrtspolizeilichen Genehmigung (§ 31) hat ohne Anspruch auf Entschädigung zu dulden, dass die Ausübung der Genehmigung durch Arbeiten zur Unterhaltung vorübergehend behindert oder unterbrochen wird. [2] Auf die Interessen des zur Duldung Verpflichteten ist Rücksicht zu nehmen.

Abschnitt 5. Ausbau und Neubau der Bundeswasserstraßen

§ 12[1)] Allgemeine Vorschriften über Ausbau und Neubau. (1) Der Ausbau und der Neubau der Bundeswasserstraßen sind Hoheitsaufgaben des Bundes.

(2) [1] Ausbau sind die über die Unterhaltung hinausgehenden Maßnahmen

1. zur wesentlichen Umgestaltung einer Bundeswasserstraße, einer Kreuzung mit einer Bundeswasserstraße, eines oder beider Ufer, die die Bundeswasserstraße als Verkehrsweg betreffen,
2. zur Herstellung oder zur wesentlichen Umgestaltung von Einrichtungen oder von Gewässerteilen im Sinne des § 1 Absatz 6 Nummer 3,
3. zur wesentlichen Umgestaltung einer Binnenwasserstraße des Bundes (§ 1 Absatz 1 Nummer 1) oder ihrer Ufer (§ 1 Absatz 3) im Sinne des § 67 Absatz 2 Satz 1 und 2 des Wasserhaushaltsgesetzes[2)], soweit die Maßnahmen erforderlich sind, um die Bewirtschaftungsziele nach Maßgabe der §§ 27 bis 31 des Wasserhaushaltsgesetzeszu erreichen; hierzu gehören nicht Maßnahmen, die überwiegend zum Zwecke des Hochwasserschutzes oder der Verbesserung der physikalischen oder chemischen Beschaffenheit des Wassers durchgeführt werden.

[2] Zu den Maßnahmen nach Satz 1 Nummer 3 gehören auch solche Maßnahmen, bei denen Gewässerteile nach § 1 Absatz 1 Nummer 1 letzter Halbsatz entstehen, die einen räumlichen Zusammenhang mit der Binnenwasserstraße aufweisen, auch wenn sie sich vor der Ausbaumaßnahme außerhalb des Ufers der Binnenwasserstraße befanden. [3] Ausbaumaßnahmen nach Satz 1 Nummer 3 sind durchzuführen, soweit es die dort genannten Bewirtschaftungsziele nach Maßgabe der §§ 27 bis 31 des Wasserhaushaltsgesetzes erfordern. [4] Für die Beseitigung einer Bundeswasserstraße gelten die Vorschriften über den Ausbau entsprechend.

(3) Gesetzliche oder vertragliche Bestimmungen, die zum Ausbau oder Neubau Beitragsleistungen Dritter vorsehen oder nach denen die Leistungen Dritten auferlegt werden können, bleiben unberührt.

(4) Ausbauverpflichtungen des Bundes nach dem Nachtrag zu dem Gesetz über den Staatsvertrag betreffend den Übergang der Wasserstraßen von den Ländern auf das Reich vom 18. Februar 1922 (RGBl. I S. 222) bleiben unberührt.

[1)] § 12 Abs. 7 Satz 3 geänd. mWv 1.3.2010 durch G v. 31.7.2009 (BGBl. I S. 2585); Abs. 2 Satz 2 eingef., bish. *Satz 2 wird Satz 3, Abs. 6 Satz 1 geänd., Satz 2 angef.* mWv 14.10.2011 durch G v. 6.10.2011 (BGBl. I S. 1986); Abs. 1 geänd., Abs. 2 und Abs. 7 neu gef. mWv 9.6.2021 durch G v. 2.6.2021 (BGBl. I S. 1295).

[2)] Nr. **845**.

(5) Der Ausbau oder der Neubau kann im Einzelfall Dritten zur Ausführung übertragen werden; dabei gehen hoheitliche Befugnisse des Bundes nicht über.

(6) [1] Maßnahmen, die dem Ausbau oder dem Neubau einer Bundeswasserstraße dienen, bedürfen keiner Erlaubnis, Bewilligung oder Genehmigung. [2] Die in diesem Gesetz und anderen bundesrechtlichen Vorschriften geregelten Beteiligungspflichten bleiben hiervon unberührt.

(7) [1] Beim Ausbau einer Bundeswasserstraße nach Absatz 2 Satz 1 Nummer 1 und 2 oder beim Neubau einer Bundeswasserstraße sind die Bewirtschaftungsziele nach Maßgabe der §§ 27 bis 31 des Wasserhaushaltsgesetzes und in Linienführung und Bauweise Bild und Erholungseignung der Gewässerlandschaft sowie die Erhaltung und Verbesserung des Selbstreinigungsvermögens des Gewässers zu beachten. [2] Die natürlichen Lebensgrundlagen sind zu bewahren. [3] Bei Ausbaumaßnahmen nach Absatz 2 Satz 1 Nummer 3 sind die Anforderungen nach § 67 Absatz 1 des Wasserhaushaltsgesetzes zu beachten. [4] Ausbau- oder Neubaumaßnahmen werden so durchgeführt, dass mehr als nur geringfügige Auswirkungen auf den Hochwasserschutz vermieden werden.

§ 13[1)] Planungen. (1) [1] Das Bundesministerium für Verkehr und digitale Infrastruktur bestimmt im Einvernehmen mit der zuständigen Landesbehörde die Planung und Linienführung der Bundeswasserstraßen. [2] Bei der Bestimmung der Linienführung sind die von dem Vorhaben berührten öffentlichen Belange einschließlich der Umweltverträglichkeit im Rahmen der Abwägung zu berücksichtigen.

(2) (weggefallen)

(3) [1] Diese Bundesplanung hat Vorrang vor der Ortsplanung. [2] Entstehen der Gemeinde infolge der Durchführung von Maßnahmen nach Absatz 1 Aufwendungen für Entschädigungen, so sind sie ihr vom Träger der Maßnahmen zu ersetzen. [3] Muss infolge dieser Maßnahmen ein Bebauungsplan aufgestellt, geändert, ergänzt oder aufgehoben werden, so sind ihr auch die dadurch entstandenen Kosten zu ersetzen.

§ 14[2)] Planfeststellung, vorläufige Anordnung. (1) [1] Der Ausbau, der Neubau oder die Beseitigung von Bundeswasserstraßen bedarf der vorherigen Planfeststellung. [2] Bei der Planfeststellung sind die von dem Vorhaben berührten öffentlichen und privaten Belange einschließlich der Umweltverträglichkeit im Rahmen der Abwägung zu berücksichtigen. [3] Anhörungs- und Planfeststellungsbehörde ist die Generaldirektion Wasserstraßen und Schifffahrt; sie ist auch Genehmigungsbehörde. [4] Für das Planfeststellungsverfahren gelten die §§ 72 bis 78 des Verwaltungsverfahrensgesetzes[3)] nach Maßgabe dieses Gesetzes.

(1a) (weggefallen)

(1b) (weggefallen)

(2) [1] Ist das Planfeststellungsverfahren eingeleitet, kann die Generaldirektion Wasserstraßen und Schifffahrt nach Anhörung der zuständigen Landesbehörde und

---

[1)] § 13 Abs. 1 Satz 1 geänd. mWv 8.9.2015 durch VO v. 31.8.2015 (BGBl. I S. 1474).

[2)] § 14 Abs. 2 Satz 1 geänd. mWv 7.6.2013 durch G v. 31.5.2013 (BGBl. I S. 1388); Abs. 1 Satz 4 und Abs. 2 Satz 1 geänd. mWv 8.9.2015 durch VO v. 31.8.2015 (BGBl. I S. 1474); Abs. 1 Satz 3 geänd., Satz 4 aufgeh., bish. Satz 5 wird Satz 4, Abs. 2 Satz 1 geänd. mWv 1.6.2016 durch G v. 24.5.2016 (BGBl. I S. 1217); Abs. 2 Satz 1 neu gef., Satz 2 geänd., Satz 5 aufgeh., bish. Satz 6 wird Satz 5, bish. Satz 7 wird Satz 6 und geänd., Satz 7 eingef., Sätze 9 und 10 angef. mWv 7.12.2018 durch G v. 29.11.2018 (BGBl. I S. 2237).

[3)] Nr. **100**.

der anliegenden Gemeinden und Gemeindeverbände eine vorläufige Anordnung erlassen, in der vorbereitende Maßnahmen oder Teilmaßnahmen zum Ausbau oder Neubau festgesetzt werden,

1. soweit es sich um reversible Maßnahmen handelt,
2. wenn Gründe des Wohls der Allgemeinheit den alsbaldigen Beginn der Arbeiten erfordern,
3. wenn mit einer Entscheidung zugunsten des Trägers des Vorhabens gerechnet werden kann und
4. wenn die nach § 74 Absatz 2 des Verwaltungsverfahrensgesetzes und nach § 14b Nummer 1 zu berücksichtigenden Interessen gewahrt werden.

[2] In der vorläufigen Anordnung sind die Auflagen zur Sicherung dieser Interessen und der Umfang der vorläufig zulässigen Maßnahmen festzulegen. [3] Die vorläufige Anordnung berechtigt nicht zu einer wesentlichen Veränderung des Wasserstandes oder der Strömungsverhältnisse. [4] Sie ist den anliegenden Gemeinden und Gemeindeverbänden sowie den Beteiligten zuzustellen und ortsüblich öffentlich bekannt zu machen. [5] Sie ersetzt nicht die Planfeststellung. [6] Soweit die Maßnahmen durch die Planfeststellung für unzulässig erklärt sind, ist der frühere Zustand wiederherzustellen. [7] Dies gilt auch, wenn der Antrag auf Planfeststellung zurückgenommen wurde. [8] Der Betroffene ist zu entschädigen, soweit ein Schaden eingetreten ist, der durch die Wiederherstellung des früheren Zustandes nicht ausgeglichen wird. [9] Rechtsbehelfe gegen die vorläufige Anordnung haben keine aufschiebende Wirkung; ein Vorverfahren findet nicht statt. [10] Betrifft die vorläufige Anordnung ein Vorhaben im Sinne des § 14e Absatz 1, ist § 14e Absatz 1 und 5 in Bezug auf Rechtsbehelfe gegen die vorläufige Anordnung entsprechend anzuwenden.

(3) [1] Soweit das Vorhaben Belange der Landeskultur oder der Wasserwirtschaft berührt, bedürfen die Feststellung des Planes, die Genehmigung und die vorläufige Anordnung des Einvernehmens mit der zuständigen Landesbehörde. [2] Über die Erteilung des Einvernehmens ist innerhalb von drei Monaten nach Übermittlung des Entscheidungsentwurfs zu entscheiden.

§ 14a[1)] Anhörungsverfahren. Für das Anhörungsverfahren gilt § 73 des Verwaltungsverfahrensgesetzes[2)] mit folgenden Maßgaben:

1. Die Anhörungsbehörde kann auf eine Erörterung im Sinne des § 73 Absatz 6 des Verwaltungsverfahrensgesetzes und des § 18 Absatz 1 Satz 4 des Gesetzes über die Umweltverträglichkeitsprüfung[3)] verzichten.
2. Soll ein ausgelegter Plan geändert werden, so kann im Regelfall von der Erörterung im Sinne des § 73 Absatz 6 des Verwaltungsverfahrensgesetzes und des § 18 Absatz 1 Satz 4 des Gesetzes über die Umweltverträglichkeitsprüfung abgesehen werden.

[1)] § 14a Nr. 2 Satz 1 geänd. mWv 1.3.2010 durch G v. 29.7.2009 (BGBl. I S. 2542); Nr. 1–4 aufgeh., bish. Nr. 5 wird Nr. 1 und Satz 2 aufgeh., bish. Nr. 6 wird Nr. 2 und neu gef., Nr. 7 aufgeh. mWv 7.6. 2013 durch G v. 31.5.2013 (BGBl. I S. 1388); Nr. 2 geänd. mWv 2.6.2017 durch G v. 29.5.2017 (BGBl. I S. 1298); Nr. 2 geänd. mWv 29.7.2017 durch G v. 20.7.2017 (BGBl. I S. 2808, ber. 2018 S. 472); Nr. 1 neu gef. mWv 7.12.2018 durch G v. 29.11.2018 (BGBl. I S. 2237).

[2)] Nr. **100**.

[3)] Nr. **295**.

§ 14b[1] Planfeststellungsbeschluss, Plangenehmigung. (1) [1]Für Planfeststellungsbeschluss und Plangenehmigung gilt § 74 des Verwaltungsverfahrensgesetzes[2] mit folgenden Maßgaben:

1. Die Planfeststellungsbehörde hat dem Träger des Vorhabens Vorkehrungen oder die Errichtung und Unterhaltung von Anlagen auch dann aufzuerlegen, wenn erhebliche Nachteile dadurch zu erwarten sind, dass
   a) der Wasserstand verändert wird oder
   b) eine Gewässerbenutzung, die auf einer Erlaubnis oder anderen Befugnis beruht, beeinträchtigt wird.
2. Die Regelung einer Entschädigung bleibt dem Entschädigungsverfahren vorbehalten.
3. Müssen vorhandene Anlagen infolge des Planfeststellungsbeschlusses oder der Plangenehmigung ersetzt oder geändert werden, hat der Träger des Vorhabens die Mehrkosten der Unterhaltung zu tragen.
4. Zur Sicherung des Beweises von Tatsachen, die für den Planfeststellungsbeschluss oder eine Plangenehmigung von Bedeutung sein können, besonders zur Feststellung des Zustandes einer Sache, kann die Planfeststellungsbehörde – auch vor Erlass des Planfeststellungsbeschlusses oder der Plangenehmigung – durch eine selbständige Beweissicherungsanordnung die erforderlichen Maßnahmen anordnen, wenn sonst die Feststellung unmöglich oder wesentlich erschwert werden würde.
5. Für Anträge auf Fortsetzung des Verfahrens bei vorbehaltenen Entscheidungen ist § 75 Abs. 3 des Verwaltungsverfahrensgesetzes anzuwenden.
6. Die Planfeststellung ist zu versagen, wenn von dem Ausbau oder Neubau
   a) eine Beeinträchtigung des Wohls der Allgemeinheit zu erwarten ist, die nicht durch Auflagen verhütet oder ausgeglichen werden kann, oder
   b) nachteilige Wirkungen auf das Recht eines anderen oder der in Nummer 1 bezeichneten Art zu erwarten sind, die nicht durch Auflagen verhütet oder ausgeglichen werden können, der Berechtigte fristgemäß Einwendungen erhoben hat und der Ausbau oder Neubau nicht dem Wohl der Allgemeinheit dient.

[2]Die Planfeststellung für einen Ausbau nach § 12 Absatz 2 Satz 1 Nummer 3 darf im Übrigen nur erfolgen, wenn die Voraussetzungen des § 68 Absatz 3 des Wasserhaushaltsgesetzes[3] vorliegen.

(2) [1]Abweichend von § 74 Absatz 6 Satz 1 Nummer 3 des Verwaltungsverfahrensgesetzes kann für ein Vorhaben, für das nach dem Gesetz über die Umweltverträglichkeitsprüfung[4] eine Umweltverträglichkeitsprüfung durchzuführen ist, an Stelle eines Planfeststellungsbeschlusses eine Plangenehmigung erteilt werden. [2]*§ 14a Nummer* 1 gilt entsprechend. [3]Im Übrigen findet das Gesetz über die Umweltverträglichkeitsprüfung mit Ausnahme des § 21 Absatz 3 Anwendung.

---

[1] § 14b Nr. 1–5 aufgeh., bish. Nr. 6–11 werden Nr. 1–6 mWv 7.6.2013 durch G v. 31.5.2013 (BGBl. I S. 1388); Nr. 6 Buchst. b geänd. mWv 29.12.2016 durch G v. 23.12.2016 (BGBl. I S. 3224); Abs. 2 angef. mWv 7.12.2018 durch G v. 29.11.2018 (BGBl. I S. 2237); Abs. 1 Satz 2 angef. mWv 9.6.2021 durch G v. 2.6.2021 (BGBl. I S. 1295).

[2] Nr. **100**.

[3] Nr. **845**.

[4] Nr. **295**.

§ 14c[1] Rechtswirkungen der Planfeststellung und der Plangenehmigung. Für die Rechtswirkungen der Planfeststellung und Plangenehmigung gilt § 75 des Verwaltungsverfahrensgesetzes[2] mit folgenden Maßgaben:

1. Wird mit der Durchführung des Plans nicht innerhalb von zehn Jahren nach Eintritt der Unanfechtbarkeit begonnen, so tritt er außer Kraft, es sei denn, er wird vorher auf Antrag des Trägers des Vorhabens von der Planfeststellungsbehörde um höchstens fünf Jahre verlängert.
2. Vor der Entscheidung nach Nummer 1 ist eine auf den Antrag begrenzte Anhörung nach dem für die Planfeststellung oder für die Plangenehmigung vorgeschriebenen Verfahren durchzuführen.
3. Für die Zustellung und Auslegung sowie die Anfechtung der Entscheidung über die Verlängerung sind die Bestimmungen über den Planfeststellungsbeschluss entsprechend anzuwenden.
4. Wird eine Planergänzung oder ein ergänzendes Verfahren nach § 75 Absatz 1a Satz 2 des Verwaltungsverfahrensgesetzes erforderlich und wird diese Planergänzung oder dieses ergänzende Verfahren unverzüglich betrieben, so bleibt die Durchführung des Vorhabens zulässig, soweit es von der Planergänzung oder dem Ergebnis des ergänzenden Verfahrens offensichtlich nicht berührt ist.

§ 14d[3] Planänderung vor Fertigstellung des Vorhabens. [1] Für die Planergänzung und das ergänzende Verfahren im Sinne des § 75 Abs. 1a Satz 2 des Verwaltungsverfahrensgesetzes[2] und für die Planänderung vor Fertigstellung des Vorhabens gilt § 76 des Verwaltungsverfahrensgesetzes mit der Maßgabe, dass im Falle des § 76 Abs. 1 des Verwaltungsverfahrensgesetzes von einer Erörterung im Sinne des § 73 Abs. 6 des Verwaltungsverfahrensgesetzes und des § 18 Absatz 1 Satz 4 des Gesetzes über die Umweltverträglichkeitsprüfung[4] abgesehen werden kann. [2] Im Übrigen gelten für das neue Verfahren die Vorschriften dieses Gesetzes.

§ 14e[5] Rechtsbehelfe. (1) § 50 Abs. 1 Nr. 6 der Verwaltungsgerichtsordnung[6] gilt für Vorhaben im Sinne des § 14 Abs. 1 Satz 1, soweit die Vorhaben Bundeswasserstraßen betreffen, die wegen

1. der Herstellung der Deutschen Einheit,
2. der Einbindung der neuen Mitgliedstaaten in die Europäische Union,
3. der Verbesserung der seewärtigen Zufahrten zu den deutschen Seehäfen und deren Hinterlandanbindung,
4. ihres sonstigen internationalen Bezuges oder
5. der besonderen Funktion zur Beseitigung schwerwiegender Verkehrsengpässe

in der Anlage 2 aufgeführt sind.

(2) [1] Die Anfechtungsklage gegen einen Planfeststellungsbeschluss oder eine Plangenehmigung für den Neubau oder Ausbau der in Anlage 2 genannten Bundeswasserstraßen hat keine aufschiebende Wirkung. [2] Der Antrag auf Anord-

---

[1] § 14c Nr. 4 aufgeh. mWv 7.6.2013 durch G v. 31.5.2013 (BGBl. I S. 1388); Nr. 4 neu gef. mWv 10.12.2020 durch G v. 3.12.2020 (BGBl. I S. 2694).

[2] Nr. **100**.

[3] § 14d Satz 1 geänd. mWv 2.6.2017 durch G v. 29.5.2017 (BGBl. I S. 1298); Satz 1 geänd. mWv 29.7.2017 durch G v. 20.7.2017 (BGBl. I S. 2808, ber. 2018 S. 472).

[4] Nr. **295**.

[5] § 14e Abs. 6 aufgeh. mWv 7.6.2013 durch G v. 31.5.2013 (BGBl. I S. 1388); Abs. 5 neu gef. mWv 7.12.2018 durch G v. 29.11.2018 (BGBl. I S. 2237).

[6] Nr. **600**.

nung der aufschiebenden Wirkung der Anfechtungsklage gegen einen Planfeststellungsbeschluss oder gegen eine Plangenehmigung nach § 80 Abs. 5 Satz 1 der Verwaltungsgerichtsordnung kann nur innerhalb eines Monats nach der Zustellung des Planfeststellungsbeschlusses oder der Plangenehmigung gestellt und begründet werden. [3]Darauf ist in der Rechtsbehelfsbelehrung hinzuweisen. [4]§ 58 der Verwaltungsgerichtsordnung gilt entsprechend.

(3) [1]Ist in anderen Fällen als denen des Absatzes 2 die sofortige Vollziehung des Planfeststellungsbeschlusses oder der Plangenehmigung für den Neubau oder den Ausbau von Bundeswasserstraßen angeordnet, so kann der Antrag nach § 80 Abs. 5 Satz 1 der Verwaltungsgerichtsordnung auf Wiederherstellung der aufschiebenden Wirkung der Anfechtungsklage nur innerhalb eines Monats nach der Anordnung der sofortigen Vollziehung gestellt und begründet werden. [2]Darauf ist in der Rechtsbehelfsbelehrung hinzuweisen. [3]§ 58 der Verwaltungsgerichtsordnung gilt entsprechend.

(4) [1]Treten in den Fällen der Absätze 2 und 3 später Tatsachen ein, die die Anordnung der Wiederherstellung der aufschiebenden Wirkung rechtfertigen, so kann der durch den Planfeststellungsbeschluss oder die Plangenehmigung Beschwerte einen hierauf gestützten Antrag nach § 80 Abs. 5 Satz 1 der Verwaltungsgerichtsordnung innerhalb einer Frist von einem Monat stellen und begründen. [2]Die Frist beginnt mit dem Zeitpunkt, in dem der Beschwerte von den Tatsachen Kenntnis erlangt.

(5) [1]Der Kläger hat innerhalb einer Frist von zehn Wochen ab Klageerhebung die zur Begründung seiner Klage dienenden Tatsachen und Beweismittel anzugeben. [2]Erklärungen und Beweismittel, die erst nach Ablauf dieser Frist vorgebracht werden, sind nur zuzulassen, wenn der Kläger die Verspätung genügend entschuldigt. [3]Der Entschuldigungsgrund ist auf Verlangen des Gerichts glaubhaft zu machen. [4]Satz 2 gilt nicht, wenn es mit geringem Aufwand möglich ist, den Sachverhalt auch ohne Mitwirkung des Klägers zu ermitteln. [5]Die Frist nach Satz 1 kann durch den Vorsitzenden oder den Berichterstatter auf Antrag verlängert werden, wenn der Kläger in dem Verfahren, in dem die angefochtene Entscheidung ergangen ist, keine Möglichkeit der Beteiligung hatte. [6]§ 6 des Umwelt-Rechtsbehelfsgesetzes[1)] ist nicht anzuwenden.

§ 14f[2)] Projektmanager. [1]Die Generaldirektion Wasserstraßen und Schifffahrt kann einen Dritten mit der Vorbereitung und Durchführung von Verfahrensschritten, insbesondere

1. der Erstellung von Verfahrensleitplänen unter Bestimmung von Verfahrensabschnitten und Zwischenterminen,
2. der Fristenkontrolle,
3. der Koordinierung von erforderlichen Sachverständigengutachten,
4. der ersten Auswertung der eingereichten Stellungnahmen,
5. der organisatorischen Vorbereitung eines Erörterungstermins und
6. der Leitung eines Erörterungstermins,

auf Vorschlag oder mit Zustimmung des Vorhabenträgers und auf dessen Kosten beauftragen. [2]Die Entscheidung über den Planfeststellungsantrag verbleibt bei der zuständigen Behörde.

[1)] Nr. **293**.
[2)] § 14f eingef. mWv 7.12.2018 durch G v. 29.11.2018 (BGBl. I S. 2237).

§ 15[1] Veränderungssperre, Vorkaufsrecht. (1) [1]Sobald der Plan ausgelegt oder andere Gelegenheit gegeben ist, den Plan einzusehen (§ 73 Abs. 3 des Verwaltungsverfahrensgesetzes[2]), dürfen auf den vom Plan betroffenen Flächen bis zu ihrer Inanspruchnahme wesentlich wertsteigernde oder die geplanten Baumaßnahmen erheblich erschwerende Veränderungen nicht vorgenommen werden (Veränderungssperre). [2]Veränderungen, die in rechtlich zulässiger Weise vorher begonnen worden sind, Unterhaltungsarbeiten und die Fortführung einer bisher ausgeübten Nutzung werden davon nicht berührt. [3]Unzulässige Veränderungen bleiben bei der Anordnung von Vorkehrungen und Anlagen (§ 74 Abs. 2 des Verwaltungsverfahrensgesetzes, § 14b Nummer 1) und im Entschädigungsverfahren unberücksichtigt.

(2) Dauert die Veränderungssperre über vier Jahre, können die Eigentümer für die dadurch entstandenen Vermögensnachteile Entschädigung verlangen.

(3) In den Fällen des Absatzes 1 Satz 1 steht dem Bund an den betroffenen Flächen ein Vorkaufsrecht zu.

§ 16 Besondere Pflichten im Interesse des Vorhabens. (1) [1]Eigentümer und sonstige Nutzungsberechtigte haben zur Vorbereitung der Planung und der Baudurchführung notwendige Vermessungen, Boden- und Grundwasseruntersuchungen einschließlich der vorübergehenden Anbringung von Markierungszeichen und sonstige Vorarbeiten durch den Träger des Vorhabens oder von ihm Beauftragte zu dulden. [2]Wohnungen dürfen nur mit Zustimmung des Wohnungsinhabers betreten werden. [3]Satz 2 gilt nicht für Arbeits-, Betriebs- oder Geschäftsräume während der jeweiligen Arbeits-, Geschäfts- oder Aufenthaltszeiten.

(2) Die Absicht, Vorarbeiten im Sinne des Absatzes 1 Satz 1 auszuführen, ist dem Eigentümer oder sonstigen Nutzungsberechtigten mindestens zwei Wochen vorher unmittelbar oder durch ortsübliche Bekanntmachung in den Gemeinden, in deren Bereich die Vorarbeiten durchzuführen sind, bekannt zu geben.

(3) Ein Eigentümer oder sonstiger Nutzungsberechtigter kann eine Entschädigung verlangen, wenn ihm durch eine Maßnahme nach Absatz 1 unmittelbare Vermögensnachteile entstehen.

(4) § 11 Abs. 4 gilt entsprechend.

§ 17[3] Veröffentlichung im Internet. [1]Wird der Plan nicht nach § 27a Absatz 1 des Verwaltungsverfahrensgesetzes[2] oder § 20 des Gesetzes über die Umweltverträglichkeitsprüfung[4] zugänglich gemacht, ist dieser vom Träger des Vorhabens zur Bürgerinformation über das Internet zugänglich zu machen. [2]§ 23 des Gesetzes über die Umweltverträglichkeitsprüfung gilt entsprechend. [3]Maßgeblich ist der Inhalt des im Rahmen des Genehmigungsverfahrens zur Einsicht ausgelegten Plans. [4]Hierauf ist bei der Zugänglichmachung hinzuweisen.

§ 18 (weggefallen)

§ 19 (weggefallen)

§ 20 Vorzeitige Besitzeinweisung. (1) [1]Ist der sofortige Beginn von Bauarbeiten geboten und weigert sich der Eigentümer oder Besitzer, den Besitz eines für

[1] § 15 Abs. 1 Satz 3 geänd. mWv 7.6.2013 durch G v. 31.5.2013 (BGBl. I S. 1388).
[2] Nr. **100**.
[3] § 17 eingef. mWv 7.12.2018 durch G v. 29.11.2018 (BGBl. I S. 2237).
[4] Nr. **295**.

den Neubau oder den Ausbau einer Bundeswasserstraße benötigten Grundstücks durch Vereinbarung unter Vorbehalt aller Entschädigungsansprüche zu überlassen, so hat die Enteignungsbehörde den Träger des Vorhabens auf Antrag nach Feststellung des Planes oder Erteilung der Plangenehmigung in den Besitz einzuweisen. [2] Der Planfeststellungsbeschluss oder die Plangenehmigung müssen vollziehbar sein. [3] Weiterer Voraussetzungen bedarf es nicht.

(2) [1] Die Enteignungsbehörde hat spätestens sechs Wochen nach Eingang des Antrags auf Besitzeinweisung mit den Beteiligten mündlich zu verhandeln. [2] Hierzu sind der Träger des Vorhabens und die Betroffenen zu laden. [3] Dabei ist den Betroffenen der Antrag auf Besitzeinweisung mitzuteilen. [4] Die Ladungsfrist beträgt drei Wochen. [5] Mit der Ladung sind die Betroffenen aufzufordern, etwaige Einwendungen gegen den Antrag vor der mündlichen Verhandlung bei der Enteignungsbehörde einzureichen. [6] Sie sind außerdem darauf hinzuweisen, dass auch bei Nichterscheinen über den Antrag auf Besitzeinweisung und andere im Verfahren zu erledigende Anträge entschieden werden kann.

(3) [1] Soweit der Zustand des Grundstücks von Bedeutung ist, hat die Enteignungsbehörde diesen bis zum Beginn der mündlichen Verhandlung in einer Niederschrift festzustellen oder durch einen Sachverständigen ermitteln zu lassen. [2] Den Beteiligten ist eine Abschrift der Niederschrift oder des Ermittlungsergebnisses zu übersenden.

(4) [1] Der Beschluss über die Besitzeinweisung ist dem Träger des Vorhabens und den Betroffenen spätestens zwei Wochen nach der mündlichen Verhandlung zuzustellen. [2] Die Besitzeinweisung wird in dem von der Enteignungsbehörde bezeichneten Zeitpunkt wirksam. [3] Dieser Zeitpunkt soll auf höchstens zwei Wochen nach Zustellung der Anordnung über die vorzeitige Besitzeinweisung an den unmittelbaren Besitzer festgesetzt werden. [4] Durch die Besitzeinweisung wird dem Besitzer der Besitz entzogen und der Träger des Vorhabens Besitzer. [5] Der Träger des Vorhabens darf auf dem Grundstück das im Antrag auf Besitzeinweisung bezeichnete Bauvorhaben durchführen und die dafür erforderlichen Maßnahmen treffen.

(5) [1] Der Träger des Vorhabens hat für die durch die vorzeitige Besitzeinweisung entstehenden Vermögensnachteile Entschädigung zu leisten, soweit die Nachteile nicht durch die Verzinsung der Geldentschädigung für die Entziehung oder Beschränkung des Eigentums oder eines anderen Rechts ausgeglichen werden. [2] Art und Höhe der Entschädigung sind von der Enteignungsbehörde in einem Beschluss festzusetzen.

(6) [1] Wird der festgestellte Plan oder die Plangenehmigung aufgehoben, so ist auch die vorzeitige Besitzeinweisung aufzuheben und der vorherige Besitzer wieder in den Besitz einzuweisen. [2] Der Träger des Vorhabens hat für alle durch die Besitzeinweisung entstandenen besonderen Nachteile Entschädigung zu leisten.

(7) [1] Ein Rechtsbehelf gegen eine vorzeitige Besitzeinweisung hat keine aufschiebende Wirkung. [2] Der Antrag auf Anordnung der aufschiebenden Wirkung nach § 80 Abs. 5 Satz 1 der Verwaltungsgerichtsordnung[1)] kann nur innerhalb eines Monats nach der Zustellung des Besitzeinweisungsbeschlusses gestellt und begründet werden.

[1)] Nr. **600**.

§ 21[1)] Ausschluss von Ansprüchen. (1) [1] Dient der Ausbau oder der Neubau dem Wohl der Allgemeinheit und ist der festgestellte Plan unanfechtbar, sind Ansprüche wegen nachteiliger Wirkungen gegen den Inhaber des festgestellten Plans, die auf die Unterlassung oder Beseitigung der Aus- oder Neubaumaßnahme, auf die Herstellung von Schutzeinrichtungen oder auf Schadenersatz gerichtet sind, ausgeschlossen. [2] Hierdurch werden Schadenersatzansprüche wegen nachteiliger Wirkungen nicht ausgeschlossen, die darauf beruhen, dass der Inhaber des festgestellten Plans angeordnete Auflagen nicht erfüllt hat.

(2) Absatz 1 Satz 1 gilt nicht für vertragliche Ansprüche.

§§ 22, 23 (weggefallen)

Abschnitt 6. Ordnungsvorschriften

§ 24[2)] Strompolizei. (1) Die Behörden der Wasserstraßen- und Schifffahrtsverwaltung des Bundes haben die Aufgabe, zur Gefahrenabwehr Maßnahmen zu treffen, die nötig sind, um die Bundeswasserstraßen in einem für die Schifffahrt erforderlichen Zustand zu erhalten (Strompolizei).

(2) [1] Zur strompolizeilichen Überwachung der Bundeswasserstraßen dürfen Beauftragte der Wasserstraßen- und Schifffahrtsverwaltung Grundstücke, Anlagen und Einrichtungen sowie Wasserfahrzeuge betreten. [2] Das Grundrecht auf Unverletzlichkeit der Wohnung (Artikel 13 Abs. 1 des Grundgesetzes[3)]) wird insoweit eingeschränkt.

(3) Die Hafenaufsicht (Hafenpolizei) bleibt unberührt.

§ 25[4)] Verantwortliche Personen. (1) [1] Strompolizeiliche Maßnahmen, die durch das Verhalten von Personen erforderlich werden, sind gegen die Personen zu richten, die die Gefahr oder die Störung verursacht haben. [2] Sie können auch gegen diejenigen gerichtet werden, die für die Personen aufsichtspflichtig sind.

(2) Wer einen anderen zu einer Verrichtung bestellt, ist neben diesem dafür verantwortlich, dass sich der andere bei der Ausführung der Verrichtung ordnungsgemäß verhält.

(3) [1] Strompolizeiliche Maßnahmen, die durch das Verhalten oder den Zustand eines Tieres oder durch den Zustand einer Sache erforderlich werden, sind gegen den Eigentümer zu richten. [2] Strompolizeiliche Maßnahmen können auch gegen den gerichtet werden, der die tatsächliche Gewalt ausübt; die Maßnahmen sind nur gegen diesen zu richten, wenn er die tatsächliche Gewalt gegen den Willen des Eigentümers oder eines anderen Verfügungsberechtigten ausübt, oder wenn er auf einen im Einverständnis mit dem Eigentümer schriftlich oder elektronisch gestellten Antrag als allein verantwortlich anerkannt worden ist.

§ 26[5)] Inanspruchnahme nicht verantwortlicher Personen. (1) [1] Zur Abwehr einer unmittelbar bevorstehenden Gefahr oder zur Beseitigung einer bereits eingetretenen Störung können die Behörden der Wasserstraßen- und Schifffahrtsverwaltung des Bundes strompolizeiliche Maßnahmen auch gegen andere als die in

[1)] § 21 neu gef. mWv 1.3.2010 durch G v. 31.7.2009 (BGBl. I S. 2585).
[2)] § 24 Abs. 1 und Abs. 2 Satz 1 geänd. mWv 1.6.2016 durch G v. 24.5.2016 (BGBl. I S. 1217).
[3)] Nr. **1**.
[4)] § 25 Abs. 3 Satz 2 geänd. mWv 1.7.2021 durch G v. 3.6.2021 (BGBl. I S. 1465).
[5)] § 26 Abs. 1 Satz 1 einl. Satzteil und Buchst. b geänd. mWv 1.6.2016 durch G v. 24.5.2016 (BGBl. I S. 1217).

§ 25 bezeichneten Personen treffen und sie besonders zur Hilfeleistung anhalten, wenn

a) nach § 25 verantwortliche Personen nicht in Anspruch genommen werden können,

b) Maßnahmen durch die Behörden der Wasserstraßen- und Schifffahrtsverwaltung des Bundes selbst oder durch beauftragte Dritte nicht möglich oder ausreichend sind und

c) die heranzuziehenden Personen ohne erhebliche eigene Gefahr oder Verletzung überwiegender anderweitiger Verpflichtungen in Anspruch genommen werden können.

[2]Der Betroffene kann für den ihm durch die Maßnahme entstandenen Schaden eine angemessene Entschädigung in Geld verlangen.

(2) Maßnahmen nach Absatz 1 dürfen nur solange und soweit getroffen und aufrechterhalten werden, als nicht andere Maßnahmen zur Beseitigung der Gefahr oder der Störung getroffen werden können.

§ 27[1)] Strompolizeiverordnungen. (1) Das Bundesministerium für Verkehr und digitale Infrastruktur wird ermächtigt, Rechtsverordnungen zur Gefahrenabwehr nach § 24 Abs. 1 (Strompolizeiverordnungen) zu erlassen.

(2) Das Bundesministerium für Verkehr und digitale Infrastruktur kann durch Rechtsverordnung die Ermächtigung nach Absatz 1 auf die Generaldirektion Wasserstraßen und Schifffahrt übertragen.

(3) Strompolizeiverordnungen müssen in ihrem Inhalt bestimmt sein.

(4) Zuständig für die Änderung oder Aufhebung einer Strompolizeiverordnung ist die im Zeitpunkt der Änderung oder Aufhebung für ihren Erlass zuständige Behörde.

§ 28[2)] Strompolizeiliche Verfügungen. (1) Die Wasserstraßen- und Schifffahrtsämter können zur Erfüllung der Aufgaben nach § 24 Abs. 1 Anordnungen erlassen, die an bestimmte Personen oder an einen bestimmten Personenkreis gerichtet sind und ein Gebot oder Verbot enthalten (Strompolizeiliche Verfügungen).

(2) [1]Strompolizeiliche Verfügungen können mündlich, schriftlich, elektronisch oder durch Zeichen erlassen werden. [2]Sie müssen inhaltlich hinreichend bestimmt sein.

(3) [1]Ist der nach § 25 Verantwortliche nicht oder nicht rechtzeitig zu erreichen, kann das Wasserstraßen- und Schifffahrtsamt die notwendige Maßnahme ausführen. [2]Der Verantwortliche ist von der Maßnahme unverzüglich zu unterrichten. [3]Entstehen durch die Maßnahme Kosten, können sie ihm auferlegt werden.

*(4) D*ie Vorschriften der §§ 611 bis 617 des Handelsgesetzbuchs[3)] sowie der §§ 4 bis 5n des Binnenschifffahrtsgesetzes bleiben unberührt.

[1)] § 27 Abs. 1 und 2 geänd. mWv 8.9.2015 durch VO v. 31.8.2015 (BGBl. I S. 1474); Abs. 2 geänd. mWv 1.6.2016 durch G v. 24.5.2016 (BGBl. I S. 1217).

[2)] § 28 Abs. 4 geänd. mWv 25.4.2013 durch G v. 20.4.2013 (BGBl. I S. 831); Abs. 2 Satz 1 geänd., Satz 3 aufgeh. mWv 1.8.2013 durch G v. 25.7.2013 (BGBl. I S. 2749); Abs. 1 und Abs. 3 Satz 1 geänd. mWv 1.6.2016 durch G v. 24.5.2016 (BGBl. I S. 1217); Abs. 4 geänd. mWv 1.7.2019 durch G v. 5.7.2016 (BGBl. I S. 1578).

[3)] **Schönfelder Nr. 50.**

§ 29[1] Verhältnismäßigkeit, Wahl der Mittel. (1) [1] Eine strompolizeiliche Verfügung darf nicht zu einem Schaden führen, der zu dem beabsichtigten Erfolg erkennbar außer Verhältnis steht. [2] Die Wasserstraßen- und Schifffahrtsämter sollen das Mittel zur Abwehr der Gefahr oder zur Beseitigung der Störung bestimmen, wenn dieses für den Betroffenen nach den Umständen nicht ohne weiteres erkennbar ist. [3] Kommen für die Erfüllung einer Aufgabe mehrere Maßnahmen in Betracht, haben die Wasserstraßen- und Schifffahrtsämter nach pflichtgemäßem Ermessen die Maßnahmen zu wählen, die den Einzelnen und die Allgemeinheit am wenigsten beeinträchtigen.

(2) [1] Dem Betroffenen ist auf Antrag zu gestatten, an Stelle eines durch strompolizeiliche Verfügung angedrohten oder festgesetzten Mittels ein von ihm angebotenes anderes Mittel anzuwenden, das die Gefahr ohne Beeinträchtigung der Allgemeinheit ebenso wirksam abwehren kann. [2] Der Antrag kann nur bis zum Ablauf einer Frist gestellt werden, die dem Betroffenen zur Ausführung der Verfügung gesetzt wird, spätestens bis zum Ablauf der Frist für die Erhebung der verwaltungsgerichtlichen Anfechtungsklage.

§ 30[2] Besondere Befugnisse zur Beseitigung von Schifffahrtshindernissen. (1) Wird der für die Schifffahrt erforderliche Zustand einer Bundeswasserstraße oder die Sicherheit oder Leichtigkeit des Verkehrs auf einer Bundeswasserstaße durch in der Bundeswasserstraße hilflos treibende, festgekommene, gestrandete oder gesunkene Fahrzeuge oder schwimmende Anlagen oder durch andere treibende oder auf Grund geratene Gegenstände beeinträchtigt, können die Behörden der Wasserstraßen- und Schifffahrtsverwaltung des Bundes das Hindernis beseitigen, wenn ein sofortiges Einschreiten erforderlich ist und wenn ein nach § 25 Verantwortlicher nicht oder nicht rechtzeitig herangezogen werden kann oder wenn zu besorgen ist, dass dieser Verantwortliche das Hindernis nicht oder nicht wirksam beseitigen wird.

(2) [1] Hat das Wasserstraßen- und Schifffahrtsamt erkennbar mit der Beseitigung begonnen, so dürfen ohne seine Zustimmung das Hindernis nicht mehr beseitigt und Gegenstände nicht mehr von diesem fortgeschafft werden. [2] Soweit möglich, sind die nach § 25 Verantwortlichen und die Eigentümer der beseitigten Gegenstände darüber unverzüglich zu unterrichten.

(3) Ist das Hindernis beseitigt, ist den nach § 25 Verantwortlichen, den Eigentümern der beseitigten Gegenstände und den Inhabern von Rechten an den Gegenständen, soweit sie bekannt und alsbald zu erreichen sind, von der Generaldirektion Wasserstraßen und Schifffahrt anheimzugeben, binnen einer von ihr zu bestimmenden Frist zur Vermeidung der Zwangsvollstreckung die Kosten der Beseitigung zu erstatten oder für sie Sicherheit zu leisten.

(4) [1] Soweit die Kosten der Beseitigung nicht erstattet werden oder nicht Sicherheit für sie geleistet wird, sind sie aus den beseitigten Gegenständen zu zahlen. [2] Absatz 12 bleibt unberührt.

(5) [1] Die Vollstreckung in die Gegenstände erfolgt im Wege des Verwaltungszwangsverfahrens. [2] Vollstreckungsbehörde ist die Generaldirektion Wasserstraßen und Schifffahrt. [3] Vollstreckungsschuldner sind die Eigentümer der beseitigten Gegenstände, die als solche jedoch nur zur Duldung der Zwangsvollstreckung in

---

[1] § 29 Abs. 1 Sätze 2 und 3 geänd. mWv 1.6.2016 durch G v. 24.5.2016 (BGBl. I S. 1217).

[2] § 30 Abs. 12 Satz 3 geänd. mWv 25.4.2013 durch G v. 20.4.2013 (BGBl. I S. 831); Abs. 1, Abs. 2 Satz 1, Abs. 3, Abs. 5 Satz 2, Abs. 7 Satz 1 und Abs. 10 geänd. mWv 1.6.2016 durch G v. 24.5.2016 (BGBl. I S. 1217); Abs. 12 Satz 3 geänd. mWv 1.7.2019 durch G v. 5.7.2016 (BGBl. I S. 1578).

die Gegenstände verpflichtet sind. [4] Der Anspruch des Bundes wegen der Kosten der Beseitigung und der Verwertung geht allen anderen Rechten an dem Erlös vor.

(6) Die Vollstreckung darf, wenn eine Aufforderung nach Absatz 3 ergangen ist, nicht vor dem Ablauf der Frist angeordnet werden, die den in Absatz 3 genannten Personen zur Abwendung der Zwangsvollstreckung gesetzt ist.

(7) [1] Beseitigte Gegenstände, die nicht der Zwangsvollstreckung in das unbewegliche Vermögen unterliegen, kann die Generaldirektion Wasserstraßen und Schifffahrt auch öffentlich versteigern lassen. [2] Die §§ 979 und 980 des Bürgerlichen Gesetzbuches[1)] gelten entsprechend. [3] Aus dem Erlös sind die Kosten der Beseitigung und der Verwertung vorweg zu entnehmen.

(8) Ein Überschuss bei der Verwertung der beseitigten Gegenstände ist unter Verzicht auf das Recht der Rücknahme zu hinterlegen.

(9) Die Absätze 2 bis 7 gelten nicht für die Habe der Besatzung, für das Reisegut der Reisenden und die Post.

(10) Verfahren die Behörden der Wasserstraßen- und Schifffahrtsverwaltung des Bundes nach den Vorschriften der Absätze 2 bis 8, ist § 28 Abs. 3 Sätze 2 und 3 nicht anzuwenden.

(11) (weggefallen)

(12) [1] Für die Kosten der Beseitigung haften persönlich

1. der nach § 25 Abs. 1 Verantwortliche, sofern er Schiffseigentümer, Schiffseigner, Charterer, Reeder oder Ausrüster eines Schiffes ist und das Hindernis in unmittelbarem Zusammenhang mit dem Betrieb eines Schiffes verursacht worden ist,
2. der nach § 25 Abs. 3 Verantwortliche, sofern es sich bei dem beseitigten Gegenstand um ein Schiff handelt und der Verantwortliche Schiffseigentümer, Schiffseigner, Charterer, Reeder oder Ausrüster des Schiffes ist.

[2] Mehrere Verpflichtete haften als Gesamtschuldner. [3] Die Vorschriften der §§ 611 bis 617 des Handelsgesetzbuchs[2)] sowie der §§ 4 bis 5n des Binnenschifffahrtsgesetzes bleiben unberührt.

§ 31[3)] Strom- und schifffahrtspolizeiliche Genehmigung. (1) Einer strom- und schifffahrtspolizeilichen Genehmigung des Wasserstraßen- und Schifffahrtsamtes bedürfen

1. Benutzungen (§ 9 des Wasserhaushaltsgesetzes[4)]) einer Bundeswasserstraße,
2. die Errichtung, die Veränderung und der Betrieb von Anlagen einschließlich des Verlegens, der Veränderung und des Betriebs von Seekabeln in, über oder unter einer Bundeswasserstraße oder an ihrem Ufer,

wenn durch die beabsichtigte Maßnahme eine Beeinträchtigung des für die Schifffahrt erforderlichen Zustandes der Bundeswasserstraße oder der Sicherheit und Leichtigkeit des Verkehrs zu erwarten ist.

[1)] **Schönfelder Nr. 20.**
[2)] **Schönfelder Nr. 50.**
[3)] § 31 Abs. 1 Nr. 1 geänd. mWv 1.3.2010 durch G v. 31.7.2009 (BGBl. I S. 2585); Abs. 4 geänd. mWv 14.10.2011 durch G v. 6.10.2011 (BGBl. I S. 1986); Abs. 1 geänd., Abs. 1a aufgeh., Abs. 2 Sätze 1 und 2 geänd. mWv 1.6.2016 durch G v. 24.5.2016 (BGBl. I S. 1217); Abs. 3 Satz 2 angef. mWv 9.6.2021 durch G v. 2.6.2021 (BGBl. I S. 1295).
[4)] Nr. **845**.

(2) [1] Wer eine Bundeswasserstraße benutzen oder Anlagen in, über oder unter einer solchen Wasserstraße oder an ihrem Ufer errichten, verändern oder betreiben will, hat dies dem Wasserstraßen- und Schifffahrtsamt anzuzeigen. [2] Die Maßnahme bedarf keiner strom- und schifffahrtspolizeilichen Genehmigung, wenn das Wasserstraßen- und Schifffahrtsamt binnen eines Monats nach Eingang der Anzeige nichts anderes mitteilt. [3] Telekommunikationslinien im Sinne des § 3 Nr. 26 des Telekommunikationsgesetzes[1)] sind anzeigepflichtig, aber genehmigungsfrei. [4] Ist eine strom- und schifffahrtspolizeiliche Genehmigung erforderlich, ersetzt die Anzeige den Antrag auf Erteilung dieser Genehmigung.

(3) [1] Eine Anzeige oder eine strom- und schifffahrtspolizeiliche Genehmigung ist nicht erforderlich

1. für das Einbringen von Stoffen zu Zwecken der Fischerei,
2. für Benutzungen, die beim Inkrafttreten dieses Gesetzes in zulässiger Weise ausgeübt werden,
3. für Anlagen, die beim Inkrafttreten dieses Gesetzes rechtmäßig vorhanden sind,
4. für Maßnahmen im Rahmen des Gemeingebrauchs.

[2] Eine Anzeige oder eine strom- und schifffahrtspolizeiliche Genehmigung ist ebenfalls nicht erforderlich für Benutzungen und für Anlagen an den Bundeswasserstraßen, welche am 9. Juni 2021 erstmals in Anlage 1 aufgenommen wurden, soweit die Benutzung oder Anlage vor dem 9. Juni 2021 in zulässiger Weise ausgeübt wurde oder rechtmäßig vorhanden war.

(4) Die Genehmigung kann unter Bedingungen und Auflagen erteilt werden, die eine Beeinträchtigung des für die Schifffahrt erforderlichen Zustandes der Bundeswasserstraße oder der Sicherheit und Leichtigkeit des Verkehrs verhüten oder ausgleichen.

(5) [1] Die Genehmigung darf nur versagt werden, wenn durch die beabsichtigte Maßnahme eine Beeinträchtigung des für die Schifffahrt erforderlichen Zustandes der Bundeswasserstraße oder der Sicherheit und Leichtigkeit des Verkehrs zu erwarten ist, die durch Bedingungen und Auflagen weder verhütet noch ausgeglichen werden kann. [2] Sind diese Bedingungen und Auflagen nicht möglich, darf die Genehmigung gleichwohl aus Gründen des Wohls der Allgemeinheit erteilt werden.

(6) Die Genehmigung ersetzt nicht die nach anderen Rechtsvorschriften erforderlichen Verwaltungsakte.

§ 32[2)] Rücknahme und Widerruf der strom- und schifffahrtspolizeilichen Genehmigung. (1) [1] Das Wasserstraßen- und Schifffahrtsamt kann die strom- und schifffahrtspolizeiliche Genehmigung ganz oder teilweise widerrufen, wenn es zur Erhaltung der Bundeswasserstraße in einem für die Schifffahrt erforderlichen Zustand oder zur Abwehr von Gefahren für die Sicherheit und Leichtigkeit des Verkehrs notwendig ist. [2] Wenn ein Verwaltungsakt, der nach anderen Rechtsvorschriften für die Maßnahme erlassen ist (§ 31 Abs. 6), nur gegen Entschädigung ganz oder teilweise widerrufen werden kann, ist auch bei gänzlichem oder teilweisem Widerruf der strom- und schifffahrtspolizeilichen Genehmigung Entschädigung zu leisten.

[1)] **Sartorius ErgBd. Nr. 920.**

[2)] § 32 Abs. 1 Satz 1, Abs. 2 und 3 geänd. mWv 1.6.2016 durch G v. 24.5.2016 (BGBl. I S. 1217).

(2) [1]Die Unterhaltung der Einrichtungen obliegt der Wasserstraßen- und Schifffahrtsverwaltung des Bundes. [2]Die Unterhaltung umfasst auch spätere Erneuerungen und den Betrieb der Einrichtungen. [3]Der Rechtsträger, auf dessen Kosten die Einrichtungen hergestellt sind, hat der Wasserstraßen- und Schifffahrtsverwaltung des Bundes. die Unterhaltungskosten zu erstatten.

(3) [1]Sind die Einrichtungen wegen der Entwicklung der Schifffahrt oder bei einer Änderung von Rechtsvorschriften durch andere Einrichtungen zu ersetzen, hat die Wasserstraßen- und Schifffahrtsverwaltung des Bundes. die neuen Einrichtungen auf ihre Kosten herzustellen und zu unterhalten. [2]Der nach Absatz 2 Satz 3 Verpflichtete hat zu den weiteren Unterhaltungskosten bis zur Höhe seiner bisherigen Verpflichtungen beizutragen.

(4) Werden die Einrichtungen erst nach der Errichtung der Brücke notwendig, hat sie die Wasserstraßen- und Schifffahrtsverwaltung des Bundes. auf ihre Kosten herzustellen und zu unterhalten.

(5) Die Absätze 1 bis 4 gelten nicht, wenn bei dem Inkrafttreten dieses Gesetzes die Tragung der Kosten nach bestehenden Rechtsverhältnissen anders geregelt ist.

(6) [1]Wenn es die besonderen Verhältnisse einer Brücke erfordern, kann die Wasserstraßen- und Schifffahrtsverwaltung des Bundes mit dem für die Brücke zuständigen Rechtsträger vereinbaren, dass dieser Einrichtungen ganz oder teilweise herstellt, betreibt oder andere Aufgaben der Wasserstraßen- und Schifffahrtsverwaltung des Bundes zu ihrer Unterhaltung wahrnimmt. [2]Durch die Vereinbarung werden die Obliegenheiten der Wasserstraßen- und Schifffahrtsverwaltung des Bundes. nach den Absätzen 2 bis 4 nicht berührt.

Abschnitt 10. Durchführung des Gesetzes

§ 44 Enteignung für Zwecke der Bundeswasserstraßen. (1) [1]Für Zwecke der Unterhaltung, des Ausbaus und des Neubaus von Bundeswasserstraßen durch den Bund, für die Errichtung von bundeseigenen Schifffahrtsanlagen und bundeseigenen Schifffahrtszeichen sowie für Maßnahmen in Landflächen an Bundeswasserstraßen nach § 9 ist die Enteignung zulässig, soweit sie zur Ausführung des Vorhabens notwendig ist. [2]Einer weiteren Feststellung der Zulässigkeit bedarf es nicht.

(2) Ist nach diesem Gesetz für das Vorhaben eine Planfeststellung durchzuführen, ist dem Enteignungsverfahren der festgestellte Plan zugrunde zu legen; er ist für die Enteignungsbehörde bindend.

(3) Die Enteignung wird von den zuständigen Landesbehörden nach Landesrecht durchgeführt.

§ 45[1)] Zuständigkeiten. (1) Die Behörden der Wasserstraßen- und Schifffahrtsverwaltung des Bundes führen dieses Gesetz durch, wenn es nichts anderes bestimmt.

(2) (weggefallen)

(3) Als fachtechnische Behörden stehen der Wasserstraßen- und Schifffahrtsverwaltung des Bundes die Bundesanstalt für Wasserbau, die Bundesanstalt für Gewässerkunde und, soweit Fragen der Fischerei berührt werden, auch die Bundesforschungsanstalt für Fischerei zur Verfügung.

[1)] § 45 Abs. 1 und Abs. 3 geänd. mWv 1.6.2016 durch G v. 24.5.2016 (BGBl. I S. 1217).

(4) [1]Die nach diesem Gesetz begründeten Zuständigkeiten bestehen auch in den Teilen einer Bundeswasserstraße, die in einen Hafen einbezogen sind, der nicht vom Bund betrieben wird. [2]Die Zuständigkeiten für die Hafenaufsicht (Hafenpolizei) bleiben unberührt.

(5) Die Aufgaben und Zuständigkeiten der Freien und Hansestadt Hamburg nach den mit Hamburg und Preußen abgeschlossenen Zusatzverträgen zum Staatsvertrag betreffend den Übergang der Wasserstraßen von den Ländern auf das Reich und ihre Ergänzungen – Nachtrag zu dem Gesetz über den Staatsvertrag betreffend den Übergang der Wasserstraßen von den Ländern auf das Reich vom 18. Februar 1922 (RGBl. I S. 222) – Zusatzvertrag mit Hamburg – und Zweiter Nachtrag zu dem Gesetz über den Staatsvertrag betreffend den Übergang der Wasserstraßen von den Ländern auf das Reich vom 22. Dezember 1928 (RGBl. 1929 II S. 1) – Nachtrag zum Zusatzvertrag mit Hamburg – in Verbindung mit § 1 Abs. 1 Satz 4 des Gesetzes über die vermögensrechtlichen Verhältnisse der Bundeswasserstraßen[1)] vom 21. Mai 1951 (BGBl. I S. 352), § 1 der Verordnung über die Verwaltung der Elbe im Gebiete Groß-Hamburg von 30. Juni 1937 (RGBl. I S. 727) und § 1 der Verordnung über die Verwaltung der Elbe und anderer Reichswasserstraßen durch die Hansestadt Hamburg vom 31. Dezember 1938 (RGBl. 1939 I S. 3) – bleiben unberührt.

§ 46[2)] Rechtsverordnungen. [1]Das Bundesministerium für Verkehr und digitale Infrastruktur wird ermächtigt, Rechtsverordnungen zu erlassen über

1. die Regelung des Betriebs von Anlagen nach § 1 Absatz 6 Nummer 1,
2. die Zulassung des Befahrens von Talsperren und Speicherbecken mit Wasserfahrzeugen (§ 5)[3)],
3. die Regelung, Beschränkung oder Untersagung des Gemeingebrauchs im Rahmen des § 6,
4. die Zuständigkeiten der Behörden der Wasserstraßen- und Schifffahrtsverwaltung des Bundes, wenn ihre Zuständigkeiten nicht bereits im Gesetz festgelegt sind.

[2]Das Bundesministerium für Verkehr und digitale Infrastruktur kann durch Rechtsverordnung diese Ermächtigung auf die Generaldirektion Wasserstraßen und Schifffahrt übertragen.

§ 47[4)] Gebühren- und Auslagenregelung. (1) Für individuell zurechenbare öffentliche Leistungen nach den §§ 14, 14b, 14d, 28, 31, 32, 34, 37 dieses Gesetzes und § 75 Abs. 2 Satz 2 und 4 des Verwaltungsverfahrensgesetzes[5)] sowie nach den auf Grund der §§ 5, 27 und 46 erlassenen Rechtsverordnungen werden Gebühren und Auslagen erhoben.

(2) [1]Das Bundesministerium für Verkehr und digitale Infrastruktur wird ermächtigt, im Einvernehmen mit dem Bundesministerium der Finanzen durch

---

1) Nr. **970**.

2) § 46 Satz 1 einl. Satzteil und Satz 2 geänd. mWv 8.9.2015 durch VO v. 31.8.2015 (BGBl. I S. 1474); Satz 1 Nr. 4 und Satz 2 geänd. mWv 1.6.2016 durch G v. 24.5.2016 (BGBl. I S. 1217); Satz 1 Nr. 1 geänd. mWv 9.6.2021 durch G v. 2.6.2021 (BGBl. I S. 1295).

3) Siehe die TalsperrenVO v. 15.3.2013 (VkBl S. 331), zuletzt geänd. durch VO v. 16.12.2016 (BGBl. I *S. 2948).*

4) § 47 Überschrift neu gef., Abs. 1 und Abs. 2 Sätze 1 und 2 geänd. mWv 15.8.2013 durch G v. 7.8. 2013 (BGBl. I S. 3154); Abs. 2 Satz 1 geänd. mWv 8.9.2015 durch VO v. 31.8.2015 (BGBl. I S. 1474).

5) Nr. **100**.

Rechtsverordnung[1] die Gebühren für die einzelnen individuell zurechenbaren öffentlichen Leistungen im Sinne des Absatzes 1 zu bestimmen und dabei feste Sätze oder Rahmensätze vorzusehen. [2] Die Gebührensätze sind so zu bemessen, dass der mit den individuell zurechenbaren öffentlichen Leistungen verbundene Personal- und Sachaufwand gedeckt wird; bei begünstigenden individuell zurechenbaren öffentlichen Leistungen kann daneben die Bedeutung, der wirtschaftliche Wert oder der sonstige Nutzen für den Gebührenschuldner angemessen berücksichtigt werden.

§ 48[2] **Anforderungen der Sicherheit und Ordnung.** [1] Die Wasserstraßen- und Schifffahrtsverwaltung des Bundes ist dafür verantwortlich, dass die bundeseigenen Schifffahrtsanlagen und Schifffahrtszeichen sowie die bundeseigenen wasserbaulichen Anlagen allen Anforderungen der Sicherheit und Ordnung genügen. [2] Behördlicher Genehmigungen, Erlaubnisse und Abnahmen bedarf es nicht.

Abschnitt 11. Bußgeldvorschriften, Schlussvorschriften

§ 49 (weggefallen)

§ 50[3] **Ordnungswidrigkeiten.** (1) Ordnungswidrig handelt, wer vorsätzlich oder fahrlässig

1. entgegen § 5 eine Talsperre oder ein Speicherbecken mit Wasserfahrzeugen befährt,
2. einer Vorschrift einer nach § 5 Satz 3, § 27 oder § 46 Nr. 1 bis 3 ergangenen Rechtsverordnung, einer auf Grund einer solchen Rechtsverordnung ergangenen vollziehbaren Anordnung oder einer vollziehbaren Auflage einer auf Grund einer solchen Rechtsverordnung ergangenen Genehmigung zuwiderhandelt, soweit die Rechtsverordnung für einen bestimmten Tatbestand auf diese Bußgeldvorschrift verweist,
3. entgegen der Vorschrift des § 30 Abs. 2 ein Hindernis beseitigt oder Gegenstände von diesem fortschafft,
4. entgegen § 31 Abs. 1 ohne strom- und schifffahrtspolizeiliche Genehmigung eine Bundeswasserstraße benutzt oder Anlagen errichtet, verändert oder betreibt oder einer nach § 31 Abs. 4 erteilten Auflage nicht nachkommt,
5. entgegen der Vorschrift des § 33 Abs. 1
   a) das Betreten von Grundstücken nicht gestattet, Anlagen oder Einrichtungen nicht zugänglich macht oder technische Ermittlungen oder Prüfungen nicht duldet,
   b) die erforderlichen Arbeitskräfte, Unterlagen oder Werkzeuge nicht zur Verfügung stellt oder
   c) die Auskunft nicht, unrichtig, unvollständig oder nicht rechtzeitig erteilt,
6. ohne die nach § 34 Abs. 2 erforderliche Genehmigung ein Schifffahrtszeichen setzt oder betreibt oder
7. der Vorschrift des § 34 Abs. 4 über die Ausgestaltung oder den Betrieb von Anlagen, ortsfesten Einrichtungen oder Schifffahrtszeichen zuwiderhandelt.

---

[1] Siehe die Kostenverordnung zum Bundeswasserstraßengesetz (WaStr-KostV) v. 8.11.1994 (BGBl. I S. 3450), zuletzt geänd. durch VO v. 17.5.2017 (BGBl. I S. 1436).

[2] § 48 Satz 1 geänd. mWv 1.6.2016 durch G v. 24.5.2016 (BGBl. I S. 1217).

[3] § 50 Abs. 3 geänd. mWv 1.6.2016 durch G v. 24.5.2016 (BGBl. I S. 1217); Abs. 1 Nr. 2 geänd. mWv 7.12.2018 durch G v. 29.11.2018 (BGBl. I S. 2237).

(2) Die Ordnungswidrigkeit kann mit einer Geldbuße bis zu fünftausend Euro geahndet werden.

(3) Verwaltungsbehörde im Sinne des § 36 Abs. 1 Nr. 1 des Gesetzes über Ordnungswidrigkeiten[1] ist die Generaldirektion Wasserstraßen und Schifffahrt.

§ 51[2] Ordnungswidrigkeitendatei. (1) Die Generaldirektion Wasserstraßen und Schifffahrt führt eine Datei über die von ihr verfolgten Ordnungswidrigkeiten gemäß § 50 zum Zweck der Bearbeitung von Ordnungswidrigkeitenverfahren und der Vorgangsverwaltung.

(2) Zu den in Absatz 1 genannten Zwecken können folgende Daten gespeichert werden:

1. zum Betroffenen:
   a) Familienname, Geburtsname und Vornamen,
   b) Tag und Ort der Geburt,
   c) Anschrift,
   d) gegebenenfalls Name und Anschrift des gesetzlichen Vertreters,
   e) gegebenenfalls Name und Anschrift des Unternehmens sowie
   f) gegebenenfalls Name und Anschrift des Zustellungsbevollmächtigten,
2. die zuständige Bußgeldstelle und das Aktenzeichen,
3. die Tatzeiten und Tatorte sowie Merkmale von Tatwerkzeugen,
4. die Tatvorwürfe durch Angabe der gesetzlichen Vorschriften und die nähere Bezeichnung der Ordnungswidrigkeiten,
5. das Datum der Einleitung des Verfahrens sowie das Datum der Verfahrenserledigung durch die Bußgeldstelle, die Staatsanwaltschaft und das Gericht unter Angabe der gesetzlichen Vorschriften,
6. die für die ordnungsgemäße Vorgangsverwaltung erforderlichen Daten, insbesondere die Höhe der Geldbuße.

(3) Das Bundesministerium für Verkehr und digitale Infrastruktur wird ermächtigt, durch Rechtsverordnung Folgendes zu bestimmen:

1. das Nähere über Art und Umfang der zu speichernden Daten nach Absatz 2 Nummer 3 bis 6,
2. Verfahren von besonderer Bedeutung nach Absatz 5 und die dabei einzuhaltenden Löschungsfristen.

(4) Die nach Absatz 2 gespeicherten personenbezogenen Daten dürfen, soweit dies erforderlich ist, zu folgenden Zwecken folgenden Stellen auch in elektronischer Form übermittelt werden:

1. zur Durchführung von Verwaltungsaufgaben
   a) nach diesem Gesetz oder
   b) nach Rechtsvorschriften, die auf Grund dieses Gesetzes erlassen wurden,

   den Dienststellen der Wasserstraßen- und Schifffahrtsverwaltung des Bundes und der Wasserschutzpolizeien der Länder sowie der Bundeskasse,

---

[1] **Schönfelder Nr. 94.**

[2] § 51 neu eingef. mWv 7.6.2013 durch G v. 31.5.2013 (BGBl. I S. 1388); Abs. 3 einl. Satzteil geänd. mWv 8.9.2015 durch VO v. 31.8.2015 (BGBl. I S. 1474); Abs. 1 und Abs. 4 Nr. 1 und Nr. 2 geänd. mWv 1.6.2016 durch G v. 24.5.2016 (BGBl. I S. 1217); Abs. 4 Nr. 3 geänd. mWv 1.7.2017 durch G v. 13.4. 2017 (BGBl. I S. 872).

2. zur Verfolgung von Straftaten oder Ordnungswidrigkeiten, die im Zusammenhang mit der als Ordnungswidrigkeit verfolgten Tat stehen, den Gerichten, Staatsanwaltschaften sowie den Dienststellen der Wasserstraßen- und Schifffahrtsverwaltung des Bundes und der Wasserschutzpolizeien der Länder oder
3. zur Vollstreckung von Bußgeldbescheiden oder von Anordnungen der Einziehung des Wertes von Taterträgen im Sinne des § 29a des Gesetzes über Ordnungswidrigkeiten[1] den Gerichten, Staatsanwaltschaften und Hauptzollämtern.

(5) [1] Die nach Absatz 2 gespeicherten personenbezogenen Daten sind zu löschen, soweit sie für die Aufgaben nach Absatz 1 nicht mehr erforderlich sind, spätestens jedoch nach dem Ende der Vollstreckungsverjährung. [2] Dies gilt nicht, soweit bei Verfahren von besonderer Bedeutung eine längere Frist erforderlich ist.

§ 56[2] Überleitungsbestimmungen. (1) Wenn bei dem Inkrafttreten dieses Gesetzes Talsperren und Speicherbecken mit Wasserfahrzeugen befahren werden dürfen, ist eine neue Zulassung nach der auf Grund des § 46 Nr. 2 erlassenen Rechtsverordnung nicht nötig.

(2) Für die Fortführung der beim Inkrafttreten dieses Gesetzes anhängigen Verfahren zum Ausbau oder Neubau einer Bundeswasserstraße gelten die Bestimmungen dieses Gesetzes, wenn eine Sachentscheidung bis zum Inkrafttreten dieses Gesetzes noch nicht ergangen ist.

(3) Soweit bei dem Inkrafttreten dieses Gesetzes die Rhein-Main-Donau Aktiengesellschaft, die Neckar Aktiengesellschaft, die Donaukraftwerk Jochenstein Aktiengesellschaft und die Mittelweser-Aktiengesellschaft vertraglich verpflichtet sind, Bundeswasserstraßen auszubauen oder neu zu bauen, ist eine neue Übertragung nach § 12 Abs. 5 nicht nötig.

(4) Die der Rhein-Main-Donau Aktiengesellschaft in Durchführung des Main-Donau-Staatsvertrages vom 13. Juni 1921 übertragene Aufgabe wird durch die Aufhebung des Rhein-Main-Donau-Gesetzes vom 11. Mai 1938 (§ 57 Abs. 1 Nr. 5) nicht berührt.

(5) [1] Vor dem 17. Dezember 2006 beantragte Planfeststellungsverfahren und Plangenehmigungsverfahren werden nach den Vorschriften dieses Gesetzes in der ab dem 17. Dezember 2006 geltenden Fassung weitergeführt. [2] § 11 Abs. 2 des Verkehrswegeplanungsbeschleunigungsgesetzes[3] bleibt unberührt.

(6) § 14c gilt auch für Planfeststellungsbeschlüsse und Plangenehmigungen, die vor dem 17. Dezember 2006 erlassen worden sind, soweit der Plan noch nicht außer Kraft getreten ist.

(7) Wurde für eine Maßnahme nach § 12 Absatz 2 Satz 1 Nummer 3 vor dem 9. Juni 2021 ein Verfahren zur Unterrichtung über den Untersuchungsrahmen nach § 15 des Gesetzes über die Umweltverträglichkeitsprüfung[4] oder ein Planfeststellungs- oder Plangenehmigungsverfahren nach § 68 des Wasserhaushaltsgesetzes[5] eingeleitet, so führt die zuständige Landesbehörde dieses Verfahren nach dem bis zum 9. Juni 2021 geltenden Recht fort.

(8) Sind dem bisherigen Träger einer Maßnahme nach § 12 Absatz 2 Satz 1 Nummer 3, für die vor dem 9. Juni 2021 noch kein Verfahren zur Unterrichtung

---

[1] **Schönfelder Nr. 94.**
[2] § 56 Abs. 7 und 8 angef. mWv 9.6.2021 durch G v. 2.6.2021 (BGBl. I S. 1295).
[3] **Sartorius III Nr. 145.**
[4] Nr. **295**.
[5] Nr. **845**.

über den Untersuchungsrahmen nach § 15 des Gesetzes über die Umweltverträglichkeitsprüfung oder kein Planfeststellungs- oder Plangenehmigungsverfahren nach § 68 des Wasserhaushaltsgesetzes eingeleitet worden ist, Kosten entstanden, so kann er hierfür keine Erstattung vom Bund verlangen.

§ 57[1] *(aufgehoben)*

§ 58 (weggefallen)

§ 59 (Inkrafttreten)

Anlage 1[2]
(zu § 1 Absatz 1 Nummer 1 und Absatz 7 und § 2 Absatz 2)

Verzeichnis der dem allgemeinen Verkehr dienenden Binnenwasserstraßen des Bundes

(vom Abdruck wurde abgesehen)

Anlage 2[3]
(zu § 14e Abs. 1)

Bundeswasserstraßen mit erstinstanzlicher Zuständigkeit des Bundesverwaltungsgerichts

Lfd. Nr.	Bezeichnung
1	Mittellandkanal (Hannover – Magdeburg)/Elbe-Havel-Kanal/Untere Havel-Wasserstraße/Berliner Wasserstraßen
2	Havel-Oder-Wasserstraße und Hohensaaten-Friedrichsthaler Wasserstraße
3	Dortmund-Ems-Kanal (Südstrecke)
4	Main-Donau-Wasserstraße
5	Unter- und Außenelbe
6	Unter- und Außenweser
7	Elbe-Seitenkanal

[1] § 57 aufgeh. mWv 1.2.2008 durch G v. 13.12.2007 (BGBl. I S. 2930).
[2] Anl. 1 neu gef. mWv 9.6.2021 durch G v. 2.6.2021 (BGBl. I S. 1295).
[3] Anl. 2 geänd. mWv 7.12.2018 durch G v. 29.11.2018 (BGBl. I S. 2237).

1003. Konvention zum Schutz der Menschenrechte und Grundfreiheiten

In der Fassung der Bekanntmachung vom 22. Oktober 2010[1) 2)]
(BGBl. II S. 1198)[3)]

SEV[4)] 005

geänd. durch 15. EMRK-Protokoll v. 24.6.2013[5)] (BGBl. 2014 II S. 1034, 1035)

Nichtamtliche Inhaltsübersicht

---

1) Neubekanntmachung der Europäischen Menschenrechtskonvention v. 4.11.1950 (BGBl. 1952 II S. 685, ber. S. 953) nach Art. 2 G v. 21.2.2006 (BGBl. II S. 138) in einer sprachlich überarbeiteten deutschen Übersetzung in der ab 1.6.2010 geltenden Fassung.

2) Vorbehalte und Erklärungen zu dieser Konvention sind in englischer und französischer Sprache auf der Webseite des Europarats unter www.conventions.coe.int einsehbar. Gleiches gilt für die ggf. gemäß Konvention zu benennenden Zentralen Behörden oder Kontaktstellen.

3) Internationale Quelle: UNTS Bd. 213 S. 221.

4) **S**ammlung der **E**uropäischen **V**erträge des Europarates.

5) Die Bundesrepublik Deutschland hat dem Protokoll Nr. 15 zur Konvention zum Schutz der Menschenrechte und Grundfreiheiten zugestimmt, vgl. G v. 2.12.2014 (BGBl. II S. 1034).Das Protokoll tritt für die Bundesrepublik Deutschland am **1.8.2021** in Kraft; siehe hierzu die Bek. v. 3.5.2021 (BGBl. II S. 522).

(Übersetzung)[1]

Die Unterzeichnerregierungen, Mitglieder des Europarats –

in Anbetracht der Allgemeinen Erklärung der Menschenrechte, die am 10. Dezember 1948 von der Generalversammlung der Vereinten Nationen verkündet worden ist;

in der Erwägung, dass diese Erklärung bezweckt, die universelle und wirksame Anerkennung und Einhaltung der in ihr aufgeführten Rechte zu gewährleisten;

in der Erwägung, dass es das Ziel des Europarats ist, eine engere Verbindung zwischen seinen Mitgliedern herzustellen, und dass eines der Mittel zur Erreichung dieses Zieles die Wahrung und Fortentwicklung der Menschenrechte und Grundfreiheiten ist;

in Bekräftigung ihres tiefen Glaubens an diese Grundfreiheiten, welche die Grundlage von Gerechtigkeit und Frieden in der Welt bilden und die am besten durch eine wahrhaft demokratische politische Ordnung sowie durch ein gemeinsames Verständnis und eine gemeinsame Achtung der diesen Grundfreiheiten zugrunde liegenden Menschenrechte gesichert werden;

entschlossen, als Regierungen europäischer Staaten, die vom gleichen Geist beseelt sind und ein gemeinsames Erbe an politischen Überlieferungen, Idealen, Achtung der Freiheit und Rechtsstaatlichkeit besitzen, die ersten Schritte auf dem Weg zu einer kollektiven Garantie bestimmter in der Allgemeinen Erklärung aufgeführter Rechte zu unternehmen;

[1] Präambel geänd. mWv 1.8.2021 durch Prot. v. 24.6.2013 (BGBl. 2014 II S. 1034, 1035).

in Bekräftigung dessen, dass es nach dem Grundsatz der Subsidiarität in erster Linie Aufgabe der Hohen Vertragsparteien ist, die Achtung der in dieser Konvention und den Protokollen dazu bestimmten Rechte und Freiheiten zu gewährleisten, und dass sie dabei über einen Ermessensspielraum verfügen, welcher der Kontrolle des durch diese Konvention errichteten Europäischen Gerichtshofs für Menschenrechte untersteht –

haben Folgendes vereinbart:

Art. 1 Verpflichtung zur Achtung der Menschenrechte. Die Hohen Vertragsparteien sichern allen ihrer Hoheitsgewalt unterstehenden Personen die in Abschnitt I bestimmten Rechte und Freiheiten zu.

(Fortsetzung nächstes Blatt)

Art. 14 Diskriminierungsverbot. Der Genuss der in dieser Konvention anerkannten Rechte und Freiheiten ist ohne Diskriminierung insbesondere wegen des Geschlechts, der Rasse, der Hautfarbe, der Sprache, der Religion, der politischen oder sonstigen Anschauung, der nationalen oder sozialen Herkunft, der Zugehörigkeit zu einer nationalen Minderheit, des Vermögens, der Geburt oder eines sonstigen Status zu gewährleisten.

Art. 15 Abweichen im Notstandsfall. (1) Wird das Leben der Nation durch Krieg oder einen anderen öffentlichen Notstand bedroht, so kann jede Hohe Vertragspartei Maßnahmen treffen, die von den in dieser Konvention vorgesehenen Verpflichtungen abweichen, jedoch nur, soweit es die Lage unbedingt erfordert und wenn die Maßnahmen nicht in Widerspruch zu den sonstigen völkerrechtlichen Verpflichtungen der Vertragspartei stehen.

(2) Aufgrund des Absatzes 1 darf von Artikel 2 nur bei Todesfällen infolge rechtmäßiger Kriegshandlungen und von Artikel 3, Artikel 4 Absatz 1 und Artikel 7 in keinem Fall abgewichen werden.

(3) [1] Jede Hohe Vertragspartei, die dieses Recht auf Abweichung ausübt, unterrichtet den Generalsekretär des Europarats umfassend über die getroffenen Maßnahmen und deren Gründe. [2] Sie unterrichtet den Generalsekretär des Europarats auch über den Zeitpunkt, zu dem diese Maßnahmen außer Kraft getreten sind und die Konvention wieder volle Anwendung findet.

Art. 16 Beschränkungen der politischen Tätigkeit ausländischer Personen. Die Artikel 10, 11 und 14 sind nicht so auszulegen, als untersagten sie den Hohen Vertragsparteien, die politische Tätigkeit ausländischer Personen zu beschränken.

Art. 17 Verbot des Missbrauchs der Rechte. Diese Konvention ist nicht so auszulegen, als begründe sie für einen Staat, eine Gruppe oder eine Person das Recht, eine Tätigkeit auszuüben oder eine Handlung vorzunehmen, die darauf abzielt, die in der Konvention festgelegten Rechte und Freiheiten abzuschaffen oder sie stärker einzuschränken, als es in der Konvention vorgesehen ist.

Art. 18 Begrenzung der Rechtseinschränkungen. Die nach dieser Konvention zulässigen Einschränkungen der genannten Rechte und Freiheiten dürfen nur zu den vorgesehenen Zwecken erfolgen.

Abschnitt II. Europäischer Gerichtshof für Menschenrechte

Art. 19 Errichtung des Gerichtshofs. [1] Um die Einhaltung der Verpflichtungen sicherzustellen, welche die Hohen Vertragsparteien in dieser Konvention und den Protokollen dazu übernommen haben, wird ein Europäischer Gerichtshof für Menschenrechte, im Folgenden als „Gerichtshof" bezeichnet, errichtet. [2] Er nimmt seine Aufgaben als ständiger Gerichtshof wahr.

Art. 20 Zahl der Richter. Die Zahl der Richter des Gerichtshofs entspricht derjenigen der Hohen Vertragsparteien.

Art. 21[1)] Voraussetzungen für das Amt. (1) Die Richter müssen hohes sittliches Ansehen genießen und entweder die für die Ausübung hoher richterlicher

---

[1)] Art. 21 Abs. 2 eingef., bish. Abs. 2 und 3 werden Abs. 3 und 4 mWv 1.8.2021 durch Prot. v. 24.6. 2013 (BGBl. 2014 II S. 1034, 1035).

Ämter erforderlichen Voraussetzungen erfüllen oder Rechtsgelehrte von anerkanntem Ruf sein.

(2)[1] Die Kandidaten dürfen zu dem Zeitpunkt, zu dem die Liste von drei Kandidaten nach Artikel 22 bei der Parlamentarischen Versammlung eingehen soll, das 65. Lebensjahr nicht vollendet haben.

(3) Die Richter gehören dem Gerichtshof in ihrer persönlichen Eigenschaft an.

(4) Während ihrer Amtszeit dürfen die Richter keine Tätigkeit ausüben, die mit ihrer Unabhängigkeit, ihrer Unparteilichkeit oder mit den Erfordernissen der Vollzeitbeschäftigung in diesem Amt unvereinbar ist; alle Fragen, die sich aus der Anwendung dieses Absatzes ergeben, werden vom Gerichtshof entschieden.

Art. 22 Wahl der Richter. Die Richter werden von der Parlamentarischen Versammlung für jede Hohe Vertragspartei mit der Mehrheit der abgegebenen Stimmen aus einer Liste von drei Kandidaten gewählt, die von der Hohen Vertragspartei vorgeschlagen werden.

Art. 23[2] Amtszeit und Entlassung. (1) [1] Die Richter werden für neun Jahre gewählt. [2] Ihre Wiederwahl ist nicht zulässig.

(2)[3] [1] Die Richter bleiben bis zum Amtsantritt ihrer Nachfolger im Amt. [2] Sie bleiben jedoch in den Rechtssachen tätig, mit denen sie bereits befasst sind.

(3)[3] Ein Richter kann nur entlassen werden, wenn die anderen Richter mit Zweidrittelmehrheit entscheiden, dass er die erforderlichen Voraussetzungen nicht mehr erfüllt.

Art. 24 Kanzlei und Berichterstatter. (1) Der Gerichtshof hat eine Kanzlei, deren Aufgaben und Organisation in der Verfahrensordnung des Gerichtshofs festgelegt werden.

(2) [1] Wenn der Gerichtshof in Einzelrichterbesetzung tagt, wird er von Berichterstattern unterstützt, die ihre Aufgaben unter der Aufsicht des Präsidenten des Gerichtshofs ausüben. [2] Sie gehören der Kanzlei des Gerichtshofs an.

Art. 25 Plenum des Gerichtshofs. Das Plenum des Gerichtshofs

a) wählt seinen Präsidenten und einen oder zwei Vizepräsidenten für drei Jahre; ihre Wiederwahl ist zulässig;
b) bildet Kammern für einen bestimmten Zeitraum;
c) wählt die Präsidenten der Kammern des Gerichtshofs; ihre Wiederwahl ist zulässig;
d) beschließt die Verfahrensordnung des Gerichtshofs;
e) wählt den Kanzler und einen oder mehrere stellvertretende Kanzler;
f) stellt Anträge nach Artikel 26 Absatz 2.

---

[1] Gem. Art. 8 Abs. 1 des 15. EMRK-Protokolls v. 24.6.2013 (BGBl. 2014 II S. 1034, 1035) gelten die Änderungen in Art. 21 nur für Kandidaten auf Listen, die nach dem Inkrafttreten dieses Protokolls der Parlamentarischen Versammlung gemäß Art. 22 der Konvention vorgelegt werden.

[2] Art. 23 Abs. 2 aufgeh., bish. Abs. 3 und 4 werden Abs. 2 und 3 mWv 1.8.2021 durch Prot. v. 24.6.2013 (BGBl. 2014 II S. 1034, 1035).

[3] Gem. Art. 8 Abs. 1 des 15. EMRK-Protokolls v. 24.6.2013 (BGBl. 2014 II S. 1034, 1035) gelten die Änderungen in Art. 23 nur für Kandidaten auf Listen, die nach dem Inkrafttreten dieses Protokolls der Parlamentarischen Versammlung gemäß Art. 22 der Konvention vorgelegt werden.

Art. 26 Einzelrichterbesetzung, Ausschüsse, Kammern und Große Kammer. (1) [1] Zur Prüfung der Rechtssachen, die bei ihm anhängig gemacht werden, tagt der Gerichtshof in Einzelrichterbesetzung, in Ausschüssen mit drei Richtern, in Kammern mit sieben Richtern und in einer Großen Kammer mit siebzehn Richtern. [2] Die Kammern des Gerichtshofs bilden die Ausschüsse für einen bestimmten Zeitraum.

(2) Auf Antrag des Plenums des Gerichtshofs kann die Anzahl der Richter je Kammer für einen bestimmten Zeitraum durch einstimmigen Beschluss des Ministerkomitees auf fünf herabgesetzt werden.

(3) Ein Richter, der als Einzelrichter tagt, prüft keine Beschwerde gegen die Hohe Vertragspartei, für die er gewählt worden ist.

(4) [1] Der Kammer und der Großen Kammer gehört von Amts wegen der für eine als Partei beteiligte Hohe Vertragspartei gewählte Richter an. [2] Wenn ein solcher nicht vorhanden ist oder er an den Sitzungen nicht teilnehmen kann, nimmt eine Person in der Eigenschaft eines Richters an den Sitzungen teil, die der Präsident des Gerichtshofs aus einer Liste auswählt, welche ihm die betreffende Vertragspartei vorab unterbreitet hat.

(5) [1] Der Großen Kammer gehören ferner der Präsident des Gerichtshofs, die Vizepräsidenten, die Präsidenten der Kammern und andere nach der Verfahrensordnung des Gerichtshofs ausgewählte Richter an. [2] Wird eine Rechtssache nach Artikel 43 an die Große Kammer verwiesen, so dürfen Richter der Kammer, die das Urteil gefällt hat, der Großen Kammer nicht angehören; das gilt nicht für den Präsidenten der Kammer und den Richter, welcher in der Kammer für die als Partei beteiligte Hohe Vertragspartei mitgewirkt hat.

Art. 27 Befugnisse des Einzelrichters. (1) Ein Einzelrichter kann eine nach Artikel 34 erhobene Beschwerde für unzulässig erklären oder im Register streichen, wenn eine solche Entscheidung ohne weitere Prüfung getroffen werden kann.

(2) Die Entscheidung ist endgültig.

(3) Erklärt der Einzelrichter eine Beschwerde nicht für unzulässig und streicht er sie auch nicht im Register des Gerichtshofs, so übermittelt er sie zur weiteren Prüfung an einen Ausschuss oder eine Kammer.

Art. 28 Befugnisse der Ausschüsse. (1) Ein Ausschuss, der mit einer nach Artikel 34 erhobenen Beschwerde befasst wird, kann diese durch einstimmigen Beschluss

a) für unzulässig erklären oder im Register streichen, wenn eine solche Entscheidung ohne weitere Prüfung getroffen werden kann; oder
b) für zulässig erklären und zugleich ein Urteil über die Begründetheit fällen, sofern die der Rechtssache zugrunde liegende Frage der Auslegung oder Anwendung dieser Konvention oder der Protokolle dazu Gegenstand einer gefestigten Rechtsprechung des Gerichtshofs ist.

(2) Die Entscheidungen und Urteile nach Absatz 1 sind endgültig.

(3) Ist der für die als Partei beteiligte Hohe Vertragspartei gewählte Richter nicht Mitglied des Ausschusses, so kann er von Letzterem jederzeit während des Verfahrens eingeladen werden, den Sitz eines Mitglieds im Ausschuss einzunehmen; der Ausschuss hat dabei alle erheblichen Umstände einschließlich der Frage, ob diese Vertragspartei der Anwendung des Verfahrens nach Absatz 1 Buchstabe b entgegengetreten ist, zu berücksichtigen.

Art. 29 Entscheidungen der Kammern über die Zulässigkeit und Begründetheit. (1) [1]Ergeht weder eine Entscheidung nach Artikel 27 oder 28 noch ein Urteil nach Artikel 28, so entscheidet eine Kammer über die Zulässigkeit und Begründetheit der nach Artikel 34 erhobenen Beschwerden. [2]Die Entscheidung über die Zulässigkeit kann gesondert ergehen.

(2) [1]Eine Kammer entscheidet über die Zulässigkeit und Begründetheit der nach Artikel 33 erhobenen Staatenbeschwerden. [2]Die Entscheidung über die Zulässigkeit ergeht gesondert, sofern der Gerichtshof in Ausnahmefällen nicht anders entscheidet.

Art. 30[1) 2)] Abgabe der Rechtssache an die Große Kammer. Wirft eine bei einer Kammer anhängige Rechtssache eine schwerwiegende Frage der Auslegung dieser Konvention oder der Protokolle dazu auf oder kann die Entscheidung einer ihr vorliegenden Frage zu einer Abweichung von einem früheren Urteil des Gerichtshofs führen, so kann die Kammer diese Sache jederzeit, bevor sie ihr Urteil gefällt hat, an die Große Kammer abgeben.

Art. 31 Befugnisse der Großen Kammer. Die Große Kammer

a) entscheidet über nach Artikel 33 oder Artikel 34 erhobene Beschwerden, wenn eine Kammer die Rechtssache nach Artikel 30 an sie abgegeben hat oder wenn die Sache nach Artikel 43 an sie verwiesen worden ist,

b) entscheidet über Fragen, mit denen der Gerichtshof durch das Ministerkomitee nach Artikel 46 Absatz 4 befasst wird, und

c) behandelt Anträge nach Artikel 47 auf Erstattung von Gutachten.

Art. 32 Zuständigkeit des Gerichtshofs. (1) Die Zuständigkeit des Gerichtshofs umfasst alle die Auslegung und Anwendung dieser Konvention und der Protokolle dazu betreffenden Angelegenheiten, mit denen er nach den Artikeln 33, 34, 46 und 47 befasst wird.

(2) Besteht Streit über die Zuständigkeit des Gerichtshofs, so entscheidet der Gerichtshof.

Art. 33 Staatenbeschwerden. Jede Hohe Vertragspartei kann den Gerichtshof wegen jeder behaupteten Verletzung dieser Konvention und der Protokolle dazu durch eine andere Hohe Vertragspartei anrufen.

Art. 34 Individualbeschwerden. [1]Der Gerichtshof kann von jeder natürlichen Person, nichtstaatlichen Organisation oder Personengruppe, die behauptet, durch eine der Hohen Vertragsparteien in einem der in dieser Konvention oder den Protokollen dazu anerkannten Rechte verletzt zu sein, mit einer Beschwerde befasst werden. [2]Die Hohen Vertragsparteien verpflichten sich, die wirksame Ausübung dieses Rechts nicht zu behindern.

---

1) Art. 30 geänd. mWv 1.8.2021 durch Prot. v. 24.6.2013 (BGBl. 2014 II S. 1034, 1035).

2) *Gem. Art. 8 Abs. 2* des 15. EMRK-Protokolls v. 24.6.2013 (BGBl. 2014 II S. 1034, 1035) gilt die Änderung nicht für anhängige Rechtssachen, bei denen eine der Parteien vor dem Inkrafttreten dieses Protokolls dem Vorschlag einer Kammer des Gerichtshofs widersprochen hat, die Rechtssache an die Große Kammer abzugeben.

Art. 35[1] **Zulässigkeitsvoraussetzungen.** (1)[2] Der Gerichtshof kann sich mit einer Angelegenheit erst nach Erschöpfung aller innerstaatlichen Rechtsbehelfe[3] in Übereinstimmung mit den allgemein anerkannten Grundsätzen des Völkerrechts und nur innerhalb einer Frist von vier Monaten nach der endgültigen innerstaatlichen Entscheidung befassen.

(2) Der Gerichtshof befasst sich nicht mit einer nach Artikel 34 erhobenen Individualbeschwerde, die

a) anonym ist oder

b) im Wesentlichen mit einer schon vorher vom Gerichtshof geprüften Beschwerde übereinstimmt oder schon einer anderen internationalen Untersuchungs- oder Vergleichsinstanz unterbreitet worden ist und keine neuen Tatsachen enthält.

(3) Der Gerichtshof erklärt eine nach Artikel 34 erhobene Individualbeschwerde für unzulässig,

a) wenn er sie für unvereinbar mit dieser Konvention oder den Protokollen dazu, für offensichtlich unbegründet oder für missbräuchlich hält oder

b)[2] wenn er der Ansicht ist, dass dem Beschwerdeführer kein erheblicher Nachteil entstanden ist, es sei denn, die Achtung der Menschenrechte, wie sie in dieser Konvention und den Protokollen dazu anerkannt sind, erfordert eine Prüfung der Begründetheit der Beschwerde.

(4) [1]Der Gerichtshof weist eine Beschwerde zurück, die er nach diesem Artikel für unzulässig hält. [2]Er kann dies in jedem Stadium des Verfahrens tun.

Art. 36 Beteiligung Dritter. (1) In allen bei einer Kammer oder der Großen Kammer anhängigen Rechtssachen ist die Hohe Vertragspartei, deren Staatsangehörigkeit der Beschwerdeführer besitzt, berechtigt, schriftliche Stellungnahmen abzugeben und an den mündlichen Verhandlungen teilzunehmen.

(2) Im Interesse der Rechtspflege kann der Präsident des Gerichtshofs jeder Hohen Vertragspartei, die in dem Verfahren nicht Partei ist, oder jeder betroffenen Person, die nicht Beschwerdeführer ist, Gelegenheit geben, schriftlich Stellung zu nehmen oder an den mündlichen Verhandlungen teilzunehmen.

(3) In allen bei einer Kammer oder der Großen Kammer anhängigen Rechtssachen kann der Kommissar für Menschenrechte des Europarats schriftliche Stellungnahmen abgeben und an den mündlichen Verhandlungen teilnehmen.

Art. 37 Streichung von Beschwerden. (1) [1]Der Gerichtshof kann jederzeit während des Verfahrens entscheiden, eine Beschwerde in seinem Register zu streichen, wenn die Umstände Grund zur Annahme geben, dass

a) der Beschwerdeführer seine Beschwerde nicht weiterzuverfolgen beabsichtigt;

b) die Streitigkeit einer Lösung zugeführt worden ist oder

c) eine weitere Prüfung der Beschwerde aus anderen vom Gerichtshof festgestellten Gründen nicht gerechtfertigt ist.

---

[1] Art. 35 Abs. 1 und Abs. 3 Buchst. b geänd. mWv 1.8.2021 durch Prot. v. 24.6.2013 (BGBl. 2014 II S. 1034, 1035).

[2] Gem. Art. 8 Abs. 3 des 15. EMRK-Protokolls v. 24.6.2013 (BGBl. 2014 II S. 1034, 1035) tritt diese Änderung nach Ablauf eines Zeitabschnitts von sechs Monaten nach dem Inkrafttreten dieses Protokolls in Kraft. Die Änderung gilt nicht für Beschwerden, bei denen die endgültige Entscheidung im Sinne des Art. 35 Abs. 1 der Konvention vor dem Inkrafttreten des Art. 4 dieses Protokolls ergangen ist.

[3] Vorbehalt Österreichs, „Rechtsmittel" zu setzen.

[2]Der Gerichtshof setzt jedoch die Prüfung der Beschwerde fort, wenn die Achtung der Menschenrechte, wie sie in dieser Konvention und den Protokollen dazu anerkannt sind, dies erfordert.

(2) Der Gerichtshof kann die Wiedereintragung einer Beschwerde in sein Register anordnen, wenn er dies den Umständen nach für gerechtfertigt hält.

Art. 38 Prüfung der Rechtssache. Der Gerichtshof prüft die Rechtssache mit den Vertretern der Parteien und nimmt, falls erforderlich, Ermittlungen vor; die betreffenden Hohen Vertragsparteien haben alle zur wirksamen Durchführung der Ermittlungen erforderlichen Erleichterungen zu gewähren.

Art. 39 Gütliche Einigung. (1) Der Gerichtshof kann sich jederzeit während des Verfahrens zur Verfügung der Parteien halten mit dem Ziel, eine gütliche Einigung auf der Grundlage der Achtung der Menschenrechte, wie sie in dieser Konvention und den Protokollen dazu anerkannt sind, zu erreichen.

(2) Das Verfahren nach Absatz 1 ist vertraulich.

(3) Im Fall einer gütlichen Einigung streicht der Gerichtshof durch eine Entscheidung, die sich auf eine kurze Angabe des Sachverhalts und der erzielten Lösung beschränkt, die Rechtssache in seinem Register.

(4) Diese Entscheidung ist dem Ministerkomitee zuzuleiten; dieses überwacht die Durchführung der gütlichen Einigung, wie sie in der Entscheidung festgehalten wird.

Art. 40 Öffentliche Verhandlung und Akteneinsicht. (1) Die Verhandlung ist öffentlich, soweit nicht der Gerichtshof auf Grund besonderer Umstände anders entscheidet.

(2) Die beim Kanzler verwahrten Schriftstücke sind der Öffentlichkeit zugänglich, soweit nicht der Präsident des Gerichtshofs anders entscheidet.

Art. 41 Gerechte Entschädigung. Stellt der Gerichtshof fest, dass diese Konvention oder die Protokolle dazu verletzt worden sind, und gestattet das innerstaatliche Recht der Hohen Vertragspartei nur eine unvollkommene Wiedergutmachung für die Folgen dieser Verletzung, so spricht der Gerichtshof der verletzten Partei eine gerechte Entschädigung zu, wenn dies notwendig ist.

Art. 42 Urteile der Kammern. Urteile der Kammern werden nach Maßgabe des Artikels 44 Absatz 2 endgültig.

Art. 43 Verweisung an die Große Kammer. (1) Innerhalb von drei Monaten nach dem Datum des Urteils der Kammer kann jede Partei in Ausnahmefällen die Verweisung der Rechtssache an die Große Kammer beantragen.

(2) Ein Ausschuss von fünf Richtern der Großen Kammer nimmt den Antrag an, wenn die Rechtssache eine schwerwiegende Frage der Auslegung oder Anwendung dieser Konvention oder der Protokolle dazu oder eine schwerwiegende Frage von allgemeiner Bedeutung aufwirft.

(3) Nimmt der Ausschuss den Antrag an, so entscheidet die Große Kammer die Sache durch Urteil.

Für handschriftliche Notizen

Für handschriftliche Notizen

Für handschriftliche Notizen

Für handschriftliche Notizen

Für handschriftliche Notizen

Für handschriftliche Notizen

Für handschriftliche Notizen

Für handschriftliche Notizen

Für handschriftliche Notizen

Für handschriftliche Notizen

Für handschriftliche Notizen

Für handschriftliche Notizen

Für handschriftliche Notizen

Für handschriftliche Notizen

Für handschriftliche Notizen

Für handschriftliche Notizen

Für handschriftliche Notizen

Für handschriftliche Notizen

Für handschriftliche Notizen

Für handschriftliche Notizen

Für handschriftliche Notizen

Für handschriftliche Notizen

Für handschriftliche Notizen

Für handschriftliche Notizen

Für handschriftliche Notizen

Für handschriftliche Notizen

Für handschriftliche Notizen

Für handschriftliche Notizen

Für handschriftliche Notizen

Für handschriftliche Notizen

Für handschriftliche Notizen

Für handschriftliche Notizen